2021

法律法规全书系列

中华人民共和国
民事诉讼法
及司法解释全书

含文书范本

中国法制出版社
CHINA LEGAL PUBLISHING HOUSE

出版说明

随着中国特色社会主义法律体系的建成，中国的立法进入了“修法时代”。在这一时期，为了使法律体系进一步保持内部的科学、和谐、统一，会频繁出现对法律各层级文件的适时清理。目前，清理工作已经全面展开且取得了阶段性的成果，但这一清理过程在未来几年仍将持续。这对于读者如何了解最新法律修改信息、如何准确适用法律带来了使用上的不便。基于这一考虑，我们精心编辑出版了本丛书，一方面重在向读者展示我国立法的成果与现状，另一方面旨在帮助读者在法律文件修改频率较高的时代准确适用法律。

本书独具以下四重价值：

1. **文本权威，内容全面**。本书涵盖民事诉讼领域相关的常用法律、行政法规、国务院文件、部门规章、规范性文件、司法解释，及最高人民法院公布的典型案例、示范文本；书中收录文件均为经过清理修改的现行有效标准文本，方便读者及时掌握最新法律文件。

2. **查找方便，附录实用**。全书法律文件按照紧密程度排列，方便读者对某一类问题的集中查找；重点法律附加条旨，指引读者快速找到目标条文；附录相关典型案例、文书范本，其中案例具有指引“同案同判”的作用。同时，本书采用可平摊使用的独特开本，避免因书籍太厚难以摊开使用的弊端。

3. **免费增补，动态更新**。为保持本书与新法的同步更新，避免读者因部分法律的修改而反复购买同类图书，我们为读者专门设置了以下服务：(1) 扫码添加书后“法规编辑部”公众号→点击菜单栏→进入资料下载栏→选择法律法规全书资料项→点击网址或扫码下载，即可获取本书每次改版修订内容的电子版文件；(2) 通过“法规编辑部”公众号，及时了解最新立法信息，并可线上留言，编辑团队会就图书相关疑问动态解答。

4. **目录赠送，配套使用**。赠送本书目录的电子版，与纸书配套，立体化、电子化使用，便于检索、快速定位；同时实现将本书装进电脑，随时随地查。

修订说明

本书自出版以来，深受广大读者喜爱。此次再版，本书保持了上一版文件分类及排列顺序，并根据法律文件立改废的情况及权威机构公布的案例的情况，进行了相应修订，具体情况如下：

一、新增的文件。

新增《最高人民法院关于适用〈中华人民共和国民事诉讼法〉的解释》、《最高人民法院印发〈关于完善人民法院专业法官会议工作机制的指导意见〉的通知》、《最高人民法院印发〈关于对配偶父母子女从事律师职业的法院领导干部和审判执行人员实行任职回避的规定〉的通知》等文件。

二、修订的文件。

根据《最高人民法院关于修改〈最高人民法院关于人民法院民事调解工作若干问题的规定〉等十九件民事诉讼类司法解释的决定》（法释〔2020〕20号），对民事诉讼类司法解释进行了修订。

根据《最高人民法院关于修改〈最高人民法院关于人民法院扣押铁路运输货物若干问题的规定〉等十八件执行类司法解释的决定》（法释〔2020〕21号），对执行类司法解释进行了修订。

三、删除的文件。

根据《最高人民法院关于废止部分司法解释及相关规范性文件的决定》（法释〔2020〕16号），删除被废止的司法解释，包括《最高人民法院关于破产清算组在履行职责过程中违约或侵权等民事纠纷案件诉讼管辖问题的批复》、《最高人民法院关于对诉前停止侵犯专利权行为适用法律问题的若干规定》、《最高人民法院关于诉前停止侵犯注册商标专用权行为和保全证据适用法律问题的解释》、《最高人民法院关于对案外人的财产能否进行保全问题的批复》、《最高人民法院关于对因妨害民事诉讼被罚款拘留的人不服决定申请复议的期间如何确定问题的批复》、《最高人民法院关于人民法院执行设定抵押的房屋的规定》等。

四、新增案例为：

内地与香港特别行政区发布相互执行仲裁裁决的典型案例、2014年人民法院涉台司法互助典型案例、最高人民法院指导案例第117－126号。

总　目　录

目 录*

一、综合

* 编者按：本目录中的时间为法律文件的公布时间或最后一次修正、修订公布时间。

二、主管和管辖

三、立　案

四、起诉与受理

五、诉讼参加人

六、证据

七、保全和先予执行

八、对妨害民事诉讼的强制措施

九、诉讼费用

· 实用图表 ·

十、第一审程序

◎法律法规

◎司法解释

◎司法文件

· 文书范本 ·

十一、第二审程序

十二、特别程序

十三、审判监督程序

十四、督促程序

十五、公示催告程序

十六、执行程序

◎请示答复

· 典型案例 ·

十七、涉港澳台民事诉讼程序

（一）涉港澳民事诉讼程序

◎司法解释

十八、涉外民事诉讼程序

十九、仲裁

一、综　合

◎法律法规

中华人民共和国民事诉讼法

（1991年4月9日第七届全国人民代表大会第四次会议通过　根据2007年10月28日第十届全国人民代表大会常务委员会第三十次会议《关于修改〈中华人民共和国民事诉讼法〉的决定》第一次修正　根据2012年8月31日第十一届全国人民代表大会常务委员会第二十八次会议《关于修改〈中华人民共和国民事诉讼法〉的决定》第二次修正　根据2017年6月27日第十二届全国人民代表大会常务委员会第二十八次会议《关于修改〈中华人民共和国民事诉讼法〉和〈中华人民共和国行政诉讼法〉的决定》第三次修正）

目　录

第一编 总 则

第一章 任务、适用范围和基本原则

第一条 【立法依据】[①]中华人民共和国民事诉讼法以宪法为根据,结合我国民事审判工作的经验和实际情况制定。

第二条 【立法目的】中华人民共和国民事诉讼法的任务,是保护当事人行使诉讼权利,保证人民法院查明事实,分清是非,正确适用法律,及时审理民事案件,确认民事权利义务关系,制裁民事违法行为,保护当事人的合法权益,教育公民自觉遵守法律,维护社会秩序、经济秩序,保障社会主义建设事业顺利进行。

第三条 【适用范围】人民法院受理公民之间、法人之间、其他组织之间以及他们相互之间因财产关系和人身关系提起的民事诉讼,适用本法的规定。

第四条 【空间效力】凡在中华人民共和国领域内进行民事诉讼,必须遵守本法。

第五条 【同等原则和对等原则】外国人、无国籍人、外国企业和组织在人民法院起诉、应诉,同中华人民共和国公民、法人和其他组织有同等的诉讼权利义务。

外国法院对中华人民共和国公民、法人和其他组织的民事诉讼权利加以限制的,中华人民共和国人民法院对该国公民、企业和组织的民事诉讼权利,实行对等原则。

第六条 【独立审判原则】民事案件的审判权由人民法院行使。

人民法院依照法律规定对民事案件独立进行审判,不受行政机关、社会团体和个人的干涉。

第七条 【以事实为根据,以法律为准绳原则】人民法院审理民事案件,必须以事实为根据,以法律为准绳。

第八条 【诉讼权利平等原则】民事诉讼当事人有平等的诉讼权利。人民法院审理民事案件,应当保障和便利当事人行使诉讼权利,对当事人在适用法律上一律平等。

第九条 【法院调解原则】人民法院审理民事案件,应当根据自愿和合法的原则进行调解;调解不成的,应当及时判决。

第十条 【合议、回避、公开审判、两审终审制度】人民法院审理民事案件,依照法律规定实行合议、回避、公开审判和两审终审制度。

第十一条 【使用本民族语言文字原则】各民族公民都有用本民族语言、文字进行民事诉讼的权利。

在少数民族聚居或者多民族共同居住的地区,人民法院应当用当地民族通用的语言、文字进行审理和发布法律文书。

人民法院应当对不通晓当地民族通用的语言、文字的诉讼参与人提供翻译。

第十二条 【辩论原则】人民法院审理民事案件时,当事人有权进行辩论。

第十三条 【诚实信用原则和处分原则】民事诉讼应当遵循诚实信用原则。

当事人有权在法律规定的范围内处分自己的民事权利和诉讼权利。

第十四条 【检察监督原则】人民检察院有权对民事诉讼实行法律监督。

第十五条 【支持起诉原则】机关、社会团体、企业事业单位对损害国家、集体或者个人民事权益的行为,可以支持受损害的单位或者个人向人民法院起诉。

第十六条 【民族自治地方的变通或者补充规定】民族自治地方的人民代表大会根据宪法和本法的原则,结合当地民族的具体情况,可以制定变通或者补充的规定。自治区的规定,报全国人民代表大会常务委员会批准。自治州、自治县的规定,报省或者自治区的人民代表大会常务委员会批准,并报全国人民代表大会常务委员会备案。

第二章 管 辖

第一节 级别管辖

第十七条 【基层法院管辖】基层人民法院管辖第一审民事案件,但本法另有规定的除外。

第十八条 【中级法院管辖】中级人民法院管辖下列第一审民事案件:

(一)重大涉外案件;

(二)在本辖区有重大影响的案件;

(三)最高人民法院确定由中级人民法院管辖的案件。

第十九条 【高级法院管辖】高级人民法院管辖在本辖区有重大影响的第一审民事案件。

第二十条 【最高法院管辖】最高人民法院管辖下列第一审民事案件:

(一)在全国有重大影响的案件;

(二)认为应当由本院审理的案件。

第二节 地域管辖

第二十一条 【被告住所地、经常居住地法院管辖】对公民提起的民事诉讼,由被告住所地人民法院管辖;被告住所地与经常居住地不一致的,由经常居住地人民法院管辖。

对法人或者其他组织提起的民事诉讼,由被告住所地人民法院管辖。

① 条文主旨为编者所加,下同。

同一诉讼的几个被告住所地、经常居住地在两个以上人民法院辖区的，各该人民法院都有管辖权。

第二十二条 【原告住所地、经常居住地法院管辖】下列民事诉讼，由原告住所地人民法院管辖；原告住所地与经常居住地不一致的，由原告经常居住地人民法院管辖：

（一）对不在中华人民共和国领域内居住的人提起的有关身份关系的诉讼；

（二）对下落不明或者宣告失踪的人提起的有关身份关系的诉讼；

（三）对被采取强制性教育措施的人提起的诉讼；

（四）对被监禁的人提起的诉讼。

第二十三条 【合同纠纷的地域管辖】因合同纠纷提起的诉讼，由被告住所地或者合同履行地人民法院管辖。

第二十四条 【保险合同纠纷的地域管辖】因保险合同纠纷提起的诉讼，由被告住所地或者保险标的物所在地人民法院管辖。

第二十五条 【票据纠纷的地域管辖】因票据纠纷提起的诉讼，由票据支付地或者被告住所地人民法院管辖。

第二十六条 【公司纠纷的地域管辖】因公司设立、确认股东资格、分配利润、解散等纠纷提起的诉讼，由公司住所地人民法院管辖。

第二十七条 【运输合同纠纷的地域管辖】因铁路、公路、水上、航空运输和联合运输合同纠纷提起的诉讼，由运输始发地、目的地或者被告住所地人民法院管辖。

第二十八条 【侵权纠纷的地域管辖】因侵权行为提起的诉讼，由侵权行为地或者被告住所地人民法院管辖。

第二十九条 【交通事故损害赔偿纠纷的地域管辖】因铁路、公路、水上和航空事故请求损害赔偿提起的诉讼，由事故发生地或者车辆、船舶最先到达地、航空器最先降落地或者被告住所地人民法院管辖。

第三十条 【海事损害事故赔偿纠纷的地域管辖】因船舶碰撞或者其他海事损害事故请求损害赔偿提起的诉讼，由碰撞发生地、碰撞船舶最先到达地、加害船舶被扣留地或者被告住所地人民法院管辖。

第三十一条 【海难救助费用纠纷的地域管辖】因海难救助费用提起的诉讼，由救助地或者被救助船舶最先到达地人民法院管辖。

第三十二条 【共同海损纠纷的地域管辖】因共同海损提起的诉讼，由船舶最先到达地、共同海损理算地或者航程终止地的人民法院管辖。

第三十三条 【专属管辖】下列案件，由本条规定的人民法院专属管辖：

（一）因不动产纠纷提起的诉讼，由不动产所在地人民法院管辖；

（二）因港口作业中发生纠纷提起的诉讼，由港口所在地人民法院管辖；

（三）因继承遗产纠纷提起的诉讼，由被继承人死亡时住所地或者主要遗产所在地人民法院管辖。

第三十四条 【协议管辖】合同或者其他财产权益纠纷的当事人可以书面协议选择被告住所地、合同履行地、合同签订地、原告住所地、标的物所在地等与争议有实际联系的地点的人民法院管辖，但不得违反本法对级别管辖和专属管辖的规定。

第三十五条 【选择管辖】两个以上人民法院都有管辖权的诉讼，原告可以向其中一个人民法院起诉；原告向两个以上有管辖权的人民法院起诉的，由最先立案的人民法院管辖。

第三节　移送管辖和指定管辖

第三十六条 【移送管辖】人民法院发现受理的案件不属于本院管辖的，应当移送有管辖权的人民法院，受移送的人民法院应当受理。受移送的人民法院认为受移送的案件依照规定不属于本院管辖的，应当报请上级人民法院指定管辖，不得再自行移送。

第三十七条 【指定管辖】有管辖权的人民法院由于特殊原因，不能行使管辖权的，由上级人民法院指定管辖。

人民法院之间因管辖权发生争议，由争议双方协商解决；协商解决不了的，报请它们的共同上级人民法院指定管辖。

第三十八条 【管辖权的转移】上级人民法院有权审理下级人民法院管辖的第一审民事案件；确有必要将本院管辖的第一审民事案件交下级人民法院审理的，应当报请其上级人民法院批准。

下级人民法院对它所管辖的第一审民事案件，认为需要由上级人民法院审理的，可以报请上级人民法院审理。

第三章　审判组织

第三十九条 【一审审判组织】人民法院审理第一审民事案件，由审判员、陪审员共同组成合议庭或者由审判员组成合议庭。合议庭的成员人数，必须是单数。

适用简易程序审理的民事案件，由审判员一人独任审理。

陪审员在执行陪审职务时，与审判员有同等的权利义务。

第四十条 【二审和再审审判组织】人民法院审理第二审民事案件，由审判员组成合议庭。合议庭的成员人数，必须是单数。

发回重审的案件，原审人民法院应当按照第一审程序另行组成合议庭。

审理再审案件，原来是第一审的，按照第一审程序另行组成合议庭；原来是第二审的或者是上级人民法院提审的，按照第二审程序另行组成合议庭。

第四十一条 【合议庭审判长的产生】合议庭的审判长由院长或者庭长指定审判员一人担任；院长或者庭长参加审

判的，由院长或者庭长担任。

第四十二条　【合议庭的评议规则】合议庭评议案件，实行少数服从多数的原则。评议应当制作笔录，由合议庭成员签名。评议中的不同意见，必须如实记入笔录。

第四十三条　【审判人员工作纪律】审判人员应当依法秉公办案。

审判人员不得接受当事人及其诉讼代理人请客送礼。

审判人员有贪污受贿，徇私舞弊，枉法裁判行为的，应当追究法律责任；构成犯罪的，依法追究刑事责任。

第四章　回　　避

第四十四条　【回避的对象、条件和方式】审判人员有下列情形之一的，应当自行回避，当事人有权用口头或者书面方式申请他们回避：

（一）是本案当事人或者当事人、诉讼代理人近亲属的；

（二）与本案有利害关系的；

（三）与本案当事人、诉讼代理人有其他关系，可能影响对案件公正审理的。

审判人员接受当事人、诉讼代理人请客送礼，或者违反规定会见当事人、诉讼代理人的，当事人有权要求他们回避。

审判人员有前款规定的行为的，应当依法追究法律责任。

前三款规定，适用于书记员、翻译人员、鉴定人、勘验人。

第四十五条　【回避申请】当事人提出回避申请，应当说明理由，在案件开始审理时提出；回避事由在案件开始审理后知道的，也可以在法庭辩论终结前提出。

被申请回避的人员在人民法院作出是否回避的决定前，应当暂停参与本案的工作，但案件需要采取紧急措施的除外。

第四十六条　【回避决定的程序】院长担任审判长时的回避，由审判委员会决定；审判人员的回避，由院长决定；其他人员的回避，由审判长决定。

第四十七条　【回避决定的时限及效力】人民法院对当事人提出的回避申请，应当在申请提出的三日内，以口头或者书面形式作出决定。申请人对决定不服的，可以在接到决定时申请复议一次。复议期间，被申请回避的人员，不停止参与本案的工作。人民法院对复议申请，应当在三日内作出复议决定，并通知复议申请人。

第五章　诉讼参加人

第一节　当　事　人

第四十八条　【当事人范围】公民、法人和其他组织可以作为民事诉讼的当事人。

法人由其法定代表人进行诉讼。其他组织由其主要负责人进行诉讼。

第四十九条　【诉讼权利义务】当事人有权委托代理人，提出回避申请，收集、提供证据，进行辩论，请求调解，提起上诉，申请执行。

当事人可以查阅本案有关材料，并可以复制本案有关材料和法律文书。查阅、复制本案有关材料的范围和办法由最高人民法院规定。

当事人必须依法行使诉讼权利，遵守诉讼秩序，履行发生法律效力的判决书、裁定书和调解书。

第五十条　【自行和解】双方当事人可以自行和解。

第五十一条　【诉讼请求的放弃、变更、承认、反驳及反诉】原告可以放弃或者变更诉讼请求。被告可以承认或者反驳诉讼请求，有权提起反诉。

第五十二条　【共同诉讼】当事人一方或者双方为二人以上，其诉讼标的是共同的，或者诉讼标的是同一种类、人民法院认为可以合并审理并经当事人同意的，为共同诉讼。

共同诉讼的一方当事人对诉讼标的有共同权利义务的，其中一人的诉讼行为经其他共同诉讼人承认，对其他共同诉讼人发生效力；对诉讼标的没有共同权利义务的，其中一人的诉讼行为对其他共同诉讼人不发生效力。

第五十三条　【当事人人数确定的代表人诉讼】当事人一方人数众多的共同诉讼，可以由当事人推选代表人进行诉讼。代表人的诉讼行为对其所代表的当事人发生效力，但代表人变更、放弃诉讼请求或者承认对方当事人的诉讼请求，进行和解，必须经被代表的当事人同意。

第五十四条　【当事人人数不确定的代表人诉讼】诉讼标的是同一种类、当事人一方人数众多在起诉时人数尚未确定的，人民法院可以发出公告，说明案件情况和诉讼请求，通知权利人在一定期间向人民法院登记。

向人民法院登记的权利人可以推选代表人进行诉讼；推选不出代表人的，人民法院可以与参加登记的权利人商定代表人。

代表人的诉讼行为对其所代表的当事人发生效力，但代表人变更、放弃诉讼请求或者承认对方当事人的诉讼请求，进行和解，必须经被代表的当事人同意。

人民法院作出的判决、裁定，对参加登记的全体权利人发生效力。未参加登记的权利人在诉讼时效期间提起诉讼的，适用该判决、裁定。

第五十五条　【公益诉讼】对污染环境、侵害众多消费者合法权益等损害社会公共利益的行为，法律规定的机关和有关组织可以向人民法院提起诉讼。

人民检察院在履行职责中发现破坏生态环境和资源保护、食品药品安全领域侵害众多消费者合法权益等损害社会公共利益的行为，在没有前款规定的机关和组织或者前款规定的机关和组织不提起诉讼的情况下，可以向人民法院提起诉讼。前款规定的机关或者组织提起诉讼的，人民检察院可以支持起诉。

第五十六条 【**第三人**】对当事人双方的诉讼标的，第三人认为有独立请求权的，有权提起诉讼。

对当事人双方的诉讼标的，第三人虽然没有独立请求权，但案件处理结果同他有法律上的利害关系的，可以申请参加诉讼，或者由人民法院通知他参加诉讼。人民法院判决承担民事责任的第三人，有当事人的诉讼权利义务。

前两款规定的第三人，因不能归责于本人的事由未参加诉讼，但有证据证明发生法律效力的判决、裁定、调解书的部分或者全部内容错误，损害其民事权益的，可以自知道或者应当知道其民事权益受到损害之日起六个月内，向作出该判决、裁定、调解书的人民法院提起诉讼。人民法院经审理，诉讼请求成立的，应当改变或者撤销原判决、裁定、调解书；诉讼请求不成立的，驳回诉讼请求。

第二节 诉讼代理人

第五十七条 【**法定诉讼代理人**】无诉讼行为能力人由他的监护人作为法定代理人代为诉讼。法定代理人之间互相推诿代理责任的，由人民法院指定其中一人代为诉讼。

第五十八条 【**委托诉讼代理人**】当事人、法定代理人可以委托一至二人作为诉讼代理人。

下列人员可以被委托为诉讼代理人：

（一）律师、基层法律服务工作者；

（二）当事人的近亲属或者工作人员；

（三）当事人所在社区、单位以及有关社会团体推荐的公民。

第五十九条 【**委托诉讼代理权的取得和权限**】委托他人代为诉讼，必须向人民法院提交由委托人签名或者盖章的授权委托书。

授权委托书必须记明委托事项和权限。诉讼代理人代为承认、放弃、变更诉讼请求，进行和解，提起反诉或者上诉，必须有委托人的特别授权。

侨居在国外的中华人民共和国公民从国外寄交或者托交的授权委托书，必须经中华人民共和国驻该国的使领馆证明；没有使领馆的，由与中华人民共和国有外交关系的第三国驻该国的使领馆证明，再转由中华人民共和国驻该第三国使领馆证明，或者由当地的爱国华侨团体证明。

第六十条 【**诉讼代理权的变更和解除**】诉讼代理人的权限如果变更或者解除，当事人应当书面告知人民法院，并由人民法院通知对方当事人。

第六十一条 【**诉讼代理人调查收集证据和查阅有关资料的权利**】代理诉讼的律师和其他诉讼代理人有权调查收集证据，可以查阅本案有关材料。查阅本案有关材料的范围和办法由最高人民法院规定。

第六十二条 【**离婚诉讼代理的特别规定**】离婚案件有诉讼代理人的，本人除不能表达意思的以外，仍应出庭；确因特殊情况无法出庭的，必须向人民法院提交书面意见。

第六章 证 据

第六十三条 【**证据的种类**】证据包括：

（一）当事人的陈述；

（二）书证；

（三）物证；

（四）视听资料；

（五）电子数据；

（六）证人证言；

（七）鉴定意见；

（八）勘验笔录。

证据必须查证属实，才能作为认定事实的根据。

第六十四条 【**举证责任与查证**】当事人对自己提出的主张，有责任提供证据。

当事人及其诉讼代理人因客观原因不能自行收集的证据，或者人民法院认为审理案件需要的证据，人民法院应当调查收集。

人民法院应当按照法定程序，全面地、客观地审查核实证据。

第六十五条 【**举证期限及逾期后果**】当事人对自己提出的主张应当及时提供证据。

人民法院根据当事人的主张和案件审理情况，确定当事人应当提供的证据及其期限。当事人在该期限内提供证据确有困难的，可以向人民法院申请延长期限，人民法院根据当事人的申请适当延长。当事人逾期提供证据的，人民法院应当责令其说明理由；拒不说明理由或者理由不成立的，人民法院根据不同情形可以不予采纳该证据，或者采纳该证据但予以训诫、罚款。

第六十六条 【**人民法院签收证据**】人民法院收到当事人提交的证据材料，应当出具收据，写明证据名称、页数、份数、原件或者复印件以及收到时间等，并由经办人员签名或者盖章。

第六十七条 【**人民法院调查取证**】人民法院有权向有关单位和个人调查取证，有关单位和个人不得拒绝。

人民法院对有关单位和个人提出的证明文书，应当辨别真伪，审查确定其效力。

第六十八条 【**证据的公开与质证**】证据应当在法庭上出示，并由当事人互相质证。对涉及国家秘密、商业秘密和个人隐私的证据应当保密，需要在法庭出示的，不得在公开开庭时出示。

第六十九条 【**公证证据**】经过法定程序公证证明的法律事实和文书，人民法院应当作为认定事实的根据，但有相反证据足以推翻公证证明的除外。

第七十条 【**书证和物证**】书证应当提交原件。物证应当提交原物。提交原件或者原物确有困难的，可以提交复制品、照片、副本、节录本。

提交外文书证,必须附有中文译本。

第七十一条 【视听资料】人民法院对视听资料,应当辨别真伪,并结合本案的其他证据,审查确定能否作为认定事实的根据。

第七十二条 【证人的义务】凡是知道案件情况的单位和个人,都有义务出庭作证。有关单位的负责人应当支持证人作证。

不能正确表达意思的人,不能作证。

第七十三条 【证人不出庭作证的情形】经人民法院通知,证人应当出庭作证。有下列情形之一的,经人民法院许可,可以通过书面证言、视听传输技术或者视听资料等方式作证:

(一)因健康原因不能出庭的;

(二)因路途遥远,交通不便不能出庭的;

(三)因自然灾害等不可抗力不能出庭的;

(四)其他有正当理由不能出庭的。

第七十四条 【证人出庭作证费用的承担】证人因履行出庭作证义务而支出的交通、住宿、就餐等必要费用以及误工损失,由败诉一方当事人负担。当事人申请证人作证的,由该当事人先行垫付;当事人没有申请,人民法院通知证人作证的,由人民法院先行垫付。

第七十五条 【当事人陈述】人民法院对当事人的陈述,应当结合本案的其他证据,审查确定能否作为认定事实的根据。

当事人拒绝陈述的,不影响人民法院根据证据认定案件事实。

第七十六条 【申请鉴定】当事人可以就查明事实的专门性问题向人民法院申请鉴定。当事人申请鉴定的,由双方当事人协商确定具备资格的鉴定人;协商不成的,由人民法院指定。

当事人未申请鉴定,人民法院对专门性问题认为需要鉴定的,应当委托具备资格的鉴定人进行鉴定。

第七十七条 【鉴定人的职责】鉴定人有权了解进行鉴定所需要的案件材料,必要时可以询问当事人、证人。

鉴定人应当提出书面鉴定意见,在鉴定书上签名或者盖章。

第七十八条 【鉴定人出庭作证的义务】当事人对鉴定意见有异议或者人民法院认为鉴定人有必要出庭的,鉴定人应当出庭作证。经人民法院通知,鉴定人拒不出庭作证的,鉴定意见不得作为认定事实的根据;支付鉴定费用的当事人可以要求返还鉴定费用。

第七十九条 【对鉴定意见的查证】当事人可以申请人民法院通知有专门知识的人出庭,就鉴定人作出的鉴定意见或者专业问题提出意见。

第八十条 【勘验笔录】勘验物证或者现场,勘验人必须出示人民法院的证件,并邀请当地基层组织或者当事人所在单位派人参加。当事人或者当事人的成年家属应当到场,拒不到场的,不影响勘验的进行。

有关单位和个人根据人民法院的通知,有义务保护现场,协助勘验工作。

勘验人应当将勘验情况和结果制作笔录,由勘验人、当事人和被邀参加人签名或者盖章。

第八十一条 【证据保全】在证据可能灭失或者以后难以取得的情况下,当事人可以在诉讼过程中向人民法院申请保全证据,人民法院也可以主动采取保全措施。

因情况紧急,在证据可能灭失或者以后难以取得的情况下,利害关系人可以在提起诉讼或者申请仲裁前向证据所在地、被申请人住所地或者对案件有管辖权的人民法院申请保全证据。

证据保全的其他程序,参照适用本法第九章保全的有关规定。

第七章 期间、送达

第一节 期 间

第八十二条 【期间的种类和计算】期间包括法定期间和人民法院指定的期间。

期间以时、日、月、年计算。期间开始的时和日,不计算在期间内。

期间届满的最后一日是节假日的,以节假日后的第一日为期间届满的日期。

期间不包括在途时间,诉讼文书在期满前交邮的,不算过期。

第八十三条 【期间的耽误和顺延】当事人因不可抗拒的事由或者其他正当理由耽误期限的,在障碍消除后的十日内,可以申请顺延期限,是否准许,由人民法院决定。

第二节 送 达

第八十四条 【送达回证】送达诉讼文书必须有送达回证,由受送达人在送达回证上记明收到日期,签名或者盖章。

受送达人在送达回证上的签收日期为送达日期。

第八十五条 【直接送达】送达诉讼文书,应当直接送交受送达人。受送达人是公民的,本人不在交他的同住成年家属签收;受送达人是法人或者其他组织的,应当由法人的法定代表人、其他组织的主要负责人或者该法人、组织负责收件的人签收;受送达人有诉讼代理人的,可以送交其代理人签收;受送达人已向人民法院指定代收人的,送交代收人签收。

受送达人的同住成年家属,法人或者其他组织的负责收件的人,诉讼代理人或者代收人在送达回证上签收的日期为送达日期。

第八十六条 【留置送达】受送达人或者他的同住成年家属拒绝接收诉讼文书的，送达人可以邀请有关基层组织或者所在单位的代表到场，说明情况，在送达回证上记明拒收事由和日期，由送达人、见证人签名或者盖章，把诉讼文书留在受送达人的住所；也可以把诉讼文书留在受送达人的住所，并采用拍照、录像等方式记录送达过程，即视为送达。

第八十七条 【传真、电子邮件等方式送达】经受送达人同意，人民法院可以采用传真、电子邮件等能够确认其收悉的方式送达诉讼文书，但判决书、裁定书、调解书除外。

采用前款方式送达的，以传真、电子邮件等到达受送达人特定系统的日期为送达日期。

第八十八条 【委托送达与邮寄送达】直接送达诉讼文书有困难的，可以委托其他人民法院代为送达，或者邮寄送达。邮寄送达的，以回执上注明的收件日期为送达日期。

第八十九条 【军人的转交送达】受送达人是军人的，通过其所在部队团以上单位的政治机关转交。

第九十条 【被监禁人或被采取强制性教育措施人的转交送达】受送达人被监禁的，通过其所在监所转交。

受送达人被采取强制性教育措施的，通过其所在强制性教育机构转交。

第九十一条 【转交送达的送达日期】代为转交的机关、单位收到诉讼文书后，必须立即交受送达人签收，以在送达回证上的签收日期，为送达日期。

第九十二条 【公告送达】受送达人下落不明，或者用本节规定的其他方式无法送达的，公告送达。自发出公告之日起，经过六十日，即视为送达。

公告送达，应当在案卷中记明原因和经过。

第八章 调　　解

第九十三条 【法院调解原则】人民法院审理民事案件，根据当事人自愿的原则，在事实清楚的基础上，分清是非，进行调解。

第九十四条 【法院调解的程序】人民法院进行调解，可以由审判员一人主持，也可以由合议庭主持，并尽可能就地进行。

人民法院进行调解，可以用简便方式通知当事人、证人到庭。

第九十五条 【对法院调解的协助】人民法院进行调解，可以邀请有关单位和个人协助。被邀请的单位和个人，应当协助人民法院进行调解。

第九十六条 【调解协议的达成】调解达成协议，必须双方自愿，不得强迫。调解协议的内容不得违反法律规定。

第九十七条 【调解书的制作、送达和效力】调解达成协议，人民法院应当制作调解书。调解书应当写明诉讼请求、案件的事实和调解结果。

调解书由审判人员、书记员署名，加盖人民法院印章，送达双方当事人。

调解书经双方当事人签收后，即具有法律效力。

第九十八条 【不需要制作调解书的案件】下列案件调解达成协议，人民法院可以不制作调解书：

（一）调解和好的离婚案件；

（二）调解维持收养关系的案件；

（三）能够即时履行的案件；

（四）其他不需要制作调解书的案件。

对不需要制作调解书的协议，应当记入笔录，由双方当事人、审判人员、书记员签名或者盖章后，即具有法律效力。

第九十九条 【调解不成或调解后反悔的处理】调解未达成协议或者调解书送达前一方反悔的，人民法院应当及时判决。

第九章 保全和先予执行

第一百条 【诉讼保全】人民法院对于可能因当事人一方的行为或者其他原因，使判决难以执行或者造成当事人其他损害的案件，根据对方当事人的申请，可以裁定对其财产进行保全、责令其作出一定行为或者禁止其作出一定行为；当事人没有提出申请的，人民法院在必要时也可以裁定采取保全措施。

人民法院采取保全措施，可以责令申请人提供担保，申请人不提供担保的，裁定驳回申请。

人民法院接受申请后，对情况紧急的，必须在四十八小时内作出裁定；裁定采取保全措施的，应当立即开始执行。

第一百零一条 【诉前保全】利害关系人因情况紧急，不立即申请保全将会使其合法权益受到难以弥补的损害的，可以在提起诉讼或者申请仲裁前向被保全财产所在地、被申请人住所地或者对案件有管辖权的人民法院申请采取保全措施。申请人应当提供担保，不提供担保的，裁定驳回申请。

人民法院接受申请后，必须在四十八小时内作出裁定；裁定采取保全措施的，应当立即开始执行。

申请人在人民法院采取保全措施后三十日内不依法提起诉讼或者申请仲裁的，人民法院应当解除保全。

第一百零二条 【保全的范围】保全限于请求的范围，或者与本案有关的财物。

第一百零三条 【财产保全的措施】财产保全采取查封、扣押、冻结或者法律规定的其他方法。人民法院保全财产后，应当立即通知被保全财产的人。

财产已被查封、冻结的，不得重复查封、冻结。

第一百零四条 【保全的解除】财产纠纷案件，被申请人提供担保的，人民法院应当裁定解除保全。

第一百零五条 【保全申请错误的处理】申请有错误的，

申请人应当赔偿被申请人因保全所遭受的损失。

第一百零六条 【先予执行的适用范围】人民法院对下列案件,根据当事人的申请,可以裁定先予执行:

(一)追索赡养费、扶养费、抚育费、抚恤金、医疗费用的;

(二)追索劳动报酬的;

(三)因情况紧急需要先予执行的。

第一百零七条 【先予执行的条件】人民法院裁定先予执行的,应当符合下列条件:

(一)当事人之间权利义务关系明确,不先予执行将严重影响申请人的生活或者生产经营的;

(二)被申请人有履行能力。

人民法院可以责令申请人提供担保,申请人不提供担保的,驳回申请。申请人败诉的,应当赔偿被申请人因先予执行遭受的财产损失。

第一百零八条 【对保全或先予执行不服的救济程序】当事人对保全或者先予执行的裁定不服的,可以申请复议一次。复议期间不停止裁定的执行。

第十章 对妨害民事诉讼的强制措施

第一百零九条 【拘传的适用】人民法院对必须到庭的被告,经两次传票传唤,无正当理由拒不到庭的,可以拘传。

第一百一十条 【对违反法庭规则、扰乱法庭秩序行为的强制措施】诉讼参与人和其他人应当遵守法庭规则。

人民法院对违反法庭规则的人,可以予以训诫,责令退出法庭或者予以罚款、拘留。

人民法院对哄闹、冲击法庭,侮辱、诽谤、威胁、殴打审判人员,严重扰乱法庭秩序的人,依法追究刑事责任;情节较轻的,予以罚款、拘留。

第一百一十一条 【对妨害诉讼证据的收集、调查和阻拦、干扰诉讼进行的强制措施】诉讼参与人或者其他人有下列行为之一的,人民法院可以根据情节轻重予以罚款、拘留;构成犯罪的,依法追究刑事责任:

(一)伪造、毁灭重要证据,妨碍人民法院审理案件的;

(二)以暴力、威胁、贿买方法阻止证人作证或者指使、贿买、胁迫他人作伪证的;

(三)隐藏、转移、变卖、毁损已被查封、扣押的财产,或者已被清点并责令其保管的财产,转移已被冻结的财产的;

(四)对司法工作人员、诉讼参加人、证人、翻译人员、鉴定人、勘验人、协助执行的人,进行侮辱、诽谤、诬陷、殴打或者打击报复的;

(五)以暴力、威胁或者其他方法阻碍司法工作人员执行职务的;

(六)拒不履行人民法院已经发生法律效力的判决、裁定的。

人民法院对有前款规定的行为之一的单位,可以对其主要负责人或者直接责任人员予以罚款、拘留;构成犯罪的,依法追究刑事责任。

第一百一十二条 【对恶意串通,通过诉讼、调解等方式侵害他人合法权益的强制措施】当事人之间恶意串通,企图通过诉讼、调解等方式侵害他人合法权益的,人民法院应当驳回其请求,并根据情节轻重予以罚款、拘留;构成犯罪的,依法追究刑事责任。

第一百一十三条 【对恶意串通,通过诉讼、仲裁、调解等方式逃避履行法律文书确定的义务的强制措施】被执行人与他人恶意串通,通过诉讼、仲裁、调解等方式逃避履行法律文书确定的义务的,人民法院应当根据情节轻重予以罚款、拘留;构成犯罪的,依法追究刑事责任。

第一百一十四条 【对拒不履行协助义务的单位的强制措施】有义务协助调查、执行的单位有下列行为之一的,人民法院除责令其履行协助义务外,并可以予以罚款:

(一)有关单位拒绝或者妨碍人民法院调查取证的;

(二)有关单位接到人民法院协助执行通知书后,拒不协助查询、扣押、冻结、划拨、变价财产的;

(三)有关单位接到人民法院协助执行通知书后,拒不协助扣留被执行人的收入、办理有关财产权证照转移手续、转交有关票证、证照或者其他财产的;

(四)其他拒绝协助执行的。

人民法院对有前款规定的行为之一的单位,可以对其主要负责人或者直接责任人员予以罚款;对仍不履行协助义务的,可以予以拘留;并可以向监察机关或者有关机关提出予以纪律处分的司法建议。

第一百一十五条 【罚款金额和拘留期限】对个人的罚款金额,为人民币十万元以下。对单位的罚款金额,为人民币五万元以上一百万元以下。

拘留的期限,为十五日以下。

被拘留的人,由人民法院交公安机关看管。在拘留期间,被拘留人承认并改正错误的,人民法院可以决定提前解除拘留。

第一百一十六条 【拘传、罚款、拘留的批准】拘传、罚款、拘留必须经院长批准。

拘传应当发拘传票。

罚款、拘留应当用决定书。对决定不服的,可以向上一级人民法院申请复议一次。复议期间不停止执行。

第一百一十七条 【强制措施由法院决定】采取对妨害民事诉讼的强制措施必须由人民法院决定。任何单位和个人采取非法拘禁他人或者非法私自扣押他人财产追索债务的,应当依法追究刑事责任,或者予以拘留、罚款。

第十一章 诉讼费用

第一百一十八条 【诉讼费用】当事人进行民事诉讼,应当按照规定交纳案件受理费。财产案件除交纳案件受理费外,并按照规定交纳其他诉讼费用。

当事人交纳诉讼费用确有困难的,可以按照规定向人民法院申请缓交、减交或者免交。

收取诉讼费用的办法另行制定。

第二编 审判程序

第十二章 第一审普通程序

第一节 起诉和受理

第一百一十九条 【起诉的实质要件】起诉必须符合下列条件:

(一)原告是与本案有直接利害关系的公民、法人和其他组织;

(二)有明确的被告;

(三)有具体的诉讼请求和事实、理由;

(四)属于人民法院受理民事诉讼的范围和受诉人民法院管辖。

第一百二十条 【起诉的形式要件】起诉应当向人民法院递交起诉状,并按照被告人数提出副本。

书写起诉状确有困难的,可以口头起诉,由人民法院记入笔录,并告知对方当事人。

第一百二十一条 【起诉状的内容】起诉状应当记明下列事项:

(一)原告的姓名、性别、年龄、民族、职业、工作单位、住所、联系方式,法人或者其他组织的名称、住所和法定代表人或者主要负责人的姓名、职务、联系方式;

(二)被告的姓名、性别、工作单位、住所等信息,法人或者其他组织的名称、住所等信息;

(三)诉讼请求和所根据的事实与理由;

(四)证据和证据来源,证人姓名和住所。

第一百二十二条 【先行调解】当事人起诉到人民法院的民事纠纷,适宜调解的,先行调解,但当事人拒绝调解的除外。

第一百二十三条 【起诉权和受理程序】人民法院应当保障当事人依照法律规定享有的起诉权利。对符合本法第一百一十九条的起诉,必须受理。符合起诉条件的,应当在七日内立案,并通知当事人;不符合起诉条件的,应当在七日内作出裁定书,不予受理;原告对裁定不服的,可以提起上诉。

第一百二十四条 【对特殊情形的处理】人民法院对下列起诉,分别情形,予以处理:

(一)依照行政诉讼法的规定,属于行政诉讼受案范围的,告知原告提起行政诉讼;

(二)依照法律规定,双方当事人达成书面仲裁协议申请仲裁、不得向人民法院起诉的,告知原告向仲裁机构申请仲裁;

(三)依照法律规定,应当由其他机关处理的争议,告知原告向有关机关申请解决;

(四)对不属于本院管辖的案件,告知原告向有管辖权的人民法院起诉;

(五)对判决、裁定、调解书已经发生法律效力的案件,当事人又起诉的,告知原告申请再审,但人民法院准许撤诉的裁定除外;

(六)依照法律规定,在一定期限内不得起诉的案件,在不得起诉的期限内起诉的,不予受理;

(七)判决不准离婚和调解和好的离婚案件,判决、调解维持收养关系的案件,没有新情况、新理由,原告在六个月内又起诉的,不予受理。

第二节 审理前的准备

第一百二十五条 【送达起诉状和答辩状】人民法院应当在立案之日起五日内将起诉状副本发送被告,被告应当在收到之日起十五日内提出答辩状。答辩状应当记明被告的姓名、性别、年龄、民族、职业、工作单位、住所、联系方式;法人或者其他组织的名称、住所和法定代表人或者主要负责人的姓名、职务、联系方式。人民法院应当在收到答辩状之日起五日内将答辩状副本发送原告。

被告不提出答辩状的,不影响人民法院审理。

第一百二十六条 【诉讼权利义务的告知】人民法院对决定受理的案件,应当在受理案件通知书和应诉通知书中向当事人告知有关的诉讼权利义务,或者口头告知。

第一百二十七条 【对管辖权异议的审查和处理】人民法院受理案件后,当事人对管辖权有异议的,应当在提交答辩状期间提出。人民法院对当事人提出的异议,应当审查。异议成立的,裁定将案件移送有管辖权的人民法院;异议不成立的,裁定驳回。

当事人未提出管辖异议,并应诉答辩的,视为受诉人民法院有管辖权,但违反级别管辖和专属管辖规定的除外。

第一百二十八条 【合议庭组成人员的告知】合议庭组成人员确定后,应当在三日内告知当事人。

第一百二十九条 【审核取证】审判人员必须认真审核诉讼材料,调查收集必要的证据。

第一百三十条 【调查取证的程序】人民法院派出人员进行调查时,应当向被调查人出示证件。

调查笔录经被调查人校阅后,由被调查人、调查人签名或者盖章。

第一百三十一条 【委托调查】人民法院在必要时可以委托外地人民法院调查。

委托调查,必须提出明确的项目和要求。受委托人民法院可以主动补充调查。

受委托人民法院收到委托书后，应当在三十日内完成调查。因故不能完成的，应当在上述期限内函告委托人民法院。

第一百三十二条 【当事人的追加】必须共同进行诉讼的当事人没有参加诉讼的，人民法院应当通知其参加诉讼。

第一百三十三条 【案件受理后的处理】人民法院对受理的案件，分别情形，予以处理：

（一）当事人没有争议，符合督促程序规定条件的，可以转入督促程序；

（二）开庭前可以调解的，采取调解方式及时解决纠纷；

（三）根据案件情况，确定适用简易程序或者普通程序；

（四）需要开庭审理的，通过要求当事人交换证据等方式，明确争议焦点。

第三节 开庭审理

第一百三十四条 【公开审理及例外】人民法院审理民事案件，除涉及国家秘密、个人隐私或者法律另有规定的以外，应当公开进行。

离婚案件，涉及商业秘密的案件，当事人申请不公开审理的，可以不公开审理。

第一百三十五条 【巡回审理】人民法院审理民事案件，根据需要进行巡回审理，就地办案。

第一百三十六条 【开庭通知与公告】人民法院审理民事案件，应当在开庭三日前通知当事人和其他诉讼参与人。公开审理的，应当公告当事人姓名、案由和开庭的时间、地点。

第一百三十七条 【宣布开庭】开庭审理前，书记员应当查明当事人和其他诉讼参与人是否到庭，宣布法庭纪律。

开庭审理时，由审判长核对当事人，宣布案由，宣布审判人员、书记员名单，告知当事人有关的诉讼权利义务，询问当事人是否提出回避申请。

第一百三十八条 【法庭调查顺序】法庭调查按照下列顺序进行：

（一）当事人陈述；

（二）告知证人的权利义务，证人作证，宣读未到庭的证人证言；

（三）出示书证、物证、视听资料和电子数据；

（四）宣读鉴定意见；

（五）宣读勘验笔录。

第一百三十九条 【当事人庭审诉讼权利】当事人在法庭上可以提出新的证据。

当事人经法庭许可，可以向证人、鉴定人、勘验人发问。

当事人要求重新进行调查、鉴定或者勘验的，是否准许，由人民法院决定。

第一百四十条 【合并审理】原告增加诉讼请求，被告提出反诉，第三人提出与本案有关的诉讼请求，可以合并审理。

第一百四十一条 【法庭辩论】法庭辩论按照下列顺序进行：

（一）原告及其诉讼代理人发言；

（二）被告及其诉讼代理人答辩；

（三）第三人及其诉讼代理人发言或者答辩；

（四）互相辩论。

法庭辩论终结，由审判长按照原告、被告、第三人的先后顺序征询各方最后意见。

第一百四十二条 【法庭调解】法庭辩论终结，应当依法作出判决。判决前能够调解的，还可以进行调解，调解不成的，应当及时判决。

第一百四十三条 【原告不到庭和中途退庭的处理】原告经传票传唤，无正当理由拒不到庭的，或者未经法庭许可中途退庭的，可以按撤诉处理；被告反诉的，可以缺席判决。

第一百四十四条 【被告不到庭和中途退庭的处理】被告经传票传唤，无正当理由拒不到庭的，或者未经法庭许可中途退庭的，可以缺席判决。

第一百四十五条 【原告申请撤诉的处理】宣判前，原告申请撤诉的，是否准许，由人民法院裁定。

人民法院裁定不准许撤诉的，原告经传票传唤，无正当理由拒不到庭的，可以缺席判决。

第一百四十六条 【延期审理】有下列情形之一的，可以延期开庭审理：

（一）必须到庭的当事人和其他诉讼参与人有正当理由没有到庭的；

（二）当事人临时提出回避申请的；

（三）需要通知新的证人到庭，调取新的证据，重新鉴定、勘验，或者需要补充调查的；

（四）其他应当延期的情形。

第一百四十七条 【法庭笔录】书记员应当将法庭审理的全部活动记入笔录，由审判人员和书记员签名。

法庭笔录应当当庭宣读，也可以告知当事人和其他诉讼参与人当庭或者在五日内阅读。当事人和其他诉讼参与人认为对自己的陈述记录有遗漏或者差错的，有权申请补正。如果不予补正，应当将申请记录在案。

法庭笔录由当事人和其他诉讼参与人签名或者盖章。拒绝签名盖章的，记明情况附卷。

第一百四十八条 【宣告判决】人民法院对公开审理或者不公开审理的案件，一律公开宣告判决。

当庭宣判的，应当在十日内发送判决书；定期宣判的，宣判后立即发给判决书。

宣告判决时，必须告知当事人上诉权利、上诉期限和上诉的法院。

宣告离婚判决，必须告知当事人在判决发生法律效力前不得另行结婚。

第一百四十九条 【一审审限】人民法院适用普通程序

审理的案件，应当在立案之日起六个月内审结。有特殊情况需要延长的，由本院院长批准，可以延长六个月；还需要延长的，报请上级人民法院批准。

第四节 诉讼中止和终结

第一百五十条 【诉讼中止】有下列情形之一的，中止诉讼：

（一）一方当事人死亡，需要等待继承人表明是否参加诉讼的；

（二）一方当事人丧失诉讼行为能力，尚未确定法定代理人的；

（三）作为一方当事人的法人或者其他组织终止，尚未确定权利义务承受人的；

（四）一方当事人因不可抗拒的事由，不能参加诉讼的；

（五）本案必须以另一案的审理结果为依据，而另一案尚未审结的；

（六）其他应当中止诉讼的情形。

中止诉讼的原因消除后，恢复诉讼。

第一百五十一条 【诉讼终结】有下列情形之一的，终结诉讼：

（一）原告死亡，没有继承人，或者继承人放弃诉讼权利的；

（二）被告死亡，没有遗产，也没有应当承担义务的人的；

（三）离婚案件一方当事人死亡的；

（四）追索赡养费、扶养费、抚育费以及解除收养关系案件的一方当事人死亡的。

第五节 判决和裁定

第一百五十二条 【判决书的内容】判决书应当写明判决结果和作出该判决的理由。判决书内容包括：

（一）案由、诉讼请求、争议的事实和理由；

（二）判决认定的事实和理由、适用的法律和理由；

（三）判决结果和诉讼费用的负担；

（四）上诉期间和上诉的法院。

判决书由审判人员、书记员署名，加盖人民法院印章。

第一百五十三条 【先行判决】人民法院审理案件，其中一部分事实已经清楚，可以就该部分先行判决。

第一百五十四条 【裁定】裁定适用于下列范围：

（一）不予受理；

（二）对管辖权有异议的；

（三）驳回起诉；

（四）保全和先予执行；

（五）准许或者不准许撤诉；

（六）中止或者终结诉讼；

（七）补正判决书中的笔误；

（八）中止或者终结执行；

（九）撤销或者不予执行仲裁裁决；

（十）不予执行公证机关赋予强制执行效力的债权文书；

（十一）其他需要裁定解决的事项。

对前款第一项至第三项裁定，可以上诉。

裁定书应当写明裁定结果和作出该裁定的理由。裁定书由审判人员、书记员署名，加盖人民法院印章。口头裁定的，记入笔录。

第一百五十五条 【一审裁判的生效】最高人民法院的判决、裁定，以及依法不准上诉或者超过上诉期没有上诉的判决、裁定，是发生法律效力的判决、裁定。

第一百五十六条 【判决、裁定的公开】公众可以查阅发生法律效力的判决书、裁定书，但涉及国家秘密、商业秘密和个人隐私的内容除外。

第十三章 简易程序

第一百五十七条 【简易程序的适用范围】基层人民法院和它派出的法庭审理事实清楚、权利义务关系明确、争议不大的简单的民事案件，适用本章规定。

基层人民法院和它派出的法庭审理前款规定以外的民事案件，当事人双方也可以约定适用简易程序。

第一百五十八条 【简易程序的起诉方式和受理程序】对简单的民事案件，原告可以口头起诉。

当事人双方可以同时到基层人民法院或者它派出的法庭，请求解决纠纷。基层人民法院或者它派出的法庭可以当即审理，也可以另定日期审理。

第一百五十九条 【简易程序的传唤方式】基层人民法院和它派出的法庭审理简单的民事案件，可以用简便方式传唤当事人和证人、送达诉讼文书、审理案件，但应当保障当事人陈述意见的权利。

第一百六十条 【简易程序的独任审理】简单的民事案件由审判员一人独任审理，并不受本法第一百三十六条、第一百三十八条、第一百四十一条规定的限制。

第一百六十一条 【简易程序的审限】人民法院适用简易程序审理案件，应当在立案之日起三个月内审结。

第一百六十二条 【简易程序一审终审的适用条件】基层人民法院和它派出的法庭审理符合本法第一百五十七条第一款规定的简单的民事案件，标的额为各省、自治区、直辖市上年度就业人员年平均工资百分之三十以下的，实行一审终审。

第一百六十三条 【简易程序转为普通程序】人民法院在审理过程中，发现案件不宜适用简易程序的，裁定转为普通程序。

第十四章 第二审程序

第一百六十四条 【上诉权】当事人不服地方人民法院

第一审判决的，有权在判决书送达之日起十五日内向上一级人民法院提起上诉。

当事人不服地方人民法院第一审裁定的，有权在裁定书送达之日起十日内向上一级人民法院提起上诉。

第一百六十五条 【上诉状的内容】上诉应当递交上诉状。上诉状的内容，应当包括当事人的姓名，法人的名称及其法定代表人的姓名或者其他组织的名称及其主要负责人的姓名；原审人民法院名称、案件的编号和案由；上诉的请求和理由。

第一百六十六条 【上诉的提起】上诉状应当通过原审人民法院提出，并按照对方当事人或者代表人的人数提出副本。

当事人直接向第二审人民法院上诉的，第二审人民法院应当在五日内将上诉状移交原审人民法院。

第一百六十七条 【上诉的受理】原审人民法院收到上诉状，应当在五日内将上诉状副本送达对方当事人，对方当事人在收到之日起十五日内提出答辩状。人民法院应当在收到答辩状之日起五日内将副本送达上诉人。对方当事人不提出答辩状的，不影响人民法院审理。

原审人民法院收到上诉状、答辩状，应当在五日内连同全部案卷和证据，报送第二审人民法院。

第一百六十八条 【二审的审理范围】第二审人民法院应当对上诉请求的有关事实和适用法律进行审查。

第一百六十九条 【二审的审理方式和地点】第二审人民法院对上诉案件，应当组成合议庭，开庭审理。经过阅卷、调查和询问当事人，对没有提出新的事实、证据或者理由，合议庭认为不需要开庭审理的，可以不开庭审理。

第二审人民法院审理上诉案件，可以在本院进行，也可以到案件发生地或者原审人民法院所在地进行。

第一百七十条 【二审裁判】第二审人民法院对上诉案件，经过审理，按照下列情形，分别处理：

（一）原判决、裁定认定事实清楚，适用法律正确的，以判决、裁定方式驳回上诉，维持原判决、裁定；

（二）原判决、裁定认定事实错误或者适用法律错误的，以判决、裁定方式依法改判、撤销或者变更；

（三）原判决认定基本事实不清的，裁定撤销原判决，发回原审人民法院重审，或者查清事实后改判；

（四）原判决遗漏当事人或者违法缺席判决等严重违反法定程序的，裁定撤销原判决，发回原审人民法院重审。

原审人民法院对发回重审的案件作出判决后，当事人提起上诉的，第二审人民法院不得再次发回重审。

第一百七十一条 【对一审适用裁定的上诉案件的处理】第二审人民法院对不服第一审人民法院裁定的上诉案件的处理，一律使用裁定。

第一百七十二条 【上诉案件的调解】第二审人民法院审理上诉案件，可以进行调解。调解达成协议，应当制作调解书，由审判人员、书记员署名，加盖人民法院印章。调解书送达后，原审人民法院的判决即视为撤销。

第一百七十三条 【上诉的撤回】第二审人民法院判决宣告前，上诉人申请撤回上诉的，是否准许，由第二审人民法院裁定。

第一百七十四条 【二审适用的程序】第二审人民法院审理上诉案件，除依照本章规定外，适用第一审普通程序。

第一百七十五条 【二审裁判的效力】第二审人民法院的判决、裁定，是终审的判决、裁定。

第一百七十六条 【二审审限】人民法院审理对判决的上诉案件，应当在第二审立案之日起三个月内审结。有特殊情况需要延长的，由本院院长批准。

人民法院审理对裁定的上诉案件，应当在第二审立案之日起三十日内作出终审裁定。

第十五章 特别程序

第一节 一般规定

第一百七十七条 【特别程序的适用范围】人民法院审理选民资格案件、宣告失踪或者宣告死亡案件、认定公民无民事行为能力或者限制民事行为能力案件、认定财产无主案件、确认调解协议案件和实现担保物权案件，适用本章规定。本章没有规定的，适用本法和其他法律的有关规定。

第一百七十八条 【一审终审与独任审理】依照本章程序审理的案件，实行一审终审。选民资格案件或者重大、疑难的案件，由审判员组成合议庭审理；其他案件由审判员一人独任审理。

第一百七十九条 【特别程序的转换】人民法院在依照本章程序审理案件的过程中，发现本案属于民事权益争议的，应当裁定终结特别程序，并告知利害关系人可以另行起诉。

第一百八十条 【特别程序的审限】人民法院适用特别程序审理的案件，应当在立案之日起三十日内或者公告期满后三十日内审结。有特殊情况需要延长的，由本院院长批准。但审理选民资格的案件除外。

第二节 选民资格案件

第一百八十一条 【起诉与管辖】公民不服选举委员会对选民资格的申诉所作的处理决定，可以在选举日的五日以前向选区所在地基层人民法院起诉。

第一百八十二条 【审理、审限及判决】人民法院受理选民资格案件后，必须在选举日前审结。

审理时，起诉人、选举委员会的代表和有关公民必须参加。

人民法院的判决书，应当在选举日前送达选举委员会和起诉人，并通知有关公民。

第三节 宣告失踪、宣告死亡案件

第一百八十三条 【宣告失踪案件的提起】公民下落不明满二年，利害关系人申请宣告其失踪的，向下落不明人住所地基层人民法院提出。

申请书应当写明失踪的事实、时间和请求，并附有公安机关或者其他有关机关关于该公民下落不明的书面证明。

第一百八十四条 【宣告死亡案件的提起】公民下落不明满四年，或者因意外事故下落不明满二年，或者因意外事故下落不明，经有关机关证明该公民不可能生存，利害关系人申请宣告其死亡的，向下落不明人住所地基层人民法院提出。

申请书应当写明下落不明的事实、时间和请求，并附有公安机关或者其他有关机关关于该公民下落不明的书面证明。

第一百八十五条 【公告与判决】人民法院受理宣告失踪、宣告死亡案件后，应当发出寻找下落不明人的公告。宣告失踪的公告期间为三个月，宣告死亡的公告期间为一年。因意外事故下落不明，经有关机关证明该公民不可能生存的，宣告死亡的公告期间为三个月。

公告期间届满，人民法院应当根据被宣告失踪、宣告死亡的事实是否得到确认，作出宣告失踪、宣告死亡的判决或者驳回申请的判决。

第一百八十六条 【判决的撤销】被宣告失踪、宣告死亡的公民重新出现，经本人或者利害关系人申请，人民法院应当作出新判决，撤销原判决。

第四节 认定公民无民事行为能力、限制民事行为能力案件

第一百八十七条 【认定公民无民事行为能力、限制民事行为能力案件的提起】申请认定公民无民事行为能力或者限制民事行为能力，由其近亲属或者其他利害关系人向该公民住所地基层人民法院提出。

申请书应当写明该公民无民事行为能力或者限制民事行为能力的事实和根据。

第一百八十八条 【民事行为能力鉴定】人民法院受理申请后，必要时应当对被请求认定为无民事行为能力或者限制民事行为能力的公民进行鉴定。申请人已提供鉴定意见的，应当对鉴定意见进行审查。

第一百八十九条 【审理及判决】人民法院审理认定公民无民事行为能力或者限制民事行为能力的案件，应当由该公民的近亲属为代理人，但申请人除外。近亲属互相推诿的，由人民法院指定其中一人为代理人。该公民健康情况许可的，还应当询问本人的意见。

人民法院经审理认定申请有事实根据的，判决该公民为无民事行为能力或者限制民事行为能力人；认定申请没有事实根据的，应当判决予以驳回。

第一百九十条 【判决的撤销】人民法院根据被认定为无民事行为能力人、限制民事行为能力人或者他的监护人的申请，证实该公民无民事行为能力或者限制民事行为能力的原因已经消除的，应当作出新判决，撤销原判决。

第五节 认定财产无主案件

第一百九十一条 【财产无主案件的提起】申请认定财产无主，由公民、法人或者其他组织向财产所在地基层人民法院提出。

申请书应当写明财产的种类、数量以及要求认定财产无主的根据。

第一百九十二条 【公告及判决】人民法院受理申请后，经审查核实，应当发出财产认领公告。公告满一年无人认领的，判决认定财产无主，收归国家或者集体所有。

第一百九十三条 【判决的撤销】判决认定财产无主后，原财产所有人或者继承人出现，在民法通则规定的诉讼时效期间可以对财产提出请求，人民法院审查属实后，应当作出新判决，撤销原判决。

第六节 确认调解协议案件

第一百九十四条 【确认调解协议案件的提起】申请司法确认调解协议，由双方当事人依照人民调解法等法律，自调解协议生效之日起三十日内，共同向调解组织所在地基层人民法院提出。

第一百九十五条 【审查及裁定】人民法院受理申请后，经审查，符合法律规定的，裁定调解协议有效，一方当事人拒绝履行或者未全部履行的，对方当事人可以向人民法院申请执行；不符合法律规定的，裁定驳回申请，当事人可以通过调解方式变更原调解协议或者达成新的调解协议，也可以向人民法院提起诉讼。

第七节 实现担保物权案件

第一百九十六条 【实现担保物权案件的提起】申请实现担保物权，由担保物权人以及其他有权请求实现担保物权的人依照物权法等法律，向担保财产所在地或者担保物权登记地基层人民法院提出。

第一百九十七条 【审查及裁定】人民法院受理申请后，经审查，符合法律规定的，裁定拍卖、变卖担保财产，当事人依据该裁定可以向人民法院申请执行；不符合法律规定的，裁定驳回申请，当事人可以向人民法院提起诉讼。

第十六章 审判监督程序

第一百九十八条 【人民法院决定再审】各级人民法院院长对本院已经发生法律效力的判决、裁定、调解书，发现确有错误，认为需要再审的，应当提交审判委员会讨论决定。

最高人民法院对地方各级人民法院已经发生法律效力的判决、裁定、调解书,上级人民法院对下级人民法院已经发生法律效力的判决、裁定、调解书,发现确有错误的,有权提审或者指令下级人民法院再审。

第一百九十九条 【当事人申请再审】当事人对已经发生法律效力的判决、裁定,认为有错误的,可以向上一级人民法院申请再审;当事人一方人数众多或者当事人双方为公民的案件,也可以向原审人民法院申请再审。当事人申请再审的,不停止判决、裁定的执行。

第二百条 【再审事由】当事人的申请符合下列情形之一的,人民法院应当再审:

(一)有新的证据,足以推翻原判决、裁定的;

(二)原判决、裁定认定的基本事实缺乏证据证明的;

(三)原判决、裁定认定事实的主要证据是伪造的;

(四)原判决、裁定认定事实的主要证据未经质证的;

(五)对审理案件需要的主要证据,当事人因客观原因不能自行收集,书面申请人民法院调查收集,人民法院未调查收集的;

(六)原判决、裁定适用法律确有错误的;

(七)审判组织的组成不合法或者依法应当回避的审判人员没有回避的;

(八)无诉讼行为能力人未经法定代理人代为诉讼或者应当参加诉讼的当事人,因不能归责于本人或者其诉讼代理人的事由,未参加诉讼的;

(九)违反法律规定,剥夺当事人辩论权利的;

(十)未经传票传唤,缺席判决的;

(十一)原判决、裁定遗漏或者超出诉讼请求的;

(十二)据以作出原判决、裁定的法律文书被撤销或者变更的;

(十三)审判人员审理该案件时有贪污受贿,徇私舞弊,枉法裁判行为的。

第二百零一条 【调解书的再审】当事人对已经发生法律效力的调解书,提出证据证明调解违反自愿原则或者调解协议的内容违反法律的,可以申请再审。经人民法院审查属实的,应当再审。

第二百零二条 【不得申请再审的案件】当事人对已经发生法律效力的解除婚姻关系的判决、调解书,不得申请再审。

第二百零三条 【再审申请以及审查】当事人申请再审的,应当提交再审申请书等材料。人民法院应当自收到再审申请书之日起五日内将再审申请书副本发送对方当事人。对方当事人应当自收到再审申请书副本之日起十五日内提交书面意见;不提交书面意见的,不影响人民法院审查。人民法院可以要求申请人和对方当事人补充有关材料,询问有关事项。

第二百零四条 【再审申请的审查期限以及再审案件管辖法院】人民法院应当自收到再审申请书之日起三个月内审查,符合本法规定的,裁定再审;不符合本法规定的,裁定驳回申请。有特殊情况需要延长的,由本院院长批准。

因当事人申请裁定再审的案件由中级人民法院以上的人民法院审理,但当事人依照本法第一百九十九条的规定选择向基层人民法院申请再审的除外。最高人民法院、高级人民法院裁定再审的案件,由本院再审或者交其他人民法院再审,也可以交原审人民法院再审。

第二百零五条 【当事人申请再审的期限】当事人申请再审,应当在判决、裁定发生法律效力后六个月内提出;有本法第二百条第一项、第三项、第十二项、第十三项规定情形的,自知道或者应当知道之日起六个月内提出。

第二百零六条 【中止原判决的执行及例外】按照审判监督程序决定再审的案件,裁定中止原判决、裁定、调解书的执行,但追索赡养费、扶养费、抚育费、抚恤金、医疗费用、劳动报酬等案件,可以不中止执行。

第二百零七条 【再审案件的审理程序】人民法院按照审判监督程序再审的案件,发生法律效力的判决、裁定是由第一审法院作出的,按照第一审程序审理,所作的判决、裁定,当事人可以上诉;发生法律效力的判决、裁定是由第二审法院作出的,按照第二审程序审理,所作的判决、裁定,是发生法律效力的判决、裁定;上级人民法院按照审判监督程序提审的,按照第二审程序审理,所作的判决、裁定是发生法律效力的判决、裁定。

人民法院审理再审案件,应当另行组成合议庭。

第二百零八条 【人民检察院提起抗诉】最高人民检察院对各级人民法院已经发生法律效力的判决、裁定,上级人民检察院对下级人民法院已经发生法律效力的判决、裁定,发现有本法第二百条规定情形之一的,或者发现调解书损害国家利益、社会公共利益的,应当提出抗诉。

地方各级人民检察院对同级人民法院已经发生法律效力的判决、裁定,发现有本法第二百条规定情形之一的,或者发现调解书损害国家利益、社会公共利益的,可以向同级人民法院提出检察建议,并报上级人民检察院备案;也可以提请上级人民检察院向同级人民法院提出抗诉。

各级人民检察院对审判监督程序以外的其他审判程序中审判人员的违法行为,有权向同级人民法院提出检察建议。

第二百零九条 【当事人申请再审检察建议及抗诉的条件】有下列情形之一的,当事人可以向人民检察院申请检察建议或者抗诉:

(一)人民法院驳回再审申请的;

(二)人民法院逾期未对再审申请作出裁定的;

(三)再审判决、裁定有明显错误的。

人民检察院对当事人的申请应当在三个月内进行审查,作出提出或者不予提出检察建议或者抗诉的决定。当事人不得再次向人民检察院申请检察建议或者抗诉。

第二百一十条 【抗诉案件的调查】人民检察院因履行法律监督职责提出检察建议或者抗诉的需要，可以向当事人或者案外人调查核实有关情况。

第二百一十一条 【抗诉案件裁定再审的期限及审理法院】人民检察院提出抗诉的案件，接受抗诉的人民法院应当自收到抗诉书之日起三十日内作出再审的裁定；有本法第二百条第一项至第五项规定情形之一的，可以交下一级人民法院再审，但经该下一级人民法院再审的除外。

第二百一十二条 【抗诉书】人民检察院决定对人民法院的判决、裁定、调解书提出抗诉的，应当制作抗诉书。

第二百一十三条 【人民检察院派员出庭】人民检察院提出抗诉的案件，人民法院再审时，应当通知人民检察院派员出席法庭。

第十七章 督促程序

第二百一十四条 【支付令的申请】债权人请求债务人给付金钱、有价证券，符合下列条件的，可以向有管辖权的基层人民法院申请支付令：

（一）债权人与债务人没有其他债务纠纷的；

（二）支付令能够送达债务人的。

申请书应当写明请求给付金钱或者有价证券的数量和所根据的事实、证据。

第二百一十五条 【支付令申请的受理】债权人提出申请后，人民法院应当在五日内通知债权人是否受理。

第二百一十六条 【审理】人民法院受理申请后，经审查债权人提供的事实、证据，对债权债务关系明确、合法的，应当在受理之日起十五日内向债务人发出支付令；申请不成立的，裁定予以驳回。

债务人应当自收到支付令之日起十五日内清偿债务，或者向人民法院提出书面异议。

债务人在前款规定的期间不提出异议又不履行支付令的，债权人可以向人民法院申请执行。

第二百一十七条 【支付令的异议及失效的处理】人民法院收到债务人提出的书面异议后，经审查，异议成立的，应当裁定终结督促程序，支付令自行失效。

支付令失效的，转入诉讼程序，但申请支付令的一方当事人不同意提起诉讼的除外。

第十八章 公示催告程序

第二百一十八条 【公示催告程序的提起】按照规定可以背书转让的票据持有人，因票据被盗、遗失或者灭失，可以向票据支付地的基层人民法院申请公示催告。依照法律规定可以申请公示催告的其他事项，适用本章规定。

申请人应当向人民法院递交申请书，写明票面金额、发票人、持票人、背书人等票据主要内容和申请的理由、事实。

第二百一十九条 【受理、止付通知与公告】人民法院决定受理申请，应当同时通知支付人停止支付，并在三日内发出公告，催促利害关系人申报权利。公示催告的期间，由人民法院根据情况决定，但不得少于六十日。

第二百二十条 【止付通知和公告的效力】支付人收到人民法院停止支付的通知，应当停止支付，至公示催告程序终结。

公示催告期间，转让票据权利的行为无效。

第二百二十一条 【利害关系人申报权利】利害关系人应当在公示催告期间向人民法院申报。

人民法院收到利害关系人的申报后，应当裁定终结公示催告程序，并通知申请人和支付人。

申请人或者申报人可以向人民法院起诉。

第二百二十二条 【除权判决】没有人申报的，人民法院应当根据申请人的申请，作出判决，宣告票据无效。判决应当公告，并通知支付人。自判决公告之日起，申请人有权向支付人请求支付。

第二百二十三条 【除权判决的撤销】利害关系人因正当理由不能在判决前向人民法院申报的，自知道或者应当知道判决公告之日起一年内，可以向作出判决的人民法院起诉。

第三编 执行程序

第十九章 一般规定

第二百二十四条 【执行依据及管辖】发生法律效力的民事判决、裁定，以及刑事判决、裁定中的财产部分，由第一审人民法院或者与第一审人民法院同级的被执行的财产所在地人民法院执行。

法律规定由人民法院执行的其他法律文书，由被执行人住所地或者被执行的财产所在地人民法院执行。

第二百二十五条 【对违法的执行行为的异议】当事人、利害关系人认为执行行为违反法律规定的，可以向负责执行的人民法院提出书面异议。当事人、利害关系人提出书面异议的，人民法院应当自收到书面异议之日起十五日内审查，理由成立的，裁定撤销或者改正；理由不成立的，裁定驳回。当事人、利害关系人对裁定不服的，可以自裁定送达之日起十日内向上一级人民法院申请复议。

第二百二十六条 【变更执行法院】人民法院自收到申请执行书之日起超过六个月未执行的，申请执行人可以向上一级人民法院申请执行。上一级人民法院经审查，可以责令原人民法院在一定期限内执行，也可以决定由本院执行或者指令其他人民法院执行。

第二百二十七条 【案外人异议】执行过程中，案外人对执行标的提出书面异议的，人民法院应当自收到书面异议之日起十五日内审查，理由成立的，裁定中止对该标的的执行；理由不成立的，裁定驳回。案外人、当事人对裁定不服，认为原判决、裁定错误的,依照审判监督程序办理;与原判决、裁定无关的,可以自裁定送达之日起十五日内向人民法院提起诉讼。

第二百二十八条 【执行员与执行机构】执行工作由执行员进行。

采取强制执行措施时,执行员应当出示证件。执行完毕后,应当将执行情况制作笔录,由在场的有关人员签名或者盖章。

人民法院根据需要可以设立执行机构。

第二百二十九条 【委托执行】被执行人或者被执行的财产在外地的,可以委托当地人民法院代为执行。受委托人民法院收到委托函件后,必须在十五日内开始执行,不得拒绝。执行完毕后,应当将执行结果及时函复委托人民法院;在三十日内如果还未执行完毕,也应当将执行情况函告委托人民法院。

受委托人民法院自收到委托函件之日起十五日内不执行的,委托人民法院可以请求受委托人民法院的上级人民法院指令受委托人民法院执行。

第二百三十条 【执行和解】在执行中,双方当事人自行和解达成协议的,执行员应当将协议内容记入笔录,由双方当事人签名或者盖章。

申请执行人因受欺诈、胁迫与被执行人达成和解协议,或者当事人不履行和解协议的,人民法院可以根据当事人的申请,恢复对原生效法律文书的执行。

第二百三十一条 【执行担保】在执行中,被执行人向人民法院提供担保,并经申请执行人同意的,人民法院可以决定暂缓执行及暂缓执行的期限。被执行人逾期仍不履行的,人民法院有权执行被执行人的担保财产或者担保人的财产。

第二百三十二条 【被执行主体的变更】作为被执行人的公民死亡的,以其遗产偿还债务。作为被执行人的法人或者其他组织终止的,由其权利义务承受人履行义务。

第二百三十三条 【执行回转】执行完毕后,据以执行的判决、裁定和其他法律文书确有错误,被人民法院撤销的,对已被执行的财产,人民法院应当作出裁定,责令取得财产的人返还;拒不返还的,强制执行。

第二百三十四条 【法院调解书的执行】人民法院制作的调解书的执行,适用本编的规定。

第二百三十五条 【对执行的法律监督】人民检察院有权对民事执行活动实行法律监督。

第二十章 执行的申请和移送

第二百三十六条 【申请执行与移送执行】发生法律效力的民事判决、裁定,当事人必须履行。一方拒绝履行的,对方当事人可以向人民法院申请执行,也可以由审判员移送执行员执行。

调解书和其他应当由人民法院执行的法律文书,当事人必须履行。一方拒绝履行的,对方当事人可以向人民法院申请执行。

第二百三十七条 【仲裁裁决的申请执行】对依法设立的仲裁机构的裁决,一方当事人不履行的,对方当事人可以向有管辖权的人民法院申请执行。受申请的人民法院应当执行。

被申请人提出证据证明仲裁裁决有下列情形之一的,经人民法院组成合议庭审查核实,裁定不予执行:

(一)当事人在合同中没有订有仲裁条款或者事后没有达成书面仲裁协议的;

(二)裁决的事项不属于仲裁协议的范围或者仲裁机构无权仲裁的;

(三)仲裁庭的组成或者仲裁的程序违反法定程序的;

(四)裁决所根据的证据是伪造的;

(五)对方当事人向仲裁机构隐瞒了足以影响公正裁决的证据的;

(六)仲裁员在仲裁该案时有贪污受贿,徇私舞弊,枉法裁决行为的。

人民法院认定执行该裁决违背社会公共利益的,裁定不予执行。

裁定书应当送达双方当事人和仲裁机构。

仲裁裁决被人民法院裁定不予执行的,当事人可以根据双方达成的书面仲裁协议重新申请仲裁,也可以向人民法院起诉。

第二百三十八条 【公证债权文书的申请执行】对公证机关依法赋予强制执行效力的债权文书,一方当事人不履行的,对方当事人可以向有管辖权的人民法院申请执行,受申请的人民法院应当执行。

公证债权文书确有错误的,人民法院裁定不予执行,并将裁定书送达双方当事人和公证机关。

第二百三十九条 【申请执行期间】申请执行的期间为二年。申请执行时效的中止、中断,适用法律有关诉讼时效中止、中断的规定。

前款规定的期间,从法律文书规定履行期间的最后一日起计算;法律文书规定分期履行的,从规定的每次履行期间的最后一日起计算;法律文书未规定履行期间的,从法律文书生效之日起计算。

第二百四十条 【执行通知】执行员接到申请执行书或者移交执行书,应当向被执行人发出执行通知,并可以立即采取强制执行措施。

第二十一章 执行措施

第二百四十一条 【被执行人报告财产情况】被执行人未按执行通知履行法律文书确定的义务,应当报告当前以及收到执行通知之日前一年的财产情况。被执行人拒绝报告或者虚假报告的,人民法院可以根据情节轻重对被执行人或者其法定代理人、有关单位的主要负责人或者直接责任人员予以罚款、拘留。

第二百四十二条 【被执行人存款等财产的执行】被执行人未按执行通知履行法律文书确定的义务，人民法院有权向有关单位查询被执行人的存款、债券、股票、基金份额等财产情况。人民法院有权根据不同情形扣押、冻结、划拨、变价被执行人的财产。人民法院查询、扣押、冻结、划拨、变价的财产不得超出被执行人应当履行义务的范围。

人民法院决定扣押、冻结、划拨、变价财产，应当作出裁定，并发出协助执行通知书，有关单位必须办理。

第二百四十三条 【被执行人收入的执行】被执行人未按执行通知履行法律文书确定的义务，人民法院有权扣留、提取被执行人应当履行义务部分的收入。但应当保留被执行人及其所扶养家属的生活必需费用。

人民法院扣留、提取收入时，应当作出裁定，并发出协助执行通知书，被执行人所在单位、银行、信用合作社和其他有储蓄业务的单位必须办理。

第二百四十四条 【被执行人其他财产的执行】被执行人未按执行通知履行法律文书确定的义务，人民法院有权查封、扣押、冻结、拍卖、变卖被执行人应当履行义务部分的财产。但应当保留被执行人及其所扶养家属的生活必需品。

采取前款措施，人民法院应当作出裁定。

第二百四十五条 【查封、扣押】人民法院查封、扣押财产时，被执行人是公民的，应当通知被执行人或者他的成年家属到场；被执行人是法人或者其他组织的，应当通知其法定代表人或者主要负责人到场。拒不到场的，不影响执行。被执行人是公民的，其工作单位或者财产所在地的基层组织应当派人参加。

对被查封、扣押的财产，执行员必须造具清单，由在场人签名或者盖章后，交被执行人一份。被执行人是公民的，也可以交他的成年家属一份。

第二百四十六条 【被查封财产的保管】被查封的财产，执行员可以指定被执行人负责保管。因被执行人的过错造成的损失，由被执行人承担。

第二百四十七条 【拍卖、变卖】财产被查封、扣押后，执行员应当责令被执行人在指定期间履行法律文书确定的义务。被执行人逾期不履行的，人民法院应当拍卖被查封、扣押的财产；不适于拍卖或者当事人双方同意不进行拍卖的，人民法院可以委托有关单位变卖或者自行变卖。国家禁止自由买卖的物品，交有关单位按照国家规定的价格收购。

第二百四十八条 【搜查】被执行人不履行法律文书确定的义务，并隐匿财产的，人民法院有权发出搜查令，对被执行人及其住所或者财产隐匿地进行搜查。

采取前款措施，由院长签发搜查令。

第二百四十九条 【指定交付】法律文书指定交付的财物或者票证，由执行员传唤双方当事人当面交付，或者由执行员转交，并由被交付人签收。

有关单位持有该项财物或者票证的，应当根据人民法院的协助执行通知书转交，并由被交付人签收。

有关公民持有该项财物或者票证的，人民法院通知其交出。拒不交出的，强制执行。

第二百五十条 【强制迁出】强制迁出房屋或者强制退出土地，由院长签发公告，责令被执行人在指定期间履行。被执行人逾期不履行的，由执行员强制执行。

强制执行时，被执行人是公民的，应当通知被执行人或者他的成年家属到场；被执行人是法人或者其他组织的，应当通知其法定代表人或者主要负责人到场。拒不到场的，不影响执行。被执行人是公民的，其工作单位或者房屋、土地所在地的基层组织应当派人参加。执行员应当将强制执行情况记入笔录，由在场人签名或者盖章。

强制迁出房屋被搬出的财物，由人民法院派人运至指定处所，交给被执行人。被执行人是公民的，也可以交给他的成年家属。因拒绝接收而造成的损失，由被执行人承担。

第二百五十一条 【财产权证照转移】在执行中，需要办理有关财产权证照转移手续的，人民法院可以向有关单位发出协助执行通知书，有关单位必须办理。

第二百五十二条 【行为的执行】对判决、裁定和其他法律文书指定的行为，被执行人未按执行通知履行的，人民法院可以强制执行或者委托有关单位或者其他人完成，费用由被执行人承担。

第二百五十三条 【迟延履行的责任】被执行人未按判决、裁定和其他法律文书指定的期间履行给付金钱义务的，应当加倍支付迟延履行期间的债务利息。被执行人未按判决、裁定和其他法律文书指定的期间履行其他义务的，应当支付迟延履行金。

第二百五十四条 【继续执行】人民法院采取本法第二百四十二条、第二百四十三条、第二百四十四条规定的执行措施后，被执行人仍不能偿还债务的，应当继续履行义务。债权人发现被执行人有其他财产的，可以随时请求人民法院执行。

第二百五十五条 【对被执行人的限制措施】被执行人不履行法律文书确定的义务的，人民法院可以对其采取或者通知有关单位协助采取限制出境，在征信系统记录、通过媒体公布不履行义务信息以及法律规定的其他措施。

第二十二章 执行中止和终结

第二百五十六条 【中止执行】有下列情形之一的，人民法院应当裁定中止执行：

（一）申请人表示可以延期执行的；

（二）案外人对执行标的提出确有理由的异议的；

（三）作为一方当事人的公民死亡，需要等待继承人继承权利或者承担义务的；

（四）作为一方当事人的法人或者其他组织终止，尚未确定权利义务承受人的；

（五）人民法院认为应当中止执行的其他情形。

中止的情形消失后，恢复执行。

第二百五十七条　【终结执行】有下列情形之一的，人民法院裁定终结执行：

（一）申请人撤销申请的；

（二）据以执行的法律文书被撤销的；

（三）作为被执行人的公民死亡，无遗产可供执行，又无义务承担人的；

（四）追索赡养费、扶养费、抚育费案件的权利人死亡的；

（五）作为被执行人的公民因生活困难无力偿还借款，无收入来源，又丧失劳动能力的；

（六）人民法院认为应当终结执行的其他情形。

第二百五十八条　【执行中止、终结裁定的生效】中止和终结执行的裁定，送达当事人后立即生效。

第四编　涉外民事诉讼程序的特别规定

第二十三章　一 般 原 则

第二百五十九条　【适用本法原则】在中华人民共和国领域内进行涉外民事诉讼，适用本编规定。本编没有规定的，适用本法其他有关规定。

第二百六十条　【信守国际条约原则】中华人民共和国缔结或者参加的国际条约同本法有不同规定的，适用该国际条约的规定，但中华人民共和国声明保留的条款除外。

第二百六十一条　【司法豁免原则】对享有外交特权与豁免的外国人、外国组织或者国际组织提起的民事诉讼，应当依照中华人民共和国有关法律和中华人民共和国缔结或者参加的国际条约的规定办理。

第二百六十二条　【使用我国通用语言、文字原则】人民法院审理涉外民事案件，应当使用中华人民共和国通用的语言、文字。当事人要求提供翻译的，可以提供，费用由当事人承担。

第二百六十三条　【委托中国律师代理诉讼原则】外国人、无国籍人、外国企业和组织在人民法院起诉、应诉，需要委托律师代理诉讼的，必须委托中华人民共和国的律师。

第二百六十四条　【委托授权书的公证与认证】在中华人民共和国领域内没有住所的外国人、无国籍人、外国企业和组织委托中华人民共和国律师或者其他人代理诉讼，从中华人民共和国领域外寄交或者托交的授权委托书，应当经所在国公证机关证明，并经中华人民共和国驻该国使领馆认证，或者履行中华人民共和国与该所在国订立的有关条约中规定的证明手续后，才具有效力。

第二十四章　管　　辖

第二百六十五条　【特殊地域管辖】因合同纠纷或者其他财产权益纠纷，对在中华人民共和国领域内没有住所的被告提起的诉讼，如果合同在中华人民共和国领域内签订或者履行，或者诉讼标的物在中华人民共和国领域内，或者被告在中华人民共和国领域内有可供扣押的财产，或者被告在中华人民共和国领域内设有代表机构，可以由合同签订地、合同履行地、诉讼标的物所在地、可供扣押财产所在地、侵权行为地或者代表机构住所地人民法院管辖。

第二百六十六条　【专属管辖】因在中华人民共和国履行中外合资经营企业合同、中外合作经营企业合同、中外合作勘探开发自然资源合同发生纠纷提起的诉讼，由中华人民共和国人民法院管辖。

第二十五章　送达、期间

第二百六十七条　【送达方式】人民法院对在中华人民共和国领域内没有住所的当事人送达诉讼文书，可以采用下列方式：

（一）依照受送达人所在国与中华人民共和国缔结或者共同参加的国际条约中规定的方式送达；

（二）通过外交途径送达；

（三）对具有中华人民共和国国籍的受送达人，可以委托中华人民共和国驻受送达人所在国的使领馆代为送达；

（四）向受送达人委托的有权代其接受送达的诉讼代理人送达；

（五）向受送达人在中华人民共和国领域内设立的代表机构或者有权接受送达的分支机构、业务代办人送达；

（六）受送达人所在国的法律允许邮寄送达的，可以邮寄送达，自邮寄之日起满三个月，送达回证没有退回，但根据各种情况足以认定已经送达的，期间届满之日视为送达；

（七）采用传真、电子邮件等能够确认受送达人收悉的方式送达；

（八）不能用上述方式送达的，公告送达，自公告之日起满三个月，即视为送达。

第二百六十八条　【答辩期间】被告在中华人民共和国领域内没有住所的，人民法院应当将起诉状副本送达被告，并通知被告在收到起诉状副本后三十日内提出答辩状。被告申请延期的，是否准许，由人民法院决定。

第二百六十九条　【上诉期间】在中华人民共和国领域内没有住所的当事人，不服第一审人民法院判决、裁定的，有权在判决书、裁定书送达之日起三十日内提起上诉。被上诉人在收到上诉状副本后，应当在三十日内提出答辩状。当事人不能在法定期间提起上诉或者提出答辩状，申请延期的，是否准许，由人民法院决定。

第二百七十条　【审理期间】人民法院审理涉外民事案件的期间，不受本法第一百四十九条、第一百七十六条规定的限制。

第二十六章　仲　　裁

第二百七十一条　【或裁或审原则】涉外经济贸易、运输和海事中发生的纠纷,当事人在合同中订有仲裁条款或者事后达成书面仲裁协议,提交中华人民共和国涉外仲裁机构或者其他仲裁机构仲裁的,当事人不得向人民法院起诉。

当事人在合同中没有订有仲裁条款或者事后没有达成书面仲裁协议的,可以向人民法院起诉。

第二百七十二条　【仲裁程序中的保全】当事人申请采取保全的,中华人民共和国的涉外仲裁机构应当将当事人的申请,提交被申请人住所地或者财产所在地的中级人民法院裁定。

第二百七十三条　【仲裁裁决的执行】经中华人民共和国涉外仲裁机构裁决的,当事人不得向人民法院起诉。一方当事人不履行仲裁裁决的,对方当事人可以向被申请人住所地或者财产所在地的中级人民法院申请执行。

第二百七十四条　【仲裁裁决不予执行的情形】对中华人民共和国涉外仲裁机构作出的裁决,被申请人提出证据证明仲裁裁决有下列情形之一的,经人民法院组成合议庭审查核实,裁定不予执行:

(一)当事人在合同中没有订有仲裁条款或者事后没有达成书面仲裁协议的;

(二)被申请人没有得到指定仲裁员或者进行仲裁程序的通知,或者由于其他不属于被申请人负责的原因未能陈述意见的;

(三)仲裁庭的组成或者仲裁的程序与仲裁规则不符的;

(四)裁决的事项不属于仲裁协议的范围或者仲裁机构无权仲裁的。

人民法院认定执行该裁决违背社会公共利益的,裁定不予执行。

第二百七十五条　【仲裁裁决不予执行的法律后果】仲裁裁决被人民法院裁定不予执行的,当事人可以根据双方达成的书面仲裁协议重新申请仲裁,也可以向人民法院起诉。

第二十七章　司法协助

第二百七十六条　【司法协助的原则】根据中华人民共和国缔结或者参加的国际条约,或者按照互惠原则,人民法院和外国法院可以相互请求,代为送达文书、调查取证以及进行其他诉讼行为。

外国法院请求协助的事项有损于中华人民共和国的主权、安全或者社会公共利益的,人民法院不予执行。

第二百七十七条　【司法协助的途径】请求和提供司法协助,应当依照中华人民共和国缔结或者参加的国际条约所规定的途径进行;没有条约关系的,通过外交途径进行。

外国驻中华人民共和国的使领馆可以向该国公民送达文书和调查取证,但不得违反中华人民共和国的法律,并不得采取强制措施。

除前款规定的情况外,未经中华人民共和国主管机关准许,任何外国机关或者个人不得在中华人民共和国领域内送达文书、调查取证。

第二百七十八条　【司法协助请求使用的文字】外国法院请求人民法院提供司法协助的请求书及其所附文件,应当附有中文译本或者国际条约规定的其他文字文本。

人民法院请求外国法院提供司法协助的请求书及其所附文件,应当附有该国文字译本或者国际条约规定的其他文字文本。

第二百七十九条　【司法协助程序】人民法院提供司法协助,依照中华人民共和国法律规定的程序进行。外国法院请求采用特殊方式的,也可以按照其请求的特殊方式进行,但请求采用的特殊方式不得违反中华人民共和国法律。

第二百八十条　【申请外国承认和执行】人民法院作出的发生法律效力的判决、裁定,如果被执行人或者其财产不在中华人民共和国领域内,当事人请求执行的,可以由当事人直接向有管辖权的外国法院申请承认和执行,也可以由人民法院依照中华人民共和国缔结或者参加的国际条约的规定,或者按照互惠原则,请求外国法院承认和执行。

中华人民共和国涉外仲裁机构作出的发生法律效力的仲裁裁决,当事人请求执行的,如果被执行人或者其财产不在中华人民共和国领域内,应当由当事人直接向有管辖权的外国法院申请承认和执行。

第二百八十一条　【外国申请承认和执行】外国法院作出的发生法律效力的判决、裁定,需要中华人民共和国人民法院承认和执行的,可以由当事人直接向中华人民共和国有管辖权的中级人民法院申请承认和执行,也可以由外国法院依照该国与中华人民共和国缔结或者参加的国际条约的规定,或者按照互惠原则,请求人民法院承认和执行。

第二百八十二条　【外国法院裁判的承认与执行】人民法院对申请或者请求承认和执行的外国法院作出的发生法律效力的判决、裁定,依照中华人民共和国缔结或者参加的国际条约,或者按照互惠原则进行审查后,认为不违反中华人民共和国法律的基本原则或者国家主权、安全、社会公共利益的,裁定承认其效力,需要执行的,发出执行令,依照本法的有关规定执行。违反中华人民共和国法律的基本原则或者国家主权、安全、社会公共利益的,不予承认和执行。

第二百八十三条　【外国仲裁裁决的承认和执行】国外仲裁机构的裁决,需要中华人民共和国人民法院承认和执行的,应当由当事人直接向被执行人住所地或者其财产所在地的中级人民法院申请,人民法院应当依照中华人民共和国缔结或者参加的国际条约,或者按照互惠原则办理。

第二百八十四条　【施行时间】本法自公布之日起施行,《中华人民共和国民事诉讼法(试行)》同时废止。

中华人民共和国人民法院组织法

（1979年7月1日第五届全国人民代表大会第二次会议通过　根据1983年9月2日第六届全国人民代表大会常务委员会第二次会议《关于修改〈中华人民共和国人民法院组织法〉的决定》第一次修正　根据1986年12月2日第六届全国人民代表大会常务委员会第十八次会议《关于修改〈中华人民共和国地方各级人民代表大会和地方各级人民政府组织法〉的决定》第二次修正　根据2006年10月31日第十届全国人民代表大会常务委员会第二十四次会议《关于修改〈中华人民共和国人民法院组织法〉的决定》第三次修正　2018年10月26日第十三届全国人民代表大会常务委员会第六次会议修订　2018年10月26日中华人民共和国主席令第11号公布　自2019年1月1日起施行）

第一章　总　　则

第一条　为了规范人民法院的设置、组织和职权，保障人民法院依法履行职责，根据宪法，制定本法。

第二条　人民法院是国家的审判机关。

人民法院通过审判刑事案件、民事案件、行政案件以及法律规定的其他案件，惩罚犯罪，保障无罪的人不受刑事追究，解决民事、行政纠纷，保护个人和组织的合法权益，监督行政机关依法行使职权，维护国家安全和社会秩序，维护社会公平正义，维护国家法制统一、尊严和权威，保障中国特色社会主义建设的顺利进行。

第三条　人民法院依照宪法、法律和全国人民代表大会常务委员会的决定设置。

第四条　人民法院依照法律规定独立行使审判权，不受行政机关、社会团体和个人的干涉。

第五条　人民法院审判案件在适用法律上一律平等，不允许任何组织和个人有超越法律的特权，禁止任何形式的歧视。

第六条　人民法院坚持司法公正，以事实为根据，以法律为准绳，遵守法定程序，依法保护个人和组织的诉讼权利和其他合法权益，尊重和保障人权。

第七条　人民法院实行司法公开，法律另有规定的除外。

第八条　人民法院实行司法责任制，建立健全权责统一的司法权力运行机制。

第九条　最高人民法院对全国人民代表大会及其常务委员会负责并报告工作。地方各级人民法院对本级人民代表大会及其常务委员会负责并报告工作。

各级人民代表大会及其常务委员会对本级人民法院的工作实施监督。

第十条　最高人民法院是最高审判机关。

最高人民法院监督地方各级人民法院和专门人民法院的审判工作，上级人民法院监督下级人民法院的审判工作。

第十一条　人民法院应当接受人民群众监督，保障人民群众对人民法院工作依法享有知情权、参与权和监督权。

第二章　人民法院的设置和职权

第十二条　人民法院分为：

（一）最高人民法院；

（二）地方各级人民法院；

（三）专门人民法院。

第十三条　地方各级人民法院分为高级人民法院、中级人民法院和基层人民法院。

第十四条　在新疆生产建设兵团设立的人民法院的组织、案件管辖范围和法官任免，依照全国人民代表大会常务委员会的有关规定。

第十五条　专门人民法院包括军事法院和海事法院、知识产权法院、金融法院等。

专门人民法院的设置、组织、职权和法官任免，由全国人民代表大会常务委员会规定。

第十六条　最高人民法院审理下列案件：

（一）法律规定由其管辖的和其认为应当由自己管辖的第一审案件；

（二）对高级人民法院判决和裁定的上诉、抗诉案件；

（三）按照全国人民代表大会常务委员会的规定提起的上诉、抗诉案件；

（四）按照审判监督程序提起的再审案件；

（五）高级人民法院报请核准的死刑案件。

第十七条　死刑除依法由最高人民法院判决的以外，应当报请最高人民法院核准。

第十八条　最高人民法院可以对属于审判工作中具体应用法律的问题进行解释。

最高人民法院可以发布指导性案例。

第十九条　最高人民法院可以设巡回法庭，审理最高人民法院依法确定的案件。

巡回法庭是最高人民法院的组成部分。巡回法庭的判决和裁定即最高人民法院的判决和裁定。

第二十条　高级人民法院包括：

（一）省高级人民法院；

（二）自治区高级人民法院；

（三）直辖市高级人民法院。

第二十一条　高级人民法院审理下列案件：

（一）法律规定由其管辖的第一审案件；

（二）下级人民法院报请审理的第一审案件；

（三）最高人民法院指定管辖的第一审案件；

（四）对中级人民法院判决和裁定的上诉、抗诉案件；

（五）按照审判监督程序提起的再审案件；

（六）中级人民法院报请复核的死刑案件。

第二十二条 中级人民法院包括：

（一）省、自治区辖市的中级人民法院；

（二）在直辖市内设立的中级人民法院；

（三）自治州中级人民法院；

（四）在省、自治区内按地区设立的中级人民法院。

第二十三条 中级人民法院审理下列案件：

（一）法律规定由其管辖的第一审案件；

（二）基层人民法院报请审理的第一审案件；

（三）上级人民法院指定管辖的第一审案件；

（四）对基层人民法院判决和裁定的上诉、抗诉案件；

（五）按照审判监督程序提起的再审案件。

第二十四条 基层人民法院包括：

（一）县、自治县人民法院；

（二）不设区的市人民法院；

（三）市辖区人民法院。

第二十五条 基层人民法院审理第一审案件，法律另有规定的除外。

基层人民法院对人民调解委员会的调解工作进行业务指导。

第二十六条 基层人民法院根据地区、人口和案件情况，可以设立若干人民法庭。

人民法庭是基层人民法院的组成部分。人民法庭的判决和裁定即基层人民法院的判决和裁定。

第二十七条 人民法院根据审判工作需要，可以设必要的专业审判庭。法官员额较少的中级人民法院和基层人民法院，可以设综合审判庭或者不设审判庭。

人民法院根据审判工作需要，可以设综合业务机构。法官员额较少的中级人民法院和基层人民法院，可以不设综合业务机构。

第二十八条 人民法院根据工作需要，可以设必要的审判辅助机构和行政管理机构。

第三章 人民法院的审判组织

第二十九条 人民法院审理案件，由合议庭或者法官一人独任审理。

合议庭和法官独任审理的案件范围由法律规定。

第三十条 合议庭由法官组成，或者由法官和人民陪审员组成，成员为三人以上单数。

合议庭由一名法官担任审判长。院长或者庭长参加审理案件时，由自己担任审判长。

审判长主持庭审、组织评议案件，评议案件时与合议庭其他成员权利平等。

第三十一条 合议庭评议案件应当按照多数人的意见作出决定，少数人的意见应当记入笔录。评议案件笔录由合议庭全体组成人员签名。

第三十二条 合议庭或者法官独任审理案件形成的裁判文书，经合议庭组成人员或者独任法官签署，由人民法院发布。

第三十三条 合议庭审理案件，法官对案件的事实认定和法律适用负责；法官独任审理案件，独任法官对案件的事实认定和法律适用负责。

人民法院应当加强内部监督，审判活动有违法情形的，应当及时调查核实，并根据违法情形依法处理。

第三十四条 人民陪审员依照法律规定参加合议庭审理案件。

第三十五条 中级以上人民法院设赔偿委员会，依法审理国家赔偿案件。

赔偿委员会由三名以上法官组成，成员应当为单数，按照多数人的意见作出决定。

第三十六条 各级人民法院设审判委员会。审判委员会由院长、副院长和若干资深法官组成，成员应当为单数。

审判委员会会议分为全体会议和专业委员会会议。

中级以上人民法院根据审判工作需要，可以按照审判委员会委员专业和工作分工，召开刑事审判、民事行政审判等专业委员会会议。

第三十七条 审判委员会履行下列职能：

（一）总结审判工作经验；

（二）讨论决定重大、疑难、复杂案件的法律适用；

（三）讨论决定本院已经发生法律效力的判决、裁定、调解书是否应当再审；

（四）讨论决定其他有关审判工作的重大问题。

最高人民法院对属于审判工作中具体应用法律的问题进行解释，应当由审判委员会全体会议讨论通过；发布指导性案例，可以由审判委员会专业委员会会议讨论通过。

第三十八条 审判委员会召开全体会议和专业委员会会议，应当有其组成人员的过半数出席。

审判委员会会议由院长或者院长委托的副院长主持。审判委员会实行民主集中制。

审判委员会举行会议时，同级人民检察院检察长或者检察长委托的副检察长可以列席。

第三十九条 合议庭认为案件需要提交审判委员会讨论决定的，由审判长提出申请，院长批准。

审判委员会讨论案件，合议庭对其汇报的事实负责，审判委员会委员对本人发表的意见和表决负责。审判委员会的决定，合议庭应当执行。

审判委员会讨论案件的决定及其理由应当在裁判文书中公开，法律规定不公开的除外。

第四章 人民法院的人员组成

第四十条 人民法院的审判人员由院长、副院长、审判委员会委员和审判员等人员组成。

第四十一条 人民法院院长负责本院全面工作,监督本院审判工作,管理本院行政事务。人民法院副院长协助院长工作。

第四十二条 最高人民法院院长由全国人民代表大会选举,副院长、审判委员会委员、庭长、副庭长和审判员由院长提请全国人民代表大会常务委员会任免。

最高人民法院巡回法庭庭长、副庭长,由最高人民法院院长提请全国人民代表大会常务委员会任免。

第四十三条 地方各级人民法院院长由本级人民代表大会选举,副院长、审判委员会委员、庭长、副庭长和审判员由院长提请本级人民代表大会常务委员会任免。

在省、自治区内按地区设立的和在直辖市内设立的中级人民法院院长,由省、自治区、直辖市人民代表大会常务委员会根据主任会议的提名决定任免,副院长、审判委员会委员、庭长、副庭长和审判员由高级人民法院院长提请省、自治区、直辖市人民代表大会常务委员会任免。

第四十四条 人民法院院长任期与产生它的人民代表大会每届任期相同。

各级人民代表大会有权罢免由其选出的人民法院院长。在地方人民代表大会闭会期间,本级人民代表大会常务委员会认为人民法院院长需要撤换的,应当报请上级人民代表大会常务委员会批准。

第四十五条 人民法院的法官、审判辅助人员和司法行政人员实行分类管理。

第四十六条 法官实行员额制。法官员额根据案件数量、经济社会发展情况、人口数量和人民法院审级等因素确定。

最高人民法院法官员额由最高人民法院商有关部门确定。地方各级人民法院法官员额,在省、自治区、直辖市内实行总量控制、动态管理。

第四十七条 法官从取得法律职业资格并且具备法律规定的其他条件的人员中选任。初任法官应当由法官遴选委员会进行专业能力审核。上级人民法院的法官一般从下级人民法院的法官中择优遴选。

院长应当具有法学专业知识和法律职业经历。副院长、审判委员会委员应当从法官、检察官或者其他具备法官、检察官条件的人员中产生。

法官的职责、管理和保障,依照《中华人民共和国法官法》的规定。

第四十八条 人民法院的法官助理在法官指导下负责审查案件材料、草拟法律文书等审判辅助事务。

符合法官任职条件的法官助理,经遴选后可以按照法官任免程序任命为法官。

第四十九条 人民法院的书记员负责法庭审理记录等审判辅助事务。

第五十条 人民法院的司法警察负责法庭警戒、人员押解和看管等警务事项。

司法警察依照《中华人民共和国人民警察法》管理。

第五十一条 人民法院根据审判工作需要,可以设司法技术人员,负责与审判工作有关的事项。

第五章 人民法院行使职权的保障

第五十二条 任何单位或者个人不得要求法官从事超出法定职责范围的事务。

对于领导干部等干预司法活动、插手具体案件处理,或者人民法院内部人员过问案件情况的,办案人员应当全面如实记录并报告;有违法违纪情形的,由有关机关根据情节轻重追究行为人的责任。

第五十三条 人民法院作出的判决、裁定等生效法律文书,义务人应当依法履行;拒不履行的,依法追究法律责任。

第五十四条 人民法院采取必要措施,维护法庭秩序和审判权威。对妨碍人民法院依法行使职权的违法犯罪行为,依法追究法律责任。

第五十五条 人民法院实行培训制度,法官、审判辅助人员和司法行政人员应当接受理论和业务培训。

第五十六条 人民法院人员编制实行专项管理。

第五十七条 人民法院的经费按照事权划分的原则列入财政预算,保障审判工作需要。

第五十八条 人民法院应当加强信息化建设,运用现代信息技术,促进司法公开,提高工作效率。

第六章 附 则

第五十九条 本法自2019年1月1日起施行。

中华人民共和国法官法

(1995年2月28日第八届全国人民代表大会常务委员会第十二次会议通过 根据2001年6月30日第九届全国人民代表大会常务委员会第二十二次会议《关于修改〈中华人民共和国法官法〉的决定》第一次修正 根据2017年9月1日第十二届全国人民代表大会常务委员会第二十九次会议《关于修改〈中华人民共和国法官法〉等八部法律的决定》第二次修正 2019年4月23日第十三届全国人民代表大会常务委员会第十次会议修订 2019年4月23日中华人民共和国主席令第27号公布 自2019年10月1日起施行)

第一章 总 则

第一条 【立法目的与根据】为了全面推进高素质法官队伍建设,加强对法官的管理和监督,维护法官合法权益,保障人民法院依法独立行使审判权,保障法官依法履行职责,保障司法公正，根据宪法，制定本法。

第二条 【法官的定义与范围】法官是依法行使国家审判权的审判人员，包括最高人民法院、地方各级人民法院和军事法院等专门人民法院的院长、副院长、审判委员会委员、庭长、副庭长和审判员。

第三条 【法官的基本要求】法官必须忠实执行宪法和法律，维护社会公平正义，全心全意为人民服务。

第四条 【公正对待原则 平等适用法律原则】法官应当公正对待当事人和其他诉讼参与人，对一切个人和组织在适用法律上一律平等。

第五条 【法官的职业伦理】法官应当勤勉尽责，清正廉明，恪守职业道德。

第六条 【法官审判案件的原则和立场】法官审判案件，应当以事实为根据，以法律为准绳，秉持客观公正的立场。

第七条 【法官依法履职不受干涉】法官依法履行职责，受法律保护，不受行政机关、社会团体和个人的干涉。

第二章 法官的职责、义务和权利

第八条 【法官的职责 办案责任制】法官的职责：

（一）依法参加合议庭审判或者独任审判刑事、民事、行政诉讼以及国家赔偿等案件；

（二）依法办理引渡、司法协助等案件；

（三）法律规定的其他职责。

法官在职权范围内对所办理的案件负责。

第九条 【担任特定职务的法官的相应职责】人民法院院长、副院长、审判委员会委员、庭长、副庭长除履行审判职责外，还应当履行与其职务相适应的职责。

第十条 【法官的义务】法官应当履行下列义务：

（一）严格遵守宪法和法律；

（二）秉公办案，不得徇私枉法；

（三）依法保障当事人和其他诉讼参与人的诉讼权利；

（四）维护国家利益、社会公共利益，维护个人和组织的合法权益；

（五）保守国家秘密和审判工作秘密，对履行职责中知悉的商业秘密和个人隐私予以保密；

（六）依法接受法律监督和人民群众监督；

（七）通过依法办理案件以案释法，增强全民法治观念，推进法治社会建设；

（八）法律规定的其他义务。

第十一条 【法官的权利】法官享有下列权利：

（一）履行法官职责应当具有的职权和工作条件；

（二）非因法定事由、非经法定程序，不被调离、免职、降职、辞退或者处分；

（三）履行法官职责应当享有的职业保障和福利待遇；

（四）人身、财产和住所安全受法律保护；

（五）提出申诉或者控告；

（六）法律规定的其他权利。

第三章 法官的条件和遴选

第十二条 【担任法官的条件】担任法官必须具备下列条件：

（一）具有中华人民共和国国籍；

（二）拥护中华人民共和国宪法，拥护中国共产党领导和社会主义制度；

（三）具有良好的政治、业务素质和道德品行；

（四）具有正常履行职责的身体条件；

（五）具备普通高等学校法学类本科学历并获得学士及以上学位；或者普通高等学校非法学类本科及以上学历并获得法律硕士、法学硕士及以上学位；或者普通高等学校非法学类本科及以上学历，获得其他相应学位，并具有法律专业知识；

（六）从事法律工作满五年。其中获得法律硕士、法学硕士学位，或者获得法学博士学位的，从事法律工作的年限可以分别放宽至四年、三年；

（七）初任法官应当通过国家统一法律职业资格考试取得法律职业资格。

适用前款第五项规定的学历条件确有困难的地方，经最高人民法院审核确定，在一定期限内，可以将担任法官的学历条件放宽为高等学校本科毕业。

第十三条 【不得担任法官的情形】下列人员不得担任法官：

（一）因犯罪受过刑事处罚的；

（二）被开除公职的；

（三）被吊销律师、公证员执业证书或者被仲裁委员会除名的；

（四）有法律规定的其他情形的。

第十四条 【法官的选任方式和范围】初任法官采用考试、考核的办法，按照德才兼备的标准，从具备法官条件的人员中择优提出人选。

人民法院的院长应当具有法学专业知识和法律职业经历。副院长、审判委员会委员应当从法官、检察官或者其他具备法官条件的人员中产生。

第十五条 【公开选拔法官的范围和条件】人民法院可以根据审判工作需要，从律师或者法学教学、研究人员等从事法律职业的人员中公开选拔法官。

除应当具备法官任职条件外，参加公开选拔的律师应当实际执业不少于五年，执业经验丰富，从业声誉良好，参加公开选拔的法学教学、研究人员应当具有中级以上职称，从事教学、研究工作五年以上，有突出研究能力和相应研究成果。

第十六条 【法官遴选委员会】省、自治区、直辖市设立法官遴选委员会，负责初任法官人选专业能力的审核。

省级法官遴选委员会的组成人员应当包括地方各级人民法院法官代表、其他从事法律职业的人员和有关方面代表，其中法官代表不少于三分之一。

省级法官遴选委员会的日常工作由高级人民法院的内设职能部门承担。

遴选最高人民法院法官应当设立最高人民法院法官遴选委员会，负责法官人选专业能力的审核。

第十七条 【法官的初任与逐级遴选】初任法官一般到基层人民法院任职。上级人民法院法官一般逐级遴选；最高人民法院和高级人民法院法官可以从下两级人民法院遴选。参加上级人民法院遴选的法官应当在下级人民法院担任法官一定年限，并具有遴选职位相关工作经历。

第四章 法官的任免

第十八条 【法官的任免权限和程序】法官的任免，依照宪法和法律规定的任免权限和程序办理。

最高人民法院院长由全国人民代表大会选举和罢免，副院长、审判委员会委员、庭长、副庭长和审判员，由院长提请全国人民代表大会常务委员会任免。

最高人民法院巡回法庭庭长、副庭长，由院长提请全国人民代表大会常务委员会任免。

地方各级人民法院院长由本级人民代表大会选举和罢免，副院长、审判委员会委员、庭长、副庭长和审判员，由院长提请本级人民代表大会常务委员会任免。

在省、自治区内按地区设立的和在直辖市内设立的中级人民法院的院长，由省、自治区、直辖市人民代表大会常务委员会根据主任会议的提名决定任免，副院长、审判委员会委员、庭长、副庭长和审判员，由高级人民法院院长提请省、自治区、直辖市人民代表大会常务委员会任免。

新疆生产建设兵团各级人民法院、专门人民法院的院长、副院长、审判委员会委员、庭长、副庭长和审判员，依照全国人民代表大会常务委员会的有关规定任免。

第十九条 【法官就职宪法宣誓】法官在依照法定程序产生后，在就职时应当公开进行宪法宣誓。

第二十条 【应当免除法官职务的情形】法官有下列情形之一的，应当依法提请免除其法官职务：

（一）丧失中华人民共和国国籍的；

（二）调出所任职人民法院的；

（三）职务变动不需要保留法官职务的，或者本人申请免除法官职务经批准的；

（四）经考核不能胜任法官职务的；

（五）因健康原因长期不能履行职务的；

（六）退休的；

（七）辞职或者依法应当予以辞退的；

（八）因违纪违法不宜继续任职的。

第二十一条 【撤销法官的任命】发现违反本法规定的条件任命法官的，任命机关应当撤销该项任命；上级人民法院发现下级人民法院法官的任命违反本法规定的条件的，应当建议下级人民法院依法提请任命机关撤销该项任命。

第二十二条 【不得兼任职务的情形】法官不得兼任人民代表大会常务委员会的组成人员，不得兼任行政机关、监察机关、检察机关的职务，不得兼任企业或者其他营利性组织、事业单位的职务，不得兼任律师、仲裁员和公证员。

第二十三条 【亲属间不得同时担任职务的情形】法官之间有夫妻关系、直系血亲关系、三代以内旁系血亲以及近姻亲关系的，不得同时担任下列职务：

（一）同一人民法院的院长、副院长、审判委员会委员、庭长、副庭长；

（二）同一人民法院的院长、副院长和审判员；

（三）同一审判庭的庭长、副庭长、审判员；

（四）上下相邻两级人民法院的院长、副院长。

第二十四条 【任职回避的情形】法官的配偶、父母、子女有下列情形之一的，法官应当实行任职回避：

（一）担任该法官所任职人民法院辖区内律师事务所的合伙人或者设立人的；

（二）在该法官所任职人民法院辖区内以律师身份担任诉讼代理人、辩护人，或者为诉讼案件当事人提供其他有偿法律服务的。

第五章 法官的管理

第二十五条 【法官员额制】法官实行员额制管理。法官员额根据案件数量、经济社会发展情况、人口数量和人民法院审级等因素确定，在省、自治区、直辖市内实行总量控制、动态管理，优先考虑基层人民法院和案件数量多的人民法院办案需要。

法官员额出现空缺的，应当按照程序及时补充。

最高人民法院法官员额由最高人民法院商有关部门确定。

第二十六条 【法官单独职务序列管理】法官实行单独职务序列管理。

法官等级分为十二级，依次为首席大法官、一级大法官、二级大法官、一级高级法官、二级高级法官、三级高级法官、四级高级法官、一级法官、二级法官、三级法官、四级法官、五级法官。

第二十七条 【首席大法官】最高人民法院院长为首席大法官。

第二十八条 【法官等级确定和晋升】法官等级的确定，以法官德才表现、业务水平、审判工作实绩和工作年限等为依据。

法官等级晋升采取按期晋升和择优选升相结合的方式，特别优秀或者工作特殊需要的一线办案岗位法官可以特别选升。

第二十九条 【法官等级管理的具体办法另行规定】法官的等级设置、确定和晋升的具体办法，由国家另行规定。

第三十条 【初任法官统一职前培训】初任法官实行统一职前培训制度。

第三十一条 【法官培训的内容和原则】对法官应当有计划地进行政治、理论和业务培训。

法官的培训应当理论联系实际、按需施教、讲求实效。

第三十二条 【培训作为任职晋升依据】法官培训情况，作为法官任职、等级晋升的依据之一。

第三十三条 【法官培训机构】法官培训机构按照有关规定承担培训法官的任务。

第三十四条 【法官辞职】法官申请辞职，应当由本人书面提出，经批准后，依照法律规定的程序免除其职务。

第三十五条 【辞退法官的程序】辞退法官应当依照法律规定的程序免除其职务。

辞退法官应当按照管理权限决定。辞退决定应当以书面形式通知被辞退的法官，并列明作出决定的理由和依据。

第三十六条 【离任法官担任诉讼代理人、辩护人的限制】法官从人民法院离任后两年内，不得以律师身份担任诉讼代理人或者辩护人。

法官从人民法院离任后，不得担任原任职法院办理案件的诉讼代理人或者辩护人，但是作为当事人的监护人或者近亲属代理诉讼或者进行辩护的除外。

法官被开除后，不得担任诉讼代理人或者辩护人，但是作为当事人的监护人或者近亲属代理诉讼或者进行辩护的除外。

第三十七条 【协助开展实践性教学、研究工作】法官因工作需要，经单位选派或者批准，可以在高等学校、科研院所协助开展实践性教学、研究工作，并遵守国家有关规定。

第六章 法官的考核、奖励和惩戒

第三十八条 【设立法官考评委员会】人民法院设立法官考评委员会，负责对本院法官的考核工作。

第三十九条 【法官考评委员会的组成】法官考评委员会的组成人员为五至九人。

法官考评委员会主任由本院院长担任。

第四十条 【法官考核原则】对法官的考核，应当全面、客观、公正，实行平时考核和年度考核相结合。

第四十一条 【法官考核内容】对法官的考核内容包括：审判工作实绩、职业道德、专业水平、工作能力、审判作风。重点考核审判工作实绩。

第四十二条 【法官考核结果】年度考核结果分为优秀、称职、基本称职和不称职四个等次。

考核结果作为调整法官等级、工资以及法官奖惩、免职、降职、辞退的依据。

第四十三条 【考核结果的复核】考核结果以书面形式通知法官本人。法官对考核结果如果有异议，可以申请复核。

第四十四条 【法官的奖励】法官在审判工作中有显著成绩和贡献的，或者有其他突出事迹的，应当给予奖励。

第四十五条 【给予法官奖励的情形】法官有下列表现之一的，应当给予奖励：

（一）公正司法，成绩显著的；

（二）总结审判实践经验成果突出，对审判工作有指导作用的；

（三）在办理重大案件、处理突发事件和承担专项重要工作中，做出显著成绩和贡献的；

（四）对审判工作提出改革建议被采纳，效果显著的；

（五）提出司法建议被采纳或者开展法治宣传、指导调解组织调解各类纠纷，效果显著的；

（六）有其他功绩的。

法官的奖励按照有关规定办理。

第四十六条 【给予法官处分的情形】法官有下列行为之一的，应当给予处分；构成犯罪的，依法追究刑事责任：

（一）贪污受贿、徇私舞弊、枉法裁判的；

（二）隐瞒、伪造、变造、故意损毁证据、案件材料的；

（三）泄露国家秘密、审判工作秘密、商业秘密或者个人隐私的；

（四）故意违反法律法规办理案件的；

（五）因重大过失导致裁判结果错误并造成严重后果的；

（六）拖延办案，贻误工作的；

（七）利用职权为自己或者他人谋取私利的；

（八）接受当事人及其代理人利益输送，或者违反有关规定会见当事人及其代理人的；

（九）违反有关规定从事或者参与营利性活动，在企业或者其他营利性组织中兼任职务的；

（十）有其他违纪违法行为的。

法官的处分按照有关规定办理。

第四十七条 【暂停法官履行职务】法官涉嫌违纪违法，已经被立案调查、侦查，不宜继续履行职责的，按照管理权限和规定的程序暂时停止其履行职务。

第四十八条 【法官惩戒委员会】最高人民法院和省、自治区、直辖市设立法官惩戒委员会，负责从专业角度审查认定法官是否存在本法第四十六条第四项、第五项规定的违反审判职责的行为，提出构成故意违反职责、存在重大过失、存在一般过失或者没有违反职责等审查意见。法官惩戒委员会提出审查意见后，人民法院依照有关规定作出是否予以惩戒的决定,并给予相应处理。

法官惩戒委员会由法官代表、其他从事法律职业的人员和有关方面代表组成,其中法官代表不少于半数。

最高人民法院法官惩戒委员会、省级法官惩戒委员会的日常工作,由相关人民法院的内设职能部门承担。

第四十九条　【法官在惩戒审议中的权利】法官惩戒委员会审议惩戒事项时,当事法官有权申请有关人员回避,有权进行陈述、举证、辩解。

第五十条　【对惩戒审查意见的异议及处理】法官惩戒委员会作出的审查意见应当送达当事法官。当事法官对审查意见有异议的,可以向惩戒委员会提出,惩戒委员会应当对异议及其理由进行审查,作出决定。

第五十一条　【惩戒审议具体程序的制定】法官惩戒委员会审议惩戒事项的具体程序,由最高人民法院商有关部门确定。

第七章　法官的职业保障

第五十二条　【法官权益保障委员会】人民法院设立法官权益保障委员会,维护法官合法权益,保障法官依法履行职责。

第五十三条　【非因法定事由不得调离审判岗位】除下列情形外,不得将法官调离审判岗位:

(一)按规定需要任职回避的;

(二)按规定实行任职交流的;

(三)因机构调整、撤销、合并或者缩减编制员额需要调整工作的;

(四)因违纪违法不适合在审判岗位工作的;

(五)法律规定的其他情形。

第五十四条　【禁止干涉法官履职】任何单位或者个人不得要求法官从事超出法定职责范围的事务。

对任何干涉法官办理案件的行为,法官有权拒绝并予以全面如实记录和报告;有违纪违法情形的,由有关机关根据情节轻重追究有关责任人员、行为人的责任。

第五十五条　【法官的职业尊严和人身安全保护】法官的职业尊严和人身安全受法律保护。

任何单位和个人不得对法官及其近亲属打击报复。

对法官及其近亲属实施报复陷害、侮辱诽谤、暴力侵害、威胁恐吓、滋事骚扰等违法犯罪行为的,应当依法从严惩治。

第五十六条　【法官名誉保障】法官因依法履行职责遭受不实举报、诬告陷害、侮辱诽谤,致使名誉受到损害的,人民法院应当会同有关部门及时澄清事实,消除不良影响,并依法追究相关单位或者个人的责任。

第五十七条　【法官及其近亲属人身安全保障】法官因依法履行职责,本人及其近亲属人身安全面临危险的,人民法院、公安机关应当对法官及其近亲属采取人身保护、禁止特定人员接触等必要保护措施。

第五十八条　【法官的工资制度】法官实行与其职责相适应的工资制度,按照法官等级享有国家规定的工资待遇,并建立与公务员工资同步调整机制。

法官的工资制度,根据审判工作特点,由国家另行规定。

第五十九条　【法官的定期增资制度】法官实行定期增资制度。

经年度考核确定为优秀、称职的,可以按照规定晋升工资档次。

第六十条　【津贴、补贴、奖金、保险和福利待遇】法官享受国家规定的津贴、补贴、奖金、保险和福利待遇。

第六十一条　【伤残待遇、抚恤和优待】法官因公致残的,享受国家规定的伤残待遇。法官因公牺牲、因公死亡或者病故的,其亲属享受国家规定的抚恤和优待。

第六十二条　【法官退休制度另行规定】法官的退休制度,根据审判工作特点,由国家另行规定。

第六十三条　【法官退休后的待遇】法官退休后,享受国家规定的养老金和其他待遇。

第六十四条　【法官的控告权】对于国家机关及其工作人员侵犯本法第十一条规定的法官权利的行为,法官有权提出控告。

第六十五条　【对法官处分或人事处理错误的纠正措施】对法官处分或者人事处理错误的,应当及时予以纠正;造成名誉损害的,应当恢复名誉、消除影响、赔礼道歉;造成经济损失的,应当赔偿。对打击报复的直接责任人员,应当依法追究其责任。

第八章　附　　则

第六十六条　【统一法律职业资格考试制度】国家对初任法官实行统一法律职业资格考试制度,由国务院司法行政部门商最高人民法院等有关部门组织实施。

第六十七条　【加强法官助理队伍建设】人民法院的法官助理在法官指导下负责审查案件材料、草拟法律文书等审判辅助事务。

人民法院应当加强法官助理队伍建设,为法官遴选储备人才。

第六十八条　【法官法和公务员法的衔接适用】有关法官的权利、义务和管理制度,本法已有规定的,适用本法的规定;本法未作规定的,适用公务员管理的相关法律法规。

第六十九条　【施行日期】本法自2019年10月1日起施行。

中华人民共和国民法典(节录)

(2020年5月28日第十三届全国人民代表大会第三次会议通过　2020年5月28日中华人民共和国主席令第45号公布　自2021年1月1日起施行)

……

第一编　总　　则

……

第九章　诉讼时效

第一百八十八条　【普通诉讼时效】向人民法院请求保护民事权利的诉讼时效期间为三年。法律另有规定的,依照其规定。

诉讼时效期间自权利人知道或者应当知道权利受到损害以及义务人之日起计算。法律另有规定的,依照其规定。但是,自权利受到损害之日起超过二十年的,人民法院不予保护,有特殊情况的,人民法院可以根据权利人的申请决定延长。

第一百八十九条　【分期履行债务诉讼时效的起算】当事人约定同一债务分期履行的,诉讼时效期间自最后一期履行期限届满之日起计算。

第一百九十条　【对法定代理人请求权诉讼时效的起算】无民事行为能力人或者限制民事行为能力人对其法定代理人的请求权的诉讼时效期间,自该法定代理终止之日起计算。

第一百九十一条　【未成年人遭受性侵害的损害赔偿诉讼时效的起算】未成年人遭受性侵害的损害赔偿请求权的诉讼时效期间,自受害人年满十八周岁之日起计算。

第一百九十二条　【诉讼时效届满的法律效果】诉讼时效期间届满的,义务人可以提出不履行义务的抗辩。

诉讼时效期间届满后,义务人同意履行的,不得以诉讼时效期间届满为由抗辩;义务人已经自愿履行的,不得请求返还。

第一百九十三条　【诉讼时效援用】人民法院不得主动适用诉讼时效的规定。

第一百九十四条　【诉讼时效的中止】在诉讼时效期间的最后六个月内,因下列障碍,不能行使请求权的,诉讼时效中止:

(一)不可抗力;

(二)无民事行为能力人或者限制民事行为能力人没有法定代理人,或者法定代理人死亡、丧失民事行为能力、丧失代理权;

(三)继承开始后未确定继承人或者遗产管理人;

(四)权利人被义务人或者其他人控制;

(五)其他导致权利人不能行使请求权的障碍。

自中止时效的原因消除之日起满六个月,诉讼时效期间届满。

第一百九十五条　【诉讼时效的中断】有下列情形之一的,诉讼时效中断,从中断、有关程序终结时起,诉讼时效期间重新计算:

(一)权利人向义务人提出履行请求;

(二)义务人同意履行义务;

(三)权利人提起诉讼或者申请仲裁;

(四)与提起诉讼或者申请仲裁具有同等效力的其他情形。

第一百九十六条　【不适用诉讼时效的情形】下列请求权不适用诉讼时效的规定:

(一)请求停止侵害、排除妨碍、消除危险;

(二)不动产物权和登记的动产物权的权利人请求返还财产;

(三)请求支付抚养费、赡养费或者扶养费;

(四)依法不适用诉讼时效的其他请求权。

第一百九十七条　【诉讼时效法定】诉讼时效的期间、计算方法以及中止、中断的事由由法律规定,当事人约定无效。

当事人对诉讼时效利益的预先放弃无效。

第一百九十八条　【仲裁时效】法律对仲裁时效有规定的,依照其规定;没有规定的,适用诉讼时效的规定。

第一百九十九条　【除斥期间】法律规定或者当事人约定的撤销权、解除权等权利的存续期间,除法律另有规定外,自权利人知道或者应当知道权利产生之日起计算,不适用有关诉讼时效中止、中断和延长的规定。存续期间届满,撤销权、解除权等权利消灭。

第十章　期间计算

第二百条　【期间的计算单位】民法所称的期间按照公历年、月、日、小时计算。

第二百零一条　【期间的起算】按照年、月、日计算期间的,开始的当日不计入,自下一日开始计算。

按照小时计算期间的,自法律规定或者当事人约定的时间开始计算。

第二百零二条　【期间结束】按照年、月计算期间的,到期月的对应日为期间的最后一日;没有对应日的,月末日为期间的最后一日。

第二百零三条　【期间计算的特殊规定】期间的最后一日是法定休假日的,以法定休假日结束的次日为期间的最后一日。

期间的最后一日的截止时间为二十四时;有业务时间的,停止业务活动的时间为截止时间。

第二百零四条 【**期间法定或约定**】期间的计算方法依照本法的规定，但是法律另有规定或者当事人另有约定的除外。

……

全国人民代表大会常务委员会关于专利等知识产权案件诉讼程序若干问题的决定

（2018年10月26日第十三届全国人民代表大会常务委员会第六次会议通过）

为了统一知识产权案件裁判标准，进一步加强知识产权司法保护，优化科技创新法治环境，加快实施创新驱动发展战略，特作如下决定：

一、当事人对发明专利、实用新型专利、植物新品种、集成电路布图设计、技术秘密、计算机软件、垄断等专业技术性较强的知识产权民事案件第一审判决、裁定不服，提起上诉的，由最高人民法院审理。

二、当事人对专利、植物新品种、集成电路布图设计、技术秘密、计算机软件、垄断等专业技术性较强的知识产权行政案件第一审判决、裁定不服，提起上诉的，由最高人民法院审理。

三、对已经发生法律效力的上述案件第一审判决、裁定、调解书，依法申请再审、抗诉等，适用审判监督程序的，由最高人民法院审理。最高人民法院也可以依法指令下级人民法院再审。

四、本决定施行满三年，最高人民法院应当向全国人民代表大会常务委员会报告本决定的实施情况。

五、本决定自2019年1月1日起施行。

◎司法解释

最高人民法院关于适用《中华人民共和国民事诉讼法》的解释

（2014年12月18日最高人民法院审判委员会第1636次会议通过　根据2020年12月23日最高人民法院审判委员会第1823次会议通过的《最高人民法院关于修改〈最高人民法院关于人民法院民事调解工作若干问题的规定〉等十九件民事诉讼类司法解释的决定》修正　2020年12月29日最高人民法院公告公布　自2021年1月1日起施行　法释〔2020〕20号）

2012年8月31日，第十一届全国人民代表大会常务委员会第二十八次会议审议通过了《关于修改〈中华人民共和国民事诉讼法〉的决定》。根据修改后的民事诉讼法，结合人民法院民事审判和执行工作实际，制定本解释。

一、管　　辖

第一条 民事诉讼法第十八条第一项规定的重大涉外案件，包括争议标的额大的案件、案情复杂的案件，或者一方当事人人数众多等具有重大影响的案件。

第二条 专利纠纷案件由知识产权法院、最高人民法院确定的中级人民法院和基层人民法院管辖。

海事、海商案件由海事法院管辖。

第三条 公民的住所地是指公民的户籍所在地，法人或者其他组织的住所地是指法人或者其他组织的主要办事机构所在地。

法人或者其他组织的主要办事机构所在地不能确定的，法人或者其他组织的注册地或者登记地为住所地。

第四条 公民的经常居住地是指公民离开住所地至起诉时已连续居住一年以上的地方，但公民住院就医的地方除外。

第五条 对没有办事机构的个人合伙、合伙型联营体提起的诉讼，由被告注册登记地人民法院管辖。没有注册登记，几个被告又不在同一辖区的，被告住所地的人民法院都有管辖权。

第六条 被告被注销户籍的，依照民事诉讼法第二十二条规定确定管辖；原告、被告均被注销户籍的，由被告居住地人民法院管辖。

第七条 当事人的户籍迁出后尚未落户，有经常居住地的，由该地人民法院管辖；没有经常居住地的，由其原户籍所在地人民法院管辖。

第八条 双方当事人都被监禁或者被采取强制性教育措施的，由被告原住所地人民法院管辖。被告被监禁或者被采取强制性教育措施一年以上的，由被告被监禁地或者被采取强制性教育措施地人民法院管辖。

第九条 追索赡养费、抚育费、扶养费案件的几个被告住所地不在同一辖区的，可以由原告住所地人民法院管辖。

第十条 不服指定监护或者变更监护关系的案件，可以由被监护人住所地人民法院管辖。

第十一条 双方当事人均为军人或者军队单位的民事案件由军事法院管辖。

第十二条 夫妻一方离开住所地超过一年，另一方起诉离婚的案件，可以由原告住所地人民法院管辖。

夫妻双方离开住所地超过一年，一方起诉离婚的案件，由被告经常居住地人民法院管辖；没有经常居住地的，由原告起诉时被告居住地人民法院管辖。

第十三条 在国内结婚并定居国外的华侨，如定居国法院以离婚诉讼须由婚姻缔结地法院管辖为由不予受理，当事人向人民法院提出离婚诉讼的，由婚姻缔结地或者一方在国内的最后居住地人民法院管辖。

第十四条 在国外结婚并定居国外的华侨，如定居国法院以离婚诉讼须由国籍所属国法院管辖为由不予受理，当事人向人民法院提出离婚诉讼的，由一方原住所地或者在国内的最后居住地人民法院管辖。

第十五条 中国公民一方居住在国外，一方居住在国内，不论哪一方向人民法院提起离婚诉讼，国内一方住所地人民法院都有权管辖。国外一方在居住国法院起诉，国内一方向人民法院起诉的，受诉人民法院有权管辖。

第十六条 中国公民双方在国外但未定居，一方向人民法院起诉离婚的，应由原告或者被告原住所地人民法院管辖。

第十七条 已经离婚的中国公民，双方均定居国外，仅就国内财产分割提起诉讼的，由主要财产所在地人民法院管辖。

第十八条 合同约定履行地点的，以约定的履行地点为合同履行地。

合同对履行地点没有约定或者约定不明确，争议标的为给付货币的，接收货币一方所在地为合同履行地；交付不动产的，不动产所在地为合同履行地；其他标的，履行义务一方所在地为合同履行地。即时结清的合同，交易行为地为合同履行地。

合同没有实际履行，当事人双方住所地都不在合同约定的履行地的，由被告住所地人民法院管辖。

第十九条 财产租赁合同、融资租赁合同以租赁物使用地为合同履行地。合同对履行地有约定的，从其约定。

第二十条 以信息网络方式订立的买卖合同，通过信息网络交付标的的，以买受人住所地为合同履行地；通过其他方式交付标的的，收货地为合同履行地。合同对履行地有约定的，从其约定。

第二十一条 因财产保险合同纠纷提起的诉讼，如果保险标的物是运输工具或者运输中的货物，可以由运输工具登记注册地、运输目的地、保险事故发生地人民法院管辖。

因人身保险合同纠纷提起的诉讼，可以由被保险人住所地人民法院管辖。

第二十二条 因股东名册记载、请求变更公司登记、股东知情权、公司决议、公司合并、公司分立、公司减资、公司增资等纠纷提起的诉讼，依照民事诉讼法第二十六条规定确定管辖。

第二十三条 债权人申请支付令，适用民事诉讼法第二十一条规定，由债务人住所地基层人民法院管辖。

第二十四条 民事诉讼法第二十八条规定的侵权行为地，包括侵权行为实施地、侵权结果发生地。

第二十五条 信息网络侵权行为实施地包括实施被诉侵权行为的计算机等信息设备所在地，侵权结果发生地包括被侵权人住所地。

第二十六条 因产品、服务质量不合格造成他人财产、人身损害提起的诉讼，产品制造地、产品销售地、服务提供地、侵权行为地和被告住所地人民法院都有管辖权。

第二十七条 当事人申请诉前保全后没有在法定期间起诉或者申请仲裁，给被申请人、利害关系人造成损失引起的诉讼，由采取保全措施的人民法院管辖。

当事人申请诉前保全后在法定期间内起诉或者申请仲裁，被申请人、利害关系人因保全受到损失提起的诉讼，由受理起诉的人民法院或者采取保全措施的人民法院管辖。

第二十八条 民事诉讼法第三十三条第一项规定的不动产纠纷是指因不动产的权利确认、分割、相邻关系等引起的物权纠纷。

农村土地承包经营合同纠纷、房屋租赁合同纠纷、建设工程施工合同纠纷、政策性房屋买卖合同纠纷，按照不动产纠纷确定管辖。

不动产已登记的，以不动产登记簿记载的所在地为不动产所在地；不动产未登记的，以不动产实际所在地为不动产所在地。

第二十九条 民事诉讼法第三十四条规定的书面协议，包括书面合同中的协议管辖条款或者诉讼前以书面形式达成的选择管辖的协议。

第三十条 根据管辖协议，起诉时能够确定管辖法院的，从其约定；不能确定的，依照民事诉讼法的相关规定确定管辖。

管辖协议约定两个以上与争议有实际联系的地点的人民法院管辖，原告可以向其中一个人民法院起诉。

第三十一条 经营者使用格式条款与消费者订立管辖协议，未采取合理方式提请消费者注意，消费者主张管辖协议无效的，人民法院应予支持。

第三十二条 管辖协议约定由一方当事人住所地人民法院管辖，协议签订后当事人住所地变更的，由签订管辖协议时的住所地人民法院管辖，但当事人另有约定的除外。

第三十三条 合同转让的，合同的管辖协议对合同受让人有效，但转让时受让人不知道有管辖协议，或者转让协议另有约定且原合同相对人同意的除外。

第三十四条 当事人因同居或者在解除婚姻、收养关系后发生财产争议，约定管辖的，可以适用民事诉讼法第三十四条规定确定管辖。

第三十五条 当事人在答辩期间届满后未应诉答辩，人民法院在一审开庭前，发现案件不属于本院管辖的，应当裁定移送有管辖权的人民法院。

第三十六条 两个以上人民法院都有管辖权的诉讼，先立案的人民法院不得将案件移送给另一个有管辖权的人民法院。人民法院在立案前发现其他有管辖权的人民法院已先立案的，不得重复立案；立案后发现其他有管辖权的人民法院已先立案的，裁定将案件移送给先立案的人民法院。

第三十七条 案件受理后，受诉人民法院的管辖权不受当事人住所地、经常居住地变更的影响。

第三十八条　有管辖权的人民法院受理案件后，不得以行政区域变更为由，将案件移送给变更后有管辖权的人民法院。判决后的上诉案件和依审判监督程序提审的案件，由原审人民法院的上级人民法院进行审判；上级人民法院指令再审、发回重审的案件，由原审人民法院再审或者重审。

第三十九条　人民法院对管辖异议审查后确定有管辖权的，不因当事人提起反诉、增加或者变更诉讼请求等改变管辖，但违反级别管辖、专属管辖规定的除外。

人民法院发回重审或者按第一审程序再审的案件，当事人提出管辖异议的，人民法院不予审查。

第四十条　依照民事诉讼法第三十七条第二款规定，发生管辖权争议的两个人民法院因协商不成报请它们的共同上级人民法院指定管辖时，双方为同属一个地、市辖区的基层人民法院的，由该地、市的中级人民法院及时指定管辖；同属一个省、自治区、直辖市的两个人民法院的，由该省、自治区、直辖市的高级人民法院及时指定管辖；双方为跨省、自治区、直辖市的人民法院，高级人民法院协商不成的，由最高人民法院及时指定管辖。

依照前款规定报请上级人民法院指定管辖时，应当逐级进行。

第四十一条　人民法院依照民事诉讼法第三十七条第二款规定指定管辖的，应当作出裁定。

对报请上级人民法院指定管辖的案件，下级人民法院应当中止审理。指定管辖裁定作出前，下级人民法院对案件作出判决、裁定的，上级人民法院应当在裁定指定管辖的同时，一并撤销下级人民法院的判决、裁定。

第四十二条　下列第一审民事案件，人民法院依照民事诉讼法第三十八条第一款规定，可以在开庭前交下级人民法院审理：

（一）破产程序中有关债务人的诉讼案件；

（二）当事人人数众多且不方便诉讼的案件；

（三）最高人民法院确定的其他类型案件。

人民法院交下级人民法院审理前，应当报请其上级人民法院批准。上级人民法院批准后，人民法院应当裁定将案件交下级人民法院审理。

二、回　　避

第四十三条　审判人员有下列情形之一的，应当自行回避，当事人有权申请其回避：

（一）是本案当事人或者当事人近亲属的；

（二）本人或者其近亲属与本案有利害关系的；

（三）担任过本案的证人、鉴定人、辩护人、诉讼代理人、翻译人员的；

（四）是本案诉讼代理人近亲属的；

（五）本人或者其近亲属持有本案非上市公司当事人的股份或者股权的；

（六）与本案当事人或者诉讼代理人有其他利害关系，可能影响公正审理的。

第四十四条　审判人员有下列情形之一的，当事人有权申请其回避：

（一）接受本案当事人及其受托人宴请，或者参加由其支付费用的活动的；

（二）索取、接受本案当事人及其受托人财物或者其他利益的；

（三）违反规定会见本案当事人、诉讼代理人的；

（四）为本案当事人推荐、介绍诉讼代理人，或者为律师、其他人员介绍代理本案的；

（五）向本案当事人及其受托人借用款物的；

（六）有其他不正当行为，可能影响公正审理的。

第四十五条　在一个审判程序中参与过本案审判工作的审判人员，不得再参与该案其他程序的审判。

发回重审的案件，在一审法院作出裁判后又进入第二审程序的，原第二审程序中合议庭组成人员不受前款规定的限制。

第四十六条　审判人员有应当回避的情形，没有自行回避，当事人也没有申请其回避的，由院长或者审判委员会决定其回避。

第四十七条　人民法院应当依法告知当事人对合议庭组成人员、独任审判员和书记员等人员有申请回避的权利。

第四十八条　民事诉讼法第四十四条所称的审判人员，包括参与本案审理的人民法院院长、副院长、审判委员会委员、庭长、副庭长、审判员、助理审判员和人民陪审员。

第四十九条　书记员和执行员适用审判人员回避的有关规定。

三、诉讼参加人

第五十条　法人的法定代表人以依法登记的为准，但法律另有规定的除外。依法不需要办理登记的法人，以其正职负责人为法定代表人；没有正职负责人的，以其主持工作的副职负责人为法定代表人。

法定代表人已经变更，但未完成登记，变更后的法定代表人要求代表法人参加诉讼的，人民法院可以准许。

其他组织，以其主要负责人为代表人。

第五十一条　在诉讼中，法人的法定代表人变更的，由新的法定代表人继续进行诉讼，并应向人民法院提交新的法定代表人身份证明书。原法定代表人进行的诉讼行为有效。

前款规定，适用于其他组织参加的诉讼。

第五十二条　民事诉讼法第四十八条规定的其他组织是指合法成立、有一定的组织机构和财产，但又不具备法人资格的组织，包括：

（一）依法登记领取营业执照的个人独资企业；

（二）依法登记领取营业执照的合伙企业；

（三）依法登记领取我国营业执照的中外合作经营企业、外资企业；

（四）依法成立的社会团体的分支机构、代表机构；

（五）依法设立并领取营业执照的法人的分支机构；

（六）依法设立并领取营业执照的商业银行、政策性银行和非银行金融机构的分支机构；

（七）经依法登记领取营业执照的乡镇企业、街道企业；

（八）其他符合本条规定条件的组织。

第五十三条 法人非依法设立的分支机构，或者虽依法设立，但没有领取营业执照的分支机构，以设立该分支机构的法人为当事人。

第五十四条 以挂靠形式从事民事活动，当事人请求由挂靠人和被挂靠人依法承担民事责任的，该挂靠人和被挂靠人为共同诉讼人。

第五十五条 在诉讼中，一方当事人死亡，需要等待继承人表明是否参加诉讼的，裁定中止诉讼。人民法院应当及时通知继承人作为当事人承担诉讼，被继承人已经进行的诉讼行为对承担诉讼的继承人有效。

第五十六条 法人或者其他组织的工作人员执行工作任务造成他人损害的，该法人或者其他组织为当事人。

第五十七条 提供劳务一方因劳务造成他人损害，受害人提起诉讼的，以接受劳务一方为被告。

第五十八条 在劳务派遣期间，被派遣的工作人员因执行工作任务造成他人损害的，以接受劳务派遣的用工单位为当事人。当事人主张劳务派遣单位承担责任的，该劳务派遣单位为共同被告。

第五十九条 在诉讼中，个体工商户以营业执照上登记的经营者为当事人。有字号的，以营业执照上登记的字号为当事人，但应同时注明该字号经营者的基本信息。

营业执照上登记的经营者与实际经营者不一致的，以登记的经营者和实际经营者为共同诉讼人。

第六十条 在诉讼中，未依法登记领取营业执照的个人合伙的全体合伙人为共同诉讼人。个人合伙有依法核准登记的字号的，应在法律文书中注明登记的字号。全体合伙人可以推选代表人；被推选的代表人，应由全体合伙人出具推选书。

第六十一条 当事人之间的纠纷经人民调解委员会调解达成协议后，一方当事人不履行调解协议，另一方当事人向人民法院提起诉讼的，应以对方当事人为被告。

第六十二条 下列情形，以行为人为当事人：

（一）法人或者其他组织应登记而未登记，行为人即以该法人或者其他组织名义进行民事活动的；

（二）行为人没有代理权、超越代理权或者代理权终止后以被代理人名义进行民事活动的，但相对人有理由相信行为人有代理权的除外；

（三）法人或者其他组织依法终止后，行为人仍以其名义进行民事活动的。

第六十三条 企业法人合并的，因合并前的民事活动发生的纠纷，以合并后的企业为当事人；企业法人分立的，因分立前的民事活动发生的纠纷，以分立后的企业为共同诉讼人。

第六十四条 企业法人解散的，依法清算并注销前，以该企业法人为当事人；未依法清算即被注销的，以该企业法人的股东、发起人或者出资人为当事人。

第六十五条 借用业务介绍信、合同专用章、盖章的空白合同书或者银行账户的，出借单位和借用人为共同诉讼人。

第六十六条 因保证合同纠纷提起的诉讼，债权人向保证人和被保证人一并主张权利的，人民法院应当将保证人和被保证人列为共同被告。保证合同约定为一般保证，债权人仅起诉保证人的，人民法院应当通知被保证人作为共同被告参加诉讼；债权人仅起诉被保证人的，可以只列被保证人为被告。

第六十七条 无民事行为能力人、限制民事行为能力人造成他人损害的，无民事行为能力人、限制民事行为能力人和其监护人为共同被告。

第六十八条 居民委员会、村民委员会或者村民小组与他人发生民事纠纷的，居民委员会、村民委员会或者有独立财产的村民小组为当事人。

第六十九条 对侵害死者遗体、遗骨以及姓名、肖像、名誉、荣誉、隐私等行为提起诉讼的，死者的近亲属为当事人。

第七十条 在继承遗产的诉讼中，部分继承人起诉的，人民法院应通知其他继承人作为共同原告参加诉讼；被通知的继承人不愿意参加诉讼又未明确表示放弃实体权利的，人民法院仍应将其列为共同原告。

第七十一条 原告起诉被代理人和代理人，要求承担连带责任的，被代理人和代理人为共同被告。

原告起诉代理人和相对人，要求承担连带责任的，代理人和相对人为共同被告。

第七十二条 共有财产权受到他人侵害，部分共有权人起诉的，其他共有权人为共同诉讼人。

第七十三条 必须共同进行诉讼的当事人没有参加诉讼的，人民法院应当依照民事诉讼法第一百三十二条的规定，通知其参加；当事人也可以向人民法院申请追加。人民法院对当事人提出的申请，应当进行审查，申请理由不成立的，裁定驳回；申请理由成立的，书面通知被追加的当事人参加诉讼。

第七十四条 人民法院追加共同诉讼的当事人时，应当通知其他当事人。应当追加的原告，已明确表示放弃实体权利的，可不予追加；既不愿意参加诉讼，又不放弃实体权利的，仍应追加为共同原告，其不参加诉讼，不影响人民法院对案件的审理和依法作出判决。

第七十五条　民事诉讼法第五十三条、第五十四条和第一百九十九条规定的人数众多，一般指十人以上。

第七十六条　依照民事诉讼法第五十三条规定，当事人一方人数众多在起诉时确定的，可以由全体当事人推选共同的代表人，也可以由部分当事人推选自己的代表人；推选不出代表人的当事人，在必要的共同诉讼中可以自己参加诉讼，在普通的共同诉讼中可以另行起诉。

第七十七条　根据民事诉讼法第五十四条规定，当事人一方人数众多在起诉时不确定的，由当事人推选代表人。当事人推选不出的，可以由人民法院提出人选与当事人协商；协商不成的，也可以由人民法院在起诉的当事人中指定代表人。

第七十八条　民事诉讼法第五十三条和第五十四条规定的代表人为二至五人，每位代表人可以委托一至二人作为诉讼代理人。

第七十九条　依照民事诉讼法第五十四条规定受理的案件，人民法院可以发出公告，通知权利人向人民法院登记。公告期间根据案件的具体情况确定，但不得少于三十日。

第八十条　根据民事诉讼法第五十四条规定向人民法院登记的权利人，应当证明其与对方当事人的法律关系和所受到的损害。证明不了的，不予登记，权利人可以另行起诉。人民法院的裁判在登记的范围内执行。未参加登记的权利人提起诉讼，人民法院认定其请求成立的，裁定适用人民法院已作出的判决、裁定。

第八十一条　根据民事诉讼法第五十六条的规定，有独立请求权的第三人有权向人民法院提出诉讼请求和事实、理由，成为当事人；无独立请求权的第三人，可以申请或者由人民法院通知参加诉讼。

第一审程序中未参加诉讼的第三人，申请参加第二审程序的，人民法院可以准许。

第八十二条　在一审诉讼中，无独立请求权的第三人无权提出管辖异议，无权放弃、变更诉讼请求或者申请撤诉，被判决承担民事责任的，有权提起上诉。

第八十三条　在诉讼中，无民事行为能力人、限制民事行为能力人的监护人是他的法定代理人。事先没有确定监护人的，可以由有监护资格的人协商确定；协商不成的，由人民法院在他们之中指定诉讼中的法定代理人。当事人没有民法典第二十七条、第二十八条规定的监护人的，可以指定民法典第三十二条规定的有关组织担任诉讼中的法定代理人。

第八十四条　无民事行为能力人、限制民事行为能力人以及其他依法不能作为诉讼代理人的，当事人不得委托其作为诉讼代理人。

第八十五条　根据民事诉讼法第五十八条第二款第二项规定，与当事人有夫妻、直系血亲、三代以内旁系血亲、近姻亲关系以及其他有抚养、赡养关系的亲属，可以当事人近亲属的名义作为诉讼代理人。

第八十六条　根据民事诉讼法第五十八条第二款第二项规定，与当事人有合法劳动人事关系的职工，可以当事人工作人员的名义作为诉讼代理人。

第八十七条　根据民事诉讼法第五十八条第二款第三项规定，有关社会团体推荐公民担任诉讼代理人的，应当符合下列条件：

（一）社会团体属于依法登记设立或者依法免予登记设立的非营利性法人组织；

（二）被代理人属于该社会团体的成员，或者当事人一方住所地位于该社会团体的活动地域；

（三）代理事务属于该社会团体章程载明的业务范围；

（四）被推荐的公民是该社会团体的负责人或者与该社会团体有合法劳动人事关系的工作人员。

专利代理人经中华全国专利代理人协会推荐，可以在专利纠纷案件中担任诉讼代理人。

第八十八条　诉讼代理人除根据民事诉讼法第五十九条规定提交授权委托书外，还应当按照下列规定向人民法院提交相关材料：

（一）律师应当提交律师执业证、律师事务所证明材料；

（二）基层法律服务工作者应当提交法律服务工作者执业证、基层法律服务所出具的介绍信以及当事人一方位于本辖区内的证明材料；

（三）当事人的近亲属应当提交身份证件和与委托人有近亲属关系的证明材料；

（四）当事人的工作人员应当提交身份证件和与当事人有合法劳动人事关系的证明材料；

（五）当事人所在社区、单位推荐的公民应当提交身份证件、推荐材料和当事人属于该社区、单位的证明材料；

（六）有关社会团体推荐的公民应当提交身份证件和符合本解释第八十七条规定条件的证明材料。

第八十九条　当事人向人民法院提交的授权委托书，应当在开庭审理前送交人民法院。授权委托书仅写“全权代理”而无具体授权的，诉讼代理人无权代为承认、放弃、变更诉讼请求，进行和解，提出反诉或者提起上诉。

适用简易程序审理的案件，双方当事人同时到庭并径行开庭审理的，可以当场口头委托诉讼代理人，由人民法院记入笔录。

四、证　　据

第九十条　当事人对自己提出的诉讼请求所依据的事实或者反驳对方诉讼请求所依据的事实，应当提供证据加以证明，但法律另有规定的除外。

在作出判决前，当事人未能提供证据或者证据不足以证明其事实主张的，由负有举证证明责任的当事人承担不利的后果。

第九十一条 人民法院应当依照下列原则确定举证证明责任的承担，但法律另有规定的除外：

（一）主张法律关系存在的当事人，应当对产生该法律关系的基本事实承担举证证明责任；

（二）主张法律关系变更、消灭或者权利受到妨害的当事人，应当对该法律关系变更、消灭或者权利受到妨害的基本事实承担举证证明责任。

第九十二条 一方当事人在法庭审理中，或者在起诉状、答辩状、代理词等书面材料中，对于己不利的事实明确表示承认的，另一方当事人无需举证证明。

对于涉及身份关系、国家利益、社会公共利益等应当由人民法院依职权调查的事实，不适用前款自认的规定。

自认的事实与查明的事实不符的，人民法院不予确认。

第九十三条 下列事实，当事人无须举证证明：

（一）自然规律以及定理、定律；

（二）众所周知的事实；

（三）根据法律规定推定的事实；

（四）根据已知的事实和日常生活经验法则推定出的另一事实；

（五）已为人民法院发生法律效力的裁判所确认的事实；

（六）已为仲裁机构生效裁决所确认的事实；

（七）已为有效公证文书所证明的事实。

前款第二项至第四项规定的事实，当事人有相反证据足以反驳的除外；第五项至第七项规定的事实，当事人有相反证据足以推翻的除外。

第九十四条 民事诉讼法第六十四条第二款规定的当事人及其诉讼代理人因客观原因不能自行收集的证据包括：

（一）证据由国家有关部门保存，当事人及其诉讼代理人无权查阅调取的；

（二）涉及国家秘密、商业秘密或者个人隐私的；

（三）当事人及其诉讼代理人因客观原因不能自行收集的其他证据。

当事人及其诉讼代理人因客观原因不能自行收集的证据，可以在举证期限届满前书面申请人民法院调查收集。

第九十五条 当事人申请调查收集的证据，与待证事实无关联、对证明待证事实无意义或者其他无调查收集必要的，人民法院不予准许。

第九十六条 民事诉讼法第六十四条第二款规定的人民法院认为审理案件需要的证据包括：

（一）涉及可能损害国家利益、社会公共利益的；

（二）涉及身份关系的；

（三）涉及民事诉讼法第五十五条规定诉讼的；

（四）当事人有恶意串通损害他人合法权益可能的；

（五）涉及依职权追加当事人、中止诉讼、终结诉讼、回避等程序性事项的。

除前款规定外，人民法院调查收集证据，应当依照当事人的申请进行。

第九十七条 人民法院调查收集证据，应当由两人以上共同进行。调查材料要由调查人、被调查人、记录人签名、捺印或者盖章。

第九十八条 当事人根据民事诉讼法第八十一条第一款规定申请证据保全的，可以在举证期限届满前书面提出。

证据保全可能对他人造成损失的，人民法院应当责令申请人提供相应的担保。

第九十九条 人民法院应当在审理前的准备阶段确定当事人的举证期限。举证期限可以由当事人协商，并经人民法院准许。

人民法院确定举证期限，第一审普通程序案件不得少于十五日，当事人提供新的证据的第二审案件不得少于十日。

举证期限届满后，当事人对已经提供的证据，申请提供反驳证据或者对证据来源、形式等方面的瑕疵进行补正的，人民法院可以酌情再次确定举证期限，该期限不受前款规定的限制。

第一百条 当事人申请延长举证期限的，应当在举证期限届满前向人民法院提出书面申请。

申请理由成立的，人民法院应当准许，适当延长举证期限，并通知其他当事人。延长的举证期限适用于其他当事人。

申请理由不成立的，人民法院不予准许，并通知申请人。

第一百零一条 当事人逾期提供证据的，人民法院应当责令其说明理由，必要时可以要求其提供相应的证据。

当事人因客观原因逾期提供证据，或者对方当事人对逾期提供证据未提出异议的，视为未逾期。

第一百零二条 当事人因故意或者重大过失逾期提供的证据，人民法院不予采纳。但该证据与案件基本事实有关的，人民法院应当采纳，并依照民事诉讼法第六十五条、第一百一十五条第一款的规定予以训诫、罚款。

当事人非因故意或者重大过失逾期提供的证据，人民法院应当采纳，并对当事人予以训诫。

当事人一方要求另一方赔偿因逾期提供证据致使其增加的交通、住宿、就餐、误工、证人出庭作证等必要费用的，人民法院可予支持。

第一百零三条 证据应当在法庭上出示，由当事人互相质证。未经当事人质证的证据，不得作为认定案件事实的根据。

当事人在审理前的准备阶段认可的证据，经审判人员在庭审中说明后，视为质证过的证据。

涉及国家秘密、商业秘密、个人隐私或者法律规定应当保密的证据，不得公开质证。

第一百零四条 人民法院应当组织当事人围绕证据的真

实性、合法性以及与待证事实的关联性进行质证，并针对证据有无证明力和证明力大小进行说明和辩论。

能够反映案件真实情况、与待证事实相关联、来源和形式符合法律规定的证据，应当作为认定案件事实的根据。

第一百零五条 人民法院应当按照法定程序，全面、客观地审核证据，依照法律规定，运用逻辑推理和日常生活经验法则，对证据有无证明力和证明力大小进行判断，并公开判断的理由和结果。

第一百零六条 对以严重侵害他人合法权益、违反法律禁止性规定或者严重违背公序良俗的方法形成或者获取的证据，不得作为认定案件事实的根据。

第一百零七条 在诉讼中，当事人为达成调解协议或者和解协议作出妥协而认可的事实，不得在后续的诉讼中作为对其不利的根据，但法律另有规定或者当事人均同意的除外。

第一百零八条 对负有举证证明责任的当事人提供的证据，人民法院经审查并结合相关事实，确信待证事实的存在具有高度可能性的，应当认定该事实存在。

对一方当事人为反驳负有举证证明责任的当事人所主张事实而提供的证据，人民法院经审查并结合相关事实，认为待证事实真伪不明的，应当认定该事实不存在。

法律对于待证事实所应达到的证明标准另有规定的，从其规定。

第一百零九条 当事人对欺诈、胁迫、恶意串通事实的证明，以及对口头遗嘱或者赠与事实的证明，人民法院确信该待证事实存在的可能性能够排除合理怀疑的，应当认定该事实存在。

第一百一十条 人民法院认为有必要的，可以要求当事人本人到庭，就案件有关事实接受询问。在询问当事人之前，可以要求其签署保证书。

保证书应当载明据实陈述、如有虚假陈述愿意接受处罚等内容。当事人应当在保证书上签名或者捺印。

负有举证证明责任的当事人拒绝到庭、拒绝接受询问或者拒绝签署保证书，待证事实又欠缺其他证据证明的，人民法院对其主张的事实不予认定。

第一百一十一条 民事诉讼法第七十条规定的提交书证原件确有困难，包括下列情形：

（一）书证原件遗失、灭失或者毁损的；

（二）原件在对方当事人控制之下，经合法通知提交而拒不提交的；

（三）原件在他人控制之下，而其有权不提交的；

（四）原件因篇幅或者体积过大而不便提交的；

（五）承担举证证明责任的当事人通过申请人民法院调查收集或者其他方式无法获得书证原件的。

前款规定情形，人民法院应当结合其他证据和案件具体情况，审查判断书证复制品等能否作为认定案件事实的根据。

第一百一十二条 书证在对方当事人控制之下的，承担举证证明责任的当事人可以在举证期限届满前书面申请人民法院责令对方当事人提交。

申请理由成立的，人民法院应当责令对方当事人提交，因提交书证所产生的费用，由申请人负担。对方当事人无正当理由拒不提交的，人民法院可以认定申请人所主张的书证内容为真实。

第一百一十三条 持有书证的当事人以妨碍对方当事人使用为目的，毁灭有关书证或者实施其他致使书证不能使用行为的，人民法院可以依照民事诉讼法第一百一十一条规定，对其处以罚款、拘留。

第一百一十四条 国家机关或者其他依法具有社会管理职能的组织，在其职权范围内制作的文书所记载的事项推定为真实，但有相反证据足以推翻的除外。必要时，人民法院可以要求制作文书的机关或者组织对文书的真实性予以说明。

第一百一十五条 单位向人民法院提出的证明材料，应当由单位负责人及制作证明材料的人员签名或者盖章，并加盖单位印章。人民法院就单位出具的证明材料，可以向单位及制作证明材料的人员进行调查核实。必要时，可以要求制作证明材料的人员出庭作证。

单位及制作证明材料的人员拒绝人民法院调查核实，或者制作证明材料的人员无正当理由拒绝出庭作证的，该证明材料不得作为认定案件事实的根据。

第一百一十六条 视听资料包括录音资料和影像资料。

电子数据是指通过电子邮件、电子数据交换、网上聊天记录、博客、微博客、手机短信、电子签名、域名等形成或者存储在电子介质中的信息。

存储在电子介质中的录音资料和影像资料，适用电子数据的规定。

第一百一十七条 当事人申请证人出庭作证的，应当在举证期限届满前提出。

符合本解释第九十六条第一款规定情形的，人民法院可以依职权通知证人出庭作证。

未经人民法院通知，证人不得出庭作证，但双方当事人同意并经人民法院准许的除外。

第一百一十八条 民事诉讼法第七十四条规定的证人因履行出庭作证义务而支出的交通、住宿、就餐等必要费用，按照机关事业单位工作人员差旅费用和补贴标准计算；误工损失按照国家上年度职工日平均工资标准计算。

人民法院准许证人出庭作证申请的，应当通知申请人预缴证人出庭作证费用。

第一百一十九条 人民法院在证人出庭作证前应当告知其如实作证的义务以及作伪证的法律后果，并责令其签署保证书，但无民事行为能力人和限制民事行为能力人除外。

证人签署保证书适用本解释关于当事人签署保证书的规定。

第一百二十条 证人拒绝签署保证书的，不得作证，并自行承担相关费用。

第一百二十一条 当事人申请鉴定，可以在举证期限届满前提出。申请鉴定的事项与待证事实无关联，或者对证明待证事实无意义的，人民法院不予准许。

人民法院准许当事人鉴定申请的，应当组织双方当事人协商确定具备相应资格的鉴定人。当事人协商不成的，由人民法院指定。

符合依职权调查收集证据条件的，人民法院应当依职权委托鉴定，在询问当事人的意见后，指定具备相应资格的鉴定人。

第一百二十二条 当事人可以依照民事诉讼法第七十九条的规定，在举证期限届满前申请一至二名具有专门知识的人出庭，代表当事人对鉴定意见进行质证，或者对案件事实所涉及的专业问题提出意见。

具有专门知识的人在法庭上就专业问题提出的意见，视为当事人的陈述。

人民法院准许当事人申请的，相关费用由提出申请的当事人负担。

第一百二十三条 人民法院可以对出庭的具有专门知识的人进行询问。经法庭准许，当事人可以对出庭的具有专门知识的人进行询问，当事人各自申请的具有专门知识的人可以就案件中的有关问题进行对质。

具有专门知识的人不得参与专业问题之外的法庭审理活动。

第一百二十四条 人民法院认为有必要的，可以根据当事人的申请或者依职权对物证或者现场进行勘验。勘验时应当保护他人的隐私和尊严。

人民法院可以要求鉴定人参与勘验。必要时，可以要求鉴定人在勘验中进行鉴定。

五、期间和送达

第一百二十五条 依照民事诉讼法第八十二条第二款规定，民事诉讼中以时起算的期间从次时起算；以日、月、年计算的期间从次日起算。

第一百二十六条 民事诉讼法第一百二十三条规定的立案期限，因起诉状内容欠缺通知原告补正的，从补正后交人民法院的次日起算。由上级人民法院转交下级人民法院立案的案件，从受诉人民法院收到起诉状的次日起算。

第一百二十七条 民事诉讼法第五十六条第三款、第二百零五条以及本解释第三百七十四条、第三百八十四条、第四百零一条、第四百二十二条、第四百二十三条规定的六个月，民事诉讼法第二百二十三条规定的一年，为不变期间，不适用诉讼时效中止、中断、延长的规定。

第一百二十八条 再审案件按照第一审程序或者第二审程序审理的，适用民事诉讼法第一百四十九条、第一百七十六条规定的审限。审限自再审立案的次日起算。

第一百二十九条 对申请再审案件，人民法院应当自受理之日起三个月内审查完毕，但公告期间、当事人和解期间等不计入审查期限。有特殊情况需要延长的，由本院院长批准。

第一百三十条 向法人或者其他组织送达诉讼文书，应当由法人的法定代表人、该组织的主要负责人或者办公室、收发室、值班室等负责收件的人签收或者盖章，拒绝签收或者盖章的，适用留置送达。

民事诉讼法第八十六条规定的有关基层组织和所在单位的代表，可以是受送达人住所地的居民委员会、村民委员会的工作人员以及受送达人所在单位的工作人员。

第一百三十一条 人民法院直接送达诉讼文书的，可以通知当事人到人民法院领取。当事人到达人民法院，拒绝签署送达回证的，视为送达。审判人员、书记员应当在送达回证上注明送达情况并签名。

人民法院可以在当事人住所地以外向当事人直接送达诉讼文书。当事人拒绝签署送达回证的，采用拍照、录像等方式记录送达过程即视为送达。审判人员、书记员应当在送达回证上注明送达情况并签名。

第一百三十二条 受送达人有诉讼代理人的，人民法院既可以向受送达人送达，也可以向其诉讼代理人送达。受送达人指定诉讼代理人为代收人的，向诉讼代理人送达时，适用留置送达。

第一百三十三条 调解书应当直接送达当事人本人，不适用留置送达。当事人本人因故不能签收的，可由其指定的代收人签收。

第一百三十四条 依照民事诉讼法第八十八条规定，委托其他人民法院代为送达的，委托法院应当出具委托函，并附需要送达的诉讼文书和送达回证，以受送达人在送达回证上签收的日期为送达日期。

委托送达的，受委托人民法院应当自收到委托函及相关诉讼文书之日起十日内代为送达。

第一百三十五条 电子送达可以采用传真、电子邮件、移动通信等即时收悉的特定系统作为送达媒介。

民事诉讼法第八十七条第二款规定的到达受送达人特定系统的日期，为人民法院对应系统显示发送成功的日期，但受送达人证明到达其特定系统的日期与人民法院对应系统显示发送成功的日期不一致的，以受送达人证明到达其特定系统的日期为准。

第一百三十六条 受送达人同意采用电子方式送达的，应当在送达地址确认书中予以确认。

第一百三十七条 当事人在提起上诉、申请再审、申请执行时未书面变更送达地址的，其在第一审程序中确认的送达地址可以作为第二审程序、审判监督程序、执行程序的送达地址。

第一百三十八条 公告送达可以在法院的公告栏和受送达人住所地张贴公告，也可以在报纸、信息网络等媒体上刊登公告，发出公告日期以最后张贴或者刊登的日期为准。对公告送达方式有特殊要求的，应当按要求的方式进行。公告期满，即视为送达。

人民法院在受送达人住所地张贴公告的，应当采取拍照、录像等方式记录张贴过程。

第一百三十九条 公告送达应当说明公告送达的原因；公告送达起诉状或者上诉状副本的，应当说明起诉或者上诉要点，受送达人答辩期限及逾期不答辩的法律后果；公告送达传票，应当说明出庭的时间和地点及逾期不出庭的法律后果；公告送达判决书、裁定书的，应当说明裁判主要内容，当事人有权上诉的，还应当说明上诉权利、上诉期限和上诉的人民法院。

第一百四十条 适用简易程序的案件，不适用公告送达。

第一百四十一条 人民法院在定期宣判时，当事人拒不签收判决书、裁定书的，应视为送达，并在宣判笔录中记明。

六、调　　解

第一百四十二条 人民法院受理案件后，经审查，认为法律关系明确、事实清楚，在征得当事人双方同意后，可以径行调解。

第一百四十三条 适用特别程序、督促程序、公示催告程序的案件，婚姻等身份关系确认案件以及其他根据案件性质不能进行调解的案件，不得调解。

第一百四十四条 人民法院审理民事案件，发现当事人之间恶意串通，企图通过和解、调解方式侵害他人合法权益的，应当依照民事诉讼法第一百一十二条的规定处理。

第一百四十五条 人民法院审理民事案件，应当根据自愿、合法的原则进行调解。当事人一方或者双方坚持不愿调解的，应当及时裁判。

人民法院审理离婚案件，应当进行调解，但不应久调不决。

第一百四十六条 人民法院审理民事案件，调解过程不公开，但当事人同意公开的除外。

调解协议内容不公开，但为保护国家利益、社会公共利益、他人合法权益，人民法院认为确有必要公开的除外。

主持调解以及参与调解的人员，对调解过程以及调解过程中获悉的国家秘密、商业秘密、个人隐私和其他不宜公开的信息，应当保守秘密，但为保护国家利益、社会公共利益、他人合法权益的除外。

第一百四十七条 人民法院调解案件时，当事人不能出庭的，经其特别授权，可由其委托代理人参加调解，达成的调解协议，可由委托代理人签名。

离婚案件当事人确因特殊情况无法出庭参加调解的，除本人不能表达意志的以外，应当出具书面意见。

第一百四十八条 当事人自行和解或者调解达成协议后，请求人民法院按照和解协议或者调解协议的内容制作判决书的，人民法院不予准许。

无民事行为能力人的离婚案件，由其法定代理人进行诉讼。法定代理人与对方达成协议要求发给判决书的，可根据协议内容制作判决书。

第一百四十九条 调解书需经当事人签收后才发生法律效力的，应当以最后收到调解书的当事人签收的日期为调解书生效日期。

第一百五十条 人民法院调解民事案件，需由无独立请求权的第三人承担责任的，应当经其同意。该第三人在调解书送达前反悔的，人民法院应当及时裁判。

第一百五十一条 根据民事诉讼法第九十八条第一款第四项规定，当事人各方同意在调解协议上签名或者盖章后即发生法律效力的，经人民法院审查确认后，应当记入笔录或者将调解协议附卷，并由当事人、审判人员、书记员签名或者盖章后即具有法律效力。

前款规定情形，当事人请求制作调解书的，人民法院审查确认后可以制作调解书送交当事人。当事人拒收调解书的，不影响调解协议的效力。

七、保全和先予执行

第一百五十二条 人民法院依照民事诉讼法第一百条、第一百零一条规定，在采取诉前保全、诉讼保全措施时，责令利害关系人或者当事人提供担保的，应当书面通知。

利害关系人申请诉前保全的，应当提供担保。申请诉前财产保全的，应当提供相当于请求保全数额的担保；情况特殊的，人民法院可以酌情处理。申请诉前行为保全的，担保的数额由人民法院根据案件的具体情况决定。

在诉讼中，人民法院依申请或者依职权采取保全措施的，应当根据案件的具体情况，决定当事人是否应当提供担保以及担保的数额。

第一百五十三条 人民法院对季节性商品、鲜活、易腐烂变质以及其他不宜长期保存的物品采取保全措施时，可以责令当事人及时处理，由人民法院保存价款；必要时，人民法院可予以变卖，保存价款。

第一百五十四条 人民法院在财产保全中采取查封、扣押、冻结财产措施时，应当妥善保管被查封、扣押、冻结的财产。不宜由人民法院保管的，人民法院可以指定被保全人负责保管；不宜由被保全人保管的，可以委托他人或者申请保全人保管。

查封、扣押、冻结担保物权人占有的担保财产，一般由担保物权人保管；由人民法院保管的，质权、留置权不因采取保全措施而消灭。

第一百五十五条　由人民法院指定被保全人保管的财产，如果继续使用对该财产的价值无重大影响，可以允许被保全人继续使用；由人民法院保管或者委托他人、申请保全人保管的财产，人民法院和其他保管人不得使用。

第一百五十六条　人民法院采取财产保全的方法和措施，依照执行程序相关规定办理。

第一百五十七条　人民法院对抵押物、质押物、留置物可以采取财产保全措施，但不影响抵押权人、质权人、留置权人的优先受偿权。

第一百五十八条　人民法院对债务人到期应得的收益，可以采取财产保全措施，限制其支取，通知有关单位协助执行。

第一百五十九条　债务人的财产不能满足保全请求，但对他人有到期债权的，人民法院可以依债权人的申请裁定该他人不得对本案债务人清偿。该他人要求偿付的，由人民法院提存财物或者价款。

第一百六十条　当事人向采取诉前保全措施以外的其他有管辖权的人民法院起诉的，采取诉前保全措施的人民法院应当将保全手续移送受理案件的人民法院。诉前保全的裁定视为受移送人民法院作出的裁定。

第一百六十一条　对当事人不服一审判决提起上诉的案件，在第二审人民法院接到报送的案件之前，当事人有转移、隐匿、出卖或者毁损财产等行为，必须采取保全措施的，由第一审人民法院依当事人申请或者依职权采取。第一审人民法院的保全裁定，应当及时报送第二审人民法院。

第一百六十二条　第二审人民法院裁定对第一审人民法院采取的保全措施予以续保或者采取新的保全措施的，可以自行实施，也可以委托第一审人民法院实施。

再审人民法院裁定对原保全措施予以续保或者采取新的保全措施的，可以自行实施，也可以委托原审人民法院或者执行法院实施。

第一百六十三条　法律文书生效后，进入执行程序前，债权人因对方当事人转移财产等紧急情况，不申请保全将可能导致生效法律文书不能执行或者难以执行的，可以向执行法院申请采取保全措施。债权人在法律文书指定的履行期间届满后五日内不申请执行的，人民法院应当解除保全。

第一百六十四条　对申请保全人或者他人提供的担保财产，人民法院应当依法办理查封、扣押、冻结等手续。

第一百六十五条　人民法院裁定采取保全措施后，除作出保全裁定的人民法院自行解除或者其上级人民法院决定解除外，在保全期限内，任何单位不得解除保全措施。

第一百六十六条　裁定采取保全措施后，有下列情形之一的，人民法院应当作出解除保全裁定：

（一）保全错误的；

（二）申请人撤回保全申请的；

（三）申请人的起诉或者诉讼请求被生效裁判驳回的；

（四）人民法院认为应当解除保全的其他情形。

解除以登记方式实施的保全措施的，应当向登记机关发出协助执行通知书。

第一百六十七条　财产保全的被保全人提供其他等值担保财产且有利于执行的，人民法院可以裁定变更保全标的物为被保全人提供的担保财产。

第一百六十八条　保全裁定未经人民法院依法撤销或者解除，进入执行程序后，自动转为执行中的查封、扣押、冻结措施，期限连续计算，执行法院无需重新制作裁定书，但查封、扣押、冻结期限届满的除外。

第一百六十九条　民事诉讼法规定的先予执行，人民法院应当在受理案件后终审判决作出前采取。先予执行应当限于当事人诉讼请求的范围，并以当事人的生活、生产经营的急需为限。

第一百七十条　民事诉讼法第一百零六条第三项规定的情况紧急，包括：

（一）需要立即停止侵害、排除妨碍的；

（二）需要立即制止某项行为的；

（三）追索恢复生产、经营急需的保险理赔费的；

（四）需要立即返还社会保险金、社会救助资金的；

（五）不立即返还款项，将严重影响权利人生活和生产经营的。

第一百七十一条　当事人对保全或者先予执行裁定不服的，可以自收到裁定书之日起五日内向作出裁定的人民法院申请复议。人民法院应当在收到复议申请后十日内审查。裁定正确的，驳回当事人的申请；裁定不当的，变更或者撤销原裁定。

第一百七十二条　利害关系人对保全或者先予执行的裁定不服申请复议的，由作出裁定的人民法院依照民事诉讼法第一百零八条规定处理。

第一百七十三条　人民法院先予执行后，根据发生法律效力的判决，申请人应当返还因先予执行所取得的利益的，适用民事诉讼法第二百三十三条的规定。

八、对妨害民事诉讼的强制措施

第一百七十四条　民事诉讼法第一百零九条规定的必须到庭的被告，是指负有赡养、抚育、扶养义务和不到庭就无法查清案情的被告。

人民法院对必须到庭才能查清案件基本事实的原告，经两次传票传唤，无正当理由拒不到庭的，可以拘传。

第一百七十五条　拘传必须用拘传票，并直接送达被拘传人;在拘传前,应当向被拘传人说明拒不到庭的后果,经批评教育仍拒不到庭的,可以拘传其到庭。

第一百七十六条 诉讼参与人或者其他人有下列行为之一的,人民法院可以适用民事诉讼法第一百一十条规定处理:

(一)未经准许进行录音、录像、摄影的;

(二)未经准许以移动通信等方式现场传播审判活动的;

(三)其他扰乱法庭秩序,妨害审判活动进行的。

有前款规定情形的,人民法院可以暂扣诉讼参与人或者其他人进行录音、录像、摄影、传播审判活动的器材,并责令其删除有关内容;拒不删除的,人民法院可以采取必要手段强制删除。

第一百七十七条 训诫、责令退出法庭由合议庭或者独任审判员决定。训诫的内容、被责令退出法庭者的违法事实应当记入庭审笔录。

第一百七十八条 人民法院依照民事诉讼法第一百一十条至第一百一十四条的规定采取拘留措施的,应经院长批准,作出拘留决定书,由司法警察将被拘留人送交当地公安机关看管。

第一百七十九条 被拘留人不在本辖区的,作出拘留决定的人民法院应当派员到被拘留人所在地的人民法院,请该院协助执行,受委托的人民法院应当及时派员协助执行。被拘留人申请复议或者在拘留期间承认并改正错误,需要提前解除拘留的,受委托人民法院应当向委托人民法院转达或者提出建议,由委托人民法院审查决定。

第一百八十条 人民法院对被拘留人采取拘留措施后,应当在二十四小时内通知其家属;确实无法按时通知或者通知不到的,应当记录在案。

第一百八十一条 因哄闹、冲击法庭,用暴力、威胁等方法抗拒执行公务等紧急情况,必须立即采取拘留措施的,可在拘留后,立即报告院长补办批准手续。院长认为拘留不当的,应当解除拘留。

第一百八十二条 被拘留人在拘留期间认错悔改的,可以责令其具结悔过,提前解除拘留。提前解除拘留,应报经院长批准,并作出提前解除拘留决定书,交负责看管的公安机关执行。

第一百八十三条 民事诉讼法第一百一十条至第一百一十三条规定的罚款、拘留可以单独适用,也可以合并适用。

第一百八十四条 对同一妨害民事诉讼行为的罚款、拘留不得连续适用。发生新的妨害民事诉讼行为的,人民法院可以重新予以罚款、拘留。

第一百八十五条 被罚款、拘留的人不服罚款、拘留决定申请复议的,应当自收到决定书之日起三日内提出。上级人民法院应当在收到复议申请后五日内作出决定,并将复议结果通知下级人民法院和当事人。

第一百八十六条 上级人民法院复议时认为强制措施不当的,应当制作决定书,撤销或者变更下级人民法院作出的拘留、罚款决定。情况紧急的,可以在口头通知后三日内发出决定书。

第一百八十七条 民事诉讼法第一百一十一条第一款第五项规定的以暴力、威胁或者其他方法阻碍司法工作人员执行职务的行为,包括:

(一)在人民法院哄闹、滞留,不听从司法工作人员劝阻的;

(二)故意毁损、抢夺人民法院法律文书、查封标志的;

(三)哄闹、冲击执行公务现场,围困、扣押执行或者协助执行公务人员的;

(四)毁损、抢夺、扣留案件材料、执行公务车辆、其他执行公务器械、执行公务人员服装和执行公务证件的;

(五)以暴力、威胁或者其他方法阻碍司法工作人员查询、查封、扣押、冻结、划拨、拍卖、变卖财产的;

(六)以暴力、威胁或者其他方法阻碍司法工作人员执行职务的其他行为。

第一百八十八条 民事诉讼法第一百一十一条第一款第六项规定的拒不履行人民法院已经发生法律效力的判决、裁定的行为,包括:

(一)在法律文书发生法律效力后隐藏、转移、变卖、毁损财产或者无偿转让财产、以明显不合理的价格交易财产、放弃到期债权、无偿为他人提供担保等,致使人民法院无法执行的;

(二)隐藏、转移、毁损或者未经人民法院允许处分已向人民法院提供担保的财产的;

(三)违反人民法院限制高消费令进行消费的;

(四)有履行能力而拒不按照人民法院执行通知履行生效法律文书确定的义务的;

(五)有义务协助执行的个人接到人民法院协助执行通知书后,拒不协助执行的。

第一百八十九条 诉讼参与人或者其他人有下列行为之一的,人民法院可以适用民事诉讼法第一百一十一条的规定处理:

(一)冒充他人提起诉讼或者参加诉讼的;

(二)证人签署保证书后作虚假证言,妨碍人民法院审理案件的;

(三)伪造、隐藏、毁灭或者拒绝交出有关被执行人履行能力的重要证据,妨碍人民法院查明被执行人财产状况的;

(四)擅自解冻已被人民法院冻结的财产的;

(五)接到人民法院协助执行通知书后,给当事人通风报信,协助其转移、隐匿财产的。

第一百九十条 民事诉讼法第一百一十二条规定的他人合法权益,包括案外人的合法权益、国家利益、社会公共利益。

第三人根据民事诉讼法第五十六条第三款规定提起撤销

之诉，经审查，原案当事人之间恶意串通进行虚假诉讼的，适用民事诉讼法第一百一十二条规定处理。

第一百九十一条 单位有民事诉讼法第一百一十二条或者第一百一十三条规定行为的，人民法院应当对该单位进行罚款，并可以对其主要负责人或者直接责任人员予以罚款、拘留；构成犯罪的，依法追究刑事责任。

第一百九十二条 有关单位接到人民法院协助执行通知书后，有下列行为之一的，人民法院可以适用民事诉讼法第一百一十四条规定处理：

（一）允许被执行人高消费的；

（二）允许被执行人出境的；

（三）拒不停止办理有关财产权证照转移手续、权属变更登记、规划审批等手续的；

（四）以需要内部请示、内部审批，有内部规定等为由拖延办理的。

第一百九十三条 人民法院对个人或者单位采取罚款措施时，应当根据其实施妨害民事诉讼行为的性质、情节、后果，当地的经济发展水平，以及诉讼标的额等因素，在民事诉讼法第一百一十五条第一款规定的限额内确定相应的罚款金额。

九、诉讼费用

第一百九十四条 依照民事诉讼法第五十四条审理的案件不预交案件受理费，结案后按照诉讼标的额由败诉方交纳。

第一百九十五条 支付令失效后转入诉讼程序的，债权人应当按照《诉讼费用交纳办法》补交案件受理费。

支付令被撤销后，债权人另行起诉的，按照《诉讼费用交纳办法》交纳诉讼费用。

第一百九十六条 人民法院改变原判决、裁定、调解结果的，应当在裁判文书中对原审诉讼费用的负担一并作出处理。

第一百九十七条 诉讼标的物是证券的，按照证券交易规则并根据当事人起诉之日前最后一个交易日的收盘价、当日的市场价或者其载明的金额计算诉讼标的金额。

第一百九十八条 诉讼标的物是房屋、土地、林木、车辆、船舶、文物等特定物或者知识产权，起诉时价值难以确定的，人民法院应当向原告释明主张过高或者过低的诉讼风险，以原告主张的价值确定诉讼标的金额。

第一百九十九条 适用简易程序审理的案件转为普通程序的，原告自接到人民法院交纳诉讼费用通知之日起七日内补交案件受理费。

原告无正当理由未按期足额补交的，按撤诉处理，已经收取的诉讼费用退还一半。

第二百条 破产程序中有关债务人的民事诉讼案件，按照财产案件标准交纳诉讼费，但劳动争议案件除外。

第二百零一条 既有财产性诉讼请求，又有非财产性诉讼请求的，按照财产性诉讼请求的标准交纳诉讼费。

有多个财产性诉讼请求的，合并计算交纳诉讼费；诉讼请求中有多个非财产性诉讼请求的，按一件交纳诉讼费。

第二百零二条 原告、被告、第三人分别上诉的，按照上诉请求分别预交二审案件受理费。

同一方多人共同上诉的，只预交一份二审案件受理费；分别上诉的，按照上诉请求分别预交二审案件受理费。

第二百零三条 承担连带责任的当事人败诉的，应当共同负担诉讼费用。

第二百零四条 实现担保物权案件，人民法院裁定拍卖、变卖担保财产的，申请费由债务人、担保人负担；人民法院裁定驳回申请的，申请费由申请人负担。

申请人另行起诉的，其已经交纳的申请费可以从案件受理费中扣除。

第二百零五条 拍卖、变卖担保财产的裁定作出后，人民法院强制执行的，按照执行金额收取执行申请费。

第二百零六条 人民法院决定减半收取案件受理费的，只能减半一次。

第二百零七条 判决生效后，胜诉方预交但不应负担的诉讼费用，人民法院应当退还，由败诉方向人民法院交纳，但胜诉方自愿承担或者同意败诉方直接向其支付的除外。

当事人拒不交纳诉讼费用的，人民法院可以强制执行。

十、第一审普通程序

第二百零八条 人民法院接到当事人提交的民事起诉状时，对符合民事诉讼法第一百一十九条的规定，且不属于第一百二十四条规定情形的，应当登记立案；对当场不能判定是否符合起诉条件的，应当接收起诉材料，并出具注明收到日期的书面凭证。

需要补充必要相关材料的，人民法院应当及时告知当事人。在补齐相关材料后，应当在七日内决定是否立案。

立案后发现不符合起诉条件或者属于民事诉讼法第一百二十四条规定情形的，裁定驳回起诉。

第二百零九条 原告提供被告的姓名或者名称、住所等信息具体明确，足以使被告与他人相区别的，可以认定为有明确的被告。

起诉状列写被告信息不足以认定明确的被告的，人民法院可以告知原告补正。原告补正后仍不能确定明确的被告的，人民法院裁定不予受理。

第二百一十条 原告在起诉状中有谩骂和人身攻击之辞的，人民法院应当告知其修改后提起诉讼。

第二百一十一条 对本院没有管辖权的案件，告知原告向有管辖权的人民法院起诉；原告坚持起诉的，裁定不予受理；立案后发现本院没有管辖权的，应当将案件移送有管辖权的人民法院。

第二百一十二条 裁定不予受理、驳回起诉的案件，原告再次起诉，符合起诉条件且不属于民事诉讼法第一百二十四条规定情形的，人民法院应予受理。

第二百一十三条 原告应当预交而未预交案件受理费，人民法院应当通知其预交，通知后仍不预交或者申请减、缓、免未获批准而仍不预交的，裁定按撤诉处理。

第二百一十四条 原告撤诉或者人民法院按撤诉处理后，原告以同一诉讼请求再次起诉的，人民法院应予受理。

原告撤诉或者按撤诉处理的离婚案件，没有新情况、新理由，六个月内又起诉的，比照民事诉讼法第一百二十四条第七项的规定不予受理。

第二百一十五条 依照民事诉讼法第一百二十四条第二项的规定，当事人在书面合同中订有仲裁条款，或者在发生纠纷后达成书面仲裁协议，一方向人民法院起诉的，人民法院应当告知原告向仲裁机构申请仲裁，其坚持起诉的，裁定不予受理，但仲裁条款或者仲裁协议不成立、无效、失效、内容不明确无法执行的除外。

第二百一十六条 在人民法院首次开庭前，被告以有书面仲裁协议为由对受理民事案件提出异议的，人民法院应当进行审查。

经审查符合下列情形之一的，人民法院应当裁定驳回起诉：

（一）仲裁机构或者人民法院已经确认仲裁协议有效的；

（二）当事人没有在仲裁庭首次开庭前对仲裁协议的效力提出异议的；

（三）仲裁协议符合仲裁法第十六条规定且不具有仲裁法第十七条规定情形的。

第二百一十七条 夫妻一方下落不明，另一方诉至人民法院，只要求离婚，不申请宣告下落不明人失踪或者死亡的案件，人民法院应当受理，对下落不明人公告送达诉讼文书。

第二百一十八条 赡养费、扶养费、抚育费案件，裁判发生法律效力后，因新情况、新理由，一方当事人再行起诉要求增加或者减少费用的，人民法院应作为新案受理。

第二百一十九条 当事人超过诉讼时效期间起诉的，人民法院应予受理。受理后对方当事人提出诉讼时效抗辩，人民法院经审理认为抗辩事由成立的，判决驳回原告的诉讼请求。

第二百二十条 民事诉讼法第六十八条、第一百三十四条、第一百五十六条规定的商业秘密，是指生产工艺、配方、贸易联系、购销渠道等当事人不愿公开的技术秘密、商业情报及信息。

第二百二十一条 基于同一事实发生的纠纷，当事人分别向同一人民法院起诉的，人民法院可以合并审理。

第二百二十二条 原告在起诉状中直接列写第三人的，视为其申请人民法院追加该第三人参加诉讼。是否通知第三人参加诉讼，由人民法院审查决定。

第二百二十三条 当事人在提交答辩状期间提出管辖异议，又针对起诉状的内容进行答辩的，人民法院应当依照民事诉讼法第一百二十七条第一款的规定，对管辖异议进行审查。

当事人未提出管辖异议，就案件实体内容进行答辩、陈述或者反诉的，可以认定为民事诉讼法第一百二十七条第二款规定的应诉答辩。

第二百二十四条 依照民事诉讼法第一百三十三条第四项规定，人民法院可以在答辩期届满后，通过组织证据交换、召集庭前会议等方式，作好审理前的准备。

第二百二十五条 根据案件具体情况，庭前会议可以包括下列内容：

（一）明确原告的诉讼请求和被告的答辩意见；

（二）审查处理当事人增加、变更诉讼请求的申请和提出的反诉，以及第三人提出的与本案有关的诉讼请求；

（三）根据当事人的申请决定调查收集证据，委托鉴定，要求当事人提供证据，进行勘验，进行证据保全；

（四）组织交换证据；

（五）归纳争议焦点；

（六）进行调解。

第二百二十六条 人民法院应当根据当事人的诉讼请求、答辩意见以及证据交换的情况，归纳争议焦点，并就归纳的争议焦点征求当事人的意见。

第二百二十七条 人民法院适用普通程序审理案件，应当在开庭三日前用传票传唤当事人。对诉讼代理人、证人、鉴定人、勘验人、翻译人员应当用通知书通知其到庭。当事人或者其他诉讼参与人在外地的，应当留有必要的在途时间。

第二百二十八条 法庭审理应当围绕当事人争议的事实、证据和法律适用等焦点问题进行。

第二百二十九条 当事人在庭审中对其在审理前的准备阶段认可的事实和证据提出不同意见的，人民法院应当责令其说明理由。必要时，可以责令其提供相应证据。人民法院应当结合当事人的诉讼能力、证据和案件的具体情况进行审查。理由成立的，可以列入争议焦点进行审理。

第二百三十条 人民法院根据案件具体情况并征得当事人同意，可以将法庭调查和法庭辩论合并进行。

第二百三十一条 当事人在法庭上提出新的证据的，人民法院应当依照民事诉讼法第六十五条第二款规定和本解释相关规定处理。

第二百三十二条 在案件受理后，法庭辩论结束前，原告增加诉讼请求，被告提出反诉，第三人提出与本案有关的诉讼请求，可以合并审理的，人民法院应当合并审理。

第二百三十三条 反诉的当事人应当限于本诉的当事人的范围。

反诉与本诉的诉讼请求基于相同法律关系、诉讼请求之间具有因果关系，或者反诉与本诉的诉讼请求基于相同事实的,人民法院应当合并审理。

反诉应由其他人民法院专属管辖,或者与本诉的诉讼标的及诉讼请求所依据的事实、理由无关联的,裁定不予受理,告知另行起诉。

第二百三十四条 无民事行为能力人的离婚诉讼,当事人的法定代理人应当到庭;法定代理人不能到庭的,人民法院应当在查清事实的基础上,依法作出判决。

第二百三十五条 无民事行为能力的当事人的法定代理人,经传票传唤无正当理由拒不到庭,属于原告方的,比照民事诉讼法第一百四十三条的规定,按撤诉处理;属于被告方的,比照民事诉讼法第一百四十四条的规定,缺席判决。必要时,人民法院可以拘传其到庭。

第二百三十六条 有独立请求权的第三人经人民法院传票传唤,无正当理由拒不到庭的,或者未经法庭许可中途退庭的,比照民事诉讼法第一百四十三条的规定,按撤诉处理。

第二百三十七条 有独立请求权的第三人参加诉讼后,原告申请撤诉,人民法院在准许原告撤诉后,有独立请求权的第三人作为另案原告,原案原告、被告作为另案被告,诉讼继续进行。

第二百三十八条 当事人申请撤诉或者依法可以按撤诉处理的案件,如果当事人有违反法律的行为需要依法处理的,人民法院可以不准许撤诉或者不按撤诉处理。

法庭辩论终结后原告申请撤诉,被告不同意的,人民法院可以不予准许。

第二百三十九条 人民法院准许本诉原告撤诉的,应当对反诉继续审理;被告申请撤回反诉的,人民法院应予准许。

第二百四十条 无独立请求权的第三人经人民法院传票传唤,无正当理由拒不到庭,或者未经法庭许可中途退庭的,不影响案件的审理。

第二百四十一条 被告经传票传唤无正当理由拒不到庭,或者未经法庭许可中途退庭的,人民法院应当按期开庭或者继续开庭审理,对到庭的当事人诉讼请求、双方的诉辩理由以及已经提交的证据及其他诉讼材料进行审理后,可以依法缺席判决。

第二百四十二条 一审宣判后,原审人民法院发现判决有错误,当事人在上诉期内提出上诉的,原审人民法院可以提出原判决有错误的意见,报送第二审人民法院,由第二审人民法院按照第二审程序进行审理;当事人不上诉的,按照审判监督程序处理。

第二百四十三条 民事诉讼法第一百四十九条规定的审限,是指从立案之日起至裁判宣告、调解书送达之日止的期间,但公告期间、鉴定期间、双方当事人和解期间、审理当事人提出的管辖异议以及处理人民法院之间的管辖争议期间不应计算在内。

第二百四十四条 可以上诉的判决书、裁定书不能同时送达双方当事人的,上诉期从各自收到判决书、裁定书之日计算。

第二百四十五条 民事诉讼法第一百五十四条第一款第七项规定的笔误是指法律文书误写、误算,诉讼费用漏写、误算和其他笔误。

第二百四十六条 裁定中止诉讼的原因消除,恢复诉讼程序时,不必撤销原裁定,从人民法院通知或者准许当事人双方继续进行诉讼时起,中止诉讼的裁定即失去效力。

第二百四十七条 当事人就已经提起诉讼的事项在诉讼过程中或者裁判生效后再次起诉,同时符合下列条件的,构成重复起诉:

(一)后诉与前诉的当事人相同;

(二)后诉与前诉的诉讼标的相同;

(三)后诉与前诉的诉讼请求相同,或者后诉的诉讼请求实质上否定前诉裁判结果。

当事人重复起诉的,裁定不予受理;已经受理的,裁定驳回起诉,但法律、司法解释另有规定的除外。

第二百四十八条 裁判发生法律效力后,发生新的事实,当事人再次提起诉讼的,人民法院应当依法受理。

第二百四十九条 在诉讼中,争议的民事权利义务转移的,不影响当事人的诉讼主体资格和诉讼地位。人民法院作出的发生法律效力的判决、裁定对受让人具有拘束力。

受让人申请以无独立请求权的第三人身份参加诉讼的,人民法院可予准许。受让人申请替代当事人承担诉讼的,人民法院可以根据案件的具体情况决定是否准许;不予准许的,可以追加其为无独立请求权的第三人。

第二百五十条 依照本解释第二百四十九条规定,人民法院准许受让人替代当事人承担诉讼的,裁定变更当事人。

变更当事人后,诉讼程序以受让人为当事人继续进行,原当事人应当退出诉讼。原当事人已经完成的诉讼行为对受让人具有拘束力。

第二百五十一条 二审裁定撤销一审判决发回重审的案件,当事人申请变更、增加诉讼请求或者提出反诉,第三人提出与本案有关的诉讼请求的,依照民事诉讼法第一百四十条规定处理。

第二百五十二条 再审裁定撤销原判决、裁定发回重审的案件,当事人申请变更、增加诉讼请求或者提出反诉,符合下列情形之一的,人民法院应当准许:

(一)原审未合法传唤缺席判决,影响当事人行使诉讼权利的;

(二)追加新的诉讼当事人的;

(三)诉讼标的物灭失或者发生变化致使原诉讼请求无法实现的;

(四)当事人申请变更、增加的诉讼请求或者提出的反诉,无法通过另诉解决的。

第二百五十三条 当庭宣判的案件，除当事人当庭要求邮寄发送裁判文书的外，人民法院应当告知当事人或者诉讼代理人领取裁判文书的时间和地点以及逾期不领取的法律后果。上述情况，应当记入笔录。

第二百五十四条 公民、法人或者其他组织申请查阅发生法律效力的判决书、裁定书的，应当向作出该生效裁判的人民法院提出。申请应当以书面形式提出，并提供具体的案号或者当事人姓名、名称。

第二百五十五条 对于查阅判决书、裁定书的申请，人民法院根据下列情形分别处理：

（一）判决书、裁定书已经通过信息网络向社会公开的，应当引导申请人自行查阅；

（二）判决书、裁定书未通过信息网络向社会公开，且申请符合要求的，应当及时提供便捷的查阅服务；

（三）判决书、裁定书尚未发生法律效力，或者已失去法律效力的，不提供查阅并告知申请人；

（四）发生法律效力的判决书、裁定书不是本院作出的，应当告知申请人向作出生效裁判的人民法院申请查阅；

（五）申请查阅的内容涉及国家秘密、商业秘密、个人隐私的，不予准许并告知申请人。

十一、简易程序

第二百五十六条 民事诉讼法第一百五十七条规定的简单民事案件中的事实清楚，是指当事人对争议的事实陈述基本一致，并能提供相应的证据，无须人民法院调查收集证据即可查明事实；权利义务关系明确是指能明确区分谁是责任的承担者，谁是权利的享有者；争议不大是指当事人对案件的是非、责任承担以及诉讼标的争执无原则分歧。

第二百五十七条 下列案件，不适用简易程序：

（一）起诉时被告下落不明的；

（二）发回重审的；

（三）当事人一方人数众多的；

（四）适用审判监督程序的；

（五）涉及国家利益、社会公共利益的；

（六）第三人起诉请求改变或者撤销生效判决、裁定、调解书的；

（七）其他不宜适用简易程序的案件。

第二百五十八条 适用简易程序审理的案件，审理期限到期后，双方当事人同意继续适用简易程序的，由本院院长批准，可以延长审理期限。延长后的审理期限累计不得超过六个月。

人民法院发现案情复杂，需要转为普通程序审理的，应当在审理期限届满前作出裁定并将合议庭组成人员及相关事项书面通知双方当事人。

案件转为普通程序审理的，审理期限自人民法院立案之日计算。

第二百五十九条 当事人双方可就开庭方式向人民法院提出申请，由人民法院决定是否准许。经当事人双方同意，可以采用视听传输技术等方式开庭。

第二百六十条 已经按照普通程序审理的案件，在开庭后不得转为简易程序审理。

第二百六十一条 适用简易程序审理案件，人民法院可以采取捎口信、电话、短信、传真、电子邮件等简便方式传唤双方当事人、通知证人和送达裁判文书以外的诉讼文书。

以简便方式送达的开庭通知，未经当事人确认或者没有其他证据证明当事人已经收到的，人民法院不得缺席判决。

适用简易程序审理案件，由审判员独任审判，书记员担任记录。

第二百六十二条 人民法庭制作的判决书、裁定书、调解书，必须加盖基层人民法院印章，不得用人民法庭的印章代替基层人民法院的印章。

第二百六十三条 适用简易程序审理案件，卷宗中应当具备以下材料：

（一）起诉状或者口头起诉笔录；

（二）答辩状或者口头答辩笔录；

（三）当事人身份证明材料；

（四）委托他人代理诉讼的授权委托书或者口头委托笔录；

（五）证据；

（六）询问当事人笔录；

（七）审理（包括调解）笔录；

（八）判决书、裁定书、调解书或者调解协议；

（九）送达和宣判笔录；

（十）执行情况；

（十一）诉讼费收据；

（十二）适用民事诉讼法第一百六十二条规定审理的，有关程序适用的书面告知。

第二百六十四条 当事人双方根据民事诉讼法第一百五十七条第二款规定约定适用简易程序的，应当在开庭前提出。口头提出的，记入笔录，由双方当事人签名或者捺印确认。

本解释第二百五十七条规定的案件，当事人约定适用简易程序的，人民法院不予准许。

第二百六十五条 原告口头起诉的，人民法院应当将当事人的姓名、性别、工作单位、住所、联系方式等基本信息，诉讼请求，事实及理由等准确记入笔录，由原告核对无误后签名或者捺印。对当事人提交的证据材料，应当出具收据。

第二百六十六条 适用简易程序案件的举证期限由人民法院确定，也可以由当事人协商一致并经人民法院准许，但不得超过十五日。被告要求书面答辩的，人民法院可在征得其同意的基础上，合理确定答辩期间。

人民法院应当将举证期限和开庭日期告知双方当事人，并向当事人说明逾期举证以及拒不到庭的法律后果，由双方当事人在笔录和开庭传票的送达回证上签名或者捺印。

当事人双方均表示不需要举证期限、答辩期间的，人民法院可以立即开庭审理或者确定开庭日期。

第二百六十七条 适用简易程序审理案件，可以简便方式进行审理前的准备。

第二百六十八条 对没有委托律师、基层法律服务工作者代理诉讼的当事人，人民法院在庭审过程中可以对回避、自认、举证证明责任等相关内容向其作必要的解释或者说明，并在庭审过程中适当提示当事人正确行使诉讼权利、履行诉讼义务。

第二百六十九条 当事人就案件适用简易程序提出异议，人民法院经审查，异议成立的，裁定转为普通程序；异议不成立的，口头告知当事人，并记入笔录。

转为普通程序的，人民法院应当将合议庭组成人员及相关事项以书面形式通知双方当事人。

转为普通程序前，双方当事人已确认的事实，可以不再进行举证、质证。

第二百七十条 适用简易程序审理的案件，有下列情形之一的，人民法院在制作判决书、裁定书、调解书时，对认定事实或者裁判理由部分可以适当简化：

（一）当事人达成调解协议并需要制作民事调解书的；

（二）一方当事人明确表示承认对方全部或者部分诉讼请求的；

（三）涉及商业秘密、个人隐私的案件，当事人一方要求简化裁判文书中的相关内容，人民法院认为理由正当的；

（四）当事人双方同意简化的。

十二、简易程序中的小额诉讼

第二百七十一条 人民法院审理小额诉讼案件，适用民事诉讼法第一百六十二条的规定，实行一审终审。

第二百七十二条 民事诉讼法第一百六十二条规定的各省、自治区、直辖市上年度就业人员年平均工资，是指已经公布的各省、自治区、直辖市上一年度就业人员年平均工资。在上一年度就业人员年平均工资公布前，以已经公布的最近年度就业人员年平均工资为准。

第二百七十三条 海事法院可以审理海事、海商小额诉讼案件。案件标的额应当以实际受理案件的海事法院或者其派出法庭所在的省、自治区、直辖市上年度就业人员年平均工资百分之三十为限。

第二百七十四条 下列金钱给付的案件，适用小额诉讼程序审理：

（一）买卖合同、借款合同、租赁合同纠纷；

（二）身份关系清楚，仅在给付的数额、时间、方式上存在争议的赡养费、抚育费、扶养费纠纷；

（三）责任明确，仅在给付的数额、时间、方式上存在争议的交通事故损害赔偿和其他人身损害赔偿纠纷；

（四）供用水、电、气、热力合同纠纷；

（五）银行卡纠纷；

（六）劳动关系清楚，仅在劳动报酬、工伤医疗费、经济补偿金或者赔偿金给付数额、时间、方式上存在争议的劳动合同纠纷；

（七）劳务关系清楚，仅在劳务报酬给付数额、时间、方式上存在争议的劳务合同纠纷；

（八）物业、电信等服务合同纠纷；

（九）其他金钱给付纠纷。

第二百七十五条 下列案件，不适用小额诉讼程序审理：

（一）人身关系、财产确权纠纷；

（二）涉外民事纠纷；

（三）知识产权纠纷；

（四）需要评估、鉴定或者对诉前评估、鉴定结果有异议的纠纷；

（五）其他不宜适用一审终审的纠纷。

第二百七十六条 人民法院受理小额诉讼案件，应当向当事人告知该类案件的审判组织、一审终审、审理期限、诉讼费用交纳标准等相关事项。

第二百七十七条 小额诉讼案件的举证期限由人民法院确定，也可以由当事人协商一致并经人民法院准许，但一般不超过七日。

被告要求书面答辩的，人民法院可以在征得其同意的基础上合理确定答辩期间，但最长不得超过十五日。

当事人到庭后表示不需要举证期限和答辩期间的，人民法院可立即开庭审理。

第二百七十八条 当事人对小额诉讼案件提出管辖异议的，人民法院应当作出裁定。裁定一经作出即生效。

第二百七十九条 人民法院受理小额诉讼案件后，发现起诉不符合民事诉讼法第一百一十九条规定的起诉条件的，裁定驳回起诉。裁定一经作出即生效。

第二百八十条 因当事人申请增加或者变更诉讼请求、提出反诉、追加当事人等，致使案件不符合小额诉讼案件条件的，应当适用简易程序的其他规定审理。

前款规定案件，应当适用普通程序审理的，裁定转为普通程序。

适用简易程序的其他规定或者普通程序审理前，双方当事人已确认的事实，可以不再进行举证、质证。

第二百八十一条 当事人对按照小额诉讼案件审理有异议的，应当在开庭前提出。人民法院经审查，异议成立的，适用简易程序的其他规定审理；异议不成立的，告知当事人，并记入笔录。

第二百八十二条 小额诉讼案件的裁判文书可以简化，主要记载当事人基本信息、诉讼请求、裁判主文等内容。

第二百八十三条 人民法院审理小额诉讼案件，本解释没有规定的，适用简易程序的其他规定。

十三、公益诉讼

第二百八十四条 环境保护法、消费者权益保护法等法律规定的机关和有关组织对污染环境、侵害众多消费者合法权益等损害社会公共利益的行为，根据民事诉讼法第五十五条规定提起公益诉讼，符合下列条件的，人民法院应当受理：

（一）有明确的被告；

（二）有具体的诉讼请求；

（三）有社会公共利益受到损害的初步证据；

（四）属于人民法院受理民事诉讼的范围和受诉人民法院管辖。

第二百八十五条 公益诉讼案件由侵权行为地或者被告住所地中级人民法院管辖，但法律、司法解释另有规定的除外。

因污染海洋环境提起的公益诉讼，由污染发生地、损害结果地或者采取预防污染措施地海事法院管辖。

对同一侵权行为分别向两个以上人民法院提起公益诉讼的，由最先立案的人民法院管辖，必要时由它们的共同上级人民法院指定管辖。

第二百八十六条 人民法院受理公益诉讼案件后，应当在十日内书面告知相关行政主管部门。

第二百八十七条 人民法院受理公益诉讼案件后，依法可以提起诉讼的其他机关和有关组织，可以在开庭前向人民法院申请参加诉讼。人民法院准许参加诉讼的，列为共同原告。

第二百八十八条 人民法院受理公益诉讼案件，不影响同一侵权行为的受害人根据民事诉讼法第一百一十九条规定提起诉讼。

第二百八十九条 对公益诉讼案件，当事人可以和解，人民法院可以调解。

当事人达成和解或者调解协议后，人民法院应当将和解或者调解协议进行公告。公告期间不得少于三十日。

公告期满后，人民法院经审查，和解或者调解协议不违反社会公共利益的，应当出具调解书；和解或者调解协议违反社会公共利益的，不予出具调解书，继续对案件进行审理并依法作出裁判。

第二百九十条 公益诉讼案件的原告在法庭辩论终结后申请撤诉的，人民法院不予准许。

第二百九十一条 公益诉讼案件的裁判发生法律效力后，其他依法具有原告资格的机关和有关组织就同一侵权行为另行提起公益诉讼的，人民法院裁定不予受理，但法律、司法解释另有规定的除外。

十四、第三人撤销之诉

第二百九十二条 第三人对已经发生法律效力的判决、裁定、调解书提起撤销之诉的，应当自知道或者应当知道其民事权益受到损害之日起六个月内，向作出生效判决、裁定、调解书的人民法院提出，并应当提供存在下列情形的证据材料：

（一）因不能归责于本人的事由未参加诉讼；

（二）发生法律效力的判决、裁定、调解书的全部或者部分内容错误；

（三）发生法律效力的判决、裁定、调解书内容错误损害其民事权益。

第二百九十三条 人民法院应当在收到起诉状和证据材料之日起五日内送交对方当事人，对方当事人可以自收到起诉状之日起十日内提出书面意见。

人民法院应当对第三人提交的起诉状、证据材料以及对方当事人的书面意见进行审查。必要时，可以询问双方当事人。

经审查，符合起诉条件的，人民法院应当在收到起诉状之日起三十日内立案。不符合起诉条件的，应当在收到起诉状之日起三十日内裁定不予受理。

第二百九十四条 人民法院对第三人撤销之诉案件，应当组成合议庭开庭审理。

第二百九十五条 民事诉讼法第五十六条第三款规定的因不能归责于本人的事由未参加诉讼，是指没有被列为生效判决、裁定、调解书当事人，且无过错或者无明显过错的情形。包括：

（一）不知道诉讼而未参加的；

（二）申请参加未获准许的；

（三）知道诉讼，但因客观原因无法参加的；

（四）因其他不能归责于本人的事由未参加诉讼的。

第二百九十六条 民事诉讼法第五十六条第三款规定的判决、裁定、调解书的部分或者全部内容，是指判决、裁定的主文，调解书中处理当事人民事权利义务的结果。

第二百九十七条 对下列情形提起第三人撤销之诉的，人民法院不予受理：

（一）适用特别程序、督促程序、公示催告程序、破产程序等非讼程序处理的案件；

（二）婚姻无效、撤销或者解除婚姻关系等判决、裁定、调解书中涉及身份关系的内容；

（三）民事诉讼法第五十四条规定的未参加登记的权利人对代表人诉讼案件的生效裁判；

（四）民事诉讼法第五十五条规定的损害社会公共利益行为的受害人对公益诉讼案件的生效裁判。

第二百九十八条 第三人提起撤销之诉，人民法院应当将该第三人列为原告，生效判决、裁定、调解书的当事人列为被告，但生效判决、裁定、调解书中没有承担责任的无独立请求权的第三人列为第三人。

第二百九十九条 受理第三人撤销之诉案件后，原告提供相应担保，请求中止执行的，人民法院可以准许。

第三百条 对第三人撤销或者部分撤销发生法律效力的判决、裁定、调解书内容的请求，人民法院经审理，按下列情形分别处理：

（一）请求成立且确认其民事权利的主张全部或部分成立的，改变原判决、裁定、调解书内容的错误部分；

（二）请求成立，但确认其全部或部分民事权利的主张不成立，或者未提出确认其民事权利请求的，撤销原判决、裁定、调解书内容的错误部分；

（三）请求不成立的，驳回诉讼请求。

对前款规定裁判不服的，当事人可以上诉。

原判决、裁定、调解书的内容未改变或者未撤销的部分继续有效。

第三百零一条 第三人撤销之诉案件审理期间，人民法院对生效判决、裁定、调解书裁定再审的，受理第三人撤销之诉的人民法院应当裁定将第三人的诉讼请求并入再审程序。但有证据证明原审当事人之间恶意串通损害第三人合法权益的，人民法院应当先行审理第三人撤销之诉案件，裁定中止再审诉讼。

第三百零二条 第三人诉讼请求并入再审程序审理的，按照下列情形分别处理：

（一）按照第一审程序审理的，人民法院应当对第三人的诉讼请求一并审理，所作的判决可以上诉；

（二）按照第二审程序审理的，人民法院可以调解，调解达不成协议的，应当裁定撤销原判决、裁定、调解书，发回一审法院重审，重审时应当列明第三人。

第三百零三条 第三人提起撤销之诉后，未中止生效判决、裁定、调解书执行的，执行法院对第三人依照民事诉讼法第二百二十七条规定提出的执行异议，应予审查。第三人不服驳回执行异议裁定，申请对原判决、裁定、调解书再审的，人民法院不予受理。

案外人对人民法院驳回其执行异议裁定不服，认为原判决、裁定、调解书内容错误损害其合法权益的，应当根据民事诉讼法第二百二十七条规定申请再审，提起第三人撤销之诉的，人民法院不予受理。

十五、执行异议之诉

第三百零四条 根据民事诉讼法第二百二十七条规定，案外人、当事人对执行异议裁定不服，自裁定送达之日起十五日内向人民法院提起执行异议之诉的，由执行法院管辖。

第三百零五条 案外人提起执行异议之诉，除符合民事诉讼法第一百一十九条规定外，还应当具备下列条件：

（一）案外人的执行异议申请已经被人民法院裁定驳回；

（二）有明确的排除对执行标的执行的诉讼请求，且诉讼请求与原判决、裁定无关；

（三）自执行异议裁定送达之日起十五日内提起。

人民法院应当在收到起诉状之日起十五日内决定是否立案。

第三百零六条 申请执行人提起执行异议之诉，除符合民事诉讼法第一百一十九条规定外，还应当具备下列条件：

（一）依案外人执行异议申请，人民法院裁定中止执行；

（二）有明确的对执行标的继续执行的诉讼请求，且诉讼请求与原判决、裁定无关；

（三）自执行异议裁定送达之日起十五日内提起。

人民法院应当在收到起诉状之日起十五日内决定是否立案。

第三百零七条 案外人提起执行异议之诉的，以申请执行人为被告。被执行人反对案外人异议的，被执行人为共同被告；被执行人不反对案外人异议的，可以列被执行人为第三人。

第三百零八条 申请执行人提起执行异议之诉的，以案外人为被告。被执行人反对申请执行人主张的，以案外人和被执行人为共同被告；被执行人不反对申请执行人主张的，可以列被执行人为第三人。

第三百零九条 申请执行人对中止执行裁定未提起执行异议之诉，被执行人提起执行异议之诉的，人民法院告知其另行起诉。

第三百一十条 人民法院审理执行异议之诉案件，适用普通程序。

第三百一十一条 案外人或者申请执行人提起执行异议之诉的，案外人应当就其对执行标的享有足以排除强制执行的民事权益承担举证证明责任。

第三百一十二条 对案外人提起的执行异议之诉，人民法院经审理，按照下列情形分别处理：

（一）案外人就执行标的享有足以排除强制执行的民事权益的，判决不得执行该执行标的；

（二）案外人就执行标的不享有足以排除强制执行的民事权益的，判决驳回诉讼请求。

案外人同时提出确认其权利的诉讼请求的，人民法院可以在判决中一并作出裁判。

第三百一十三条 对申请执行人提起的执行异议之诉，人民法院经审理，按照下列情形分别处理：

（一）案外人就执行标的不享有足以排除强制执行的民事权益的，判决准许执行该执行标的；

（二）案外人就执行标的享有足以排除强制执行的民事权益的，判决驳回诉讼请求。

第三百一十四条 对案外人执行异议之诉，人民法院判决不得对执行标的执行的，执行异议裁定失效。

对申请执行人执行异议之诉，人民法院判决准许对该执行标的执行的，执行异议裁定失效，执行法院可以根据申请执行人的申请或者依职权恢复执行。

第三百一十五条 案外人执行异议之诉审理期间，人民法院不得对执行标的进行处分。申请执行人请求人民法院继续执行并提供相应担保的，人民法院可以准许。

被执行人与案外人恶意串通，通过执行异议、执行异议之诉妨害执行的，人民法院应当依照民事诉讼法第一百一十三条规定处理。申请执行人因此受到损害的，可以提起诉讼要求被执行人、案外人赔偿。

第三百一十六条 人民法院对执行标的裁定中止执行后，申请执行人在法律规定的期间内未提起执行异议之诉的，人民法院应当自起诉期限届满之日起七日内解除对该执行标的采取的执行措施。

十六、第二审程序

第三百一十七条 双方当事人和第三人都提起上诉的，均列为上诉人。人民法院可以依职权确定第二审程序中当事人的诉讼地位。

第三百一十八条 民事诉讼法第一百六十六条、第一百六十七条规定的对方当事人包括被上诉人和原审其他当事人。

第三百一十九条 必要共同诉讼人的一人或者部分人提起上诉的，按下列情形分别处理：

（一）上诉仅对与对方当事人之间权利义务分担有意见，不涉及其他共同诉讼人利益的，对方当事人为被上诉人，未上诉的同一方当事人依原审诉讼地位列明；

（二）上诉仅对共同诉讼人之间权利义务分担有意见，不涉及对方当事人利益的，未上诉的同一方当事人为被上诉人，对方当事人依原审诉讼地位列明；

（三）上诉对双方当事人之间以及共同诉讼人之间权利义务承担有意见的，未提起上诉的其他当事人均为被上诉人。

第三百二十条 一审宣判时或者判决书、裁定书送达时，当事人口头表示上诉的，人民法院应告知其必须在法定上诉期间内递交上诉状。未在法定上诉期间内递交上诉状的，视为未提起上诉。虽递交上诉状，但未在指定的期限内交纳上诉费的，按自动撤回上诉处理。

第三百二十一条 无民事行为能力人、限制民事行为能力人的法定代理人，可以代理当事人提起上诉。

第三百二十二条 上诉案件的当事人死亡或者终止的，人民法院依法通知其权利义务承继者参加诉讼。

需要终结诉讼的，适用民事诉讼法第一百五十一条规定。

第三百二十三条 第二审人民法院应当围绕当事人的上诉请求进行审理。

当事人没有提出请求的，不予审理，但一审判决违反法律禁止性规定，或者损害国家利益、社会公共利益、他人合法权益的除外。

第三百二十四条 开庭审理的上诉案件，第二审人民法院可以依照民事诉讼法第一百三十三条第四项规定进行审理前的准备。

第三百二十五条 下列情形，可以认定为民事诉讼法第一百七十条第一款第四项规定的严重违反法定程序：

（一）审判组织的组成不合法的；

（二）应当回避的审判人员未回避的；

（三）无诉讼行为能力人未经法定代理人代为诉讼的；

（四）违法剥夺当事人辩论权利的。

第三百二十六条 对当事人在第一审程序中已经提出的诉讼请求，原审人民法院未作审理、判决的，第二审人民法院可以根据当事人自愿的原则进行调解；调解不成的，发回重审。

第三百二十七条 必须参加诉讼的当事人或者有独立请求权的第三人，在第一审程序中未参加诉讼，第二审人民法院可以根据当事人自愿的原则予以调解；调解不成的，发回重审。

第三百二十八条 在第二审程序中，原审原告增加独立的诉讼请求或者原审被告提出反诉的，第二审人民法院可以根据当事人自愿的原则就新增加的诉讼请求或者反诉进行调解；调解不成的，告知当事人另行起诉。

双方当事人同意由第二审人民法院一并审理的，第二审人民法院可以一并裁判。

第三百二十九条 一审判决不准离婚的案件，上诉后，第二审人民法院认为应当判决离婚的，可以根据当事人自愿的原则，与子女抚养、财产问题一并调解；调解不成的，发回重审。

双方当事人同意由第二审人民法院一并审理的，第二审人民法院可以一并裁判。

第三百三十条 人民法院依照第二审程序审理案件，认为依法不应由人民法院受理的，可以由第二审人民法院直接裁定撤销原裁判，驳回起诉。

第三百三十一条 人民法院依照第二审程序审理案件，认为第一审人民法院受理案件违反专属管辖规定的，应当裁定撤销原裁判并移送有管辖权的人民法院。

第三百三十二条 第二审人民法院查明第一审人民法院作出的不予受理裁定有错误的，应当在撤销原裁定的同时，指令第一审人民法院立案受理；查明第一审人民法院作出的驳回起诉裁定有错误的，应当在撤销原裁定的同时，指令第一审人民法院审理。

第三百三十三条 第二审人民法院对下列上诉案件，依照民事诉讼法第一百六十九条规定可以不开庭审理：

（一）不服不予受理、管辖权异议和驳回起诉裁定的；

（二）当事人提出的上诉请求明显不能成立的；

（三）原判决、裁定认定事实清楚，但适用法律错误的；

（四）原判决严重违反法定程序，需要发回重审的。

第三百三十四条 原判决、裁定认定事实或者适用法律虽有瑕疵，但裁判结果正确的，第二审人民法院可以在判决、裁定中纠正瑕疵后，依照民事诉讼法第一百七十条第一款第一项规定予以维持。

第三百三十五条 民事诉讼法第一百七十条第一款第三项规定的基本事实，是指用以确定当事人主体资格、案件性质、民事权利义务等对原判决、裁定的结果有实质性影响的事实。

第三百三十六条 在第二审程序中，作为当事人的法人或者其他组织分立的，人民法院可以直接将分立后的法人或者其他组织列为共同诉讼人；合并的，将合并后的法人或者其他组织列为当事人。

第三百三十七条 在第二审程序中，当事人申请撤回上诉，人民法院经审查认为一审判决确有错误，或者当事人之间恶意串通损害国家利益、社会公共利益、他人合法权益的，不应准许。

第三百三十八条 在第二审程序中，原审原告申请撤回起诉，经其他当事人同意，且不损害国家利益、社会公共利益、他人合法权益的，人民法院可以准许。准许撤诉的，应当一并裁定撤销一审裁判。

原审原告在第二审程序中撤回起诉后重复起诉的，人民法院不予受理。

第三百三十九条 当事人在第二审程序中达成和解协议的，人民法院可以根据当事人的请求，对双方达成的和解协议进行审查并制作调解书送达当事人；因和解而申请撤诉，经审查符合撤诉条件的，人民法院应予准许。

第三百四十条 第二审人民法院宣告判决可以自行宣判，也可以委托原审人民法院或者当事人所在地人民法院代行宣判。

第三百四十一条 人民法院审理对裁定的上诉案件，应当在第二审立案之日起三十日内作出终审裁定。有特殊情况需要延长审限的，由本院院长批准。

第三百四十二条 当事人在第一审程序中实施的诉讼行为，在第二审程序中对该当事人仍具有拘束力。

当事人推翻其在第一审程序中实施的诉讼行为时，人民法院应当责令其说明理由。理由不成立的，不予支持。

十七、特别程序

第三百四十三条 宣告失踪或者宣告死亡案件，人民法院可以根据申请人的请求，清理下落不明人的财产，并指定案件审理期间的财产管理人。公告期满后，人民法院判决宣告失踪的，应当同时依照民法典第四十二条的规定指定失踪人的财产代管人。

第三百四十四条 失踪人的财产代管人经人民法院指定后，代管人申请变更代管的，比照民事诉讼法特别程序的有关规定进行审理。申请理由成立的，裁定撤销申请人的代管人身份，同时另行指定财产代管人；申请理由不成立的，裁定驳回申请。

失踪人的其他利害关系人申请变更代管的，人民法院应当告知其以原指定的代管人为被告起诉，并按普通程序进行审理。

第三百四十五条 人民法院判决宣告公民失踪后，利害关系人向人民法院申请宣告失踪人死亡，自失踪之日起满四年的，人民法院应当受理，宣告失踪的判决即是该公民失踪的证明，审理中仍应依照民事诉讼法第一百八十五条规定进行公告。

第三百四十六条 符合法律规定的多个利害关系人提出宣告失踪、宣告死亡申请的，列为共同申请人。

第三百四十七条 寻找下落不明人的公告应当记载下列内容：

（一）被申请人应当在规定期间内向受理法院申报其具体地址及其联系方式。否则，被申请人将被宣告失踪、宣告死亡；

（二）凡知悉被申请人生存现状的人，应当在公告期间内将其所知道情况向受理法院报告。

第三百四十八条 人民法院受理宣告失踪、宣告死亡案件后，作出判决前，申请人撤回申请的，人民法院应当裁定终结案件，但其他符合法律规定的利害关系人加入程序要求继续审理的除外。

第三百四十九条 在诉讼中，当事人的利害关系人提出该当事人患有精神病，要求宣告该当事人无民事行为能力或者限制民事行为能力的，应由利害关系人向人民法院提出申请，由受诉人民法院按照特别程序立案审理，原诉讼中止。

第三百五十条 认定财产无主案件，公告期间有人对财产提出请求的，人民法院应当裁定终结特别程序，告知申请人另行起诉，适用普通程序审理。

第三百五十一条 被指定的监护人不服居民委员会、村民委员会或者民政部门指定，应当自接到通知之日起三十日内向人民法院提出异议。经审理，认为指定并无不当的，裁定驳回异议；指定不当的，判决撤销指定，同时另行指定监护人。判决书应当送达异议人、原指定单位及判决指定的监护人。

有关当事人依照民法典第三十一条第一款规定直接向人民法院申请指定监护人的，适用特别程序审理，判决指定监护人。判决书应当送达申请人、判决指定的监护人。

第三百五十二条 申请认定公民无民事行为能力或者限制民事行为能力的案件，被申请人没有近亲属的，人民法院可以指定经被申请人住所地的居民委员会、村民委员会或者民政部门同意，且愿意担任代理人的个人或者组织为代理人。

没有前款规定的代理人的，由被申请人住所地的居民委员会、村民委员会或者民政部门担任代理人。

代理人可以是一人，也可以是同一顺序中的两人。

第三百五十三条 申请司法确认调解协议的，双方当事人应当本人或者由符合民事诉讼法第五十八条规定的代理人向调解组织所在地基层人民法院或者人民法庭提出申请。

第三百五十四条 两个以上调解组织参与调解的，各调解组织所在地基层人民法院均有管辖权。

双方当事人可以共同向其中一个调解组织所在地基层人民法院提出申请；双方当事人共同向两个以上调解组织所在地基层人民法院提出申请的，由最先立案的人民法院管辖。

第三百五十五条 当事人申请司法确认调解协议，可以采用书面形式或者口头形式。当事人口头申请的，人民法院应当记入笔录，并由当事人签名、捺印或者盖章。

第三百五十六条 当事人申请司法确认调解协议，应当向人民法院提交调解协议、调解组织主持调解的证明，以及与调解协议相关的财产权利证明等材料，并提供双方当事人的身份、住所、联系方式等基本信息。

当事人未提交上述材料的，人民法院应当要求当事人限期补交。

第三百五十七条 当事人申请司法确认调解协议，有下列情形之一的，人民法院裁定不予受理：

（一）不属于人民法院受理范围的；

（二）不属于收到申请的人民法院管辖的；

（三）申请确认婚姻关系、亲子关系、收养关系等身份关系无效、有效或者解除的；

（四）涉及适用其他特别程序、公示催告程序、破产程序审理的；

（五）调解协议内容涉及物权、知识产权确权的。

人民法院受理申请后，发现有上述不予受理情形的，应当裁定驳回当事人的申请。

第三百五十八条 人民法院审查相关情况时，应当通知双方当事人共同到场对案件进行核实。

人民法院经审查，认为当事人的陈述或者提供的证明材料不充分、不完备或者有疑义的，可以要求当事人限期补充陈述或者补充证明材料。必要时，人民法院可以向调解组织核实有关情况。

第三百五十九条 确认调解协议的裁定作出前，当事人撤回申请的，人民法院可以裁定准许。

当事人无正当理由未在限期内补充陈述、补充证明材料或者拒不接受询问的，人民法院可以按撤回申请处理。

第三百六十条 经审查，调解协议有下列情形之一的，人民法院应当裁定驳回申请：

（一）违反法律强制性规定的；

（二）损害国家利益、社会公共利益、他人合法权益的；

（三）违背公序良俗的；

（四）违反自愿原则的；

（五）内容不明确的；

（六）其他不能进行司法确认的情形。

第三百六十一条 民事诉讼法第一百九十六条规定的担保物权人，包括抵押权人、质权人、留置权人；其他有权请求实现担保物权的人，包括抵押人、出质人、财产被留置的债务人或者所有权人等。

第三百六十二条 实现票据、仓单、提单等有权利凭证的权利质权案件，可以由权利凭证持有人住所地人民法院管辖；无权利凭证的权利质权，由出质登记地人民法院管辖。

第三百六十三条 实现担保物权案件属于海事法院等专门人民法院管辖的，由专门人民法院管辖。

第三百六十四条 同一债权的担保物有多个且所在地不同，申请人分别向有管辖权的人民法院申请实现担保物权的，人民法院应当依法受理。

第三百六十五条 依照民法典第三百九十二条的规定，被担保的债权既有物的担保又有人的担保，当事人对实现担保物权的顺序有约定，实现担保物权的申请违反该约定的，人民法院裁定不予受理；没有约定或者约定不明的，人民法院应当受理。

第三百六十六条 同一财产上设立多个担保物权，登记在先的担保物权尚未实现的，不影响后顺位的担保物权人向人民法院申请实现担保物权。

第三百六十七条 申请实现担保物权，应当提交下列材料：

（一）申请书。申请书应当记明申请人、被申请人的姓名或者名称、联系方式等基本信息，具体的请求和事实、理由；

（二）证明担保物权存在的材料，包括主合同、担保合同、抵押登记证明或者他项权利证书，权利质权的权利凭证或者质权出质登记证明等；

（三）证明实现担保物权条件成就的材料；

（四）担保财产现状的说明；

（五）人民法院认为需要提交的其他材料。

第三百六十八条 人民法院受理申请后，应当在五日内向被申请人送达申请书副本、异议权利告知书等文书。

被申请人有异议的，应当在收到人民法院通知后的五日内向人民法院提出，同时说明理由并提供相应的证据材料。

第三百六十九条 实现担保物权案件可以由审判员一人独任审查。担保财产标的额超过基层人民法院管辖范围的，应当组成合议庭进行审查。

第三百七十条 人民法院审查实现担保物权案件，可以询问申请人、被申请人、利害关系人，必要时可以依职权调查相关事实。

第三百七十一条 人民法院应当就主合同的效力、期限、履行情况,担保物权是否有效设立、担保财产的范围、被担保的债权范围、被担保的债权是否已届清偿期等担保物权实现的条件,以及是否损害他人合法权益等内容进行审查。

被申请人或者利害关系人提出异议的,人民法院应当一并审查。

第三百七十二条 人民法院审查后,按下列情形分别处理:

(一)当事人对实现担保物权无实质性争议且实现担保物权条件成就的,裁定准许拍卖、变卖担保财产;

(二)当事人对实现担保物权有部分实质性争议的,可以就无争议部分裁定准许拍卖、变卖担保财产;

(三)当事人对实现担保物权有实质性争议的,裁定驳回申请,并告知申请人向人民法院提起诉讼。

第三百七十三条 人民法院受理申请后,申请人对担保财产提出保全申请的,可以按照民事诉讼法关于诉讼保全的规定办理。

第三百七十四条 适用特别程序作出的判决、裁定,当事人、利害关系人认为有错误的,可以向作出该判决、裁定的人民法院提出异议。人民法院经审查,异议成立或者部分成立的,作出新的判决、裁定撤销或者改变原判决、裁定;异议不成立的,裁定驳回。

对人民法院作出的确认调解协议、准许实现担保物权的裁定,当事人有异议的,应当自收到裁定之日起十五日内提出;利害关系人有异议的,自知道或者应当知道其民事权益受到侵害之日起六个月内提出。

十八、审判监督程序

第三百七十五条 当事人死亡或者终止的,其权利义务承继者可以根据民事诉讼法第一百九十九条、第二百零一条的规定申请再审。

判决、调解书生效后,当事人将判决、调解书确认的债权转让,债权受让人对该判决、调解书不服申请再审的,人民法院不予受理。

第三百七十六条 民事诉讼法第一百九十九条规定的人数众多的一方当事人,包括公民、法人和其他组织。

民事诉讼法第一百九十九条规定的当事人双方为公民的案件,是指原告和被告均为公民的案件。

第三百七十七条 当事人申请再审,应当提交下列材料:

(一)再审申请书,并按照被申请人和原审其他当事人的人数提交副本;

(二)再审申请人是自然人的,应当提交身份证明;再审申请人是法人或者其他组织的,应当提交营业执照、组织机构代码证书、法定代表人或者主要负责人身份证明书。委托他人代为申请的,应当提交授权委托书和代理人身份证明;

(三)原审判决书、裁定书、调解书;

(四)反映案件基本事实的主要证据及其他材料。

前款第二项、第三项、第四项规定的材料可以是与原件核对无异的复印件。

第三百七十八条 再审申请书应当记明下列事项:

(一)再审申请人与被申请人及原审其他当事人的基本信息;

(二)原审人民法院的名称,原审裁判文书案号;

(三)具体的再审请求;

(四)申请再审的法定情形及具体事实、理由。

再审申请书应当明确申请再审的人民法院,并由再审申请人签名、捺印或者盖章。

第三百七十九条 当事人一方人数众多或者当事人双方为公民的案件,当事人分别向原审人民法院和上一级人民法院申请再审且不能协商一致的,由原审人民法院受理。

第三百八十条 适用特别程序、督促程序、公示催告程序、破产程序等非讼程序审理的案件,当事人不得申请再审。

第三百八十一条 当事人认为发生法律效力的不予受理、驳回起诉的裁定错误的,可以申请再审。

第三百八十二条 当事人就离婚案件中的财产分割问题申请再审,如涉及判决中已分割的财产,人民法院应当依照民事诉讼法第二百条的规定进行审查,符合再审条件的,应当裁定再审;如涉及判决中未作处理的夫妻共同财产,应当告知当事人另行起诉。

第三百八十三条 当事人申请再审,有下列情形之一的,人民法院不予受理:

(一)再审申请被驳回后再次提出申请的;

(二)对再审判决、裁定提出申请的;

(三)在人民检察院对当事人的申请作出不予提出再审检察建议或者抗诉决定后又提出申请的。

前款第一项、第二项规定情形,人民法院应当告知当事人可以向人民检察院申请再审检察建议或者抗诉,但因人民检察院提出再审检察建议或者抗诉而再审作出的判决、裁定除外。

第三百八十四条 当事人对已经发生法律效力的调解书申请再审,应当在调解书发生法律效力后六个月内提出。

第三百八十五条 人民法院应当自收到符合条件的再审申请书等材料之日起五日内向再审申请人发送受理通知书,并向被申请人及原审其他当事人发送应诉通知书、再审申请书副本等材料。

第三百八十六条 人民法院受理申请再审案件后,应当依照民事诉讼法第二百条、第二百零一条、第二百零四条等规定,对当事人主张的再审事由进行审查。

第三百八十七条 再审申请人提供的新的证据,能够证明原判决、裁定认定基本事实或者裁判结果错误的，应当认定为民事诉讼法第二百条第一项规定的情形。

对于符合前款规定的证据，人民法院应当责令再审申请人说明其逾期提供该证据的理由；拒不说明理由或者理由不成立的，依照民事诉讼法第六十五条第二款和本解释第一百零二条的规定处理。

第三百八十八条 再审申请人证明其提交的新的证据符合下列情形之一的，可以认定逾期提供证据的理由成立：

（一）在原审庭审结束前已经存在，因客观原因于庭审结束后才发现的；

（二）在原审庭审结束前已经发现，但因客观原因无法取得或者在规定的期限内不能提供的；

（三）在原审庭审结束后形成，无法据此另行提起诉讼的。

再审申请人提交的证据在原审中已经提供，原审人民法院未组织质证且未作为裁判根据的，视为逾期提供证据的理由成立，但原审人民法院依照民事诉讼法第六十五条规定不予采纳的除外。

第三百八十九条 当事人对原判决、裁定认定事实的主要证据在原审中拒绝发表质证意见或者质证中未对证据发表质证意见的，不属于民事诉讼法第二百条第四项规定的未经质证的情形。

第三百九十条 有下列情形之一，导致判决、裁定结果错误的，应当认定为民事诉讼法第二百条第六项规定的原判决、裁定适用法律确有错误：

（一）适用的法律与案件性质明显不符的；

（二）确定民事责任明显违背当事人约定或者法律规定的；

（三）适用已经失效或者尚未施行的法律的；

（四）违反法律溯及力规定的；

（五）违反法律适用规则的；

（六）明显违背立法原意的。

第三百九十一条 原审开庭过程中有下列情形之一的，应当认定为民事诉讼法第二百条第九项规定的剥夺当事人辩论权利：

（一）不允许当事人发表辩论意见的；

（二）应当开庭审理而未开庭审理的；

（三）违反法律规定送达起诉状副本或者上诉状副本，致使当事人无法行使辩论权利的；

（四）违法剥夺当事人辩论权利的其他情形。

第三百九十二条 民事诉讼法第二百条第十一项规定的诉讼请求，包括一审诉讼请求、二审上诉请求，但当事人未对一审判决、裁定遗漏或者超出诉讼请求提起上诉的除外。

第三百九十三条 民事诉讼法第二百条第十二项规定的法律文书包括：

（一）发生法律效力的判决书、裁定书、调解书；

（二）发生法律效力的仲裁裁决书；

（三）具有强制执行效力的公证债权文书。

第三百九十四条 民事诉讼法第二百条第十三项规定的审判人员审理该案件时有贪污受贿、徇私舞弊、枉法裁判行为，是指已经由生效刑事法律文书或者纪律处分决定所确认的行为。

第三百九十五条 当事人主张的再审事由成立，且符合民事诉讼法和本解释规定的申请再审条件的，人民法院应当裁定再审。

当事人主张的再审事由不成立，或者当事人申请再审超过法定申请再审期限、超出法定再审事由范围等不符合民事诉讼法和本解释规定的申请再审条件的，人民法院应当裁定驳回再审申请。

第三百九十六条 人民法院对已经发生法律效力的判决、裁定、调解书依法决定再审，依照民事诉讼法第二百零六条规定，需要中止执行的，应当在再审裁定中同时写明中止原判决、裁定、调解书的执行；情况紧急的，可以将中止执行裁定口头通知负责执行的人民法院，并在通知后十日内发出裁定书。

第三百九十七条 人民法院根据审查案件的需要决定是否询问当事人。新的证据可能推翻原判决、裁定的，人民法院应当询问当事人。

第三百九十八条 审查再审申请期间，被申请人及原审其他当事人依法提出再审申请的，人民法院应当将其列为再审申请人，对其再审事由一并审查，审查期限重新计算。经审查，其中一方再审申请人主张的再审事由成立的，应当裁定再审。各方再审申请人主张的再审事由均不成立的，一并裁定驳回再审申请。

第三百九十九条 审查再审申请期间，再审申请人申请人民法院委托鉴定、勘验的，人民法院不予准许。

第四百条 审查再审申请期间，再审申请人撤回再审申请的，是否准许，由人民法院裁定。

再审申请人经传票传唤，无正当理由拒不接受询问的，可以按撤回再审申请处理。

第四百零一条 人民法院准许撤回再审申请或者按撤回再审申请处理后，再审申请人再次申请再审的，不予受理，但有民事诉讼法第二百条第一项、第三项、第十二项、第十三项规定情形，自知道或者应当知道之日起六个月内提出的除外。

第四百零二条 再审申请审查期间，有下列情形之一的，裁定终结审查：

（一）再审申请人死亡或者终止，无权利义务承继者或者权利义务承继者声明放弃再审申请的；

（二）在给付之诉中，负有给付义务的被申请人死亡或者终止，无可供执行的财产，也没有应当承担义务的人的；

（三）当事人达成和解协议且已履行完毕的，但当事人在和解协议中声明不放弃申请再审权利的除外；

（四）他人未经授权以当事人名义申请再审的；

（五）原审或者上一级人民法院已经裁定再审的；

（六）有本解释第三百八十三条第一款规定情形的。

第四百零三条 人民法院审理再审案件应当组成合议庭开庭审理，但按照第二审程序审理，有特殊情况或者双方当事人已经通过其他方式充分表达意见，且书面同意不开庭审理的除外。

符合缺席判决条件的，可以缺席判决。

第四百零四条 人民法院开庭审理再审案件，应当按照下列情形分别进行：

（一）因当事人申请再审的，先由再审申请人陈述再审请求及理由，后由被申请人答辩、其他原审当事人发表意见；

（二）因抗诉再审的，先由抗诉机关宣读抗诉书，再由申请抗诉的当事人陈述，后由被申请人答辩、其他原审当事人发表意见；

（三）人民法院依职权再审，有申诉人的，先由申诉人陈述再审请求及理由，后由被申诉人答辩、其他原审当事人发表意见；

（四）人民法院依职权再审，没有申诉人的，先由原审原告或者原审上诉人陈述，后由原审其他当事人发表意见。

对前款第一项至第三项规定的情形，人民法院应当要求当事人明确其再审请求。

第四百零五条 人民法院审理再审案件应当围绕再审请求进行。当事人的再审请求超出原审诉讼请求的，不予审理；符合另案诉讼条件的，告知当事人可以另行起诉。

被申请人及原审其他当事人在庭审辩论结束前提出的再审请求，符合民事诉讼法第二百零五条规定的，人民法院应当一并审理。

人民法院经再审，发现已经发生法律效力的判决、裁定损害国家利益、社会公共利益、他人合法权益的，应当一并审理。

第四百零六条 再审审理期间，有下列情形之一的，可以裁定终结再审程序：

（一）再审申请人在再审期间撤回再审请求，人民法院准许的；

（二）再审申请人经传票传唤，无正当理由拒不到庭的，或者未经法庭许可中途退庭，按撤回再审请求处理的；

（三）人民检察院撤回抗诉的；

（四）有本解释第四百零二条第一项至第四项规定情形的。

因人民检察院提出抗诉裁定再审的案件，申请抗诉的当事人有前款规定的情形，且不损害国家利益、社会公共利益或者他人合法权益的，人民法院应当裁定终结再审程序。

再审程序终结后，人民法院裁定中止执行的原生效判决自动恢复执行。

第四百零七条 人民法院经再审审理认为，原判决、裁定认定事实清楚、适用法律正确的，应予维持；原判决、裁定认定事实、适用法律虽有瑕疵，但裁判结果正确的，应当在再审判决、裁定中纠正瑕疵后予以维持。

原判决、裁定认定事实、适用法律错误，导致裁判结果错误的，应当依法改判、撤销或者变更。

第四百零八条 按照第二审程序再审的案件，人民法院经审理认为不符合民事诉讼法规定的起诉条件或者符合民事诉讼法第一百二十四条规定不予受理情形的，应当裁定撤销一、二审判决，驳回起诉。

第四百零九条 人民法院对调解书裁定再审后，按照下列情形分别处理：

（一）当事人提出的调解违反自愿原则的事由不成立，且调解书的内容不违反法律强制性规定的，裁定驳回再审申请；

（二）人民检察院抗诉或者再审检察建议所主张的损害国家利益、社会公共利益的理由不成立的，裁定终结再审程序。

前款规定情形，人民法院裁定中止执行的调解书需要继续执行的，自动恢复执行。

第四百一十条 一审原告在再审审理程序中申请撤回起诉，经其他当事人同意，且不损害国家利益、社会公共利益、他人合法权益的，人民法院可以准许。裁定准许撤诉的，应当一并撤销原判决。

一审原告在再审审理程序中撤回起诉后重复起诉的，人民法院不予受理。

第四百一十一条 当事人提交新的证据致使再审改判，因再审申请人或者申请检察监督当事人的过错未能在原审程序中及时举证，被申请人等当事人请求补偿其增加的交通、住宿、就餐、误工等必要费用的，人民法院应予支持。

第四百一十二条 部分当事人到庭并达成调解协议，其他当事人未作出书面表示的，人民法院应当在判决中对该事实作出表述；调解协议内容不违反法律规定，且不损害其他当事人合法权益的，可以在判决主文中予以确认。

第四百一十三条 人民检察院依法对损害国家利益、社会公共利益的发生法律效力的判决、裁定、调解书提出抗诉，或者经人民检察院检察委员会讨论决定提出再审检察建议的，人民法院应予受理。

第四百一十四条 人民检察院对已经发生法律效力的判决以及不予受理、驳回起诉的裁定依法提出抗诉的，人民法院应予受理，但适用特别程序、督促程序、公示催告程序、破产程序以及解除婚姻关系的判决、裁定等不适用审判监督程序的判决、裁定除外。

第四百一十五条 人民检察院依照民事诉讼法第二百零九条第一款第三项规定对有明显错误的再审判决、裁定提出抗诉或者再审检察建议的，人民法院应予受理。

第四百一十六条　地方各级人民检察院依当事人的申请对生效判决、裁定向同级人民法院提出再审检察建议，符合下列条件的，应予受理：

（一）再审检察建议书和原审当事人申请书及相关证据材料已经提交；

（二）建议再审的对象为依照民事诉讼法和本解释规定可以进行再审的判决、裁定；

（三）再审检察建议书列明该判决、裁定有民事诉讼法第二百零八条第二款规定情形；

（四）符合民事诉讼法第二百零九条第一款第一项、第二项规定情形；

（五）再审检察建议经该人民检察院检察委员会讨论决定。

不符合前款规定的，人民法院可以建议人民检察院予以补正或者撤回；不予补正或者撤回的，应当函告人民检察院不予受理。

第四百一十七条　人民检察院依当事人的申请对生效判决、裁定提出抗诉，符合下列条件的，人民法院应当在三十日内裁定再审：

（一）抗诉书和原审当事人申请书及相关证据材料已经提交；

（二）抗诉对象为依照民事诉讼法和本解释规定可以进行再审的判决、裁定；

（三）抗诉书列明该判决、裁定有民事诉讼法第二百零八条第一款规定情形；

（四）符合民事诉讼法第二百零九条第一款第一项、第二项规定情形。

不符合前款规定的，人民法院可以建议人民检察院予以补正或者撤回；不予补正或者撤回的，人民法院可以裁定不予受理。

第四百一十八条　当事人的再审申请被上级人民法院裁定驳回后，人民检察院对原判决、裁定、调解书提出抗诉，抗诉事由符合民事诉讼法第二百条第一项至第五项规定情形之一的，受理抗诉的人民法院可以交由下一级人民法院再审。

第四百一十九条　人民法院收到再审检察建议后，应当组成合议庭，在三个月内进行审查，发现原判决、裁定、调解书确有错误，需要再审的，依照民事诉讼法第一百九十八条规定裁定再审，并通知当事人；经审查，决定不予再审的，应当书面回复人民检察院。

第四百二十条　人民法院审理因人民检察院抗诉或者检察建议裁定再审的案件，不受此前已经作出的驳回当事人再审申请裁定的影响。

第四百二十一条　人民法院开庭审理抗诉案件，应当在开庭三日前通知人民检察院、当事人和其他诉讼参与人。同级人民检察院或者提出抗诉的人民检察院应当派员出庭。

人民检察院因履行法律监督职责向当事人或者案外人调查核实的情况，应当向法庭提交并予以说明，由双方当事人进行质证。

第四百二十二条　必须共同进行诉讼的当事人因不能归责于本人或者其诉讼代理人的事由未参加诉讼的，可以根据民事诉讼法第二百条第八项规定，自知道或者应当知道之日起六个月内申请再审，但符合本解释第四百二十三条规定情形的除外。

人民法院因前款规定的当事人申请而裁定再审，按照第一审程序再审的，应当追加其为当事人，作出新的判决、裁定；按照第二审程序再审，经调解不能达成协议的，应当撤销原判决、裁定，发回重审，重审时应追加其为当事人。

第四百二十三条　根据民事诉讼法第二百二十七条规定，案外人对驳回其执行异议的裁定不服，认为原判决、裁定、调解书内容错误损害其民事权益的，可以自执行异议裁定送达之日起六个月内，向作出原判决、裁定、调解书的人民法院申请再审。

第四百二十四条　根据民事诉讼法第二百二十七条规定，人民法院裁定再审后，案外人属于必要的共同诉讼当事人的，依照本解释第四百二十二条第二款规定处理。

案外人不是必要的共同诉讼当事人的，人民法院仅审理原判决、裁定、调解书对其民事权益造成损害的内容。经审理，再审请求成立的，撤销或者改变原判决、裁定、调解书；再审请求不成立的，维持原判决、裁定、调解书。

第四百二十五条　本解释第三百四十条规定适用于审判监督程序。

第四百二十六条　对小额诉讼案件的判决、裁定，当事人以民事诉讼法第二百条规定的事由向原审人民法院申请再审的，人民法院应当受理。申请再审事由成立的，应当裁定再审，组成合议庭进行审理。作出的再审判决、裁定，当事人不得上诉。

当事人以不应按小额诉讼案件审理为由向原审人民法院申请再审的，人民法院应当受理。理由成立的，应当裁定再审，组成合议庭审理。作出的再审判决、裁定，当事人可以上诉。

十九、督促程序

第四百二十七条　两个以上人民法院都有管辖权的，债权人可以向其中一个基层人民法院申请支付令。

债权人向两个以上有管辖权的基层人民法院申请支付令的，由最先立案的人民法院管辖。

第四百二十八条　人民法院收到债权人的支付令申请书后，认为申请书不符合要求的，可以通知债权人限期补正。人民法院应当自收到补正材料之日起五日内通知债权人是否受理。

第四百二十九条 债权人申请支付令,符合下列条件的,基层人民法院应当受理,并在收到支付令申请书后五日内通知债权人:

(一)请求给付金钱或者汇票、本票、支票、股票、债券、国库券、可转让的存款单等有价证券;

(二)请求给付的金钱或者有价证券已到期且数额确定,并写明了请求所根据的事实、证据;

(三)债权人没有对待给付义务;

(四)债务人在我国境内且未下落不明;

(五)支付令能够送达债务人;

(六)收到申请书的人民法院有管辖权;

(七)债权人未向人民法院申请诉前保全。

不符合前款规定的,人民法院应当在收到支付令申请书后五日内通知债权人不予受理。

基层人民法院受理申请支付令案件,不受债权金额的限制。

第四百三十条 人民法院受理申请后,由审判员一人进行审查。经审查,有下列情形之一的,裁定驳回申请:

(一)申请人不具备当事人资格的;

(二)给付金钱或者有价证券的证明文件没有约定逾期给付利息或者违约金、赔偿金,债权人坚持要求给付利息或者违约金、赔偿金的;

(三)要求给付的金钱或者有价证券属于违法所得的;

(四)要求给付的金钱或者有价证券尚未到期或者数额不确定的。

人民法院受理支付令申请后,发现不符合本解释规定的受理条件的,应当在受理之日起十五日内裁定驳回申请。

第四百三十一条 向债务人本人送达支付令,债务人拒绝接收的,人民法院可以留置送达。

第四百三十二条 有下列情形之一的,人民法院应当裁定终结督促程序,已发出支付令的,支付令自行失效:

(一)人民法院受理支付令申请后,债权人就同一债权债务关系又提起诉讼的;

(二)人民法院发出支付令之日起三十日内无法送达债务人的;

(三)债务人收到支付令前,债权人撤回申请的。

第四百三十三条 债务人在收到支付令后,未在法定期间提出书面异议,而向其他人民法院起诉的,不影响支付令的效力。

债务人超过法定期间提出异议的,视为未提出异议。

第四百三十四条 债权人基于同一债权债务关系,在同一支付令申请中向债务人提出多项支付请求,债务人仅就其中一项或者几项请求提出异议的,不影响其他各项请求的效力。

第四百三十五条 债权人基于同一债权债务关系,就可分之债向多个债务人提出支付请求,多个债务人中的一人或者几人提出异议的,不影响其他请求的效力。

第四百三十六条 对设有担保的债务的主债务人发出的支付令,对担保人没有拘束力。

债权人就担保关系单独提起诉讼的,支付令自人民法院受理案件之日起失效。

第四百三十七条 经形式审查,债务人提出的书面异议有下列情形之一的,应当认定异议成立,裁定终结督促程序,支付令自行失效:

(一)本解释规定的不予受理申请情形的;

(二)本解释规定的裁定驳回申请情形的;

(三)本解释规定的应当裁定终结督促程序情形的;

(四)人民法院对是否符合发出支付令条件产生合理怀疑的。

第四百三十八条 债务人对债务本身没有异议,只是提出缺乏清偿能力、延缓债务清偿期限、变更债务清偿方式等异议的,不影响支付令的效力。

人民法院经审查认为异议不成立的,裁定驳回。

债务人的口头异议无效。

第四百三十九条 人民法院作出终结督促程序或者驳回异议裁定前,债务人请求撤回异议的,应当裁定准许。

债务人对撤回异议反悔的,人民法院不予支持。

第四百四十条 支付令失效后,申请支付令的一方当事人不同意提起诉讼的,应当自收到终结督促程序裁定之日起七日内向受理申请的人民法院提出。

申请支付令的一方当事人不同意提起诉讼的,不影响其向其他有管辖权的人民法院提起诉讼。

第四百四十一条 支付令失效后,申请支付令的一方当事人自收到终结督促程序裁定之日起七日内未向受理申请的人民法院表明不同意提起诉讼的,视为向受理申请的人民法院起诉。

债权人提出支付令申请的时间,即为向人民法院起诉的时间。

第四百四十二条 债权人向人民法院申请执行支付令的期间,适用民事诉讼法第二百三十九条的规定。

第四百四十三条 人民法院院长发现本院已经发生法律效力的支付令确有错误,认为需要撤销的,应当提交本院审判委员会讨论决定后,裁定撤销支付令,驳回债权人的申请。

二十、公示催告程序

第四百四十四条 民事诉讼法第二百一十八条规定的票据持有人,是指票据被盗、遗失或者灭失前的最后持有人。

第四百四十五条 人民法院收到公示催告的申请后,应当立即审查,并决定是否受理。经审查认为符合受理条件的,通知予以受理,并同时通知支付人停止支付;认为不符合受理条件的，七日内裁定驳回申请。

第四百四十六条 因票据丧失，申请公示催告的，人民法院应结合票据存根、丧失票据的复印件、出票人关于签发票据的证明、申请人合法取得票据的证明、银行挂失止付通知书、报案证明等证据，决定是否受理。

第四百四十七条 人民法院依照民事诉讼法第二百一十九条规定发出的受理申请的公告，应当写明下列内容：

（一）公示催告申请人的姓名或者名称；

（二）票据的种类、号码、票面金额、出票人、背书人、持票人、付款期限等事项以及其他可以申请公示催告的权利凭证的种类、号码、权利范围、权利人、义务人、行权日期等事项；

（三）申报权利的期间；

（四）在公示催告期间转让票据等权利凭证，利害关系人不申报的法律后果。

第四百四十八条 公告应当在有关报纸或者其他媒体上刊登，并于同日公布于人民法院公告栏内。人民法院所在地有证券交易所的，还应当同日在该交易所公布。

第四百四十九条 公告期间不得少于六十日，且公示催告期间届满日不得早于票据付款日后十五日。

第四百五十条 在申报期届满后、判决作出之前，利害关系人申报权利的，应当适用民事诉讼法第二百二十一条第二款、第三款规定处理。

第四百五十一条 利害关系人申报权利，人民法院应当通知其向法院出示票据，并通知公示催告申请人在指定的期间查看该票据。公示催告申请人申请公示催告的票据与利害关系人出示的票据不一致的，应当裁定驳回利害关系人的申报。

第四百五十二条 在申报权利的期间无人申报权利，或者申报被驳回的，申请人应当自公示催告期间届满之日起一个月内申请作出判决。逾期不申请判决的，终结公示催告程序。

裁定终结公示催告程序的，应当通知申请人和支付人。

第四百五十三条 判决公告之日起，公示催告申请人有权依据判决向付款人请求付款。

付款人拒绝付款，申请人向人民法院起诉，符合民事诉讼法第一百一十九条规定的起诉条件的，人民法院应予受理。

第四百五十四条 适用公示催告程序审理案件，可由审判员一人独任审理；判决宣告票据无效的，应当组成合议庭审理。

第四百五十五条 公示催告申请人撤回申请，应在公示催告前提出；公示催告期间申请撤回的，人民法院可以径行裁定终结公示催告程序。

第四百五十六条 人民法院依照民事诉讼法第二百二十条规定通知支付人停止支付，应当符合有关财产保全的规定。支付人收到停止支付通知后拒不止付的，除可依照民事诉讼法第一百一十一条、第一百一十四条规定采取强制措施外，在判决后，支付人仍应承担付款义务。

第四百五十七条 人民法院依照民事诉讼法第二百二十一条规定终结公示催告程序后，公示催告申请人或者申报人向人民法院提起诉讼，因票据权利纠纷提起的，由票据支付地或者被告住所地人民法院管辖；因非票据权利纠纷提起的，由被告住所地人民法院管辖。

第四百五十八条 依照民事诉讼法第二百二十一条规定制作的终结公示催告程序的裁定书，由审判员、书记员署名，加盖人民法院印章。

第四百五十九条 依照民事诉讼法第二百二十三条的规定，利害关系人向人民法院起诉的，人民法院可按票据纠纷适用普通程序审理。

第四百六十条 民事诉讼法第二百二十三条规定的正当理由，包括：

（一）因发生意外事件或者不可抗力致使利害关系人无法知道公告事实的；

（二）利害关系人因被限制人身自由而无法知道公告事实，或者虽然知道公告事实，但无法自己或者委托他人代为申报权利的；

（三）不属于法定申请公示催告情形的；

（四）未予公告或者未按法定方式公告的；

（五）其他导致利害关系人在判决作出前未能向人民法院申报权利的客观事由。

第四百六十一条 根据民事诉讼法第二百二十三条的规定，利害关系人请求人民法院撤销除权判决的，应当将申请人列为被告。

利害关系人仅诉请确认其为合法持票人的，人民法院应当在裁判文书中写明，确认利害关系人为票据权利人的判决作出后，除权判决即被撤销。

二十一、执行程序

第四百六十二条 发生法律效力的实现担保物权裁定、确认调解协议裁定、支付令，由作出裁定、支付令的人民法院或者与其同级的被执行财产所在地的人民法院执行。

认定财产无主的判决，由作出判决的人民法院将无主财产收归国家或者集体所有。

第四百六十三条 当事人申请人民法院执行的生效法律文书应当具备下列条件：

（一）权利义务主体明确；

（二）给付内容明确。

法律文书确定继续履行合同的，应当明确继续履行的具体内容。

第四百六十四条 根据民事诉讼法第二百二十七条规定，案外人对执行标的提出异议的，应当在该执行标的执行程序终结前提出。

第四百六十五条 案外人对执行标的提出的异议，经审查，按照下列情形分别处理：

（一）案外人对执行标的不享有足以排除强制执行的权益的，裁定驳回其异议；

（二）案外人对执行标的享有足以排除强制执行的权益的，裁定中止执行。

驳回案外人执行异议裁定送达案外人之日起十五日内，人民法院不得对执行标的进行处分。

第四百六十六条 申请执行人与被执行人达成和解协议后请求中止执行或者撤回执行申请的，人民法院可以裁定中止执行或者终结执行。

第四百六十七条 一方当事人不履行或者不完全履行在执行中双方自愿达成的和解协议，对方当事人申请执行原生效法律文书的，人民法院应当恢复执行，但和解协议已履行的部分应当扣除。和解协议已经履行完毕的，人民法院不予恢复执行。

第四百六十八条 申请恢复执行原生效法律文书，适用民事诉讼法第二百三十九条申请执行期间的规定。申请执行期间因达成执行中的和解协议而中断，其期间自和解协议约定履行期限的最后一日起重新计算。

第四百六十九条 人民法院依照民事诉讼法第二百三十一条规定决定暂缓执行的，如果担保是有期限的，暂缓执行的期限应当与担保期限一致，但最长不得超过一年。被执行人或者担保人对担保的财产在暂缓执行期间有转移、隐藏、变卖、毁损等行为的，人民法院可以恢复强制执行。

第四百七十条 根据民事诉讼法第二百三十一条规定向人民法院提供执行担保的，可以由被执行人或者他人提供财产担保，也可以由他人提供保证。担保人应当具有代为履行或者代为承担赔偿责任的能力。

他人提供执行保证的，应当向执行法院出具保证书，并将保证书副本送交申请执行人。被执行人或者他人提供财产担保的，应当参照民法典的有关规定办理相应手续。

第四百七十一条 被执行人在人民法院决定暂缓执行的期限届满后仍不履行义务的，人民法院可以直接执行担保财产，或者裁定执行担保人的财产，但执行担保人的财产以担保人应当履行义务部分的财产为限。

第四百七十二条 依照民事诉讼法第二百三十二条规定，执行中作为被执行人的法人或者其他组织分立、合并的，人民法院可以裁定变更后的法人或者其他组织为被执行人；被注销的，如果依照有关实体法的规定有权利义务承受人的，可以裁定该权利义务承受人为被执行人。

第四百七十三条 其他组织在执行中不能履行法律文书确定的义务的，人民法院可以裁定执行对该其他组织依法承担义务的法人或者公民个人的财产。

第四百七十四条 在执行中，作为被执行人的法人或者其他组织名称变更的，人民法院可以裁定变更后的法人或者其他组织为被执行人。

第四百七十五条 作为被执行人的公民死亡，其遗产继承人没有放弃继承的，人民法院可以裁定变更被执行人，由该继承人在遗产的范围内偿还债务。继承人放弃继承的，人民法院可以直接执行被执行人的遗产。

第四百七十六条 法律规定由人民法院执行的其他法律文书执行完毕后，该法律文书被有关机关或者组织依法撤销的，经当事人申请，适用民事诉讼法第二百三十三条规定。

第四百七十七条 仲裁机构裁决的事项，部分有民事诉讼法第二百三十七条第二款、第三款规定情形的，人民法院应当裁定对该部分不予执行。

应当不予执行部分与其他部分不可分的，人民法院应当裁定不予执行仲裁裁决。

第四百七十八条 依照民事诉讼法第二百三十七条第二款、第三款规定，人民法院裁定不予执行仲裁裁决后，当事人对该裁定提出执行异议或者复议的，人民法院不予受理。当事人可以就该民事纠纷重新达成书面仲裁协议申请仲裁，也可以向人民法院起诉。

第四百七十九条 在执行中，被执行人通过仲裁程序将人民法院查封、扣押、冻结的财产确权或者分割给案外人的，不影响人民法院执行程序的进行。

案外人不服的，可以根据民事诉讼法第二百二十七条规定提出异议。

第四百八十条 有下列情形之一的，可以认定为民事诉讼法第二百三十八条第二款规定的公证债权文书确有错误：

（一）公证债权文书属于不得赋予强制执行效力的债权文书的；

（二）被执行人一方未亲自或者未委托代理人到场公证等严重违反法律规定的公证程序的；

（三）公证债权文书的内容与事实不符或者违反法律强制性规定的；

（四）公证债权文书未载明被执行人不履行义务或者不完全履行义务时同意接受强制执行的。

人民法院认定执行该公证债权文书违背社会公共利益的，裁定不予执行。

公证债权文书被裁定不予执行后，当事人、公证事项的利害关系人可以就债权争议提起诉讼。

第四百八十一条 当事人请求不予执行仲裁裁决或者公证债权文书的，应当在执行终结前向执行法院提出。

第四百八十二条 人民法院应当在收到申请执行书或者移交执行书后十日内发出执行通知。

执行通知中除应责令被执行人履行法律文书确定的义务外，还应通知其承担民事诉讼法第二百五十三条规定的迟延履行利息或者迟延履行金。

第四百八十三条 申请执行人超过申请执行时效期间向人民法院申请强制执行的，人民法院应予受理。被执行人对申请执行时效期间提出异议，人民法院经审查异议成立的，裁定不予执行。

被执行人履行全部或者部分义务后，又以不知道申请执行时效期间届满为由请求执行回转的，人民法院不予支持。

第四百八十四条 对必须接受调查询问的被执行人、被执行人的法定代表人、负责人或者实际控制人，经依法传唤无正当理由拒不到场的，人民法院可以拘传其到场。

人民法院应当及时对被拘传人进行调查询问，调查询问的时间不得超过八小时；情况复杂，依法可能采取拘留措施的，调查询问的时间不得超过二十四小时。

人民法院在本辖区以外采取拘传措施时，可以将被拘传人拘传到当地人民法院，当地人民法院应予协助。

第四百八十五条 人民法院有权查询被执行人的身份信息与财产信息，掌握相关信息的单位和个人必须按照协助执行通知书办理。

第四百八十六条 对被执行的财产，人民法院非经查封、扣押、冻结不得处分。对银行存款等各类可以直接扣划的财产，人民法院的扣划裁定同时具有冻结的法律效力。

第四百八十七条 人民法院冻结被执行人的银行存款的期限不得超过一年，查封、扣押动产的期限不得超过两年，查封不动产、冻结其他财产权的期限不得超过三年。

申请执行人申请延长期限的，人民法院应当在查封、扣押、冻结期限届满前办理续行查封、扣押、冻结手续，续行期限不得超过前款规定的期限。

人民法院也可以依职权办理续行查封、扣押、冻结手续。

第四百八十八条 依照民事诉讼法第二百四十七条规定，人民法院在执行中需要拍卖被执行人财产的，可以由人民法院自行组织拍卖，也可以交由具备相应资质的拍卖机构拍卖。

交拍卖机构拍卖的，人民法院应当对拍卖活动进行监督。

第四百八十九条 拍卖评估需要对现场进行检查、勘验的，人民法院应当责令被执行人、协助义务人予以配合。被执行人、协助义务人不予配合的，人民法院可以强制进行。

第四百九十条 人民法院在执行中需要变卖被执行人财产的，可以交有关单位变卖，也可以由人民法院直接变卖。

对变卖的财产，人民法院或者其工作人员不得买受。

第四百九十一条 经申请执行人和被执行人同意，且不损害其他债权人合法权益和社会公共利益的，人民法院可以不经拍卖、变卖，直接将被执行人的财产作价交申请执行人抵偿债务。对剩余债务，被执行人应当继续清偿。

第四百九十二条 被执行人的财产无法拍卖或者变卖的，经申请执行人同意，且不损害其他债权人合法权益和社会公共利益的，人民法院可以将该项财产作价后交付申请执行人抵偿债务，或者交付申请执行人管理；申请执行人拒绝接收或者管理的，退回被执行人。

第四百九十三条 拍卖成交或者依法定程序裁定以物抵债的，标的物所有权自拍卖成交裁定或者抵债裁定送达买受人或者接受抵债物的债权人时转移。

第四百九十四条 执行标的物为特定物的，应当执行原物。原物确已毁损或者灭失的，经双方当事人同意，可以折价赔偿。

双方当事人对折价赔偿不能协商一致的，人民法院应当终结执行程序。申请执行人可以另行起诉。

第四百九十五条 他人持有法律文书指定交付的财物或者票证，人民法院依照民事诉讼法第二百四十九条第二款、第三款规定发出协助执行通知后，拒不转交的，可以强制执行，并可依照民事诉讼法第一百一十四条、第一百一十五条规定处理。

他人持有期间财物或者票证毁损、灭失的，参照本解释第四百九十四条规定处理。

他人主张合法持有财物或者票证的，可以根据民事诉讼法第二百二十七条规定提出执行异议。

第四百九十六条 在执行中，被执行人隐匿财产、会计账簿等资料的，人民法院除可依照民事诉讼法第一百一十一条第一款第六项规定对其处理外，还应责令被执行人交出隐匿的财产、会计账簿等资料。被执行人拒不交出的，人民法院可以采取搜查措施。

第四百九十七条 搜查人员应当按规定着装并出示搜查令和工作证件。

第四百九十八条 人民法院搜查时禁止无关人员进入搜查现场；搜查对象是公民的，应当通知被执行人或者他的成年家属以及基层组织派员到场；搜查对象是法人或者其他组织的，应当通知法定代表人或者主要负责人到场。拒不到场的，不影响搜查。

搜查妇女身体，应当由女执行人员进行。

第四百九十九条 搜查中发现应当依法采取查封、扣押措施的财产，依照民事诉讼法第二百四十五条第二款和第二百四十七条规定办理。

第五百条 搜查应当制作搜查笔录，由搜查人员、被搜查人及其他在场人签名、捺印或者盖章。拒绝签名、捺印或者盖章的，应当记入搜查笔录。

第五百零一条 人民法院执行被执行人对他人的到期债权，可以作出冻结债权的裁定，并通知该他人向申请执行人履行。

该他人对到期债权有异议，申请执行人请求对异议部分强制执行的，人民法院不予支持。利害关系人对到期债权有异议的，人民法院应当按照民事诉讼法第二百二十七条规定处理。

对生效法律文书确定的到期债权，该他人予以否认的，人民法院不予支持。

第五百零二条 人民法院在执行中需要办理房产证、土地证、林权证、专利证书、商标证书、车船执照等有关财产权证照转移手续的，可以依照民事诉讼法第二百五十一条规定办理。

第五百零三条 被执行人不履行生效法律文书确定的行为义务，该义务可由他人完成的，人民法院可以选定代履行人；法律、行政法规对履行该行为义务有资格限制的，应当从有资格的人中选定。必要时，可以通过招标的方式确定代履行人。

申请执行人可以在符合条件的人中推荐代履行人，也可以申请自己代为履行，是否准许，由人民法院决定。

第五百零四条 代履行费用的数额由人民法院根据案件具体情况确定，并由被执行人在指定期限内预先支付。被执行人未预付的，人民法院可以对该费用强制执行。

代履行结束后，被执行人可以查阅、复制费用清单以及主要凭证。

第五百零五条 被执行人不履行法律文书指定的行为，且该项行为只能由被执行人完成的，人民法院可以依照民事诉讼法第一百一十一条第一款第六项规定处理。

被执行人在人民法院确定的履行期间内仍不履行的，人民法院可以依照民事诉讼法第一百一十一条第一款第六项规定再次处理。

第五百零六条 被执行人迟延履行的，迟延履行期间的利息或者迟延履行金自判决、裁定和其他法律文书指定的履行期间届满之日起计算。

第五百零七条 被执行人未按判决、裁定和其他法律文书指定的期间履行非金钱给付义务的，无论是否已给申请执行人造成损失，都应当支付迟延履行金。已经造成损失的，双倍补偿申请执行人已经受到的损失；没有造成损失的，迟延履行金可以由人民法院根据具体案件情况决定。

第五百零八条 被执行人为公民或者其他组织，在执行程序开始后，被执行人的其他已经取得执行依据的债权人发现被执行人的财产不能清偿所有债权的，可以向人民法院申请参与分配。

对人民法院查封、扣押、冻结的财产有优先权、担保物权的债权人，可以直接申请参与分配，主张优先受偿权。

第五百零九条 申请参与分配，申请人应当提交申请书。申请书应当写明参与分配和被执行人不能清偿所有债权的事实、理由，并附有执行依据。

参与分配申请应当在执行程序开始后，被执行人的财产执行终结前提出。

第五百一十条 参与分配执行中，执行所得价款扣除执行费用，并清偿应当优先受偿的债权后，对于普通债权，原则上按照其占全部申请参与分配债权数额的比例受偿。清偿后的剩余债务，被执行人应当继续清偿。债权人发现被执行人有其他财产的，可以随时请求人民法院执行。

第五百一十一条 多个债权人对执行财产申请参与分配的，执行法院应当制作财产分配方案，并送达各债权人和被执行人。债权人或者被执行人对分配方案有异议的，应当自收到分配方案之日起十五日内向执行法院提出书面异议。

第五百一十二条 债权人或者被执行人对分配方案提出书面异议的，执行法院应当通知未提出异议的债权人、被执行人。

未提出异议的债权人、被执行人自收到通知之日起十五日内未提出反对意见的，执行法院依异议人的意见对分配方案审查修正后进行分配；提出反对意见的，应当通知异议人。异议人可以自收到通知之日起十五日内，以提出反对意见的债权人、被执行人为被告，向执行法院提起诉讼；异议人逾期未提起诉讼的，执行法院按照原分配方案进行分配。

诉讼期间进行分配的，执行法院应当提存与争议债权数额相应的款项。

第五百一十三条 在执行中，作为被执行人的企业法人符合企业破产法第二条第一款规定情形的，执行法院经申请执行人之一或者被执行人同意，应当裁定中止对该被执行人的执行，将执行案件相关材料移送被执行人住所地人民法院。

第五百一十四条 被执行人住所地人民法院应当自收到执行案件相关材料之日起三十日内，将是否受理破产案件的裁定告知执行法院。不予受理的，应当将相关案件材料退回执行法院。

第五百一十五条 被执行人住所地人民法院裁定受理破产案件的，执行法院应当解除对被执行人财产的保全措施。被执行人住所地人民法院裁定宣告被执行人破产的，执行法院应当裁定终结对该被执行人的执行。

被执行人住所地人民法院不受理破产案件的，执行法院应当恢复执行。

第五百一十六条 当事人不同意移送破产或者被执行人住所地人民法院不受理破产案件的，执行法院就执行变价所得财产，在扣除执行费用及清偿优先受偿的债权后，对于普通债权，按照财产保全和执行中查封、扣押、冻结财产的先后顺序清偿。

第五百一十七条 债权人根据民事诉讼法第二百五十四条规定请求人民法院继续执行的，不受民事诉讼法第二百三十九条规定申请执行时效期间的限制。

第五百一十八条 被执行人不履行法律文书确定的义务的，人民法院除对被执行人予以处罚外，还可以根据情节将其纳入失信被执行人名单，将被执行人不履行或者不完全履行义务的信息向其所在单位、征信机构以及其他相关机构通报。

第五百一十九条　经过财产调查未发现可供执行的财产，在申请执行人签字确认或者执行法院组成合议庭审查核实并经院长批准后，可以裁定终结本次执行程序。

依照前款规定终结执行后，申请执行人发现被执行人有可供执行财产的，可以再次申请执行。再次申请不受申请执行时效期间的限制。

第五百二十条　因撤销申请而终结执行后，当事人在民事诉讼法第二百三十九条规定的申请执行时效期间内再次申请执行的，人民法院应当受理。

第五百二十一条　在执行终结六个月内，被执行人或者其他人对已执行的标的有妨害行为的，人民法院可以依申请排除妨害，并可以依照民事诉讼法第一百一十一条规定进行处罚。因妨害行为给执行债权人或者其他人造成损失的，受害人可以另行起诉。

二十二、涉外民事诉讼程序的特别规定

第五百二十二条　有下列情形之一，人民法院可以认定为涉外民事案件：

（一）当事人一方或者双方是外国人、无国籍人、外国企业或者组织的；

（二）当事人一方或者双方的经常居所地在中华人民共和国领域外的；

（三）标的物在中华人民共和国领域外的；

（四）产生、变更或者消灭民事关系的法律事实发生在中华人民共和国领域外的；

（五）可以认定为涉外民事案件的其他情形。

第五百二十三条　外国人参加诉讼，应当向人民法院提交护照等用以证明自己身份的证件。

外国企业或者组织参加诉讼，向人民法院提交的身份证明文件，应当经所在国公证机关公证，并经中华人民共和国驻该国使领馆认证，或者履行中华人民共和国与该所在国订立的有关条约中规定的证明手续。

代表外国企业或者组织参加诉讼的人，应当向人民法院提交其有权作为代表人参加诉讼的证明，该证明应当经所在国公证机关公证，并经中华人民共和国驻该国使领馆认证，或者履行中华人民共和国与该所在国订立的有关条约中规定的证明手续。

本条所称的“所在国”，是指外国企业或者组织的设立登记地国，也可以是办理了营业登记手续的第三国。

第五百二十四条　依照民事诉讼法第二百六十四条以及本解释第五百二十三条规定，需要办理公证、认证手续，而外国当事人所在国与中华人民共和国没有建立外交关系的，可以经该国公证机关公证，经与中华人民共和国有外交关系的第三国驻该国使领馆认证，再转由中华人民共和国驻该第三国使领馆认证。

第五百二十五条　外国人、外国企业或者组织的代表人在人民法院法官的见证下签署授权委托书，委托代理人进行民事诉讼的，人民法院应予认可。

第五百二十六条　外国人、外国企业或者组织的代表人在中华人民共和国境内签署授权委托书，委托代理人进行民事诉讼，经中华人民共和国公证机构公证的，人民法院应予认可。

第五百二十七条　当事人向人民法院提交的书面材料是外文的，应当同时向人民法院提交中文翻译件。

当事人对中文翻译件有异议的，应当共同委托翻译机构提供翻译文本；当事人对翻译机构的选择不能达成一致的，由人民法院确定。

第五百二十八条　涉外民事诉讼中的外籍当事人，可以委托本国人为诉讼代理人，也可以委托本国律师以非律师身份担任诉讼代理人；外国驻华使领馆官员，受本国公民的委托，可以以个人名义担任诉讼代理人，但在诉讼中不享有外交或者领事特权和豁免。

第五百二十九条　涉外民事诉讼中，外国驻华使领馆授权其本馆官员，在作为当事人的本国国民不在中华人民共和国领域内的情况下，可以以外交代表身份为其本国国民在中华人民共和国聘请中华人民共和国律师或者中华人民共和国公民代理民事诉讼。

第五百三十条　涉外民事诉讼中，经调解双方达成协议，应当制发调解书。当事人要求发给判决书的，可以依协议的内容制作判决书送达当事人。

第五百三十一条　涉外合同或者其他财产权益纠纷的当事人，可以书面协议选择被告住所地、合同履行地、合同签订地、原告住所地、标的物所在地、侵权行为地等与争议有实际联系地点的外国法院管辖。

根据民事诉讼法第三十三条和第二百六十六条规定，属于中华人民共和国法院专属管辖的案件，当事人不得协议选择外国法院管辖，但协议选择仲裁的除外。

第五百三十二条　涉外民事案件同时符合下列情形的，人民法院可以裁定驳回原告的起诉，告知其向更方便的外国法院提起诉讼：

（一）被告提出案件应由更方便外国法院管辖的请求，或者提出管辖异议；

（二）当事人之间不存在选择中华人民共和国法院管辖的协议；

（三）案件不属于中华人民共和国法院专属管辖；

（四）案件不涉及中华人民共和国国家、公民、法人或者其他组织的利益；

（五）案件争议的主要事实不是发生在中华人民共和国境内，且案件不适用中华人民共和国法律，人民法院审理案件在认定事实和适用法律方面存在重大困难；

（六）外国法院对案件享有管辖权，且审理该案件更加方便。

第五百三十三条 中华人民共和国法院和外国法院都有管辖权的案件，一方当事人向外国法院起诉，而另一方当事人向中华人民共和国法院起诉的，人民法院可予受理。判决后，外国法院申请或者当事人请求人民法院承认和执行外国法院对本案作出的判决、裁定的，不予准许；但双方共同缔结或者参加的国际条约另有规定的除外。

外国法院判决、裁定已经被人民法院承认，当事人就同一争议向人民法院起诉的，人民法院不予受理。

第五百三十四条 对在中华人民共和国领域内没有住所的当事人，经用公告方式送达诉讼文书，公告期满不应诉，人民法院缺席判决后，仍应当将裁判文书依照民事诉讼法第二百六十七条第八项规定公告送达。自公告送达裁判文书满三个月之日起，经过三十日的上诉期当事人没有上诉的，一审判决即发生法律效力。

第五百三十五条 外国人或者外国企业、组织的代表人、主要负责人在中华人民共和国领域内的，人民法院可以向该自然人或者外国企业、组织的代表人、主要负责人送达。

外国企业、组织的主要负责人包括该企业、组织的董事、监事、高级管理人员等。

第五百三十六条 受送达人所在国允许邮寄送达的，人民法院可以邮寄送达。

邮寄送达时应当附有送达回证。受送达人未在送达回证上签收但在邮件回执上签收的，视为送达，签收日期为送达日期。

自邮寄之日起满三个月，如果未收到送达的证明文件，且根据各种情况不足以认定已经送达的，视为不能用邮寄方式送达。

第五百三十七条 人民法院一审时采取公告方式向当事人送达诉讼文书的，二审时可径行采取公告方式向其送达诉讼文书，但人民法院能够采取公告方式之外的其他方式送达的除外。

第五百三十八条 不服第一审人民法院判决、裁定的上诉期，对在中华人民共和国领域内有住所的当事人，适用民事诉讼法第一百六十四条规定的期限；对在中华人民共和国领域内没有住所的当事人，适用民事诉讼法第二百六十九条规定的期限。当事人的上诉期均已届满没有上诉的，第一审人民法院的判决、裁定即发生法律效力。

第五百三十九条 人民法院对涉外民事案件的当事人申请再审进行审查的期间，不受民事诉讼法第二百零四条规定的限制。

第五百四十条 申请人向人民法院申请执行中华人民共和国涉外仲裁机构的裁决，应当提出书面申请，并附裁决书正本。如申请人为外国当事人，其申请书应当用中文文本提出。

第五百四十一条 人民法院强制执行涉外仲裁机构的仲裁裁决时，被执行人以有民事诉讼法第二百七十四条第一款规定的情形为由提出抗辩的，人民法院应当对被执行人的抗辩进行审查，并根据审查结果裁定执行或者不予执行。

第五百四十二条 依照民事诉讼法第二百七十二条规定，中华人民共和国涉外仲裁机构将当事人的保全申请提交人民法院裁定的，人民法院可以进行审查，裁定是否进行保全。裁定保全的，应当责令申请人提供担保，申请人不提供担保的，裁定驳回申请。

当事人申请证据保全，人民法院经审查认为无需提供担保的，申请人可以不提供担保。

第五百四十三条 申请人向人民法院申请承认和执行外国法院作出的发生法律效力的判决、裁定，应当提交申请书，并附外国法院作出的发生法律效力的判决、裁定正本或者经证明无误的副本以及中文译本。外国法院判决、裁定为缺席判决、裁定的，申请人应当同时提交该外国法院已经合法传唤的证明文件，但判决、裁定已经对此予以明确说明的除外。

中华人民共和国缔结或者参加的国际条约对提交文件有规定的，按照规定办理。

第五百四十四条 当事人向中华人民共和国有管辖权的中级人民法院申请承认和执行外国法院作出的发生法律效力的判决、裁定的，如果该法院所在国与中华人民共和国没有缔结或者共同参加国际条约，也没有互惠关系的，裁定驳回申请，但当事人向人民法院申请承认外国法院作出的发生法律效力的离婚判决的除外。

承认和执行申请被裁定驳回的，当事人可以向人民法院起诉。

第五百四十五条 对临时仲裁庭在中华人民共和国领域外作出的仲裁裁决，一方当事人向人民法院申请承认和执行的，人民法院应当依照民事诉讼法第二百八十三条规定处理。

第五百四十六条 对外国法院作出的发生法律效力的判决、裁定或者外国仲裁裁决，需要中华人民共和国法院执行的，当事人应当先向人民法院申请承认。人民法院经审查，裁定承认后，再根据民事诉讼法第三编的规定予以执行。

当事人仅申请承认而未同时申请执行的，人民法院仅对应否承认进行审查并作出裁定。

第五百四十七条 当事人申请承认和执行外国法院作出的发生法律效力的判决、裁定或者外国仲裁裁决的期间，适用民事诉讼法第二百三十九条的规定。

当事人仅申请承认而未同时申请执行的，申请执行的期间自人民法院对承认申请作出的裁定生效之日起重新计算。

第五百四十八条 承认和执行外国法院作出的发生法律效力的判决、裁定或者外国仲裁裁决的案件，人民法院应当组成合议庭进行审查。

人民法院应当将申请书送达被申请人。被申请人可以陈述意见。

人民法院经审查作出的裁定,一经送达即发生法律效力。

第五百四十九条　与中华人民共和国没有司法协助条约又无互惠关系的国家的法院,未通过外交途径,直接请求人民法院提供司法协助的,人民法院应予退回,并说明理由。

第五百五十条　当事人在中华人民共和国领域外使用中华人民共和国法院的判决书、裁定书,要求中华人民共和国法院证明其法律效力的,或者外国法院要求中华人民共和国法院证明判决书、裁定书的法律效力的,作出判决、裁定的中华人民共和国法院,可以本法院的名义出具证明。

第五百五十一条　人民法院审理涉及香港、澳门特别行政区和台湾地区的民事诉讼案件,可以参照适用涉外民事诉讼程序的特别规定。

二十三、附则

第五百五十二条　本解释公布施行后,最高人民法院于1992年7月14日发布的《关于适用〈中华人民共和国民事诉讼法〉若干问题的意见》同时废止;最高人民法院以前发布的司法解释与本解释不一致的,不再适用。

中华人民共和国人民法院法庭规则

(1993年11月26日最高人民法院审判委员会第617次会议通过　根据2015年12月21日最高人民法院审判委员会第1673次会议通过的《最高人民法院关于修改〈中华人民共和国人民法院法庭规则〉的决定》修正　2016年4月13日最高人民法院公告公布　自2016年5月1日起施行　法释〔2016〕7号)

第一条　为了维护法庭安全和秩序,保障庭审活动正常进行,保障诉讼参与人依法行使诉讼权利,方便公众旁听,促进司法公正,彰显司法权威,根据《中华人民共和国人民法院组织法》《中华人民共和国刑事诉讼法》《中华人民共和国民事诉讼法》《中华人民共和国行政诉讼法》等有关法律规定,制定本规则。

第二条　法庭是人民法院代表国家依法审判各类案件的专门场所。

法庭正面上方应当悬挂国徽。

第三条　法庭分设审判活动区和旁听区,两区以栏杆等进行隔离。

审理未成年人案件的法庭应当根据未成年人身心发展特点设置区域和席位。

有新闻媒体旁听或报道庭审活动时,旁听区可以设置专门的媒体记者席。

第四条　刑事法庭可以配置同步视频作证室,供依法应当保护或其他确有保护必要的证人、鉴定人、被害人在庭审作证时使用。

第五条　法庭应当设置残疾人无障碍设施;根据需要配备合议庭合议室,检察人员、律师及其他诉讼参与人休息室,被告人羁押室等附属场所。

第六条　进入法庭的人员应当出示有效身份证件,并接受人身及携带物品的安全检查。

持有效工作证件和出庭通知履行职务的检察人员、律师可以通过专门通道进入法庭。需要安全检查的,人民法院对检察人员和律师平等对待。

第七条　除经人民法院许可,需要在法庭上出示的证据外,下列物品不得携带进入法庭:

(一)枪支、弹药、管制刀具以及其他具有杀伤力的器具;

(二)易燃易爆物、疑似爆炸物;

(三)放射性、毒害性、腐蚀性、强气味性物质以及传染病病原体;

(四)液体及胶状、粉末状物品;

(五)标语、条幅、传单;

(六)其他可能危害法庭安全或妨害法庭秩序的物品。

第八条　人民法院应当通过官方网站、电子显示屏、公告栏等向公众公开各法庭的编号、具体位置以及旁听席位数量等信息。

第九条　公开的庭审活动,公民可以旁听。

旁听席位不能满足需要时,人民法院可以根据申请的先后顺序或者通过抽签、摇号等方式发放旁听证,但应当优先安排当事人的近亲属或其他与案件有利害关系的人旁听。

下列人员不得旁听:

(一)证人、鉴定人以及准备出庭提出意见的有专门知识的人;

(二)未获得人民法院批准的未成年人;

(三)拒绝接受安全检查的人;

(四)醉酒的人、精神病人或其他精神状态异常的人;

(五)其他有可能危害法庭安全或妨害法庭秩序的人。

依法有可能封存犯罪记录的公开庭审活动,任何单位或个人不得组织人员旁听。

依法不公开的庭审活动,除法律另有规定外,任何人不得旁听。

第十条　人民法院应当对庭审活动进行全程录像或录音。

第十一条　依法公开进行的庭审活动,具有下列情形之一的,人民法院可以通过电视、互联网或其他公共媒体进行图文、音频、视频直播或录播:

(一)公众关注度较高;

(二)社会影响较大;

(三)法治宣传教育意义较强。

第十二条　出庭履行职务的人员,按照职业着装规定着

装。但是,具有下列情形之一的,着正装:

(一)没有职业着装规定;

(二)侦查人员出庭作证;

(三)所在单位系案件当事人。

非履行职务的出庭人员及旁听人员,应当文明着装。

第十三条 刑事在押被告人或上诉人出庭受审时,着正装或便装,不着监管机构的识别服。

人民法院在庭审活动中不得对被告人或上诉人使用戒具,但认为其人身危险性大,可能危害法庭安全的除外。

第十四条 庭审活动开始前,书记员应当宣布本规则第十七条规定的法庭纪律。

第十五条 审判人员进入法庭以及审判长或独任审判员宣告判决、裁定、决定时,全体人员应当起立。

第十六条 人民法院开庭审判案件应当严格按照法律规定的诉讼程序进行。

审判人员在庭审活动中应当平等对待诉讼各方。

第十七条 全体人员在庭审活动中应当服从审判长或独任审判员的指挥,尊重司法礼仪,遵守法庭纪律,不得实施下列行为:

(一)鼓掌、喧哗;

(二)吸烟、进食;

(三)拨打或接听电话;

(四)对庭审活动进行录音、录像、拍照或使用移动通信工具等传播庭审活动;

(五)其他危害法庭安全或妨害法庭秩序的行为。

检察人员、诉讼参与人发言或提问,应当经审判长或独任审判员许可。

旁听人员不得进入审判活动区,不得随意站立、走动,不得发言和提问。

媒体记者经许可实施第一款第四项规定的行为,应当在指定的时间及区域进行,不得影响或干扰庭审活动。

第十八条 审判长或独任审判员主持庭审活动时,依照规定使用法槌。

第十九条 审判长或独任审判员对违反法庭纪律的人员应当予以警告;对不听警告的,予以训诫;对训诫无效的,责令其退出法庭;对拒不退出法庭的,指令司法警察将其强行带出法庭。

行为人违反本规则第十七条第一款第四项规定的,人民法院可以暂扣其使用的设备及存储介质,删除相关内容。

第二十条 行为人实施下列行为之一,危及法庭安全或扰乱法庭秩序的,根据相关法律规定,予以罚款、拘留;构成犯罪的,依法追究其刑事责任:

(一)非法携带枪支、弹药、管制刀具或者爆炸性、易燃性、放射性、毒害性、腐蚀性物品以及传染病病原体进入法庭;

(二)哄闹、冲击法庭;

(三)侮辱、诽谤、威胁、殴打司法工作人员或诉讼参与人;

(四)毁坏法庭设施,抢夺、损毁诉讼文书、证据;

(五)其他危害法庭安全或扰乱法庭秩序的行为。

第二十一条 司法警察依照审判长或独任审判员的指令维持法庭秩序。

出现危及法庭内人员人身安全或者严重扰乱法庭秩序等紧急情况时,司法警察可以直接采取必要的处置措施。

人民法院依法对违反法庭纪律的人采取的扣押物品、强行带出法庭以及罚款、拘留等强制措施,由司法警察执行。

第二十二条 人民检察院认为审判人员违反本规则的,可以在庭审活动结束后向人民法院提出处理建议。

诉讼参与人、旁听人员认为审判人员、书记员、司法警察违反本规则的,可以在庭审活动结束后向人民法院反映。

第二十三条 检察人员违反本规则的,人民法院可以向人民检察院通报情况并提出处理建议。

第二十四条 律师违反本规则的,人民法院可以向司法行政机关及律师协会通报情况并提出处理建议。

第二十五条 人民法院进行案件听证、国家赔偿案件质证、网络视频远程审理以及在法院以外的场所巡回审判等,参照适用本规则。

第二十六条 外国人、无国籍人旁听庭审活动,外国媒体记者报道庭审活动,应当遵守本规则。

第二十七条 本规则自2016年5月1日起施行;最高人民法院此前发布的司法解释及规范性文件与本规则不一致的,以本规则为准。

最高人民法院、最高人民检察院关于检察公益诉讼案件适用法律若干问题的解释(节录)

(2018年2月23日最高人民法院审判委员会第1734次会议、2018年2月11日最高人民检察院第十二届检察委员会第73次会议通过　根据2020年12月23日最高人民法院审判委员会第1823次会议、2020年12月28日最高人民检察院第十三届检察委员会第58次会议修正　2020年12月29日最高人民法院公告公布　自2021年1月1日起施行　法释〔2020〕20号)

一、一般规定

第一条 为正确适用《中华人民共和国民法典》《中华人民共和国民事诉讼法》《中华人民共和国行政诉讼法》关于人民检察院提起公益诉讼制度的规定,结合审判、检察工作实际,制定本解释。

第二条 人民法院、人民检察院办理公益诉讼案件主要任务是充分发挥司法审判、法律监督职能作用,维护宪法法律权威，维护社会公平正义，维护国家利益和社会公共利益，督促适格主体依法行使公益诉权，促进依法行政、严格执法。

第三条　人民法院、人民检察院办理公益诉讼案件，应当遵守宪法法律规定，遵循诉讼制度的原则，遵循审判权、检察权运行规律。

第四条　人民检察院以公益诉讼起诉人身份提起公益诉讼，依照民事诉讼法、行政诉讼法享有相应的诉讼权利，履行相应的诉讼义务，但法律、司法解释另有规定的除外。

第五条　市（分、州）人民检察院提起的第一审民事公益诉讼案件，由侵权行为地或者被告住所地中级人民法院管辖。

基层人民检察院提起的第一审行政公益诉讼案件，由被诉行政机关所在地基层人民法院管辖。

第六条　人民检察院办理公益诉讼案件，可以向有关行政机关以及其他组织、公民调查收集证据材料；有关行政机关以及其他组织、公民应当配合；需要采取证据保全措施的，依照民事诉讼法、行政诉讼法相关规定办理。

第七条　人民法院审理人民检察院提起的第一审公益诉讼案件，适用人民陪审制。

第八条　人民法院开庭审理人民检察院提起的公益诉讼案件，应当在开庭三日前向人民检察院送达出庭通知书。

人民检察院应当派员出庭，并应当自收到人民法院出庭通知书之日起三日内向人民法院提交派员出庭通知书。派员出庭通知书应当写明出庭人员的姓名、法律职务以及出庭履行的具体职责。

第九条　出庭检察人员履行以下职责：

（一）宣读公益诉讼起诉书；

（二）对人民检察院调查收集的证据予以出示和说明，对相关证据进行质证；

（三）参加法庭调查，进行辩论并发表意见；

（四）依法从事其他诉讼活动。

第十条　人民检察院不服人民法院第一审判决、裁定的，可以向上一级人民法院提起上诉。

第十一条　人民法院审理第二审案件，由提起公益诉讼的人民检察院派员出庭，上一级人民检察院也可以派员参加。

第十二条　人民检察院提起公益诉讼案件判决、裁定发生法律效力，被告不履行的，人民法院应当移送执行。

二、民事公益诉讼

第十三条　人民检察院在履行职责中发现破坏生态环境和资源保护，食品药品安全领域侵害众多消费者合法权益，侵害英雄烈士等的姓名、肖像、名誉、荣誉等损害社会公共利益的行为，拟提起公益诉讼的，应当依法公告，公告期间为三十日。

公告期满，法律规定的机关和有关组织、英雄烈士等的近亲属不提起诉讼的，人民检察院可以向人民法院提起诉讼。

人民检察院办理侵害英雄烈士等的姓名、肖像、名誉、荣誉等的民事公益诉讼案件，也可以直接征询英雄烈士等的近亲属的意见。

第十四条　人民检察院提起民事公益诉讼应当提交下列材料：

（一）民事公益诉讼起诉书，并按照被告人数提出副本；

（二）被告的行为已经损害社会公共利益的初步证明材料；

（三）已经履行公告程序、征询英雄烈士等的近亲属意见的证明材料。

第十五条　人民检察院依据民事诉讼法第五十五条第二款的规定提起民事公益诉讼，符合民事诉讼法第一百一十九条第二项、第三项、第四项及本解释规定的起诉条件的，人民法院应当登记立案。

第十六条　人民检察院提起的民事公益诉讼案件中，被告以反诉方式提出诉讼请求的，人民法院不予受理。

第十七条　人民法院受理人民检察院提起的民事公益诉讼案件后，应当在立案之日起五日内将起诉书副本送达被告。

人民检察院已履行诉前公告程序的，人民法院立案后不再进行公告。

第十八条　人民法院认为人民检察院提出的诉讼请求不足以保护社会公共利益的，可以向其释明变更或者增加停止侵害、恢复原状等诉讼请求。

第十九条　民事公益诉讼案件审理过程中，人民检察院诉讼请求全部实现而撤回起诉的，人民法院应予准许。

第二十条　人民检察院对破坏生态环境和资源保护，食品药品安全领域侵害众多消费者合法权益，侵害英雄烈士等的姓名、肖像、名誉、荣誉等损害社会公共利益的犯罪行为提起刑事公诉时，可以向人民法院一并提起附带民事公益诉讼，由人民法院同一审判组织审理。

人民检察院提起的刑事附带民事公益诉讼案件由审理刑事案件的人民法院管辖。

……

最高人民法院印发《关于深入推进社会主义核心价值观融入裁判文书释法说理的指导意见》的通知

（2021年1月19日　法〔2021〕21号）

各省、自治区、直辖市高级人民法院，解放军军事法院，新疆维吾尔自治区高级人民法院生产建设兵团分院：

现将《关于深入推进社会主义核心价值观融入裁判文书释法说理的指导意见》予以印发，请结合实际认真贯彻执行。执行中遇有问题，请及时层报最高人民法院。

关于深入推进社会主义核心价值观融入裁判文书释法说理的指导意见

为深入贯彻落实中共中央关于进一步把社会主义核心价值观融入法治建设的工作要求，正确贯彻实施民法典，充分发挥司法裁判在国家治理、社会治理中的规则引领和价值导向作用，进一步增强司法裁判的公信力和权威性，努力实现富强、民主、文明、和谐的价值目标，努力追求自由、平等、公正、法治的价值取向，努力践行爱国、敬业、诚信、友善的价值准则，结合审判工作实际，现提出如下意见。

一、深入推进社会主义核心价值观融入裁判文书释法说理，应当坚持以下基本原则：

（一）法治与德治相结合。以习近平新时代中国特色社会主义思想为指导，贯彻落实习近平法治思想，忠于宪法法律，将法律评价与道德评价有机结合，深入阐释法律法规所体现的国家价值目标、社会价值取向和公民价值准则，实现法治和德治相辅相成、相得益彰。

（二）以人民为中心。裁判文书释法说理应积极回应人民群众对公正司法的新要求和新期待，准确阐明事理，详细释明法理，积极讲明情理，力求讲究文理，不断提升人民群众对司法裁判的满意度，以司法公正引领社会公平正义。

（三）政治效果、法律效果和社会效果的有机统一。立足时代、国情、文化，综合考量法、理、情等因素，加强社会主义核心价值观的导向作用，不断提升司法裁判的法律认同、社会认同和情理认同。

二、各级人民法院应当深入推进社会主义核心价值观融入裁判文书释法说理，将社会主义核心价值观作为理解立法目的和法律原则的重要指引，作为检验自由裁量权是否合理行使的重要标准，确保准确认定事实，正确适用法律。对于裁判结果有价值引领导向、行为规范意义的案件，法官应当强化运用社会主义核心价值观释法说理，切实发挥司法裁判在国家治理、社会治理中的规范、评价、教育、引领等功能，以公正裁判树立行为规则，培育和弘扬社会主义核心价值观。

三、各级人民法院应当坚持以事实为根据，以法律为准绳。在释法说理时，应当针对争议焦点，根据庭审举证、质证、法庭辩论以及法律调查等情况，结合社会主义核心价值观，重点说明裁判事实认定和法律适用的过程和理由。

四、下列案件的裁判文书，应当强化运用社会主义核心价值观释法说理：

（一）涉及国家利益、重大公共利益，社会广泛关注的案件；

（二）涉及疫情防控、抢险救灾、英烈保护、见义勇为、正当防卫、紧急避险、助人为乐等，可能引发社会道德评价的案件；

（三）涉及老年人、妇女、儿童、残疾人等弱势群体以及特殊群体保护，诉讼各方存在较大争议且可能引发社会广泛关注的案件；

（四）涉及公序良俗、风俗习惯、权利平等、民族宗教等，诉讼各方存在较大争议且可能引发社会广泛关注的案件；

（五）涉及新情况、新问题，需要对法律规定、司法政策等进行深入阐释，引领社会风尚、树立价值导向的案件；

（六）其他应当强化运用社会主义核心价值观释法说理的案件。

五、有规范性法律文件作为裁判依据的，法官应当结合案情，先行释明规范性法律文件的相关规定，再结合法律原意，运用社会主义核心价值观进一步明晰法律内涵、阐明立法目的、论述裁判理由。

六、民商事案件无规范性法律文件作为裁判直接依据的，除了可以适用习惯以外，法官还应当以社会主义核心价值观为指引，以最相类似的法律规定作为裁判依据；如无最相类似的法律规定，法官应当根据立法精神、立法目的和法律原则等作出司法裁判，并在裁判文书中充分运用社会主义核心价值观阐述裁判依据和裁判理由。

七、案件涉及多种价值取向的，法官应当依据立法精神、法律原则、法律规定以及社会主义核心价值观进行判断、权衡和选择，确定适用于个案的价值取向，并在裁判文书中详细阐明依据及其理由。

八、刑事诉讼中的公诉人、当事人、辩护人、诉讼代理人和民事、行政诉讼中的当事人、诉讼代理人等在诉讼文书中或在庭审中援引社会主义核心价值观作为诉辩理由的，人民法院一般应当采用口头反馈、庭审释明等方式予以回应；属于本意见第四条规定的案件的，人民法院应当在裁判文书中明确予以回应。

九、深入推进社会主义核心价值观融入裁判文书释法说理应当正确运用解释方法：

（一）运用文义解释的方法，准确解读法律规定所蕴含的社会主义核心价值观的精神内涵，充分说明社会主义核心价值观在个案中的内在要求和具体语境。

（二）运用体系解释的方法，将法律规定与中国特色社会主义法律体系、社会主义核心价值体系联系起来，全面系统分析法律规定的内涵，正确理解和适用法律。

（三）运用目的解释的方法，以社会发展方向及立法目的为出发点，发挥目的解释的价值作用，使释法说理与立法目的、法律精神保持一致。

（四）运用历史解释的方法，结合现阶段社会发展水平，合理判断、有效平衡司法裁判的政治效果、法律效果和社会效果，推动社会稳定、可持续发展。

十、裁判文书释法说理应当使用简洁明快、通俗易懂的语言，讲求繁简得当，丰富修辞论证，提升语言表达和释法说理的接受度和认可度。

十一、人民法院应当探索建立强化运用社会主义核心价值观释法说理的案件识别机制，立案部门、审判部门以及院长、庭长等应当加强对案件诉讼主体、诉讼请求等要素的审查，及时识别强化运用社会主义核心价值观释法说理的重点案件，并与审判权力制约监督机制有机衔接。

十二、人民法院应当认真落实《最高人民法院关于统一法律适用加强类案检索的指导意见（试行）》《最高人民法院关于完善统一法律适用标准工作机制的意见》等相关要求，统一法律适用，确保同类案件运用社会主义核心价值观释法说理的一致性。

十三、对于本意见第四条规定的案件，根据审判管理相关规定，需要提交专业法官会议或审判委员会讨论的，法官应当重点说明运用社会主义核心价值观释法说理的意见。

十四、各级人民法院应当定期组织开展法官业务培训，将业务培训与贯彻实施民法典结合起来，坚持学习法律知识、业务技能与社会主义核心价值观并重，增强法官运用社会主义核心价值观释法说理的积极性和自觉性，不断提升法官释法说理的能力水平。

十五、人民法院通过中国裁判文书网、“法信”平台、12368诉讼服务热线、中国应用法学数字化服务系统、院长信箱等途径，认真收集、倾听社会公众对裁判文书的意见建议，探索运用大数据进行统筹分析，最大程度了解社会公众对裁判文书的反馈意见，并采取措施加以改进。

十六、人民法院应当充分发挥优秀裁判文书的示范引领作用，完善优秀裁判文书考评激励机制，积极组织开展“运用社会主义核心价值观释法说理优秀裁判文书”评选工作，评选结果应当作为法官业绩考评的重要参考。

十七、最高人民法院、各高级人民法院应当定期收集、整理和汇编运用社会主义核心价值观释法说理的典型案例，加强宣传教育工作，进一步带动人民群众将法治精神融入社会生活，培育和营造自觉践行社会主义核心价值观的法治环境。

十八、各高级人民法院可以根据本意见，结合工作实际，制定刑事、民事、行政、国家赔偿、执行等裁判文书释法说理的实施细则，报最高人民法院备案。

十九、本意见自2021年3月1日起施行。

最高人民法院关于进一步完善委派调解机制的指导意见

（2020年1月15日）

为贯彻落实党的十九届四中全会精神，推进国家治理体系和治理能力现代化，深化司法体制综合配套改革，完善多元化纠纷解决机制，进一步加强和规范委派调解工作，根据《中华人民共和国民事诉讼法》《中华人民共和国行政诉讼法》《最高人民法院关于人民法院特邀调解的规定》等法律和司法解释规定，结合人民法院工作实际，提出如下指导意见。

一、指导思想。以习近平新时代中国特色社会主义思想为指导，坚持和发展新时代“枫桥经验”，完善诉源治理机制，切实把非诉讼纠纷解决机制挺在前面，满足广大人民群众多元、高效、便捷的解纷需求。坚持依法、自愿、依程序原则开展委派调解工作，不断推动完善党委领导、政府负责、民主协商、社会协同、公众参与、法治保障、科技支撑的社会治理体系，建设人人有责、人人尽责、人人享有的社会治理共同体。

二、调解范围。对于涉及民生利益的纠纷，除依法不适宜调解的，人民法院可以委派特邀调解组织或者特邀调解员开展调解。对于物业管理、交通事故赔偿、消费者权益保护、医疗损害赔偿等类型化纠纷，人民法院要发挥委派调解的示范作用，促进批量、有效化解纠纷。

三、专业解纷。人民法院应当加强与相关部门的对接，充分发挥行政机关在行政调解、行政裁决机制上的优势，发挥行业性、专业性调解组织的专业优势，发挥公证、鉴定机构和相关领域专家咨询意见的作用，为纠纷化解提供专业支持，提升委派调解专业化水平。

四、引导告知。对于当事人起诉到人民法院的纠纷，经当事人申请或者人民法院引导后当事人同意调解的，人民法院可以在登记立案前，委派特邀调解组织或者特邀调解员进行调解，并由当事人签署《委派调解告知书》。当事人不同意调解的，应在收到《委派调解告知书》时签署明确意见。人民法院收到当事人不同意委派调解的书面材料后，应当及时将案件转入诉讼程序。

五、立案管辖。委派调解案件，编立“诉前调”字号，在三日内将起诉材料转交特邀调解组织或者特邀调解员开展调解。涉及管辖权争议的，先立“诉前调”字号的法院视为最先立案的人民法院。

六、司法保障。人民法院要积极为行政机关、人民调解委员会、社会综合治理中心、矛盾纠纷调处中心以及其他接受委派的调解组织开展调解工作提供必要的司法保障。

七、鉴定评估。探索开展诉前鉴定评估。对于交通事故赔偿、医疗损害赔偿以及其他侵权责任纠纷，通过鉴定评估能够促成双方调解的，经当事人申请后特邀调解组织或者特邀调解员应当报请人民法院同意，由人民法院依程序组织鉴定或者评估。委派调解中的鉴定、评估期间，不计入委派调解的期限。

八、材料衔接。完善调解与诉讼的材料衔接机制。委派调解中已经明确告知当事人相关权利和法律后果，并经当事人同意的调解材料，经人民法院审查，符合法律及司法解释规定的，可以作为诉讼材料使用。

九、调解期限。人民法院委派调解的期限为30日。经双方当事人同意，可以延长调解期限。委派调解期限自特邀调解组织或者特邀调解员确认接收法院移交材料之日起计算。未能在期限内达成协议或者当事人明确拒绝继续调解的，应当依法及时转入诉讼程序。

十、结案报告。委派调解案件因调解不成终止的，接受委派的特邀调解员应当出具结案报告，与相关调解材料一并移交人民法院。结案报告应当载明终止调解的原因、案件争议焦点、当事人交换证据情况、无争议事实记载、导致其他当事人诉讼成本增加的行为以及其他需要向法院提示的情况等内容，对涉及的专业性问题可以在结案报告中提出明确意见。

十一、协议履行。当事人经委派调解达成调解协议的，应当遵照诚实信用原则，及时、充分履行协议约定的内容。当事人向作出委派调解的人民法院申请司法确认的，人民法院应当依法受理。

十二、惩戒机制。对于当事人滥用权利、违反诚信原则、故意阻碍调解等导致其他当事人诉讼成本增加的行为，人民法院可以酌情增加其诉讼费用的负担部分。无过错一方当事人提出赔偿诉前调解额外支出请求的，人民法院可以酌情支持。

十三、指导监督。人民法院应当指派法官指导委派调解工作，规范调解行为，提升调解质量。法官对调解过程中存在违规行为的特邀调解员，可以通过批评教育、责令改正等方式监督。特邀调解组织或者特邀调解员无法胜任职务的，人民法院应当根据有关规定将其从特邀调解名册中移除。

十四、平台建设。人民法院要加强调解平台的建设、应用和推广，加强调解平台与其他机构调解平台的对接，完善诉讼与非诉讼纠纷解决方式对接机制，实现调解案件网上办理、调解数据网上流转、调解信息网上共享，全面提升多元解纷能力。

十五、数据利用。充分利用人民法院大数据管理和服务平台、人民法院调解平台的数据资源，健全完善委派调解案件管理系统，为指导委派调解的法官业绩考评提供数据支持，为人民法院审判管理提供统计依据。强化司法大数据的监测预警功能，健全矛盾纠纷风险研判机制，为党委政府提供决策参考。

十六、激励机制。加大委派调解在绩效考评体系中的权重，细化激励机制配套细则和工作方案。对于促成当事人自动履行调解协议的调解法官、特邀调解员，通过绩效考核给予奖励激励；对于在调解工作中有显著成绩或者有其他突出事迹的调解组织和调解员，按照国家规定给予表彰奖励，并将有关工作情况作为其他各类评先评优的重要依据，最大限度调动调解法官、特邀调解组织、特邀调解员等各类调解主体的工作积极性。

十七、保障机制。积极争取当地党委和政府支持，进一步提高委派调解工作人员、场所、设施和经费等配套保障水平，加强人员培训管理。

最高人民法院关于
人民法院特邀调解的规定

（2016年5月23日最高人民法院审判委员会第1684次会议通过　2016年6月28日最高人民法院公告公布　自2016年7月1日起施行　法释〔2016〕14号）

为健全多元化纠纷解决机制，加强诉讼与非诉讼纠纷解决方式的有效衔接，规范人民法院特邀调解工作，维护当事人合法权益，根据《中华人民共和国民事诉讼法》《中华人民共和国人民调解法》等法律及相关司法解释，结合人民法院工作实际，制定本规定。

第一条　特邀调解是指人民法院吸纳符合条件的人民调解、行政调解、商事调解、行业调解等调解组织或者个人成为特邀调解组织或者特邀调解员，接受人民法院立案前委派或者立案后委托依法进行调解，促使当事人在平等协商基础上达成调解协议、解决纠纷的一种调解活动。

第二条　特邀调解应当遵循以下原则：

（一）当事人平等自愿；

（二）尊重当事人诉讼权利；

（三）不违反法律、法规的禁止性规定；

（四）不损害国家利益、社会公共利益和他人合法权益；

（五）调解过程和调解协议内容不公开，但是法律另有规定的除外。

第三条　人民法院在特邀调解工作中，承担以下职责：

（一）对适宜调解的纠纷，指导当事人选择名册中的调解组织或者调解员先行调解；

（二）指导特邀调解组织和特邀调解员开展工作；

（三）管理特邀调解案件流程并统计相关数据；

（四）提供必要场所、办公设施等相关服务；

（五）组织特邀调解员进行业务培训；

（六）组织开展特邀调解业绩评估工作；

（七）承担其他与特邀调解有关的工作。

第四条　人民法院应当指定诉讼服务中心等部门具体负责指导特邀调解工作，并配备熟悉调解业务的工作人员。

人民法庭根据需要开展特邀调解工作。

第五条　人民法院开展特邀调解工作应当建立特邀调解组织和特邀调解员名册。建立名册的法院应当为入册的特邀调解组织或者特邀调解员颁发证书，并对名册进行管理。上级法院建立的名册，下级法院可以使用。

第六条　依法成立的人民调解、行政调解、商事调解、行业调解及其他具有调解职能的组织，可以申请加入特邀调解组织名册。品行良好、公道正派、热心调解工作并具有一定沟通协调能力的个人可以申请加入特邀调解员名册。

人民法院可以邀请符合条件的调解组织加入特邀调解组织名册，可以邀请人大代表、政协委员、人民陪审员、专家学者、律师、仲裁员、退休法律工作者等符合条件的个人加入特邀调解员名册。

特邀调解组织应当推荐本组织中适合从事特邀调解工作的调解员加入名册，并在名册中列明；在名册中列明的调解员，视为人民法院特邀调解员。

第七条 特邀调解员在入册前和任职期间，应当接受人民法院组织的业务培训。

第八条 人民法院应当在诉讼服务中心等场所提供特邀调解组织和特邀调解员名册，并在法院公示栏、官方网站等平台公开名册信息，方便当事人查询。

第九条 人民法院可以设立家事、交通事故、医疗纠纷等专业调解委员会，并根据特定专业领域的纠纷特点，设定专业调解委员会的入册条件，规范专业领域特邀调解程序。

第十条 人民法院应当建立特邀调解组织和特邀调解员业绩档案，定期组织开展特邀调解评估工作，并及时更新名册信息。

第十一条 对适宜调解的纠纷，登记立案前，人民法院可以经当事人同意委派给特邀调解组织或者特邀调解员进行调解；登记立案后或者在审理过程中，可以委托给特邀调解组织或者特邀调解员进行调解。

当事人申请调解的，应当以口头或者书面方式向人民法院提出；当事人口头提出的，人民法院应当记入笔录。

第十二条 双方当事人应当在名册中协商确定特邀调解员；协商不成的，由特邀调解组织或者人民法院指定。当事人不同意指定的，视为不同意调解。

第十三条 特邀调解一般由一名调解员进行。对于重大、疑难、复杂或者当事人要求由两名以上调解员共同调解的案件，可以由两名以上调解员调解，并由特邀调解组织或者人民法院指定一名调解员主持。当事人有正当理由的，可以申请更换特邀调解员。

第十四条 调解一般应当在人民法院或者调解组织所在地进行，双方当事人也可以在征得人民法院同意的情况下选择其他地点进行调解。

特邀调解组织或者特邀调解员接受委派或者委托调解后，应当将调解时间、地点等相关事项及时通知双方当事人，也可以通知与纠纷有利害关系的案外人参加调解。

调解程序开始之前，特邀调解员应当告知双方当事人权利义务、调解规则、调解程序、调解协议效力、司法确认申请等事项。

第十五条 特邀调解员有下列情形之一的，当事人有权申请回避：

（一）是一方当事人或者其代理人近亲属的；

（二）与纠纷有利害关系的；

（三）与纠纷当事人、代理人有其他关系，可能影响公正调解的。

特邀调解员有上述情形的，应当自行回避；但是双方当事人同意由该调解员调解的除外。

特邀调解员的回避由特邀调解组织或者人民法院决定。

第十六条 特邀调解员不得在后续的诉讼程序中担任该案的人民陪审员、诉讼代理人、证人、鉴定人以及翻译人员等。

第十七条 特邀调解员应当根据案件具体情况采用适当的方法进行调解，可以提出解决争议的方案建议。特邀调解员为促成当事人达成调解协议，可以邀请对达成调解协议有帮助的人员参与调解。

第十八条 特邀调解员发现双方当事人存在虚假调解可能的，应当中止调解，并向人民法院或者特邀调解组织报告。

人民法院或者特邀调解组织接到报告后，应当及时审查，并依据相关规定作出处理。

第十九条 委派调解达成调解协议，特邀调解员应当将调解协议送达双方当事人，并提交人民法院备案。

委派调解达成的调解协议，当事人可以依照民事诉讼法、人民调解法等法律申请司法确认。当事人申请司法确认的，由调解组织所在地或者委派调解的基层人民法院管辖。

第二十条 委托调解达成调解协议，特邀调解员应当向人民法院提交调解协议，由人民法院审查并制作调解书结案。达成调解协议后，当事人申请撤诉的，人民法院应当依法作出裁定。

第二十一条 委派调解未达成调解协议的，特邀调解员应当将当事人的起诉状等材料移送人民法院；当事人坚持诉讼的，人民法院应当依法登记立案。

委托调解未达成调解协议的，转入审判程序审理。

第二十二条 在调解过程中，当事人为达成调解协议作出妥协而认可的事实，不得在诉讼程序中作为对其不利的根据，但是当事人均同意的除外。

第二十三条 经特邀调解组织或者特邀调解员调解达成调解协议的，可以制作调解协议书。当事人认为无需制作调解协议书的，可以采取口头协议方式，特邀调解员应当记录协议内容。

第二十四条 调解协议书应当记载以下内容：

（一）当事人的基本情况；

（二）纠纷的主要事实、争议事项；

（三）调解结果。

双方当事人和特邀调解员应当在调解协议书或者调解笔录上签名、盖章或者捺印；由特邀调解组织主持达成调解协议的，还应当加盖调解组织印章。

委派调解达成调解协议，自双方当事人签名、盖章或者捺印后生效。委托调解达成调解协议，根据相关法律规定确定生效时间。

第二十五条 委派调解达成调解协议后,当事人就调解协议的履行或者调解协议的内容发生争议的,可以向人民法院提起诉讼,人民法院应当受理。一方当事人以原纠纷向人民法院起诉,对方当事人以调解协议提出抗辩的,应当提供调解协议书。

经司法确认的调解协议,一方当事人拒绝履行或者未全部履行的,对方当事人可以向人民法院申请执行。

第二十六条 有下列情形之一的,特邀调解员应当终止调解:

(一)当事人达成调解协议的;

(二)一方当事人撤回调解请求或者明确表示不接受调解的;

(三)特邀调解员认为双方分歧较大且难以达成调解协议的;

(四)其他导致调解难以进行的情形。

特邀调解员终止调解的,应当向委派、委托的人民法院书面报告,并移送相关材料。

第二十七条 人民法院委派调解的案件,调解期限为30日。但是双方当事人同意延长调解期限的,不受此限。

人民法院委托调解的案件,适用普通程序的调解期限为15日,适用简易程序的调解期限为7日。但是双方当事人同意延长调解期限的,不受此限。延长的调解期限不计入审理期限。

委派调解和委托调解的期限自特邀调解组织或者特邀调解员签字接收法院移交材料之日起计算。

第二十八条 特邀调解员不得有下列行为:

(一)强迫调解;

(二)违法调解;

(三)接受当事人请托或收受财物;

(四)泄露调解过程或调解协议内容;

(五)其他违反调解员职业道德的行为。

当事人发现存在上述情形的,可以向人民法院投诉。经审查属实的,人民法院应当予以纠正并作出警告、通报、除名等相应处理。

第二十九条 人民法院应当根据实际情况向特邀调解员发放误工、交通等补贴,对表现突出的特邀调解组织和特邀调解员给予物质或者荣誉奖励。补贴经费应当纳入人民法院专项预算。

人民法院可以根据有关规定向有关部门申请特邀调解专项经费。

第三十条 本规定自2016年7月1日起施行。

人民检察院民事诉讼监督规则(试行)

(2013年9月23日最高人民检察院第十二届检察委员会第十次会议通过 2013年11月18日最高人民检察院公告公布 自公布之日起施行 高检发释字〔2013〕3号)

第一章 总 则

第一条 为了保障和规范人民检察院依法履行民事检察职责,根据《中华人民共和国民事诉讼法》、《中华人民共和国人民检察院组织法》和其他有关规定,结合人民检察院工作实际,制定本规则。

第二条 人民检察院依法独立行使检察权,通过办理民事诉讼监督案件,维护司法公正和司法权威,维护国家利益和社会公共利益,维护公民、法人和其他组织的合法权益,保障国家法律的统一正确实施。

第三条 人民检察院通过抗诉、检察建议等方式,对民事诉讼活动实行法律监督。

第四条 人民检察院办理民事诉讼监督案件,应当以事实为根据,以法律为准绳,坚持公开、公平、公正和诚实信用原则,尊重和保障当事人的诉讼权利,监督和支持人民法院依法行使审判权和执行权。

第五条 民事诉讼监督案件的受理、办理、管理工作分别由控告检察部门、民事检察部门、案件管理部门负责,各部门互相配合,互相制约。

第六条 人民检察院办理民事诉讼监督案件,实行检察官办案责任制。

第七条 最高人民检察院领导地方各级人民检察院和专门人民检察院的民事诉讼监督工作,上级人民检察院领导下级人民检察院的民事诉讼监督工作。

上级人民检察院对下级人民检察院作出的决定,有权予以撤销或者变更,发现下级人民检察院工作中有错误的,有权指令下级人民检察院纠正。上级人民检察院的决定,下级人民检察院应当执行。下级人民检察院对上级人民检察院的决定有不同意见的,可以在执行的同时向上级人民检察院报告。

第八条 人民检察院检察长在同级人民法院审判委员会讨论民事抗诉案件或者其他与民事诉讼监督工作有关的议题时,可以依照有关规定列席会议。

第九条 人民检察院办理民事诉讼监督案件,实行回避制度。

第十条 检察人员办理民事诉讼监督案件,应当依法秉公办案,自觉接受监督。

检察人员不得接受当事人及其诉讼代理人请客送礼,不得违反规定会见当事人及其诉讼代理人。

检察人员有收受贿赂、徇私枉法等行为的，应当追究法律责任。

第二章　管　　辖

第十一条　对已经发生法律效力的民事判决、裁定、调解书的监督案件，最高人民检察院、作出该生效法律文书的人民法院所在地同级人民检察院和上级人民检察院均有管辖权。

第十二条　对民事审判程序中审判人员违法行为的监督案件，由审理案件的人民法院所在地同级人民检察院管辖。

第十三条　对民事执行活动的监督案件，由执行法院所在地同级人民检察院管辖。

第十四条　人民检察院发现受理的民事诉讼监督案件不属于本院管辖的，应当移送有管辖权的人民检察院，受移送的人民检察院应当受理。受移送的人民检察院认为不属于本院管辖的，应当报请上级人民检察院指定管辖，不得再自行移送。

第十五条　有管辖权的人民检察院由于特殊原因，不能行使管辖权的，由上级人民检察院指定管辖。

人民检察院之间因管辖权发生争议，由争议双方协商解决；协商不能解决的，报请其共同上级人民检察院指定管辖。

第十六条　上级人民检察院认为确有必要的，可以办理下级人民检察院管辖的民事诉讼监督案件。

下级人民检察院对有管辖权的民事诉讼监督案件，认为需要由上级人民检察院办理的，可以报请上级人民检察院办理。

第十七条　军事检察院等专门人民检察院对民事诉讼监督案件的管辖，依照有关规定执行。

第三章　回　　避

第十八条　检察人员有《中华人民共和国民事诉讼法》第四十四条规定情形之一的，应当自行回避，当事人有权申请他们回避。

前款规定，适用于书记员、翻译人员、鉴定人、勘验人等。

第十九条　检察人员自行回避的，可以口头或者书面方式提出，并说明理由。口头提出申请的，应当记录在卷。

第二十条　当事人申请回避，应当在人民检察院作出提出抗诉或者检察建议等决定前以口头或者书面方式提出，并说明理由。口头提出申请的，应当记录在卷。根据《中华人民共和国民事诉讼法》第四十四条第二款规定提出回避申请的，应当提供相关证据。

被申请回避的人员在人民检察院作出是否回避的决定前，应当暂停参与本案工作，但案件需要采取紧急措施的除外。

第二十一条　检察长的回避，由检察委员会讨论决定；检察人员和其他人员的回避，由检察长决定。检察委员会讨论检察长回避问题时，由副检察长主持，检察长不得参加。

第二十二条　人民检察院对当事人提出的回避申请，应当在三日内作出决定，并通知申请人。申请人对决定不服的，可以在接到决定时向原决定机关申请复议一次。人民检察院应当在三日内作出复议决定，并通知复议申请人。复议期间，被申请回避的人员不停止参与本案工作。

第四章　受　　理

第二十三条　民事诉讼监督案件的来源包括：

（一）当事人向人民检察院申请监督；

（二）当事人以外的公民、法人和其他组织向人民检察院控告、举报；

（三）人民检察院依职权发现。

第二十四条　有下列情形之一的，当事人可以向人民检察院申请监督：

（一）已经发生法律效力的民事判决、裁定、调解书符合《中华人民共和国民事诉讼法》第二百零九条第一款规定的；

（二）认为民事审判程序中审判人员存在违法行为的；

（三）认为民事执行活动存在违法情形的。

第二十五条　当事人向人民检察院申请监督，应当提交监督申请书、身份证明、相关法律文书及证据材料。提交证据材料的，应当附证据清单。

申请监督材料不齐备的，人民检察院应当要求申请人限期补齐，并明确告知应补齐的全部材料。申请人逾期未补齐的，视为撤回监督申请。

第二十六条　本规则第二十五条规定的监督申请书应当记明下列事项：

（一）申请人的姓名、性别、年龄、民族、职业、工作单位、住所、有效联系方式，法人或者其他组织的名称、住所和法定代表人或者主要负责人的姓名、职务、有效联系方式；

（二）其他当事人的姓名、性别、工作单位、住所、有效联系方式等信息，法人或者其他组织的名称、住所、负责人、有效联系方式等信息；

（三）申请监督请求和所依据的事实与理由。

申请人应当按照其他当事人的人数提交监督申请书副本。

第二十七条　本规则第二十五条规定的身份证明包括：

（一）自然人的居民身份证、军官证、士兵证、护照等能够证明本人身份的有效证件；

（二）法人或者其他组织的营业执照副本、组织机构代码证书和法定代表人或者主要负责人的身份证明等有效证照。

对当事人提交的身份证明，人民检察院经核对无误留存复印件。

第二十八条　本规则第二十五条规定的相关法律文书是指人民法院在该案件诉讼过程中作出的全部判决书、裁定书、决定书、调解书等法律文书。

第二十九条　当事人申请监督，可以依照《中华人民共和国民事诉讼法》的规定委托代理人。

第三十条 当事人申请监督符合下列条件的，人民检察院应当受理：

（一）符合本规则第二十四条的规定；

（二）申请人提供的材料符合本规则第二十五条至第二十八条的规定；

（三）本院具有管辖权；

（四）不具有本规则规定的不予受理情形。

第三十一条 当事人根据《中华人民共和国民事诉讼法》第二百零九条第一款的规定向人民检察院申请监督，有下列情形之一的，人民检察院不予受理：

（一）当事人未向人民法院申请再审或者申请再审超过法律规定的期限的；

（二）人民法院正在对民事再审申请进行审查的，但超过三个月未对再审申请作出裁定的除外；

（三）人民法院已经裁定再审且尚未审结的；

（四）判决、调解解除婚姻关系的，但对财产分割部分不服的除外；

（五）人民检察院已经审查终结作出决定的；

（六）民事判决、裁定、调解书是人民法院根据人民检察院的抗诉或者再审检察建议再审后作出的；

（七）其他不应受理的情形。

第三十二条[①] 对人民法院作出的一审民事判决、裁定，当事人依法可以上诉但未提出上诉，而依照《中华人民共和国民事诉讼法》第二百零九条第一款第一项、第二项的规定向人民检察院申请监督的，人民检察院不予受理，但有下列情形之一的除外：

（一）据以作出原判决、裁定的法律文书被撤销或者变更的；

（二）审判人员有贪污受贿、徇私舞弊、枉法裁判等严重违法行为的；

（三）人民法院送达法律文书违反法律规定，影响当事人行使上诉权的；

（四）当事人因自然灾害等不可抗力无法行使上诉权的；

（五）当事人因人身自由被剥夺、限制，或者因严重疾病等客观原因不能行使上诉权的；

（六）有证据证明他人以暴力、胁迫、欺诈等方式阻止当事人行使上诉权的；

（七）因其他不可归责于当事人的原因没有提出上诉的。

第三十三条 当事人认为民事审判程序中审判人员存在违法行为或者民事执行活动存在违法情形，向人民检察院申请监督，有下列情形之一的，人民检察院不予受理：

（一）法律规定可以提出异议、申请复议或者提起诉讼，当事人没有提出异议、申请复议或者提起诉讼的，但有正当理由的除外；

（二）当事人提出异议或者申请复议后，人民法院已经受理并正在审查处理的，但超过法定期间未作出处理的除外；

（三）其他不应受理的情形。

第三十四条 当事人根据《中华人民共和国民事诉讼法》第二百零九条第一款的规定向人民检察院申请检察建议或者抗诉，由作出生效民事判决、裁定、调解书的人民法院所在地同级人民检察院控告检察部门受理。

当事人认为民事审判程序中审判人员存在违法行为或者民事执行活动存在违法情形，向人民检察院申请监督的，由审理、执行案件的人民法院所在地同级人民检察院控告检察部门受理。

第三十五条 人民法院裁定驳回再审申请或者逾期未对再审申请作出裁定，当事人向人民检察院申请监督的，由作出原生效民事判决、裁定、调解书的人民法院所在地同级人民检察院控告检察部门受理。

第三十六条 人民检察院控告检察部门对监督申请，应当根据以下情形作出处理：

（一）符合受理条件的，应当依照本规则规定作出受理决定；

（二）属于人民检察院受理案件范围但不属于本院管辖的，应当告知申请人向有管辖权的人民检察院申请监督；

（三）不属于人民检察院受理案件范围的，应当告知申请人向有关机关反映；

（四）不符合受理条件，且申请人不撤回监督申请的，可以决定不予受理。

应当由下级人民检察院受理的，上级人民检察院应当在七日内将监督申请书及相关材料移交下级人民检察院。

第三十七条 控告检察部门应当在决定受理之日起三日内制作《受理通知书》，发送申请人，并告知其权利义务。

需要通知其他当事人的，应当将《受理通知书》和监督申请书副本发送其他当事人，并告知其权利义务。其他当事人可以在收到监督申请书副本之日起十五日内提出书面意见，不提出意见的不影响人民检察院对案件的审查。

第三十八条 控告检察部门应当在决定受理之日起三日内将案件材料移送本院民事检察部门，同时将《受理通知书》抄送本院案件管理部门。

第三十九条 当事人以外的公民、法人和其他组织认为人民法院民事审判程序中审判人员存在违法行为或者民事执行活动存在违法情形的，可以向同级人民检察院控告、举报。控告、举报由人民检察院控告检察部门受理。

控告检察部门对收到的控告、举报，应当依据《人民检察院信访工作规定》、《人民检察院举报工作规定》等办理。

---

① 本条已被《最高人民检察院关于停止执行〈人民检察院民事诉讼监督规则（试行）〉第三十二条的通知》废止。

第四十条 控告检察部门可以依据《人民检察院信访工作规定》，向下级人民检察院交办涉及民事诉讼监督的信访案件。

第四十一条 具有下列情形之一的民事案件，人民检察院应当依职权进行监督：

（一）损害国家利益或者社会公共利益的；

（二）审判、执行人员有贪污受贿、徇私舞弊、枉法裁判等行为的；

（三）依照有关规定需要人民检察院跟进监督的。

第四十二条 下级人民检察院提请抗诉、提请其他监督等案件，由上一级人民检察院案件管理部门受理。

依职权发现的民事诉讼监督案件，民事检察部门应当到案件管理部门登记受理。

第四十三条 案件管理部门接收案件材料后，应当在三日内登记并将案件材料和案件登记表移送民事检察部门；案件材料不符合规定的，应当要求补齐。

案件管理部门登记受理后，需要通知当事人的，民事检察部门应当制作《受理通知书》，并在三日内发送当事人。

第五章 审　　查

第一节 一般规定

第四十四条 民事检察部门负责对受理后的民事诉讼监督案件进行审查。

第四十五条 上级人民检察院可以将受理的民事诉讼监督案件交由有管辖权的下级人民检察院办理。交办的案件应当制作《交办通知书》，并将有关材料移送下级人民检察院。下级人民检察院应当依法办理，不得将案件再行交办，作出决定前应当报上级人民检察院审核同意。

交办案件需要通知当事人的，应当制作《通知书》，并发送当事人。

第四十六条 上级人民检察院可以将案件转有管辖权的下级人民检察院办理。转办案件应当制作《转办通知书》，并将有关材料移送下级人民检察院。

转办案件需要通知当事人的，应当制作《通知书》，并发送当事人。

第四十七条 人民检察院审查民事诉讼监督案件，应当围绕申请人的申请监督请求以及发现的其他情形，对人民法院民事诉讼活动是否合法进行审查。其他当事人也申请监督的，应当将其列为申请人，对其申请监督请求一并审查。

第四十八条 申请人或者其他当事人对提出的主张，应当提供证据材料。人民检察院收到当事人提交的证据材料，应当出具收据。

第四十九条 人民检察院应当告知当事人有申请回避的权利，并告知办理案件的检察人员、书记员等的姓名、法律职务。

第五十条 人民检察院审查案件，应当听取当事人意见，必要时可以听证或者调查核实有关情况。

第五十一条 人民检察院审查案件，可以依照有关规定调阅人民法院的诉讼卷宗。

通过拷贝电子卷、查阅、复制、摘录等方式能够满足办案需要的，可以不调阅诉讼卷宗。

第五十二条 承办人审查终结后，应当制作审查终结报告。审查终结报告应当全面、客观、公正地叙述案件事实，依据法律提出处理建议。

承办人通过审查监督申请书等材料即可以认定案件事实的，可以直接制作审查终结报告，提出处理建议。

第五十三条 案件应当经集体讨论，参加集体讨论的人员应当对案件事实、适用法律、处理建议等发表明确意见并说明理由。集体讨论意见应当在全面、客观地归纳讨论意见的基础上形成。

集体讨论形成的处理意见，由民事检察部门负责人提出审核意见后报检察长批准。

检察长认为必要的，可以提请检察委员会讨论决定。

第五十四条 人民检察院对审查终结的案件，应当区分情况作出下列决定：

（一）提出再审检察建议；

（二）提请抗诉；

（三）提出抗诉；

（四）提出检察建议；

（五）终结审查；

（六）不支持监督申请。

控告检察部门受理的案件，民事检察部门应当将案件办理结果书面告知控告检察部门。

第五十五条 人民检察院在办理民事诉讼监督案件过程中，当事人有和解意愿的，可以建议当事人自行和解。

第五十六条 人民检察院受理当事人申请对人民法院已经发生法律效力的民事判决、裁定、调解书监督的案件，应当在三个月内审查终结并作出决定。

对民事审判程序中审判人员违法行为监督案件和对民事执行活动监督案件的审查期限，依照前款规定执行。

第二节 听　　证

第五十七条 人民检察院审查民事诉讼监督案件，认为确有必要的，可以组织有关当事人听证。

根据案件具体情况，可以邀请与案件没有利害关系的人大代表、政协委员、人民监督员、特约检察员、专家咨询委员、人民调解员或者当事人所在单位、居住地的居民委员会委员以及专家、学者等其他社会人士参加听证。

第五十八条 人民检察院组织听证，由承办该案件的检察人员主持，书记员负责记录。

听证应当在人民检察院专门听证场所内进行。

第五十九条 人民检察院组织听证,应当在听证三日前通知参加听证的当事人,并告知听证的时间、地点。

第六十条 参加听证的当事人和其他相关人员应当按时参加听证,当事人无正当理由缺席或者未经许可中途退席的,不影响听证程序的进行。

第六十一条 听证应当围绕民事诉讼监督案件中的事实认定和法律适用等问题进行。

对当事人提交的证据材料和人民检察院调查取得的证据,应当充分听取各方当事人的意见。

第六十二条 听证应当按照下列顺序进行:

(一)申请人陈述申请监督请求、事实和理由;

(二)其他当事人发表意见;

(三)申请人和其他当事人提交新证据的,应当出示并予以说明;

(四)出示人民检察院调查取得的证据;

(五)案件各方当事人陈述对听证中所出示证据的意见;

(六)申请人和其他当事人发表最后意见。

第六十三条 听证应当制作笔录,经当事人校阅后,由当事人签名或者盖章。拒绝签名盖章的,应当记明情况。

第六十四条 参加听证的人员应当服从听证主持人指挥。

对违反听证秩序的,人民检察院可以予以训诫,责令退出听证场所;对哄闹、冲击听证场所,侮辱、诽谤、威胁、殴打检察人员等严重扰乱听证秩序的,依法追究责任。

第三节 调查核实

第六十五条 人民检察院因履行法律监督职责提出检察建议或者抗诉的需要,有下列情形之一的,可以向当事人或者案外人调查核实有关情况:

(一)民事判决、裁定、调解书可能存在法律规定需要监督的情形,仅通过阅卷及审查现有材料难以认定的;

(二)民事审判程序中审判人员可能存在违法行为的;

(三)民事执行活动可能存在违法情形的;

(四)其他需要调查核实的情形。

第六十六条 人民检察院可以采取以下调查核实措施:

(一)查询、调取、复制相关证据材料;

(二)询问当事人或者案外人;

(三)咨询专业人员、相关部门或者行业协会等对专门问题的意见;

(四)委托鉴定、评估、审计;

(五)勘验物证、现场;

(六)查明案件事实所需要采取的其他措施。

人民检察院调查核实,不得采取限制人身自由和查封、扣押、冻结财产等强制性措施。

第六十七条 人民检察院可以就专门性问题书面或者口头咨询有关专业人员、相关部门或者行业协会的意见。口头咨询的,应当制作笔录,由接受咨询的专业人员签名或者盖章。拒绝签名盖章的,应当记明情况。

第六十八条 人民检察院对专门性问题认为需要鉴定、评估、审计的,可以委托具备资格的机构进行鉴定、评估、审计。

在诉讼过程中已经进行过鉴定、评估、审计的,一般不再委托鉴定、评估、审计。

第六十九条 人民检察院认为确有必要的,可以勘验物证或者现场。勘验人应当出示人民检察院的证件,并邀请当地基层组织或者当事人所在单位派人参加。当事人或者当事人的成年家属应当到场,拒不到场的,不影响勘验的进行。

勘验人应当将勘验情况和结果制作笔录,由勘验人、当事人和被邀参加人签名或者盖章。

第七十条 需要调查核实的,由承办人提出,部门负责人或者检察长批准。

第七十一条 人民检察院调查核实,应当由二人以上共同进行。

调查笔录经被调查人校阅后,由调查人、被调查人签名或者盖章。被调查人拒绝签名盖章的,应当记明情况。

第七十二条 人民检察院可以指令下级人民检察院或者委托外地人民检察院调查核实。

人民检察院指令调查或者委托调查的,应当发送《指令调查通知书》或者《委托调查函》,载明调查核实事项、证据线索及要求。受指令或者受委托人民检察院收到《指令调查通知书》或者《委托调查函》后,应当在十五日内完成调查核实工作并书面回复。因客观原因不能完成调查的,应当在上述期限内书面回复指令或者委托的人民检察院。

人民检察院到外地调查的,当地人民检察院应当配合。

第七十三条 人民检察院调查核实,有关单位和个人应当配合。拒绝或者妨碍人民检察院调查核实的,人民检察院可以向有关单位或者其上级主管部门提出检察建议,责令纠正;涉嫌犯罪的,依照规定移送有关机关处理。

第四节 中止审查和终结审查

第七十四条 有下列情形之一的,人民检察院可以中止审查:

(一)申请监督的自然人死亡,需要等待继承人表明是否继续申请监督的;

(二)申请监督的法人或者其他组织终止,尚未确定权利义务承受人的;

(三)本案必须以另一案的处理结果为依据,而另一案尚未审结的;

(四)其他可以中止审查的情形。

中止审查的,应当制作《中止审查决定书》,并发送当事人。中止审查的原因消除后，应当恢复审查。

第七十五条 有下列情形之一的，人民检察院应当终结审查：

（一）人民法院已经裁定再审或者已经纠正违法行为的；

（二）申请人撤回监督申请或者当事人达成和解协议，且不损害国家利益、社会公共利益或者他人合法权益的；

（三）申请监督的自然人死亡，没有继承人或者继承人放弃申请，且没有发现其他应当监督的违法情形的；

（四）申请监督的法人或者其他组织终止，没有权利义务承受人或者权利义务承受人放弃申请，且没有发现其他应当监督的违法情形的；

（五）发现已经受理的案件不符合受理条件的；

（六）人民检察院依职权发现的案件，经审查不需要采取监督措施的；

（七）其他应当终结审查的情形。

终结审查的，应当制作《终结审查决定书》，需要通知当事人的，发送当事人。

第六章 对生效判决、裁定、调解书的监督

第一节 一般规定

第七十六条 人民检察院发现人民法院已经发生法律效力的民事判决、裁定有《中华人民共和国民事诉讼法》第二百条规定情形之一的，依法向人民法院提出再审检察建议或者抗诉。

第七十七条 人民检察院发现民事调解书损害国家利益、社会公共利益的，依法向人民法院提出再审检察建议或者抗诉。

第七十八条 下列证据，应当认定为《中华人民共和国民事诉讼法》第二百条第一项规定的“新的证据”：

（一）原审庭审结束前已客观存在但庭审结束后新发现的证据；

（二）原审庭审结束前已经发现，但因客观原因无法取得或者在规定的期限内不能提供的证据；

（三）原审庭审结束后原作出鉴定意见、勘验笔录者重新鉴定、勘验，推翻原意见的证据；

（四）当事人在原审中提供的，原审未予质证、认证，但足以推翻原判决、裁定的主要证据。

第七十九条 有下列情形之一的，应当认定为《中华人民共和国民事诉讼法》第二百条第二项规定的“认定的基本事实缺乏证据证明”：

（一）认定的基本事实没有证据支持，或者认定的基本事实所依据的证据虚假、缺乏证明力的；

（二）认定的基本事实所依据的证据不合法的；

（三）对基本事实的认定违反逻辑推理或者日常生活法则的；

（四）认定的基本事实缺乏证据证明的其他情形。

第八十条 有下列情形之一的，应当认定为《中华人民共和国民事诉讼法》第二百条第六项规定的“适用法律确有错误”：

（一）适用的法律与案件性质明显不符的；

（二）认定法律关系主体、性质或者法律行为效力错误的；

（三）确定民事责任明显违背当事人有效约定或者法律规定的；

（四）适用的法律已经失效或者尚未施行的；

（五）违反法律溯及力规定的；

（六）违反法律适用规则的；

（七）适用法律明显违背立法本意的；

（八）适用诉讼时效规定错误的；

（九）适用法律错误的其他情形。

第八十一条 有下列情形之一的，应当认定为《中华人民共和国民事诉讼法》第二百条第七项规定的“审判组织的组成不合法”：

（一）应当组成合议庭审理的案件独任审判的；

（二）人民陪审员参与第二审案件审理的；

（三）再审、发回重审的案件没有另行组成合议庭的；

（四）审理案件的人员不具有审判资格的；

（五）审判组织或者人员不合法的其他情形。

第八十二条 有下列情形之一的，应当认定为《中华人民共和国民事诉讼法》第二百条第九项规定的“违反法律规定，剥夺当事人辩论权利”：

（一）不允许或者严重限制当事人行使辩论权利的；

（二）应当开庭审理而未开庭审理的；

（三）违反法律规定送达起诉状副本或者上诉状副本，致使当事人无法行使辩论权利的；

（四）违法剥夺当事人辩论权利的其他情形。

第二节 再审检察建议和提请抗诉

第八十三条 地方各级人民检察院发现同级人民法院已经发生法律效力的民事判决、裁定有下列情形之一的，可以向同级人民法院提出再审检察建议：

（一）有新的证据，足以推翻原判决、裁定的；

（二）原判决、裁定认定的基本事实缺乏证据证明的；

（三）原判决、裁定认定事实的主要证据是伪造的；

（四）原判决、裁定认定事实的主要证据未经质证的；

（五）对审理案件需要的主要证据，当事人因客观原因不能自行收集，书面申请人民法院调查收集，人民法院未调查收集的；

（六）审判组织的组成不合法或者依法应当回避的审判人员没有回避的；

(七)无诉讼行为能力人未经法定代理人代为诉讼或者应当参加诉讼的当事人,因不能归责于本人或者其诉讼代理人的事由,未参加诉讼的;

(八)违反法律规定,剥夺当事人辩论权利的;

(九)未经传票传唤,缺席判决的;

(十)原判决、裁定遗漏或者超出诉讼请求的;

(十一)据以作出原判决、裁定的法律文书被撤销或者变更的。

第八十四条　符合本规则第八十三条规定的案件有下列情形之一的,地方各级人民检察院应当提请上一级人民检察院抗诉:

(一)判决、裁定是经同级人民法院再审后作出的;

(二)判决、裁定是经同级人民法院审判委员会讨论作出的;

(三)其他不适宜由同级人民法院再审纠正的。

第八十五条　地方各级人民检察院发现同级人民法院已经发生法律效力的民事判决、裁定具有下列情形之一的,应当提请上一级人民检察院抗诉:

(一)原判决、裁定适用法律确有错误的;

(二)审判人员在审理该案件时有贪污受贿、徇私舞弊、枉法裁判行为的。

第八十六条　地方各级人民检察院发现民事调解书损害国家利益、社会公共利益的,可以向同级人民法院提出再审检察建议,也可以提请上一级人民检察院抗诉。

第八十七条　对人民法院已经采纳再审检察建议进行再审的案件,提出再审检察建议的人民检察院一般不得再向上级人民检察院提请抗诉。

第八十八条　人民检察院提出再审检察建议,应当制作《再审检察建议书》,在决定提出再审检察建议之日起十五日内将《再审检察建议书》连同案件卷宗移送同级人民法院,并制作决定提出再审检察建议的《通知书》,发送当事人。

人民检察院提出再审检察建议,应当经本院检察委员会决定,并将《再审检察建议书》报上一级人民检察院备案。

第八十九条　人民检察院提请抗诉,应当制作《提请抗诉报告书》,在决定提请抗诉之日起十五日内将《提请抗诉报告书》连同案件卷宗报送上一级人民检察院,并制作决定提请抗诉的《通知书》,发送当事人。

第九十条　人民检察院认为当事人的监督申请不符合提出再审检察建议或者提请抗诉条件的,应当作出不支持监督申请的决定,并在决定之日起十五日内制作《不支持监督申请决定书》,发送当事人。

第三节　抗　　诉

第九十一条　最高人民检察院对各级人民法院已经发生法律效力的民事判决、裁定、调解书,上级人民检察院对下级人民法院已经发生法律效力的民事判决、裁定、调解书,发现有《中华人民共和国民事诉讼法》第二百条、第二百零八条规定情形的,应当向同级人民法院提出抗诉。

第九十二条　人民检察院提出抗诉,应当制作《抗诉书》,在决定抗诉之日起十五日内将《抗诉书》连同案件卷宗移送同级人民法院,并制作决定抗诉的《通知书》,发送当事人。

第九十三条　人民检察院认为当事人的监督申请不符合抗诉条件的,应当作出不支持监督申请的决定,并在决定之日起十五日内制作《不支持监督申请决定书》,发送当事人。下级人民检察院提请抗诉的案件,上级人民检察院可以委托提请抗诉的人民检察院将《不支持监督申请决定书》发送当事人。

第四节　出　　庭

第九十四条　人民检察院提出抗诉的案件,人民法院再审时,人民检察院应当派员出席法庭。

第九十五条　受理抗诉的人民法院将抗诉案件交下级人民法院再审的,提出抗诉的人民检察院可以指令再审人民法院的同级人民检察院派员出庭。

第九十六条　检察人员出席再审法庭的任务是:

(一)宣读抗诉书;

(二)对依职权调查的证据予以出示和说明。

检察人员发现庭审活动违法的,应当待休庭或者庭审结束之后,以人民检察院的名义提出检察建议。

第七章　对审判程序中审判人员违法行为的监督

第九十七条　《中华人民共和国民事诉讼法》第二百零八条第三款规定的审判程序包括:

(一)第一审普通程序;

(二)简易程序;

(三)第二审程序;

(四)特别程序;

(五)审判监督程序;

(六)督促程序;

(七)公示催告程序;

(八)海事诉讼特别程序;

(九)破产程序。

第九十八条　《中华人民共和国民事诉讼法》第二百零八条第三款的规定适用于法官、人民陪审员、书记员。

第九十九条　人民检察院发现同级人民法院民事审判程序中有下列情形之一的,应当向同级人民法院提出检察建议:

(一)判决、裁定确有错误,但不适用再审程序纠正的;

(二)调解违反自愿原则或者调解协议的内容违反法律的;

(三)符合法律规定的起诉和受理条件,应当立案而不立案的;

（四）审理案件适用审判程序错误的；

（五）保全和先予执行违反法律规定的；

（六）支付令违反法律规定的；

（七）诉讼中止或者诉讼终结违反法律规定的；

（八）违反法定审理期限的；

（九）对当事人采取罚款、拘留等妨害民事诉讼的强制措施违反法律规定的；

（十）违反法律规定送达的；

（十一）审判人员接受当事人及其委托代理人请客送礼或者违反规定会见当事人及其委托代理人的；

（十二）审判人员实施或者指使、支持、授意他人实施妨害民事诉讼行为，尚未构成犯罪的；

（十三）其他违反法律规定的情形。

第一百条 人民检察院依照本规则第九十九条提出检察建议的，应当制作《检察建议书》，在决定提出检察建议之日起十五日内将《检察建议书》连同案件卷宗移送同级人民法院，并制作决定提出检察建议的《通知书》，发送申请人。

第一百零一条 人民检察院认为当事人申请监督的审判程序中审判人员违法行为不存在或者不构成的，应当作出不支持监督申请的决定，并在决定之日起十五日内制作《不支持监督申请决定书》，发送申请人。

第八章 对执行活动的监督

第一百零二条 人民检察院对人民法院在民事执行活动中违反法律规定的情形实行法律监督。

第一百零三条 人民检察院对民事执行活动提出检察建议的，应当经检察委员会决定，制作《检察建议书》，在决定之日起十五日内将《检察建议书》连同案件卷宗移送同级人民法院，并制作决定提出检察建议的《通知书》，发送当事人。

第一百零四条 人民检察院认为当事人申请监督的人民法院执行活动不存在违法情形的，应当作出不支持监督申请的决定，并在决定之日起十五日内制作《不支持监督申请决定书》，发送申请人。

第九章 案件管理

第一百零五条 人民检察院案件管理部门对民事诉讼监督案件实行流程监控、案后评查、统计分析、信息查询、综合考评等，对办案期限、办案程序、办案质量等进行管理、监督、预警。

第一百零六条 民事检察部门在办理案件过程中有下列情形之一的，应当在作出决定之日起三日内到本院案件管理部门登记：

（一）决定中止和恢复审查的；

（二）决定终结审查的。

第一百零七条 案件管理部门发现本院办案部门或者办案人员在办理民事诉讼监督案件中有下列情形之一的，应当及时提出纠正意见：

（一）法律文书使用不当或存在明显错漏的；

（二）无正当理由超过法定的办案期限未办结案件的；

（三）侵害当事人、诉讼代理人诉讼权利的；

（四）未依法对民事审判活动以及执行活动中的违法行为履行法律监督职责的；

（五）其他违反规定办理案件的情形。

具有前款规定的情形但情节轻微的，可以向办案部门或者办案人员进行口头提示；情节较重的，应当向办案部门发送《案件流程监控通知书》，提示办案部门及时查明情况并予以纠正；情节严重的，应当向办案部门发送《案件流程监控通知书》，并向检察长报告。

办案部门收到《案件流程监控通知书》后，应当在五日内将核查情况书面回复案件管理部门。

第一百零八条 案件管理部门对以本院名义制发的民事诉讼监督法律文书实施监督管理。

第一百零九条 人民检察院办理的民事诉讼监督案件，办结后需要向其他单位移送案卷材料的，统一由案件管理部门审核移送材料是否规范、齐备。案件管理部门认为材料规范、齐备，符合移送条件的，应当立即由有关部门按照相关规定移送；认为材料不符合要求的，应当及时通知办案部门补送、更正。

第一百一十条 人民法院向人民检察院送达的民事判决书、裁定书或者调解书等法律文书，由案件管理部门负责接收，并即时登记移送民事检察部门。

第一百一十一条 人民检察院在办理民事诉讼监督案件过程中，当事人及其诉讼代理人提出有关申请、要求或者提交有关书面材料的，由案件管理部门负责接收，需要出具相关手续的，案件管理部门应当出具。案件管理部门接收材料后应当及时移送民事检察部门。

第十章 其他规定

第一百一十二条 有下列情形之一的，人民检察院可以提出改进工作的检察建议：

（一）人民法院对民事诉讼中同类问题适用法律不一致的；

（二）人民法院在多起案件中适用法律存在同类错误的；

（三）人民法院在多起案件中有相同违法行为的；

（四）有关单位的工作制度、管理方法、工作程序违法或者不当，需要改正、改进的。

第一百一十三条 民事检察部门在履行职责过程中，发现涉嫌犯罪的行为，应当及时将犯罪线索及相关材料移送本院相关职能部门。

人民检察院相关职能部门在办案工作中，发现人民法院审判人员、执行人员有贪污受贿、徇私舞弊、枉法裁判等违法行为,可能导致原判决、裁定错误的,应当及时向民事检察部门通报。

第一百一十四条 人民检察院向人民法院或者有关机关提出监督意见后,发现监督意见确有错误或者有其他情形确需撤回的,应当经检察长批准或者检察委员会决定予以撤回。

上级人民检察院发现下级人民检察院监督错误或者不当的,应当指令下级人民检察院撤回,下级人民检察院应当执行。

第一百一十五条 人民法院对人民检察院监督行为提出建议的,人民检察院应当在一个月内将处理结果书面回复人民法院。人民法院对回复意见有异议,并通过上一级人民法院向上一级人民检察院提出的,上一级人民检察院认为人民法院建议正确,应当要求下级人民检察院及时纠正。

第一百一十六条 人民法院对民事诉讼监督案件作出再审判决、裁定或者其他处理决定后,提出监督意见的人民检察院应当对处理结果进行审查,并填写《民事诉讼监督案件处理结果审查登记表》。

第一百一十七条 有下列情形之一的,人民检察院应当按照有关规定跟进监督或者提请上级人民检察院监督:

(一)人民法院审理民事抗诉案件作出的判决、裁定、调解书仍符合抗诉条件的;

(二)人民法院对人民检察院提出的检察建议未在规定的期限内作出处理并书面回复的;

(三)人民法院对检察建议的处理结果错误的。

第一百一十八条 地方各级人民检察院对适用法律确属疑难、复杂,本院难以决断的重大民事诉讼监督案件,可以向上一级人民检察院请示。

请示案件依照最高人民检察院关于办理下级人民检察院请示件、下级人民检察院向最高人民检察院报送公文的相关规定办理。

第一百一十九条 制作民事诉讼监督法律文书,应当符合规定的格式。

民事诉讼监督法律文书的格式另行制定。

第一百二十条 人民检察院可以参照《中华人民共和国民事诉讼法》有关规定发送法律文书。

第一百二十一条 人民检察院发现制作的法律文书存在笔误的,应当作出《补正决定书》予以补正。

第一百二十二条 人民检察院办理民事诉讼监督案件,应当按照规定建立民事诉讼监督案卷。

第一百二十三条 人民检察院办理民事诉讼监督案件,不收取案件受理费。申请复印、鉴定、审计、勘验等产生的费用由申请人直接支付给有关机构或者单位,人民检察院不得代收代付。

第十一章 附 则

第一百二十四条 本规则自发布之日起施行。本院之前公布的其他规定与本规则内容不一致的,以本规则为准。

最高人民法院关于修改后的民事诉讼法施行时未结案件适用法律若干问题的规定

(2012年12月24日最高人民法院审判委员会第1564次会议通过 2012年12月28日最高人民法院公告公布 自2013年1月1日起施行 法释〔2012〕23号)

为正确适用《全国人民代表大会常务委员会关于修改〈中华人民共和国民事诉讼法〉的决定》(2012年8月31日第十一届全国人民代表大会常务委员会第二十八次会议通过,2013年1月1日起施行)(以下简称《决定》),现就修改后的民事诉讼法施行前已经受理、施行时尚未审结和执结的案件(以下简称2013年1月1日未结案件)具体适用法律的若干问题规定如下:

第一条 2013年1月1日未结案件适用修改后的民事诉讼法,但本规定另有规定的除外。

前款规定的案件,2013年1月1日前依照修改前的民事诉讼法和有关司法解释的规定已经完成的程序事项,仍然有效。

第二条 2013年1月1日未结案件符合修改前的民事诉讼法或者修改后的民事诉讼法管辖规定的,人民法院对该案件继续审理。

第三条 2013年1月1日未结案件符合修改前的民事诉讼法或者修改后的民事诉讼法送达规定的,人民法院已经完成的送达,仍然有效。

第四条 在2013年1月1日未结案件中,人民法院对2013年1月1日前发生的妨害民事诉讼行为尚未处理的,适用修改前的民事诉讼法,但下列情形应当适用修改后的民事诉讼法:

(一)修改后的民事诉讼法第一百一十二条规定的情形;

(二)修改后的民事诉讼法第一百一十三条规定情形在2013年1月1日以后仍在进行的。

第五条 2013年1月1日前,利害关系人向人民法院申请诉前保全措施的,适用修改前的民事诉讼法等法律,但人民法院2013年1月1日尚未作出保全裁定的,适用修改后的民事诉讼法确定解除保全措施的期限。

第六条 当事人对2013年1月1日前已经发生法律效力的判决、裁定或者调解书申请再审的,人民法院应当依据修改前的民事诉讼法第一百八十四条规定审查确定当事人申请再审的期间,但该期间在2013年6月30日尚未届满的,截止到2013年6月30日。

前款规定当事人的申请符合下列情形的,仍适用修改前的民事诉讼法第一百八十四条规定:

(一)有新的证据,足以推翻原判决、裁定的;

(二)原判决、裁定认定事实的主要证据是伪造的;

(三)判决、裁定发生法律效力二年后,据以作出原判决、裁定的法律文书被撤销或者变更,以及发现审判人员在审理该案件时有贪污受贿,徇私舞弊,枉法裁判行为的。

第七条 人民法院对2013年1月1日前已经受理、2013年1月1日尚未审查完毕的申请不予执行仲裁裁决的案件,适用修改前的民事诉讼法。

第八条 本规定所称修改后的民事诉讼法,是指根据《决定》作相应修改后的《中华人民共和国民事诉讼法》。

本规定所称修改前的民事诉讼法,是指《决定》施行之前的《中华人民共和国民事诉讼法》。

最高人民法院关于审判人员在诉讼活动中执行回避制度若干问题的规定

(2011年4月11日最高人民法院审判委员会第1517次会议通过 2011年6月10日最高人民法院公告公布 自2011年6月13日起施行 法释〔2011〕12号)

为进一步规范审判人员的诉讼回避行为,维护司法公正,根据《中华人民共和国人民法院组织法》、《中华人民共和国法官法》、《中华人民共和国民事诉讼法》、《中华人民共和国刑事诉讼法》、《中华人民共和国行政诉讼法》等法律规定,结合人民法院审判工作实际,制定本规定。

第一条 审判人员具有下列情形之一的,应当自行回避,当事人及其法定代理人有权以口头或者书面形式申请其回避:

(一)是本案的当事人或者与当事人有近亲属关系的;

(二)本人或者其近亲属与本案有利害关系的;

(三)担任过本案的证人、翻译人员、鉴定人、勘验人、诉讼代理人、辩护人的;

(四)与本案的诉讼代理人、辩护人有夫妻、父母、子女或者兄弟姐妹关系的;

(五)与本案当事人之间存在其他利害关系,可能影响案件公正审理的。

本规定所称近亲属,包括与审判人员有夫妻、直系血亲、三代以内旁系血亲及近姻亲关系的亲属。

第二条 当事人及其法定代理人发现审判人员违反规定,具有下列情形之一的,有权申请其回避:

(一)私下会见本案一方当事人及其诉讼代理人、辩护人的;

(二)为本案当事人推荐、介绍诉讼代理人、辩护人,或者为律师、其他人员介绍办理该案件的;

(三)索取、接受本案当事人及其受托人的财物、其他利益,或者要求当事人及其受托人报销费用的;

(四)接受本案当事人及其受托人的宴请,或者参加由其支付费用的各项活动的;

(五)向本案当事人及其受托人借款,借用交通工具、通讯工具或者其他物品,或者索取、接受当事人及其受托人在购买商品、装修住房以及其他方面给予的好处的;

(六)有其他不正当行为,可能影响案件公正审理的。

第三条 凡在一个审判程序中参与过本案审判工作的审判人员,不得再参与该案其他程序的审判。但是,经过第二审程序发回重审的案件,在一审法院作出裁判后又进入第二审程序的,原第二审程序中合议庭组成人员不受本条规定的限制。

第四条 审判人员应当回避,本人没有自行回避,当事人及其法定代理人也没有申请其回避的,院长或者审判委员会应当决定其回避。

第五条 人民法院应当依法告知当事人及其法定代理人有申请回避的权利,以及合议庭组成人员、书记员的姓名、职务等相关信息。

第六条 人民法院依法调解案件,应当告知当事人及其法定代理人有申请回避的权利,以及主持调解工作的审判人员及其他参与调解工作的人员的姓名、职务等相关信息。

第七条 第二审人民法院认为第一审人民法院的审理有违反本规定第一条至第三条规定的,应当裁定撤销原判,发回原审人民法院重新审判。

第八条 审判人员及法院其他工作人员从人民法院离任后二年内,不得以律师身份担任诉讼代理人或者辩护人。

审判人员及法院其他工作人员从人民法院离任后,不得担任原任职法院所审理案件的诉讼代理人或者辩护人,但是作为当事人的监护人或者近亲属代理诉讼或者进行辩护的除外。

本条所规定的离任,包括退休、调离、解聘、辞职、辞退、开除等离开法院工作岗位的情形。

本条所规定的原任职法院,包括审判人员及法院其他工作人员曾任职的所有法院。

第九条 审判人员及法院其他工作人员的配偶、子女或者父母不得担任其所任职法院审理案件的诉讼代理人或者辩护人。

第十条 人民法院发现诉讼代理人或者辩护人违反本规定第八条、第九条的规定的,应当责令其停止相关诉讼代理或者辩护行为。

第十一条 当事人及其法定代理人、诉讼代理人、辩护人认为审判人员有违反本规定行为的,可以向法院纪检、监察部门或者其他有关部门举报。受理举报的人民法院应当及时处理,并将相关意见反馈给举报人。

第十二条　对明知具有本规定第一条至第三条规定情形不依法自行回避的审判人员，依照《人民法院工作人员处分条例》的规定予以处分。

对明知诉讼代理人、辩护人具有本规定第八条、第九条规定情形之一，未责令其停止相关诉讼代理或者辩护行为的审判人员，依照《人民法院工作人员处分条例》的规定予以处分。

第十三条　本规定所称审判人员，包括各级人民法院院长、副院长、审判委员会委员、庭长、副庭长、审判员和助理审判员。

本规定所称法院其他工作人员，是指审判人员以外的在编工作人员。

第十四条　人民陪审员、书记员和执行员适用审判人员回避的有关规定，但不属于本规定第十三条所规定人员的，不适用本规定第八条、第九条的规定。

第十五条　自本规定施行之日起，《最高人民法院关于审判人员严格执行回避制度的若干规定》（法发〔2000〕5号）即行废止；本规定施行前本院发布的司法解释与本规定不一致的，以本规定为准。

最高人民法院关于裁判文书引用法律、法规等规范性法律文件的规定

（2009年7月13日最高人民法院审判委员会第1470次会议通过　2009年10月26日最高人民法院公告公布　自2009年11月4日起施行　法释〔2009〕14号）

为进一步规范裁判文书引用法律、法规等规范性法律文件的工作，提高裁判质量，确保司法统一，维护法律权威，根据《中华人民共和国立法法》等法律规定，制定本规定。

第一条　人民法院的裁判文书应当依法引用相关法律、法规等规范性法律文件作为裁判依据。引用时应当准确完整写明规范性法律文件的名称、条款序号，需要引用具体条文的，应当整条引用。

第二条　并列引用多个规范性法律文件的，引用顺序如下：法律及法律解释、行政法规、地方性法规、自治条例或者单行条例、司法解释。同时引用两部以上法律的，应当先引用基本法律，后引用其他法律。引用包括实体法和程序法的，先引用实体法，后引用程序法。

第三条　刑事裁判文书应当引用法律、法律解释或者司法解释。刑事附带民事诉讼裁判文书引用规范性法律文件，同时适用本规定第四条规定。

第四条　民事裁判文书应当引用法律、法律解释或者司法解释。对于应当适用的行政法规、地方性法规或者自治条例和单行条例，可以直接引用。

第五条　行政裁判文书应当引用法律、法律解释、行政法规或者司法解释。对于应当适用的地方性法规、自治条例和单行条例、国务院或者国务院授权的部门公布的行政法规解释或者行政规章，可以直接引用。

第六条　对于本规定第三条、第四条、第五条规定之外的规范性文件，根据审理案件的需要，经审查认定为合法有效的，可以作为裁判说理的依据。

第七条　人民法院制作裁判文书确需引用的规范性法律文件之间存在冲突，根据立法法等有关法律规定无法选择适用的，应当依法提请有决定权的机关做出裁决，不得自行在裁判文书中认定相关规范性法律文件的效力。

第八条　本院以前发布的司法解释与本规定不一致的，以本规定为准。

最高人民法院关于以法院专递方式邮寄送达民事诉讼文书的若干规定

（2004年9月7日最高人民法院审判委员会第1324次会议通过　2004年9月17日最高人民法院公告公布　自2005年1月1日起施行　法释〔2004〕13号）

为保障和方便双方当事人依法行使诉讼权利，根据《中华人民共和国民事诉讼法》的有关规定，结合民事审判经验和各地的实际情况，制定本规定。

第一条　人民法院直接送达诉讼文书有困难的，可以交由国家邮政机构（以下简称邮政机构）以法院专递方式邮寄送达，但有下列情形之一的除外：

（一）受送达人或者其诉讼代理人、受送达人指定的代收人同意在指定的期间内到人民法院接受送达的；

（二）受送达人下落不明的；

（三）法律规定或者我国缔结或者参加的国际条约中约定有特别送达方式的。

第二条　以法院专递方式邮寄送达民事诉讼文书的，其送达与人民法院送达具有同等法律效力。

第三条　当事人起诉或者答辩时应当向人民法院提供或者确认自己准确的送达地址，并填写送达地址确认书。当事人拒绝提供的，人民法院应当告知其拒不提供送达地址的不利后果，并记入笔录。

第四条　送达地址确认书的内容应当包括送达地址的邮政编码、详细地址以及受送达人的联系电话等内容。

当事人要求对送达地址确认书中的内容保密的，人民法院应当为其保密。

当事人在第一审、第二审和执行终结前变更送达地址的，应当及时以书面方式告知人民法院。

第五条　当事人拒绝提供自己的送达地址，经人民法院告知后仍不提供的，自然人以其户籍登记中的住所地或者经常居住地为送达地址；法人或者其他组织以其工商登记或者

其他依法登记、备案中的住所地为送达地址。

第六条　邮政机构按照当事人提供或者确认的送达地址送达的，应当在规定的日期内将回执退回人民法院。

邮政机构按照当事人提供或确认的送达地址在五日内投送三次以上未能送达，通过电话或者其他联系方式又无法告知受送达人的，应当将邮件在规定的日期内退回人民法院，并说明退回的理由。

第七条　受送达人指定代收人的，指定代收人的签收视为受送达人本人签收。

邮政机构在受送达人提供或确认的送达地址未能见到受送达人的，可以将邮件交给与受送达人同住的成年家属代收，但代收人是同一案件中另一方当事人的除外。

第八条　受送达人及其代收人应当在邮件回执上签名、盖章或者捺印。

受送达人及其代收人在签收时应当出示其有效身份证件并在回执上填写该证件的号码；受送达人及其代收人拒绝签收的，由邮政机构的投递员记明情况后将邮件退回人民法院。

第九条　有下列情形之一的，即为送达：

（一）受送达人在邮件回执上签名、盖章或者捺印的；

（二）受送达人是无民事行为能力或者限制民事行为能力的自然人，其法定代理人签收的；

（三）受送达人是法人或者其他组织，其法人的法定代表人、该组织的主要负责人或者办公室、收发室、值班室的工作人员签收的；

（四）受送达人的诉讼代理人签收的；

（五）受送达人指定的代收人签收的；

（六）受送达人的同住成年家属签收的。

第十条　签收人是受送达人本人或者是受送达人的法定代表人、主要负责人、法定代理人、诉讼代理人的，签收人应当当场核对邮件内容。签收人发现邮件内容与回执上的文书名称不一致的，应当当场向邮政机构的投递员提出，由投递员在回执上记明情况后将邮件退回人民法院。

签收人是受送达人办公室、收发室和值班室的工作人员或者是与受送达人同住成年家属，受送达人发现邮件内容与回执上的文书名称不一致的，应当在收到邮件后的三日内将该邮件退回人民法院，并以书面方式说明退回的理由。

第十一条　因受送达人自己提供或者确认的送达地址不准确、拒不提供送达地址、送达地址变更未及时告知人民法院、受送达人本人或者受送达人指定的代收人拒绝签收，导致诉讼文书未能被受送达人实际接收的，文书退回之日视为送达之日。

受送达人能够证明自己在诉讼文书送达的过程中没有过错的，不适用前款规定。

第十二条　本规定自2005年1月1日起实施。

我院以前的司法解释与本规定不一致的，以本规定为准。

◎司法文件

关于对配偶父母子女从事律师职业的法院领导干部和审判执行人员实行任职回避的规定

（2020年4月17日　法发〔2020〕13号）

为了维护司法公正和司法廉洁，防止法院领导干部和审判执行人员私人利益与公共利益发生冲突，依照《中华人民共和国公务员法》《中华人民共和国法官法》等法律法规，结合人民法院实际，制定本规定。

第一条　人民法院工作人员的配偶、父母、子女、兄弟姐妹、配偶的父母、配偶的兄弟姐妹、子女的配偶、子女配偶的父母具有律师身份的，该工作人员应当主动向所在人民法院组织（人事）部门报告。

第二条　人民法院领导干部和审判执行人员的配偶、父母、子女有下列情形之一的，法院领导干部和审判执行人员应当实行任职回避：

（一）担任该领导干部和审判执行人员所任职人民法院辖区内律师事务所的合伙人或者设立人的；

（二）在该领导干部和审判执行人员所任职人民法院辖区内以律师身份担任诉讼代理人、辩护人，或者为诉讼案件当事人提供其他有偿法律服务的。

第三条　人民法院在选拔任用干部时，不得将符合任职回避条件的人员作为法院领导干部和审判执行人员的拟任人选。

第四条　人民法院在招录补充工作人员时，应当向拟招录补充的人员释明本规定的相关内容。

第五条　符合任职回避条件的法院领导干部和审判执行人员，应当自本规定生效之日或者任职回避条件符合之日起三十日内主动向法院组织（人事）部门提出任职回避申请，相关人民法院应当按照有关规定为其另行安排工作岗位，确定职务职级待遇。

第六条　符合任职回避条件的法院领导干部和审判执行人员没有按规定主动提出任职回避申请的，相关人民法院应当按照有关程序免去其所任领导职务或者将其调离审判执行岗位。

第七条　应当实行任职回避的法院领导干部和审判执行人员的任免权限不在人民法院的，相关人民法院应当向具有干部任免权的机关提出为其办理职务调动或者免职等手续的建议。

第八条　符合任职回避条件的法院领导干部和审判执行人员具有下列情形之一的，应当根据情节给予批评教育、诫勉、组织处理或者处分：

（一）隐瞒配偶、父母、子女从事律师职业情况的；

（二）不按规定主动提出任职回避申请的；

（三）采取弄虚作假手段规避任职回避的；

（四）拒不服从组织调整或者拒不办理公务交接的；

（五）具有其他违反任职回避规定行为的。

第九条 法院领导干部和审判执行人员的配偶、父母、子女采取隐名代理等方式在该领导干部和审判执行人员所任职人民法院辖区内从事律师职业的，应当责令该法院领导干部和审判执行人员辞去领导职务或者将其调离审判执行岗位，其本人知情的，应当根据相关规定从重处理。

第十条 因任职回避调离审判执行岗位的法院工作人员，任职回避情形消失后，可以向法院组织（人事）部门申请调回审判执行岗位。

第十一条 本规定所称父母，是指生父母、养父母和有扶养关系的继父母。

本规定所称子女，是指婚生子女、非婚生子女、养子女和有扶养关系的继子女。

本规定所称从事律师职业，是指担任律师事务所的合伙人、设立人，或者以律师身份担任诉讼代理人、辩护人，或者以律师身份为诉讼案件当事人提供其他有偿法律服务。

本规定所称法院领导干部，是指各级人民法院的领导班子成员及审判委员会委员。

本规定所称审判执行人员，是指各级人民法院立案、审判、执行、审判监督、国家赔偿等部门的领导班子成员、法官、法官助理、执行员。

本规定所称任职人民法院辖区，包括法院领导干部和审判执行人员所任职人民法院及其所辖下级人民法院的辖区。专门人民法院及其他管辖区域与行政辖区不一致的人民法院工作人员的任职人民法院辖区，由解放军军事法院和相关高级人民法院根据有关规定或者实际情况确定。

第十二条 本规定由最高人民法院负责解释。

第十三条 本规定自2020年5月6日起施行，《最高人民法院关于对配偶子女从事律师职业的法院领导干部和审判执行岗位法官实行任职回避的规定（试行）》（法发〔2011〕5号）同时废止。

最高人民法院关于印发《全国法院民商事审判工作会议纪要》的通知

（2019年11月8日 法〔2019〕254号）

各省、自治区、直辖市高级人民法院，解放军军事法院，新疆维吾尔自治区高级人民法院生产建设兵团分院：

《全国法院民商事审判工作会议纪要》（以下简称《会议纪要》）已于2019年9月11日经最高人民法院审判委员会民事行政专业委员会第319次会议原则通过。为便于进一步学习领会和正确适用《会议纪要》，特作如下通知：

一、充分认识《会议纪要》出台的意义

《会议纪要》针对民商事审判中的前沿疑难争议问题，在广泛征求各方面意见的基础上，经最高人民法院审判委员会民事行政专业委员会讨论决定。《会议纪要》的出台，对统一裁判思路，规范法官自由裁量权，增强民商事审判的公开性、透明度以及可预期性，提高司法公信力具有重要意义。各级人民法院要正确把握和理解适用《会议纪要》的精神实质和基本内容。

二、及时组织学习培训

为使各级人民法院尽快准确理解掌握《会议纪要》的内涵，在案件审理中正确理解适用，各级人民法院要在妥善处理好工学关系的前提下，通过多种形式组织学习培训，做好宣传工作。

三、准确把握《会议纪要》的应用范围

纪要不是司法解释，不能作为裁判依据进行援引。《会议纪要》发布后，人民法院尚未审结的一审、二审案件，在裁判文书“本院认为”部分具体分析法律适用的理由时，可以根据《会议纪要》的相关规定进行说理。

对于适用中存在的问题，请层报最高人民法院。

全国法院民商事审判工作会议纪要

目　录

引　言

为全面贯彻党的十九大和十九届二中、三中全会以及中央经济工作会议、中央政法工作会议、全国金融工作会议精神，研究当前形势下如何进一步加强人民法院民商事审判工作，着力提升民商事审判工作能力和水平，为我国经济高质量发展提供更加有力的司法服务和保障，最高人民法院于2019年7月3日至4日在黑龙江省哈尔滨市召开了全国法院民商事审判工作会议。最高人民法院党组书记、院长周强同志出席会议并讲话。各省、自治区、直辖市高级人民法院分管民商事审判工作的副院长、承担民商事案件审判任务的审判庭庭长、解放军军事法院的代表、最高人民法院有关部门负责人在主会场出席会议，地方各级人民法院的其他负责同志和民商事审判法官在各地分会场通过视频参加会议。中央政法委、全国人大常委会法工委的代表、部分全国人大代表、全国政协委员、最高人民法院特约监督员、专家学者应邀参加会议。

会议认为，民商事审判工作必须坚持正确的政治方向，必须以习近平新时代中国特色社会主义思想武装头脑、指导实践、推动工作。一要坚持党的绝对领导。这是中国特色社会主义司法制度的本质特征和根本要求，是人民法院永远不变的根和魂。在民商事审判工作中，要切实增强"四个意识"、坚定"四个自信"、做到"两个维护"，坚定不移走中国特色社会主义法治道路。二要坚持服务党和国家大局。认清形势，高度关注中国特色社会主义进入新时代背景下经济社会的重大变化、社会主要矛盾的历史性变化、各类风险隐患的多元多变，提高服务大局的自觉性、针对性，主动作为，勇于担当，处理好依法办案和服务大局的辩证关系，着眼于贯彻落实党中央的重大决策部署、维护人民群众的根本利益、维护法治的统一。三要坚持司法为民。牢固树立以人民为中心的发展思想，始终坚守人民立场，胸怀人民群众，满足人民需求，带着对人民群众的深厚感情和强烈责任感去做好民商事审判工作。在民商事审判工作中要弘扬社会主义核心价值观，注意情理法的交融平衡，做到以法为据、以理服人、以情感人，既要义正辞严讲清法理，又要循循善诱讲明事理，还要感同身受讲透情理，争取广大人民群众和社会的理解与支持。要建立健全方便人民群众诉讼的民商事审判工作机制。四要坚持公正司法。公平正义是中国特色社会主义制度的内在要求，也是我党治国理政的一贯主张。司法是维护社会公平正义的最后一道防线，必须把公平正义作为生命线，必须把公平正义作为镌刻在心中的价值坐标，必须把"努力让人民群众在每一个司法案件中感受到公平正义"作为矢志不渝的奋斗目标。

会议指出，民商事审判工作要树立正确的审判理念。注意辩证理解并准确把握契约自由、平等保护、诚实信用、公序良俗等民商事审判基本原则；注意树立请求权基础思维、逻辑和价值相一致思维、同案同判思维，通过检索类案、参考指导案例等方式统一裁判尺度，有效防止滥用自由裁量权；注意处理好民商事审判与行政监管的关系，通过穿透式审判思维，查明当事人的真实意思，探求真实法律关系；特别注意外观主义系民商法上的学理概括，并非现行法律规定的原则，现行法律只是规定了体现外观主义的具体规则，如《物权法》第106条规定的善意取得，《合同法》第49条、《民法总则》第172条规定的表见代理，《合同法》第50条规定的越权代表，审判实务中应当依据有关具体法律规则进行判断，类推适用亦应当以法律规则设定的情形、条件为基础。从现行法律规则看，外观主义是为保护交易安全设置的例外规定，一般适用于因合理信赖权利外观或意思表示外观的交易行为。实际权利人与名义权利人的关系，应注重财产的实质归属，而不单纯地取决于公示外观。总之，审判实务中要准确把握外观主义的适用边界，避免泛化和滥用。

会议对当前民商事审判工作中的一些疑难法律问题取得了基本一致的看法，现纪要如下：

一、关于民法总则适用的法律衔接

会议认为，民法总则施行后至民法典施行前，拟编入民法典但尚未完成修订的物权法、合同法等民商事基本法，以及不编入民法典的公司法、证券法、信托法、保险法、票据法等民商事特别法，均可能存在与民法总则规定不一致的情形。人民法院应当依照《立法法》第92条、《民法总则》第11条等规定，综合考虑新的规定优于旧的规定、特别规定优于一般规定等法律适用规则，依法处理好民法总则与相关法律的衔接问题，主要是处理好与民法通则、合同法、公司法的关系。

1.【民法总则与民法通则的关系及其适用】民法通则既规定了民法的一些基本制度和一般性规则，也规定了合同、所有权及其他财产权、知识产权、民事责任、涉外民事法律关系适用等具体内容。民法总则基本吸收了民法通则规定的基本制度和一般性规则，同时作了补充、完善和发展。民法通则规定的合同、所有权及其他财产权、民事责任等具体内容还需要在编撰民法典各分编时作进一步统筹，系统整合。因民法总则施行后暂不废止民法通则，在此之前，民法总则与民法通则规定不一致的，根据新的规定优于旧的规定的法律适用规则，适用民法总则的规定。最高人民法院已依据民法总则制定了关于诉讼时效问题的司法解释，而原依据民法通则制定的关于诉讼时效的司法解释，只要与民法总则不冲突，仍可适用。

2.【民法总则与合同法的关系及其适用】根据民法典编撰工作"两步走"的安排，民法总则施行后，目前正在进行民法典的合同编、物权编等各分编的编撰工作。民法典施行后，合同法不再保留。在这之前，因民法总则施行前成立的合同发生的纠纷，原则上适用合同法的有关规定处理。因民法总则施行后成立的合同发生的纠纷，如果合同法"总则"对此的规定与民法总则的规定不一致的，根据新的规定优于旧的规定的法律适用规则，适用民法总则的规定。例如，关于欺诈、胁迫问题，根据合同法的规定，只有合同当事人之间存在欺诈、胁迫行为的，被欺诈、胁迫一方才享有撤销合同的权利。而依民法总则的规定，第三人实施的欺诈、胁迫行为，被欺诈、胁迫一方也有撤销合同的权利。另外，合同法视欺诈、胁迫行为所损害利益的不同，对合同效力作出了不同规定：损害合同当事人利益的,属于可撤销或者可变更合同;损害国家利益的,则属于无效合同。民法总则则未加区别,规定一律按可撤销合同对待。再如,关于显失公平问题,合同法将显失公平与乘人之危作为两类不同的可撤销或者可变更合同事由,而民法总则则将二者合并为一类可撤销合同事由。

民法总则施行后发生的纠纷,在民法典施行前,如果合同法"分则"对此的规定与民法总则不一致的,根据特别规定优于一般规定的法律适用规则,适用合同法"分则"的规定。例如,民法总则仅规定了显名代理,没有规定《合同法》第402条的隐名代理和第403条的间接代理。在民法典施行前,这两条规定应当继续适用。

3.【民法总则与公司法的关系及其适用】民法总则与公司法的关系,是一般法与商事特别法的关系。民法总则第三章"法人"第一节"一般规定"和第二节"营利法人"基本上是根据公司法的有关规定提炼的,二者的精神大体一致。因此,涉及民法总则这一部分的内容,规定一致的,适用民法总则或者公司法皆可;规定不一致的,根据《民法总则》第11条有关"其他法律对民事关系有特别规定的,依照其规定"的规定,原则上应当适用公司法的规定。但应当注意也有例外情况,主要表现在两个方面:一是就同一事项,民法总则制定时有意修正公司法有关条款的,应当适用民法总则的规定。例如,《公司法》第32条第3款规定:"公司应当将股东的姓名或者名称及其出资额向公司登记机关登记;登记事项发生变更的,应当办理变更登记。未经登记或者变更登记的,不得对抗第三人。"而《民法总则》第65条的规定则把"不得对抗第三人"修正为"不得对抗善意相对人"。经查询有关立法理由,可以认为,此种情况应当适用民法总则的规定。二是民法总则在公司法规定基础上增加了新内容的,如《公司法》第22条第2款就公司决议的撤销问题进行了规定,《民法总则》第85条在该条基础上增加规定:"但是营利法人依据该决议与善意相对人形成的民事法律关系不受影响。"此时,也应当适用民法总则的规定。

4.【民法总则的时间效力】根据"法不溯及既往"的原则,民法总则原则上没有溯及力,故只能适用于施行后发生的法律事实;民法总则施行前发生的法律事实,适用当时的法律;某一法律事实发生在民法总则施行前,其行为延续至民法总则施行后的,适用民法总则的规定。但要注意有例外情形,如虽然法律事实发生在民法总则施行前,但当时的法律对此没有规定而民法总则有规定的,例如,对于虚伪意思表示、第三人实施欺诈行为,合同法均无规定,发生纠纷后,基于"法官不得拒绝裁判"规则,可以将民法总则的相关规定作为裁判依据。又如,民法总则施行前成立的合同,根据当时的法律应当认定无效,而根据民法总则应当认定有效或者可撤销的,应当适用民法总则的规定。

在民法总则无溯及力的场合,人民法院应当依据法律事实发生时的法律进行裁判,但如果法律事实发生时的法律虽有规定,但内容不具体、不明确的,如关于无权代理在被代理人不予追认时的法律后果,民法通则和合同法均规定由行为人承担民事责任,但对民事责任的性质和方式没有规定,而民法总则对此有明确且详细的规定,人民法院在审理案件时,就可以在裁判文书的说理部分将民法总则规定的内容作为解释法律事实发生时法律规定的参考。

二、关于公司纠纷案件的审理

会议认为,审理好公司纠纷案件,对于保护交易安全和投资安全,激发经济活力,增强投资创业信心,具有重要意义。要依法协调好公司债权人、股东、公司等各种利益主体之间的关系,处理好公司外部与内部的关系,解决好公司自治与司法介入的关系。

(一)关于"对赌协议"的效力及履行

实践中俗称的"对赌协议",又称估值调整协议,是指投资方与融资方在达成股权性融资协议时,为解决交易双方对目标公司未来发展的不确定性、信息不对称以及代理成本而设计的包含了股权回购、金钱补偿等对未来目标公司的估值进行调整的协议。从订立"对赌协议"的主体来看,有投资方与目标公司的股东或者实际控制人"对赌"、投资方与目标公司"对赌"、投资方与目标公司的股东、目标公司"对赌"等形式。人民法院在审理"对赌协议"纠纷案件时,不仅应当适用合同法的相关规定,还应当适用公司法的相关规定;既要坚持鼓励投资方对实体企业特别是科技创新企业投资原则,从而在一定程度上缓解企业融资难问题,又要贯彻资本维持原则和保护债权人合法权益原则,依法平衡投资方、公司债权人、公司之间的利益。对于投资方与目标公司的股东或者实际控制人订立的"对赌协议",如无其他无效事由,认定有效并支持实际履行,实践中并无争议。但投资方与目标公司订立的"对赌协议"是否有效以及能否实际履行,存在争议。对此,应当把握如下处理规则:

5.【与目标公司"对赌"】投资方与目标公司订立的"对赌协议"在不存在法定无效事由的情况下,目标公司仅以存在股权回购或者金钱补偿约定为由,主张"对赌协议"无效的,人民法院不予支持,但投资方主张实际履行的,人民法院应当审查是否符合公司法关于"股东不得抽逃出资"及股份回购的强制性规定,判决是否支持其诉讼请求。

投资方请求目标公司回购股权的,人民法院应当依据《公司法》第35条关于"股东不得抽逃出资"或者第142条关于股份回购的强制性规定进行审查。经审查,目标公司未完成减资程序的,人民法院应当驳回其诉讼请求。

投资方请求目标公司承担金钱补偿义务的,人民法院应当依据《公司法》第35条关于"股东不得抽逃出资"和第166条关于利润分配的强制性规定进行审查。经审查,目标公司没有利润或者虽有利润但不足以补偿投资方的，人民法院应当驳回或者部分支持其诉讼请求。今后目标公司有利润时，投资方还可以依据该事实另行提起诉讼。

（二）关于股东出资加速到期及表决权

6.【股东出资应否加速到期】在注册资本认缴制下，股东依法享有期限利益。债权人以公司不能清偿到期债务为由，请求未届出资期限的股东在未出资范围内对公司不能清偿的债务承担补充赔偿责任的，人民法院不予支持。但是，下列情形除外：

（1）公司作为被执行人的案件，人民法院穷尽执行措施无财产可供执行，已具备破产原因，但不申请破产的；

（2）在公司债务产生后，公司股东（大）会决议或以其他方式延长股东出资期限的。

7.【表决权能否受限】股东认缴的出资未届履行期限，对未缴纳部分的出资是否享有以及如何行使表决权等问题，应当根据公司章程来确定。公司章程没有规定的，应当按照认缴出资的比例确定。如果股东（大）会作出不按认缴出资比例而按实际出资比例或者其他标准确定表决权的决议，股东请求确认决议无效的，人民法院应当审查该决议是否符合修改公司章程所要求的表决程序，即必须经代表三分之二以上表决权的股东通过。符合的，人民法院不予支持；反之，则依法予以支持。

（三）关于股权转让

8.【有限责任公司的股权变动】当事人之间转让有限责任公司股权，受让人以其姓名或者名称已记载于股东名册为由主张其已经取得股权的，人民法院依法予以支持，但法律、行政法规规定应当办理批准手续生效的股权转让除外。未向公司登记机关办理股权变更登记的，不得对抗善意相对人。

9.【侵犯优先购买权的股权转让合同的效力】审判实践中，部分人民法院对公司法司法解释（四）第21条规定的理解存在偏差，往往以保护其他股东的优先购买权为由认定股权转让合同无效。准确理解该条规定，既要注意保护其他股东的优先购买权，也要注意保护股东以外的股权受让人的合法权益，正确认定有限责任公司的股东与股东以外的股权受让人订立的股权转让合同的效力。一方面，其他股东依法享有优先购买权，在其主张按照股权转让合同约定的同等条件购买股权的情况下，应当支持其诉讼请求，除非出现该条第1款规定的情形。另一方面，为保护股东以外的股权受让人的合法权益，股权转让合同如无其他影响合同效力的事由，应当认定有效。其他股东行使优先购买权的，虽然股东以外的股权受让人关于继续履行股权转让合同的请求不能得到支持，但不影响其依约请求转让股东承担相应的违约责任。

（四）关于公司人格否认

公司人格独立和股东有限责任是公司法的基本原则。否认公司独立人格，由滥用公司法人独立地位和股东有限责任的股东对公司债务承担连带责任，是股东有限责任的例外情形，旨在矫正有限责任制度在特定法律事实发生时对债权人保护的失衡现象。在审判实践中，要准确把握《公司法》第20条第3款规定的精神。一是只有在股东实施了滥用公司法人独立地位及股东有限责任的行为，且该行为严重损害了公司债权人利益的情况下，才能适用。损害债权人利益，主要是指股东滥用权利使公司财产不足以清偿公司债权人的债权。二是只有实施了滥用法人独立地位和股东有限责任行为的股东才对公司债务承担连带清偿责任，而其他股东不应承担此责任。三是公司人格否认不是全面、彻底、永久地否定公司的法人资格，而只是在具体案件中依据特定的法律事实、法律关系，突破股东对公司债务不承担责任的一般规则，例外地判令其承担连带责任。人民法院在个案中否认公司人格的判决的既判力仅仅约束该诉讼的各方当事人，不当然适用于涉及该公司的其他诉讼，不影响公司独立法人资格的存续。如果其他债权人提起公司人格否认诉讼，已生效判决认定的事实可以作为证据使用。四是《公司法》第20条第3款规定的滥用行为，实践中常见的情形有人格混同、过度支配与控制、资本显著不足等。在审理案件时，需要根据查明的案件事实进行综合判断，既审慎适用，又当用则用。实践中存在标准把握不严而滥用这一例外制度的现象，同时也存在因法律规定较为原则、抽象，适用难度大，而不善于适用、不敢于适用的现象，均应当引起高度重视。

10.【人格混同】认定公司人格与股东人格是否存在混同，最根本的判断标准是公司是否具有独立意思和独立财产，最主要的表现是公司的财产与股东的财产是否混同且无法区分。在认定是否构成人格混同时，应当综合考虑以下因素：

（1）股东无偿使用公司资金或者财产，不作财务记载的；

（2）股东用公司的资金偿还股东的债务，或者将公司的资金供关联公司无偿使用，不作财务记载的；

（3）公司账簿与股东账簿不分，致使公司财产与股东财产无法区分的；

（4）股东自身收益与公司盈利不加区分，致使双方利益不清的；

（5）公司的财产记载于股东名下，由股东占有、使用的；

（6）人格混同的其他情形。

在出现人格混同的情况下，往往同时出现以下混同：公司业务和股东业务混同；公司员工与股东员工混同，特别是财务人员混同；公司住所与股东住所混同。人民法院在审理案件时，关键要审查是否构成人格混同，而不要求同时具备其他方面的混同，其他方面的混同往往只是人格混同的补强。

11.【过度支配与控制】公司控制股东对公司过度支配与控制，操纵公司的决策过程，使公司完全丧失独立性，沦为控制股东的工具或躯壳，严重损害公司债权人利益，应当否认公司人格，由滥用控制权的股东对公司债务承担连带责任。实践中常见的情形包括：

（1）母子公司之间或者子公司之间进行利益输送的；

（2）母子公司或者子公司之间进行交易，收益归一方，损失却由另一方承担的；

（3）先从原公司抽走资金，然后再成立经营目的相同或者类似的公司，逃避原公司债务的；

（4）先解散公司，再以原公司场所、设备、人员及相同或者相似的经营目的另设公司，逃避原公司债务的；

（5）过度支配与控制的其他情形。

控制股东或实际控制人控制多个子公司或者关联公司，滥用控制权使多个子公司或者关联公司财产边界不清、财务混同，利益相互输送，丧失人格独立性，沦为控制股东逃避债务、非法经营，甚至违法犯罪工具的，可以综合案件事实，否认子公司或者关联公司法人人格，判令承担连带责任。

12.【资本显著不足】资本显著不足指的是，公司设立后在经营过程中，股东实际投入公司的资本数额与公司经营所隐含的风险相比明显不匹配。股东利用较少资本从事力所不及的经营，表明其没有从事公司经营的诚意，实质是恶意利用公司独立人格和股东有限责任把投资风险转嫁给债权人。由于资本显著不足的判断标准有很大的模糊性，特别是要与公司采取“以小博大”的正常经营方式相区分，因此在适用时要十分谨慎，应当与其他因素结合起来综合判断。

13.【诉讼地位】人民法院在审理公司人格否认纠纷案件时，应当根据不同情形确定当事人的诉讼地位：

（1）债权人对债务人公司享有的债权已经由生效裁判确认，其另行提起公司人格否认诉讼，请求股东对公司债务承担连带责任的，列股东为被告，公司为第三人；

（2）债权人对债务人公司享有的债权提起诉讼的同时，一并提起公司人格否认诉讼，请求股东对公司债务承担连带责任的，列公司和股东为共同被告；

（3）债权人对债务人公司享有的债权尚未经生效裁判确认，直接提起公司人格否认诉讼，请求公司股东对公司债务承担连带责任的，人民法院应当向债权人释明，告知其追加公司为共同被告。债权人拒绝追加的，人民法院应当裁定驳回起诉。

（五）关于有限责任公司清算义务人的责任

关于有限责任公司股东清算责任的认定，一些案件的处理结果不适当地扩大了股东的清算责任。特别是实践中出现了一些职业债权人，从其他债权人处大批量超低价收购僵尸企业的“陈年旧账”后，对批量僵尸企业提起强制清算之诉，在获得人民法院对公司主要财产、账册、重要文件等灭失的认定后，根据公司法司法解释（二）第18条第2款的规定，请求有限责任公司的股东对公司债务承担连带清偿责任。有的人民法院没有准确把握上述规定的适用条件，判决没有“怠于履行义务”的小股东或者虽“怠于履行义务”但与公司主要财产、账册、重要文件等灭失没有因果关系的小股东对公司债务承担远远超过其出资数额的责任，导致出现利益明显失衡的现象。需要明确的是，上述司法解释关于有限责任公司股东清算责任的规定，其性质是因股东怠于履行清算义务致使公司无法清算所应当承担的侵权责任。在认定有限责任公司股东是否应当对债权人承担侵权赔偿责任时，应当注意以下问题：

14.【怠于履行清算义务的认定】公司法司法解释（二）第18条第2款规定的“怠于履行义务”，是指有限责任公司的股东在法定清算事由出现后，在能够履行清算义务的情况下，故意拖延、拒绝履行清算义务，或者因过失导致无法进行清算的消极行为。股东举证证明其已经为履行清算义务采取了积极措施，或者小股东举证证明其既不是公司董事会或者监事会成员，也没有选派人员担任该机关成员，且从未参与公司经营管理，以不构成“怠于履行义务”为由，主张其不应当对公司债务承担连带清偿责任的，人民法院依法予以支持。

15.【因果关系抗辩】有限责任公司的股东举证证明其“怠于履行义务”的消极不作为与“公司主要财产、账册、重要文件等灭失，无法进行清算”的结果之间没有因果关系，主张其不应对公司债务承担连带清偿责任的，人民法院依法予以支持。

16.【诉讼时效期间】公司债权人请求股东对公司债务承担连带清偿责任，股东以公司债权人对公司的债权已经超过诉讼时效期间为由抗辩，经查证属实的，人民法院依法予以支持。

公司债权人以公司法司法解释（二）第18条第2款为依据，请求有限责任公司的股东对公司债务承担连带清偿责任的，诉讼时效期间自公司债权人知道或者应当知道公司无法进行清算之日起计算。

（六）关于公司为他人提供担保

关于公司为他人提供担保的合同效力问题，审判实践中裁判尺度不统一，严重影响了司法公信力，有必要予以规范。对此，应当把握以下几点：

17.【违反《公司法》第16条构成越权代表】为防止法定代表人随意代表公司为他人提供担保给公司造成损失，损害中小股东利益，《公司法》第16条对法定代表人的代表权进行了限制。根据该条规定，担保行为不是法定代表人所能单独决定的事项，而必须以公司股东（大）会、董事会等公司机关的决议作为授权的基础和来源。法定代表人未经授权擅自为他人提供担保的，构成越权代表，人民法院应当根据《合同法》第50条关于法定代表人越权代表的规定，区分订立合同时债权人是否善意分别认定合同效力：债权人善意的，合同有效；反之，合同无效。

18.【善意的认定】前条所称的善意，是指债权人不知道或者不应当知道法定代表人超越权限订立担保合同。《公司法》第16条对关联担保和非关联担保的决议机关作出了区别规定，相应地，在善意的判断标准上也应当有所区别。一种情形是，为公司股东或者实际控制人提供关联担保，《公司法》第

16条明确规定必须由股东（大）会决议，未经股东（大）会决议，构成越权代表。在此情况下，债权人主张担保合同有效，应当提供证据证明其在订立合同时对股东（大）会决议进行了审查，决议的表决程序符合《公司法》第16条的规定，即在排除被担保股东表决权的情况下，该项表决由出席会议的其他股东所持表决权的过半数通过，签字人员也符合公司章程的规定。另一种情形是，公司为公司股东或者实际控制人以外的人提供非关联担保，根据《公司法》第16条的规定，此时由公司章程规定是由董事会决议还是股东（大）会决议。无论章程是否对决议机关作出规定，也无论章程规定决议机关为董事会还是股东（大）会，根据《民法总则》第61条第3款关于“法人章程或者法人权力机构对法定代表人代表权的限制，不得对抗善意相对人”的规定，只要债权人能够证明其在订立担保合同时对董事会决议或者股东（大）会决议进行了审查，同意决议的人数及签字人员符合公司章程的规定，就应当认定其构成善意，但公司能够证明债权人明知公司章程对决议机关有明确规定的除外。

债权人对公司机关决议内容的审查一般限于形式审查，只要求尽到必要的注意义务即可，标准不宜太过严苛。公司以机关决议系法定代表人伪造或者变造、决议程序违法、签章（名）不实、担保金额超过法定限额等事由抗辩债权人非善意的，人民法院一般不予支持。但是，公司有证据证明债权人明知决议系伪造或者变造的除外。

19.【无须机关决议的例外情况】存在下列情形的，即便债权人知道或者应当知道没有公司机关决议，也应当认定担保合同符合公司的真实意思表示，合同有效：

（1）公司是以为他人提供担保为主营业务的担保公司，或者是开展保函业务的银行或者非银行金融机构；

（2）公司为其直接或者间接控制的公司开展经营活动向债权人提供担保；

（3）公司与主债务人之间存在相互担保等商业合作关系；

（4）担保合同系由单独或者共同持有公司三分之二以上有表决权的股东签字同意。

20.【越权担保的民事责任】依据前述3条规定，担保合同有效，债权人请求公司承担担保责任的，人民法院依法予以支持；担保合同无效，债权人请求公司承担担保责任的，人民法院不予支持，但可以按照担保法及有关司法解释关于担保无效的规定处理。公司举证证明债权人明知法定代表人超越权限或者机关决议系伪造或者变造，债权人请求公司承担合同无效后的民事责任的，人民法院不予支持。

21.【权利救济】法定代表人的越权担保行为给公司造成损失，公司请求法定代表人承担赔偿责任的，人民法院依法予以支持。公司没有提起诉讼，股东依据《公司法》第151条的规定请求法定代表人承担赔偿责任的，人民法院依法予以支持。

22.【上市公司为他人提供担保】债权人根据上市公司公开披露的关于担保事项已经董事会或者股东大会决议通过的信息订立的担保合同，人民法院应当认定有效。

23.【债务加入准用担保规则】法定代表人以公司名义与债务人约定加入债务并通知债权人或者向债权人表示愿意加入债务，该约定的效力问题，参照本纪要关于公司为他人提供担保的有关规则处理。

（七）关于股东代表诉讼

24.【何时成为股东不影响起诉】股东提起股东代表诉讼，被告以行为发生时原告尚未成为公司股东为由抗辩该股东不是适格原告的，人民法院不予支持。

25.【正确适用前置程序】根据《公司法》第151条的规定，股东提起代表诉讼的前置程序之一是，股东必须先书面请求公司有关机关向人民法院提起诉讼。一般情况下，股东没有履行该前置程序的，应当驳回起诉。但是，该项前置程序针对的是公司治理的一般情况，即在股东向公司有关机关提出书面申请之时，存在公司有关机关提起诉讼的可能性。如果查明的相关事实表明，根本不存在该种可能性的，人民法院不应当以原告未履行前置程序为由驳回起诉。

26.【股东代表诉讼的反诉】股东依据《公司法》第151条第3款的规定提起股东代表诉讼后，被告以原告股东恶意起诉侵犯其合法权益为由提起反诉的，人民法院应予受理。被告以公司在案涉纠纷中应当承担侵权或者违约等责任为由对公司提出的反诉，因不符合反诉的要件，人民法院应当裁定不予受理；已经受理的，裁定驳回起诉。

27.【股东代表诉讼的调解】公司是股东代表诉讼的最终受益人，为避免因原告股东与被告通过调解损害公司利益，人民法院应当审查调解协议是否为公司的意思。只有在调解协议经公司股东（大）会、董事会决议通过后，人民法院才能出具调解书予以确认。至于具体决议机关，取决于公司章程的规定。公司章程没有规定的，人民法院应当认定公司股东（大）会为决议机关。

（八）其他问题

28.【实际出资人显名的条件】实际出资人能够提供证据证明有限责任公司过半数的其他股东知道其实际出资的事实，且对其实际行使股东权利未曾提出异议的，对实际出资人提出的登记为公司股东的请求，人民法院依法予以支持。公司以实际出资人的请求不符合公司法司法解释（三）第24条的规定为由抗辩的，人民法院不予支持。

29.【请求召开股东（大）会不可诉】公司召开股东（大）会本质上属于公司内部治理范围。股东请求判令公司召开股东（大）会的，人民法院应当告知其按照《公司法》第40条或者第101条规定的程序自行召开。股东坚持起诉的，人民法院应当裁定不予受理；已经受理的，裁定驳回起诉。

三、关于合同纠纷案件的审理

会议认为,合同是市场化配置资源的主要方式,合同纠纷也是民商事纠纷的主要类型。人民法院在审理合同纠纷案件时,要坚持鼓励交易原则,充分尊重当事人的意思自治。要依法审慎认定合同效力。要根据诚实信用原则,合理解释合同条款、确定履行内容,合理确定当事人的权利义务关系,审慎适用合同解除制度,依法调整过高的违约金,强化对守约者诚信行为的保护力度,提高违法违约成本,促进诚信社会构建。

(一)关于合同效力

人民法院在审理合同纠纷案件过程中,要依职权审查合同是否存在无效的情形,注意无效与可撤销、未生效、效力待定等合同效力形态之间的区别,准确认定合同效力,并根据效力的不同情形,结合当事人的诉讼请求,确定相应的民事责任。

30.【强制性规定的识别】合同法施行后,针对一些人民法院动辄以违反法律、行政法规的强制性规定为由认定合同无效,不当扩大无效合同范围的情形,合同法司法解释(二)第14条将《合同法》第52条第5项规定的"强制性规定"明确限于"效力性强制性规定"。此后,《最高人民法院关于当前形势下审理民商事合同纠纷案件若干问题的指导意见》进一步提出了"管理性强制性规定"的概念,指出违反管理性强制性规定的,人民法院应当根据具体情形认定合同效力。随着这一概念的提出,审判实践中又出现了另一种倾向,有的人民法院认为凡是行政管理性质的强制性规定都属于"管理性强制性规定",不影响合同效力。这种望文生义的认定方法,应予纠正。

人民法院在审理合同纠纷案件时,要依据《民法总则》第153条第1款和合同法司法解释(二)第14条的规定慎重判断"强制性规定"的性质,特别是要在考量强制性规定所保护的法益类型、违法行为的法律后果以及交易安全保护等因素的基础上认定其性质,并在裁判文书中充分说明理由。下列强制性规定,应当认定为"效力性强制性规定":强制性规定涉及金融安全、市场秩序、国家宏观政策等公序良俗的;交易标的禁止买卖的,如禁止人体器官、毒品、枪支等买卖;违反特许经营规定的,如场外配资合同;交易方式严重违法的,如违反招投标等竞争性缔约方式订立的合同;交易场所违法的,如在批准的交易场所之外进行期货交易。关于经营范围、交易时间、交易数量等行政管理性质的强制性规定,一般应当认定为"管理性强制性规定"。

31.【违反规章的合同效力】违反规章一般情况下不影响合同效力,但该规章的内容涉及金融安全、市场秩序、国家宏观政策等公序良俗的,应当认定合同无效。人民法院在认定规章是否涉及公序良俗时,要在考察规范对象基础上,兼顾监管强度、交易安全保护以及社会影响等方面进行慎重考量,并在裁判文书中进行充分说理。

32.【合同不成立、无效或者被撤销的法律后果】《合同法》第58条就合同无效或者被撤销时的财产返还责任和损害赔偿责任作了规定,但未规定合同不成立的法律后果。考虑到合同不成立时也可能发生财产返还和损害赔偿责任问题,故应当参照适用该条的规定。

在确定合同不成立、无效或者被撤销后财产返还或者折价补偿范围时,要根据诚实信用原则的要求,在当事人之间合理分配,不能使不诚信的当事人因合同不成立、无效或者被撤销而获益。合同不成立、无效或者被撤销情况下,当事人所承担的缔约过失责任不应超过合同履行利益。比如,依据《最高人民法院关于审理建设工程施工合同纠纷案件适用法律问题的解释》第2条规定,建设工程施工合同无效,在建设工程经竣工验收合格情况下,可以参照合同约定支付工程款,但除非增加了合同约定之外新的工程项目,一般不应超出合同约定支付工程款。

33.【财产返还与折价补偿】合同不成立、无效或者被撤销后,在确定财产返还时,要充分考虑财产增值或者贬值的因素。双务合同不成立、无效或者被撤销后,双方因该合同取得财产的,应当相互返还。应予返还的股权、房屋等财产相对于合同约定价款出现增值或者贬值的,人民法院要综合考虑市场因素、受让人的经营或者添附等行为与财产增值或者贬值之间的关联性,在当事人之间合理分配或者分担,避免一方因合同不成立、无效或者被撤销而获益。在标的物已经灭失、转售他人或者其他无法返还的情况下,当事人主张返还原物的,人民法院不予支持,但其主张折价补偿的,人民法院依法予以支持。折价时,应当以当事人交易时约定的价款为基础,同时考虑当事人在标的物灭失或者转售时的获益情况综合确定补偿标准。标的物灭失时当事人获得的保险金或者其他赔偿金,转售时取得的对价,均属于当事人因标的物而获得的利益。对获益高于或者低于价款的部分,也应当在当事人之间合理分配或者分担。

34.【价款返还】双务合同不成立、无效或者被撤销时,标的物返还与价款返还互为对待给付,双方应当同时返还。关于应否支付利息问题,只要一方对标的物有使用情形的,一般应当支付使用费,该费用可与占有价款一方应当支付的资金占用费相互抵销,故在一方返还原物前,另一方仅须支付本金,而无须支付利息。

35.【损害赔偿】合同不成立、无效或者被撤销时,仅返还财产或者折价补偿不足以弥补损失,一方还可以向有过错的另一方请求损害赔偿。在确定损害赔偿范围时,既要根据当事人的过错程度合理确定责任,又要考虑在确定财产返还范围时已经考虑过的财产增值或者贬值因素,避免双重获利或者双重受损的现象发生。

36.【合同无效时的释明问题】在双务合同中,原告起诉请求确认合同有效并请求继续履行合同，被告主张合同无效的，或者原告起诉请求确认合同无效并返还财产，而被告主张合同有效的，都要防止机械适用“不告不理”原则，仅就当事人的诉讼请求进行审理，而应向原告释明变更或者增加诉讼请求，或者向被告释明提出同时履行抗辩，尽可能一次性解决纠纷。例如，基于合同有给付行为的原告请求确认合同无效，但并未提出返还原物或者折价补偿、赔偿损失等请求的，人民法院应当向其释明，告知其一并提出相应诉讼请求；原告请求确认合同无效并要求被告返还原物或者赔偿损失，被告基于合同也有给付行为的，人民法院同样应当向被告释明，告知其也可以提出返还请求；人民法院经审理认定合同无效的，除了要在判决书“本院认为”部分对同时返还作出认定外，还应当在判项中作出明确表述，避免因判令单方返还而出现不公平的结果。

第一审人民法院未予释明，第二审人民法院认为应当对合同不成立、无效或者被撤销的法律后果作出判决的，可以直接释明并改判。当然，如果返还财产或者赔偿损失的范围确实难以确定或者双方争议较大的，也可以告知当事人通过另行起诉等方式解决，并在裁判文书中予以明确。

当事人按照释明变更诉讼请求或者提出抗辩的，人民法院应当将其归纳为案件争议焦点，组织当事人充分举证、质证、辩论。

37.【未经批准合同的效力】法律、行政法规规定某类合同应当办理批准手续生效的，如商业银行法、证券法、保险法等法律规定购买商业银行、证券公司、保险公司5%以上股权须经相关主管部门批准，依据《合同法》第44条第2款的规定，批准是合同的法定生效条件，未经批准的合同因欠缺法律规定的特别生效条件而未生效。实践中的一个突出问题是，把未生效合同认定为无效合同，或者虽认定为未生效，却按无效合同处理。无效合同从本质上来说是欠缺合同的有效要件，或者具有合同无效的法定事由，自始不发生法律效力。而未生效合同已具备合同的有效要件，对双方具有一定的拘束力，任何一方不得擅自撤回、解除、变更，但因欠缺法律、行政法规规定或当事人约定的特别生效条件，在该生效条件成就前，不能产生请求对方履行合同主要权利义务的法律效力。

38.【报批义务及相关违约条款独立生效】须经行政机关批准生效的合同，对报批义务及未履行报批义务的违约责任等相关内容作出专门约定的，该约定独立生效。一方因另一方不履行报批义务，请求解除合同并请求其承担合同约定的相应违约责任的，人民法院依法予以支持。

39.【报批义务的释明】须经行政机关批准生效的合同，一方请求另一方履行合同主要权利义务的，人民法院应当向其释明，将诉讼请求变更为请求履行报批义务。一方变更诉讼请求的，人民法院依法予以支持；经释明后当事人拒绝变更的，应当驳回其诉讼请求，但不影响其另行提起诉讼。

40.【判决履行报批义务后的处理】人民法院判决一方履行报批义务后，该当事人拒绝履行，经人民法院强制执行仍未履行，对方请求其承担合同违约责任的，人民法院依法予以支持。一方依据判决履行报批义务，行政机关予以批准，合同发生完全的法律效力，其请求对方履行合同的，人民法院依法予以支持；行政机关没有批准，合同不具有法律上的可履行性，一方请求解除合同的，人民法院依法予以支持。

41.【盖章行为的法律效力】司法实践中，有些公司有意刻制两套甚至多套公章，有的法定代表人或者代理人甚至私刻公章，订立合同时恶意加盖非备案的公章或者假公章，发生纠纷后法人以加盖的是假公章为由否定合同效力的情形并不鲜见。人民法院在审理案件时，应当主要审查签约人于盖章之时有无代表权或者代理权，从而根据代表或者代理的相关规则来确定合同的效力。

法定代表人或者其授权之人在合同上加盖法人公章的行为，表明其是以法人名义签订合同，除《公司法》第16条等法律对其职权有特别规定的情形外，应当由法人承担相应的法律后果。法人以法定代表人事后已无代表权、加盖的是假章、所盖之章与备案公章不一致等为由否定合同效力的，人民法院不予支持。

代理人以被代理人名义签订合同，要取得合法授权。代理人取得合法授权后，以被代理人名义签订的合同，应当由被代理人承担责任。被代理人以代理人事后已无代理权、加盖的是假章、所盖之章与备案公章不一致等为由否定合同效力的，人民法院不予支持。

42.【撤销权的行使】撤销权应当由当事人行使。当事人未请求撤销的，人民法院不应当依职权撤销合同。一方请求另一方履行合同，另一方以合同具有可撤销事由提出抗辩的，人民法院应当在审查合同是否具有可撤销事由以及是否超过法定期间等事实的基础上，对合同是否可撤销作出判断，不能仅以当事人未提起诉讼或者反诉为由不予审查或者不予支持。一方主张合同无效，依据的却是可撤销事由，此时人民法院应当全面审查合同是否具有无效事由以及当事人主张的可撤销事由。当事人关于合同无效的事由成立的，人民法院应当认定合同无效。当事人主张合同无效的理由不成立，而可撤销的事由成立的，因合同无效和可撤销的后果相同，人民法院也可以结合当事人的诉讼请求，直接判决撤销合同。

（二）关于合同履行与救济

在认定以物抵债协议的性质和效力时，要根据订立协议时履行期限是否已经届满予以区别对待。合同解除、违约责任都是非违约方寻求救济的主要方式，人民法院在认定合同应否解除时，要根据当事人有无解除权、是约定解除还是法定解除等不同情形，分别予以处理。在确定违约责任时，尤其要注意依法适用违约金调整的相关规则，避免简单地以民间借贷利率的司法保护上限作为调整依据。

43.【抵销】抵销权既可以通知的方式行使，也可以提出抗辩或者提起反诉的方式行使。抵销的意思表示自到达对方时生效,抵销一经生效,其效力溯及自抵销条件成就之时,双方互负的债务在同等数额内消灭。双方互负的债务数额,是截至抵销条件成就之时各自负有的包括主债务、利息、违约金、赔偿金等在内的全部债务数额。行使抵销权一方享有的债权不足以抵销全部债务数额,当事人对抵销顺序又没有特别约定的,应当根据实现债权的费用、利息、主债务的顺序进行抵销。

44.【履行期届满后达成的以物抵债协议】当事人在债务履行期限届满后达成以物抵债协议,抵债物尚未交付债权人,债权人请求债务人交付的,人民法院要着重审查以物抵债协议是否存在恶意损害第三人合法权益等情形,避免虚假诉讼的发生。经审查,不存在以上情况,且无其他无效事由的,人民法院依法予以支持。

当事人在一审程序中因达成以物抵债协议申请撤回起诉的,人民法院可予准许。当事人在二审程序中申请撤回上诉的,人民法院应当告知其申请撤回起诉。当事人申请撤回起诉,经审查不损害国家利益、社会公共利益、他人合法权益的,人民法院可予准许。当事人不申请撤回起诉,请求人民法院出具调解书对以物抵债协议予以确认的,因债务人完全可以立即履行该协议,没有必要由人民法院出具调解书,故人民法院不应准许,同时应当继续对原债权债务关系进行审理。

45.【履行期届满前达成的以物抵债协议】当事人在债务履行期届满前达成以物抵债协议,抵债物尚未交付债权人,债权人请求债务人交付的,因此种情况不同于本纪要第 71 条规定的让与担保,人民法院应当向其释明,其应当根据原债权债务关系提起诉讼。经释明后当事人仍拒绝变更诉讼请求的,应当驳回其诉讼请求,但不影响其根据原债权债务关系另行提起诉讼。

46.【通知解除的条件】审判实践中,部分人民法院对合同法司法解释(二)第 24 条的理解存在偏差,认为不论发出解除通知的一方有无解除权,只要另一方未在异议期限内以起诉方式提出异议,就判令解除合同,这不符合合同法关于合同解除权行使的有关规定。对该条的准确理解是,只有享有法定或者约定解除权的当事人才能以通知方式解除合同。不享有解除权的一方向另一方发出解除通知,另一方即便未在异议期限内提起诉讼,也不发生合同解除的效果。人民法院在审理案件时,应当审查发出解除通知的一方是否享有约定或者法定的解除权来决定合同应否解除,不能仅以受通知一方在约定或者法定的异议期限届满内未起诉这一事实就认定合同已经解除。

47.【约定解除条件】合同约定的解除条件成就时,守约方以此为由请求解除合同的,人民法院应当审查违约方的违约程度是否显著轻微,是否影响守约方合同目的的实现,根据诚实信用原则,确定合同应否解除。违约方的违约程度显著轻微,不影响守约方合同目的的实现,守约方请求解除合同的,人民法院不予支持;反之,则依法予以支持。

48.【违约方起诉解除】违约方不享有单方解除合同的权利。但是,在一些长期性合同如房屋租赁合同履行过程中,双方形成合同僵局,一概不允许违约方通过起诉的方式解除合同,有时对双方都不利。在此前提下,符合下列条件,违约方起诉请求解除合同的,人民法院依法予以支持:

(1)违约方不存在恶意违约的情形;

(2)违约方继续履行合同,对其显失公平;

(3)守约方拒绝解除合同,违反诚实信用原则。

人民法院判决解除合同的,违约方本应当承担的违约责任不能因解除合同而减少或者免除。

49.【合同解除的法律后果】合同解除时,一方依据合同中有关违约金、约定损害赔偿的计算方法、定金责任等违约责任条款的约定,请求另一方承担违约责任的,人民法院依法予以支持。

双务合同解除时人民法院的释明问题,参照本纪要第 36 条的相关规定处理。

50.【违约金过高标准及举证责任】认定约定违约金是否过高,一般应当以《合同法》第 113 条规定的损失为基础进行判断,这里的损失包括合同履行后可以获得的利益。除借款合同外的双务合同,作为对价的价款或者报酬给付之债,并非借款合同项下的还款义务,不能以受法律保护的民间借贷利率上限作为判断违约金是否过高的标准,而应当兼顾合同履行情况、当事人过错程度以及预期利益等因素综合确定。主张违约金过高的违约方应当对违约金是否过高承担举证责任。

(三)关于借款合同

人民法院在审理借款合同纠纷案件过程中,要根据防范化解重大金融风险、金融服务实体经济、降低融资成本的精神,区别对待金融借贷与民间借贷,并适用不同规则与利率标准。要依法否定高利转贷行为、职业放贷行为的效力,充分发挥司法的示范、引导作用,促进金融服务实体经济。要注意到,为深化利率市场化改革,推动降低实体利率水平,自 2019 年 8 月 20 日起,中国人民银行已经授权全国银行间同业拆借中心于每月 20 日(遇节假日顺延)9 时 30 分公布贷款市场报价利率(LPR),中国人民银行贷款基准利率这一标准已经取消。因此,自此之后人民法院裁判贷款利息的基本标准应改为全国银行间同业拆借中心公布的贷款市场报价利率。应予注意的是,贷款利率标准尽管发生了变化,但存款基准利率并未发生相应变化,相关标准仍可适用。

51.【变相利息的认定】金融借款合同纠纷中,借款人认为金融机构以服务费、咨询费、顾问费、管理费等为名变相收取利息,金融机构或者由其指定的人收取的相关费用不合理的,人民法院可以根据提供服务的实际情况确定借款人应否支付或者酌减相关费用。

52.【高利转贷】民间借贷中，出借人的资金必须是自有资金。出借人套取金融机构信贷资金又高利转贷给借款人的民间借贷行为，既增加了融资成本，又扰乱了信贷秩序，根据民间借贷司法解释第14条第1项的规定，应当认定此类民间借贷行为无效。人民法院在适用该条规定时，应当注意把握以下几点：一是要审查出借人的资金来源。借款人能够举证证明在签订借款合同时出借人尚欠银行贷款未还的，一般可以推定为出借人套取信贷资金，但出借人能够举反证予以推翻的除外；二是从宽认定“高利”转贷行为的标准，只要出借人通过转贷行为牟利的，就可以认定为是“高利”转贷行为；三是对该条规定的“借款人事先知道或者应当知道的”要件，不宜把握过苛。实践中，只要出借人在签订借款合同时存在尚欠银行贷款未还事实的，一般可以认为满足了该条规定的“借款人事先知道或者应当知道”这一要件。

53.【职业放贷人】未依法取得放贷资格的以民间借贷为业的法人，以及以民间借贷为业的非法人组织或者自然人从事的民间借贷行为，应当依法认定无效。同一出借人在一定期间内多次反复从事有偿民间借贷行为的，一般可以认定为是职业放贷人。民间借贷比较活跃的地方的高级人民法院或者经其授权的中级人民法院，可以根据本地区的实际情况制定具体的认定标准。

四、关于担保纠纷案件的审理

会议认为，要注意担保法及其司法解释与物权法对独立担保、混合担保、担保期间等有关制度的不同规定，根据新的规定优于旧的规定的法律适用规则，优先适用物权法的规定。从属性是担保的基本属性，要慎重认定独立担保行为的效力，将其严格限定在法律或者司法解释明确规定的情形。要根据区分原则，准确认定担保合同效力。要坚持物权法定、公示公信原则，区分不动产与动产担保物权在物权变动、效力规则等方面的异同，准确适用法律。要充分发挥担保对缓解融资难融资贵问题的积极作用，不轻易否定新类型担保、非典型担保的合同效力及担保功能。

(一)关于担保的一般规则

54.【独立担保】从属性是担保的基本属性，但由银行或者非银行金融机构开立的独立保函除外。独立保函纠纷案件依据《最高人民法院关于审理独立保函纠纷案件若干问题的规定》处理。需要进一步明确的是：凡是由银行或者非银行金融机构开立的符合该司法解释第1条、第3条规定情形的保函，无论是用于国际商事交易还是用于国内商事交易，均不影响保函的效力。银行或者非银行金融机构之外的当事人开立的独立保函，以及当事人有关排除担保从属性的约定，应当认定无效。但是，根据“无效法律行为的转换”原理，在否定其独立担保效力的同时，应当将其认定为从属性担保。此时，如果主合同有效，则担保合同有效，担保人与主债务人承担连带保证责任。主合同无效，则该所谓的独立担保也随之无效，担保人无过错的，不承担责任；担保人有过错的，其承担民事责任的部分，不应超过债务人不能清偿部分的三分之一。

55.【担保责任的范围】担保人承担的担保责任范围不应当大于主债务，是担保从属性的必然要求。当事人约定的担保责任的范围大于主债务的，如针对担保责任约定专门的违约责任、担保责任的数额高于主债务、担保责任约定的利息高于主债务利息、担保责任的履行期先于主债务履行期届满，等等，均应当认定大于主债务部分的约定无效，从而使担保责任缩减至主债务的范围。

56.【混合担保中担保人之间的追偿问题】被担保的债权既有保证又有第三人提供的物的担保的，担保法司法解释第38条明确规定，承担了担保责任的担保人可以要求其他担保人清偿其应当分担的份额。但《物权法》第176条并未作出类似规定，根据《物权法》第178条关于“担保法与本法的规定不一致的，适用本法”的规定，承担了担保责任的担保人向其他担保人追偿的，人民法院不予支持，但担保人在担保合同中约定可以相互追偿的除外。

57.【借新还旧的担保物权】贷款到期后，借款人与贷款人订立新的借款合同，将新贷用于归还旧贷，旧贷因清偿而消灭，为旧贷设立的担保物权也随之消灭。贷款人以旧贷上的担保物权尚未进行涂销登记为由，主张对新贷行使担保物权的，人民法院不予支持，但当事人约定继续为新贷提供担保的除外。

58.【担保债权的范围】以登记作为公示方式的不动产担保物权的担保范围，一般应当以登记的范围为准。但是，我国目前不动产担保物权登记，不同地区的系统设置及登记规则并不一致，人民法院在审理案件时应当充分注意制度设计上的差别，作出符合实际的判断：一是多数省区市的登记系统未设置“担保范围”栏目，仅有“被担保主债权数额(最高债权数额)”的表述，且只能填写固定数字。而当事人在合同中又往往约定担保物权的担保范围包括主债权及其利息、违约金等附属债权，致使合同约定的担保范围与登记不一致。显然，这种不一致是由于该地区登记系统设置及登记规则造成的该地区的普遍现象。人民法院以合同约定认定担保物权的担保范围，是符合实际的妥当选择。二是一些省区市不动产登记系统设置与登记规则比较规范，担保物权登记范围与合同约定一致在该地区是常态或者普遍现象，人民法院在审理案件时，应当以登记的担保范围为准。

59.【主债权诉讼时效届满的法律后果】抵押权人应当在主债权的诉讼时效期间内行使抵押权。抵押权人在主债权诉讼时效届满前未行使抵押权，抵押人在主债权诉讼时效届满后请求涂销抵押权登记的，人民法院依法予以支持。

以登记作为公示方法的权利质权，参照适用前款规定。

（二）关于不动产担保物权

60.【未办理登记的不动产抵押合同的效力】不动产抵押合同依法成立，但未办理抵押登记手续，债权人请求抵押人办理抵押登记手续的，人民法院依法予以支持。因抵押物灭失以及抵押物转让他人等原因不能办理抵押登记，债权人请求抵押人以抵押物的价值为限承担责任的，人民法院依法予以支持，但其范围不得超过抵押权有效设立时抵押人所应当承担的责任。

61.【房地分别抵押】根据《物权法》第182条之规定，仅以建筑物设定抵押的，抵押权的效力及于占用范围内的土地；仅以建设用地使用权抵押的，抵押权的效力亦及于其上的建筑物。在房地分别抵押，即建设用地使用权抵押给一个债权人，而其上的建筑物又抵押给另一个人的情况下，可能产生两个抵押权的冲突问题。基于“房地一体”规则，此时应当将建筑物和建设用地使用权视为同一财产，从而依照《物权法》第199条的规定确定清偿顺序：登记在先的先清偿；同时登记的，按照债权比例清偿。同一天登记的，视为同时登记。应予注意的是，根据《物权法》第200条的规定，建设用地使用权抵押后，该土地上新增的建筑物不属于抵押财产。

62.【抵押权随主债权转让】抵押权是从属于主合同的从权利，根据“从随主”规则，债权转让的，除法律另有规定或者当事人另有约定外，担保该债权的抵押权一并转让。受让人向抵押人主张行使抵押权，抵押人以受让人不是抵押合同的当事人、未办理变更登记等为由提出抗辩的，人民法院不予支持。

（三）关于动产担保物权

63.【流动质押的设立与监管人的责任】在流动质押中，经常由债权人、出质人与监管人订立三方监管协议，此时应当查明监管人究竟是受债权人的委托还是受出质人的委托监管质物，确定质物是否已经交付债权人，从而判断质权是否有效设立。如果监管人系受债权人的委托监管质物，则其是债权人的直接占有人，应当认定完成了质物交付，质权有效设立。监管人违反监管协议约定，违规向出质人放货、因保管不善导致质物毁损灭失，债权人请求监管人承担违约责任的，人民法院依法予以支持。

如果监管人系受出质人委托监管质物，表明质物并未交付债权人，应当认定质权未有效设立。尽管监管协议约定监管人系受债权人的委托监管质物，但有证据证明其并未履行监管职责，质物实际上仍由出质人管领控制的，也应当认定质物并未实际交付，质权未有效设立。此时，债权人可以基于质押合同的约定请求质押人承担违约责任，但其范围不得超过质权有效设立时质押人所应当承担的责任。监管人未履行监管职责的，债权人也可以请求监管人承担违约责任。

64.【浮动抵押的效力】企业将其现有的以及将有的生产设备、原材料、半成品及产品等财产设定浮动抵押后，又将其中的生产设备等部分财产设定了动产抵押，并都办理了抵押登记的，根据《物权法》第199条的规定，登记在先的浮动抵押优先于登记在后的动产抵押。

65.【动产抵押权与质权竞存】同一动产上同时设立质权和抵押权的，应当参照适用《物权法》第199条的规定，根据是否完成公示以及公示先后情况来确定清偿顺序：质权有效设立、抵押权办理了抵押登记的，按照公示先后确定清偿顺序；顺序相同的，按照债权比例清偿；质权有效设立，抵押权未办理抵押登记的，质权优先于抵押权；质权未有效设立，抵押权未办理抵押登记的，因此时抵押权已经有效设立，故抵押权优先受偿。

根据《物权法》第178条规定的精神，担保法司法解释第79条第1款不再适用。

（四）关于非典型担保

66.【担保关系的认定】当事人订立的具有担保功能的合同，不存在法定无效情形的，应当认定有效。虽然合同约定的权利义务关系不属于物权法规定的典型担保类型，但是其担保功能应予肯定。

67.【约定担保物权的效力】债权人与担保人订立担保合同，约定以法律、行政法规未禁止抵押或者质押的财产设定以登记作为公示方法的担保，因无法定的登记机构而未能进行登记的，不具有物权效力。当事人请求按照担保合同的约定就该财产折价、变卖或者拍卖所得价款等方式清偿债务的，人民法院依法予以支持，但对其他权利人不具有对抗效力和优先性。

68.【保兑仓交易】保兑仓交易作为一种新类型融资担保方式，其基本交易模式是，以银行信用为载体、以银行承兑汇票为结算工具、由银行控制货权、卖方（或者仓储方）受托保管货物并以承兑汇票与保证金之间的差额作为担保。其基本的交易流程是：卖方、买方和银行订立三方合作协议，其中买方向银行缴存一定比例的承兑保证金，银行向买方签发以卖方为收款人的银行承兑汇票，买方将银行承兑汇票交付卖方作为货款，银行根据买方缴纳的保证金的一定比例向卖方签发提货单，卖方根据提货单向买方交付对应金额的货物，买方销售货物后，将货款再缴存为保证金。

在三方协议中，一般来说，银行的主要义务是及时签发承兑汇票并按约定方式将其交给卖方，卖方的主要义务是根据银行签发的提货单发货，并在买方未及时销售或者回赎货物时，就保证金与承兑汇票之间的差额部分承担责任。银行为保障自身利益，往往还会约定卖方要将货物交给由其指定的当事人监管，并设定质押，从而涉及监管协议以及流动质押等问题。实践中，当事人还可能在前述基本交易模式基础上另行作出其他约定，只要不违反法律、行政法规的效力性强制性规定，这些约定应当认定有效。

一方当事人因保兑仓交易纠纷提起诉讼的，人民法院应当以保兑仓交易合同作为审理案件的基本依据，但买卖双方没有真实买卖关系的除外。

69.【无真实贸易背景的保兑仓交易】保兑仓交易以买卖双方有真实买卖关系为前提。双方无真实买卖关系的，该交易属于名为保兑仓交易实为借款合同，保兑仓交易因构成虚伪意思表示而无效，被隐藏的借款合同是当事人的真实意思表示，如不存在其他合同无效情形，应当认定有效。保兑仓交易认定为借款合同关系的，不影响卖方和银行之间担保关系的效力，卖方仍应当承担担保责任。

70.【保兑仓交易的合并审理】当事人就保兑仓交易中的不同法律关系的相对方分别或者同时向同一人民法院起诉的，人民法院可以根据民事诉讼法司法解释第221条的规定，合并审理。当事人未起诉某一方当事人的，人民法院可以依职权追加未参加诉讼的当事人为第三人，以便查明相关事实，正确认定责任。

71.【让与担保】债务人或者第三人与债权人订立合同，约定将财产形式上转让至债权人名下，债务人到期清偿债务，债权人将该财产返还给债务人或第三人，债务人到期没有清偿债务，债权人可以对财产拍卖、变卖、折价偿还债权的，人民法院应当认定合同有效。合同如果约定债务人到期没有清偿债务，财产归债权人所有的，人民法院应当认定该部分约定无效，但不影响合同其他部分的效力。

当事人根据上述合同约定，已经完成财产权利变动的公示方式转让至债权人名下，债务人到期没有清偿债务，债权人请求确认财产归其所有的，人民法院不予支持，但债权人请求参照法律关于担保物权的规定对财产拍卖、变卖、折价优先偿还其债权的，人民法院依法予以支持。债务人因到期没有清偿债务，请求对该财产拍卖、变卖、折价偿还所欠债权人合同项下债务的，人民法院亦应依法予以支持。

五、关于金融消费者权益保护纠纷案件的审理

会议认为，在审理金融产品发行人、销售者以及金融服务提供者（以下简称卖方机构）与金融消费者之间因销售各类高风险等级金融产品和为金融消费者参与高风险等级投资活动提供服务而引发的民商事案件中，必须坚持“卖者尽责、买者自负”原则，将金融消费者是否充分了解相关金融产品、投资活动的性质及风险并在此基础上作出自主决定作为应当查明的案件基本事实，依法保护金融消费者的合法权益，规范卖方机构的经营行为，推动形成公开、公平、公正的市场环境和市场秩序。

72.【适当性义务】适当性义务是指卖方机构在向金融消费者推介、销售银行理财产品、保险投资产品、信托理财产品、券商集合理财计划、杠杆基金份额、期权及其他场外衍生品等高风险等级金融产品，以及为金融消费者参与融资融券、新三板、创业板、科创板、期货等高风险等级投资活动提供服务的过程中，必须履行的了解客户、了解产品、将适当的产品（或者服务）销售（或者提供）给适合的金融消费者等义务。卖方机构承担适当性义务的目的是为了确保金融消费者能够在充分了解相关金融产品、投资活动的性质及风险的基础上作出自主决定，并承受由此产生的收益和风险。在推介、销售高风险等级金融产品和提供高风险等级金融服务领域，适当性义务的履行是“卖者尽责”的主要内容，也是“买者自负”的前提和基础。

73.【法律适用规则】在确定卖方机构适当性义务的内容时，应当以合同法、证券法、证券投资基金法、信托法等法律规定的基本原则和国务院发布的规范性文件作为主要依据。相关部门在部门规章、规范性文件中对高风险等级金融产品的推介、销售，以及为金融消费者参与高风险等级投资活动提供服务作出的监管规定，与法律和国务院发布的规范性文件的规定不相抵触的，可以参照适用。

74.【责任主体】金融产品发行人、销售者未尽适当性义务，导致金融消费者在购买金融产品过程中遭受损失的，金融消费者既可以请求金融产品的发行人承担赔偿责任，也可以请求金融产品的销售者承担赔偿责任，还可以根据《民法总则》第167条的规定，请求金融产品的发行人、销售者共同承担连带赔偿责任。发行人、销售者请求人民法院明确各自的责任份额的，人民法院可以在判决发行人、销售者对金融消费者承担连带赔偿责任的同时，明确发行人、销售者在实际承担了赔偿责任后，有权向责任方追偿其应当承担的赔偿份额。

金融服务提供者未尽适当性义务，导致金融消费者在接受金融服务后参与高风险等级投资活动遭受损失的，金融消费者可以请求金融服务提供者承担赔偿责任。

75.【举证责任分配】在案件审理过程中，金融消费者应当对购买产品（或者接受服务）、遭受的损失等事实承担举证责任。卖方机构对其是否履行了适当性义务承担举证责任。卖方机构不能提供其已经建立了金融产品（或者服务）的风险评估及相应管理制度、对金融消费者的风险认知、风险偏好和风险承受能力进行了测试、向金融消费者告知产品（或者服务）的收益和主要风险因素等相关证据的，应当承担举证不能的法律后果。

76.【告知说明义务】告知说明义务的履行是金融消费者能够真正了解各类高风险等级金融产品或者高风险等级投资活动的投资风险和收益的关键，人民法院应当根据产品、投资活动的风险和金融消费者的实际情况，综合理性人能够理解的客观标准和金融消费者能够理解的主观标准来确定卖方机构是否已经履行了告知说明义务。卖方机构简单地以金融消费者手写了诸如“本人明确知悉可能存在本金损失风险”等内容主张其已经履行了告知说明义务，不能提供其他相关证据的，人民法院对其抗辩理由不予支持。

77.【损失赔偿数额】卖方机构未尽适当性义务导致金融消费者损失的，应当赔偿金融消费者所受的实际损失。实际

损失为损失的本金和利息，利息按照中国人民银行发布的同期同类存款基准利率计算。

金融消费者因购买高风险等级金融产品或者为参与高风险投资活动接受服务，以卖方机构存在欺诈行为为由，主张卖方机构应当根据《消费者权益保护法》第55条的规定承担惩罚性赔偿责任的，人民法院不予支持。卖方机构的行为构成欺诈的，对金融消费者提出赔偿其支付金钱总额的利息损失请求，应当注意区分不同情况进行处理：

（1）金融产品的合同文本中载明了预期收益率、业绩比较基准或者类似约定的，可以将其作为计算利息损失的标准；

（2）合同文本以浮动区间的方式对预期收益率或者业绩比较基准等进行约定，金融消费者请求按照约定的上限作为利息损失计算标准的，人民法院依法予以支持；

（3）合同文本虽然没有关于预期收益率、业绩比较基准或者类似约定，但金融消费者能够提供证据证明产品发行的广告宣传资料中载明了预期收益率、业绩比较基准或者类似表述的，应当将宣传资料作为合同文本的组成部分；

（4）合同文本及广告宣传资料中未载明预期收益率、业绩比较基准或者类似表述的，按照全国银行间同业拆借中心公布的贷款市场报价利率计算。

78.【免责事由】因金融消费者故意提供虚假信息、拒绝听取卖方机构的建议等自身原因导致其购买产品或者接受服务不适当，卖方机构请求免除相应责任的，人民法院依法予以支持，但金融消费者能够证明该虚假信息的出具系卖方机构误导的除外。卖方机构能够举证证明根据金融消费者的既往投资经验、受教育程度等事实，适当性义务的违反并未影响金融消费者作出自主决定的，对其关于应当由金融消费者自负投资风险的抗辩理由，人民法院依法予以支持。

六、关于证券纠纷案件的审理

（一）关于证券虚假陈述

会议认为，《最高人民法院关于审理证券市场因虚假陈述引发的民事赔偿案件的若干规定》施行以来，证券市场的发展出现了新的情况，证券虚假陈述纠纷案件的审理对司法能力提出了更高的要求。在案件审理过程中，对于需要借助其他学科领域的专业知识进行职业判断的问题，要充分发挥专家证人的作用，使得案件的事实认定符合证券市场的基本常识和普遍认知或者认可的经验法则，责任承担与侵权行为及其主观过错程度相匹配，在切实维护投资者合法权益的同时，通过民事责任追究实现震慑违法的功能，维护公开、公平、公正的资本市场秩序。

79.【共同管辖的案件移送】原告以发行人、上市公司以外的虚假陈述行为人为被告提起诉讼，被告申请追加发行人或者上市公司为共同被告的，人民法院应予准许。人民法院在追加后发现其他有管辖权的人民法院已先行受理因同一虚假陈述引发的民事赔偿案件的，应当按照民事诉讼法司法解释第36条的规定，将案件移送给先立案的人民法院。

80.【案件审理方式】案件审理方式方面，在传统的"一案一立、分别审理"的方式之外，一些人民法院已经进行了将部分案件合并审理、在示范判决基础上委托调解等改革，初步实现了案件审理的集约化和诉讼经济。在认真总结审判实践经验的基础上，有条件的地方人民法院可以选择个案以《民事诉讼法》第54条规定的代表人诉讼方式进行审理，逐步展开试点工作。就案件审理中涉及的适格原告范围认定、公告通知方式、投资者权利登记、代表人推选、执行款项的发放等具体工作，积极协调相关部门和有关方面，推动信息技术审判辅助平台和常态化、可持续的工作机制建设，保障投资者能够便捷、高效、透明和低成本地维护自身合法权益，为构建符合中国国情的证券民事诉讼制度积累审判经验，培养审判队伍。

81.【立案登记】多个投资者就同一虚假陈述向人民法院提起诉讼，可以采用代表人诉讼方式对案件进行审理的，人民法院在登记立案时可以根据原告起诉状中所描述的虚假陈述的数量、性质及其实施日、揭露日或者更正日等时间节点，将投资者作为共同原告统一立案登记。原告主张被告实施了多个虚假陈述的，可以分别立案登记。

82.【案件甄别及程序决定】人民法院决定采用《民事诉讼法》第54条规定的方式审理案件的，在发出公告前，应当先行就被告的行为是否构成虚假陈述，投资者的交易方向与诱多、诱空的虚假陈述是否一致，以及虚假陈述的实施日、揭露日或者更正日等案件基本事实进行审查。

83.【选定代表人】权利登记的期间届满后，人民法院应当通知当事人在指定期间内完成代表人的推选工作。推选不出代表人的，人民法院可以与当事人商定代表人。人民法院在提出人选时，应当将当事人诉讼请求的典型性和利益诉求的份额等作为考量因素，确保代表行为能够充分、公正地表达投资者的诉讼主张。国家设立的投资者保护机构以自己的名义提起诉讼，或者接受投资者的委托指派工作人员或者委托诉讼代理人参与案件审理活动的，人民法院可以商定该机构或者其代理的当事人作为代表人。

84.【揭露日和更正日的认定】虚假陈述的揭露和更正，是指虚假陈述被市场所知悉、了解，其精确程度并不以"镜像规则"为必要，不要求达到全面、完整、准确的程度。原则上，只要交易市场对监管部门立案调查、权威媒体刊载的揭露文章等信息存在着明显的反应，对一方主张市场已经知悉虚假陈述的抗辩，人民法院依法予以支持。

85.【重大性要件的认定】审判实践中，部分人民法院对重大性要件和信赖要件存在着混淆认识，以行政处罚认定的信息披露违法行为对投资者的交易决定没有影响为由否定违法行为的重大性，应当引起注意。重大性是指可能对投资者进行投资决策具有重要影响的信息，虚假陈述已经被监管部门行政处罚的，应当认为是具有重大性的违法行为。在案件审理过程中，对于一方提出的监管部门作出处罚决定的行为不具有重大性的抗辩，人民法院不予支持，同时应当向其释明，该抗辩并非民商事案件的审理范围，应当通过行政复议、行政诉讼加以解决。

（二）关于场外配资

会议认为，将证券市场的信用交易纳入国家统一监管的范围，是维护金融市场透明度和金融稳定的重要内容。不受监管的场外配资业务，不仅盲目扩张了资本市场信用交易的规模，也容易冲击资本市场的交易秩序。融资融券作为证券市场的主要信用交易方式和证券经营机构的核心业务之一，依法属于国家特许经营的金融业务，未经依法批准，任何单位和个人不得非法从事配资业务。

86.【场外配资合同的效力】从审判实践看，场外配资业务主要是指一些 P2P 公司或者私募类配资公司利用互联网信息技术，搭建起游离于监管体系之外的融资业务平台，将资金融出方、资金融入方即用资人和券商营业部三方连接起来，配资公司利用计算机软件系统的二级分仓功能将其自有资金或者以较低成本融入的资金出借给用资人，赚取利息收入的行为。这些场外配资公司所开展的经营活动，本质上属于只有证券公司才能依法开展的融资活动，不仅规避了监管部门对融资融券业务中资金来源、投资标的、杠杆比例等诸多方面的限制，也加剧了市场的非理性波动。在案件审理过程中，除依法取得融资融券资格的证券公司与客户开展的融资融券业务外，对其他任何单位或者个人与用资人的场外配资合同，人民法院应当根据《证券法》第 142 条、合同法司法解释（一）第 10 条的规定，认定为无效。

87.【合同无效的责任承担】场外配资合同被确认无效后，配资方依场外配资合同的约定，请求用资人向其支付约定的利息和费用的，人民法院不予支持。

配资方依场外配资合同的约定，请求分享用资人因使用配资所产生的收益的，人民法院不予支持。

用资人以其因使用配资导致投资损失为由请求配资方予以赔偿的，人民法院不予支持。用资人能够证明因配资方采取更改密码等方式控制账户使得用资人无法及时平仓止损，并据此请求配资方赔偿其因此遭受的损失的，人民法院依法予以支持。

用资人能够证明配资合同是因配资方招揽、劝诱而订立，请求配资方赔偿其全部或者部分损失的，人民法院应当综合考虑配资方招揽、劝诱行为的方式、对用资人的实际影响、用资人自身的投资经历、风险判断和承受能力等因素，判决配资方承担与其过错相适应的赔偿责任。

七、关于营业信托纠纷案件的审理

会议认为，从审判实践看，营业信托纠纷主要表现为事务管理信托纠纷和主动管理信托纠纷两种类型。在事务管理信托纠纷案件中，对信托公司开展和参与的多层嵌套、通道业务、回购承诺等融资活动，要以其实际构成的法律关系确定其效力，并在此基础上依法确定各方的权利义务。在主动管理信托纠纷案件中，应当重点审查受托人在“受人之托，忠人之事”的财产管理过程中，是否恪尽职守，履行了谨慎、有效管理等法定或者约定义务。

88.【营业信托纠纷的认定】信托公司根据法律法规以及金融监督管理部门的监管规定，以取得信托报酬为目的接受委托人的委托，以受托人身份处理信托事务的经营行为，属于营业信托。由此产生的信托当事人之间的纠纷，为营业信托纠纷。

根据《关于规范金融机构资产管理业务的指导意见》的规定，其他金融机构开展的资产管理业务构成信托关系的，当事人之间的纠纷适用信托法及其他有关规定处理。

89.【资产或者资产收益权转让及回购】信托公司在资金信托成立后，以募集的信托资金受让特定资产或者特定资产收益权，属于信托公司在资金依法募集后的资金运用行为，由此引发的纠纷不应当认定为营业信托纠纷。如果合同中约定由转让方或者其指定的第三方在一定期间后以交易本金加上溢价款等固定价款无条件回购的，无论转让方所转让的标的物是否真实存在、是否实际交付或者过户，只要合同不存在法定无效事由，对信托公司提出的由转让方或者其指定的第三方按约定承担责任的诉讼请求，人民法院依法予以支持。

当事人在相关合同中同时约定采用信托公司受让目标公司股权、向目标公司增资方式并以相应股权担保债权实现的，应当认定在当事人之间成立让与担保法律关系。当事人之间的具体权利义务，根据本纪要第 71 条的规定加以确定。

90.【劣后级受益人的责任承担】信托文件及相关合同将受益人区分为优先级受益人和劣后级受益人等不同类别，约定优先级受益人以其财产认购信托计划份额，在信托到期后，劣后级受益人负有对优先级受益人从信托财产获得利益与其投资本金及约定收益之间的差额承担补足义务，优先级受益人请求劣后级受益人按照约定承担责任的，人民法院依法予以支持。

信托文件中关于不同类型受益人权利义务关系的约定，不影响受益人与受托人之间信托法律关系的认定。

91.【增信文件的性质】信托合同之外的当事人提供第三方差额补足、代为履行到期回购义务、流动性支持等类似承诺文件作为增信措施，其内容符合法律关于保证的规定的，人民法院应当认定当事人之间成立保证合同关系。其内容不符合法律关于保证的规定的，依据承诺文件的具体内容确定相应的权利义务关系，并根据案件事实情况确定相应的民事责任。

92.【保底或者刚兑条款无效】信托公司、商业银行等金融机构作为资产管理产品的受托人与受益人订立的含有保证本息固定回报、保证本金不受损失等保底或者刚兑条款的合同，人民法院应当认定该条款无效。受益人请求受托人对其损失承担与其过错相适应的赔偿责任的,人民法院依法予以支持。

实践中,保底或者刚兑条款通常不在资产管理产品合同中明确约定,而是以“抽屉协议”或者其他方式约定,不管形式如何,均应认定无效。

93.【通道业务的效力】当事人在信托文件中约定,委托人自主决定信托设立、信托财产运用对象、信托财产管理运用处分方式等事宜,自行承担信托资产的风险管理责任和相应风险损失,受托人仅提供必要的事务协助或者服务,不承担主动管理职责的,应当认定为通道业务。《中国人民银行、中国银行保险监督管理委员会、中国证券监督管理委员会、国家外汇管理局关于规范金融机构资产管理业务的指导意见》第 22 条在规定“金融机构不得为其他金融机构的资产管理产品提供规避投资范围、杠杆约束等监管要求的通道服务”的同时,也在第 29 条明确按照“新老划断”原则,将过渡期设置为截止 2020 年底,确保平稳过渡。在过渡期内,对通道业务中存在的利用信托通道掩盖风险,规避资金投向、资产分类、拨备计提和资本占用等监管规定,或者通过信托通道将表内资产虚假出表等信托业务,如果不存在其他无效事由,一方以信托目的违法违规为由请求确认无效的,人民法院不予支持。至于委托人和受托人之间的权利义务关系,应当依据信托文件的约定加以确定。

94.【受托人的举证责任】资产管理产品的委托人以受托人未履行勤勉尽责、公平对待客户等义务损害其合法权益为由,请求受托人承担损害赔偿责任的,应当由受托人举证证明其已经履行了义务。受托人不能举证证明,委托人请求其承担相应赔偿责任的,人民法院依法予以支持。

95.【信托财产的诉讼保全】信托财产在信托存续期间独立于委托人、受托人、受益人各自的固有财产。委托人将其财产委托给受托人进行管理,在信托依法设立后,该信托财产即独立于委托人未设立信托的其他固有财产。受托人因承诺信托而取得的信托财产,以及通过对信托财产的管理、运用、处分等方式取得的财产,均独立于受托人的固有财产。受益人对信托财产享有的权利表现为信托受益权,信托财产并非受益人的责任财产。因此,当事人因其与委托人、受托人或者受益人之间的纠纷申请对存管银行或者信托公司专门账户中的信托资金采取保全措施的,除符合《信托法》第 17 条规定的情形外,人民法院不应当准许。已经采取保全措施的,存管银行或者信托公司能够提供证据证明该账户为信托账户的,应当立即解除保全措施。对信托公司管理的其他信托财产的保全,也应当根据前述规则办理。

当事人申请对受益人的受益权采取保全措施的,人民法院应当根据《信托法》第 47 条的规定进行审查,决定是否采取保全措施。决定采取保全措施的,应当将保全裁定送达受托人和受益人。

96.【信托公司固有财产的诉讼保全】除信托公司作为被告外,原告申请对信托公司固有资金账户的资金采取保全措施的,人民法院不应准许。信托公司作为被告,确有必要对其固有财产采取诉讼保全措施的,必须强化善意执行理念,防范发生金融风险。要严格遵守相应的适用条件与法定程序,坚决杜绝超标的执行。在采取具体保全措施时,要尽量寻求依法平等保护各方利益的平衡点,优先采取方便执行且对信托公司正常经营影响最小的执行措施,能采取“活封”“活扣”措施的,尽量不进行“死封”“死扣”。在条件允许的情况下,可以为信托公司预留必要的流动资金和往来账户,最大限度降低对信托公司正常经营活动的不利影响。信托公司申请解除财产保全符合法律、司法解释规定情形的,应当在法定期限内及时解除保全措施。

八、关于财产保险合同纠纷案件的审理

会议认为,妥善审理财产保险合同纠纷案件,对于充分发挥保险的风险管理和保障功能,依法保护各方当事人合法权益,实现保险业持续健康发展和服务实体经济,具有重大意义。

97.【未依约支付保险费的合同效力】当事人在财产保险合同中约定以投保人支付保险费作为合同生效条件,但对该生效条件是否为全额支付保险费约定不明,已经支付了部分保险费的投保人主张保险合同已经生效的,人民法院依法予以支持。

98.【仲裁协议对保险人的效力】被保险人和第三者在保险事故发生前达成的仲裁协议,对行使保险代位求偿权的保险人是否具有约束力,实务中存在争议。保险代位求偿权是一种法定债权转让,保险人在向被保险人赔偿保险金后,有权行使被保险人对第三者请求赔偿的权利。被保险人和第三者在保险事故发生前达成的仲裁协议,对保险人具有约束力。考虑到涉外民商事案件的处理常常涉及国际条约、国际惯例的适用,相关问题具有特殊性,故具有涉外因素的民商事纠纷案件中该问题的处理,不纳入本条规范的范围。

99.【直接索赔的诉讼时效】商业责任保险的被保险人给第三者造成损害,被保险人对第三者应当承担的赔偿责任确定后,保险人应当根据被保险人的请求,直接向第三者赔偿保险金。被保险人怠于提出请求的,第三者有权依据《保险法》第 65 条第 2 款的规定,就其应获赔偿部分直接向保险人请求赔偿保险金。保险人拒绝赔偿的,第三者请求保险人直接赔偿保险金的诉讼时效期间的起算时间如何认定,实务中存在争议。根据诉讼时效制度的基本原理,第三者请求保险人直接赔偿保险金的诉讼时效期间,自其知道或者应当知道向保险人的保险金赔偿请求权行使条件成就之日起计算。

九、关于票据纠纷案件的审理

会议认为,人民法院在审理票据纠纷案件时,应当注意区分票据的种类和功能,正确理解票据行为无因性的立法目的,在维护票据流通性功能的同时,依法认定票据行为的效力,依法确认当事人之间的权利义务关系以及保护合法持票人的权益,防范和化解票据融资市场风险,维护票据市场的交易安全。

100.【合谋伪造贴现申请材料的后果】贴现行的负责人或者有权从事该业务的工作人员与贴现申请人合谋,伪造贴现申请人与其前手之间具有真实的商品交易关系的合同、增值税专用发票等材料申请贴现,贴现行主张其享有票据权利的,人民法院不予支持。对贴现行因支付资金而产生的损失,按照基础关系处理。

101.【民间贴现行为的效力】票据贴现属于国家特许经营业务,合法持票人向不具有法定贴现资质的当事人进行“贴现”的,该行为应当认定无效,贴现款和票据应当相互返还。当事人不能返还票据的,原合法持票人可以拒绝返还贴现款。人民法院在民商事案件审理过程中,发现不具有法定资质的当事人以“贴现”为业的,因该行为涉嫌犯罪,应当将有关材料移送公安机关。民商事案件的审理必须以相关刑事案件的审理结果为依据的,应当中止诉讼,待刑事案件审结后,再恢复案件的审理。案件的基本事实无须以相关刑事案件的审理结果为依据的,人民法院应当继续审理。

根据票据行为无因性原理,在合法持票人向不具有贴现资质的主体进行“贴现”,该“贴现”人给付贴现款后直接将票据交付其后手,其后手支付对价并记载自己为被背书人后,又基于真实的交易关系和债权债务关系将票据进行背书转让的情形下,应当认定最后持票人为合法持票人。

102.【转贴现协议】转贴现是通过票据贴现持有票据的商业银行为了融通资金,在票据到期日之前将票据权利转让给其他商业银行,由转贴现行在收取一定的利息后,将转贴现款支付给持票人的票据转让行为。转贴现行提示付款被拒付后,依据转贴现协议的约定,请求未在票据上背书的转贴现申请人按照合同法律关系返还转贴现款并赔偿损失的,案由应当确定为合同纠纷。转贴现合同法律关系有效成立的,对于原告的诉讼请求,人民法院依法予以支持。当事人虚构转贴现事实,或者当事人之间不存在真实的转贴现合同法律关系的,人民法院应当向当事人释明按照真实交易关系提出诉讼请求,并按照真实交易关系和当事人约定本意依法确定当事人的责任。

103.【票据清单交易、封包交易案件中的票据权利】审判实践中,以票据贴现为手段的多链条融资模式引发的案件应当引起重视。这种交易俗称票据清单交易、封包交易,是指商业银行之间就案涉票据订立转贴现或者回购协议,附以票据清单,或者将票据封包作为质押,双方约定按照票据清单中列明的基本信息进行票据转贴现或者回购,但往往并不进行票据交付和背书。实务中,双方还往往再订立一份代保管协议,约定由原票据持有人代对方继续持有票据,从而实现合法、合规的形式要求。

出资银行仅以参与交易的单个或者部分银行为被告提起诉讼行使票据追索权,被告能够举证证明票据交易存在诸如不符合正常转贴现交易顺序的倒打款、未进行背书转让、票据未实际交付等相关证据,并据此主张相关金融机构之间并无转贴现的真实意思表示,抗辩出资银行不享有票据权利的,人民法院依法予以支持。

出资银行在取得商业承兑汇票后又将票据转贴现给其他商业银行,持票人向其前手主张票据权利的,人民法院依法予以支持。

104.【票据清单交易、封包交易案件的处理原则】在村镇银行、农信社等作为直贴行,农信社、农商行、城商行、股份制银行等多家金融机构共同开展以商业承兑汇票为基础的票据清单交易、封包交易引发的纠纷案件中,在商业承兑汇票的出票人等实际用资人不能归还票款的情况下,为实现纠纷的一次性解决,出资银行以实际用资人和参与交易的其他金融机构为共同被告,请求实际用资人归还本息、参与交易的其他金融机构承担与其过错相适应的赔偿责任的,人民法院依法予以支持。

出资银行仅以整个交易链条的部分当事人为被告提起诉讼的,人民法院应当向其释明,其应当申请追加参与交易的其他当事人作为共同被告。出资银行拒绝追加实际用资人为被告的,人民法院应当驳回其诉讼请求;出资银行拒绝追加参与交易的其他金融机构为被告的,人民法院在确定其他金融机构的过错责任范围时,应当将未参加诉讼的当事人应当承担的相应份额作为考量因素,相应减轻本案当事人的责任。在确定参与交易的其他金融机构的过错责任范围时,可以参照其收取的“通道费”“过桥费”等费用的比例以及案件的其他情况综合加以确定。

105.【票据清单交易、封包交易案件中的民刑交叉问题】人民法院在案件审理过程中,如果发现公安机关已经就实际用资人、直贴行、出资银行的工作人员涉嫌骗取票据承兑罪、伪造印章罪等立案侦查,一方当事人根据《最高人民法院关于在审理经济纠纷案件中涉及经济犯罪嫌疑若干问题的规定》第11条的规定申请将案件移送公安机关的,因该节事实对于查明出资银行是否为正当持票人,以及参与交易的其他金融机构的抗辩理由能否成立存在重要关联,人民法院应当将有关材料移送公安机关。民商事案件的审理必须以相关刑事案件的审理结果为依据的,应当中止诉讼,待刑事案件审结后,再恢复案件的审理。案件的基本事实无须以相关刑事案件的审理结果为依据的,人民法院应当继续案件的审理。

参与交易的其他商业银行以公安机关已经对其工作人员涉嫌受贿、伪造印章等犯罪立案侦查为由请求将案件移送公安机关的，因该节事实并不影响相关当事人民事责任的承担，人民法院应当根据《最高人民法院关于在审理经济纠纷案件中涉及经济犯罪嫌疑若干问题的规定》第10条的规定继续审理。

106.【恶意申请公示催告的救济】公示催告程序本为对合法持票人进行失票救济所设，但实践中却沦为部分票据出卖方在未获得票款情形下，通过伪报票据丧失事实申请公示催告、阻止合法持票人行使票据权利的工具。对此，民事诉讼法司法解释已经作出了相应规定。适用时，应当区别付款人是否已经付款等情形，作出不同认定：

（1）在除权判决作出后，付款人尚未付款的情况下，最后合法持票人可以根据《民事诉讼法》第223条的规定，在法定期限内请求撤销除权判决，待票据恢复效力后再依法行使票据权利。最后合法持票人也可以基于基础法律关系向其直接前手退票并请求其直接前手另行给付基础法律关系项下的对价。

（2）除权判决作出后，付款人已经付款的，因恶意申请公示催告并持除权判决获得票款的行为损害了最后合法持票人的权利，最后合法持票人请求申请人承担侵权损害赔偿责任的，人民法院依法予以支持。

十、关于破产纠纷案件的审理

会议认为，审理好破产案件对于推动高质量发展、深化供给侧结构性改革、营造稳定公平透明可预期的营商环境，具有十分重要的意义。要继续深入推进破产审判工作的市场化、法治化、专业化、信息化，充分发挥破产审判公平清理债权债务、促进优胜劣汰、优化资源配置、维护市场经济秩序等重要功能。一是要继续加大对破产保护理念的宣传和落实，及时发挥破产重整制度的积极拯救功能，通过平衡债权人、债务人、出资人、员工等利害关系人的利益，实现社会整体价值最大化；注重发挥和解程序简便快速清理债权债务关系的功能，鼓励当事人通过和解程序或者达成自行和解的方式实现各方利益共赢；积极推进清算程序中的企业整体处置方式，有效维护企业营运价值和职工就业。二是要推进不符合国家产业政策、丧失经营价值的企业主体尽快从市场退出，通过依法简化破产清算程序流程加快对“僵尸企业”的清理。三是要注重提升破产制度实施的经济效益，降低破产程序运行的时间和成本，有效维护企业营运价值，最大程度发挥各类要素和资源潜力，减少企业破产给社会经济造成的损害。四是要积极稳妥进行实践探索，加强理论研究，分步骤、有重点地推进建立自然人破产制度，进一步推动健全市场主体退出制度。

107.【继续推动破产案件的及时受理】充分发挥破产重整案件信息网的线上预约登记功能，提高破产案件的受理效率。当事人提出破产申请的，人民法院不得以非法定理由拒绝接收破产申请材料。如果可能影响社会稳定的，要加强府院协调，制定相应预案，但不应当以“影响社会稳定”之名，行消极不作为之实。破产申请材料不完备的，立案部门应当告知当事人在指定期限内补充材料，待材料齐备后以“破申”作为案件类型代字编制案号登记立案，并及时将案件移送破产审判部门进行破产审查。

注重发挥破产和解制度简便快速清理债权债务关系的功能，债务人根据《企业破产法》第95条的规定，直接提出和解申请，或者在破产申请受理后宣告破产前申请和解的，人民法院应当依法受理并及时作出是否批准的裁定。

108.【破产申请的不予受理和撤回】人民法院裁定受理破产申请前，提出破产申请的债权人的债权因清偿或者其他原因消灭的，因申请人不再具备申请资格，人民法院应当裁定不予受理。但该裁定不影响其他符合条件的主体再次提出破产申请。破产申请受理后，管理人以上述清偿符合《企业破产法》第31条、第32条为由请求撤销的，人民法院查实后应当予以支持。

人民法院裁定受理破产申请系对债务人具有破产原因的初步认可，破产申请受理后，申请人请求撤回破产申请的，人民法院不予准许。除非存在《企业破产法》第12条第2款规定的情形，人民法院不得裁定驳回破产申请。

109.【受理后债务人财产保全措施的处理】要切实落实破产案件受理后相关保全措施应予解除、相关执行措施应当中止、债务人财产应当及时交付管理人等规定，充分运用信息化技术手段，通过信息共享与整合，维护债务人财产的完整性。相关人民法院拒不解除保全措施或者拒不中止执行的，破产受理人民法院可以请求该法院的上级人民法院依法予以纠正。对债务人财产采取保全措施或者执行措施的人民法院未依法及时解除保全措施、移交处置权，或者中止执行程序并移交有关财产的，上级人民法院应当依法予以纠正。相关人员违反上述规定造成严重后果的，破产受理人民法院可以向人民法院纪检监察部门移送其违法审判责任线索。

人民法院审理企业破产案件时，有关债务人财产被其他具有强制执行权力的国家行政机关，包括税务机关、公安机关、海关等采取保全措施或者执行程序的，人民法院应当积极与上述机关进行协调和沟通，取得有关机关的配合，参照上述具体操作规程，解除有关保全措施，中止有关执行程序，以便保障破产程序顺利进行。

110.【受理后有关债务人诉讼的处理】人民法院受理破产申请后，已经开始而尚未终结的有关债务人的民事诉讼，在管理人接管债务人财产和诉讼事务后继续进行。债权人已经对债务人提起的给付之诉，破产申请受理后，人民法院应当继续审理，但是在判定相关当事人实体权利义务时，应当注意与企业破产法及其司法解释的规定相协调。

上述裁判作出并生效前，债权人可以同时向管理人申报债权，但其作为债权尚未确定的债权人，原则上不得行使表决权，除非人民法院临时确定其债权额。上述裁判生效后，债权人应当根据裁判认定的债权数额在破产程序中依法统一受偿，其对债务人享有的债权利息应当按照《企业破产法》第46条第2款的规定停止计算。

人民法院受理破产申请后，债权人新提起的要求债务人清偿的民事诉讼，人民法院不予受理，同时告知债权人应当向管理人申报债权。债权人申报债权后，对管理人编制的债权表记载有异议的，可以根据《企业破产法》第58条的规定提起债权确认之诉。

111.【债务人自行管理的条件】重整期间，债务人同时符合下列条件的，经申请，人民法院可以批准债务人在管理人的监督下自行管理财产和营业事务：

（1）债务人的内部治理机制仍正常运转；

（2）债务人自行管理有利于债务人继续经营；

（3）债务人不存在隐匿、转移财产的行为；

（4）债务人不存在其他严重损害债权人利益的行为。

债务人提出重整申请时可以一并提出自行管理的申请。经人民法院批准由债务人自行管理财产和营业事务的，企业破产法规定的管理人职权中有关财产管理和营业经营的职权应当由债务人行使。

管理人应当对债务人的自行管理行为进行监督。管理人发现债务人存在严重损害债权人利益的行为或者有其他不适宜自行管理情形的，可以申请人民法院作出终止债务人自行管理的决定。人民法院决定终止的，应当通知管理人接管债务人财产和营业事务。债务人有上述行为而管理人未申请人民法院作出终止决定的，债权人等利害关系人可以向人民法院提出申请。

112.【重整中担保物权的恢复行使】重整程序中，要依法平衡保护担保物权人的合法权益和企业重整价值。重整申请受理后，管理人或者自行管理的债务人应当及时确定设定有担保物权的债务人财产是否为重整所必需。如果认为担保物不是重整所必需，管理人或者自行管理的债务人应当及时对担保物进行拍卖或者变卖，拍卖或者变卖担保物所得价款在支付拍卖、变卖费用后优先清偿担保物权人的债权。

在担保物权暂停行使期间，担保物权人根据《企业破产法》第75条的规定向人民法院请求恢复行使担保物权的，人民法院应当自收到恢复行使担保物权申请之日起三十日内作出裁定。经审查，担保物权人的申请不符合第75条的规定，或者虽然符合该条规定但管理人或者自行管理的债务人有证据证明担保物是重整所必需，并且提供与减少价值相应担保或者补偿的，人民法院应当裁定不予批准恢复行使担保物权。担保物权人不服该裁定的，可以自收到裁定书之日起十日内，向作出裁定的人民法院申请复议。人民法院裁定批准行使担保物权的，管理人或者自行管理的债务人应当自收到裁定书之日起十五日内启动对担保物的拍卖或者变卖，拍卖或者变卖担保物所得价款在支付拍卖、变卖费用后优先清偿担保物权人的债权。

113.【重整计划监督期间的管理人报酬及诉讼管辖】要依法确保重整计划的执行和有效监督。重整计划的执行期间和监督期间原则上应当一致。二者不一致的，人民法院在确定和调整重整程序中的管理人报酬方案时，应当根据重整期间和重整计划监督期间管理人工作量的不同予以区别对待。其中，重整期间的管理人报酬应当根据管理人对重整发挥的实际作用等因素予以确定和支付；重整计划监督期间管理人报酬的支付比例和支付时间，应当根据管理人监督职责的履行情况，与债权人按照重整计划实际受偿比例和受偿时间相匹配。

重整计划执行期间，因重整程序终止后新发生的事实或者事件引发的有关债务人的民事诉讼，不适用《企业破产法》第21条有关集中管辖的规定。除重整计划有明确约定外，上述纠纷引发的诉讼，不再由管理人代表债务人进行。

114.【重整程序与破产清算程序的衔接】重整期间或者重整计划执行期间，债务人因法定事由被宣告破产的，人民法院不再另立新的案号，原重整程序的管理人原则上应当继续履行破产清算程序中的职责。原重整程序的管理人不能继续履行职责或者不适宜继续担任管理人的，人民法院应当依法重新指定管理人。

重整程序转破产清算案件中的管理人报酬，应当综合管理人为重整工作和清算工作分别发挥的实际作用等因素合理确定。重整期间因法定事由转入破产清算程序的，应当按照破产清算案件确定管理人报酬。重整计划执行期间因法定事由转入破产清算程序的，后续破产清算阶段的管理人报酬应当根据管理人实际工作量予以确定，不能简单根据债务人最终清偿的财产价值总额计算。

重整程序因人民法院裁定批准重整计划草案而终止的，重整案件可作结案处理。重整计划执行完毕后，人民法院可以根据管理人等利害关系人申请，作出重整程序终结的裁定。

115.【庭外重组协议效力在重整程序中的延伸】继续完善庭外重组与庭内重整的衔接机制，降低制度性成本，提高破产制度效率。人民法院受理重整申请前，债务人和部分债权人已经达成的有关协议与重整程序中制作的重整计划草案内容一致的，有关债权人对该协议的同意视为对该重整计划草案表决的同意。但重整计划草案对协议内容进行了修改并对有关债权人有不利影响，或者与有关债权人重大利益相关的，受到影响的债权人有权按照企业破产法的规定对重整计划草案重新进行表决。

116.【审计、评估等中介机构的确定及责任】要合理区分人民法院和管理人在委托审计、评估等财产管理工作中的职责。破产程序中确实需要聘请中介机构对债务人财产进行审计、评估的,根据《企业破产法》第28条的规定,经人民法院许可后,管理人可以自行公开聘请,但是应当对其聘请的中介机构的相关行为进行监督。上述中介机构因不当履行职责给债务人、债权人或者第三人造成损害的,应当承担赔偿责任。管理人在聘用过程中存在过错的,应当在其过错范围内承担相应的补充赔偿责任。

117.【公司解散清算与破产清算的衔接】要依法区分公司解散清算与破产清算的不同功能和不同适用条件。债务人同时符合破产清算条件和强制清算条件的,应当及时适用破产清算程序实现对债权人利益的公平保护。债权人对符合破产清算条件的债务人提起公司强制清算申请,经人民法院释明,债权人仍然坚持申请对债务人强制清算的,人民法院应当裁定不予受理。

118.【无法清算案件的审理与责任承担】人民法院在审理债务人相关人员下落不明或者财产状况不清的破产案件时,应当充分贯彻债权人利益保护原则,避免债务人通过破产程序不当损害债权人利益,同时也要避免不当突破股东有限责任原则。

人民法院在适用《最高人民法院关于债权人对人员下落不明或者财产状况不清的债务人申请破产清算案件如何处理的批复》第3款的规定,判定债务人相关人员承担责任时,应当依照企业破产法的相关规定来确定相关主体的义务内容和责任范围,不得根据公司法司法解释(二)第18条第2款的规定来判定相关主体的责任。

上述批复第3款规定的"债务人的有关人员不履行法定义务,人民法院可依据有关法律规定追究其相应法律责任",系指债务人的法定代表人、财务管理人员和其他经营管理人员不履行《企业破产法》第15条规定的配合清算义务,人民法院可以根据《企业破产法》第126条、第127条追究其相应法律责任,或者参照《民事诉讼法》第111条的规定,依法拘留,构成犯罪的,依法追究刑事责任;债务人的法定代表人或者实际控制人不配合清算的,人民法院可以依据《出境入境管理法》第12条的规定,对其作出不准出境的决定,以确保破产程序顺利进行。

上述批复第3款规定的"其行为导致无法清算或者造成损失",系指债务人的有关人员不配合清算的行为导致债务人财产状况不明,或者依法负有清算责任的人未依照《企业破产法》第7条第3款的规定及时履行破产申请义务,导致债务人主要财产、账册、重要文件等灭失,致使管理人无法执行清算职务,给债权人利益造成损害。"有关权利人起诉请求其承担相应民事责任",系指管理人请求上述主体承担相应损害赔偿责任并将因此获得的赔偿归入债务人财产。管理人未主张上述赔偿,个别债权人可以代表全体债权人提起上述诉讼。

上述破产清算案件被裁定终结后,相关主体以债务人主要财产、账册、重要文件等重新出现为由,申请对破产清算程序启动审判监督的,人民法院不予受理,但符合《企业破产法》第123条规定的,债权人可以请求人民法院追加分配。

十一、关于案外人救济案件的审理

案外人救济案件包括案外人申请再审、案外人执行异议之诉和第三人撤销之诉三种类型。修改后的民事诉讼法在保留案外人执行异议之诉及案外人申请再审的基础上,新设立第三人撤销之诉制度,在为案外人权利保障提供更多救济渠道的同时,因彼此之间错综复杂的关系也容易导致认识上的偏差,有必要厘清其相互之间的关系,以便正确适用不同程序,依法充分保护各方主体合法权益。

119.【案外人执行异议之诉的审理】案外人执行异议之诉以排除对特定标的物的执行为目的,从程序上而言,案外人依据《民事诉讼法》第227条提出执行异议被驳回的,即可向执行人民法院提起执行异议之诉。人民法院对执行异议之诉的审理,一般应当就案外人对执行标的物是否享有权利、享有什么样的权利、权利是否足以排除强制执行进行判断。至于是否作出具体的确权判项,视案外人的诉讼请求而定。案外人未提出确权或者给付诉讼请求的,不作出确权判项,仅在裁判理由中进行分析判断并作出是否排除执行的判项即可。但案外人既提出确权、给付请求,又提出排除执行请求的,人民法院对该请求是否支持、是否排除执行,均应当在具体判项中予以明确。执行异议之诉不以否定作为执行依据的生效裁判为目的,案外人如认为裁判确有错误的,只能通过申请再审或者提起第三人撤销之诉的方式进行救济。

120.【债权人能否提起第三人撤销之诉】第三人撤销之诉中的第三人仅局限于《民事诉讼法》第56条规定的有独立请求权及无独立请求权的第三人,而且一般不包括债权人。但是,设立第三人撤销之诉的目的在于,救济第三人享有的因不能归责于本人的事由未参加诉讼但因生效裁判文书内容错误受到损害的民事权益,因此,债权人在下列情况下可以提起第三人撤销之诉:

(1)该债权是法律明确给予特殊保护的债权,如《合同法》第286条规定的建设工程价款优先受偿权,《海商法》第22条规定的船舶优先权;

(2)因债务人与他人的权利义务被生效裁判文书确定,导致债权人本来可以对《合同法》第74条和《企业破产法》第31条规定的债务人的行为享有撤销权而不能行使的;

(3)债权人有证据证明,裁判文书主文确定的债权内容部分或者全部虚假的。

债权人提起第三人撤销之诉还要符合法律和司法解释规定的其他条件。对于除此之外的其他债权,债权人原则上不得提起第三人撤销之诉。

121.【必要共同诉讼漏列的当事人申请再审】民事诉讼法司法解释对必要共同诉讼漏列的当事人申请再审规定了两种不同的程序，二者在管辖法院及申请再审期限的起算点上存在明显差别，人民法院在审理相关案件时应予注意：

（1）该当事人在执行程序中以案外人身份提出异议，异议被驳回的，根据民事诉讼法司法解释第423条的规定，其可以在驳回异议裁定送达之日起6个月内向原审人民法院申请再审；

（2）该当事人未在执行程序中以案外人身份提出异议的，根据民事诉讼法司法解释第422条的规定，其可以根据《民事诉讼法》第200条第8项的规定，自知道或者应当知道生效裁判之日起6个月内向上一级人民法院申请再审。当事人一方人数众多或者当事人双方为公民的案件，也可以向原审人民法院申请再审。

122.【程序启动后案外人不享有程序选择权】案外人申请再审与第三人撤销之诉功能上近似，如果案外人既有申请再审的权利，又符合第三人撤销之诉的条件，对于案外人是否可以行使选择权，民事诉讼法司法解释采取了限制的司法态度，即依据民事诉讼法司法解释第303条的规定，按照启动程序的先后，案外人只能选择相应的救济程序：案外人先启动执行异议程序的，对执行异议裁定不服，认为原裁判内容错误损害其合法权益的，只能向作出原裁判的人民法院申请再审，而不能提起第三人撤销之诉；案外人先启动了第三人撤销之诉，即便在执行程序中又提出执行异议，也只能继续进行第三人撤销之诉，而不能依《民事诉讼法》第227条申请再审。

123.【案外人依据另案生效裁判对非金钱债权的执行提起执行异议之诉】审判实践中，案外人有时依据另案生效裁判所认定的与执行标的物有关的权利提起执行异议之诉，请求排除对标的物的执行。此时，鉴于作为执行依据的生效裁判与作为案外人提出执行异议依据的生效裁判，均涉及对同一标的物权属或给付的认定，性质上属于两个生效裁判所认定的权利之间可能产生的冲突，人民法院在审理执行异议之诉时，需区别不同情况作出判断：如果作为执行依据的生效裁判是确权裁判，不论作为执行异议依据的裁判是确权裁判还是给付裁判，一般不应据此排除执行，但人民法院应当告知案外人对作为执行依据的确权裁判申请再审；如果作为执行依据的生效裁判是给付标的物的裁判，而作为提出异议之诉依据的裁判是确权裁判，一般应据此排除执行，此时人民法院应告知其对该确权裁判申请再审；如果两个裁判均属给付标的物的裁判，人民法院需依法判断哪个裁判所认定的给付权利具有优先性，进而判断是否可以排除执行。

124.【案外人依据另案生效裁判对金钱债权的执行提起执行异议之诉】作为执行依据的生效裁判并未涉及执行标的物，只是执行中为实现金钱债权对特定标的物采取了执行措施。对此种情形，《最高人民法院关于人民法院办理执行异议和复议案件若干问题的规定》第26条规定了解决案外人执行异议的规则，在审理执行异议之诉时可以参考适用。依据该条规定，作为案外人提起执行异议之诉依据的裁判将执行标的物确权给案外人，可以排除执行；作为案外人提起执行异议之诉依据的裁判，未将执行标的物确权给案外人，而是基于不以转移所有权为目的的有效合同（如租赁、借用、保管合同），判令向案外人返还执行标的物的，其性质属于物权请求权，亦可以排除执行；基于以转移所有权为目的有效合同（如买卖合同），判令向案外人交付标的物的，其性质属于债权请求权，不能排除执行。

应予注意的是，在金钱债权执行中，如果案外人提出执行异议之诉依据的生效裁判认定以转移所有权为目的的合同（如买卖合同）无效或应当解除，进而判令向案外人返还执行标的物的，此时案外人享有的是物权性质的返还请求权，本可排除金钱债权的执行，但在双务合同无效的情况下，双方互负返还义务，在案外人未返还价款的情况下，如果允许其排除金钱债权的执行，将会使申请执行人既执行不到被执行人名下的财产，又执行不到本应返还给被执行人的价款，显然有失公允。为平衡各方当事人的利益，只有在案外人已经返还价款的情况下，才能排除普通债权人的执行。反之，案外人未返还价款的，不能排除执行。

125.【案外人系商品房消费者】实践中，商品房消费者向房地产开发企业购买商品房，往往没有及时办理房地产过户手续。房地产开发企业因欠债而被强制执行，人民法院在对尚登记在房地产开发企业名下但已出卖给消费者的商品房采取执行措施时，商品房消费者往往会提出执行异议，以排除强制执行。对此，《最高人民法院关于人民法院办理执行异议和复议案件若干问题的规定》第29条规定，符合下列情形的，应当支持商品房消费者的诉讼请求：一是在人民法院查封之前已签订合法有效的书面买卖合同；二是所购商品房系用于居住且买受人名下无其他用于居住的房屋；三是已支付的价款超过合同约定总价款的百分之五十。人民法院在审理执行异议之诉案件时，可参照适用此条款。

问题是，对于其中“所购商品房系用于居住且买受人名下无其他用于居住的房屋”如何理解，审判实践中掌握的标准不一。“买受人名下无其他用于居住的房屋”，可以理解为在案涉房屋同一设区的市或者县级市范围内商品房消费者名下没有用于居住的房屋。商品房消费者名下虽然已有1套房屋，但购买的房屋在面积上仍然属于满足基本居住需要的，可以理解为符合该规定的精神。

对于其中“已支付的价款超过合同约定总价款的百分之五十”如何理解，审判实践中掌握的标准也不一致。如果商品房消费者支付的价款接近于百分之五十，且已按照合同约定将剩余价款支付给申请执行人或者按照人民法院的要求交付执行的，可以理解为符合该规定的精神。

126.【商品房消费者的权利与抵押权的关系】根据《最高人民法院关于建设工程价款优先受偿权问题的批复》第1条、第2条的规定，交付全部或者大部分款项的商品房消费者的权利优先于抵押权人的抵押权，故抵押权人申请执行登记在房地产开发企业名下但已销售给消费者的商品房，消费者提出执行异议的，人民法院依法予以支持。但应当特别注意的是，此情况是针对实践中存在的商品房预售不规范现象为保护消费者生存权而作出的例外规定，必须严格把握条件，避免扩大范围，以免动摇抵押权具有优先性的基本原则。因此，这里的商品房消费者应当仅限于符合本纪要第125条规定的商品房消费者。买受人不是本纪要第125条规定的商品房消费者，而是一般的房屋买卖合同的买受人，不适用上述处理规则。

127.【案外人系商品房消费者之外的一般买受人】金钱债权执行中，商品房消费者之外的一般买受人对登记在被执行人名下的不动产提出异议，请求排除执行的，《最高人民法院关于人民法院办理执行异议和复议案件若干问题的规定》第28条规定，符合下列情形的依法予以支持：一是在人民法院查封之前已签订合法有效的书面买卖合同；二是在人民法院查封之前已合法占有该不动产；三是已支付全部价款，或者已按照合同约定支付部分价款且将剩余价款按照人民法院的要求交付执行；四是非因买受人自身原因未办理过户登记。人民法院在审理执行异议之诉案件时，可参照适用此条款。

实践中，对于该规定的前3个条件，理解并无分歧。对于其中的第4个条件，理解不一致。一般而言，买受人只要有向房屋登记机构递交过户登记材料，或向出卖人提出了办理过户登记的请求等积极行为的，可以认为符合该条件。买受人无上述积极行为，其未办理过户登记有合理的客观理由的，亦可认定符合该条件。

十二、关于民刑交叉案件的程序处理

会议认为，近年来，在民间借贷、P2P等融资活动中，与涉嫌诈骗、合同诈骗、票据诈骗、集资诈骗、非法吸收公众存款等犯罪有关的民商事案件的数量有所增加，出现了一些新情况和新问题。在审理案件时，应当依照《最高人民法院关于在审理经济纠纷案件中涉及经济犯罪嫌疑若干问题的规定》《最高人民法院关于审理非法集资刑事案件具体应用法律若干问题的解释》《最高人民法院最高人民检察院公安部关于办理非法集资刑事案件适用法律若干问题的意见》以及民间借贷司法解释等规定，处理好民刑交叉案件之间的程序关系。

128.【分别审理】同一当事人因不同事实分别发生民商事纠纷和涉嫌刑事犯罪，民商事案件与刑事案件应当分别审理，主要有下列情形：

(1)主合同的债务人涉嫌刑事犯罪或者刑事裁判认定其构成犯罪，债权人请求担保人承担民事责任的；

(2)行为人以法人、非法人组织或者他人名义订立合同的行为涉嫌刑事犯罪或者刑事裁判认定其构成犯罪，合同相对人请求该法人、非法人组织或者他人承担民事责任的；

(3)法人或者非法人组织的法定代表人、负责人或者其他工作人员的职务行为涉嫌刑事犯罪或者刑事裁判认定其构成犯罪，受害人请求该法人或者非法人组织承担民事责任的；

(4)侵权行为人涉嫌刑事犯罪或者刑事裁判认定其构成犯罪，被保险人、受益人或者其他赔偿权利人请求保险人支付保险金的；

(5)受害人请求涉嫌刑事犯罪的行为人之外的其他主体承担民事责任的。

审判实践中出现的问题是，在上述情形下，有的人民法院仍然以民商事案件涉嫌刑事犯罪为由不予受理，已经受理的，裁定驳回起诉。对此，应予纠正。

129.【涉众型经济犯罪与民商事案件的程序处理】2014年颁布实施的《最高人民法院最高人民检察院公安部关于办理非法集资刑事案件适用法律若干问题的意见》和2019年1月颁布实施的《最高人民法院最高人民检察院公安部关于办理非法集资刑事案件若干问题的意见》规定的涉嫌集资诈骗、非法吸收公众存款等涉众型经济犯罪，所涉人数众多、当事人分布地域广、标的额特别巨大、影响范围广，严重影响社会稳定，对于受害人就同一事实提起的以犯罪嫌疑人或者刑事被告人为被告的民事诉讼，人民法院应当裁定不予受理，并将有关材料移送侦查机关、检察机关或者正在审理该刑事案件的人民法院。受害人的民事权利保护应当通过刑事追赃、退赔的方式解决。正在审理民商事案件的人民法院发现有上述涉众型经济犯罪线索的，应当及时将犯罪线索和有关材料移送侦查机关。侦查机关作出立案决定前，人民法院应当中止审理；作出立案决定后，应当裁定驳回起诉；侦查机关未及时立案的，人民法院必要时可以将案件报请党委政法委协调处理。除上述情形人民法院不予受理外，要防止通过刑事手段干预民商事审判，搞地方保护，影响营商环境。

当事人因租赁、买卖、金融借款等与上述涉众型经济犯罪无关的民事纠纷，请求上述主体承担民事责任的，人民法院应予受理。

130.【民刑交叉案件中民商事案件中止审理的条件】人民法院在审理民商事案件时，如果民商事案件必须以相关刑事案件的审理结果为依据，而刑事案件尚未审结的，应当根据《民事诉讼法》第150条第5项的规定裁定中止诉讼。待刑事案件审结后，再恢复民商事案件的审理。如果民商事案件不是必须以相关的刑事案件的审理结果为依据，则民商事案件应当继续审理。

最高人民法院印发《关于建立法律适用分歧解决机制的实施办法》的通知

（2019 年 10 月 11 日　法发〔2019〕23 号）

各省、自治区、直辖市高级人民法院，解放军军事法院，新疆维吾尔自治区高级人民法院生产建设兵团分院，各专门人民法院，本院各业务部门：

《最高人民法院关于建立法律适用分歧解决机制的实施办法》已于 2019 年 9 月 9 日由最高人民法院审判委员会第 1776 次会议通过，自 2019 年 10 月 28 日起施行。现予以印发，请认真贯彻实施。

最高人民法院关于建立法律适用分歧解决机制的实施办法

为统一法律适用和裁判尺度，树立与维护人民法院裁判的公信力，根据《中华人民共和国法院组织法》和《最高人民法院关于完善人民法院司法责任制的若干意见》，结合人民法院工作实际，制定本办法。

第一条　最高人民法院审判委员会（以下简称审委会）是最高人民法院法律适用分歧解决工作的领导和决策机构。

最高人民法院审判管理办公室（以下简称审管办）、最高人民法院各业务部门和中国应用法学研究所（以下简称法研所）根据法律适用分歧解决工作的需要，为审委会决策提供服务与决策参考，并负责贯彻审委会的决定。

第二条　最高人民法院各业务部门、各高级人民法院、各专门人民法院在案件审理与执行过程中，发现存在以下情形的，应当向审管办提出法律适用分歧解决申请：

（一）最高人民法院生效裁判之间存在法律适用分歧的；

（二）在审案件作出的裁判结果可能与最高人民法院生效裁判确定的法律适用原则或者标准存在分歧的。

第三条　法研所在组织人民法院类案同判专项研究中，发现最高人民法院生效裁判之间存在法律适用分歧的，应当向审管办提出法律适用分歧解决申请。

第四条　提出法律适用分歧解决申请，应当包括以下材料：

（一）法律适用分歧解决申请书。申请书中应当提炼、总结存在法律适用分歧的法律问题；

（二）存在法律适用分歧的最高人民法院裁判文书或者案号；

（三）其他需要提交的材料。

材料中含有在审案件的，应当隐去当事人及其他可能影响案件公正审理的信息。

第五条　审管办收到法律适用分歧解决申请后，应当及时进行审查。符合立项条件的，应当立项并将有关材料送交法研所。

第六条　法研所收到审管办送交的材料后，应当在五个工作日内对申请书中涉及的法律适用分歧问题进行研究，形成初审意见后送交审管办。

第七条　审管办收到法研所送交的初审意见后，应当按照最高人民法院审判执行工作职能分工，将初审意见送交相应业务部门进行复审。

第八条　最高人民法院相应业务部门收到上述材料后，应当及时组织研究，形成复审意见后送交审管办。必要时可以组织专家进行论证。

第九条　审管办收到业务部门的复审意见后，应当及时报请院领导提请审委会就法律适用分歧问题进行讨论。

第十条　审委会对法律适用分歧问题进行讨论，作出决定后，审管办应当及时将决定反馈给法律适用分歧解决申请报送单位，并按照该法律适用分歧问题及决定的性质提出发布形式与发布范围的意见，报经批准后予以落实。

第十一条　审委会关于法律适用分歧作出的决定，最高人民法院各业务部门、地方各级人民法院、各专门人民法院在审判执行工作中应当参照执行。

第十二条　本办法自 2019 年 10 月 28 日起施行。

最高人民法院关于建设一站式多元解纷机制　一站式诉讼服务中心的意见

（2019 年 7 月 31 日）

为深化司法体制综合配套改革，全面建设现代化诉讼服务体系，进一步增强人民法院解决纠纷和服务群众的能力水平，现就建设一站式多元解纷机制、一站式诉讼服务中心，提出如下意见。

一、总体要求

1. 坚持以习近平新时代中国特色社会主义思想为指导，深入贯彻落实习近平总书记全面依法治国新理念新思想新战略，坚持党对人民法院工作的绝对领导，坚持司法为民、公正司法，全面建设集约高效、多元解纷、便民利民、智慧精准、开放互动、交融共享的现代化诉讼服务体系，推动纠纷解决和诉讼服务理念更新、机制变革，实现一站式多元解纷、一站式诉讼服务，努力让人民群众在每一个司法案件中感受到公平正义。

2. 坚持以人民为中心。加大司法便民利民惠民工作力度，为人民群众提供丰富快捷的纠纷解决渠道和一站式高品质的诉讼服务，全方位提升人民群众的获得感、幸福感、安全感。

3. 坚持法治保障。在法治轨道上统筹各方面资源力量参与社会治理活动，化解矛盾纠纷，强化司法对多元化纠纷解决机制的保障作用，促进全社会形成办事依法、遇事找法、解决问题用法、化解矛盾靠法的良好法治环境。

4. 坚持问题导向和需求导向。聚焦突出矛盾问题，满足多元司法需求，推动形成分层递进、繁简结合、衔接配套的一站式多元解纷机制，加快建设立体化集约化信息化的一站式诉讼服务中心，增强多元解纷和诉讼服务的精准性、协同性、实效性。

5. 坚持改革创新。落实党中央关于司法体制综合配套改革的决策部署，加强联动融合，重塑诉讼格局，提升程序效能，形成符合中国国情、体现司法规律、引领时代潮流的中国特色纠纷解决和诉讼服务新模式。

6. 到 2020 年底，全国法院一站式多元解纷机制基本健全，一站式诉讼服务中心全面建成。普遍开通网上立案功能，全面推行跨域立案服务。中级、基层人民法院建立由多数法官办理少数疑难复杂案件，少数法官解决多数简单案件的工作格局。

二、工作措施

7. 主动融入党委和政府领导的诉源治理机制建设。切实发挥人民法院在诉源治理中的参与、推动、规范和保障作用，推动工作向纠纷源头防控延伸。主动做好与党委政府创建“无讼”乡村社区、一体化矛盾纠纷解决中心、行政争议调解中心工作对接，支持将诉源治理纳入地方平安建设考评体系。加强对非诉讼方式解决纠纷的支持、指导和规范。强化人民法庭就地预防化解矛盾纠纷功能，主动融入基层解纷网络建设，做好与基层党组织、政法单位、自治组织的对接。普遍建立诉讼服务站、法官联络点，加强巡回服务、上门服务，为辖区内基层自治组织解决纠纷提供培训指导，从源头上减少矛盾纠纷。强化司法大数据对矛盾风险态势发展的评估和预测预警作用，提前防控化解重大矛盾风险。

8. 完善诉前多元解纷联动衔接机制。联合有关部门出台推进多元解纷文件，加强与调解、仲裁、公证、行政复议的程序衔接，健全完善行政裁决救济程序衔接机制。畅通与工会、共青团、妇联、法学会、行政机关、仲裁机构、公证机构、行业协会、行业组织、商会等对接渠道，加强数据协同共享，指派专人开展联络工作。促进建立调解前置机制，发挥人民调解、行政调解、律师调解、行业调解、专业调解、商会调解等诉前解纷作用。加强调解协议司法确认工作，进一步完善司法确认程序，探索建立司法确认联络员机制，推动司法确认全面对接人民调解等线上平台，实现人民调解司法确认的快立快办。

9. 建设类型化专业化调解平台。根据地区纠纷类型和特点，在诉讼服务中心按需建立婚姻家庭、道路交通、物业纠纷、劳动争议、医疗纠纷、银行保险、证券期货、知识产权、涉侨涉外等专业化调解工作室。支持工商联和商会组织调解涉企纠纷。鼓励建立以调解员、法官个人命名的调解工作室。推广建立律师调解工作室。健全特邀调解员和特邀调解组织名册，加强对调解人员培训、指导和管理。

10. 完善诉调一体对接机制。促进诉调对接实质化。建立由法官、法官助理、书记员及调解员组成的调解速裁团队，及时做好调解指导，强化诉调统筹衔接，做到能调则调，当判则判。对起诉到法院的纠纷，释明各类解纷方式优势特点，提供智能化风险评估服务，宣传诉讼费减免政策，按照自愿、合法原则，引导鼓励当事人选择非诉讼方式解决纠纷。对能够通过行政裁决解决的，引导当事人依法通过行政裁决解决；对适宜调解且当事人同意的，开展立案前先行调解。调解成功、需要出具法律文书的，由调解速裁团队法官依法办理；调解不成的，调解员应当固定无争议事实，协助做好送达地址确认等工作。明确诉前调解时限，规范调解不成后的立案和繁简分流程序。建立诉前调解案件管理系统，做到逐案登记、全程留痕、动态管理，并将诉前调解工作量纳入考核统计范围。

11. 完善“分调裁审”机制。普遍开展一审案件繁简分流工作，探索二审案件的繁简分流。设立程序分流员负责调裁分流和繁简分流。完善民商事、行政案件繁简分流标准，根据案由、诉讼主体、诉讼请求、法律关系、诉讼程序等要素，确定简案范围。普遍应用系统算法加人工识别，实现精准分流。在诉讼服务中心配备速裁法官或团队，综合运用督促程序、司法确认程序、小额诉讼程序、简易程序、普通程序等，从简从快审理简单案件。建立简案速裁快审配套机制。推进诉讼程序简捷化，实行类案集中办理，建立示范诉讼模式，制作类案文书模板，全面运用智能语音、网上审理等方式，提升审理效率。建立健全程序转换机制，指定专门团队承接简转繁案件办理工作，畅通案件流转渠道。

12. 推动建设应用在线调解平台。全面开展在线调解工作，加快各地法院审判流程管理系统或者自建调解平台与最高人民法院在线调解平台对接，实现本地区解纷资源全部汇聚在网上，做到调解数据网上流转，为当事人提供在线咨询评估、调解、确认、分流、速裁快审等一站式解纷服务。

13. 健全立体化诉讼服务渠道。打造“厅网线巡”为一体的诉讼服务中心，通过诉讼服务大厅、诉讼服务网、移动终端、12368 诉讼服务热线、巡回办理等多种渠道，为当事人提供一站通办、一网通办、一号通办、一次通办的诉讼服务。

14. 加强诉讼服务规范化、标准化建设。以“一次办好”为目标，全面梳理服务项目清单，逐项制定标准化工作规程和一次性办理服务指南，并向社会公开，规范服务流程，提升服务质量，明确权责关系，以标准化促进诉讼服务普惠化、便捷化，推动实现同一诉讼服务事项的无差别受理、同标准办理。

15. 拓展全方位诉讼服务功能。为当事人提供诉讼指引类、便民服务类、诉讼辅助类、纠纷解决类、提高效率类、审判事务类等诉讼服务。设立诉讼引导和辅导区，配备引导员，张贴诉讼事项办理流程图或服务指南二维码，提供类案诉状模板。为检察官、律师、人民调解员、公证员、司法鉴定人员、志愿者等开辟专门通道，设立当事人休息等候区以及检察官、律师办公休息场所，为残疾人士设立无障碍通道和无障碍设施。建设面向社会的普法宣传教育阵地，打造文化诉讼服务中心。

16. 深化案件"当场立、自助立、网上立、就近立"改革。严格落实立案登记制改革要求，对符合受理条件的起诉原则上当场立案。建立立案材料公示清单，按照案由分别公示立案需要的全部材料，推动"一次办结"。普遍推行自助立案服务，安排专人辅导，建立快速办理通道，减少当事人排队等候时间。全面实行网上立案，做到凡是能网上立案的案件，应上尽上。对当事人选择网上立案的，除确有必要现场提交材料外，一律网上办理。对当事人选择现场提交立案申请的，不得强制网上立案。普遍推行跨域立案服务，设立专门服务窗口，建立就近受理申请、管辖权属不变、数据网上流转的联动办理机制，实现就近能立、多点可立、少跑快立。

17. 完善集约化诉讼服务机制。推动将扫描装订、卷宗流转等辅助性、事务性工作集中到诉讼服务中心，实行集约管理。建立集约送达机制，全面应用人民法院统一送达平台。配备专门送达团队，负责预约送达、直接送达、留置送达、邮寄送达、委托送达、转交送达、代收送达、公告送达等送达实施事务。创新保全、委托鉴定集约服务模式。设立保全、委托鉴定统一服务窗口，完善业务标准，推动开展网上保全，优化保全联动机制。加强与司法鉴定管理部门工作衔接，做好与鉴定机构信息系统对接，实现对鉴定工作全程监督。

18. 加强涉诉信访工作。畅通信访渠道，规范网上申诉办理程序，完善四级法院联动视频接访机制，推动实质性解决信访诉求。建立健全党委领导下多部门会商机制，发挥律师等社会第三方参与化解和代理申诉作用，加强数据共享和业务协同，形成信访化解合力。深化涉诉信访信息系统应用，实现与执行申诉信访系统互联互通，对来访来信数据逐件逐次录入、统一管理、全程留痕。

19. 完善内外联动的诉讼服务协作机制。打通人民法院诉讼服务中心与公安检察机关、行政机关、人民团体、行业协会、企业组织、居（村）委会之间的信息渠道，拓展公证参与人民法院司法辅助事务，在送达、调解、鉴定、执行等方面形成工作合力。建立各地法院之间的诉讼服务协作机制，在提交申请、材料收转、文书送达等方面共享信息资源，不断扩大跨域诉讼服务范围。

20. 完善社会化服务机制。将能够由社会第三方辅助完成以及能够外包的服务性工作全部剥离出来，通过购买服务，由社会化专业化团队开展。进一步规范购买社会服务的种类、性质和内容。完善社会力量参与诉讼服务机制，引入专家学者、律师、心理学家、公证员、鉴定员、志愿者等第三方，为人民群众提供多元服务。加强与高校对接，为在校学生参与司法实践活动提供广阔平台。

21. 推动智慧诉讼服务建设。打造依托大数据、云计算、人工智能、物联网等信息技术，贯通大厅、热线、网络、移动端，通办诉讼全程业务的"智慧诉讼服务"新模式。扩展网上服务功能，全面应用中国移动微法院，打通当事人身份认证通道，提供网上引导、立案、交退费、查询、咨询、阅卷、保全、庭审、申诉等一站式服务。加强律师服务平台建设，提供网上立案、查询、阅卷、材料提交、联系法官、证据交换、调解、开庭、代理申诉、申请执行等服务。在诉讼服务大厅配备便民服务一体机等智能化设备。完善12368诉讼服务热线智能问答系统。推动"厅网线巡"服务平台一体化建设，实现信息资源的互联互通、自动关联，为人民群众提供标准一致、数据同源的诉讼服务。深度挖掘立案、调解、速裁、信访等信息资源，开展全数据分析，科学研判各类矛盾纠纷发展态势和审判执行质效情况，为国家治理、社会治理和党委政府决策提供参考。加强诉讼服务网络信息安全防护体系建设，实现内外网信息可靠交换与安全共享。

22. 加大诉讼服务指导中心信息平台建设应用力度。强化诉讼服务指导中心信息平台大数据集成功能。聚焦多元解纷、登记立案、"分调裁审"、审判辅助、涉诉信访五项内容，围绕建机制、定规则、搭平台、推应用四个环节，实现四级法院诉讼服务信息资源自动化汇聚和大数据管理。整合分散、独立的诉讼服务应用系统，统一接入信息平台。做好与审判、执行、信访等系统对接，加强与调解组织、仲裁机构等互联互通，实现案件信息、调解员信息等数据共享。加快推动高级人民法院建立本地区信息平台。建立质效评估体系，实现对各地法院诉讼服务的可视化展示和可量化评估。

三、组织实施

23. 坚持党的领导。在党委及其政法委的领导下，加强与政府等有关部门沟通协调，解决在机构、人员方面的困难，形成稳定的财政投入机制，为购买社会化服务提供经费保障。积极推动相关立法，提供有力制度支持。

24. 加强组织保障。落实一把手负责制。成立本地区工作领导小组，做好重大事项统筹协调工作。加大对诉讼服务场所升级、信息化建设的经费保障力度。明确立案庭（诉讼服务中心）作为诉讼服务事项管理机构的职能定位，实现归口管理。建立各相关部门主动支持、协同配合的工作格局。根据审级、岗位特点建立分类考核制度，将案件办理、立案信访、管理协调及其他事务性工作纳入考核范围。

25. 加强人才队伍保障。配备必要的员额法官和充足的法官助理，开展立案、调解、速裁快审等工作。充实司法辅助人员和聘用制人员，开展诉讼引导、咨询查询、材料收转等辅助性、事务性工作。配备一定数量的司法警察、警务辅助人员和安保人员，负责安全保卫等工作。全面加强司法能力建设，开展类型化培训，提升专业水平。

26. 抓好目标落实。各地法院要根据本意见的目标任务，加快制定本地区落实细则，明确完成时间表、路线图和责任链。上级法院要通过运用信息平台大数据管理功能，开展督导检查、满意度调查等，强化对下检查指导。对落实到位、积极作为的，通报表扬。对工作落后、消极懈怠、进展缓慢的，督促整改。

27. 加大宣传推广。通过报纸杂志、电视网站、微博微信、新闻客户端等各类媒体，全面宣传多元解纷和诉讼服务的典型经验和做法，及时回应社会关切，自觉接受社会监督，广泛凝聚社会共识，营造良好氛围。

最高人民检察院司法解释工作规定

（2006年4月18日最高人民检察院第十届检察委员会第五十三次会议通过　2015年12月16日最高人民检察院第十二届检察委员会第四十五次会议第一次修订　2019年3月20日最高人民检察院第十三届检察委员会第十六次会议第二次修订　2019年5月13日印发）

第一章　一般规定

第一条　为加强和规范司法解释工作，统一法律适用标准，维护司法公正，根据《中华人民共和国人民检察院组织法》《全国人民代表大会常务委员会关于加强法律解释工作的决议》等法律规定，结合检察工作实际，制定本规定。

第二条　人民检察院在检察工作中具体应用法律的问题，由最高人民检察院作出司法解释。

地方人民检察院、专门人民检察院不得制定司法解释和司法解释性质文件。

第三条　司法解释应当主要针对具体的法律条文，并符合立法的目的、原则和原意。

第四条　司法解释工作应当依法接受全国人民代表大会及其常务委员会的监督。

全国人民代表大会及其常务委员会认为司法解释违反法律规定的，最高人民检察院应当及时予以修改或者废止。

研究制定司法解释过程中，对于法律规定需要进一步明确具体含义，或者法律制定后出现新情况，需要明确适用法律依据的，最高人民检察院应当向全国人民代表大会常务委员会提出法律解释的要求或者提出制定、修改有关法律的议案。

第五条　最高人民检察院制定并发布的司法解释具有法律效力。人民检察院在起诉书、抗诉书、检察建议书等法律文书中，需要引用法律和司法解释的，应当先援引法律，后援引司法解释。

第六条　司法解释采用"解释""规则""规定""批复""决定"等形式，统一编排最高人民检察院司法解释文号。

对检察工作中如何具体应用某一法律或者对某一类案件、某一类问题如何应用法律制定的司法解释，采用"解释""规则"的形式。

对检察工作中需要制定的办案规范、意见等司法解释，采用"规定"的形式。

对省级人民检察院（包括解放军军事检察院、新疆生产建设兵团人民检察院）就检察工作中具体应用法律问题的请示制定的司法解释，采用"批复"的形式。

修改或者废止司法解释，采用"决定"的形式。

第七条　对于同时涉及检察工作和审判工作中具体应用法律的问题，最高人民检察院应当商请最高人民法院联合制定司法解释。对于最高人民法院商请最高人民检察院联合制定司法解释的，最高人民检察院应当及时研究，提出意见。

最高人民检察院与最高人民法院联合制定的司法解释需要修改、补充或者废止的，应当与最高人民法院协商。

第八条　司法解释的研究起草工作由最高人民检察院法律政策研究室和各检察厅分别负责。法律政策研究室主要负责涉及多部门业务的综合性司法解释的研究起草工作，各检察厅主要负责本部门业务范围的司法解释的研究起草工作。

司法解释的立项、审核、编号、备案、清理等工作由法律政策研究室负责。

地方人民检察院、专门人民检察院应当配合最高人民检察院法律政策研究室和各检察厅做好司法解释有关工作。

第二章　司法解释的立项

第九条　制定司法解释，应当立项。

最高人民检察院制定司法解释的立项来源包括：

（一）最高人民检察院检察委员会关于制定司法解释的决定；

（二）最高人民检察院检察长关于制定司法解释的批示；

（三）最高人民检察院法律政策研究室、各检察厅提出制定司法解释的建议；

（四）省级人民检察院向最高人民检察院提出制定司法解释的请示；

（五）全国人大代表、全国政协委员提出制定司法解释的建议或者提案；

（六）有关机关、社会团体或者其他组织以及公民提出制定司法解释的建议；

（七）最高人民检察院认为需要制定司法解释的其他情形。

省级以下人民检察院认为需要制定司法解释的，应当层报省级人民检察院，由省级人民检察院审查决定是否向最高人民检察院提出请示。

第十条　最高人民检察院检察委员会决定制定司法解释或者最高人民检察院检察长批示制定司法解释的，由最高人民检察院法律政策研究室直接立项。

其他制定司法解释的立项建议，由最高人民检察院法律政策研究室提出审查意见，报检察长决定。

第十一条 各检察厅需要制定司法解释的，应当于每年年底前提出下一年度的立项建议。

根据工作需要，临时制定司法解释的，应当及时提出立项建议。

第十二条 法律政策研究室根据立项情况，于每年年初起草本年度司法解释工作计划，报检察长决定提交检察委员会审议。

根据工作需要，经检察长或者检察委员会决定，可以对司法解释工作计划进行补充或者调整。

第十三条 司法解释应当按照年度工作计划完成。不能按照年度工作计划完成的，司法解释起草部门应当及时作出书面说明，由法律政策研究室提出是否继续立项的意见，报检察长决定。

第三章 司法解释的起草、审核

第十四条 已经立项的司法解释，起草部门应当及时开展调研起草工作，形成司法解释意见稿。

第十五条 司法解释意见稿应当报送全国人民代表大会相关专门委员会或者全国人民代表大会常务委员会相关工作机构征求意见。

司法解释意见稿应当征求有关机关以及地方人民检察院、专门人民检察院的意见；根据情况，可以征求人大代表、政协委员以及专家学者等的意见。

涉及广大人民群众切身利益的司法解释，经检察长决定，可以在报纸、互联网等媒体上公开征求意见。

第十六条 司法解释起草部门在征求意见和对司法解释意见稿进行修改完善后，认为可以提交检察委员会审议的，应当形成司法解释送审稿，撰写起草说明，附典型案例等相关材料，经分管副检察长同意，送法律政策研究室审核。

第十七条 司法解释送审稿的起草说明包括以下内容：

（一）立项来源和背景；

（二）研究起草和修改过程；

（三）司法解释送审稿的逐条说明，包括各方面意见、争议焦点、起草部门研究意见和理由；

（四）司法解释通过后进行发布和培训的工作方案。

第十八条 法律政策研究室应当对司法解释送审稿及其起草说明进行审核。认为需要进一步修改、补充、论证的，提出书面意见，退回起草部门。

认为需要征求有关机关意见的，报分管副检察长批准，以最高人民检察院或者最高人民检察院办公厅名义征求意见。

认为可以提交检察委员会审议的，形成司法解释审议稿，报检察长决定提交检察委员会审议。

第四章 检察委员会审议

第十九条 最高人民检察院发布的司法解释应当经最高人民检察院检察委员会审议通过。

检察委员会审议司法解释，由法律政策研究室汇报，起草部门说明相关问题，回答委员询问。

第二十条 对检察委员会审议通过的司法解释，法律政策研究室根据审议意见对司法解释审议稿进行修改后，报检察长签发。

第二十一条 检察委员会经审议，认为制定司法解释的条件尚不成熟的，可以决定进一步研究论证或者撤销立项。

第五章 司法解释的发布、备案

第二十二条 最高人民检察院的司法解释以最高人民检察院公告的形式，在《最高人民检察院公报》和最高人民检察院官方网站公布。

第二十三条 司法解释以最高人民检察院发布公告的日期为生效时间。司法解释另有规定的除外。

第二十四条 司法解释应当自公布之日起三十日以内报送全国人民代表大会常务委员会备案。

第六章 其他相关工作

第二十五条 最高人民检察院法律政策研究室应当对地方人民检察院和专门人民检察院执行司法解释的情况和效果进行检查评估，检查评估情况向检察长或者检察委员会报告。

第二十六条 法律制定、修改、废止后，相关司法解释与现行法律规定相矛盾的内容自动失效；最高人民检察院对相关司法解释应当及时予以修改或者废止。

第二十七条 最高人民检察院定期对司法解释进行清理，并对现行有效的司法解释进行汇编。司法解释清理参照司法解释制定程序的相关规定办理。

司法解释清理情况应当及时报送全国人民代表大会常务委员会。

第二十八条 本规定自印发之日起施行。

最高人民法院关于公开民商事案件相关信息的通知

（2019年2月3日 法〔2019〕36号）

各省、自治区、直辖市高级人民法院，解放军军事法院，新疆维吾尔自治区高级人民法院生产建设兵团分院：

为贯彻落实《最高人民法院关于进一步深化司法公开的意见》，进一步加大民商事案件相关信息公开力度，营造更加稳定公平透明、可预期的营商环境，现就深化司法公开相关工作通知如下：

一、扩大民商事案件司法公开的范围

各高级人民法院要充分利用现有的司法公开平台或者开辟专门司法公开平台，主动向社会公开辖区内各级人民法院民商事案件平均审理天数、结案率等信息。

各级人民法院要积极探索向当事人公开未按审限要求审结的民商事待结案件预期审理期限。因法院无法掌控的客观原因难以确定具体审理期限的，可暂不予公开。待客观原因消除后，仍应予以公开。

二、把握民商事案件司法公开时间节点

民商事案件平均审理天数、结案率等相关信息尽可能通过计算机程序自动抓取、实时更新，条件暂不具备的高级人民法院更新最低频率不低于每季度一次。

民商事待结案件预期审理期限原则上应当在审限届满之日起公开，因法院无法掌控的客观原因难以确定具体审理期限的，应当在客观原因消除之日起及时公开，实时更新。

三、落实审判流程信息公开具体要求

北京、上海两地高级人民法院确保在2019年2月中旬前完成该项工作，其他高级人民法院视本地区情况尽快完成该项工作，最迟在2019年年底前完成。工作完成后，各高级人民法院及时将情况报告我院。

最高人民法院、全国工商联印发《关于发挥商会调解优势　推进民营经济领域纠纷多元化解机制建设的意见》的通知

（2019年1月14日　法〔2019〕11号）

各省、自治区、直辖市高级人民法院、工商联，新疆维吾尔自治区高级人民法院生产建设兵团分院、新疆生产建设兵团工商联：

为深入贯彻落实习近平新时代中国特色社会主义思想，运用法治手段服务保障民营经济健康发展，构建共建共治共享的社会治理格局，现将《关于发挥商会调解优势 推进民营经济领域纠纷多元化解机制建设的意见》予以印发，请认真贯彻执行。各地可结合实际，制定具体实施意见。执行过程中遇到的问题，请及时层报最高人民法院、全国工商联。

关于发挥商会调解优势　推进民营经济领域纠纷多元化解机制建设的意见

为深入贯彻落实习近平新时代中国特色社会主义思想，运用法治手段服务保障民营经济健康发展，构建共建共治共享的社会治理格局，根据中共中央办公厅、国务院办公厅《关于完善矛盾纠纷多元化解机制的意见》《关于促进工商联所属商会改革和发展的实施意见》和最高人民法院《关于人民法院进一步深化多元化纠纷解决机制改革的意见》，现就发挥商会调解优势，加强诉调对接工作，推进民营经济领域纠纷多元化解机制建设提出如下意见。

1. 充分认识推进民营经济领域纠纷多元化解机制建设的重要意义。深刻领会习近平总书记在民营企业座谈会上的重要讲话精神，充分发挥商会调解化解民营经济领域纠纷的制度优势。完善商会职能，提升商会服务能力，培育和发展中国特色商会调解组织；促进和引导民营企业依法经营、依法治企、依法维权，促进产权平等保护，激发和弘扬企业家精神；推动商人纠纷商会解，协同参与社会治理；优化司法资源配置，营造良好的法治营商环境，为民营经济健康发展提供司法保障。

2. 工作目标。加强商会调解组织和调解员队伍建设，健全完善商会调解制度和机制，为企业提供多元的纠纷解决渠道。进一步转变司法理念，发挥司法在商会纠纷化解中的引领、推动和保障作用，满足民营企业纠纷多元化解、快速化解和有效化解的实际需求，为民营企业创新创业营造良好法治环境。建立健全商会调解机制与诉讼程序有机衔接的纠纷化解体系，不断提升工商联法律服务能力，促进民营经济健康发展。

3. 明确商会调解范围。商会调解以民营企业的各类民商事纠纷为主，包括商会会员之间的纠纷，会员企业内部的纠纷，会员与生产经营关联方之间的纠纷，会员与其他单位或人员之间的纠纷，以及其他涉及适合商会调解的民商事纠纷。

4. 强化商会调解纠纷功能。工商联加强对所属商会的指导、引导和服务，支持商会依照法律法规及相关程序设立调解组织、规范运行，使调解成为化解民营经济领域矛盾纠纷的重要渠道。支持商会建立人民调解委员会，为企业提供基础性公益性纠纷解决服务。支持企业、商会建立劳动争议调解组织，及时化解劳动争议，维护劳动关系的和谐稳定。鼓励行业商会组织发挥自身优势，建立专业化的行业调解组织。鼓励具备条件的商会设立商事调解组织，发挥商事调解组织化解专业纠纷的重要作用。商会设立的商事调解组织应当在省级工商联和全国工商联备案。

5. 主动预防化解矛盾纠纷。各级工商联及所属商会要加强法律服务平台（中心）建设，完善维权援助机制，鼓励有条件的企业设立法务部门、公司律师或聘请法律顾问，形成协调联动的法律服务力量。通过普法宣传、典型案例等形式，主动对企业、行业纠纷进行排查、监测和预警，加强矛盾纠纷源头治理。强化行业自律和行业治理，将诚实信用、公平竞争、和合共赢等理念纳入商会章程、企业合同条款，督促自觉履行生效裁决或调解协议。

6. 规范商会调解组织运行。商会调解组织由工商联或

所属商会根据需要设立，应具有规范的组织形式、固定的办公场所及调解场地、专业的调解人员和健全的调解工作制度。商会调解组织应当吸纳符合条件的优秀企业家、商会人员、法律顾问、行业专家、律师、工会代表以及其他社会人士担任调解员。对外公布商会调解组织和调解员名册、调解程序以及调解规则。规范纠纷流程管理，完善调解与诉讼衔接程序，建立纠纷受理、调解、履行、回访以及档案管理、信息报送、考核评估等制度，注重保护当事人隐私和商业秘密，切实维护双方当事人权益，不断增强商会调解的规范性和公信力。全国工商联法律维权服务中心加强纠纷调解职能，推动横向联通、纵向联动，共同推动商会调解工作。

7. 完善诉调对接机制。人民法院吸纳符合条件的商会调解组织或者调解员加入特邀调解组织名册或者特邀调解员名册。名册实行动态更新和维护，并向当事人提供完整、准确的调解组织和调解员信息，供当事人选择。落实委派调解和委托调解机制，加强与商会调解组织对接工作，探索设立驻人民法院调解室。加强诉讼与非诉讼解决方式的有机衔接，引导当事人优先选择商会调解组织解决纠纷。

8. 强化司法保障作用。经调解达成的调解协议，具有法律约束力，当事人应当按照约定履行。能够即时履行的，调解组织应当督促当事人即时履行。当事人申请司法确认的，人民法院应当及时审查，依法确认调解协议的效力。人民法院在立案登记后委托商会调解组织进行调解达成协议的，当事人申请出具调解书或者撤回起诉的，人民法院应当依法审查并制作民事调解书或者裁定书。对调解不成的纠纷，依法导入诉讼程序，切实维护当事人的诉权。

9. 建立信息共享机制。人民法院与工商联建立联席会议机制，加强工作沟通交流。完善信息互通和数据共享，建立相关信息和纠纷处理的工作台账，通过挖掘分析数据，研判纠纷类型特点、规律和问题，为更好地推进商会调解、做好纠纷预防提供数据支撑。

10. 强化指导培训。完善商会调解员培训机制，制定调解员职业道德规范，通过调解培训、座谈研讨、观摩庭审、法律讲座等方式，不断提高调解员职业修养、法律素养、专业知识和调解技能；加强调解员队伍建设，推动建立调解员资格认定和考核评估机制，完善调解员管理。

11. 完善经费保障。积极争取党委政府支持，将调解经费作为法律服务内容列入财政预算，推动将商会调解作为社会管理性服务内容纳入政府购买服务指导性目录。拓宽商会调解经费来源，通过商会会费、社会捐赠资助或设立基金等方式，提高经费保障水平。落实特邀调解制度，通过"以案定补"等方式向参与委派委托调解的调解员发放补贴，对表现突出的商会调解组织、调解员给予奖励。

12. 探索创新发展。借助"网上工商联"建设，整合工商联及所属商会的调解资源，建立各类调解组织、调解员数据库、纠纷化解信息库，构建相互贯通、资源共享、安全可靠的矛盾纠纷化解信息系统。创新开展在线解决纠纷，完善在线调解程序。支持地方各级工商联及其所属商会参与"一带一路"国际商事争端预防与解决机制建设，为民营企业走出去提供服务和保障。

13. 加强宣传引导。各级人民法院、工商联及所属商会应当充分运用各种传媒手段，宣传调解优势，总结推广商会调解典型案例和先进经验，引导企业防范风险，理性维权。

14. 加强组织领导。各级人民法院和工商联要大力支持商会调解工作，将其作为保障民营经济健康发展的重要举措，作为构建社会矛盾纠纷多元化解格局的重要内容，结合当地实际，把握政策精神，抓好贯彻落实。各高级人民法院和省级工商联及所属商会要对辖区内商会调解组织的工作加强指导，建立完善联络沟通机制，工作中遇到的情况和问题，及时层报最高人民法院和全国工商联。

最高人民法院关于进一步全面落实司法责任制的实施意见

（2018年12月4日　法发〔2018〕23号）

为深入学习贯彻习近平新时代中国特色社会主义思想，全面贯彻党的十九大和十九届二中、三中全会精神，严格执行新修订的《中华人民共和国人民法院组织法》，确保司法责任制改革落地见效，切实解决当前部分地方改革落实不到位、配套不完善、推进不系统等突出问题，促进司法效能和司法公信力整体提升，结合人民法院工作实际，对进一步全面落实司法责任制提出如下实施意见。

一、坚定不移推进司法责任制改革

1. 深刻认识全面落实司法责任制的重大意义。全面落实司法责任制是党的十九大部署的重大改革任务，是人民法院贯彻落实习近平新时代中国特色社会主义思想，深化司法体制综合配套改革，推进审判体系和审判能力现代化的重要措施，对于确保人民法院依法独立公正行使审判权，充分发挥审判职能作用，为统筹推进"五位一体"总体布局和协调推进"四个全面"战略布局提供有力司法服务和保障，具有重要意义。各级人民法院要始终坚持以习近平新时代中国特色社会主义思想武装头脑、指导实践、推动工作，牢固树立"四个意识"，坚定"四个自信"，始终做到"两个维护"，坚决做到维护核心、绝对忠诚、听党指挥、勇于担当，始终在思想上政治上行动上同以习近平同志为核心的党中央保持高度一致，坚定不移深化司法体制改革，全面落实司法责任制，确保以习近平同志为核心的党中央关于司法体制改革的各项决策部署在人民法院不折不扣落实到位。

2. 牢牢把握全面落实司法责任制的目标导向和问题导

向。全面落实司法责任制应当坚持目标导向和问题导向相统一，严格遵照法律规定、遵循司法规律，坚持司法为民、公正司法，坚持“让审理者裁判，由裁判者负责”。要着力破解司法责任制改革中存在的职能分工不明、审判责任不实、监督管理不力、裁判尺度不一、保障激励不足、配套机制不完善等突出问题，健全完善权责明晰、权责统一、监管有力、运转有序的审判权力运行体系，不断提升司法责任制改革的系统性、整体性、协同性，确保改革落到实处、见到实效。

二、完善新型审判权力运行机制，切实落实“让审理者裁判”的要求

3. 坚持一岗双责、权责一致。加强法院基层党组织建设，以提升组织力、强化政治功能为重点，深入推进人民法院基层党组织组织力提升工程，调整优化基层党组织设置，加强党支部标准化规范化建设，切实把基层党组织建设成为推进人民法院改革发展的坚强战斗堡垒。坚持抓党建带队建促审判，切实加强审判执行机构、审判执行团队的政治建设和业务建设，健全完善审判执行团队的党团组织，提升团队组织力和战斗力。各级人民法院领导干部要在严格落实主体责任上率先垂范，充分尊重独任法官、合议庭法定审判组织地位，除审判委员会讨论决定的案件外，院长、副院长、庭长不再审核签发未直接参加审理案件的裁判文书，不得以口头指示等方式变相审批案件，不得违反规定要求法官汇报案件。严格落实《人民法院落实〈领导干部干预司法活动、插手具体案件处理的记录、通报和责任追究规定〉的实施办法》《人民法院落实〈司法机关内部人员过问案件的记录和责任追究规定〉的实施办法》，法官应当将过问、干预案件情况在网上办案系统如实记录，并层报上级人民法院。

4. 加强基层人民法院审判团队建设。基层人民法院应当根据案件数量、案件类型、难易程度和人员结构等因素，适应独任制、合议制的不同需要，统筹考虑繁简分流和审判专业化分工，因地制宜地灵活组建审判团队。审判团队中法官与审判辅助人员实行双向选择与组织调配相结合，完善团队内部分工，强化审判团队作为办案单元和自我管理单元的功能，切实增强团队合力。统筹内设机构改革与审判团队建设，人员编制较少的基层人民法院可以设置综合审判庭或者不设审判庭，实行“院—综合审判庭”或者“院—审判团队”管理模式；人员编制较多的基层人民法院一般实行“院—审判庭—审判团队”的管理模式。

5. 明确司法人员岗位职责。各级人民法院应当根据法律规定和司法责任制要求，结合法院审级、案件类型、案件数量等实际情况，细化法官、法官助理、书记员等各岗位职责清单和履职指引，并嵌入办案平台。

6. 完善案件分配机制。各级人民法院应当健全随机分案为主、指定分案为辅的案件分配机制。根据审判领域类别和繁简分流安排，随机确定案件承办法官。系列性、群体性或者关联性案件原则上由同一审判组织办理。已组建专业化合议庭、专业审判团队或者速裁审判团队的，可以在合议庭或者审判团队内部随机分案。承办法官一经确定，不得擅自变更。因存在回避情形或者工作调动、身体健康、廉政风险等事由确需调整承办法官的，应当由院长、庭长按权限审批决定，调整结果应当及时通知当事人并在办案平台记载。

7. 全面推进院长、庭长办案常态化。各高级人民法院应当结合实际，科学合理、统一确定辖区内三级法院院长、庭长办案工作量。院领导办案工作量可以本院法官平均办案工作量或办理案件所属审判业务类别法官平均办案工作量为计算基数。科学统筹院领导办案类型，完善配套分案办法，健全院领导主要审理重大疑难复杂案件机制。加强对院长、庭长办案的网上公示和考核监督，充分发挥院长、庭长办案示范引领作用。担任领导职务的法官无正当理由不办案或者办案达不到要求的，应当退出员额。

8. 健全专业法官会议制度和审判委员会制度。各级人民法院应当健全专业法官会议制度，切实发挥专业法官会议统一法律适用、为审判组织提供法律咨询的功能。专业法官会议成员不以职务、等级为必要条件，参会人员地位平等。完善专业法官会议会前准备程序和议事规则，完善配套考核机制，提升专业法官会议质量。

健全专业法官会议与合议庭评议、审判委员会讨论的工作衔接机制。判决可能形成新的裁判标准或者改变上级人民法院、本院同类生效案件裁判标准的，应当提交专业法官会议或者审判委员会讨论。合议庭不采纳专业法官会议一致意见或者多数意见的，应当在办案系统中标注并说明理由，并提请庭长、院长予以监督，庭长、院长认为有必要提交审判委员会讨论的，应当按程序将案件提交审判委员会讨论。除法律规定不应当公开的情形外，审判委员会讨论案件的决定及其理由应当在裁判文书中公开。

9. 健全完善法律统一适用机制。各级人民法院应当在完善类案参考、裁判指引等工作机制基础上，建立类案及关联案件强制检索机制，确保类案裁判标准统一、法律适用统一。存在法律适用争议或者“类案不同判”可能的案件，承办法官应当制作关联案件和类案检索报告，并在合议庭评议或者专业法官会议讨论时说明。

10. 切实减轻审判事务性工作负担。审判辅助事务可以实行集约化管理，建立专门实施文书送达、财产保全、执行查控、文书上网、网络公告等事务的工作团队，提升工作效能。充分运用市场化、社会化资源，探索将通知送达、材料扫描、卷宗归档等辅助事务外包给第三方机构，将协助保全、执行送达等辅助事务委托给相关机构，提高办案效率。

三、完善新型监督管理机制和惩戒制度，切实落实“由裁判者负责”的要求

11. 健全信息化全流程审判监督管理机制。全面支持网上办案、全程留痕、智能管理，智能预警监测审判过程和结果偏离态势，推动审判监督管理由盯人盯案、层层审批向全院、全员、全过程的实时动态监管转变，确保放权与监督相统一。

12. 加强审判、执行工作标准化、规范化建设。完善刑事、民事、行政、国家赔偿、执行等领域审判、执行流程标准，推进标准化、规范化建设与信息化建设深度融合，将立案、分案、送达、庭审、合议、宣判、执行到结案、归档的每个节点均纳入审判监督管理范围，严格落实审限管理，将监督事项嵌入办案平台，实现司法活动全程留痕、违规操作自动拦截、办案风险实时提示。

13. 细化落实院长、庭长审判监督管理权责清单。院长、庭长审判监督管理权力职责一般包括：(1)配置审判资源，包括专业化合议庭、审判团队组建模式及其职责分工；(2)部署综合工作，包括审判工作的安排部署、审判或者调研任务的分配、调整；(3)审批程序性事项，包括法律授权的程序性事项审批、依照规定调整分案、变更审判组织成员的审批等；(4)监管审判质效，包括根据职责权限，对审判流程进行检查监督，对案件整体质效的检查、分析、评估，分析审判运行态势，提示纠正不当行为，督促案件审理进度，统筹安排整改措施，对存在的案件质量问题集中研判等；(5)监督"四类案件"，对《最高人民法院关于完善人民法院司法责任制的若干意见》第24条规定的"四类案件"进行个案监督；(6)进行业务指导，通过审理案件、参加专业法官会议或者审判委员会等方式加强业务指导；(7)作出综合评价，在法官考评委员会依托信息化平台对法官审判绩效进行客观评价基础上，对法官及其他工作人员绩效作出综合评价；(8)检查监督纪律作风，通过接待群众来访、处理举报投诉、日常监督管理，发现案件审理中可能存在的问题，提出改进措施等。各级人民法院要根据法律规定和司法责任制要求，分别制定院长、副院长、审判委员会专职委员、庭长、副庭长的审判监督管理权力职责清单。院长、庭长在权力职责清单范围内按程序履行监督管理职责的，不属于不当过问或者干预案件。院长、庭长应当履行监督管理职责而不履行或怠于履行的，应当追究监督管理责任。

14. 进一步完善"四类案件"识别监管制度。各高级人民法院应当细化"四类案件"监管范围、发现机制、启动程序和监管方式。立案部门负责对涉及群体性纠纷、可能影响社会稳定等案件进行初步识别；承办法官在案件审理过程中发现属于"四类案件"范围的，应当主动向庭长、分管副院长报告；审判长认为案件属于"四类案件"范围的，应当提醒承办法官将案件主动纳入监督管理；审判管理机构、监察部门等经审查发现案件属于"四类案件"范围的，应当及时报告院长。探索"四类案件"自动化识别、智能化监管，对于法官应当报告而未报告的，院长、庭长要求提交专业法官会议、审判委员会讨论而未提交的，审判管理系统自动预警并提醒院长、庭长予以监督。院长、庭长对"四类案件"可以查阅卷宗、旁听庭审、查看案件流程情况，要求独任法官、合议庭在指定期限内报告案件进展情况和评议结果、提供类案裁判文书或者检索报告。院长、庭长行使上述审判监督管理权时，应当在办案平台标注、全程留痕，对独任法官、合议庭拟作出的裁判结果有异议的，可以决定将案件提交专业法官会议、审判委员会进行讨论，不得强令独任法官、合议庭接受自己意见或者直接改变独任法官、合议庭意见。

15. 强化案件质量评查。坚持案件常规随机评查、重点评查、专项评查相结合，重点评查发回重审案件、改判案件、信访案件以及曾纳入长期未结、久押不决督办范围的案件。依托信息化平台对已上网裁判文书、庭审公开情况进行质量评查，质量评查范围应当覆盖所有法官，全面提升法官责任意识。重点从案件评查中发现违法审判线索，并依照有关程序进行调查。严格区分审判质量瑕疵责任与违法审判责任，确保法官依法裁判不受追究、违法裁判必问责任。

16. 严格落实违法审判责任追究制度。各级人民法院对法官涉嫌违反审判职责行为要认真调查，法官惩戒委员会根据调查情况审查认定法官是否违反审判职责、是否存在故意或者重大过失，并提出审查意见，相关法院根据法官惩戒委员会的意见作出惩戒决定。法官违反审判职责行为涉嫌犯罪的，应当移交纪检监察机关、检察机关依法处理。法官违反审判职责以外的其他违纪违法行为，由有关部门调查，依照法律及有关规定处理。

17. 完善司法廉政风险防控体系。各级人民法院应当认真落实党风廉政建设主体责任和监督责任，自觉接受纪律监督、法律监督、舆论监督和社会监督，不断提高公正裁判水平。各级人民法院内部应当充分发挥司法巡查、审务督察、廉政监察员等功能作用，组织人事、纪检监察、审判管理部门与审判业务部门应当加强协调配合，形成内部监督合力。全面梳理办案流程、审限管理等关键节点，分析研判每个节点可能存在的办案风险，加强审判执行活动风险监控智能预警，促进司法廉政风险早发现、早预警、早处置。

四、统筹推进司法责任制配套改革，提升司法责任制改革整体效能

18. 统筹推进法官员额和政法编制合理配置。各高级人民法院应当严格控制法官员额比例，综合考虑区域经济社会发展、人口数量、办案数量等因素，完善法官员额动态管理机制，员额分配向基层和人案矛盾突出的法院倾斜。

各高级人民法院应当配合省级编制部门，健全完善省以下地方法院编制统一管理制度，强化审判运行态势分析，加强对法官工作量的科学测算，统筹考虑各市(区、县)法院的案件数量、类型、难易程度、增幅大小和辖区面积、人口数量、自然条件、发展状况、人民法庭数量等因素，精准分析测算各市(区、县)法院所需政法编制，将编制向编制紧缺、急需补充的法院倾斜，实现编制、案件量、人员的合理匹配。

19. 完善法官员额退出机制。各高级人民法院应当针对审判绩效不达标、辞职、辞退、被开除、违纪违法、任职回避、调出、转任、退休、个人申请退出等不同情形，规范员额退出程序，明确退出员额但仍在法院工作人员的职级、待遇等问题。各级人民法院应当保障法官对退出决定进行陈述、举证、申辩、申请复议的权利。员额法官因工作需要调整到法院非员额岗位，五年内重新回到基层或者中级人民法院审判业务岗位的，经所在法院党组审议后，层报高级人民法院批准入额；五年内重新回到高级或者最高人民法院审判业务岗位的，分别经本院党组决定入额。

20. 进一步完善法官初任和逐级遴选制度。健全完善从优秀法官助理中选任法官机制，配套建立科学完备的初任法官职前培训制度。有条件的地方可以开展跨院遴选，引导审判力量向人案矛盾突出的法院流动。

21. 加强法官助理、书记员的配备和培养。建立健全符合司法职业特点的法官助理招录机制，完善法官助理统一招录、保障机制。推行法学院校学生担任实习法官助理常态化制度，探索下级人民法院法官到上级人民法院交流担任短期助理制度，多渠道拓宽法官助理来源。积极研究建立法官后备人才培养体系，认真落实法官助理、书记员职务序列改革，创新完善法官助理培养模式，符合条件的法官助理可以申请参加法官遴选。各高级人民法院应当积极争取人社、财政等部门支持，加强聘用制书记员招录工作，落实聘用制书记员管理制度改革，切实稳定聘用制书记员队伍。

22. 完善司法人员业绩考核制度。坚持客观量化和主观评价相结合，以量化考核为主，充分考虑地域、审级、专业、部门之间的差异，注重采用权重测算等科学计算方法，合理设置权重比例。暂时不具备案件权重系数测算条件的地方，可以探索简便易行的案件工作量折算办法。将法官作为合议庭其他成员时的工作量、办理涉诉信访工作量、参加专业法官会议、审判委员会的工作量、案件评查工作量等纳入业绩考核。根据各级人民法院承担职能的不同，科学设置司法人员业绩考核内容。对法官和法官助理的业绩考核，应当考虑综合调研、审判指导等工作任务量，避免简单以办案数量作为考核业绩。对审判辅助人员的绩效考核，应当以岗位职责和承担工作为基本依据，注重与所在团队绩效相结合，听取法官和所在团队的意见。绩效考核奖金的发放，不与法官职务等级以及审判辅助人员职务挂钩，主要依据责任轻重、办案质量、办案数量和办案难度等因素，向一线办案人员倾斜。

23. 进一步深化司法公开。严格执行《最高人民法院关于人民法院在互联网公布裁判文书的规定》，不断提升裁判文书公开的信息化、常态化水平，确保应当公开的裁判文书全面、及时、准确公开。积极推广使用裁判文书自动纠错及技术处理软件，着力杜绝各类低级错误和质量瑕疵，切实减轻裁判文书公开工作量，不断提升裁判文书公开水平。各级人民法院应当抓好《最高人民法院关于人民法院通过互联网公开审判流程信息的规定》的贯彻实施，及时升级完善相关信息化平台，主动对接全国审判流程信息公开统一平台，切实将审判流程信息公开各项要求落到实处。主动适应互联网时代庭审公开新要求，切实发挥中国庭审公开网统一平台优势，将人民法院庭审公开工作不断推向深入。

各级人民法院要充分认识全面落实司法责任制的重大意义，切实加强组织领导，紧密结合工作实际，认真抓好本实施意见的贯彻落实。要进一步完善改革督察机制，对全面落实司法责任制紧盯不放、动态跟踪。贯彻落实本实施意见中的重大问题，要及时按程序向最高人民法院报告。

最高人民法院关于进一步深化司法公开的意见

（2018 年 11 月 20 日　法发〔2018〕20 号）

加强司法公开是落实宪法法律原则、保障人民群众参与司法的重大举措，是深化司法体制综合配套改革、健全司法权力运行机制的重要内容，是推进全面依法治国、建设社会主义法治国家的必然要求。党的十八大以来，以习近平同志为核心的党中央高度重视司法公开工作，党的十八届三中、四中全会将推进司法公开，构建开放、动态、透明、便民的阳光司法机制作为全面深化改革和全面依法治国的重要任务，作出一系列重大部署。人民法院坚决贯彻落实党中央决策部署，紧紧围绕“努力让人民群众在每一个司法案件中感受到公平正义”的工作目标，推进司法公开达到前所未有的广度和深度，取得显著成效。目前，司法公开规范化、制度化、信息化水平显著提升，审判流程公开、庭审活动公开、裁判文书公开、执行信息公开四大平台全面建成运行，开放、动态、透明、便民的阳光司法机制已经基本形成，在保障人民群众知情权、参与权、表达权和监督权，促进提升司法为民、公正司法能力以及弘扬法治精神、讲好中国法治故事等方面发挥了重要作用。司法公开是新时代法治中国建设的生动实践，已经成为我国在开展国际司法交流合作中的一张亮丽名片。

党的十九大明确提出深化依法治国实践、深化司法体制综合配套改革的重大任务，并对深化权力运行公开作出新的重大部署，强调“要加强对权力运行的制约和监督，让人民监督权力，让权力在阳光下运行，把权力关进制度的笼子”，为人民法院进一步深化司法公开指明了方向，提出了新的更高要求。为深入学习贯彻习近平新时代中国特色社会主义思想和党的十九大精神，贯彻落实党中央关于推进司法公开的一系列重大决策部署，总结司法公开工作经验，巩固党的十八大以来司法公开工作取得的成果，推动开放、动态、透明、便民的阳光司法机制更加成熟定型，实现审判体系和审判能力现代化，促进新时代人民法院工作实现新发展，现对进一步深化司法公开工作提出以下意见。

一、总体要求

1. 指导思想。坚持以习近平新时代中国特色社会主义思想为指导，全面贯彻党的十九大和十九届一中、二中、三中全会精神，紧紧围绕"努力让人民群众在每一个司法案件中感受到公平正义"的工作目标，高举新时代改革开放旗帜，进一步深化司法公开，不断拓展司法公开的广度和深度，健全完善司法公开制度机制体系，优化升级司法公开平台载体，大幅提升司法公开精细化、规范化、信息化水平，推进建设更加开放、动态、透明、便民的阳光司法机制，形成全面深化司法公开新格局，促进实现审判体系和审判能力现代化，大力弘扬社会主义核心价值观，促进增强全民法治意识，讲好中国法治故事，传播中国法治声音。

2. 基本原则。

（1）坚持主动公开。深刻领会习近平总书记提出的"让暗箱操作没有空间，让司法腐败无法藏身"重要指示要求，充分认识深化司法公开工作的重大意义，进一步增强主动接受监督意识，真正变被动公开为主动公开，继续健全完善阳光司法机制，努力让正义不仅要实现，还要以看得见的方式实现。

（2）坚持依法公开。严格履行宪法法律规定的公开审判职责，切实保障人民群众参与司法、监督司法的权利。严格执行法律规定的公开范围，依法公开相关信息，同时要严守国家秘密、审判秘密，保护当事人信息安全。尊重司法规律，明确司法公开的内容、范围、方式和程序，确保司法公开工作规范有序开展。

（3）坚持及时公开。严格遵循司法公开的时效性要求，凡属于主动公开范围的，均应及时公开，不得无故延迟。有明确公开时限规定的，严格在规定时限内公开。没有明确公开时限要求的，根据相关信息性质特点，在合理时间内公开。

（4）坚持全面公开。以公开为原则、以不公开为例外，推动司法公开覆盖人民法院工作各领域、各环节。坚持程序事项公开与实体内容公开相结合、审判执行信息公开与司法行政信息公开相结合、通过传统方式公开与运用新媒体方式公开相结合，最大限度保障人民群众知情权、参与权、表达权和监督权。

（5）坚持实质公开。紧紧围绕人民群众司法需求，依法及时公开当事人和社会公众最关注、最希望了解的司法信息，切实将司法公开重心聚焦到服务群众需求和保障公众参与上来。不断完善司法公开平台的互动功能、服务功能和便民功能，主动回应社会关切，努力把深化司法公开变成人民法院和人民群众双向互动的过程，让司法公开成为密切联系群众的桥梁纽带。

二、进一步深化司法公开的内容和范围

3. 全面拓展司法公开范围。尊重司法活动规律，根据四级法院职能定位，进一步明确司法公开的内容和范围。对涉及当事人合法权益、社会公共利益，需要社会广泛知晓的司法信息，应当纳入司法公开范围，根据其性质特点，区分向当事人公开或向社会公众公开。对于人民法院基本情况、审判执行、诉讼服务、司法改革、司法行政事务、国际司法交流合作、队伍建设等方面信息，除依照法律法规、司法解释不予公开以及其他不宜公开的外，应当采取适当形式主动公开。

4. 深化人民法院基本信息公开。人民法院应当主动公开以下基本信息，坚持动态更新，保证准确、清晰、易获取，方便人民群众及时、准确了解掌握。

（1）机构设置；

（2）司法解释；

（3）指导性案例；

（4）规范性文件；

（5）向同级人民代表大会所作的工作报告；

（6）重要会议、重大活动和重要工作等动态信息；

（7）其他需要社会广泛知晓的基本信息。

5. 深化审判执行信息公开。人民法院应当主动公开以下审判执行信息，逐步推进公开范围覆盖审判执行各领域，健全完善审判执行信息公开制度规范，促进统一公开流程标准，确保审判执行权力始终在阳光下运行。

（1）司法统计信息；

（2）审判执行流程信息；

（3）公开开庭审理案件的庭审活动；

（4）裁判文书；

（5）重大案件审判情况；

（6）执行工作信息；

（7）减刑、假释、暂予监外执行信息；

（8）企业破产重整案件信息；

（9）各审判执行领域年度工作情况和典型案例；

（10）司法大数据研究报告；

（11）审判执行理论研究、司法案例研究成果；

（12）其他涉及当事人合法权益、社会公共利益或需要社会广泛知晓的审判执行信息。

6. 深化诉讼服务信息公开。人民法院应当主动公开以下诉讼服务信息，着力提升诉讼服务信息获取的便捷性，提高诉讼服务水平，切实方便当事人诉讼。

（1）诉讼指南；

（2）人民法院公告；

（3）司法拍卖和确定财产处置参考价相关信息；

（4）司法鉴定、评估、检验、审计等专业机构、专业人员信息，破产管理人信息，暂予监外执行组织诊断工作信息，专家库信息；

（5）特邀调解员、特邀调解组织、驻点值班律师、参与诉讼服务的专家志愿者等信息；

(6)申诉信访渠道;

(7)其他涉及当事人合法权益、社会公共利益或需要社会广泛知晓的诉讼服务信息。

7. 深化司法改革信息公开。人民法院应当主动公开以下司法改革信息,提高司法改革工作透明度,增强人民群众对司法改革的获得感。

(1)人民法院司法改革文件;

(2)人民法院重大司法改革任务进展情况;

(3)人民法院司法改革典型案例;

(4)其他需要社会广泛知晓的司法改革信息。

8. 深化司法行政事务信息公开。人民法院应当主动公开以下司法行政事务信息,及时回应社会关切,自觉接受社会监督,切实提高司法行政事务办理的透明度和规范化水平。

(1)涉及社会公共利益或社会关切的人大代表议案建议和政协提案办理情况;

(2)部门预算、决算公开说明;

(3)人民法院信息化技术标准;

(4)其他需要社会广泛知晓的司法行政事务信息。

9. 深化国际司法交流合作信息公开。人民法院应当主动公开以下国际司法交流合作信息,加强司法文明交流互鉴,充分展示中国法院良好国际形象,促进提升我国司法的国际竞争力、影响力和公信力。

(1)人民法院开展的重要国际司法交流合作活动情况;

(2)人民法院举办和参与重要国际司法会议情况;

(3)其他需要社会广泛知晓的国际司法交流合作信息。

10. 深化队伍建设信息公开。人民法院应当主动公开以下队伍建设信息,为社会公众知晓、参与和监督人民法院队伍建设工作提供便利。

(1)党的建设情况;

(2)人事工作情况;

(3)纪检监察信息;

(4)先进典型信息;

(5)教育培训工作情况;

(6)司法警察工作情况;

(7)法院文化建设情况;

(8)其他需要社会广泛知晓的队伍建设情况。

11. 建立完善司法公开内容动态调整制度。根据党中央和最高人民法院关于司法公开工作的部署要求,结合社会公众关切和人民法院实际,按年度明确司法公开工作重点,动态调整更新司法公开内容,稳步有序拓展司法公开范围。

12. 推进司法公开规范化标准化建设。最高人民法院要健全完善司法公开制度规范体系,围绕人民法院工作重点领域、关键环节和人民群众关注的重要司法信息,总结各地法院工作经验,加强司法公开规范化标准化建设,积极研究出台相关技术标准和操作规程,强化对下监督和分类指导,不断提升司法公开质效。各高级人民法院要指导推进本辖区司法公开规范化标准化建设工作。

三、完善和规范司法公开程序

13. 健全司法公开形式。司法公开形式应当因地制宜、因事而定、权威规范、注重实效,便于公众及时准确获取,坚决防止形式主义。最高人民法院就司法公开形式有统一要求的,应当按照相关要求进行公开。鼓励基层人民法院探索行之有效、群众喜闻乐见的司法公开形式。结合实际,可以通过以下载体进行公开:

(1)报刊、广播、电视、网络等公共媒体;

(2)依照《人民法院法庭规则》开放旁听或报道庭审活动;

(3)人民法院公报、公告、规范性文件或其他正式出版物;

(4)人民法院政务网站或其他权威网站平台;

(5)新闻发布会、听证会、论证会等;

(6)人民法院官方微博、微信公众号、新闻客户端等新媒体;

(7)人民法院诉讼服务大厅、诉讼服务网、12368 诉讼服务热线、移动微法院等诉讼服务平台;

(8)其他便于及时准确获取的方式。

14. 畅通当事人和律师获取司法信息渠道。仅向当事人或利害关系人公开的信息,必须严格依照相关诉讼法及有关规定公开,不得向社会公开发布。在确保信息安全前提下,可以充分运用信息化手段为当事人或利害关系人获取司法信息提供便利。大力加强律师服务平台建设,为律师依法履职提供便利,更好发挥律师在促进司法为民、公正司法中的重要作用。

15. 明确司法公开责任主体。按照属地管理、归口管理、分级负责的原则,明确各项司法公开内容的责任主体,负责办理司法公开事项、管理公开内容,并对其合法性、完整性、准确性、时效性、安全性负责。建立健全司法公开协调机制,公开内容涉及多个人民法院、人民法院多个内设机构或者其他单位的,应当经协调一致后予以公开,确保司法公开信息准确完整。

16. 完善司法公开流程和管理机制。建立健全司法公开工作机制,完善工作流程,明确管理责任,规范有序推进司法公开工作。各部门提出拟公开事项,应对具体公开内容进行核实把关,需要审批的经履行审批程序后予以公开。建立健全公开重大敏感事项前的风险评估机制。建立健全社会关注热点的跟踪回应机制,加强司法公开政策解读工作,切实回应社会关切和群众司法需求。对于社会舆论因不了解情况产生模糊认识或错误看法的,要主动发布权威信息,澄清事实、释疑解惑。司法公开平台载体的管理者、运营者以及其他相关责任主体,依职权对拟在其平台载体上公开的事项,履行好编辑把关责任和日常监测管理责任。

17. 严格落实司法公开保密审查机制。建立健全司法公开保密审查机制。承办司法公开事项时应当同步进行保密审查，加强对国家秘密、审判秘密、商业秘密、公民隐私权和个人信息安全的保护，实现依法公开与保守秘密的有机统一。属于司法公开内容范围的，严格按照人民法院工作国家秘密范围或已定密事项开展定密工作，不得随意扩大定密范围。

四、加强司法公开平台载体建设管理

18.加强人民法院公报、白皮书工作。充分发挥公报作为各类重要司法信息标准文本和权威载体的作用，及时准确刊登重要法律文献、司法解释、司法文件、司法统计、典型案例等重要司法信息。积极推进历史公报数字化工作，建立完善覆盖全面的人民法院公报数据库，提供开放在线服务。重点围绕服务大局、司法为民、公正司法的重要司法政策、重大司法举措以及重要审判工作情况，扎实做好白皮书编写、制作、发布和宣传工作，切实增强白皮书权威性、规范性和可读性。对于具有重要影响的白皮书，加大宣传推介力度，推进多语言译制工作，提高人民法院白皮书的传播力、影响力。

19.加强人民法院政务网站建设管理。主动适应信息技术发展、传播方式变革趋势，提高人民法院政务网站服务司法公开、回应社会关切、弘扬法治精神的能力，努力将人民法院政务网站建设成为及时、准确、规范、高效的司法公开平台、互动交流平台和公共服务平台。加强政务网站内容建设和规范管理，强化信息发布更新，及时归并或关闭内容更新没有保障的栏目版块，避免因内容更新不及时、信息发布不准确、意见建议不回应影响司法公开效果。

20.加强全国法院政务网站建设统筹。编制完善全国法院政务网站发展指引，明确四级法院政务网站功能定位和内容建设要求，分级统一相关技术标准。推进全国法院政务网站集约化建设，将确实缺乏可靠人力、财力和机制保障的基层人民法院网站迁移到上级人民法院网站技术平台统一运营或向安全可控的云服务平台迁移，避免重复建设，保证技术安全。加强各级人民法院政务网站间的协同联动，推进全国法院政务网站群建设，促进资源整合共享，形成一体化司法公开服务网络，增强人民法院政务网站传播效果。

21.进一步深化司法公开四大平台建设。深化中国审判流程信息公开网建设，全面落实通过互联网公开审判流程信息的规定，完善相关业务规范和技术标准，推进网上办案数据自动采集，推动实现审判流程信息精准推送。扩大庭审公开范围，推进庭审网络直播工作，通过对更多案件特别是有典型意义的案件进行网络直播，主动接受社会监督，促进提升司法能力，深入开展法治教育。加大裁判文书全面公开力度，严格不上网核准机制，杜绝选择性上网问题，规范上网裁判文书管理，加强裁判文书数据资源研究利用。加大执行信息公开力度，拓展执行信息公开范围，推动完善"一处失信、处处受限"信用惩戒大格局，强化公开、透明、规范执行，促进执行工作高水平运行。加大司法公开四大平台建设整合力度，注重用户体验，优化平台功能，完善程序制度，更加重视移动互联时代新特点，促进平台从单向披露转为多向互动，让诉讼活动更加透明、诉讼结果更可预期。

22.充分发挥现代信息技术促进司法公开作用。全力推动智慧法院由初步形成向全面建设迈进，逐步实现全业务网上办理、全流程依法公开、全方位智能服务。探索大数据、云计算、人工智能、区块链等现代信息技术在司法公开中的深度应用，推动实现司法信息自动生成、智能分析、全程留痕、永久可追溯等功能，进一步提高司法公开自动化信息化智能化水平。深入开展司法大数据挖掘研究和拓展应用，推进全国法院全面实现电子卷宗随案同步生成和深度应用工作，加强中国司法大数据研究院建设，深化司法大数据研究成果转化利用。大力加强网络安全建设，切实维护人民法院信息数据安全。

23.增强司法公开平台服务民族地区群众和对外宣传功能。加强最高人民法院、民族地区人民法院政务网站和其他重要司法公开平台的民族语言版块建设，积极推进重要司法公开内容的民族语言译制工作，切实保障民族地区群众参与司法、监督司法的权利，更好满足民族地区群众司法需求。加强最高人民法院政务网站、国际商事法庭网站等司法公开平台的外文版建设，强化对外宣传服务功能。海事法院和对外交往频繁、涉外案件较多的法院根据自身条件，推进司法公开平台外文版或外文版块建设，开展多语言译制和对外宣传推介工作。

24.加强与新闻媒体的良性互动。进一步畅通与新闻媒体的合作渠道，充分运用新闻媒体资源，主动接受舆论监督。加强人民法院新闻发布工作，建立完善人民法院新闻发言人制度，健全优秀新闻发言人培养选拔机制。逐步建立覆盖全国法院的例行新闻发布制度，完善和规范新闻发布流程标准，及时权威发布人民法院工作重大举措和社会关注热点案件等重要司法信息。

25.加强人民法院自有媒体建设和新闻宣传工作。加强人民法院自有传统媒体和新媒体平台的建设管理，促进传统媒体与新媒体融合发展，充分运用各类新媒体平台，拓宽司法公开渠道，提升司法公开效果。加强新时代人民法院新闻舆论宣传工作，自觉承担起举旗帜、聚民心、育新人、兴文化、展形象的使命任务，牢牢把握正确舆论导向，充分展现法治中国建设和司法事业发展重大成就，广泛传播社会正能量。

五、强化组织保障

26.落实司法公开工作责任制。各级人民法院要将司法公开工作列入重要议事日程，建立健全司法公开工作责任制，加强组织领导，统筹协调推进，进一步提升司法公开保障水平。各级人民法院院长承担本单位司法公开领导责任，每年至少听取一次司法公开工作汇报，研究部署和督促落实深化司法公开重点工作。细化实化各责任部门工作职责，严格按照职责权限落实具体责任，推动司法公开工作不断向纵深发展。

27. 完善评估督导和示范引领机制。健全司法公开工作成效评估机制，纳入人民法院绩效考核体系，加强对司法公开准确性及时性全面性、平台载体建设、制度落实情况、群众满意度等方面的评估。完善司法公开工作督导制度，加大上级法院对下监督指导力度，督促落实司法公开工作责任制，确保深化司法公开各项政策举措落地见效。发挥司法公开示范法院典型引领作用，逐步扩大示范法院范围，总结推广示范法院先进经验，引领全国法院司法公开工作持续向更大范围、更高层次和更深程度推进。

28. 加强司法公开业务培训。坚持需求导向，开展司法公开培训交流，加强司法公开政策理论学习和业务能力锻炼。将司法公开业务培训纳入国家法官学院及其分院等培训规划和常态化培训课程。人民法院领导干部要准确把握司法公开新部署新要求，切实提高站位，及时更新理念，增强运用司法公开推动法院工作的本领，提高在信息时代背景下解读司法政策、回应社会关切能力。

29. 加强司法公开调查研究。扎实开展司法公开实践调研和理论研究，准确把握人民群众对深化司法公开工作的新要求新期待。注重总结司法公开实践好经验好做法，提炼规律性认识，促进形成高质量理论研究成果和制度转化成果。坚持问题导向，着力解决制约司法公开优化升级的深层次问题，立足中国司法实际积极吸收借鉴域外司法公开理论成果和实践经验，深入推进司法公开理论创新、制度创新和实践创新。

30. 健全司法公开监督体系。拓宽司法公开监督渠道，畅通民意沟通表达机制，自觉接受人大监督、民主监督、检察机关诉讼监督和社会各界监督。充分发挥司法公开平台的监督和互动功能，建立健全意见建议、监督投诉的收集、分析、转化和反馈机制，认真汲取人民群众提出的意见建议，及时研究解决反映的重大问题，主动公布采纳建议、解决问题等情况，更好加强和改进人民法院工作。

31. 加强法治宣传教育。加强司法公开工作宣传，引导当事人和社会公众正确认识司法公开，更好掌握获取司法公开信息的途径方法，确保人民法院深化司法公开的政策、举措、成效为公众知悉、受公众检验、被公众认可。严格落实“谁执法谁普法”的普法责任制，通过多种形式的司法公开工作，进一步传播宪法法律知识，增强全民法治观念，大力弘扬社会主义核心价值观，推进法治国家、法治政府、法治社会一体建设。

各级人民法院要充分认识进一步深化司法公开工作的重大意义，切实把思想和行动统一到党中央决策部署上来，认真落实本意见要求，进一步明确本辖区本单位司法公开重点任务，制定实施办法，细化具体措施，狠抓工作落实，推动形成全面深化司法公开新格局，奋力推进新时代人民法院工作实现新发展。

最高人民法院关于加强和规范裁判文书释法说理的指导意见

（2018 年 6 月 1 日　法发〔2018〕10 号）

为进一步加强和规范人民法院裁判文书释法说理工作，提高释法说理水平和裁判文书质量，结合审判工作实际，提出如下指导意见。

一、裁判文书释法说理的目的是通过阐明裁判结论的形成过程和正当性理由，提高裁判的可接受性，实现法律效果和社会效果的有机统一；其主要价值体现在增强裁判行为公正度、透明度，规范审判权行使，提升司法公信力和司法权威，发挥裁判的定分止争和价值引领作用，弘扬社会主义核心价值观，努力让人民群众在每一个司法案件中感受到公平正义，切实维护诉讼当事人合法权益，促进社会和谐稳定。

二、裁判文书释法说理，要阐明事理，说明裁判所认定的案件事实及其根据和理由，展示案件事实认定的客观性、公正性和准确性；要释明法理，说明裁判所依据的法律规范以及适用法律规范的理由；要讲明情理，体现法理情相协调，符合社会主流价值观；要讲究文理，语言规范，表达准确，逻辑清晰，合理运用说理技巧，增强说理效果。

三、裁判文书释法说理，要立场正确、内容合法、程序正当，符合社会主义核心价值观的精神和要求；要围绕证据审查判断、事实认定、法律适用进行说理，反映推理过程，做到层次分明；要针对诉讼主张和诉讼争点、结合庭审情况进行说理，做到有的放矢；要根据案件社会影响、审判程序、诉讼阶段等不同情况进行繁简适度的说理，简案略说，繁案精说，力求恰到好处。

四、裁判文书中对证据的认定，应当结合诉讼各方举证质证以及法庭调查核实证据等情况，根据证据规则，运用逻辑推理和经验法则，必要时使用推定和司法认知等方法，围绕证据的关联性、合法性和真实性进行全面、客观、公正的审查判断，阐明证据采纳和采信的理由。

五、刑事被告人及其辩护人提出排除非法证据申请的，裁判文书应当说明是否对证据收集的合法性进行调查、证据是否排除及其理由。民事、行政案件涉及举证责任分配或者证明标准争议的，裁判文书应当说明理由。

六、裁判文书应当结合庭审举证、质证、法庭辩论以及法庭调查核实证据等情况，重点针对裁判认定的事实或者事实争点进行释法说理。依据间接证据认定事实时，应当围绕间接证据之间是否存在印证关系、是否能够形成完整的证明体系等进行说理。采用推定方法认定事实时，应当说明推定启动的原因、反驳的事实和理由，阐释裁断的形成过程。

七、诉讼各方对案件法律适用无争议且法律含义不需要阐明的，裁判文书应当集中围绕裁判内容和尺度进行释法说理。诉讼各方对案件法律适用存有争议或者法律含义需要阐明的，法官应当逐项回应法律争议焦点并说明理由。法律适用存在法律规范竞合或者冲突的，裁判文书应当说明选择的理由。民事案件没有明确的法律规定作为裁判直接依据的，法官应当首先寻找最相类似的法律规定作出裁判；如果没有最相类似的法律规定，法官可以依据习惯、法律原则、立法目的等作出裁判，并合理运用法律方法对裁判依据进行充分论证和说理。法官行使自由裁量权处理案件时，应当坚持合法、合理、公正和审慎的原则，充分论证运用自由裁量权的依据，并阐明自由裁量所考虑的相关因素。

八、下列案件裁判文书，应当强化释法说理：疑难、复杂案件；诉讼各方争议较大的案件；社会关注度较高、影响较大的案件；宣告无罪、判处法定刑以下刑罚、判处死刑的案件；行政诉讼中对被诉行政行为所依据的规范性文件一并进行审查的案件；判决变更行政行为的案件；新类型或者可能成为指导性案例的案件；抗诉案件；二审改判或者发回重审的案件；重审案件；再审案件；其他需要强化说理的案件。

九、下列案件裁判文书，可以简化释法说理：适用民事简易程序、小额诉讼程序审理的案件；适用民事特别程序、督促程序及公示催告程序审理的案件；适用刑事速裁程序、简易程序审理的案件；当事人达成和解协议的轻微刑事案件；适用行政简易程序审理的案件；适用普通程序审理但是诉讼各方争议不大的案件；其他适宜简化说理的案件。

十、二审或者再审裁判文书应当针对上诉、抗诉、申请再审的主张和理由强化释法说理。二审或者再审裁判文书认定的事实与一审或者原审不同的，或者认为一审、原审认定事实不清、适用法律错误的，应当在查清事实、纠正法律适用错误的基础上进行有针对性的说理；针对一审或者原审已经详尽阐述理由且诉讼各方无争议或者无新证据、新理由的事项，可以简化释法说理。

十一、制作裁判文书应当遵循《人民法院民事裁判文书制作规范》《民事申请再审诉讼文书样式》《涉外商事海事裁判文书写作规范》《人民法院破产程序法律文书样式（试行）》《民事简易程序诉讼文书样式（试行）》《人民法院刑事诉讼文书样式》《行政诉讼文书样式（试行）》《人民法院国家赔偿案件文书样式》等规定的技术规范标准，但是可以根据案件情况合理调整事实认定和说理部分的体例结构。

十二、裁判文书引用规范性法律文件进行释法说理，应当适用《最高人民法院关于裁判文书引用法律、法规等规范性法律文件的规定》等相关规定，准确、完整地写明规范性法律文件的名称、条款项序号；需要加注引号引用条文内容的，应当表述准确和完整。

十三、除依据法律法规、司法解释的规定外，法官可以运用下列论据论证裁判理由，以提高裁判结论的正当性和可接受性：最高人民法院发布的指导性案例；最高人民法院发布的非司法解释类审判业务规范性文件；公理、情理、经验法则、交易惯例、民间规约、职业伦理；立法说明等立法材料；采取历史、体系、比较等法律解释方法时使用的材料；法理及通行学术观点；与法律、司法解释等规范性法律文件不相冲突的其他论据。

十四、为便于释法说理，裁判文书可以选择采用下列适当的表达方式：案情复杂的，采用列明裁判要点的方式；案件事实或数额计算复杂的，采用附表的方式；裁判内容用附图的方式更容易表达清楚的，采用附图的方式；证据过多的，采用附录的方式呈现构成证据链的全案证据或证据目录；采用其他附件方式。

十五、裁判文书行文应当规范、准确、清楚、朴实、庄重、凝炼，一般不得使用方言、俚语、土语、生僻词语、古旧词语、外语；特殊情形必须使用的，应当注明实际含义。裁判文书释法说理应当避免使用主观臆断的表达方式、不恰当的修辞方法和学术化的写作风格，不得使用贬损人格尊严、具有强烈感情色彩、明显有违常识常理常情的用语，不能未经分析论证而直接使用"没有事实及法律依据，本院不予支持"之类的表述作为结论性论断。

十六、各级人民法院应当定期收集、整理和汇编辖区内法院具有指导意义的优秀裁判文书，充分发挥典型案例释法说理的引导、规范和教育功能。

十七、人民法院应当将裁判文书的制作和释法说理作为考核法官业务能力和审判质效的必备内容，确立为法官业绩考核的重要指标，纳入法官业绩档案。

十八、最高人民法院建立符合裁判文书释法说理规律的统一裁判文书质量评估体系和评价机制，定期组织裁判文书释法说理评查活动，评选发布全国性的优秀裁判文书，通报批评瑕疵裁判文书，并作为监督指导地方各级人民法院审判工作的重要内容。

十九、地方各级人民法院应当将裁判文书释法说理作为裁判文书质量评查的重要内容，纳入年度常规性工作之中，推动建立第三方开展裁判文书质量评价活动。

二十、各级人民法院可以根据本指导意见，结合实际制定刑事、民事、行政、国家赔偿、执行等裁判文书释法说理的实施细则。

二十一、本指导意见自2018年6月13日起施行。

最高人民法院关于人民法院立案、审判与执行工作协调运行的意见

（2018年5月28日　法发〔2018〕9号）

为了进一步明确人民法院内部分工协作的工作职责，促进立案、审判与执行工作的顺利衔接和高效运行，保障当事人

及时实现合法权益，根据《中华人民共和国民事诉讼法》《中华人民共和国刑事诉讼法》《中华人民共和国行政诉讼法》等有关法律规定，制定本意见。

一、立案工作

1. 立案部门在收取起诉材料时，应当发放诉讼风险提示书，告知当事人诉讼风险，就申请财产保全作必要的说明，告知当事人申请财产保全的具体流程、担保方式及风险承担等信息，引导当事人及时向人民法院申请保全。

立案部门在收取申请执行材料时，应发放执行风险提示书，告知申请执行人向人民法院提供财产线索的义务，以及无财产可供执行导致执行不能的风险。

2. 立案部门在立案时与执行机构共享信息，做好以下信息的采集工作：

（1）立案时间；

（2）当事人姓名、性别、民族、出生日期、身份证件号码；

（3）当事人名称、法定代表人或者主要负责人、统一社会信用代码或者组织机构代码；

（4）送达地址；

（5）保全信息；

（6）当事人电话及其他联系方式；

（7）其他应当采集的信息。

立案部门在立案时应充分采集原告或者申请执行人的前款信息，提示原告或者申请执行人尽可能提供被告或者被执行人的前款信息。

3. 在执行案件立案时，有字号的个体工商户为被执行人的，立案部门应当将生效法律文书注明的该字号个体工商户经营者一并列为被执行人。

4. 立案部门在对刑事裁判涉财产部分移送执行立案审查时，重点审查《移送执行表》载明的以下内容：

（1）被执行人、被害人的基本信息；

（2）已查明的财产状况或者财产线索；

（3）随案移送的财产和已经处置财产的情况；

（4）查封、扣押、冻结财产的情况；

（5）移送执行的时间；

（6）其他需要说明的情况。

《移送执行表》信息存在缺漏的，应要求刑事审判部门及时补充完整。

5. 立案部门在受理申请撤销仲裁裁决、执行异议之诉、变更追加执行当事人异议之诉、参与分配异议之诉、履行执行和解协议之诉等涉及执行的案件后，应提示当事人及时向执行法院或者本院执行机构告知有关情况。

6. 人民法院在判决生效后退还当事人预交但不应负担的诉讼费用时，不得以立执行案件的方式退还。

二、审判工作

7. 审判部门在审理案件时，应当核实立案部门在立案时采集的有关信息。信息发生变化或者记录不准确的，应当及时予以更正、补充。

8. 审判部门在审理确权诉讼时，应当查询所要确权的财产权属状况。需要确权的财产已经被人民法院查封、扣押、冻结的，应当裁定驳回起诉，并告知当事人可以依照民事诉讼法第二百二十七条的规定主张权利。

9. 审判部门在审理涉及交付特定物、恢复原状、排除妨碍等案件时，应当查明标的物的状态。特定标的物已经灭失或者不宜恢复原状、排除妨碍的，应告知当事人可申请变更诉讼请求。

10. 审判部门在审理再审裁定撤销原判决、裁定发回重审的案件时，应当注意审查诉讼标的物是否存在灭失或者发生变化致使原诉讼请求无法实现的情形。存在该情形的，应告知当事人可申请变更诉讼请求。

11. 法律文书主文应当明确具体：

（1）给付金钱的，应当明确数额。需要计算利息、违约金数额的，应当有明确的计算基数、标准、起止时间等；

（2）交付特定标的物的，应当明确特定物的名称、数量、具体特征等特定信息，以及交付时间、方式等；

（3）确定继承的，应当明确遗产的名称、数量、数额等；

（4）离婚案件分割财产的，应当明确财产名称、数量、数额等；

（5）继续履行合同的，应当明确当事人继续履行合同的内容、方式等；

（6）排除妨碍、恢复原状的，应当明确排除妨碍、恢复原状的标准、时间等；

（7）停止侵害的，应当明确停止侵害行为的具体方式，以及被侵害权利的具体内容或者范围等；

（8）确定子女探视权的，应当明确探视的方式、具体时间和地点，以及交接办法等；

（9）当事人之间互负给付义务的，应当明确履行顺序。

对前款规定中财产数量较多的，可以在法律文书后另附清单。

12. 审判部门在民事调解中，应当审查双方意思的真实性、合法性，注重调解书的可执行性。能即时履行的，应要求当事人即时履行完毕。

13. 刑事裁判涉财产部分的裁判内容，应当明确、具体。涉案财物或者被害人人数较多，不宜在判决主文中详细列明的，可以概括叙明并另附清单。判处没收部分财产的，应当明确没收的具体财物或者金额。判处追缴或者责令退赔的，应当明确追缴或者退赔的金额或财物的名称、数量等有关情况。

三、执行工作

14. 执行标的物为特定物的，应当执行原物。原物已经毁损或者灭失的，经双方当事人同意，可以折价赔偿。双方对折价赔偿不能协商一致的，按照下列方法处理：

(1)原物毁损或者灭失发生在最后一次法庭辩论结束前的,执行机构应当告知当事人可通过审判监督程序救济;

(2)原物毁损或者灭失发生在最后一次法庭辩论结束后的,执行机构应当终结执行程序并告知申请执行人可另行起诉。

无法确定原物在最后一次法庭辩论结束前还是结束后毁损或者灭失的,按照前款第二项规定处理。

15. 执行机构发现本院作出的生效法律文书执行内容不明确的,应书面征询审判部门的意见。审判部门应在15日内作出书面答复或者裁定予以补正。审判部门未及时答复或者不予答复的,执行机构可层报院长督促审判部门答复。

执行内容不明确的生效法律文书是上级法院作出的,执行法院的执行机构应当层报上级法院执行机构,由上级法院执行机构向审判部门征询意见。审判部门应在15日内作出书面答复或者裁定予以补正。上级法院的审判部门未及时答复或者不予答复的,上级法院执行机构层报院长督促审判部门答复。

执行内容不明确的生效法律文书是其他法院作出的,执行法院的执行机构可以向作出生效法律文书的法院执行机构发函,由该法院执行机构向审判部门征询意见。审判部门应在15日内作出书面答复或者裁定予以补正。审判部门未及时答复或者不予答复的,作出生效法律文书的法院执行机构层报院长督促审判部门答复。

四、财产保全工作

16. 下列财产保全案件一般由立案部门编立"财保"字案号进行审查并作出裁定:

(1)利害关系人在提起诉讼或者申请仲裁前申请财产保全的案件;

(2)当事人在仲裁过程中通过仲裁机构向人民法院提交申请的财产保全案件;

(3)当事人在法律文书生效后进入执行程序前申请财产保全的案件。

当事人在诉讼中申请财产保全的案件,一般由负责审理案件的审判部门沿用诉讼案号进行审查并作出裁定。

当事人在上诉后二审法院立案受理前申请财产保全的案件,由一审法院审判部门审查并作出裁定。

17. 立案、审判部门作出的财产保全裁定,应当及时送交立案部门编立"执保"字案号的执行案件,立案后送交执行。

上级法院可以将财产保全裁定指定下级法院立案执行。

18. 财产保全案件的下列事项,由作出财产保全裁定的部门负责审查:

(1)驳回保全申请;

(2)准予撤回申请、按撤回申请处理;

(3)变更保全担保;

(4)续行保全、解除保全;

(5)准许被保全人根据《最高人民法院关于人民法院办理财产保全案件若干问题的规定》第二十条第一款规定申请自行处分被保全财产;

(6)首先采取查封、扣押、冻结措施的保全法院将被保全财产移送给在先轮候查封、扣押、冻结的执行法院;

(7)当事人或者利害关系人对财产保全裁定不服,申请复议;

(8)对保全内容或者措施需要处理的其他事项。

采取保全措施后,案件进入下一程序的,由有关程序对应的受理部门负责审查前款规定的事项。判决生效后申请执行前进行续行保全的,由作出该判决的审判部门作出续行保全裁定。

19. 实施保全的部门负责执行财产保全案件的下列事项:

(1)实施、续行、解除查封、扣押、冻结措施;

(2)监督被保全人根据《最高人民法院关于人民法院办理财产保全案件若干问题的规定》第二十条第一款规定自行处分被保全财产,并控制相应价款;

(3)其他需要实施的保全措施。

20. 保全措施实施后,实施保全的部门应当及时将财产保全情况通报作出财产保全裁定的部门,并将裁定、协助执行通知书副本等移送入卷。"执保"字案件单独立卷归档。

21. 保全财产不是诉讼争议标的物,案外人基于实体权利对保全裁定或者执行行为不服提出异议的,由负责审查案外人异议的部门根据民事诉讼法第二百二十七条的规定审查该异议。

五、机制运行

22. 各级人民法院可以根据本院机构设置,明确负责立案、审判、执行衔接工作的部门,制定和细化立案、审判、执行工作衔接的有关制度,并结合本院机构设置的特点,建立和完善本院立案、审判、执行工作衔接的长效机制。

23. 审判人员、审判辅助人员在立案、审判、执行等环节中,因故意或者重大过失致使立案、审判、执行工作脱节,导致生效法律文书难以执行的,应当依照有关规定,追究相应责任。

最高人民法院关于民商事案件繁简分流和调解速裁操作规程(试行)

(2017年5月8日　法发〔2017〕14号)

为贯彻落实最高人民法院《关于进一步推进案件繁简分流优化司法资源配置的若干意见》《关于人民法院进一步深化多元化纠纷解决机制改革的意见》,推动和规范人民法院民商事案件繁简分流、先行调解、速裁等工作,依法高效审理民商事案件,实现简案快审、繁案精审,切实减轻当事人诉累,根据《中华人民共和国民事诉讼法》及有关司法解释,结合人民法院审判工作实际,制定本规程。

第一条 民商事简易纠纷解决方式主要有先行调解、和解、速裁、简易程序、简易程序中的小额诉讼、督促程序等。

人民法院对当事人起诉的民商事纠纷,在依法登记立案后,应当告知双方当事人可供选择的简易纠纷解决方式,释明各项程序的特点。

先行调解包括人民法院调解和委托第三方调解。

第二条 人民法院应当指派专职或兼职程序分流员。

程序分流员负责以下工作:

(一)根据案件事实、法律适用、社会影响等因素,确定案件应当适用的程序;

(二)对系列性、群体性或者关联性案件等进行集中分流;

(三)对委托调解的案件进行跟踪、提示、指导、督促;

(四)做好不同案件程序之间转换衔接工作;

(五)其他与案件分流、程序转换相关的工作。

第三条 人民法院登记立案后,程序分流员认为适宜调解的,在征求当事人意见后,转入调解程序;认为应当适用简易程序、速裁的,转入相应程序,进行快速审理;认为应当适用特别程序、普通程序的,根据业务分工确定承办部门。

登记立案前,需要制作诉前保全裁定书、司法确认裁定书、和解备案的,由程序分流员记录后转办。

第四条 案件程序分流一般应当在登记立案当日完成,最长不超过三日。

第五条 程序分流后,尚未进入调解或审理程序时,承办部门和法官认为程序分流不当的,应当及时提出,不得自行将案件退回或移送。

程序分流员认为异议成立的,可以将案件收回并重新分配。

第六条 在调解或审理中,由于出现或发现新情况,承办部门和法官决定转换程序的,向程序分流员备案。已经转换过一次程序的案件,原则上不得再次转换。

第七条 案件适宜调解的,应当出具先行调解告知书,引导当事人先行调解,当事人明确拒绝的除外。

第八条 先行调解告知书包括以下内容:

(一)先行调解特点;

(二)自愿调解原则;

(三)先行调解人员;

(四)先行调解程序;

(五)先行调解法律效力;

(六)诉讼费减免规定;

(七)其他相关事宜。

第九条 下列适宜调解的纠纷,应当引导当事人委托调解:

(一)家事纠纷;

(二)相邻关系纠纷;

(三)劳动争议纠纷;

(四)交通事故赔偿纠纷;

(五)医疗纠纷;

(六)物业纠纷;

(七)消费者权益纠纷;

(八)小额债务纠纷;

(九)申请撤销劳动争议仲裁裁决纠纷。

其他适宜调解的纠纷,也可以引导当事人委托调解。

第十条 人民法院指派法官担任专职调解员,负责以下工作:

(一)主持调解;

(二)对调解达成协议的,制作调解书;

(三)对调解不成适宜速裁的,径行裁判。

第十一条 人民法院调解或者委托调解的,应当在十五日内完成。各方当事人同意的,可以适当延长,延长期限不超过十五日。调解期间不计入审理期限。

当事人选择委托调解的,人民法院应当在三日内移交相关材料。

第十二条 委托调解达成协议的,调解人员应当在三日内将调解协议提交人民法院,由法官审查后制作调解书或者准许撤诉裁定书。

不能达成协议的,应当书面说明调解情况。

第十三条 人民法院调解或者委托调解未能达成协议,需要转换程序的,调解人员应当在三日内将案件材料移送程序分流员,由程序分流员转入其他程序。

第十四条 经委托调解达成协议后撤诉,或者人民调解达成协议未经司法确认,当事人就调解协议的内容或者履行发生争议的,可以提起诉讼。

人民法院应当就当事人的诉讼请求进行审理,当事人的权利义务不受原调解协议的约束。

第十五条 第二审人民法院在征得当事人同意后,可以在立案后移送审理前由专职调解员或者合议庭进行调解,法律规定不予调解的情形除外。

二审审理前的调解应当在十日内完成。各方当事人同意的,可以适当延长,延长期限不超过十日。调解期间不计入审理期限。

第十六条 当事人同意先行调解的,暂缓预交诉讼费。委托调解达成协议的,诉讼费减半交纳。

第十七条 人民法院先行调解可以在诉讼服务中心、调解组织所在地或者双方当事人选定的其他场所开展。

先行调解可以通过在线调解、视频调解、电话调解等远程方式开展。

第十八条 人民法院建立诉调对接管理系统,对立案前第三方调解的纠纷进行统计分析,与审判管理系统信息共享。

诉调对接管理系统按照“诉前调”字号对第三方调解的纠纷逐案登记,采集当事人情况、案件类型、简要案情、调解组织或调解员、处理时间、处理结果等基本信息，形成纠纷调解信息档案。

第十九条 基层人民法院可以设立专门速裁组织，对适宜速裁的民商事案件进行裁判。

第二十条 基层人民法院对于离婚后财产纠纷、买卖合同纠纷、商品房预售合同纠纷、金融借款合同纠纷、民间借贷纠纷、银行卡纠纷、租赁合同纠纷等事实清楚、权利义务关系明确、争议不大的金钱给付纠纷，可以采用速裁方式审理。

但下列情形除外：

（一）新类型案件；

（二）重大疑难复杂案件；

（三）上级人民法院发回重审、指令立案受理、指定审理、指定管辖，或者其他人民法院移送管辖的案件；

（四）再审案件；

（五）其他不宜速裁的案件。

第二十一条 采用速裁方式审理民商事案件，一般只开庭一次，庭审直接围绕诉讼请求进行，不受法庭调查、法庭辩论等庭审程序限制，但应当告知当事人回避、上诉等基本诉讼权利，并听取当事人对案件事实的陈述意见。

第二十二条 采用速裁方式审理的民商事案件，可以使用令状式、要素式、表格式等简式裁判文书，应当当庭宣判并送达。

当庭即时履行的，经征得各方当事人同意，可以在法庭笔录中记录后不再出具裁判文书。

第二十三条 人民法院采用速裁方式审理民商事案件，一般应当在十日内审结，最长不超过十五日。

第二十四条 采用速裁方式审理案件出现下列情形之一的，应当及时将案件转为普通程序：

（一）原告增加诉讼请求致案情复杂；

（二）被告提出反诉；

（三）被告提出管辖权异议；

（四）追加当事人；

（五）当事人申请鉴定、评估；

（六）需要公告送达。

程序转换后，审限连续计算。

第二十五条 行政案件的繁简分流、先行调解和速裁，参照本规程执行。

本规程自发布之日起施行。

最高人民法院印发《关于进一步加强民事送达工作的若干意见》的通知

（2017年7月19日 法发〔2017〕19号）

各省、自治区、直辖市高级人民法院，解放军军事法院，新疆维吾尔自治区高级人民法院生产建设兵团分院：

现将《关于进一步加强民事送达工作的若干意见》印发给你们，请遵照执行。

关于进一步加强民事送达工作的若干意见

送达是民事案件审理过程中的重要程序事项，是保障人民法院依法公正审理民事案件、及时维护当事人合法权益的基础。近年来，随着我国社会经济的发展和人民群众司法需求的提高，送达问题已经成为制约民事审判公正与效率的瓶颈之一。为此，各级人民法院要切实改进和加强送达工作，在法律和司法解释的框架内，创新工作机制和方法，全面推进当事人送达地址确认制度，统一送达地址确认书格式，规范送达地址确认书内容，提升民事送达的质量和效率，将司法为民切实落到实处。

一、送达地址确认书是当事人送达地址确认制度的基础。送达地址确认书应当包括当事人提供的送达地址、人民法院告知事项、当事人对送达地址的确认、送达地址确认书的适用范围和变更方式等内容。

二、当事人提供的送达地址应当包括邮政编码、详细地址以及受送达人的联系电话等。同意电子送达的，应当提供并确认接收民事诉讼文书的传真号、电子信箱、微信号等电子送达地址。当事人委托诉讼代理人的，诉讼代理人确认的送达地址视为当事人的送达地址。

三、为保障当事人的诉讼权利，人民法院应当告知送达地址确认书的填写要求和注意事项以及拒绝提供送达地址、提供虚假地址或者提供地址不准确的法律后果。

四、人民法院应当要求当事人对其填写的送达地址及法律后果等事项进行确认。当事人确认的内容应当包括当事人已知晓人民法院告知的事项及送达地址确认书的法律后果，保证送达地址准确、有效，同意人民法院通过其确认的地址送达诉讼文书等，并由当事人或者诉讼代理人签名、盖章或者捺印。

五、人民法院应当在登记立案时要求当事人确认送达地址。当事人拒绝确认送达地址的，依照《最高人民法院关于登记立案若干问题的规定》第七条的规定处理。

六、当事人在送达地址确认书中确认的送达地址，适用于第一审程序、第二审程序和执行程序。当事人变更送达地址，应当以书面方式告知人民法院。当事人未书面变更的，以其确认的地址为送达地址。

七、因当事人提供的送达地址不准确、拒不提供送达地址、送达地址变更未书面告知人民法院，导致民事诉讼文书未能被受送达人实际接收的，直接送达的，民事诉讼文书留在该地址之日为送达之日；邮寄送达的，文书被退回之日为送达之日。

八、当事人拒绝确认送达地址或以拒绝应诉、拒接电话、避而不见送达人员、搬离原住所等躲避、规避送达，人民法院不能或无法要求其确认送达地址的，可以分别以下列情形处理：

（一）当事人在诉讼所涉及的合同、往来函件中对送达地址有明确约定的，以约定的地址为送达地址；

（二）没有约定的，以当事人在诉讼中提交的书面材料中载明的自己的地址为送达地址；

（三）没有约定、当事人也未提交书面材料或者书面材料中未载明地址的，以一年内进行其他诉讼、仲裁案件中提供的地址为送达地址；

（四）无以上情形的，以当事人一年内进行民事活动时经常使用的地址为送达地址。

人民法院按照上述地址进行送达的，可以同时以电话、微信等方式通知受送达人。

九、依第八条规定仍不能确认送达地址的，自然人以其户籍登记的住所或者在经常居住地登记的住址为送达地址，法人或者其他组织以其工商登记或其他依法登记、备案的住所地为送达地址。

十、在严格遵守民事诉讼法和民事诉讼法司法解释关于电子送达适用条件的前提下，积极主动探索电子送达及送达凭证保全的有效方式、方法，有条件的法院可以建立专门的电子送达平台，或以诉讼服务平台为依托进行电子送达，或者采取与大型门户网站、通信运营商合作的方式，通过专门的电子邮箱、特定的通信号码、信息公众号等方式进行送达。

十一、采用传真、电子邮件方式送达的，送达人员应记录传真发送和接收号码、电子邮件发送和接收邮箱、发送时间、送达诉讼文书名称，并打印传真发送确认单、电子邮件发送成功网页，存卷备查。

十二、采用短信、微信等方式送达的，送达人员应记录收发手机号码、发送时间、送达诉讼文书名称，并将短信、微信等送达内容拍摄照片，存卷备查。

十三、可以根据实际情况，有针对性地探索提高送达质量和效率的工作机制，确定由专门的送达机构或者由各审判、执行部门进行送达。在不违反法律、司法解释规定的前提下，可以积极探索创新行之有效的工作方法。

十四、对于移动通信工具能够接通但无法直接送达、邮寄送达的，除判决书、裁定书、调解书外，可以采取电话送达的方式，由送达人员告知当事人诉讼文书内容，并记录拨打、接听电话号码、通话时间、送达诉讼文书内容，通话过程应当录音以存卷备查。

十五、要严格适用民事诉讼法关于公告送达的规定，加强对公告送达的管理，充分保障当事人的诉讼权利。只有在受送达人下落不明，或者用民事诉讼法第一编第七章第二节规定的其他方式无法送达的，才能适用公告送达。

十六、在送达工作中，可以借助基层组织的力量和社会力量，加强与基层组织和有关部门的沟通、协调，为做好送达工作创造良好的外部环境。有条件的地方可以要求基层组织协助送达，并可适当支付费用。

十七、要树立全国法院一盘棋意识，对于其他法院委托送达的诉讼文书，要认真、及时进行送达。鼓励法院之间建立委托送达协作机制，节约送达成本，提高送达效率。

最高人民法院关于印发《人民法院民事裁判文书制作规范》《民事诉讼文书样式》的通知

（2016年6月28日　法〔2016〕221号）

各省、自治区、直辖市高级人民法院，解放军军事法院，新疆维吾尔自治区高级人民法院生产建设兵团分院：

为进一步规范和统一民事裁判文书写作标准，提高民事诉讼文书质量，最高人民法院制定了《人民法院民事裁判文书制作规范》《民事诉讼文书样式》。该两份文件已于2016年2月22日经最高人民法院审判委员会第1679次会议通过，现予印发，自2016年8月1日起施行。请认真遵照执行。

人民法院民事裁判文书制作规范

为指导全国法院民事裁判文书的制作，确保文书撰写做到格式统一、要素齐全、结构完整、繁简得当、逻辑严密、用语准确，提高文书质量，制定本规范。

一、基本要素

文书由标题、正文、落款三部分组成。

标题包括法院名称、文书名称和案号。

正文包括首部、事实、理由、裁判依据、裁判主文、尾部。首部包括诉讼参加人及其基本情况，案件由来和审理经过等；事实包括当事人的诉讼请求、事实和理由，人民法院认定的证据及事实；理由是根据认定的案件事实和法律依据，对当事人的诉讼请求是否成立进行分析评述，阐明理由；裁判依据是人民法院作出裁判所依据的实体法和程序法条文；裁判主文是人民法院对案件实体、程序问题作出的明确、具体、完整的处理决定；尾部包括诉讼费用负担和告知事项。

落款包括署名和日期。

二、标题

标题由法院名称、文书名称和案号构成，例如："××××人民法院民事判决书（民事调解书、民事裁定书）+案号"。

（一）法院名称

法院名称一般应与院印的文字一致。基层人民法院、中级人民法院名称前应冠以省、自治区、直辖市的名称，但军事法院、海事法院、铁路运输法院、知识产权法院等专门人民法院除外。

涉外裁判文书，法院名称前一般应冠以"中华人民共和国”国名；案件当事人中如果没有外国人、无国籍人、外国企业或组织的，地方人民法院、专门人民法院制作的裁判文书标题中的法院名称无需冠以“中华人民共和国”。

（二）案号

案号由收案年度、法院代字、类型代字、案件编号组成。

案号=“（”+收案年度+“）”+法院代字+类型代字+案件编号+“号”。

案号的编制、使用应根据《最高人民法院关于人民法院案件案号的若干规定》等执行。

三、正文

（一）当事人的基本情况

1. 当事人的基本情况包括：诉讼地位和基本信息。

2. 当事人是自然人的，应当写明其姓名、性别、出生年月日、民族、职业或者工作单位和职务、住所。姓名、性别等身份事项以居民身份证、户籍证明为准。

当事人职业或者工作单位和职务不明确的，可以不表述。

当事人住所以其户籍所在地为准；离开户籍所在地有经常居住地的，经常居住地为住所。连续两个当事人的住所相同的，应当分别表述，不用“住所同上”的表述。

3. 有法定代理人或指定代理人的，应当在当事人之后另起一行写明其姓名、性别、职业或工作单位和职务、住所，并在姓名后用括号注明其与当事人的关系。代理人为单位的，写明其名称及其参加诉讼人员的基本信息。

4. 当事人是法人的，写明名称和住所，并另起一行写明法定代表人的姓名和职务。当事人是其他组织的，写明名称和住所，并另起一行写明负责人的姓名和职务。

当事人是个体工商户的，写明经营者的姓名、性别、出生年月日、民族、住所；起有字号的，以营业执照上登记的字号为当事人，并写明该字号经营者的基本信息。

当事人是起字号的个人合伙的，在其姓名之后用括号注明“系……（写明字号）合伙人”。

5. 法人、其他组织、个体工商户、个人合伙的名称应写全称，以其注册登记文件记载的内容为准。

6. 法人或者其他组织的住所是指法人或者其他组织的主要办事机构所在地；主要办事机构所在地不明确的，法人或者其他组织的注册地或者登记地为住所。

7. 当事人为外国人的，应当写明其经过翻译的中文姓名或者名称和住所，并用括号注明其外文姓名或者名称和住所。

外国自然人应当注明其国籍。国籍应当用全称。无国籍人，应当注明无国籍。

港澳台地区的居民在姓名后写明“香港特别行政区居民”“澳门特别行政区居民”或“台湾地区居民”。

外国自然人的姓名、性别等基本信息以其护照等身份证明文件记载的内容为准；外国法人或者其他组织的名称、住所等基本信息以其注册登记文件记载的内容为准。

8. 港澳地区当事人的住所，应当冠以“香港特别行政区”“澳门特别行政区”。

台湾地区当事人的住所，应当冠以“台湾地区”。

9. 当事人有曾用名，且该曾用名与本案有关联的，裁判文书在当事人现用名之后用括号注明曾用名。

诉讼过程中当事人姓名或名称变更的，裁判文书应当列明变更后的姓名或名称，变更前姓名或名称无需在此处列明。对于姓名或者名称变更的事实，在查明事实部分写明。

10. 诉讼过程中，当事人权利义务继受人参加诉讼的，诉讼地位从其承继的诉讼地位。裁判文书中，继受人为当事人；被继受人在当事人部分不写，在案件由来中写明继受事实。

11. 在代表人诉讼中，被代表或者登记权利的当事人人数众多的，可以采取名单附后的方式表述，“原告×××等×人（名单附后）”。

当事人自行参加诉讼的，要写明其诉讼地位及基本信息。

12. 当事人诉讼地位在前，其后写当事人姓名或者名称，两者之间用冒号。当事人姓名或者名称之后，用逗号。

（二）委托诉讼代理人的基本情况

1. 当事人有委托诉讼代理人的，应当在当事人之后另起一行写明为“委托诉讼代理人”，并写明委托诉讼代理人的姓名和其他基本情况。有两个委托诉讼代理人的，分行分别写明。

2. 当事人委托近亲属或者本单位工作人员担任委托诉讼代理人的，应当列在第一位，委托外单位的人员或者律师等担任委托诉讼代理人的列在第二位。

3. 当事人委托本单位人员作为委托诉讼代理人的，写明姓名、性别及其工作人员身份。其身份信息可表述为“该单位（如公司、机构、委员会、厂等）工作人员”。

4. 律师、基层法律服务工作者担任委托诉讼代理人的，写明律师、基层法院法律服务工作者的姓名，所在律师事务所的名称、法律服务所的名称及执业身份。其身份信息表述为“××律师事务所律师”“××法律服务所法律工作者”。属于提供法律援助的，应当写明法律援助情况。

5. 委托诉讼代理人是当事人近亲属的，应当在姓名后用括号注明其与当事人的关系，写明住所。代理人是当事人所在社区、单位以及有关社会团体推荐的公民的，写明姓名、性别、住所，并在住所之后注明具体由何社区、单位、社会团体推荐。

6. 委托诉讼代理人变更的，裁判文书首部只列写变更后的委托诉讼代理人。对于变更的事实可根据需要写明。

7. 委托诉讼代理人后用冒号，再写委托诉讼代理人姓名。委托诉讼代理人姓名后用逗号。

（三）当事人的诉讼地位

1. 一审民事案件当事人的诉讼地位表述为“原告”“被告”和“第三人”。先写原告，后写被告，再写第三人。有多个原告、被告、第三人的，按照起诉状列明的顺序写。起诉状中未列明的当事人，按照参加诉讼的时间顺序写。

提出反诉的，需在本诉称谓后用括号注明反诉原告、反诉被告。反诉情况在案件由来和事实部分写明。

2. 二审民事案件当事人的诉讼地位表述为“上诉人”“被上诉人”“第三人”“原审原告”“原审被告”“原审第三人”。先写上诉人，再写被上诉人，后写其他当事人。其他当事人按照原审诉讼地位和顺序写明。被上诉人也提出上诉的，列为“上诉人”。

上诉人和被上诉人之后，用括号注明原审诉讼地位。

3. 再审民事案件当事人的诉讼地位表述为“再审申请人”“被申请人”。其他当事人按照原审诉讼地位表述，例如，一审终审的，列为“原审原告”“原审被告”“原审第三人”；二审终审的，列为“二审上诉人”“二审被上诉人”等。

再审申请人、被申请人和其他当事人诉讼地位之后，用括号注明一审、二审诉讼地位。

抗诉再审案件（再审检察建议案件），应当写明抗诉机关（再审检察建议机关）及申诉人与被申诉人的诉讼地位。案件由来部分写明检察机关出庭人员的基本情况。对于检察机关因国家利益、社会公共利益受损而依职权启动程序的案件，应列明当事人的原审诉讼地位。

4. 第三人撤销之诉案件，当事人的诉讼地位表述为“原告”“被告”“第三人”。“被告”之后用括号注明原审诉讼地位。

5. 执行异议之诉案件，当事人的诉讼地位表述为“原告”“被告”“第三人”，并用括号注明当事人在执行异议程序中的诉讼地位。

6. 特别程序案件，当事人的诉讼地位表述为“申请人”。有被申请人的，应当写明被申请人。

选民资格案件，当事人的诉讼地位表述为“起诉人”。

7. 督促程序案件，当事人的诉讼地位表述为“申请人”“被申请人”。

公示催告程序案件，当事人的诉讼地位表述为“申请人”；有权利申报人的，表述为“申报人”。申请撤销除权判决的案件，当事人表述为“原告”“被告”。

8. 保全案件，当事人的诉讼地位表述为“申请人”“被申请人”。

9. 复议案件，当事人的诉讼地位表述为“复议申请人”“被申请人”。

10. 执行案件，执行实施案件，当事人的诉讼地位表述为“申请执行人”“被执行人”。

执行异议案件，提出异议的当事人或者利害关系人的诉讼地位表述为“异议人”，异议人之后用括号注明案件当事人或利害关系人，其他未提出异议的当事人亦应分别列明。

案外人异议案件，当事人的诉讼地位表述为“案外人”“申请执行人”“被执行人”。

（四）案件由来和审理经过

1. 案件由来部分简要写明案件名称与来源。

2. 案件名称是当事人与案由的概括。民事一审案件名称表述为“原告×××与被告×××……（写明案由）一案”。

诉讼参加人名称过长的，可以在案件由来部分第一次出现时用括号注明其简称，表述为“（以下简称×××）”。裁判文书中其他单位或组织名称过长的，也可在首次表述时用括号注明其简称。

诉讼参加人的简称应当规范，需能够准确反映其名称的特点。

3. 案由应当准确反映案件所涉及的民事法律关系的性质，符合最高人民法院有关民事案件案由的规定。

经审理认为立案案由不当的，以经审理确定的案由为准，但应在本院认为部分予以说明。

4. 民事一审案件来源包括：

（1）新收；

（2）有新的事实、证据重新起诉；

（3）上级人民法院发回重审；

（4）上级人民法院指令立案受理；

（5）上级人民法院指定审理；

（6）上级人民法院指定管辖；

（7）其他人民法院移送管辖；

（8）提级管辖。

5. 书写一审案件来源的总体要求是：

（1）新收、重新起诉的，应当写明起诉人；

（2）上级法院指定管辖、本院提级管辖的，除应当写明起诉人外，还应写明报请上级人民法院指定管辖（报请移送上级人民法院）日期或者下级法院报请指定管辖（下级法院报请移送）日期，以及上级法院或者本院作出管辖裁定日期；

（3）上级法院发回重审、上级法院指令受理、上级法院指定审理、移送管辖的，应当写明原审法院作出裁判的案号及日期，上诉人，上级法院作出裁判的案号及日期、裁判结果，说明引起本案的起因。

6. 一审案件来源为上级人民法院发回重审的，发回重审的案件应当写明“原告×××与被告×××……（写明案由）一案，本院于××××年××月××日作出……（写明案号）民事判决。×××不服该判决，向××××法院提起上诉。××××法院于××××年××月××日作出……（写明案号）裁定，发回重审。本院依法另行组成合议庭……”。

7. 审理经过部分应写明立案日期及庭审情况。

8. 立案日期表述为：“本院于××××年××月××日立案后”。

9. 庭审情况包括适用程序、程序转换、审理方式、参加庭审人员等。

10. 适用程序包括普通程序、简易程序、小额诉讼程序和非讼程序。

非讼程序包括特别程序、督促程序、公示催告程序等。

11. 民事一审案件由简易程序（小额诉讼程序）转为普通程序的，审理经过表述为："于××××年××月××日公开/因涉及……不公开（写明不公开开庭的理由）开庭审理了本案，经审理发现有不宜适用简易程序（小额诉讼程序）的情形，裁定转为普通程序，于××××年××月××日再次公开/不公开开庭审理了本案"。

12. 审理方式包括开庭审理和不开庭审理。开庭审理包括公开开庭和不公开开庭。

不公开开庭的情形包括：

（1）因涉及国家秘密不公开开庭；

（2）因涉及个人隐私不公开开庭；

（3）因涉及商业秘密，经当事人申请，决定不公开开庭；

（4）因离婚，经当事人申请，决定不公开开庭；

（5）法律另有规定的。

13. 开庭审理的应写明当事人出庭参加诉讼情况（包括未出庭或者中途退庭情况）；不开庭的，不写。不开庭审理的，应写明不开庭的原因。

14. 当事人未到庭应诉或者中途退庭的，写明经传票传唤，无正当理由拒不到庭或者未经法庭许可中途退庭的情况。

15. 一审庭审情况表述为："本院于××××年××月××日公开/因涉及……（写明不公开开庭的理由）不公开开庭审理了本案，原告×××及其诉讼代理人×××，被告×××及其诉讼代理人×××等到庭参加诉讼。"

16. 对于审理中其他程序性事项，如中止诉讼情况应当写明。对中止诉讼情形，表述为："因……（写明中止诉讼事由），于××××年××月××日裁定中止诉讼，××××年××月××日恢复诉讼。"

（五）事实

1. 裁判文书的事实主要包括：原告起诉的诉讼请求、事实和理由，被告答辩的事实和理由，法院认定的事实和据以定案的证据。

2. 事实首先写明当事人的诉辩意见。按照原告、被告、第三人的顺序依次表述当事人的起诉意见、答辩意见、陈述意见。诉辩意见应当先写明诉讼请求，再写事实和理由。

二审案件先写明当事人的上诉请求等诉辩意见。然后再概述一审当事人的诉讼请求，人民法院认定的事实、裁判理由、裁判结果。

再审案件应当先写明当事人的再审请求等诉辩意见，然后再简要写明原审基本情况。生效判决为一审判决的，原审基本情况应概述一审诉讼请求、法院认定的事实、裁判理由和裁判结果；生效判决为二审判决的，原审基本情况先概述一审诉讼请求、法院认定的事实和裁判结果，再写明二审上诉请求、认定的事实、裁判理由和裁判结果。

3. 诉辩意见不需原文照抄当事人的起诉状或答辩状、代理词内容或起诉、答辩时提供的证据，应当全案考虑当事人在法庭上的诉辩意见和提供的证据综合表述。

4. 当事人在法庭辩论终结前变更诉讼请求或者提出新的请求的，应当在诉称部分中写明。

5. 被告承认原告主张的全部事实的，写明"×××承认×××主张的事实"。被告承认原告主张的部分事实的，写明"×××承认×××主张的……事实"。

被告承认全部诉讼请求的，写明："×××承认×××的全部诉讼请求"。被告承认部分诉讼请求的，写明被告承认原告的部分诉讼请求的具体内容。

6. 在诉辩意见之后，另起一段简要写明当事人举证、质证的一般情况，表述为："本案当事人围绕诉讼请求依法提交了证据，本院组织当事人进行了证据交换和质证。"

7. 当事人举证质证一般情况后直接写明人民法院对证据和事实的认定情况。对当事人所提交的证据原则上不一一列明，可以附录全案证据或者证据目录。

对当事人无争议的证据，写明"对当事人无异议的证据，本院予以确认并在卷佐证"。对有争议的证据，应当写明争议的证据名称及人民法院对争议证据认定的意见和理由；对有争议的事实，应当写明事实认定意见和理由。

8. 对于人民法院调取的证据、鉴定意见，经庭审质证后，按照当事人是否有争议分别写明。对逾期提交的证据、非法证据等不予采纳的，应当说明理由。

9. 争议证据认定和事实认定，可以合并写，也可以分开写。分开写的，在证据的审查认定之后，另起一段概括写明法院认定的基本事实，表述为："根据当事人陈述和经审查确认的证据，本院认定事实如下：……"。

10. 认定的事实，应当重点围绕当事人争议的事实展开。按照民事举证责任分配和证明标准，根据审查认定的证据有无证明力、证明力大小，对待证事实存在与否进行认定。要说明事实认定的结果、认定的理由以及审查判断证据的过程。

11. 认定事实的书写方式应根据案件的具体情况，层次清楚，重点突出，繁简得当，避免遗漏与当事人争议有关的事实。一般按时间先后顺序叙述，或者对法律关系或请求权认定相关的事实着重叙述，对其他事实则可归纳、概括叙述。

综述事实时，可以划分段落层次，亦可根据情况以"另查明"为引语叙述其他相关事实。

12. 召开庭前会议时或者在庭审时归纳争议焦点的，应当写明争议焦点。争议焦点的摆放位置，可以根据争议的内容处理。争议焦点中有证据和事实内容的，可以在当事人诉辩意见之后在当事人争议的证据和事实中写明。争议焦点主要是法律适用问题的，可以在本院认为部分，先写明争议焦点。

13. 适用外国法的，应当叙述查明外国法的事实。

（六）理由

1. 理由部分的核心内容是针对当事人的诉讼请求，根据认定的案件事实，依照法律规定，明确当事人争议的法律关系，阐述原告请求权是否成立，依法应当如何处理。裁判文书说理要做到论理透彻，逻辑严密，精炼易懂，用语准确。

2. 理由部分以"本院认为"作为开头，其后直接写明具体意见。

3. 理由部分应当明确纠纷的性质、案由。原审确定案由错误，二审或者再审予以改正的，应在此部分首先进行叙述并阐明理由。

4. 说理应当围绕争议焦点展开，逐一进行分析论证，层次明确。对争议的法律适用问题，应当根据案件的性质、争议的法律关系、认定的事实，依照法律、司法解释规定的法律适用规则进行分析，作出认定，阐明支持或不予支持的理由。

5. 争议焦点之外，涉及当事人诉讼请求能否成立或者与本案裁判结果有关的问题，也应在说理部分一并进行分析论证。

6. 理由部分需要援引法律、法规、司法解释时，应当准确、完整地写明规范性法律文件的名称、条款项序号和条文内容，不得只引用法律条款项序号，在裁判文书后附相关条文。引用法律条款中的项的，一律使用汉字不加括号，例如："第一项"。

7. 正在审理的案件在基本案情和法律适用方面与最高人民法院颁布的指导性案例相类似的，应当将指导性案例作为裁判理由引述，并写明指导性案例的编号和裁判要点。

8. 司法指导性文件体现的原则和精神，可在理由部分予以阐述或者援引。

9. 在说理最后，可以另起一段，以"综上所述"引出，对当事人的诉讼请求是否支持进行评述。

（七）裁判依据

1. 引用法律、法规、司法解释时，应当严格适用《最高人民法院关于裁判文书引用法律、法规等规范性法律文件的规定》。

2. 引用多个法律文件的，顺序如下：法律及法律解释、行政法规、地方性法规、自治条例或者单行条例、司法解释；同时引用两部以上法律的，应当先引用基本法律，后引用其他法律；同时引用实体法和程序法的，先引用实体法，后引用程序法。

3. 确需引用的规范性文件之间存在冲突，根据《中华人民共和国立法法》等有关法律规定无法选择适用的，应依法提请有决定权的机关作出裁决，不得自行在裁判文书中认定相关规范性法律文件的效力。

4. 裁判文书不得引用宪法和各级人民法院关于审判工作的指导性文件、会议纪要、各审判业务庭的答复意见以及人民法院与有关部门联合下发的文件作为裁判依据，但其体现的原则和精神可以在说理部分予以阐述。

5. 引用最高人民法院的司法解释时，应当按照公告公布的格式书写。

6. 指导性案例不作为裁判依据引用。

（八）裁判主文

1. 裁判主文中当事人名称应当使用全称。

2. 裁判主文内容必须明确、具体、便于执行。

3. 多名当事人承担责任的，应当写明各当事人承担责任的形式、范围。

4. 有多项给付内容的，应当先写明各项目的名称、金额，再写明累计金额。如："交通费……元、误工费……元、……，合计……元"。

5. 当事人互负给付义务且内容相同的，应当另起一段写明抵付情况。

6. 对于金钱给付的利息，应当明确利息计算的起止点、计息本金及利率。

7. 一审判决未明确履行期限的，二审判决应当予以纠正。

判决承担利息，当事人提出具体请求数额的，二审法院可以根据当事人请求的数额作出相应判决；当事人没有提出具体请求数额的，可以表述为"按×××利率，自××××年××月××日起计算至××××年××月××日止"。

（九）尾部

1. 尾部应当写明诉讼费用的负担和告知事项。

2. 诉讼费用包括案件受理费和其他诉讼费用。收取诉讼费用的，写明诉讼费用的负担情况。如："案件受理费……元，由……负担；申请费……元，由……负担"。

3. 诉讼费用不属于诉讼争议的事项，不列入裁判主文，在判决主文后另起一段写明。

4. 一审判决中具有金钱给付义务的，应当在所有判项之后另起一行写明："如果未按本判决指定的期间履行给付金钱义务，应当依照《中华人民共和国民事诉讼法》第二百五十三条的规定，加倍支付迟延履行期间的债务利息。"二审判决具有金钱给付义务的，属于二审改判的，无论一审判决是否写入了上述告知内容，均应在所有判项之后另起一行写明上述告知内容。二审维持原判的判决，如果一审判决已经写明上述告知内容，可不再重复告知。

5. 对依法可以上诉的一审判决，在尾部表述为："如不服本判决，可以在判决书送达之日起十五日内，向本院递交上诉状，并按对方当事人的人数或者代表人的人数提出副本，上诉于××××人民法院。"

6. 对一审不予受理、驳回起诉、管辖权异议的裁定，尾部表述为："如不服本裁定，可以在裁定书送达之日起十日内，向本院递交上诉状，并按对方当事人的人数或者代表人的人数提出副本，上诉于××××人民法院。"

四、落款

（一）署名

诉讼文书应当由参加审判案件的合议庭组成人员或者独

任审判员署名。

合议庭的审判长，不论审判职务，均署名为“审判长”；合议庭成员有审判员的，署名为“审判员”；有助理审判员的，署名为“代理审判员”；有陪审员的，署名为“人民陪审员”。独任审理的，署名为“审判员”或者“代理审判员”。书记员，署名为“书记员”。

（二）日期

裁判文书落款日期为作出裁判的日期，即裁判文书的签发日期。当庭宣判的，应当写宣判的日期。

（三）核对戳

本部分加盖“本件与原本核对无异”字样的印戳。

五、数字用法

（一）裁判主文的序号使用汉字数字，例：“一”“二”；

（二）裁判尾部落款时间使用汉字数字，例：“二〇一六年八月二十九日”；

（三）案号使用阿拉伯数字，例：“（2016）京0101民初1号”；

（四）其他数字用法按照《中华人民共和国国家标准GB/T15835－2011出版物上数字用法》执行。

六、标点符号用法

（一）“被告辩称”“本院认为”等词语之后用逗号。

（二）“×××向本院提出诉讼请求”“本院认定如下”“判决如下”“裁定如下”等词语之后用冒号。

（三）裁判项序号后用顿号。

（四）除本规范有明确要求外，其他标点符号用法按照《中华人民共和国国家标准GB/T15834－2011标点符号用法》执行。

七、引用规范

（一）引用法律、法规、司法解释应书写全称并加书名号。

（二）法律全称太长的，也可以简称，简称不使用书名号。可以在第一次出现全称后使用简称，例：“《中华人民共和国民事诉讼法》（以下简称民事诉讼法）”。

（三）引用法律、法规和司法解释条文有序号的，书写序号应与法律、法规和司法解释正式文本中的写法一致。

（四）引用公文应先用书名号引标题，后用圆括号引发文字号；引用外文应注明中文译文。

八、印刷标准

（一）纸张标准，A4型纸，成品幅面尺寸为：210mm×297mm。

（二）版心尺寸为：156mm×225mm，一般每面排22行，每行排28个字。

（三）采用双面印刷；单页页码居右，双页页码居左；印品要字迹清楚、均匀。

（四）标题位于版心下空两行，居中排布。标题中的法院名称和文书名称一般用二号小标宋体字；标题中的法院名称与文书名称分两行排列。

（五）案号之后空二个汉字空格至行末端。

（六）案号、主文等用三号仿宋体字。

（七）落款与正文同处一面。排版后所剩空白处不能容下印章时，可以适当调整行距、字距，不用“此页无正文”的方法解决。审判长、审判员每个字之间空二个汉字空格。审判长、审判员与姓名之间空三个汉字空格，姓名之后空二个汉字空格至行末端。

（八）院印加盖在日期居中位置。院印上不压审判员，下不压书记员，下弧骑年压月在成文时间上。印章国徽底边缘及上下弧以不覆盖文字为限。公章不应歪斜、模糊。

（九）凡裁判文书中出现误写、误算，诉讼费用漏写、误算和其他笔误的，未送达的应重新制作，已送达的应以裁定补正，避免使用校对章。

（十）确需加装封面的应印制封面。封面可参照以下规格制作：

1. 国徽图案高55mm，宽50mm。

2. 上页边距为65mm，国徽下沿与标题文字上沿之间距离为75mm。

3. 标题文字为“××××人民法院××判决书（或裁定书等）”，位于国徽图案下方，字体为小标宋体字；标题分两行或三行排列，法院名称字体大小为30磅，裁判文书名称字体大小为36磅。

4. 封面应庄重、美观，页边距、字体大小及行距可适当进行调整。

九、其他

（一）本规范可以适用于人民法院制作的其他诉讼文书，根据具体文书性质和内容作相应调整。

（二）本规范关于裁判文书的要素和文书格式、标点符号、数字使用、印刷规范等技术化标准，各级人民法院应当认真执行。对于裁判文书正文内容、事实认定和说理部分，可以根据案件的情况合理确定。

（三）逐步推行裁判文书增加二维条形码，增加裁判文书的可识别性。

民事诉讼文书样式

民事判决书（第一审普通程序用）

××××人民法院
民事判决书

（××××）……民初……号

原告：×××，男/女，××××年××月××日出生，×

族,……(工作单位和职务或者职业),住……。

法定代理人/指定代理人:×××,……。

委托诉讼代理人:×××,……。

被告:×××,住所地……。

法定代表人/主要负责人:×××,……。

委托诉讼代理人:×××,……。

第三人:×××,……。

法定代理人/指定代理人/法定代表人/主要负责人:×××,……。

委托诉讼代理人:×××,……。

(以上写明当事人和其他诉讼参加人的姓名或者名称等基本信息)

原告×××与被告×××、第三人×××……(写明案由)一案,本院于××××年××月××日立案后,依法适用普通程序,公开/因涉及……(写明不公开开庭的理由)不公开开庭进行了审理。原告×××、被告×××、第三人×××(写明当事人和其他诉讼参加人的诉讼地位和姓名或者名称)到庭参加诉讼。本案现已审理终结。

×××向本院提出诉讼请求:1. ……;2. ……(明确原告的诉讼请求)。事实和理由:……(概述原告主张的事实和理由)。

×××辩称,……(概述被告答辩意见)。

×××诉/述称,……(概述第三人陈述意见)。

当事人围绕诉讼请求依法提交了证据,本院组织当事人进行了证据交换和质证。对当事人无异议的证据,本院予以确认并在卷佐证。对有争议的证据和事实,本院认定如下:1. ……;2. ……(写明法院是否采信证据,事实认定的意见和理由)。

本院认为,……(写明争议焦点,根据认定的事实和相关法律,对当事人的诉讼请求作出分析评判,说明理由)。

综上所述,……(对当事人的诉讼请求是否支持进行总结评述)。依照《中华人民共和国……法》第×条、……(写明法律文件名称及其条款项序号)规定,判决如下:

一、……;

二、……。

(以上分项写明判决结果)

如果未按本判决指定的期间履行给付金钱义务,应当依照《中华人民共和国民事诉讼法》第二百五十三条规定,加倍支付迟延履行期间的债务利息(没有给付金钱义务的,不写)。

案件受理费……元,由……负担(写明当事人姓名或者名称、负担金额)。

如不服本判决,可以在判决书送达之日起十五日内,向本院递交上诉状,并按照对方当事人或者代表人的人数提出副本,上诉于××××人民法院。

审 判 长 ×××

审 判 员 ×××

审 判 员 ×××

××××年××月××日

(院印)

本件与原本核对无异

书 记 员 ×××

【说明】

一、依据

本样式根据《中华人民共和国民事诉讼法》第一百五十二条等制定,供人民法院适用第一审普通程序开庭审理民事案件终结后,根据已经查明的事实、证据和有关的法律规定,对案件的实体问题作出判决用。除有特别规定外,其他民事判决书可以参照本判决书样式和说明制作。

二、标题

标题由法院名称、文书名称、案号组成。

依照《中华人民共和国民事诉讼法》第一百五十三条规定就一部分事实先行判决的,第二份民事判决书开始可在案号后缀"之一""之二"……,以示区别。

三、首部

首部依次写明诉讼参加人基本情况、案件由来和审理经过。

(一)诉讼参加人基本情况

1. 诉讼参加人包括当事人、诉讼代理人。全部诉讼参加人均分行写明。

2. 当事人诉讼地位写明"原告""被告"。反诉的写明"原告(反诉被告)""被告(反诉原告)"。有独立请求权第三人或者无独立请求权第三人,均写明"第三人"。

当事人是自然人的,写明姓名、性别、出生年月日、民族、工作单位和职务或者职业、住所。外国人写明国籍,无国籍人写明"无国籍";港澳台地区的居民分别写明"香港特别行政区居民""澳门特别行政区居民""台湾地区居民"。

共同诉讼代表人参加诉讼的,按照当事人是自然人的基本信息内容写明。

当事人是法人或者其他组织的,写明名称、住所。另起一行写明法定代表人或者主要负责人及其姓名、职务。

当事人是无民事行为能力人或者限制民事行为能力人的,写明法定代理人或者指定代理人及其姓名、住所,并在姓名后括注与当事人的关系。

当事人及其法定代理人有委托诉讼代理人的,写明委托诉讼代理人的诉讼地位、姓名。委托诉讼代理人是当事人近亲属的,近亲属姓名后括注其与当事人的关系,写明住所;委托诉讼代理人是当事人本单位工作人员的,写明姓名、性别及其工作人员身份;委托诉讼代理人是律师的,写明姓名、律师事务所的名称及律师执业身份;委托诉讼代理人是基层法律服务工作者的,写明姓名、法律服务所名称及基层法律服务工作者执业身份;委托诉讼代理人是当事人所在社区、单位以及有关社会团体推荐的公民的,写明姓名、性别、住所及推荐的社区、单位或有关社会团体名称。

委托诉讼代理人排列顺序，近亲属或者本单位工作人员在前，律师、法律工作者、被推荐公民在后。

委托诉讼代理人为当事人共同委托的，可以合并写明。

（二）案件由来和审理经过

案件由来和审理经过，依次写明当事人诉讼地位和姓名或者名称、案由、立案日期、适用普通程序、开庭日期、开庭方式、到庭参加诉讼人员、未到庭或者中途退庭诉讼参加人、审理终结。

不公开审理的，写明不公开审理的理由，例："因涉及国家秘密"或者"因涉及个人隐私"或者"因涉及商业秘密，×××申请"或者"因涉及离婚，×××申请"。

当事人及其诉讼代理人均到庭的，可以合并写明。例："原告×××及其委托诉讼代理人×××、被告×××、第三人×××到庭参加诉讼。"

诉讼参加人均到庭参加诉讼的，可以合并写明，例："本案当事人和委托诉讼代理人均到庭参加诉讼。"

当事人经合法传唤未到庭参加诉讼的，写明："×××经传票传唤无正当理由拒不到庭参加诉讼。"或者"×××经公告送达开庭传票，未到庭参加诉讼。"

当事人未经法庭许可中途退庭的，写明："×××未经法庭许可中途退庭。"

诉讼过程中，如果存在指定管辖、移送管辖、程序转化、审判人员变更、中止诉讼等情形，应当同时写明。

四、事实

事实部分主要包括：原告起诉的诉讼请求、事实和理由，被告答辩的事实和理由，人民法院认定的证据和事实。

（一）当事人诉辩意见

诉辩意见包括原告诉称、被告辩称，有第三人的，还包括第三人诉（述）称。

1. 原告诉称包括原告诉讼请求、事实和理由

先写诉讼请求，后写事实和理由。诉讼请求两项以上的，用阿拉伯数字加点号分项写明。

诉讼过程中增加、变更、放弃诉讼请求的，应当连续写明。增加诉讼请求的，写明："诉讼过程中，×××增加诉讼请求：……。"变更诉讼请求的，写明："诉讼过程中，×××变更……诉讼请求为：……。"放弃诉讼请求的，写明："诉讼过程中，×××放弃……的诉讼请求。"

2. 被告辩称包括对诉讼请求的意见、事实和理由

被告承认原告主张的全部事实的，写明："×××承认×××主张的事实。"被告承认原告主张的部分事实的，先写明："×××承认×××主张的……事实。"后写明有争议的事实。

被告承认全部诉讼请求的，写明："×××承认×××的全部诉讼请求。"被告承认部分诉讼请求的，写明被告承认原告的部分诉讼请求的具体内容。

被告提出反诉的，写明："×××向本院提出反诉请求：1……；2……。"后接反诉的事实和理由。再另段写明："×××对×××的反诉辩称，……。"

被告未作答辩的，写明："×××未作答辩。"

3. 第三人诉（述）称包括第三人主张、事实和理由

有独立请求权的第三人，写明："×××向本院提出诉讼请求：……。"后接第三人请求的事实和理由。再另段写明原告、被告对第三人的诉讼请求的答辩意见："×××对×××的诉讼请求辩称，……。"

无独立请求权第三人，写明："×××述称，……。"第三人未作陈述的，写明："×××未作陈述。"

原告、被告或者第三人有多名，且意见一致的，可以合并写明；意见不同的，应当分别写明。

（二）证据和事实认定

对当事人提交的证据和人民法院调查收集的证据数量较多的，原则上不一一列举，可以附证据目录清单。

对当事人没有争议的证据，写明："对当事人无异议的证据，本院予以确认并在卷佐证。"

对有争议的证据，应当写明争议证据的名称及法院对争议证据的认定意见和理由；对争议的事实，应当写明事实认定意见和理由。

争议的事实较多的，可以对争议事实分别认定；针对同一事实有较多争议证据的，可以对争议的证据分别认定。

对争议的证据和事实，可以一并叙明；也可以先单独对争议证据进行认定后，另段概括写明认定的案件基本事实，即"根据当事人陈述和经审查确认的证据，本院认定事实如下：……。"

对于人民法院调取的证据、鉴定意见，经庭审质证后，按照是否有争议分别写明。

召开庭前会议或者在庭审时归纳争议焦点的，应当写明争议焦点。争议焦点的摆放位置，可以根据争议的内容处理。争议焦点中有证据和事实内容的，可以在当事人诉辩意见之后写明。争议焦点主要是法律适用问题的，可以在本院认为部分，先写明争议焦点，再进行说理。

五、理由

理由应当围绕当事人的诉讼请求，根据认定的事实和相关法律，逐一评判并说明理由。

理由部分，有争议焦点的，先列争议焦点，再分别分析认定，后综合分析认定。

没有列争议焦点的，直接写明裁判理由。

被告承认原告全部诉讼请求，且不违反法律规定的，只写明："被告承认原告的诉讼请求，不违反法律规定。"

就一部分事实先行判决的，写明："本院对已经清楚的部分事实，先行判决。"

经审判委员会讨论决定的，在法律依据引用前写明："经本院审判委员会讨论决定，……。"

六、裁判依据

在说理之后,作出判决前,应当援引法律依据。

分项说理后,可以另起一段,综述对当事人诉讼请求是否支持的总结评价,后接法律依据,直接引出判决主文。说理部分已经完成,无需再对诉讼请求进行总结评价的,直接另段援引法律依据,写明判决主文。

援引法律依据,应当依照《最高人民法院关于裁判文书引用法律、法规等规范性法律文件的规定》处理。

法律文件引用顺序,先基本法律,后其他法律;先法律,后行政法规和司法解释;先实体法,后程序法。实体法的司法解释可以放在被解释的实体法之后。

七、判决主文

判决主文两项以上的,各项前依次使用汉字数字分段写明。

单项判决主文和末项判决主文句末用句号,其余判决主文句末用分号。如果一项判决主文句中有分号或者句号的,各项判决主文后均用句号。

判决主文中可以用括注,对判项予以说明。括注应当紧跟被注释的判决主文。例:(已给付……元,尚需给付……元);(已给付……元,应返还……元);(已履行);(按双方订立的《××借款合同》约定的标准执行);(内容须事先经本院审查);(清单详见附件)等等。

判决主文中当事人姓名或者名称应当用全称,不得用简称。

金额,用阿拉伯数字。金额前不加"人民币";人民币以外的其他种类货币的,金额前加货币种类。有两种以上货币的,金额前要加货币种类。

八、尾部

尾部包括迟延履行责任告知、诉讼费用负担、上诉权利告知。

1. 迟延履行责任告知

判决主文包括给付金钱义务的,在判决主文后另起一段写明:"如果未按本判决指定的期间履行给付金钱义务,应当依照《中华人民共和国民事诉讼法》第二百五十三条规定,加倍支付迟延履行期间的债务利息。"

2. 诉讼费用负担根据《诉讼费用交纳办法》决定

案件受理费,写明:"案件受理费……元"。

减免费用的,写明:"减交……元"或者"免予收取"。

单方负担案件受理费的,写明:"由×××负担"。

分别负担案件受理费的,写明:"由×××负担……元,×××负担……元。"

3. 告知当事人上诉权利

当事人上诉期为十五日。在中华人民共和国领域内没有住所的当事人上诉期为三十日。同一案件既有当事人的上诉期为十五日又有当事人的上诉期为三十日的,写明:"×××可以在判决书送达之日起十五日内,×××可以在判决书送达之日起三十日内,……。"

九、落款

落款包括合议庭署名、日期、书记员署名、院印。

合议庭的审判长,不论审判职务,均署名为"审判长";合议庭成员有审判员的,署名为"审判员";有助理审判员的,署名为"代理审判员";有陪审员的,署名为"人民陪审员"。书记员,署名为"书记员"。

合议庭按照审判长、审判员、代理审判员、人民陪审员的顺序分行署名。

落款日期为作出判决的日期,即判决书的签发日期。当庭宣判的,应当写宣判的日期。

两名以上书记员的,分行署名。

落款应当在同一页上,不得分页。落款所在页无其他正文内容的,应当调整行距,不写"本页无正文"。

院印加盖在审判人员和日期上,要求骑年盖月、朱在墨上。

加盖"本件与原本核对无异"印戳。

十、附录

确有必要的,可以另页附录。

民事判决书(二审改判用)

××××人民法院

民事判决书

(××××)……民终……号

上诉人(原审诉讼地位):×××,……。

……

被上诉人(原审诉讼地位):×××,……。

……

原审原告/被告/第三人:×××,……。

……

(以上写明当事人和其他诉讼参加人的姓名或者名称等基本信息)

上诉人×××因与被上诉人×××/上诉人×××及原审原告/被告/第三人×××……(写明案由)一案,不服×××人民法院(××××)……民初……号民事判决,向本院提起上诉。本院于××××年××月××日立案后,依法组成合议庭,开庭/因涉及……(写明不开庭的理由)不开庭进行了审理。上诉人×××、被上诉人×××、原审原告/被告/第三人×××(写明当事人和其他诉讼参加人的诉讼地位和姓名或者名称)到庭参加诉讼。本案现已审理终结。

×××上诉请求:……(写明上诉请求)。事实和理由:……(概述上诉人主张的事实和理由)。

×××辩称,……(概述被上诉人答辩意见)。

×××述称,……(概述原审原告/被告/第三人陈述意见)。

×××向一审法院起诉请求:……(写明原告/反诉原告/有独立请求权的第三人的诉讼请求)。

一审法院认定事实：……（概述一审认定的事实）。一审法院认为，……（概述一审裁判理由）。判决：……（写明一审判决主文）。

本院二审期间，当事人围绕上诉请求依法提交了证据。本院组织当事人进行了证据交换和质证（当事人没有提交新证据的，写明：二审中，当事人没有提交新证据）。对当事人二审争议的事实，本院认定如下：……（写明二审法院是否采信证据、认定事实的意见和理由，对一审查明相关事实的评判）。

本院认为，……（根据二审认定的案件事实和相关法律规定，对当事人的上诉请求进行分析评判，说明理由）。

综上所述，×××的上诉请求成立，予以支持。依照《中华人民共和国×××法》第×条（适用法律错误的，应当引用实体法）、《中华人民共和国民事诉讼法》第一百七十条第一款第×项规定，判决如下：

一、撤销××××人民法院（××××）……民初……号民事判决；

二、……（写明改判内容）。

二审案件受理费……元，由……负担（写明当事人姓名或者名称、负担金额）。

本判决为终审判决。

审　判　长　×××
审　判　员　×××
审　判　员　×××
××××年××月××日
（院印）
书　记　员　×××

【说明】

1. 本样式根据《中华人民共和国民事诉讼法》第一百七十条等制定，供二审人民法院对当事人不服一审判决提起上诉的民事案件，按照第二审程序审理终结，就案件的实体问题依法改判用。

2. 二审判决主文按照撤销、改判的顺序写明。

一审判决主文有给付内容，但未明确履行期限的，二审判决应当予以纠正。

判决承担利息，当事人提出具体请求数额的，二审法院可以根据当事人请求的数额作出相应判决；当事人没有提出具体请求数额的，可以表述为"按……利率，自××××年××月××日起计算至××××年××月××日止"。

3. 二审对一审判决进行改判的，应当对一审判决中驳回其他诉讼请求的判项一并进行处理，如果驳回其他诉讼请求的内容和范围发生变化的，应撤销原判中驳回其他诉讼请求的判项，重新作出驳回其他诉讼请求的判项。

4. 因为出现新的证据导致事实认定发生变化而改判的，需要加以说明。人民法院依法在上诉请求范围之外改判的，也应加以说明。

5. 按本样式制作二审民事判决书时，可以参考驳回上诉，维持原判用二审民事判决书样式的说明。

最高人民法院关于依法切实保障律师诉讼权利的规定

（2015年12月29日　法发〔2015〕16号）

为深入贯彻落实全面推进依法治国战略，充分发挥律师维护当事人合法权益、促进司法公正的积极作用，切实保障律师诉讼权利，根据中华人民共和国刑事诉讼法、民事诉讼法、行政诉讼法、律师法和《最高人民法院、最高人民检察院、公安部、国家安全部、司法部关于依法保障律师执业权利的规定》，作出如下规定：

一、依法保障律师知情权。人民法院要不断完善审判流程公开、裁判文书公开、执行信息公开"三大平台"建设，方便律师及时获取诉讼信息。对诉讼程序、诉权保障、调解和解、裁判文书等重要事项及相关进展情况，应当依法及时告知律师。

二、依法保障律师阅卷权。对律师申请阅卷的，应当在合理时间内安排。案卷材料被其他诉讼主体查阅的，应当协调安排各方阅卷时间。律师依法查阅、摘抄、复制有关卷宗材料或者查看庭审录音录像的，应当提供场所和设施。有条件的法院，可提供网上卷宗查阅服务。

三、依法保障律师出庭权。确定开庭日期时，应当为律师预留必要的出庭准备时间。因特殊情况更改开庭日期的，应当提前三日告知律师。律师因正当理由请求变更开庭日期的，法官可在征询其他当事人意见后准许。律师带助理出庭的，应当准许。

四、依法保障律师辩论、辩护权。法官在庭审过程中应合理分配诉讼各方发问、质证、陈述和辩论、辩护的时间，充分听取律师意见。除律师发言过于重复、与案件无关或者相关问题已在庭前达成一致等情况外，不应打断律师发言。

五、依法保障律师申请排除非法证据的权利。律师申请排除非法证据并提供相关线索或者材料，法官经审查对证据收集合法性有疑问的，应当召开庭前会议或者进行法庭调查。经审查确认存在法律规定的以非法方法收集证据情形的，对有关证据应当予以排除。

六、依法保障律师申请调取证据的权利。律师因客观原因无法自行收集证据的，可以依法向人民法院书面申请调取证据。律师申请调取证据符合法定条件的，法官应当准许。

七、依法保障律师的人身安全。案件审理过程中出现当事人矛盾激化，可能危及律师人身安全情形的，应当及时采取必要措施。对在法庭上发生的殴打、威胁、侮辱、诽谤律师等行为，法官应当及时制止，依法处置。

八、依法保障律师代理申诉的权利。对律师代理当事人对案件提出申诉的,要依照法律规定的程序认真处理。认为原案件处理正确的,要支持律师向申诉人做好释法析理、息诉息访工作。

九、为律师依法履职提供便利。要进一步完善网上立案、缴费、查询、阅卷、申请保全、提交代理词、开庭排期、文书送达等功能。有条件的法院要为参加庭审的律师提供休息场所,配备桌椅、饮水及其他必要设施。

十、完善保障律师诉讼权利的救济机制。要指定专门机构负责处理律师投诉,公开联系方式,畅通投诉渠道。对投诉要及时调查,依法处理,并将结果及时告知律师。对司法行政机关、律师协会就维护律师执业权利提出的建议,要及时予以答复。

最高人民法院关于完善人民法院司法责任制的若干意见

(2015 年 9 月 21 日　法发〔2015〕13 号)

为贯彻中央关于深化司法体制改革的总体部署,优化审判资源配置,明确审判组织权限,完善人民法院的司法责任制,建立健全符合司法规律的审判权力运行机制,增强法官审理案件的亲历性,确保法官依法独立公正履行审判职责,根据有关法律和人民法院工作实际,制定本意见。

一、目标原则

1. 完善人民法院的司法责任制,必须以严格的审判责任制为核心,以科学的审判权力运行机制为前提,以明晰的审判组织权限和审判人员职责为基础,以有效的审判管理和监督制度为保障,让审理者裁判、由裁判者负责,确保人民法院依法独立公正行使审判权。

2. 推进审判责任制改革,人民法院应当坚持以下基本原则:

(1)坚持党的领导,坚持走中国特色社会主义法治道路;

(2)依照宪法和法律独立行使审判权;

(3)遵循司法权运行规律,体现审判权的判断权和裁决权属性,突出法官办案主体地位;

(4)以审判权为核心,以审判监督权和审判管理权为保障;

(5)权责明晰、权责统一、监督有序、制约有效;

(6)主观过错与客观行为相结合,责任与保障相结合。

3. 法官依法履行审判职责受法律保护。法官有权对案件事实认定和法律适用独立发表意见。非因法定事由,非经法定程序,法官依法履职行为不受追究。

二、改革审判权力运行机制

(一)独任制与合议庭运行机制

4. 基层、中级人民法院可以组建由一名法官与法官助理、书记员以及其他必要的辅助人员组成的审判团队,依法独任审理适用简易程序的案件和法律规定的其他案件。

人民法院可以按照受理案件的类别,通过随机产生的方式,组建由法官或者法官与人民陪审员组成的合议庭,审理适用普通程序和依法由合议庭审理的简易程序的案件。案件数量较多的基层人民法院,可以组建相对固定的审判团队,实行扁平化的管理模式。

人民法院应当结合职能定位和审级情况,为法官合理配置一定数量的法官助理、书记员和其他审判辅助人员。

5. 在加强审判专业化建设基础上,实行随机分案为主、指定分案为辅的案件分配制度。按照审判领域类别,随机确定案件的承办法官。因特殊情况需要对随机分案结果进行调整的,应当将调整理由及结果在法院工作平台上公示。

6. 独任法官审理案件形成的裁判文书,由独任法官直接签署。合议庭审理案件形成的裁判文书,由承办法官、合议庭其他成员、审判长依次签署;审判长作为承办法官的,由审判长最后签署。审判组织的法官依次签署完毕后,裁判文书即可印发。除审判委员会讨论决定的案件以外,院长、副院长、庭长对其未直接参加审理案件的裁判文书不再进行审核签发。

合议庭评议和表决规则,适用人民法院组织法、诉讼法以及《最高人民法院关于人民法院合议庭工作的若干规定》《最高人民法院关于进一步加强合议庭职责的若干规定》。

7. 进入法官员额的院长、副院长、审判委员会专职委员、庭长、副庭长应当办理案件。院长、副院长、审判委员会专职委员每年办案数量应当参照全院法官人均办案数量,根据其承担的审判管理监督事务和行政事务工作量合理确定。庭长每年办案数量参照本庭法官人均办案数量确定。对于重大、疑难、复杂的案件,可以直接由院长、副院长、审判委员会委员组成合议庭进行审理。

按照审判权与行政管理权相分离的原则,试点法院可以探索实行人事、经费、政务等行政事务集中管理制度,必要时可以指定一名副院长专门协助院长管理行政事务。

8. 人民法院可以分别建立由民事、刑事、行政等审判领域法官组成的专业法官会议,为合议庭正确理解和适用法律提供咨询意见。合议庭认为所审理的案件因重大、疑难、复杂而存在法律适用标准不统一的,可以将法律适用问题提交专业法官会议研究讨论。专业法官会议的讨论意见供合议庭复议时参考,采纳与否由合议庭决定,讨论记录应当入卷备查。

建立审判业务法律研讨机制,通过类案参考、案例评析等方式统一裁判尺度。

(二)审判委员会运行机制

9. 明确审判委员会统一本院裁判标准的职能,依法合理确定审判委员会讨论案件的范围。审判委员会只讨论涉及国家外交、安全和社会稳定的重大复杂案件,以及重大、疑难、复杂案件的法律适用问题。强化审判委员会总结审判经验、讨论决定审判工作重大事项的宏观指导职能。

10. 合议庭认为案件需要提交审判委员会讨论决定的，应当提出并列明需要审判委员会讨论决定的法律适用问题，并归纳不同的意见和理由。

合议庭提交审判委员会讨论案件的条件和程序，适用人民法院组织法、诉讼法以及《最高人民法院关于人民法院合议庭工作的若干规定》《最高人民法院关于改革和完善人民法院审判委员会制度的实施意见》。

11. 案件需要提交审判委员会讨论决定的，审判委员会委员应当事先审阅合议庭提请讨论的材料，了解合议庭对法律适用问题的不同意见和理由，根据需要调阅庭审音频视频或者查阅案卷。

审判委员会委员讨论案件时应当充分发表意见，按照法官等级由低到高确定表决顺序，主持人最后表决。审判委员会评议实行全程留痕，录音、录像，作出会议记录。审判委员会的决定，合议庭应当执行。所有参加讨论和表决的委员应当在审判委员会会议记录上签名。

建立审判委员会委员履职考评和内部公示机制。建立审判委员会决议事项的督办、回复和公示制度。

（三）审判管理和监督

12. 建立符合司法规律的案件质量评估体系和评价机制。审判管理和审判监督机构应当定期分析审判质量运行态势，通过常规抽查、重点评查、专项评查等方式对案件质量进行专业评价。

13. 各级人民法院应当成立法官考评委员会，建立法官业绩评价体系和业绩档案。业绩档案应当以法官个人日常履职情况、办案数量、审判质量、司法技能、廉洁自律、外部评价等为主要内容。法官业绩评价应当作为法官任职、评先评优和晋职晋级的重要依据。

14. 各级人民法院应当依托信息技术，构建开放动态透明便民的阳光司法机制，建立健全审判流程公开、裁判文书公开和执行信息公开三大平台，广泛接受社会监督。探索建立法院以外的第三方评价机制，强化对审判权力运行机制的法律监督、社会监督和舆论监督。

三、明确司法人员职责和权限

（一）独任庭和合议庭司法人员职责

15. 法官独任审理案件时，应当履行以下审判职责：

（1）主持或者指导法官助理做好庭前会议、庭前调解、证据交换等庭前准备工作及其他审判辅助工作；

（2）主持案件开庭、调解，依法作出裁判，制作裁判文书或者指导法官助理起草裁判文书，并直接签发裁判文书；

（3）依法决定案件审理中的程序性事项；

（4）依法行使其他审判权力。

16. 合议庭审理案件时，承办法官应当履行以下审判职责：

（1）主持或者指导法官助理做好庭前会议、庭前调解、证据交换等庭前准备工作及其他审判辅助工作；

（2）就当事人提出的管辖权异议及保全、司法鉴定、非法证据排除申请等提请合议庭评议；

（3）对当事人提交的证据进行全面审核，提出审查意见；

（4）拟定庭审提纲，制作阅卷笔录；

（5）自己担任审判长时，主持、指挥庭审活动；不担任审判长时，协助审判长开展庭审活动；

（6）参与案件评议，并先行提出处理意见；

（7）根据合议庭评议意见制作裁判文书或者指导法官助理起草裁判文书；

（8）依法行使其他审判权力。

17. 合议庭审理案件时，合议庭其他法官应当认真履行审判职责，共同参与阅卷、庭审、评议等审判活动，独立发表意见，复核并在裁判文书上签名。

18. 合议庭审理案件时，审判长除承担由合议庭成员共同承担的审判职责外，还应当履行以下审判职责：

（1）确定案件审理方案、庭审提纲、协调合议庭成员庭审分工以及指导做好其他必要的庭审准备工作；

（2）主持、指挥庭审活动；

（3）主持合议庭评议；

（4）依照有关规定和程序将合议庭处理意见分歧较大的案件提交专业法官会议讨论，或者按程序建议将案件提交审判委员会讨论决定；

（5）依法行使其他审判权力。

审判长自己承办案件时，应当同时履行承办法官的职责。

19. 法官助理在法官的指导下履行以下职责：

（1）审查诉讼材料，协助法官组织庭前证据交换；

（2）协助法官组织庭前调解，草拟调解文书；

（3）受法官委托或者协助法官依法办理财产保全和证据保全措施等；

（4）受法官指派，办理委托鉴定、评估等工作；

（5）根据法官的要求，准备与案件审理相关的参考资料，研究案件涉及的相关法律问题；

（6）在法官的指导下草拟裁判文书；

（7）完成法官交办的其他审判辅助性工作。

20. 书记员在法官的指导下，按照有关规定履行以下职责：

（1）负责庭前准备的事务性工作；

（2）检查开庭时诉讼参与人的出庭情况，宣布法庭纪律；

（3）负责案件审理中的记录工作；

（4）整理、装订、归档案卷材料；

（5）完成法官交办的其他事务性工作。

（二）院长庭长管理监督职责

21. 院长除依照法律规定履行相关审判职责外，还应当从宏观上指导法院各项审判工作，组织研究相关重大问题和制定相关管理制度，综合负责审判管理工作，主持审判委员会讨论审判工作中的重大事项，依法主持法官考评委员会对法官进行评鉴，以及履行其他必要的审判管理和监督职责。

副院长、审判委员会专职委员受院长委托，可以依照前款规定履行部分审判管理和监督职责。

22. 庭长除依照法律规定履行相关审判职责外，还应当从宏观上指导本庭审判工作，研究制定各合议庭和审判团队之间、内部成员之间的职责分工，负责随机分案后因特殊情况需要调整分案的事宜，定期对本庭审判质量情况进行监督，以及履行其他必要的审判管理和监督职责。

23. 院长、副院长、庭长的审判管理和监督活动应当严格控制在职责和权限的范围内，并在工作平台上公开进行。院长、副院长、庭长除参加审判委员会、专业法官会议外不得对其没有参加审理的案件发表倾向性意见。

24. 对于有下列情形之一的案件，院长、副院长、庭长有权要求独任法官或者合议庭报告案件进展和评议结果：

（1）涉及群体性纠纷，可能影响社会稳定的；

（2）疑难、复杂且在社会上有重大影响的；

（3）与本院或者上级法院的类案判决可能发生冲突的；

（4）有关单位或者个人反映法官有违法审判行为的。

院长、副院长、庭长对上述案件的审理过程或者评议结果有异议的，不得直接改变合议庭的意见，但可以决定将案件提交专业法官会议、审判委员会进行讨论。院长、副院长、庭长针对上述案件监督建议的时间、内容、处理结果等应当在案卷和办公平台上全程留痕。

四、审判责任的认定和追究

（一）审判责任范围

25. 法官应当对其履行审判职责的行为承担责任，在职责范围内对办案质量终身负责。

法官在审判工作中，故意违反法律法规的，或者因重大过失导致裁判错误并造成严重后果的，依法应当承担违法审判责任。

法官有违反职业道德准则和纪律规定，接受案件当事人及相关人员的请客送礼、与律师进行不正当交往等违纪违法行为，依照法律及有关纪律规定另行处理。

26. 有下列情形之一的，应当依纪依法追究相关人员的违法审判责任：

（1）审理案件时有贪污受贿、徇私舞弊、枉法裁判行为的；

（2）违反规定私自办案或者制造虚假案件的；

（3）涂改、隐匿、伪造、偷换和故意损毁证据材料的，或者因重大过失丢失、损毁证据材料并造成严重后果的；

（4）向合议庭、审判委员会汇报案情时隐瞒主要证据、重要情节和故意提供虚假材料的，或者因重大过失遗漏主要证据、重要情节导致裁判错误并造成严重后果的；

（5）制作诉讼文书时，故意违背合议庭评议结果、审判委员会决定的，或者因重大过失导致裁判文书主文错误并造成严重后果的；

（6）违反法律规定，对不符合减刑、假释条件的罪犯裁定减刑、假释的，或者因重大过失对不符合减刑、假释条件的罪犯裁定减刑、假释并造成严重后果的；

（7）其他故意违背法定程序、证据规则和法律明确规定违法审判的，或者因重大过失导致裁判结果错误并造成严重后果的。

27. 负有监督管理职责的人员等因故意或者重大过失，怠于行使或者不当行使审判监督权和审判管理权导致裁判错误并造成严重后果的，依照有关规定应当承担监督管理责任。追究其监督管理责任的，依照干部管理有关规定和程序办理。

28. 因下列情形之一，导致案件按照审判监督程序提起再审后被改判的，不得作为错案进行责任追究：

（1）对法律、法规、规章、司法解释具体条文的理解和认识不一致，在专业认知范围内能够予以合理说明的；

（2）对案件基本事实的判断存在争议或者疑问，根据证据规则能够予以合理说明的；

（3）当事人放弃或者部分放弃权利主张的；

（4）因当事人过错或者客观原因致使案件事实认定发生变化的；

（5）因出现新证据而改变裁判的；

（6）法律修订或者政策调整的；

（7）裁判所依据的其他法律文书被撤销或者变更的；

（8）其他依法履行审判职责不应当承担责任的情形。

（二）审判责任承担

29. 独任制审理的案件，由独任法官对案件的事实认定和法律适用承担全部责任。

30. 合议庭审理的案件，合议庭成员对案件的事实认定和法律适用共同承担责任。

进行违法审判责任追究时，根据合议庭成员是否存在违法审判行为、情节、合议庭成员发表意见的情况和过错程度合理确定各自责任。

31. 审判委员会讨论案件时，合议庭对其汇报的事实负责，审判委员会委员对其本人发表的意见及最终表决负责。

案件经审判委员会讨论的，构成违法审判责任追究情形时，根据审判委员会委员是否故意曲解法律发表意见的情况，合理确定委员责任。审判委员会改变合议庭意见导致裁判错误的，由持多数意见的委员共同承担责任，合议庭不承担责任。审判委员会维持合议庭意见导致裁判错误的，由合议庭和持多数意见的委员共同承担责任。

合议庭汇报案件时，故意隐瞒主要证据或者重要情节，或者故意提供虚假情况，导致审判委员会作出错误决定的，由合议庭成员承担责任，审判委员会委员根据具体情况承担部分责任或者不承担责任。

审判委员会讨论案件违反民主集中制原则，导致审判委员会决定错误的，主持人应当承担主要责任。

32. 审判辅助人员根据职责权限和分工承担与其职责相对应的责任。法官负有审核把关职责的，法官也应当承担相应责任。

33. 法官受领导干部干预导致裁判错误的，且法官不记录或者不如实记录，应当排除干预而没有排除的，承担违法审判责任。

（三）违法审判责任追究程序

34. 需要追究违法审判责任的，一般由院长、审判监督部门或者审判管理部门提出初步意见，由院长委托审判监督部门审查或者提请审判委员会进行讨论，经审查初步认定有关人员具有本意见所列违法审判责任追究情形的，人民法院监察部门应当启动违法审判责任追究程序。

各级人民法院应当依法自觉接受人大、政协、媒体和社会监督，依法受理对法官违法审判行为的举报、投诉，并认真进行调查核实。

35. 人民法院监察部门应当对法官是否存在违法审判行为进行调查，并采取必要、合理的保护措施。在调查过程中，当事法官享有知情、辩解和举证的权利，监察部门应当对当事法官的意见、辩解和举证如实记录，并在调查报告中对是否采纳作出说明。

36. 人民法院监察部门经调查后，认为应当追究法官违法审判责任的，应当报请院长决定，并报送省（区、市）法官惩戒委员会审议。

高级人民法院监察部门应当派员向法官惩戒委员会通报当事法官的违法审判事实及拟处理建议、依据，并就其违法审判行为和主观过错进行举证。当事法官有权进行陈述、举证、辩解、申请复议和申诉。

法官惩戒委员会根据查明的事实和法律规定作出无责、免责或者给予惩戒处分的建议。

法官惩戒委员会工作章程和惩戒程序另行制定。

37. 对应当追究违法审判责任的相关责任人，根据其应负责任依照《中华人民共和国法官法》等有关规定处理：

（1）应当给予停职、延期晋升、退出法官员额或者免职、责令辞职、辞退等处理的，由组织人事部门按照干部管理权限和程序依法办理；

（2）应当给予纪律处分的，由纪检监察部门依照有关规定和程序依法办理；

（3）涉嫌犯罪的，由纪检监察部门将违法线索移送有关司法机关依法处理。

免除法官职务，必须按法定程序由人民代表大会罢免或者提请人大常委会作出决定。

五、加强法官的履职保障

38. 在案件审理的各个阶段，除非确有证据证明法官存在贪污受贿、徇私舞弊、枉法裁判等严重违法审判行为外，法官依法履职的行为不得暂停或者终止。

39. 法官依法审判不受行政机关、社会团体和个人的干涉。任何组织和个人违法干预司法活动、过问和插手具体案件处理的，应当依照规定予以记录、通报和追究责任。

领导干部干预司法活动、插手具体案件和司法机关内部人员过问案件的，分别按照《领导干部干预司法活动、插手具体案件处理的记录、通报和责任追究规定》和《司法机关内部人员过问案件的记录和责任追究规定》及其实施办法处理。

40. 法官因依法履职遭受不实举报、诬告陷害，致使名誉受到损害的，或者经法官惩戒委员会等组织认定不应追究法律和纪律责任的，人民法院监察部门、新闻宣传部门应当在适当范围以适当形式及时澄清事实，消除不良影响，维护法官良好声誉。

41. 人民法院或者相关部门对法官作出错误处理的，应当赔礼道歉、恢复职务和名誉、消除影响，对造成经济损失的依法给予赔偿。

42. 法官因接受调查暂缓等级晋升的，后经有关部门认定不构成违法审判责任，或者法官惩戒委员会作出无责或者免责建议的，其等级晋升时间从暂缓之日起连续计算。

43. 依法及时惩治当庭损毁证据材料、庭审记录、法律文书和法庭设施等妨碍诉讼活动或者严重藐视法庭权威的行为。依法保护法官及其近亲属的人身和财产安全，依法及时惩治在法庭内外恐吓、威胁、侮辱、跟踪、骚扰、伤害法官及其近亲属等违法犯罪行为。

侵犯法官人格尊严，或者泄露依法不能公开的法官及其亲属隐私，干扰法官依法履职的，依法追究有关人员责任。

44. 加大对妨碍法官依法行使审判权、诬告陷害法官、藐视法庭权威、严重扰乱审判秩序等违法犯罪行为的惩罚力度，研究完善配套制度，推动相关法律的修改完善。

六、附则

45. 本意见所称法官是指经法官遴选委员会遴选后进入法官员额的法官。

46. 本意见关于审判责任的认定和追究适用于人民法院的法官、副庭长、庭长、审判委员会专职委员、副院长和院长。执行员、法官助理、书记员、司法警察等审判辅助人员的责任认定和追究参照执行。

技术调查官等其他审判辅助人员的职责另行规定。

人民陪审员制度改革试点地区法院人民陪审案件中的审判责任根据《人民陪审员制度改革试点方案》另行规定。

47. 本意见由最高人民法院负责解释。

48. 本意见适用于中央确定的司法体制改革试点法院和最高人民法院确定的审判权力运行机制改革试点法院。

最高人民法院关于全面推进人民法院诉讼服务中心建设的指导意见

（2014 年 12 月 15 日 法发〔2014〕23 号）

为深入贯彻党的十八大、十八届三中、四中全会精神，巩固党的群众路线教育实践活动成果，牢牢把握司法为民、公正司法主线，进一步完善司法便民、利民措施，有效提升司法服务群众的能力和水平，努力实现让人民群众在每一个司法案件中都感受到公平正义的目标，现就全面推进人民法院诉讼服务中心建设提出以下意见：

一、总体目标和基本原则

1. 通过建设诉讼服务大厅、诉讼服务网、12368 诉讼服务热线，构建人民法院面向社会的多渠道、一站式、综合性诉讼服务中心，方便当事人受尊重地集中办理除庭审之外的其他诉讼事务，构建开放、动态、透明、便民的阳光司法机制，深化司法公开，扩大司法民主，努力实现司法为民公正司法，提升司法公信力。

2. 诉讼服务中心是为法院各部门搭建的对外服务平台。各部门根据各自的职能和诉讼服务中心整体运行要求承担诉讼服务工作，最大限度地方便群众诉讼。

3. 诉讼服务中心建设坚持“面向群众、面向基层、面向实际”的原则。根据便利当事人行使诉讼权利和保障人民群众知情权、监督权的实际需要确定功能设置、服务流程、服务标准。将基层人民法院诉讼服务中心建设作为重点，高度重视提升人民法庭诉讼服务水平。注重地区差别和层级差别，坚持从实际出发，因地制宜，分步推进诉讼服务中心建设。注重依托大数据、云计算等现代信息技术，积极拓展服务功能，丰富服务内容，创新服务手段。

二、诉讼服务大厅

（一）基础建设

1. 诉讼服务大厅应当有明显标志，方便群众出入，并建有无障碍通道；面积要满足功能发挥的实际需要。

2. 信访接待场所和其他诉讼服务场所分开设置，做到布局合理、庄重大方、宽敞明亮、整洁卫生；在保障安全有序的前提下，采用“柜台式”、“窗口式”等开放办公方式；根据条件和实际需要，可以为残疾人等弱势群体开辟绿色通道，提供优先服务。建立远程视频接访系统，实现与上下级法院的互联互通。

3. 设置休息座椅、饮水器具和卫生服务设施；提供笔墨纸张、复印、打字、电话、传真、网络等服务，有条件的可以提供与诉讼有关的其他商品服务。

4. 为当事人提供来访须知、诉讼指南、风险告知书等诉讼指引资料，配备电子触摸屏等自助查询设备。

5. 在明显位置公布工作流程、管理制度、法院和大厅工作人员的相关信息。

6. 配备手持安检仪、液体检测仪、通道式 X 光物检仪及防爆桶、防火毯等安检设备。

（二）主要功能

1. 诉讼引导、法律宣传。由专人负责接待，根据来访人员的目的将其引导至相关区域，进行必要的诉讼指引和法律宣传。

2. 登记立案、先行调解。接收案件材料，办理登记立案手续、核算诉讼费；为当事人、代理人、辩护人提供用于查询案件信息、查阅案卷的验证密码；对符合条件的当事人提供司法救助，根据规定办理诉讼费的减、缓、免除。确有需要的，为当事人提供上门立案、节假日预约立案服务。有条件的可以设置金融机构现场服务窗口，实现诉讼费等费用的现场缴纳。

设立调解工作室，由法官、专职人民调解员等进行诉前调解或立案调解，开展诉调对接工作。

3. 受理申请、材料收转。接受当事人等提出的财产保全、证据保全、委托鉴定等申请，形式审查后转相关部门办理。特殊情况下，提供紧急办理申请事项的服务。

接收当事人、代理人、辩护人提交的诉讼材料，转交法官或合议庭。

4. 查询咨询、联系法官。通过窗口接待、触摸屏、网络等手段和形式，为当事人、代理人、辩护人提供承办法官、审判组织、流程信息等案件信息查询服务。为当事人等提供法律咨询，有条件的可以提供与诉讼相关的心理咨询。提供专门的阅卷室方便当事人、代理人、辩护人根据规定查阅卷宗，并提供扫描、复印等服务。当事人、代理人、辩护人需要联系法官的，及时帮助联系，有正当理由并得到法官同意的，安排与法官在专门的地点会见。

根据条件和实际需要，可以设置律师或志愿者服务窗口，由律师或具备专业知识的志愿者为当事人无偿提供诉讼咨询和帮助。积极争取将律师在诉讼服务大厅的无偿服务纳入法律援助范围。

5. 文书送达、判后答疑。在合议庭与当事人已有约定后，为当事人提供窗口送达诉讼文书服务。当事人对裁判提出疑问的，通知合议庭答疑。

6. 信访接待、投诉建议。接待处理申诉信访；开展远程视频接访。

设投诉信箱，接受举报投诉与意见建议，转相关部门处理。有条件的可以设置纪检监察窗口。

（三）岗位要求

1. 导诉人员可以由非审判人员担任，应当使用文明、规范的语言询问来访人员的目的，介绍办事程序，指引办事地点，开展法律宣传。

2. 立案法官发现当事人起诉的民事纠纷适宜调解并征得当事人同意的，及时移交调解。对不符合调解条件的，告知诉讼风险，及时办理登记立案手续。对材料不齐全的，一次性指导当事人补齐；不能当即立案的，说明原因，并约定立案时间；不符合登记立案条件的，进行法律释明并作出指引。先行调解人员应当根据合法、自愿的原则进行调解。当事人不愿意调解或不能达成调解协议的，及时转入立案、审判程序。

3. 受理申请岗位由民事、行政审判部门和执行部门轮流派驻法官、法官助理当值。应统一常见申请的形式要求。接收申请材料应当开具收据，认真审查；对材料不齐全的，一次性指导当事人补齐；符合形式要求的及时移交相关部门办理。

4. 材料收转、查询咨询、联系法官岗位可以由非审判人员担任。收转材料应当认真核对、登记，开具收据，保证及时交接。要验证查询人身份，及时帮助查询，或指引使用自助查询设备查询。应当认真听取来访人员的咨询，耐心回答问题，详细解释法律规定，提供诉讼指引。

5. 窗口文书送达岗位人员可以由非审判人员担任。送达文书要严格依照法律规定进行。当事人当场对裁判文书提出疑问的，应当即刻通知合议庭答疑，或由合议庭与当事人预约时间答疑。

6. 信访接待法官应当及时接待来访人，认真审查申诉材料、听取意见，完整记录来访信息。能够当场解答处理的当场解答处理，不能当场处理的，按规定约定期限处理。对集体访等非正常上访，及时报告，妥善处理，防止矛盾激化。

7. 设立纪检监察窗口的，投诉建议岗位由纪检监察部门派驻人员担任；未设立纪检监察窗口的，可以由其他非审判人员担任。应当及时依照相关规定办理、转办举报投诉，并严格遵守保密纪律；定期汇总意见建议转相关部门。

8. 安全保卫人员由法警担任，要严守岗位，文明执法，认真履行安检职责，确保场所安全与秩序。

三、诉讼服务网

（一）基础建设

1. 建立诉讼服务网，完善法院公开信息、案件流程信息、诉讼电子档案等数据库，作为诉讼服务网的支撑。实现诉讼服务网与审判流程公开平台、裁判文书公开平台、执行信息公开平台（司法公开三大平台）的相互链接、资源共享。

2. 建立通讯服务系统，实现与诉讼服务大厅、诉讼服务网、12368 诉讼服务热线信息共享、互联互通。

3. 完善案件流程管理系统、网上办公系统，实现与诉讼服务网、通讯服务系统数据的及时交换。

（二）主要功能

1. 信息查询、诉讼指引。自案件受理之日起，当事人、代理人、辩护人凭查询密码登录网页查询案件信息。公众直接登录网页查询法院机构、人员、工作流程、生效裁判文书、常用法律法规等公开信息和诉讼指引信息。提供常用的起诉状、答辩状、申请执行书、授权委托书等文书格式电子文档，供当事人等查看和下载使用。通过通讯服务系统，以短信、微信、微博、移动通讯应用客户端等方式主动向当事人、代理人、辩护人推送案件主要流程节点信息，或根据查询申请推送相关案件信息，以及主动向社会公众推送公开信息。

2. 预约立案、网上立案。当事人通过网络提交案件材料，经立案法官在线审查，符合登记立案条件的，预约当事人、代理人到诉讼服务大厅办理立案手续。

探索建立诉讼行为真实性识别机制，实现立案法官在线登记立案。探索建立网上缴费系统，为当事人提供诉讼费等费用的网上支付服务。

3. 受理申请、材料接收。当事人等通过网络提出财产保全、证据保全、委托鉴定等申请，法官在线审查，符合形式要求的，预约申请人到诉讼服务大厅提交书面申请。探索建立诉讼行为真实性识别机制，实现法官在线审查、处理相关申请。

当事人、代理人、辩护人通过网络上传案件材料，法官处理后回复。

4. 联系法官、网上阅卷。当事人、代理人、辩护人通过网络请求与法官通话、约见法官，或在特定案件公共交流平台上给法官留言，法官处理后回复。

在诉讼档案电子化的基础上，提供网上阅卷服务。当事人、代理人、辩护人经密码验证后，通过网络按照相关规定查阅卷宗或下载。

5. 网上信访、预约接访。当事人上传申诉材料，提出申诉请求，信访法官通过网上信访系统在线办理并答复当事人。当事人在网上提出预约接谈申请，信访法官审查后预约排期。

（三）岗位要求

1. 诉讼服务网由专门的机构、人员管理维护，确保正常运转；相关部门要负责及时更新公开信息，审判人员、辅助人员要及时录入案件信息，确保信息查询功能与诉讼指引功能的有效发挥。

2. 网上立案法官应当认真审查当事人提交的案件材料，符合登记立案条件的应当及时通知当事人、代理人到诉讼服务大厅办理立案手续或直接决定立案。对提交材料不齐全的，在网上一次性指导当事人补齐。不符合登记立案条件的，回复释明法律并作出指引。

3. 网上办公系统法官个人终端都是诉讼服务网的一部分。当事人等提交的申请和材料经数据交换到达法官个人终端，承办法官应当在规定时间内及时办理回复。

4. 网上信访法官应当认真审查申诉人提交的申诉材料，在规定的时间内作出处理，并完整的填写处理意见和理由，在网上答复当事人。

四、12368 诉讼服务热线

（一）基础建设

1. 开通 12368 诉讼服务热线，设置专门的接听场所，配置必要的工作设施，实现与案件流程管理系统、网上办公系统、诉讼服务网、通讯服务系统的有效衔接,共享基础数据库。

2. 有条件的可以实现信息语音化,建立自助语音应答系统。

(二)主要功能

1. 信息查询。自案件受理之日起,当事人、代理人、辩护人拨打热线通过自助语音查询案件信息;未建立自助语音应答系统的,由座席员接听后查询答复或通过通讯服务系统推送查询结果。

2. 诉讼咨询。提供常见程序性法律问题的咨询。

3. 联系法官。当事人、代理人、辩护人拨打热线要求联系法官的,帮助联系。

4. 预约服务。根据条件和实际需要,提供帮助预约节假日立案、上门立案等服务。

(三)岗位要求

1. 座席员可以由非审判人员担任,负责热线的接听、记录、相关事项的答复和转办。应当保证工作日热线畅通,耐心倾听来电并做好记录。对于查询咨询事项要全面准确地答复;要求联系法官的,应当及时帮助联系,不能及时联系上的,留言法官在规定的时间内回复来电人。应当准确记录举报投诉和意见建议,及时依照相关规定转办,并严格遵守保密纪律。

2. 服务热线应当有专门的管理维护人员,已建立自助语音应答系统的要保证24小时正常开通运行。

五、制度建设

各级人民法院要根据诉讼服务大厅、诉讼服务网、12368诉讼服务热线的功能,制定工作规则,规范运行程序,加强相互衔接,确保三大诉讼服务平台规范、高效运转。重点要建立以下制度:

1. 规范服务制度。三大诉讼服务平台均应当明确各项服务项目的办理时间、期限和要求,并严格落实,确保诉讼服务规范化。

2. 岗位责任制度。对三大诉讼服务平台的各个岗位实行定岗、定人、定责,做到职能清晰、任务明确、权责一致。接待来访、接听来电的首位工作人员是首问责任人,应认真负责地做好来访接待、电话接听与登记工作。对职责范围内的事项,及时办理;对职责范围外的事项,及时移交有关部门和人员,并将移交、转办情况及时回复来访、来电人员。

建立科学的考核机制,对诉讼服务中心工作人员进行单独考核。

3. 办事公开制度。各项诉讼服务工作的流程和结果应当留有记录并方便群众了解查询,自觉接受群众监督。三大诉讼服务平台均应当建立群众满意度评价系统。

4. 庭长值班制度。审判业务部门轮流安排负责同志在诉讼服务中心值班,指导处理疑难事项,协调各部门开展工作。

5. 督促提示制度。法官及其他工作人员均应当在规定的时间内完成相关诉讼服务工作。在规定时间内未完成的,审判管理系统应当以一定的方式逐级提示其上级管理者进行督促。

6. 文明接待制度。诉讼服务中心工作人员应当统一着装上岗,做到精神饱满、仪表端庄,举止得体,服务周到、用语文明,工作高效、方法适当。

六、工作要求

1. 加强组织领导。各级人民法院要高度重视诉讼服务中心建设,坚持院长亲自抓,各部门通力配合。要根据最高人民法院总体要求和各地基础条件、实际需要,制定具体工作方案,明确建设时间进度,积极抓好落实。

2. 统一名称。人民法院诉讼服务场所统一使用"诉讼服务中心"名称。

3. 加强机构建设。各级人民法院可以依托立案庭也可以根据自身实际情况构建诉讼服务中心日常管理部门。要注重增强协调力度,重大事项由分管领导召集各部门参加的协调会研究处理,确保工作高效。

4. 加强队伍建设。按照"政治坚定、业务精通、纪律严明、作风优良、品德高尚"的要求,为诉讼服务中心配齐配强工作人员。加强业务培训,实行定期轮岗;初任法官和拟任中层领导的人员应当到诉讼服务中心锻炼,将中心作为培养锻炼干部的基地。可以根据岗位的不同实行人员分类配备。非审判岗位可以由退休法官、志愿者担任,并可以探索实行劳务外包。

5. 注重宣传。各级人民法院要充分利用各类社会媒体和法院系统自有媒体,加大对诉讼服务中心建设的宣传力度,增进人民群众的了解,争取社会各界对建设工作的广泛支持。

6. 强化监督考核。上级人民法院要强化措施,加强对下级法院诉讼服务中心建设的考核、验收,推动建设工作不断深入。

最高人民法院关于进一步加强新形势下人民法庭工作的若干意见

(2014年12月4日　法发〔2014〕21号)

为深入贯彻落实党的十八大、十八届三中全会、四中全会和《中共中央关于全面深化改革若干重大问题的决定》《中共中央关于全面推进依法治国若干重大问题的决定》精神,切实发挥人民法庭职能作用,推动人民法庭工作不断科学发展,现就进一步加强新形势下人民法庭工作提出如下意见。

一、深刻认识面临的新形势、新任务,准确把握人民法庭的职能定位

1. 正确认识新形势。落实全面深化改革任务要求,推进平安中国、法治中国建设,深化司法体制改革,满足人民群众多元司法需求,促进国家治理体系和治理能力现代化,是当前和今后一个时期人民法院工作面临的新形势。人民法庭作为人民法院"基层的基层",是深化司法体制改革、全面推进依法治国的重要一环,必将面临更加严峻的考验,遇到更多复杂的问题，承担更加艰巨的任务。

2. 深刻理解新任务。人民法庭要继续充分发挥审判职能作用，积极参与基层社会治理，创新落实便民利民举措，因地制宜做好巡回审判工作，将依法独立行使审判权与扩大司法民主相结合，努力搭建阳光司法"窗口"，增进人民司法的社会认同，弘扬社会主义核心价值观。各级人民法院要切实优化人民法庭布局，积极稳妥在人民法庭推进司法改革，完善人民法庭的管理和保障机制，加强人民法庭队伍、装备和信息化建设。要不断提升人民法庭司法能力，为实现全面推进依法治国总目标，建设中国特色社会主义法治体系，建设社会主义法治国家，构建社会主义法治秩序，发挥人民法庭的重要作用。

3. 准确把握职能定位。牢牢把握司法为民公正司法工作主线，代表国家依法独立公正行使审判权，是人民法庭的核心职能。依法支持其他国家机关和群众自治组织调处社会矛盾纠纷，依法对人民调解委员会调解民间纠纷进行业务指导，积极参与基层社会治理，是人民法庭的重要职能。

二、始终坚持司法为民，切实发挥人民法庭的审判职能

4. 优化区域布局。认真贯彻落实《最高人民法院关于全面加强人民法庭工作的决定》，坚持"三个面向"和"两便"原则，以"职能明确、布局合理、审判公正、管理规范、队伍过硬、保障有力"为基本要求，综合案件数量、区域面积、人口数量、交通条件、经济社会发展状况，优化人民法庭的区域布局和人员比例。积极推进以中心法庭为主、社区法庭和巡回审判点为辅的法庭布局形式，戒除脱离实际贪大求多的错误观念，避免司法资源浪费和法庭建设、管理、维护困难。

5. 规范设置调整。基层人民法院要随着城市规划调整以及城乡发展一体化进程的逐步推进，慎重稳妥提出人民法庭设置调整方案，逐级上报高级人民法院批准。人民群众有需求，诉讼案件数量多，派驻人员有编制，建设用地能落实，建设资金有保障的，经高级人民法院批准，可增设人民法庭。增设规模较大、影响范围较广、资金人员需求较多的人民法庭设置调整方案，应当层报最高人民法院审查备案。经济社会发达、案件较多的地区，可以结合自身情况，探索专业化审判法庭的设置。

6. 完善立案机制。基层人民法院要根据辖区实际情况，科学构建人民法庭直接立案工作机制，加强对人民法庭立案工作的指导和管理。经济发达、交通便利地区的人民法庭，可以通过基层人民法院统一立案的方式，加强案件流程管理。山区、牧区、林区、边远地区等交通不便地区的人民法庭，要加强和完善人民法庭直接立案工作机制，并通过远程立案等技术手段，着力解决当事人立案难问题。人民法庭具体受案范围由所属基层人民法院确定后，通过一定方式向社会公布。对依法应当受理的案件，要做到有案必立、有诉必理，对确实不应受理的，要向当事人说明理由。

7. 抓好民生审判。按照落实集体所有权、稳定农户承包权、放活土地经营权的总要求，切实依法维护农村土地承包关系和农民土地承包经营权，强化对土地承包经营权的物权保护，依法保障农民对承包地占有、使用、收益、流转及经营权抵押、担保权利。依法妥善审理与民生息息相关领域的纠纷，维护农村留守儿童、留守妇女和留守老年人的合法权益。依法保护生态环境，推进人居环境整治，为科学推进社会主义新农村建设提供司法保障。

8. 加强诉讼服务。推进人民法庭窗口建设，努力为当事人的诉讼活动提供集成式、一站式服务。加强对诉讼当事人的诉讼指导，对诉讼能力不高的当事人提供必要的程序性引导。对当事人举证确实困难或案件审理确实需要的重要证据，应根据当事人申请或依职权，适时主动调查取证。依法选择并适用更为经济的诉讼程序和程序性措施，切实降低当事人的诉讼负担。推动完善法律援助制度，加强司法救助工作力度，切实保证人民群众及时有效获取法律帮助。

9. 做好巡回审判。正确处理坐堂问案和巡回审判之间的关系，认真落实《关于大力推广巡回审判方便人民群众诉讼的意见》，合理设置巡回办案点与诉讼服务点，提高巡回审判的针对性和实效性。边远民族地区以及其他群众诉讼不便地区，应当确立巡回审判为主的工作机制，继承和弘扬马锡五审判方式，推广车载法庭等巡回审判模式，形成以人民法庭为点、车载流动法庭为线、基层人民法院为面，"点线面"相结合、全覆盖的司法服务网络。经济发达交通便利地区，应将巡回审判的重点放在对社会和谐稳定影响较大，对提高人民群众法治意识、维护社会主义法治秩序和弘扬社会主义道德风尚有重要作用的案件上。

10. 处理好调判关系。充分发挥调解在化解基层民事纠纷中的独特作用，对适宜调解的民事纠纷要依法先行调解。积极总结不同类型案件的特点，在法律规定框架内，恰当借助乡规民约，尊重善良风俗和社情民意，创新调解工作方法，力求从根源上彻底化解矛盾。坚决纠正强迫调解、久调不决等损害当事人合法权益，以及下达强制性调撤指标等违背审判规律的错误做法。大力提高人民法庭裁判文书质量，注重通过正确适用法律、加强释法说理，发挥司法裁判的道德指引功能，彰显规则、维护秩序、弘扬美德。

11. 改进执行工作。对执行工作难度较大、基层人民法院执行不影响当事人合法权益及时实现，以及人员装备难以保障执行工作顺利开展的人民法庭审结案件，原则上由基层人民法院负责执行。对可以当庭执结以及由人民法庭执行更加方便诉讼群众的案件，应当由人民法庭负责执行。有条件的地方，可以探索由所在基层人民法院派驻执行组等方式构建直接执行机制，最大限度地方便群众诉讼，提高执行效率。

12. 完善人民陪审制度。落实人民陪审员倍增计划，结合人民法庭工作特点，扩大基层群众入选比例，扩大参审案件范围。规范人民陪审员参与审理案件的确定方式和流程，认真落实“随机抽取”原则，改变长期驻庭做法。强化人民陪审员岗前和任职培训，提高履职能力。积极探索实行人民陪审员仅参与审理事实认定问题的机制和办法。建立经费保障标准定期调整机制，及时足额发放人民陪审员的交通、误工等补助费用。

三、积极参与基层社会治理，切实发挥人民法庭桥梁纽带和司法保障作用

13. 为其他机构组织化解纠纷提供司法保障。充分发挥人民法庭在“四个治理”中的纽带作用和在多元纠纷解决机制中的示范、保障作用，为提高乡镇、县域治理法治化水平作出积极贡献。主动加强与公安、司法、劳动争议仲裁、农村土地承包仲裁、人民调解委员会等其他基层国家机关、群众自治组织、行业调解组织等的沟通与协作，尊重和支持其依法调处社会矛盾纠纷，积极做好司法确认等诉讼与非诉讼矛盾纠纷解决机制的衔接工作。

14. 对各类调解组织给予引导。按照“不缺位、不越位、不错位”的原则，依法加强对人民调解委员会的业务指导。以审判职能的有效发挥，为人民调解、行政调解和群众自治组织调处化解矛盾纠纷提供法治样本和导向指引。特别注意加强和规范与居民委员会、村民委员会等基层群众组织在化解矛盾纠纷中的联系和沟通，共同维护良好的基层社会秩序。

15. 立足审判职能参与地方治理。人民法庭要灵活运用公众开放日、观摩庭审、以案释法、判后答疑等多种形式，积极开展法治宣传，引导人民群众自觉履行法定义务、社会责任、家庭责任。要通过及时向地方党委、人大报送涉诉矛盾纠纷专项报告，向政府及其他相关部门提出司法建议的方式，参与地方社会治理。不得超越审判职能参与地方行政、经济事务，以及其他与审判职责无关的会议、接访、宣传等事务。

四、积极稳妥推进司法体制改革，不断完善人民法庭工作机制

16. 开展改革试点。各级人民法院要把人民法庭作为司法改革的“试验田”，按照解放思想、积极推进、求真务实、慎重稳妥的原则，推进改革在人民法庭先行先试。辖区内设有人民法庭的中级人民法院，选择3－5个人民法庭，对适宜在人民法庭开展的改革进行试点，鼓励具备条件地区积极扩大试点范围。试点人民法庭应当至少每半年就试点工作情况向所在基层人民法院作出汇报，并逐级层报汇总至最高人民法院，为全面推进司法体制改革积累经验、创造条件。

17. 落实司法责任制。遵循司法规律，按照权责统一的原则，探索建立主审法官办案责任制，明确法官办案权力和责任，逐步实现裁判文书由主审法官签发。有条件的地方可以探索完善合议庭办案责任制，明确个人意见、履职行为在案件处理结果中的责任。规范人民法庭庭长对审判工作的监督管理权限，做到权责统一明晰、监督规范有序。

18. 优化人员构成。建立编制增补和动态管理机制，确保已增编制80%用于基层和审判一线，根据工作需要及时补充人员。坚持内涵式队伍发展路径，探索根据审判工作量，组建以主审法官为中心的审判团队，配备必要数量的法官助理、书记员等审判辅助人员，以购买服务等方式配强审判辅助力量，解决一些地方因审判人员不足而出现的“一人庭”“二人庭”问题。完善司法人员分类管理制度，稳定审判队伍，提高审判质效。

19. 健全职业保障。推进法官专业职务序列及工资制度改革，逐步提高基层法官职级待遇，实现人民法庭法官职务、职级和法官等级上的适当高配，以及工资福利政策向基层法院和人民法庭的适度倾斜。人民法庭可以先行试行工资加办案补贴、岗位津贴等薪酬确定方式。加强职业风险保障，完善因公牺牲、意外伤害等抚恤救助制度。上级人民法院在探索和推动省以下地方法院人财物统一管理，以及法官延迟退休、返聘等改革时，要注意考虑人民法庭的特点和需求。

20. 完善审判管理。剔除不符合审判规律、不利于人民法庭工作开展和容易产生错误导向的管理考核指标。明确简易案件与疑难复杂案件的分类标准，合理配置审判资源，实现案件繁简分流。探索在小额诉讼和其他适宜的简易案件中，使用表格式、令状式、要素式等简易文书，加快审理进程。探索审判辅助性事务集中专门处理的工作制度，让法官专注于审判。

21. 强化司法公开。全面公开法庭人员信息、管理制度、行为规范、诉讼指南，依法及时公开案件信息、司法依据、诉讼流程、裁判结果，满足当事人知情权，杜绝暗箱操作。在推进“三个平台”建设过程中，注重考虑人民法庭工作特点。积极发挥人民法庭根植基层的特殊优势，在保障司法安全前提下，简化旁听手续，满足人民群众旁听需求；开展司法公开主题活动，主动邀请和组织社会各界代表旁听庭审、参观法庭工作；进一步发挥巡回审判在司法公开、法治宣传方面的独特作用，增强社会对法庭工作的认同。

五、切实加强队伍建设和组织领导，不断提升人民法庭队伍素质和物质装备保障水平

22. 加强党建工作。坚持“支部建在庭上”，实现党的组织和党的工作全覆盖。有3名以上党员的人民法庭应成立党支部，党员不足3名的人民法庭可成立联合党支部。人民法庭党支部的组织关系隶属所在基层人民法院。强化人民法庭党支部的组织功能，严格党内生活，充分发挥党支部对干警的教育、管理、监督职能，注重运用信息网络、新媒体开展党建工作。

23. 选好法庭庭长。要积极落实人民法庭机构级别和人民法庭庭长职级，优先从具有法庭工作经历的人员中，选派科级以上法官担任人民法庭庭长,直辖市的人民法庭和案件多、任务重的人民法庭,可选派处级法官担任,根据工作需要人民法庭可设副庭长。要优先从具有人民法庭庭长任职经历的人员中选拔基层人民法院领导。

24. 健全定期轮岗和挂职锻炼制度。有序推进人民法庭之间、人民法庭和基层人民法院其他庭室之间的人员交流。人民法庭庭长一般应在任职后三至五年轮岗一次。基层人民法院新招录人员一般应先安排在人民法庭接受锻炼一年以上。基层人民法院选派法官到上级人民法院、发达地区法院学习锻炼,应优先选派人民法庭法官;上级人民法院选调法官,应接收一定比例具有法庭工作经历的法官;上级人民法院选派有培养前途的干部到基层,应优先安排到人民法庭挂职锻炼。

25. 落实党风廉政责任。基层人民法院党组要将人民法庭党风廉政建设纳入主体责任范围,对人民法庭发生的重大违法违纪案件,在对直接责任人进行责任追究的同时,要按照党风廉政建设责任制的规定,对有关法院领导干部进行问责。基层人民法院纪检监察部门,要切实履行监督职责,通过审务督查和专项检查等,及时发现和纠正人民法庭干警在纪律作风方面存在的问题,以“零容忍”态度严肃查办违法违纪案件。人民法庭庭长要认真履行“一岗双责”,在做好审判工作的同时,管好带好队伍,确保人民法庭公正廉洁司法。

26. 加强纪律作风建设。不断强化理想信念教育,引导人民法庭干警牢固树立群众观念,增进群众感情,切实解决群众反映强烈的“六难三案”问题。坚持从严教育、从严管理、从严监督,坚决整治人民法庭工作中的不正之风。依托信息化手段,全面构建符合人民法庭工作特点的廉政风险防控机制,切实加强对人民法庭审判权运行的监督制约,提高司法廉政制度的执行力。要将作风建设摆在突出位置、融入日常工作,以制度确保改进司法作风的规范化、常态化、长效化。

27. 改善法庭管理。健全法庭管理规章制度,注重经常性管理,注意以听取基层群众意见的方式完善考核评价机制。注重树立和宣传人民法庭先进典型,及时对人民法庭优秀干警给予表彰奖励。加强文化体育场所建设,落实休假、疗养制度,定期组织体检,加强对干警的人文关怀和心理疏导,帮助解决工作、学习和生活实际困难。

28. 改进教育培训。定期开展人民法庭庭长轮训,确保人民法庭法官每年接受业务培训时间不少于7天。坚持分级分类培训,充分发挥各级法官培训机构主导作用,积极利用其他培训机构和高等院校培训资源,通过多种方式促进优质教育培训资源向人民法庭延伸倾斜。坚持以需求为导向,紧扣审判实践的培训方向。进一步加大对西部和民族地区培训工作的扶持力度,加强双语法官培养。

29. 抓好基础设施建设。高级人民法院要按照人民法院基础设施建设“十二五”规划要求,合理安排年度建设计划,力争在“十二五”期间全面完成现有人民法庭基础设施建设任务。新建人民法庭应依据《人民法院法庭建设标准》,根据法庭编制人数、年受理案件数等因素合理确定建设规模,严格审核设计方案,并按照《人民法庭统一标识设置规范》要求,安装统一标识。

30. 增强经费保障能力。基层人民法院要根据人民法庭工作任务和装备配备、信息化建设需要,做好人民法庭预算编制工作,及时拨付资金。各高级人民法院要加强对人民法庭经费使用、管理的指导和监督检查。要有计划、分步骤地为人民法庭配备必需的办案办公装备,逐年提高装备配备水平,改善审判工作条件。到2015年,全国人民法庭装备配备均应达到《基层人民法院基本业务装备配备指导标准》要求的水平。

31. 推动信息化建设。高级人民法院要以“天平工程”建设为抓手,围绕人民法庭管理和便民、利民,合理确定人民法庭信息化建设内容和规模,加大投入和经费保障力度。按照最高人民法院《关于全面加强人民法院信息化工作的决定》和《人民法院信息化建设五年规划》要求,东部地区在2014年底前、中部地区在2015年底前、西部地区在2016年底前,人民法庭接入基层人民法院信息网络系统。要确保人民法院信息系统软件、硬件配置满足人民法庭诉讼服务工作的需要,为人民法庭配备必要的信息化办公、办案设备和软件,优化办事流程,提高办事效率和人性化水平。

32. 重视安全管理。要建立健全督查机制,增强安全防范意识,克服松懈麻痹思想和侥幸心理,扎实做好日常安全保卫工作。要按照“必要、充足、及时”要求,原则上为每个人民法庭配备至少一名司法警察,并根据工作需要配备若干名安保人员。完善安检、防爆、监控、液体危险品检测等各类安全防范设施和装备配备,优先改善人民法庭安全防危硬件条件,确保人民法庭“人防、物防、技防”落实到位,严密防范各类重大恶性安全责任事故。

33. 推动理论研究。各级人民法院要立足不同职能定位,为繁荣人民法庭理论研究创造条件,加强与法学教育研究机构进行多种形式交流与协作,凝聚多方力量,探索建立人民法庭理论研究工作机制,深入开展人民法庭理论研究工作。着重研究新形势下人民法庭在中国特色社会主义司法制度中的地位和作用,人民法庭的职能定位和在社会治理中的作用,以及人民法庭如何在推进司法改革进程中开展好司法为民、便民、利民工作等全局性、前瞻性重大课题。以问题为导向,从人民法庭的司法实践中总结提炼理论研究的素材和课题,形成理论研究成果,切实实现成果转化,指导和推动人民法庭工作科学发展。

34. 加强监督指导。各级人民法院党组要切实对人民法庭工作负起领导责任。中级人民法院以上的各级人民法院,应当成立专门的人民法庭指导工作办公室,坚持分类指导原则,增强指导的针对性和实效性。要将监督指导人民法庭工作,作为各级人民法院日常工作的重要内容,完善问题发现、反馈、分析和解决机制,建立重大敏感案件风险评估、预警和化解机制。

最高人民法院关于进一步做好司法便民利民工作的意见

(2014年11月20日 法〔2014〕293号)

各省、自治区、直辖市高级人民法院,解放军军事法院,新疆维吾尔自治区高级人民法院生产建设兵团分院:

为深入贯彻落实党的十八大、十八届三中、四中全会精神,进一步扎实推进党的群众路线教育实践活动,积极回应人民群众对司法工作的新要求和新期待,牢牢把握"司法为民、公正司法"工作主线,现就人民法院进一步做好司法便民利民工作,提出如下意见。

一、统一思想,提高认识,进一步增强做好司法便民利民工作的自觉性

1. 司法便民利民是人民法院努力实现"让人民群众在每一个司法案件中都感受到公平正义"的必然要求,是全面推进依法治国,建设平安中国、法治中国的重要途径。各级人民法院要准确把握我国全面深化改革进程中出现的新情况、新特点,将方便人民群众诉讼作为做好各项工作的出发点和落脚点,扎扎实实为人民群众办实事,更好地满足新时期人民群众的多元司法需求。

2. 司法便民利民是人民法院深入贯彻执行党的群众路线,积极践行司法为民根本宗旨的重要内容。各级人民法院要自觉把做好司法便民利民工作与扎实推进党的群众路线教育实践活动紧密结合起来,时刻摆正与人民群众的关系,准确把握人民群众对法院工作的需求与期待,始终坚持人民司法为人民,切实加强人权司法保障,不断改进司法作风,通过一个个具体鲜活的司法便民利民举措,更好地维护最广大人民群众的根本利益。

3. 司法便民利民是深化司法改革,加快建设公正高效权威的社会主义司法制度的重要环节。各级人民法院要把人民群众是否满意作为衡量司法改革成败的根本标准,把完善和落实司法便民利民举措作为深化司法改革的重要切入点,不断健全保障人民群众参与司法的制度措施,着力构建开放、动态、透明、便民的阳光司法机制,让司法改革成果更多更公平地惠及全体人民群众,不断提高司法公信力。

二、求真务实,加强规范,切实做好司法便民利民工作

4. 积极探索建立健全司法便民利民工作的长效机制。人民法院要在狠抓执法办案第一要务的同时,进一步细化和完善立案、审判、执行和信访等环节的便民利民措施,为人民群众提供热情、便捷、高效的司法服务。

5. 建设好、管理好、运用好诉讼服务平台。深入推进诉讼服务中心的标准化、规范化建设,全面整合诉讼服务功能,优化诉讼服务窗口建设。认真做好诉调对接、立案登记、诉讼风险提示、诉讼材料接转、诉讼费用缴纳、财产保全、案件流程查询、信访接待等各方面的工作,努力为当事人提供"一站式"和"全方位"的诉讼服务。

6. 健全方便立案的新机制。根据人民群众的需求和审判工作的实际需要,积极推进立案登记工作,对人民法院依法应该受理的案件,做到有案必立、有诉必理,切实保障当事人诉权。做好预约立案工作,积极为行动不便的伤病患者、残疾人、老年人、未成年人等提供立案、送达、调解等方面的便民服务,方便当事人诉讼。

7. 依法及时采取保全措施。人民法院应当根据案件具体情况依法合理确定保全的担保方式和担保数额。对保全实施工作归口管理,暂时没有实行归口管理的人民法院,应积极采取措施方便当事人申请和查询。

8. 健全案件繁简分流机制。充分发挥简易程序、小额诉讼程序、督促程序、刑事和解程序、轻微刑事案件快速审理机制等制度优势,在保证审判质量的前提下,努力降低当事人诉讼成本,减轻当事人诉累。

9. 依法为当事人举证提供帮助。当事人申请人民法院调查取证,符合法律规定条件的,或者人民法院认为有必要调查的证据,人民法院应当及时调查取证;积极探索委托律师调查取证,方便当事人举证。

10. 加强审判流程管理。树立科学均衡结案意识,正确理解、运用均衡结案指标,不能单纯追求均衡结案率而故意拖延结案或者突击结案。强化审判流程公开平台建设,整合各类审判流程信息,为当事人提供全面、全程、及时的审判流程公开服务。实行审限监督制度,严格扣除审限、延长审限的审批,完善案件审限通报制度,及时告知当事人扣除审限、延长审限的理由、期限。

11. 加强案卷移交工作。积极推进诉讼档案电子化工程,做好一审、二审、再审和执行案卷移交工作,明确移交期限,统一移交方式,落实移交责任,缩短移交时间,确保移交顺畅。

12. 依法保障各方诉讼权利。强化诉讼过程中当事人和其他诉讼参与人的知情权、陈述权、辩护辩论权、申请权、申诉权的制度保障。尊重和保障当事人庭审权利,让当事人依法充分表达诉求,完整陈述事实理由。对依法可以由当事人自主或者协商决定的程序事项,尽量让当事人自主或者协商确定。切实保障律师在审判过程中依法履行职责。在保证程序公正的前提下,注意为当事人特别是没有委托律师辩护、代理的当事人参与诉讼提供必要的程序性指导与帮助。

13. 完善案件庭审旁听制度。人民法院对于公开审理的案件,应当依法公告案件名称、开庭时间、法庭编号、旁听席位等开庭信息，方便人民群众旁听案件庭审。人民法院应当定期或者不定期邀请人大代表、政协委员旁听案件庭审。

14. 加强裁判文书释法说理。裁判文书要认真对待、全面回应当事人提出的主张和意见，具体说明法院采纳或者不采纳的理由和法律依据，做到认定事实清楚、适用法律正确。用语要力求规范、简洁、易懂，便于当事人明白理解。

15. 切实解决执行难。积极探索完善有利于保障民生的快速执行、主动执行等机制，以失信被执行人信用监督、威慑、惩戒法律制度和点对点网络查控联动机制为抓手，积极推进反规避执行和反消极执行，依法保障胜诉当事人及时实现权益。综合运用财产申报、限制高消费、限制出境、联合信用惩戒等措施，依法适用强制措施和刑罚威慑机制，促使被执行人主动履行债务，努力提高执行效率。

16. 完善交纳诉讼费用的便民措施。要根据实际情况，设立自动取款机、POS 机等设施，方便当事人交费、退费。当事人到基层人民法院办理诉讼费用的结算和退费确有困难的，有条件的人民法庭可以代为办理。

17. 做好司法救助工作。健全司法救助体系，完善诉讼费缓减免制度和特困群体执行救助制度，依法及时有效落实对加害人无力赔偿、被执行人无财产可供执行等案件的困难受害人以及其他涉诉困难群众的司法救助，不断拓宽司法救助的范围和方式。

18. 做好涉诉信访工作。完善“诉访分离”和案件终结机制，保障当事人依法行使申诉权利。积极开展网上信访、巡回接访、带案下访、远程视频接访等工作，建立健全律师等第三方参与化解涉诉信访的工作机制，及时就地解决涉诉信访问题。把信访纳入法治化轨道，保障合理合法诉求依照法律规定和程序就能得到合理合法的结果。

19. 健全人民法庭基层诉讼服务窗口的职能。坚持和发扬“枫桥经验”，发挥人民法庭在多元化纠纷解决机制中的纽带作用，努力实现矛盾纠纷的就地化解。推进以中心法庭为主、巡回审判点为辅的法庭布局形式，优化人民法庭布局，构建便捷高效的司法服务网络。人民法庭可以依法直接受理和执行案件，并将其直接受理和执行案件的范围通过适当方式在本辖区内公布。

20. 加强巡回审判工作。对于边远地区等交通不便地区，要以方便人民群众诉讼为出发点，尽可能就地立案、就地开庭、就地审理、就地执行；要以便于解决社会矛盾纠纷为出发点，深入到企业、社区等群众集中、纠纷集中的地区进行巡回审判。大力推广车载法庭等巡回审判模式，让“流动的人民法庭”最大限度满足人民群众诉讼的需求。

21. 建立健全特定类型案件的“快立、快调、快审、快执”机制。对于追索工资报酬、工伤赔偿等涉及广大职工和农民工切身利益的案件以及追索赡养费、抚育费、扶养费等案件，应当按照“快立、快调、快审、快执”的原则，尽快受理，适时调解，及时判决、执行。

22. 积极推进和规范调解工作。对双方当事人均有调解意愿且有调解可能的纠纷、家庭与邻里纠纷、法律规定不够明确以及简单处理可能失之公平的纠纷，应当在充分尊重双方当事人意愿的情况下，优先运用调解方式，快速化解矛盾。加强对调解协议的司法确认工作，实现诉讼调解与人民调解、行政调解、行业调解的有效对接，完善调解联动工作体系，健全调处化解矛盾的多元化纠纷解决机制。

23. 不断改进司法作风。要善于运用人民群众听得懂、易接受的语言和方式进行沟通交流，充分尊重公序良俗，坚决克服对诉讼参与人冷硬横推的现象，坚决消除门难进、脸难看、话难听、事难办等不良作风，坚决杜绝任何刁难诉讼参与人的现象。

三、加强领导，切实保障，确保司法便民利民工作取得实效

24. 加强组织领导。各级人民法院要高度重视司法便民利民工作，院党组要把做好司法便民利民工作摆上重要议事日程，主要领导亲自抓，分管领导具体抓，班子成员共同抓，做到措施到位、责任到位、工作到位，切实抓好各项制度、措施的落实。

25. 积极争取各方支持。各级人民法院要积极争取党委、人大、政府和政协对司法便民利民工作的支持，加强与有关部门的沟通协调，为司法便民利民工作在经费等方面提供切实保障。上级人民法院要加强对本辖区内人民法院司法便民利民工作的指导、支持和监督，做到一级抓一级，层层抓落实，使这一工作更加科学规范。

26. 全面加强信息化建设。各级人民法院要以“天平工程”建设为载体，加快审判流程公开、裁判文书公开、执行信息公开三大平台建设，充分发挥现代科技信息手段在司法便民利民方面的作用。因地制宜地推行远程立案、网上立案、网上办案、网上公告、预约办案、电子签章、电子送达、视频提讯等便民措施；通过 12368 诉讼服务热线、电子触摸屏、微博、微信、手机短信等载体为当事人提供方便快捷的司法服务。

27. 加强便民利民的场所设施建设。各级人民法院要根据实际情况配备当事人、诉讼代理人等诉讼参与人的候审室或者休息室，在法庭所在区域配备必要的物品保管箱、饮水器具、复印机等便民设施；为行动不便的伤病患者、残疾人、老年人等参加庭审活动提供无障碍设施等便利。

28. 积极听取各方意见建议。各级人民法院要自觉接受同级人大、政协以及社会各界的监督，注重发挥人民陪审员与人民群众沟通的桥梁作用，多渠道收集人民群众的意见建议，畅通民意沟通和反馈机制，勇于纠正工作中的缺点，及时弥补工作中的不足，不断完善司法便民利民制度措施。

29. 大力加强法制宣传。各级人民法院要通过多种方式加强法制宣传，使人民群众在充分了解司法便民利民措施的同时，发挥司法裁判规范、指导、评价、引领社会价值的重要作用，大力弘扬社会主义法治精神，着力推动全民守法。

30. 及时总结先进经验。各地人民法院要加强调查研究，及时总结成熟的经验做法。最高人民法院和各高级人民法院在积极改进和完善自身司法便民利民工作的同时，应当及时总结下级人民法院的典型经验，推进司法便民利民工作不断取得新进展。

最高人民法院印发《关于人民法院在审判执行活动中主动接受案件当事人监督的若干规定》的通知

（2014 年 7 月 15 日　法发〔2014〕13 号）

各省、自治区、直辖市高级人民法院，解放军军事法院，新疆维吾尔自治区高级人民法院生产建设兵团分院：

现将《关于人民法院在审判执行活动中主动接受案件当事人监督的若干规定》予以印发，请结合实际，认真遵照执行。

最高人民法院关于人民法院在审判执行活动中主动接受案件当事人监督的若干规定

为规范人民法院在审判执行活动中主动接受案件当事人监督的工作，促进公正、高效、廉洁、文明司法，根据《中华人民共和国法官法》，制定本规定。

第一条　人民法院及其案件承办部门和办案人员在审判执行活动中应当严格执行廉政纪律，不断改进司法作风，主动接受案件当事人监督。

第二条　人民法院应当在本院诉讼服务大厅、立案大厅、派出人民法庭等场所公布人民法院的纪律作风规定、举报受理电话和举报受理网址。

第三条　在案件立案、审理程序中，人民法院应当通过适当方式，及时将立案审查结果、诉讼保全及程序变更等关键节点信息主动告知案件当事人。

第四条　在案件执行程序中，人民法院应当通过适当方式，及时将执行立案、变更与追加被执行人、执行措施实施、执行财产查控、执行财产处置、终结本次执行、终结本次执行案件的恢复执行、终结执行等关键节点信息主动告知案件当事人。

第五条　案件当事人需要向人民法院了解办案进度的，人民法院案件承办部门及办案人员应当告知。

第六条　人民法院案件承办部门应当在向案件当事人送达相关案件受理法律文书时，向案件当事人发送廉政监督卡。案件当事人也可以根据需要到人民法院诉讼服务大厅、立案大厅、派出人民法庭直接领取廉政监督卡。

廉政监督卡应当按照最高人民法院规定的格式进行制作。

第七条　案件当事人可以在案件办理期间或者案件办结之后，将填有本人意见的廉政监督卡直接寄交人民法院监察部门。

人民法院监察部门应当对案件当事人反映的廉政监督意见进行统一处置和管理。

第八条　人民法院应当按照本院每年办案总数的一定比例，从当年审结或者执结的案件中随机抽取部分案件进行廉政回访，主动听取案件当事人对办案人员执行纪律作风规定情况的评价意见。

第九条　人民法院除随机抽取案件进行廉政回访外，还应当对当年审结或者执结的下列案件进行廉政回访：

（一）社会广泛关注的案件；

（二）案件当事人反映存在违反廉政作风规定的案件；

（三）其他有必要进行回访的案件。

第十条　廉政回访可以采取约谈回访、上门回访、电话回访、信函回访等方式进行。对案件当事人在回访中反映的意见应当记录在案。

第十一条　廉政回访工作由人民法院监察部门会同案件承办部门共同组织实施。

第十二条　人民法院监察部门对案件当事人在廉政监督卡和廉政回访中提出的意见，应当按照下列方式进行处置：

（一）对提出的批评意见，转案件承办部门查明情况后酌情对被监督人进行批评教育；

（二）对提出的表扬意见，转案件承办部门查明情况后酌情对被监督人进行表扬奖励；

（三）对反映的违纪违法线索，会同案件承办部门廉政监察员进行核查处理；

（四）对反映的办案程序、法律适用及事实认定等方面问题，依照相关规定分别移送案件承办部门、审判监督部门或者审判管理部门处理。

第十三条　人民法院案件承办部门对案件当事人反映的批评意见进行处置后，应当适时向案件当事人反馈处置情况。

人民法院监察部门在对案件当事人反映的违纪违法线索进行处置后，应当适时向案件当事人反馈处置情况。

因案件当事人反映问题不实而给被反映人造成不良影响的，人民法院监察部门和案件承办部门应当通过适当方式为被反映人澄清事实。

第十四条　人民法院监察部门应当定期对案件当事人在廉政监督卡和廉政回访中提出的意见进行梳理分析，并结合分析发现的普遍性问题向本院党组提出进一步改进工作的意见建议。

第十五条　人民法院监察部门应当对本院各部门及其工

作人员落实本规定的情况进行检查督促。人民法院政工部门应当将本院各部门及其工作人员落实本规定的情况纳入考核范围。

第十六条　尚未设立监察部门的人民法院，由本院政工部门承担本规定赋予监察部门的各项职责。

第十七条　本规定所称案件当事人，包括刑事案件中的被告人、被害人、自诉人、附带民事诉讼的原告人和被告人；民事、行政案件中的原告、被告及第三人；执行案件中的申请执行人、被执行人、案外人。

受案件当事人的委托，辩护人、诉讼代理人可以代表案件当事人接收、填写廉政监督卡或者接受廉政回访。

第十八条　人民法院在办理死刑复核案件、国家赔偿案件中主动接受案件当事人监督的工作另行规定。

第十九条　各高级人民法院可以依照本规定制定本院及辖区法院主动接受案件当事人监督工作的实施细则。

第二十条　本规定自发布之日起实施，由最高人民法院负责解释。

最高人民法院特约监督员工作条例

（2012年7月13日　法〔2012〕173号）

为进一步健全和完善人民法院外部监督机制，维护司法公正，提高司法公信力，推动人民法院工作科学发展，根据工作需要，制定本条例。

第一条　最高人民法院特约监督员是最高人民法院从全国人大代表，全国政协委员，各民主党派、工商联、无党派人士、专家学者以及基层群众中聘请的对最高人民法院审判、执行以及队伍建设等工作进行监督、提出意见和建议的人员。

第二条　最高人民法院特约监督员由有关组织推荐，并须征得本人及其所在单位同意。

最高人民法院向受聘的特约监督员颁发聘书和《特约监督员证》，并向社会公布。

最高人民法院特约监督员每届任期为五年。根据工作需要适时增补。

特约监督员在任期内本人书面要求辞去特约监督员工作的，由最高人民法院予以解聘。

第三条　最高人民法院特约监督员工作应当坚持依法有序、务实有效的原则。

第四条　最高人民法院特约监督员的工作职责：

（一）监督最高人民法院执行法律、法规和作出司法决策的情况；

（二）监督最高人民法院工作人员在审判、执行工作中公正司法的情况；

（三）监督最高人民法院工作人员审判作风、廉洁自律以及遵守法官职业道德等方面的情况；

（四）监督其他有关事项。

第五条　最高人民法院特约监督员履行职责的方式：

（一）应邀参加最高人民法院相关工作会议；

（二）参加最高人民法院召开的特约监督员专门会议；

（三）旁听依法公开审判案件的庭审活动；

（四）应邀参加最高人民法院组织开展的审判、执行、队伍建设等工作的专项检查活动；

（五）反映或转递人民群众对人民法院和法院工作人员批评、意见、建议或者举报材料；

（六）听取和了解所提意见、建议和举报等事项的办理情况；

（七）其他合法有效的监督方式。

第六条　最高人民法院特约监督员开展工作应当保守审判、执行工作秘密，不得利用特约监督员的身份进行与监督员工作不相符的活动。

第七条　最高人民法院各部门应当积极协助、配合和支持特约监督员依本条例规定行使监督职权，认真听取意见、建议，答复询问，及时办理并反馈反映、转递的事项。对阻挠特约监督员履行职责，拒不接受监督或打击报复特约监督员的，将依照有关法律和纪律予以严肃处理。

第八条　最高人民法院人民监督工作办公室负责特约监督员日常事务性工作。

第九条　本条例自公布之日起执行，由最高人民法院办公厅负责解释。

最高人民法院印发《关于在审判执行工作中切实规范自由裁量权行使保障法律统一适用的指导意见》的通知

（2012年2月28日　法发〔2012〕7号）

各省、自治区、直辖市高级人民法院，解放军军事法院，新疆维吾尔自治区高级人民法院生产建设兵团分院：

现将最高人民法院《关于在审判执行工作中切实规范自由裁量权行使保障法律统一适用的指导意见》印发给你们，请认真贯彻落实。

关于在审判执行工作中切实规范自由裁量权行使保障法律统一适用的指导意见

中国特色社会主义法律体系如期形成，标志着依法治国基本方略的贯彻实施进入了一个新阶段，人民法院依法履行职责、维护法制统一、建设社会主义法治国家的责任更加重大。我国正处在重要的社会转型期,审判工作中不断出现新情况、新问题;加之,我国地域辽阔、人口众多、民族多样性等诸多因素,造成经济社会发展不平衡。这就要求人民法院在强化法律统一适用的同时,正确运用司法政策,规范行使自由裁量权,充分发挥自由裁量权在保障法律正确实施,维护当事人合法权益,维护司法公正,提升司法公信力等方面的积极作用。现就人民法院在审判执行工作中切实规范自由裁量权行使,保障法律统一适用的若干问题,提出以下指导意见:

一、正确认识自由裁量权。自由裁量权是人民法院在审理案件过程中,根据法律规定和立法精神,秉持正确司法理念,运用科学方法,对案件事实认定、法律适用以及程序处理等问题进行分析和判断,并最终作出依法有据、公平公正、合情合理裁判的权力。

二、自由裁量权的行使条件。人民法院在审理案件过程中,对下列情形依法行使自由裁量权:(一)法律规定由人民法院根据案件具体情况进行裁量的;(二)法律规定由人民法院从几种法定情形中选择其一进行裁量,或者在法定的范围、幅度内进行裁量的;(三)根据案件具体情况需要对法律精神、规则或者条文进行阐释的;(四)根据案件具体情况需要对证据规则进行阐释或者对案件涉及的争议事实进行裁量认定的;(五)根据案件具体情况需要行使自由裁量权的其他情形。

三、自由裁量权的行使原则。(一)合法原则。要严格依据法律规定,遵循法定程序和正确裁判方法,符合法律、法规和司法解释的精神以及基本法理的要求,行使自由裁量权。不能违反法律明确、具体的规定。(二)合理原则。要从维护社会公平正义的价值观出发,充分考虑公共政策、社会主流价值观念、社会发展的阶段性、社会公众的认同度等因素,坚持正确的裁判理念,努力增强行使自由裁量权的确定性和可预测性,确保裁判结果符合社会发展方向。(三)公正原则。要秉持司法良知,恪守职业道德,坚持实体公正与程序公正并重。坚持法律面前人人平等,排除干扰,保持中立,避免偏颇。注重裁量结果与社会公众对公平正义普遍理解的契合性,确保裁判结果符合司法公平正义的要求。(四)审慎原则。要严把案件事实关、程序关和法律适用关,在充分理解法律精神、依法认定案件事实的基础上,审慎衡量、仔细求证,同时注意司法行为的适当性和必要性,努力实现办案的法律效果和社会效果的有机统一。

四、正确运用证据规则。行使自由裁量权,要正确运用证据规则,从保护当事人合法权益、有利查明事实和程序正当的角度,合理分配举证责任,全面、客观、准确认定证据的证明力,严格依证据认定案件事实,努力实现法律事实与客观事实的统一。

五、正确运用法律适用方法。行使自由裁量权,要处理好上位法与下位法、新法与旧法、特别法与一般法的关系,正确选择所应适用的法律;难以确定如何适用法律的,应按照立法法的规定报请有关机关裁决,以维护社会主义法制的统一。对同一事项同一法律存在一般规定和特别规定的,应优先适用特别规定。要正确把握法律、法规和司法解释中除明确列举之外的概括性条款规定,确保适用结果符合立法原意。

六、正确运用法律解释方法。行使自由裁量权,要结合立法宗旨和立法原意、法律原则、国家政策、司法政策等因素,综合运用各种解释方法,对法律条文作出最能实现社会公平正义、最具现实合理性的解释。

七、正确运用利益衡量方法。行使自由裁量权,要综合考量案件所涉各种利益关系,对相互冲突的权利或利益进行权衡与取舍,正确处理好公共利益与个人利益、人身利益与财产利益、生存利益与商业利益的关系,保护合法利益,抑制非法利益,努力实现利益最大化、损害最小化。

八、强化诉讼程序规范。行使自由裁量权,要严格依照程序法的规定,充分保障各方当事人的诉讼权利。要充分尊重当事人的处分权,依法保障当事人的辩论权,对可能影响当事人实体性权利或程序性权利的自由裁量事项,应将其作为案件争议焦点,充分听取当事人的意见;要完善相对独立的量刑程序,将量刑纳入庭审过程;要充分保障当事人的知情权,并根据当事人的要求,向当事人释明行使自由裁量权的依据、考量因素等事项。

九、强化审判组织规范。要进一步强化合议庭审判职责,确保全体成员对案件审理、评议、裁判过程的平等参与,充分发挥自由裁量权行使的集体把关机制。自由裁量权的行使涉及对法律条文的阐释、对不确定概念的理解、对证据规则的把握以及其他可能影响当事人重大实体性权利或程序性权利事项,且有重大争议的,可报请审判委员会讨论决定,确保法律适用的统一。

十、强化裁判文书规范。要加强裁判文书中对案件事实认定理由的论证,使当事人和社会公众知悉法院对证据材料的认定及采信理由。要公开援引和适用的法律条文,并结合案件事实阐明法律适用的理由,充分论述自由裁量结果的正当性和合理性,提高司法裁判的公信力和权威性。

十一、强化审判管理。要加强院长、庭长对审判活动的管理。要将自由裁量权的行使纳入案件质量评查范围,建立健全长效机制,完善评查标准。对自由裁量内容不合法、违反法定程序、结果显失公正以及其他不当行使自由裁量权的情形,要结合审判质量考核的相关规定予以处理;裁判确有错误,符合再审条件的,要按照审判监督程序进行再审。

十二、合理规范审级监督。要正确处理依法改判与维护司法裁判稳定性的关系,不断总结和规范二审、再审纠错原则，努力实现裁判标准的统一。下级人民法院依法正当行使自由裁量权作出的裁判结果，上级人民法院应当依法予以维持；下级人民法院行使自由裁量权明显不当的，上级人民法院可以予以撤销或变更；原审人民法院行使自由裁量权显著不当的，要按照审判监督程序予以撤销或变更。

十三、加强司法解释。最高人民法院要针对审判实践中的新情况、新问题，及时开展有针对性的司法调研。通过司法解释或司法政策，细化立法中的原则性条款和幅度过宽条款，规范选择性条款和授权条款，统一法律适用标准。要进一步提高司法解释和司法政策的质量，及时清理已过时或与新法产生冲突的司法解释，避免引起歧义或规则冲突。

十四、加强案例指导。各级人民法院要及时收集、整理涉及自由裁量权行使的典型案例，逐级上报最高人民法院。最高人民法院在公布的指导性案例中，要有针对性地筛选出在诉讼程序展开、案件事实认定和法律适用中涉及自由裁量事项的案例，对考量因素和裁量标准进行类型化。上级人民法院要及时掌握辖区内自由裁量权的行使情况，不断总结审判经验，提高自由裁量权行使的质量。

十五、不断统一裁判标准。各级人民法院内部对同一类型案件行使自由裁量权的，要严格、准确适用法律、司法解释，参照指导性案例，努力做到类似案件类似处理。下级人民法院对所审理的案件，认为存在需要统一裁量标准的，要书面报告上级人民法院。在案件审理中，发现不同人民法院对同类案件的处理存在明显不同裁量标准的，要及时将情况逐级上报共同的上级人民法院予以协调解决。自由裁量权的行使涉及具有普遍法律适用意义的新型、疑难问题的，要逐级书面报告最高人民法院。

十六、加强法官职业保障。要严格执行宪法、法官法的规定，增强法官职业荣誉感，保障法官正当行使自由裁量权。要大力建设学习型法院，全面提升司法能力。要加强法制宣传，引导社会和公众正确认识自由裁量权在司法审判中的必要性、正当性，不断提高社会公众对依法行使自由裁量权的认同程度。

十七、防止权力滥用。要进一步拓展司法公开的广度和深度，自觉接受人大、政协、检察机关和社会各界的监督。要深入开展廉洁司法教育，建立健全执法过错责任追究和防止利益冲突等制度规定，积极推进人民法院廉政风险防控机制建设，切实加强对自由裁量权行使的监督，对滥用自由裁量权并构成违纪违法的人员，要依据有关法律法规及纪律规定进行严肃处理。

最高人民法院关于加强和规范人大代表、政协委员旁听案件庭审工作的若干意见

（2011年11月4日　法〔2011〕311号）

开展人大代表、政协委员旁听案件庭审工作是人民法院自觉接受人大监督和政协民主监督的重要形式，是人民法院推进司法公开、促进司法公正的重要途径。根据有关法律和规定，结合人民法院工作实际，现就进一步加强和规范人大代表、政协委员旁听案件庭审工作提出如下意见。

一、高度重视人大代表、政协委员旁听案件庭审工作

1. 开展人大代表、政协委员旁听案件庭审工作应当遵守相关法律规定，既要保证人大代表、政协委员监督作用的发挥，又要确保人民法院依法独立行使审判权。旁听案件庭审工作应坚持依法规范与突出实效相结合、旁听庭审与改进工作相结合、法律效果与社会效果相结合的原则。

2. 各级人民法院应建立与同级人大、政协有关部门的沟通协调机制，增进人大和政协对旁听案件庭审活动的重视与支持，共同做好人大代表、政协委员旁听庭审工作。

3. 各级人民法院应将人大代表、政协委员旁听案件庭审工作作为人民法院接受监督工作的重要内容，高度重视，加强领导，并结合本地实际，完善相关的工作制度，制定具体实施方案。

二、明确开展人大代表、政协委员旁听案件庭审工作的范围、内容和基本形式

4. 组织、邀请人大代表、政协委员旁听案件庭审，应包括各级人大代表、政协委员。

5. 人大代表、政协委员旁听案件庭审，包括人大或政协机关组织、人民法院邀请和人大代表、政协委员要求旁听等形式。

6. 人大代表、政协委员旁听案件庭审的组织、协调工作由各级人民法院联络部门负责。具体包括与人大、政协有关部门以及人大代表、政协委员的联系，与法院内部相关部门的协调，制定工作方案，收集、反馈人大代表、政协委员提出的意见建议以及督促落实等项工作。

7. 人大代表、政协委员旁听庭审的案件，应当是依照法律规定公开开庭审理的一审、二审或再审的各类型案件。对于涉及人民群众切身利益的案件、社会各界广泛关注的案件、有较大影响的新类型案件、人大代表和政协委员关注的案件、认为需要邀请旁听的其他的案件可以主动邀请旁听。

8. 人大代表、政协委员本人与案件有直接利害关系的，不应以人大代表、政协委员身份旁听案件庭审。

9. 各级人民法院应将可供旁听案件的信息通报给人大、

政协有关部门,便于人大、政协在组织旁听活动时选择。

10. 各级人民法院邀请人大代表、政协委员旁听案件的,应及时与人大、政协有关部门或人大代表、政协委员进行联系和沟通,提前将开庭时间、地点、案由、合议庭组成人员等基本情况告知人大、政协有关部门或受邀的人大代表、政协委员,并提前做好相关准备工作。

11. 人大代表、政协委员主动向人民法院提出旁听案件庭审要求的,各级人民法院应积极予以协调安排。

12. 各级人民法院对于人大代表、政协委员持代表证或委员证,自行前来法院旁听公开开庭审理的案件的,应当准许进入法庭旁听,不得拒绝或设置障碍。案件承办部门应及时将人大代表或政协委员前来旁听的情况告知本院联络部门,以便做好相关工作。

13. 人大代表、政协委员旁听庭审的案件,可以当庭宣判的,应当庭宣判;不能当庭宣判的,应在审结后以适当方式及时将裁判结果告知参加旁听的人大代表或政协委员。

14. 各级人民法院在案件庭审结束后,可以组织人大代表、政协委员重点围绕庭审程序、庭审规范以及法官履行法律职责和驾驭庭审的能力、水平等内容进行座谈或发放征求意见表,及时听取人大代表、政协委员的意见和建议。对于人大代表、政协委员对案件庭审工作提出的意见和建议,各级人民法院要组织有关部门有针对性地进行分析、研究和解决,并将落实情况及时向人大代表、政协委员和人大、政协有关部门进行反馈。

15. 各级人民法院也可以根据上述意见要求,适时开展邀请人大代表、政协委员旁听案件听证和见证案件执行工作。

三、切实加强人大代表、政协委员旁听案件庭审工作的组织领导

16. 上级人民法院应加强对下级人民法院开展人大代表、政协委员旁听案件庭审工作的指导与协调,并定期进行工作通报。下级人民法院每半年应向上一级人民法院报告本院开展人大代表、政协委员旁听案件庭审工作的情况。

17. 各高级人民法院应在每年年底对本辖区各级人民法院开展人大代表、政协委员旁听案件庭审工作的基本情况和工作中遇到的问题及取得的经验进行认真总结,并书面报送最高人民法院人民监督工作办公室。

18. 各级人民法院可采用通报或专题报告等形式,适时将本院或本地区开展人大代表旁听案件庭审工作的有关情况向同级人大常委会报告。

最高人民法院、最高人民检察院关于对民事审判活动与行政诉讼实行法律监督的若干意见(试行)

(2011 年 3 月 10 日　高检会〔2011〕1 号)

第一条　为了完善检察机关对民事审判活动、行政诉讼实行法律监督的范围和程序,维护司法公正,根据宪法和法律,结合司法实践,制定本意见。

第二条　根据《中华人民共和国民事诉讼法》第十四条和《中华人民共和国行政诉讼法》第十条的规定,人民检察院对民事审判活动、行政诉讼实行法律监督。

第三条　人民检察院对于已经发生法律效力的判决、裁定、调解,有下列情形之一的,可以向当事人或者案外人调查核实:

(一)可能损害国家利益、社会公共利益的;

(二)民事诉讼的当事人或者行政诉讼的原告、第三人在原审中因客观原因不能自行收集证据,书面申请人民法院调查收集,人民法院应当调查收集而未调查收集的;

(三)民事审判、行政诉讼活动违反法定程序,可能影响案件正确判决、裁定的。

第四条　当事人在一审判决、裁定生效前向人民检察院申请抗诉的,人民检察院应当告知其依照法律规定提出上诉。当事人对可以上诉的一审判决、裁定在发生法律效力后提出申诉的,应当说明未提出上诉的理由;没有正当理由的,不予受理。

第五条　最高人民检察院对各级人民法院已经发生法律效力的民事判决、裁定,上级人民检察院对下级人民法院已经发生法律效力的民事判决、裁定,经过立案审查,发现有《中华人民共和国民事诉讼法》第一百七十九条规定情形之一,符合抗诉条件的,应当依照《中华人民共和国民事诉讼法》第一百八十七条之规定,向同级人民法院提出抗诉。

人民检察院发现人民法院已经发生法律效力的行政判决和不予受理、驳回起诉、管辖权异议等行政裁定,有《中华人民共和国行政诉讼法》第六十四条规定情形的,应当提出抗诉。

第六条　人民检察院发现人民法院已经发生法律效力的民事调解、行政赔偿调解损害国家利益、社会公共利益的,应当提出抗诉。

第七条　地方各级人民检察院对符合本意见第五条、第六条规定情形的判决、裁定、调解,经检察委员会决定,可以向同级人民法院提出再审检察建议。

人民法院收到再审检察建议后,应当在三个月内进行审查并将审查结果书面回复人民检察院。人民法院认为需要再审的,应当通知当事人。人民检察院认为人民法院不予再审的决定不当的，应当提请上级人民检察院提出抗诉。

第八条 人民法院裁定驳回再审申请后，当事人又向人民检察院申诉的，人民检察院对驳回再审申请的裁定不应当提出抗诉。人民检察院经审查认为原生效判决、裁定、调解符合抗诉条件的，应当提出抗诉。人民法院经审理查明，抗诉事由与被驳回的当事人申请再审事由实质相同的，可以判决维持原判。

第九条 人民法院的审判活动有本意见第五条、第六条以外违反法律规定情形，不适用再审程序的，人民检察院应当向人民法院提出检察建议。

当事人认为人民法院的审判活动存在前款规定情形，经提出异议人民法院未予纠正，向人民检察院申诉的，人民检察院应当受理。

第十条 人民检察院提出检察建议的，人民法院应当在一个月内作出处理并将处理情况书面回复人民检察院。

人民检察院对人民法院的回复意见有异议的，可以通过上一级人民检察院向上一级人民法院提出。上一级人民法院认为人民检察院的意见正确的，应当监督下级人民法院及时纠正。

第十一条 人民检察院办理行政申诉案件，发现行政机关有违反法律规定、可能影响人民法院公正审理的行为，应当向行政机关提出检察建议，并将相关情况告知人民法院。

第十二条 人民检察院办理民事、行政申诉案件，经审查认为人民法院的审判活动合法、裁判正确的，应当及时将审查结果告知相关当事人并说明理由，做好服判息诉工作。

人民检察院办理民事申诉、行政赔偿诉讼申诉案件，当事人双方有和解意愿、符合和解条件的，可以建议当事人自行和解。

第十三条 人民法院审理抗诉案件，应当通知人民检察院派员出席法庭。

检察人员出席再审法庭的任务是：

（一）宣读抗诉书；

（二）对人民检察院依职权调查收集的、包括有利于和不利于申诉人的证据予以出示，并对当事人提出的问题予以说明。

检察人员发现庭审活动违法的，应当待庭审结束或者休庭之后，向检察长报告，以人民检察院的名义提出检察建议。

第十四条 人民检察院办理民事、行政诉讼监督案件，应当依法履行法律监督职责，严格遵守办案规则以及相关检察纪律规范，不得谋取任何私利，不得滥用监督权力。

第十五条 人民法院发现检察监督行为违反法律或者检察纪律的，可以向人民检察院提出书面建议，人民检察院应当在一个月内将处理结果书面回复人民法院；人民法院对于人民检察院的回复意见有异议的，可以通过上一级人民法院向上一级人民检察院提出。上一级人民检察院认为人民法院建议正确的，应当要求下级人民检察院及时纠正。

第十六条 人民检察院和人民法院应当建立相应的沟通协调机制，及时解决实践中出现的相关问题。

最高人民法院印发《关于规范上下级人民法院审判业务关系的若干意见》的通知

（2010年12月28日 法发〔2010〕61号）

各省、自治区、直辖市高级人民法院，解放军军事法院，新疆维吾尔自治区高级人民法院生产建设兵团分院：

《最高人民法院关于规范上下级人民法院审判业务关系的若干意见》已经最高人民法院审判委员会第1493次会议通过，现印发给你们，请结合审判工作实际，认真遵照执行。

最高人民法院关于规范上下级人民法院审判业务关系的若干意见

为进一步规范上下级人民法院之间的审判业务关系，明确监督指导的范围与程序，保障各级人民法院依法独立行使审判权，根据《中华人民共和国宪法》和《中华人民共和国人民法院组织法》等相关法律规定，结合审判工作实际，制定本意见。

第一条 最高人民法院监督指导地方各级人民法院和专门人民法院的审判业务工作。上级人民法院监督指导下级人民法院的审判业务工作。监督指导的范围、方式和程序应当符合法律规定。

第二条 各级人民法院在法律规定范围内履行各自职责，依法独立行使审判权。

第三条 基层人民法院和中级人民法院对于已经受理的下列第一审案件，必要时可以根据相关法律规定，书面报请上一级人民法院审理：

（1）重大、疑难、复杂案件；

（2）新类型案件；

（3）具有普遍法律适用意义的案件；

（4）有管辖权的人民法院不宜行使审判权的案件。

第四条 上级人民法院对下级人民法院提出的移送审理请求，应当及时决定是否由自己审理，并下达同意移送决定书或者不同意移送决定书。

第五条 上级人民法院认为下级人民法院管辖的第一审案件，属于本意见第三条所列类型，有必要由自己审理的，可以决定提级管辖。

第六条 第一审人民法院已经查清事实的案件，第二审人民法院原则上不得以事实不清、证据不足为由发回重审。

第二审人民法院作出发回重审裁定时，应当在裁定书中详细阐明发回重审的理由及法律依据。

第七条 第二审人民法院因原审判决事实不清、证据不足将案件发回重审的，原则上只能发回重审一次。

第八条 最高人民法院通过审理案件、制定司法解释或者规范性文件、发布指导性案例、召开审判业务会议、组织法官培训等形式，对地方各级人民法院和专门人民法院的审判业务工作进行指导。

第九条 高级人民法院通过审理案件、制定审判业务文件、发布参考性案例、召开审判业务会议、组织法官培训等形式，对辖区内各级人民法院和专门人民法院的审判业务工作进行指导。

高级人民法院制定审判业务文件，应当经审判委员会讨论通过。最高人民法院发现高级人民法院制定的审判业务文件与现行法律、司法解释相抵触的，应当责令其纠正。

第十条 中级人民法院通过审理案件、总结审判经验、组织法官培训等形式，对基层人民法院的审判业务工作进行指导。

第十一条 本意见自公布之日起施行。

最高人民法院印发《关于大力推广巡回审判方便人民群众诉讼的意见》的通知

（2010年12月22日 法发〔2010〕59号）

各省、自治区、直辖市高级人民法院，解放军军事法院，新疆维吾尔自治区高级人民法院生产建设兵团分院：

现将《关于大力推广巡回审判方便人民群众诉讼的意见》印发给你们。请结合实际认真贯彻施行。

最高人民法院关于大力推广巡回审判方便人民群众诉讼的意见

巡回审判是人民法院基层基础工作的重要组成部分，是立足现有司法资源充分发挥审判职能作用的重要途径。为全面提高巡回审判工作质效，现就大力推广巡回审判，方便人民群众诉讼有关问题，提出以下意见。

一、充分认识大力推广巡回审判方便人民群众诉讼的重要意义

1. 推广巡回审判是深入推进三项重点工作的重要举措。在大力推广巡回审判方便人民群众诉讼过程中，最大限度快捷有效处理当事人的矛盾纠纷，最大限度发现和解决社会管理中存在的问题，最大限度将人民法院特别是基层人民法院、人民法庭各项工作置于人民群众监督之下，对于深入推进社会矛盾化解、社会管理创新以及公正廉洁执法具有重要意义。

2. 推广巡回审判是坚持为大局服务的具体实践。服务党和国家工作大局，是人民法院的历史责任和实现自身发展的必然要求。大力推广巡回审判，无论是对于着力提高服务大局的针对性，切实解决经济社会发展过程中的突出问题，还是对于增强审判工作辐射效应，争取人民法院工作取得最佳的法律效果和社会效果，都将产生积极作用。

3. 推广巡回审判是深入开展“人民法官为人民”主题实践活动的重要切入点。以大力推广巡回审判方便人民群众诉讼为抓手，深入开展“人民法官为人民”主题实践活动，强化落实各项便民利民措施，可以最大程度上彰显人民司法的人文关怀，让广大人民群众切实感受到人民法院深入开展“人民法官为人民”主题实践活动的成果，同时也是新时期继承和发扬“马锡五审判方式”所蕴含的深入群众、方便群众和服务群众精神的具体体现。

二、立足本地实际，切实增强大力推广巡回审判方便人民群众诉讼的针对性

4. 西部边远地区、少数民族地区以及其他群众诉讼不便地区的基层人民法院，特别是人民法庭，应当逐步确立以巡回审判为主的工作机制。通过大力推广巡回审判，全面提高巡回审判工作质效，切实解决当前在一定程度上存在的司法权不能切实覆盖、人民群众日益增长的司法需求难以得到有效满足的问题。

5. 经济发达和较为发达地区的基层人民法院和人民法庭，要以着力化解经济社会发展中的矛盾纠纷，着力解决影响社会稳定的突出问题，着力提供更加便捷有效的司法服务为出发点开展巡回审判工作。通过大力推广巡回审判，力争做到审判工作优质高效开展与服务当地经济社会又好又快发展两不误、两促进。

三、明确原则目标，坚持制度化、规范化，努力追求巡回审判的高质量和高效率

6. 巡回审判要遵循“面向农村、面向基层、面向群众”和“方便人民群众诉讼，方便人民法院依法独立、公正、高效行使审判权”原则，弘扬公正、廉洁、为民的司法核心价值观，以最大限度满足人民群众日益增长的司法服务需求和化解矛盾、定纷止争为目的，实现法律效果和社会效果的有机统一。注重发挥以案施教、法制宣传的社会功能，凸显司法为民、司法效益的价值追求。

7. 注意发挥人民法庭在大力推广巡回审判工作中的重要作用，确有必要的，基层人民法院也可根据需要组织专门力量开展巡回审判工作。继续贯彻最高人民法院《关于全面加强人民法庭工作的决定》有关人民法庭可以直接立案的规定

精神，切实解决人民群众“告状难”问题。按照有利于消除当事人对抗心理和充分实现巡回审判功能要求选择巡回审判地点，针对可能引发的突发事件，还应做好应急预案，维护巡回审判的顺利进行。

8. 建立基层人民法院特别是人民法庭与人民调解组织、村民自治组织、基层司法所等的联系网络，切实增强巡回审判的针对性，防止有限司法资源的浪费。进一步切实贯彻“调解优先、调判结合”司法原则，最大限度地实现诉讼与非诉讼纠纷解决方式的衔接。

9. 加大巡回审判点的建设力度，切实解决巡回审判场所不足的问题。根据当地具体情况，加强与公安、司法行政部门的沟通和联系，在派出人民法庭覆盖不到的地方，充分利用派出所、司法所等现有资源建立相对固定、规范的巡回审判点。

10. 科学合理地确定人员编制，争取编制管理部门的支持，利用新增政法专项编制，倾斜、充实基层一线，合理配置人力资源，为大力推广巡回审判新机制提供编制组织保障。在西部边远、少数民族地区，要立足当地，积极培养和录取精通双语的少数民族法官和工作人员，为适应西部边远、少数民族地区巡回审判工作打下坚实基础。

11. 尽快解决人民法庭恢复或新建、物质装备和经费保障问题。做好边远地区、少数民族地区及其他群众诉讼不便地区人民法庭恢复或新建工作，解决巡回半径过大的实际问题。根据辖区或者覆盖区域的人口分布、交通条件等情况，配备能够满足巡回审判工作的特种车辆、活动板房（帐篷）、移动办公设备和通讯工具，构建信息共享的网络系统以及必要的网络终端工具，扩大电子签章的使用等，并将维修、养护、油料、巡回审判补助等费用以及折旧、报废等问题纳入法院预算经费范围，确保巡回审判工作的顺利开展。

四、加强监督指导和调查研究

12. 切实加强对本地区巡回审判工作的指导力度。各地要根据本意见要求尽快制定符合本地实际情况的具体指导意见和专门的庭审程序规范，着力做好有利于大力推广巡回审判工作的制度建设。

13. 尽快完善巡回审判工作量的统计工作，采取科学方法，客观反映大力推广巡回审判方便人民群众诉讼的实际情况。强化监督检查工作，避免脱离实际片面追求巡回审判案件数量的错误做法。

14. 对贯彻落实本意见过程中出现的新情况、新问题，要注意认真研究分析成因和对策。积极主动寻求当地党委的领导和人大的支持，加强与政府及相关部门的沟通联系，对本地区难以解决的问题和困难，要及时向上级人民法院报告，必要时应层报我院。

最高人民法院关于人民法院直播录播庭审活动的规定

（2010年11月21日 法发〔2010〕48号）

为贯彻落实审判公开原则，扩大法制宣传效果，规范人民法院庭审直播、录播活动，结合人民法院工作实际，制定本规定。

第一条 人民法院通过电视、互联网或者其他公共传媒系统对公开开庭审理案件的庭审过程进行图文、音频、视频的直播、录播，应当遵循依法、真实、规范的原则。

第二条 人民法院可以选择公众关注度较高、社会影响较大、具有法制宣传教育意义的公开审理的案件进行庭审直播、录播。

对于下列案件，不得进行庭审直播、录播：

（一）涉及国家秘密、商业秘密、个人隐私、未成年人犯罪等依法不公开审理的案件；

（二）检察机关明确提出不进行庭审直播、录播并有正当理由的刑事案件；

（三）当事人明确提出不进行庭审直播、录播并有正当理由的民事、行政案件；

（四）其他不宜庭审直播、录播的案件。

第三条 人民法院进行庭审直播、录播，应当严格按照法律规定的公开范围进行，涉及未成年人、被害人或者证人保护等问题，以及其他不宜公开的内容的，应当进行相应的技术处理。

第四条 人民法院认为案件需要进行庭审直播、录播的，由有关审判庭按照规定的程序申报，并填写庭审直播、录播申报表，提交案件重要的诉讼文书。

最高人民法院的直播、录播申报程序和申报表由最高人民法院制定，地方各级人民法院的直播、录播申报程序和申报表由各高级人民法院制定。

第五条 庭审直播、录播实行一案一审核制度。

人民法院进行网络庭审直播、录播的，由审判庭向本院有关部门提出申请。有关部门审核后，报主管副院长批准。必要时，报上级人民法院审核。

人民法院通过中央电视台进行庭审直播、录播的，应当经最高人民法院审核。通过省级电视台进行庭审直播、录播的，应当经高级人民法院审核。

第六条 人民法院应当指定有关部门负责庭审直播、录播的监督管理和沟通协调工作。有关审判庭负责庭审直播、录播案件的选择，协助做好相关工作。技术部门和网络管理部门为庭审直播、录播提供技术保障和服务。所有参与部门应当做好庭审直播、录播的准备工作，制定应急预案，确保庭审直播、录播的顺畅运行。

第七条 庭审直播、录播工作人员的活动以及有关设备的运行不得影响庭审的正常进行。

第八条 各高级人民法院在实施本规定过程中,可以根据实际需要制定实施细则。

第九条 本规定自公布之日起实施。本院以前的规定与本规定不一致的,以本规定为准。

最高人民法院、最高人民检察院、公安部、国家安全部、司法部关于对司法工作人员在诉讼活动中的渎职行为加强法律监督的若干规定(试行)

(2010年7月26日 高检会〔2010〕4号)

第一条 加强对司法工作人员在诉讼活动中的渎职行为的法律监督,完善和规范监督措施,保证司法工作人员公正司法,根据《中华人民共和国刑法》、《中华人民共和国刑事诉讼法》、《中华人民共和国民事诉讼法》、《中华人民共和国行政诉讼法》等有关法律的规定,制定本规定。

第二条 人民检察院依法对诉讼活动实行法律监督。对司法工作人员的渎职行为可以通过依法审查案卷材料、调查核实违法事实、提出纠正违法意见或者建议更换办案人、立案侦查职务犯罪等措施进行法律监督。

第三条 司法工作人员在诉讼活动中具有下列情形之一的,可以认定为司法工作人员具有涉嫌渎职的行为,人民检察院应当调查核实:

(一)徇私枉法、徇情枉法,对明知是无罪的人而使其受追诉,或者对明知是有罪的人而故意包庇不使其受追诉,或者在审判活动中故意违背事实和法律作枉法裁判的;

(二)非法拘禁他人或者以其他方法非法剥夺他人人身自由的;

(三)非法搜查他人身体、住宅,或者非法侵入他人住宅的;

(四)对犯罪嫌疑人、被告人实行刑讯逼供或者使用暴力逼取证人证言,或者以暴力、威胁、贿买等方法阻止证人作证或者指使他人作伪证的,或者帮助当事人毁灭、伪造证据的;

(五)侵吞或者违法处置被查封、扣押、冻结的款物的;

(六)违反法律规定的拘留期限、侦查羁押期限或者办案期限,对犯罪嫌疑人、被告人超期羁押,情节较重的;

(七)私放在押的犯罪嫌疑人、被告人、罪犯,或者严重不负责任,致使在押的犯罪嫌疑人、被告人、罪犯脱逃的;

(八)徇私舞弊,对不符合减刑、假释、暂予监外执行条件的罪犯,违法提请或者裁定、决定、批准减刑、假释、暂予监外执行的;

(九)在执行判决、裁定活动中严重不负责任或者滥用职权,不依法采取诉讼保全措施、不履行法定执行职责,或者违法采取诉讼保全措施、强制执行措施,致使当事人或者其他人的合法利益遭受损害的;

(十)对被监管人进行殴打或者体罚虐待或者指使被监管人殴打、体罚虐待其他被监管人的;

(十一)收受或者索取当事人及其近亲属或者其委托的人等的贿赂的;

(十二)其他严重违反刑事诉讼法、民事诉讼法、行政诉讼法和刑法规定,不依法履行职务,损害当事人合法权利,影响公正司法的诉讼违法行为和职务犯罪行为。

第四条 人民检察院在开展法律监督工作中,发现有证据证明司法工作人员在诉讼活动中涉嫌渎职的,应当报经检察长批准,及时进行调查核实。

对于单位或者个人向人民检察院举报或者控告司法工作人员在诉讼活动中有渎职行为的,人民检察院应当受理并进行审查,对于需要进一步调查核实的,应当报经检察长批准,及时进行调查核实。

第五条 人民检察院认为需要核实国家安全机关工作人员在诉讼活动中的渎职行为的,应当报经检察长批准,委托国家安全机关进行调查。国家安全机关应当及时将调查结果反馈人民检察院。必要时,人民检察院可以会同国家安全机关共同进行调查。

对于公安机关工作人员办理危害国家安全犯罪案件中渎职行为的调查,比照前款规定执行。

第六条 人民检察院发现检察人员在诉讼活动中涉嫌渎职的,应当报经检察长批准,及时进行调查核实。

人民法院、公安机关、国家安全机关、司法行政机关有证据证明检察人员涉嫌渎职的,可以向人民检察院提出,人民检察院应当及时进行调查核实并反馈调查结果。

上一级人民检察院接到对检察人员在诉讼活动中涉嫌渎职行为的举报、控告的,可以直接进行调查,也可以交由下级人民检察院调查。交下级人民检察院调查的,下级人民检察院应当将调查结果及时报告上一级人民检察院。

第七条 人民检察院调查司法工作人员在诉讼活动中的渎职行为,可以询问有关当事人或者知情人,查阅、调取或者复制相关法律文书或者报案登记材料、案卷材料、罪犯改造材料,对受害人可以进行伤情检查,但是不得限制被调查人的人身自由或者财产权利。

人民检察院通过查阅、复制、摘录等方式能够满足调查需要的,一般不调取相关法律文书或者报案登记材料、案卷材料、罪犯改造材料。

人民检察院在调查期间,应当对调查内容保密。

第八条 人民检察院对司法工作人员在诉讼活动中的涉嫌渎职行为进行调查,调查期限不得超过一个月。确需延长调查期限的,可以报经检察长批准,延长二个月。

第九条 人民检察院对司法工作人员在诉讼活动中的涉嫌渎职行为进行调查，在查证属实并由有关机关作出停止执行职务的处理前，被调查人不停止执行职务。

第十条 人民检察院对司法工作人员在诉讼活动中的涉嫌渎职行为调查完毕后，应当制作调查报告，根据已经查明的情况提出处理意见，报检察长决定后作出处理。

（一）认为有犯罪事实需要追究刑事责任的，应当按照刑事诉讼法关于管辖的规定依法立案侦查或者移送有管辖权的机关立案侦查，并建议有关机关停止被调查人执行职务，更换办案人。

（二）对于确有渎职违法行为，但是尚未构成犯罪的，应当依法向被调查人所在机关发出纠正违法通知书，并将证明其渎职行为的材料按照干部管理权限移送有关机关处理。对于确有严重违反法律的渎职行为，虽未构成犯罪，但被调查人继续承办案件将严重影响正在进行的诉讼活动的公正性，且有关机关未更换办案人的，应当建议更换办案人。

（三）对于审判人员在审理案件时有贪污受贿、徇私舞弊、枉法裁判或者其他违反法律规定的诉讼程序的行为，可能影响案件正确判决、裁定的，应当分别依照刑事诉讼法、民事诉讼法和行政诉讼法规定的程序对该案件的判决、裁定提出抗诉。

（四）对于举报、控告不实的，应当及时向被调查人所在机关说明情况。调查中询问过被调查人的，应当及时向被调查人本人说明情况，并采取适当方式在一定范围内消除不良影响。同时，将调查结果及时回复举报人、控告人。

（五）对于举报人、控告人捏造事实诬告陷害，意图使司法工作人员受刑事追究，情节严重的，依法追究刑事责任。调查人员与举报人、控告人恶意串通，诬告陷害司法工作人员的，一并追究相关法律责任。

对于司法工作人员涉嫌渎职犯罪需要立案侦查的，对渎职犯罪的侦查和对诉讼活动的其他法律监督工作应当分别由不同的部门和人员办理。

第十一条 被调查人不服人民检察院的调查结论的，可以向人民检察院提出申诉，人民检察院应当进行复查，并在十日内将复查决定反馈申诉人及其所在机关。申诉人不服人民检察院的复查决定的，可以向上一级人民检察院申请复核。上一级人民检察院应当进行复核，并在二十日内将复核决定及时反馈申诉人，通知下级人民检察院。

第十二条 人民检察院经过调查，认为作为案件证据材料的犯罪嫌疑人、被告人供述、证人证言、被害人陈述系司法工作人员采用暴力、威胁、引诱、欺骗等违法手段获取的，在审查或者决定逮捕、审查起诉时应当依法予以排除，不得作为认定案件事实的根据。有关调查材料应当存入诉讼卷宗，随案移送。

第十三条 人民检察院提出纠正违法意见或者更换办案人建议的，有关机关应当在十五日内作出处理并将处理情况书面回复人民检察院。对于人民检察院的纠正违法通知书和更换办案人建议书，有关机关应当存入诉讼卷宗备查。

有关机关对人民检察院提出的纠正违法意见有异议的，应当在收到纠正违法通知书后五日内将不同意见书面回复人民检察院，人民检察院应当在七日内进行复查。人民检察院经过复查，认为纠正违法意见正确的，应当立即向上一级人民检察院报告；认为纠正违法意见错误的，应当撤销纠正违法意见，并及时将撤销纠正违法意见书送达有关机关。

上一级人民检察院经审查，认为下级人民检察院的纠正违法意见正确的，应当及时与同级有关机关进行沟通，同级有关机关应当督促其下级机关进行纠正；认为下级人民检察院的纠正违法意见不正确的，应当书面通知下级人民检察院予以撤销，下级人民检察院应当执行，并依照本规定第十条第一款第四项的规定，说明情况，消除影响。

第十四条 有关机关在查处本机关司法工作人员的违纪违法行为时，发现已经涉嫌职务犯罪的，应当及时将犯罪线索及相关材料移送人民检察院。人民检察院应当及时进行审查，符合立案条件的，依法立案侦查，并将有关情况反馈移送犯罪线索的机关。

第十五条 检察人员对于司法工作人员在诉讼活动中的渎职行为不依法履行法律监督职责，造成案件被错误处理或者其他严重后果，或者放纵司法工作人员职务犯罪，或者滥用职权违法干扰有关司法机关依法办案的，人民检察院的纪检监察部门应当进行查处；构成犯罪的，依法追究刑事责任。

第十六条 本规定所称的司法工作人员，是指依法负有侦查、检察、审判、监管和判决、裁定执行职责的国家工作人员。

第十七条 本规定所称的对司法工作人员渎职行为的调查，是指人民检察院在对刑事诉讼、民事审判、行政诉讼活动进行法律监督中，为准确认定和依法纠正司法工作人员的渎职行为，而对该司法工作人员违反法律的事实是否存在及其性质、情节、后果等进行核实、查证的活动。

第十八条 本规定自公布之日起试行。

最高人民法院印发《关于为加快经济发展方式转变提供司法保障和服务的若干意见》的通知

（2010年6月29日 法发〔2010〕18号）

各省、自治区、直辖市高级人民法院，解放军军事法院，新疆维吾尔自治区高级人民法院生产建设兵团分院：

现将《关于为加快经济发展方式转变提供司法保障和服务的若干意见》印发给你们，请各地结合工作实际，认真贯彻执行。

最高人民法院关于为加快经济发展方式转变提供司法保障和服务的若干意见

党的十七大提出了加快经济发展方式转变的重大战略任务。加快经济发展方式转变，是当前党和国家经济工作的重点，是深入贯彻科学发展观的重要目标和战略举措。为充分发挥人民法院的审判职能作用，确保党中央关于加快经济发展方式转变、保持经济平稳较快发展的战略部署和政策措施的贯彻落实，特制定本意见。

一、加快经济发展方式转变是我国经济领域的一场深刻变革，是关系改革开放、社会主义现代化建设全局和我国经济发展方向的重大战略部署，是适应实现全面建设小康社会奋斗目标、满足人民群众过上更好生活新期待的必然要求。各级人民法院要正确认识我国加快经济发展方式转变的重大意义，把思想和行动统一到党中央对形势的分析判断和决策部署上来，进一步增强为加快经济发展方式转变提供司法保障和服务的责任感和使命感，采取切实可行的应对措施，充分发挥审判职能作用，积极有效地为加快经济发展方式转变提供司法保障和服务。

二、人民法院要认真研究加快经济发展方式转变对审判工作提出的新问题、新任务、新要求，为切实加快经济发展方式转变提供有效的司法保障和服务。从长远看，加快经济发展方式转变，必然极大地促进我国经济平稳较快发展，更好地满足人民群众日益增长的物质文化需求，有助于减少社会矛盾纠纷，有助于减轻人民法院审判工作的压力。但从近期看，加快经济发展方式转变有可能引发一些新的矛盾纠纷，如淘汰落后企业和产能，公司清算、企业破产、兼并和重组等情形将增多；加快城乡结构调整，土地征收、房屋拆迁等情形将增多，由上述活动引发的矛盾纠纷相当部分会进入诉讼程序，这就使得人民法院的审判工作面临着新的挑战。因此，各级人民法院必须坚持能动司法，见事早、行动快、积极应对，妥善施策。要准确把握司法政策导向，依法保障、引导、支持有利于加快经济发展方式转变的经济活动和经济行为，保证加快经济发展方式转变工作早见成效。依法积极引导落后企业、高耗能高污染企业退出市场，对不利于加快经济发展方式转变的经济活动和经济行为依法不予支持。

三、妥善审理与经济结构调整相关案件，保障和服务经济结构优化和调整。依法审理各类投资纠纷案件，促进社会投资主体多元化，加强对中小投资者合法权益的平等保护，鼓励和引导资本向新能源、新材料、节能环保、生物医药、信息网络和高端制造产业转移；依法平等保护民营企业和国有企业合法权益，妥善审理相关案件，慎重采用财产保全和强制执行措施，促进民营企业和国有企业共同发展；依法支持合法的新型担保方式，正确认定此类合同的效力，促进解决中小企业融资难的问题；依法妥善审理涉及中小企业的案件，促进中小企业健康发展。准确把握民事纠纷与经济犯罪的界限，依法稳妥处理相关刑事案件。

四、妥善审理消费者权益纠纷案件，保障和服务形成消费、投资、出口协调拉动的经济增长格局。要准确把握审理消费者权益纠纷案件的司法原则，既要依法维护经营者正当利益，也要注重保护消费者的合法权益，推动建立公正、有序、诚信的消费环境；正确认定消费合同效力，依法认定损害消费者权益的“霸王条款”无效，维护消费者的合法权益；妥善审理房地产开发和房屋买卖、租赁纠纷案件，规范房地产交易秩序；妥善审理个人住房、汽车、教育等消费信贷纠纷案件，引导建立健康、协调、有序的消费信贷秩序。依法惩处生产销售有毒有害食品、假药劣药、假冒农资等严重破坏市场经济秩序的犯罪行为。

五、妥善审理城乡结构调整中引发的各类案件，保障和服务城镇化建设。正确审理土地征收、房屋拆迁等民事、行政案件，加大对失地农民和被拆迁人合法利益的保护力度，依法支持符合规划的城镇化建设；依法处理农民以土地补偿金入股引发的矛盾纠纷，依法保护农民的投资权益；依法严厉打击侵吞、挪用土地征收补偿金、房屋拆迁补偿金等违法犯罪行为，规范和维护土地征收和房屋拆迁秩序。

六、妥善审理服务领域的各类纠纷案件，保障和服务现代服务业的发展。依法审理教育、旅游、电信、物流、信息、研发、工业设计、商务、节能环保服务等服务合同纠纷案件，既要支持和保障面向生产、服务民生的现代服务业的自身发展，又要及时纠正服务提供者的不当行为，规范和引导服务提供者不断完善经营管理、提高服务水平。加强与服务业主管部门、行业协会的信息交流，及时通报案件审理中发现的服务行业发展存在的问题，提出司法建议。

七、妥善审理金融纠纷案件，保障和服务现代金融业的发展。依法审理借贷纠纷案件，切实保护银行等金融机构的合法债权，防范逃废银行债务行为，维护金融秩序和金融安全；依法审理存款纠纷案件，切实维护存款人储蓄的安全和利益；做好金融票据纠纷案件审判工作，依法维护金融信用秩序和交易安全；依法审理保险纠纷案件，依法支持被保险人、保险受益人得到及时的保险赔付，维护保险行业的健康发展；依法审理证券纠纷案件，充分保护股东权益，促进证券市场的有序发展；妥善审理非金融借贷纠纷案件，正确认定非金融借贷合同效力，依法打击各种以合法形式掩盖的非法集资等违法犯罪活动，维护金融安全和社会稳定；依法保护合法的民间借贷和企业融资行为，维护债权人合法权益，拓宽企业融资渠道。在经济发达地区可以设立金融法庭，专门审理相关金融案件。

八、妥善处理相关破产、强制清算案件，保障实现淘汰落后、过剩产能，推动实现产业转型升级的经济发展目标。依法受理企业破产案件和强制清算案件，积极引导市场主体依法有序退出市场；依法受理符合条件的企业重整、和解申请，运用企业重整、和解制度，帮助和支持那些资金周转遇到暂时困难但符合国家经济和产业结构调整要求、有发展前景的企业恢复生机重返市场。

九、妥善处理劳动争议和社会保险案件，切实保障民生。依法审理劳动者与用人单位在订立、履行、变更、解除或者终止劳动合同过程中产生的各类纠纷，切实保障劳动者的劳动报酬权益；依法审理劳动保障、工伤认定、社会保险等劳动行政案件，支持和监督劳动保障行政部门依法行使行政职权，切实保障劳动者的合法权益；积极引导企业切实承担社会责任，加大对劳动者权益的保护力度，引导劳动者树立诚信工作、共同发展的理念，促进企业与劳动者的互利共存，共赢发展。

十、妥善审理农业发展中出现的各类纠纷案件，鼓励和支持农村新兴产业发展，保障和服务农村经济发展方式转变。及时审理农村第二、三产业和农民外出务工、返乡创业中出现的各类纠纷案件，切实保障农民合法权益；依法审理土地承包经营权转让、转包、租赁等合同纠纷案件，保护土地承包经营权流转秩序；支持和促进农村金融服务体系建设，拓宽农村融资渠道。

十一、妥善审理各类知识产权案件，保障和服务推动自主创新。加强对重点领域知识产权的司法保护，促进战略性产业发展；加强对驰名商标、农产品地理标志以及战略性新兴产业和现代服务业商标权的保护，促进自主品牌的形成和品牌经济的发展；加大对关键核心技术自主知识产权的保护力度，促进新能源、新医药、新材料、环保等高新技术产业发展，维护企业的核心竞争力；妥善审理反垄断和不正当竞争案件，制止科技开发和技术转让中的垄断行为，防止滥用知识产权限制创新，维护公平竞争的市场秩序；加强对新闻出版、广播影视、文学艺术、文化娱乐、广告设计、工艺美术、计算机软件、信息网络等领域的著作权保护，依法惩处假冒商标、专利和侵犯著作权等侵犯知识产权的犯罪行为，促进文化创新，繁荣文化市场。

十二、妥善审理各类涉外商事、海事、海商纠纷案件，保障和服务对外经济发展方式转变。依法审理外商投资纠纷案件，维护稳定、公平的外商投资环境，积极引导外资投资方向，不断提高利用外资质量，促进利用外资在推动科技创新、产业升级和区域协调发展等方面发挥积极作用；及时审理外国仲裁裁决、判决的承认与执行案件，维护仲裁的一裁终局性，准确理解国际公约、双边或多边条约规定，慎重适用公共秩序条款，促进对外司法合作与协助；依法准确适用外国法、国际条约和国际惯例，妥善审理涉外贸易、运输纠纷案件，平等保护中外当事人的诉讼权利和实体权益，促进进出口贸易稳步增长，维护我国经济安全。高度重视涉台和涉港澳案件审判工作，切实提高审判质量和效率。

十三、妥善审理各类环境保护纠纷案件，保障和服务推进节能减排和环境保护。依法受理各类因环境污染引起的损害赔偿纠纷案件，正确适用环境侵权案件举证责任分配规则，准确认定环境污染与损害后果之间的因果关系，确保环境侵权受害人得到及时全面的赔偿；及时审理环保行政诉讼案件，加大对环保非诉行政案件的审查执行工作力度，支持和监督环保行政执法机关依法履行环保职能；依法受理环境保护行政部门代表国家提起的环境污染损害赔偿纠纷案件，严厉打击一切破坏环境的行为；妥善处理土地、矿产等自然资源开发利用中出现的矛盾纠纷，依法保障权利人的合法权益，支持对废弃矿地的合理开发利用，促进资源型企业的转型升级。严格执行环境资源保护法律法规，依法保障和促进循环经济和节能环保产业的发展，坚决制裁污染环境、破坏林业资源、草原资源、生物资源等违法犯罪行为，促进社会经济可持续发展。在环境保护纠纷案件数量较多的法院可以设立环保法庭，实行环境保护案件专业化审判，提高环境保护司法水平。

十四、全面贯彻宽严相济刑事政策，依法打击严重危害社会治安和人民群众利益的犯罪，维护社会安定。依法惩处经济领域内犯罪，维护社会主义经济秩序。妥善处理群体性事件引发的犯罪案件。积极参与特殊人群的帮教管理和社会治安综合治理，构建长效工作机制，落实社会治安综合治理各项措施，支持和配合有关部门开展社会治安防控体系建设和基层平安创建活动，预防和减少犯罪，维护社会秩序。

十五、高度重视运用调解方式有效化解经济发展方式转变过程中引发的各类矛盾纠纷。认真贯彻"调解优先、调判结合"司法工作原则，积极推动构建司法调解、人民调解与行政调解"三位一体"的大调解格局，加大调解力度，充分发挥社会各界在矛盾纠纷化解中的积极作用，形成全社会解决矛盾纠纷的最大合力，尽力将矛盾化解在基层、化解在萌芽状态，避免因处置不当引发群体性事件。

十六、高度重视和妥善处理因加快经济发展方式转变引发的各类相关涉诉信访案件，及时发现和解决执法办案中的薄弱环节，不断提高执法办案水平。加强立案信访窗口建设，完善诉讼服务等司法便民服务体系，健全民意沟通表达机制，推进诉讼与非诉讼相衔接的矛盾纠纷解决机制，全面完成涉诉信访积案清理工作任务，努力为加快经济发展方式转变营造公正高效的司法环境和稳定和谐的社会环境。

十七、各级人民法院要及时向当地党委、人大汇报有关情况，做好与政府的沟通工作。要与有关部门适时交流有关信息，实现信息资源共享，并建立相应的协调机制，确保各项为加快经济发展方式转变提供司法保障和服务的应对措施有效落实。近年来，全国人大代表和政协委员对人民法院在经济形势变化情形下如何履行审判职能提出了很多很好的建议和提案，各级人民法院要高度重视，及时反馈办理情况，提高办理工作的满意率。要加强与人大代表、政协委员，各民主党派、工商联、无党派人士，专家学者、律师、人民群众等各方面的联系，真心实意地听取他们对人民法院工作的意见建议。充分发挥特邀咨询员和特约监督员的作用，为人民法院工作提供决策咨询和监督意见，提高科学、民主决策水平。认真落实接受新闻媒体舆论监督的规定，虚心听取媒体和网民意见，不断改进工作。

十八、切实加强相关司法调研工作，牢牢把握为加快经济发展方式转变提供司法保障和服务的前瞻性和主动权。各级人民法院领导干部和相关干警要深入基层、深入实际、深入农村、深入企业，加强与企业的联系和沟通，及时了解人民群众对司法工作的新要求和新期待；充分利用司法统计数据，及时发现因加快经济发展方式转变引发的新情况和新问题；加强对经济发展方式转变中可能涉及的法律问题的分析和研判，在各级党委的领导和有关部门的配合下，及时提出为加快经济发展方式转变提供司法保障和服务的各项司法应对措施和司法建议；及时总结和推广各地的好经验和好做法，不断提高为加快经济发展方式转变提供司法保障和服务的工作实效。

新时期人民法院审判工作任务艰巨，责任重大。各级人民法院要在党的坚强领导下，以科学发展观统领审判工作，坚持"三个至上"工作指导思想，坚持"为大局服务，为人民司法"工作主题，强化能动司法理念，践行司法为民宗旨，深入推进社会矛盾化解、社会管理创新、公正廉洁执法三项重点工作，为促进经济发展方式加快转变，实现我国经济平稳较快发展提供更加有力的司法保障和服务。

最高人民法院印发《关于进一步贯彻"调解优先、调判结合"工作原则的若干意见》的通知

（2010年6月7日　法发〔2010〕16号）

各省、自治区、直辖市高级人民法院，解放军军事法院，新疆维吾尔自治区高级人民法院生产建设兵团分院：

现将最高人民法院《关于进一步贯彻"调解优先、调判结合"工作原则的若干意见》予以印发，请各地结合实际，认真贯彻执行。

最高人民法院关于进一步贯彻"调解优先、调判结合"工作原则的若干意见

"调解优先、调判结合"工作原则是认真总结人民司法实践经验，深刻分析现阶段形势任务得出的科学结论，是人民司法优良传统的继承和发扬，是人民司法理论和审判制度的发展创新，对于充分发挥人民法院调解工作在化解社会矛盾、维护社会稳定、促进社会和谐中的积极作用，具有十分重要的指导意义。为进一步贯彻该工作原则，特制定本意见。

一、牢固树立调解意识，进一步增强贯彻"调解优先、调判结合"工作原则的自觉性

1. 深刻认识新时期加强人民法院调解工作的重要性。全面加强调解工作，是继承中华民族优秀文化和发扬人民司法优良传统的必然要求，是发挥中国特色社会主义司法制度政治优势的必然要求，是维护社会和谐稳定的必然要求，是充分发挥人民法院职能作用的必然要求。

我国正处于经济社会发展的重要战略机遇期和社会矛盾凸显期，维护社会和谐稳定的任务艰巨繁重。深入推进社会矛盾化解、社会管理创新、公正廉洁执法三项重点工作，是人民法院在新形势下履行自身历史使命的必然要求，是人民法院积极回应人民群众关切的必然要求，也是当前和今后一个时期人民法院的首要工作任务。"调解优先、调判结合"既是推动矛盾化解的重要原则，也是社会管理创新的重要内容，又是对法官司法能力的考验。深入推进三项重点工作，必须坚决贯彻这一工作原则，不断增强调解意识，积极创新调解机制，努力提高调解能力，着力推动人民调解、行政调解、司法调解"三位一体"大调解工作体系建设，有效化解社会矛盾，真正实现案结事了，为保障经济社会又好又快发展，维护社会和谐稳定，提供更加有力的司法保障和服务。

2. 牢固树立"调解优先"理念。调解是高质量审判，调解是高效益审判，调解能力是高水平司法能力。调解有利于化解社会矛盾，实现案结事了，有利于修复当事人之间的关系，实现和谐。各级法院要深刻认识调解在有效化解矛盾纠纷、促进社会和谐稳定中所具有的独特优势和重要价值，切实转变重裁判、轻调解的观念，把调解作为处理案件的首要选择，自觉主动地运用调解方式处理矛盾纠纷，把调解贯穿于立案、审判和执行的各个环节，贯穿于一审、二审、执行、再审、申诉、信访的全过程，把调解主体从承办法官延伸到合议庭所有成员、庭领导和院领导，把调解、和解和协调案件范围从民事案件逐步扩展到行政案件、刑事自诉案件、轻微刑事案件、刑事附带民事案件、国家赔偿案件和执行案件，建立覆盖全部审判执行领域的立体调解机制。要带着对当事人的真挚感情，怀着为当事人解难题、办实事的愿望去做调解工作。要做到能调则调，不放过诉讼和诉讼前后各个阶段出现的调解可能性，尽可能把握一切调解结案的机会。

3. 准确认识和把握"调解优先、调判结合"工作原则。要紧紧围绕"案结事了"目标，正确处理好调解与裁判这两种审判方式的关系。在处理案件过程中，首先要考虑用调解方式处理；要做到调解与裁判两手都要抓，两手都要硬；不论是调

解还是裁判,都必须立足于有效化解矛盾纠纷、促进社会和谐,定分止争,实现法律效果与社会效果的有机统一。要根据每个案件的性质、具体情况和当事人的诉求,科学把握运用调解或者裁判方式处理案件的基础和条件。对于有调解可能的,要尽最大可能促成调解;对于没有调解可能的、法律规定不得调解的案件,要尽快裁判,充分发挥调解与裁判两种手段的作用。既要注意纠正不顾办案效果、草率下判的做法,也要注意纠正片面追求调解率、不顾当事人意愿强迫调解的做法。要努力实现调解结案率和息诉服判率的"两上升",实现涉诉信访率和强制执行率的"两下降",推动人民法院调解工作迈上新台阶,实现新发展。

二、完善调解工作制度,抓好重点环节,全面推进调解工作

4. 进一步强化民事案件调解工作。各级法院特别是基层法院要把调解作为处理民事案件的首选结案方式和基本工作方法。对依法和依案件性质可以调解的所有民事案件都要首先尝试通过运用调解方式解决,将调解贯穿于民事审判工作的全过程和所有环节。

对《最高人民法院关于适用简易程序审理民事案件的若干规定》第十四条规定的婚姻家庭纠纷、继承纠纷、劳务合同纠纷、交通事故和工伤事故引起的权利义务关系较为明确的损害赔偿纠纷、宅基地和相邻关系纠纷、合伙协议纠纷、诉讼标的额较小的民事纠纷,在开庭审理时应当先行调解。但是根据案件的性质和当事人的实际情况不能调解或者显然没有调解必要的除外。

要下大力气做好以下民事案件的调解工作:事关民生和群体利益、需要政府和相关部门配合的案件;可能影响社会和谐稳定的群体性案件、集团诉讼案件、破产案件;民间债务、婚姻家庭继承等民事纠纷案件;案情复杂、难以形成证据优势的案件;当事人之间情绪严重对立的案件;相关法律法规没有规定或者规定不明确、适用法律有一定困难的案件;判决后难以执行的案件;社会普遍关注的敏感性案件;当事人情绪激烈、矛盾激化的再审案件、信访案件。

对《最高人民法院关于人民法院民事调解工作若干问题的规定》第二条规定的适用特别程序、督促程序、公示催告程序、破产还债程序的案件,婚姻关系、身份关系确认案件以及其他依案件性质不能进行调解的民事案件,不予调解。

5. 积极探索刑事案件调解、和解工作。要在依法惩罚犯罪的同时,按照宽严相济刑事政策的要求,通过积极有效的调解工作,化解当事人恩怨和对抗情绪,促进社会和谐。

要根据刑事诉讼法有关规定,积极开展刑事自诉案件调解工作,促进双方自行和解。对被告人认罪悔过,愿意赔偿被害人损失,取得被害人谅解,从而达成和解协议的,可以由自诉人撤回起诉,或者对被告人依法从轻或免予刑事处罚。对民间纠纷引发的轻伤害等轻微刑事案件,诉至法院后当事人自行和解的,应当准许并记录在案。也可以在不违反法律规定的前提下,对此类案件尝试做一些促进和解的工作。

对刑事附带民事诉讼案件,要在调解的方法、赔偿方式、调解案件适用时间、期间和审限等方面进行积极探索,把握一切有利于附带民事诉讼调解结案的积极因素,争取达成民事赔偿调解协议,为正确适用法律和执行宽严相济刑事政策创造条件。

6. 着力做好行政案件协调工作。在依法维护和监督行政机关依法行使行政职权的同时,要针对不同案件特点,通过积极有效的协调、和解,妥善化解行政争议。

在不违背法律规定的前提下,除了对行政赔偿案件依法开展调解外,在受理行政机关对平等主体之间的民事争议所作的行政裁决、行政确权等行政案件,行政机关自由裁量权范围内的行政处罚、行政征收、行政补偿和行政合同等行政案件,以及具体行政行为违法或者合法但不具有合理性的行政案件时,应当重点做好案件协调工作。

对一些重大疑难、影响较大的案件,要积极争取党委、人大支持和上级行政机关配合,邀请有关部门共同参与协调。对具体行政行为违法或者合法但不具有合理性的行政案件,要通过协调尽可能促使行政机关在诉讼中自行撤销违法行为,或者自行确认具体行政行为无效,或者重新作出处理决定。

7. 努力做好执行案件和解工作。要进一步改进执行方式,充分运用调解手段和执行措施,积极促成执行和解,有效化解执行难题。

对被执行财产难以发现的,要充分发挥执行联动威慑机制的作用,通过限制高消费措施、被执行人报告财产制度,以及委托律师调查、强制审计、公安机关协查等方式方法,最大限度地发现被执行人的财产,敦促被执行人提出切实可行的还款计划。

对被执行人系危困、改制、拟破产企业的,要协调有关部门和被执行人,综合运用执行担保、以物抵债、债转股等方式,促成双方当事人达成执行和解协议。

8. 进一步做好诉前调解工作。在收到当事人起诉状或者口头起诉之后、正式立案之前,对于未经人民调解、行政调解、行业调解等非诉讼纠纷解决方式调处的案件,要积极引导当事人先行就近、就地选择非诉讼调解组织解决纠纷,力争将矛盾纠纷化解在诉前。

当事人选择非诉讼调解的,应当暂缓立案;当事人不同意选择非诉讼调解的,或者经非诉讼调解未达成协议,坚持起诉的,经审查符合相关诉讼法规定的受理条件的,应当及时立案。

要进一步加强与人民调解组织、行政调解组织以及其他调解组织的协调与配合,有条件的基层法院特别是人民法庭

应当设立诉前调解工作室或者“人民调解窗口”，充分发挥诉前调解的案件分流作用。

9. 进一步强化立案调解工作。在案件立案之后、移送审判业务庭之前，要充分利用立案窗口“第一时间接触当事人、第一时间了解案情”的优势，积极引导当事人选择调解方式解决纠纷。

对事实清楚、权利义务关系明确、争议不大的简单民事案件，在立案后应当及时调解；对可能影响社会和谐稳定的群体性案件、集团诉讼案件，敏感性强、社会广泛关注的案件，在立案后也要尽可能调解。对当事人拒绝调解的，无法及时与当事人及其委托代理人取得联系的，或者案情复杂、争议较大的案件，以及法律规定不得调解的案件，应当在立案后及时移送审理。对在调解过程中发现案件涉及国家利益、社会公共利益和第三人利益的，案件需要审计、评估、鉴定的，或者需要人民法院调查取证的，应当终结调解程序，及时移送审理。

立案阶段的调解应当坚持以效率、快捷为原则，避免案件在立案阶段积压。适用简易程序的一审民事案件，立案阶段调解期限原则上不超过立案后 10 日；适用普通程序的一审民事案件，立案阶段调解期限原则上不超过 20 日，经双方当事人同意，可以再延长 10 日。延长的调解期间不计入审限。

10. 积极探索和加强庭前调解工作。在案件移送审判业务庭、开庭审理之前，当事人同意调解的，要及时进行调解。要进一步加强庭前调解组织建设，有条件的人民法院可以探索建立专门的庭前调解组织。要进一步优化审判资源配置，有条件的人民法院可以探索试行法官助理等审判辅助人员开展庭前调解工作，提高调解工作效率，减轻审判人员的工作负担。

11. 继续抓好委托调解和协助调解工作。在案件受理后、裁判作出前，经当事人同意，可以委托有利于案件调解解决的人民调解、行政调解、行业调解等有关组织或者人大代表、政协委员等主持调解，或者邀请有关单位或者技术专家、律师等协助人民法院进行调解。调解人可以由当事人共同选定，也可以经双方当事人同意，由人民法院指定。当事人可以协商确定民事案件委托调解的期限，一般不超过 30 日。经双方当事人同意，可以顺延调解期间，但最长不超过 60 日。延长的调解期间不计入审限。人民法院委托调解人调解，应当制作调解移交函，附送主要案件材料，并明确委托调解的注意事项和当事人的相关请求。

12. 大力做好再审案件调解工作。对历时时间长、认识分歧较大的再审案件，当事人情绪激烈、矛盾激化的再审案件，改判和维持效果都不理想的再审案件，要多做调解、协调工作，尽可能促成当事人达成调解、和解协议。对抗诉再审案件，可以邀请检察机关协助人民法院进行调解；对一般再审案件，可以要求原一、二审法院配合进行调解；对处于执行中的再审案件，可以与执行部门协调共同做好调解工作。

13. 扎实做好调解回访工作。对于已经达成调解协议的，各级法院可以通过实地见面访、远程通讯访或者利用基层调解工作网络委托访等形式及时回访，督促当事人履行调解协议。对于相邻权、道路交通事故、劳动争议等多发易发纠纷的案件，应当将诉讼调解向后延伸，实现调解回访与息诉罢访相结合，及时消除不和谐苗头，巩固调解成果，真正实现案结事了。

14. 注重发挥律师和法律援助机构在调解工作中的积极作用。各级法院要积极推动、引导律师和法律援助机构参与或者主持调解、和解，共同做好调解工作。要积极探索，争取当地司法行政部门、律师协会的支持，注意解决律师风险代理收费与调解结案之间的矛盾。要积极推动律师协会建立推荐优秀律师担任调解员的制度，推进律师和法律援助机构参与或者主持调解工作的制度化、规范化。对于在调解工作中成绩突出的律师和法律援助机构，人民法院应当向当地司法行政部门、律师协会提出予以表彰和奖励的建议。

三、规范调解活动，创新调解工作机制，提高调解工作质量

15. 切实贯彻当事人自愿调解原则。要积极引导并为双方当事人达成调解协议提供条件、机会和必要的司法保障。除了法律另有规定的以外，要尊重当事人选择调解或者裁判方式解决纠纷的权利，尊重当事人决定调解开始时机、调解方式方法和调解协议内容的权利。要在各个诉讼环节，针对当事人的文化知识、诉讼能力的不同特点，用通俗易懂的语言，进行释法解疑，充分说明可能存在的诉讼风险，引导当事人在充分认识自身权利义务的基础上，平等自愿地解决纠纷。

16. 切实贯彻合法调解原则。要依法规范调解过程中法官审判权的行使，确保调解程序符合有关法律规定，不得违背当事人自愿去强迫调解，防止以判压调、以拖促调。要及时查明当事人之间的纠纷争执点和利益共同点，准确合理确定当事人利益关系的平衡点，维持双方当事人权利义务基本均衡，确保调解结果的正当性。要认真履行对调解协议审查确认职责，确保调解协议的内容不违反法律规定，不损害国家利益、社会公共利益、第三人利益以及社会公序良俗，正确发挥司法调解的功能，切实维护公平正义。

17. 科学把握当判则判的时机。要在加强调解的同时，切实维护当事人合法权益，注意防止不当调解和片面追求调解率的倾向，不得以牺牲当事人合法权益为代价进行调解。对当事人虚假诉讼或者假借调解拖延诉讼的，应依法及时制止并做出裁判；对一方当事人提出的方案显失公平，勉强调解会纵容违法者、违约方，且使守法者、守约方的合法权益受损的，应依法及时裁判；对调解需要花费的时间精力、投入的成本与解决效果不成正比的，应依法及时裁判；对涉及国家利益或者社会公共利益的案件，具有法律适用指导意义的案件，或者对形成社会规则意识有积极意义的案件，应注意依法及时裁判结案，充分发挥裁判在明辨是非、规范行为、惩恶扬善中

的积极作用。

18. 加强对调解工作的监督管理。要充分考虑调解工作的特点，建立健全有利于调解工作科学发展的审判流程管理体系。要落实《最高人民法院关于人民法院民事调解工作若干问题的规定》第四条、第六条关于特定情况下的和解、调解期间不计入审限的规定，合理放宽对调解案件适用时间、期间和审限的限制。当事人愿意进行调解，但审理期限即将届满的，可以由当事人协商确定继续调解的期限，经人民法院审查同意后，由承办法官记录在卷。案件有达成调解协议的可能，当事人不能就继续调解的期限达成一致的，经本院院长批准，可以合理延长调解期限。同时，要针对各类调解案件在审理流程中不同环节的特点，确定合理的案件流转程序，避免在调判对接、调判转换环节因效率不高而延长案件处置周期；要加强对调解工作的跟踪管理和评查，及时纠正调解工作中存在的问题，着重解决硬调、久调不决等问题，确保调解工作质量。

19. 进一步加强对法官在调解工作中的职业行为约束。各级法院的法官，在调解过程中要注重着装仪表，约束举止言行，保持客观公正，平等保护各方当事人合法权益，不偏袒一方。根据案件的具体情况，法官可以在调解过程中分别做各方当事人的调解工作，但不得违反有关规定，私自单方面会见当事人及其委托的代理人。

20. 进一步规范调解协议督促条款、担保履行条款的适用。在调解过程中，要关注义务履行人的履行能力和履行诚意，在确保调解协议内容具体、明确并具有可执行性的同时，注重引导当事人适用《最高人民法院关于人民法院民事调解工作若干问题的规定》第十条、第十一条规定的督促条款和担保履行条款，提高调解协议的自动履行率。对原告因质疑被告履行调解协议的诚意而不愿调解的案件、争议标的额较大的案件，以及调解协议确定的履行期限较长或者分期履行的案件，可以通过适用督促条款、担保履行条款，促进调解协议的达成，促使义务履行人自动履行调解协议。要注意总结调解经验，制定规范性的表述方式，明确条款的生效条件，防止调解结案后双方当事人对协议条款内容的理解产生歧义。

21. 建立健全类型化调解机制。要不断总结调解经验，努力探索调解规律，建立健全以调解案件分类化、调解法官专业化、调解方法特定化为内容的类型化调解机制，建立相应的调解模式，提高调解同类案件的工作效率和成功率。要根据案件利益诉求、争议焦点的相似性，对道路交通事故损害赔偿纠纷、医疗损害赔偿纠纷、劳动争议等案件试行类型调解模式，实现"调解一案、带动一片"的效果。要根据类型案件的特点，选配具有专业特长、经验丰富的法官调解，鼓励法官加强对类型案件调解理论和方法的梳理和研究，将经过实践检验行之有效的个案调解方法，提升为同类案件的调解技巧，不断丰富调解的形式和手段。

22. 建立健全调解工作激励机制。要修改完善调解工作统计指标体系，完善统计口径，要从统计和考核民事案件调解情况，发展到对诉前、立案、庭前、庭中、庭后、执行、再审、申诉、信访等诸环节的调解案件，以及刑事、行政等各项调解、和解和协调工作进行统计和考核。在考核指标体系方面，在适当考虑办案数量、结案率和改判发回率的同时，突出对办案社会效果的考核，加大调解撤诉率、服判息诉率、申请再审率、申诉率、信访率、强制执行率和调解案件自动履行率等指标的权重。要建立健全能够反映调解工作量和社会效果的量化考核体系和考评方法，作为评价各级法院调解工作成效的标准和法官业绩考评的参考依据，正确引导调解工作方向，提高调解水平。

23. 建立健全调解能力培养长效机制。要及时总结调解工作经验，整理典型案例，加强对调解工作的指导。要把调解能力培养列入法官年度和专门培训计划，要以提高做群众工作的能力为核心，着力加强调解能力建设。要继续推行法官教法官、新进人员到基层和信访窗口接受锻炼等做法，鼓励法官深入社会、深入实践、深入基层，深刻把握社情民意，了解本地风俗习惯，学会运用群众语言，不断贴近人民群众，切实增强调解工作的效果。

24. 建立健全调解保障机制。各级法院要积极争取当地党委和政府的支持，把调解工作经费纳入财政预算。要积极争取中央政法补助专款资金和省级财政配套资金支持，充分发挥专款资金的使用效益，加大对调解工作的经费投入。要在经费、装备和人员编制等方面向基层法院和人民法庭倾斜，加大投入，进一步夯实调解工作基层基础。要争取专项经费支持，为参与调解的特邀调解员、委托调解人提供经费保障，对在调解工作中成绩突出的特邀调解员、委托调解人，要予以表彰和奖励。

四、进一步推动"大调解"工作体系建设，不断完善中国特色纠纷解决机制

25. 坚持在党委领导和政府支持下推进工作体系建设。各级法院要紧紧依靠党委领导，积极争取政府支持，鼓励社会各界参与，充分发挥司法的推动作用，将人民调解、行政调解、司法调解"大调解"工作体系建设纳入推进三项重点工作的整体部署。在坚持三大调解各司其职的前提下，充分发挥司法的引导、保障作用，加强与人民调解、行政调解在程序对接、效力确认、法律指导等方面的协调配合，及时把社会矛盾纠纷化解在基层和萌芽状态，有力促进社会和谐稳定。

26. 推动"大调解"工作网络体系的建立。各级法院要加强与村委会、居委会、工会、共青团、妇联、侨联等组织密切配合，形成化解社会矛盾的合力。要充分利用自身的资源来支持其他调解组织开展工作，有条件的地方可以在基层法院和人民法庭设立人民调解工作室等必要的办公场所，为其他组织调处纠纷提供支持，同时也要注意利用其他社会组织和有关部门的调解资源。可以在处理纠纷比较多的派出所、交警队、

妇联、工会等单位设立巡回调解点。要建立以人大代表、政协委员、基层干部、人民陪审员、离退休干部以及社会各界人士组成的覆盖各级、各部门、各行业的特邀调解员、调解志愿者网络库,加强与人民调解、行政调解组织网络的对接,逐步形成资源共享、力量共用、良性互动的“大调解”工作网络体系。

27. 加强在“大调解”工作体系中的沟通协调。各级法院要加强与各级联席会议、人民调解、行政调解以及其他调解组织的联系,及时掌握矛盾纠纷排查情况,紧紧抓住影响社会和谐稳定的源头性、根本性、基础性问题,充分发挥不同调解组织的职能互补作用,引导不同类型的矛盾纠纷由不同的调解组织解决,相互借力、共谋调处。要依靠党委的领导和“大调解”工作体系,对可能起诉到人民法院的重大案件提前做好工作预案,对已受理的重大或群体性案件,要充分依托“大调解”工作体系协调相关职能部门稳妥处置化解。

28. 加强对人民调解、行政调解的法律指导。各级法院要加强与人民调解、行政调解组织的工作沟通和经验交流,相互学习借鉴好经验、好做法,共同提高调解水平。要积极开展对“大调解”工作中新情况、新问题的分析研究,加强对人民调解、行政调解组织的指导,帮助人民调解、行政调解组织完善工作程序,规范调解行为。要配合司法行政机关等政府职能部门和有关组织,指派审判经验丰富的审判人员采取“以案代训”、“观摩调解”等方式对人民调解员、行政调解人员开展培训。对人民法院变更、撤销或者确认无效的调解协议及其原因,应当以适当方式及时反馈给相关调解组织,并就审理中发现的问题提出意见和建议。

29. 进一步完善调解衔接机制。对经人民调解、行政调解、行业调解或者其他具有调解职能的组织调解达成的协议,需要确认效力的,有管辖权的人民法院应当依法及时审查确认;符合强制执行条件的,人民法院应当依法及时执行。具有债权内容的诉讼外调解协议,经公证机关依法赋予强制执行效力的,债权人可以向被执行人住所地或者被执行的财产所在地人民法院申请执行。

最高人民法院印发《关于司法公开的六项规定》和《关于人民法院接受新闻媒体舆论监督的若干规定》的通知

(2009 年 12 月 8 日　法发〔2009〕58 号)

全国地方各级人民法院、各级军事法院、各铁路运输中级法院和基层法院、各海事法院,新疆生产建设兵团各级法院:

《最高人民法院关于司法公开的六项规定》和《最高人民法院关于人民法院接受新闻媒体舆论监督的若干规定》已经中央批准,现印发给你们,请认真贯彻执行。贯彻执行中的重大事项,请及时报告我院。

最高人民法院关于司法公开的六项规定

为进一步落实公开审判的宪法原则,扩大司法公开范围,拓宽司法公开渠道,保障人民群众对人民法院工作的知情权、参与权、表达权和监督权,维护当事人的合法权益,提高司法民主水平,规范司法行为,促进司法公正,根据有关诉讼法的规定和人民法院的工作实际,按照依法公开、及时公开、全面公开的原则,制定本规定。

一、立案公开

立案阶段的相关信息应当通过便捷、有效的方式向当事人公开。各类案件的立案条件、立案流程、法律文书样式、诉讼费用标准、缓减免交诉讼费程序、当事人重要权利义务、诉讼和执行风险提示以及可选择的诉讼外纠纷解决方式等内容,应当通过适当的形式向社会和当事人公开。人民法院应当及时将案件受理情况通知当事人。对于不予受理的,应当将不予受理裁定书、不予受理再审申请通知书、驳回再审申请裁定书等相关法律文件依法及时送达当事人,并说明理由,告知当事人诉讼权利。

二、庭审公开

建立健全有序开放、有效管理的旁听和报道庭审的规则,消除公众和媒体知情监督的障碍。依法公开审理的案件,旁听人员应当经过安全检查进入法庭旁听。因审判场所等客观因素所限,人民法院可以发放旁听证或者通过庭审视频、直播录播等方式满足公众和媒体了解庭审实况的需要。所有证据应当在法庭上公开,能够当庭认证的,应当当庭认证。除法律、司法解释规定可以不出庭的情形外,人民法院应当通知证人、鉴定人出庭作证。独任审判员、合议庭成员、审判委员会委员的基本情况应当公开,当事人依法有权申请回避。案件延长审限的情况应当告知当事人。人民法院对公开审理或者不公开审理的案件,一律在法庭内或者通过其他公开的方式公开宣告判决。

三、执行公开

执行的依据、标准、规范、程序以及执行全过程应当向社会和当事人公开,但涉及国家秘密、商业秘密、个人隐私等法律禁止公开的信息除外。进一步健全和完善执行信息查询系统,扩大查询范围,为当事人查询执行案件信息提供方便。人民法院采取查封、扣押、冻结、划拨等执行措施后应及时告知双方当事人。人民法院选择鉴定、评估、拍卖等机构的过程和结果向当事人公开。执行款项的收取发放、执行标的物的保管、评估、拍卖、变卖的程序和结果等重点环节和重点事项应当及时告知当事人。执行中的重大进展应当通知当事人和利害关系人。

四、听证公开

人民法院对开庭审理程序之外的涉及当事人或者案外人

重大权益的案件实行听证的，应当公开进行。人民法院对申请再审案件、涉法涉诉信访疑难案件、司法赔偿案件、执行异议案件以及对职务犯罪案件和有重大影响案件被告人的减刑、假释案件等，按照有关规定实行公开听证的，应当向社会发布听证公告。听证公开的范围、方式、程序等参照庭审公开的有关规定。

五、文书公开

裁判文书应当充分表述当事人的诉辩意见、证据的采信理由、事实的认定、适用法律的推理与解释过程，做到说理公开。人民法院可以根据法制宣传、法学研究、案例指导、统一裁判标准的需要，集中编印、刊登各类裁判文书。除涉及国家秘密、未成年人犯罪、个人隐私以及其他不适宜公开的案件和调解结案的案件外，人民法院的裁判文书可以在互联网上公开发布。当事人对于在互联网上公开裁判文书提出异议并有正当理由的，人民法院可以决定不在互联网上发布。为保护裁判文书所涉及到的公民、法人和其他组织的正当权利，可以对拟公开发布的裁判文书中的相关信息进行必要的技术处理。人民法院应当注意收集社会各界对裁判文书的意见和建议，作为改进工作的参考。

六、审务公开

人民法院的审判管理工作以及与审判工作有关的其他管理活动应当向社会公开。各级人民法院应当逐步建立和完善互联网站和其他信息公开平台。探索建立各类案件运转流程的网络查询系统，方便当事人及时查询案件进展情况。通过便捷、有效的方式及时向社会公开关于法院工作的方针政策、各种规范性文件和审判指导意见以及非涉密司法统计数据及分析报告，公开重大案件的审判情况、重要研究成果、活动部署等。建立健全过问案件登记、说情干扰警示、监督情况通报等制度，向社会和当事人公开违反规定程序过问案件的情况和人民法院接受监督的情况，切实保护公众的知情监督权和当事人的诉讼权利。

全国各级人民法院要切实解放思想，更新观念，大胆创新，把积极主动地采取公开透明的措施与不折不扣地实现当事人的诉讼权利结合起来，把司法公开的实现程度当作衡量司法民主水平、评价法院工作的重要指标。最高人民法院将进一步研究制定司法公开制度落实情况的考评标准，并将其纳入人民法院工作考评体系，完善司法公开的考核评价机制。上级人民法院要加强对下级人民法院司法公开工作的指导，定期组织专项检查，通报检查结果，完善司法公开的督促检查机制。各级人民法院要加大对司法公开工作在资金、设施、人力、技术方面的投入，建立司法公开的物质保障机制。要疏通渠道，设立平台，认真收集、听取和处理群众关于司法公开制度落实情况的举报投诉或意见建议，建立健全司法公开的情况反馈机制。要细化和分解落实司法公开的职责，明确责任，对于在诉讼过程中违反审判公开原则或者在法院其他工作中违反司法公开相关规定的，要追究相应责任，同时要注意树立先进典型，表彰先进个人和单位，推广先进经验，建立健全司法公开的问责表彰机制。

本规定自公布之日起实施。本院以前发布的相关规定与本规定不一致的，以本规定为准。

最高人民法院关于人民法院接受新闻媒体舆论监督的若干规定

为进一步落实公开审判的宪法原则，规范人民法院接受新闻媒体舆论监督工作，妥善处理法院与媒体的关系，保障公众的知情权、参与权、表达权和监督权，提高司法公信，制定本规定。

第一条　人民法院应当主动接受新闻媒体的舆论监督。对新闻媒体旁听案件庭审、采访报道法院工作、要求提供相关材料的，人民法院应当根据具体情况提供便利。

第二条　对于社会关注的案件和法院工作的重大举措以及按照有关规定应当向社会公开的其他信息，人民法院应当通过新闻发布会、记者招待会、新闻通稿、法院公报、互联网站等形式向新闻媒体及时发布相关信息。

第三条　对于公开审判的案件，新闻媒体记者和公众可以旁听。审判场所座席不足的，应当优先保证媒体和当事人近亲属的需要。有条件的审判法庭根据需要可以在旁听席中设立媒体席。记者旁听庭审应当遵守法庭纪律，未经批准不得录音、录像和摄影。

第四条　对于正在审理的案件，人民法院的审判人员及其他工作人员不得擅自接受新闻媒体的采访。对于已经审结的案件，人民法院可以通过新闻宣传部门协调决定由有关人员接受采访。对于不适宜接受采访的，人民法院可以决定不接受采访并说明理由。

第五条　新闻媒体因报道案件审理情况或者法院其他工作需要申请人民法院提供相关资料的，人民法院可以提供裁判文书复印件、庭审笔录、庭审录音录像、规范性文件、指导意见等。如有必要，也可以为媒体提供其他可以公开的背景资料和情况说明。

第六条　人民法院接受新闻媒体舆论监督的协调工作由各级人民法院的新闻宣传主管部门统一归口管理。新闻宣传主管部门应当为新闻媒体提供新闻报道素材，保证新闻媒体真实、客观地报道人民法院的工作。对于新闻媒体报道人民法院的工作失实时，新闻宣传主管部门负责及时澄清事实，进行回应。

第七条　人民法院应当建立与新闻媒体及其主管部门固定的沟通联络机制，定期或不定期地举办座谈会或研讨会，交流意见，沟通信息。人民法院与新闻媒体可以研究制定共同遵守的行为自律准则。对于新闻媒体反映的人民法院接受舆论监督方面的意见和建议，有关法院应当及时研究处理，改进工作。

第八条 对于新闻媒体报道中反映的人民法院审判工作和其他各项工作中存在的问题，以及反映审判人员和其他工作人员违法违纪行为，人民法院应当及时调查、核实。查证属实的，应当依法采取有效措施进行处理，并及时反馈处理结果。

第九条 人民法院发现新闻媒体在采访报道法院工作时有下列情形之一的，可以向新闻主管部门、新闻记者自律组织或者新闻单位等通报情况并提出建议。违反法律规定的，依法追究相应责任。

（一）损害国家安全和社会公共利益的，泄露国家秘密、商业秘密的；

（二）对正在审理的案件报道严重失实或者恶意进行倾向性报道，损害司法权威、影响公正审判的；

（三）以侮辱、诽谤等方式损害法官名誉，或者损害当事人名誉权等人格权，侵犯诉讼参与人的隐私和安全的；

（四）接受一方当事人请托，歪曲事实，恶意炒作，干扰人民法院审判、执行活动，造成严重不良影响的；

（五）其他严重损害司法权威、影响司法公正的。

第十条 本规定自公布之日起实施。

最高人民法院关于
人民法庭若干问题的规定

（1999年7月15日 法发〔1999〕20号）

第一条 为加强人民法庭建设，发挥人民法庭的职能作用，根据《中华人民共和国人民法院组织法》和其他有关法律的规定，结合人民法庭工作经验和实际情况，制定本规定。

第二条 为便利当事人进行诉讼和人民法院审判案件，基层人民法院根据需要，可设立人民法庭。

第三条 人民法庭根据地区大小、人口多少、案件数量和经济发展状况等情况设置，不受行政区划的限制。

第四条 人民法庭是基层人民法院的派出机构和组成部分，在基层人民法院的领导下进行工作。人民法庭作出的裁判，就是基层人民法院的裁判。

第五条 上级人民法院对人民法庭的工作进行指导和监督。

第六条 人民法庭的任务：

（一）审理民事案件和刑事自诉案件，有条件的地方，可以审理经济案件；

（二）办理本庭审理案件的执行事项；

（三）指导人民调解委员会的工作；

（四）办理基层人民法院交办的其他事项。

第七条 人民法庭依法审判案件，不受行政机关、团体和个人的干涉。

第八条 人民法庭审理案件，除依法不公开审理的外，一律公开进行；依法不公开审理的，也应当公开宣告判决。

第九条 设立人民法庭应当具备下列条件：

（一）至少有三名以上法官、一名以上书记员，有条件的地方，可配备司法警察；

（二）有审判法庭和必要的附属设施；

（三）有办公用房、办公设施、通信设备和交通工具；

（四）其他应当具备的条件。

第十条 人民法庭的设置和撤销，由基层人民法院逐级报经高级人民法院批准。

第十一条 人民法庭的名称，以其所在地地名而定，并冠以所属基层人民法院的名称。

第十二条 人民法庭的法官必须具备《中华人民共和国法官法》规定的条件，并依照法律规定的程序任免。

人民法庭法官不得兼任其他国家机关和企业、事业单位的职务。

第十三条 人民法庭设庭长，根据需要可设副庭长。

人民法庭庭长、副庭长应当具有三年以上审判工作经验。

人民法庭庭长、副庭长与本院审判庭庭长、副庭长职级相同。

人民法庭庭长应当定期交流。

第十四条 庭长除审理案件外，有下列职责：

（一）主持人民法庭的日常工作；

（二）召集庭务会议；

（三）决定受理案件，确定适用审判程序，指定合议庭组成人员和独任审判员；

（四）负责对本庭人员的行政管理、考勤考绩和提请奖惩等工作。

副庭长协助庭长工作。庭长因故不能履行职务时，由副庭长代行庭长职务。

第十五条 人民法庭审理案件，必须有书记员记录，不得由审理案件的法官自行记录。

第十六条 人民法庭审理案件，因法官回避或者其他情况无法组成合议庭时，由院长指定本院其他法官审理。

第十七条 人民法庭审理案件，可以由法官和人民陪审员组成合议庭，人民陪审员在执行职务时，与法官有同等的权利和义务。

第十八条 人民法庭根据需要可以进行巡回审理，就地办案。

第十九条 人民法庭对于妨害诉讼的诉讼参与人或者其他人，依法采取拘传、罚款、拘留措施的，须报经院长批准。

第二十条 人民法庭审理案件，合议庭意见不一致或者庭长认为有必要的，可以报经院长提交审判委员会讨论决定。

第二十一条 人民法庭制作的判决书、裁定书、调解书、决定书、拘传票等诉讼文书，须加盖本院印章。

第二十二条 人民法庭应当指导调解人员调解纠纷，帮助总结调解民间纠纷的经验。

第二十三条 人民法庭发现人民调解委员会调解民间纠纷达成的协议有违背法律的，应当予以纠正。

第二十四条 人民法庭可以通过审判案件、开展法制宣传教育、提出司法建议等方式，参与社会治安综合治理。

第二十五条 人民法庭不得参与行政执法活动。

第二十六条 人民法庭应当建立健全案件登记、统计，档案保管，诉讼费管理，人员考勤考绩等项工作制度和管理制度。

第二十七条 人民法庭的法官应当全心全意为人民服务，坚持实事求是、群众路线的工作作风，听取群众意见，接受群众监督。

第二十八条 人民法庭的法官应当依法秉公办案，遵守审判纪律。不得接受当事人及其代理人的请客送礼，不得贪污受贿、徇私舞弊、枉法裁判。

第二十九条 各省、自治区、直辖市高级人民法院可以根据本规定，结合本地实际情况，制定贯彻实施办法，报最高人民法院备案。

第三十条 本规定自公布之日起施行。

最高人民法院印发《关于建立健全诉讼与非诉讼相衔接的矛盾纠纷解决机制的若干意见》的通知

（2009 年 7 月 24 日 法发〔2009〕45 号）

全国地方各级人民法院、各级军事法院、各铁路运输中级法院和基层法院、各海事法院，新疆生产建设兵团各级法院：

《最高人民法院关于建立健全诉讼与非诉讼相衔接的矛盾纠纷解决机制的若干意见》已经中央批准，现印发给你们，请认真贯彻落实。在贯彻落实中遇有问题，请及时报告最高人民法院司法改革领导小组办公室。

最高人民法院关于建立健全诉讼与非诉讼相衔接的矛盾纠纷解决机制的若干意见

为发挥人民法院在建立健全诉讼与非诉讼相衔接的矛盾纠纷解决机制方面的积极作用，促进各种纠纷解决机制的发展，现制定以下意见。

一、明确主要目标和任务要求

1. 建立健全诉讼与非诉讼相衔接的矛盾纠纷解决机制的主要目标是：充分发挥人民法院、行政机关、社会组织、企事业单位以及其他各方面的力量，促进各种纠纷解决方式相互配合、相互协调和全面发展，做好诉讼与非诉讼渠道的相互衔接，为人民群众提供更多可供选择的纠纷解决方式，维护社会和谐稳定，促进经济社会又好又快发展。

2. 建立健全诉讼与非诉讼相衔接的矛盾纠纷解决机制的主要任务是：充分发挥审判权的规范、引导和监督作用，完善诉讼与仲裁、行政调处、人民调解、商事调解、行业调解以及其他非诉讼纠纷解决方式之间的衔接机制，推动各种纠纷解决机制的组织和程序制度建设，促使非诉讼纠纷解决方式更加便捷、灵活、高效，为矛盾纠纷解决机制的繁荣发展提供司法保障。

3. 在建立健全诉讼与非诉讼相衔接的矛盾纠纷解决机制的过程中，必须紧紧依靠党委领导，积极争取政府支持，鼓励社会各界参与，充分发挥司法的推动作用；必须充分保障当事人依法处分自己的民事权利和诉讼权利。

二、促进非诉讼纠纷解决机制的发展

4. 认真贯彻执行《中华人民共和国仲裁法》和相关司法解释，在仲裁协议效力、证据规则、仲裁程序、裁决依据、撤销裁决审查标准、不予执行裁决审查标准等方面，尊重和体现仲裁制度的特有规律，最大程度地发挥仲裁制度在纠纷解决方面的作用。对于仲裁过程中申请证据保全、财产保全的，人民法院应当依法及时办理。

5. 认真贯彻执行《中华人民共和国劳动争议调解仲裁法》和相关司法解释的规定，加强与劳动、人事争议等仲裁机构的沟通和协调，根据劳动、人事争议案件的特点采取适当的审理方式，支持和鼓励仲裁机制发挥作用。对劳动、人事争议仲裁机构不予受理或者逾期未作出决定的劳动、人事争议事项，申请人向人民法院提起诉讼的，人民法院应当依法受理。

6. 要进一步加强与农村土地承包仲裁机构的沟通和协调，妥善处理农村土地承包纠纷，努力为农村改革发展提供强有力的司法保障和法律服务。当事人对农村土地承包仲裁机构裁决不服而提起诉讼的，人民法院应当及时审理。当事人申请法院强制执行已经发生法律效力的裁决书和调解书的，人民法院应当依法及时执行。

7. 人民法院要大力支持、依法监督人民调解组织的调解工作，在审理涉及人民调解协议的民事案件时，应当适用有关法律规定。

8. 为有效化解行政管理活动中发生的各类矛盾纠纷，人民法院鼓励和支持行政机关依当事人申请或者依职权进行调解、裁决或者依法作出其他处理。调解、裁决或者依法作出的

其他处理具有法律效力。当事人不服行政机关对平等主体之间民事争议所作的调解、裁决或者其他处理,以对方当事人为被告就原争议向人民法院起诉的,由人民法院作为民事案件受理。法律或司法解释明确规定作为行政案件受理的,人民法院在对行政行为进行审查时,可对其中的民事争议一并审理,并在作出行政判决的同时,依法对当事人之间的民事争议一并作出民事判决。

行政机关依法对民事纠纷进行调处后达成的有民事权利义务内容的调解协议或者作出的其他不属于可诉具体行政行为的处理,经双方当事人签字或者盖章后,具有民事合同性质,法律另有规定的除外。

9. 没有仲裁协议的当事人申请仲裁委员会对民事纠纷进行调解的,由该仲裁委员会专门设立的调解组织按照公平中立的调解规则进行调解后达成的有民事权利义务内容的调解协议,经双方当事人签字或者盖章后,具有民事合同性质。

10. 人民法院鼓励和支持行业协会、社会组织、企事业单位等建立健全调解相关纠纷的职能和机制。经商事调解组织、行业调解组织或者其他具有调解职能的组织调解后达成的具有民事权利义务内容的调解协议,经双方当事人签字或者盖章后,具有民事合同性质。

11. 经《中华人民共和国劳动争议调解仲裁法》规定的调解组织调解达成的劳动争议调解协议,由双方当事人签名或者盖章,经调解员签名并加盖调解组织印章后生效,对双方当事人具有合同约束力,当事人应当履行。双方当事人可以不经仲裁程序,根据本意见关于司法确认的规定直接向人民法院申请确认调解协议效力。人民法院不予确认的,当事人可以向劳动争议仲裁委员会申请仲裁。

12. 经行政机关、人民调解组织、商事调解组织、行业调解组织或者其他具有调解职能的组织对民事纠纷调解后达成的具有给付内容的协议,当事人可以按照《中华人民共和国公证法》的规定申请公证机关依法赋予强制执行效力。债务人不履行或者不适当履行具有强制执行效力的公证文书的,债权人可以依法向有管辖权的人民法院申请执行。

13. 对于具有合同效力和给付内容的调解协议,债权人可以根据《中华人民共和国民事诉讼法》和相关司法解释的规定向有管辖权的基层人民法院申请支付令。申请书应当写明请求给付金钱或者有价证券的数量和所根据的事实、证据,并附调解协议原件。

因支付拖欠劳动报酬、工伤医疗费、经济补偿或者赔偿金事项达成调解协议,用人单位在协议约定期限内不履行的,劳动者可以持调解协议书依法向人民法院申请支付令。

三、完善诉讼活动中多方参与的调解机制

14. 对属于人民法院受理民事诉讼的范围和受诉人民法院管辖的案件,人民法院在收到起诉状或者口头起诉之后、正式立案之前,可以依职权或者经当事人申请后,委派行政机关、人民调解组织、商事调解组织、行业调解组织或者其他具有调解职能的组织进行调解。当事人不同意调解或者在商定、指定时间内不能达成调解协议的,人民法院应当依法及时立案。

15. 经双方当事人同意,或者人民法院认为确有必要的,人民法院可以在立案后将民事案件委托行政机关、人民调解组织、商事调解组织、行业调解组织或者其他具有调解职能的组织协助进行调解。当事人可以协商选定有关机关或者组织,也可商请人民法院确定。

调解结束后,有关机关或者组织应当将调解结果告知人民法院。达成调解协议的,当事人可以申请撤诉、申请司法确认,或者由人民法院经过审查后制作调解书。调解不成的,人民法院应当及时审判。

16. 对于已经立案的民事案件,人民法院可以按照有关规定邀请符合条件的组织或者人员与审判组织共同进行调解。调解应当在人民法院的法庭或者其他办公场所进行,经当事人同意也可以在法院以外的场所进行。达成调解协议的,可以允许当事人撤诉,或者由人民法院经过审查后制作调解书。调解不成的,人民法院应当及时审判。

开庭前从事调解的法官原则上不参与同一案件的开庭审理,当事人同意的除外。

17. 有关组织调解案件时,在不违反法律、行政法规强制性规定的前提下,可以参考行业惯例、村规民约、社区公约和当地善良风俗等行为规范,引导当事人达成调解协议。

18. 在调解过程中当事人有隐瞒重要事实、提供虚假情况或者故意拖延时间等行为的,调解员可以给予警告或者终止调解,并将有关情况报告委派或委托人民法院。当事人的行为给其他当事人或者案外人造成损失的,应当承担相应的法律责任。

19. 调解过程不公开,但双方当事人要求或者同意公开调解的除外。

从事调解的机关、组织、调解员,以及负责调解事务管理的法院工作人员,不得披露调解过程的有关情况,不得在就相关案件进行的诉讼中作证,当事人不得在审判程序中将调解过程中制作的笔录、当事人为达成调解协议而作出的让步或者承诺、调解员或者当事人发表的任何意见或者建议等作为证据提出,但下列情形除外:

(一)双方当事人均同意的;

(二)法律有明确规定的;

(三)为保护国家利益、社会公共利益、案外人合法权益,人民法院认为确有必要的。

四、规范和完善司法确认程序

20. 经行政机关、人民调解组织、商事调解组织、行业调解组织或者其他具有调解职能的组织调解达成的具有民事合

同性质的协议，经调解组织和调解员签字盖章后，当事人可以申请有管辖权的人民法院确认其效力。当事人请求履行调解协议、请求变更、撤销调解协议或者请求确认调解协议无效的，可以向人民法院提起诉讼。

21. 当事人可以在书面调解协议中选择当事人住所地、调解协议履行地、调解协议签订地、标的物所在地基层人民法院管辖，但不得违反法律对专属管辖的规定。当事人没有约定的，除《中华人民共和国民事诉讼法》第三十四条规定的情形外，由当事人住所地或者调解协议履行地的基层人民法院管辖。经人民法院委派或委托有关机关或者组织调解达成的调解协议的申请确认案件，由委派或委托人民法院管辖。

22. 当事人应当共同向有管辖权的人民法院以书面形式或者口头形式提出确认申请。一方当事人提出申请，另一方表示同意的，视为共同提出申请。当事人提出申请时，应当向人民法院提交调解协议书、承诺书。人民法院在收到申请后应当及时审查，材料齐备的，及时向当事人送达受理通知书。双方当事人签署的承诺书应当明确载明以下内容：

（一）双方当事人出于解决纠纷的目的自愿达成协议，没有恶意串通、规避法律的行为；

（二）如果因为该协议内容而给他人造成损害的，愿意承担相应的民事责任和其他法律责任。

23. 人民法院审理申请确认调解协议案件，参照适用《中华人民共和国民事诉讼法》有关简易程序的规定。案件由审判员一人独任审理，双方当事人应当同时到庭。人民法院应当面询问双方当事人是否理解所达成协议的内容，是否接受因此而产生的后果，是否愿意由人民法院通过司法确认程序赋予该协议强制执行的效力。

24. 有下列情形之一的，人民法院不予确认调解协议效力：

（一）违反法律、行政法规强制性规定的；

（二）侵害国家利益、社会公共利益的；

（三）侵害案外人合法权益的；

（四）涉及是否追究当事人刑事责任的；

（五）内容不明确，无法确认和执行的；

（六）调解组织、调解员强迫调解或者有其他严重违反职业道德准则的行为的；

（七）其他情形不应当确认的。

当事人在违背真实意思的情况下签订调解协议，或者调解组织、调解员与案件有利害关系、调解显失公正的，人民法院对调解协议效力不予确认，但当事人明知存在上述情形，仍坚持申请确认的除外。

25. 人民法院依法审查后，决定是否确认调解协议的效力。确认调解协议效力的决定送达双方当事人后发生法律效力，一方当事人拒绝履行的，另一方当事人可以依法申请人民法院强制执行。

五、建立健全工作机制

26. 有条件的地方人民法院可以按照一定标准建立调解组织名册和调解员名册，以便于引导当事人选择合适的调解组织或者调解员调解纠纷。人民法院可以根据具体情况及时调整调解组织名册和调解员名册。

27. 调解员应当遵守调解员职业道德准则。人民法院在办理相关案件过程中发现调解员与参与调解的案件有利害关系，可能影响其保持中立、公平调解的，或者调解员有其他违反职业道德准则的行为的，应当告知调解员回避、更换调解员、终止调解或者采取其他适当措施。除非当事人另有约定，人民法院不允许调解员在参与调解后又在就同一纠纷或者相关纠纷进行的诉讼程序中作为一方当事人的代理人。

28. 根据工作需要，人民法院指定院内有关单位或者人员负责管理协调与调解组织、调解员的沟通联络、培训指导等工作。

29. 各级人民法院应当加强与其他国家机关、社会组织、企事业单位和相关组织的联系，鼓励各种非诉讼纠纷解决机制的创新，通过适当方式参与各种非诉讼纠纷解决机制的建设，理顺诉讼与非诉讼相衔接过程中出现的各种关系，积极推动各种非诉讼纠纷解决机制的建立和完善。

30. 地方各级人民法院应当根据实际情况，制定关于调解员条件、职业道德、调解费用、诉讼费用负担、调解管理、调解指导、衔接方式等规范。高级人民法院制定的相关工作规范应当报最高人民法院备案。基层人民法院和中级人民法院制定的相关工作规范应当报高级人民法院备案。

最高人民法院关于加强人民法院审判公开工作的若干意见

（2007年6月4日　法发〔2007〕20号）

为进一步落实宪法规定的公开审判原则，深入贯彻党的十六届六中全会提出的健全公开审判制度的要求，充分发挥人民法院在构建社会主义和谐社会中的职能作用，现就加强人民法院审判公开工作提出以下意见。

一、充分认识加强人民法院审判公开工作的重大意义

1. 加强审判公开工作是构建社会主义和谐社会的内在要求。审判公开是以公开审理案件为核心内容的、人民法院审判工作各重要环节的依法公开，是对宪法规定的公开审判原则的具体落实，是我国人民民主专政本质的重要体现，是在全社会实现公平和正义的重要保障。各级人民法院要充分认识到广大人民群众和全社会对不断增强审判工作公开性的高度关注和迫切需要，从发展社会主义民主政治、落实依法治国方略、构建社会主义和谐社会的高度，在各项审判和执行工作

中依法充分落实审判公开。

2. 加强审判公开工作是建设公正、高效、权威的社会主义司法制度的迫切需要。深入贯彻落实《中共中央关于构建社会主义和谐社会若干重大问题的决定》，建设公正、高效、权威的社会主义司法制度，是当前和今后一个时期人民法院工作的重要目标。实现这一目标，必须加强审判公开。司法公正应当是"看得见的公正"，司法高效应当是"能感受的高效"，司法权威应当是"被认同的权威"。各级人民法院要通过深化审判公开，充分保障当事人诉讼权利，积极接受当事人监督，主动接受人大及其常委会的工作监督，正确面对新闻媒体的舆论监督，建设公正、高效、权威的社会主义司法制度。

二、准确把握人民法院审判公开工作的基本原则

3. 依法公开。要严格履行法律规定的公开审判职责，切实保障当事人依法参与审判活动、知悉审判工作信息的权利。要严格执行法律规定的公开范围，在审判工作中严守国家秘密和审判工作秘密，依法保护当事人隐私和商业秘密。

4. 及时公开。法律规定了公开时限的，要严格遵守法律规定的时限，在法定时限内快速、完整地依法公开审判工作信息。法律没有规定公开时限的，要在合理时间内快速、完整地依法公开审判工作信息。

5. 全面公开。要按照法律规定，在案件审理过程中做到公开开庭，公开举证、质证，公开宣判；根据审判工作需要，公开与保护当事人权利有关的人民法院审判工作各重要环节的有效信息。

三、切实加强人民法院审判公开工作的基本要求

6. 人民法院应当以设置宣传栏或者公告牌、建立网站等方便查阅的形式，公布本院管辖的各类案件的立案条件、由当事人提交的法律文书的样式、诉讼费用的收费标准及缓、减、免交诉讼费的基本条件和程序、案件审理与执行工作流程等事项。

7. 对当事人起诉材料、手续不全的，要尽量做到一次性全面告知当事人应当提交的材料和手续，有条件的人民法院应当采用书面形式告知。能够当场补齐的，立案工作人员应当指导当事人当场补齐。

8. 对决定受理适用普通程序的案件，应当在案件受理通知书和应诉通知书中，告知当事人所适用的审判程序及有关的诉讼权利和义务。决定由适用简易程序转为适用普通程序的，应当在作出决定后及时将决定的内容及事实和法律根据告知当事人。

9. 当事人及其诉讼代理人请求人民法院调查取证的，应当提出书面申请。人民法院决定调查收集证据的，应当及时告知申请人及其他当事人。决定不调查收集证据的，应当制作书面通知，说明不调查收集证据的理由，并及时送达申请人。

10. 人民法院裁定采取财产保全措施或者先予执行的，应当在裁定书中写明采取财产保全措施或者先予执行所依据的事实和法律根据，及申请人提供担保的种类、金额或者免予担保的事实和法律根据。人民法院决定不采取财产保全措施或者先予执行的，应当作出书面裁定，并在裁定书中写明有关事实和法律根据。

11. 人民法院必须严格执行《中华人民共和国刑事诉讼法》、《中华人民共和国民事诉讼法》、《中华人民共和国行政诉讼法》及相关司法解释关于公开审理的案件范围的规定，应当公开审理的，必须公开审理。当事人提出案件涉及个人隐私或者商业秘密的，人民法院应当综合当事人意见、社会一般理性认识等因素，必要时征询专家意见，在合理判断基础上作出决定。

12. 审理刑事二审案件，应当积极创造条件，逐步实现开庭审理；被告人一审被判处死刑的上诉案件和检察机关提出抗诉的案件，应当开庭审理。要逐步加大民事、行政二审案件开庭审理的力度。

13. 刑事二审案件不开庭审理的，人民法院应当在全面审查案卷材料和证据基础上讯问被告人，听取辩护人、代理人的意见，核实证据，查清事实；民事、行政二审案件不开庭审理的，人民法院应当全面审查案卷，充分听取当事人意见，核实证据，查清事实。

14. 要逐步提高当庭宣判比率，规范定期宣判、委托宣判。人民法院审理案件，能够当庭宣判的，应当当庭宣判。定期宣判、委托宣判的，应当在裁判文书签发或者收到委托函后及时进行，宣判前应当通知当事人和其他诉讼参与人。宣判时允许旁听，宣判后应当立即送达法律文书。

15. 依法公开审理的案件，我国公民可以持有效证件旁听，人民法院应当妥善安排好旁听工作。因审判场所、安全保卫等客观因素所限发放旁听证的，应当作出必要的说明和解释。

16. 对群众广泛关注、有较大社会影响或者有利于社会主义法治宣传教育的案件，可以有计划地通过相关组织安排群众旁听，邀请人大代表、政协委员旁听，增进广大群众、人大代表、政协委员了解法院审判工作，方便对审判工作的监督。

17. 申请执行人向人民法院提供被执行人财产线索的，人民法院应当在收到有关线索后尽快决定是否调查，决定不予调查的，应当告知申请执行人具体理由。人民法院根据申请执行人提供的线索或依职权调查被执行人财产状况的，应当在调查结束后及时将调查结果告知申请执行人。被执行人向人民法院申报财产的，人民法院应当在收到申报后及时将被执行人申报的财产状况告知申请执行人。

18. 人民法院应当公告选择评估、拍卖等中介机构的条件和程序，公开进行选定，并及时公告选定的中介机构名单。人民法院应当向当事人、利害关系人公开评估、拍卖、变卖的过程和结果；不能及时拍卖、变卖的，应当向当事人、利害关系人说明原因。

19. 对办案过程中涉及当事人或案外人重大权益的事项,法律没有规定办理程序的,各级人民法院应当根据实际情况,建立灵活、方便的听证机制,举行听证。对当事人、利害关系人提出的执行异议、变更或追加被执行人的请求、经调卷复查认为符合再审条件的申诉申请再审案件,人民法院应当举行听证。

20. 人民法院应当建立和公布案件办理情况查询机制,方便当事人及其委托代理人及时了解与当事人诉讼权利、义务相关的审判和执行信息。

21. 有条件的人民法院对于庭审活动和相关重要审判活动可以录音、录像,建立审判工作的声像档案,当事人可以按规定查阅和复制。

22. 各高级人民法院应当根据本辖区内的情况制定通过出版物、局域网、互联网等方式公布生效裁判文书的具体办法,逐步加大生效裁判文书公开的力度。

23. 通过电视、互联网等媒体对人民法院公开审理案件进行直播、转播的,由高级人民法院批准后进行。

四、规范审判公开工作,维护法律权威和司法形象

24. 人民法院公开审理案件,庭审活动应当在审判法庭进行。巡回审理案件,有固定审判场所的,庭审活动应当在该固定审判场所进行;尚无固定审判场所的,可根据实际条件选择适当的场所。

25. 人民法院裁判文书是人民法院公开审判活动、裁判理由、裁判依据和裁判结果的重要载体。裁判文书的制作应当符合最高人民法院颁布的裁判文书样式要求,包含裁判文书的必备要素,并按照繁简得当、易于理解的要求,清楚地反映裁判过程、事实、理由和裁判依据。

26. 人民法院工作人员实施公务活动,应当依据有关规定着装,并主动出示工作证。

27. 人民法院应当向社会公开审判、执行工作纪律规范,公开违法审判、违法执行的投诉办法,便于当事人及社会监督。

人民法院民事诉讼风险提示书

(2003年12月24日 法发〔2003〕25号)

为方便人民群众诉讼,帮助当事人避免常见的诉讼风险,减少不必要的损失,根据《中华人民共和国民法通则》、《中华人民共和国民事诉讼法》以及最高人民法院《关于民事诉讼证据的若干规定》等法律和司法解释的规定,现将常见的民事诉讼风险提示如下:

一、起诉不符合条件

当事人起诉不符合法律规定条件的,人民法院不会受理,即使受理也会驳回起诉。

当事人起诉不符合管辖规定的,案件将会被移送到有权管辖的人民法院审理。

二、诉讼请求不适当

当事人提出的诉讼请求应明确、具体、完整,对未提出的诉讼请求人民法院不会审理。

当事人提出的诉讼请求要适当,不要随意扩大诉讼请求范围;无根据的诉讼请求,除得不到人民法院支持外,当事人还要负担相应的诉讼费用。

三、逾期改变诉讼请求

当事人增加、变更诉讼请求或者提出反诉,超过人民法院许可或者指定期限的,可能不被审理。

四、超过诉讼时效

当事人请求人民法院保护民事权利的期间一般为二年(特殊的为一年)。原告向人民法院起诉后,被告提出原告的起诉已超过法律保护期间的,如果原告没有对超过法律保护期间的事实提供证据证明,其诉讼请求不会得到人民法院的支持。

五、授权不明

当事人委托诉讼代理人代为承认、放弃、变更诉讼请求,进行和解,提起反诉或者上诉等事项的,应在授权委托书中特别注明。没有在授权委托书中明确、具体记明特别授权事项的,诉讼代理人就上述特别授权事项发表的意见不具有法律效力。

六、不按时交纳诉讼费用

当事人起诉或者上诉,不按时预交诉讼费用,或者提出缓交、减交、免交诉讼费用申请未获批准仍不交纳诉讼费用的,人民法院将会裁定按自动撤回起诉、上诉处理。

当事人提出反诉,不按规定预交相应的案件受理费的,人民法院将不会审理。

七、申请财产保全不符合规定

当事人申请财产保全,应当按规定交纳保全费用而没有交纳的,人民法院不会对申请保全的财产采取保全措施。

当事人提出财产保全申请,未按人民法院要求提供相应财产担保的,人民法院将依法驳回其申请。

申请人申请财产保全有错误的,将要赔偿被申请人因财产保全所受到的损失。

八、不提供或者不充分提供证据

除法律和司法解释规定不需要提供证据证明外,当事人提出诉讼请求或者反驳对方的诉讼请求,应提供证据证明。不能提供相应的证据或者提供的证据证明不了有关事实的,可能面临不利的裁判后果。

九、超过举证时限提供证据

当事人向人民法院提交的证据,应当在当事人协商一致并经人民法院认可或者人民法院指定的期限内完成。超过上述期限提交的,人民法院可能视其放弃了举证的权利,但属于法律和司法解释规定的新的证据除外。

十、不提供原始证据

当事人向人民法院提供证据，应当提供原件或者原物，特殊情况下也可以提供经人民法院核对无异的复制件或者复制品。提供的证据不符合上述条件的，可能影响证据的证明力，甚至可能不被采信。

十一、证人不出庭作证

除属于法律和司法解释规定的证人确有困难不能出庭的特殊情况外，当事人提供证人证言的，证人应当出庭作证并接受质询。如果证人不出庭作证，可能影响该证人证言的证据效力，甚至不被采信。

十二、不按规定申请审计、评估、鉴定

当事人申请审计、评估、鉴定，未在人民法院指定期限内提出申请或者不预交审计、评估、鉴定费用，或者不提供相关材料，致使争议的事实无法通过审计、评估、鉴定结论予以认定的，可能对申请人产生不利的裁判后果。

十三、不按时出庭或者中途退出法庭

原告经传票传唤，无正当理由拒不到庭，或者未经法庭许可中途退出法庭的，人民法院将按自动撤回起诉处理；被告反诉的，人民法院将对反诉的内容缺席审判。

被告经传票传唤，无正当理由拒不到庭，或者未经法庭许可中途退出法庭的，人民法院将缺席判决。

十四、不准确提供送达地址

适用简易程序审理的案件，人民法院按照当事人自己提供的送达地址送达诉讼文书时，因当事人提供的己方送达地址不准确，或者送达地址变更未及时告知人民法院，致使人民法院无法送达，造成诉讼文书被退回的，诉讼文书也视为送达。

十五、超过期限申请强制执行

向人民法院申请强制执行的期限，双方或者一方当事人是公民的为一年，双方是法人或者其他组织的为六个月。期限自生效法律文书确定的履行义务期限届满之日起算。超过上述期限申请的，人民法院不予受理。

十六、无财产或者无足够财产可供执行

被执行人没有财产或者没有足够财产履行生效法律文书确定义务的，人民法院可能对未履行的部分裁定中止执行，申请执行人的财产权益将可能暂时无法实现或者不能完全实现。

十七、不履行生效法律文书确定义务

被执行人未按生效法律文书指定期间履行给付金钱义务的，将要支付迟延履行期间的双倍债务利息。

被执行人未按生效法律文书指定期间履行其他义务的，将要支付迟延履行金。

全国民事案件审判质量工作座谈会纪要

（1999 年 11 月 29 日　法〔1999〕231 号）

为了总结抓好民事案件审判质量工作经验，分析存在的问题，研究解决的措施，进一步提高民事案件的审判质量和效率，使民事审判工作在为国家改革、发展和稳定工作大局服务方面，发挥更大的调整和保障作用，最高人民法院于 1999 年 10 月 22 日至 24 日，在武汉召开了全国民事案件审判质量工作座谈会。各省、自治区、直辖市高级人民法院主管民事审判工作的副院长、民庭庭长参加了会议。最高人民法院副院长唐德华在会上就进一步提高对民事案件审判质量重要性的认识、必须坚持的基本经验及今后做好几个方面主要工作等问题作了重要讲话；民事审判庭庭长 * * * 针对当前民事案件审判质量方面存在的主要问题、产生的原因以及应当采取的若干措施等作了中心发言；副庭长李凡在座谈会结束时作了总结发言。部分高级人民法院在会上介绍了抓好案件质量的做法和经验。与会者通过讨论，对当前如何抓好民事案件的审判质量，以及进一步审理好新类型民事案件等问题，在许多方面都达成了共识或者取得了基本一致的看法，现纪要如下：

一、增强质量意识，充分认识抓好民事案件质量的重要性

会议认为，随着我国改革的不断深入、经济的全面发展和社会的日益进步，特别是随着社会主义市场经济体制的进一步建立和完善，国家确立和推进的劳动用工制度、土地使用制度、住房分配制度等一系列改革措施的出台，经济活动和社会生活中的民事法律关系日益多样化，民事审判的调整范围不断扩大，民事案件涉及的内容越来越丰富，影响面越来越大，案件的质和量都发生了深刻的巨大的变化，使人民法院的民事审判工作进入了前所未有的发展时期。民事案件反映了社会主义市场经济中各类民事主体之间的矛盾，以及相互之间的利益冲突和价值观念的磨擦。民事审判工作在调整利益冲突、维护社会稳定和加强两个文明建设中，发挥着越来越重要的作用。在人民法院受理的各类案件中，民事案件一直占 60% 以上，抓好了民事案件审判质量，就意味着抓住了整个法院审判工作质量的大头。民事案件审判质量的好坏，既直接关系到社会的稳定和经济的发展，同时也关系到改革开放的进程。法律的权威，法院的公正，法官的形象，在很大程度上取决于案件的审判质量。

司法公正是人民法院审判工作的核心，而案件的审判质量又是核心的核心。依法对民事案件作出公正裁判，保证办案质量，这是实现人民法院审判职能的具体体现，是法治社会的基本特征之一。只有保证办案质量，才能维护人民群众的根本利益，使当事人的合法权益获得最终实现，才能体现司法公正。抓好了民事案件的审判质量，就抓住了司法公正的根本，民事审判工作也就能够得到社会各界的广泛好评和充分肯定。

执行工作是审判工作的延伸,确保案件的审判质量,做到裁判公正,这是做好执行工作的前提。把案件办错了,执行的是错误的裁决,这不仅损害一方当事人的合法权益,降低人民法院作为司法机关的威信,也是对社会主义法制的严重损害。

对民事案件审判质量重要性的认识,要跟上经济发展对人民法院工作的要求,要符合司法公正的宗旨。要把民事审判工作同保障改革、促进发展、维护稳定、服务大局紧密联系起来,从正确履行 宪法 和法律赋予的职责的高度充分认识确保办案质量的重要性,牢牢抓住裁判公正这一永恒主题,树立质量第一的意识,认真做好民事审判工作。

二、提高民事案件审判质量应当进一步采取的若干措施

会议认为,针对一些法院存在对部分民事合同效力的认定标准不一致,不注重依照程序法办案,民事审判方式改革的力度还不适应审判工作的需要,人情案、关系案、金钱案、权力案在一定范围内存在,超审限的积案数量过多,诉讼文书质量有待提高等问题应采取积极措施予以解决。

(一)正确区分不同法律规范性文件的层次与效力,准确适用法律。不少一审案件被二审法院改判,是在适用法律方面没有掌握好法律规范的适用原则。因此,在适用法律时,一定要正确区分不同法律规范的层次和效力,理解它们之间的相互关系。在认定民事合同的效力时,要严格依照国家法律、行政法规规定的条件和标准,特别是要认真研究法律、行政法规的规定是将合同应当办理批准或登记等手续作为合同生效的条件,还是只把是否登记、备案作为能否对抗第三人来处理。对于地方性法规和部门规章、地方规章中的有关规定,不能作为认定民事合同无效的依据。在处理各类民事案件时,对于国家法律、行政法规有规定,而地方性法规和各种规章中规定的内容,属于结合当地实际情况而对有关立法精神和原则具体化、条文化,加以明确范围和标准的,应当适用或者参照;对于国家法律、行政法规尚无明确规定,地方性法规或规章的规定不违反国家法律的基本原则的,可以适用或者参照;与法律、行政法规规定的基本原则和精神相抵触的,不能适用或者参照。对于一些地方性立法机关对地方性法规所作的解释,超出地方性法规权限,或者就全国性通用法律术语所作的解释,不能作为人民法院审理民事案件的法律依据。

(二)在审理新类型民事案件时,要注重探索,讲求社会效果。许多新类型的民事案件,涉及法律、行政法规规定不明确的领域,或者法律、行政法规、规章的某些规定相对滞后、不合理,案件的处理结果对社会产生的影响重大。因此,抓好这些案件的审判质量,十分重要。

关于房地产案件的处理问题。在审理房地产开发经营和工程质量案件时,要积极促进房地产业的健康发展,保障人民群众生命财产安全,充分履行审判机关的职责,为房地产业成为新的经济增长点提供司法保障。针对有些地方在房地产管理法施行前,房地产开发经营方面的纠纷比较多的情况,在处理含有历史遗留因素的房地产案件时,要注意从法律规定和现实情况之间寻找结合点。对于 城市房地产管理法 施行前,有些地方在房地产发展无序状态下实话的房地产开发经营行为,处理时,既不能离开有关法律规定的基本原则和司法解释的精神,也不能脱离当时当地的具体历史条件,通过牺牲真正投资者的利益使投机分子获取暴利。要结合特定的经济环境和社会效益来考虑,在现实和法律之间寻找一个切入点,找到一个合法、合情、合理、公平的解决方案。对于房地产管理法施行以后的房地产开发经营方面的纠纷,要严格按照有关法律规定的精神处理,不能用一些带有地方保护主义色彩的地方性规范性文件来否定国家法律的规定。对于房地产开发经营中非当事人自身的原因造成报批手续不完善的,处理时,在不违反法律原则的前提下,要从有利于经济发展和社会稳定的大局,有利于房地产市场的健康发展的原则出发,平等地保护双方当事人的合法权益,避免由当事人承担因有关部门的工作不配套或者失误而造成的手续不全的法律后果,公平合理地保护各方当事人的合法权益。在审理建筑工程质量方面的纠纷时,除依照国家基本民事法律如 民法通则 、合同法 等的一般规定外,还要严格依照房地产管理法和 建筑法 等专门性法律、行政法规的规定,并参照建筑工程质量方面的部门规章及其行业规范,正确确认案件双方当事人的权利和义务,严把案件质量关。对于没有经过工程质量监督部门鉴定验收的工程,当事人之间发生纠纷的,要依法委托法定鉴定部门进行鉴定,或者指定有关部门进行鉴定;对于没有法定资质的工程质量鉴定部门的鉴定结论,不能作为认定案件事实的根据。对在工程施工过程中以次充好、偷工减料的行为,要判令行为人承担相应的民事责任;造成严重后果,构成犯罪的,应建议有关部门依法追究其刑事责任。

关于侵害消费者权益案件的处理问题。随着经济的发展和人民群众生活水平的提高,人们价值观念中权利意识和法律意识增强,消费者对自己因消费或接受服务等活动权利受侵害而起诉的越来越多。在处理消费和服务方面的纠纷案件时,要注意维护公正、保护弱者。涉及到消费者权益保护而现行规定又不明确的问题时,要从 消费者权益保护法 的立法原意和有利于保护消费者合法权益的角度去理解和执行。消费者因购买、使用商品或者接受服务受到人身、财产损害的,是否应给予双倍赔偿,关键在于消费纠纷中涉及经营者在提供商品或者服务时是否有欺诈行为。在如何认定经营者的欺诈行为时,应通过客观存在分析行为人实施行为时的主观状态和客观的事实依据。对于格式条款效力的认定及其内容的理解,应从公平、公正的原则出发,注意保护弱者的权益。消费和服务方面的纠纷,有不少属于事实清楚、争议金额不大的案件,应从便利当事人诉讼、降低诉讼成本的角度出发,尽可能适用简易程序。

关于与民事有关的合同纠纷案件处理问题。合同法 已成为调整民事关系的基本法律。合同关系是市场经济条件下商品流转和财产交换关系的基本法律形式。在审理有关合同关系案件时,必须强化合同意识,依法确认合同的效力。对当事人自愿达成的协议,不违反法律、行政法规强制性规定的,应依法确认其有效,并严格依照合同约定的权利义务关系认定当事人的责任。根据 合同法 的规定,判断合同效力的依据是全国人大及其常委会制定的法律和国务院制定的行政法规,地方性法规和部门规章不能直接作为确定合同效力的依据。但是,其规定不违反法律和行政法规规定的,可以作为处理合同纠纷的参照依据。要注意区分法律、行政法规中的强制性规定与一般要求或任意性规定,区分依照法律规定某些合同必须经过审批登记才能生效的"审批登记"行为,与某些合同依照规定变动物权时具有公示性质的"登记"行为;正确认定合同的效力,认定不同行为的法律性质和法律效果。同时,还要注意对不同时期、不同性质的案件,具体问题具体分析,根据情况区别对待。

关于劳动争议案件的受理问题。劳动争议案件是随着我国劳动用工制度的改革和劳动合同制度的建立而逐步发展起来的一种新类型民事案件。劳动法 确立了受理劳动争议案件的一般原则,就是人民法院受理劳动争议案件,必须以劳动争议仲裁作为前置程序。对于未经实质的仲裁程序审理,人民法院是否应予受理的问题,尚无明确规定。为了使劳动争议能够及时有效得到解决,对于劳动争议仲裁委员会作出不予受理的通知或决定、裁决的,可视为劳动争议仲裁机构已对该劳动争议作出处理,当事人对该不予受理的通知不服,向人民法院起诉的,人民法院应予受理。有的地方在处理劳动争议案件时,将当事人之间是否订有仲裁协议或仲裁条款作为是否应交由仲裁裁决的先决条件,未区分劳动争议仲裁和商事仲裁或合同仲裁的不同性质,甚至出现了因当事人未订有仲裁协议,人民法院对已发生法律效力的劳动争议仲裁裁决裁定不予执行的情况,应予注意和纠正。

关于损害赔偿案件的处理问题。在审理损害赔偿案件时,可比照有关类似行政法规规定的原则来确定赔偿标准和范围。对于侵害公民人格权的行为,根据 民法通则 有关规定的精神,可判令侵权人承担精神损害赔偿金。受保护的人格权利既包括物质性人格权,如生命健康权;也包括精神性人格权,如名誉权、肖像权、名称权等,还包括一般人格权即直接由宪法 所确认的人格尊严不受侵犯的权利。在确定赔偿数额时,要综合考虑加害人的过错程度、侵权状况、侵权后果、承担责任的资力以及认错态度等因素,斟酌受害人的具体情况,作出公平合理的判决。由于现行法律有关这方面的规定比较原则,在审判实践中存在不同认识和做法,我们正在抓紧作出有关审理精神损害赔偿方面的司法解释,将对当前审判实践中亟需解决的赔偿范围、赔偿标准、赔偿类别和赔偿金额等一系列问题作出规定。在有关司法解释下发之前,各地在判令侵权人赔偿此类赔偿金的数额和标准时,要从国家经济社会和文化发展形势以及当时当地的实际情况出发,赔偿数额不宜过高,但允许经济发展状况不同的地区因地制宜确定不同的赔偿参数,以求做到既对侵权人的行为予以制裁,对受害人所受到的精神痛苦给以抚慰和补偿,同时还对社会风尚予以正确引导。一般情况下,对于那些动辄提出索赔上百万元精神赔偿金的诉讼请求,不应支持。目前,有些省通过地方性法规对此作出规定的,当地法院可以适用。

关于婚姻家庭纠纷案件的处理问题。婚姻家庭纠纷案件作为传统民事案件中的主要类型之一,随着改革开放的不断深入,社会生活和经济生活都发生了重大的变化,婚姻家庭关系中财产关系越来越复杂,处理难度越来越大。对在婚姻关系存续期间夫妻一方卖断工龄款是何种性质的财产,应当如何界定其归属,在离婚诉讼中能否将其作为夫妻共同财产予以分割等问题,可采取类推解释的方法,根据其与养老保险金或医疗保险金等所共同具有的专属于特定人身的性质,确定其在财产分割中的法律适用原则,即不作为夫妻共同财产。在审理有关婚姻、家庭、继承案件时,涉及到共同财产处理问题的,要根据当事人及这些财产在新形势下的特点,妥善处理。涉及到家庭共同经营的私营企业,一方或双方享有的股票、股权、知识产权、生产资料等,既要坚持有利于生产经营、方便生活的原则,又要充分考虑不同财产性质状况,按照市场经济的规则进行处理。对于离婚案件中涉及企业、公司的财产分割问题,不宜简单地直接判决双方平均分行争议标的物,还应结合 公司法 、合伙企业法 、专利法 、著作权法 等有关规定精神进行处理。对于家庭财产中涉及的"房改房"问题,要坚持与房改政策相一致的原则,在征求"房改房"产权单位的意见,充分考虑产权单位合法权益的基础上,合情合理解决当事人之间的纠纷。

(三)应当加强对民事审判工作的指导。要注意及时总结经验,加强对民事审判质量工作的具体指导。抓好民事案件的审判质量,是一项长期性的工作,需要不断地研究新的形势和办理案件过程中遇到的新情况、新问题,总结新的经验。最高人民法院民庭将注意发挥地方各级法院参与司法解释前期工作的积极性,进一步提高司法解释工作的效率,以适应民事审判工作的需要。对新类型民事案件的审理,各地可以从实际情况出发,定期或者不定期地对有关民事审判质量问题进行研究。对于带有普遍指导意义的个案,如符合请示案件的条件,也可以通过请示程序报送最高法院,以便于尽快作出相应的司法解释。在有关司法解释出台之前,各地可以根据法律、行政法规和地方性法规的原则精神,结合案件的具体情况作出裁判,公平合理地解决纠纷。对于民事审判工作中一些适用法律政策界限不清、把握不准的问题,可以逐级请示。但是,不能将具体案件中的事实认定、处理方法等应由审理案件的法院解决的问题矛盾上交，也不能因向上级法院请示问题而违背了独立审判的原则，间接地剥夺了当事人的诉讼权利。

（四）进一步提高民事裁决文书的质量。裁判文书是人民法院代表国家待命审判权，依法适用法律处理案件形成的重要司法文书，反映案件的审判过程和处理结果，是据以执行的依据，是审判质量的集中体现，更是宣传法制、展示人民法院文明执法、公正司法形象的载体。要加大对裁判文书的改革力度，重点是加强民事裁判文书的说理性和公开性。制作好民事裁判文书是一项综合性的工作，应当注意以下几个方面：一是要有实事求是、公正办案的态度，坚持以事实为根据，以法律为准绳的原则，要有良好的法官职业道德，把为人民服务作为办案的宗旨。二是要针对当事人的诉讼请求和争议的焦点，摆事实、摆证据、讲法律、讲法理、讲道理。当事人提出的各项主张，哪些应当支持，哪些不能支持，通过审理后，都应当在法律文书中作出回答。尤其是对于那些因个别次要证据有缺陷、但主要证据确实充分，当事人的主张可予支持，或者因证据、法律依据不够充分而不予支持的情况，要特别说明支持与否的理由，使当事人心服口服。不能笼统表示支持或驳回，或者含糊其词，更不能在裁判文书中不叙述当事人的主张，或者在叙述理由部由予以回避，以致给当事人留下缠讼的隐患。三是叙述要文句通顺，针对性、逻辑性强，引用法律条文及司法解释准确，不出现错误字。四是要有较深的法学理论功底和较高的审判业务水平以及较强的写作能力。因此，必须不断丰富和更新自己的业务知识及其他相关知识，多写、多看、多分析、多总结，才能不断提高民事裁判文书的制作水平。有些法院举办了制作裁判文书培训班，或者开展裁判文书质量的评比活动，这也有利于促进裁判文书制作质量的提高，各地可以借鉴。在每年的工作考核中，各地应当将裁判文书的质量作为办案质量的一项硬指标。

（五）强化程序意识，深化审判方式改革。正确认识程序公正与实体公正的相互关系，重视程序的独立价值。不能简单地把程序公正理解为工具和手段，程序公正既是手段，也是目的。转变 民事诉讼法 仅仅是法官办案的操作规程的错误观念，切实保护当事人能依法行使自己的诉讼权利。没有程序公正，当事人的诉权本身就得不到保障，也就谈不上实体公正的问题。深化审判方式改革，仍然要抓住公开审判这个重心，强化庭审功能。继续探索和总结一些行之有效的制度，如实行庭前交换证据制度和限期举证制度，规范当事人的举证责任；规范庭审质证和认证程序，在实践中摸索总结证据规则，为证据规则立法和司法解释积累经验。要全面落实公开审判制度，使公开审判真正成为提高办案质量、保护诉讼当事人的权利、防止腐败的重要环节。要不断加大民事审判方式改革的力度，正确处理改革过程中涉及的发挥审判组织作用和监督环节的关系、举证质证和认证的关系、适用普通程序和简易程序的关系。加强审判流程管理，建立和完善内部监督机制。进一步改革案件审批制度，根据案件繁简程度和法官素质的高低，做到绝大部分案件逐步减少或取消案件审批环节，充分发挥审判组织的职能作用，提高审判质量和效率。加重合议庭成员特别是审判长的权力和责任明确承办人、合议庭成员对案件的事实负全部责任，核稿人员、合议庭成员对案件适用法律负责，从制度上促使审判人员不断提高自身的业务水平，增强工作责任感和上进心，逐步形成符合民事审判工作规律和特点的优胜劣汰的审判管理机制，使民事案件审判质量工作走上良性发展的轨道。增强效率观念，从"两便"的原则出发，针对不同案件的具体情况，在法律规定的范围内，探索采用简便、快捷、灵活的办案方式，实行繁简分流，对审判资源的合理配置，减少超审限积压案件的数量和比例，除有特殊情况需要延长审限的案件外，要尽力在法定审限内审结。

最高人民法院关于严格执行公开审判制度的若干规定

（1999 年 3 月 8 日　法发〔1999〕3 号）

各省、自治区、直辖市高级人民法院，解放军军事法院，新疆维吾尔自治区高级人民法院生产建设兵团分院：

为了严格执行公开审判制度，根据我国宪法和有关法律，特作如下规定：

一、人民法院进行审判活动，必须坚持依法公开审判制度，做到公开开庭，公开举证、质证，公开宣判。

二、人民法院对于第一审案件，除下列案件外，应当依法一律公开审理：

（一）涉及国家秘密的案件；

（二）涉及个人隐私的案件；

（三）14岁以上不满 16 岁未成年人犯罪的案件；经人民法院决定不公开审理的 16 岁以上不满 18 岁未成年人犯罪的案件；

（四）经当事人申请，人民法院决定不公开审理的涉及商业秘密的案件；

（五）经当事人申请，人民法院决定不公开审理的离婚案件；

（六）法律另有规定的其他不公开审理的案件。

对于不公开审理的案件，应当当庭宣布不公开审理的理由。

三、下列第二审案件应当公开审理：

（一）当事人对不服公开审理的第一审案件的判决、裁定提起上诉的，但因违反法定程序发回重审的和事实清楚依法径行判决、裁定的除外。

（二）人民检察院对公开审理的案件的判决、裁定提起抗诉的，但需发回重审的除外。

四、依法公开审理案件应当在开庭 3 日以前公告。公告应当包括案由、当事人姓名或者名称、开庭时间和地点。

五、依法公开审理案件，案件事实未经法庭公开调查不能认定。

证明案件事实的证据未在法庭公开举证、质证，不能进行认证，但无需举证的事实除外。缺席审理的案件，法庭可以结合其他事实和证据进行认证。

法庭能够当庭认证的，应当当庭认证。

六、人民法院审理的所有案件应当一律公开宣告判决。

宣告判决，应当对案件事实和证据进行认定，并在此基础上正确适用法律。

七、凡应当依法公开审理的案件没有公开审理的，应当按下列规定处理：

（一）当事人提起上诉或者人民检察院对刑事案件的判决、裁定提起抗诉的，第二审人民法院应当裁定撤销原判决，发回重审；

（二）当事人申请再审的，人民法院可以决定再审；人民检察院按照审判监督程序提起抗诉的，人民法院应当决定再审。

上述发回重审或者决定再审的案件应当依法公开审理。

八、人民法院公开审理案件，庭审活动应当在审判法庭进行。需要巡回依法公开审理的，应当选择适当的场所进行。

九、审判法庭和其他公开进行案件审理活动的场所，应当按照最高人民法院关于法庭布置的要求悬挂国徽，设置审判席和其他相应的席位。

十、依法公开审理案件，公民可以旁听，但精神病人、醉酒的人和未经人民法院批准的未成年人除外。

根据法庭场所和参加旁听人数等情况，旁听人需要持旁听证进入法庭的，旁听证由人民法院制发。

外国人和无国籍人持有效证件要求旁听的，参照中国公民旁听的规定办理。

旁听人员必须遵守《中华人民共和国人民法院法庭规则》的规定，并应当接受安全检查。

十一、依法公开审理案件，经人民法院许可，新闻记者可以记录、录音、录像、摄影、转播庭审实况。

外国记者的旁听按照我国有关外事管理规定办理。

◎请示答复

最高人民法院关于对署法函〔2002〕442号函的答复意见的函

（2002年11月7日 法函〔2002〕87号）

海关总署：

你署署法函〔2002〕442号《关于请求明确民事调解书认定事实法律效力的函》收悉。经研究，答复如下：

民事案件中当事人在不违反法律、行政法规的强制性规定的前提下，可以自由处置自己的实体权利和程序权利，包括对他人侵权行为的追究。在实践中，当事人也可能会基于诉讼成本的考虑或者其他原因放弃侵权抗辩或者侵权认定。民事诉讼法第八十五条规定“在事实清楚的基础上，分清是非，进行调解”与当事人自主处分其民事权利并不矛盾。在当事人已达成协议的情况下，人民法院可以在民事调解书中不对有关行为的侵权性质作出明确认定。

本案民事调解书〔即上海市第一中级人民法院（2002）沪一中民五（知）初字第141号民事调解书〕所确认的协议系双方当事人自愿并在对有关事实无争议的基础上达成的对有关行为的责任和当事人之间权利和义务的协议，符合民事诉讼法的有关规定。该民事调解书应属合法有效，当事人和有关行政执法部门应当执行该生效司法文书。

如涉及对该民事调解书具体内容的理解问题，应当由采取扣留措施的海关向出具该民事调解书的人民法院进行了解或请求该人民法院对有关问题作出解释。

最高人民法院关于依据原告起诉时提供的被告住址无法送达应如何处理问题的批复

（2004年10月9日最高人民法院审判委员会第1328次会议通过 2004年11月25日最高人民法院公告公布 自2004年12月2日起施行 法释〔2004〕17号）

近来，一些高级人民法院就人民法院依据民事案件的原告起诉时提供的被告住址无法送达应如何处理问题请示我院。为了正确适用法律，保障当事人行使诉讼权利，根据《中华人民共和国民事诉讼法》的有关规定，批复如下：

人民法院依据原告起诉时所提供的被告住址无法直接送达或者留置送达，应当要求原告补充材料。原告因客观原因不能补充或者依据原告补充的材料仍不能确定被告住址的，人民法院应当依法向被告公告送达诉讼文书。人民法院不得仅以原告不能提供真实、准确的被告住址为由裁定驳回起诉或者裁定终结诉讼。

因有关部门不准许当事人自行查询其他当事人的住址信息，原告向人民法院申请查询的，人民法院应当依原告的申请予以查询。

文书范本

申请书（申请回避用）

申请书

申请人：×××，男/女，××××年××月××日出生，×族，……（写明工作单位和职务或者职业），住……。联系方式：……。

法定代理人/指定代理人：×××，……。

委托诉讼代理人：×××，……。

（以上写明申请人和其他诉讼参加人的姓名或者名称等基本信息）

请求事项：

申请你院（××××）……号……（写明当事人和案由）一案的……（写明被申请回避人的诉讼地位和姓名）回避。

事实和理由：

……（写明申请回避的事实和理由）。

此致

××××人民法院

申请人（签名或者盖章）

××××年××月××日

【说明】

1. 本样式根据《中华人民共和国民事诉讼法》第四十四条、第四十五条制定，供当事人向人民法院申请审判人员或者其他诉讼参与人回避用。

2. 当事人是法人或者其他组织的，写明名称住所。另起一行写明法定代表人、主要负责人及其姓名、职务、联系方式。

3. 被申请回避人员可以是审判人员、执行员、书记员、翻译人员、鉴定人、勘验人等。其中审判人员包括参与本案审理的人民法院院长、副院长、审判委员会委员、庭长、副庭长、审判员、助理审判员和人民陪审员。

4. 当事人提出回避申请，应当说明理由，在案件开始审理时提出；回避事由在案件开始审理后知道的，也可以在法庭辩论终结前提出。

复议申请书（申请对驳回回避申请决定复议用）

复议申请书

复议申请人：×××，男/女，××××年××月××日出生，×族，……（写明工作单位和职务或者职业），住……。联系方式：……。

法定代理人/指定代理人：×××，……。

委托诉讼代理人：×××，……。

（以上写明复议申请人和其他诉讼参加人的姓名或者名称等基本信息）

请求事项：

请求对你院（××××）……号一案驳回回避申请的决定进行复议。

1. 撤销驳回回避申请决定；

2. 准许×××（写明被申请回避人员的诉讼地位和姓名）回避。

事实和理由：

复议申请人在你院（××××）……号……（写明当事人和案由）一案中，向你院申请……（写明被申请回避人员的诉讼地位和姓名）回避。你院（××××）……号决定书驳回回避申请。

……（写明申请复议的事实和理由）。

此致

××××人民法院

复议申请人（签名或者盖章）

××××年××月××日

【说明】

1. 本样式根据《中华人民共和国民事诉讼法》第四十七条制定，供申请人对驳回回避申请决定不服的，向人民法院申请复议用。

2. 当事人是法人或者其他组织的，写明名称住所。另起一行写明法定代表人、主要负责人及其姓名、职务、联系方式。

3. 申请人对决定不服的，可以在接到决定时申请复议一次。

二、主管和管辖

◎司法解释

最高人民法院关于对与证券交易所监管职能相关的诉讼案件管辖与受理问题的规定

（2004年11月18日最高人民法院审判委员会第1333次会议通过　根据2020年12月23日最高人民法院审判委员会第1823次会议通过的《最高人民法院关于修改〈最高人民法院关于人民法院民事调解工作若干问题的规定〉等十九件民事诉讼类司法解释的决定》修正　2020年12月29日最高人民法院公告公布　自2021年1月1日起施行　法释〔2020〕20号）

为正确及时地管辖、受理与证券交易所监管职能相关的诉讼案件，特作出以下规定：

一、根据《中华人民共和国民事诉讼法》第三十七条和《中华人民共和国行政诉讼法》第二十三条的有关规定，指定上海证券交易所和深圳证券交易所所在地的中级人民法院分别管辖以上海证券交易所和深圳证券交易所为被告或第三人的与证券交易所监管职能相关的第一审民事和行政案件。

二、与证券交易所监管职能相关的诉讼案件包括：

（一）证券交易所根据《中华人民共和国公司法》《中华人民共和国证券法》《中华人民共和国证券投资基金法》《证券交易所管理办法》等法律、法规、规章的规定，对证券发行人及其相关人员、证券交易所会员及其相关人员、证券上市和交易活动做出处理决定引发的诉讼；

（二）证券交易所根据国务院证券监督管理机构的依法授权，对证券发行人及其相关人员、证券交易所会员及其相关人员、证券上市和交易活动做出处理决定引发的诉讼；

（三）证券交易所根据其章程、业务规则、业务合同的规定，对证券发行人及其相关人员、证券交易所会员及其相关人员、证券上市和交易活动做出处理决定引发的诉讼；

（四）证券交易所在履行监管职能过程中引发的其他诉讼。

三、投资者对证券交易所履行监管职责过程中对证券发行人及其相关人员、证券交易所会员及其相关人员、证券上市和交易活动做出的不直接涉及投资者利益的行为提起的诉讼，人民法院不予受理。

四、本规定自发布之日起施行。

最高人民法院关于军事法院管辖民事案件若干问题的规定

（2012年8月20日最高人民法院审判委员会第1553次会议通过　根据2020年12月23日最高人民法院审判委员会第1823次会议通过的《最高人民法院关于修改〈最高人民法院关于人民法院民事调解工作若干问题的规定〉等十九件民事诉讼类司法解释的决定》修正　2020年12月29日最高人民法院公告公布　自2021年1月1日起施行　法释〔2020〕20号）

根据《中华人民共和国人民法院组织法》《中华人民共和国民事诉讼法》等法律规定，结合人民法院民事审判工作实际，对军事法院管辖民事案件有关问题作如下规定：

第一条　下列民事案件，由军事法院管辖：

（一）双方当事人均为军人或者军队单位的案件，但法律另有规定的除外；

（二）涉及机密级以上军事秘密的案件；

（三）军队设立选举委员会的选民资格案件；

（四）认定营区内无主财产案件。

第二条　下列民事案件，地方当事人向军事法院提起诉讼或者提出申请的，军事法院应当受理：

（一）军人或者军队单位执行职务过程中造成他人损害的侵权责任纠纷案件；

（二）当事人一方为军人或者军队单位，侵权行为发生在营区内的侵权责任纠纷案件；

（三）当事人一方为军人的婚姻家庭纠纷案件；

（四）民事诉讼法第三十三条规定的不动产所在地、港口所在地、被继承人死亡时住所地或者主要遗产所在地在营区内，且当事人一方为军人或者军队单位的案件；

（五）申请宣告军人失踪或者死亡的案件；

（六）申请认定军人无民事行为能力或者限制民事行为能力的案件。

第三条　当事人一方是军人或者军队单位，且合同履行地或者标的物所在地在营区内的合同纠纷，当事人书面约定由军事法院管辖，不违反法律关于级别管辖、专属管辖和专门管辖规定的,可以由军事法院管辖。

第四条 军事法院受理第一审民事案件,应当参照民事诉讼法关于地域管辖、级别管辖的规定确定。

当事人住所地省级行政区划内没有可以受理案件的第一审军事法院,或者处于交通十分不便的边远地区,双方当事人同意由地方人民法院管辖的,地方人民法院可以管辖,但本规定第一条第(二)项规定的案件除外。

第五条 军事法院发现受理的民事案件属于地方人民法院管辖的,应当移送有管辖权的地方人民法院,受移送的地方人民法院应当受理。地方人民法院认为受移送的案件不属于本院管辖的,应当报请上级地方人民法院处理,不得再自行移送。

地方人民法院发现受理的民事案件属于军事法院管辖的,参照前款规定办理。

第六条 军事法院与地方人民法院之间因管辖权发生争议,由争议双方协商解决;协商不成的,报请各自的上级法院协商解决;仍然协商不成的,报请最高人民法院指定管辖。

第七条 军事法院受理案件后,当事人对管辖权有异议的,应当在提交答辩状期间提出。军事法院对当事人提出的异议,应当审查。异议成立的,裁定将案件移送有管辖权的军事法院或者地方人民法院;异议不成立的,裁定驳回。

第八条 本规定所称军人是指中国人民解放军的现役军官、文职干部、士兵及具有军籍的学员,中国人民武装警察部队的现役警官、文职干部、士兵及具有军籍的学员。军队中的文职人员、非现役公勤人员、正式职工,由军队管理的离退休人员,参照军人确定管辖。

军队单位是指中国人民解放军现役部队和预备役部队、中国人民武装警察部队及其编制内的企业事业单位。

营区是指由军队管理使用的区域,包括军事禁区、军事管理区。

第九条 本解释施行前本院公布的司法解释以及司法解释性文件与本解释不一致的,以本解释为准。

最高人民法院关于审理民事级别管辖异议案件若干问题的规定

(2009年7月20日最高人民法院审判委员会第1471次会议通过 根据2020年12月23日最高人民法院审判委员会第1823次会议通过的《最高人民法院关于修改〈最高人民法院关于人民法院民事调解工作若干问题的规定〉等十九件民事诉讼类司法解释的决定》修正 2020年12月29日最高人民法院公告公布 自2021年1月1日起施行 法释〔2020〕20号)

为正确审理民事级别管辖异议案件,依法维护诉讼秩序和当事人的合法权益,根据《中华人民共和国民事诉讼法》的规定,结合审判实践,制定本规定。

第一条 被告在提交答辩状期间提出管辖权异议,认为受诉人民法院违反级别管辖规定,案件应当由上级人民法院或者下级人民法院管辖的,受诉人民法院应当审查,并在受理异议之日起十五日内作出裁定:

(一)异议不成立的,裁定驳回;

(二)异议成立的,裁定移送有管辖权的人民法院。

第二条 在管辖权异议裁定作出前,原告申请撤回起诉,受诉人民法院作出准予撤回起诉裁定的,对管辖权异议不再审查,并在裁定书中一并写明。

第三条 提交答辩状期间届满后,原告增加诉讼请求金额致使案件标的额超过受诉人民法院级别管辖标准,被告提出管辖权异议,请求由上级人民法院管辖的,人民法院应当按照本规定第一条审查并作出裁定。

第四条 对于应由上级人民法院管辖的第一审民事案件,下级人民法院不得报请上级人民法院交其审理。

第五条 被告以受诉人民法院同时违反级别管辖和地域管辖规定为由提出管辖权异议的,受诉人民法院应当一并作出裁定。

第六条 当事人未依法提出管辖权异议,但受诉人民法院发现其没有级别管辖权的,应当将案件移送有管辖权的人民法院审理。

第七条 对人民法院就级别管辖异议作出的裁定,当事人不服提起上诉的,第二审人民法院应当依法审理并作出裁定。

第八条 对于将案件移送上级人民法院管辖的裁定,当事人未提出上诉,但受移送的上级人民法院认为确有错误的,可以依职权裁定撤销。

第九条 经最高人民法院批准的第一审民事案件级别管辖标准的规定,应当作为审理民事级别管辖异议案件的依据。

第十条 本规定施行前颁布的有关司法解释与本规定不一致的,以本规定为准。

最高人民法院关于涉外民商事案件诉讼管辖若干问题的规定

(2001年12月25日最高人民法院审判委员会第1203次会议通过 根据2020年12月23日最高人民法院审判委员会第1823次会议通过的《最高人民法院关于修改〈最高人民法院关于人民法院民事调解工作若干问题的规定〉等十九件民事诉讼类司法解释的决定》修正 2020年12月29日最高人民法院公告公布 自2021年1月1日起施行 法释〔2020〕20号)

为正确审理涉外民商事案件,依法保护中外当事人的合法权益,根据《中华人民共和国民事诉讼法》第十八条的规定,现将有关涉外民商事案件诉讼管辖的问题规定如下:

第一条　第一审涉外民商事案件由下列人民法院管辖：

（一）国务院批准设立的经济技术开发区人民法院；

（二）省会、自治区首府、直辖市所在地的中级人民法院；

（三）经济特区、计划单列市中级人民法院；

（四）最高人民法院指定的其他中级人民法院；

（五）高级人民法院。

上述中级人民法院的区域管辖范围由所在地的高级人民法院确定。

第二条　对国务院批准设立的经济技术开发区人民法院所作的第一审判决、裁定不服的，其第二审由所在地中级人民法院管辖。

第三条　本规定适用于下列案件：

（一）涉外合同和侵权纠纷案件；

（二）信用证纠纷案件；

（三）申请撤销、承认与强制执行国际仲裁裁决的案件；

（四）审查有关涉外民商事仲裁条款效力的案件；

（五）申请承认和强制执行外国法院民商事判决、裁定的案件。

第四条　发生在与外国接壤的边境省份的边境贸易纠纷案件，涉外房地产案件和涉外知识产权案件，不适用本规定。

第五条　涉及香港、澳门特别行政区和台湾地区当事人的民商事纠纷案件的管辖，参照本规定处理。

第六条　高级人民法院应当对涉外民商事案件的管辖实施监督，凡越权受理涉外民商事案件的，应当通知或者裁定将案件移送有管辖权的人民法院审理。

第七条　本规定于2002年3月1日起施行。本规定施行前已经受理的案件由原受理人民法院继续审理。

本规定人发布前的有关司法解释、规定与本规定不一致的，以本规定为准。

最高人民法院关于审理商标案件有关管辖和法律适用范围问题的解释

（2001年12月25日最高人民法院审判委员会第1203次会议通过　根据2020年12月23日最高人民法院审判委员会第1823次会议通过的《最高人民法院关于修改〈最高人民法院关于审理侵犯专利权纠纷案件应用法律若干问题的解释（二）〉等十八件知识产权类司法解释的决定》修正　2020年12月29日最高人民法院公告公布　自2021年1月1日起施行　法释〔2020〕19号）

《全国人民代表大会常务委员会关于修改〈中华人民共和国商标法〉的决定》（以下简称商标法修改决定）已由第九届全国人民代表大会常务委员会第二十四次会议通过，自2001年12月1日起施行。为了正确审理商标案件，根据《中华人民共和国商标法》（以下简称商标法）、《中华人民共和国民事诉讼法》和《中华人民共和国行政诉讼法》（以下简称行政诉讼法）的规定，现就人民法院审理商标案件有关管辖和法律适用范围等问题，作如下解释：

第一条　人民法院受理以下商标案件：

1. 不服国家知识产权局作出的复审决定或者裁定的行政案件；

2. 不服国家知识产权局作出的有关商标的其他行政行为的案件；

3. 商标权权属纠纷案件；

4. 侵害商标权纠纷案件；

5. 确认不侵害商标权纠纷案件；

6. 商标权转让合同纠纷案件；

7. 商标使用许可合同纠纷案件；

8. 商标代理合同纠纷案件；

9. 申请诉前停止侵害注册商标专用权案件；

10. 申请停止侵害注册商标专用权损害责任案件；

11. 申请诉前财产保全案件；

12. 申请诉前证据保全案件；

13. 其他商标案件。

第二条　本解释第一条所列第1项第一审案件，由北京市高级人民法院根据最高人民法院的授权确定其辖区内有关中级人民法院管辖。

本解释第一条所列第2项第一审案件，根据行政诉讼法的有关规定确定管辖。

商标民事纠纷第一审案件，由中级以上人民法院管辖。

各高级人民法院根据本辖区的实际情况，经最高人民法院批准，可以在较大城市确定1－2个基层人民法院受理第一审商标民事纠纷案件。

第三条　商标注册人或者利害关系人向国家知识产权局就侵犯商标权行为请求处理，又向人民法院提起侵害商标权诉讼请求损害赔偿的，人民法院应当受理。

第四条　国家知识产权局在商标法修改决定施行前受理的案件，于该决定施行后作出复审决定或裁定，当事人对复审决定或裁定不服向人民法院起诉的，人民法院应当受理。

第五条　除本解释另行规定外，对商标法修改决定施行前发生，属于修改后商标法第四条、第五条、第八条、第九条第一款、第十条第一款第（二）、（三）、（四）项、第十条第二款、第十一条、第十二条、第十三条、第十五条、第十六条、第二十四条、第二十五条、第三十一条所列举的情形，国家知识产权局于商标法修改决定施行后作出复审决定或者裁定，当事人不服向人民法院起诉的行政案件，适用修改后商标法的相应规定进行审查；属于其他情形的，适用修改前商标法的相应规定进行审查。

第六条　当事人就商标法修改决定施行时已满一年的注册商标发生争议，不服国家知识产权局作出的裁定向人民法院起诉的，适用修改前商标法第二十七条第二款规定的提出申请的期限处理；商标法修改决定施行时商标注册不满一年的，适用修改后商标法第四十一条第二款、第三款规定的提出申请的期限处理。

第七条　对商标法修改决定施行前发生的侵犯商标专用权行为，商标注册人或者利害关系人于该决定施行后在起诉前向人民法院提出申请采取责令停止侵权行为或者保全证据措施的，适用修改后商标法第五十七条、第五十八条的规定。

第八条　对商标法修改决定施行前发生的侵犯商标专用权行为起诉的案件，人民法院于该决定施行时尚未作出生效判决的，参照修改后商标法第五十六条的规定处理。

第九条　除本解释另行规定外，商标法修改决定施行后人民法院受理的商标民事纠纷案件，涉及该决定施行前发生的民事行为的，适用修改前商标法的规定；涉及该决定施行后发生的民事行为的，适用修改后商标法的规定；涉及该决定施行前发生，持续到该决定施行后的民事行为的，分别适用修改前、后商标法的规定。

第十条　人民法院受理的侵犯商标权纠纷案件，已经过行政管理部门处理的，人民法院仍应当就当事人民事争议的事实进行审查。

最高人民法院关于互联网法院审理案件若干问题的规定

（2018年9月3日最高人民法院审判委员会第1747次会议通过　2018年9月6日最高人民法院公告公布　自2018年9月7日起施行　法释〔2018〕16号）

为规范互联网法院诉讼活动，保护当事人及其他诉讼参与人合法权益，确保公正高效审理案件，根据《中华人民共和国民事诉讼法》《中华人民共和国行政诉讼法》等法律，结合人民法院审判工作实际，就互联网法院审理案件相关问题规定如下。

第一条　互联网法院采取在线方式审理案件，案件的受理、送达、调解、证据交换、庭前准备、庭审、宣判等诉讼环节一般应当在线上完成。

根据当事人申请或者案件审理需要，互联网法院可以决定在线下完成部分诉讼环节。

第二条　北京、广州、杭州互联网法院集中管辖所在市的辖区内应当由基层人民法院受理的下列第一审案件：

（一）通过电子商务平台签订或者履行网络购物合同而产生的纠纷；

（二）签订、履行行为均在互联网上完成的网络服务合同纠纷；

（三）签订、履行行为均在互联网上完成的金融借款合同纠纷、小额借款合同纠纷；

（四）在互联网上首次发表作品的著作权或者邻接权权属纠纷；

（五）在互联网上侵害在线发表或者传播作品的著作权或者邻接权而产生的纠纷；

（六）互联网域名权属、侵权及合同纠纷；

（七）在互联网上侵害他人人身权、财产权等民事权益而产生的纠纷；

（八）通过电子商务平台购买的产品，因存在产品缺陷，侵害他人人身、财产权益而产生的产品责任纠纷；

（九）检察机关提起的互联网公益诉讼案件；

（十）因行政机关作出互联网信息服务管理、互联网商品交易及有关服务管理等行政行为而产生的行政纠纷；

（十一）上级人民法院指定管辖的其他互联网民事、行政案件。

第三条　当事人可以在本规定第二条确定的合同及其他财产权益纠纷范围内，依法协议约定与争议有实际联系地点的互联网法院管辖。

电子商务经营者、网络服务提供商等采取格式条款形式与用户订立管辖协议的，应当符合法律及司法解释关于格式条款的规定。

第四条　当事人对北京互联网法院作出的判决、裁定提起上诉的案件，由北京市第四中级人民法院审理，但互联网著作权权属纠纷和侵权纠纷、互联网域名纠纷的上诉案件，由北京知识产权法院审理。

当事人对广州互联网法院作出的判决、裁定提起上诉的案件，由广州市中级人民法院审理，但互联网著作权权属纠纷和侵权纠纷、互联网域名纠纷的上诉案件，由广州知识产权法院审理。

当事人对杭州互联网法院作出的判决、裁定提起上诉的案件，由杭州市中级人民法院审理。

第五条　互联网法院应当建设互联网诉讼平台（以下简称诉讼平台），作为法院办理案件和当事人及其他诉讼参与人实施诉讼行为的专用平台。通过诉讼平台作出的诉讼行为，具有法律效力。

互联网法院审理案件所需涉案数据，电子商务平台经营者、网络服务提供商、相关国家机关应当提供，并有序接入诉讼平台，由互联网法院在线核实、实时固定、安全管理。诉讼平台对涉案数据的存储和使用，应当符合《中华人民共和国网络安全法》等法律法规的规定。

第六条　当事人及其他诉讼参与人使用诉讼平台实施诉讼行为的，应当通过证件证照比对、生物特征识别或者国家统一身份认证平台认证等在线方式完成身份认证，并取得登录诉讼平台的专用账号。

使用专用账号登录诉讼平台所作出的行为，视为被认证人本人行为，但因诉讼平台技术原因导致系统错误，或者被认证人能够证明诉讼平台账号被盗用的除外。

第七条 互联网法院在线接收原告提交的起诉材料，并于收到材料后七日内，在线作出以下处理：

（一）符合起诉条件的，登记立案并送达案件受理通知书、诉讼费交纳通知书、举证通知书等诉讼文书。

（二）提交材料不符合要求的，及时发出补正通知，并于收到补正材料后次日重新起算受理时间；原告未在指定期限内按要求补正的，起诉材料作退回处理。

（三）不符合起诉条件的，经释明后，原告无异议的，起诉材料作退回处理；原告坚持继续起诉的，依法作出不予受理裁定。

第八条 互联网法院受理案件后，可以通过原告提供的手机号码、传真、电子邮箱、即时通讯账号等，通知被告、第三人通过诉讼平台进行案件关联和身份验证。

被告、第三人应当通过诉讼平台了解案件信息，接收和提交诉讼材料，实施诉讼行为。

第九条 互联网法院组织在线证据交换的，当事人应当将在线电子数据上传、导入诉讼平台，或者将线下证据通过扫描、翻拍、转录等方式进行电子化处理后上传至诉讼平台进行举证，也可以运用已经导入诉讼平台的电子数据证明自己的主张。

第十条 当事人及其他诉讼参与人通过技术手段将身份证明、营业执照副本、授权委托书、法定代表人身份证明等诉讼材料，以及书证、鉴定意见、勘验笔录等证据材料进行电子化处理后提交的，经互联网法院审核通过后，视为符合原件形式要求。对方当事人对上述材料真实性提出异议且有合理理由的，互联网法院应当要求当事人提供原件。

第十一条 当事人对电子数据真实性提出异议的，互联网法院应当结合质证情况，审查判断电子数据生成、收集、存储、传输过程的真实性，并着重审查以下内容：

（一）电子数据生成、收集、存储、传输所依赖的计算机系统等硬件、软件环境是否安全、可靠；

（二）电子数据的生成主体和时间是否明确，表现内容是否清晰、客观、准确；

（三）电子数据的存储、保管介质是否明确，保管方式和手段是否妥当；

（四）电子数据提取和固定的主体、工具和方式是否可靠，提取过程是否可以重现；

（五）电子数据的内容是否存在增加、删除、修改及不完整等情形；

（六）电子数据是否可以通过特定形式得到验证。

当事人提交的电子数据，通过电子签名、可信时间戳、哈希值校验、区块链等证据收集、固定和防篡改的技术手段或者通过电子取证存证平台认证，能够证明其真实性的，互联网法院应当确认。

当事人可以申请具有专门知识的人就电子数据技术问题提出意见。互联网法院可以根据当事人申请或者依职权，委托鉴定电子数据的真实性或者调取其他相关证据进行核对。

第十二条 互联网法院采取在线视频方式开庭。存在确需当庭查明身份、核对原件、查验实物等特殊情形的，互联网法院可以决定在线下开庭，但其他诉讼环节仍应当在线完成。

第十三条 互联网法院可以视情决定采取下列方式简化庭审程序：

（一）开庭前已经在线完成当事人身份核实、权利义务告知、庭审纪律宣示的，开庭时可以不再重复进行；

（二）当事人已经在线完成证据交换的，对于无争议的证据，法官在庭审中说明后，可以不再举证、质证；

（三）经征得当事人同意，可以将当事人陈述、法庭调查、法庭辩论等庭审环节合并进行。对于简单民事案件，庭审可以直接围绕诉讼请求或者案件要素进行。

第十四条 互联网法院根据在线庭审特点，适用《中华人民共和国人民法院法庭规则》的有关规定。除经查明确属网络故障、设备损坏、电力中断或者不可抗力等原因外，当事人不按时参加在线庭审的，视为“拒不到庭”，庭审中擅自退出的，视为“中途退庭”，分别按照《中华人民共和国民事诉讼法》《中华人民共和国行政诉讼法》及相关司法解释的规定处理。

第十五条 经当事人同意，互联网法院应当通过中国审判流程信息公开网、诉讼平台、手机短信、传真、电子邮件、即时通讯账号等电子方式送达诉讼文书及当事人提交的证据材料等。

当事人未明确表示同意，但已经约定发生纠纷时在诉讼中适用电子送达的，或者通过回复收悉、作出相应诉讼行为等方式接受已经完成的电子送达，并且未明确表示不同意电子送达的，可以视为同意电子送达。

经告知当事人权利义务，并征得其同意，互联网法院可以电子送达裁判文书。当事人提出需要纸质版裁判文书的，互联网法院应当提供。

第十六条 互联网法院进行电子送达，应当向当事人确认电子送达的具体方式和地址，并告知电子送达的适用范围、效力、送达地址变更方式以及其他需告知的送达事项。

受送达人未提供有效电子送达地址的，互联网法院可以将能够确认为受送达人本人的近三个月内处于日常活跃状态的手机号码、电子邮箱、即时通讯账号等常用电子地址作为优先送达地址。

第十七条　互联网法院向受送达人主动提供或者确认的电子地址进行送达的，送达信息到达受送达人特定系统时，即为送达。

互联网法院向受送达人常用电子地址或者能够获取的其他电子地址进行送达的，根据下列情形确定是否完成送达：

（一）受送达人回复已收到送达材料，或者根据送达内容作出相应诉讼行为的，视为完成有效送达。

（二）受送达人的媒介系统反馈受送达人已阅知，或者有其他证据可以证明受送达人已经收悉的，推定完成有效送达，但受送达人能够证明存在媒介系统错误、送达地址非本人所有或者使用、非本人阅知等未收悉送达内容的情形除外。

完成有效送达的，互联网法院应当制作电子送达凭证。电子送达凭证具有送达回证效力。

第十八条　对需要进行公告送达的事实清楚、权利义务关系明确的简单民事案件，互联网法院可以适用简易程序审理。

第十九条　互联网法院在线审理的案件，审判人员、法官助理、书记员、当事人及其他诉讼参与人等通过在线确认、电子签章等在线方式对调解协议、笔录、电子送达凭证及其他诉讼材料予以确认的，视为符合《中华人民共和国民事诉讼法》有关"签名"的要求。

第二十条　互联网法院在线审理的案件，可以在调解、证据交换、庭审、合议等诉讼环节运用语音识别技术同步生成电子笔录。电子笔录以在线方式核对确认后，与书面笔录具有同等法律效力。

第二十一条　互联网法院应当利用诉讼平台随案同步生成电子卷宗，形成电子档案。案件纸质档案已经全部转化为电子档案的，可以以电子档案代替纸质档案进行上诉移送和案卷归档。

第二十二条　当事人对互联网法院审理的案件提起上诉的，第二审法院原则上采取在线方式审理。第二审法院在线审理规则参照适用本规定。

第二十三条　本规定自2018年9月7日起施行。最高人民法院之前发布的司法解释与本规定不一致的，以本规定为准。

最高人民法院关于
上海金融法院案件管辖的规定

（2018年7月31日最高人民法院审判委员会第1746次会议通过　2018年8月7日最高人民法院公告公布　自2018年8月10日起施行　法释〔2018〕14号）

为服务和保障上海国际金融中心建设，进一步明确上海金融法院案件管辖的具体范围，根据《中华人民共和国民事诉讼法》《中华人民共和国行政诉讼法》《全国人民代表大会常务委员会关于设立上海金融法院的决定》等规定，制定本规定。

第一条　上海金融法院管辖上海市辖区内应由中级人民法院受理的下列第一审金融民商事案件：

（一）证券、期货交易、信托、保险、票据、信用证、金融借款合同、银行卡、融资租赁合同、委托理财合同、典当等纠纷；

（二）独立保函、保理、私募基金、非银行支付机构网络支付、网络借贷、互联网股权众筹等新型金融民商事纠纷；

（三）以金融机构为债务人的破产纠纷；

（四）金融民商事纠纷的仲裁司法审查案件；

（五）申请承认和执行外国法院金融民商事纠纷的判决、裁定案件。

第二条　上海金融法院管辖上海市辖区内应由中级人民法院受理的以金融监管机构为被告的第一审涉金融行政案件。

第三条　以住所地在上海市的金融市场基础设施为被告或者第三人与其履行职责相关的第一审金融民商事案件和涉金融行政案件，由上海金融法院管辖。

第四条　当事人对上海市基层人民法院作出的第一审金融民商事案件和涉金融行政案件判决、裁定提起的上诉案件，由上海金融法院审理。

第五条　当事人对上海金融法院作出的第一审判决、裁定提起的上诉案件，由上海市高级人民法院审理。

第六条　上海市各中级人民法院在上海金融法院成立前已经受理但尚未审结的金融民商事案件和涉金融行政案件，由该中级人民法院继续审理。

第七条　本规定自2018年8月10日起施行。

最高人民法院关于
因申请诉中财产保全损害
责任纠纷管辖问题的批复

（2017年7月17日最高人民法院审判委员会第1722次会议通过　2017年8月1日最高人民法院公告公布　自2017年8月10日起施行　法释〔2017〕14号）

浙江省高级人民法院：

你院《关于因申请诉中财产保全损害责任纠纷管辖问题的请示》（(2015)浙立他字第91号）收悉。经研究，批复如下：

为便于当事人诉讼，诉讼中财产保全的被申请人、利害关系人依照《中华人民共和国民事诉讼法》第一百零五条规定提起的因申请诉中财产保全损害责任纠纷之诉，由作出诉中财产保全裁定的人民法院管辖。

此复。

最高人民法院关于铁路运输法院案件管辖范围的若干规定

（2012年7月2日最高人民法院审判委员会第1551次会议通过　2012年7月17日最高人民法院公告公布　自2012年8月1日起施行　法释〔2012〕10号）

为确定铁路运输法院管理体制改革后的案件管辖范围，根据《中华人民共和国刑事诉讼法》、《中华人民共和国民事诉讼法》，规定如下：

第一条　铁路运输法院受理同级铁路运输检察院依法提起公诉的刑事案件。

下列刑事公诉案件，由犯罪地的铁路运输法院管辖：

（一）车站、货场、运输指挥机构等铁路工作区域发生的犯罪；

（二）针对铁路线路、机车车辆、通讯、电力等铁路设备、设施的犯罪；

（三）铁路运输企业职工在执行职务中发生的犯罪。

在列车上的犯罪，由犯罪发生后该列车最初停靠的车站所在地或者目的地的铁路运输法院管辖；但在国际列车上的犯罪，按照我国与相关国家签订的有关管辖协定确定管辖，没有协定的，由犯罪发生后该列车最初停靠的中国车站所在地或者目的地的铁路运输法院管辖。

第二条　本规定第一条第二、三款范围内发生的刑事自诉案件，自诉人向铁路运输法院提起自诉的，铁路运输法院应当受理。

第三条　下列涉及铁路运输、铁路安全、铁路财产的民事诉讼，由铁路运输法院管辖：

（一）铁路旅客和行李、包裹运输合同纠纷；

（二）铁路货物运输合同和铁路货物运输保险合同纠纷；

（三）国际铁路联运合同和铁路运输企业作为经营人的多式联运合同纠纷；

（四）代办托运、包装整理、仓储保管、接取送达等铁路运输延伸服务合同纠纷；

（五）铁路运输企业在装卸作业、线路维修等方面发生的委外劳务、承包等合同纠纷；

（六）与铁路及其附属设施的建设施工有关的合同纠纷；

（七）铁路设备、设施的采购、安装、加工承揽、维护、服务等合同纠纷；

（八）铁路行车事故及其他铁路运营事故造成的人身、财产损害赔偿纠纷；

（九）违反铁路安全保护法律、法规，造成铁路线路、机车车辆、安全保障设施及其他财产损害的侵权纠纷；

（十）因铁路建设及铁路运输引起的环境污染侵权纠纷；

（十一）对铁路运输企业财产权属发生争议的纠纷。

第四条　铁路运输基层法院就本规定第一条至第三条所列案件作出的判决、裁定，当事人提起上诉或铁路运输检察院提起抗诉的二审案件，由相应的铁路运输中级法院受理。

第五条　省、自治区、直辖市高级人民法院可以指定辖区内的铁路运输基层法院受理本规定第三条以外的其他第一审民事案件，并指定该铁路运输基层法院驻在地的中级人民法院或铁路运输中级法院受理对此提起上诉的案件。此类案件发生管辖权争议的，由该高级人民法院指定管辖。

省、自治区、直辖市高级人民法院可以指定辖区内的铁路运输中级法院受理对其驻在地基层人民法院一审民事判决、裁定提起上诉的案件。

省、自治区、直辖市高级人民法院对本院及下级人民法院的执行案件，认为需要指定执行的，可以指定辖区内的铁路运输法院执行。

第六条　各高级人民法院指定铁路运输法院受理案件的范围，报最高人民法院批准后实施。

第七条　本院以前作出的有关规定与本规定不一致的，以本规定为准。

本规定施行前，各铁路运输法院依照此前的规定已经受理的案件，不再调整。

最高人民法院关于新疆生产建设兵团人民法院案件管辖权问题的若干规定

（2005年1月13日最高人民法院审判委员会第1340次会议通过　2005年5月24日最高人民法院公告公布　自2005年6月6日起施行　法释〔2005〕4号）

根据《全国人民代表大会常务委员会关于新疆维吾尔自治区生产建设兵团设置人民法院和人民检察院的决定》第三条的规定，对新疆生产建设兵团各级人民法院案件管辖权问题规定如下：

第一条　新疆生产建设兵团基层人民法院和中级人民法院分别行使地方基层人民法院和中级人民法院的案件管辖权，管辖兵团范围内的各类案件。

新疆维吾尔自治区高级人民法院生产建设兵团分院管辖原应当由高级人民法院管辖的兵团范围内的第一审案件、上诉案件和其他案件，其判决和裁定是新疆维吾尔自治区高级人民法院的判决和裁定。但兵团各中级人民法院判处死刑（含死缓）的案件的上诉案件以及死刑复核案件由新疆维吾尔自治区高级人民法院管辖。

第二条　兵团人民检察院提起公诉的第一审刑事案件，由兵团人民法院管辖。

兵团人民法院对第一审刑事自诉案件、第二审刑事案件以及再审刑事案件的管辖，适用刑事诉讼法的有关规定。

第三条　兵团人民法院管辖以下民事案件：

（一）垦区范围内发生的案件；

（二）城区内发生的双方当事人均为兵团范围内的公民、法人或者其他组织的案件；

（三）城区内发生的双方当事人一方为兵团范围内的公民、法人或者其他组织，且被告住所地在兵团工作区、生活区或者管理区内的案件。

对符合协议管辖和专属管辖条件的案件，依照民事诉讼法的有关规定确定管辖权。

第四条　以兵团的行政机关作为被告的行政案件由该行政机关所在地的兵团人民法院管辖，其管辖权限依照行政诉讼法的规定办理。

第五条　兵团人民法院管辖兵团范围内发生的涉外案件。新疆维吾尔自治区高级人民法院生产建设兵团分院根据最高人民法院的有关规定确定管辖涉外案件的兵团法院。

第六条　兵团各级人民法院与新疆维吾尔自治区地方各级人民法院之间因管辖权发生争议的，由争议双方协商解决；协商不成的，报请新疆维吾尔自治区高级人民法院决定管辖。

第七条　新疆维吾尔自治区高级人民法院生产建设兵团分院所管辖第一审案件的上诉法院是最高人民法院。

第八条　对于新疆维吾尔自治区高级人民法院生产建设兵团分院审理再审案件所作出的判决、裁定，新疆维吾尔自治区高级人民法院不再进行再审。

第九条　本规定自2005年6月6日起实施。人民法院关于兵团人民法院案件管辖的其他规定与本规定不一致的，以本规定为准。

◎司法文件

最高人民法院关于调整高级人民法院和中级人民法院管辖第一审民事案件标准的通知

（2019年4月30日　法发〔2019〕14号）

各省、自治区、直辖市高级人民法院，解放军军事法院，新疆维吾尔自治区高级人民法院生产建设兵团分院：

为适应新时代审判工作发展要求，合理定位四级法院民事审判职能，促进矛盾纠纷化解重心下移，现就调整高级人民法院和中级人民法院管辖第一审民事案件标准问题，通知如下：

一、中级人民法院管辖第一审民事案件的诉讼标的额上限原则上为50亿元（人民币），诉讼标的额下限继续按照《最高人民法院关于调整地方各级人民法院管辖第一审知识产权民事案件标准的通知》（法发〔2010〕5号）、《最高人民法院关于调整高级人民法院和中级人民法院管辖第一审民商事案件标准的通知》（法发〔2015〕7号）、《最高人民法院关于明确第一审涉外民商事案件级别管辖标准以及归口办理有关问题的通知》（法〔2017〕359号）《最高人民法院关于调整部分高级人民法院和中级人民法院管辖第一审民商事案件标准的通知》（法发〔2018〕13号）等文件执行。

二、高级人民法院管辖诉讼标的额50亿元（人民币）以上（包含本数）或者其他在本辖区有重大影响的第一审民事案件。

三、海事海商案件、涉外民事案件的级别管辖标准按照本通知执行。

四、知识产权民事案件的级别管辖标准按照本通知执行，但《最高人民法院关于知识产权法庭若干问题的规定》第二条所涉案件类型除外。

五、最高人民法院以前发布的关于第一审民事案件级别管辖标准的规定与本通知不一致的，不再适用。

本通知自2019年5月1日起实施，执行过程中遇到的问题，请及时报告我院。

最高人民法院关于同意上海市第三中级人民法院内设专门审判机构并集中管辖部分破产案件的批复

（2019年1月15日　法〔2019〕4号）

上海市高级人民法院：

你院《关于设立上海破产法庭的请示》（沪高法〔2018〕451号）收悉。经研究，现批复如下：

一、同意在上海市第三中级人民法院内设专门审理破产案件的机构，请按照规定程序向机构编制管理部门报批。

二、同意上海市第三中级人民法院管辖以下破产案件：

（一）上海市辖区内区级以上（含本级）工商行政管理机关核准登记公司（企业）的强制清算和破产案件（上海金融法院及上海铁路运输法院管辖的破产案件除外）；

（二）前述强制清算和破产案件的衍生诉讼案件；

（三）跨境破产案件；

（四）其他依法应当由其审理的案件。

本院以前的相关批复与本批复不一致的，以本批复为准。

最高人民法院关于调整部分高级人民法院和中级人民法院管辖第一审民商事案件标准的通知

（2018年7月17日　法发〔2018〕13号）

贵州省、陕西省、甘肃省、青海省、宁夏回族自治区、新疆维吾尔自治区高级人民法院，新疆维吾尔自治区高级人民法院生产建设乡团分院：

为适应新时期经济社会发展和民事诉讼需要，准确适用民事诉讼法关于级别管辖的相关规定，合理定位四级法院民商事审判职能，现就调整部分高级人民法院和中级人民法院管辖第一审民商事案件标准问题，通知如下：

一、当事人住所地均在受理法院所处省级行政辖区的第一审民商事案件

贵州省、陕西省、新疆维吾尔自治区高级人民法院和新疆维哥尔自治区高级人民法院生产建设兵团分院管辖诉讼标的额3亿元以上一审民商事案件，所辖中级人民法院管辖诉讼标的额3000万元以上一审民商事案件。

甘肃省、青海省、宁夏回族自治区高级人民法院管辖诉讼标的额2亿元以上一审民商事案件，所辖中级人民法院管辖诉讼标的额1000万元以上一审民商事案件。

二、当事人一方住所地不在受理法院所处省级行政辖区的第一审民商事案件

贵州省、陕西省、新疆维吾尔自治区高级人民法院和新疆维吾尔自治区高级人民法院生产建设兵团分院管辖诉讼标的额1亿元以上一审民商事案件，所辖中级人民法院管辖诉讼标的额2000万元以上一审民商事案件。

甘肃省、青海省、宁夏回族自治区高级人民法院管辖诉讼标的额5000万元以上一审民商事案件，所辖中级人民法院管辖诉讼标的额1000万元以上一审民商事案件。

三、本通知未作调整的，按照《最高人民法院关于调整高级人民法院和中级人民法院管辖第一审民商事案件标准的通知》（法发〔2015〕7号）执行。

本通知自2018年8月1日起实施，执行过程中遇到的问题，请及时报告我院。

最高人民法院关于明确第一审涉外民商事案件级别管辖标准以及归口办理有关问题的通知

（2017年12月7日　法〔2017〕359号）

各省、自治区、直辖市高级人民法院、解放军军事法院、新疆维吾尔自治区高级人民法院生产建设兵团分院：

为合理定位四级法院涉外民商事审判职能，统一裁判尺度，维护当事人的合法权益，保障开放型经济的发展，现就第一审涉外民商事案件级别管辖标准以及归口办理的有关问题，通知如下：

一、关于第一审涉外民商事案件的级别管辖标准

北京、上海、江苏、浙江、广东高级人民法院管辖诉讼标的额人民币2亿元以上的第一审涉外民商事案件；直辖市中级人民法院以及省会城市、计划单列市、经济特区所在地的市中级人民法院管辖诉讼标的额人民币2000万元以上的第一审涉外民商事案件，其他中级人民法院管辖诉讼标的额人民币1000万元以上的第一审涉外民商事案件。

天津、河北、山西、内蒙古、辽宁、安徽、福建、山东、河南、湖北、湖南、广西、海南、四川、重庆高级人民法院管辖诉讼标的额人民币8000万元以上的第一审涉外民商事案件；直辖市中级人民法院以及省会城市、计划单列市、经济特区所在地的市中级人民法院管辖诉讼标的额人民币1000万元以上的第一审涉外民商事案件，其他中级人民法院管辖诉讼标的额人民币500万元以上的第一审涉外民商事案件。

吉林、黑龙江、江西、云南、陕西、新疆高级人民法院和新疆生产建设兵团分院管辖诉讼标的额人民币4000万元以上的第一审涉外民商事案件；省会城市、计划单列市中级人民法院，管辖诉讼标的额人民币500万元以上的第一审涉外民商事案件，其他中级人民法院管辖诉讼标的额人民币200万元以上的第一审涉外民商事案件。

贵州、西藏、甘肃、青海、宁夏高级人民法院管辖诉讼标的额人民币2000万元以上的第一审涉外民商事案件；省会城市、计划单列市中级人民法院，管辖诉讼标的额人民币200万元以上的第一审涉外民商事案件，其他中级人民法院管辖诉讼标的额人民币100万元以上的第一审涉外民商事案件。

各高级人民法院发布的本辖区级别管辖标准，除于2011年1月后经我院批复同意的外，不再作为确定第一审涉外民商事案件级别管辖的依据。

二、下列案件由涉外审判庭或专门合议庭审理：

（一）当事人一方或者双方是外国人、无国籍人、外国企业或者组织，或者当事人一方或者双方的经常居所地在中华人民共和国领域外的民商事案件；

（二）产生、变更或者消灭民事关系的法律事实发生在中华人民共和国领域外，或者标的物在中华人民共和国领域外的民商事案件；

（三）外商投资企业设立、出资、确认股东资格、分配利润、合并、分立、解散等与该企业有关的民商事案件；

（四）一方当事人为外商独资企业的民商事案件；

（五）信用证、保函纠纷案件，包括申请止付保全案件；

（六）对第一项至第五项案件的管辖权异议裁定提起上诉的案件；

（七）对第一项至第五项案件的生效裁判申请再审的案件，但当事人依法向原审人民法院申请再审的除外；

（八）跨境破产协助案件；

（九）民商事司法协助案件；

（十）最高人民法院《关于仲裁司法审查案件归口办理有关问题的通知》确定的仲裁司法审查案件。

前款规定的民商事案件不包括婚姻家庭纠纷、继承纠纷、劳动争议、人事争议、环境污染侵权纠纷及环境公益诉讼。

三、海事海商及知识产权纠纷案件，不适用本通知。

四、涉及香港、澳门特别行政区和台湾地区的民商事案件参照适用本通知。

五、本通知自2018年1月1日起执行。之前已经受理的案件不适用本通知。

本通知执行过程中遇到的问题，请及时报告我院。

最高人民法院关于调整高级人民法院和中级人民法院管辖第一审民商事案件标准的通知

（2015年4月30日 法发〔2015〕7号）

为适应经济社会发展和民事诉讼需要，准确适用修改后的民事诉讼法关于级别管辖的相关规定，合理定位四级法院民商事审判职能，现就调整高级人民法院和中级人民法院管辖第一审民商事案件标准问题，通知如下：

一、当事人住所地均在受理法院所处省级行政辖区的第一审民商事案件

北京、上海、江苏、浙江、广东高级人民法院，管辖诉讼标的额5亿元以上一审民商事案件，所辖中级人民法院管辖诉讼标的额1亿元以上一审民商事案件。

天津、河北、山西、内蒙古、辽宁、安徽、福建、山东、河南、湖北、湖南、广西、海南、四川、重庆高级人民法院，管辖诉讼标的额3亿元以上一审民商事案件，所辖中级人民法院管辖诉讼标的额3000万元以上一审民商事案件。

吉林、黑龙江、江西、云南、陕西、新疆高级人民法院和新疆生产建设兵团分院，管辖诉讼标的额2亿元以上一审民商事案件，所辖中级人民法院管辖诉讼标的额1000万元以上一审民商事案件。

贵州、西藏、甘肃、青海、宁夏高级人民法院，管辖诉讼标的额1亿元以上一审民商事案件，所辖中级人民法院管辖诉讼标的额500万元以上一审民商事案件。

二、当事人一方住所地不在受理法院所处省级行政辖区的第一审民商事案件

北京、上海、江苏、浙江、广东高级人民法院，管辖诉讼标的额3亿元以上一审民商事案件，所辖中级人民法院管辖诉讼标的额5000万元以上一审民商事案件。

天津、河北、山西、内蒙古、辽宁、安徽、福建、山东、河南、湖北、湖南、广西、海南、四川、重庆高级人民法院，管辖诉讼标的额1亿元以上一审民商事案件，所辖中级人民法院管辖诉讼标的额2000万元以上一审民商事案件。

吉林、黑龙江、江西、云南、陕西、新疆高级人民法院和新疆生产建设兵团分院，管辖诉讼标的额5000万元以上一审民商事案件，所辖中级人民法院管辖诉讼标的额1000万元以上一审民商事案件。

贵州、西藏、甘肃、青海、宁夏高级人民法院，管辖诉讼标的额2000万元以上一审民商事案件，所辖中级人民法院管辖诉讼标的额500万元以上一审民商事案件。

三、解放军军事法院管辖诉讼标的额1亿元以上一审民商事案件，大单位军事法院管辖诉讼标的额2000万元以上一审民商事案件。

四、婚姻、继承、家庭、物业服务、人身损害赔偿、名誉权、交通事故、劳动争议等案件，以及群体性纠纷案件，一般由基层人民法院管辖。

五、对重大疑难、新类型和在适用法律上有普遍意义的案件，可以依照民事诉讼法第三十九条的规定，由上级人民法院自行决定由其审理，或者根据下级人民法院报请决定由其审理。

六、本通知调整的级别管辖标准不涉及知识产权案件、海事海商案件和涉外涉港澳台民商事案件。

七、本通知规定的第一审民商事案件标准，包含本数。

本通知自2015年5月1日起实施，执行过程中遇到的问题，请及时报告我院。

最高人民法院关于调整高级人民法院和中级人民法院管辖第一审民商事案件标准的通知

（2008年2月3日 法发〔2008〕10号）

各省、自治区、直辖市高级人民法院，解放军军事法院，新疆维吾尔自治区高级人民法院生产建设兵团分院：

为贯彻执行修改后的民事诉讼法，进一步加强最高人民法院和高级人民法院的审判监督和指导职能，现就调整高级人民法院和中级人民法院管辖第一审民商事案件标准问题，通知如下：

一、高级人民法院管辖下列第一审民商事案件。

北京、上海、广东、江苏、浙江高级人民法院，可管辖诉讼标的额在2亿元以上的第一审民商事案件，以及诉讼标的额在1亿元以上且当事人一方住所地不在本辖区或者涉外、涉港澳台的第一审民商事案件。

天津、重庆、山东、福建、湖北、湖南、河南、辽宁、吉林、黑龙江、广西、安徽、江西、四川、陕西、河北、山西、海南高级人民法院，可管辖诉讼标的额在1亿元以上的第一审民商事案件，以及诉讼标的额在5000万元以上且当事人一方住所地不在本辖区或者涉外、涉港澳台的第一审民商事案件。

甘肃、贵州、新疆、内蒙古、云南高级人民法院和新疆生产建设兵团分院，可管辖诉讼标的额在5000万元以上的第一审民商事案件，以及诉讼标的额在2000万元以上且当事人一方住所地不在本辖区或者涉外、涉港澳台的第一审民商事案件。

青海、宁夏、西藏高级人民法院可管辖诉讼标的额在2000万元以上的第一审民商事案件,以及诉讼标的额在1000万元以上且当事人一方住所地不在本辖区或者涉外、涉港澳台的第一审民商事案件。

二、中级人民法院管辖下列第一审民商事案件。

中级人民法院管辖第一审民商事案件标准,由高级人民法院自行确定,但应当符合下列条件:

北京、上海所辖中级人民法院,广东、江苏、浙江辖区内省会城市、计划单列市和经济较为发达的市中级人民法院,可管辖诉讼标的额不低于5000万元的第一审民商事案件,以及诉讼标的额不低于2000万元且当事人一方住所地不在本辖区或者涉外、涉港澳台的第一审民商事案件。其他中级人民法院可管辖诉讼标的额不低于2000万元的第一审民商事案件,以及诉讼标的额不低于800万元且当事人一方住所地不在本辖区或者涉外、涉港澳台的第一审民商事案件。

天津所辖中级人民法院,重庆所辖城区中级人民法院,山东、福建、湖北、湖南、河南、辽宁、吉林、黑龙江、广西、安徽、江西、四川、陕西、河北、山西、海南辖区内省会城市、计划单列市和经济较为发达的市中级人民法院,可管辖诉讼标的额不低于800万元的第一审民商事案件,以及诉讼标的额不低于300万元且当事人一方住所地不在本辖区或者涉外、涉港澳台的第一审民商事案件。其他中级人民法院可管辖诉讼标的额不低于500万元的第一审民商事案件,以及诉讼标的额不低于200万元且当事人一方住所地不在本辖区或者涉外、涉港澳台的第一审民商事案件。

甘肃、贵州、新疆、内蒙古、云南辖区内省会城市中级人民法院,可管辖诉讼标的额不低于300万元的第一审民商事案件,以及诉讼标的额不低于200万元且当事人一方住所地不在本辖区或者涉外、涉港澳台的第一审民商事案件。其他中级人民法院可管辖诉讼标的额不低于200万元的第一审民商事案件,以及诉讼标的额不低于100万元且当事人一方住所地不在本辖区或者涉外、涉港澳台的第一审民商事案件。

青海、宁夏、西藏辖区内中级人民法院,可管辖诉讼标的额不低于100万元的第一审民商事案件,以及诉讼标的额不低于50万元且当事人一方住所地不在本辖区或者涉外、涉港澳台的第一审民商事案件。

三、婚姻、继承、家庭、物业服务、人身损害赔偿、交通事故、劳动争议等案件,以及群体性纠纷案件,一般由基层人民法院管辖。

四、对重大疑难、新类型和在适用法律上有普遍意义的案件,可以依照民事诉讼法第三十九条的规定,由上级人民法院自行决定由其审理,或者根据下级人民法院报请决定由其审理。

五、实行专门管辖的海事海商案件、集中管辖的涉外民商事案件和知识产权案件,按现行规定执行。

六、军事法院管辖军内第一审民商事案件的标准,参照当地同级地方人民法院标准执行。

七、高级人民法院认为确有必要的,可以制定适当高于本通知的标准。对于辖区内贫困地区的中级人民法院,可以适当降低标准。

八、各高级人民法院关于本辖区的级别管辖标准应当于2008年3月5日前报我院批准。未经批准的,不得作为确定级别管辖的依据。

本通知执行过程中遇到的问题,请及时报告我院。

全国各省、自治区、直辖市高级人民法院和中级人民法院管辖第一审民商事案件标准

(2008年3月31日最高人民法院公布 自2008年4月1日起施行)

北京市

一、高级人民法院管辖诉讼标的额在2亿元以上的第一审民商事案件,以及诉讼标的额在1亿元以上且当事人一方住所地不在本辖区或者涉外、涉港澳台的第一审民商事案件。

二、中级人民法院、北京铁路运输中级法院管辖诉讼标的额在5000万元以上的第一审民商事案件,以及诉讼标的额在2000万元以上且当事人一方住所地不在本辖区或者涉外、涉港澳台的第一审民商事案件。

上海市

一、高级人民法院管辖诉讼标的额在2亿元以上的第一审民商事案件,以及诉讼标的额在1亿元以上且当事人一方住所地不在本辖区的第一审民商事案件或者涉外、涉港澳台的第一审民事案件。

二、中级人民法院管辖诉讼标的额在5000万元以上的第一审民商事案件,以及诉讼标的额在2000万元以上且当事人一方住所地不在本辖区的第一审民商事案件或者涉外、涉港澳台的第一审民事案件。

广东省

一、高级人民法院管辖下列第一审民商事案件

1. 诉讼标的额在3亿元以上的案件,以及诉讼标的额在2亿元以上且当事人一方住所地不在本辖区或者涉外、涉港澳台的案件;

2. 在全省有重大影响的案件;

3. 认为应由本院受理的案件。

二、中级人民法院管辖下列第一审民商事案件

1. 广州、深圳、佛山、东莞市中级人民法院管辖诉讼标的额在3亿元以下5000万元以上的第一审民商事案件,以及诉

讼标的额在2亿元以下4000万元以上且当事人一方住所地不在本辖区或者涉外、涉港澳台的第一审民商事案件；

2. 珠海、中山、江门、惠州市中级人民法院管辖诉讼标的额在3亿元以下3000万元以上的第一审民商事案件，以及诉讼标的额在2亿元以下2000万元以上且当事人一方住所地不在本辖区或者涉外、涉港澳台的第一审民商事案件；

3. 汕头、潮州、揭阳、汕尾、梅州、河源、韶关、清远、肇庆、云浮、阳江、茂名、湛江市中级人民法院管辖诉讼标的额在3亿元以下2000万元以上的第一审民商事案件，以及诉讼标的额在2亿元以下1000万元以上且当事人一方住所地不在本辖区或者涉外、涉港澳台的第一审民商事案件。

江苏省

一、高级人民法院管辖诉讼标的额在2亿元以上的第一审民商事案件，以及诉讼标的额在1亿元以上且当事人一方住所地不在本辖区或者涉外、涉港澳台的第一审民商事案件。

二、中级人民法院管辖下列第一审民商事案件

1. 南京、苏州、无锡市中级人民法院管辖诉讼标的额在3000万元以上，以及诉讼标的额在1000万元以上且当事人一方住所地不在本辖区或者涉外、涉港澳台的第一审民商事案件；

2. 扬州、南通、泰州、镇江、常州市中级人民法院管辖诉讼标的额在800万元以上，以及诉讼标的额在300万元以上且当事人一方住所地不在本辖区或者涉外、涉港澳台的第一审民商事案件；

3. 连云港、盐城、徐州、淮安市中级人民法院管辖诉讼标的额在500万元以上，以及诉讼标的额在200万元以上且当事人一方住所地不在本辖区或者涉外、涉港澳台的第一审民商事案件；

4. 宿迁市中级人民法院管辖诉讼标的额在300万元以上，以及诉讼标的额在200万元以上且当事人一方住所地不在本辖区或者涉外、涉港澳台的第一审民商事案件。

浙江省

一、高级人民法院管辖诉讼标的额在2亿元以上的第一审民商事案件，以及诉讼标的额在1亿元以上且当事人一方住所地不在本辖区或者涉外、涉港澳台的第一审民商事案件。

二、中级人民法院管辖下列第一审民商事案件

1. 杭州市、宁波市中级人民法院管辖诉讼标的额在3000万元以上的第一审民商事案件，以及诉讼标的额在1000万元以上且当事人一方住所地不在本辖区或者涉外、涉港澳台的第一审民商事案件；

2. 温州市、嘉兴市、绍兴市、台州市、金华市中级人民法院管辖诉讼标的额在1000万元以上的第一审民商事案件，以及诉讼标的额在500万元以上且当事人一方住所地不在本辖区或者涉外、涉港澳台的第一审民商事案件；

3. 其他中级人民法院管辖诉讼标的额在500万元以上的第一审民商事案件，以及诉讼标的额在200万元以上且当事人一方住所地不在本辖区或者涉外、涉港澳台的第一审民商事案件。

天津市

一、高级人民法院管辖诉讼标的额在1亿元以上的第一审民商事案件，以及诉讼标的额在5000万元以上且当事人一方住所地不在本辖区或者涉外、涉港澳台的第一审民商事案件。

二、中级人民法院管辖诉讼标的额在800万元以上的第一审民商事案件，以及诉讼标的额在500万元以上且当事人一方住所地不在本辖区或者涉外、涉港澳台的第一审民商事案件。

重庆市

一、高级人民法院管辖诉讼标的额在1亿元以上的第一审民商事案件，以及诉讼标的额在5000万元以上且当事人一方住所地不在本辖区或者涉外、涉港澳台的第一审民商事案件。

二、第一、第五中级人民法院管辖诉讼标的额在800万元以上的第一审民商事案件，以及诉讼标的额在300万元以上且当事人一方住所地不在本辖区或者涉外以上、涉港澳台的第一审民商事案件。

三、第二、三、四中级人民法院管辖诉讼标的额在500万元以上的第一审民商事案件，以及诉讼标的额在200万元以上且当事人一方住所地不在本辖区或者涉外、涉港澳台的第一审民商事案件。

山东省

一、高级人民法院管辖诉讼标的额在1亿元以上的民商事案件，以及诉讼标的额在5000万元以上且当事人一方住所地不在本辖区或者涉外、涉港澳台的第一审民商事案件。

二、中级人民法院管辖下列第一审民商事案件

1. 济南、青岛市中级人民法院管辖诉讼标的额在1000万元以上的第一审民商事案件，以及诉讼标的额在500万元以上且当事人一方住所地不在本辖区或者涉外、涉港澳台的第一审民商事案件；

2. 烟台、临沂、淄博、潍坊市中级人民法院管辖诉讼标的额在500万元以上的第一审民商事案件，以及诉讼标的额在200万元以上且当事人一方住所地不在本辖区或者涉外、涉港澳台的第一审民商事案件；

3. 济宁、威海、泰安、滨州、日照、东营市中级人民法院管辖诉讼标的额在300万元以上的第一审民商事案件，以及诉讼标的额在200万元以上且当事人一方住所地不在本辖区或

者涉外、涉港澳台的第一审民商事案件;

德州、聊城、枣庄、菏泽、莱芜市中级人民法院管辖诉讼标的额在300万元以上的第一审民商事案件,以及诉讼标的额在200万元以上且当事人一方住所地不在本辖区的第一审国内民商事案件;

4. 济南铁路运输中级法院依照专门管辖规定,管辖诉讼标的额在300万元以上的第一审民商事案件。青岛海事法院管辖第一审海事纠纷和海商纠纷案件,不受争议金额限制。

福建省

一、高级人民法院管辖下列第一审民商事案件

诉讼标的额在1亿元以上的第一审民商事案件,以及诉讼标的额在5000万元以上且当事人一方住所地不在本辖区或者涉外、涉港澳台的第一审民商事案件。

二、中级人民法院管辖下列第一审民商事案件

1. 福州、厦门、泉州市中级人民法院管辖除省高级人民法院管辖以外的、诉讼标的额在800万元以上的第一审民商事案件,以及诉讼标的额在300万元以上且当事人一方住所地不在本辖区或者涉外、涉港澳台的第一审民商事案件;

2. 漳州、莆田、三明、南平、龙岩、宁德市中级人民法院管辖除省高级人民法院管辖以外的、诉讼标的额在500万元以上的第一审民商事案件,以及诉讼标的额在200万元以上且当事人一方住所地不在本辖区的第一审民商事案件或者涉外、涉港澳台的第一审民商事案件。

湖北省

一、高级人民法院管辖下列案件

1. 诉讼标的额在1亿元以上,以及诉讼标的额在5000万元以上且当事人一方住所地不在本辖区的第一审民商事案件。

2. 上级人民法院指定管辖的案件。

二、中级人民法院管辖下列第一审民商事案件

1. 武汉、汉江中级人民法院管辖诉讼标的额在800万元以上的第一审民商事案件,以及诉讼标的额在300万元以上且当事人一方住所地不在本辖区的民商事案件;

2. 其他中级人民法院管辖诉讼标的额在500万元以上的第一审民商事案件,以及诉讼标的额在200万元以上且当事人一方住所地不在本辖区的第一审民商事案件;

3. 在本辖区有重大影响的案件;

4. 一方当事人为县(市、市辖区)人民政府的案件;

5. 上级人民法院指定本院管辖的案件。

湖南省

一、高级人民法院管辖下列第一审民商事案件

1. 诉讼标的额在1亿元以上的案件;

2. 当事人一方住所地不在本辖区,诉讼标的额在5000万元以上的案件;

3. 在本辖区内有重大影响的案件;

4. 根据法律规定提审的案件;

5. 最高人民法院指定管辖、根据民事诉讼法第三十九条指令管辖(交办)的案件或其他人民法院依法移送的民商事案件。

二、中级人民法院管辖下列第一审民商事案件

1. 长沙市中级人民法院管辖诉讼标的额在800万元以上1亿元以下的第一审民商事案件,以及诉讼标的额在300万元以上5000万元以下且当事人一方住所地不在本辖区或者涉外、涉港澳台的第一审民商事案件;

2. 岳阳市、湘潭市、株洲市、衡阳市、郴州市、常德市中级人民法院管辖诉讼标的额在400万元以上1亿元以下的第一审民商事案件,以及诉讼标的额在200万元以上5000万元以下且当事人一方住所地不在本辖区或者涉外、涉港澳台的第一审民商事案件;

3. 益阳市、邵阳市、永州市、娄底市、怀化市、张家界市中级人民法院管辖诉讼标的额在300万元以上1亿元以下的第一审民商事案件,以及诉讼标的额在200万元以上5000万元以下且当事人一方住所地不在本辖区或者涉外、涉港澳台的第一审民商事案件;

4. 湘西土家族苗族自治州中级人民法院管辖诉讼标的额在200万元以上1亿元以下的第一审民商事案件,以及诉讼标的额在150万元以上5000万元以下且当事人一方住所地不在本辖区或者涉外、涉港澳台的第一审民商事案件;

5. 根据法律规定提审的案件;

6. 上级人民法院指定管辖、根据民事诉讼法第三十九条指令管辖(交办)或其他人民法院依法移送的民商事案件。

河南省

一、高级人民法院管辖诉讼标的额在1亿元以上的第一审民商事案件,以及诉讼标的额在5000万元以上且当事人一方住所地不在本辖区的案件。

二、中级人民法院管辖下列第一审民商事案件

1. 郑州市中级人民法院管辖诉讼标的额在800万元以上1亿元以下的第一审民商事案件,以及诉讼标的额在500万元以上且当事人一方住所地不在本辖区的第一审民商事案件;

2. 洛阳市、新乡市、安阳市、焦作市、平顶山市、南阳市中级人民法院管辖诉讼标的额在500万元以上1亿元以下的第一审民商事案件,以及诉讼标的额在300万元以上且当事人一方住所地不在本辖区的第一审民商事案件;

3. 其他中级人民法院管辖诉讼标的额在300万元以上1亿元以下的第一审民商事案件,以及诉讼标的额在200万元以上且当事人一方住所地不在本辖区的第一审民商事案件。

辽宁省

一、高级人民法院管辖诉讼标的额在1亿元以上的第一审民商事案件，以及诉讼标的额在5000万元以上且当事人一方住所地不在本辖区或者涉外、涉港澳台的第一审民商事案件。

二、中级人民法院管辖下列第一审民商事案件

1. 沈阳、大连中级人民法院管辖诉讼标的额在800万元以上的第一审民商事案件，以及诉讼标的额在300万元以上且当事人一方住所地不在本辖区或者涉外、涉港澳台的第一审民商事案件；

2. 鞍山、抚顺、本溪、丹东、锦州、营口、辽阳、葫芦岛中级人民法院管辖诉讼标的额在500万元以上的第一审民商事案件，以及诉讼标的额在200万元以上且当事人一方住所地不在本辖区或者涉外、涉港澳台的第一审民商事案件；

3. 其他中级人民法院管辖诉讼标的额在300万元以上的第一审民商事案件，以及诉讼标的额在100万元以上且当事人一方住所地不在本辖区或者涉外、涉港澳台的第一审民商事案件。

吉林省

一、高级人民法院管辖诉讼标的额在1亿元以上的第一审民商事案件，以及诉讼标的额在5000万元以上且当事人一方住所地不在本辖区或者涉外、涉港澳台的第一审民商事案件。

二、中级人民法院管辖下列第一审民商事案件

1. 长春市中级人民法院管辖诉讼标的额在800万元以上的第一审民商事案件，以及诉讼标的额在300万元以上且当事人一方住所地不在本辖区的第一审民商事案件；

2. 吉林市中级人民法院管辖诉讼标的额在500万元以上的第一审民商事案件，以及诉讼标的额在200万元以上且当事人一方住所地不在本辖区的第一审民商事案件；

3. 延边州中级人民法院、四平市、通化市、松原市、白山市、白城市、辽源市中级人民法院以及吉林市中级人民法院分院、延边州中级人民法院分院管辖诉讼标的额在300万元以上的第一审民商事案件，以及诉讼标的额在100万元以上且当事人一方住所地不在本辖区的第一审民商事案件。

黑龙江省

一、高级人民法院管辖诉讼标的额在1亿元以上的第一审民商事案件，以及诉讼标的额在5000万元以上且当事人一方住所地不在本辖区或者涉外、涉港澳台的第一审民商事案件。

二、中级人民法院管辖下列第一审民商事案件

1. 哈尔滨市中级人民法院管辖诉讼标的额在800万元以上的第一审民商事案件，以及诉讼标的额在300万元以上且当事人一方住所地不在本辖区或者涉外、涉港澳台的第一审民商事案件；

2. 齐齐哈尔市、牡丹江市、佳木斯市、大庆市中级人民法院管辖诉讼标的额在500万元以上的第一审民商事案件，以及诉讼标的额在200万元以上且当事人一方住所地不在本辖区或者涉外、涉港澳台的第一审民商事案件；

3. 绥化、鸡西、伊春、鹤岗、七台河、双鸭山、黑河、大兴安岭、黑龙江省农垦、哈尔滨铁路、黑龙江省林区中级人民法院管辖诉讼标的额在300万元以上的第一审民商事案件，以及诉讼标的额在100万元以上且当事人一方住所地不在本辖区或者涉外、涉港澳台的第一审民商事案件。

广西壮族自治区

一、高级人民法院管辖下列第一审民商事案件

高级法院管辖诉讼标的额在1亿元以上的第一审民商事案件，以及诉讼标的额在5000万元以上且当事人一方住所地不在本辖区或者涉外、涉港澳台的第一审民商事案件。

二、中级人民法院管辖下列第一审民商事案件

1. 南宁市中级人民法院管辖诉讼标的额在800万元以上的第一审民商事案件，以及诉讼标的额在300万元以上且当事人一方住所地不在本辖区或者涉外、涉港澳台的第一审民商事案件；

2. 柳州、桂林、北海、梧州市中级人民法院管辖诉讼标的额在500万元以上的第一审民商事案件，以及诉讼标的额在200万元以上且当事人一方住所地不在本辖区或者涉外、涉港澳台的第一审民商事案件；

3. 玉林、贵港、钦州、防城港市中级人民法院管辖诉讼标的额在300万元以上的第一审民商事案件，以及诉讼标的额在200万元以上且当事人一方住所地不在本辖区或者涉外、涉港澳台的第一审民商事案件；

4. 百色、河池、崇左、来宾、贺州市中级人民法院和南宁铁路运输中级法院管辖诉讼标的额在150万元以上的第一审民商事案件，以及诉讼标的额在100万元以上且当事人一方住所地不在本辖区或者涉外、涉港澳台的第一审民商事案件。

安徽省

一、高级人民法院管辖诉讼标的额在1亿元以上的第一审民商事案件，以及诉讼标的额在5000万元以上且当事人一方住所地不在本辖区或者涉外、涉港澳台的第一审民商事案件。

二、中级人民法院管辖下列第一审民商事案件

1. 合肥市中级人民法院管辖诉讼标的额在800万元以上1亿元以下的第一审民商事案件，以及诉讼标的额在300万元以上5000万元以下且当事人一方住所地不在本辖区或者涉外、涉港澳台的第一审民商事案件；

2. 芜湖市、马鞍山市、铜陵市中级人民法院管辖诉讼标的额在300万元以上1亿元以下的第一审民商事案件，以及诉讼标的额在200万元以上5000万元以下且当事人一方住所地不在本辖区或者涉外、涉港澳台的第一审民商事案件；

3. 其他中级人民法院管辖诉讼标的额在150万元以上1亿元以下的第一审民商事案件，以及诉讼标的额在80万元以上5000万元以下且当事人一方住所地不在本辖区或者涉外、涉港澳台的第一审民商事案件。

江西省

一、高级人民法院管辖诉讼标的额在1亿元以上的第一审民商事案件，以及诉讼标的额在5000万元以上且当事人一方住所地不在本辖区或者涉外、涉港澳台的第一审民商事案件。

二、南昌市中级人民法院管辖诉讼标的额在500万元以上的第一审民商事案件，以及诉讼标的额在200万元以上且当事人一方住所地不在本辖区或者涉外、涉港澳台的第一审民商事案件。

其他中级人民法院管辖诉讼标的额在300万元以上的第一审民商事案件，以及诉讼标的额在200万元以上且当事人一方住所地不在本辖区或者涉外、涉港澳台的第一审民商事案件。

四川省

一、高级人民法院管辖下列第一审民事案件

1. 诉讼标的额在1亿元以上的第一审民商事案件，以及诉讼标的额在5000万元以上且当事人一方住所地不在本辖区或者涉外、涉港澳台的第一审民事案件；

2. 最高人民法院指定高级人民法院审理或者高级人民法院认为应当由自己审理的属于中级人民法院管辖的其他第一审民事案件。

二、中级人民法院管辖下列第一审民事案件

1. 成都市中级人民法院管辖诉讼标的额在800万元以上1亿元以下的第一审民事案件，以及诉讼标的额在300万元以上5000万元以下且当事人一方住所地不在本辖区的第一审民事案件；

2. 甘孜、阿坝、凉山州中级人民法院管辖诉讼标的额在100万元以上1亿元以下的第一审民事案件，以及诉讼标的额在50万元以上5000万元以下且当事人一方住所地不在本辖区的第一审民事案件；

3. 其他中级人民法院管辖诉讼标的额在500万元以上1亿元以下的第一审民商事案件，以及诉讼标的额在200万元以上5000万元以下且当事人一方住所地不在本辖区的第一审民事案件；

4. 根据最高人民法院的规定和指定，管辖涉外、涉港澳台第一审民事案件；

5. 在本辖区内有重大影响的其他第一审民事案件；

6. 高级人民法院指定中级人民法院审理的第一审民事案件或者中级法院认为应当由自己审理的属于基层法院管辖的第一审民事案件；

7. 法律、司法解释明确规定由中级法院管辖的第一审民事案件。

陕西省

一、高级人民法院管辖诉讼标的额在1亿元以上的第一审民商事案件，以及诉讼标的额在5000万元以上且当事人一方住所地不在本辖区或者涉外、涉港澳台的第一审民商事案件。

二、中级人民法院管辖下列第一审民商事案件

1. 西安市中级人民法院管辖诉讼标的额在800万元以上的第一审民商事案件，以及诉讼标的额在300万元以上且当事人一方住所地不在本辖区或者涉外、涉港澳台的第一审民商事案件；

2. 宝鸡、咸阳、铜川、延安、榆林、渭南、汉中市中级人民法院、西安铁路运输中级法院管辖诉讼标的额在500万元以上的第一审民商事案件，以及诉讼标的额在200万元以上且当事人一方住所地不在本辖区或者涉外、涉港澳台的第一审民商事案件；

3. 安康、商洛中级人民法院管辖诉讼标的额在300万元以上的第一审民商事案件，以及诉讼标的额在100万元以上且当事人一方住所地不在本辖区或者涉外、涉港澳台的第一审民商事案件。

河北省

一、高级人民法院管辖诉讼标的额在1亿元以上的第一审民商事案件，以及诉讼标的额在5000万元以上且当事人一方住所地不在本辖区或者涉外、涉港澳台的第一审民商事案件。

二、中级人民法院管辖下列第一审民商事案件

1. 石家庄、唐山市中级人民法院管辖诉讼标的额在800万元以上的第一审民商事案件，以及诉讼标的额在300万元以上且当事人一方住所地不在本辖区或者涉外、涉港澳台的第一审民商事案件；

2. 保定、秦皇岛、廊坊、邢台、邯郸、沧州、衡水市中级人民法院管辖诉讼标的额在500万元以上的第一审民商事案件，以及诉讼标的额在200万元以上且当事人一方住所地不在本辖区或者涉外、涉港澳台的第一审民商事案件；

3. 张家口、承德市中级人民法院管辖诉讼标的额在300万元以上的第一审民商事案件，以及诉讼标的额在100万元以上且当事人一方住所地不在本辖区或者涉外、涉港澳台的第一审民商事案件。

山西省

一、高级人民法院管辖诉讼标的额在1亿元以上的第一审民商事案件，以及诉讼标的额在5000万元以上且当事人一方住所地不在本辖区或者涉外、涉港澳台的第一审民商事案件。

二、中级人民法院管辖下列第一审民商事案件

太原市中级人民法院管辖诉讼标的额在800万元以上1亿元以下的第一审民商事案件，以及诉讼标的额在300万元以上且当事人一方住所地不在本辖区或者涉外、涉港澳台的第一审民商事案件；其他中级人民法院管辖诉讼标的额在500万元以上1亿元以下的第一审民商事案件，以及诉讼标的额在200万元以上且当事人一方住所地不在本辖区或者涉外、涉港澳台的第一审民商事案件。

海南省

一、高级人民法院管辖下列第一审民商事案件

1. 诉讼标的额在1亿元以上的第一审民商事案件；

2. 诉讼标的额在5000万元以上且当事人一方住所地不在本辖区或者涉外、涉港澳台的第一审民商事案件。

二、中级人民法院管辖下列第一审民商事案件

1. 诉讼标的额在800万元以上1亿元以下的第一审民商事案件；

2. 诉讼标的额在500万元以上5000万元以下且当事人一方住所地不在本辖区或者涉外、涉港澳台的第一审民商事案件。

甘肃省

一、高级人民法院管辖诉讼标的额在5000万元以上的第一审民事案件，以及诉讼标的额在2000万元以上且当事人一方住所地不在本辖区或者涉外、涉港澳台的第一审民事案件。

二、中级人民法院管辖下列第一审民事案件

1. 兰州市中级人民法院管辖诉讼标的额在300万元以上的第一审民事案件，以及诉讼标的额在200万元以上且当事人一方住所地不在本辖区或者涉外、涉港澳台的第一审民事案件；

2. 白银、金昌、庆阳、平凉、天水、酒泉、张掖、武威中级人民法院管辖诉讼标的额在200万元以上的第一审民事案件，以及诉讼标的额在100万元以上且当事人一方住所地不在本辖区或者涉外、涉港澳台的第一审民事案件；

3. 陇南、定西、甘南、临夏中级人民法院管辖诉讼标的额在100万元以上的第一审民事案件，以及诉讼标的额在50万元以上且当事人一方住所地不在本辖区或者涉外、涉港澳台的第一审民事案件；

4. 嘉峪关市人民法院、甘肃矿区人民法院管辖诉讼标的额在5000万元以下的第一审民事案件，以及诉讼标的额在2000万元以下且当事人一方住所地不在本辖区或者涉外、涉港澳台的第一审民事案件；

5. 兰州铁路运输中级法院、陇南市中级人民法院分院管辖诉讼标的额在200万元以上的第一审民事案件，以及诉讼标的额在100万元以上且当事人一方住所地不在本辖区的第一审民事案件。

贵州省

一、高级人民法院管辖标的额在5000万元以上的第一审民事案件，以及诉讼标的额在2000万元以上且当事人一方住所地不在本辖区或者涉外、涉港澳台的第一审民事案件。

二、中级人民法院管辖下列第一审民事案件

1. 贵阳市中级人民法院管辖诉讼标的额在300万元以上的第一审民事案件，以及诉讼标的额在200万元以上且当事人一方住所地不在本辖区或者涉外、涉港澳台的第一审民事案件；

2. 遵义市、六盘水市中级人民法院管辖诉讼标的额在200万元以上的第一审民事案件，以及诉讼标的额在100万元以上且当事人一方住所地不在本辖区或者涉外、涉港澳台的第一审民事案件；

3. 其他中级人民法院管辖诉讼标的额在100万元以上的第一审民事案件。

新疆维吾尔自治区

一、高级人民法院管辖下列第一审民商事案件

1. 诉讼标的额在5000万元以上的第一审民商事案件；

2. 诉讼标的额在2000万元以上且当事人一方住所地不在本辖区或者涉外、涉港澳台的第一审民商事案件。

二、中级人民法院管辖下列第一审民商事案件

1. 乌鲁木齐市中级人民法院管辖诉讼标的额在300万元以上5000万元以下的第一审民商事案件，以及诉讼标的额在200万元以上2000万元以下且当事人一方住所地不在本辖区的第一审民商事案件；

2. 和田地区、克孜勒苏柯尔克孜自治州、博尔塔拉蒙古自治州中级人民法院管辖诉讼标的额在150万元以上5000万元以下的第一审民商事案件，以及诉讼标的额在100万元以上2000万元以下且当事人一方住所地不在本辖区的第一审民商事案件；

3. 其他中级人民法院和乌鲁木齐铁路运输中级法院管辖诉讼标的额在200万元以上5000万元以下的第一审民商事案件，以及诉讼标的额在100万元以上2000万元以下且当事人一方住所地不在本辖区的第一审民商事案件；

4. 诉讼标的额在200万元以上2000万元以下的涉外、涉港澳台民商事案件；

5. 乌鲁木齐市中级人民法院管辖诉讼标的额在2000万元以下的涉外、涉港澳台实行集中管辖的五类民商事案件。

三、伊犁哈萨克自治州法院管辖下列第一审民商事案件

（一）高级人民法院伊犁哈萨克自治州分院管辖下列第一审民商事案件

1. 高级人民法院伊犁哈萨克自治州分院在其辖区内管辖与高级人民法院同等标的的民商事案件及当事人一方住所地不在本辖区或者涉外、涉港澳台的第一审民商事案件；

2. 管辖诉讼标的额在2000万元以下的涉外、涉港澳台实行集中管辖的五类民商事案件。

（二）中级人民法院管辖下列第一审民商事案件

1. 塔城、阿勒泰地区中级人民法院管辖诉讼标的额在200万元以上5000万元以下的第一审民商事案件，以及诉讼标的额在100万元以上2000万元以下且当事人一方住所地不在本辖区或者涉外、涉港澳台的民商事案件；

2. 高级人民法院伊犁哈萨克自治州分院管辖发生于奎屯市、伊宁市等二市八县辖区内，依本规定应由中级人民法院管辖的诉讼标的额在200万元以上5000万元以下以及诉讼标的额在100万元以上2000万元以下的当事人一方住所地不在本辖区或者涉外、涉港澳台的第一审民商事案件。

内蒙古自治区

一、高级人民法院管辖下列第一审民商事案件

1. 诉讼标的额在5000万元以上的第一审民商事案件，以及诉讼标的额在2000万元以上且当事人一方住所地不在本辖区或者涉外、涉港澳台的第一审民商事案件；

2. 在全区范围内有重大影响的民商事案件。

二、中级人民法院管辖下列第一审民商事案件

1. 呼和浩特市、包头市中级人民法院管辖诉讼标的额在300万元以上5000万元以下的第一审民商事案件，以及诉讼标的额在200万元以上2000万元以下且当事人一方住所地不在本辖区或者涉外、涉港澳台的第一审民商事案件；

2. 呼伦贝尔市、兴安盟、通辽市、赤峰市、锡林郭勒盟、乌兰察布市、鄂尔多斯市、巴彦淖尔市、乌海市、阿拉善盟中级人民法院和呼和浩特铁路运输中级法院管辖诉讼标的额在200万元以上5000万元以下的第一审民商事案件，以及诉讼标的额在100万元以上2000万元以下且当事人一方住所地不在本辖区或者涉外、涉港澳台的第一审民商事案件。

云南省

一、高级人民法院管辖下列第一审民商事案件

1. 诉讼标的额在1亿元以上的第一审民商事案件；

2. 诉讼标的额在5000万元以上且涉外、涉港澳台第一审民商事案件；

3. 诉讼标的额在5000万元以上的当事人一方住所地不在本辖区的第一审民商事案件；

4. 继续执行管辖在全省范围内有重大影响的民商事案件的规定。

二、中级人民法院管辖下列第一审民商事案件

1. 昆明市中级人民法院管辖诉讼标的额在400万元以上的第一审民商事案件，以及诉讼标的额在200万元以上且当事人一方住所地不在本辖区的第一审民商事案件；

2. 红河州、文山州、西双版纳州、德宏州、大理州、楚雄州、曲靖市、昭通市、玉溪市、普洱市、临沧市、保山市中级人民法院管辖诉讼标的额在200万元以上的第一审民商事案件，以及诉讼标的额在100万元以上且当事人一方住所地不在本辖区的第一审民商事案件；

3. 丽江市、迪庆州、怒江州中级人民法院管辖诉讼标的额在100万元以上的第一审民商事案件，以及诉讼标的额在100万元以上且当事人一方住所地不在本辖区的第一审民商事案件；

4. 昆明市、红河州、文山州、西双版纳州、德宏州、怒江州、普洱市、临沧市、保山市中级人民法院管辖诉讼标的额在5000万元以下的涉外、涉港澳台第一审民商事案件；

5. 继续执行各州、市中级人民法院管辖在法律适用上具有普遍意义的新类型民、商事案件和在辖区内有重大影响的民、商事案件的规定。

新疆维吾尔自治区
高级人民法院生产建设兵团分院

一、高级人民法院生产建设兵团分院管辖诉讼标的额在5000万元以上的第一审民商事案件，以及诉讼标的额在2000万元以上且当事人一方住所地不在本辖区或者涉外、涉港澳台的第一审民商事案件。

二、农一师、农二师、农四师、农六师、农七师、农八师中级人民法院管辖诉讼标的额在200万元以上的第一审民商事案件，以及诉讼标的额在100万元以上且当事人一方住所地不在本辖区或者涉外、涉港澳台的第一审民商事案件。

其他农业师中级人民法院管辖诉讼标的额在150万元以上的第一审民商事案件，以及诉讼标的额在100万元以上且当事人一方住所地不在本辖区或者涉外、涉港澳台的第一审民商事案件。

青海省

一、高级人民法院管辖下列第一审民商事案件

1. 诉讼标的额在2000万元以上的第一审民商事案件，以及诉讼标的额在1000万元以上且当事人一方住所地不在本辖区或者涉外、涉港澳台的第一审民商事案件；

2. 最高人民法院指定由高级人民法院管辖的案件；

3. 在全省范围内有重大影响的案件。

二、中级人民法院管辖下列第一审民商事案件

1. 西宁市中级人民法院管辖全市、海西州中级人民法院管辖格尔木市诉讼标的额在100万元以上2000万元以下的第一审民商事案件，以及诉讼标的额在50万元以上且当事人一方住所地不在本辖区的第一审民商事案件；

2. 海东地区、海南、海北、黄南、海西州中级人民法院管辖（除格尔木市）诉讼标的额在60万元以上2000万元以下的第一审民商事案件，以及诉讼标的额在50万元以上且当事人一方住所地不在本辖区的第一审民商事案件；

3. 果洛、玉树州中级人民法院管辖诉讼标的额在50万元以上2000万元以下的第一审民商事案件，以及诉讼标的额在30万元以上且当事人一方住所地不在本辖区的第一审民商事案件；

4. 上级人民法院指定管辖的案件。

宁夏回族自治区

一、高级人民法院管辖诉讼标的额在2000万元以上的第一审民商事案件，以及诉讼标的额在1000万元以上且当事人一方住所地不在本辖区或者涉外、涉港澳台的第一审民商事案件。

二、中级人民法院管辖下列第一审民商事案件

1. 银川市中级人民法院管辖诉讼标的额在200万元以上的第一审民商事案件，以及诉讼标的额在100万元以上且当事人一方住所地不在本辖区的第一审民商事案件；

2. 依照法释(2002)5号司法解释第一条、第三条、第五条的规定，银川市中级人民法院集中管辖本省区争议金额在1000万元以下的第一审涉外、涉港澳台民商事案件；

3. 石嘴山、吴忠、中卫、固原市中级人民法院管辖诉讼标的额在100万元以上的第一审民商事案件，以及诉讼标的额在80万元以上且当事人一方住所地不在本辖区的民商事案件。

西藏自治区

一、高级人民法院管辖诉讼标的额在2000万元以上的第一审民商事案件，以及诉讼标的额在500万元以上且当事人一方住所地不在本辖区或者涉外、涉港澳台的第一审民商事案件。

二、中级人民法院管辖下列第一审民商事案件

1. 拉萨市中级人民法院管辖拉萨城区诉讼标的额在200万元以上、所辖各县诉讼标的额在100万元以上的第一审民商事案件；

2. 其他各地区中级人民法院管辖地区行署所在地诉讼标的额在150万元以上、所辖各县范围内诉讼标的额在100万元以上的第一审民商事案件；

3. 诉讼标的额在500万元以下的涉外、涉港澳台的第一审民商事案件，均由各地方中级人民法院管辖。

最高人民法院关于中国证券登记结算有限责任公司履行职能相关的诉讼案件指定管辖问题的通知

（2007年6月20日　法〔2007〕177号）

各省、自治区、直辖市高级人民法院，解放军军事法院，新疆维吾尔自治区高级人民法院生产建设兵团分院：

为正确、及时地管辖、审理与中国证券登记结算有限责任公司履行职能相关的诉讼案件，特作如下通知：

一、根据《中华人民共和国民事诉讼法》第三十七条和《中华人民共和国行政诉讼法》第二十二条的有关规定，指定中国证券登记结算有限责任公司及其分支机构所在地的中级人民法院分别管辖以中国证券登记结算有限责任公司或其分支机构为被告、第三人的下列第一审民事和行政案件：

1. 中国证券登记结算有限责任公司或其分支机构根据法律、法规、规章的规定，进行证券登记、存管、结算业务或对结算参与人及其他相关单位和人员作出处理决定引发的诉讼；

2. 中国证券登记结算有限责任公司或其分支机构根据法律、法规的授权和国务院证券监督管理机构的依法授权，进行证券登记、存管、结算业务或对结算参与人及其他相关单位和人员作出处理决定引发的诉讼；

3. 中国证券登记结算有限责任公司或其分支机构根据其章程、业务规则的规定以及相关业务合同、协议、备忘录的约定，进行证券登记、存管、结算业务或对结算参与人及其他相关单位和人员作出处理决定引发的诉讼；

4. 中国证券登记结算有限责任公司或其分支机构在履行证券登记、存管、结算职能过程中引发的其他诉讼。

二、其他人民法院在本通知下发之日前受理的上述案件，已经开庭审理的，继续审理；尚未开庭审理的，移送指定法院审理。

最高人民法院关于涉及驰名商标认定的民事纠纷案件管辖问题的通知

（2009年1月5日　法〔2009〕1号）

各省、自治区、直辖市高级人民法院，解放军军事法院，新疆维吾尔自治区高级人民法院生产建设兵团分院：

为进一步加强人民法院对驰名商标的司法保护，完善司法保护制度，规范司法保护行为，增强司法保护的权威性和公信力，维护公平竞争的市场经济秩序，为国家经济发展大局服务，从本通知下发之日起，涉及驰名商标认定的民事纠纷案

件，由省、自治区人民政府所在地的市、计划单列市中级人民法院，以及直辖市辖区内的中级人民法院管辖。其他中级人民法院管辖此类民事纠纷案件，需报经最高人民法院批准；未经批准的中级人民法院不再受理此类案件。

以上通知，请遵照执行。

◎请示答复

最高人民法院关于人民法院应否受理低价倾销不正当竞争纠纷及其管辖确定问题的批复

（2010年10月15日 〔2010〕民三他字第13号）

辽宁省高级人民法院：

你院（2010）辽立二民申字第00254号《关于申请再审人华润雪花啤酒（辽宁）有限公司与被申请人北方绿色食品股份有限公司清河墨尼啤酒分公司不正当竞争、垄断纠纷一案的请示报告》收悉。经研究，批复如下：

依据《中华人民共和国反不正当竞争法》第二十条第二款的规定，凡经营者的合法权益因不正当竞争行为受到损害的，都可以向人民法院提起民事诉讼。因此，经营者依据《中华人民共和国反不正当竞争法》第十一条的规定以低价倾销不正当竞争纠纷向人民法院提起民事诉讼的，人民法院应当依法受理，并可以参照《最高人民法院关于审理不正当竞争民事案件应用法律若干问题的解释》第十八条的规定确定管辖。如果原告同时依据《中华人民共和国反垄断法》的有关规定以垄断纠纷提出诉讼请求的，则全案宜由省会市或者计划单列市中级人民法院管辖。

此复。

最高人民法院关于人民法院管辖区域变更后已经生效判决的复查改判管辖问题的复函

（1998年8月31日 法函〔1998〕81号）

江苏省高级人民法院：

你院苏高法〔1998〕64号《关于管辖区划变更后复查案件审批程序问题的请示》收悉。经研究，答复如下：

人民法院的管辖区域随行政区划变更后，对于变更之前生效判决的复查改判（申请再审或决定再审），仍应按照最高人民法院（62）法文字第3号《关于原审法院机构撤销和管辖区域变更后判决改判问题的批复》和（62）法文字第7号《关于原审法院管辖区域变更后判决改判问题的批复》办理。你省原由淮阴市、扬州市中院终审而现在属宿迁市、连云港市、泰州市管辖区内的各类案件，其复查和再审改判应由宿迁市、连云港市、泰州市中院管辖。

最高人民法院《关于适用〈中华人民共和国民事诉讼法〉若干问题的意见》第35条的规定，只适用于人民法院受理案件后审结案件前行政区划发生变更的情况。因此，该规定与上述两个批复并不矛盾。

典型案例

1. 韩凤彬诉内蒙古九郡药业有限责任公司等产品责任纠纷管辖权异议案①

【基本案情】

原告韩凤彬诉被告内蒙古九郡药业有限责任公司（以下简称九郡药业）、上海云洲商厦有限公司（以下简称云洲商厦）、上海广播电视台（以下简称上海电视台）、大连鸿雁大药房有限公司（以下简称鸿雁大药房）产品质量损害赔偿纠纷一案，辽宁省大连市中级人民法院于2008年9月3日作出（2007）大民权初字第4号民事判决。九郡药业、云洲商厦、上海电视台不服，向辽宁省高级人民法院提起上诉。该院于2010年5月24日作出（2008）辽民一终字第400号民事判决。该判决发生法律效力后，再审申请人九郡药业、云洲商厦向最高人民法院申请再审。

最高人民法院于同年12月22日作出（2010）民申字第1019号民事裁定，提审本案，并于2011年8月3日作出（2011）民提字第117号民事裁定，撤销一、二审民事判决，发回辽宁省大连市中级人民法院重审。在重审中，九郡药业和云洲商厦提出管辖异议。

【裁判结果】

辽宁省大连市中级人民法院于2012年2月29日作出（2011）大审民再初字第7号民事裁定，认为该院重审此案系接受最高人民法院指令，被告之一鸿雁大药房住所地在辽宁省大连市中山区，遂裁定驳回九郡药业和云洲商厦对管辖权提出的异议。九郡药业、云洲商厦提起上诉，辽宁省高级人民法院于2012年5月7日作出（2012）辽立一民再终字第1号民事裁定，认为原告韩凤彬在向大连市中级人民法院提起诉讼时，即将

① 案例来源：最高人民法院指导案例56号。

住所地在大连市的鸿雁大药房列为被告之一，且在原审过程中提交了在鸿雁大药房购药的相关证据并经庭审质证，鸿雁大药房属适格被告，大连市中级人民法院对该案有管辖权，遂裁定驳回上诉，维持原裁定。九郡药业、云洲商厦后分别向最高人民法院申请再审。最高人民法院于2013年3月27日作出(2013)民再申字第27号民事裁定，驳回九郡药业和云洲商厦的再审申请。

【裁判理由】

法院生效裁判认为：对于当事人提出管辖权异议的期间，《中华人民共和国民事诉讼法》(以下简称《民事诉讼法》)第一百二十七条明确规定：当事人对管辖权有异议的，应当在提交答辩状期间提出。当事人未提出管辖异议，并应诉答辩的，视为受诉人民法院有管辖权。由此可知，当事人在一审提交答辩状期间未提出管辖异议，在案件二审或者再审时才提出管辖权异议的，根据管辖恒定原则，案件管辖权已经确定，人民法院对此不予审查。本案中，九郡药业和云洲商厦是案件被通过审判监督程序裁定发回一审法院重审，在一审法院的重审中才就管辖权提出异议的。最初一审时原告韩凤彬的起诉状送达给九郡药业和云洲商厦，九郡药业和云洲商厦在答辩期内并没有对管辖权提出异议，说明其已接受了一审法院的管辖，管辖权已确定。而且案件经过一审、二审和再审，所经过的程序仍具有程序上的效力，不可逆转。本案是经审判监督程序发回一审法院重审的案件，虽然按照第一审程序审理，但是发回重审的案件并非一个初审案件，案件管辖权早已确定。就管辖而言，因民事诉讼程序的启动始于当事人的起诉，确定案件的管辖权，应以起诉时为标准，起诉时对案件有管辖权的法院，不因确定管辖的事实在诉讼过程中发生变化而影响其管辖权。当案件诉至人民法院，经人民法院立案受理，诉状送达给被告，被告在答辩期内未提出管辖异议，表明案件已确定了管辖法院，此后不因当事人住所地、经常居住地的变更或行政区域的变更而改变案件的管辖法院。在管辖权已确定的前提下，当事人无权再就管辖权提出异议。如果在重审中当事人仍可就管辖权提出异议，无疑会使已稳定的诉讼程序处于不确定的状态，破坏了诉讼程序的安定、有序，拖延诉讼，不仅降低诉讼效率，浪费司法资源，而且不利于纠纷的解决。因此，基于管辖恒定原则、诉讼程序的确定性以及公正和效率的要求，不能支持重审案件当事人再就管辖权提出的异议。据此，九郡药业和云洲商厦就本案管辖权提出异议，没有法律依据，原审裁定驳回其管辖异议并无不当。

综上，九郡药业和云洲商厦的再审申请不符合《民事诉讼法》第二百条第(六)项规定的应当再审情形，故依照该法第二百零四条第一款的规定，裁定驳回九郡药业和云洲商厦的再审申请。

2. 内蒙古九郡药业有限责任公司、上海云洲商厦有限公司与韩凤彬、上海广播电视台、大连鸿雁大药房有限公司产品质量损害赔偿纠纷管辖权异议申请再审案[①]

【裁判摘要】

上级人民法院发回重审的案件，当事人能否再行提出管辖权异议，《中华人民共和国民事诉讼法》对此并没有明确作出规定。但根据管辖恒定原则，发回重审的案件管辖权已经确定，当事人仍提出管辖权异议的，人民法院不予支持。

最高人民法院
民事裁定书

(2013)民再申字第27号

再审申请人(一审被告、二审上诉人)：内蒙古九郡药业有限责任公司。住所地：内蒙古自治区五原县隆兴昌镇团结路。

法定代表人：李兰计，该公司执行董事。

委托代理人：万建雄，江西华邦律师事务所律师。

再审申请人(一审被告、二审上诉人)：上海云洲商厦有限公司。住所地：上海市大木桥路88号。

法定代表人：孙志伟，该公司董事长。

委托代理人：李洪元，该公司职员。

被申请人(一审原告、二审被上诉人)：韩凤彬，男，1969年11月29日出生，汉族，住辽宁省大连市沙河口区锦绣小区锦华中园12号楼1-2-2。

一审被告、二审被上诉人：上海广播电视台。住所地：上海市南京西路651号。

法定代表人：黎瑞刚，该台台长。

一审被告、二审被上诉人：大连鸿雁大药房有限公司。住所地：辽宁省大连市中山区长江路271号。

法定代表人：谷玉胜，该公司董事长。

再审申请人内蒙古九郡药业有限责任公司(以下简称九郡药业)、上海云洲商厦有限公司(以下简称云洲商厦)为与被申请人韩凤彬、一审被告上海广播电视台(以下简称电视台)、大连鸿雁大药房有限公司(以下简称鸿雁大药房)产品质量损害赔偿纠纷管辖权异议一案，不服辽宁省高级人民法院(2012)辽立一民再终字第1号民事裁定，向本院提出再审

① 案例来源：《最高人民法院公报》2013年第7期。

申请。本院依法组成合议庭进行了审查,现已审查终结。

韩凤彬诉九郡药业、云洲商厦、电视台、鸿雁大药房产品质量损害赔偿纠纷一案,辽宁省大连市中级人民法院于2008年9月3日作出(2007)大民权初字第4号民事判决。九郡药业、云洲商厦、电视台不服,向辽宁省高级人民法院提起上诉。该院于2010年5月24日作出(2008)辽民一终字第400号民事判决。判决发生法律效力后,九郡药业、云洲商厦向本院申请再审。本院于2010年12月22日作出(2010)民申字第1019号民事裁定,提审本案,并于2011年8月3日作出(2011)民提字第117号民事裁定,撤销一、二审民事判决,发回辽宁省大连市中级人民法院重审。在重审中,九郡药业和云洲商厦提出管辖权异议。

辽宁省大连市中级人民法院裁定认为,该院对案件享有管辖权,理由是:1. 该院重审此案系接受最高人民法院指令。2. 被告之一鸿雁大药房住所地为辽宁省大连市中山区长江路271号。九郡药业和云洲商厦提出的管辖权异议不成立。该院裁定驳回九郡药业和云洲商厦对管辖权提出的异议。

九郡药业、云洲商厦不服,提起上诉。辽宁省高级人民法院裁定认为,韩凤彬在向大连市中级人民法院提起诉讼时,即将鸿雁大药房列为被告,且在原审过程中,提交了在鸿雁大药房购药的相关证据并经庭审质证,鸿雁大药房属适格被告。依据《中华人民共和国民事诉讼法》第二十二条之规定,大连市中级人民法院对该案依法享有管辖权。九郡药业、云洲商厦提出的上诉理由不能成立。裁定驳回上诉,维持原裁定。

九郡药业及云洲商厦分别向本院申请再审,称:根据《中华人民共和国民事诉讼法》第二十一条第二款关于"对法人或者其他组织提起的民事诉讼,由被告住所地人民法院管辖"及第二十八条"因侵权行为提起的诉讼,由侵权行为地或者被告住所地人民法院管辖"的规定,九郡药业和云洲商厦两一审被告住所地分别在内蒙古自治区与上海市,生产与销售行为均不在大连市,亦没有在大连市行政区域实施侵权行为。案件不应由辽宁省大连市行政区域内法院管辖,应由内蒙古自治区巴彦淖尔市中级人民法院或上海市第一中级人民法院管辖。况且被申请人韩凤彬在原审期间提交的销售发票,发票上客户名称并非是韩凤彬,不能证明鸿雁大药房所销售,二审裁定认为鸿雁大药房为适格被告有误。

本院认为:九郡药业和云洲商厦是在案件被本院通过审判监督程序裁定发回一审法院重审,在一审法院的重审中才就管辖权提出异议的。对于当事人提出管辖权异议的期间,《中华人民共和国民事诉讼法》明确规定:"当事人对管辖权有异议的,应当在提交答辩状期间提出"。本案最初一审时原告韩凤彬的起诉状送达给九郡药业和云洲商厦,九郡药业和云洲商厦在答辩期内并没有对管辖权提出异议,说明其已接受了一审法院的管辖,管辖权已确定。而且案件经过一审、二审和再审,所经过的程序仍具有程序上的效力,不可逆转。经审判监督程序被发回重审的案件,虽然根据民事诉讼法的规定,案件是一审的,应当按一审程序审理,但是,发回重审的案件并非一个初审案件,就管辖而言,因民事诉讼程序的启动始于当事人的起诉,其目的在于获得法院对案件作出最终裁判,以解决双方之间的民事纠纷。当案件诉至人民法院,经人民法院立案受理,诉状送达给被告,被告在答辩期内未提出管辖异议,表明案件已确定了管辖法院。此后不因当事人住所地、经常居住地的变更或行政区域的变更而改变案件的管辖法院。在管辖权已确定的前提下,当事人无权再就管辖权提出异议。如果在重审中当事人仍可就管辖权提出异议,无疑使已稳定的诉讼程序处于不确定的状态,破坏了诉讼程序的安定、有序,拖延诉讼,不仅不利于纠纷的解决,也浪费司法资源。因此,基于管辖恒定原则、诉讼程序的确定性以及公正和效率的要求,亦不能支持重审案件当事人再就管辖权提出的异议。据此,九郡药业和云洲商厦就本案管辖权提出异议没有法律依据,原审裁定驳回其管辖权异议并无不当。

综上,九郡药业和云洲商厦的再审申请不符合《中华人民共和国民事诉讼法》第二百条第(六)项规定的情形。依照《中华人民共和国民事诉讼法》第二百零四条第一款之规定,裁定如下:

驳回内蒙古九郡药业有限责任公司和上海云洲商厦有限公司的再审申请。

3. 准格尔旗鼎峰商贸有限责任公司与中铁十局集团有限公司铁路修建合同纠纷管辖权异议案①

最高人民法院
民事裁定书

(2013)民提字第231号

再审申请人(一审被告、二审上诉人):中铁十局集团有限公司。

法定代表人:沈尧兴,该公司董事长。

委托代理人:孙建平,该公司法律事务部部长。

委托代理人:宋桂林,该公司总法律顾问。

① 案例来源:《最高人民法院公报》2014年第3期。

被申请人(一审原告、二审被上诉人):准格尔旗鼎峰商贸有限责任公司。

法定代表人:贺玉涛,该公司董事长。

再审申请人中铁十局集团有限公司(以下简称中铁十局公司)因与被申请人准格尔旗鼎峰商贸有限责任公司(以下简称鼎峰公司)铁路修建合同纠纷管辖权异议一案,不服山西省高级人民法院(2013)晋立商终字第14号民事裁定,向本院申请再审。本院作出(2013)民申字第1783号民事裁定,提审本案。本院依法组成合议庭进行了审理,本案现已审理终结。

2013年4月16日,鼎峰公司因铁路修建合同纠纷将中铁十局公司诉至太原铁路运输中级法院,请求:一、判令中铁十局公司偿还鼎峰公司多支付的工程款64 800 276.86元;二、判令中铁十局公司支付鼎峰公司违约金18 000 000.00元;三、判令中铁十局公司支付逾期付款违约金;四、判令中铁十局公司开具1600万元的工程发票;五、判令中铁十局公司承担本案全部诉讼费用。中铁十局公司在超过答辩期后向一审法院提出管辖权异议,认为:一、本案诉讼标的额在8000万元以上,且中铁十局公司住所地不在山西省辖区,依法属于山西省高级人民法院管辖的第一审民事案件,太原铁路运输中级法院对本案没有管辖权。二、依据涉案《建设施工合同》的管辖约定,无法确定唯一的管辖法院,故该管辖约定不明确,无效。本案应当按照一般地域管辖原则,由被告住所地或者合同履行地法院管辖,请求将本案移送至被告住所地的山东省高级人民法院管辖。

太原铁路运输中级法院一审认为:中铁十局公司在法律规定的期间内没有向该院提出管辖权异议,并申请该院调查取证、延期举证,应视为其承认该院有管辖权。本案所涉工程是国家铁路朔准线的附属设施,根据《最高人民法院关于铁路运输法院案件管辖范围的若干规定》第三条第六项的规定,本案应由铁路运输法院专门管辖。本案工程施工现场(合同履行地)在太原铁路局业务管辖范围,双方均在施工现场设立了办事机构,且中铁十局公司准格尔旗煤炭集运站铁路专用线工程项目经理部在当地准旗铁路项目管理办公室作过备案,应视为原、被告所处铁路法院同一辖区。根据山西省高级人民法院晋高法【2008】5号文件规定,该院可受理1亿元以下一审案件,故太原铁路运输中级法院对该案有管辖权且并不违反级别管辖和地域管辖。中铁十局公司认为其住所地、合同履行地不在太原铁路运输中级法院管辖区认识有误,该院不予支持。裁定:驳回中铁十局公司对本案管辖权提出的异议。

中铁十局公司不服一审裁定,上诉至山西省高级人民法院。山西省高级人民法院二审认为,双方当事人于2011年10月9日签订的《建设施工合同》中约定,争议的解决是"向工程所在地有管辖权的人民法院提起诉讼"。本案为铁路专用线建设施工合同纠纷,其工程所在地即合同履行地在太原铁路局辖区。根据《最高人民法院关于铁路运输法院案件管辖范围若干规定》第三条第六项之规定,该案属太原铁路运输中级法院专门管辖;本案双方当事人均不在山西省辖区,根据最高人民法院《全国各省、自治区、直辖市高级人民法院和中级人民法院管辖第一审民商事案件标准》规定,太原铁路运输中级法院管辖标的额为500万元以上1亿元以下的案件,故原审法院认为其对本案具有管辖权是正确的,应予维持。上诉人的上诉理由不能成立,不予支持。裁定:驳回上诉,维持原裁定。

中铁十局公司申请再审认为:一、根据最高人民法院《全国各省、自治区、直辖市高级人民法院和中级人民法院管辖第一审民事案件标准》的规定,山西省高级人民法院管辖诉讼标的额在1亿以上的第一审民商事案件,以及诉讼标的额在5000万元以上且当事人一方住所地不在本辖区或者涉外、涉港澳台的第一审民商事案件。本案属于"一方当事人不在本辖区"的案件,且诉讼标的额在8000万元以上,一审应当由高级人民法院管辖,太原铁路运输中级法院对本案没有管辖权。二、本案双方当事人签订的《建设施工合同》约定,"争议由工程所在地有管辖权的人民法院管辖"。工程所在地准格尔旗行政隶属于内蒙古自治区,铁路管理属于太原铁路局。鉴于本案诉讼标的额和当事人住所地情况,一审应当由高级人民法院管辖。按当事人约定,则山西省高级人民法院和内蒙古自治区高级人民法院均有管辖权,无法确定唯一的管辖法院,该约定不明确,因而无效。本案应当按照《中华人民共和国民事诉讼法》第二十三条之规定,由被告住所地或者合同履行地法院管辖。请求将本案移送至被告住所地的山东省高级人民法院审理。

被申请人鼎峰公司未提交书面答辩意见。

本院审理查明:鼎峰公司与中铁十局公司于2011年10月9日签订的《建设施工合同》第1条约定:"工程地点为鄂尔多斯市准格尔旗纳日松镇南侧",第35条约定:"经调解达不成协议时,向工程所在地有管辖权的人民法院提起诉讼"。

本院认为:本案双方当事人在签订的《建设施工合同》中约定"经调解达不成协议时,向工程所在地有管辖权的人民法院提起诉讼",该约定是双方真实意思表示,约定的"工程所在地法院"是明确的,符合《中华人民共和国民事诉讼法》第三十四条和《最高人民法院关于适用〈中华人民共和国民事诉讼法〉若干问题的意见》第24条的规定,应认定有效。本案系铁路专用线建设施工合同纠纷,根据《最高人民法院关于铁路运输法院案件管辖范围的若干规定》第三条第六项"与铁路及其附属设施的建设施工有关的合同纠纷"由铁路运输法院管辖之规定,本案应由铁路运输法院专门管辖。本案工程所在地准格尔旗在太原铁路局辖区,属于太原铁路运输中级法院辖区,一审原告鼎峰公司住所地准格尔旗,在太原铁路运输中级法院辖区,因而也在山西省高级人民法院辖区。一审被告中铁十局公司住所地为山东省济南市,既不在太原铁路局辖区,也不在山西省辖区,因而不在山西省高级人民法院辖区。根据最高人民法院《全国各省、自治区、直辖市高级人民法院和中级人民法院管辖第一审民商事案件标准》的规定，山西省高级人民法院管辖诉讼标的额在1亿元以上的第一审民商事案件，以及诉讼标的额在5000万元以上且当事人一方住所地不在本辖区或者涉外、涉港澳台的第一审民商事案件。本案诉讼标的额为8000余万元，且一审被告中铁十局公司住所地不在山西省高级人民法院辖区，因此本案属于山西省高级人民法院管辖的第一审民事案件，太原铁路运输中级法院对本案没有管辖权。一、二审裁定认定太原铁路运输中级法院对本案有管辖权不当。

综上，一、二审裁定适用法律错误，中铁十局公司关于本案应由高级人民法院管辖的理由成立。本院根据《中华人民共和国民事诉讼法》第二百条第六项、第二百零七条第一款之规定，裁定如下：

一、撤销太原铁路运输中级法院(2013)太铁中商初字第4号民事裁定和山西省高级人民法院(2013)晋立商终字第14号民事裁定；

二、由山西省高级人民法院作为一审法院审理本案。

本裁定为终审裁定。

4. 招商银行股份有限公司无锡分行与中国光大银行股份有限公司长春分行委托合同纠纷管辖权异议案①

【裁判摘要】

合同效力是对已经成立的合同是否具有合法性的评价，依法成立的合同，始对当事人具有法律约束力。《中华人民共和国合同法》第五十七条关于"合同无效、被撤销或者终止的，不影响合同中独立存在的有关解决争议方法的条款的效力"的规定适用于已经成立的合同，"有关解决争议方法的条款"应当符合法定的成立条件。

审查管辖权异议，注重程序公正和司法效率，既要妥当保护当事人的管辖异议权，又要及时矫正、遏制当事人错用、滥用管辖异议权。确定管辖权应当以起诉时为标准，结合诉讼请求对当事人提交的证据材料进行形式要件审查以确定管辖。

从双方当事人在两案中的诉讼请求看，后诉的诉讼请求如果成立，存在实质上否定前诉裁判结果的可能，如果后诉的诉讼请求不能完全涵盖于前诉的裁判结果之中，后诉和前诉的诉讼请求所依据的民事法律关系并不完全相同，前诉和后诉并非重复诉讼。

案件移送后，当事人的诉讼请求是否在另案中通过反诉解决，超出了管辖异议的审查和处理的范围，应由受移送的人民法院结合当事人对诉权的处分等情况，依据最高人民法院《关于适用〈中华人民共和国民事诉讼法〉的解释》第二百三十二条、第二百三十三条等的有关规定依法处理。

最高人民法院
民事裁定书

(2015)民二终字第428号

上诉人(一审原告)：招商银行股份有限公司无锡分行。住所地：江苏省无锡市学前街7号、9号。

负责人：王晏蓉，该分行行长。

委托代理人：翟洪涛，国浩律师(北京)事务所律师。

委托代理人：李波，国浩律师(北京)事务所律师。

被上诉人(一审被告)：中国光大银行股份有限公司长春分行。住所地：吉林省长春市解放大路2677号。

负责人：王守坤，该分行行长。

委托代理人：高强，吉林功承律师事务所律师。

委托代理人：曾庆华，吉林功承律师事务所律师。

上诉人招商银行股份有限公司无锡分行(以下简称招行无锡分行)因与被上诉人中国光大银行股份有限公司长春分行(以下简称光大银行长春分行)委托合同纠纷管辖权异议一案，不服江苏省高级人民法院(2015)苏商初字第00031号民事裁定，向本院提起上诉。

原告招行无锡分行向江苏省高级人民法院提起诉讼称：2014年5月30日，招行无锡分行(乙方)和光大银行长春分行(甲方)签订《委托定向投资业务合作总协议》(以下简称《委托定向投资协议》)一份，约定：甲方在乙方存放同业资金，并委托乙方定向投资于其指定的金融资产，包括但不限于银行存款等。甲方在乙方办理存款业务时，应另行签订具体存款协议。存款业务项下的权利义务以具体存款协议约定为准。但甲方应保证，同业存款协议内容无论作何约定，均不影响乙方以该资金作为委托资金对外办理定向投资业务，乙方因根据本协议对外投资而对具体同业存款协议内容的违反，视为是对同业存款协议的变更，乙方不承担同业存款协议项下的任何违约责任。自甲方向乙方签发《投资指令》时，即视同甲方同意解除同业存款并由乙方进行投资，无需另行签署划款协议或出具划款指令。甲方不得再依《同业存款协议》要求乙方支付任何存款本金及利息或承担任何责任。乙方有权就基于甲方指令所实施的定向投资行为收取手续费，具体费率和支付方式由双方根据投资时机情况协商，并在投资指令及其回执中予以确定。甲方指令乙方代理投资的项目，均由

① 案例来源：《最高人民法院公报》2016年第7期。

甲方自行对投资项目的风险和收益以及委托乙方对外签署的全部合同、文件的法律风险等作出判断，并承担相应的投资风险、法律风险、操作风险、合规风险。与本协议有关的一切争议，双方应协商解决，协商不成时，双方同意将争议提交乙方所在地法院诉讼解决。

同时，双方签订《金融机构定期同业存款协议》（以下简称《同业存款协议》）一份，约定：光大银行长春分行在招行无锡分行开立资金存款账户，用于资金存放，存款金额为3.5亿元，存款期限为364天，起息日以资金到账日为准，存款利率为年利率6.2%。光大银行长春分行于当日存入指定账户3.5亿元，但招行无锡分行未按《同业存款协议》的要求向其正式交付开户证实书，也未交付进账单，光大银行长春分行未对此提出异议。

在此期间，光大银行长春分行向招行无锡分行签发《投资指令》，委托招行无锡分行通过与中山证券有限责任公司（以下简称中山证券公司）签订的《中山招商无锡1号定向资产管理计划资产管理合同》（以下简称《中山招商资管合同》），将委托资金划入托管账户；招行无锡分行通过与中山证券公司签订《中山招商资管合同》，由中山证券公司代表上述定向资产管理计划向平安银行股份有限公司深圳分行（以下简称平安银行深圳分行）发放委托贷款；投资金额为3.5亿元，投资期限自2014年5月30日至2015年5月29日，投资收益率为7.2%/年；光大银行长春分行向招行无锡分行支付的代理手续费率为0.5%。

招行无锡分行根据《投资指令》的要求与中山证券公司签订《中山招商资管合同》，书面指令中山证券公司代表招行无锡分行与平安银行深圳分行以及光大银行长春分行指定的实际用款人柳河聚鑫源米业有限公司（以下简称柳河米业公司）签订《委托贷款合同》，金额为3.5亿元，并于同日将3.5亿元存入中山证券公司设立在招行无锡分行的账户。中山证券公司后又与平安银行深圳分行、柳河米业公司签订《委托贷款合同》，并将3.5亿元贷款最终发放给柳河米业公司。现柳河米业公司无法归还《委托贷款合同》项下的3.5亿元贷款本息，光大银行长春分行遂违反《委托定向投资协议》的约定，要求招行无锡分行归还其在《同业存款协议》项下的存款本息。

招行无锡分行请求判令：1. 确认《委托定向投资协议》合法有效；2. 判令光大银行长春分行继续履行《委托定向投资协议》，并自行承担投资所形成的全部损失；3. 确认《同业存款协议》已解除，对双方不具有约束力；4. 判决光大银行长春分行依据《委托定向投资协议》向招行无锡分行支付代理手续费175万元；5. 由光大银行长春分行承担诉讼费用。

江苏省高级人民法院于2015年9月6日受理本案后，被告光大银行长春分行在一审提交答辩状期间内对管辖权提出异议，主要理由为：1. 招行无锡分行提交的《委托定向投资协议》和《投资指令》均为虚假，其上加盖的光大银行长春分行的印章及法定代表人的名章系伪造，其和招行无锡分行之间从未订立和履行过上述协议，更不存在管辖的约定，故招行无锡分行不能依据《委托定向投资协议》中的管辖条款向招行无锡分行住所地人民法院提起本案诉讼，招行无锡分行对光大银行长春分行就《委托定向投资协议》和《投资指令》提起的要求确认《委托定向投资协议》有效并继续履行该协议，以及根据该协议要求光大银行长春分行支付代理费的诉请，只能由被告住所地有管辖权的人民法院即吉林省高级人民法院管辖。2. 招行无锡分行要求确认《同业存款协议》已经解除的诉请，与光大银行长春分行在先就该协议向吉林省高级人民法院提起的给付之诉，属于同一事实和法律关系，且诉请内容相互否定，不能在两个诉讼中分别审理和判决，只能在光大银行长春分行在先提起的给付之诉中进行抗辩或者反诉，故招行无锡分行提起本案诉讼属于重复立案，根据最高人民法院《关于适用〈中华人民共和国民事诉讼法〉的解释》（以下简称《民诉法解释》）第三十六条的规定，本案应移送至先立案的吉林省高级人民法院审理。3. 招行无锡分行明知《委托定向投资协议》虚假，明知光大银行长春分行已向吉林省高级人民法院起诉，却仍就本案重复起诉，属于滥用诉权。招行无锡分行的3.5亿元资金损失系因刘孝义、张磊等人伪造《委托定向投资协议》、《投资指令》等所骗取，招行无锡分行已向公安机关报案，该刑事案件现由江苏省无锡市中级人民法院审理。招行无锡分行对光大银行长春分行就《同业存款协议》提起的诉讼已经提出管辖异议，且在吉林省高级人民法院裁定驳回其管辖异议后提出上诉，故招行无锡分行现提起本案诉讼属于滥用诉权，应驳回其起诉。综上，请求将本案移送至吉林省高级人民法院审理。

江苏省高级人民法院查明：2014年5月30日的编号为光大-招商20140526的《委托定向投资协议》载明甲方为光大银行长春分行，乙方为招行无锡分行。该协议第十三条约定，与本协议有关的一切争议，双方应协商解决，协商不成时，双方同意应将争议提交乙方所在地法院诉讼解决。该协议尾部加盖有光大银行长春分行的印章及其法定代表人王守坤的名章。经吉林公正司法鉴定中心和无锡市公安局物证鉴定所鉴定，该协议上的光大银行长春分行的印章印文以及王守坤的名章印文与送检的样本印文不是同一印章加盖形成。

2014年5月30日，招行无锡分行和光大银行长春分行签订编号为20140530-1的《同业存款协议》一份，约定：光大银行长春分行在招行无锡分行开立资金存款账户，用于资金存放，存款金额为3.5亿元，存款期限为364天，起息日以资金到账日为准，存款利率为年利率6.2%。该协议第九条约定，双方同意就本协议项下的任何争议应首先通过友好协商解决，双方协商不成的，可提交双方任何一方所在地有管辖权的法院通过法律途径解决。

2015年6月，光大银行长春分行以《同业存款协议》为依据诉至吉林省高级人民法院，请求判令招行无锡分行向其支付存款本金3.5亿元以及存款利息和违约金。该院于2015年7月2日立案受理，案号为（2015）吉民二初字第16号。招行无锡分行其后提出管辖权异议，该院于2015年8月3日作出（2015）吉民管初字第4号民事裁定，驳回招行无锡分行的管辖权异议。招行无锡分行不服该裁定，已提出上诉，该案尚在审理中。

另查明：2014年8月13日，招行无锡分行向无锡市公安局经济犯罪侦查支队报案称，光大银行长春分行的张磊等人伪造公章，以光大银行长春分行名义与其签订《委托定向投资协议》，为柳河米业公司刘孝义从"资管通道"平安银行深圳分行诈骗3.5亿元贷款。2014年8月14日，无锡市公安局直属分局予以立案侦查。

2015年5月22日，江苏省无锡市人民检察院就被告人刘孝义、张磊涉嫌合同诈骗犯罪案向江苏省无锡市中级人民法院出具锡检诉刑诉［2015］36号起诉书，查明事实包括："2014年5月23日至5月30日期间，张磊通过光大银行长春分行将3.5亿元转至招行无锡分行，并将其加盖了伪造的光大银行长春分行公章、法人印章的虚假的《委托定向投资协议》、《投资指令》及其制作的虚假的光大银行长春分行对柳河米业公司授信批复、调查报告等资料提供给招行无锡分行。据此，招行无锡分行按照协议将上述3.5亿元通过中山证券公司转至平安银行深圳分行。2014年5月30日，刘孝义等人携带伪造的《采购合同》及公司资料与平安银行深圳分行签订《委托贷款合同》。平安银行深圳分行于当日将3.5亿元放贷至柳河米业公司在该行开立的贷款账户。刘孝义安排人员将资金全部转入其实际控制的北京新良粮油工贸有限公司的账户后，用于归还柳河米业公司及其个人的民间借款、银行贷款及投资期货等"。该刑事案件目前尚在审理过程中。

江苏省高级人民法院认为：《中华人民共和国民事诉讼法》第三十四条规定"合同或者其他财产权益纠纷的当事人可以书面协议选择被告住所地、合同履行地、合同签订地、原告住所地、标的物所在地等与争议有实际联系的地点的人民法院管辖，但不得违反本法对级别管辖和专属管辖的规定"。法律赋予了当事人选择管辖法院的权利，但该选择必须是基于当事人的真实意思表示，如当事人一方提供的协议不真实，则该协议对对方不生效。本案中，原告招行无锡分行依据《委托定向投资协议》中约定的"双方同意将争议提交招行无锡分行所在地法院诉讼解决"条款而主张一审法院对该案有管辖权，但经吉林公正司法鉴定中心和无锡市公安局物证鉴定所鉴定，该协议尾部加盖的光大银行长春分行的印章及其法定代表人王守坤的名章均与送检的样本印文非同一印章盖印形成，该鉴定结论真实、合法，可作为证据采信，根据该鉴定结论可证明《委托定向投资协议》系张磊伪造光大银行长春分行的公章、法定代表人印章所签订，非该行真实意思表示，该协议对该行不生效力。虽然招行无锡分行依据《中华人民共和国合同法》第五十七条规定的"合同无效、被撤销或者终止的，不影响合同中独立存在的有关解决争议方法的条款的效力"而主张协议中管辖条款独立有效，因合同法该规定是基于合同虽无效但合同的客观真实性已得到当事人确认的前提下所作规定，故该条款不适用于本案。至于《委托定向投资协议》是否因张磊符合表见代理而对光大银行长春分行生效系案件实体审理中涉及的法律判断，与本院目前基于印章真伪而认定该协议对光大银行长春分行不生效并不存在逻辑矛盾。

因《委托定向投资协议》中的管辖条款对光大银行长春分行不生效力，故本案管辖法院确定问题应根据《中华人民共和国民事诉讼法》的规定进行认定。《中华人民共和国民事诉讼法》第二十三条规定"因合同纠纷提起的诉讼，由被告住所地或者合同履行地人民法院管辖"。因案涉《委托定向投资协议》非光大银行长春分行的真实意思表示，即不存在履行协议的问题，故本案应依据被告住所地确定管辖法院。依照最高人民法院《关于调整高级人民法院和中级人民法院管辖第一审民商事案件标准的通知》［法发（2015）7号］第二条的规定，吉林省高级人民法院管辖诉讼标的额5000万元以上，且当事人一方住所地不在其辖区的第一审民商事案件。本案标的额本金即为3.5亿元，且当事人一方即招行无锡分行的住所地在江苏，故本案应由吉林省高级人民法院作为一审管辖法院。

另外，光大银行长春分行已就案涉《同业存款协议》于2015年6月向吉林省高级人民法院先行提起诉讼，该院已经立案受理，虽然招行无锡分行提起本案诉讼不符合《民诉法解释》第二百四十七条规定的重复诉讼的情况，但两起案件的当事人相同，所依据的基础事实亦基本相同，招行无锡分行在该案中必然会以《委托定向投资协议》的内容作为其不承担《同业存款协议》相关责任的抗辩，其依据《委托定向投资协议》所主张的诉请也可在该案中通过反诉解决，故两案宜由同一人民法院审理，以便查清案件事实，节约司法成本，统一司法认定和裁判标准，据此，将本案移送吉林省高级人民法院一并审理也较为适宜。

综上，光大银行长春分行的管辖异议成立。招行无锡分行对光大银行长春分行的管辖异议的答辩意见，不予支持。依照《中华人民共和国民事诉讼法》第二十三条、第三十六条、第一百二十七条的规定，裁定：被告光大银行长春分行提出的管辖异议成立，本案移送吉林省高级人民法院审理。

上诉人招行无锡分行不服该裁定，向本院提起上诉称：1.本案《委托定向投资协议》上加盖的公章虽然与光大银行长春分行备案公章不一致，但一审法院在未能排除光大银行长春分行在其他场合使用该公章的可能，也不能排除光大长春分行可能实际执行该非备案公章所加盖的协议的情况下，就直接简单认定该协议对光大银行长春分行不生效力，事实和法律依据不足。且公章只是证明当事人真实意思表示的证据之一，并不是唯一的证据。当协议双方产生争议时，法院应根据双方磋商过程、参与缔约人员的权限、嗣后履行情况等案情综合判定双方是否存在并向对方表达过缔约的真实意思。2. 即便《委托定向投资协议》存在加盖非备案公章的情形，但对于加盖非备案公章的合同是否有效最终涉及到合同经办人张磊是否构成表见代理这一实体问题的审理。一审法院一方面认定《委托定向投资协议》对光大长春分行不产生效力，另一方面认为如果张磊的行为构成表见代理则该协议对长春分行将产生效力，存在矛盾。3. 确定协议中的管辖条款能否作为确定管辖的依据应当前置于对协议真实性及效力的认定，《委托定向投资协议》中关于管辖的约定不受协议效力的影响。根据《中华人民共和国合同法》第五十七条"合同无效、被撤销或者终止的，不影响合同中独立存在的有关解决争议方法的条款的效力"的规定，管辖条款具有独立性，即便合同无效亦不影响无效合同中管辖条款的约束力。无论本案《委托定向投资协议》效力如何，不影响《委托定向投资协议》中管辖条款的效力。4. 根据司法解释，合同对履行地点没有约定或者约定不明确，争议标的为给付货币的，接收货币一方所在地为合同履行地，本案主要诉讼请求为要求光大银行长春分行支付175万元的代理手续费，即便《委托定向投资协议》中的管辖条款不适于本案，本案亦应当由一审法院管辖。5. 招行无锡分行的诉讼请求无法在另案中通过反诉或抗辩实现。光大银行长春分行员工张磊涉嫌刑事犯罪一案正在无锡市中级人民法院审理，本案由江苏的人民法院管辖，有利于查清相关事实。综上，请求由江苏省高级人民法院审理本案。

光大银行长春分行提交答辩状称：1. 案涉《委托定向投资协议》是犯罪分子加盖假章以欺骗手段与招行无锡分行订立的虚假合同，该事实有相关鉴定结论证实，又有无锡市中级人民法院刑事判决认定。2. 表见代理制度是关于合同效力认定的例外制度，必须经过实体审理方可确认，在本案已确定《委托定向投资协议》虚假不实的情况下，人民法院只能推定双方不存在委托合同和有效的管辖协议。3. 案涉《委托定向投资协议》事实上并不存在，其合同条款（包括所谓"有关解决争议方法的条款"）亦不存在，该合同的真实性和效力自然也无需考虑，一审裁定适用法律并无不当。4. 案涉《委托定向投资协议》并未真实履行，无合同履行地，本案只能由被告住所地有管辖权的吉林省高级人民法院管辖。5. 一审裁定并未否定招行无锡分行依法享有的诉权，招行无锡分行所谓"无法反诉或抗辩"的情形并不存在。张磊等人最终如何定罪量刑，与本案无关，不应影响本案管辖的确定。综上，一审裁定正确，应予维持。

本院认为：根据本案双方当事人的上诉及答辩意见，本案二审审理的争议焦点为：一、《委托定向投资协议》中管辖条款的效力。二、一审法院是否具有管辖权。三、招行无锡分行的诉讼请求能否通过反诉解决以及能否根据刑事案件确定本案的管辖。

一、关于《委托定向投资协议》中管辖条款的效力问题

招行无锡分行提起本案诉讼，向人民法院提交了落款日期均为2014年5月30日的《委托定向投资协议》、《同业存款协议》以及《投资指令》等材料。经吉林公正司法鉴定中心和无锡市公安局物证鉴定所鉴定，上述《委托定向投资协议》和《投资指令》尾部加盖的光大银行长春分行的印章及其法定代表人王守坤的名章均与送检的样本印文非同一印章盖印形成。招行无锡分行对该鉴定结论没有异议。招行无锡分行并未向人民法院提交光大银行长春分行在其他场合使用了加盖在《委托定向投资协议》上的"公章"的证据，故不能认定《委托定性投资协议》上的"公章"是真实的。

合同效力是对已经成立的合同是否具有合法性的评价，依法成立的合同，始对当事人具有法律约束力。合同成立之前不存在合同效力的问题。《中华人民共和国合同法》第五十七条关于"合同无效、被撤销或者终止的，不影响合同中独立存在的有关解决争议方法的条款的效力"的规定适用于已经成立的合同，"有关解决争议方法的条款"亦应当真实存在，体现双方当事人真实意思表示，且达成合意。招行无锡分行应当提交具备客观真实性、关联性、合法性的证据，足以证明其依据的"有关解决争议方法的条款"符合法定的成立条件。上述鉴定结论证明《委托定向投资协议》上并没有加盖真实的光大银行长春分行的公章或法定代表人签章，故上述协议中管辖条款在成立要件上存在重大瑕疵，不能认定存在有效的管辖条款。招行无锡分行关于涉案管辖条款具有独立性，即便合同无效亦不影响无效合同中管辖条款的约束力的上诉请求，不能成立，本院不予支持。

此外，合同经办人张磊的行为是否构成表见代理以及表见代理与管辖协议的效力问题。在对当事人提出的管辖权异议进行审查的阶段，注重程序公正和司法效率，既要妥当保护当事人的管辖异议权，又要及时矫正、遏制当事人错用、滥用管辖异议权。此阶段一般结合诉讼请求对当事人提交的证据材料进行形式要件审查，以认定涉及确定管辖的要素，如原告住所地、被告住所地、合同履行地、合同签订地、财产所在地、侵权行为地、诉讼标的额、案件影响程度以及是否存在有效的管辖条款等。且确定管辖权以起诉时为标准。依据《中华人民共和国合同法》第四十九条"行为人没有代理权、超越代理权或者代理权终止后以被代理人名义订立合同，相对人有理由相信行为人有代理权的，该代理行为有效"以及本院《关于当前形势下审理民商事合同纠纷案件若干问题的指导意见》第13条"合同法第四十九条规定的表见代理制度不仅要求代理人的无权代理行为在客观上形成具有代理权的表象，而且要求相对人在主观上善意且无过失地相信行为人有代理权。合同相对人主张构成表见代理的，应当承担举证责任，不仅应

当举证证明代理行为存在诸如合同书、公章、印鉴等有权代理的客观表象形式要素，而且应当证明其善意且无过失地相信行为人具有代理权”的规定，表见代理制度的举证责任较为严格。招行无锡分行在管辖权异议的审查阶段，并未提交形式上清晰明确、内容上无疑意、无争议的证据材料，以证明其有理由相信张磊有代理权签订管辖协议条款，且对光大银行长春分行构成约束，故其不能以表见代理成立为由主张管辖条款发生效力。即使经过实体审理认定表见代理成立，也只涉及案件当事人有关民事责任的承担，不影响人民法院对管辖权异议的处理。招行无锡分行上诉认为，“一审法院一方面认定《委托定向投资协议》对光大长春分行不产生效力，另一方面认为如果张磊的行为构成表见代理则该协议对长春分行将产生效力，存在矛盾”，混淆了不同诉讼程序阶段的不同任务和不同认定标准，该上诉理由不能成立。

二、关于一审法院是否具有管辖权的问题

招行无锡分行起诉时称，2014 年 5 月 30 日，光大银行长春分行存入指定账户 3.5 亿元，但招行无锡分行未按《同业存款协议》的要求向其正式交付开户证实书，也未交付进账单，一审法院对于招行无锡分行提起的本案诉讼的起诉权利予以保护是正确的。至于《委托定向投资协议》是否实际履行，必须经过案件实体审理才能认定，现尚不能确定《委托定向投资协议》是否实际履行，故对招行无锡分行关于“根据司法解释，合同对履行地点没有约定或者约定不明确，争议标的为给付货币的，接收货币一方所在地为合同履行地，本案主要诉讼请求为要求光大银行长春分行支付 175 万元的代理手续费，即便《委托定向投资协议》中的管辖条款不适于（用）本案，本案亦应当由一审法院管辖”的上诉理由不予支持。一审法院对本案没有管辖权，一审裁定依据被告住所地确定管辖法院并无不当。

三、关于招行无锡分行的诉讼请求能否通过反诉解决以及能否根据刑事案件确定本案的管辖的问题

2015 年 6 月，光大银行长春分行以《同业存款协议》为依据另案诉至吉林省高级人民法院，请求判令招行无锡分行向其支付存款本金 3.5 亿元以及存款利息和违约金。吉林省高级人民法院立案在先。其后，招行无锡分行提起本案诉讼。从双方当事人在两案中的诉讼请求看，后诉的诉讼请求如果成立，存在实质上否定前诉裁判结果的可能，但是，招行无锡分行的诉讼请求不能完全涵盖于前诉的裁判结果之中，后诉和前诉的诉讼请求所依据的民事法律关系并不完全相同，故一审裁定认定招行无锡分行提起本案诉讼不符合《民诉法解释》第二百四十七条规定的重复诉讼，是正确的。

根据《中华人民共和国民事诉讼法》第三十六条“人民法院发现受理的案件不属于本院管辖的，应当移送有管辖权的人民法院，受移送的人民法院应当受理”的规定，没有管辖权的人民法院可以裁定将案件移送有管辖权的人民法院。本案原告的诉讼请求是否在另案中通过反诉解决，超出了管辖异议的审查和处理的范围，应由受移送的人民法院结合当事人对诉权的处分等情况，依据《民诉法解释》第二百三十二条、第二百三十三条等的有关规定依法处理。故招行无锡分行关于其诉讼请求无法在另案中通过反诉或抗辩实现的上诉理由，本院不予审理。一审裁定关于招行无锡分行依据《委托定向投资协议》所主张的诉请也可在该案中通过反诉解决的认定超出审查范围，本院予以纠正。

本案是否涉及江苏省无锡市中级人民法院审理的相关刑事案件，并非民事案件确定管辖的法定理由，招商银行无锡分行以此主张应由江苏省高级人民法院审理本案的理由不能成立。

综上，上诉人招行无锡分行的上诉理由不能成立，本院不予支持。一审裁定正确，应予维持。本院依据《中华人民共和国民事诉讼法》第一百七十条第一款第（一）项、第一百七十一条之规定，裁定如下：

驳回上诉，维持原裁定。

本裁定为终审裁定。

5. 华泰财产保险有限公司北京分公司诉李志贵、天安财产保险股份有限公司河北省分公司张家口支公司保险人代位求偿权纠纷案[①]

关键词 民事诉讼 保险人代位求偿 管辖

【裁判要点】

因第三者对保险标的的损害造成保险事故，保险人向被保险人赔偿保险金后，代位行使被保险人对第三者请求赔偿的权利而提起诉讼的，应当根据保险人所代位的被保险人与第三者之间的法律关系，而不应当根据保险合同法律关系确定管辖法院。第三者侵害被保险人合法权益的，由侵权行为地或者被告住所地法院管辖。

【相关法条】

《中华人民共和国民事诉讼法》第二十八条

《中华人民共和国保险法》第六十条第一款

【基本案情】

2011 年 6 月 1 日，华泰财产保险有限公司北京分公司（简称华泰保险公司）与北京亚大锦都餐饮管理有限公司（简称亚大锦都餐饮公司）签订机动车辆保险合同，被保险车辆的车

① 案例来源：最高人民法院指导案例 25 号。

牌号为京A82368,保险期间自2011年6月5日0时起至2012年6月4日24时止。2011年11月18日,陈某某驾驶被保险车辆行驶至北京市朝阳区机场高速公路上时,与李志贵驾驶的车牌号为冀GA9120的车辆发生交通事故,造成被保险车辆受损。经交管部门认定,李志贵负事故全部责任。事故发生后,华泰保险公司依照保险合同的约定,向被保险人亚大锦都餐饮公司赔偿保险金83878元,并依法取得代位求偿权。基于肇事车辆系在天安财产保险股份有限公司河北省分公司张家口支公司(简称天安保险公司)投保了机动车交通事故责任强制保险,华泰保险公司于2012年10月诉至北京市东城区人民法院,请求判令被告肇事司机李志贵和天安保险公司赔偿83878元,并承担诉讼费用。

被告李志贵的住所地为河北省张家口市怀来县沙城镇,被告天安保险公司的住所地为张家口市怀来县沙城镇燕京路东108号,保险事故发生地为北京市朝阳区机场高速公路上,被保险车辆行驶证记载所有人的住址为北京市东城区工体北路新中西街8号。

【裁判结果】

北京市东城区人民法院于2012年12月17日作出(2012)东民初字第13663号民事裁定:对华泰保险公司的起诉不予受理。宣判后,当事人未上诉,裁定已发生法律效力。

【裁判理由】

法院生效裁判认为:根据《中华人民共和国保险法》第六十条的规定,保险人的代位求偿权是指保险人依法享有的,代位行使被保险人向造成保险标的损害负有赔偿责任的第三者请求赔偿的权利。保险人代位求偿权源于法律的直接规定,属于保险人的法定权利,并非基于保险合同而产生的约定权利。因第三者对保险标的的损害造成保险事故,保险人向被保险人赔偿保险金后,代位行使被保险人对第三者请求赔偿的权利而提起诉讼的,应根据保险人所代位的被保险人与第三者之间的法律关系确定管辖法院。第三者侵害被保险人合法权益,因侵权行为提起的诉讼,依据《中华人民共和国民事诉讼法》第二十八条的规定,由侵权行为地或者被告住所地法院管辖,而不适用财产保险合同纠纷管辖的规定,不应以保险标的物所在地作为管辖依据。本案中,第三者实施了道路交通侵权行为,造成保险事故,被保险人对第三者有侵权损害赔偿请求权;保险人行使代位权起诉第三者的,应当由侵权行为地或者被告住所地法院管辖。现二被告的住所地及侵权行为地均不在北京市东城区,故北京市东城区人民法院对该起诉没有管辖权,应裁定不予受理。

文书范本

异议书(对管辖权提出异议用)

异议书

异议人(被告):×××,男/女,××××年××月××日出生,×族,……(写明工作单位和职务或者职业),住……。联系方式:……。

法定代理人/指定代理人:×××,……。

委托诉讼代理人:×××,……。

(以上写明异议人和其他诉讼参加人的姓名或者名称等基本信息)

请求事项:

将××××人民法院(××××)……号……(写明案件当事人和案由)一案移送××××人民法院管辖。

事实和理由:

……(写明提出管辖权异议的事实和理由)。

此致

××××人民法院

异议人(签名或者盖章)

××××年××月××日

【说明】

1. 本样式根据《中华人民共和国民事诉讼法》第一百二十七条第一款制定,供当事人向第一审人民法院提出管辖权异议用。

2. 当事人是法人或者其他组织的,写明名称住所。另起一行写明法定代表人、主要负责人及其姓名、职务、联系方式。

3. 人民法院受理案件后,当事人对管辖权有异议的,应当在提交答辩状期间提出。

民事裁定书(管辖权异议用)

××××人民法院
民事裁定书

(××××)……民初……号

原告:×××,……。

法定代理人/指定代理人/法定代表人/主要负责人:×××,……。

委托诉讼代理人:×××,……。

被告:×××,……。

法定代理人/指定代理人/法定代表人/主要负责人:×××,……。

委托诉讼代理人：×××，……。

第三人：×××，……。

法定代理人/指定代理人/法定代表人/主要负责人：×××，……。

委托诉讼代理人：×××，……。

（以上写明当事人和其他诉讼参加人的姓名或者名称等基本信息）

原告×××与被告×××、第三人×××……（写明案由）一案，本院于××××年××月××日立案。

×××诉称，……（概述原告的诉讼请求、事实和理由）。

×××在提交答辩状期间，对管辖权提出异议认为，……（概述异议内容和理由）。

本院经审查认为，……（写明异议成立或不成立的事实和理由）。

依照《中华人民共和国民事诉讼法》第×条、第一百二十七条第一款规定，裁定如下：

（异议成立的，写明：）×××对管辖权提出的异议成立，本案移送××××人民法院处理。

（异议不成立的，写明：）

驳回×××对本案管辖权提出的异议。

案件受理费……元，由被告……负担（写明当事人姓名或者名称、负担金额）。

如不服本裁定，可以在裁定书送达之日起十日内，向本院递交上诉状，并按对方当事人或者代表人的人数提出副本，上诉于××××人民法院。

审判长　×××
审判员　×××
审判员　×××

××××年××月××日
（院印）

本件与原本核对无异

书记员　×××

【说明】

1. 本样式根据《中华人民共和国民事诉讼法》第一百二十七条第一款制定，供第一审人民法院对当事人提出的管辖权异议，裁定移送管辖或者驳回异议用。

2. 案号类型代字为“民初”。

3. 当事人提出案件管辖权异议，异议不成立的，由提出异议的当事人交纳案件受理费；异议成立的，当事人均不交纳案件受理费。

4. 当事人在中华人民共和国领域内没有住所的，尾部上诉期改为三十日。

5. 适用普通程序的，落款中的“审判员”可以为“代理审判员”或者“人民陪审员”。

6. 适用简易程序的，落款中的署名为“审判员”或者“代理审判员”。

民事裁定书（依职权移送管辖用）

××××人民法院
民事裁定书

（××××）……民初……号

原告：×××，……。

……

被告：×××，……。

……

（以上写明当事人和其他诉讼参加人的姓名或者名称等基本信息）

原告×××与被告×××……（写明案由）一案，本院于××××年××月××日立案。

×××诉称，……（概述原告的诉讼请求、事实和理由）。

×××在提交答辩状期间未对管辖权提出异议/未应诉答辩。

本院经审查认为，……（写明移送的事实和理由）。

依照《中华人民共和国民事诉讼法》第×条、第三十六条规定，裁定如下：

本案移送××××人民法院处理。

本裁定一经作出即生效。

审判长　×××
审判员　×××
审判员　×××

××××年××月××日
（院印）

本件与原本核对无异

书记员　×××

【说明】

1. 本样式根据《中华人民共和国民事诉讼法》第三十六条以及《最高人民法院关于适用〈中华人民共和国民事诉讼法〉的解释》第三十五条、第二百一十一条制定，供第一审人民法院发现受理的案件不属于本院管辖的，依职权裁定移送有管辖权的人民法院用。

2. 案号类型代字为“民初”。

3. 当事人在答辩期间届满后未应诉答辩，人民法院在一审开庭前裁定移送的，可以同时援引《最高人民法院关于适用〈中华人民共和国民事诉讼法〉的解释》第三十五条。

4. 本裁定一经作出即生效。

民事裁定书（依职权提级管辖用）

××××人民法院
民事裁定书

（××××）……民辖……号

原告：×××，……。

……

被告：×××，……。

……

（以上写明当事人和其他诉讼参加人的姓名或者名称等基本信息）

原告×××与被告×××……（写明案由）一案，××××人民法院于××××年××月××日立案。

×××诉称，……（概述原告的诉讼请求、事实和理由）。

本院认为，……（写明提级管辖的理由）。

依照《中华人民共和国民事诉讼法》第三十八条第一款规定，裁定如下：

本案由本院审理。

本裁定一经作出即生效。

审判长 ×××
审判员 ×××
审判员 ×××

××××年××月××日
（院印）

本件与原本核对无异

书记员 ×××

【说明】

1. 本样式根据《中华人民共和国民事诉讼法》第三十八条第一款制定，供上级人民法院对下级人民法院管辖的第一审民事案件，裁定由本院审理用。

2. 案号类型代字为“民辖”。

3. 本裁定一经作出即生效。

民事裁定书（受移送人民法院报请指定管辖案件用）

××××人民法院
民事裁定书

（××××）……民辖……号

原告：×××，……。

……

被告：×××，……。

……

（以上写明当事人和其他诉讼参加人的姓名或者名称等基本信息）

原告×××与被告×××……（写明案由）一案，××××人民法院于××××年××月××日立案。

×××诉称，……（概述原告的诉讼请求、事实和理由）。

××××人民法院认为，……（写明移送管辖的理由）。于××××年××月××日裁定：……（写明移送管辖主文）。

××××年××月××日，××××人民法院以……为由（写明报请指定管辖的理由），报请本院指定管辖。

本院认为，……（写明对下级法院报请指定管辖的事实与理由的分析意见）。

依照《中华人民共和国民事诉讼法》第三十六条规定，裁定如下：

本案由××××人民法院审理。

本裁定一经作出即生效。

审判长 ×××
审判员 ×××
审判员 ×××

××××年××月××日
（院印）

本件与原本核对无异

书记员 ×××

【说明】

1. 本样式根据《中华人民共和国民事诉讼法》第三十六制定，供上级人民法院对受移送的下级人民法院认为受移送的案件不属于本院管辖而报请指定管辖，裁定指定管辖用。

2. 案号类型代字为“民辖”。

3. 本裁定一经作出即生效。

民事裁定书
(因管辖权争议报请指定管辖案件用)

××××人民法院
民事裁定书

(××××)……民辖……号

原告:×××,……。

……

被告:×××,……。

……

(以上写明当事人和其他诉讼参加人的姓名或者名称等基本信息)

××××年××月××日××××人民法院立案的(××××)……民初……号……(写明当事人及案由)一案,与××××年××月××日××××人民法院立案的(××××)……民初……号……(写明当事人及案由)一案,两地人民法院之间因管辖权产生争议,协商未果。××××年××月××日,××××人民法院(写明报请人民法院名称)报请本院指定管辖。

本院经审查认为,……(写明指定管辖的事实和理由)。

依照《中华人民共和国民事诉讼法》第三十七条第二款、《最高人民法院关于适用〈中华人民共和国民事诉讼法〉的解释》第四十条、第四十一条规定,裁定如下:

一、撤销××××人民法院(××××)……民初……号民事判决/裁定(不需要撤销的,不写该项);

二、……(写明当事人及案由)一案由××××人民法院(写明被指定人民法院名称)审理;

三、××××人民法院自接到本裁定之日起××日内将(××××)……民初……号……(写明当事人及案由)一案全部卷宗材料及诉讼费移送××××人民法院(写明被指定人民法院名称)。

本裁定一经作出即生效。

审判长 ×××
审判员 ×××
审判员 ×××

××××年××月××日
(院印)

本件与原本核对无异

书记员 ×××

【说明】

1. 本样式根据《中华人民共和国民事诉讼法》第三十七条第二款以及《最高人民法院关于适用〈中华人民共和国民事诉讼法〉的解释》第四十条、第四十一条制定,供上级人民法院对下级人民法院之间因管辖权发生争议且协商解决不了报请指定管辖,裁定指定管辖用。

2. 案号类型代字为"民辖"。

3. 当事人诉讼地位,按照先报请指定管辖法院立案的案件当事人的诉讼地位列明。

4. 依照《中华人民共和国民事诉讼法》第三十七条第二款规定,发生管辖权争议的两个人民法院因协商不成报请它们的共同上级人民法院指定管辖时,双方为同属一个地、市辖区的基层人民法院的,由该地、市的中级人民法院及时指定管辖;同属一个省、自治区、直辖市的两个人民法院的,由该省、自治区、直辖市的高级人民法院及时指定管辖;双方为跨省、自治区、直辖市的人民法院,高级人民法院协商不成的,由最高人民法院及时指定管辖。报请上级人民法院指定管辖时,应当逐级进行。

5. 对报请上级人民法院指定管辖的案件,下级人民法院应当中止审理。报请指定管辖后,上级人民法院作出指定管辖裁定前,下级人民法院对案件作出判决、裁定的,上级人民法院应当在裁定指定管辖的同时,一并撤销下级人民法院的判决、裁定。

6. 本裁定一经作出即生效。

民事裁定书(上级法院移交下级法院审理用)

××××人民法院
民事裁定书

(××××)……民初……号

原告:×××,……。

……

被告:×××,……。

……

(以上写明当事人和其他诉讼参加人的姓名或者名称等基本信息)

原告×××与被告×××……(写明案由)一案,本院于××××年××月××日立案。

本院经审查认为,……(写明移交管辖的事实和理由)。且已经报请××××人民法院(写明上一级人民法院名称)批准。依照《中华人民共和国民事诉讼法》第三十八条第一款、《最高人民法院关于适用〈中华人民共和国民事诉讼法〉的解释》第四十二条规定,裁定如下:

本案由××××人民法院(写明下一级人民法院名称)

审理。

本裁定一经作出即生效。

审判长 ×××
审判员 ×××
审判员 ×××

××××年××月××日
（院印）

本件与原本核对无异

书记员 ×××

【说明】

1. 本样式根据《中华人民共和国民事诉讼法》第三十八条第一款以及《最高人民法院关于适用〈中华人民共和国民事诉讼法〉的解释》第四十二条制定，供人民法院报请上一级人民法院同意后，将其管辖的第一审民事案件裁定交下级人民法院审理用。

2. 案号类型代字为“民初”。

3. 下列第一审民事案件，人民法院报请其上级人民法院批准，可以在开庭前交下级人民法院审理：(1)破产程序中有关债务人的诉讼案件；(2)当事人人数众多且不方便诉讼的案件；(3)最高人民法院确定的其他类型案件。

4. 本裁定一经作出即生效。

民事管辖协商函(管辖争议协商用)

×××高级人民法院
民事管辖协商函

（××××）……民辖……号

×××人民法院：

××××年××月××日，××××人民法院受理的（××××）……民初……号……（写明当事人及案由）一案，××××年××月××日××××人民法院受理的（××××）……民初……号……（写明当事人及案由）一案，两地人民法院之间对管辖权发生争议，协商未果。××××年××月××日，××××人民法院报请我院协商解决。

本院经审查认为，……（写明事实和理由）。该案依法应当由××××人民法院管辖。

依照《中华人民共和国民事诉讼法》第三十七条第二款、《最高人民法院关于适用〈中华人民共和国民事诉讼法〉的解释》第四十条规定，现函告你院协商解决管辖争议。请你院在收到本函后××日内函复我院。

联系人：……（写明姓名、部门、职务）

联系电话：……

联系地址：……

此致

××××年××月××日
（院印）

【说明】

1. 本样式根据《中华人民共和国民事诉讼法》第三十七条第二款以及《最高人民法院关于适用〈中华人民共和国民事诉讼法〉的解释》第四十条制定，供高级人民法院对本辖区的下级人民法院和其他辖区的人民法院之间因管辖权发生争议协商未果，商请其他高级人民法院协商解决管辖用。

2. 民事管辖协商案件只能产生于高级人民法院之间。管辖权争议发生后，争议人民法院之间也可以进行协商，但此项协商不属于民事管辖协商案件范畴。

3. 对同一管辖权争议，参与协商的各高级人民法院均编立民事管辖协商案件，案号类型代字为“民辖”。

4. 发生管辖权争议的两个人民法院因协商不成报请它们的共同上级人民法院指定管辖时，双方为同属一个地、市辖区的基层人民法院的，由该地、市的中级人民法院及时指定管辖；同属一个省、自治区、直辖市的两个人民法院的，由该省、自治区、直辖市的高级人民法院及时指定管辖；双方为跨省、自治区、直辖市的人民法院，高级人民法院协商不成的，由最高人民法院及时指定管辖。报请上级人民法院指定管辖时，应当逐级进行。

三、立 案

◎司法解释

最高人民法院关于人民法院登记立案若干问题的规定

(2015年4月13日最高人民法院审判委员会第1647次会议通过 2015年4月15日最高人民法院公告公布 自2015年5月1日起施行 法释〔2015〕8号)

为保护公民、法人和其他组织依法行使诉权,实现人民法院依法、及时受理案件,根据《中华人民共和国民事诉讼法》《中华人民共和国行政诉讼法》《中华人民共和国刑事诉讼法》等法律规定,制定本规定。

第一条 人民法院对依法应该受理的一审民事起诉、行政起诉和刑事自诉,实行立案登记制。

第二条 对起诉、自诉,人民法院应当一律接收诉状,出具书面凭证并注明收到日期。

对符合法律规定的起诉、自诉,人民法院应当当场予以登记立案。

对不符合法律规定的起诉、自诉,人民法院应当予以释明。

第三条 人民法院应当提供诉状样本,为当事人书写诉状提供示范和指引。

当事人书写诉状确有困难的,可以口头提出,由人民法院记入笔录。符合法律规定的,予以登记立案。

第四条 民事起诉状应当记明以下事项:

(一)原告的姓名、性别、年龄、民族、职业、工作单位、住所、联系方式,法人或者其他组织的名称、住所和法定代表人或者主要负责人的姓名、职务、联系方式;

(二)被告的姓名、性别、工作单位、住所等信息,法人或者其他组织的名称、住所等信息;

(三)诉讼请求和所根据的事实与理由;

(四)证据和证据来源;

(五)有证人的,载明证人姓名和住所。

行政起诉状参照民事起诉状书写。

第五条 刑事自诉状应当记明以下事项:

(一)自诉人或者代为告诉人、被告人的姓名、性别、年龄、民族、文化程度、职业、工作单位、住址、联系方式;

(二)被告人实施犯罪的时间、地点、手段、情节和危害后果等;

(三)具体的诉讼请求;

(四)致送的人民法院和具状时间;

(五)证据的名称、来源等;

(六)有证人的,载明证人的姓名、住所、联系方式等。

第六条 当事人提出起诉、自诉的,应当提交以下材料:

(一)起诉人、自诉人是自然人的,提交身份证明复印件;起诉人、自诉人是法人或者其他组织的,提交营业执照或者组织机构代码证复印件、法定代表人或者主要负责人身份证明书;法人或者其他组织不能提供组织机构代码的,应当提供组织机构被注销的情况说明;

(二)委托起诉或者代为告诉的,应当提交授权委托书、代理人身份证明、代为告诉人身份证明等相关材料;

(三)具体明确的足以使被告或者被告人与他人相区别的姓名或者名称、住所等信息;

(四)起诉状原本和与被告或者被告人及其他当事人人数相符的副本;

(五)与诉请相关的证据或者证明材料。

第七条 当事人提交的诉状和材料不符合要求的,人民法院应当一次性书面告知在指定期限内补正。

当事人在指定期限内补正的,人民法院决定是否立案的期间,自收到补正材料之日起计算。

当事人在指定期限内没有补正的,退回诉状并记录在册;坚持起诉、自诉的,裁定或者决定不予受理、不予立案。

经补正仍不符合要求的,裁定或者决定不予受理、不予立案。

第八条 对当事人提出的起诉、自诉,人民法院当场不能判定是否符合法律规定的,应当作出以下处理:

(一)对民事、行政起诉,应当在收到起诉状之日起七日内决定是否立案;

(二)对刑事自诉,应当在收到自诉状次日起十五日内决定是否立案;

(三)对第三人撤销之诉,应当在收到起诉状之日起三十日内决定是否立案;

(四)对执行异议之诉,应当在收到起诉状之日起十五日内决定是否立案。

人民法院在法定期间内不能判定起诉、自诉是否符合法律规定的，应当先行立案。

第九条 人民法院对起诉、自诉不予受理或者不予立案的，应当出具书面裁定或者决定，并载明理由。

第十条 人民法院对下列起诉、自诉不予登记立案：

（一）违法起诉或者不符合法律规定的；

（二）涉及危害国家主权和领土完整的；

（三）危害国家安全的；

（四）破坏国家统一和民族团结的；

（五）破坏国家宗教政策的；

（六）所诉事项不属于人民法院主管的。

第十一条 登记立案后，当事人未在法定期限内交纳诉讼费的，按撤诉处理，但符合法律规定的缓、减、免交诉讼费条件的除外。

第十二条 登记立案后，人民法院立案庭应当及时将案件移送审判庭审理。

第十三条 对立案工作中存在的不接收诉状、接收诉状后不出具书面凭证，不一次性告知当事人补正诉状内容，以及有案不立、拖延立案、干扰立案、既不立案又不作出裁定或者决定等违法违纪情形，当事人可以向受诉人民法院或者上级人民法院投诉。

人民法院应当在受理投诉之日起十五日内，查明事实，并将情况反馈当事人。发现违法违纪行为的，依法依纪追究相关人员责任；构成犯罪的，依法追究刑事责任。

第十四条 为方便当事人行使诉权，人民法院提供网上立案、预约立案、巡回立案等诉讼服务。

第十五条 人民法院推动多元化纠纷解决机制建设，尊重当事人选择人民调解、行政调解、行业调解、仲裁等多种方式维护权益，化解纠纷。

第十六条 人民法院依法维护登记立案秩序，推进诉讼诚信建设。对干扰立案秩序、虚假诉讼的，根据民事诉讼法、行政诉讼法有关规定予以罚款、拘留；构成犯罪的，依法追究刑事责任。

第十七条 本规定的"起诉"，是指当事人提起民事、行政诉讼；"自诉"，是指当事人提起刑事自诉。

第十八条 强制执行和国家赔偿申请登记立案工作，按照本规定执行。

上诉、申请再审、刑事申诉、执行复议和国家赔偿申诉案件立案工作，不适用本规定。

第十九条 人民法庭登记立案工作，按照本规定执行。

第二十条 本规定自2015年5月1日起施行。以前有关立案的规定与本规定不一致的，按照本规定执行。

◎司法文件

最高人民法院关于印发修改后的《民事案件案由规定》的通知

（2020年12月29日 法〔2020〕347号）

各省、自治区、直辖市高级人民法院，解放军军事法院，新疆维吾尔自治区高级人民法院生产建设兵团分院：

为切实贯彻实施民法典，最高人民法院对2011年2月18日第一次修正的《民事案件案由规定》（以下简称2011年《案由规定》）进行了修改，自2021年1月1日起施行。现将修改后的《民事案件案由规定》（以下简称修改后的《案由规定》）印发给你们，请认真贯彻执行。

2011年《案由规定》施行以来，在方便当事人进行民事诉讼，规范人民法院民事立案、审判和司法统计工作等方面，发挥了重要作用。近年来，随着民事诉讼法、邮政法、消费者权益保护法、环境保护法、反不正当竞争法、农村土地承包法、英雄烈士保护法等法律的制定或者修订，审判实践中出现了许多新类型民事案件，需要对2011年《案由规定》进行补充和完善。特别是民法典将于2021年1月1日起施行，迫切需要增补新的案由。经深入调查研究，广泛征求意见，最高人民法院对2011年《案由规定》进行了修改。现就各级人民法院适用修改后的《案由规定》的有关问题通知如下：

一、高度重视民事案件案由在民事审判规范化建设中的重要作用，认真学习掌握修改后的《案由规定》

民事案件案由是民事案件名称的重要组成部分，反映案件所涉及的民事法律关系的性质，是对当事人诉争的法律关系性质进行的概括，是人民法院进行民事案件管理的重要手段。建立科学、完善的民事案件案由体系，有利于方便当事人进行民事诉讼，有利于统一民事案件的法律适用标准，有利于对受理案件进行分类管理，有利于确定各民事审判业务庭的管辖分工，有利于提高民事案件司法统计的准确性和科学性，从而更好地为创新和加强民事审判管理、为人民法院司法决策服务。

各级人民法院要认真学习修改后的《案由规定》，理解案由编排体系和具体案由制定的背景、法律依据、确定标准、具体含义、适用顺序以及变更方法等问题，准确选择适用具体案由，依法维护当事人诉讼权利，创新和加强民事审判管理，不断推进民事审判工作规范化建设。

二、关于《案由规定》修改所遵循的原则

一是严格依法原则。本次修改的具体案由均具有实体法和程序法依据，符合民事诉讼法关于民事案件受案范围的有关规定。

二是必要性原则。本次修改是以保持案由运行体系稳定为前提，对于必须增加、调整的案由作相应修改，尤其是对照民法典的新增制度和重大修改内容，增加、变更部分具体案由，并根据现行立法和司法实践需要完善部分具体案由，对案由编排体系不作大的调整。民法典施行后，最高人民法院将根据工作需要，结合司法实践，继续细化完善民法典新增制度案由，特别是第四级案由。对本次未作修改的部分原有案由，届时一并修改。

三是实用性原则。案由体系是在现行有效的法律规定基础上，充分考虑人民法院民事立案、审判实践以及司法统计的需要而编排的，本次修改更加注重案由的简洁明了、方便实用，既便于当事人进行民事诉讼，也便于人民法院进行民事立案、审判和司法统计工作。

三、关于案由的确定标准

民事案件案由应当依据当事人诉争的民事法律关系的性质来确定。鉴于具体案件中当事人的诉讼请求、争议的焦点可能有多个，争议的标的也可能是多个，为保证案由的高度概括和简洁明了，修改后的《案由规定》仍沿用 2011 年《案由规定》关于案由的确定标准，即对民事案件案由的表述方式原则上确定为“法律关系性质”加“纠纷”，一般不包含争议焦点、标的物、侵权方式等要素。但是，实践中当事人诉争的民事法律关系的性质具有复杂多变性，单纯按照法律关系标准去划分案由体系的做法难以更好地满足民事审判实践的需要，难以更好地满足司法统计的需要。为此，修改后的《案由规定》在坚持以法律关系性质作为确定案由的主要标准的同时，对少部分案由也依据请求权、形成权或者确认之诉、形成之诉等其他标准进行确定，对少部分案由的表述也包含了争议焦点、标的物、侵权方式等要素。另外，为了与行政案件案由进行明显区分，本次修改还对个别案由的表述进行了特殊处理。

对民事诉讼法规定的适用特别程序、督促程序、公示催告程序、公司清算、破产程序等非讼程序审理的案件案由，根据当事人的诉讼请求予以直接表述；对公益诉讼、第三人撤销之诉、执行程序中的异议之诉等特殊诉讼程序案件的案由，根据修改后民事诉讼法规定的诉讼制度予以直接表述。

四、关于案由体系的总体编排

1. 关于案由纵向和横向体系的编排设置。修改后的《案由规定》以民法学理论对民事法律关系的分类为基础，以法律关系的内容即民事权利类型来编排案由的纵向体系。在纵向体系上，结合民法典、民事诉讼法等民事立法及审判实践，将案由的编排体系划分为人格权纠纷，婚姻家庭、继承纠纷，物权纠纷，合同、准合同纠纷，劳动争议与人事争议，知识产权与竞争纠纷，海事海商纠纷，与公司、证券、保险、票据等有关的民事纠纷，侵权责任纠纷，非讼程序案件案由，特殊诉讼程序案件案由，共计十一大部分，作为第一级案由。

在横向体系上，通过总分式四级结构的设计，实现案由从高级（概括）到低级（具体）的演进。如物权纠纷（第一级案由）→所有权纠纷（第二级案由）→建筑物区分所有权纠纷（第三级案由）→业主专有权纠纷（第四级案由）。在第一级案由项下，细分为五十四类案由，作为第二级案由（以大写数字表示）；在第二级案由项下列出了 473 个案由，作为第三级案由（以阿拉伯数字表示）。第三级案由是司法实践中最常见和广泛使用的案由。基于审判工作指导、调研和司法统计的需要，在部分第三级案由项下又列出了 391 个第四级案由（以阿拉伯数字加（）表示）。基于民事法律关系的复杂性，不可能穷尽所有第四级案由，目前所列的第四级案由只是一些典型的、常见的或者为了司法统计需要而设立的案由。

修改后的《案由规定》采用纵向十一个部分、横向四级结构的编排设置，形成了网状结构体系，基本涵盖了民法典所涉及的民事纠纷案件类型以及人民法院当前受理的民事纠纷案件类型，有利于贯彻落实民法典等民事法律关于民事权益保护的相关规定。

2. 关于物权纠纷案由与合同纠纷案由的编排设置。修改后的《案由规定》仍然沿用 2011 年《案由规定》关于物权纠纷案由与合同纠纷案由的编排体系。按照物权变动原因与结果相区分的原则，对于涉及物权变动的原因，即债权性质的合同关系引发的纠纷案件的案由，修改后的《案由规定》将其放在合同纠纷项下；对于涉及物权变动的结果，即物权设立、权属、效力、使用、收益等物权关系产生的纠纷案件的案由，修改后的《案由规定》将其放在物权纠纷项下。前者如第三级案由“居住权合同纠纷”列在第二级案由“合同纠纷”项下；后者如第三级案由“居住权纠纷”列在第二级案由“物权纠纷”项下。

具体适用时，人民法院应根据当事人诉争的法律关系的性质，查明该法律关系涉及的是物权变动的原因关系还是物权变动的结果关系，以正确确定案由。当事人诉争的法律关系性质涉及物权变动原因的，即因债权性质的合同关系引发的纠纷案件，应当选择适用第二级案由“合同纠纷”项下的案由，如“居住权合同纠纷”案由；当事人诉争的法律关系性质涉及物权变动结果的，即因物权设立、权属、效力、使用、收益等物权关系引发的纠纷案件，应当选择第二级案由“物权纠纷”项下的案由，如“居住权纠纷”案由。

3. 关于第三部分“物权纠纷”项下“物权保护纠纷”案由与“所有权纠纷”“用益物权纠纷”“担保物权纠纷”案由的编排设置。修改后的《案由规定》仍然沿用 2011 年《案由规定》关于物权纠纷案由的编排设置。“所有权纠纷”“用益物权纠纷”“担保物权纠纷”案由既包括以上三种类型的物权确认纠纷案由，也包括以上三种类型的侵害物权纠纷案由。民法典物权编第三章“物权的保护”所规定的物权请求权或者债权请求权保护方法，即“物权保护纠纷”，在修改后的《案由规定》列举的每个物权类型（第三级案由）项下都可能部分或者全部适用，多数都可以作为第四级案由列举，但为避免使整个案由体系冗长繁杂，在各第三级案由下并未一一列出。实践中需要确定具体个案案由时，如果当事人的诉讼请求只涉及“物权保护纠纷”项下的一种物权请求权或者债权请求权，则可以选择适用“物权保护纠纷”项下的六种第三级案由；如果当事人的诉讼请求涉及“物权保护纠纷”项下的两种或者两种以上物权请求权或者债权请求权，则应按照所保护的权利种类，选择适用“所有权纠纷”“用益物权纠纷”“担保物权纠纷”项下的第三级案由（各种物权类型纠纷）。

4. 关于侵权责任纠纷案由的编排设置。修改后的《案由规定》仍然沿用2011年《案由规定》关于侵权责任纠纷案由与其他第一级案由的编排设置。根据民法典侵权责任编的相关规定，该编的保护对象为民事权益，具体范围是民法典总则编第五章所规定的人身、财产权益。这些民事权益，又分别在人格权编、物权编、婚姻家庭编、继承编等予以了细化规定，而这些民事权益纠纷往往既包括权属确认纠纷也包括侵权责任纠纷，这就为科学合理编排民事案件案由体系增加了难度。为了保持整个案由体系的完整性和稳定性，尽可能避免重复交叉，修改后的《案由规定》将这些侵害民事权益侵权责任纠纷案由仍旧分别保留在“人格权纠纷”“婚姻家庭、继承纠纷”“物权纠纷”“知识产权与竞争纠纷”等第一级案由体系项下，对照侵权责任编新规定调整第一级案由“侵权责任纠纷”项下案由；同时，将一些实践中常见的、其他第一级案由不便列出的侵权责任纠纷案由也列在第一级案由“侵权责任纠纷”项下，如“非机动车交通事故责任纠纷”。从“兜底”考虑，修改后的《案由规定》将第一级案由“侵权责任纠纷”列在其他八个民事权益纠纷类型之后，作为第九部分。

具体适用时，涉及侵权责任纠纷的，为明确和统一法律适用问题，应当先适用第九部分“侵权责任纠纷”项下根据侵权责任编相关规定列出的具体案由；没有相应案由的，再适用“人格权纠纷”“物权纠纷”“知识产权与竞争纠纷”等其他部分项下的具体案由。如环境污染、高度危险行为均可能造成人身损害和财产损害，确定案由时，应当适用第九部分“侵权责任纠纷”项下“环境污染责任纠纷”“高度危险责任纠纷”案由，而不应适用第一部分“人格权纠纷”项下的“生命权、身体权、健康权纠纷”案由，也不应适用第三部分“物权纠纷”项下的“财产损害赔偿纠纷”案由。

五、适用修改后的《案由规定》应当注意的问题

1. 在案由横向体系上应当按照由低到高的顺序选择适用个案案由。确定个案案由时，应当优先适用第四级案由，没有对应的第四级案由的，适用相应的第三级案由；第三级案由中没有规定的，适用相应的第二级案由；第二级案由没有规定的，适用相应的第一级案由。这样处理，有利于更准确地反映当事人诉争的法律关系的性质，有利于促进分类管理科学化和提高司法统计准确性。

2. 关于个案案由的变更。人民法院在民事立案审查阶段，可以根据原告诉讼请求涉及的法律关系性质，确定相应的个案案由；人民法院受理民事案件后，经审理发现当事人起诉的法律关系与实际诉争的法律关系不一致的，人民法院结案时应当根据法庭查明的当事人之间实际存在的法律关系的性质，相应变更个案案由。当事人在诉讼过程中增加或者变更诉讼请求导致当事人诉争的法律关系发生变更的，人民法院应当相应变更个案案由。

3. 存在多个法律关系时个案案由的确定。同一诉讼中涉及两个以上的法律关系的，应当根据当事人诉争的法律关系的性质确定个案案由；均为诉争的法律关系的，则按诉争的两个以上法律关系并列确定相应的案由。

4. 请求权竞合时个案案由的确定。在请求权竞合的情形下，人民法院应当按照当事人自主选择行使的请求权所涉及的诉争的法律关系的性质，确定相应的案由。

5. 正确认识民事案件案由的性质与功能。案由体系的编排制定是人民法院进行民事审判管理的手段。各级人民法院应当依法保障当事人依照法律规定享有的起诉权利，不得将修改后的《案由规定》等同于民事诉讼法第一百一十九条规定的起诉条件，不得以当事人的诉请在修改后的《案由规定》中没有相应案由可以适用为由，裁定不予受理或者驳回起诉，损害当事人的诉讼权利。

6. 案由体系中的选择性案由（即含有顿号的部分案由）的使用方法。对这些案由，应当根据具体案情，确定相应的个案案由，不应直接将该案由全部引用。如“生命权、身体权、健康权纠纷”案由，应当根据具体侵害对象来确定相应的案由。

本次民事案件案由修改工作主要基于人民法院当前司法实践经验，对照民法典等民事立法修改完善相关具体案由。2021年1月1日民法典施行后，修改后的《案由规定》可能需要对标民法典具体施行情况作进一步调整。地方各级人民法院要密切关注民法典施行后立案审判中遇到的新情况、新问题，重点梳理汇总民法典新增制度项下可以细化规定为第四级案由的新类型案件，及时层报最高人民法院。

民事案件案由规定

（2007年10月29日最高人民法院审判委员会第1438次会议通过　自2008年4月1日起施行　根据2011年2月18日最高人民法院《关于修改〈民事案件案由规定〉的决定》（法〔2011〕41号）第一次修正　根据2020年12月14日最高人民法院审判委员会第1821次会议通过的《最高人民法院关于修改〈民事案件案由规定〉的决定》（法〔2020〕346号）第二次修正）

为了正确适用法律，统一确定案由，根据《中华人民共和国民法典》《中华人民共和国民事诉讼法》等法律规定，结合人民法院民事审判工作实际情况，对民事案件案由规定如下：

第一部分 人格权纠纷

一、人格权纠纷

1. 生命权、身体权、健康权纠纷
2. 姓名权纠纷
3. 名称权纠纷
4. 肖像权纠纷
5. 声音保护纠纷
6. 名誉权纠纷
7. 荣誉权纠纷
8. 隐私权、个人信息保护纠纷
(1)隐私权纠纷
(2)个人信息保护纠纷
9. 婚姻自主权纠纷
10. 人身自由权纠纷
11. 一般人格权纠纷
(1)平等就业权纠纷

第二部分 婚姻家庭、继承纠纷

二、婚姻家庭纠纷

12. 婚约财产纠纷
13. 婚内夫妻财产分割纠纷
14. 离婚纠纷
15. 离婚后财产纠纷
16. 离婚后损害责任纠纷
17. 婚姻无效纠纷
18. 撤销婚姻纠纷
19. 夫妻财产约定纠纷
20. 同居关系纠纷
(1)同居关系析产纠纷
(2)同居关系子女抚养纠纷
21. 亲子关系纠纷
(1)确认亲子关系纠纷
(2)否认亲子关系纠纷
22. 抚养纠纷
(1)抚养费纠纷
(2)变更抚养关系纠纷
23. 扶养纠纷
(1)扶养费纠纷
(2)变更扶养关系纠纷
24. 赡养纠纷
(1)赡养费纠纷
(2)变更赡养关系纠纷
25. 收养关系纠纷
(1)确认收养关系纠纷
(2)解除收养关系纠纷
26. 监护权纠纷
27. 探望权纠纷
28. 分家析产纠纷

三、继承纠纷

29. 法定继承纠纷
(1)转继承纠纷
(2)代位继承纠纷
30. 遗嘱继承纠纷
31. 被继承人债务清偿纠纷
32. 遗赠纠纷
33. 遗赠扶养协议纠纷
34. 遗产管理纠纷

第三部分 物权纠纷

四、不动产登记纠纷

35. 异议登记不当损害责任纠纷
36. 虚假登记损害责任纠纷

五、物权保护纠纷

37. 物权确认纠纷
(1)所有权确认纠纷
(2)用益物权确认纠纷
(3)担保物权确认纠纷
38. 返还原物纠纷
39. 排除妨害纠纷
40. 消除危险纠纷
41. 修理、重作、更换纠纷
42. 恢复原状纠纷
43. 财产损害赔偿纠纷

六、所有权纠纷

44. 侵害集体经济组织成员权益纠纷
45. 建筑物区分所有权纠纷
(1)业主专有权纠纷
(2)业主共有权纠纷
(3)车位纠纷
(4)车库纠纷
46. 业主撤销权纠纷
47. 业主知情权纠纷
48. 遗失物返还纠纷
49. 漂流物返还纠纷
50. 埋藏物返还纠纷
51. 隐藏物返还纠纷
52. 添附物归属纠纷
53. 相邻关系纠纷
(1)相邻用水、排水纠纷

(2)相邻通行纠纷
(3)相邻土地、建筑物利用关系纠纷
(4)相邻通风纠纷
(5)相邻采光、日照纠纷
(6)相邻污染侵害纠纷
(7)相邻损害防免关系纠纷
54. 共有纠纷
(1)共有权确认纠纷
(2)共有物分割纠纷
(3)共有人优先购买权纠纷
(4)债权人代位析产纠纷

七、用益物权纠纷

55. 海域使用权纠纷
56. 探矿权纠纷
57. 采矿权纠纷
58. 取水权纠纷
59. 养殖权纠纷
60. 捕捞权纠纷
61. 土地承包经营权纠纷
(1)土地承包经营权确认纠纷
(2)承包地征收补偿费用分配纠纷
(3)土地承包经营权继承纠纷
62. 土地经营权纠纷
63. 建设用地使用权纠纷
64. 宅基地使用权纠纷
65. 居住权纠纷
66. 地役权纠纷

八、担保物权纠纷

67. 抵押权纠纷
(1)建筑物和其他土地附着物抵押权纠纷
(2)在建建筑物抵押权纠纷
(3)建设用地使用权抵押权纠纷
(4)土地经营权抵押权纠纷
(5)探矿权抵押权纠纷
(6)采矿权抵押权纠纷
(7)海域使用权抵押权纠纷
(8)动产抵押权纠纷
(9)在建船舶、航空器抵押权纠纷
(10)动产浮动抵押权纠纷
(11)最高额抵押权纠纷
68. 质权纠纷
(1)动产质权纠纷
(2)转质权纠纷
(3)最高额质权纠纷
(4)票据质权纠纷
(5)债券质权纠纷
(6)存单质权纠纷
(7)仓单质权纠纷
(8)提单质权纠纷
(9)股权质权纠纷
(10)基金份额质权纠纷
(11)知识产权质权纠纷
(12)应收账款质权纠纷
69. 留置权纠纷

九、占有保护纠纷

70. 占有物返还纠纷
71. 占有排除妨害纠纷
72. 占有消除危险纠纷
73. 占有物损害赔偿纠纷

第四部分 合同、准合同纠纷

十、合同纠纷

74. 缔约过失责任纠纷
75. 预约合同纠纷
76. 确认合同效力纠纷
(1)确认合同有效纠纷
(2)确认合同无效纠纷
77. 债权人代位权纠纷
78. 债权人撤销权纠纷
79. 债权转让合同纠纷
80. 债务转移合同纠纷
81. 债权债务概括转移合同纠纷
82. 债务加入纠纷
83. 悬赏广告纠纷
84. 买卖合同纠纷
(1)分期付款买卖合同纠纷
(2)凭样品买卖合同纠纷
(3)试用买卖合同纠纷
(4)所有权保留买卖合同纠纷
(5)招标投标买卖合同纠纷
(6)互易纠纷
(7)国际货物买卖合同纠纷
(8)信息网络买卖合同纠纷
85. 拍卖合同纠纷
86. 建设用地使用权合同纠纷
(1)建设用地使用权出让合同纠纷
(2)建设用地使用权转让合同纠纷
87. 临时用地合同纠纷
88. 探矿权转让合同纠纷
89. 采矿权转让合同纠纷

90. 房地产开发经营合同纠纷
(1)委托代建合同纠纷
(2)合资、合作开发房地产合同纠纷
(3)项目转让合同纠纷
91. 房屋买卖合同纠纷
(1)商品房预约合同纠纷
(2)商品房预售合同纠纷
(3)商品房销售合同纠纷
(4)商品房委托代理销售合同纠纷
(5)经济适用房转让合同纠纷
(6)农村房屋买卖合同纠纷
92. 民事主体间房屋拆迁补偿合同纠纷
93. 供用电合同纠纷
94. 供用水合同纠纷
95. 供用气合同纠纷
96. 供用热力合同纠纷
97. 排污权交易纠纷
98. 用能权交易纠纷
99. 用水权交易纠纷
100. 碳排放权交易纠纷
101. 碳汇交易纠纷
102. 赠与合同纠纷
(1)公益事业捐赠合同纠纷
(2)附义务赠与合同纠纷
103. 借款合同纠纷
(1)金融借款合同纠纷
(2)同业拆借纠纷
(3)民间借贷纠纷
(4)小额借款合同纠纷
(5)金融不良债权转让合同纠纷
(6)金融不良债权追偿纠纷
104. 保证合同纠纷
105. 抵押合同纠纷
106. 质押合同纠纷
107. 定金合同纠纷
108. 进出口押汇纠纷
109. 储蓄存款合同纠纷
110. 银行卡纠纷
(1)借记卡纠纷
(2)信用卡纠纷
111. 租赁合同纠纷
(1)土地租赁合同纠纷
(2)房屋租赁合同纠纷
(3)车辆租赁合同纠纷
(4)建筑设备租赁合同纠纷
112. 融资租赁合同纠纷
113. 保理合同纠纷
114. 承揽合同纠纷
(1)加工合同纠纷
(2)定作合同纠纷
(3)修理合同纠纷
(4)复制合同纠纷
(5)测试合同纠纷
(6)检验合同纠纷
(7)铁路机车、车辆建造合同纠纷
115. 建设工程合同纠纷
(1)建设工程勘察合同纠纷
(2)建设工程设计合同纠纷
(3)建设工程施工合同纠纷
(4)建设工程价款优先受偿权纠纷
(5)建设工程分包合同纠纷
(6)建设工程监理合同纠纷
(7)装饰装修合同纠纷
(8)铁路修建合同纠纷
(9)农村建房施工合同纠纷
116. 运输合同纠纷
(1)公路旅客运输合同纠纷
(2)公路货物运输合同纠纷
(3)水路旅客运输合同纠纷
(4)水路货物运输合同纠纷
(5)航空旅客运输合同纠纷
(6)航空货物运输合同纠纷
(7)出租汽车运输合同纠纷
(8)管道运输合同纠纷
(9)城市公交运输合同纠纷
(10)联合运输合同纠纷
(11)多式联运合同纠纷
(12)铁路货物运输合同纠纷
(13)铁路旅客运输合同纠纷
(14)铁路行李运输合同纠纷
(15)铁路包裹运输合同纠纷
(16)国际铁路联运合同纠纷
117. 保管合同纠纷
118. 仓储合同纠纷
119. 委托合同纠纷
(1)进出口代理合同纠纷
(2)货运代理合同纠纷
(3)民用航空运输销售代理合同纠纷
(4)诉讼、仲裁、人民调解代理合同纠纷
(5)销售代理合同纠纷

120. 委托理财合同纠纷
(1)金融委托理财合同纠纷
(2)民间委托理财合同纠纷
121. 物业服务合同纠纷
122. 行纪合同纠纷
123. 中介合同纠纷
124. 补偿贸易纠纷
125. 借用合同纠纷
126. 典当纠纷
127. 合伙合同纠纷
128. 种植、养殖回收合同纠纷
129. 彩票、奖券纠纷
130. 中外合作勘探开发自然资源合同纠纷
131. 农业承包合同纠纷
132. 林业承包合同纠纷
133. 渔业承包合同纠纷
134. 牧业承包合同纠纷
135. 土地承包经营权合同纠纷
(1)土地承包经营权转让合同纠纷
(2)土地承包经营权互换合同纠纷
(3)土地经营权入股合同纠纷
(4)土地经营权抵押合同纠纷
(5)土地经营权出租合同纠纷
136. 居住权合同纠纷
137. 服务合同纠纷
(1)电信服务合同纠纷
(2)邮政服务合同纠纷
(3)快递服务合同纠纷
(4)医疗服务合同纠纷
(5)法律服务合同纠纷
(6)旅游合同纠纷
(7)房地产咨询合同纠纷
(8)房地产价格评估合同纠纷
(9)旅店服务合同纠纷
(10)财会服务合同纠纷
(11)餐饮服务合同纠纷
(12)娱乐服务合同纠纷
(13)有线电视服务合同纠纷
(14)网络服务合同纠纷
(15)教育培训合同纠纷
(16)家政服务合同纠纷
(17)庆典服务合同纠纷
(18)殡葬服务合同纠纷
(19)农业技术服务合同纠纷
(20)农机作业服务合同纠纷
(21)保安服务合同纠纷
(22)银行结算合同纠纷
138. 演出合同纠纷
139. 劳务合同纠纷
140. 离退休人员返聘合同纠纷
141. 广告合同纠纷
142. 展览合同纠纷
143. 追偿权纠纷

十一、不当得利纠纷

144. 不当得利纠纷

十二、无因管理纠纷

145. 无因管理纠纷

第五部分 知识产权与竞争纠纷

十三、知识产权合同纠纷

146. 著作权合同纠纷
(1)委托创作合同纠纷
(2)合作创作合同纠纷
(3)著作权转让合同纠纷
(4)著作权许可使用合同纠纷
(5)出版合同纠纷
(6)表演合同纠纷
(7)音像制品制作合同纠纷
(8)广播电视播放合同纠纷
(9)邻接权转让合同纠纷
(10)邻接权许可使用合同纠纷
(11)计算机软件开发合同纠纷
(12)计算机软件著作权转让合同纠纷
(13)计算机软件著作权许可使用合同纠纷
147. 商标合同纠纷
(1)商标权转让合同纠纷
(2)商标使用许可合同纠纷
(3)商标代理合同纠纷
148. 专利合同纠纷
(1)专利申请权转让合同纠纷
(2)专利权转让合同纠纷
(3)发明专利实施许可合同纠纷
(4)实用新型专利实施许可合同纠纷
(5)外观设计专利实施许可合同纠纷
(6)专利代理合同纠纷
149. 植物新品种合同纠纷
(1)植物新品种育种合同纠纷
(2)植物新品种申请权转让合同纠纷
(3)植物新品种权转让合同纠纷
(4)植物新品种实施许可合同纠纷

150. 集成电路布图设计合同纠纷
(1)集成电路布图设计创作合同纠纷
(2)集成电路布图设计专有权转让合同纠纷
(3)集成电路布图设计许可使用合同纠纷
151. 商业秘密合同纠纷
(1)技术秘密让与合同纠纷
(2)技术秘密许可使用合同纠纷
(3)经营秘密让与合同纠纷
(4)经营秘密许可使用合同纠纷
152. 技术合同纠纷
(1)技术委托开发合同纠纷
(2)技术合作开发合同纠纷
(3)技术转化合同纠纷
(4)技术转让合同纠纷
(5)技术许可合同纠纷
(6)技术咨询合同纠纷
(7)技术服务合同纠纷
(8)技术培训合同纠纷
(9)技术中介合同纠纷
(10)技术进口合同纠纷
(11)技术出口合同纠纷
(12)职务技术成果完成人奖励、报酬纠纷
(13)技术成果完成人署名权、荣誉权、奖励权纠纷
153. 特许经营合同纠纷
154. 企业名称(商号)合同纠纷
(1)企业名称(商号)转让合同纠纷
(2)企业名称(商号)使用合同纠纷
155. 特殊标志合同纠纷
156. 网络域名合同纠纷
(1)网络域名注册合同纠纷
(2)网络域名转让合同纠纷
(3)网络域名许可使用合同纠纷
157. 知识产权质押合同纠纷

十四、知识产权权属、侵权纠纷

158. 著作权权属、侵权纠纷
(1)著作权权属纠纷
(2)侵害作品发表权纠纷
(3)侵害作品署名权纠纷
(4)侵害作品修改权纠纷
(5)侵害保护作品完整权纠纷
(6)侵害作品复制权纠纷
(7)侵害作品发行权纠纷
(8)侵害作品出租权纠纷
(9)侵害作品展览权纠纷
(10)侵害作品表演权纠纷
(11)侵害作品放映权纠纷
(12)侵害作品广播权纠纷
(13)侵害作品信息网络传播权纠纷
(14)侵害作品摄制权纠纷
(15)侵害作品改编权纠纷
(16)侵害作品翻译权纠纷
(17)侵害作品汇编权纠纷
(18)侵害其他著作财产权纠纷
(19)出版者权权属纠纷
(20)表演者权权属纠纷
(21)录音录像制作者权权属纠纷
(22)广播组织权权属纠纷
(23)侵害出版者权纠纷
(24)侵害表演者权纠纷
(25)侵害录音录像制作者权纠纷
(26)侵害广播组织权纠纷
(27)计算机软件著作权权属纠纷
(28)侵害计算机软件著作权纠纷
159. 商标权权属、侵权纠纷
(1)商标权权属纠纷
(2)侵害商标权纠纷
160. 专利权权属、侵权纠纷
(1)专利申请权权属纠纷
(2)专利权权属纠纷
(3)侵害发明专利权纠纷
(4)侵害实用新型专利权纠纷
(5)侵害外观设计专利权纠纷
(6)假冒他人专利纠纷
(7)发明专利临时保护期使用费纠纷
(8)职务发明创造发明人、设计人奖励、报酬纠纷
(9)发明创造发明人、设计人署名权纠纷
(10)标准必要专利使用费纠纷
161. 植物新品种权权属、侵权纠纷
(1)植物新品种申请权权属纠纷
(2)植物新品种权权属纠纷
(3)侵害植物新品种权纠纷
(4)植物新品种临时保护期使用费纠纷
162. 集成电路布图设计专有权权属、侵权纠纷
(1)集成电路布图设计专有权权属纠纷
(2)侵害集成电路布图设计专有权纠纷
163. 侵害企业名称(商号)权纠纷
164. 侵害特殊标志专有权纠纷
165. 网络域名权属、侵权纠纷
(1)网络域名权属纠纷
(2)侵害网络域名纠纷

166. 发现权纠纷
167. 发明权纠纷
168. 其他科技成果权纠纷
169. 确认不侵害知识产权纠纷
(1)确认不侵害专利权纠纷
(2)确认不侵害商标权纠纷
(3)确认不侵害著作权纠纷
(4)确认不侵害植物新品种权纠纷
(5)确认不侵害集成电路布图设计专用权纠纷
(6)确认不侵害计算机软件著作权纠纷
170. 因申请知识产权临时措施损害责任纠纷
(1)因申请诉前停止侵害专利权损害责任纠纷
(2)因申请诉前停止侵害注册商标专用权损害责任纠纷
(3)因申请诉前停止侵害著作权损害责任纠纷
(4)因申请诉前停止侵害植物新品种权损害责任纠纷
(5)因申请海关知识产权保护措施损害责任纠纷
(6)因申请诉前停止侵害计算机软件著作权损害责任纠纷
(7)因申请诉前停止侵害集成电路布图设计专用权损害责任纠纷
171. 因恶意提起知识产权诉讼损害责任纠纷
172. 专利权宣告无效后返还费用纠纷

十五、不正当竞争纠纷

173. 仿冒纠纷
(1)擅自使用与他人有一定影响的商品名称、包装、装潢等相同或者近似的标识纠纷
(2)擅自使用他人有一定影响的企业名称、社会组织名称、姓名纠纷
(3)擅自使用他人有一定影响的域名主体部分、网站名称、网页纠纷
174. 商业贿赂不正当竞争纠纷
175. 虚假宣传纠纷
176. 侵害商业秘密纠纷
(1)侵害技术秘密纠纷
(2)侵害经营秘密纠纷
177. 低价倾销不正当竞争纠纷
178. 捆绑销售不正当竞争纠纷
179. 有奖销售纠纷
180. 商业诋毁纠纷
181. 串通投标不正当竞争纠纷
182. 网络不正当竞争纠纷

十六、垄断纠纷

183. 垄断协议纠纷
(1)横向垄断协议纠纷
(2)纵向垄断协议纠纷
184. 滥用市场支配地位纠纷
(1)垄断定价纠纷
(2)掠夺定价纠纷
(3)拒绝交易纠纷
(4)限定交易纠纷
(5)捆绑交易纠纷
(6)差别待遇纠纷
185. 经营者集中纠纷

第六部分　劳动争议、人事争议

十七、劳动争议

186. 劳动合同纠纷
(1)确认劳动关系纠纷
(2)集体合同纠纷
(3)劳务派遣合同纠纷
(4)非全日制用工纠纷
(5)追索劳动报酬纠纷
(6)经济补偿金纠纷
(7)竞业限制纠纷
187. 社会保险纠纷
(1)养老保险待遇纠纷
(2)工伤保险待遇纠纷
(3)医疗保险待遇纠纷
(4)生育保险待遇纠纷
(5)失业保险待遇纠纷
188. 福利待遇纠纷

十八、人事争议

189. 聘用合同纠纷
190. 聘任合同纠纷
191. 辞职纠纷
192. 辞退纠纷

第七部分　海事海商纠纷

十九、海事海商纠纷

193. 船舶碰撞损害责任纠纷
194. 船舶触碰损害责任纠纷
195. 船舶损坏空中设施、水下设施损害责任纠纷
196. 船舶污染损害责任纠纷
197. 海上、通海水域污染损害责任纠纷
198. 海上、通海水域养殖损害责任纠纷
199. 海上、通海水域财产损害责任纠纷
200. 海上、通海水域人身损害责任纠纷
201. 非法留置船舶、船载货物、船用燃油、船用物料损害责任纠纷
202. 海上、通海水域货物运输合同纠纷

203. 海上、通海水域旅客运输合同纠纷
204. 海上、通海水域行李运输合同纠纷
205. 船舶经营管理合同纠纷
206. 船舶买卖合同纠纷
207. 船舶建造合同纠纷
208. 船舶修理合同纠纷
209. 船舶改建合同纠纷
210. 船舶拆解合同纠纷
211. 船舶抵押合同纠纷
212. 航次租船合同纠纷
213. 船舶租用合同纠纷
(1)定期租船合同纠纷
(2)光船租赁合同纠纷
214. 船舶融资租赁合同纠纷
215. 海上、通海水域运输船舶承包合同纠纷
216. 渔船承包合同纠纷
217. 船舶属具租赁合同纠纷
218. 船舶属具保管合同纠纷
219. 海运集装箱租赁合同纠纷
220. 海运集装箱保管合同纠纷
221. 港口货物保管合同纠纷
222. 船舶代理合同纠纷
223. 海上、通海水域货运代理合同纠纷
224. 理货合同纠纷
225. 船舶物料和备品供应合同纠纷
226. 船员劳务合同纠纷
227. 海难救助合同纠纷
228. 海上、通海水域打捞合同纠纷
229. 海上、通海水域拖航合同纠纷
230. 海上、通海水域保险合同纠纷
231. 海上、通海水域保赔合同纠纷
232. 海上、通海水域运输联营合同纠纷
233. 船舶营运借款合同纠纷
234. 海事担保合同纠纷
235. 航道、港口疏浚合同纠纷
236. 船坞、码头建造合同纠纷
237. 船舶检验合同纠纷
238. 海事请求担保纠纷
239. 海上、通海水域运输重大责任事故责任纠纷
240. 港口作业重大责任事故责任纠纷
241. 港口作业纠纷
242. 共同海损纠纷
243. 海洋开发利用纠纷
244. 船舶共有纠纷
245. 船舶权属纠纷
246. 海运欺诈纠纷
247. 海事债权确权纠纷

第八部分　与公司、证券、保险、票据等有关的民事纠纷

二十、与企业有关的纠纷

248. 企业出资人权益确认纠纷
249. 侵害企业出资人权益纠纷
250. 企业公司制改造合同纠纷
251. 企业股份合作制改造合同纠纷
252. 企业债权转股权合同纠纷
253. 企业分立合同纠纷
254. 企业租赁经营合同纠纷
255. 企业出售合同纠纷
256. 挂靠经营合同纠纷
257. 企业兼并合同纠纷
258. 联营合同纠纷
259. 企业承包经营合同纠纷
(1)中外合资经营企业承包经营合同纠纷
(2)中外合作经营企业承包经营合同纠纷
(3)外商独资企业承包经营合同纠纷
(4)乡镇企业承包经营合同纠纷
260. 中外合资经营企业合同纠纷
261. 中外合作经营企业合同纠纷

二十一、与公司有关的纠纷

262. 股东资格确认纠纷
263. 股东名册记载纠纷
264. 请求变更公司登记纠纷
265. 股东出资纠纷
266. 新增资本认购纠纷
267. 股东知情权纠纷
268. 请求公司收购股份纠纷
269. 股权转让纠纷
270. 公司决议纠纷
(1)公司决议效力确认纠纷
(2)公司决议撤销纠纷
271. 公司设立纠纷
272. 公司证照返还纠纷
273. 发起人责任纠纷
274. 公司盈余分配纠纷
275. 损害股东利益责任纠纷
276. 损害公司利益责任纠纷
277. 损害公司债权人利益责任纠纷
(1)股东损害公司债权人利益责任纠纷
(2)实际控制人损害公司债权人利益责任纠纷

278. 公司关联交易损害责任纠纷
279. 公司合并纠纷
280. 公司分立纠纷
281. 公司减资纠纷
282. 公司增资纠纷
283. 公司解散纠纷
284. 清算责任纠纷
285. 上市公司收购纠纷

二十二、合伙企业纠纷

286. 入伙纠纷
287. 退伙纠纷
288. 合伙企业财产份额转让纠纷

二十三、与破产有关的纠纷

289. 请求撤销个别清偿行为纠纷
290. 请求确认债务人行为无效纠纷
291. 对外追收债权纠纷
292. 追收未缴出资纠纷
293. 追收抽逃出资纠纷
294. 追收非正常收入纠纷
295. 破产债权确认纠纷
(1)职工破产债权确认纠纷
(2)普通破产债权确认纠纷
296. 取回权纠纷
(1)一般取回权纠纷
(2)出卖人取回权纠纷
297. 破产抵销权纠纷
298. 别除权纠纷
299. 破产撤销权纠纷
300. 损害债务人利益赔偿纠纷
301. 管理人责任纠纷

二十四、证券纠纷

302. 证券权利确认纠纷
(1)股票权利确认纠纷
(2)公司债券权利确认纠纷
(3)国债权利确认纠纷
(4)证券投资基金权利确认纠纷
303. 证券交易合同纠纷
(1)股票交易纠纷
(2)公司债券交易纠纷
(3)国债交易纠纷
(4)证券投资基金交易纠纷
304. 金融衍生品种交易纠纷
305. 证券承销合同纠纷
(1)证券代销合同纠纷
(2)证券包销合同纠纷
306. 证券投资咨询纠纷
307. 证券资信评级服务合同纠纷
308. 证券回购合同纠纷
(1)股票回购合同纠纷
(2)国债回购合同纠纷
(3)公司债券回购合同纠纷
(4)证券投资基金回购合同纠纷
(5)质押式证券回购纠纷
309. 证券上市合同纠纷
310. 证券交易代理合同纠纷
311. 证券上市保荐合同纠纷
312. 证券发行纠纷
(1)证券认购纠纷
(2)证券发行失败纠纷
313. 证券返还纠纷
314. 证券欺诈责任纠纷
(1)证券内幕交易责任纠纷
(2)操纵证券交易市场责任纠纷
(3)证券虚假陈述责任纠纷
(4)欺诈客户责任纠纷
315. 证券托管纠纷
316. 证券登记、存管、结算纠纷
317. 融资融券交易纠纷
318. 客户交易结算资金纠纷

二十五、期货交易纠纷

319. 期货经纪合同纠纷
320. 期货透支交易纠纷
321. 期货强行平仓纠纷
322. 期货实物交割纠纷
323. 期货保证合约纠纷
324. 期货交易代理合同纠纷
325. 侵占期货交易保证金纠纷
326. 期货欺诈责任纠纷
327. 操纵期货交易市场责任纠纷
328. 期货内幕交易责任纠纷
329. 期货虚假信息责任纠纷

二十六、信托纠纷

330. 民事信托纠纷
331. 营业信托纠纷
332. 公益信托纠纷

二十七、保险纠纷

333. 财产保险合同纠纷
(1)财产损失保险合同纠纷
(2)责任保险合同纠纷
(3)信用保险合同纠纷

(4)保证保险合同纠纷
(5)保险人代位求偿权纠纷
334. 人身保险合同纠纷
(1)人寿保险合同纠纷
(2)意外伤害保险合同纠纷
(3)健康保险合同纠纷
335. 再保险合同纠纷
336. 保险经纪合同纠纷
337. 保险代理合同纠纷
338. 进出口信用保险合同纠纷
339. 保险费纠纷

二十八、票据纠纷

340. 票据付款请求权纠纷
341. 票据追索权纠纷
342. 票据交付请求权纠纷
343. 票据返还请求权纠纷
344. 票据损害责任纠纷
345. 票据利益返还请求权纠纷
346. 汇票回单签发请求权纠纷
347. 票据保证纠纷
348. 确认票据无效纠纷
349. 票据代理纠纷
350. 票据回购纠纷

二十九、信用证纠纷

351. 委托开立信用证纠纷
352. 信用证开证纠纷
353. 信用证议付纠纷
354. 信用证欺诈纠纷
355. 信用证融资纠纷
356. 信用证转让纠纷

三十、独立保函纠纷

357. 独立保函开立纠纷
358. 独立保函付款纠纷
359. 独立保函追偿纠纷
360. 独立保函欺诈纠纷
361. 独立保函转让纠纷
362. 独立保函通知纠纷
363. 独立保函撤销纠纷

第九部分　侵权责任纠纷

三十一、侵权责任纠纷

364. 监护人责任纠纷
365. 用人单位责任纠纷
366. 劳务派遣工作人员侵权责任纠纷
367. 提供劳务者致害责任纠纷
368. 提供劳务者受害责任纠纷
369. 网络侵权责任纠纷
(1)网络侵害虚拟财产纠纷
370. 违反安全保障义务责任纠纷
(1)经营场所、公共场所的经营者、管理者责任纠纷
(2)群众性活动组织者责任纠纷
371. 教育机构责任纠纷
372. 性骚扰损害责任纠纷
373. 产品责任纠纷
(1)产品生产者责任纠纷
(2)产品销售者责任纠纷
(3)产品运输者责任纠纷
(4)产品仓储者责任纠纷
374. 机动车交通事故责任纠纷
375. 非机动车交通事故责任纠纷
376. 医疗损害责任纠纷
(1)侵害患者知情同意权责任纠纷
(2)医疗产品责任纠纷
377. 环境污染责任纠纷
(1)大气污染责任纠纷
(2)水污染责任纠纷
(3)土壤污染责任纠纷
(4)电子废物污染责任纠纷
(5)固体废物污染责任纠纷
(6)噪声污染责任纠纷
(7)光污染责任纠纷
(8)放射性污染责任纠纷
378. 生态破坏责任纠纷
379. 高度危险责任纠纷
(1)民用核设施、核材料损害责任纠纷
(2)民用航空器损害责任纠纷
(3)占有、使用高度危险物损害责任纠纷
(4)高度危险活动损害责任纠纷
(5)遗失、抛弃高度危险物损害责任纠纷
(6)非法占有高度危险物损害责任纠纷
380. 饲养动物损害责任纠纷
381. 建筑物和物件损害责任纠纷
(1)物件脱落、坠落损害责任纠纷
(2)建筑物、构筑物倒塌、塌陷损害责任纠纷
(3)高空抛物、坠物损害责任纠纷
(4)堆放物倒塌、滚落、滑落损害责任纠纷
(5)公共道路妨碍通行损害责任纠纷
(6)林木折断、倾倒、果实坠落损害责任纠纷
(7)地面施工、地下设施损害责任纠纷
382. 触电人身损害责任纠纷

383. 义务帮工人受害责任纠纷
384. 见义勇为人受害责任纠纷
385. 公证损害责任纠纷
386. 防卫过当损害责任纠纷
387. 紧急避险损害责任纠纷
388. 驻香港、澳门特别行政区军人执行职务侵权责任纠纷
389. 铁路运输损害责任纠纷
(1)铁路运输人身损害责任纠纷
(2)铁路运输财产损害责任纠纷
390. 水上运输损害责任纠纷
(1)水上运输人身损害责任纠纷
(2)水上运输财产损害责任纠纷
391. 航空运输损害责任纠纷
(1)航空运输人身损害责任纠纷
(2)航空运输财产损害责任纠纷
392. 因申请财产保全损害责任纠纷
393. 因申请行为保全损害责任纠纷
394. 因申请证据保全损害责任纠纷
395. 因申请先予执行损害责任纠纷

第十部分　非讼程序案件案由

三十二、选民资格案件
396. 申请确定选民资格
三十三、宣告失踪、宣告死亡案件
397. 申请宣告自然人失踪
398. 申请撤销宣告失踪判决
399. 申请为失踪人财产指定、变更代管人
400. 申请宣告自然人死亡
401. 申请撤销宣告自然人死亡判决
三十四、认定自然人无民事行为能力、限制民事行为能力案件
402. 申请宣告自然人无民事行为能力
403. 申请宣告自然人限制民事行为能力
404. 申请宣告自然人恢复限制民事行为能力
405. 申请宣告自然人恢复完全民事行为能力
三十五、指定遗产管理人案件
406. 申请指定遗产管理人
三十六、认定财产无主案件
407. 申请认定财产无主
408. 申请撤销认定财产无主判决
三十七、确认调解协议案件
409. 申请司法确认调解协议
410. 申请撤销确认调解协议裁定
三十八、实现担保物权案件
411. 申请实现担保物权
412. 申请撤销准许实现担保物权裁定
三十九、监护权特别程序案件
413. 申请确定监护人
414. 申请指定监护人
415. 申请变更监护人
416. 申请撤销监护人资格
417. 申请恢复监护人资格
四十、督促程序案件
418. 申请支付令
四十一、公示催告程序案件
419. 申请公示催告
四十二、公司清算案件
420. 申请公司清算
四十三、破产程序案件
421. 申请破产清算
422. 申请破产重整
423. 申请破产和解
424. 申请对破产财产追加分配
四十四、申请诉前停止侵害知识产权案件
425. 申请诉前停止侵害专利权
426. 申请诉前停止侵害注册商标专用权
427. 申请诉前停止侵害著作权
428. 申请诉前停止侵害植物新品种权
429. 申请诉前停止侵害计算机软件著作权
430. 申请诉前停止侵害集成电路布图设计专用权
四十五、申请保全案件
431. 申请诉前财产保全
432. 申请诉前行为保全
433. 申请诉前证据保全
434. 申请仲裁前财产保全
435. 申请仲裁前行为保全
436. 申请仲裁前证据保全
437. 仲裁程序中的财产保全
438. 仲裁程序中的证据保全
439. 申请执行前财产保全
440. 申请中止支付信用证项下款项
441. 申请中止支付保函项下款项
四十六、申请人身安全保护令案件
442. 申请人身安全保护令
四十七、申请人格权侵害禁令案件
443. 申请人格权侵害禁令
四十八、仲裁程序案件
444. 申请确认仲裁协议效力
445. 申请撤销仲裁裁决

四十九、海事诉讼特别程序案件
446. 申请海事请求保全
(1)申请扣押船舶
(2)申请拍卖扣押船舶
(3)申请扣押船载货物
(4)申请拍卖扣押船载货物
(5)申请扣押船用燃油及船用物料
(6)申请拍卖扣押船用燃油及船用物料
447. 申请海事支付令
448. 申请海事强制令
449. 申请海事证据保全
450. 申请设立海事赔偿责任限制基金
451. 申请船舶优先权催告
452. 申请海事债权登记与受偿
五十、申请承认与执行法院判决、仲裁裁决案件
453. 申请执行海事仲裁裁决
454. 申请执行知识产权仲裁裁决
455. 申请执行涉外仲裁裁决
456. 申请认可和执行香港特别行政区法院民事判决
457. 申请认可和执行香港特别行政区仲裁裁决
458. 申请认可和执行澳门特别行政区法院民事判决
459. 申请认可和执行澳门特别行政区仲裁裁决
460. 申请认可和执行台湾地区法院民事判决
461. 申请认可和执行台湾地区仲裁裁决
462. 申请承认和执行外国法院民事判决、裁定
463. 申请承认和执行外国仲裁裁决

第十一部分 特殊诉讼程序案件案由

五十一、与宣告失踪、宣告死亡案件有关的纠纷
464. 失踪人债务支付纠纷
465. 被撤销死亡宣告人请求返还财产纠纷
五十二、公益诉讼
466. 生态环境保护民事公益诉讼
(1)环境污染民事公益诉讼
(2)生态破坏民事公益诉讼
(3)生态环境损害赔偿诉讼
467. 英雄烈士保护民事公益诉讼
468. 未成年人保护民事公益诉讼
469. 消费者权益保护民事公益诉讼
五十三、第三人撤销之诉
470. 第三人撤销之诉
五十四、执行程序中的异议之诉
471. 执行异议之诉
(1)案外人执行异议之诉
(2)申请执行人执行异议之诉
472. 追加、变更被执行人异议之诉
473. 执行分配方案异议之诉

最高人民法院关于破产案件立案受理有关问题的通知

(2016年7月28日)

各省、自治区、直辖市高级人民法院,新疆维吾尔自治区高级人民法院生产建设兵团分院:

中央经济工作会议提出推进供给侧结构性改革,这是适应我国经济发展新常态作出的重大战略部署。为供给侧结构性改革提供有力的司法保障,是当前和今后一段时期人民法院的重要任务。破产审判工作具有依法促进市场主体再生或有序退出,优化社会资源配置、完善优胜劣汰机制的独特功能,是人民法院保障供给侧结构性改革、推动过剩产能化解的重要途径。因此,各级法院要高度重视、大力加强破产审判工作,认真研究解决影响破产审判职能发挥的体制性、机制性障碍。当前,尤其要做好破产案件的立案受理工作,这是加强破产审判工作的首要环节。为此,特就人民法院破产案件立案受理的有关问题通知如下:

一、破产案件的立案受理事关当事人破产申请权保障,决定破产程序能否顺利启动,是审理破产案件的基础性工作,各级法院要充分认识其重要意义,依照本通知要求,切实做好相关工作,不得在法定条件之外设置附加条件,限制剥夺当事人的破产申请权,阻止破产案件立案受理,影响破产程序正常启动。

二、自2016年8月1日起,对于债权人、债务人等法定主体提出的破产申请材料,人民法院立案部门应一律接收并出具书面凭证,然后根据《中华人民共和国企业破产法》第八条的规定进行形式审查。立案部门经审查认为申请人提交的材料符合法律规定的,应按2016年8月1日起实施的《强制清算与破产案件类型及代字标准》,以“破申”作为案件类型代字编制案号,当场登记立案。不符合法律规定的,应予释明,并以书面形式一次性告知应当补充、补正的材料,补充、补正期间不计入审查期限。申请人按要求补充、补正的,应当登记立案。

立案部门登记立案后,应及时将案件移送负责审理破产案件的审判业务部门。

三、审判业务部门应当在五日内将立案及合议庭组成情况通知债务人及提出申请的债权人。对于债权人提出破产申请的,应在通知中向债务人释明,如对破产申请有异议,应当自收到通知之日起七日内向人民法院提出。

四、债权人提出破产申请的,审判业务部门应当自债务人异议期满之日起十日内裁定是否受理。其他情形的,审判业

务部门应当自人民法院收到破产申请之日起十五日内裁定是否受理。

有特殊情况需要延长上述审限的，经上一级人民法院批准，可以延长十五日。

五、破产案件涉及的矛盾错综复杂，协调任务繁重，审理周期长，对承办法官的绩效考评应充分考虑这种特殊性。各高级法院要根据本地实际，积极探索建立能够全面客观反映审理破产案件工作量的考评指标体系和科学合理的绩效考评机制，充分调动法官承办破产案件的积极性。

六、各级法院要在地方党委的领导下，同地方政府建立破产工作统一协调机制，积极争取机构、编制、财政、税收等方面的支持，根据审判任务变化情况合理设置机构、配置人员，建立破产援助基金，协调政府解决职工安置问题，妥善化解影响社会稳定的各类风险。

七、请各高级法院、解放军军事法院，新疆维吾尔自治区高级人民法院生产建设兵团分院对本辖区、本系统各级法院今年上半年立案的破产案件数量和破产审判庭设置情况进行统计汇总，于2016年8月20日之前报最高人民法院民二庭。

各级人民法院对本通知执行中发现的新情况、新问题，应逐级报最高人民法院。

特此通知。

最高人民法院关于印发《关于人民法院推行立案登记制改革的意见》的通知

（2015年4月15日　法发〔2015〕6号）

各省、自治区、直辖市高级人民法院，解放军军事法院，新疆维吾尔自治区高级人民法院生产建设兵团分院：

2015年4月1日，中央全面深化改革领导小组第十一次会议审议通过了《关于人民法院推行立案登记制改革的意见》（以下简称《意见》），现予印发，请认真贯彻执行。该《意见》自2015年5月1日起施行。执行中发现情况和问题请及时报告最高人民法院。

关于人民法院推行立案登记制改革的意见

为充分保障当事人诉权，切实解决人民群众反映的"立案难"问题，改革法院案件受理制度，变立案审查制为立案登记制，依照《中华人民共和国民事诉讼法》《中华人民共和国行政诉讼法》《中华人民共和国刑事诉讼法》等有关法律，提出如下意见。

一、立案登记制改革的指导思想

（一）坚持正确政治方向。深入贯彻党的十八届四中全会精神，坚持党的群众路线，坚持司法为民公正司法，通过立案登记制改革，推动加快建设公正高效权威的社会主义司法制度。

（二）坚持以宪法和法律为依据。依法保障当事人行使诉讼权利，方便当事人诉讼，做到公开、透明、高效。

（三）坚持有案必立、有诉必理。对符合法律规定条件的案件，法院必须依法受理，任何单位和个人不得以任何借口阻挠法院受理案件。

二、登记立案范围

有下列情形之一的，应当登记立案：

（一）与本案有直接利害关系的公民、法人和其他组织提起的民事诉讼，有明确的被告、具体的诉讼请求和事实依据，属于人民法院主管和受诉人民法院管辖的；

（二）行政行为的相对人以及其他与行政行为有利害关系的公民、法人或者其他组织提起的行政诉讼，有明确的被告、具体的诉讼请求和事实根据，属于人民法院受案范围和受诉人民法院管辖的；

（三）属于告诉才处理的案件，被害人有证据证明的轻微刑事案件，以及被害人有证据证明应当追究被告人刑事责任而公安机关、人民检察院不予追究的案件，被害人告诉，且有明确的被告人、具体的诉讼请求和证明被告人犯罪事实的证据，属于受诉人民法院管辖的；

（四）生效法律文书有给付内容且执行标的和被执行人明确，权利人或其继承人、权利承受人在法定期限内提出申请，属于受申请人民法院管辖的；

（五）赔偿请求人向作为赔偿义务机关的人民法院提出申请，对人民法院、人民检察院、公安机关等作出的赔偿、复议决定或者对逾期不作为不服，提出赔偿申请的。

有下列情形之一的，不予登记立案：

（一）违法起诉或者不符合法定起诉条件的；

（二）诉讼已经终结的；

（三）涉及危害国家主权和领土完整、危害国家安全、破坏国家统一和民族团结、破坏国家宗教政策的；

（四）其他不属于人民法院主管的所诉事项。

三、登记立案程序

（一）实行当场登记立案。对符合法律规定的起诉、自诉和申请，一律接收诉状，当场登记立案。对当场不能判定是否符合法律规定的，应当在法律规定的期限内决定是否立案。

（二）实行一次性全面告知和补正。起诉、自诉和申请材料不符合形式要件的，应当及时释明，以书面形式一次性全面告知应当补正的材料和期限。在指定期限内经补正符合法律规定条件的，人民法院应当登记立案。

（三）不符合法律规定的起诉、自诉和申请的处理。对不符合法律规定的起诉、自诉和申请，应当依法裁决不予受理或者不予立案，并载明理由。当事人不服的，可以提起上诉或者申请复议。禁止不收材料、不予答复、不出具法律文书。

（四）严格执行立案标准。禁止在法律规定之外设定受理条件，全面清理和废止不符合法律规定的立案“土政策”。

四、健全配套机制

（一）健全多元化纠纷解决机制。进一步完善调解、仲裁、行政裁决、行政复议、诉讼等有机衔接、相互协调的多元化纠纷解决机制，加强诉前调解与诉讼调解的有效衔接，为人民群众提供更多纠纷解决方式。

（二）建立完善庭前准备程序。完善繁简分流、先行调解工作机制。探索建立庭前准备程序，召集庭前会议，明确诉辩意见，归纳争议焦点，固定相关证据，促进纠纷通过调解、和解、速裁和判决等方式高效解决。

（三）强化立案服务措施。加强人民法院诉讼服务中心和信息化建设，实现公开、便捷立案。推行网上立案、预约立案、巡回立案，为当事人行使诉权提供便利。加大法律援助、司法救助力度，让经济确有困难的当事人打得起官司。

五、制裁违法滥诉

（一）依法惩治虚假诉讼。当事人之间恶意串通，或者冒充他人提起诉讼，企图通过诉讼、调解等方式侵害他人合法权益的，人民法院应当驳回其请求，并予以罚款、拘留；构成犯罪的，依法追究刑事责任。

（二）依法制裁违法行为。对哄闹、滞留、冲击法庭等不听从司法工作人员劝阻的，以暴力、威胁或者其他方法阻碍司法工作人员执行职务的，或者编造事实、侮辱诽谤审判人员，严重扰乱登记立案工作的，予以罚款、拘留；构成犯罪的，依法追究刑事责任。

（三）依法维护立案秩序。对违法围攻、静坐、缠访闹访、冲击法院等，干扰人民法院依法立案的，由公安机关依照治安管理处罚法，予以警告、罚款、行政拘留等处罚；构成犯罪的，依法追究刑事责任。

（四）健全相关法律制度。加强诉讼诚信建设，规范行使诉权行为。推动完善相关立法，对虚假诉讼、恶意诉讼、无理缠诉等滥用诉权行为，明确行政处罚、司法处罚、刑事处罚标准，加大惩治力度。

六、切实加强立案监督

（一）加强内部监督。人民法院应当公开立案程序，规范立案行为，加强对立案流程的监督。上级人民法院应充分发挥审级监督职能，对下级法院有案不立的，责令其及时纠正。必要时，可提级管辖或者指定其他下级法院立案审理。

（二）加强外部监督。人民法院要自觉接受监督，对各级人民代表大会及其常务委员会督查法院登记立案工作反馈的问题和意见，要及时提出整改和落实措施；对检察机关针对不予受理、不予立案、驳回起诉的裁定依法提出的抗诉，要依法审理，对检察机关提出的检察建议要及时处理，并书面回复；自觉接受新闻媒体和人民群众的监督，对反映和投诉的问题，要及时回应，确实存在问题的，要依法纠正。

（三）强化责任追究。人民法院监察部门对立案工作应加大执纪监督力度。发现有案不立、拖延立案、人为控制立案、“年底不立案”、干扰依法立案等违法行为，对有关责任人员和主管领导，依法依纪严肃追究责任。造成严重后果或者恶劣社会影响，构成犯罪的，依法追究刑事责任。

各级人民法院要认真贯彻本意见精神，切实加强领导，明确责任，周密部署，精心组织，确保立案登记制改革顺利进行。

◎请示答复

最高人民法院关于当事人对人民法院生效法律文书所确定的给付事项超过申请执行期限后又重新就其中的部分给付内容达成新的协议的应否立案的批复

（2002年1月30日 〔2001〕民立他字第34号）

四川省高级人民法院：

你院报送的川高法〔2001〕144号《关于当事人对人民法院生效法律文书所确定的给付事项超过申请执行期限后又重新就其中的部分给付内容达成新的协议的应否立案的请示》收悉。经研究，同意你院审判委员会多数人意见。当事人就人民法院生效裁判文书所确定的给付事项超过执行期限后又重新达成协议的，应当视为当事人之间形成了新的民事法律关系，当事人就该新协议向人民法院提起诉讼的，只要符合《民事诉讼法》立案受理的有关规定的，人民法院应当受理。

此复。

四、起诉与受理

◎司法解释

最高人民法院关于审理涉及公证活动相关民事案件的若干规定

（2014年4月28日最高人民法院审判委员会第1614次会议通过　根据2020年12月23日最高人民法院审判委员会第1823次会议通过的《最高人民法院关于修改〈最高人民法院关于人民法院民事调解工作若干问题的规定〉等十九件民事诉讼类司法解释的决定》修正　2020年12月29日最高人民法院公告公布　自2021年1月1日起施行　法释〔2020〕20号）

为正确审理涉及公证活动相关民事案件，维护当事人的合法权益，根据《中华人民共和国民法典》《中华人民共和国公证法》《中华人民共和国民事诉讼法》等法律的规定，结合审判实践，制定本规定。

第一条　当事人、公证事项的利害关系人依照公证法第四十三条规定向人民法院起诉请求民事赔偿的，应当以公证机构为被告，人民法院应作为侵权责任纠纷案件受理。

第二条　当事人、公证事项的利害关系人起诉请求变更、撤销公证书或者确认公证书无效的，人民法院不予受理，告知其依照公证法第三十九条规定可以向出具公证书的公证机构提出复查。

第三条　当事人、公证事项的利害关系人对公证书所公证的民事权利义务有争议的，可以依照公证法第四十条规定就该争议向人民法院提起民事诉讼。

当事人、公证事项的利害关系人对具有强制执行效力的公证债权文书的民事权利义务有争议直接向人民法院提起民事诉讼的，人民法院依法不予受理。但是，公证债权文书被人民法院裁定不予执行的除外。

第四条　当事人、公证事项的利害关系人提供证据证明公证机构及其公证员在公证活动中具有下列情形之一的，人民法院应当认定公证机构有过错：

（一）为不真实、不合法的事项出具公证书的；

（二）毁损、篡改公证书或者公证档案的；

（三）泄露在执业活动中知悉的商业秘密或者个人隐私的；

（四）违反公证程序、办证规则以及国务院司法行政部门制定的行业规范出具公证书的；

（五）公证机构在公证过程中未尽到充分的审查、核实义务，致使公证书错误或者不真实的；

（六）对存在错误的公证书，经当事人、公证事项的利害关系人申请仍不予纠正或者补正的；

（七）其他违反法律、法规、国务院司法行政部门强制性规定的情形。

第五条　当事人提供虚假证明材料申请公证致使公证书错误造成他人损失的，当事人应当承担赔偿责任。公证机构依法尽到审查、核实义务的，不承担赔偿责任；未依法尽到审查、核实义务的，应当承担与其过错相应的补充赔偿责任；明知公证证明的材料虚假或者与当事人恶意串通的，承担连带赔偿责任。

第六条　当事人、公证事项的利害关系人明知公证机构所出具的公证书不真实、不合法而仍然使用造成自己损失，请求公证机构承担赔偿责任的，人民法院不予支持。

第七条　本规定施行后，涉及公证活动的民事案件尚未终审的，适用本规定；本规定施行前已经终审，当事人申请再审或者按照审判监督程序决定再审的，不适用本规定。

最高人民法院关于海事法院受理案件范围的规定

（2015年12月28日最高人民法院审判委员会第1674次会议通过　2016年2月24日最高人民法院公告公布　自2016年3月1日起施行　法释〔2016〕4号）

根据《中华人民共和国民事诉讼法》《中华人民共和国海事诉讼特别程序法》《中华人民共和国行政诉讼法》以及我国缔结或者参加的有关国际条约，结合我国海事审判实际，现将海事法院受理案件的范围规定如下：

一、海事侵权纠纷案件

1. 船舶碰撞损害责任纠纷案件，包括浪损等间接碰撞的损害责任纠纷案件；

2. 船舶触碰海上、通海可航水域、港口及其岸上的设施或

者其他财产的损害责任纠纷案件,包括船舶触碰码头、防波堤、栈桥、船闸、桥梁、航标、钻井平台等设施的损害责任纠纷案件;

3. 船舶损坏在空中架设或者在海底、通海可航水域敷设的设施或者其他财产的损害责任纠纷案件;

4. 船舶排放、泄漏、倾倒油类、污水或者其他有害物质,造成水域污染或者他船、货物及其他财产损失的损害责任纠纷案件;

5. 船舶的航行或者作业损害捕捞、养殖设施及水产养殖物的责任纠纷案件;

6. 航道中的沉船沉物及其残骸、废弃物,海上或者通海可航水域的临时或者永久性设施、装置,影响船舶航行,造成船舶、货物及其他财产损失和人身损害的责任纠纷案件;

7. 船舶航行、营运、作业等活动侵害他人人身权益的责任纠纷案件;

8. 非法留置或者扣留船舶、船载货物和船舶物料、燃油、备品的责任纠纷案件;

9. 为船舶工程提供的船舶关键部件和专用物品存在缺陷而引起的产品质量责任纠纷案件;

10. 其他海事侵权纠纷案件。

二、海商合同纠纷案件

11. 船舶买卖合同纠纷案件;

12. 船舶工程合同纠纷案件;

13. 船舶关键部件和专用物品的分包施工、委托建造、订制、买卖等合同纠纷案件;

14. 船舶工程经营合同(含挂靠、合伙、承包等形式)纠纷案件;

15. 船舶检验合同纠纷案件;

16. 船舶工程场地租用合同纠纷案件;

17. 船舶经营管理合同(含挂靠、合伙、承包等形式)、航线合作经营合同纠纷案件;

18. 与特定船舶营运相关的物料、燃油、备品供应合同纠纷案件;

19. 船舶代理合同纠纷案件;

20. 船舶引航合同纠纷案件;

21. 船舶抵押合同纠纷案件;

22. 船舶租用合同(含定期租船合同、光船租赁合同等)纠纷案件;

23. 船舶融资租赁合同纠纷案件;

24. 船员劳动合同、劳务合同(含船员劳务派遣协议)项下与船员登船、在船服务、离船遣返相关的报酬给付及人身伤亡赔偿纠纷案件;

25. 海上、通海可航水域货物运输合同纠纷案件,包括含有海运区段的国际多式联运、水陆联运等货物运输合同纠纷案件;

26. 海上、通海可航水域旅客和行李运输合同纠纷案件;

27. 海上、通海可航水域货运代理合同纠纷案件;

28. 海上、通海可航水域运输集装箱租用合同纠纷案件;

29. 海上、通海可航水域运输理货合同纠纷案件;

30. 海上、通海可航水域拖航合同纠纷案件;

31. 轮渡运输合同纠纷案件;

32. 港口货物堆存、保管、仓储合同纠纷案件;

33. 港口货物抵押、质押等担保合同纠纷案件;

34. 港口货物质押监管合同纠纷案件;

35. 海运集装箱仓储、堆存、保管合同纠纷案件;

36. 海运集装箱抵押、质押等担保合同纠纷案件;

37. 海运集装箱融资租赁合同纠纷案件;

38. 港口或者码头租赁合同纠纷案件;

39. 港口或者码头经营管理合同纠纷案件;

40. 海上保险、保赔合同纠纷案件;

41. 以通海可航水域运输船舶及其营运收入、货物及其预期利润、船员工资和其他报酬、对第三人责任等为保险标的的保险合同、保赔合同纠纷案件;

42. 以船舶工程的设备设施以及预期收益、对第三人责任为保险标的的保险合同纠纷案件;

43. 以港口生产经营的设备设施以及预期收益、对第三人责任为保险标的的保险合同纠纷案件;

44. 以海洋渔业、海洋开发利用、海洋工程建设等活动所用的设备设施以及预期收益、对第三人的责任为保险标的的保险合同纠纷案件;

45. 以通海可航水域工程建设所用的设备设施以及预期收益、对第三人的责任为保险标的的保险合同纠纷案件;

46. 港航设备设施融资租赁合同纠纷案件;

47. 港航设备设施抵押、质押等担保合同纠纷案件;

48. 以船舶、海运集装箱、港航设备设施设定担保的借款合同纠纷案件,但当事人仅就借款合同纠纷起诉的案件除外;

49. 为购买、建造、经营特定船舶而发生的借款合同纠纷案件;

50. 为担保海上运输、船舶买卖、船舶工程、港口生产经营相关债权实现而发生的担保、独立保函、信用证等纠纷案件;

51. 与上述第 11 项至第 50 项规定的合同或者行为相关的居间、委托合同纠纷案件;

52. 其他海商合同纠纷案件。

三、海洋及通海可航水域开发利用与环境保护相关纠纷案件

53. 海洋、通海可航水域能源和矿产资源勘探、开发、输送纠纷案件;

54. 海水淡化和综合利用纠纷案件;

55. 海洋、通海可航水域工程建设(含水下疏浚、围海造地、电缆或者管道敷设以及码头、船坞、钻井平台、人工岛、隧

道、大桥等建设)纠纷案件;

56. 海岸带开发利用相关纠纷案件;

57. 海洋科学考察相关纠纷案件;

58. 海洋、通海可航水域渔业经营(含捕捞、养殖等)合同纠纷案件;

59. 海洋开发利用设备设施融资租赁合同纠纷案件;

60. 海洋开发利用设备设施抵押、质押等担保合同纠纷案件;

61. 以海洋开发利用设备设施设定担保的借款合同纠纷案件,但当事人仅就借款合同纠纷起诉的案件除外;

62. 为担保海洋及通海可航水域工程建设、海洋开发利用等海上生产经营相关债权实现而发生的担保、独立保函、信用证等纠纷案件;

63. 海域使用权纠纷(含承包、转让、抵押等合同纠纷及相关侵权纠纷)案件,但因申请海域使用权引起的确权纠纷案件除外;

64. 与上述第 53 项至 63 项规定的合同或者行为相关的居间、委托合同纠纷案件;

65. 污染海洋环境、破坏海洋生态责任纠纷案件;

66. 污染通海可航水域环境、破坏通海可航水域生态责任纠纷案件;

67. 海洋或者通海可航水域开发利用、工程建设引起的其他侵权责任纠纷及相邻关系纠纷案件。

四、其他海事海商纠纷案件

68. 船舶所有权、船舶优先权、船舶留置权、船舶抵押权等船舶物权纠纷案件;

69. 港口货物、海运集装箱及港航设备设施的所有权、留置权、抵押权等物权纠纷案件;

70. 海洋、通海可航水域开发利用设备设施等财产的所有权、留置权、抵押权等物权纠纷案件;

71. 提单转让、质押所引起的纠纷案件;

72. 海难救助纠纷案件;

73. 海上、通海可航水域打捞清除纠纷案件;

74. 共同海损纠纷案件;

75. 港口作业纠纷案件;

76. 海上、通海可航水域财产无因管理纠纷案件;

77. 海运欺诈纠纷案件;

78. 与航运经纪及航运衍生品交易相关的纠纷案件。

五、海事行政案件

79. 因不服海事行政机关作出的涉及海上、通海可航水域或者港口内的船舶、货物、设备设施、海运集装箱等财产的行政行为而提起的行政诉讼案件;

80. 因不服海事行政机关作出的涉及海上、通海可航水域运输经营及相关辅助性经营、货运代理、船员适任与上船服务等方面资质资格与合法性事项的行政行为而提起的行政诉讼案件;

81. 因不服海事行政机关作出的涉及海洋、通海可航水域开发利用、渔业、环境与生态资源保护等活动的行政行为而提起的行政诉讼案件;

82. 以有关海事行政机关拒绝履行上述第 79 项至第 81 项所涉行政管理职责或者不予答复而提起的行政诉讼案件;

83. 以有关海事行政机关及其工作人员作出上述第 79 项至第 81 项行政行为或者行使相关行政管理职权损害合法权益为由,请求有关行政机关承担国家赔偿责任的案件;

84. 以有关海事行政机关及其工作人员作出上述第 79 项至第 81 项行政行为或者行使相关行政管理职权影响合法权益为由,请求有关行政机关承担国家补偿责任的案件;

85. 有关海事行政机关作出上述第 79 项至第 81 项行政行为而依法申请强制执行的案件。

六、海事特别程序案件

86. 申请认定海事仲裁协议效力的案件;

87. 申请承认、执行外国海事仲裁裁决,申请认可、执行香港特别行政区、澳门特别行政区、台湾地区海事仲裁裁决,申请执行或者撤销国内海事仲裁裁决的案件;

88. 申请承认、执行外国法院海事裁判文书,申请认可、执行香港特别行政区、澳门特别行政区、台湾地区法院海事裁判文书的案件;

89. 申请认定海上、通海可航水域财产无主的案件;

90. 申请无因管理海上、通海可航水域财产的案件;

91. 因海上、通海可航水域活动或者事故申请宣告失踪、宣告死亡的案件;

92. 起诉前就海事纠纷申请扣押船舶、船载货物、船用物料、船用燃油或者申请保全其他财产的案件;

93. 海事请求人申请财产保全错误或者请求担保数额过高引起的责任纠纷案件;

94. 申请海事强制令案件;

95. 申请海事证据保全案件;

96. 因错误申请海事强制令、海事证据保全引起的责任纠纷案件;

97. 就海事纠纷申请支付令案件;

98. 就海事纠纷申请公示催告案件;

99. 申请设立海事赔偿责任限制基金(含油污损害赔偿责任限制基金)案件;

100. 与拍卖船舶或者设立海事赔偿责任限制基金(含油污损害赔偿责任限制基金)相关的债权登记与受偿案件;

101. 与拍卖船舶或者设立海事赔偿责任限制基金(含油污损害赔偿责任限制基金)相关的确权诉讼案件;

102. 申请从油污损害赔偿责任限制基金中代位受偿案件;

103. 船舶优先权催告案件;

104. 就海事纠纷申请司法确认调解协议案件;

105. 申请实现以船舶、船载货物、船用物料、海运集装箱、港航设备设施、海洋开发利用设备设施等财产为担保物的担保物权案件；

106. 地方人民法院为执行生效法律文书委托扣押、拍卖船舶案件；

107. 申请执行海事法院及其上诉审高级人民法院和最高人民法院就海事纠纷作出的生效法律文书案件；

108. 申请执行与海事纠纷有关的公证债权文书案件。

七、其他规定

109. 本规定中的船舶工程系指船舶的建造、修理、改建、拆解等工程及相关的工程监理；本规定中的船舶关键部件和专用物品，系指舱盖板、船壳、龙骨、甲板、救生艇、船用主机、船用辅机、船用钢板、船用油漆等船舶主体结构、重要标志性部件以及专供船舶或者船舶工程使用的设备和材料。

110. 当事人提起的民商事诉讼、行政诉讼包含本规定所涉海事纠纷的，由海事法院受理。

111. 当事人就本规定中有关合同所涉事由引起的纠纷，以侵权等非合同诉由提起诉讼的，由海事法院受理。

112. 法律、司法解释规定或者上级人民法院指定海事法院管辖其他案件的，从其规定或者指定。

113. 本规定自2016年3月1日起施行。最高人民法院于2001年9月11日公布的《关于海事法院受理案件范围的若干规定》（法释〔2001〕27号）同时废止。

114. 最高人民法院以前作出的有关规定与本规定不一致的，以本规定为准。

◎司法文件

最高人民法院关于人民法院受理共同诉讼案件问题的通知

（2005年12月30日 法〔2005〕270号）

各省、自治区、直辖市高级人民法院，新疆维吾尔自治区高级人民法院生产建设兵团分院：

为方便当事人诉讼和人民法院就地进行案件调解工作，提高审判效率，节省诉讼资源，进一步加强最高人民法院对下级人民法院民事审判工作的监督和指导，根据民事诉讼法的有关规定，现就人民法院受理共同诉讼案件问题通知如下：

一、当事人一方或双方人数众多的共同诉讼，依法由基层人民法院受理。受理法院认为不宜作为共同诉讼受理的，可分别受理。

在高级人民法院辖区内有重大影响的上述案件，由中级人民法院受理。如情况特殊，确需高级人民法院作为一审民事案件受理的，应当在受理前报最高人民法院批准。

法律、司法解释对知识产权，海事、海商，涉外等民事纠纷案件的级别管辖另有规定的，从其规定。

二、各级人民法院应当加强对共同诉讼案件涉及问题的调查研究，上级人民法院应当加强对下级人民法院审理此类案件的指导工作。

本通知执行过程中有何问题及建议，请及时报告我院。

本通知自2006年1月1日起施行。

◎请示答复

最高人民法院关于我国公民周芳洲向我国法院申请承认香港地方法院离婚判决效力，我国法院应否受理问题的批复

（1991年9月20日 〔1991〕年民他字第43号）

黑龙江省高级人民法院：

你院〔1991〕民复字第5号请示收悉。经研究，我们同意你院意见，即：我国公民周芳洲向人民法院提出申请，要求承认香港地方法院关于解除英国籍人卓见与其婚姻关系的离婚判决的效力，有管辖权的中级人民法院应予受理。受理后经审查，如该判决不违反我国法律的基本原则和社会公共利益，可裁定承认其法律效力。

此复。

最高人民法院关于原判决维持收养关系后当事人再次起诉，人民法院是否作新案受理问题的批复

（1987年2月11日 〔1986〕民他字第42号）

河北省高级人民法院：

你院鄂法〔1986〕民行字第10号请示报告收悉。

何品善诉何建业解除收养关系一案，终审判决维持收养关系，半年后，何品善再次起诉要求解除，人民法院是否作为新案受理的问题。经研究，同意你院审判委员会的意见，如终审判决并无不当，判决后，双方关系继续恶化，当事人又起诉要求解除收养关系的，可作为新案受理。

最高人民法院关于杨志武由台湾回大陆定居，起诉与在台湾的配偶离婚，人民法院是否受理问题的批复

（1984年12月6日 〔1984〕民他字第16号）

陕西省高级人民法院：

你院1984年11月17日陕高法民字〔1984〕12号报告收悉。

关于从台湾回大陆定居的杨志武要求与在台湾的配偶林孚离婚的起诉,人民法院是否应当受理问题,我们意见:对杨志武要求与在台湾的配偶离婚的起诉,华阴县人民法院应予受理。杨志武在与林孚离婚以后,方可再婚。

此复。

典型案例

中国生物多样性保护与绿色发展基金会不服宁夏回族自治区高级人民法院不予受理裁定案①

【裁判摘要】

判断社会组织是否属于环境保护法第五十八条规定的"专门从事环境保护公益活动"的组织,应当综合考量该组织的宗旨和业务范围是否包含维护环境公共利益、是否实际从事环境保护公益活动以及所维护的环境公共利益是否与其宗旨和业务范围具有关联性。社会组织的宗旨和业务范围是否包含维护环境公共利益,应根据其内涵而非简单依据文字表述作出判断。

最高人民法院
民事裁定书

(2016)最高法民再51号

再审申请人(一审起诉人、二审上诉人):中国生物多样性保护与绿色发展基金会。住所地:北京市东城区永定门外西革新里98号。

法定代表人:胡德平,该基金会理事长。

委托代理人:王海军,北京德和衡律师事务所律师。

委托代理人:王晓,北京德和衡律师事务所律师。

再审申请人中国生物多样性保护与绿色发展基金会(以下简称绿发会)因起诉中卫市美利源水务有限公司(以下简称美利源公司)环境污染公益诉讼一案,不服宁夏回族自治区高级人民法院(2015)宁民公立终字第1号民事裁定,向本院申请再审。本院裁定提审本案后,依法组成合议庭进行了审理,现已审理终结。

绿发会向宁夏回族自治区中卫市中级人民法院起诉称:美利源公司长期违规超标排放生产废水,造成腾格里沙漠严重污染。在有关部门责令整改后,整改进度缓慢,截至起诉时仍然没有整改完毕。请求判令美利源公司:(一)停止非法污染环境行为;(二)对造成环境污染的危险予以消除;(三)恢复生态环境或者成立沙漠环境修复专项基金并委托具有资质的第三方进行修复;(四)针对第二项和第三项诉讼请求,由法院组织原告、技术专家、法律专家、人大代表、政协委员共同验收;(五)赔偿环境修复前生态功能损失;(六)在全国性媒体上公开赔礼道歉;(七)承担绿发会支出的鉴定费、差旅费、律师费等合理费用;(八)承担本案诉讼费用。

一审法院认为:绿发会的宗旨与业务范围虽然是维护社会公共利益,但其章程中并未确定该基金会同时具备最高人民法院《关于审理环境民事公益诉讼案件适用法律若干问题的解释》(以下简称环境公益诉讼司法解释)第四条规定的"从事环境保护公益活动",且该基金会的登记证书确定的业务范围也没有从事环境保护的业务,故绿发会不能认定为《中华人民共和国环境保护法》(以下简称环境保护法)第五十八条规定的"专门从事环境保护公益活动"的社会组织。一审法院依照环境保护法第五十八条、环境公益诉讼司法解释第四条、《中华人民共和国民事诉讼法》(以下简称民事诉讼法)第一百二十三条的规定,裁定对绿发会的起诉不予受理。

绿发会不服一审裁定,向宁夏回族自治区高级人民法院提起上诉称:一审法院未能正确理解"环境"及"环境保护"的概念,从而错误得出绿发会宗旨和业务范围没有"从事环境保护公益活动"的结论。上诉请求:(一)撤销一审裁定;(二)依法受理绿发会的起诉。

二审法院认为:绿发会的上诉不符合环境保护法第五十八条和环境公益诉讼司法解释第四条、第五条的规定,上诉理由不能成立。二审法院依照民事诉讼法第一百七十条第一款第一项、第一百七十一条、第一百七十五条的规定,裁定驳回绿发会的上诉,维持一审裁定。

绿发会不服二审裁定,向本院申请再审称:(一)二审裁定没有写明事实和理由,也没有对上诉意见进行法律分析,就认定绿发会上诉理由不符合环境保护法第五十八条和环境公益诉讼司法解释第四条、第五条的规定,不符合民事裁定应有的内容要求,不利于环境民事公益诉讼制度的有效实施。(二)一审裁定未能正确理解"环境"以及"环境保护"的概念,错误得出绿发会宗旨和业务范围没有"从事环境保护公益活动"的结论。绿发会章程中的"生物多样性保护""绿色发展事业""生态文明建设""人与自然和谐""美好家园"等表述均属于环境保护的范畴。一审裁定单纯以没有"环境保护公益活

① 案例来源:《最高人民法院公报》2016年第9期。

动”的文字表述为由，认定绿发会未从事环境保护公益活动，属于对法律条文的机械理解，应予纠正。（三）绿发会实际从事环境保护公益活动的情况，也印证了其章程所确定的“环境保护公益活动”的宗旨和业务范围。环境公益诉讼司法解释第四条放宽了对于社会组织专门从事环境保护公益活动的审查标准，体现了鼓励社会组织依法提起环境民事公益诉讼的司法导向。绿发会自成立以来，一直从事环境保护相关公益活动。二审裁定错误理解环境公益诉讼司法解释的上述规定，适用法律错误。请求：（一）撤销一审裁定和二审裁定；（二）依法受理绿发会的起诉。

本院查明：一审期间，绿发会提交了基金会法人登记证书，显示其系在中华人民共和国民政部登记的基金会法人；提交了2009至2013年度检查合格的证明材料，显示其连续五年年检合格；提交了无违法记录声明，声明其五年内未因从事业务活动违反法律、法规的规定而受到行政、刑事处罚。二审期间，绿发会提交了“生态教育校园行”“环境公益诉讼案例研讨会”“中国自然保护区可持续发展管理研修班”“中美空气净化研讨会”“赴雅江拯救五小叶槭”等活动照片，显示其组织或者参与了有关环境保护公益活动。再审期间，绿发会提交了其历史沿革介绍，显示其前身系1985年成立的中国麋鹿基金会，曾长期从事麋鹿种群保护和繁育工作；提交了海南省海口市中级人民法院（2015）海中法环民初字第1号、青岛海事法院（2015）青海法海事初字第117号等七份立案受理通知书，显示其提起的多起环境民事公益诉讼已被立案受理；提交了2014年度检查合格证明材料，显示其2014年年检合格。

本院认为：本案系社会组织提起的环境污染公益诉讼。再审申请人绿发会认为，一审、二审法院认定其不是“从事环境保护公益活动”的社会组织，进而裁定不予受理其起诉，构成适用法律错误。故本案应围绕绿发会是否系专门从事环境保护公益活动的社会组织这一焦点进行审理。

为保障公众有序参与环境治理、确立和救济公众环境权益、依法追究侵权行为人法律责任，民事诉讼法第五十五条规定了环境民事公益诉讼制度，明确法律规定的机关和有关组织可以提起环境公益诉讼。因环境公共利益具有普惠性和共享性，没有特定的法律上直接利害关系人，有必要鼓励、引导和规范社会组织依法提起环境公益诉讼，以充分发挥环境公益诉讼功能。环境保护法第五十八条规定，“对污染环境、破坏生态，损害社会公共利益的行为，符合下列条件的社会组织可以向人民法院提起诉讼：（一）依法在设区的市级以上人民政府民政部门登记；（二）专门从事环境保护公益活动连续五年以上且无违法记录。符合前款规定的社会组织向人民法院提起诉讼，人民法院应当依法受理。”环境公益诉讼司法解释第四条进一步明确了对于社会组织“专门从事环境保护公益活动”的判断标准，规定“社会组织章程确定的宗旨和主要业务范围是维护社会公共利益，且从事环境保护公益活动的，可以认定为环境保护法第五十八条规定的‘专门从事环境保护公益活动’。社会组织提起的诉讼所涉及的社会公共利益，应与其宗旨和业务范围具有关联性”。故，对于本案绿发会是否可以作为“专门从事环境保护公益活动”的社会组织提起本案诉讼，应重点从其宗旨和业务范围是否包含维护环境公共利益，是否实际从事环境保护公益活动，以及所维护的环境公共利益是否与其宗旨和业务范围具有关联性等三个方面进行审查。

一、关于绿发会章程规定的宗旨和业务范围是否包含维护环境公共利益的问题

社会公众所享有的在健康、舒适、优美环境中生存和发展的共同利益，表现形式多样。对于社会组织宗旨和业务范围是否包含维护环境公共利益，应根据其内涵而非简单依据文字表述作出判断。社会组织章程即使未写明维护环境公共利益，但若其工作内容属于保护各种影响人类生存和发展的天然的和经过人工改造的自然因素的范畴，包括对大气、水、海洋、土地、矿藏、森林、草原、湿地、野生生物、自然遗迹、人文遗迹、自然保护区、风景名胜区、城市和乡村等环境要素及其生态系统的保护，均应认定宗旨和业务范围包含维护环境公共利益。

我国1992年签署的联合国《生物多样性公约》指出，生物多样性是指陆地、海洋和其他水生生态系统及其所构成的生态综合体，包括物种内部、物种之间和生态系统的多样性。环境保护法第三十条规定，“开发利用自然资源，应当合理开发，保护生物多样性，保障生态安全，依法制定有关生态保护和恢复治理方案并予以实施。引进外来物种以及研究、开发和利用生物技术，应当采取措施，防止对生物多样性的破坏。”可见，生物多样性保护是环境保护的重要内容，亦属维护环境公共利益的重要组成部分。

绿发会章程中明确规定，其宗旨为“广泛动员全社会关心和支持生物多样性保护和绿色发展事业，保护国家战略资源，促进生态文明建设和人与自然和谐，构建人类美好家园”，符合联合国《生物多样性公约》和环境保护法保护生物多样性的要求。同时，“促进生态文明建设”“人与自然和谐”“构建人类美好家园”等内容契合绿色发展理念，亦与环境保护密切相关，属于维护环境公共利益的范畴。故应认定绿发会的宗旨和业务范围包含维护环境公共利益内容。

二、关于绿发会是否实际从事环境保护公益活动的问题

环境保护公益活动，不仅包括植树造林、濒危物种保护、节能减排、环境修复等直接改善生态环境的行为，还包括与环境保护有关的宣传教育、研究培训、学术交流、法律援助、公益诉讼等有利于完善环境治理体系，提高环境治理能力，促进全社会形成环境保护广泛共识的活动。绿发会在本案一审、二审及再审期间提交的历史沿革、公益活动照片、环境公益诉讼立案受理通知书等相关证据材料，虽未经质证，但在立案审查

阶段，足以显示绿发会自1985年成立以来长期实际从事包括举办环境保护研讨会、组织生态考察、开展环境保护宣传教育、提起环境民事公益诉讼等环境保护活动，符合环境保护法和环境公益诉讼司法解释的规定。同时，上述证据亦证明绿发会从事环境保护公益活动的时间已满五年，符合环境保护法第五十八条关于社会组织从事环境保护公益活动应五年以上的规定。

三、关于本案所涉及的社会公共利益与绿发会宗旨和业务范围是否具有关联性的问题

依据环境公益诉讼司法解释第四条的规定，社会组织提起的公益诉讼涉及的环境公共利益，应与社会组织的宗旨和业务范围具有一定关联。此项规定旨在促使社会组织所起诉的环境公共利益保护事项与其宗旨和业务范围具有对应或者关联关系，以保证社会组织具有相应的诉讼能力。因此，即使社会组织起诉事项与其宗旨和业务范围不具有对应关系，但若与其所保护的环境要素或者生态系统具有一定的联系，亦应基于关联性标准确认其主体资格。本案环境公益诉讼系针对腾格里沙漠污染提起。沙漠生物群落及其环境相互作用所形成的复杂而脆弱的沙漠生态系统，更加需要人类的珍惜利用和悉心呵护。绿发会起诉认为美利源公司长期违规超标排放废水，严重破坏了腾格里沙漠本已脆弱的生态系统，所涉及的环境公共利益之维护属于绿发会宗旨和业务范围。

此外，绿发会提交的基金会法人登记证书显示，绿发会是在中华人民共和国民政部登记的基金会法人。绿发会提交的2010至2014年度检查证明材料，显示其在提起本案公益诉讼前五年年检合格。绿发会还按照环境公益诉讼司法解释第五条的规定提交了其五年内未因从事业务活动违反法律、法规的规定而受到行政、刑事处罚的无违法记录声明。据此，绿发会亦符合环境保护法第五十八条，环境公益诉讼司法解释第二条、第三条、第五条对提起环境公益诉讼社会组织的其他要求，具备提起环境民事公益诉讼的主体资格。

综上，本案一审、二审裁定认定绿发会不具备提起环境民事公益诉讼的主体资格，系对环境保护法、环境公益诉讼司法解释以及环境保护内涵的不当理解所致，适用法律确有错误，应予纠正。绿发会再审请求成立，本院予以支持。依照《中华人民共和国环境保护法》第五十八条，《中华人民共和国民事诉讼法》第二百零七条第一款、第一百七十条第一款第二项，最高人民法院《关于审理环境民事公益诉讼案件适用法律若干问题的解释》第一条，最高人民法院《关于适用〈中华人民共和国民事诉讼法〉的解释》第四百零七条第二款、第三百三十二条之规定，裁定如下：

一、撤销宁夏回族自治区高级人民法院(2015)宁民公立终字第1号民事裁定和宁夏回族自治区中卫市中级人民法院(2015)卫民公立字第1号民事裁定；

二、本案由宁夏回族自治区中卫市中级人民法院立案受理。

本裁定为终审裁定。

五、诉讼参加人

◎法律法规

中华人民共和国律师法（节录）

（1996年5月15日第八届全国人民代表大会常务委员会第十九次会议通过　根据2001年12月29日第九届全国人民代表大会常务委员会第二十五次会议《关于修改〈中华人民共和国律师法〉的决定》第一次修正　2007年10月28日第十届全国人民代表大会常务委员会第三十次会议修订　根据2012年10月26日第十一届全国人民代表大会常务委员会第二十九次会议《关于修改〈中华人民共和国律师法〉的决定》第二次修正　根据2017年9月1日第十二届全国人民代表大会常务委员会第二十九次会议《关于修改〈中华人民共和国法官法〉等八部法律的决定》第三次修正）

……

第四章　律师的业务和权利、义务

第二十八条　律师可以从事下列业务：

（一）接受自然人、法人或者其他组织的委托，担任法律顾问；

（二）接受民事案件、行政案件当事人的委托，担任代理人，参加诉讼；

（三）接受刑事案件犯罪嫌疑人、被告人的委托或者依法接受法律援助机构的指派，担任辩护人，接受自诉案件自诉人、公诉案件被害人或者其近亲属的委托，担任代理人，参加诉讼；

（四）接受委托，代理各类诉讼案件的申诉；

（五）接受委托，参加调解、仲裁活动；

（六）接受委托，提供非诉讼法律服务；

（七）解答有关法律的询问、代写诉讼文书和有关法律事务的其他文书。

第二十九条　律师担任法律顾问的，应当按照约定为委托人就有关法律问题提供意见，草拟、审查法律文书，代理参加诉讼、调解或者仲裁活动，办理委托的其他法律事务，维护委托人的合法权益。

第三十条　律师担任诉讼法律事务代理人或者非诉讼法律事务代理人的，应当在受委托的权限内，维护委托人的合法权益。

第三十一条　律师担任辩护人的，应当根据事实和法律，提出犯罪嫌疑人、被告人无罪、罪轻或者减轻、免除其刑事责任的材料和意见，维护犯罪嫌疑人、被告人的诉讼权利和其他合法权益。

第三十二条　委托人可以拒绝已委托的律师为其继续辩护或者代理，同时可以另行委托律师担任辩护人或者代理人。

律师接受委托后，无正当理由的，不得拒绝辩护或者代理。但是，委托事项违法、委托人利用律师提供的服务从事违法活动或者委托人故意隐瞒与案件有关的重要事实的，律师有权拒绝辩护或者代理。

第三十三条　律师担任辩护人的，有权持律师执业证书、律师事务所证明和委托书或者法律援助公函，依照刑事诉讼法的规定会见在押或者被监视居住的犯罪嫌疑人、被告人。辩护律师会见犯罪嫌疑人、被告人时不被监听。

第三十四条　律师担任辩护人的，自人民检察院对案件审查起诉之日起，有权查阅、摘抄、复制本案的案卷材料。

第三十五条　受委托的律师根据案情的需要，可以申请人民检察院、人民法院收集、调取证据或者申请人民法院通知证人出庭作证。

律师自行调查取证的，凭律师执业证书和律师事务所证明，可以向有关单位或者个人调查与承办法律事务有关的情况。

第三十六条　律师担任诉讼代理人或者辩护人的，其辩论或者辩护的权利依法受到保障。

第三十七条　律师在执业活动中的人身权利不受侵犯。

律师在法庭上发表的代理、辩护意见不受法律追究。但是，发表危害国家安全、恶意诽谤他人、严重扰乱法庭秩序的言论除外。

律师在参与诉讼活动中涉嫌犯罪的，侦查机关应当及时通知其所在的律师事务所或者所属的律师协会；被依法拘留、逮捕的，侦查机关应当依照刑事诉讼法的规定通知该律师的家属。

第三十八条　律师应当保守在执业活动中知悉的国家秘密、商业秘密，不得泄露当事人的隐私。

律师对在执业活动中知悉的委托人和其他人不愿泄露的有关情况和信息，应当予以保密。但是，委托人或者其他人准备或者正在实施危害国家安全、公共安全以及严重危害他人人身安全的犯罪事实和信息除外。

第三十九条 律师不得在同一案件中为双方当事人担任代理人，不得代理与本人或者其近亲属有利益冲突的法律事务。

第四十条 律师在执业活动中不得有下列行为：

（一）私自接受委托、收取费用，接受委托人的财物或者其他利益；

（二）利用提供法律服务的便利牟取当事人争议的权益；

（三）接受对方当事人的财物或者其他利益，与对方当事人或者第三人恶意串通，侵害委托人的权益；

（四）违反规定会见法官、检察官、仲裁员以及其他有关工作人员；

（五）向法官、检察官、仲裁员以及其他有关工作人员行贿，介绍贿赂或者指使、诱导当事人行贿，或者以其他不正当方式影响法官、检察官、仲裁员以及其他有关工作人员依法办理案件；

（六）故意提供虚假证据或者威胁、利诱他人提供虚假证据，妨碍对方当事人合法取得证据；

（七）煽动、教唆当事人采取扰乱公共秩序、危害公共安全等非法手段解决争议；

（八）扰乱法庭、仲裁庭秩序，干扰诉讼、仲裁活动的正常进行。

第四十一条 曾经担任法官、检察官的律师，从人民法院、人民检察院离任后二年内，不得担任诉讼代理人或者辩护人。

第四十二条 律师、律师事务所应当按照国家规定履行法律援助义务，为受援人提供符合标准的法律服务，维护受援人的合法权益。

……

第六章 法律责任

第四十七条 律师有下列行为之一的，由设区的市级或者直辖市的区人民政府司法行政部门给予警告，可以处五千元以下的罚款；有违法所得的，没收违法所得；情节严重的，给予停止执业三个月以下的处罚：

（一）同时在两个以上律师事务所执业的；

（二）以不正当手段承揽业务的；

（三）在同一案件中为双方当事人担任代理人，或者代理与本人及其近亲属有利益冲突的法律事务的；

（四）从人民法院、人民检察院离任后二年内担任诉讼代理人或者辩护人的；

（五）拒绝履行法律援助义务的。

第四十八条 律师有下列行为之一的，由设区的市级或者直辖市的区人民政府司法行政部门给予警告，可以处一万元以下的罚款；有违法所得的，没收违法所得；情节严重的，给予停止执业三个月以上六个月以下的处罚：

（一）私自接受委托、收取费用，接受委托人财物或者其他利益的；

（二）接受委托后，无正当理由，拒绝辩护或者代理，不按时出庭参加诉讼或者仲裁的；

（三）利用提供法律服务的便利牟取当事人争议的权益的；

（四）泄露商业秘密或者个人隐私的。

第四十九条 律师有下列行为之一的，由设区的市级或者直辖市的区人民政府司法行政部门给予停止执业六个月以上一年以下的处罚，可以处五万元以下的罚款；有违法所得的，没收违法所得；情节严重的，由省、自治区、直辖市人民政府司法行政部门吊销其律师执业证书；构成犯罪的，依法追究刑事责任：

（一）违反规定会见法官、检察官、仲裁员以及其他有关工作人员，或者以其他不正当方式影响依法办理案件的；

（二）向法官、检察官、仲裁员以及其他有关工作人员行贿，介绍贿赂或者指使、诱导当事人行贿的；

（三）向司法行政部门提供虚假材料或者有其他弄虚作假行为的；

（四）故意提供虚假证据或者威胁、利诱他人提供虚假证据，妨碍对方当事人合法取得证据的；

（五）接受对方当事人财物或者其他利益，与对方当事人或者第三人恶意串通，侵害委托人权益的；

（六）扰乱法庭、仲裁庭秩序，干扰诉讼、仲裁活动的正常进行的；

（七）煽动、教唆当事人采取扰乱公共秩序、危害公共安全等非法手段解决争议的；

（八）发表危害国家安全、恶意诽谤他人、严重扰乱法庭秩序的言论的；

（九）泄露国家秘密的。

律师因故意犯罪受到刑事处罚的，由省、自治区、直辖市人民政府司法行政部门吊销其律师执业证书。

第五十条 律师事务所有下列行为之一的，由设区的市级或者直辖市的区人民政府司法行政部门视其情节给予警告、停业整顿一个月以上六个月以下的处罚，可以处十万元以下的罚款；有违法所得的，没收违法所得；情节特别严重的，由省、自治区、直辖市人民政府司法行政部门吊销律师事务所执业证书：

（一）违反规定接受委托、收取费用的；

（二）违反法定程序办理变更名称、负责人、章程、合伙协议、住所、合伙人等重大事项的；

（三）从事法律服务以外的经营活动的；

（四）以诋毁其他律师事务所、律师或者支付介绍费等不正当手段承揽业务的；

（五）违反规定接受有利益冲突的案件的；

（六）拒绝履行法律援助义务的；

（七）向司法行政部门提供虚假材料或者有其他弄虚作假行为的；

（八）对本所律师疏于管理，造成严重后果的。

律师事务所因前款违法行为受到处罚的，对其负责人视情节轻重，给予警告或者处二万元以下的罚款。

第五十一条 律师因违反本法规定，在受到警告处罚后一年内又发生应当给予警告处罚情形的，由设区的市级或者直辖市的区人民政府司法行政部门给予停止执业三个月以上一年以下的处罚；在受到停止执业处罚期满后二年内又发生应当给予停止执业处罚情形的，由省、自治区、直辖市人民政府司法行政部门吊销其律师执业证书。

律师事务所因违反本法规定，在受到停业整顿处罚期满后二年内又发生应当给予停业整顿处罚情形的，由省、自治区、直辖市人民政府司法行政部门吊销律师事务所执业证书。

第五十二条 县级人民政府司法行政部门对律师和律师事务所的执业活动实施日常监督管理，对检查发现的问题，责令改正；对当事人的投诉，应当及时进行调查。县级人民政府司法行政部门认为律师和律师事务所的违法行为应当给予行政处罚的，应当向上级司法行政部门提出处罚建议。

第五十三条 受到六个月以上停止执业处罚的律师，处罚期满未逾三年的，不得担任合伙人。

被吊销律师执业证书的，不得担任辩护人、诉讼代理人，但系刑事诉讼、民事诉讼、行政诉讼当事人的监护人、近亲属的除外。

第五十四条 律师违法执业或者因过错给当事人造成损失的，由其所在的律师事务所承担赔偿责任。律师事务所赔偿后，可以向有故意或者重大过失行为的律师追偿。

第五十五条 没有取得律师执业证书的人员以律师名义从事法律服务业务的，由所在地的县级以上地方人民政府司法行政部门责令停止非法执业，没收违法所得，处违法所得一倍以上五倍以下的罚款。

第五十六条 司法行政部门工作人员违反本法规定，滥用职权、玩忽职守，构成犯罪的，依法追究刑事责任；尚不构成犯罪的，依法给予处分。

……

◎请示答复

最高人民法院关于村民小组诉讼权利如何行使的复函

（2006年7月14日 〔2006〕民立他字第23号）

河北省高级人民法院：

你院〔2005〕冀民一请字第1号《关于村民小组诉讼权利如何行使的几个问题的请示报告》收悉。经研究，答复如下：

遵化市小厂乡头道城村第三村民小组（以下简称第三村民小组）可以作为民事诉讼当事人。以第三村民小组为当事人的诉讼应以小组长作为主要负责人提起。小组长以村民小组的名义起诉和行使诉讼权利应当参照《中华人民共和国村民委员会组织法》第十七条履行民主议定程序。参照《河北省村民委员会选举办法》第三十条，小组长被依法追究刑事责任的，自人民法院判决书生效之日起，其小组长职务相应终止，应由村民小组另行推选小组长进行诉讼。

最高人民法院关于春雨花园业主委员会是否具有民事诉讼主体资格的复函

（2005年8月15日 〔2005〕民立他字第8号）

安徽省高级人民法院：

你院〔2004〕皖民一他字第34号《关于春雨花园业主委员会是否具有民事诉讼主体资格的请示》收悉。经研究，答复如下：

根据《物业管理条例》规定，业主委员会是业主大会的执行机构，根据业主大会的授权对外代表业主进行民事活动，所产生的法律后果由全体业主承担。业主委员会与他人发生民事争议的，可以作为被告参加诉讼。

最高人民法院关于金湖新村业主委员会是否具备民事诉讼主体资格请示一案的复函

（2003年8月20日 〔2002〕民立他字第46号）

安徽省高级人民法院：

你院〔2002〕皖民一终字第112号《关于金湖新村业主委员会是否具备民事诉讼主体资格的请示报告》收悉。经研究，答复如下：

根据《中华人民共和国民事诉讼法》第四十九条、最高人民法院《关于适用〈中华人民共和国民事诉讼法〉若干问题的意见》第四十条的规定，金湖新村业主委员会符合“其他组织”条件，对房地产开发单位未向业主委员会移交住宅区规划图等资料、未提供配套公用设施、公用设施专项费、公共部位维护费及物业管理用房、商业用房的，可以自己名义提起诉讼。

附：

安徽省高级人民法院关于金湖新村业主委员会是否具备民事诉讼主体资格请示一案的请示

一、案件主要事实

原合肥市信托投资公司（后变更为安徽省信托投资公司合肥分公司）与原合肥市常青经济开发公司（后变更为合肥常青企业集团公司）出资成立联营企业——合肥兴泰房地产开发公司（以下简称兴泰公司）。兴泰公司开发了金湖新村住宅小区，在尚未综合验收的情况下，对外销售了商品房。但新泰公司没有按照安徽省及合肥市住宅区物业管理的有关规定，向业主委员会移交住宅区规划图等有关资料，未提供配套公用设施，也未移交物业管理用房、商业用房及物业设施维护费用（包括公用设施专项费、公共部位维护费）。现由于兴泰公司已被吊销营业执照，2002 年 4 月 5 日，金湖新村业主委员会起诉要求安徽省信托投资公司合肥分公司及合肥常青企业集团公司依法履行上述义务。

二、原审法院审查情况及请示问题

合肥市中级人民法院审查认为，金湖新村业主委员会，既不是法人，也不具有其他组织的条件，不具备诉讼主体资格，裁定不予受理。金湖新村业主委员会不服向安徽省高级人民法院提起上诉。

安徽省高级人民法院的审理该案中，审判委员会形成两种意见：第一种意见认为，金湖新村业主委员会不是根据法律规定成立的，也未经工商、民政部门登记备案，又无独立财产，不具备《中华人民共和国民事诉讼法》及司法解释规定的“其他组织”的条件，不具备诉讼主体资格；第二种意见认为，金湖新村业主委员会根据省市暂行规定成立，属合法成立的组织，有一定的组织机构，在银行开设有账户，有物业管理费，具有一定的财产，符合最高人民法院《关于适用〈中华人民共和国民事诉讼法〉若干问题的意见》（以下简称《适用〈民事诉讼法〉若干问题的意见》）中的“合法成立，有一定的组织机构和财产”这一其他组织的条件，具备民事诉讼主体资格。安徽省高级人民法院审判委员会倾向于第一种意见。

最高人民法院关于企业法人营业执照被吊销后，其民事诉讼地位如何确定的复函

（2000 年 1 月 29 日　法经〔2000〕24 号函）

辽宁省高级人民法院：

你院“关于企业法人营业执照被吊销后，其民事诉讼地位如何确定的请示”收悉。经研究，答复如下：

吊销企业法人营业执照，是工商行政管理机关依据国家工商行政法规对违法的企业法人作出的一种行政处罚。企业法人被吊销营业执照后，应当依法进行清算，清算程序结束并办理工商注销登记后，该企业法人才归于消灭。因此，企业法人被吊销营业执照后至被注销登记前，该企业法人仍应视为存续，可以自己的名义进行诉讼活动。如果该企业法人组成人员下落不明，无法通知参加诉讼，债权人以被吊销营业执照企业的开办单位为被告起诉的，人民法院也应予以准许。该开办单位对被吊销营业执照的企业法人，如果不存在投资不足或者转移资产逃避债务情形的，仅应作为企业清算人参加诉讼，承担清算责任。你院请示中涉及的问题，可参照上述精神办理。

此复。

最高人民法院关于人民法院不宜以一方当事人公司营业执照被吊销，已丧失民事诉讼主体资格为由，裁定驳回起诉问题的复函

（2000 年 1 月 29 日　法经〔2000〕23 号函）

甘肃省高级人民法院：

你院〔1999〕甘经终字第 193 号请示报告收悉。经研究，答复如下：

吊销企业法人营业执照，是工商行政管理局对实施违法行为的企业法人给予的一种行政处罚。根据《中华人民共和国民法通则》第四十条、第四十六条和《中华人民共和国企业法人登记管理条例》第三十三条的规定，企业法人营业执照被吊销后，应当由其开办单位（包括股东）或者企业组织清算组依法进行清算，停止清算范围外的活动。清算期间，企业民事诉讼主体资格依然存在。本案中人民法院不应以甘肃新科工贸有限责任公司（以下简称新科公司）被吊销企业法人营业执照，丧失民事诉讼主体资格为由，裁定驳回起诉。本案债务人新科公司在诉讼中被吊销企业法人营业执照后，至今未组织清算组依法进行清算，因此，债权人兰州岷山制药厂以新科

公司为被告,后又要求追加该公司全体股东为被告,应当准许,追加该公司的股东为共同被告参加诉讼,承担清算责任。

最高人民法院关于民事诉讼委托代理人在执行程序中的代理权限问题的批复

（1997年1月23日 法复〔1997〕1号）

陕西省高级人民法院:

你院陕高法〔1996〕78号《关于诉讼委托代理人的代理权限是否包括执行程序的请示》收悉。经研究,答复如下:

根据民事诉讼法的规定,当事人在民事诉讼中有权委托代理人。当事人委托代理人时,应当依法向人民法院提交记明委托事项和代理人具体代理权限的授权委托书。如果当事人在授权委托书中没有写明代理人在执行程序中有代理权及具体的代理事项,代理人在执行程序中没有代理权,不能代理当事人直接领取或者处分标的物。

此复

典型案例

海南南洋房地产有限公司、海南成功投资有限公司与南洋航运集团股份有限公司、陈霖、海南金灿商贸有限公司第三人撤销之诉案

【裁判摘要】

第三人撤销之诉的制度功能,是为因不可归责于本人的事由未能参加诉讼,而生效判决、裁定、调解书存在错误且损害其民事权益的案外人提供救济。实践中,既要依法维护案外人的正当权利,也要防止滥用第三人撤销之诉导致损害生效裁判的稳定性。提起撤销之诉的案外人不能充分证明生效判决、裁定、调解书确实存在错误且损害其民事权益的,应当驳回诉讼请求。

中华人民共和国最高人民法院
民事判决书

(2019)最高法民终712号

上诉人(原审原告):海南南洋房地产有限公司。住所地:海南省东方市二环南路西侧星海家园某某某某。

法定代表人:李国军,该公司董事长。

委托诉讼代理人:薛伟芳,海南海新律师事务所律师。

委托诉讼代理人:王璞,北京卓纬律师事务所律师。

上诉人(原审被告):海南成功投资有限公司。住所。住所地:海南省海口市南海大道永南苑小区某某某某。

法定代表人:程勇,该公司董事长。

委托诉讼代理人:李振宇,北京大成律师事务所律师。

被上诉人(原审被告):陈霖,男,1966年3月13日出生,汉族,住湖北省武汉市武昌区。

委托诉讼代理人:张荣有,湖北法辉律师事务所律师。

被上诉人(原审被告):南洋航运集团股份有限公司。住所地:海南省海口市滨海大道某某南洋大厦某某。

法定代表人:王景,该公司董事长。

委托诉讼代理人:谢昕,北京大成律师事务所律师。

被上诉人(原审第三人):海南金灿商贸有限公司。住所地:海南省东方市八所镇。住所地:海南省东方市八所镇二环路西侧。

法定代表人:陈霖,该公司总经理。

委托诉讼代理人:张荣有,湖北法辉律师事务所律师。

上诉人海南南洋房地产有限公司(以下简称南洋房地产公司)、海南成功投资有限公司(以下简称海南成功公司)因与被上诉人南洋航运集团股份有限公司(以下简称南洋航运公司)、陈霖、海南金灿商贸有限公司(以下简称海南金灿公司)第三人撤销之诉一案,不服湖北省高级人民法院(2018)鄂民初77号民事判决,向本院提起上诉。本院于2019年4月29日立案后,依法组成合议庭,开庭进行了审理。上诉人南洋房地产公司的委托诉讼代理人薛伟芳、王璞,上诉人海南成功公司的委托诉讼代理人李振宇,被上诉人南洋航运公司的委托诉讼代理人谢昕,被上诉人陈霖、海南金灿公司共同委托的诉讼代理人张荣有到庭参加诉讼。本案现已审理终结。

上诉人南洋房地产公司上诉请求:一、撤销原审判决并改判支持其全部诉讼请求;二、一、二审诉讼费由陈霖承担。事实和理由:一、原审判决关于南洋房地产公司对案涉土地不享有使用权的认定错误。(一)案涉土地为南洋房地产公司合法获批、征购的土地,尽管南洋房地产公司未办理国有土地使用权证,但案涉土地有关的出让批复手续、国有土地使用权出让合同、征地协议均以南洋房地产公司的名义办理、签署。在南洋房地产公司、南洋航运公司均不拥有案涉国有土地使用权证的前提下,应以其他行政文件的批复主体和投入主体作为案涉土地使用权人的认定依据。原审法院不应将未取得国有土地使用权证作为排除南洋房地产公司对案涉土地合法权益的理由。(二)原审法院不应错误地割裂案涉土地与其所在项目其他用地间的关系,南洋房地产公司已缴纳案涉土地除

32.8万元尾款外的全部国有土地使用权出让金、征地款，并对案涉土地周边基础设施建设做了大量投入，基于南洋房地产公司的有关投入，理应认定案涉土地归南洋房地产公司所有。（三）案涉土地系1995年6月24日《征（拨）土地协议书》所约定征购土地的一部分，由南洋房地产公司征购、投入。（四）海南省东方市人民政府及国土资源局未提供任何地籍档案说明〔1994〕26号批复、国有土地使用权出让合同的受让主体从南洋房地产公司变更为南洋航运公司，亦未陈述南洋航运公司、南洋房地产公司法人资格合并造成土地使用权易主，其唯一的依据就是湖北省武汉市武昌区人民法院（2003）武区民初字第265号民事调解书。说明海南省东方市国土资源局和人民政府对案涉土地的权属未作出独立认定，其答辩内容并不能为原审法院引用并作为案涉土地的确权依据。（五）南洋房地产公司的历史沿革并不导致其丧失对八所开发区项目用地乃至案涉土地的权利。南洋航运公司重组文件中有对南洋航运公司资产的说明，财务报表、审计报告能够准确真实地反映南洋航运公司资产的客观情况，能够证明案涉土地未记录在南洋航运公司资产范围内。南洋房地产公司曾丧失过独立法人资格，后又恢复，在上述过程中南洋房地产公司对包含案涉土地在内的项目用地权利并未受到影响。二、原审判决关于200万元借款属实的认定错误。200万元借款未实际发生且一审法院未尽合理的审查义务，举证责任分配不合理。陈霖无法就200万元大额借款的实际发生提供任何证据，其在刑事案件侦查中两次向公安机关称有130万是让范运海帮他向陈伟卿索取的佣金，由范运海以打借据的方式作为替他索取的承诺，并非实际发生的支付给海南成功公司的借款。范运海身故后，陈霖与南洋航运公司签署《还款担保协议》，约定南洋航运公司以案涉土地抵偿海南成功公司债务，代表南洋航运公司与陈霖签署《还款担保协议》的刘文涛在其他刑事案件中供述："签署上述文件之前，其与陈霖就知晓案涉土地并非南洋航运土地，说明以物抵债亦为恶意。"

上诉人海南成功公司针对上诉人南洋房地产公司的上诉请求和理由答辩称：一、认可南洋房地产公司在上诉状中所陈述的事实与理由，认可南洋房地产公司的全部上诉请求。二、原审判决关于南洋房地产公司不享有案涉土地使用权的认定错误。（一）在南洋房地产公司、南洋航运公司均未取得案涉土地国有土地使用权证的前提下，应以相关行政文件批复主体和案涉土地投入主体作为案涉土地使用权人的认定依据。案涉土地由南洋房地产公司合法获批、征购，虽未办理国有土地使用权证，但案涉土地相关出让批复手续、国有土地使用权出让合同、征拨地协议均由南洋房地产公司办理或签署；案涉土地出让金、征地款、基础设施建设等各项费用均由南洋房地产公司负担、缴纳；案涉土地所在开发区内的其他土地也是由南洋房地产公司开发完成后直接处置，并由国土部门将土地使用权办理至受让人名下，南洋房地产公司依照前述方式为海南南海天然气工程有限公司及大量自然人办理了国有土地使用权证。因此，原审判决不应以未取得土地使用权证为由排除南洋房地产公司对案涉土地的合法权益。（二）案涉土地仅是执行过程中为匹配"200万元借款"而分割出的一块土地，并非单独具有批复文件或出让合同的土地，在确认案涉土地权属时，应依据案涉土地所在整块项目用地的行政批复手续、资金投入情况进行认定。原审判决错误割裂案涉土地与该项目其他用地间的关系，未采纳能够直接或间接证明案涉土地权属的证据。（三）案涉土地属于1995年6月24日《征（拨）土地协议书》所约定征购土地的一部分，各方当事人均无争议，原审判决关于"未证明案涉土地是1995年6月24日《征（拨）土地协议书》中征购的土地"认定错误。（四）海南省东方市人民政府在行政案件中的陈述完全来源于（2003）武区水民初字第265号民事调解书，东方市国土部门办理土地证的行为属于协助执行行为，不能作为案涉土地权属认定的依据。（五）2002年海南省东方市国土资源局收回土地告知书认定相关土地使用权归属南洋房地产公司，截至2001年底南洋航运公司账面上亦无无形资产（土地使用权属于无形资产），这些证据均能佐证南洋航运公司名下没有土地，证明案涉土地归南洋房地产公司所有。因此南洋房地产公司历史沿革并不导致其丧失对八所开发区项目用地乃至案涉土地的权利。综上，原审判决认定南洋房地产公司无权主张对案涉土地享有使用权，属于事实认定错误。三、原审法院认定借款关系属实错误。海南成功公司与陈霖的借款法律关系是本案核心争议焦点，但原审法院未尽到合理的审查义务，未查清相关事实，直接导致一审判决结果错误。

上诉人海南成功公司上诉请求：一、依法撤销湖北省高级人民法院（2018）鄂民初77号民事判决；二、依法撤销湖北省高级人民法院（2015）鄂民监三再终字第00008号民事判决；三、依法改判确认目前登记于陈霖名下的东方国用（2003）第383号国有土地使用权及陈霖用于出资、目前登记于海南金灿公司名下的东方国用（2012）第076号国有土地使用权归南洋房地产公司所有；四、一、二审诉讼费由陈霖承担。事实和理由：一、原审判决未严格审查借款关系的真实性，错误认定借款关系真实存在且已履行。（一）本案应由陈霖对其主张的200万元借款关系的成立及履行承担举证责任。原审判决仅依据借据上公司印章真实即认定借款关系成立，忽略借据上"范运海"签名系伪造、陈霖在历次庭审中关于其亲眼看到范运海签名的陈述相矛盾、陈霖无法提供任何款项支取凭证或往来凭证等事实，导致对借款关系是否属实的错误认定。（二）原审判决推定南洋航运公司重组期间账户被冻结并依据法不溯及既往原则认定借款关系存在且已实际履行，缺乏事实及法律依据且存在明显逻辑漏洞。（三）原审判决载明："（陈霖及海南金灿公司）对第八组证据的真实性无异议，对其证明目的不予认可"，由此可知，陈霖对海南省公安厅经侦处对其询问笔录的真实性并无异议,而原审判决却不认可上述口供的真实性,相互矛盾。(四)原审判决未审慎审查借款事实,违背了最高人民法院防范和制裁虚假诉讼的指导精神。二、原审判决关于南洋房地产公司无权主张对案涉土地享有使用权的认定错误。(一)案涉土地开发整理的时间为1994至1997年间,当时国有土地开发流程不及目前完善、有序,未取得土地使用权证不应作为排除南洋房地产公司享有案涉土地合法权益的理由。(二)南洋房地产公司已缴纳除32.8万元尾款外案涉土地的国有土地使用权出让金、征地款,并对案涉土地周边基础设施建设做大量投入,应认定案涉土地归南洋房地产公司所有。(三)海南省东方市国土资源部门对案涉土地权属的认定错误源于湖北省武汉市武昌区人民法院(2003)武区水民初字第265号民事调解书,故海南省东方市人民政府在行政诉讼案件中的陈述不足以作为案涉土地权属认定的依据。(四)案涉土地在1997年3月8日后,始终归南洋房地产公司所有。其一,海南省东方市国土环境资源局关于拟收回占用土地的事先告知书(2002年)表明,在2002年海南省东方市国土资源局仍认定〔1994〕26号批复下的土地归南洋房地产公司所有。其二,通过海南成功公司提供的南洋航运公司审计报告、年度报告可以看出,截至2001年底,南洋航运公司账面上并无土地使用权等无形资产(土地使用权为无形资产),证明南洋航运公司名下没有项目用地。退一步说,根据南洋航运公司与海南成功公司的重组安排,2001年南洋航运公司将含南洋房地产公司股权在内的全部非现金、非应收账款资产转让给海南成功公司,如果在转让前南洋航运公司拥有案涉土地,则案涉土地也会转让给海南成功公司,2001年后南洋航运公司也无权主张其拥有有关土地,更无权在2003年将其作为自己的财产抵偿债务。因此,南洋房地产公司在丧失独立法人资格后又恢复独立法人资格的过程中对含案涉土地在内的项目用地的权利并未受到影响。

上诉人南洋房地产公司同意上诉人海南成功公司的上诉请求和理由。

被上诉人南洋航运公司针对上诉人南洋房地产公司、海南成功公司的上诉请求一并答辩称:认可南洋房地产公司、海南成功公司在上诉状中提出的全部上诉请求,支持南洋房地产公司起诉状中的全部诉讼请求。一、应当认定案涉借款为虚构。南洋航运公司与陈霖的调解行为系在南洋航运公司公章、海南成功公司财务章均被刘文涛控制的情况下做出,刘文涛本人因对南洋航运公司的职务侵占行为被判刑,根据海南省公安厅的鉴定报告(范运海签名为伪造的同一份鉴定意见),刘文涛本人也有利用南洋航运公司公章、海南成功公司财务章而伪造借据文件、伪造范运海签名文件,以自身名义为有关公司虚设借款的情形。陈霖所持《借据》与其他经鉴定范运海签名为伪造的文件均存在印鉴为真、签名为假的情形,案涉《借据》极有可能为刘文涛利用所持海南成功公司财务章之便利与陈霖串通伪造"范运海"签名而制作,该存在重大缺陷的《借据》不能作为认定200万元借款发生的证据。另外,陈霖作为出借人对于借款是否发生,《借据》如何签署等事项在不同场合表述矛盾,包括陈霖曾经自认过借款未实际发生,其关于范运海当面对《借据》签字的数次陈述也与签名伪造的鉴定结论不符。除存在严重缺陷的《借据》外,尽管陈霖庭审中称有各种人证、物证并有能力举证,但其在正式举证中无法提供任何物证、人证等证明借款实际发生。对比所谓"借款"的巨大金额,其说法及无法举证的情况明显不符合常理,应推定为借款虚假。即便不将原审调解事项认定为虚假诉讼,也应认定陈霖举证不力,借款事项不存在,应予改判。二、原审法院对案涉土地权属的认定错误。案涉土地相关批复、国有土地使用权出让合同、征拨地协议书等文件均办理在南洋房地产公司名下,从未更名或转让给南洋航运公司,案涉土地有关各项支出、费用、国有土地使用权出让金等也均由南洋房地产公司负担、缴纳,与南洋航运公司无关。南洋航运公司从未就案涉土地处置事项取得南洋房地产公司任何授权,刘文涛以南洋航运公司名义将案涉土地处置给陈霖时,也未在南洋航运公司内就土地权属、土地处置事项征询意见。土地处置时,南洋航运公司也仅持有南洋房地产公司2%的股权。根据刘文涛自述及国土部门经办人员描述,刘文涛采取混淆南洋航运公司及南洋房地产公司的手段将案涉土地过户给陈霖。

被上诉人陈霖、海南金灿公司针对上诉人南洋房地产公司、海南成功公司的上诉请求共同答辩称:一、案涉200万元借款的来源是多年经商的积蓄、出售其姐姐上海一套房得款48万元以及亲戚朋友筹借而来。借款分三次现金支付,最后一次汇总成一张借据,原因是对方的银行账户全部被查封。因当时当地政府都不希望南洋航运公司退市,南洋航运公司名下又有土地,风险较小。其通过武昌区法院的诉讼、调解及执行解决了债务问题,合同约定是100亩抵债,但海南省东方市国土局还是按行政程序通过土地评估、签订土地转让合同而完成司法执行,最终只有60.9亩抵偿了债务。二、在获得案涉土地期间,南洋航运公司将该土地地块分成小块对外转让,前后几年达数十宗,有的还形成诉讼,司法判决确认了南洋航运公司转让该土地的合法性,但南洋房地产公司从未主张土地权利。三、其在被刑事拘留期间所作的口供笔录,是失去人身自由并受刑讯逼供情况下所为,不是真实意思表示。公安机关经调查后认定侵占或诈骗该200万事实不成立而撤案,撤案本身就充分说明200万借款真实。三、公安机关侦查中对借据所作的鉴定报告,检材中"范运海的原始笔迹"来源不清。四、南洋房地产公司不享有案涉土地的使用权。南洋航运公司在上世纪90年代与当地政府达成2005亩的土地连片开发协议,只是以其名下子公司南洋房地产公司运作而已,其所有前期土地开发投入及收益也全部归属于母公司南洋航运公司,其没有缴纳2005亩的土地出让金,更没有缴纳本案的60.9亩的土地出让金;1995年之后,南洋房地产公司就基本退出了此片土地的开发。后因南洋航运公司面临退市危机,经上级政府批准,将460亩土地划至南洋航运公司名下并对外转让,上述情况可以向政府部门调查核实。南洋航运公司对外转让土地,东方市国土局办理了手续,有的土地产生诉讼,司法确认双方土地转让之合法性。南洋房地产公司既不是土地使用权人,也与该土地没有任何关系。退一步说,即使南洋航运公司将其名下的土地抵债给了陈霖并依法办理了土地转让手续、办理了土地使用权证,陈霖为善意第三人。南洋房地产公司如认为自己权益受到侵害,应向南洋航运公司而非向陈霖索赔,更无权否定借款抵债协议的合法性,人民法院也不能在第三人侵权异议之诉中审查并判决案涉抵债协议的效力以及案外人海南省东方市国土局给陈霖办理土地过户及核发土地证的法律效力。综上,南洋房地产公司对该土地没有权利,其既不是《中华人民共和国民事诉讼法》立法目的的第三人,也不是案涉土地的权利人,无权提起本案诉讼,应予驳回。

南洋房地产公司向湖北省高级人民法院起诉请求:一、撤销该院(2015)鄂民监三再终字第00008号民事判决;二、确认登记于陈霖名下的东方国用(2003)第383号国有土地使用权及陈霖用于出资、目前登记于海南金灿商贸有限公司名下的东方国用(2012)第076号国有土地使用权归南洋房地产公司所有;三、本案诉讼费用由陈霖承担。如果人民法院在审理中发现(2015)鄂民监三再终字第00008号民事判决撤销之后还需要改变其它判决,南洋房地产公司可以配合法院改变其诉讼请求。

原审法院查明:1994年3月31日,海南省东方黎族自治县(后更名为海南省东方市)人民政府以东府复〔1994〕26号文批复海南省东方黎族自治县土地管理局,1.同意出让八所开发区第三居住区,给南洋船务房地产公司开发,其四至范围为:东至三环路,北至东海二路,南至政法路,西至建筑物边界,实际用地面积约为2205亩(以红线图为准);2.同意土地出让基础地价平均每亩为18000元人民币(含青苗费赔偿、不含坟墓搬迁费、房屋、建筑物赔偿费),规划道路地价按土地出让平均价收取,出让年限为柒拾年;3.出让地块中含小学规划土地面积90亩,县政府留为今后小学校址,其征地费和赔偿费,从三号区的土地出让费中扣除,小学用地不再负担"三通一平"开发费用,三号区开发完毕后,交付县政府办学使用;4.请按土地使用审批权限办完报批手续后方予办理土地出让手续;5.县政府原与南洋船务公司签订的联合开发的有关文件,合同及在开发区内签订的其他单位协议书收回作废。

1994年4月3日,海南省东方黎族自治县土地管理局与海南南洋船务房地产公司签订《东方黎族自治县成片开发土地使用权出让合同》,约定海南省东方黎族自治县土地管理局将八所开发区第三居住区地块编号为三号,地块面积为1470007平,地块面积为1470007平方米的土地使用权出让给海南南洋船务房地产公司,自颁发该地块的《中华人民共和国国有土地使用权证》之日起算。海南南洋船务房地产公司同意按合同规定向海南省东方黎族自治县土地管理局支付土地使用权出让金、土地使用费以及乙方向第三方转让时的土地增值(费)税。该地块的土地使用权出让金为每平方米26.99元,总额为39675488.9元人民币。本合同经双方签字后三十日内,海南南洋船务房地产公司需以现金支票或现金向海南省东方黎族自治县土地管理局缴付土地使用权出让金总额的5%共计1983774.44元人民币作为履行合同的定金。海南南洋船务房地产公司在合同签字后六十日内,支付完全部土地使用权出让金,逾期仍未全部支付的,海南省东方黎族自治县土地管理局有权解除合同,并可请求违约赔偿。海南南洋船务房地产公司在向海南省东方黎族自治县土地管理局支付全部土地使用权出让金后十日内,依照规定办理土地登记手续,领取《中华人民共和国国有土地使用权证》,取得土地使用权。

1995年5月16日,海南省东方黎族自治县土地管理局出具《南洋船务八所成片开发土地出让用地建设红线图》,确定上述出让地块总用地面积为1969.58亩,道路面积289.8亩,实际用地面积1697.78亩。

1994年7月23日,海南省东方黎族自治县土地管理局与海南省东方黎族自治县八所镇八所管理区、海南南洋船务房地产公司签订《征(拨)土地协议书》,该协议书标明建设项目:成片开发;征(拨)地单位:东方黎族自治县土地)地单位被征(拨)地单位:东方县八所镇八所管)地单位地单位:海南南洋船务房地产公司;内容为:海南南洋船务房地产公司为兴建成片开发项目工程,需征用八所管理区土地位于政法路东侧地段的土地3.036公顷,土地补偿安置补助费合计54.25万元,以上所征用的水田、旱田的地价,再由政府与南洋船务公司双方协商。1994年7月23日,海南省东方黎族自治县土地管理局与海南省东方黎族自治县八所镇居龙管理区、海南南洋船务房地产公司签订《征(拨)土地协议书》,该协议书标明建设项目:成片开发;征(拨)地单位:东方黎族自治县土地)地单位被征(拨)地单位:东方县八所镇居龙管)地单位单位:海南南洋船务房地产公司;内容为:海南南洋船务房地产公司为兴建成片开发项目工程,需征用居龙管理区土地位于政法路东侧地段的土地0.662公顷,土地补偿安置补助费合计184456元,以上所征用的水田、旱田的地价,再由政府与南洋船务公司双方协商。1995年6月24日,海南省东方黎族自治县土地管理局与海南省东方黎族自治县岛西林场、海南南洋船务房地产公司签订《征(拨)土地协议书》,该协议书标明建设项目:成片开发住宅区;征(拨)地单位:东方黎族自治县土地)地单位被征(拨)地单位:东方黎族自治县岛西)地单位地单位:海南南洋船务房地产公司;内容为:海南南洋船务房地产公司为兴建海南南洋八所开发区住宅工程，需征用东方黎族自治县岛西林场位于县自来水厂东侧地段的土地6.267公顷，土地补偿安置补助费合计564029.74元，该地平整土地工程，在同等价格的条件下，优先由东方黎族自治县岛西林场，负责平整土地工程。1995年6月24日，海南省东方黎族自治县土地管理局与海南省东方黎族自治县八所镇皇宁管理区、海南南洋船务房地产公司签订《征（拨）土地协议书》，该协议书标明建设项目：成片开发住宅区；征（拨）地单位：东方黎族自治县土地）地单位被征（拨）地单位：八所镇皇宁管理区，）地单位：海南南洋船务房地产公司；内容为：海南南洋船务房地产公司为兴建海南南洋八所开发区住宅工程，需征用八所镇皇宁管理区位于县自来水厂东侧地段的土地1.3333公顷，土地补偿安置补助费合计154025.08元。1.该征用的土地平整工程，在预标同等的条件下，优先照顾该征用的村民委员会。2.从签订协议之日起，二十天内一次性付清地价款。1995年6月24日，海南省东方黎族自治县土地管理局与海南省东方黎族自治县八所镇八所管理区、海南南洋船务房地产公司签订《征（拨）土地协议书》，该协议书标明建设项目：成片开发住宅区，征（拨）地单位：东方黎族自治县土地）地单位被征（拨）地单位：八所镇八所管理区；）地单位：海南南洋船务房地产公司；内容为：海南南洋船务房地产公司为兴建海南南洋八所开发区住宅工程，需征用八所镇八所管理区位于县自来水厂东侧地段的土地9.2212公顷，土地补偿安置补助费合计1065017.01元。1.关于1993年，由南洋八所开发办付给八所村民委员会农户的青苗赔偿费，按八所村民委员会的规定，协助扣回柳攀隆联气体140.7亩，张之松17亩，符松丈3亩青苗赔偿费。2.南洋八所开发办征用八所村民委员会即县自来水厂东侧9.2212公顷的土地平整工程，在同等的预标价格，由八所村民委员会负责施工。3.土地补偿给付款规定：从签订协议书之日起，在二十天内先预付款30万元，在二个月内全部付清协议书上所应付的土地款。

海南南洋船务实业股份有限公司1997年1月22日第6号付款凭证内容如下：贷方科目：银行存款；借方科目：摘要：付八所征地费；总账科目：开发成本；子细科目：138.318亩地；本位币：50000元。海南南洋船务实业股份有限公司1997年4月30日第6号付款凭证内容如下：贷方科目：银行存款；借方科目：摘要：付八所138.318亩地款；总账科目：开发成本；子细科目：138.318亩地；本位币：130000元。

2002年4月2日，海南省东方市国土环境资源局发布《东方市国土环境资源局关于拟收回占用土地的事先告知书》。内容如下：经查，下列单位所占用的土地满两年未完善项目用地批准手续，也未进行任何投资开发建设或开发建设土地面积不足土地总面积1/3。根据《海南省闲置建设用地处置规定》，拟依法收回下列单位所占用的土地，撤销用地批准文件，现予以告知。自本事先告知书登报之日起，可在一个月内向我局提出申辩意见（休假日不计），逾期不提出的，视为放弃申辩权利。所附表中显示：用地单位名称：南洋船务房地产公司；用地面积：147公顷；用地时间：1994年3月31日；批准文件：东府复〔1994〕26号；用地位置：三号开发区。

二份打印日期为2002年10月20日的《规划图》均显示，规划图上打印有“南洋航运公司”的字样，海南省东方市建设局加盖印章，有两名人员在该图上分别注明，经核，该规划与三号区详细规划相符；中间实线西边不包括在里面，落款日期均为2003年4月9日。其中一份盖有南洋航运公司印章，一份未盖有南洋航运公司印章。

2002年11月26日，南洋航运公司与海南省东方市八所镇八所村村民委员会签订《关于拖欠八所村征地款的还款协议书》。甲方为东方市八所镇八所村委会，乙方为南洋航运公司（原南洋船务公司），东方市国土资源环境局作为鉴证方。双方约定甲方同意乙方将所欠的征地款计人民币32.8万元，四个月内分两次还清（即2003年春节前付16.4万元，余款在规定的时间内全部付完）等内容。

2003年3月20日，海南省东方市八所镇八所村村民委员会出具收据，内容如下：今收到南洋航运公司征地款，计人民币（注：按还款协议已全部还清）22.8万元。

2003年8月12日，陈霖因与南洋航运公司还款担保协议发生纠纷，陈霖以民间借贷担保合同纠纷为由诉至湖北省武汉市武昌区人民法院，请求南洋航运公司还清借款或者办理完100亩土地过户手续。在审理过程中，经湖北省武汉市武昌区人民法院主持调解，陈霖与南洋航运公司达成了调解协议，协议内容如下：南洋航运公司同意于2003年9月15日前将其拥有的位于海南省东方市南洋航运集团八所开发区内的100亩土地使用权过户给陈霖拥有，以抵偿其原为海南成功公司担保的人民币本金200万元，利息11万元。本案诉讼费20560元，由陈霖、南洋航运公司各承担10280元。湖北省武汉市武昌区人民法院于2003年8月18日作出（2003）武区水民初字第265号民事调解书，对上述调解协议予以确认，并向陈霖和南洋航运公司送达了上述民事调解书。后因文字遗漏，该院又作出补正民事裁定。

2003年9月9日，湖北省武汉市武昌区人民法院向海南省东方市国土资源环境局送达（2003）武区水民初字第265号民事调解书及协助执行通知书，要求海南省东方市国土资源环境局协助，将南洋航运公司拥有的位于海南省东方市南洋航运集团八所开发区内的100亩土地使用权过户给陈霖拥有。2003年9月11日，南洋航运公司与陈霖签订《土地使用权转让合同》，约定南洋航运公司将其根据东府〔1994〕26号文取得位于二环路西侧，面积为15266.7平方米，东至二环路，南至陈霖，西至九米路，北至十八米路的土地使用权转让给陈霖。2003年9月12日，海南省东方市国土资源环境局根据上述协助执行通知书，在土地评估并报经海南省东方市人民政府同意后，将上述100亩土地中的60.9亩土地使用权人由南洋航运公司变更登记为陈霖。同年9月15日，海南省东方市国土资源环境局为陈霖办理了上述60.9亩土地的国有土地使用权证。土地证号分别为东方国用(2003)第381号、382号、3某某。

2006年4月27日，南洋航运公司以该公司总裁、法定代表人范运海在2002年7月1日交通事故中死亡后，刘文涛伪造范运海签署的聘任书和授权委托书，骗取公司董事会的信任，接管并把持公司至2003年9月。在一年多时间内，刘文涛非南洋航运公司股东或董事，却非法控制南洋航运公司的财务成本、股东名册、公司印章等重要资料，欺瞒公司董事会进行非法活动，侵吞南洋航运公司资产。其中"借款收据、聘任书、授权委托书、承诺书"等七份关键证据及相关文件上经手人"范运海"签名，经鉴定均系他人模仿形成。刘文涛在公司董事会毫不知情的情况下代表"南洋航运公司"应诉、放弃答辩，与陈霖恶意串通，签订所谓的"调解协议"应为无效等等为由，向湖北省武汉市武昌区人民法院提出申诉，请求撤销(2003)武区水民初字第265号民事调解书。2006年8月23日，湖北省武汉市武昌区人民法院作出(2006)武区民监字第38号民事裁定，对该案进行再审，并在再审期间，追加海南成功公司为该案共同被告。2007年11月15日，湖北省武汉市武昌区人民法院经审理作出(2006)武区民再字第27号民事判决，撤销该院(2003)武区水民初字第265号民事调解书、协助执行通知书、补正民事裁定;驳回陈霖的诉讼请求。

陈霖不服，向湖北省武汉市中级人民法院提出上诉。2008年5月28日，湖北省武汉市中级人民法院经审理认为，原判决认定事实不清，程序违法，裁定撤销湖北省武汉市武昌区人民法院上述判决，发回该院重审。2008年8月21日，湖北省武汉市武昌区人民法院认为该院对该案无管辖权，裁定将该案移送海南省海口市中级人民法院审理。后因管辖争议，湖北省高级人民法院与海南省高级人民法院未能协商一致，本院于2009年12月7日将该案指定湖北省武汉市洪山区人民法院审理。2011年1月25日，湖北省武汉市洪山区人民法院经审理作出(2010)洪民商再重字第4号民事判决，维持湖北省武汉市武昌区人民法院(2003)武区水民初字第265号民事调解书。

南洋航运公司和海南成功公司均不服，向湖北省武汉市中级人民法院提起上诉。在湖北省武汉市中级人民法院审理期间，南洋房地产公司于2011年7月1日以"该案原一审调解书错误地将作为土地合法受让人的该公司尚未办理国有土地使用权证的100亩土地过户给陈霖，不但侵害了该公司的合法权益，也涉嫌非法转让国有土地，损害国家利益，该公司作为有独立请求权的第三人拟另行提起诉讼"为由，向湖北省武汉市中级人民法院提交《中止审理申请书》，请求湖北省武汉市中级人民法院中止审理该案。2011年7月29日，湖北省武汉市中级人民法院经审理作出(2011)武民再终字第00097号民事判决，判决维持(2010)洪民商再重字第4号民事判决。

2014年8月8日，湖北省人民检察院作出鄂检民(行)复查〔2014〕42000000002号民事抗诉书，以湖北省武汉市中级人民法院(2011)武民再终字第00097号民事判决认定事实缺乏证据证明为由，对该案提出抗诉。2014年10月31日，湖北省高级人民法院作出(2014)鄂民监三抗字第00021号民事裁定，裁定该案由该院提审。在该院再审期间，南洋房地产公司提交书面申请，请求参加诉讼。2015年4月22日，该院经审理作出(2015)鄂民监三再终字第00008号民事判决，以"该案系借款担保合同纠纷，南洋房地产公司并非该案借款合同关系的当事人，南洋房地产公司请求参加该案诉讼缺乏法律依据，如其认为南洋航运公司将土地抵偿给陈霖的行为侵犯其合法权益，可以通过另案诉讼的方式主张权利"为由不支持南洋房地产公司参加该案诉讼的请求;以"原再审判决认定事实清楚，适用法律正确，实体处理并无不当"为由判决:维持湖北省武汉市中级人民法院(2011)武民再终字第00097号民事判决。

2015年10月14日，南洋房地产公司以湖北省高级人民法院(2015)鄂民监三再终字第00008号民事判决内容错误，损害了其合法权益，其因不能归责于本人的事由未参加诉讼为由，向湖北省高级人民法院提起本案诉讼。该院于2017年6月14日作出(2016)鄂民初14号民事判决。南洋房地产公司、海南成功公司不服，向本院提起上诉。本院于2018年6月21日作出(2017)最高法民终945号民事裁定，将本案发回湖北省高级人民法院重审。本院(2017)最高法民终945号民事裁定认为，按照《中华人民共和国民事诉讼法》第五十六条第三款的规定，第三人提起撤销之诉的实体条件之一是"有证据证明发生法律效力的判决、裁定、调解书的部分或者全部内容错误，损害其民事权益"，本案中，南洋房地产公司、海南成功公司要求撤销湖北省高级人民法院(2015)鄂民监三再终字第00008号民事判决，其主要理由有二，一是以物抵债的案涉土地使用权归南洋房地产公司享有;二是以土地所抵偿的海南成功公司与陈霖之间的200万元借款虚假。湖北省高级人民法院(2015)鄂民监三再终字第00008号民事判决内容亦对上述两个争议事实进行了审理认定。本案系第三人撤销之诉，应对南洋房地产公司、海南成功公司所提出的(2015)鄂民监三再终字第00008号民事判决内容存在错误是否成立进行审理;案涉借款关系是否真实是认定以物抵债成立的前提，属本案审理范围。湖北省高级人民法院一审认为"陈霖与海南成功公司、南洋航运公司是否存在真实的借款关系是前案应当审理的范围，并非本案审理的范围"不当。

原审另查明，1989年1月27日，"海南省南洋船务有限公司"成立，经济性质为全民所有制。1992年12月16日，该公司经工商部门核准变更登记，企业名称变更为"海南南洋船务实业股份有限公司”，经济性质变更为股份制企业，法定代表人由“唐开兴”变更为“庄照丰”。1995年4月21日，海南南洋船务实业股份有限公司经工商部门核准变更登记，法定代表人由“庄照丰”变更为“齐放”。1996年12月3日，海南南洋船务实业股份有限公司经工商部门核准变更登记，法定代表人由“齐放”变更为“厉建中”，企业类型变更为股份有限公司（非上市、国有控股）。1998年7月27日，“海南南洋船务实业股份有限公司”经工商部门核准变更登记，企业名称变更为“南洋航运集团股份有限公司”。2002年3月11日，南洋航运集团股份有限公司经工商部门核准变更登记，法定代表人由“厉建中”变更为“范运海”。2003年10月21日，南洋航运集团股份有限公司经工商部门核准变更登记，法定代表人由“范运海”变更为“程勇”。2011年6月14日，南洋航运集团股份有限公司经工商部门核准变更登记，法定代表人由“程勇”变更为“唐广敏”。

1993年4月23日，“海南南洋船务房地产公司”成立。1994年4月27日，“海南南洋船务实业股份有限公司”向“海南南洋船务房地产公司”出资2000万元人民币，持有“海南南洋船务房地产公司”100%股权。1997年1月8日，海南省证券管理办公室以琼证办〔1997〕4号文件批复海南南洋船务实业股份有限公司。内容如下：1. 同意你公司所属子公司按照股份公司规范化管理规定变更为不具有独立法人资格的分公司，其名称如下：海南南洋船务实业股份有限公司房地产公司。2. 你公司接此批复后应尽快到省工商行政管理局办理有关变更登记手续，并将有关材料报我办备案。1997年3月8日，海南南洋船务房地产公司经工商部门核准变更登记，企业名称变更为“海南南洋船务实业股份有限公司房地产公司”，法定代表人由“唐开兴”变更为“黄国周”。2001年7月10日，南洋航运集团股份有限公司向海南省工商行政管理局提交《申请报告书》，称海南南洋船务实业股份有限公司房地产公司系该公司的下属分支机构，现根据（国）名称变核内字〔1998〕第080号通知书规定，“海南南洋船务实业股份有限公司”变更为“南洋航运集团股份有限公司”之后，“海南南洋船务实业股份有限公司房地产公司”变更为“南洋航运集团股份有限公司房地产分公司”。2001年7月18日，海南南洋船务实业股份有限公司房地产公司经工商部门核准变更登记，企业名称变更为“南洋航运集团股份有限公司房地产分公司”。2001年8月8日，海南南洋房地产有限公司召开股东会议，并形成《股东会议纪要》。内容如下：1.“南洋航运集团股份有限公司房地产分公司”系“南洋航运集团股份有限公司”投资的独资非法定代表人企业，现根据业务发展需要，经共同协商同意投资“海南南洋房地产有限公司”。2. 会议讨论公司变更公司名称，经全体股东同意把原公司名称“南洋航运集团股份有限公司房地产分公司”变为“海南南洋房地产有限公司”。3. 会议讨论增加公司股东事宜，原投资南洋航运集团股份有限公司出资2000万元、占注册资本的100%，现决定转让1960万元给海南成功公司做新股东。海南成功公司出资1960万元整，占注册资本的98%。4. 会议通过海南成功公司和南洋航运集团股份有限公司共同签署《股份转让协议书》。2001年8月13日，南洋航运集团股份有限公司房地产分公司经工商部门核准变更登记，企业名称变更为“海南南洋房地产有限公司”，企业类型由“内资企业法人”变更为“其他有限责任公司”，股东由海南南洋船务实业股份有限公司（1994年4月27日货币出资2000万元，持股比例100%）变更为海南成功公司（2001年8月6日货币出资1960万元，持股比例98%）、南洋航运集团股份有限公司（2001年8月6日货币出资40万元，持股比例2%）。2012年10月18日，海南省工商行政管理局出具的海南南洋房地产有限公司企业机读档案登记资料显示，企业目前状态为吊销，核准日期为2004年2月9日，最后一次年检时间为1998年4月23日，吊销原因为逾期未参加年检，吊销日期为2004年2月9日。2013年8月2日，海南南洋房地产有限公司经工商部门核准变更登记，法定代表人由“黄国周”变更为“李照江”。2013年8月28日，海南省工商行政管理局出具的海南南洋房地产有限公司企业机读档案登记资料显示，企业目前状态为登记成立，核准日期为2013年8月2日，最后一次年检时间为2013年8月2日。

原审还查明，2012年5月21日，陈霖为办理商住用地土地使用权作价入股提供土地价格参考，委托儋州旭升土地评估有限公司对登记在其名下座落于东方市八所镇二环路西侧，国有土地使用权证号为东方国用（2003）第381号、382号两块合31466.7平方米（约合47.2亩）的土地进行评估。2012年12月27日，海南省东方市国土资源环境局为海南金灿公司颁发了国有土地使用权证号为东方国用（2012）第076号的国用土地使用权证，该国有土地使用权证显示该宗土地座落于八所镇二环路西侧。

南洋房地产公司不服海南省东方市人民政府给陈霖颁发国有土地使用权证行政纠纷一案，于2012年8月21日向海南省第二中级人民法院提起诉讼。2012年11月23日，海南省第二中级人民法院经审理作出（2012）海南二中行初字第117号行政裁定书，以海南省东方市人民政府给陈霖颁发国有土地使用权证是根据湖北省武汉市武昌区人民法院（2003）武区水民初字第265号“民事调解书”和“协助执行通知书”而作出的具体行政行为，是其必须履行的法定协助义务，南洋房地产公司没有提供证据证实海南省东方市人民政府在作出该变更登记行为时扩大了用地范围或违法采取措施，不属于人民法院受理范围为由，驳回南洋房地产公司的起诉。南洋房地产公司不服，向海南省高级人民法院提出上诉。2013年3月5日，海南省高级人民法院经审理作出（2013）琼立一终字第19号行政裁定书，以海南省东方市人民政府的颁证行为是协助执行行为，而非同意土地转让行为，案涉土地属于南洋航运公司的事实已为生效法律文书所确认，南洋房地产公司没有提供充分证据证明其拥有案涉土地的使用权为由，驳回上诉，维持原裁定。(2012)海南二中行初字第117号行政裁定书和(2013)琼立一终字第19号行政裁定书内容均显示，海南省东方市人民政府答辩认为案涉土地使用权属于南洋航运公司。

原审再查明：一、湖北省高级人民法院已生效的(2015)鄂民监三再终字第00008号民事判决书载明：2002年5月15日，海南成功公司向陈霖借款人民币200万元，约定月息5%，当年12月30日前偿还。南洋航运公司以其位于海南省东方市八所开发区内的100亩土地进行担保。借款到期后，海南成功公司未能偿还人民币200万元借款。2003年4月22日，陈霖与南洋航运公司达成协议：陈霖同意受让南洋航运公司位于海南省东方市八所开发区内的100亩土地，代海南成功公司抵偿人民币200万元欠款；利息改为月息千分之五，计11万元，相关费用由陈霖承担。因南洋航运公司未履行协议，陈霖于2003年8月12日向湖北省武汉市武昌区人民法院起诉，要求南洋航运公司履行还款担保协议。2003年8月15日，经该院主持调解，双方达成协议：南洋航运公司同意在2003年9月15日前将其拥有的位于海南省东方市八所开发区内的100亩土地使用权过户给陈霖拥有，以抵偿其原为海南成功公司担保的人民币本金200万元、利息11万元。本案诉讼费20560元，由陈霖、南洋航运公司各承担l0280元。

二、在原审庭审中，陈霖针对200万元如何支付给海南成功公司时陈述："我分3次，全是用现金支付的"；(支付的时间?)"2002年4月5日给了70万(元)，5月2日给了70万(元)，5月15日(给了)60万(元)"；(交给了?)"范运海"(原海南成功公司董事长)；(支付的地点?)"具体时间我记不清楚了，有一次在宾馆还有在餐厅还有一次是他来接我的时候我给他的"；(哪个宾馆?)"琼苑宾馆"；(在宾馆支付的是哪一笔?)"具体是哪一笔我记不清楚了，只记得三个地点，还有一笔是在一个吃鱼翅的酒店吃晚餐的时候给的"；(还剩一次是在哪里支付的?)"从美兰机场到酒店的车上给他的"；(当时为什么不转账而要支付现金?)"当时南洋集团和(海南)成功公司要退市，他们没有账了(账户被冻结)，公司的账已经进不去了"；(那为什么不转给个人账户?)"因为我是借给公司的，当时他跟我说公司要发工资什么的，而且之前我们有资金往来也用过现金。他当时也在到处躲债，我就给的现金"；(每一次都给你打收条了吗?)"前两次都打了收条，最后一次的时候他把前两次的收条收回去了换了现在的借据"；(200万元你是哪里来的?)"有一部分是我做生意赚的钱，还有就是我在上海卖了一套房子"；(卖的谁的房子?)"我姐姐陈彬在上海的房子"；(什么时候卖的?)"02年4月份"；(卖了多少钱?)"48万(元)"；(这48万是200万的组成部分，你自己的钱有多少?)"我有30多万(元)，我老婆有10来万(元)，我还找朋友借了些钱。还有我老丈人也用自己的钱和(其向)邻居借的钱，有些钱我到现在都还没还完"；(都有借条吗?)"有一些有，如果有需要我可以提交给法院。当时在还钱的过程中我老丈人去世了，我还把老丈人抬到法院来过，当时很多债权人都在场，还有你们法院的很多人都可以作证"。

原审法院认为，根据案件事实及当事人的诉辩观点，本案一审的争议焦点并评析如下：

一、关于南洋房地产公司提起本案第三人撤销之诉的主体是否合法的问题。该院认为，陈霖、海南金灿公司认为南洋房地产公司的主体身份不合法，主要认为南洋房地产公司2004年吊销营业执照直到2013年才恢复取得营业执照，恢复前后的股东不同，因此，2013年之后的南洋房地产公司和之前的南洋房地产公司没有任何关系，其主体不合法。该院认为，《最高人民法院关于企业法人营业执照被吊销后，其民事诉讼地位如何确定的复函》(2000年1月29日法经〔2000〕24号函)之规定，吊销企业法人营业执照是工商行政管理机关依据国家工商行政管理法规对违法的企业法人作出的一种行政处罚。企业法人被吊销营业执照后至被注销登记前，该企业法人仍应视为存续，可以自己的名义进行诉讼活动。本案中，从陈霖提交的证据来看，南洋房地产公司只是被工商行政管理部门吊销过营业执照，并未被注销。因此，南洋房地产公司的民事诉讼地位一直存续。《中华人民共和国公司法》第七十二条关于"有限责任公司的股东之间可以相互转让其全部或者部分股权。……公司章程对股权转让另有规定的，从其规定"的规定可以看出，公司股权转让只须经过法定或约定程序即可变更。而公司股权变更登记是工商行政管理机关根据当事人申请，经依法审查后而进行的一种行政许可行为，其法律效力在于确认当事人在公司中的主体资格和行使相关民事行为产生公示的效力。公司股东的变更并不导致公司法人的消灭，即其民事诉讼地位没有改变。因此，陈霖、海南金灿公司认为南洋房地产公司的民事诉讼地位不合法的抗辩理由不能成立，该院不予支持。

二、关于南洋房地产公司提起本案第三人撤销之诉是否在法定期限内的问题。该院认为，《中华人民共和国民事诉讼法》(2012年版)第五十六条规定："对当事人双方的诉讼标的，第三人认为有独立请求权的，有权提起诉讼。对当事人双方的诉讼标的，第三人虽然没有独立请求权，但案件处理结果同他有法律上的利害关系的，可以申请参加诉讼，或者由人民法院通知他参加诉讼。人民法院判决承担民事责任的第三人，有当事人的诉讼权利义务。前两款规定的第三人，因不能归责于本人的事由未参加诉讼，但有证据证明发生法律效力的判决、裁定、调解书的部分或者全部内容错误，损害其民事权益的，可以自知道或者应当知道其民事权益受到损害之日起六个月内，向作出该判决、裁定、调解书的人民法院提起诉讼。人民法院经审理，诉讼请求成立的，应当改变或者撤销原判决、裁定、调解书;诉讼请求不成立的,驳回诉讼请求”。本案中,南洋房地产公司主张该院(2015)鄂民监三再终字第00008号民事判决内容错误,损害其民事权益,其作为第三人,因不可归责于其的事由未能参加该院(2015)鄂民监三再终字第00008号案件的诉讼,而向该院提起撤销之诉,请求撤销该院(2015)鄂民监三再终字第00008号民事判决。该院(2015)鄂民监三再终字第00008号民事判决于2015年4月22日作出,南洋房地产公司于2015年10月14日向该院提起第三人撤销之诉,并未超过上述法条规定的六个月的期限,故南洋房地产公司提起本案第三人撤销之诉在法定期限内。陈霖、海南金灿公司认为南洋房地产公司主张撤销之诉的期限应当从2011年7月29日湖北省武汉市中级人民法院(2011)武民再终字第00097号民事判决作出时计算其期限,因其主张没有法律依据,该院不予支持。

三、关于南洋房地产公司对案涉土地是否享有使用权的问题。该院认为,本案案涉土地是国有土地,无论是《中华人民共和国土地管理法》(1988年版)第九条第二款“全民所有制单位、集体所有制单位和个人依法使用的国有土地,由县级以上地方人民政府登记造册,核发证书,确认使用权”的规定,还是《中华人民共和国土地管理法》(1998年版)、《中华人民共和国土地管理法》(2004年版)第十一条第三款“单位和个人依法使用的国有土地,由县级以上人民政府登记造册,核发证书,确认使用权”的规定,都表明单位和个人依法使用的国有土地,由县级以上人民政府登记造册,核发证书,确认使用权。南洋房地产公司主张其享有案涉土地使用权,但只提供了1994年3月31日海南省东方黎族自治县人民政府同意将包含案涉土地在内的土地出让给海南南洋船务房地产公司的东府复〔1994〕26号文,以及1994年4月3日海南省东方黎族自治县土地管理局与海南南洋船务房地产公司签订的《东方黎族自治县成片开发土地使用权出让合同》,并未提供证据证明其已交纳了土地出让金,也未提供证据证明其领取了案涉土地国有土地使用权证,且海南省东方市人民政府在南洋房地产公司起诉海南省东方市人民政府为陈霖颁证行政诉讼一案中,也明确表示案涉土地使用权属南洋航运公司所有。南洋房地产公司提交的海南南洋船务房地产公司和海南省东方黎族自治县土地管理局分别于1994年7月23日、1995年6月24日与海南省东方黎族自治县八所镇八所管理区、海南省东方黎族自治县八所镇居龙管理区、海南省东方黎族自治县岛西林场、海南省东方黎族自治县八所镇皇宁管理区、海南省东方黎族自治县八所镇八所管理区签订的《征(拨)土地协议书》,只能证明海南南洋船务房地产公司曾经为开发项目签订过征用土地的协议。南洋房地产公司并未提交证据证明案涉土地即是上述1995年6月24日与海南省东方黎族自治县八所镇八所管理区签订的《征(拨)土地协议书》所约定征购的土地,仅凭该协议书并不能证明案涉土地由南洋房地产公司征购。南洋房地产公司提交的1997年1月22日的6号凭证和1997年4月30日的6号凭证,均是海南南洋船务实业股份有限公司的付款凭证,南洋房地产公司也未提交证据证明该付款凭证载明的征地款即是为案涉土地所付,仅凭该付款凭证并不能证明案涉土地征地款由南洋房地产公司所付。本案土地系国有出让土地,即使海南南洋船务房地产公司曾经征购了案涉土地,支付过案涉土地征地款,但因为征地款和国有土地出让金两者性质不同,海南南洋船务房地产公司支付案涉土地征地款并不能代替交纳案涉土地出让金,上述证据也不能证明南洋房地产公司对案涉土地享有土地使用权。而且1997年3月8日,海南南洋船务房地产公司经工商部门核准变更为“海南南洋船务实业股份有限公司房地产公司”,成为“海南南洋船务实业股份有限公司”的分公司,丧失了独立法人资格。即使海南南洋船务房地产公司曾经签订《东方黎族自治县成片开发土地使用权出让合同》,支付过案涉土地出让金,此后的合同权利义务亦由海南南洋船务实业股份有限公司房地产公司的总公司即海南南洋船务实业股份有限公司以及变更名称后的南洋航运公司享有和承担。2001年7月18日,“海南南洋船务实业股份有限公司房地产公司”企业名称变更为“南洋航运集团股份有限公司房地产分公司”。2001年8月13日,南洋航运集团股份有限公司房地产分公司由南洋航运公司货币出资40万元人民币和海南成功公司货币出资1960万元人民币,名称变更为“南洋房地产公司”时,南洋航运公司仅以40万元人民币出资,并未将案涉土地使用权或者相应的其他权利作为对南洋房地产公司的出资,南洋房地产公司无权主张对案涉土地享有使用权,故南洋房地产公司主张其对案涉土地享有使用权没有事实和法律依据。

四、关于(2015)鄂民监三再终字第00008号民事判决书内容是否存在错误,是否损害南洋房地产公司利益的问题。该院认为,根据《最高人民法院关于适用〈中华人民共和国民事诉讼法〉的解释》第二百九十六条“民事诉讼法第五十六条第三款规定的判决、裁定、调解书的部分或者全部内容,是指判决、裁定的主文,调解书中处理当事人民事权利义务的结果”的规定,南洋房地产公司主张该院(2015)鄂民监三再终字第00008号民事判决书内容错误,损害其民事权益,其应当提供证据证明该院(2015)鄂民监三再终字第00008号民事判决在处理南洋航运公司、海南成功公司与陈霖间民事权利义务的结果错误,且该错误损害其民事权益。而该院(2015)鄂民监三再终字第00008号民事判决处理南洋航运公司、海南成功公司与陈霖间民事权利义务的结果是维持湖北省武汉市中级人民法院(2011)武民再终字第00097号民事判决,即维持湖北省武汉市武昌区人民法院(2003)武区水民初字第265号民事调解书。该民事调解书内容是南洋航运公司将其拥有的位于海南省东方市南洋航运集团八所开发区内的解放路以北)100亩土地使用权过户给陈霖拥有,以抵偿其原为海南成功公司担保的人民币本金200万元,利息11万元,并未涉及南洋房地产公司的权利义务,并未损害南洋房地产公司的民事权益。

关于陈霖与海南成功公司、南洋航运公司的借款关系是否属实的问题。该院认为,南洋房地产公司不是上述借款关系的当事人,该借款关系是否属实,应当由借款关系的当事人通过审判监督程序解决,不属于本案撤销之诉的审理范围,但考虑到最高人民法院将本案发回重审的事由,该院亦对上述借款关系的真实性予以审查。海南成功公司和南洋航运公司于2002年5月15日向陈霖出具借据,载明借款关系发生的事实及相应担保措施,并加盖海南成功公司财务专用章及南洋航运公司公章。2003年3月10日,时任南洋航运公司副总裁的刘文涛在上述借据上签署"确认以上全部内容"的意见,并加盖公章。企业法人的公章系企业法人对外确认意思表示成立的合法印签,加盖真实印章的合同,其权利义务应当由印章主体承受。虽然在该借据上"范运海"的签名经鉴定系伪造,但所盖海南成功公司财务章经鉴定属其真实印章。根据《中华人民共和国合同法》第三十二条关于"当事人采用合同书形式订立合同的,自双方当事人签字或者盖章时合同成立"之规定,该院(2015)鄂民监三再终字第00008号民事判决认定本案借据真实,借款关系成立并无不当。南洋房地产公司、海南成功公司、南洋航运公司均认为200万元的借款不真实,海南成功公司称未收到200万元借款,但陈霖在庭审中陈述,当时系因海南成功公司、南洋航运公司被监管部门要求退市,其资金账户全部被冻结,按原海南成功公司的董事长范运海的要求将200万元现金分三次交给了范运海。结合南洋房地产公司、海南成功公司、南洋航运公司提交的相关证据,可以证实在陈霖陈述的付款期间,海南成功公司、南洋航运公司确实存在资产重组的问题,且海南成功公司、南洋航运公司也未否认资产重组期间该公司资金账户是否被冻结之事实。加之,上述借款发生在2002年,不宜适用2015年9月1日施行的《最高人民法院关于审理民间借贷案件适用法律若干问题的规定》相关规定。因此,从证据的证明力来看,陈霖关于其与海南成功公司、南洋航运公司之间存在200万元借款关系且已实际履的主张具有合理性,南洋房地产公司认为200万元借款不真实的诉讼理由不能成立,该院不予支持。关于陈霖在接受海南省公安厅调查时对借款事实的陈述先后不一致的问题,因该口供未得到有关司法机关的确认,海南省公安厅亦未基于上述调查对该笔借款事实作出否定判断进而对陈霖展开刑事追诉,故对上述口供的真实性,该院不予认可。因此,南洋房地产公司主张其享有案涉100亩土地使用权,该院(2015)鄂民监三再终字第00008号民事判决维持原生效法律文书确定的南洋航运公司将上述100亩土地以物抵债给陈霖的权利义务错误,侵犯其民事权益的理由不能成立,该院不予支持。

综上,南洋房地产公司的诉讼请求缺乏事实和法律依据。该院依照《中华人民共和国民事诉讼法》第五十六条、第一百四十二条和《最高人民法院关于适用〈中华人民共和国民事诉讼法〉的解释》第三百条的规定,判决:驳回南洋房地产公司的诉讼请求。案件受理费23680元,由南洋房地产公司负担。

本院二审期间,南洋房地产公司提交了海南省高级人民法院2019年5月20日作出的(2019)琼民终113号民事判决,拟证明海南金灿公司的另一股东罗昌仁代陈霖持有该公司49%股权,该判决认定陈霖与罗昌仁解除股权代持关系,49%股权将过户到陈霖名下,陈霖将成为海南金灿公司的唯一股东。

本院二审对原审查明的事实予以确认。

本院认为,根据当事人的上诉请求和答辩意见,本案二审的争议焦点为:原审对南洋房地产公司不享有案涉土地使有权的认定是否正确;陈霖与海南成功公司、南洋航运公司之间的200万元借款是否真实存在。

一、关于南洋房地产公司是否享有案涉土地使有权的问题。本院认为,根据1988年12月29日修订的《中华人民共和国土地管理法》第九条第二款"全民所有制单位、集体所有制单位和个人依法使用的国有土地,由县级以上地方人民政府登记造册,核发证书,确认使用权"以及1998年8月29日修订的《中华人民共和国土地管理法》第十一条第三款"单位和个人依法使用的国有土地,由县级以上人民政府登记造册,核发证书,确认使用权"的规定,依法使用国有土地均要在县级以上人民政府办理登记手续并办理相关证书确认土地使用权。首先,本案中,南洋房地产公司并未提供已交纳案涉土地出让金,以及办理了案涉土地国有土地使用权证的相关证据,而其提交的"1994年3月31日海南省东方黎族自治县人民政府同意将包含案涉土地在内的土地出让给海南南洋船务房地产公司的东府复〔1994〕26号文,以及1994年4月3日海南省东方黎族自治县土地管理局与海南南洋船务房地产公司签订的《东方黎族自治县成片开发土地使用权出让合同》",并不能充分证明已拥有案涉土地使用权。第二,海南省东方市人民政府在南洋房地产公司起诉海南省东方市人民政府为陈霖颁证行政诉讼一案中,明确表示案涉土地使用权属南洋航运公司所有,其提交的《征(拨)土地协议书》,只能证明海南南洋船务房地产公司曾为开发项目签订过征用土地的协议,不足以证明案涉土地已由南洋房地产公司征购。而南洋房地产公司提交的1997年1月22日的"6号付款凭证"和1997年4月30日的"付款6号凭证",均为海南南洋船务实业股份有限公司的付款凭证,并不能证明该付款凭证载明的征地款是为案涉土地所付。第三,因案涉土地为国有出让土地,即使海南南洋船务房地产公司曾经征购并支付征地款,但因征地款和国有土地出让金性质不同,海南南洋船务房地产公司支付案涉土地征地款,也不能代替交纳案涉土地出让金,故南洋房地产公司以"已缴纳了土地征地款来主张享有案涉土地使用权"以及海南成功公司"案涉土地开发整理的时间为1994至1997年间,当时国有土地开发流程不及目前完善、有序,未取得土地使用权证不应作为排除南洋房地产公司对案涉土地合法权益"的上诉理由,均不能成立。第四,本院已查明,1997年3月8日,海南南洋船务房地产公司经工商部门核准变更为"海南南洋船务实业股份有限公司房地产公司",成为"海南南洋船务实业股份有限公司的分公司",丧失了独立法人资格,涉及到该公司的所有债权债务应全部归属于其母公司"南洋船务实业股份有限公司"以及变更名称后的"南洋航运公司"。即使"海南南洋船务房地产公司"享有案涉土地的使用权,在其丧失法人资格后,该使用权亦由南洋航运公司享有。第五,2001年8月13日,南洋航运公司货币出资40万元人民币和海南成功公司货币出资1960万元人民币成立了南洋房地产公司。南洋航运公司仅以40万元人民币出资,并未将案涉土地使用权或者相应的其他权利作为对南洋房地产公司的出资。第六,本案也已查明,案涉土地并非南洋房地产公司2001年设立时的资产,南洋房地产公司和海南成功公司并未提供证据证明南洋房地产公司此后获得案涉土地使用权,而且,审计报告显示南洋航运公司账面上无案涉土地所有权与南洋房地产公司享有案涉土地使用权之间也不存在因果关系,故上诉人南洋房地产公司和海南成功公司主张"根据审计报告和年度报告,截止2001年底南洋航运公司账面上并无土地使用权等无形资产,故案涉土地的使用权属于南洋房地产公司所有"的上诉理由,亦不能成立。综上,原审认定认定南洋房地产公司对案涉土地不享有使用权并无不当,上诉人南洋房地产公司和海南成功公司关于原审认定其对案涉土地不享有使用权错误的理由均不能成立。

二、关于陈霖与海南成功公司、南洋航运公司之间的200万元借款是否真实存在的问题。本院认为,本案为第三人撤销之诉,而南洋地产公司不是上述借款关系的当事人,该借款关系是否属实亦不是本案撤销之诉的审理范围,但原审法院本着客观公正的原则,亦对陈霖与海南成功公司、南洋航运公司之间的200万元借款是否真实进行了查证。经查,海南成功公司和南洋航运公司于2002年5月15日向陈霖出具借据,载明借款关系发生的事实及相应担保措施,并加盖"海南成功公司财务专用章"及"南洋航运公司公章"。虽然"范运海"的签名经鉴定非其本人所签,但海南成功公司在其借据上加盖"财务专用章"的行为,应视为海南成功公司对该借据效力的认可。此外,湖北省高级人民法院作出并已发生法律效力的(2015)鄂民监三再终字第00008号民事判决据此认定该借据真实。南洋房地产公司、海南成功公司、南洋航运公司均认为200万元的借款不真实,海南成功公司称未收到200万元借款,但陈霖在庭审中陈述,当时系因海南成功公司、南洋航运公司被监管部门要求退市,其资金账户全部被冻结,按原海南成功公司的董事长范运海的要求将200万元现金分三次交给了范运海。结合南洋房地产公司、海南成功公司、南洋航运公司提交的相关证据,可以证实在陈霖陈述的付款期间,海南成功公司、南洋航运公司确实存在资产重组的问题,而且,海南成功公司、南洋航运公司也未提供相反证据推翻陈霖的陈述,亦不足以证明本案存虚假诉讼的情形,故原审法院认定200万元借款真实并无不当。南洋房地产公司和海南成功公司关于陈霖在接受海南省公安厅调查时对借款事实的陈述先后不一致的问题,因该口供未得到有关司法机关的确认,海南省公安厅亦未基于上述调查对该笔借款事实作出否定判断进而对陈霖展开刑事追诉,故原审法院对上述口供的真实性不予认可亦无不当。关于海南成功公司主张的陈霖对包括其口供在内的第八组证据的真实性无异议的上诉理由。经查,原审庭审时陈霖的代理人张荣有对该组证据的真实性予以认可,但并非对证据内容的认可,故此项上诉理由不能成立。从第三人撤销之诉制度功能来看,主要是为了保护受错误生效裁判损害的未参加原诉的第三人的权益。同时,在司法实践中,也要防止滥用该项诉权,损害生效裁判的稳定性。南洋房地产公司主张湖北省高级人民法院(2015)鄂民监三再终字第00008号民事判决书内容错误,损害其民事权益,应当提供证据证明该判决的结果错误,且该错误损害其民事权益。人民法院对案涉200万元借款是否真实已经过多次审理,湖北省高级人民法院作出了(2015)鄂民监三再终字第00008号民事判决书认定案涉借款真实,而南洋房地产公司和海南成功公司并未提交足以推翻原判决的证据,故对其案涉200万元不真实的上诉理由,本院亦不支持。

综上,南洋房地产公司、海南成功公司的上诉请求因缺乏相应的证据支持和法律依据,均不能成立,本院予以驳回;原审判决认定事实清楚,适用法律正确,审判程序合法,依法应予维持。本院依照《中华人民共和国民事诉讼法》第一百七十条第一款第一项之规定,判决如下:

驳回上诉,维持原判。

本案一审案件受理费按一审判决执行。二审案件受理费23680元,海南南洋房地产有限公司、海南成功投资有限公司各负担11840元。

本判决为终审判决。

审 判 长　李相波
审 判 员　万会峰
审 判 员　宁　晟
二〇一九年九月二十七日
法官助理　王鑫
书 记 员　王　露

文书范本

法定代表人身份证明书(法人当事人用)

法定代表人身份证明书

×××在我(单位名称)担任……职务,系我(单位名称)的法定代表人。

特此证明。

附:法定代表人联系地址:

联系电话:

××××年××月××日

(公章)

【说明】

1. 本样式根据《中华人民共和国民事诉讼法》第四十八条第二款以及《最高人民法院关于适用〈中华人民共和国民事诉讼法〉的解释》第五十条、第五十一条制定,供法人当事人证明法定代表人身份用。

2. 法人的法定代表人以依法登记的为准,但法律另有规定的除外。依法不需要办理登记的法人,以其正职负责人为法定代表人;没有正职负责人的,以其主持工作的副职负责人为法定代表人。法定代表人已经变更,但未完成登记,变更后的法定代表人要求代表法人参加诉讼的,人民法院可以准许。

3. 在诉讼中,法人的法定代表人变更的,由新的法定代表人继续进行诉讼,并应向人民法院提交新的法定代表人身份证明书。原法定代表人进行的诉讼行为有效。

主要负责人身份证明书(其他组织的当事人用)

主要负责人身份证明书

×××在我(单位名称)担任……职务,系我单位(单位名称)的主要负责人。

特此证明。

附:主要负责人联系地址:

联系电话:

××××年××月××日

(公章)

【说明】

1. 本样式根据《中华人民共和国民事诉讼法》第四十八条第二款以及《最高人民法院关于适用〈中华人民共和国民事诉讼法〉的解释》第五十条、第五十一条制定,供其他组织当事人证明代表人身份用。

2. 其他组织,以其主要负责人为代表人。

共同诉讼代表人推选书(共同诉讼当事人推选代表人用)

共同诉讼代表人推选书

我们共同推选×××、×××为我方参加诉讼的代表人,其诉讼行为对全体推选人/单位发生效力。

特此证明。

附:代表人联系地址:

联系电话:

推选人(签名或者盖章)

××××年××月××日

【说明】

1. 本样式根据《中华人民共和国民事诉讼法》第五十三条、第五十四条以及《最高人民法院关于适用〈中华人民共和国民事诉讼法〉的解释》第七十六条、第七十七条、第七十八条制定,供共同诉讼当事人推选代表人参加诉讼用。

2. 当事人一方人数众多在起诉时确定的,可以由全体当事人推选共同的代表人,也可以由部分当事人推选自己的代表人;推选不出代表人的当事人,在必要的共同诉讼中可以自己参加诉讼,在普通的共同诉讼中可以另行起诉。

3. 当事人一方人数众多在起诉时不确定的,由当事人推选代表人。当事人推选不出的,可以由人民法院提出人选与当事人协商;协商不成的,也可以由人民法院在起诉的当事人中指定代表人。

4. 代表人为二至五人。

5. 本推选书由推选人共同签名或者盖章后递交人民法院。

授权委托书(公民委托诉讼代理人用)

授权委托书

委托人:×××,男/女,××××年××月××日出生,×族,……(写明工作单位和职务或者职业),住……。联系方式：……。

受委托人：×××，××律师事务所律师，联系方式：……。

受委托人：×××，男/女，××××年××月××日出生，×族，……（写明工作单位和职务或者职业），住……。联系方式：……。受托人系委托人的……（写明受托人与委托人的关系）。

现委托×××、×××在……（写明当事人和案由）一案中，作为我方参加诉讼的委托诉讼代理人。

委托事项与权限如下：

委托诉讼代理人×××的代理事项和权限：

……

委托诉讼代理人×××的代理事项和权限：

……

委托人（签名）

××××年××月××日

【说明】

1. 本样式根据《中华人民共和国民事诉讼法》第四十九条、第五十八条、第五十九条以及《最高人民法院关于适用〈中华人民共和国民事诉讼法〉的解释》第七十八条、第八十五条制定，供公民当事人、法定代理人、共同诉讼代表人委托诉讼代理人参加诉讼用。

2. 当事人、法定代理人、共同诉讼代表人可以委托一至二人作为诉讼代理人。当事人有权委托诉讼代理人，提出回避申请，收集、提供证据，进行辩论，请求调解，提出上诉，申请执行。

3. 下列人员可以被委托为诉讼代理人：（一）律师、基层法律服务工作者；（二）当事人的近亲属或者工作人员；（三）当事人所在社区、单位及有关社会团体推荐的公民。

4. 与当事人有夫妻、直系血亲、三代以内旁系血亲、近姻亲关系以及其他有抚养、赡养关系的亲属，可以当事人近亲属的名义作为诉讼代理人。

5. 诉讼代理人除根据民事诉讼法第五十九条规定提交授权委托书外，还应当按照下列规定向人民法院提交相关材料：（一）律师应当提交律师执业证、律师事务所证明材料；（二）基层法律服务工作者应当提交法律服务工作者执业证、基层法律服务所出具的介绍信以及当事人一方位于本辖区内的证明材料；（三）当事人的近亲属应当提交身份证件和与委托人有近亲属关系的证明材料；（四）当事人的工作人员应当提交身份证件和与当事人有合法劳动人事关系的证明材料；（五）当事人所在社区、单位推荐的公民应当提交身份证件、推荐材料和当事人属于该社区、单位的证明材料；（六）有关社会团体推荐的公民应当提交身份证件和符合本解释第八十七条规定条件的证明材料。

6. 授权委托书必须记明委托事项和权限。诉讼代理人代为承认、放弃、变更诉讼请求，进行和解，提起反诉或者上诉，必须有委托人的特别授权。

授权委托书（法人或者其他组织委托诉讼代理人用）

授权委托书

委托单位：×××，住所……。

法定代表人或主要负责人：×××，……（写明职务），联系方式：……。

受委托人：×××，××律师事务所律师，联系方式：……。

受委托人：×××，……（写明受托人所在单位及职务），联系方式：……。

现委托×××、×××在……（写明当事人和案由）一案中，作为我单位参加诉讼的委托诉讼代理人。

委托诉讼代理人×××的代理事项和权限：

……

委托单位（公章和签名）

××××年××月××日

【说明】

1. 本样式根据《中华人民共和国民事诉讼法》第四十九条、第五十八条、第五十九条以及《最高人民法院关于适用〈中华人民共和国民事诉讼法〉的解释》第七十八条、第八十六条制定，供法人或者其他组织当事人委托诉讼代理人参加诉讼用。

2. 当事人可以委托一至二人作为诉讼代理人。当事人有权委托诉讼代理人，提出回避申请，收集、提供证据，进行辩论，请求调解，提出上诉，申请执行。

3. 下列人员可以被委托为诉讼代理人：（一）律师、基层法律服务工作者；（二）当事人的近亲属或者工作人员；（三）当事人所在社区、单位及有关社会团体推荐的公民。

4. 与当事人有合法劳动人事关系的职工，可以当事人工作人员的名义作为诉讼代理人。

5. 根据民事诉讼法第五十八条第二款第三项规定，有关社会团体推荐公民担任诉讼代理人的，应当符合下列条件：（一）社会团体属于依法登记设立或者依法免予登记设立的非营利性法人组织；（二）被代理人属于该社会团体的成员，或者当事人一方住所地位于该社会团体的活动地域；（三）代理事务属于该社会团体章程载明的业务范围；（四）被推荐的公民是该社会团体的负责人或者与该社会团体有合法劳动人事关系的工作人员。专利代理人经中华全国专利代理人协会推荐，可以在专利纠纷案件中担任诉讼代理人。

6. 诉讼代理人除根据民事诉讼法第五十九条规定提交授权委托书外，还应当按照下列规定向人民法院提交相关材料：(一)律师应当提交律师执业证、律师事务所证明材料；(二)基层法律服务工作者应当提交法律服务工作者执业证、基层法律服务所出具的介绍信以及当事人一方位于本辖区内的证明材料；(三)当事人的近亲属应当提交身份证件和与委托人有近亲属关系的证明材料；(四)当事人的工作人员应当提交身份证件和与当事人有合法劳动人事关系的证明材料；(五)当事人所在社区、单位推荐的公民应当提交身份证件、推荐材料和当事人属于该社区、单位的证明材料；(六)有关社会团体推荐的公民应当提交身份证件和符合本解释第八十七条规定条件的证明材料。

7. 授权委托书必须记明委托事项和权限。诉讼代理人代为承认、放弃、变更诉讼请求，进行和解，提起反诉或者上诉，必须有委托人的特别授权。

推荐函(推荐委托诉讼代理人用)

推荐函

××××人民法院：

……(写明当事人和案由)一案中，我单位推荐×××担任×××的委托诉讼代理人。

委托诉讼代理人×××的代理事项和权限：

……

推荐人(公章和签名)

××××年××月××日

【说明】

1. 本样式根据《中华人民共和国民事诉讼法》第五十八条第二款第三项以及《最高人民法院关于适用〈中华人民共和国民事诉讼法〉的解释》第八十七条、第八十八条制定，供当事人所在社区、单位以及有关社会团体推荐符合条件的公民担任诉讼代理人用。

2. 有关社会团体推荐公民担任诉讼代理人的，应当符合下列条件：(一)社会团体属于依法登记设立或者依法免予登记设立的非营利性法人组织；(二)被代理人属于该社会团体的成员，或者当事人一方住所地位于该社会团体的活动地域；(三)代理事务属于该社会团体章程载明的业务范围；(四)被推荐的公民是该社会团体的主要负责人或者与该社会团体有合法劳动人事关系的工作人员。

3. 专利代理人经中华全国专利代理人协会推荐，可以在专利纠纷案件中担任诉讼代理人。

六、证　据

◎司法解释

最高人民法院关于诉讼代理人查阅民事案件材料的规定

（2002年11月4日最高人民法院审判委员会第1254次会议通过　根据2020年12月23日最高人民法院审判委员会第1823次会议通过的《最高人民法院关于修改〈最高人民法院关于人民法院民事调解工作若干问题的规定〉等十九件民事诉讼类司法解释的决定》修正　2020年12月29日最高人民法院公告公布　自2021年1月1日起施行　法释〔2020〕20号）

为保障代理民事诉讼的律师和其他诉讼代理人依法行使查阅所代理案件有关材料的权利，保证诉讼活动的顺利进行，根据《中华人民共和国民事诉讼法》第六十一条的规定，现对诉讼代理人查阅代理案件有关材料的范围和办法作如下规定：

第一条　代理民事诉讼的律师和其他诉讼代理人有权查阅所代理案件的有关材料。但是，诉讼代理人查阅案件材料不得影响案件的审理。

诉讼代理人为了申请再审的需要，可以查阅已经审理终结的所代理案件有关材料。

第二条　人民法院应当为诉讼代理人阅卷提供便利条件，安排阅卷场所。必要时，该案件的书记员或者法院其他工作人员应当在场。

第三条　诉讼代理人在诉讼过程中需要查阅案件有关材料的，应当提前与该案件的书记员或者审判人员联系；查阅已经审理终结的案件有关材料的，应当与人民法院有关部门工作人员联系。

第四条　诉讼代理人查阅案件有关材料应当出示律师证或者身份证等有效证件。查阅案件有关材料应当填写查阅案件有关材料阅卷单。

第五条　诉讼代理人在诉讼中查阅案件材料限于案件审判卷和执行卷的正卷，包括起诉书、答辩书、庭审笔录及各种证据材料等。

案件审理终结后，可以查阅案件审判卷的正卷。

第六条　诉讼代理人查阅案件有关材料后，应当及时将查阅的全部案件材料交回书记员或者其他负责保管案卷的工作人员。

书记员或者法院其他工作人员对诉讼代理人交回的案件材料应当当面清查，认为无误后在阅卷单上签注。阅卷单应当附卷。

诉讼代理人不得将查阅的案件材料携出法院指定的阅卷场所。

第七条　诉讼代理人查阅案件材料可以摘抄或者复印。涉及国家秘密的案件材料，依照国家有关规定办理。

复印案件材料应当经案卷保管人员的同意。复印已经审理终结的案件有关材料，诉讼代理人可以要求案卷管理部门在复印材料上盖章确认。

复印案件材料可以收取必要的费用。

第八条　查阅案件材料中涉及国家秘密、商业秘密和个人隐私的，诉讼代理人应当保密。

第九条　诉讼代理人查阅案件材料时不得涂改、损毁、抽取案件材料。

人民法院对修改、损毁、抽取案卷材料的诉讼代理人，可以参照民事诉讼法第一百一十一条第一款第（一）项的规定处理。

第十条　民事案件的当事人查阅案件有关材料的，参照本规定执行。

第十一条　本规定自公布之日起施行。

最高人民法院关于民事诉讼证据的若干规定

（2001年12月6日最高人民法院审判委员会第1201次会议通过　根据2019年10月14日最高人民法院审判委员会第1777次会议《关于修改〈关于民事诉讼证据的若干规定〉的决定》修正　2019年12月25日最高人民法院公告公布　自2020年5月1日起施行　法释〔2019〕19号）

为保证人民法院正确认定案件事实，公正、及时审理民事案件，保障和便利当事人依法行使诉讼权利，根据《中华人民共和国民事诉讼法》（以下简称民事诉讼法）等有关法律的规定，结合民事审判经验和实际情况，制定本规定。

一、当事人举证

第一条　原告向人民法院起诉或者被告提出反诉，应当提供符合起诉条件的相应的证据。

第二条　人民法院应当向当事人说明举证的要求及法律后果，促使当事人在合理期限内积极、全面、正确、诚实地完成举证。

当事人因客观原因不能自行收集的证据，可申请人民法院调查收集。

第三条　在诉讼过程中，一方当事人陈述的于己不利的事实，或者对于己不利的事实明确表示承认的，另一方当事人无需举证证明。

在证据交换、询问、调查过程中，或者在起诉状、答辩状、代理词等书面材料中，当事人明确承认于己不利的事实的，适用前款规定。

第四条　一方当事人对于另一方当事人主张的于己不利的事实既不承认也不否认，经审判人员说明并询问后，其仍然不明确表示肯定或者否定的，视为对该事实的承认。

第五条　当事人委托诉讼代理人参加诉讼的，除授权委托书明确排除的事项外，诉讼代理人的自认视为当事人的自认。

当事人在场对诉讼代理人的自认明确否认的，不视为自认。

第六条　普通共同诉讼中，共同诉讼人中一人或者数人作出的自认，对作出自认的当事人发生效力。

必要共同诉讼中，共同诉讼人中一人或者数人作出自认而其他共同诉讼人予以否认的，不发生自认的效力。其他共同诉讼人既不承认也不否认，经审判人员说明并询问后仍然不明确表示意见的，视为全体共同诉讼人的自认。

第七条　一方当事人对于另一方当事人主张的于己不利的事实有所限制或者附加条件予以承认的，由人民法院综合案件情况决定是否构成自认。

第八条　《最高人民法院关于适用〈中华人民共和国民事诉讼法〉的解释》第九十六条第一款规定的事实，不适用有关自认的规定。

自认的事实与已经查明的事实不符的，人民法院不予确认。

第九条　有下列情形之一，当事人在法庭辩论终结前撤销自认的，人民法院应当准许：

（一）经对方当事人同意的；

（二）自认是在受胁迫或者重大误解情况下作出的。

人民法院准许当事人撤销自认的，应当作出口头或者书面裁定。

第十条　下列事实，当事人无须举证证明：

（一）自然规律以及定理、定律；

（二）众所周知的事实；

（三）根据法律规定推定的事实；

（四）根据已知的事实和日常生活经验法则推定出的另一事实；

（五）已为仲裁机构的生效裁决所确认的事实；

（六）已为人民法院发生法律效力的裁判所确认的基本事实；

（七）已为有效公证文书所证明的事实。

前款第二项至第五项事实，当事人有相反证据足以反驳的除外；第六项、第七项事实，当事人有相反证据足以推翻的除外。

第十一条　当事人向人民法院提供证据，应当提供原件或者原物。如需自己保存证据原件、原物或者提供原件、原物确有困难的，可以提供经人民法院核对无异的复制件或者复制品。

第十二条　以动产作为证据的，应当将原物提交人民法院。原物不宜搬移或者不宜保存的，当事人可以提供复制品、影像资料或者其他替代品。

人民法院在收到当事人提交的动产或者替代品后，应当及时通知双方当事人到人民法院或者保存现场查验。

第十三条　当事人以不动产作为证据的，应当向人民法院提供该不动产的影像资料。

人民法院认为有必要的，应当通知双方当事人到场进行查验。

第十四条　电子数据包括下列信息、电子文件：

（一）网页、博客、微博客等网络平台发布的信息；

（二）手机短信、电子邮件、即时通信、通讯群组等网络应用服务的通信信息；

（三）用户注册信息、身份认证信息、电子交易记录、通信记录、登录日志等信息；

（四）文档、图片、音频、视频、数字证书、计算机程序等电子文件；

（五）其他以数字化形式存储、处理、传输的能够证明案件事实的信息。

第十五条　当事人以视听资料作为证据的，应当提供存储该视听资料的原始载体。

当事人以电子数据作为证据的，应当提供原件。电子数据的制作者制作的与原件一致的副本，或者直接来源于电子数据的打印件或其他可以显示、识别的输出介质，视为电子数据的原件。

第十六条　当事人提供的公文书证系在中华人民共和国领域外形成的，该证据应当经所在国公证机关证明，或者履行中华人民共和国与该所在国订立的有关条约中规定的证明手续。

中华人民共和国领域外形成的涉及身份关系的证据，应当经所在国公证机关证明并经中华人民共和国驻该国使领馆认证,或者履行中华人民共和国与该所在国订立的有关条约中规定的证明手续。

当事人向人民法院提供的证据是在香港、澳门、台湾地区形成的,应当履行相关的证明手续。

第十七条　当事人向人民法院提供外文书证或者外文说明资料,应当附有中文译本。

第十八条　双方当事人无争议的事实符合《最高人民法院关于适用〈中华人民共和国民事诉讼法〉的解释》第九十六条第一款规定情形的,人民法院可以责令当事人提供有关证据。

第十九条　当事人应当对其提交的证据材料逐一分类编号,对证据材料的来源、证明对象和内容作简要说明,签名盖章,注明提交日期,并依照对方当事人人数提出副本。

人民法院收到当事人提交的证据材料,应当出具收据,注明证据的名称、份数和页数以及收到的时间,由经办人员签名或者盖章。

二、证据的调查收集和保全

第二十条　当事人及其诉讼代理人申请人民法院调查收集证据,应当在举证期限届满前提交书面申请。

申请书应当载明被调查人的姓名或者单位名称、住所地等基本情况、所要调查收集的证据名称或者内容、需要由人民法院调查收集证据的原因及其要证明的事实以及明确的线索。

第二十一条　人民法院调查收集的书证,可以是原件,也可以是经核对无误的副本或者复制件。是副本或者复制件的,应当在调查笔录中说明来源和取证情况。

第二十二条　人民法院调查收集的物证应当是原物。被调查人提供原物确有困难的,可以提供复制品或者影像资料。提供复制品或者影像资料的,应当在调查笔录中说明取证情况。

第二十三条　人民法院调查收集视听资料、电子数据,应当要求被调查人提供原始载体。

提供原始载体确有困难的,可以提供复制件。提供复制件的,人民法院应当在调查笔录中说明其来源和制作经过。

人民法院对视听资料、电子数据采取证据保全措施的,适用前款规定。

第二十四条　人民法院调查收集可能需要鉴定的证据,应当遵守相关技术规范,确保证据不被污染。

第二十五条　当事人或者利害关系人根据民事诉讼法第八十一条的规定申请证据保全的,申请书应当载明需要保全的证据的基本情况、申请保全的理由以及采取何种保全措施等内容。

当事人根据民事诉讼法第八十一条第一款的规定申请证据保全的,应当在举证期限届满前向人民法院提出。

法律、司法解释对诉前证据保全有规定的,依照其规定办理。

第二十六条　当事人或者利害关系人申请采取查封、扣押等限制保全标的物使用、流通等保全措施,或者保全可能对证据持有人造成损失的,人民法院应当责令申请人提供相应的担保。

担保方式或者数额由人民法院根据保全措施对证据持有人的影响、保全标的物的价值、当事人或者利害关系人争议的诉讼标的金额等因素综合确定。

第二十七条　人民法院进行证据保全,可以要求当事人或者诉讼代理人到场。

根据当事人的申请和具体情况,人民法院可以采取查封、扣押、录音、录像、复制、鉴定、勘验等方法进行证据保全,并制作笔录。

在符合证据保全目的的情况下,人民法院应当选择对证据持有人利益影响最小的保全措施。

第二十八条　申请证据保全错误造成财产损失,当事人请求申请人承担赔偿责任的,人民法院应予支持。

第二十九条　人民法院采取诉前证据保全措施后,当事人向其他有管辖权的人民法院提起诉讼的,采取保全措施的人民法院应当根据当事人的申请,将保全的证据及时移交受理案件的人民法院。

第三十条　人民法院在审理案件过程中认为待证事实需要通过鉴定意见证明的,应当向当事人释明,并指定提出鉴定申请的期间。

符合《最高人民法院关于适用〈中华人民共和国民事诉讼法〉的解释》第九十六条第一款规定情形的,人民法院应当依职权委托鉴定。

第三十一条　当事人申请鉴定,应当在人民法院指定期间内提出,并预交鉴定费用。逾期不提出申请或者不预交鉴定费用的,视为放弃申请。

对需要鉴定的待证事实负有举证责任的当事人,在人民法院指定期间内无正当理由不提出鉴定申请或者不预交鉴定费用,或者拒不提供相关材料,致使待证事实无法查明的,应当承担举证不能的法律后果。

第三十二条　人民法院准许鉴定申请的,应当组织双方当事人协商确定具备相应资格的鉴定人。当事人协商不成的,由人民法院指定。

人民法院依职权委托鉴定的,可以在询问当事人的意见后,指定具备相应资格的鉴定人。

人民法院在确定鉴定人后应当出具委托书,委托书中应当载明鉴定事项、鉴定范围、鉴定目的和鉴定期限。

第三十三条　鉴定开始之前,人民法院应当要求鉴定人签署承诺书。承诺书中应当载明鉴定人保证客观、公正、诚实地进行鉴定，保证出庭作证，如作虚假鉴定应当承担法律责任等内容。

鉴定人故意作虚假鉴定的，人民法院应当责令其退还鉴定费用，并根据情节，依照民事诉讼法第一百一十一条的规定进行处罚。

第三十四条　人民法院应当组织当事人对鉴定材料进行质证。未经质证的材料，不得作为鉴定的根据。

经人民法院准许，鉴定人可以调取证据、勘验物证和现场、询问当事人或者证人。

第三十五条　鉴定人应当在人民法院确定的期限内完成鉴定，并提交鉴定书。

鉴定人无正当理由未按期提交鉴定书的，当事人可以申请人民法院另行委托鉴定人进行鉴定。人民法院准许的，原鉴定人已经收取的鉴定费用应当退还；拒不退还的，依照本规定第八十一条第二款的规定处理。

第三十六条　人民法院对鉴定人出具的鉴定书，应当审查是否具有下列内容：

（一）委托法院的名称；

（二）委托鉴定的内容、要求；

（三）鉴定材料；

（四）鉴定所依据的原理、方法；

（五）对鉴定过程的说明；

（六）鉴定意见；

（七）承诺书。

鉴定书应当由鉴定人签名或者盖章，并附鉴定人的相应资格证明。委托机构鉴定的，鉴定书应当由鉴定机构盖章，并由从事鉴定的人员签名。

第三十七条　人民法院收到鉴定书后，应当及时将副本送交当事人。

当事人对鉴定书的内容有异议的，应当在人民法院指定期间内以书面方式提出。

对于当事人的异议，人民法院应当要求鉴定人作出解释、说明或者补充。人民法院认为有必要的，可以要求鉴定人对当事人未提出异议的内容进行解释、说明或者补充。

第三十八条　当事人在收到鉴定人的书面答复后仍有异议的，人民法院应当根据《诉讼费用交纳办法》第十一条的规定，通知有异议的当事人预交鉴定人出庭费用，并通知鉴定人出庭。有异议的当事人不预交鉴定人出庭费用的，视为放弃异议。

双方当事人对鉴定意见均有异议的，分摊预交鉴定人出庭费用。

第三十九条　鉴定人出庭费用按照证人出庭作证费用的标准计算，由败诉的当事人负担。因鉴定意见不明确或者有瑕疵需要鉴定人出庭的，出庭费用由其自行负担。

人民法院委托鉴定时已经确定鉴定人出庭费用包含在鉴定费用中的，不再通知当事人预交。

第四十条　当事人申请重新鉴定，存在下列情形之一的，人民法院应当准许：

（一）鉴定人不具备相应资格的；

（二）鉴定程序严重违法的；

（三）鉴定意见明显依据不足的；

（四）鉴定意见不能作为证据使用的其他情形。

存在前款第一项至第三项情形的，鉴定人已经收取的鉴定费用应当退还。拒不退还的，依照本规定第八十一条第二款的规定处理。

对鉴定意见的瑕疵，可以通过补正、补充鉴定或者补充质证、重新质证等方法解决的，人民法院不予准许重新鉴定的申请。

重新鉴定的，原鉴定意见不得作为认定案件事实的根据。

第四十一条　对于一方当事人就专门性问题自行委托有关机构或者人员出具的意见，另一方当事人有证据或者理由足以反驳并申请鉴定的，人民法院应予准许。

第四十二条　鉴定意见被采信后，鉴定人无正当理由撤销鉴定意见的，人民法院应当责令其退还鉴定费用，并可以根据情节，依照民事诉讼法第一百一十一条的规定对鉴定人进行处罚。当事人主张鉴定人负担由此增加的合理费用的，人民法院应予支持。

人民法院采信鉴定意见后准许鉴定人撤销的，应当责令其退还鉴定费用。

第四十三条　人民法院应当在勘验前将勘验的时间和地点通知当事人。当事人不参加的，不影响勘验进行。

当事人可以就勘验事项向人民法院进行解释和说明，可以请求人民法院注意勘验中的重要事项。

人民法院勘验物证或者现场，应当制作笔录，记录勘验的时间、地点、勘验人、在场人、勘验的经过、结果，由勘验人、在场人签名或者盖章。对于绘制的现场图应当注明绘制的时间、方位、测绘人姓名、身份等内容。

第四十四条　摘录有关单位制作的与案件事实相关的文件、材料，应当注明出处，并加盖制作单位或者保管单位的印章，摘录人和其他调查人员应当在摘录件上签名或者盖章。

摘录文件、材料应当保持内容相应的完整性。

第四十五条　当事人根据《最高人民法院关于适用〈中华人民共和国民事诉讼法〉的解释》第一百一十二条的规定申请人民法院责令对方当事人提交书证的，申请书应当载明所申请提交的书证名称或者内容、需要以该书证证明的事实及事实的重要性、对方当事人控制该书证的根据以及应当提交该书证的理由。

对方当事人否认控制书证的，人民法院应当根据法律规定、习惯等因素，结合案件的事实、证据，对于书证是否在对方当事人控制之下的事实作出综合判断。

第四十六条 人民法院对当事人提交书证的申请进行审查时,应当听取对方当事人的意见,必要时可以要求双方当事人提供证据、进行辩论。

当事人申请提交的书证不明确、书证对于待证事实的证明无必要、待证事实对于裁判结果无实质性影响、书证未在对方当事人控制之下或者不符合本规定第四十七条情形的,人民法院不予准许。

当事人申请理由成立的,人民法院应当作出裁定,责令对方当事人提交书证;理由不成立的,通知申请人。

第四十七条 下列情形,控制书证的当事人应当提交书证:

(一)控制书证的当事人在诉讼中曾经引用过的书证;

(二)为对方当事人的利益制作的书证;

(三)对方当事人依照法律规定有权查阅、获取的书证;

(四)账簿、记账原始凭证;

(五)人民法院认为应当提交书证的其他情形。

前款所列书证,涉及国家秘密、商业秘密、当事人或第三人的隐私,或者存在法律规定应当保密的情形的,提交后不得公开质证。

第四十八条 控制书证的当事人无正当理由拒不提交书证的,人民法院可以认定对方当事人所主张的书证内容为真实。

控制书证的当事人存在《最高人民法院关于适用〈中华人民共和国民事诉讼法〉的解释》第一百一十三条规定情形的,人民法院可以认定对方当事人主张以该书证证明的事实为真实。

三、举证时限与证据交换

第四十九条 被告应当在答辩期届满前提出书面答辩,阐明其对原告诉讼请求及所依据的事实和理由的意见。

第五十条 人民法院应当在审理前的准备阶段向当事人送达举证通知书。

举证通知书应当载明举证责任的分配原则和要求、可以向人民法院申请调查收集证据的情形、人民法院根据案件情况指定的举证期限以及逾期提供证据的法律后果等内容。

第五十一条 举证期限可以由当事人协商,并经人民法院准许。

人民法院指定举证期限的,适用第一审普通程序审理的案件不得少于十五日,当事人提供新的证据的第二审案件不得少于十日。适用简易程序审理的案件不得超过十五日,小额诉讼案件的举证期限一般不得超过七日。

举证期限届满后,当事人提供反驳证据或者对已经提供的证据的来源、形式等方面的瑕疵进行补正的,人民法院可以酌情再次确定举证期限,该期限不受前款规定的期间限制。

第五十二条 当事人在举证期限内提供证据存在客观障碍,属于民事诉讼法第六十五条第二款规定的“当事人在该期限内提供证据确有困难”的情形。

前款情形,人民法院应当根据当事人的举证能力、不能在举证期限内提供证据的原因等因素综合判断。必要时,可以听取对方当事人的意见。

第五十三条 诉讼过程中,当事人主张的法律关系性质或者民事行为效力与人民法院根据案件事实作出的认定不一致的,人民法院应当将法律关系性质或者民事行为效力作为焦点问题进行审理。但法律关系性质对裁判理由及结果没有影响,或者有关问题已经当事人充分辩论的除外。

存在前款情形,当事人根据法庭审理情况变更诉讼请求的,人民法院应当准许并可以根据案件的具体情况重新指定举证期限。

第五十四条 当事人申请延长举证期限的,应当在举证期限届满前向人民法院提出书面申请。

申请理由成立的,人民法院应当准许,适当延长举证期限,并通知其他当事人。延长的举证期限适用于其他当事人。

申请理由不成立的,人民法院不予准许,并通知申请人。

第五十五条 存在下列情形的,举证期限按照如下方式确定:

(一)当事人依照民事诉讼法第一百二十七条规定提出管辖权异议的,举证期限中止,自驳回管辖权异议的裁定生效之日起恢复计算;

(二)追加当事人、有独立请求权的第三人参加诉讼或者无独立请求权的第三人经人民法院通知参加诉讼的,人民法院应当依照本规定第五十一条的规定为新参加诉讼的当事人确定举证期限,该举证期限适用于其他当事人;

(三)发回重审的案件,第一审人民法院可以结合案件具体情况和发回重审的原因,酌情确定举证期限;

(四)当事人增加、变更诉讼请求或者提出反诉的,人民法院应当根据案件具体情况重新确定举证期限;

(五)公告送达的,举证期限自公告期届满之次日起计算。

第五十六条 人民法院依照民事诉讼法第一百三十三条第四项的规定,通过组织证据交换进行审理前准备的,证据交换之日举证期限届满。

证据交换的时间可以由当事人协商一致并经人民法院认可,也可以由人民法院指定。当事人申请延期举证经人民法院准许的,证据交换日相应顺延。

第五十七条 证据交换应当在审判人员的主持下进行。

在证据交换的过程中,审判人员对当事人无异议的事实、证据应当记录在卷;对有异议的证据,按照需要证明的事实分类记录在卷,并记载异议的理由。通过证据交换,确定双方当事人争议的主要问题。

第五十八条 当事人收到对方的证据后有反驳证据需要提交的,人民法院应当再次组织证据交换。

第五十九条 人民法院对逾期提供证据的当事人处以罚款的,可以结合当事人逾期提供证据的主观过错程度、导致诉讼迟延的情况、诉讼标的金额等因素,确定罚款数额。

四、质证

第六十条 当事人在审理前的准备阶段或者人民法院调查、询问过程中发表过质证意见的证据,视为质证过的证据。

当事人要求以书面方式发表质证意见,人民法院在听取对方当事人意见后认为有必要的,可以准许。人民法院应当及时将书面质证意见送交对方当事人。

第六十一条 对书证、物证、视听资料进行质证时,当事人应当出示证据的原件或者原物。但有下列情形之一的除外:

(一)出示原件或者原物确有困难并经人民法院准许出示复制件或者复制品的;

(二)原件或者原物已不存在,但有证据证明复制件、复制品与原件或者原物一致的。

第六十二条 质证一般按下列顺序进行:

(一)原告出示证据,被告、第三人与原告进行质证;

(二)被告出示证据,原告、第三人与被告进行质证;

(三)第三人出示证据,原告、被告与第三人进行质证。

人民法院根据当事人申请调查收集的证据,审判人员对调查收集证据的情况进行说明后,由提出申请的当事人与对方当事人、第三人进行质证。

人民法院依职权调查收集的证据,由审判人员对调查收集证据的情况进行说明后,听取当事人的意见。

第六十三条 当事人应当就案件事实作真实、完整的陈述。

当事人的陈述与此前陈述不一致的,人民法院应当责令其说明理由,并结合当事人的诉讼能力、证据和案件具体情况进行审查认定。

当事人故意作虚假陈述妨碍人民法院审理的,人民法院应当根据情节,依照民事诉讼法第一百一十一条的规定进行处罚。

第六十四条 人民法院认为有必要的,可以要求当事人本人到场,就案件的有关事实接受询问。

人民法院要求当事人到场接受询问的,应当通知当事人询问的时间、地点、拒不到场的后果等内容。

第六十五条 人民法院应当在询问前责令当事人签署保证书并宣读保证书的内容。

保证书应当载明保证据实陈述,绝无隐瞒、歪曲、增减,如有虚假陈述应当接受处罚等内容。当事人应当在保证书上签名、捺印。

当事人有正当理由不能宣读保证书的,由书记员宣读并进行说明。

第六十六条 当事人无正当理由拒不到场、拒不签署或宣读保证书或者拒不接受询问的,人民法院应当综合案件情况,判断待证事实的真伪。待证事实无其他证据证明的,人民法院应当作出不利于该当事人的认定。

第六十七条 不能正确表达意思的人,不能作为证人。

待证事实与其年龄、智力状况或者精神健康状况相适应的无民事行为能力人和限制民事行为能力人,可以作为证人。

第六十八条 人民法院应当要求证人出庭作证,接受审判人员和当事人的询问。证人在审理前的准备阶段或者人民法院调查、询问等双方当事人在场时陈述证言的,视为出庭作证。

双方当事人同意证人以其他方式作证并经人民法院准许的,证人可以不出庭作证。

无正当理由未出庭的证人以书面等方式提供的证言,不得作为认定案件事实的根据。

第六十九条 当事人申请证人出庭作证的,应当在举证期限届满前向人民法院提交申请书。

申请书应当载明证人的姓名、职业、住所、联系方式,作证的主要内容,作证内容与待证事实的关联性,以及证人出庭作证的必要性。

符合《最高人民法院关于适用〈中华人民共和国民事诉讼法〉的解释》第九十六条第一款规定情形的,人民法院应当依职权通知证人出庭作证。

第七十条 人民法院准许证人出庭作证申请的,应当向证人送达通知书并告知双方当事人。通知书中应当载明证人作证的时间、地点,作证的事项、要求以及作伪证的法律后果等内容。

当事人申请证人出庭作证的事项与待证事实无关,或者没有通知证人出庭作证必要的,人民法院不予准许当事人的申请。

第七十一条 人民法院应当要求证人在作证之前签署保证书,并在法庭上宣读保证书的内容。但无民事行为能力人和限制民事行为能力人作为证人的除外。

证人确有正当理由不能宣读保证书的,由书记员代为宣读并进行说明。

证人拒绝签署或者宣读保证书的,不得作证,并自行承担相关费用。

证人保证书的内容适用当事人保证书的规定。

第七十二条 证人应当客观陈述其亲身感知的事实,作证时不得使用猜测、推断或者评论性语言。

证人作证前不得旁听法庭审理,作证时不得以宣读事先准备的书面材料的方式陈述证言。

证人言辞表达有障碍的,可以通过其他表达方式作证。

第七十三条 证人应当就其作证的事项进行连续陈述。

当事人及其法定代理人、诉讼代理人或者旁听人员干扰证人陈述的，人民法院应当及时制止，必要时可以依照民事诉讼法第一百一十条的规定进行处罚。

第七十四条 审判人员可以对证人进行询问。当事人及其诉讼代理人经审判人员许可后可以询问证人。

询问证人时其他证人不得在场。

人民法院认为有必要的，可以要求证人之间进行对质。

第七十五条 证人出庭作证后，可以向人民法院申请支付证人出庭作证费用。证人有困难需要预先支取出庭作证费用的，人民法院可以根据证人的申请在出庭作证前支付。

第七十六条 证人确有困难不能出庭作证，申请以书面证言、视听传输技术或者视听资料等方式作证的，应当向人民法院提交申请书。申请书中应当载明不能出庭的具体原因。

符合民事诉讼法第七十三条规定情形的，人民法院应当准许。

第七十七条 证人经人民法院准许，以书面证言方式作证的，应当签署保证书；以视听传输技术或者视听资料方式作证的，应当签署保证书并宣读保证书的内容。

第七十八条 当事人及其诉讼代理人对证人的询问与待证事实无关，或者存在威胁、侮辱证人或不适当引导等情形的，审判人员应当及时制止。必要时可以依照民事诉讼法第一百一十条、第一百一十一条的规定进行处罚。

证人故意作虚假陈述，诉讼参与人或者其他人以暴力、威胁、贿买等方法妨碍证人作证，或者在证人作证后以侮辱、诽谤、诬陷、恐吓、殴打等方式对证人打击报复的，人民法院应当根据情节，依照民事诉讼法第一百一十一条的规定，对行为人进行处罚。

第七十九条 鉴定人依照民事诉讼法第七十八条的规定出庭作证的，人民法院应当在开庭审理三日前将出庭的时间、地点及要求通知鉴定人。

委托机构鉴定的，应当由从事鉴定的人员代表机构出庭。

第八十条 鉴定人应当就鉴定事项如实答复当事人的异议和审判人员的询问。当庭答复确有困难的，经人民法院准许，可以在庭审结束后书面答复。

人民法院应当及时将书面答复送交当事人，并听取当事人的意见。必要时，可以再次组织质证。

第八十一条 鉴定人拒不出庭作证的，鉴定意见不得作为认定案件事实的根据。人民法院应当建议有关主管部门或者组织对拒不出庭作证的鉴定人予以处罚。

当事人要求退还鉴定费用的，人民法院应当在三日内作出裁定，责令鉴定人退还；拒不退还的，由人民法院依法执行。

当事人因鉴定人拒不出庭作证申请重新鉴定的，人民法院应当准许。

第八十二条 经法庭许可，当事人可以询问鉴定人、勘验人。

询问鉴定人、勘验人不得使用威胁、侮辱等不适当的言语和方式。

第八十三条 当事人依照民事诉讼法第七十九条和《最高人民法院关于适用〈中华人民共和国民事诉讼法〉的解释》第一百二十二条的规定，申请有专门知识的人出庭的，申请书中应当载明有专门知识的人的基本情况和申请的目的。

人民法院准许当事人申请的，应当通知双方当事人。

第八十四条 审判人员可以对有专门知识的人进行询问。经法庭准许，当事人可以对有专门知识的人进行询问，当事人各自申请的有专门知识的人可以就案件中的有关问题进行对质。

有专门知识的人不得参与对鉴定意见质证或者就专业问题发表意见之外的法庭审理活动。

五、证据的审核认定

第八十五条 人民法院应当以证据能够证明的案件事实为根据依法作出裁判。

审判人员应当依照法定程序，全面、客观地审核证据，依据法律的规定，遵循法官职业道德，运用逻辑推理和日常生活经验，对证据有无证明力和证明力大小独立进行判断，并公开判断的理由和结果。

第八十六条 当事人对于欺诈、胁迫、恶意串通事实的证明，以及对于口头遗嘱或赠与事实的证明，人民法院确信该待证事实存在的可能性能够排除合理怀疑的，应当认定该事实存在。

与诉讼保全、回避等程序事项有关的事实，人民法院结合当事人的说明及相关证据，认为有关事实存在的可能性较大的，可以认定该事实存在。

第八十七条 审判人员对单一证据可以从下列方面进行审核认定：

（一）证据是否为原件、原物，复制件、复制品与原件、原物是否相符；

（二）证据与本案事实是否相关；

（三）证据的形式、来源是否符合法律规定；

（四）证据的内容是否真实；

（五）证人或者提供证据的人与当事人有无利害关系。

第八十八条 审判人员对案件的全部证据，应当从各证据与案件事实的关联程度、各证据之间的联系等方面进行综合审查判断。

第八十九条 当事人在诉讼过程中认可的证据，人民法院应当予以确认。但法律、司法解释另有规定的除外。

当事人对认可的证据反悔的，参照《最高人民法院关于适用〈中华人民共和国民事诉讼法〉的解释》第二百二十九条的规定处理。

第九十条 下列证据不能单独作为认定案件事实的根据：

(一)当事人的陈述;

(二)无民事行为能力人或者限制民事行为能力人所作的与其年龄、智力状况或者精神健康状况不相当的证言;

(三)与一方当事人或者其代理人有利害关系的证人陈述的证言;

(四)存有疑点的视听资料、电子数据;

(五)无法与原件、原物核对的复制件、复制品。

第九十一条 公文书证的制作者根据文书原件制作的载有部分或者全部内容的副本,与正本具有相同的证明力。

在国家机关存档的文件,其复制件、副本、节录本经档案部门或者制作原本的机关证明其内容与原本一致的,该复制件、副本、节录本具有与原本相同的证明力。

第九十二条 私文书证的真实性,由主张以私文书证证明案件事实的当事人承担举证责任。

私文书证由制作者或者其代理人签名、盖章或捺印的,推定为真实。

私文书证上有删除、涂改、增添或者其他形式瑕疵的,人民法院应当综合案件的具体情况判断其证明力。

第九十三条 人民法院对于电子数据的真实性,应当结合下列因素综合判断:

(一)电子数据的生成、存储、传输所依赖的计算机系统的硬件、软件环境是否完整、可靠;

(二)电子数据的生成、存储、传输所依赖的计算机系统的硬件、软件环境是否处于正常运行状态,或者不处于正常运行状态时对电子数据的生成、存储、传输是否有影响;

(三)电子数据的生成、存储、传输所依赖的计算机系统的硬件、软件环境是否具备有效的防止出错的监测、核查手段;

(四)电子数据是否被完整地保存、传输、提取,保存、传输、提取的方法是否可靠;

(五)电子数据是否在正常的往来活动中形成和存储;

(六)保存、传输、提取电子数据的主体是否适当;

(七)影响电子数据完整性和可靠性的其他因素。

人民法院认为有必要的,可以通过鉴定或者勘验等方法,审查判断电子数据的真实性。

第九十四条 电子数据存在下列情形的,人民法院可以确认其真实性,但有足以反驳的相反证据的除外:

(一)由当事人提交或者保管的于己不利的电子数据;

(二)由记录和保存电子数据的中立第三方平台提供或者确认的;

(三)在正常业务活动中形成的;

(四)以档案管理方式保管的;

(五)以当事人约定的方式保存、传输、提取的。

电子数据的内容经公证机关公证的,人民法院应当确认其真实性,但有相反证据足以推翻的除外。

第九十五条 一方当事人控制证据无正当理由拒不提交,对待证事实负有举证责任的当事人主张该证据的内容不利于控制人的,人民法院可以认定该主张成立。

第九十六条 人民法院认定证人证言,可以通过对证人的智力状况、品德、知识、经验、法律意识和专业技能等的综合分析作出判断。

第九十七条 人民法院应当在裁判文书中阐明证据是否采纳的理由。

对当事人无争议的证据,是否采纳的理由可以不在裁判文书中表述。

六、其他

第九十八条 对证人、鉴定人、勘验人的合法权益依法予以保护。

当事人或者其他诉讼参与人伪造、毁灭证据,提供虚假证据,阻止证人作证,指使、贿买、胁迫他人作伪证,或者对证人、鉴定人、勘验人打击报复的,依照民事诉讼法第一百一十条、第一百一十一条的规定进行处罚。

第九十九条 本规定对证据保全没有规定的,参照适用法律、司法解释关于财产保全的规定。

除法律、司法解释另有规定外,对当事人、鉴定人、有专门知识的人的询问参照适用本规定中关于询问证人的规定;关于书证的规定适用于视听资料、电子数据;存储在电子计算机等电子介质中的视听资料,适用电子数据的规定。

第一百条 本规定自2020年5月1日起施行。

本规定公布施行后,最高人民法院以前发布的司法解释与本规定不一致的,不再适用。

◎请示答复

最高人民法院办公厅关于案件当事人及其代理人查阅诉讼档案有关问题的复函

(2005年9月15日 法办〔2005〕415号)

湖北省高级人民法院:

你院《关于案件当事人及其代理人查阅诉讼档案有关问题的请示》(鄂高法〔2005〕260号)收悉。

经研究,我们认为,按照《人民法院档案管理办法》和《最高人民法院关于诉讼代理人查阅民事案件材料的规定》(法释〔2002〕39号)的规定,当事人也可以查阅刑事案件、行政案件和国家赔偿案件的正卷。

此复。

典型案例

1. 陈明、徐炎芳、陈洁诉上海携程国际旅行社有限公司旅游合同纠纷案①

【裁判摘要】

一、当事人对自己提出的主张,有责任提供证据。旅游经营者主张旅游者的单方解约系违约行为,应当按照合同约定承担实际损失的,则旅游经营者应当举证证明"损失已实际产生"和"损失的合理性"。如举证不力,则由旅游经营者承担不利后果。

二、按照有关司法解释的规定,旅游经营者向人民法院提供的证据系在中华人民共和国领域外形成的,该证据应当按照法律规定完成公证、认证手续;在香港、澳门特区或台湾地区形成的,应当履行相关的证明手续。

【案情】

原告:陈明,男,61岁,汉族,户籍所在地:山西省太原市杏花岭区。

原告:徐炎芳,女,62岁,汉族,户籍所在地:山西省太原市杏花岭区。

原告:陈洁,女,34岁,汉族,户籍所在地:北京市海淀区。

被告:上海携程国际旅行社有限公司,住所地:上海市长宁区福泉路。

法定代表人:范敏,该公司董事长。

原告陈明、徐炎芳、陈洁因与被告上海携程国际旅行社有限公司(以下简称携程旅行社)发生旅游合同纠纷,向上海市长宁区人民法院提起诉讼。

原告陈明、徐炎芳、陈洁诉称:三原告于2013年7月30日与被告携程旅行社签订了《上海市出境旅游合同》,双方约定由被告向三原告提供2013年9月30日至同年10月8日为期9天的前往欧洲旅行的旅游服务,每人旅游费为人民币17866元(以下未注明币种均为人民币)。合同订立后,三原告向被告实际支付旅游费用共计55326元,被告向原告开具了发票。相关旅游签证由被告代为办理。2013年9月3日,原告陈明因工作原因出国需要使用护照,联系被告要求暂时取回护照。被告称护照如取回,旅游签证无法按时办理,旅行无法如期进行。被告也不同意原告更改旅游时间,无奈原告只能退团,并要求被告退还旅游费用。被告退还25128元,在无任何凭据的情况下,扣除了原告30198元。原告无法接受被告作出的处理,向旅游质监所提请调解,但调解未成。后被告又向原告返还4600元,但被告仍扣留三原告旅游费用25598元。原告认为,原告提前将近一个月的时间通知被告退团,被告完全有足够的时间另行出售旅游名额,不会对被告造成损失。被告所称的已产生损失,未提供充分证据证明。即使按照合同约定,原告解除合同只是承担旅游合同总价5%的违约金。原告据此请求法院判令被告返还三原告旅游费25598元。

原告陈明、徐炎芳、陈洁为证明其诉讼请求,向法院提供了:1.《上海市出境旅游合同》、旅游度假产品确认单;2. 发票;3. 收费证明、费用证明;4. 上海市旅游质量监督所旅游投诉终止调解书。

被告上海携程国际旅行社有限公司辩称:因原告参加的是团队旅游,需要办理团队旅游签证,如原告取回护照则无法办理签证。原告坚持取回护照,被告无奈只能将护照退还原告。原告陈明因自身事务退团,违反合同约定,应当承担违约责任。原告徐炎芳、陈洁无正当理由退团,也应承担违约责任。原告所预定旅游行程时处十一黄金周期间,属于旅游旺季,预先交付给旅游地地接社的费用无法退还。但是被告为尽量减少原告损失,于2013年9月12日退还原告1728元,9月18日退还原告23400元,11月7日退还原告4623元,被告已经尽到了维护客户权益的责任。至于剩余费用,因已经实际发生,被告无法从地接社处取回。故被告请求法院驳回原告的诉讼请求。

被告携程旅行社为证明其主张,向法院提供了:1. 地接社欧洲之星公司出具的收费证明、取消政策;2. 欧洲之星公司注册证书;3. 奥地利驻华大使馆网页信息。

上海市长宁区人民法院一审查明:

原告陈明与徐炎芳系夫妻,陈洁系陈明、徐炎芳之女。

2013年7月30日,原告陈明、徐炎芳、陈洁与被告携程旅行社签订了《上海市出境旅游合同》。合同约定,陈明、徐炎芳、陈洁参加由携程旅行社组团的"德国罗滕堡+海德堡+法兰克福+奥地利9日团队游(4钻)·全四星 湖光山色 新天鹅堡"团队游,旅行时间为2013年9月30日至2013年10月7日,每人旅游费为人民币(以下币种除特别注明外,其余均为人民币)17866元,三人旅游费合计53598元。该旅游合同在旅游者的义务项下还约定:"旅游者应当遵守合同约定,自觉履行合同义务。非经旅行社同意,不得单方变更、解除旅游合同,但法律、法规另有规定的除外。因旅游者的原因不能成行造成违约的,旅游者应当提前7天(含7天)通知对方,但旅游者和组团旅行社也可以另行约定提前告知的时间。对于违约责任,旅游者和旅行社已有约定的,从其约定承担;没有约定的,按照下列协议承担违约责任:1. 旅游者按规定时间通知对方的,应当支付旅游合同总价5%的违约金;2. 旅游者

① 案例来源:《最高人民法院公报》2015年第4期。

未按规定时间通知对方的，应当支付旅游合同总价10%的违约金。旅行社已办理的护照成本手续费、订房损失费、实际签证费、国际国内交通票损失费按实计算。因违约造成的其他损失，按有关法律、法规和规章的规定承担赔偿责任。”在该旅游合同补充条款上载明，旅游团费包含签证费、游程中规定的用餐、双标房、国际交通费、游览用车、景点第一门票、导游服务等费用。在携程旅行社提供的旅游度假产品确认单上载明，旅游产品的供应商为 europe express & east europe travel service int1 co. , ltd。（即欧洲之星公司）

被告携程旅行社在向原告陈明、徐炎芳、陈洁收取53598元旅游费和另行收取1728元旅游费后，开具金额分别为53598元和1728元两张发票。

2013年9月6日，原告陈明因故需要取回护照，致使无法如期办理前往旅游目的地的签证，难以参加既定旅游行程，要求退团；原告徐炎芳、陈洁同时向被告携程旅行社申请退团。陈明、徐炎芳、陈洁解除出境旅游合同的要求，携程旅行社予以同意。携程旅行社于2013年9月12日退还1728元，于同年9月18日退还23400元，余款未作退还。陈明、徐炎芳、陈洁于2013年9月22日向上海市旅游质量监督所投诉携程旅行社，要求退还剩余旅游费。经上海市旅游质量监督所调解，陈明、徐炎芳、陈洁和携程旅行社无法达成一致意见，该所于2013年10月24日终止调解，并出具旅游投诉终止调解书。携程旅行社于2013年11月7日退还4623元。2014年3月4日，陈明、徐炎芳、陈洁为要求被告携程旅行社退还旅游费余款向法院提起本案诉讼。

上海市长宁区人民法院一审认为：

依法成立的合同，对当事人具有法律约束力。当事人应当按照约定履行自己的义务，不得擅自变更或解除合同。原告陈明、徐炎芳、陈洁与被告携程旅行社签订了《上海市出境旅游合同》，双方缔结旅游合同关系，意思表示真实，该旅游合同应属有效，双方应该共同遵守合同的约定。陈明因自身原因，在携程旅行社代为办理前往旅游目的地签证时要求取回护照，导致携程旅行社无法代为办理签证，参加原定旅游行程受阻，陈明要求退团；继而徐炎芳、陈洁也要求退团，陈明、徐炎芳、陈洁的解约行为，致使双方签订的旅游合同无法继续履行，陈明、徐炎芳、陈洁行为构成违约，应当承担相应的违约责任。

最高人民法院《关于审理旅游纠纷案件适用法律若干问题的规定》第十二条规定：“旅游行程开始前或者进行中，因旅游者单方解除合同，旅游者请求旅游经营者退还尚未实际发生的费用，或者旅游经营者请求旅游者支付合理费用的，人民法院应予支持。”因此，在陈明、徐炎芳、陈洁单方解除旅游合同后，应当承担由此产生的后果。

按照双方签订的旅游合同约定，因旅游者的原因不能成行造成违约的，旅游者应当提前7天通知对方，并支付旅游合同总价5%的违约金。原告陈明、徐炎芳、陈洁参加的旅游活动于2013年9月30日出行，陈明、徐炎芳、陈洁于2013年9月6日通知被告携程旅行社退团，携程旅行社对此予以确认。陈明、徐炎芳、陈洁应依约支付携程旅行社旅游合同总价53598元的5%的违约金2679.90元。

同时，双方签订的旅游合同还约定，旅行社已办理的护照成本手续费、订房损失费、实际签证费、国际国内交通票损失费按实计算。原告陈明、徐炎芳、陈洁的旅游签证是由被告携程旅行社代为办理，但携程旅行社并未提供使领馆已经收取陈明、徐炎芳、陈洁办理签证费用的证据，携程旅行社无法证明签证费用已经发生，应当将陈明、徐炎芳、陈洁办理签证的费用180欧元（以当时汇率中间价8.0382，折合人民币1446.88元）如数退还。旅游合同成立后，旅游经营者为履行合同义务即要着手为旅游者办理出入境手续、预定交通工具和膳宿。对旅游所涉交通、住宿的预先落实，既是保证旅游活动能够按约进行的前提，也是前往旅游入境国使领馆办理旅游签证的必备条件。随着上述手续的办理就会发生费用的预付。根据民事诉讼证据举证规则规定，对合同是否履行发生争议的，由负有履行义务的当事人承担举证责任。携程旅行社提供证据证明已向其委托的负责此次旅游活动接待的地接社欧洲之星公司交付费用，欧洲之星公司根据其与携程旅行社协议约定，以陈明、徐炎芳、陈洁取消旅游行程，致其损失3018欧元为由，拒绝退还该笔费用，该节事实发生应当得到认定。由于欧洲之星公司所处地域，其出具的文书需要进行公证、认证。携程旅行社提供上述证据未经公证、认证，在形式上存在瑕疵。而公证、认证需要花费精力及支付相应费用，欧洲之星公司持消极、不配合的态度，客观上为携程旅行社消除上述证据瑕疵造成障碍。如果因此将不利后果由携程旅行社承担，则有失公平。基于本次纠纷缘于陈明、徐炎芳、陈洁解约，而携程旅行社出示的证据因提供方的不配合存在瑕疵，此瑕疵携程旅行社主观上无法消除的因素，对于欧洲之星公司拒绝退还3018欧元造成的损失（以8.0382汇率，折合人民币24259.28元），酌定双方各半承担。携程旅行社需向陈明、徐炎芳、陈洁再退还12129.64元。

综上所述，被告携程旅行社在扣除原告陈明、徐炎芳、陈洁支付的违约金后，应再向陈明、徐炎芳、陈洁退还旅游费10896.62元。

综上，上海市长宁区人民法院依照《中华人民共和国合同法》第八条、第一百零七条、《中华人民共和国旅游法》第六十五条、最高人民法院《关于审理旅游纠纷案件适用法律若干问题的规定》第十二条和最高人民法院《关于民事诉讼证据的若干规定》第二条、第五条第二款的规定，于2014年8月25日作出判决：上海携程国际旅行社有限公司于判决生效之日起十日内向陈明、徐炎芳、陈洁退还人民币10896.62元。如果未按判决指定的期间履行给付金钱义务，应当依照《中华人民共和国民事诉讼法》第二百五十三条之规定，加倍支付迟延履行期间的债务利息。案件受理费人民币 439.10 元,由陈明、徐炎芳、陈洁负担人民币 252.10 元,由上海携程国际旅行社有限公司负担人民币 187 元。

陈明、徐炎芳、陈洁不服一审判决,向上海市第一中级人民法院提起上诉,请求:撤销原判,改判携程旅行社返还旅游费 25575 元。陈明、徐炎芳、陈洁上诉称,携程旅行社未提供证据证明其与所谓的欧洲之星公司合作关系的真实性,该公司提供的相关证据未经公证、认证,携程旅行社在本案涉及的多份证据材料中使用的欧洲之星公司名称不一致。最终出境团员名单都应该在国家旅游局备案,但携程旅行社始终无法提供组团名单、实际出行名单。陈明只是需要使用一下护照,并不是要求取消行程,但携程旅行社称无法如期办理旅游签证而导致陈明、徐炎芳、陈洁退团,陈明、徐炎芳、陈洁退团的行为不构成违约,但可以承担 5% 的违约金。携程旅行社没有证据证明其实际损失的真实性和合理性,故不应当由陈明、徐炎芳、陈洁承担。

被上诉人携程旅行社辩称:欧洲之星公司的营业执照在香港公开网站可以查到,公司真实设立。携程旅行社与香港的欧洲之星公司签订过协议,有业务合作关系。其他欧洲之星公司是与香港欧洲之星公司发生关系,香港欧洲之星公司如何操作非携程旅行社可以控制,且与本案无关。实际损失包括了酒店费用、签证费用和保险费用。酒店费用扣除依据是基于携程旅行社与欧洲之星公司的协议附件中的取消政策;签证费和保险费都已经实际支出。组团名单、实际出行名单与实际损失的产生没有关联性。现上诉人陈明、徐炎芳、陈洁因自身原因造成无法成行,应当承担违约责任,包括合同约定的违约金和实际损失。因考虑到公证、认证的时间和成本问题,没有进行公证、认证,故携程旅行社接受原审判决结果,不同意陈明、徐炎芳、陈洁的上诉请求,要求维持原判。

上海市第一中级人民法院经二审查明,认为除 3018 欧元损失一节事实外,原审法院认定的其余事实无误。

二审庭审过程中,被上诉人携程旅行社提供其作为甲方、(供应商) europe express travel service international co., ltd 作为乙方、携程旅行网(香港)有限公司作为丙方共同签订的三方协议书,旨在证明该协议书的附件是取消政策,该取消政策即为当客户取消订单时适用的政策条款。上诉人陈明、徐炎芳、陈洁对取消政策系三方协议书的附件不予认可,对取消政策的真实性有异议,同时认为协议书中欧洲之星公司的名称、地址与携程旅行社交付的旅游度假产品确认单、收费证明等中所载明的名称、地址不一致。二审法院限定携程旅行社在一个月期限内提供境外证据的相关公证、认证手续,并提供证明损失实际发生的相关证据进行补强。携程旅行社在法院指定的一个月举证期限内又提供了携程旅行社与地接社(欧洲之星公司)的邮件往来记录,旨在证明携程旅行社于 2013 年 8 月 20 日发送给地接社的分房名单和地接社次日发送给携程旅行社的邀请函名单中均包含了陈明、徐炎芳、陈洁;携程旅行社报备给上海市旅游局的出境游客信息表,旨在证明除了陈明、徐炎芳、陈洁外,其他团员均正常出行。陈明、徐炎芳、陈洁对携程旅行社与地接社的往来邮件的真实性不予认可,对出境游客信息表的真实性亦不予认可。

综合双方当事人的举证和质证意见,二审法院认为,携程旅行社提供的三方协议书未经公证、认证,真实性难以认定,且从形式上亦无法判断取消政策为该三方协议书的附件;邮件往来记录也未经有效确认,即使真实也是发生在陈明、徐炎芳、陈洁退团之前,陈明、徐炎芳、陈洁在名单中出现亦属正常;出境游客信息表仅以简单表格形式呈现,亦未有相关行政部门的印章佐证,真实性难以认定,无法证明此信息表为交旅游局备案文件,也无法证明系最终出行人员。故携程旅行社在二审中提交的证据,二审法院不予采信。原审法院仅凭未经公证、认证的欧洲之星公司出具的"收费证明"、"取消政策",即认定陈明、徐炎芳、陈洁取消旅游行程致使携程旅行社产生 3018 欧元的损失一节事实不当,故予以纠正。

上海市第一中级人民法院二审认为:

上诉人陈明、徐炎芳、陈洁与被上诉人携程旅行社签订的《上海市出境旅游合同》系双方真实意思表示,于法不悖,应属有效,双方均应恪守履行。陈明、徐炎芳、陈洁因自身原因要求退团,导致双方签订的旅游合同无法履行,系单方解约行为,陈明、徐炎芳、陈洁的行为构成违约,应当承担违约责任。

关于违约责任的承担,在双方签订的《上海市出境旅游合同》中明确约定:因旅游者的原因不能成行造成违约的,旅游者应当提前 7 天(含 7 天)通知对方,此种情况下,旅游者应当支付旅游合同总价 5% 的违约金。现上诉人陈明、徐炎芳、陈洁在 2013 年 9 月 6 日要求退团,属于该情形,故陈明、徐炎芳、陈洁应当承担以合同总价 53598 元为基数,按 5% 标准计算的违约金计 2679.90 元。

双方合同还约定:旅行社已办理的护照成本手续费、订房损失费、实际签证费、国际国内交通票损失费按实计算。被上诉人携程旅行社在上诉人陈明、徐炎芳、陈洁提出退团后,共计返还 29751 元,其余款项未予退还。陈明、徐炎芳、陈洁主张携程旅行社应将余款退还,而携程旅行社则认为因陈明、徐炎芳、陈洁的退团行为已导致其产生实际损失,故不应当退还。法院认为,关于"损失已实际产生"和"损失的合理性"的举证责任在于携程旅行社,如举证不力,则由携程旅行社承担不利后果。综观携程旅行社的证据材料,不论在证据的效力和证据的证明力上,以及直接证据、间接证据之间的相互印证上,都均无法形成令人信服的证据优势。携程旅行社为其酒店费用损失提供了相关证据,但"收费证明"、"取消政策"等境外证据未经公证、认证,部分证据无翻译件,形式上明显存有瑕疵,难以证明携程旅行社实际发生了酒店费用的支出;携程旅行社虽辩称其扣除的金额中还包括了已经支付的签证费和保险费，但其未提供支付凭证。法院在二审期间再次给予携程旅行社一个月的举证期限补充、补强相关证据，但其未能进一步有效举证，未提供经过公证、认证的境外证据，仅提供了与欧洲之星公司的邮件往来、报备文件，证明力较弱，难以印证损失已经实际产生并属合理，且均未得到陈明、徐炎芳、陈洁的认可；鉴于携程旅行社扣除相关费用欠缺证据证明，故陈明、徐炎芳、陈洁的上诉请求中部分内容应予以支持。经二审法院核算，携程旅行社应退还陈明、徐炎芳、陈洁旅游费22895.10元（旅游费合计55326元—已退款29751元—应承担的违约金2679.90元）。

被上诉人携程旅行社作为从事旅游服务业务的专业公司，在提供旅游服务的过程中，送签、办理保险、订房、交通等均由其安排，其在本案中应当有能力提供实际损失的确凿证据，但携程旅行社却怠于举证，由此产生的不利后果应由其自行承担。

据此，依照《中华人民共和国合同法》第八条、第一百零七条、《中华人民共和国旅游法》第六十五条、最高人民法院《关于审理旅游纠纷案件适用法律若干问题的规定》第十二条和《中华人民共和国民事诉讼法》第一百七十条第一款第（二）项、最高人民法院《关于民事诉讼证据的若干规定》第二条、第十一条的规定，于2014年12月19日判决如下：

一、撤销上海市长宁区人民法院（2014）长民一（民）初字第1376号民事判决；

二、被上诉人上海携程国际旅行社有限公司应于本判决生效之日起十日内向上诉人陈明、徐炎芳、陈洁退还人民币22895.10元。

如果未按本判决指定的期间履行给付金钱义务，应当依照《中华人民共和国民事诉讼法》第二百五十三条之规定，加倍支付迟延履行期间的债务利息。

一审案件受理费人民币439.10元，上诉人陈明、徐炎芳、陈洁负担44元，被上诉人上海携程国际旅行社有限公司负担395.10元。二审案件受理费人民币439.10元，上诉人陈明、徐炎芳、陈洁负担44元，被上诉人上海携程国际旅行社有限公司负担395.10元。

本判决为终审判决。

2. 余恩惠、李赞、李芊与重庆西南医院医疗损害赔偿纠纷再审案[①]

【基本案情】

重庆市民李安富（余恩惠之夫，李赞、李芊之父）因腰部疼痛不适，于2009年7月22日到重庆西南医院治疗，并根据医院诊断住院治疗。7月24日，重庆西南医院在对李安富进行手术前检查时发现患者有感染征象，遂进行抗感染、补充白蛋白等医疗措施。但李安富病情逐渐加重，发展为肺感染。7月31日，李安富经全院会诊后诊断为败血症，转入感染科继续治疗，医院下达病危通知。李安富病情进一步恶化，8月2日发生多器官功能障碍综合征。2009年8月9日，李安富经抢救无效死亡，死亡诊断为：多器官功能障碍综合征，脓毒血症，双肺肺炎，右踝软组织感染。经司法鉴定后查明，李安富的死亡原因符合脓毒败血症继发全身多器官功能衰竭，主要与其个人体质有关；重庆西南医院的医疗行为存在一定过错，与患者死亡之间存在一定因果关系，属次要责任。重庆西南医院对李安富死亡造成的损失应承担40%赔偿责任。

余恩惠、李赞、李芊向重庆市沙坪坝区人民法院提起诉讼，请求重庆西南医院支付医疗费48843.27元（含人血白蛋白16200元）、死亡赔偿金236235元等项费用，共计374953.77元。

【裁判结果】

最高人民法院再审认为，原审判决对余恩惠、李赞、李芊主张的人血白蛋白费用不予支持，属认定事实错误。依据重庆西南医院的医疗记录，李安富使用的人血白蛋白中有20瓶系余恩惠、李赞、李芊从他处自行购买，重庆西南医院对此项事实也予以认可，并提供证据证明每瓶人血白蛋白在重庆西南医院的出售价格为360元。余恩惠、李赞、李芊虽未能提供其购买人血白蛋白的收费凭证，但明确表示认可重庆西南医院提供的明显低于其主张费用的人血白蛋白出售价格，因此，余恩惠、李赞、李芊主张的16200元人血白蛋白费用中的7200元（20瓶×360元/瓶=7200元）应当计算在李安富住院期间产生的医疗费之中，李安富医疗费总额应为39843.27元，重庆西南医院应按照其过错程度对上述医疗费用承担赔偿责任。在本案中，重庆西南医院的医疗行为并未进行医疗事故鉴定，余恩惠、李赞、李芊要求重庆西南医院承担死亡赔偿金，应当适用民法通则。《最高人民法院关于审理人身损害赔偿案件适用法律若干问题的解释》是根据民法通则制定的，已经于2004年5月1日起施行，对死亡赔偿金的适用范围和计算标准都有明确规定。因此，应当按照规定计算死亡赔偿金，再根据重庆西南医院的过错程度确定其承担数额。原审判决认为余恩惠、李赞、李芊关于死亡赔偿金的诉讼请求没有法律依据，属适用法律错误，依法予以改判。最高人民法院改判重庆西南医院支付余恩惠、李赞、李芊死亡赔偿金236235元的40%，即94494元。

【典型意义】

本案涉及群众民生问题，任何细节都会影响到权利人的合法权益能否切实得到救济，准确认定事实是正确审理案件的基础，应当全面审查证据材料，不能简单化处理，这样才能避免形式主义错误。诉讼请求能否得到支持，需要证据证明，

① 案例来源：《最高人民法院公报》2014年第10期。

但对证据法定构成要件的理解不能僵化。原始收费凭证确实是证明商品数量和价格的直接有力证据，但仅仅拘泥于此就不能解决复杂问题，很难做到让人民群众在每一个司法案件中都感受到公平正义。原审判决对于余恩惠、李赞、李芊16200元人血白蛋白费用的诉讼请求一概否定，就是犯了这样的错误。讼争20瓶人血白蛋白用药系遵重庆西南医院医生之嘱，医生开出处方后交由患者家属外购，该院护士有注射记录。余恩惠、李赞、李芊虽然不能提供原始收费凭证，但对此做出了合理解释，而且他们原本主张的实际购置费用远远高于重庆西南医院的出售价格，但为尽快了结纠纷，在诉讼中进行了让步，同意按照重庆西南医院的出售价格计算其支出费用。而且，重庆西南医院也提供了证据，证明其同时期出售的人血白蛋白价格为每瓶360元。在这种情况下，李安富住院治疗期间自行购买人血白蛋白的费用数额，已经具备了完整的证据链可以证明，符合民事案件审理过程中认定事实的优势证据原则。所以，最高人民法院部分支持余恩惠、李赞、李芊关于人血白蛋白费用的诉讼请求，纠正了原审判决在认定事实方面存在的错误。

另外，余恩惠一方和重庆西南医院都没有申请进行医疗事故鉴定，所以本案应当适用民法通则和《最高人民法院关于审理人身损害赔偿案件适用法律若干问题的解释》中关于死亡赔偿金的相关规定。原审判决适用《医疗事故处理条例》进行审理，完全不支持死亡赔偿金的诉讼请求，同样存在适用法律不当的问题，最高人民法院再审判决对此一并进行了纠正。

文书范本

申请书（申请延长举证期限用）

申请书

申请人：×××，男/女，××××年××月××日出生，×族，……（写明工作单位和职务或者职业），住……。联系方式：……。

法定代理人/指定代理人：×××，……。

委托诉讼代理人：×××，……。

（以上写明申请人和其他诉讼参加人的姓名或者名称等基本信息）

请求事项：

申请延长你院（××××）……号……（写明当事人和案由）一案的举证期限至××××年××月××日。

事实和理由：

申请人×××与×××……（写明案由）一案，原定举证期限自××××年××月××日至××××年××月××日。……（写明申请延长举证期限的理由）。

此致

××××人民法院

申请人（签名或者公章）

××××年××月××日

【说明】

1. 本样式根据《最高人民法院关于适用〈中华人民共和国民事诉讼法〉的解释》第一百条第一款制定，供当事人在举证期限届满前，向人民法院书面申请延长举证期限用。

2. 当事人是法人或者其他组织的，写明名称住所。另起一行写明法定代表人、主要负责人及其姓名、职务、联系方式。

申请书（申请人民法院调查收集证据用）

申请书

申请人：×××，男/女，××××年××月××日出生，×族，……（写明工作单位和职务或者职业），住……。联系方式：……。

法定代理人/指定代理人：×××，……。

委托诉讼代理人：×××，……。

（以上写明申请人和其他诉讼参加人的姓名或者名称等基本信息）

请求事项：

申请你院调查收集……（写明证据名称）。

事实和理由：

你院（××××）……号……（写明当事人和案由）一案，……（写明申请人因客观原因不能自行收集，申请法院调查收集证据的理由。）

此致

××××人民法院

申请人（签名或者公章）

××××年××月××日

【说明】

1. 本样式根据《中华人民共和国民事诉讼法》第六十四条第二款以及《最高人民法院关于适用〈中华人民共和国民

事诉讼法〉的解释》第九十四条制定，供当事人和其他诉讼参加人因客观原因不能自行收集的证据，申请人民法院调查收集证据用。

2. 当事人是法人或者其他组织的，写明名称住所。另起一行写明法定代表人、主要负责人及其姓名、职务、联系方式。

3. 当事人和其他诉讼参加人因客观原因不能自行收集的证据包括：(一)证据由国家有关部门保存，当事人和其他诉讼参加人无权查阅调取的；(二)涉及国家秘密、商业秘密或者个人隐私的；(三)当事人和其他诉讼参加人因客观原因不能自行收集的其他证据。

4. 当事人和其他诉讼参加人因客观原因不能自行收集的证据，可以在举证期限届满前书面申请人民法院调查收集。

申请书(申请书证提出命令用)

申请书

申请人：×××，男/女，××××年××月××日出生，×族，……(写明工作单位和职务或者职业)，住……。联系方式：……。

法定代理人/指定代理人：×××，……。

委托诉讼代理人：×××，……。

被申请人：×××，……。

……

(以上写明当事人和其他诉讼参加人的姓名或者名称等基本信息)

请求事项：

裁定责令×××提交……(写明书证名称)。

事实和理由：

你院(××××)……号……(写明当事人和案由)一案，……(写明书证在被申请人的控制之下的事实以及申请书证提出命令的理由)。

此致

××××人民法院

申请人(签名或者公章)

××××年××月××日

【说明】

1. 本样式根据《中华人民共和国民事诉讼法》第六十四条以及《最高人民法院关于适用〈中华人民共和国民事诉讼法〉的解释》第一百一十二条制定，供承担举证证明责任的当事人向人民法院提出书面申请，责令对方当事人提交其控制之下的书证用。

2. 当事人是法人或者其他组织的，写明名称住所。另起一行写明法定代表人、主要负责人及其姓名、职务、联系方式。

3. 承担举证证明责任的当事人可以在举证期限届满前，向人民法院提出书面申请。

4. 申请理由成立的，人民法院应当责令对方当事人提交，因提交书证所产生的费用，由申请人负担。

申请书(申请通知证人出庭作证用)

申请书

申请人：×××，男/女，××××年××月××日出生，×族，……(写明工作单位和职务或者职业)，住……。联系方式：……。

法定代理人/指定代理人：×××，……。

委托诉讼代理人：×××，……。

(以上写明申请人和其他诉讼参加人的姓名或者名称等基本信息)

请求事项：

因(××××)……号……(写明当事人和案由)一案，申请你院通知×××出庭作证，以证明……(写明待证事实)。

事实和理由：

……(写明申请证人出庭的事实和理由)。

此致

××××人民法院

申请人(签名或者公章)

××××年××月××日

【说明】

1. 本样式根据《中华人民共和国民事诉讼法》第七十二条以及《最高人民法院关于适用〈中华人民共和国民事诉讼法〉的解释》第一百一十七条第一款制定，供当事人在举证期限届满前，向人民法院申请通知证人出庭作证用。

2. 申请人是法人或者其他组织的，写明名称住所。另起一行写明法定代表人、主要负责人及其姓名、职务、联系方式。

3. 证人因履行出庭作证义务而支出的交通、住宿、就餐等必要费用以及误工损失，由败诉一方当事人负担。当事人申请证人作证的，由该当事人先行垫付。

申请书(申请鉴定用)

申请书

申请人：×××，男/女，××××年××月××日出生，×族，……(写明工作单位和职务或者职业)，住……。联系方式：……。

法定代理人/指定代理人：×××，……。

委托诉讼代理人：×××，……。

（以上写明申请人和其他诉讼参加人的姓名或者名称等基本信息）

请求事项：

因（××××）……号……（写明当事人和案由）一案，申请对……（写明鉴定种类、鉴定事项）进行鉴定。

事实和理由：

……（写明申请鉴定的事实和理由）。

此致

××××人民法院

申请人（签名或者公章）

××××年××月××日

【说明】

1. 本样式根据《中华人民共和国民事诉讼法》第七十六条第一款以及《最高人民法院关于适用〈中华人民共和国民事诉讼法〉的解释》第一百二十一条第一款制定，供当事人在举证期限届满前，向人民法院申请鉴定以查明事实的专门性问题用。

2. 申请人是法人或者其他组织的，写明名称住所。另起一行写明法定代表人、主要负责人及其姓名、职务、联系方式。

3. 当事人申请鉴定的，由双方当事人协商确定具备资格的鉴定人；协商不成的，由人民法院指定。

申请书（申请返还鉴定费用）

申请书

申请人：×××，男/女，××××年××月××日出生，×族，……（写明工作单位和职务或者职业），住……。联系方式：……。

法定代理人/指定代理人：×××，……。

委托诉讼代理人：×××，……。

被申请人：×××，……。

……

（以上写明当事人和其他诉讼参加人的姓名或者名称等基本信息）

请求事项：

裁定被申请人×××返还申请人×××鉴定费……元。

事实和理由：

你院（××××）……号……（写明当事人和案由）一案，……（写明申请返还鉴定费的事实和理由）。

此致

××××人民法院

申请人（签名或者公章）

××××年××月××日

【说明】

1. 本样式根据《中华人民共和国民事诉讼法》第七十八条制定，供支付鉴定费用的当事人，向人民法院申请裁定拒不出庭作证的鉴定人返还鉴定费用。

2. 申请人是法人或者其他组织的，写明名称住所。另起一行写明法定代表人、主要负责人及其姓名、职务、联系方式。

3. 当事人对鉴定意见有异议或者人民法院认为鉴定人有必要出庭的，鉴定人应当出庭作证。经人民法院通知，鉴定人拒不出庭作证的，鉴定意见不得作为认定事实的根据；支付鉴定费用的当事人可以要求返还鉴定费用。

申请书（申请通知有专门知识的人出庭用）

申请书

申请人：×××，男/女，××××年××月××日出生，×族，……（写明工作单位和职务或者职业），住……。联系方式：……。

法定代理人/指定代理人：×××，……。

委托诉讼代理人：×××，……。

（以上写明申请人和其他诉讼参加人的姓名或者名称等基本信息）

请求事项：

因（××××）……号……（写明当事人和案由）一案，申请通知有专门知识的人×××，男/女，……（写明工作单位和职务或者职业），……（写明专业资质等信息）出庭，就鉴定人作出的鉴定意见或者专业问题提出意见。

事实和理由：

……（写明申请通知有专门知识的人出庭的事实和理由）。

此致

××××人民法院

申请人（签名或者公章）

××××年××月××日

【说明】

1. 本样式根据《中华人民共和国民事诉讼法》第七十九条以及《最高人民法院关于适用〈中华人民共和国民事诉讼法〉的解释》第一百二十二条第一款制定，供当事人在举证期限届满前，向人民法院申请通知有专门知识的人出庭用。

2. 申请人是法人或者其他组织的，写明名称住所。另起一行写明法定代表人、主要负责人及其姓名、职务、联系方式。

3. 当事人可以申请一至二名具有专门知识的人出庭，代表当事人对鉴定意见进行质证，或者对案件事实所涉及的专业问题提出意见。

4. 具有专门知识的人在法庭上就专业问题提出的意见，视为当事人的陈述。

5. 人民法院准许当事人申请的，相关费用由提出申请的当事人负担。

申请书(申请诉前证据保全用)

申请书

申请人：×××，男/女，××××年××月××日出生，×族，……(写明工作单位和职务或者职业)，住……。联系方式：……。

法定代理人/指定代理人：×××，……。

委托诉讼代理人：×××，……。

被申请人：×××，……。

……

(以上写明当事人和其他诉讼参加人的姓名或者名称等基本信息)

请求事项：

请求裁定……(写明证据保全措施)。

事实和理由：

……(写明诉前/仲裁前申请证据保全的事实和理由)。

申请人提供……(写明担保财产的名称、性质、数量或数额、所在地等)作为担保。

此致

××××人民法院

申请人(签名或者公章)

××××年××月××日

【说明】

1. 本样式根据《中华人民共和国民事诉讼法》第八十一条制定，供利害关系人在提起诉讼或者申请仲裁前，向人民法院申请诉前证据保全用。

2. 当事人是法人或者其他组织的，写明名称住所。另起一行写明法定代表人、主要负责人及其姓名、职务、联系方式。

3. 利害关系人申请诉前证据保全，可以在提起诉讼或者申请仲裁前向证据所在地、被申请人住所地或者对案件有管辖权的人民法院提出。

申请书(申请诉讼证据保全用)

申请书

申请人：×××，男/女，××××年××月××日出生，×族，……(写明工作单位和职务或者职业)，住……。联系方式：……。

法定代理人/指定代理人：×××，……。

委托诉讼代理人：×××，……。

被申请人：×××，……。

……

(以上写明当事人和其他诉讼参加人的姓名或者名称等基本信息)

请求事项：

因(××××)……号……(写明当事人和案由)一案，请求裁定……(写明证据保全措施)。

事实和理由：

……(写明申请诉讼证据保全的事实和理由)。

此致

××××人民法院

申请人(签名或者公章)

××××年××月××日

【说明】

1. 本样式根据《中华人民共和国民事诉讼法》第八十一条第一款制定，供当事人在诉讼过程中，向人民法院申请诉讼证据保全用。

2. 当事人是法人或者其他组织的，写明名称住所。另起一行写明法定代表人、主要负责人及其姓名、职务、联系方式。

3. 在证据可能灭失或者以后难以取得的情况下，当事人可以在诉讼过程中向人民法院书面提出证据保全申请。

七、保全和先予执行

◎司法解释

最高人民法院关于人民法院办理财产保全案件若干问题的规定

（2016 年 10 月 17 日最高人民法院审判委员会第 1696 次会议通过　根据 2020 年 12 月 23 日最高人民法院审判委员会第 1823 次会议通过的《最高人民法院关于修改〈最高人民法院关于人民法院扣押铁路运输货物若干问题的规定〉等十八件执行类司法解释的决定》修正　2020 年 12 月 29 日最高人民法院公告公布　自 2021 年 1 月 1 日起施行　法释〔2020〕21 号）

为依法保护当事人、利害关系人的合法权益，规范人民法院办理财产保全案件，根据《中华人民共和国民事诉讼法》等法律规定，结合审判、执行实践，制定本规定。

第一条　当事人、利害关系人申请财产保全，应当向人民法院提交申请书，并提供相关证据材料。

申请书应当载明下列事项：

（一）申请保全人与被保全人的身份、送达地址、联系方式；

（二）请求事项和所根据的事实与理由；

（三）请求保全数额或者争议标的；

（四）明确的被保全财产信息或者具体的被保全财产线索；

（五）为财产保全提供担保的财产信息或资信证明，或者不需要提供担保的理由；

（六）其他需要载明的事项。

法律文书生效后，进入执行程序前，债权人申请财产保全的，应当写明生效法律文书的制作机关、文号和主要内容，并附生效法律文书副本。

第二条　人民法院进行财产保全，由立案、审判机构作出裁定，一般应当移送执行机构实施。

第三条　仲裁过程中，当事人申请财产保全的，应当通过仲裁机构向人民法院提交申请书及仲裁案件受理通知书等相关材料。人民法院裁定采取保全措施或者裁定驳回申请的，应当将裁定书送达当事人，并通知仲裁机构。

第四条　人民法院接受财产保全申请后，应当在五日内作出裁定；需要提供担保的，应当在提供担保后五日内作出裁定；裁定采取保全措施的，应当在五日内开始执行。对情况紧急的，必须在四十八小时内作出裁定；裁定采取保全措施的，应当立即开始执行。

第五条　人民法院依照民事诉讼法第一百条规定责令申请保全人提供财产保全担保的，担保数额不超过请求保全数额的百分之三十；申请保全的财产系争议标的的，担保数额不超过争议标的的价值的百分之三十。

利害关系人申请诉前财产保全的，应当提供相当于请求保全数额的担保；情况特殊的，人民法院可以酌情处理。

财产保全期间，申请保全人提供的担保不足以赔偿可能给被保全人造成的损失的，人民法院可以责令其追加相应的担保；拒不追加的，可以裁定解除或者部分解除保全。

第六条　申请保全人或第三人为财产保全提供财产担保的，应当向人民法院出具担保书。担保书应当载明担保人、担保方式、担保范围、担保财产及其价值、担保责任承担等内容，并附相关证据材料。

第三人为财产保全提供保证担保的，应当向人民法院提交保证书。保证书应当载明保证人、保证方式、保证范围、保证责任承担等内容，并附相关证据材料。

对财产保全担保，人民法院经审查，认为违反民法典、公司法等有关法律禁止性规定的，应当责令申请保全人在指定期限内提供其他担保；逾期未提供的，裁定驳回申请。

第七条　保险人以其与申请保全人签订财产保全责任险合同的方式为财产保全提供担保的，应当向人民法院出具担保书。

担保书应当载明，因申请财产保全错误，由保险人赔偿被保全人因保全所遭受的损失等内容，并附相关证据材料。

第八条　金融监管部门批准设立的金融机构以独立保函形式为财产保全提供担保的，人民法院应当依法准许。

第九条　当事人在诉讼中申请财产保全，有下列情形之一的，人民法院可以不要求提供担保：

（一）追索赡养费、扶养费、抚育费、抚恤金、医疗费用、劳动报酬、工伤赔偿、交通事故人身损害赔偿的；

（二）婚姻家庭纠纷案件中遭遇家庭暴力且经济困难的；

（三）人民检察院提起的公益诉讼涉及损害赔偿的；

（四）因见义勇为遭受侵害请求损害赔偿的；

（五）案件事实清楚、权利义务关系明确，发生保全错误可能性较小的；

（六）申请保全人为商业银行、保险公司等由金融监管部门批准设立的具有独立偿付债务能力的金融机构及其分支机构的。

法律文书生效后，进入执行程序前，债权人申请财产保全的，人民法院可以不要求提供担保。

第十条　当事人、利害关系人申请财产保全，应当向人民法院提供明确的被保全财产信息。

当事人在诉讼中申请财产保全，确因客观原因不能提供明确的被保全财产信息，但提供了具体财产线索的，人民法院可以依法裁定采取财产保全措施。

第十一条　人民法院依照本规定第十条第二款规定作出保全裁定的，在该裁定执行过程中，申请保全人可以向已经建立网络执行查控系统的执行法院，书面申请通过该系统查询被保全人的财产。

申请保全人提出查询申请的，执行法院可以利用网络执行查控系统，对裁定保全的财产或者保全数额范围内的财产进行查询，并采取相应的查封、扣押、冻结措施。

人民法院利用网络执行查控系统未查询到可供保全财产的，应当书面告知申请保全人。

第十二条　人民法院对查询到的被保全人财产信息，应当依法保密。除依法保全的财产外，不得泄露被保全人其他财产信息，也不得在财产保全、强制执行以外使用相关信息。

第十三条　被保全人有多项财产可供保全的，在能够实现保全目的的情况下，人民法院应当选择对其生产经营活动影响较小的财产进行保全。

人民法院对厂房、机器设备等生产经营性财产进行保全时，指定被保全人保管的，应当允许其继续使用。

第十四条　被保全财产系机动车、航空器等特殊动产的，除被保全人下落不明的以外，人民法院应当责令被保全人书面报告该动产的权属和占有、使用等情况，并予以核实。

第十五条　人民法院应当依据财产保全裁定采取相应的查封、扣押、冻结措施。

可供保全的土地、房屋等不动产的整体价值明显高于保全裁定载明金额的，人民法院应当对该不动产的相应价值部分采取查封、扣押、冻结措施，但该不动产在使用上不可分或者分割会严重减损其价值的除外。

对银行账户内资金采取冻结措施的，人民法院应当明确具体的冻结数额。

第十六条　人民法院在财产保全中采取查封、扣押、冻结措施，需要有关单位协助办理登记手续的，有关单位应当在裁定书和协助执行通知书送达后立即办理。针对同一财产有多个裁定书和协助执行通知书的，应当按照送达的时间先后办理登记手续。

第十七条　利害关系人申请诉前财产保全，在人民法院采取保全措施后三十日内依法提起诉讼或者申请仲裁的，诉前财产保全措施自动转为诉讼或仲裁中的保全措施；进入执行程序后，保全措施自动转为执行中的查封、扣押、冻结措施。

依前款规定，自动转为诉讼、仲裁中的保全措施或者执行中的查封、扣押、冻结措施的，期限连续计算，人民法院无需重新制作裁定书。

第十八条　申请保全人申请续行财产保全的，应当在保全期限届满七日前向人民法院提出；逾期申请或者不申请的，自行承担不能续行保全的法律后果。

人民法院进行财产保全时，应当书面告知申请保全人明确的保全期限届满日以及前款有关申请续行保全的事项。

第十九条　再审审查期间，债务人申请保全生效法律文书确定给付的财产的，人民法院不予受理。

再审审理期间，原生效法律文书中止执行，当事人申请财产保全的，人民法院应当受理。

第二十条　财产保全期间，被保全人请求对被保全财产自行处分，人民法院经审查，认为不损害申请保全人和其他执行债权人合法权益的，可以准许，但应当监督被保全人按照合理价格在指定期限内处分，并控制相应价款。

被保全人请求对作为争议标的的被保全财产自行处分的，须经申请保全人同意。

人民法院准许被保全人自行处分被保全财产的，应当通知申请保全人；申请保全人不同意的，可以依照民事诉讼法第二百二十五条规定提出异议。

第二十一条　保全法院在首先采取查封、扣押、冻结措施后超过一年未对被保全财产进行处分的，除被保全财产系争议标的外，在先轮候查封、扣押、冻结的执行法院可以商请保全法院将被保全财产移送执行。但司法解释另有特别规定的，适用其规定。

保全法院与在先轮候查封、扣押、冻结的执行法院就移送被保全财产发生争议的，可以逐级报请共同的上级法院指定该财产的执行法院。

共同的上级法院应当根据被保全财产的种类及所在地、各债权数额与被保全财产价值之间的关系等案件具体情况指定执行法院，并督促其在指定期限内处分被保全财产。

第二十二条　财产纠纷案件，被保全人或第三人提供充分有效担保请求解除保全，人民法院应当裁定准许。被保全人请求对作为争议标的的财产解除保全的，须经申请保全人同意。

第二十三条　人民法院采取财产保全措施后，有下列情形之一的，申请保全人应当及时申请解除保全：

（一）采取诉前财产保全措施后三十日内不依法提起诉讼或者申请仲裁的；

（二）仲裁机构不予受理仲裁申请、准许撤回仲裁申请或者按撤回仲裁申请处理的；

（三）仲裁申请或者请求被仲裁裁决驳回的；

（四）其他人民法院对起诉不予受理、准许撤诉或者按撤诉处理的；

（五）起诉或者诉讼请求被其他人民法院生效裁判驳回的；

（六）申请保全人应当申请解除保全的其他情形。

人民法院收到解除保全申请后，应当在五日内裁定解除保全；对情况紧急的，必须在四十八小时内裁定解除保全。

申请保全人未及时申请人民法院解除保全，应当赔偿被保全人因财产保全所遭受的损失。

被保全人申请解除保全，人民法院经审查认为符合法律规定的，应当在本条第二款规定的期间内裁定解除保全。

第二十四条 财产保全裁定执行中，人民法院发现保全裁定的内容与被保全财产的实际情况不符的，应当予以撤销、变更或补正。

第二十五条 申请保全人、被保全人对保全裁定或者驳回申请裁定不服的，可以自裁定书送达之日起五日内向作出裁定的人民法院申请复议一次。人民法院应当自收到复议申请后十日内审查。

对保全裁定不服申请复议的，人民法院经审查，理由成立的，裁定撤销或变更；理由不成立的，裁定驳回。

对驳回申请裁定不服申请复议的，人民法院经审查，理由成立的，裁定撤销，并采取保全措施；理由不成立的，裁定驳回。

第二十六条 申请保全人、被保全人、利害关系人认为保全裁定实施过程中的执行行为违反法律规定提出书面异议的，人民法院应当依照民事诉讼法第二百二十五条规定审查处理。

第二十七条 人民法院对诉讼争议标的以外的财产进行保全，案外人对保全裁定或者保全裁定实施过程中的执行行为不服，基于实体权利对被保全财产提出书面异议的，人民法院应当依照民事诉讼法第二百二十七条规定审查处理并作出裁定。案外人、申请保全人对该裁定不服的，可以自裁定送达之日起十五日内向人民法院提起执行异议之诉。

人民法院裁定案外人异议成立后，申请保全人在法律规定的期间内未提起执行异议之诉的，人民法院应当自起诉期限届满之日起七日内对该被保全财产解除保全。

第二十八条 海事诉讼中，海事请求人申请海事请求保全，适用《中华人民共和国海事诉讼特别程序法》及相关司法解释。

第二十九条 本规定自2016年12月1日起施行。

本规定施行前公布的司法解释与本规定不一致的，以本规定为准。

最高人民法院关于人民法院对注册商标权进行财产保全的解释

（2000年11月22日最高人民法院审判委员会第1144次会议通过 根据2020年12月23日最高人民法院审判委员会第1823次会议通过的《最高人民法院关于修改〈最高人民法院关于审理侵犯专利权纠纷案件应用法律若干问题的解释（二）〉等十八件知识产权类司法解释的决定》修正 2020年12月29日最高人民法院公告公布 自2021年1月1日起施行 法释〔2020〕19号）

为了正确实施对注册商标权的财产保全措施，避免重复保全，现就人民法院对注册商标权进行财产保全有关问题解释如下：

第一条 人民法院根据民事诉讼法有关规定采取财产保全措施时，需要对注册商标权进行保全的，应当向国家知识产权局商标局（以下简称商标局）发出协助执行通知书，载明要求商标局协助保全的注册商标的名称、注册人、注册证号码、保全期限以及协助执行保全的内容，包括禁止转让、注销注册商标、变更注册事项和办理商标权质押登记等事项。

第二条 对注册商标权保全的期限一次不得超过一年，自商标局收到协助执行通知书之日起计算。如果仍然需要对该注册商标权继续采取保全措施的，人民法院应当在保全期限届满前向商标局重新发出协助执行通知书，要求继续保全。否则，视为自动解除对该注册商标权的财产保全。

第三条 人民法院对已经进行保全的注册商标权，不得重复进行保全。

最高人民法院关于审查知识产权纠纷行为保全案件适用法律若干问题的规定

（2018年11月26日最高人民法院审判委员会第1755次会议通过 2018年12月12日最高人民法院公告公布 自2019年1月1日起施行 法释〔2018〕21号）

为正确审查知识产权纠纷行为保全案件，及时有效保护当事人的合法权益，根据《中华人民共和国民事诉讼法》《中华人民共和国专利法》《中华人民共和国商标法》《中华人民共和国著作权法》等有关法律规定，结合审判、执行工作实际，制定本规定。

第一条 本规定中的知识产权纠纷是指《民事案件案由规定》中的知识产权与竞争纠纷。

第二条 知识产权纠纷的当事人在判决、裁定或者仲裁裁决生效前，依据民事诉讼法第一百条、第一百零一条规定申请行为保全的，人民法院应当受理。

知识产权许可合同的被许可人申请诉前责令停止侵害知识产权行为的，独占许可合同的被许可人可以单独向人民法院提出申请；排他许可合同的被许可人在权利人不申请的情况下，可以单独提出申请；普通许可合同的被许可人经权利人明确授权以自己的名义起诉的，可以单独提出申请。

第三条 申请诉前行为保全，应当向被申请人住所地具有相应知识产权纠纷管辖权的人民法院或者对案件具有管辖权的人民法院提出。

当事人约定仲裁的，应当向前款规定的人民法院申请行为保全。

第四条 向人民法院申请行为保全，应当递交申请书和相应证据。申请书应当载明下列事项：

（一）申请人与被申请人的身份、送达地址、联系方式；

（二）申请采取行为保全措施的内容和期限；

（三）申请所依据的事实、理由，包括被申请人的行为将会使申请人的合法权益受到难以弥补的损害或者造成案件裁决难以执行等损害的具体说明；

（四）为行为保全提供担保的财产信息或资信证明，或者不需要提供担保的理由；

（五）其他需要载明的事项。

第五条 人民法院裁定采取行为保全措施前，应当询问申请人和被申请人，但因情况紧急或者询问可能影响保全措施执行等情形除外。

人民法院裁定采取行为保全措施或者裁定驳回申请的，应当向申请人、被申请人送达裁定书。向被申请人送达裁定书可能影响采取保全措施的，人民法院可以在采取保全措施后及时向被申请人送达裁定书，至迟不得超过五日。

当事人在仲裁过程中申请行为保全的，应当通过仲裁机构向人民法院提交申请书、仲裁案件受理通知书等相关材料。人民法院裁定采取行为保全措施或者裁定驳回申请的，应当将裁定书送达当事人，并通知仲裁机构。

第六条 有下列情况之一，不立即采取行为保全措施即足以损害申请人利益的，应当认定属于民事诉讼法第一百条、第一百零一条规定的“情况紧急”：

（一）申请人的商业秘密即将被非法披露；

（二）申请人的发表权、隐私权等人身权利即将受到侵害；

（三）诉争的知识产权即将被非法处分；

（四）申请人的知识产权在展销会等时效性较强的场合正在或者即将受到侵害；

（五）时效性较强的热播节目正在或者即将受到侵害；

（六）其他需要立即采取行为保全措施的情况。

第七条 人民法院审查行为保全申请，应当综合考量下列因素：

（一）申请人的请求是否具有事实基础和法律依据，包括请求保护的知识产权效力是否稳定；

（二）不采取行为保全措施是否会使申请人的合法权益受到难以弥补的损害或者造成案件裁决难以执行等损害；

（三）不采取行为保全措施对申请人造成的损害是否超过采取行为保全措施对被申请人造成的损害；

（四）采取行为保全措施是否损害社会公共利益；

（五）其他应当考量的因素。

第八条 人民法院审查判断申请人请求保护的知识产权效力是否稳定，应当综合考量下列因素：

（一）所涉权利的类型或者属性；

（二）所涉权利是否经过实质审查；

（三）所涉权利是否处于宣告无效或者撤销程序中以及被宣告无效或者撤销的可能性；

（四）所涉权利是否存在权属争议；

（五）其他可能导致所涉权利效力不稳定的因素。

第九条 申请人以实用新型或者外观设计专利权为依据申请行为保全的，应当提交由国务院专利行政部门作出的检索报告、专利权评价报告或者专利复审委员会维持该专利权有效的决定。申请人无正当理由拒不提交的，人民法院应当裁定驳回其申请。

第十条 在知识产权与不正当竞争纠纷行为保全案件中，有下列情形之一的，应当认定属于民事诉讼法第一百零一条规定的“难以弥补的损害”：

（一）被申请人的行为将会侵害申请人享有的商誉或者发表权、隐私权等人身性质的权利且造成无法挽回的损害；

（二）被申请人的行为将会导致侵权行为难以控制且显著增加申请人损害；

（三）被申请人的侵害行为将会导致申请人的相关市场份额明显减少；

（四）对申请人造成其他难以弥补的损害。

第十一条 申请人申请行为保全的，应当依法提供担保。

申请人提供的担保数额，应当相当于被申请人可能因执行行为保全措施所遭受的损失，包括责令停止侵权行为所涉产品的销售收益、保管费用等合理损失。

在执行行为保全措施过程中，被申请人可能因此遭受的损失超过申请人担保数额的，人民法院可以责令申请人追加相应的担保。申请人拒不追加的，可以裁定解除或者部分解除保全措施。

第十二条 人民法院采取的行为保全措施，一般不因被申请人提供担保而解除，但是申请人同意的除外。

第十三条 人民法院裁定采取行为保全措施的，应当根据申请人的请求或者案件具体情况等因素合理确定保全措施的期限。

裁定停止侵害知识产权行为的效力，一般应当维持至案件裁判生效时止。

人民法院根据申请人的请求、追加担保等情况，可以裁定继续采取保全措施。申请人请求续行保全措施的，应当在期限届满前七日内提出。

第十四条 当事人不服行为保全裁定申请复议的，人民法院应当在收到复议申请后十日内审查并作出裁定。

第十五条 人民法院采取行为保全的方法和措施，依照执行程序相关规定处理。

第十六条 有下列情形之一的，应当认定属于民事诉讼法第一百零五条规定的“申请有错误”：

（一）申请人在采取行为保全措施后三十日内不依法提起诉讼或者申请仲裁；

（二）行为保全措施因请求保护的知识产权被宣告无效等原因自始不当；

（三）申请责令被申请人停止侵害知识产权或者不正当竞争，但生效裁判认定不构成侵权或者不正当竞争；

（四）其他属于申请有错误的情形。

第十七条 当事人申请解除行为保全措施，人民法院收到申请后经审查符合《最高人民法院关于适用〈中华人民共和国民事诉讼法〉的解释》第一百六十六条规定的情形的，应当在五日内裁定解除。

申请人撤回行为保全申请或者申请解除行为保全措施的，不因此免除民事诉讼法第一百零五条规定的赔偿责任。

第十八条 被申请人依据民事诉讼法第一百零五条规定提起赔偿诉讼，申请人申请诉前行为保全后没有起诉或者当事人约定仲裁的，由采取保全措施的人民法院管辖；申请人已经起诉的，由受理起诉的人民法院管辖。

第十九条 申请人同时申请行为保全、财产保全或者证据保全的，人民法院应当依法分别审查不同类型保全申请是否符合条件，并作出裁定。

为避免被申请人实施转移财产、毁灭证据等行为致使保全目的无法实现，人民法院可以根据案件具体情况决定不同类型保全措施的执行顺序。

第二十条 申请人申请行为保全，应当依照《诉讼费用交纳办法》关于申请采取行为保全措施的规定交纳申请费。

第二十一条 本规定自2019年1月1日起施行。最高人民法院以前发布的相关司法解释与本规定不一致的，以本规定为准。

最高人民法院关于当事人申请财产保全错误造成案外人损失应否承担赔偿责任问题的解释

（2005年7月4日最高人民法院审判委员会第1358次会议通过　2005年8月15日最高人民法院公告公布　自2005年8月24日起施行　法释〔2005〕11号）

近来，一些法院就当事人申请财产保全错误造成案外人损失引发的赔偿纠纷案件应如何适用法律问题请示我院。经研究，现解释如下：

根据《中华人民共和国民法通则》第一百零六条、《中华人民共和国民事诉讼法》第九十六条等法律规定，当事人申请财产保全错误造成案外人损失的，应当依法承担赔偿责任。

此复。

最高人民法院关于诉前财产保全几个问题的批复

（1998年11月19日最高人民法院审判委员会第1030次会议通过　1998年11月27日最高人民法院公告公布　自1998年12月5日起施行　法释〔1998〕29号）

湖北省高级人民法院：

你院鄂高法〔1998〕63号《关于采取诉前财产保全几个问题的请示》收悉。经研究，答复如下：

一、人民法院受理当事人诉前财产保全申请后，应当按照诉前财产保全标的金额并参照《中华人民共和国民事诉讼法》关于级别管辖和专属管辖的规定，决定采取诉前财产保全措施。

二、采取财产保全措施的人民法院受理申请人的起诉后，发现所受理的案件不属于本院管辖的，应当将案件和财产保全申请费一并移送有管辖权的人民法院。

案件移送后，诉前财产保全裁定继续有效。

因执行诉前财产保全裁定而实际支出的费用，应由受诉人民法院在申请费中返还给作出诉前财产保全的人民法院。

此复。

◎请示答复

最高人民法院关于对注册商标专用权进行财产保全和执行等问题的复函

（2002年1月9日 〔2001〕民三函字第3号）

国家工商行政管理总局商标局：

你局商标变〔2001〕66号来函收悉。经研究，对该函中所提出的问题答复如下：

一、关于不同法院在同一天对同一注册商标进行保全的协助执行问题

根据民事诉讼法和我院有关司法解释的规定，你局在同一天内接到两份以上对同一注册商标进行保全的协助执行通知书时，应当按照收到文书的先后顺序，协助执行在先收到的协助执行通知书；同时收到文书无法确认先后顺序时，可以告知有关法院按照《最高人民法院关于人民法院执行工作若干问题的规定（试行）》第125条关于"两个或两个以上人民法院在执行相关案件中发生争议的，应当协商解决。协商不成的，逐级报请上级法院，直至报请共同的上级法院协调处理"的规定进行协商以及报请协调处理。在有关法院协商以及报请协调处理期间，你局可以暂不办理协助执行事宜。

二、关于你局在依据法院的生效判决办理权利人变更手续过程中，另一法院要求协助保全注册商标的协助执行问题

《最高人民法院关于人民法院执行工作若干问题的规定（试行）》第88条第一款规定，各债权人对执行标的物均无担保物权的，按照执行法院采取执行措施的先后顺序受偿。根据这一规定，对于某一法院依据已经发生法律效力的裁判文书要求你局协助办理注册商标专用权权利人变更等手续后，另一法院对同一注册商标以保全原商标专用权人财产的名义再行保全，又无权利质押情形的，同意你局来函中提出的处理意见，即协助执行在先采取执行措施法院的裁判文书，并将协助执行的情况告知在后采取保全措施的法院。

三、关于法院已经保全注册商标后，另一法院宣告其注册人进入破产程序并要求你局再行协助保全该注册商标的问题

根据《中华人民共和国企业破产法（试行）》第11条的规定，人民法院受理破产案件后，对债务人财产的其他民事执行程序必须中止。人民法院应当按照这一规定办理相关案件。在具体处理问题上，你局可以告知审理破产案件的法院有关注册商标已被保全的情况，由该法院通知在先采取保全措施的法院自行解除保全措施。你局收到有关解除财产保全措施的通知后，应立即协助执行审理破产案件法院的裁定。你局也可以告知在先采取保全措施的法院有关商标注册人进入破产程序的情况，由其自行决定解除保全措施。

四、关于法院裁决将注册商标作为标的执行时应否适用商标法实施细则第二十一条规定的问题

根据商标法实施细则第二十一条的规定，转让注册商标专用权的，商标注册人对其在同一种类或者类似商品上注册的相同或者近似的商标，必须一并办理。法院在执行注册商标专用权的过程中，应当根据上述规定的原则，对注册商标及相同或者类似商品上相同和近似的商标一并进行评估、拍卖、变卖等，并在采取执行措施时，裁定将相同或近似注册商标一并予以执行。商标局在接到法院有关转让注册商标的裁定时，如发现无上述内容，可以告知执行法院，由执行法院补充裁定后再协助执行。

来函中所涉及的具体案件，可按照上述意见处理。

此复。

文书范本

申请书（诉前或者仲裁前申请财产保全用）

申请书

申请人：×××，男/女，××××年××月××日出生，×族，……（写明工作单位和职务或者职业），住……。联系方式：……。

法定代理人/指定代理人：×××，……。

委托诉讼代理人：×××，……。

被申请人：×××，……。

……

（以上写明当事人和其他诉讼参加人的姓名或者名称等基本信息）

请求事项：

查封/扣押/冻结被申请人×××的……（写明保全财产的名称、性质、数量或数额、所在地等），期限为×年×月×日。

事实和理由：

……（写明诉前/仲裁前申请财产保全的事实和理由）。

申请人提供……（写明担保财产的名称、性质、数量或数额、所在地等）作为担保。

此致

××××人民法院

申请人(签名或盖章)

××××年××月××日

【说明】

1. 本样式根据《中华人民共和国民事诉讼法》第一百零一条第一款制定,供利害关系人在提起诉讼或者申请仲裁前,向人民法院申请诉前财产保全用。

2. 当事人是法人或者其他组织的,写明名称住所。另起一行写明法定代表人、主要负责人及其姓名、职务、联系方式。

3. 利害关系人因情况紧急,不立即申请保全将会使其合法权益受到难以弥补的损害的,可以在提起诉讼或者申请仲裁前向被保全财产所在地、被申请人住所地或者对案件有管辖权的人民法院申请采取保全措施。

4. 利害关系人申请诉前保全的,应当提供担保。申请诉前财产保全的,应当提供相当于请求保全数额的担保;情况特殊的,人民法院可以酌情处理。

5. 申请有错误的,申请人应当赔偿被申请人因保全所遭受的损失。

申请书(申请诉前/仲裁前行为保全用)

申请书

申请人:×××,男/女,××××年××月××日出生,×族,……(写明工作单位和职务或者职业),住……。联系方式:……。

法定代理人/指定代理人:×××,……。

委托诉讼代理人:×××,……。

被申请人:×××,……。

……

(以上写明当事人和其他诉讼参加人的姓名或者名称等基本信息)

请求事项:

请求××××人民法院……(写明行为保全事项)。

事实和理由:

……(写明诉前/仲裁前申请行为保全的事实和理由)。

申请人提供……(写明担保财产的名称、性质、数量或数额、所在地等)作为担保。

此致

××××人民法院

申请人(签名或者盖章)

××××年××月××日

【说明】

1. 本样式根据《中华人民共和国民事诉讼法》第一百零一条第一款制定,供利害关系人在提起诉讼或者申请仲裁前,向人民法院申请诉前行为保全用。

2. 当事人是法人或者其他组织的,写明名称住所。另起一行写明法定代表人、主要负责人及其姓名、职务、联系方式。

3. 利害关系人因情况紧急,不立即申请保全将会使其合法权益受到难以弥补的损害的,可以在提起诉讼或者申请仲裁前向被保全财产所在地、被申请人住所地或者对案件有管辖权的人民法院申请采取保全措施。

4. 利害关系人申请诉前保全的,应当提供担保,不提供担保的,人民法院裁定驳回申请。申请诉前行为保全的,担保的数额由人民法院根据案件的具体情况决定。

5. 申请有错误的,申请人应当赔偿被申请人因保全所遭受的损失。

申请书(申请诉讼财产保全用)

申请书

申请人:×××,男/女,××××年××月××日出生,×族,……(写明工作单位和职务或者职业),住……。联系方式:……。

法定代理人/指定代理人:×××,……。

委托诉讼代理人:×××,……。

被申请人:×××,……。

……

(以上写明当事人和其他诉讼参加人的姓名或者名称等基本信息)

请求事项:

查封/扣押/冻结被申请人×××的……(写明保全财产的名称、性质、数量、数额、所在地等),期限为……年/月/日(写明保全的期限)。

事实和理由:

(××××)……号……(写明当事人和案由)一案,……(写明申请诉讼财产保全的事实和理由)。

申请人提供……(写明担保财产的名称、性质、数量、数额、所在地等)作为担保。

此致

××××人民法院

申请人(签名或者盖章)

××××年××月××日

【说明】

1. 本样式根据《中华人民共和国民事诉讼法》第一百条第一款制定,供当事人在诉讼过程中,向人民法院申请诉讼财产保全用。

2. 当事人是法人或者其他组织的,写明名称住所。另起一行写明法定代表人、主要负责人及其姓名、职务、联系方式。

3. 在诉讼过程中,对于可能因当事人一方的行为或者其他原因,使判决难以执行或者造成当事人其他损害的案件,当事人可以向人民法院申请诉讼财产保全。

4. 当事人是否应当提供担保以及担保的数额,由人民法院根据案件的具体情况决定。

5. 申请有错误的,申请人应当赔偿被申请人因保全所遭受的损失。

申请书(申请诉讼行为保全用)

申请书

申请人:×××,男/女,××××年××月××日出生,×族,……(写明工作单位和职务或者职业),住……。联系方式:……。

法定代理人/指定代理人:×××,……。

委托诉讼代理人:×××,……。

被申请人:×××,……。

……

(以上写明当事人和其他诉讼参加人的姓名或者名称等基本信息)

请求事项:

(××××)……号……(写明当事人和案由)一案,请求××××人民法院……(写明行为保全事项)。

事实和理由:

……(写明申请诉讼行为保全的事实和理由)。

申请人提供……(写明担保财产的名称、性质、数量、数额、所在地等)作为担保。

此致

××××人民法院

申请人(签名或者公章)

××××年××月××日

【说明】

1. 本样式根据《中华人民共和国民事诉讼法》第一百条第一款制定,供当事人在诉讼过程中,向人民法院申请诉讼行为保全用。

2. 当事人是法人或者其他组织的,写明名称住所。另起一行写明法定代表人、主要负责人及其姓名、职务、联系方式。

3. 在诉讼过程中,对于可能因当事人一方的行为或者其他原因,使判决难以执行或者造成当事人其他损害的案件,当事人可以向人民法院申请诉讼行为保全。

4. 当事人是否应当提供担保以及担保的数额,由人民法院根据案件的具体情况决定。

5. 申请有错误的,申请人应当赔偿被申请人因保全所遭受的损失。

申请书(申请解除保全用)

申请书

申请人(被保全人):×××,男/女,××××年××月××日出生,×族,……(写明工作单位和职务或者职业),住……。联系方式:……。

法定代理人/指定代理人:×××,……。

委托诉讼代理人:×××,……。

被申请人(申请保全人):×××,……。

……

(以上写明当事人和其他诉讼参加人的姓名或者名称等基本信息)

请求事项:

解除……(写明财产保全/行为保全/证据保全措施)。

事实和理由:

你院于××××年××月××日作出(××××)……号财产保全/行为保全民事裁定,……(写明保全内容)。

……(写明申请解除保全的事实和理由)。

此致

××××人民法院

附:××××人民法院(××××)……号财产保全/行为保全/证据保全民事裁定书

申请人(签名或者盖章)

××××年××月××日

【说明】

1. 本样式根据《中华人民共和国民事诉讼法》第一百零一条第三款、第一百零四条以及《最高人民法院关于适用〈中华人民共和国民事诉讼法〉的解释》第一百六十六条制定,供当事人向人民法院申请解除保全用。

2. 当事人是法人或者其他组织的,写明名称住所。另起一行写明法定代表人、主要负责人及其姓名、职务、联系方式。

3. 申请人在人民法院采取保全措施后三十日内不依法提起诉讼或者申请仲裁的,人民法院应当解除保全。

4. 财产纠纷案件,被申请人提供担保的,人民法院应当裁定解除保全。

5. 裁定采取保全措施后，有下列情形之一的，人民法院应当作出解除保全裁定：(一)保全错误的；(二)申请人撤回保全申请的；(三)申请人的起诉或者诉讼请求被生效裁判驳回的；(四)人民法院认为应当解除保全的其他情形。

申请书(申请变更保全标的物用)

申请书

申请人(被保全人)：×××，男/女，××××年××月××日出生，×族，……(写明工作单位和职务或者职业)，住……。联系方式：……。

法定代理人/指定代理人：×××，……。

委托诉讼代理人：×××，……。

(以上写明申请人和其他诉讼参加人的姓名或者名称等基本信息)

请求事项：

1. 解除……(写明财产保全措施)；

2. 对被保全人×××的……(写明其他等值担保财产名称)采取保全措施，期限为……年/月/日(写明保全的期限)。

事实和理由：

申请人×××与×××……(写明案由)，你院于××××年××月××日作出(××××)……号保全民事裁定，……(写明保全内容)。

……(写明申请变更保全标的物的事实和理由)。

此致

××××人民法院

附：××××人民法院(××××)……号保全裁定书

申请人(签名或者盖章)

××××年××月××日

【说明】

1. 本样式根据《最高人民法院关于适用〈中华人民共和国民事诉讼法〉的解释》第一百六十七条制定，供被保全人申请变更保全标的物用。

2. 被保全人是法人或者其他组织的，写明名称住所。另起一行写明法定代表人、主要负责人及其姓名、职务、联系方式。

3. 被保全人申请变更保全标的物，并提供其他等值担保财产且有利于执行的，人民法院可以裁定变更保全标的物为被保全人提供的其他等值担保财产。

4. 诉讼中申请变更保全标的物的，事实和理由中应当写明案件当事人和案由。

申请书(申请先予执行用)

申请书

申请人：×××，男/女，××××年××月××日出生，×族，……(写明工作单位和职务或者职业)，住……。联系方式：……。

法定代理人/指定代理人：×××，……。

委托诉讼代理人：×××，……。

被申请人：×××，……。

……

(以上写明当事人和其他诉讼参加人的姓名或者名称等基本信息)

请求事项：

请求裁定……(写明先予执行措施)。

事实和理由：

申请人×××与×××(写明案由)一案，你院(××××)……号已立案。……(写明申请先予执行的事实和理由)。

申请人提供……(写明担保财产的名称、性质、数量或数额、所在地点等)作为担保。

此致

××××人民法院

申请人(签名或者公章)

××××年××月××日

【说明】

1. 本样式根据《中华人民共和国民事诉讼法》第一百零六条、《最高人民法院关于适用〈中华人民共和国民事诉讼法〉的解释》第一百七十条制定，供当事人在诉讼过程中，向人民法院申请先予执行用。

2. 当事人是法人或者其他组织的，写明名称住所。另起一行写明法定代表人、主要负责人及其姓名、职务、联系方式。

3. 当事人对下列案件申请先予执行的，人民法院可以裁定先予执行：(一)追索赡养费、扶养费、抚育费、抚恤金、医疗费用的；(二)追索劳动报酬的；(三)因情况紧急需要先予执行的。情况紧急包括：(一)需要立即停止侵害、排除妨碍的；(二)需要立即制止某项行为的；(三)追索恢复生产、经营急需的保险理赔费的；(四)需要立即返还社会保险金、社会救助资金的；(五)不立即返还款项，将严重影响权利人生活和生产经营的。

4. 人民法院裁定先予执行的，应当符合下列条件：(一)当事人之间权利义务关系明确，不先予执行将严重影响申请人的生活或者生产经营的；(二)被申请人有履行能力。

5. 人民法院可以责令申请人提供担保，申请人不提供担保的，驳回申请。申请人败诉的，应当赔偿被申请人因先予执行遭受的财产损失。

担保书(案外人提供保全或者先予执行担保用)

担保书

担保人：×××，男/女，××××年××月××日出生，×族，……(写明工作单位和职务或者职业)，住……。联系方式：……。

担保事项：

担保人以……(写明担保财产的名称、性质、数量或数额、所在地点等)作为担保财产，为申请人/被申请人×××提供……(写明担保范围)的财产担保。

事实和理由：

……(写明提供担保的事实和理由)。

此致

××××人民法院

担保人(签名或者盖章)

××××年××月××日

【说明】

1. 本样式根据《最高人民法院关于适用〈中华人民共和国民事诉讼法〉的解释》第一百五十二条、第一百六十四条制定，供案外人在保全或者先予执行中提供担保用。

2. 担保人是法人或者其他组织的，写明名称住所。另起一行写明法定代表人、主要负责人及其姓名、职务、联系方式。

3. 当事人提供本人的财产担保的，直接写入申请书，不必另外提交担保书。

八、对妨害民事诉讼的强制措施

◎司法文件

最高人民法院、公安部关于执行民事诉讼法(试行)第七十八条[①]有关拘留的规定的联合通知

(1983 年 2 月 19 日 〔1983〕法研字第 3 号)

各省、市、自治区高级人民法院、公安厅(局):

《中华人民共和国民事诉讼法(试行)》已从 1982 年 10 月 1 日起在全国试行。现就执行民事诉讼法(试行)第七十八条关于拘留的规定,通知如下:

(一)民事诉讼中的拘留是对妨害民事诉讼的一种强制措施。人民法院采用这种强制措施,必须十分慎重,只有对极少数有严重妨害民事诉讼的行为的人,经过多次耐心教育,仍坚持不改时,方可实行拘留,以保证诉讼活动的顺利进行。

(二)人民法院根据民事诉讼法(试行)第七十七条的规定决定采用拘留措施时,应当作出《拘留决定书》,经院长批准,由司法警察将《拘留决定书》连同被拘留人一并送交当地公安机关,当地公安机关凭人民法院的《拘留决定书》接受被拘留人并予看管。被拘留人要自带被褥,并负担被拘留期间的伙食费用。

(三)公安机关可以将这种因妨害民事诉讼而被拘留的人放在行政拘留场所内看管,但不要将他们同受刑事拘留和逮捕的未决犯混杂在一起看管。

(四)人民法院决定提前解除拘留的,应当作出《提前解除拘留决定书》,经院长批准后,交由当地公安机关执行。

最高人民法院关于采取民事强制措施不得逐级变更由行为人的上级机构承担责任的通知

(2004 年 7 月 9 日 法〔2004〕127 号)

各省、自治区、直辖市高级人民法院,解放军军事法院,新疆维吾尔自治区高级人民法院生产建设兵团分院:

近一个时期,一些地方法院在执行银行和非银行金融机构(以下简称金融机构)作为被执行人或者协助执行人的案件中,在依法对该金融机构采取民事强制措施,作出罚款或者司法拘留决定后,又逐级对其上级金融机构直至总行、总公司采取民事强制措施,再次作出罚款或者司法拘留决定,造成不良影响。为纠正这一错误,特通知如下:

一、人民法院在执行程序中,对作为协助执行人的金融机构采取民事强制措施,应当严格依法决定,不得逐级变更由其上级金融机构负责。依据我院与中国人民银行于 2000 年 9 月 4 日会签下发的法发 (2000)21 号即《关于依法规范人民法院执行和金融机构协助执行的通知》第八条的规定,执行金融机构时逐级变更其上级金融机构为被执行人须具备五个条件:其一,该金融机构须为被执行人,其债务已由生效法律文书确认;其二,该金融机构收到执行法院对其限期十五日内履行偿债义务的通知;其三,该金融机构逾期未能自动履行偿债义务,并经过执行法院的强制执行;其四,该金融机构未能向执行法院提供其可供执行的财产;其五,该金融机构的上级金融机构对其负有民事连带清偿责任。金融机构作为协助执行人因其妨害执行行为而被采取民事强制措施,不同于金融机构为被执行人的情况,因此,司法处罚责任应由其自行承担;逐级变更由其上级金融机构承担此责任,属适用法律错误。

二、在执行程序中,经依法逐级变更由上级金融机构为被执行人的,如该上级金融机构在履行此项偿债义务时有妨害执行行为,可以对该上级金融机构采取民事强制措施。但人民法院应当严格按照前述通知第八条的规定,及时向该上

① 可参考《中华人民共和国民事诉讼法》第 115 条。

级金融机构发出允许其于十五日内自动履行偿债义务的通知，在其自动履行的期限内，不得对其采取民事强制措施。

三、采取民事强制措施应当坚持过错责任原则。金融机构的行为基于其主观上的故意并构成妨害执行的，才可以对其采取民事强制措施；其中构成犯罪的，也可以通过法定程序追究其刑事责任。这种民事强制措施和刑事惩罚手段只适用于有故意过错的金融机构行为人，以充分体现国家法律对违法行为的惩罚性。

四、金融机构对执行法院的民事强制措施即罚款和司法拘留的决定书不服的，可以依据《民事诉讼法》第105条的规定，向上一级法院申请复议；当事人向执行法院提出复议申请的，执行法院应当立即报送上一级法院，不得扣押或者延误转交；上一级法院受理复议申请后，应当及时审查处理；执行法院在上一级法院审查复议申请期间，可以继续执行处罚决定，但经上一级法院决定撤销处罚决定的，执行法院应当立即照办。

以上通知，希望各级人民法院认真贯彻执行。执行过程中有什么情况和问题，应当及时层报我院执行工作办公室。

典型案例

上海欧宝生物科技有限公司诉辽宁特莱维置业发展有限公司企业借贷纠纷案①

关键词　民事诉讼/企业借贷/虚假诉讼

【裁判要点】

人民法院审理民事案件中发现存在虚假诉讼可能时，应当依职权调取相关证据，详细询问当事人，全面严格审查诉讼请求与相关证据之间是否存在矛盾，以及当事人诉讼中言行是否违背常理。经综合审查判断，当事人存在虚构事实、恶意串通、规避法律或国家政策以谋取非法利益，进行虚假民事诉讼情形的，应当依法予以制裁。

【相关法条】

《中华人民共和国民事诉讼法》第112条

【基本案情】

上海欧宝生物科技有限公司（以下简称欧宝公司）诉称：欧宝公司借款给辽宁特莱维置业发展有限公司（以下简称特莱维公司）8650万元，用于开发辽宁省东港市特莱维国际花园房地产项目。借期届满时，特莱维公司拒不偿还。故请求法院判令特莱维公司返还借款本金8650万元及利息。

特莱维公司辩称：对欧宝公司起诉的事实予以认可，借款全部投入到特莱维国际花园房地产项目，房屋滞销，暂时无力偿还借款本息。

一审申诉人谢涛述称：特莱维公司与欧宝公司，通过虚构债务的方式，恶意侵害其合法权益，请求法院查明事实，依法制裁。

法院经审理查明：2007年7月至2009年3月，欧宝公司与特莱维公司先后签订9份《借款合同》，约定特莱维公司向欧宝公司共借款8650万元，约定利息为同年贷款利率的4倍。约定借款用途为：只限用于特莱维国际花园房地产项目。借款合同签订后，欧宝公司先后共汇款10笔，计8650万元，而特莱维公司却在收到汇款的当日或数日后立即将其中的6笔转出，共计转出7050万余元。其中5笔转往上海翰皇实业发展有限公司（以下简称翰皇公司），共计6400万余元。此外，欧宝公司在提起一审诉讼要求特莱维公司还款期间，仍向特莱维公司转款3笔，计360万元。

欧宝公司法定代表人为宗惠光，该公司股东曲叶丽持有73.75%的股权，姜雯琪持有2%的股权，宗惠光持有2%的股权。特莱维公司原法定代表人为王作新，翰皇公司持有该公司90%股权，王阳持有10%的股权，2010年8月16日法定代表人变更为姜雯琪。工商档案记载，该公司在变更登记时，领取执照人签字处由刘静君签字，而刘静君又是本案原一审诉讼期间欧宝公司的委托代理人，身份系欧宝公司的员工。翰皇公司2002年3月26日成立，法定代表人为王作新，前身为上海特莱维化妆品有限公司，王作新持有该公司67%的股权，曲叶丽持有33%的股权，同年10月28日，曲叶丽将其持有的股权转让给王阳。2004年10月10日该公司更名为翰皇公司，公司登记等手续委托宗惠光办理，2011年7月5日该公司注销。王作新与曲叶丽系夫妻关系。

本案原一审诉讼期间，欧宝公司于2010年6月22日向辽宁省高级人民法院（以下简称辽宁高院）提出财产保全申请，要求查封、扣押、冻结特莱维公司5850万元的财产，王阳以其所有的位于辽宁省沈阳市和平区澳门路、建筑面积均为236.4平方米的两处房产为欧宝公司担保。王作鹏以其所有的位于沈阳市皇姑区宁山中路的建筑面积为671.76平方米的房产为欧宝公司担保，沈阳沙琪化妆品有限公司（以下简称沙琪公司，股东为王振义和修桂芳）以其所有的位于沈阳市东陵区白塔镇小羊安村建筑面积分别为212平方米、946平方米的两处厂房及使用面积为4000平方米的一块土地为欧宝公

① 案例来源：最高人民法院指导案例68号。

司担保。

欧宝公司与特莱维公司的《开立单位银行结算账户申请书》记载地址均为东港市新兴路1号，委托经办人均为崔秀芳。再审期间谢涛向辽宁高院提供上海市第一中级人民法院(2008)沪一中民三(商)终字第426号民事判决书一份，该案系张娥珍、贾世克诉翰皇公司、欧宝公司特许经营合同纠纷案，判决所列翰皇公司的法定代表人为王作新，欧宝公司和翰皇公司的委托代理人均系翰皇公司员工宗惠光。

二审审理中另查明：

(一) 关于欧宝公司和特莱维公司之间关系的事实

工商档案表明，沈阳特莱维化妆品连锁有限责任公司(以下简称沈阳特莱维)成立于2000年3月15日，该公司由欧宝公司控股(持股96.67%)，设立时的经办人为宗惠光。公司登记的处所系向沈阳丹菲专业护肤中心承租而来，该中心负责人为王振义。2005年12月23日，特莱维公司原法定代表人王作新代表欧宝公司与案外人张娥珍签订连锁加盟(特许)合同。2007年2月28日，霍静代表特莱维公司与世安建设集团有限公司(以下简称世安公司)签订关于特莱维国际花园项目施工的《补充协议》。2010年5月，魏亚丽经特莱维公司授权办理银行账户的开户，2011年9月又代表欧宝公司办理银行账户开户。两账户所留联系人均为魏亚丽，联系电话均为同一号码，与欧宝公司2010年6月10日提交辽宁高院的民事起诉状中所留特莱维公司联系电话相同。

2010年9月3日，欧宝公司向辽宁高院出具《回复函》称：同意提供位于上海市青浦区苏虹公路332号的面积12026.91平方米、价值2亿元的房产作为保全担保。欧宝公司庭审中承认，前述房产属于上海特莱维护肤品股份有限公司(以下简称上海特莱维)所有。上海特莱维成立于2002年12月9日，法定代表人为王作新，股东有王作新、翰皇公司的股东王阳、邹艳，欧宝公司的股东宗惠光、姜雯琪、王奇等人。王阳同时任上海特莱维董事，宗惠光任副董事长兼副总经理，王奇任副总经理，霍静任董事。

2011年4月20日，欧宝公司向辽宁高院申请执行(2010)辽民二初字第15号民事判决，该院当日立案执行。同年7月12日，欧宝公司向辽宁高院提交书面申请称："为尽快回笼资金，减少我公司损失，经与被执行人商定，我公司允许被执行人销售该项目的剩余房产，但必须由我公司指派财务人员收款，所销售的房款须存入我公司指定账户。"2011年9月6日，辽宁高院向东港市房地产管理处发出《协助执行通知书》，以相关查封房产已经给付申请执行人抵债为由，要求该处将前述房产直接过户登记到案外买受人名下。

欧宝公司申请执行后，除谢涛外，特莱维公司的其他债权人世安公司、江西临川建筑安装工程总公司、东港市前阳建筑安装工程总公司也先后以提交执行异议等形式，向辽宁高院反映欧宝公司与特莱维公司虚构债权进行虚假诉讼。

翰皇公司的清算组成员由王作新、王阳、姜雯琪担任，王作新为负责人；清算组在成立之日起10日内通知了所有债权人，并于2011年5月14日在《上海商报》上刊登了注销公告。2012年6月25日，王作新将翰皇公司所持特莱维公司股权中的1600万元转让于王阳，200万元转让于邹艳，并于2012年7月9日办理了工商变更登记。

沙琪公司的股东王振义和修桂芳分别是王作新的父亲和母亲；欧宝公司的股东王阁系王作新的哥哥王作鹏之女；王作新与王阳系兄妹关系。

(二)关于欧宝公司与案涉公司之间资金往来的事实

欧宝公司尾号为8115的账户(以下简称欧宝公司8115账户)，2006年1月4日至2011年9月29日的交易明细显示，自2006年3月8日起，欧宝公司开始与特莱维公司互有资金往来。其中，2006年3月8日欧宝公司该账户汇给特莱维公司尾号为4891账户(以下简称特莱维公司4891账户)300万元，备注用途为借款，2006年6月12日转给特莱维公司801万元。2007年8月16日至23日从特莱维公司账户转入欧宝公司8115账户近70笔款项，备注用途多为货款。该账户自2006年1月4日至2011年9月29日与沙琪公司、沈阳特莱维、翰皇公司、上海特莱维均有大笔资金往来，用途多为货款或借款。

欧宝公司在中国建设银行东港支行开立的账户(尾号0357)2010年8月31日至2011年11月9日的交易明细显示：该账户2010年9月15日、9月17日由欧宝公司以现金形式分别存入168万元、100万元；2010年9月30日支付东港市安邦房地产开发有限公司工程款100万元；2010年9月30日自特莱维公司账户(尾号0549)转入100万元，2011年8月22日、8月30日、9月9日自特莱维公司账户分别转入欧宝公司该账户71.6985万元、51.4841万元、62.3495万元，2011年11月4日特莱维公司尾号为5555账户(以下简称特莱维公司5555账户)以法院扣款的名义转入该账户84.556787万元；2011年9月27日以"往来款"名义转入欧宝公司8115账户193.5万元，2011年11月9日转入欧宝公司尾号4548账户(以下简称欧宝公司4548账户)157.995万元。

欧宝公司设立在中国工商银行上海青浦支行的账户(尾号5617)显示，2012年7月12日该账户以"借款"名义转入特莱维公司50万元。

欧宝公司在中国建设银行沈阳马路湾支行的4548账户2013年10月7日至2015年2月7日期间的交易明细显示，自2014年1月20日起，特莱维公司以"还款"名义转入该账户的资金，大部分又以"还款"名义转入王作鹏个人账户和上海特莱维的账户。

翰皇公司建设银行上海分行尾号为4917账户(以下简称翰皇公司4917账户)2006年1月5日至2009年1月14日的交易明细显示，特莱维公司4891账户2008年7月7日转入翰皇公司该账户605万元,同日翰皇公司又从该账户将同等数额的款项转入特莱维公司5555账户,但自翰皇公司打入特莱维公司账户的该笔款项计入了特莱维公司的借款数额,自特莱维公司打入翰皇公司的款项未计入该公司的还款数额。该账户同时间段还分别和欧宝公司、沙琪公司以“借款”“往来款”的名义进行资金转入和转出。

特莱维公司5555账户2006年6月7日至2015年9月21日的交易明细显示,2009年7月2日自该账户以“转账支取”的名义汇入欧宝公司的账户(尾号0801)600万元;自2011年11月4日起至2014年12月31日止,该账户转入欧宝公司资金达30多笔,最多的为2012年12月20日汇入欧宝公司4548账户的一笔达1800万元。此外,该账户还有多笔大额资金在2009年11月13日至2010年7月19日期间以“借款”的名义转入沙琪公司账户。

沙琪公司在中国光大银行沈阳和平支行的账户(尾号6312)2009年11月13日至2011年6月27日的交易明细显示,特莱维公司转入沙琪公司的资金,有的以“往来款”或者“借款”的名义转回特莱维公司的其他账户。例如,2009年11月13日自特莱维公司5555账户以“借款”的名义转入沙琪公司3800万元,2009年12月4日又以“往来款”的名义转回特莱维公司另外设立的尾号为8361账户(以下简称特莱维公司8361账户)3800万元;2010年2月3日自特莱维公司8361账户以“往来款”的名义转入沙琪公司账户的4827万元,同月10日又以“借款”的名义转入特莱维公司5555账户500万元,以“汇兑”名义转入特莱维公司4891账户1930万元,2010年3月31日沙琪公司又以“往来款”的名义转入特莱维公司8361账户1000万元,同年4月12日以系统内划款的名义转回特莱维公司8361账户1806万元。特莱维公司转入沙琪公司账户的资金有部分流入了沈阳特莱维的账户。例如,2010年5月6日以“借款”的名义转入沈阳特莱维1000万元,同年7月29日以“转款”的名义转入沈阳特莱维2272万元。此外,欧宝公司也以“往来款”的名义转入该账户部分资金。

欧宝公司和特莱维公司均承认,欧宝公司4548账户和在中国建设银行东港支行的账户(尾号0357)由王作新控制。

【裁判结果】

辽宁高院2011年3月21日作出(2010)辽民二初字第15号民事判决:特莱维公司于判决生效后10日内偿还欧宝公司借款本金8650万元及借款实际发生之日起至判决确定给付之日止的中国人民银行同期贷款利息。该判决发生法律效力后,因案外人谢涛提出申诉,辽宁高院于2012年1月4日作出(2012)辽立二民监字第8号民事裁定再审本案。辽宁高院经再审于2015年5月20日作出(2012)辽审二民再字第13号民事判决,驳回欧宝公司的诉讼请求。欧宝公司提起上诉,最高人民法院第二巡回法庭经审理于2015年10月27日作出(2015)民二终字第324号民事判决,认定本案属于虚假民事诉讼,驳回上诉,维持原判。同时作出罚款决定,对参与虚假诉讼的欧宝公司和特莱维公司各罚款50万元。

【裁判理由】

法院生效裁判认为:人民法院保护合法的借贷关系,同时对于恶意串通进行虚假诉讼意图损害他人合法权益的行为,应当依法制裁。本案争议的焦点问题有两个,一是欧宝公司与特莱维公司之间是否存在关联关系;二是欧宝公司和特莱维公司就争议的8650万元是否存在真实的借款关系。

一、欧宝公司与特莱维公司是否存在关联关系的问题

《中华人民共和国公司法》第二百一十七条规定,关联关系,是指公司控股股东、实际控制人、董事、监事、高级管理人员与其直接或间接控制的企业之间的关系,以及可能导致公司利益转移的其他关系。可见,公司法所称的关联公司,既包括公司股东的相互交叉,也包括公司共同由第三人直接或者间接控制,或者股东之间、公司的实际控制人之间存在直系血亲、姻亲、共同投资等可能导致利益转移的其他关系。

本案中,曲叶丽为欧宝公司的控股股东,王作新是特莱维公司的原法定代表人,也是案涉合同签订时特莱维公司的控股股东翰皇公司的控股股东和法定代表人,王作新与曲叶丽系夫妻关系,说明欧宝公司与特莱维公司由夫妻二人控制。欧宝公司称两人已经离婚,却未提供民政部门的离婚登记或者人民法院的生效法律文书。虽然辽宁高院受理本案诉讼后,特莱维公司的法定代表人由王作新变更为姜雯琪,但王作新仍是特莱维公司的实际控制人。同时,欧宝公司股东兼法定代表人宗惠光、王奇等人,与特莱维公司的实际控制人王作新、法定代表人姜雯琪、目前的控股股东王阳共同投资设立了上海特莱维,说明欧宝公司的股东与特莱维公司的控股股东、实际控制人存在其他的共同利益关系。另外,沈阳特莱维是欧宝公司控股的公司,沙琪公司的股东是王作新的父亲和母亲。可见,欧宝公司与特莱维公司之间、前述两公司与沙琪公司、上海特莱维、沈阳特莱维之间均存在关联关系。

欧宝公司与特莱维公司及其他关联公司之间还存在人员混同的问题。首先,高管人员之间存在混同。姜雯琪既是欧宝公司的股东和董事,又是特莱维公司的法定代表人,同时还参与翰皇公司的清算。宗惠光既是欧宝公司的法定代表人,又是翰皇公司的工作人员,虽然欧宝公司称宗惠光自2008年5月即从翰皇公司辞职,但从上海市第一中级人民法院(2008)沪一中民三(商)终字第426号民事判决载明的事实看,该案2008年8月至12月审理期间,宗惠光仍以翰皇公司工作人员的身份参与诉讼。王奇既是欧宝公司的监事,又是上海特莱维的董事,还以该公司工作人员的身份代理相关行政诉讼。王阳既是特莱维公司的监事,又是上海特莱维的董事。王作新是特莱维公司原法定代表人、实际控制人,还曾先后代表欧宝公司、翰皇公司与案外第三人签订连锁加盟(特许)合同。其次,普通员工也存在混同。霍静是欧宝公司的工

作人员,在本案中作为欧宝公司原一审诉讼的代理人,2007 年 2 月 23 日代表特莱维公司与世安公司签订建设施工合同,又同时兼任上海特莱维的董事。崔秀芳是特莱维公司的会计,2010 年 1 月 7 日代特莱维公司开立银行账户,2010 年 8 月 20 日本案诉讼之后又代欧宝公司开立银行账户。欧宝公司当庭自述魏亚丽系特莱维公司的工作人员,2010 年 5 月魏亚丽经特莱维公司授权办理银行账户开户,2011 年 9 月诉讼之后又经欧宝公司授权办理该公司在中国建设银行沈阳马路湾支行的开户,且该银行账户的联系人为魏亚丽。刘静君是欧宝公司的工作人员,在本案原一审和执行程序中作为欧宝公司的代理人,2009 年 3 月 17 日又代特莱维公司办理企业登记等相关事项。刘洋以特莱维公司员工名义代理本案诉讼,又受王作新的指派代理上海特莱维的相关诉讼。

上述事实充分说明,欧宝公司、特莱维公司以及其他关联公司的人员之间并未严格区分,上述人员实际上服从王作新一人的指挥,根据不同的工作任务,随时转换为不同关联公司的工作人员。欧宝公司在上诉状中称,在 2007 年借款之初就派相关人员进驻特莱维公司,监督该公司对投资款的使用并协助工作,但早在欧宝公司所称的向特莱维公司转入首笔借款之前 5 个月,霍静即参与该公司的合同签订业务。而且从这些所谓的"派驻人员"在特莱维公司所起的作用看,上述人员参与了该公司的合同签订、财务管理到诉讼代理的全面工作,而不仅是监督工作,欧宝公司的辩解,不足为信。辽宁高院关于欧宝公司和特莱维公司系由王作新、曲叶丽夫妇控制之关联公司的认定,依据充分。

二、欧宝公司和特莱维公司就争议的 8650 万元是否存在真实借款关系的问题

根据《最高人民法院关于适用〈中华人民共和国民事诉讼法〉的解释》第九十条规定,当事人对自己提出的诉讼请求所依据的事实或者反驳对方诉讼请求所依据的事实,应当提供证据加以证明;当事人未能提供证据或者证据不足以证明其事实主张的,由负有举证证明责任的当事人承担不利的后果。第一百零八条规定:"对负有举证证明责任的当事人提供的证据,人民法院经审查并结合相关事实,确信待证事实的存在具有高度可能性的,应当认定该事实存在。对一方当事人为反驳负有举证责任的当事人所主张的事实而提供的证据,人民法院经审查并结合相关事实,认为待证事实真伪不明的,应当认定该事实不存在。"在当事人之间存在关联关系的情况下,为防止恶意串通提起虚假诉讼,损害他人合法权益,人民法院对其是否存在真实的借款法律关系,必须严格审查。

欧宝公司提起诉讼,要求特莱维公司偿还借款 8650 万元及利息,虽然提供了借款合同及转款凭证,但其自述及提交的证据和其他在案证据之间存在无法消除的矛盾,当事人在诉讼前后的诸多言行违背常理,主要表现为以下 7 个方面:

第一,从借款合意形成过程来看,借款合同存在虚假的可能。欧宝公司和特莱维公司对借款法律关系的要约与承诺的细节事实陈述不清,尤其是作为债权人欧宝公司的法定代表人、自称是合同经办人的宗惠光,对所有借款合同的签订时间、地点、每一合同的己方及对方经办人等细节,语焉不详。案涉借款每一笔均为大额借款,当事人对所有合同的签订细节、甚至大致情形均陈述不清,于理不合。

第二,从借款的时间上看,当事人提交的证据前后矛盾。欧宝公司的自述及其提交的借款合同表明,欧宝公司自 2007 年 7 月开始与特莱维公司发生借款关系。向本院提起上诉后,其提交的自行委托形成的审计报告又载明,自 2006 年 12 月份开始向特莱维公司借款,但从特莱维公司和欧宝公司的银行账户交易明细看,在 2006 年 12 月之前,仅欧宝公司 8115 账户就发生过两笔高达 1100 万元的转款,其中,2006 年 3 月 8 日以"借款"名义转入特莱维公司账户 300 万元,同年 6 月 12 日转入 801 万元。

第三,从借款的数额上看,当事人的主张前后矛盾。欧宝公司起诉后,先主张自 2007 年 7 月起累计借款金额为 5850 万元,后在诉讼中又变更为 8650 万元,上诉时又称借款总额 1.085 亿元,主张的借款数额多次变化,但只能提供 8650 万元的借款合同。而谢涛当庭提交的银行转账凭证证明,在欧宝公司所称的 1.085 亿元借款之外,另有 4400 多万元的款项以"借款"名义打入特莱维公司账户。对此,欧宝公司自认,这些多出的款项是受王作新的请求帮忙转款,并非真实借款。该自认说明,欧宝公司在相关银行凭证上填写的款项用途极其随意。从本院调取的银行账户交易明细所载金额看,欧宝公司以借款名义转入特莱维公司账户的金额远远超出欧宝公司先后主张的上述金额。此外,还有其他多笔以"借款"名义转入特莱维公司账户的巨额资金,没有列入欧宝公司所主张的借款数额范围。

第四,从资金往来情况看,欧宝公司存在单向统计账户流出资金而不统计流入资金的问题。无论是案涉借款合同载明的借款期间,还是在此之前,甚至诉讼开始以后,欧宝公司和特莱维公司账户之间的资金往来,既有欧宝公司转入特莱维公司账户款项的情况,又有特莱维公司转入欧宝公司账户款项的情况,但欧宝公司只计算己方账户转出的借方金额,而对特莱维公司转入的贷方金额只字不提。

第五,从所有关联公司之间的转款情况看,存在双方或多方账户循环转款问题。如上所述,将欧宝公司、特莱维公司、翰皇公司、沙琪公司等公司之间的账户对照检查,存在特莱维公司将己方款项转入翰皇公司账户过桥欧宝公司账户后,又转回特莱维公司账户,造成虚增借款的现象。特莱维公司与其他关联公司之间的资金往来也存在此种情况。

第六,从借款的用途看,与合同约定相悖。借款合同第二条约定,借款限用于特莱维国际花园房地产项目,但是案涉款项转入特莱维公司账户后,该公司随即将大部分款项以"借

款”“还款”等名义分别转给翰皇公司和沙琪公司，最终又流向欧宝公司和欧宝公司控股的沈阳特莱维。至于欧宝公司辩称，特莱维公司将款项打入翰皇公司是偿还对翰皇公司借款的辩解，由于其提供的翰皇公司和特莱维公司之间的借款数额与两公司银行账户交易的实际数额互相矛盾，且从流向上看大部分又流回了欧宝公司或者其控股的公司，其辩解不足为凭。

第七，从欧宝公司和特莱维公司及其关联公司在诉讼和执行中的行为来看，与日常经验相悖。欧宝公司提起诉讼后，仍与特莱维公司互相转款；特莱维公司不断向欧宝公司账户转入巨额款项，但在诉讼和执行程序中却未就还款金额对欧宝公司的请求提出任何抗辩；欧宝公司向辽宁高院申请财产保全，特莱维公司的股东王阳却以其所有的房产为本应是利益对立方的欧宝公司提供担保；欧宝公司在原一审诉讼中另外提供担保的上海市青浦区房产的所有权，竟然属于王作新任法定代表人的上海特莱维；欧宝公司和特莱维公司当庭自认，欧宝公司开立在中国建设银行东港支行、中国建设银行沈阳马路湾支行的银行账户都由王作新控制。

对上述矛盾和违反常理之处，欧宝公司与特莱维公司均未作出合理解释。由此可见，欧宝公司没有提供足够的证据证明其就案涉争议款项与特莱维公司之间存在真实的借贷关系。且从调取的欧宝公司、特莱维公司及其关联公司账户的交易明细发现，欧宝公司、特莱维公司以及其他关联公司之间、同一公司的不同账户之间随意转款，款项用途随意填写。结合在案其他证据，法院确信，欧宝公司诉请之债权系截取其与特莱维公司之间的往来款项虚构而成，其以虚构债权为基础请求特莱维公司返还8650万元借款及利息的请求不应支持。据此，辽宁高院再审判决驳回其诉讼请求并无不当。

至于欧宝公司与特莱维公司提起本案诉讼是否存在恶意串通损害他人合法权益的问题。首先，无论欧宝公司，还是特莱维公司，对特莱维公司与一审申诉人谢涛及其他债权人的债权债务关系是明知的。从案涉判决执行的过程看，欧宝公司申请执行之后，对查封的房产不同意法院拍卖，而是继续允许该公司销售，特莱维公司每销售一套，欧宝公司即申请法院解封一套。在接受法院当庭询问时，欧宝公司对特莱维公司销售了多少查封房产，偿还了多少债务陈述不清，表明其提起本案诉讼并非为实现债权，而是通过司法程序进行保护性查封以阻止其他债权人对特莱维公司财产的受偿。虚构债权，恶意串通，损害他人合法权益的目的明显。其次，从欧宝公司与特莱维公司人员混同、银行账户同为王作新控制的事实可知，两公司同属一人，均已失去公司法人所具有的独立人格。《中华人民共和国民事诉讼法》第一百一十二条规定：“当事人之间恶意串通，企图通过诉讼、调解等方式侵害他人合法权益的，人民法院应当驳回其请求，并根据情节轻重予以罚款、拘留；构成犯罪的，依法追究刑事责任。”一审申诉人谢涛认为欧宝公司与特莱维公司之间恶意串通提起虚假诉讼损害其合法权益的意见，以及对有关当事人和相关责任人进行制裁的请求，于法有据，应予支持。

文书范本

复议申请书(司法制裁复议案件用)

复议申请书

复议申请人：×××，男/女，××××年××月××日出生，×族，……(写明工作单位和职务或者职业)，住……。联系方式：……。

法定代理人/指定代理人：×××，……。

委托诉讼代理人：×××，……。

(以上写明复议申请人和其他诉讼参加人的姓名或者名称等基本信息)

请求事项：

撤销××××人民法院(××××)……司惩……号拘留/罚款/拘留并罚款决定。

事实和理由：

××××年××月××日，××××人民法院作出(××××)……司惩……号决定：……(写明决定结果)。

……(写明申请复议的事实和理由)。

此致

××××人民法院

附：××××人民法院(××××)……司惩……号决定书

复议申请人(签名或者公章)

××××年××月××日

【说明】

1. 本样式根据《中华人民共和国民事诉讼法》第一百一十六条第三款以及《最高人民法院关于适用〈中华人民共和国民事诉讼法〉的解释》第一百八十五条制定，供当事人对拘留、罚款决定不服的，向上一级人民法院申请复议用。

2. 复议申请人是法人或者其他组织的，写明名称住所。另起一行写明法定代表人、主要负责人及其姓名、职务、联系方式。

3. 被拘留、罚款的人不服决定申请复议的，应当自收到决定书之日起三日内提出。

悔过书（司法拘留案件具结悔过用）

悔过书

被拘留人：×××，男/女，××××年××月××日出生，×族，……（写明工作单位和职务或者职业），住……。联系方式：……。

悔过事项：

被拘留人对……（写明妨害民事诉讼行为）具结悔过，请求提前解除拘留。

悔过内容：

××××年××月××日，××××人民法院作出（××××）……司惩……号决定：……（写明决定结果）。

……（写明认错悔改的具体内容）。

此致

××××人民法院

附：××××人民法院（××××）……司惩……号决定书

悔过人（签名）

××××年××月××日

【说明】

1. 本样式根据《最高人民法院关于适用〈中华人民共和国民事诉讼法〉的解释》第一百八十二条制定，供被拘留人在拘留期间认错悔改的，向人民法院具结悔过用。

2. 被拘留人在拘留期间认错悔改的，可以责令其具结悔过，提前解除拘留。

九、诉讼费用

◎法律法规

诉讼费用交纳办法

（2006年12月8日国务院第159次常务会议通过　2006年12月19日中华人民共和国国务院令第481号公布　自2007年4月1日起施行）

第一章　总　　则

第一条　根据《中华人民共和国民事诉讼法》（以下简称民事诉讼法）和《中华人民共和国行政诉讼法》（以下简称行政诉讼法）的有关规定，制定本办法。

第二条　当事人进行民事诉讼、行政诉讼，应当依照本办法交纳诉讼费用。

本办法规定可以不交纳或者免予交纳诉讼费用的除外。

第三条　在诉讼过程中不得违反本办法规定的范围和标准向当事人收取费用。

第四条　国家对交纳诉讼费用确有困难的当事人提供司法救助，保障其依法行使诉讼权利，维护其合法权益。

第五条　外国人、无国籍人、外国企业或者组织在人民法院进行诉讼，适用本办法。

外国法院对中华人民共和国公民、法人或者其他组织，与其本国公民、法人或者其他组织在诉讼费用交纳上实行差别对待的，按照对等原则处理。

第二章　诉讼费用交纳范围

第六条　当事人应当向人民法院交纳的诉讼费用包括：

（一）案件受理费；

（二）申请费；

（三）证人、鉴定人、翻译人员、理算人员在人民法院指定日期出庭发生的交通费、住宿费、生活费和误工补贴。

第七条　案件受理费包括：

（一）第一审案件受理费；

（二）第二审案件受理费；

（三）再审案件中，依照本办法规定需要交纳的案件受理费。

第八条　下列案件不交纳案件受理费：

（一）依照民事诉讼法规定的特别程序审理的案件；

（二）裁定不予受理、驳回起诉、驳回上诉的案件；

（三）对不予受理、驳回起诉和管辖权异议裁定不服，提起上诉的案件；

（四）行政赔偿案件。

第九条　根据民事诉讼法和行政诉讼法规定的审判监督程序审理的案件，当事人不交纳案件受理费。但是，下列情形除外：

（一）当事人有新的证据，足以推翻原判决、裁定，向人民法院申请再审，人民法院经审查决定再审的案件；

（二）当事人对人民法院第一审判决或者裁定未提出上诉，第一审判决、裁定或者调解书发生法律效力后又申请再审，人民法院经审查决定再审的案件。

第十条　当事人依法向人民法院申请下列事项，应当交纳申请费：

（一）申请执行人民法院发生法律效力的判决、裁定、调解书，仲裁机构依法作出的裁决和调解书，公证机构依法赋予强制执行效力的债权文书；

（二）申请保全措施；

（三）申请支付令；

（四）申请公示催告；

（五）申请撤销仲裁裁决或者认定仲裁协议效力；

（六）申请破产；

（七）申请海事强制令、共同海损理算、设立海事赔偿责任限制基金、海事债权登记、船舶优先权催告；

（八）申请承认和执行外国法院判决、裁定和国外仲裁机构裁决。

第十一条　证人、鉴定人、翻译人员、理算人员在人民法院指定日期出庭发生的交通费、住宿费、生活费和误工补贴，由人民法院按照国家规定标准代为收取。

当事人复制案件卷宗材料和法律文书应当按实际成本向人民法院交纳工本费。

第十二条　诉讼过程中因鉴定、公告、勘验、翻译、评估、拍卖、变卖、仓储、保管、运输、船舶监管等发生的依法应当由当事人负担的费用，人民法院根据谁主张、谁负担的原则，决定由当事人直接支付给有关机构或者单位，人民法院不得代收代付。

人民法院依照民事诉讼法第十一条第三款规定提供当地民族通用语言、文字翻译的，不收取费用。

第三章 诉讼费用交纳标准

第十三条 案件受理费分别按照下列标准交纳：

（一）财产案件根据诉讼请求的金额或者价额，按照下列比例分段累计交纳：

1. 不超过1万元的，每件交纳50元；
2. 超过1万元至10万元的部分，按照2.5%交纳；
3. 超过10万元至20万元的部分，按照2%交纳；
4. 超过20万元至50万元的部分，按照1.5%交纳；
5. 超过50万元至100万元的部分，按照1%交纳；
6. 超过100万元至200万元的部分，按照0.9%交纳；
7. 超过200万元至500万元的部分，按照0.8%交纳；
8. 超过500万元至1000万元的部分，按照0.7%交纳；
9. 超过1000万元至2000万元的部分，按照0.6%交纳；
10. 超过2000万元的部分，按照0.5%交纳。

（二）非财产案件按照下列标准交纳：

1. 离婚案件每件交纳50元至300元。涉及财产分割，财产总额不超过20万元的，不另行交纳；超过20万元的部分，按照0.5%交纳。

2. 侵害姓名权、名称权、肖像权、名誉权、荣誉权以及其他人格权的案件，每件交纳100元至500元。涉及损害赔偿，赔偿金额不超过5万元的，不另行交纳；超过5万元至10万元的部分，按照1%交纳；超过10万元的部分，按照0.5%交纳。

3. 其他非财产案件每件交纳50元至100元。

（三）知识产权民事案件，没有争议金额或者价额的，每件交纳500元至1000元；有争议金额或者价额的，按照财产案件的标准交纳。

（四）劳动争议案件每件交纳10元。

（五）行政案件按照下列标准交纳：

1. 商标、专利、海事行政案件每件交纳100元；
2. 其他行政案件每件交纳50元。

（六）当事人提出案件管辖权异议，异议不成立的，每件交纳50元至100元。

省、自治区、直辖市人民政府可以结合本地实际情况在本条第（二）项、第（三）项、第（六）项规定的幅度内制定具体交纳标准。

第十四条 申请费分别按照下列标准交纳：

（一）依法向人民法院申请执行人民法院发生法律效力的判决、裁定、调解书，仲裁机构依法作出的裁决和调解书，公证机关依法赋予强制执行效力的债权文书，申请承认和执行外国法院判决、裁定以及国外仲裁机构裁决的，按照下列标准交纳：

1. 没有执行金额或者价额的，每件交纳50元至500元。

2. 执行金额或者价额不超过1万元的，每件交纳50元；超过1万元至50万元的部分，按照1.5%交纳；超过50万元至500万元的部分，按照1%交纳；超过500万元至1000万元的部分，按照0.5%交纳；超过1000万元的部分，按照0.1%交纳。

3. 符合民事诉讼法第五十五条第四款规定，未参加登记的权利人向人民法院提起诉讼的，按照本项规定的标准交纳申请费，不再交纳案件受理费。

（二）申请保全措施的，根据实际保全的财产数额按照下列标准交纳：

财产数额不超过1000元或者不涉及财产数额的，每件交纳30元；超过1000元至10万元的部分，按照1%交纳；超过10万元的部分，按照0.5%交纳。但是，当事人申请保全措施交纳的费用最多不超过5000元。

（三）依法申请支付令的，比照财产案件受理费标准的1/3交纳。

（四）依法申请公示催告的，每件交纳100元。

（五）申请撤销仲裁裁决或者认定仲裁协议效力的，每件交纳400元。

（六）破产案件依据破产财产总额计算，按照财产案件受理费标准减半交纳，但是，最高不超过30万元。

（七）海事案件的申请费按照下列标准交纳：

1. 申请设立海事赔偿责任限制基金的，每件交纳1000元至1万元；
2. 申请海事强制令的，每件交纳1000元至5000元；
3. 申请船舶优先权催告的，每件交纳1000元至5000元；
4. 申请海事债权登记的，每件交纳1000元；
5. 申请共同海损理算的，每件交纳1000元。

第十五条 以调解方式结案或者当事人申请撤诉的，减半交纳案件受理费。

第十六条 适用简易程序审理的案件减半交纳案件受理费。

第十七条 对财产案件提起上诉的，按照不服一审判决部分的上诉请求数额交纳案件受理费。

第十八条 被告提起反诉、有独立请求权的第三人提出与本案有关的诉讼请求，人民法院决定合并审理的，分别减半交纳案件受理费。

第十九条 依照本办法第九条规定需要交纳案件受理费的再审案件，按照不服原判决部分的再审请求数额交纳案件受理费。

第四章 诉讼费用的交纳和退还

第二十条 案件受理费由原告、有独立请求权的第三人、上诉人预交。被告提起反诉，依照本办法规定需要交纳案件受理费的，由被告预交。追索劳动报酬的案件可以不预交案件受理费。

申请费由申请人预交。但是，本办法第十条第（一）项、第（六）项规定的申请费不由申请人预交，执行申请费执行后交纳，破产申请费清算后交纳。

本办法第十一条规定的费用，待实际发生后交纳。

第二十一条 当事人在诉讼中变更诉讼请求数额，案件受理费依照下列规定处理：

（一）当事人增加诉讼请求数额的，按照增加后的诉讼请求数额计算补交；

（二）当事人在法庭调查终结前提出减少诉讼请求数额的，按照减少后的诉讼请求数额计算退还。

第二十二条 原告自接到人民法院交纳诉讼费用通知次日起7日内交纳案件受理费；反诉案件由提起反诉的当事人自提起反诉次日起7日内交纳案件受理费。

上诉案件的案件受理费由上诉人向人民法院提交上诉状时预交。双方当事人都提起上诉的，分别预交。上诉人在上诉期内未预交诉讼费用的，人民法院应当通知其在7日内预交。

申请费由申请人在提出申请时或者在人民法院指定的期限内预交。

当事人逾期不交纳诉讼费用又未提出司法救助申请，或者申请司法救助未获批准，在人民法院指定期限内仍未交纳诉讼费用的，由人民法院依照有关规定处理。

第二十三条 依照本办法第九条规定需要交纳案件受理费的再审案件，由申请再审的当事人预交。双方当事人都申请再审的，分别预交。

第二十四条 依照民事诉讼法第三十六条、第三十七条、第三十八条、第三十九条规定移送、移交的案件，原受理人民法院应当将当事人预交的诉讼费用随案移交接收案件的人民法院。

第二十五条 人民法院审理民事案件过程中发现涉嫌刑事犯罪并将案件移送有关部门处理的，当事人交纳的案件受理费予以退还；移送后民事案件需要继续审理的，当事人已交纳的案件受理费不予退还。

第二十六条 中止诉讼、中止执行的案件，已交纳的案件受理费、申请费不予退还。中止诉讼、中止执行的原因消除，恢复诉讼、执行的，不再交纳案件受理费、申请费。

第二十七条 第二审人民法院决定将案件发回重审的，应当退还上诉人已交纳的第二审案件受理费。

第一审人民法院裁定不予受理或者驳回起诉的，应当退还当事人已交纳的案件受理费；当事人对第一审人民法院不予受理、驳回起诉的裁定提起上诉，第二审人民法院维持第一审人民法院作出的裁定的，第一审人民法院应当退还当事人已交纳的案件受理费。

第二十八条 依照民事诉讼法第一百三十七条规定终结诉讼的案件，依照本办法规定已交纳的案件受理费不予退还。

第五章 诉讼费用的负担

第二十九条 诉讼费用由败诉方负担，胜诉方自愿承担的除外。

部分胜诉、部分败诉的，人民法院根据案件的具体情况决定当事人各自负担的诉讼费用数额。

共同诉讼当事人败诉的，人民法院根据其对诉讼标的的利害关系，决定当事人各自负担的诉讼费用数额。

第三十条 第二审人民法院改变第一审人民法院作出的判决、裁定的，应当相应变更第一审人民法院对诉讼费用负担的决定。

第三十一条 经人民法院调解达成协议的案件，诉讼费用的负担由双方当事人协商解决；协商不成的，由人民法院决定。

第三十二条 依照本办法第九条第（一）项、第（二）项的规定应当交纳案件受理费的再审案件，诉讼费用由申请再审的当事人负担；双方当事人都申请再审的，诉讼费用依照本办法第二十九条的规定负担。原审诉讼费用的负担由人民法院根据诉讼费用负担原则重新确定。

第三十三条 离婚案件诉讼费用的负担由双方当事人协商解决；协商不成的，由人民法院决定。

第三十四条 民事案件的原告或者上诉人申请撤诉，人民法院裁定准许的，案件受理费由原告或者上诉人负担。

行政案件的被告改变或者撤销具体行政行为，原告申请撤诉，人民法院裁定准许的，案件受理费由被告负担。

第三十五条 当事人在法庭调查终结后提出减少诉讼请求数额的，减少请求数额部分的案件受理费由变更诉讼请求的当事人负担。

第三十六条 债务人对督促程序未提出异议的，申请费由债务人负担。债务人对督促程序提出异议致使督促程序终结的，申请费由申请人负担；申请人另行起诉的，可以将申请费列入诉讼请求。

第三十七条 公示催告的申请费由申请人负担。

第三十八条 本办法第十条第（一）项、第（八）项规定的申请费由被执行人负担。

执行中当事人达成和解协议的，申请费的负担由双方当事人协商解决；协商不成的，由人民法院决定。

本办法第十条第（二）项规定的申请费由申请人负担，申请人提起诉讼的，可以将该申请费列入诉讼请求。

本办法第十条第（五）项规定的申请费，由人民法院依照本办法第二十九条规定决定申请费的负担。

第三十九条 海事案件中的有关诉讼费用依照下列规定负担：

（一）诉前申请海事请求保全、海事强制令的，申请费由申请人负担；申请人就有关海事请求提起诉讼的，可将上述费用列入诉讼请求；

（二）诉前申请海事证据保全的，申请费由申请人负担；

（三）诉讼中拍卖、变卖被扣押船舶、船载货物、船用燃油、船用物料发生的合理费用，由申请人预付，从拍卖、变卖价款中先行扣除，退还申请人；

（四）申请设立海事赔偿责任限制基金、申请债权登记与受偿、申请船舶优先权催告案件的申请费，由申请人负担；

（五）设立海事赔偿责任限制基金、船舶优先权催告程序中的公告费用由申请人负担。

第四十条 当事人因自身原因未能在举证期限内举证，在二审或者再审期间提出新的证据致使诉讼费用增加的，增加的诉讼费用由该当事人负担。

第四十一条 依照特别程序审理案件的公告费，由起诉人或者申请人负担。

第四十二条 依法向人民法院申请破产的，诉讼费用依照有关法律规定从破产财产中拨付。

第四十三条 当事人不得单独对人民法院关于诉讼费用的决定提起上诉。

当事人单独对人民法院关于诉讼费用的决定有异议的，可以向作出决定的人民法院院长申请复核。复核决定应当自收到当事人申请之日起 15 日内作出。

当事人对人民法院决定诉讼费用的计算有异议的，可以向作出决定的人民法院请求复核。计算确有错误的，作出决定的人民法院应当予以更正。

第六章 司法救助

第四十四条 当事人交纳诉讼费用确有困难的，可以依照本办法向人民法院申请缓交、减交或者免交诉讼费用的司法救助。

诉讼费用的免交只适用于自然人。

第四十五条 当事人申请司法救助，符合下列情形之一的，人民法院应当准予免交诉讼费用：

（一）残疾人无固定生活来源的；

（二）追索赡养费、扶养费、抚育费、抚恤金的；

（三）最低生活保障对象、农村特困定期救济对象、农村五保供养对象或者领取失业保险金人员，无其他收入的；

（四）因见义勇为或者为保护社会公共利益致使自身合法权益受到损害，本人或者其近亲属请求赔偿或者补偿的；

（五）确实需要免交的其他情形。

第四十六条 当事人申请司法救助，符合下列情形之一的，人民法院应当准予减交诉讼费用：

（一）因自然灾害等不可抗力造成生活困难，正在接受社会救济，或者家庭生产经营难以为继的；

（二）属于国家规定的优抚、安置对象的；

（三）社会福利机构和救助管理站；

（四）确实需要减交的其他情形。

人民法院准予减交诉讼费用的，减交比例不得低于 30%。

第四十七条 当事人申请司法救助，符合下列情形之一的，人民法院应当准予缓交诉讼费用：

（一）追索社会保险金、经济补偿金的；

（二）海上事故、交通事故、医疗事故、工伤事故、产品质量事故或者其他人身伤害事故的受害人请求赔偿的；

（三）正在接受有关部门法律援助的；

（四）确实需要缓交的其他情形。

第四十八条 当事人申请司法救助，应当在起诉或者上诉时提交书面申请、足以证明其确有经济困难的证明材料以及其他相关证明材料。

因生活困难或者追索基本生活费用申请免交、减交诉讼费用的，还应当提供本人及其家庭经济状况符合当地民政、劳动保障等部门规定的公民经济困难标准的证明。

人民法院对当事人的司法救助申请不予批准的，应当向当事人书面说明理由。

第四十九条 当事人申请缓交诉讼费用经审查符合本办法第四十七条规定的，人民法院应当在决定立案之前作出准予缓交的决定。

第五十条 人民法院对一方当事人提供司法救助，对方当事人败诉的，诉讼费用由对方当事人负担；对方当事人胜诉的，可以视申请司法救助的当事人的经济状况决定其减交、免交诉讼费用。

第五十一条 人民法院准予当事人减交、免交诉讼费用的，应当在法律文书中载明。

第七章 诉讼费用的管理和监督

第五十二条 诉讼费用的交纳和收取制度应当公示。人民法院收取诉讼费用按照其财务隶属关系使用国务院财政部门或者省级人民政府财政部门印制的财政票据。案件受理费、申请费全额上缴财政，纳入预算，实行收支两条线管理。

人民法院收取诉讼费用应当向当事人开具缴费凭证，当事人持缴费凭证到指定代理银行交费。依法应当向当事人退费的，人民法院应当按照国家有关规定办理。诉讼费用缴库和退费的具体办法由国务院财政部门商最高人民法院另行制定。

在边远、水上、交通不便地区，基层巡回法庭当场审理案件，当事人提出向指定代理银行交纳诉讼费用确有困难的，基层巡回法庭可以当场收取诉讼费用，并向当事人出具省级人民政府财政部门印制的财政票据；不出具省级人民政府财政部门印制的财政票据的，当事人有权拒绝交纳。

第五十三条 案件审结后，人民法院应当将诉讼费用的详细清单和当事人应当负担的数额书面通知当事人，同时在判决书、裁定书或者调解书中写明当事人各方应当负担的数额。

需要向当事人退还诉讼费用的，人民法院应当自法律文书生效之日起15日内退还有关当事人。

第五十四条　价格主管部门、财政部门按照收费管理的职责分工，对诉讼费用进行管理和监督；对违反本办法规定的乱收费行为，依照法律、法规和国务院相关规定予以查处。

第八章　附　　则

第五十五条　诉讼费用以人民币为计算单位。以外币为计算单位的，依照人民法院决定受理案件之日国家公布的汇率换算成人民币计算交纳；上诉案件和申请再审案件的诉讼费用，按照第一审人民法院决定受理案件之日国家公布的汇率换算。

第五十六条　本办法自2007年4月1日起施行。

◎司法解释

最高人民法院关于人民法院不予受理人民检察院单独就诉讼费负担裁定提出抗诉问题的批复

（1998年7月21日最高人民法院审判委员会第1005次会议通过　1998年8月31日最高人民法院公告公布　自1998年9月5日起施行　法释〔1998〕22号）

河南省高级人民法院：

你院豫高法〔1998〕131号《关于人民检察院单独就诉讼费负担的裁定进行抗诉能否受理的请示》收悉。经研究，同意你院意见，即：人民检察院对人民法院就诉讼费负担的裁定提出抗诉，没有法律依据，人民法院不予受理。

此复。

◎司法文件

最高人民法院关于适用《诉讼费用交纳办法》的通知

（2007年4月20日　法发〔2007〕16号）

全国地方各级人民法院、各级军事法院、各铁路运输中级法院和基层法院、各海事法院，新疆生产建设兵团各级法院：

《诉讼费用交纳办法》（以下简称《办法》）自2007年4月1日起施行，最高人民法院颁布的《人民法院诉讼收费办法》和《〈人民法院诉讼收费办法〉补充规定》同时不再适用。为了贯彻落实《办法》，规范诉讼费用的交纳和管理，现就有关事项通知如下：

一、关于《办法》实施后的收费衔接

2007年4月1日以后人民法院受理的诉讼案件和执行案件，适用《办法》的规定。

2007年4月1日以前人民法院受理的诉讼案件和执行案件，不适用《办法》的规定。

对2007年4月1日以前已经作出生效裁判的案件依法再审的，适用《办法》的规定。人民法院对再审案件依法改判的，原审诉讼费用的负担按照原审时诉讼费用负担的原则和标准重新予以确定。

二、关于当事人未按照规定交纳案件受理费或者申请费的后果

当事人逾期不按照《办法》第二十条规定交纳案件受理费或者申请费并且没有提出司法救助申请，或者申请司法救助未获批准，在人民法院指定期限内仍未交纳案件受理费或者申请费的，由人民法院依法按照当事人自动撤诉或者撤回申请处理。

三、关于诉讼费用的负担

《办法》第二十九条规定，诉讼费用由败诉方负担，胜诉方自愿承担的除外。对原告胜诉的案件，诉讼费用由被告负担，人民法院应当将预收的诉讼费用退还原告，再由人民法院直接向被告收取，但原告自愿承担或者同意被告直接向其支付的除外。

当事人拒不交纳诉讼费用的，人民法院应当依法强制执行。

四、关于执行申请费和破产申请费的收取

《办法》第二十条规定，执行申请费和破产申请费不由申请人预交，执行申请费执行后交纳，破产申请费清算后交纳。自2007年4月1日起，执行申请费由人民法院在执行生效法律文书确定的内容之外直接向被执行人收取，破产申请费由人民法院在破产清算后，从破产财产中优先拨付。

五、关于司法救助的申请和批准程序

《办法》对司法救助的原则、形式、程序等作出了规定，但对司法救助的申请和批准程序未作规定。为规范人民法院司法救助的操作程序，最高人民法院将于近期对《关于对经济确有困难的当事人提供司法救助的规定》进行修订，及时向全国法院颁布施行。

六、关于各省、自治区、直辖市案件受理费和申请费的具体交纳标准

《办法》授权各省、自治区、直辖市人民政府可以结合本地实际情况，在第十三条第（二）、（三）、（六）项和第十四条第（一）项规定的幅度范围内制定各地案件受理费和申请费的具体交纳标准。各高级人民法院要商同级人民政府，及时就上述条款制定本省、自治区、直辖市案件受理费和申请费的具体交纳标准，并尽快下发辖区法院执行。

最高人民法院、司法部关于民事诉讼法律援助工作的规定

（2005 年 9 月 22 日　司发通〔2005〕77 号）

第一条　为加强和规范民事诉讼法律援助工作，根据《中华人民共和国民事诉讼法》、《中华人民共和国律师法》、《法律援助条例》、《最高人民法院关于对经济确有困难的当事人提供司法救助的规定》（以下简称《司法救助规定》），以及其它相关规定，结合法律援助工作实际，制定本规定。

第二条　公民就《法律援助条例》第十条规定的民事权益事项要求诉讼代理的，可以按照《法律援助条例》第十四条的规定向有关法律援助机构申请法律援助。

第三条　公民经济困难的标准，按案件受理地所在的省、自治区、直辖市人民政府的规定执行。

第四条　法律援助机构受理法律援助申请后，应当依照有关规定及时审查并作出决定。对符合法律援助条件的，决定提供法律援助，并告知该当事人可以向有管辖权的人民法院申请司法救助。对不符合法律援助条件的，作出不予援助的决定。

第五条　申请人对法律援助机构不予援助的决定有异议的，可以向确定该法律援助机构的司法行政部门提出。司法行政部门应当在收到异议之日起 5 个工作日内进行审查，经审查认为申请人符合法律援助条件的，应当以书面形式责令法律援助机构及时对该申请人提供法律援助，同时通知申请人。认为申请人不符合法律援助条件的，应当维持法律援助机构不予援助的决定，并将维持决定的理由书面告知申请人。

第六条　当事人依据《司法救助规定》的有关规定先行向人民法院申请司法救助获准的，人民法院可以告知其可以按照《法律援助条例》的规定，向法律援助机构申请法律援助。

第七条　当事人以人民法院给予司法救助的决定为依据，向法律援助机构申请法律援助的，法律援助机构对符合《法律援助条例》第十条规定情形的，不再审查其是否符合经济困难标准，应当直接做出给予法律援助的决定。

第八条　当事人以法律援助机构给予法律援助的决定为依据，向人民法院申请司法救助的，人民法院不再审查其是否符合经济困难标准，应当直接做出给予司法救助的决定。

第九条　人民法院依据法律援助机构给予法律援助的决定，准许受援的当事人司法救助的请求的，应当根据《司法救助规定》第五条的规定，先行对当事人作出缓交诉讼费用的决定，待案件审结后再根据案件的具体情况，按照《司法救助规定》第六条的规定决定诉讼费用的负担。

第十条　人民法院应当支持法律援助机构指派或者安排的承办法律援助案件的人员在民事诉讼中实施法律援助，在查阅、摘抄、复制案件材料等方面提供便利条件，对承办法律援助案件的人员复制必要的相关材料的费用应当予以免收或者减收，减收的标准按复制材料所必须的工本费用计算。

第十一条　法律援助案件的受援人依照民事诉讼法的规定申请先予执行，人民法院裁定先予执行的，可以不要求受援人提供相应的担保。

第十二条　实施法律援助的民事诉讼案件出现《法律援助条例》第二十三条规定的终止法律援助或者《司法救助规定》第九条规定的撤销司法救助的情形时，法律援助机构、人民法院均应当在作出终止法律援助决定或者撤销司法救助决定的当日函告对方，对方相应作出撤销决定或者终止决定。

第十三条　承办法律援助案件的人员在办案过程中应当尽职尽责，恪守职业道德和执业纪律。

法律援助机构应当对承办法律援助案件的人员的法律援助活动进行业务指导和监督，保证法律援助案件质量。

人民法院在办案过程中发现承办法律援助案件的人员违反职业道德和执业纪律，损害受援人利益的，应当及时向作出指派的法律援助机构通报有关情况。

第十四条　人民法院应当在判决书、裁定书中写明做出指派的法律援助机构、承办法律援助案件的人员及其所在的执业机构。

第十五条　本规定自 2005 年 12 月 1 日起施行。最高人民法院、司法部于 1999 年 4 月 12 日下发的《关于民事法律援助工作若干问题的联合通知》与本规定有抵触的，以本规定为准。

最高人民法院关于对经济确有困难的当事人提供司法救助的规定

（2005 年 4 月 5 日　法发〔2005〕6 号）

第一条　为了使经济确有困难的当事人能够依法行使诉讼权利，维护其合法权益，根据《中华人民共和国民事诉讼法》、《中华人民共和国行政诉讼法》和《人民法院诉讼收费办法》，制定本规定。

第二条　本规定所称司法救助，是指人民法院对于当事人为维护自己的合法权益，向人民法院提起民事、行政诉讼，但经济确有困难的，实行诉讼费用的缓交、减交、免交。

第三条　当事人符合本规定第二条并具有下列情形之一的，可以向人民法院申请司法救助：

（一）追索赡养费、扶养费、抚育费、抚恤金的；

(二)孤寡老人、孤儿和农村“五保户”;

(三)没有固定生活来源的残疾人、患有严重疾病的人;

(四)国家规定的优抚、安置对象;

(五)追索社会保险金、劳动报酬和经济补偿金的;

(六)交通事故、医疗事故、工伤事故、产品质量事故或者其他人身伤害事故的受害人,请求赔偿的;

(七)因见义勇为或为保护社会公共利益致使自己合法权益受到损害,本人或者近亲属请求赔偿或经济补偿的;

(八)进城务工人员追索劳动报酬或其他合法权益受到侵害而请求赔偿的;

(九)正在享受城市居民最低生活保障、农村特困户救济或者领取失业保险金,无其他收入的;

(十)因自然灾害等不可抗力造成生活困难,正在接受社会救济,或者家庭生产经营难以为继的;

(十一)起诉行政机关违法要求农民履行义务的;

(十二)正在接受有关部门法律援助的;

(十三)当事人为社会福利机构、敬老院、优抚医院、精神病院、SOS 儿童村、社会救助站、特殊教育机构等社会公共福利单位的;

(十四)其他情形确实需要司法救助的。

第四条　当事人请求人民法院提供司法救助,应在起诉或上诉时提交书面申请和足以证明其确有经济困难的证明材料。其中因生活困难或者追索基本生活费用申请司法救助的,应当提供本人及其家庭经济状况符合当地民政、劳动和社会保障等部门规定的公民经济困难标准的证明。

第五条　人民法院对当事人司法救助的请求,经审查符合本规定第三条所列情形的,立案时应准许当事人缓交诉讼费用。

第六条　人民法院决定对一方当事人司法救助,对方当事人败诉的,诉讼费用由对方当事人交纳;拒不交纳的强制执行。

对方当事人胜诉的,可视申请司法救助当事人的经济状况决定其减交、免交诉讼费用。决定减交诉讼费用的,减交比例不得低于30%。符合本规定第三条第二项、第九项规定情形的,应免交诉讼费用。

第七条　对当事人请求缓交诉讼费用的,由承办案件的审判人员或合议庭提出意见,报庭长审批;对当事人请求减交、免交诉讼费用的,由承办案件的审判人员或合议庭提出意见,经庭长审核同意后,报院长审批。

第八条　人民法院决定对当事人减交、免交诉讼费用的,应在法律文书中列明。

第九条　当事人骗取司法救助的,人民法院应当责令其补交诉讼费用;拒不补交的,以妨害诉讼行为论处。

第十条　本规定自公布之日起施行。

最高人民法院关于委托高级人民法院向当事人送达预交上诉案件受理费等有关事项的通知

(2004 年 10 月 25 日　法〔2004〕222 号)

各省、自治区、直辖市高级人民法院,解放军军事法院,新疆维吾尔自治区高级人民法院生产建设兵团分院:

为提高最高人民法院第二审民事、行政案件立案工作效率,保障当事人的诉权,方便当事人诉讼,最高人民法院实行委托高级人民法院向当事人送达《当事人提起上诉及预交上诉案件受理费有关事项的通知》制度。具体通知如下:

第一条　高级人民法院在向当事人送达第一审裁判文书的同时送达《当事人提起上诉及预交上诉案件受理费等事项的通知》。

第二条　当事人收到《当事人提起上诉及预交上诉案件受理费等事项的通知》后,未在规定的交费期间预交上诉案件受理费,也未提出缓交、减交、免交上诉案件受理费申请的,高级人民法院应将上诉状、送达回证、第一审裁判文书等有关材料报送最高人民法院立案庭。

第三条　当事人收到《当事人提起上诉及预交上诉案件受理费等事项的通知》后,在规定的期间内向作出第一审裁判的高级人民法院提出缓交、减交、免交上诉案件受理费申请及相关证明的,该高级人民法院应将申请连同全部案件卷宗报送最高人民法院立案庭。

第四条　高级人民法院报送的上诉案件卷宗材料应当符合《最高人民法院立案工作细则》和最高人民法院立案庭《关于严格执行〈最高人民法院立案工作细则〉的通知》的有关规定。

高级人民法院报送的案件卷宗材料应当附上诉状、上诉状副本送达回证或邮寄回执、第一审裁判文书五份以及各方当事人签收《当事人提起上诉及预交上诉案件受理费等事项的通知》的送达回证或邮寄回执。

第五条　高级人民法院报送的案件卷宗材料不符合本通知第四条规定,最高人民法院立案庭通知该高级人民法院补报的,该高级人民法院接到通知后十日内仍未补报的,最高人民法院立案庭将全部案件卷宗材料退回该高级人民法院。

第六条　当事人直接向最高人民法院递交上诉状的,最高人民法院在上诉状上加盖签收印章,用例稿函将上诉状移交有关高级人民法院审查处理。当事人的上诉日期以最高人民法院签收的日期为准。

第七条　本通知自 2005 年 1 月 1 日起执行。

附件《关于当事人提起上诉及预交上诉案件诉讼费等事项的通知》、印模、《例稿函》(略)

文书范本

申请书(申请缓交、减交或者免交诉讼费用)

申请书

申请人:×××,男/女,××××年××月××日出生,×族,……(写明工作单位和职务或者职业),住……。联系方式:……。

法定代理人/指定代理人:×××,……。

委托诉讼代理人:×××,……。

(以上写明申请人和其他诉讼参加人的姓名或者名称等基本信息)

请求事项:

缓交/减交/免交诉讼费用……元。

事实和理由:

……(写明案件当事人和案由)一案,……(写明申请缓交/减交/免交诉讼费用的事实和理由)

此致

××××人民法院

申请人(签名或者公章)

××××年××月××日

【说明】

1. 本样式根据《中华人民共和国民事诉讼法》第一百一十八条第二款以及《诉讼费用交纳办法》第四十四条至第五十一条制定,供交纳诉讼费用确有困难的当事人申请向人民法院缓交、减交或者免交诉讼费用。

2. 诉讼费用的免交只适用于自然人。

3. 当事人申请司法救助,应当在起诉或者上诉时提交书面申请、足以证明其确有经济困难的证明材料以及其他相关证明材料。因生活困难或者追索基本生活费用申请免交、减交诉讼费用的,还应当提供本人及其家庭经济状况符合当地民政、劳动保障等部门规定的公民经济困难标准的证明。

实用图表

诉讼费用收费速算表

婚姻案件	每件50-300元	超过20万元的部分收0.5%
侵害人身权案件	每件100-500元	超过5万至10万的部分,收1%; 超过10万的部分收0.5%
其他非财产案件	每件50-100元	
劳动争议案件	每件10元	
知识产权纠纷案件	每件500-1000元	有争议金额的按财产案件标准
破产案件	依据破产财产总额计算,按照财产案件受理费标准减半交纳,但最高不超过30万元	
商标、专利、海事行政案件	每件100元	
其他行政案件	每件50元	
管辖权异议	异议不成立的,每件50-100元;	

续表

财产案件	1万元以下	50元
	1－10万元	标的额×2.5%－200元
	10－20万元	标的额×2%＋300元
	20－50万元	标的额×1.5%＋1300元
	50－100万元	标的额×1%＋3800元
	100－200万元	标的额×0.9%＋4800元
	200－500万元	标的额×0.8%＋6800元
	500－1000万元	标的额×0.7%＋11800元
	1000－2000万元	标的额×0.6%＋21800元
	2000万元以上	标的额×0.5%＋41800元
案件执行费	没有执行金额或者价额	每件50元至500元
	执行金额不超过1万元	每件50元
	超过1万元至50万元的部分	执行金额×1.5%－100元
	超过50万元至500万元的部分	执行金额×1%＋2400元
	超过500万元至1000万元的部分	执行金额×0.5%＋27400元
	超过1000万元的部分	执行金额×0.1%＋67400元
保全费	财产数额不超过1000元或者不涉及财产数额	每件30元
	超过1000元至10万元的部分	1%
	超过10万元的部分	0.5%，但最多不超过5000元
申请支付令	按财产案件受理费标准的1/3交纳	
申请公示催告	每件交纳100元	
申请撤销仲裁裁决或者认定仲裁协议效力	每件交纳400元	

十、第一审程序

◎法律法规

中华人民共和国人民陪审员法

（2018年4月27日第十三届全国人民代表大会常务委员会第二次会议通过　2018年4月27日中华人民共和国主席令第四号公布　自公布之日起施行）

第一条　为了保障公民依法参加审判活动，促进司法公正，提升司法公信，制定本法。

第二条　公民有依法担任人民陪审员的权利和义务。

人民陪审员依照本法产生，依法参加人民法院的审判活动，除法律另有规定外，同法官有同等权利。

第三条　人民陪审员依法享有参加审判活动、独立发表意见、获得履职保障等权利。

人民陪审员应当忠实履行审判职责，保守审判秘密，注重司法礼仪，维护司法形象。

第四条　人民陪审员依法参加审判活动，受法律保护。

人民法院应当依法保障人民陪审员履行审判职责。

人民陪审员所在单位、户籍所在地或者经常居住地的基层群众性自治组织应当依法保障人民陪审员参加审判活动。

第五条　公民担任人民陪审员，应当具备下列条件：

（一）拥护中华人民共和国宪法；

（二）年满二十八周岁；

（三）遵纪守法、品行良好、公道正派；

（四）具有正常履行职责的身体条件。

担任人民陪审员，一般应当具有高中以上文化程度。

第六条　下列人员不能担任人民陪审员：

（一）人民代表大会常务委员会的组成人员，监察委员会、人民法院、人民检察院、公安机关、国家安全机关、司法行政机关的工作人员；

（二）律师、公证员、仲裁员、基层法律服务工作者；

（三）其他因职务原因不适宜担任人民陪审员的人员。

第七条　有下列情形之一的，不得担任人民陪审员：

（一）受过刑事处罚的；

（二）被开除公职的；

（三）被吊销律师、公证员执业证书的；

（四）被纳入失信被执行人名单的；

（五）因受惩戒被免除人民陪审员职务的；

（六）其他有严重违法违纪行为，可能影响司法公信的。

第八条　人民陪审员的名额，由基层人民法院根据审判案件的需要，提请同级人民代表大会常务委员会确定。

人民陪审员的名额数不低于本院法官数的三倍。

第九条　司法行政机关会同基层人民法院、公安机关，从辖区内的常住居民名单中随机抽选拟任命人民陪审员数五倍以上的人员作为人民陪审员候选人，对人民陪审员候选人进行资格审查，征求候选人意见。

第十条　司法行政机关会同基层人民法院，从通过资格审查的人民陪审员候选人名单中随机抽选确定人民陪审员人选，由基层人民法院院长提请同级人民代表大会常务委员会任命。

第十一条　因审判活动需要，可以通过个人申请和所在单位、户籍所在地或者经常居住地的基层群众性自治组织、人民团体推荐的方式产生人民陪审员候选人，经司法行政机关会同基层人民法院、公安机关进行资格审查，确定人民陪审员人选，由基层人民法院院长提请同级人民代表大会常务委员会任命。

依照前款规定产生的人民陪审员，不得超过人民陪审员名额数的五分之一。

第十二条　人民陪审员经人民代表大会常务委员会任命后，应当公开进行就职宣誓。宣誓仪式由基层人民法院会同司法行政机关组织。

第十三条　人民陪审员的任期为五年，一般不得连任。

第十四条　人民陪审员和法官组成合议庭审判案件，由法官担任审判长，可以组成三人合议庭，也可以由法官三人与人民陪审员四人组成七人合议庭。

第十五条　人民法院审判第一审刑事、民事、行政案件，有下列情形之一的，由人民陪审员和法官组成合议庭进行：

（一）涉及群体利益、公共利益的；

（二）人民群众广泛关注或者其他社会影响较大的；

（三）案情复杂或者有其他情形，需要由人民陪审员参加审判的。

人民法院审判前款规定的案件，法律规定由法官独任审理或者由法官组成合议庭审理的，从其规定。

第十六条 人民法院审判下列第一审案件，由人民陪审员和法官组成七人合议庭进行：

（一）可能判处十年以上有期徒刑、无期徒刑、死刑，社会影响重大的刑事案件；

（二）根据民事诉讼法、行政诉讼法提起的公益诉讼案件；

（三）涉及征地拆迁、生态环境保护、食品药品安全，社会影响重大的案件；

（四）其他社会影响重大的案件。

第十七条 第一审刑事案件被告人、民事案件原告或者被告、行政案件原告申请由人民陪审员参加合议庭审判的，人民法院可以决定由人民陪审员和法官组成合议庭审判。

第十八条 人民陪审员的回避，适用审判人员回避的法律规定。

第十九条 基层人民法院审判案件需要由人民陪审员参加合议庭审判的，应当在人民陪审员名单中随机抽取确定。

中级人民法院、高级人民法院审判案件需要由人民陪审员参加合议庭审判的，在其辖区内的基层人民法院的人民陪审员名单中随机抽取确定。

第二十条 审判长应当履行与案件审判相关的指引、提示义务，但不得妨碍人民陪审员对案件的独立判断。

合议庭评议案件，审判长应当对本案中涉及的事实认定、证据规则、法律规定等事项及应当注意的问题，向人民陪审员进行必要的解释和说明。

第二十一条 人民陪审员参加三人合议庭审判案件，对事实认定、法律适用，独立发表意见，行使表决权。

第二十二条 人民陪审员参加七人合议庭审判案件，对事实认定，独立发表意见，并与法官共同表决；对法律适用，可以发表意见，但不参加表决。

第二十三条 合议庭评议案件，实行少数服从多数的原则。人民陪审员同合议庭其他组成人员意见分歧的，应当将其意见写入笔录。

合议庭组成人员意见有重大分歧的，人民陪审员或者法官可以要求合议庭将案件提请院长决定是否提交审判委员会讨论决定。

第二十四条 人民法院应当结合本辖区实际情况，合理确定每名人民陪审员年度参加审判案件的数量上限，并向社会公告。

第二十五条 人民陪审员的培训、考核和奖惩等日常管理工作，由基层人民法院会同司法行政机关负责。

对人民陪审员应当有计划地进行培训。人民陪审员应当按照要求参加培训。

第二十六条 对于在审判工作中有显著成绩或者有其他突出事迹的人民陪审员，依照有关规定给予表彰和奖励。

第二十七条 人民陪审员有下列情形之一，经所在基层人民法院会同司法行政机关查证属实的，由院长提请同级人民代表大会常务委员会免除其人民陪审员职务：

（一）本人因正当理由申请辞去人民陪审员职务的；

（二）具有本法第六条、第七条所列情形之一的；

（三）无正当理由，拒绝参加审判活动，影响审判工作正常进行的；

（四）违反与审判工作有关的法律及相关规定，徇私舞弊，造成错误裁判或者其他严重后果的。

人民陪审员有前款第三项、第四项所列行为的，可以采取通知其所在单位、户籍所在地或者经常居住地的基层群众性自治组织、人民团体，在辖区范围内公开通报等措施进行惩戒；构成犯罪的，依法追究刑事责任。

第二十八条 人民陪审员的人身和住所安全受法律保护。任何单位和个人不得对人民陪审员及其近亲属打击报复。

对报复陷害、侮辱诽谤、暴力侵害人民陪审员及其近亲属的，依法追究法律责任。

第二十九条 人民陪审员参加审判活动期间，所在单位不得克扣或者变相克扣其工资、奖金及其他福利待遇。

人民陪审员所在单位违反前款规定的，基层人民法院应当及时向人民陪审员所在单位或者所在单位的主管部门、上级部门提出纠正意见。

第三十条 人民陪审员参加审判活动期间，由人民法院依照有关规定按实际工作日给予补助。

人民陪审员因参加审判活动而支出的交通、就餐等费用，由人民法院依照有关规定给予补助。

第三十一条 人民陪审员因参加审判活动应当享受的补助，人民法院和司法行政机关为实施人民陪审员制度所必需的开支，列入人民法院和司法行政机关业务经费，由相应政府财政予以保障。具体办法由最高人民法院、国务院司法行政部门会同国务院财政部门制定。

第三十二条 本法自公布之日起施行。2004 年 8 月 28 日第十届全国人民代表大会常务委员会第十一次会议通过的《全国人民代表大会常务委员会关于完善人民陪审员制度的决定》同时废止。

◎司法解释

最高人民法院关于人民法院民事调解工作若干问题的规定

（2004年8月18日最高人民法院审判委员会第1321次会议通过　根据2008年12月16日公布的《最高人民法院关于调整司法解释等文件中引用〈中华人民共和国民事诉讼法〉条文序号的决定》第一次修正　根据2020年12月23日最高人民法院审判委员会第1823次会议通过的《最高人民法院关于修改〈最高人民法院关于人民法院民事调解工作若干问题的规定〉等十九件民事诉讼类司法解释的决定》第二次修正　2020年12月29日最高人民法院公告公布　自2021年1月1日起施行　法释〔2020〕20号）

为了保证人民法院正确调解民事案件，及时解决纠纷，保障和方便当事人依法行使诉讼权利，节约司法资源，根据《中华人民共和国民事诉讼法》等法律的规定，结合人民法院调解工作的经验和实际情况，制定本规定。

第一条　根据民事诉讼法第九十五条的规定，人民法院可以邀请与当事人有特定关系或者与案件有一定联系的企业事业单位、社会团体或者其他组织，和具有专门知识、特定社会经验、与当事人有特定关系并有利于促成调解的个人协助调解工作。

经各方当事人同意，人民法院可以委托前款规定的单位或者个人对案件进行调解，达成调解协议后，人民法院应当依法予以确认。

第二条　当事人在诉讼过程中自行达成和解协议的，人民法院可以根据当事人的申请依法确认和解协议制作调解书。双方当事人申请庭外和解的期间，不计入审限。

当事人在和解过程中申请人民法院对和解活动进行协调的，人民法院可以委派审判辅助人员或者邀请、委托有关单位和个人从事协调活动。

第三条　人民法院应当在调解前告知当事人主持调解人员和书记员姓名以及是否申请回避等有关诉讼权利和诉讼义务。

第四条　在答辩期满前人民法院对案件进行调解，适用普通程序的案件在当事人同意调解之日起15天内，适用简易程序的案件在当事人同意调解之日起7天内未达成调解协议的，经各方当事人同意，可以继续调解。延长的调解期间不计入审限。

第五条　当事人申请不公开进行调解的，人民法院应当准许。

调解时当事人各方应当同时在场，根据需要也可以对当事人分别作调解工作。

第六条　当事人可以自行提出调解方案，主持调解的人员也可以提出调解方案供当事人协商时参考。

第七条　调解协议内容超出诉讼请求的，人民法院可以准许。

第八条　人民法院对于调解协议约定一方不履行协议应当承担民事责任的，应予准许。

调解协议约定一方不履行协议，另一方可以请求人民法院对案件作出裁判的条款，人民法院不予准许。

第九条　调解协议约定一方提供担保或者案外人同意为当事人提供担保的，人民法院应当准许。

案外人提供担保的，人民法院制作调解书应当列明担保人，并将调解书送交担保人。担保人不签收调解书的，不影响调解书生效。

当事人或者案外人提供的担保符合民法典规定的条件时生效。

第十条　调解协议具有下列情形之一的，人民法院不予确认：

（一）侵害国家利益、社会公共利益的；

（二）侵害案外人利益的；

（三）违背当事人真实意思的；

（四）违反法律、行政法规禁止性规定的。

第十一条　当事人不能对诉讼费用如何承担达成协议的，不影响调解协议的效力。人民法院可以直接决定当事人承担诉讼费用的比例，并将决定记入调解书。

第十二条　对调解书的内容既不享有权利又不承担义务的当事人不签收调解书的，不影响调解书的效力。

第十三条　当事人以民事调解书与调解协议的原意不一致为由提出异议，人民法院审查后认为异议成立的，应当根据调解协议裁定补正民事调解书的相关内容。

第十四条　当事人就部分诉讼请求达成调解协议的，人民法院可以就此先行确认并制作调解书。

当事人就主要诉讼请求达成调解协议，请求人民法院对未达成协议的诉讼请求提出处理意见并表示接受该处理结果的，人民法院的处理意见是调解协议的一部分内容，制作调解书的记入调解书。

第十五条　调解书确定的担保条款条件或者承担民事责任的条件成就时，当事人申请执行的，人民法院应当依法执行。

不履行调解协议的当事人按照前款规定承担了调解书确定的民事责任后，对方当事人又要求其承担民事诉讼法第二百五十三条规定的迟延履行责任的，人民法院不予支持。

第十六条　调解书约定给付特定标的物的，调解协议达成前该物上已经存在的第三人的物权和优先权不受影响。第三人在执行过程中对执行标的物提出异议的，应当按照民事诉讼法第二百二十七条规定处理。

第十七条 人民法院对刑事附带民事诉讼案件进行调解,依照本规定执行。

第十八条 本规定实施前人民法院已经受理的案件,在本规定施行后尚未审结的,依照本规定执行。

第十九条 本规定实施前最高人民法院的有关司法解释与本规定不一致的,适用本规定。

第二十条 本规定自2004年11月1日起实施。

最高人民法院关于适用简易程序审理民事案件的若干规定

(2003年7月4日最高人民法院审判委员会第1280次会议通过 根据2020年12月23日最高人民法院审判委员会第1823次会议通过的《最高人民法院关于修改〈最高人民法院关于人民法院民事调解工作若干问题的规定〉等十九件民事诉讼类司法解释的决定》修正 2020年12月29日最高人民法院公告公布 自2021年1月1日起施行 法释〔2020〕20号)

为保障和方便当事人依法行使诉讼权利,保证人民法院公正、及时审理民事案件,根据《中华人民共和国民事诉讼法》的有关规定,结合民事审判经验和实际情况,制定本规定。

一、适用范围

第一条 基层人民法院根据民事诉讼法第一百五十七条规定审理简单的民事案件,适用本规定,但有下列情形之一的案件除外:

(一)起诉时被告下落不明的;

(二)发回重审的;

(三)共同诉讼中一方或者双方当事人人数众多的;

(四)法律规定应当适用特别程序、审判监督程序、督促程序、公示催告程序和企业法人破产还债程序的;

(五)人民法院认为不宜适用简易程序进行审理的。

第二条 基层人民法院适用第一审普通程序审理的民事案件,当事人各方自愿选择适用简易程序,经人民法院审查同意的,可以适用简易程序进行审理。

人民法院不得违反当事人自愿原则,将普通程序转为简易程序。

第三条 当事人就适用简易程序提出异议,人民法院认为异议成立的,或者人民法院在审理过程中发现不宜适用简易程序的,应当将案件转入普通程序审理。

二、起诉与答辩

第四条 原告本人不能书写起诉状,委托他人代写起诉状确有困难的,可以口头起诉。

原告口头起诉的,人民法院应当将当事人的基本情况、联系方式、诉讼请求、事实及理由予以准确记录,将相关证据予以登记。人民法院应当将上述记录和登记的内容向原告当面宣读,原告认为无误后应当签名或者按指印。

第五条 当事人应当在起诉或者答辩时向人民法院提供自己准确的送达地址、收件人、电话号码等其他联系方式,并签名或者按指印确认。

送达地址应当写明受送达人住所地的邮政编码和详细地址;受送达人是有固定职业的自然人的,其从业的场所可以视为送达地址。

第六条 原告起诉后,人民法院可以采取捎口信、电话、传真、电子邮件等简便方式随时传唤双方当事人、证人。

第七条 双方当事人到庭后,被告同意口头答辩的,人民法院可以当即开庭审理;被告要求书面答辩的,人民法院应当将提交答辩状的期限和开庭的具体日期告知各方当事人,并向当事人说明逾期举证以及拒不到庭的法律后果,由各方当事人在笔录和开庭传票的送达回证上签名或者按指印。

第八条 人民法院按照原告提供的被告的送达地址或者其他联系方式无法通知被告应诉的,应当按以下情况分别处理:

(一)原告提供了被告准确的送达地址,但人民法院无法向被告直接送达或者留置送达应诉通知书的,应当将案件转入普通程序审理;

(二)原告不能提供被告准确的送达地址,人民法院经查证后仍不能确定被告送达地址的,可以被告不明确为由裁定驳回原告起诉。

第九条 被告到庭后拒绝提供自己的送达地址和联系方式的,人民法院应当告知其拒不提供送达地址的后果;经人民法院告知后被告仍然拒不提供的,按下列方式处理:

(一)被告是自然人的,以其户籍登记中的住所或者经常居所为送达地址;

(二)被告是法人或者非法人组织的,应当以其在登记机关登记、备案中的住所为送达地址。

人民法院应当将上述告知的内容记入笔录。

第十条 因当事人自己提供的送达地址不准确、送达地址变更未及时告知人民法院,或者当事人拒不提供自己的送达地址而导致诉讼文书未能被当事人实际接收的,按下列方式处理:

(一)邮寄送达的,以邮件回执上注明的退回之日视为送达之日;

(二)直接送达的,送达人当场在送达回证上记明情况之日视为送达之日。

上述内容,人民法院应当在原告起诉和被告答辩时以书面或者口头方式告知当事人。

第十一条 受送达的自然人以及他的同住成年家属拒绝签收诉讼文书的，或者法人、非法人组织负责收件的人拒绝签收诉讼文书的，送达人应当依据民事诉讼法第八十六条的规定邀请有关基层组织或者所在单位的代表到场见证，被邀请的人不愿到场见证的，送达人应当在送达回证上记明拒收事由、时间和地点以及被邀请人不愿到场见证的情形，将诉讼文书留在受送达人的住所或者从业场所，即视为送达。

受送达人的同住成年家属或者法人、非法人组织负责收件的人是同一案件中另一方当事人的，不适用前款规定。

三、审理前的准备

第十二条 适用简易程序审理的民事案件，当事人及其诉讼代理人申请证人出庭作证，应当在举证期限届满前提出。

第十三条 当事人一方或者双方就适用简易程序提出异议后，人民法院应当进行审查，并按下列情形分别处理：

（一）异议成立的，应当将案件转入普通程序审理，并将合议庭的组成人员及相关事项以书面形式通知双方当事人；

（二）异议不成立的，口头告知双方当事人，并将上述内容记入笔录。

转入普通程序审理的民事案件的审理期限自人民法院立案的次日起开始计算。

第十四条 下列民事案件，人民法院在开庭审理时应当先行调解：

（一）婚姻家庭纠纷和继承纠纷；

（二）劳务合同纠纷；

（三）交通事故和工伤事故引起的权利义务关系较为明确的损害赔偿纠纷；

（四）宅基地和相邻关系纠纷；

（五）合伙合同纠纷；

（六）诉讼标的额较小的纠纷。

但是根据案件的性质和当事人的实际情况不能调解或者显然没有调解必要的除外。

第十五条 调解达成协议并经审判人员审核后，双方当事人同意该调解协议经双方签名或者按指印生效的，该调解协议自双方签名或者按指印之日起发生法律效力。当事人要求摘录或者复制该调解协议的，应予准许。

调解协议符合前款规定，且不属于不需要制作调解书的，人民法院应当另行制作民事调解书。调解协议生效后一方拒不履行的，另一方可以持民事调解书申请强制执行。

第十六条 人民法院可以当庭告知当事人到人民法院领取民事调解书的具体日期，也可以在当事人达成调解协议的次日起十日内将民事调解书发送给当事人。

第十七条 当事人以民事调解书与调解协议的原意不一致为由提出异议，人民法院审查后认为异议成立的，应当根据调解协议裁定补正民事调解书的相关内容。

四、开庭审理

第十八条 以捎口信、电话、传真、电子邮件等形式发送的开庭通知，未经当事人确认或者没有其他证据足以证明当事人已经收到的，人民法院不得将其作为按撤诉处理和缺席判决的根据。

第十九条 开庭前已经书面或者口头告知当事人诉讼权利义务，或者当事人各方均委托律师代理诉讼的，审判人员除告知当事人申请回避的权利外，可以不再告知当事人其他的诉讼权利义务。

第二十条 对没有委托律师代理诉讼的当事人，审判人员应当对回避、自认、举证责任等相关内容向其作必要的解释或者说明，并在庭审过程中适当提示当事人正确行使诉讼权利、履行诉讼义务，指导当事人进行正常的诉讼活动。

第二十一条 开庭时，审判人员可以根据当事人的诉讼请求和答辩意见归纳出争议焦点，经当事人确认后，由当事人围绕争议焦点举证、质证和辩论。

当事人对案件事实无争议的，审判人员可以在听取当事人就适用法律方面的辩论意见后迳行判决、裁定。

第二十二条 当事人双方同时到基层人民法院请求解决简单的民事纠纷，但未协商举证期限，或者被告一方经简便方式传唤到庭的，当事人在开庭审理时要求当庭举证的，应予准许；当事人当庭举证有困难的，举证的期限由当事人协商决定，但最长不得超过十五日；协商不成的，由人民法院决定。

第二十三条 适用简易程序审理的民事案件，应当一次开庭审结，但人民法院认为确有必要再次开庭的除外。

第二十四条 书记员应当将适用简易程序审理民事案件的全部活动记入笔录。对于下列事项，应当详细记载：

（一）审判人员关于当事人诉讼权利义务的告知、争议焦点的概括、证据的认定和裁判的宣告等重大事项；

（二）当事人申请回避、自认、撤诉、和解等重大事项；

（三）当事人当庭陈述的与其诉讼权利直接相关的其他事项。

第二十五条 庭审结束时，审判人员可以根据案件的审理情况对争议焦点和当事人各方举证、质证和辩论的情况进行简要总结，并就是否同意调解征询当事人的意见。

第二十六条 审判人员在审理过程中发现案情复杂需要转为普通程序的，应当在审限届满前及时作出决定，并书面通知当事人。

五、宣判与送达

第二十七条 适用简易程序审理的民事案件，除人民法院认为不宜当庭宣判的以外，应当当庭宣判。

第二十八条 当庭宣判的案件，除当事人当庭要求邮寄送达的以外，人民法院应当告知当事人或者诉讼代理人领取裁判文书的期间和地点以及逾期不领取的法律后果。上述情况，应当记入笔录。

人民法院已经告知当事人领取裁判文书的期间和地点的，当事人在指定期间内领取裁判文书之日即为送达之日；当事人在指定期间内未领取的，指定领取裁判文书期间届满之日即为送达之日，当事人的上诉期从人民法院指定领取裁判文书期间届满之日的次日起开始计算。

第二十九条　当事人因交通不便或者其他原因要求邮寄送达裁判文书的，人民法院可以按照当事人自己提供的送达地址邮寄送达。

人民法院根据当事人自己提供的送达地址邮寄送达的，邮件回执上注明收到或者退回之日即为送达之日，当事人的上诉期从邮件回执上注明收到或者退回之日的次日起开始计算。

第三十条　原告经传票传唤，无正当理由拒不到庭或者未经法庭许可中途退庭的，可以按撤诉处理；被告经传票传唤，无正当理由拒不到庭或者未经法庭许可中途退庭的，人民法院可以根据原告的诉讼请求及双方已经提交给法庭的证据材料缺席判决。

按撤诉处理或者缺席判决的，人民法院可以按照当事人自己提供的送达地址将裁判文书送达给未到庭的当事人。

第三十一条　定期宣判的案件，定期宣判之日即为送达之日，当事人的上诉期自定期宣判的次日起开始计算。当事人在定期宣判的日期无正当理由未到庭的，不影响该裁判上诉期间的计算。

当事人确有正当理由不能到庭，并在定期宣判前已经告知人民法院的，人民法院可以按照当事人自己提供的送达地址将裁判文书送达给未到庭的当事人。

第三十二条　适用简易程序审理的民事案件，有下列情形之一的，人民法院在制作裁判文书时对认定事实或者判决理由部分可以适当简化：

（一）当事人达成调解协议并需要制作民事调解书的；

（二）一方当事人在诉讼过程中明确表示承认对方全部诉讼请求或者部分诉讼请求的；

（三）当事人对案件事实没有争议或者争议不大的；

（四）涉及自然人的隐私、个人信息，或者商业秘密的案件，当事人一方要求简化裁判文书中的相关内容，人民法院认为理由正当的；

（五）当事人双方一致同意简化裁判文书的。

六、其　　他

第三十三条　本院已经公布的司法解释与本规定不一致的，以本规定为准。

第三十四条　本规定自2003年12月1日起施行。2003年12月1日以后受理的民事案件，适用本规定。

最高人民法院关于适用《中华人民共和国人民陪审员法》若干问题的解释

（2019年2月18日最高人民法院审判委员会第1761次会议通过　2019年4月24日最高人民法院公告公布　自2019年5月1日起施行　法释〔2019〕5号）

为依法保障和规范人民陪审员参加审判活动，根据《中华人民共和国人民陪审员法》等法律的规定，结合审判实际，制定本解释。

第一条　根据人民陪审员法第十五条、第十六条的规定，人民法院决定由人民陪审员和法官组成合议庭审判的，合议庭成员确定后，应当及时告知当事人。

第二条　对于人民陪审员法第十五条、第十六条规定之外的第一审普通程序案件，人民法院应当告知刑事案件被告人、民事案件原告和被告、行政案件原告，在收到通知五日内有权申请由人民陪审员参加合议庭审判案件。

人民法院接到当事人在规定期限内提交的申请后，经审查决定由人民陪审员和法官组成合议庭审判的，合议庭成员确定后，应当及时告知当事人。

第三条　人民法院应当在开庭七日前从人民陪审员名单中随机抽取确定人民陪审员。

人民法院可以根据案件审判需要，从人民陪审员名单中随机抽取一定数量的候补人民陪审员，并确定递补顺序，一并告知当事人。

因案件类型需要具有相应专业知识的人民陪审员参加合议庭审判的，可以根据具体案情，在符合专业需求的人民陪审员名单中随机抽取确定。

第四条　人民陪审员确定后，人民法院应当将参审案件案由、当事人姓名或名称、开庭地点、开庭时间等事项告知参审人民陪审员及候补人民陪审员。

必要时，人民法院可以将参加审判活动的时间、地点等事项书面通知人民陪审员所在单位。

第五条　人民陪审员不参加下列案件的审理：

（一）依照民事诉讼法适用特别程序、督促程序、公示催告程序审理的案件；

（二）申请承认外国法院离婚判决的案件；

（三）裁定不予受理或者不需要开庭审理的案件。

第六条　人民陪审员不得参与审理由其以人民调解员身份先行调解的案件。

第七条　当事人依法有权申请人民陪审员回避。人民陪审员的回避，适用审判人员回避的法律规定。

人民陪审员回避事由经审查成立的，人民法院应当及时确定递补人选。

第八条 人民法院应当在开庭前，将相关权利和义务告知人民陪审员，并为其阅卷提供便利条件。

第九条 七人合议庭开庭前，应当制作事实认定问题清单，根据案件具体情况，区分事实认定问题与法律适用问题，对争议事实问题逐项列举，供人民陪审员在庭审时参考。事实认定问题和法律适用问题难以区分的，视为事实认定问题。

第十条 案件审判过程中，人民陪审员依法有权参加案件调查和调解工作。

第十一条 庭审过程中，人民陪审员依法有权向诉讼参加人发问，审判长应当提示人民陪审员围绕案件争议焦点进行发问。

第十二条 合议庭评议案件时，先由承办法官介绍案件涉及的相关法律、证据规则，然后由人民陪审员和法官依次发表意见，审判长最后发表意见并总结合议庭意见。

第十三条 七人合议庭评议时，审判长应当归纳和介绍需要通过评议讨论决定的案件事实认定问题，并列出案件事实问题清单。

人民陪审员全程参加合议庭评议，对于事实认定问题，由人民陪审员和法官在共同评议的基础上进行表决。对于法律适用问题，人民陪审员不参加表决，但可以发表意见，并记录在卷。

第十四条 人民陪审员应当认真阅读评议笔录，确认无误后签名。

第十五条 人民陪审员列席审判委员会讨论其参加审理的案件时，可以发表意见。

第十六条 案件审结后，人民法院应将裁判文书副本及时送交参加该案审判的人民陪审员。

第十七条 中级、基层人民法院应当保障人民陪审员均衡参审，结合本院实际情况，一般在不超过30件的范围内合理确定每名人民陪审员年度参加审判案件的数量上限，报高级人民法院备案，并向社会公告。

第十八条 人民法院应当依法规范和保障人民陪审员参加审判活动，不得安排人民陪审员从事与履行法定审判职责无关的工作。

第十九条 本解释自2019年5月1日起施行。

本解释公布施行后，最高人民法院于2010年1月12日发布的《最高人民法院关于人民陪审员参加审判活动若干问题的规定》同时废止。最高人民法院以前发布的司法解释与本解释不一致的，不再适用。

最高人民法院关于严格规范民商事案件延长审限和延期开庭问题的规定

（2018年4月23日最高人民法院审判委员会第1737次会议通过 根据2019年3月27日《最高人民法院关于修改〈最高人民法院关于严格规范民商事案件延长审限和延期开庭问题的规定〉的决定》修正）

为维护诉讼当事人合法权益，根据《中华人民共和国民事诉讼法》等规定，结合审判实际，现就民商事案件延长审限和延期开庭等有关问题规定如下。

第一条 人民法院审理民商事案件时，应当严格遵守法律及司法解释有关审限的规定。适用普通程序审理的第一审案件，审限为六个月；适用简易程序审理的第一审案件，审限为三个月。审理对判决的上诉案件，审限为三个月；审理对裁定的上诉案件，审限为三十日。

法律规定有特殊情况需要延长审限的，独任审判员或合议庭应当在期限届满十五日前向本院院长提出申请，并说明详细情况和理由。院长应当在期限届满五日前作出决定。

经本院院长批准延长审限后尚不能结案，需要再次延长的，应当在期限届满十五日前报请上级人民法院批准。上级人民法院应当在审限届满五日前作出决定。

第二条 民事诉讼法第一百四十六条第四项规定的“其他应当延期的情形”，是指因不可抗力或者意外事件导致庭审无法正常进行的情形。

第三条 人民法院应当严格限制延期开庭审理次数。适用普通程序审理民商事案件，延期开庭审理次数不超过两次；适用简易程序以及小额速裁程序审理民商事案件，延期开庭审理次数不超过一次。

第四条 基层人民法院及其派出的法庭审理事实清楚、权利义务关系明确、争议不大的简单民商事案件，适用简易程序。

基层人民法院及其派出的法庭审理符合前款规定且标的额为各省、自治区、直辖市上年度就业人员年平均工资两倍以下的民商事案件，应当适用简易程序，法律及司法解释规定不适用简易程序的案件除外。

适用简易程序审理的民商事案件，证据交换、庭前会议等庭前准备程序与开庭程序一并进行，不再另行组织。

适用简易程序的案件，不适用公告送达。

第五条 人民法院开庭审理民商事案件后，认为需要延期开庭审理的，应当依法告知当事人下次开庭的时间。两次开庭间隔时间不得超过一个月，但因不可抗力或当事人同意的除外。

第六条 独任审判员或者合议庭适用民事诉讼法第一百四十六条第四项规定决定延期开庭的，应当报本院院长批准。

第七条 人民法院应当将案件的立案时间、审理期限，扣除、延长、重新计算审限，延期开庭审理的情况及事由，按照《最高人民法院关于人民法院通过互联网公开审判流程信息的规定》及时向当事人及其法定代理人、诉讼代理人公开。当事人及其法定代理人、诉讼代理人有异议的，可以依法向受理案件的法院申请监督。

第八条 故意违反法律、审判纪律、审判管理规定拖延办案，或者因过失延误办案，造成严重后果的，依照《人民法院工作人员处分条例》第四十七条的规定予以处分。

第九条 本规定自2018年4月26日起施行；最高人民法院此前发布的司法解释及规范性文件与本规定不一致的，以本规定为准。

最高人民法院关于技术调查官参与知识产权案件诉讼活动的若干规定

（2019年1月28日最高人民法院审判委员会第1760次会议通过　2019年3月18日最高人民法院公告公布　自2019年5月1日起施行　法释〔2019〕2号）

为规范技术调查官参与知识产权案件诉讼活动，根据《中华人民共和国人民法院组织法》《中华人民共和国刑事诉讼法》《中华人民共和国民事诉讼法》《中华人民共和国行政诉讼法》的规定，结合审判实际，制定本规定。

第一条 人民法院审理专利、植物新品种、集成电路布图设计、技术秘密、计算机软件、垄断等专业技术性较强的知识产权案件时，可以指派技术调查官参与诉讼活动。

第二条 技术调查官属于审判辅助人员。

人民法院可以设置技术调查室，负责技术调查官的日常管理，指派技术调查官参与知识产权案件诉讼活动、提供技术咨询。

第三条 参与知识产权案件诉讼活动的技术调查官确定或者变更后，应当在三日内告知当事人，并依法告知当事人有权申请技术调查官回避。

第四条 技术调查官的回避，参照适用刑事诉讼法、民事诉讼法、行政诉讼法等有关其他人员回避的规定。

第五条 在一个审判程序中参与过案件诉讼活动的技术调查官，不得再参与该案其他程序的诉讼活动。

发回重审的案件，在一审法院作出裁判后又进入第二审程序的，原第二审程序中参与诉讼的技术调查官不受前款规定的限制。

第六条 参与知识产权案件诉讼活动的技术调查官就案件所涉技术问题履行下列职责：

（一）对技术事实的争议焦点以及调查范围、顺序、方法等提出建议；

（二）参与调查取证、勘验、保全；

（三）参与询问、听证、庭前会议、开庭审理；

（四）提出技术调查意见；

（五）协助法官组织鉴定人、相关技术领域的专业人员提出意见；

（六）列席合议庭评议等有关会议；

（七）完成其他相关工作。

第七条 技术调查官参与调查取证、勘验、保全的，应当事先查阅相关技术资料，就调查取证、勘验、保全的方法、步骤和注意事项等提出建议。

第八条 技术调查官参与询问、听证、庭前会议、开庭审理活动时，经法官同意，可以就案件所涉技术问题向当事人及其他诉讼参与人发问。

技术调查官在法庭上的座位设在法官助理的左侧，书记员的座位设在法官助理的右侧。

第九条 技术调查官应当在案件评议前就案件所涉技术问题提出技术调查意见。

技术调查意见由技术调查官独立出具并签名，不对外公开。

第十条 技术调查官列席案件评议时，其提出的意见应当记入评议笔录，并由其签名。

技术调查官对案件裁判结果不具有表决权。

第十一条 技术调查官提出的技术调查意见可以作为合议庭认定技术事实的参考。

合议庭对技术事实认定依法承担责任。

第十二条 技术调查官参与知识产权案件诉讼活动的，应当在裁判文书上署名。技术调查官的署名位于法官助理之下、书记员之上。

第十三条 技术调查官违反与审判工作有关的法律及相关规定，贪污受贿、徇私舞弊，故意出具虚假、误导或者重大遗漏的不实技术调查意见的，应当追究法律责任；构成犯罪的，依法追究刑事责任。

第十四条 根据案件审理需要，上级人民法院可以对本辖区内各级人民法院的技术调查官进行调派。

人民法院审理本规定第一条所称案件时，可以申请上级人民法院调派技术调查官参与诉讼活动。

第十五条 本规定自2019年5月1日起施行。本院以前发布的相关规定与本规定不一致的，以本规定为准。

最高人民法院关于知识产权法庭若干问题的规定

（2018年12月3日最高人民法院审判委员会第1756次会议通过　2018年12月27日最高人民法院公告公布　自2019年1月1日起施行　法释〔2018〕22号）

为进一步统一知识产权案件裁判标准，依法平等保护各类市场主体合法权益，加大知识产权司法保护力度，优化科技创新法治环境，加快实施创新驱动发展战略，根据《中华人民共和国人民法院组织法》《中华人民共和国民事诉讼法》《中华人民共和国行政诉讼法》《全国人民代表大会常务委员会关于专利等知识产权案件诉讼程序若干问题的决定》等法律规定，结合审判工作实际，就最高人民法院知识产权法庭相关问题规定如下。

第一条　最高人民法院设立知识产权法庭，主要审理专利等专业技术性较强的知识产权上诉案件。

知识产权法庭是最高人民法院派出的常设审判机构，设在北京市。

知识产权法庭作出的判决、裁定、调解书和决定，是最高人民法院的判决、裁定、调解书和决定。

第二条　知识产权法庭审理下列案件：

（一）不服高级人民法院、知识产权法院、中级人民法院作出的发明专利、实用新型专利、植物新品种、集成电路布图设计、技术秘密、计算机软件、垄断第一审民事案件判决、裁定而提起上诉的案件；

（二）不服北京知识产权法院对发明专利、实用新型专利、外观设计专利、植物新品种、集成电路布图设计授权确权作出的第一审行政案件判决、裁定而提起上诉的案件；

（三）不服高级人民法院、知识产权法院、中级人民法院对发明专利、实用新型专利、外观设计专利、植物新品种、集成电路布图设计、技术秘密、计算机软件、垄断行政处罚等作出的第一审行政案件判决、裁定而提起上诉的案件；

（四）全国范围内重大、复杂的本条第一、二、三项所称第一审民事和行政案件；

（五）对本条第一、二、三项所称第一审案件已经发生法律效力的判决、裁定、调解书依法申请再审、抗诉、再审等适用审判监督程序的案件；

（六）本条第一、二、三项所称第一审案件管辖权争议，罚款、拘留决定申请复议，报请延长审限等案件；

（七）最高人民法院认为应当由知识产权法庭审理的其他案件。

第三条　本规定第二条第一、二、三项所称第一审案件的审理法院应当按照规定及时向知识产权法庭移送纸质和电子卷宗。

第四条　经当事人同意，知识产权法庭可以通过电子诉讼平台、中国审判流程信息公开网以及传真、电子邮件等电子方式送达诉讼文件、证据材料及裁判文书等。

第五条　知识产权法庭可以通过电子诉讼平台或者采取在线视频等方式组织证据交换、召集庭前会议等。

第六条　知识产权法庭可以根据案件情况到实地或者原审人民法院所在地巡回审理案件。

第七条　知识产权法庭采取保全等措施，依照执行程序相关规定办理。

第八条　知识产权法庭审理的案件的立案信息、合议庭组成人员、审判流程、裁判文书等向当事人和社会依法公开，同时可以通过电子诉讼平台、中国审判流程信息公开网查询。

第九条　知识产权法庭法官会议由庭长、副庭长和若干资深法官组成，讨论重大、疑难、复杂案件等。

第十条　知识产权法庭应当加强对有关案件审判工作的调研，及时总结裁判标准和审理规则，指导下级人民法院审判工作。

第十一条　对知识产权法院、中级人民法院已经发生法律效力的本规定第二条第一、二、三项所称第一审案件判决、裁定、调解书，省级人民检察院向高级人民法院提出抗诉的，高级人民法院应当告知其由最高人民检察院依法向最高人民法院提出，并由知识产权法庭审理。

第十二条　本规定第二条第一、二、三项所称第一审案件的判决、裁定或者决定，于2019年1月1日前作出，当事人依法提起上诉或者申请复议的，由原审人民法院的上一级人民法院审理。

第十三条　本规定第二条第一、二、三项所称第一审案件已经发生法律效力的判决、裁定、调解书，于2019年1月1日前作出，对其依法申请再审、抗诉、再审的，适用《中华人民共和国民事诉讼法》《中华人民共和国行政诉讼法》有关规定。

第十四条　本规定施行前经批准可以受理专利、技术秘密、计算机软件、垄断第一审民事和行政案件的基层人民法院，不再受理上述案件。

对于基层人民法院2019年1月1日尚未审结的前款规定的案件，当事人不服其判决、裁定依法提起上诉的，由其上一级人民法院审理。

第十五条　本规定自2019年1月1日起施行。最高人民法院此前发布的司法解释与本规定不一致的，以本规定为准。

最高人民法院关于人民法院通过互联网公开审判流程信息的规定

（2018年2月12日最高人民法院审判委员会第1733次会议通过　2018年3月4日最高人民法院公告公布　自2018年9月1日起施行　法释〔2018〕7号）

为贯彻落实审判公开原则，保障当事人对审判活动的知情权，规范人民法院通过互联网公开审判流程信息工作，促进司法公正，提升司法公信，根据《中华人民共和国刑事诉讼法》《中华人民共和国民事诉讼法》《中华人民共和国行政诉讼法》《中华人民共和国国家赔偿法》等法律规定，结合人民法院工作实际，制定本规定。

第一条　人民法院审判刑事、民事、行政、国家赔偿案件的流程信息，应当通过互联网向参加诉讼的当事人及其法定代理人、诉讼代理人、辩护人公开。

人民法院审判具有重大社会影响案件的流程信息，可以通过互联网或者其他方式向公众公开。

第二条　人民法院通过互联网公开审判流程信息，应当依法、规范、及时、便民。

第三条　中国审判流程信息公开网是人民法院公开审判流程信息的统一平台。各级人民法院在本院门户网站以及司法公开平台设置中国审判流程信息公开网的链接。

有条件的人民法院可以通过手机、诉讼服务平台、电话语音系统、电子邮箱等辅助媒介，向当事人及其法定代理人、诉讼代理人、辩护人主动推送案件的审判流程信息，或者提供查询服务。

第四条　人民法院应当在受理案件通知书、应诉通知书、参加诉讼通知书、出庭通知书中，告知当事人及其法定代理人、诉讼代理人、辩护人通过互联网获取审判流程信息的方法和注意事项。

第五条　当事人、法定代理人、诉讼代理人、辩护人的身份证件号码、律师执业证号、组织机构代码、统一社会信用代码，是其获取审判流程信息的身份验证依据。

当事人及其法定代理人、诉讼代理人、辩护人应当配合受理案件的人民法院采集、核对身份信息，并预留有效的手机号码。

第六条　人民法院通知当事人应诉、参加诉讼，准许当事人参加诉讼，或者采用公告方式送达当事人的，自完成其身份信息采集、核对后，依照本规定公开审判流程信息。

当事人中途退出诉讼的，经人民法院依法确认后，不再向该当事人及其法定代理人、诉讼代理人、辩护人公开审判流程信息。

法定代理人、诉讼代理人、辩护人参加诉讼或者发生变更的，参照前两款规定处理。

第七条　下列程序性信息应当通过互联网向当事人及其法定代理人、诉讼代理人、辩护人公开：

（一）收案、立案信息，结案信息；

（二）检察机关、刑罚执行机关信息，当事人信息；

（三）审判组织信息；

（四）审判程序、审理期限、送达、上诉、抗诉、移送等信息；

（五）庭审、质证、证据交换、庭前会议、询问、宣判等诉讼活动的时间和地点；

（六）裁判文书在中国裁判文书网的公布情况；

（七）法律、司法解释规定应当公开，或者人民法院认为可以公开的其他程序性信息。

第八条　回避、管辖争议、保全、先予执行、评估、鉴定等流程信息，应当通过互联网向当事人及其法定代理人、诉讼代理人、辩护人公开。

公开保全、先予执行等流程信息可能影响事项处理的，可以在事项处理完毕后公开。

第九条　下列诉讼文书应当于送达后通过互联网向当事人及其法定代理人、诉讼代理人、辩护人公开：

（一）起诉状、上诉状、再审申请书、申诉书、国家赔偿申请书、答辩状等诉讼文书；

（二）受理案件通知书、应诉通知书、参加诉讼通知书、出庭通知书、合议庭组成人员通知书、传票等诉讼文书；

（三）判决书、裁定书、决定书、调解书，以及其他有中止、终结诉讼程序作用，或者对当事人实体权利有影响、对当事人程序权利有重大影响的裁判文书；

（四）法律、司法解释规定应当公开，或者人民法院认为可以公开的其他诉讼文书。

第十条　庭审、质证、证据交换、庭前会议、调查取证、勘验、询问、宣判等诉讼活动的笔录，应当通过互联网向当事人及其法定代理人、诉讼代理人、辩护人公开。

第十一条　当事人及其法定代理人、诉讼代理人、辩护人申请查阅庭审录音录像、电子卷宗的，人民法院可以通过中国审判流程信息公开网或者其他诉讼服务平台提供查阅，并设置必要的安全保护措施。

第十二条　涉及国家秘密，以及法律、司法解释规定应当保密或者限制获取的审判流程信息，不得通过互联网向当事人及其法定代理人、诉讼代理人、辩护人公开。

第十三条　已经公开的审判流程信息与实际情况不一致的，以实际情况为准，受理案件的人民法院应当及时更正。

已经公开的审判流程信息存在本规定第十二条列明情形的，受理案件的人民法院应当及时撤回。

第十四条　经受送达人书面同意，人民法院可以通过中国审判流程信息公开网向民事、行政案件的当事人及其法定代理人、诉讼代理人电子送达除判决书、裁定书、调解书以外的诉讼文书。

采用前款方式送达的,人民法院应当按照本规定第五条采集、核对受送达人的身份信息,并为其开设个人专用的即时收悉系统。诉讼文书到达该系统的日期为送达日期,由系统自动记录并生成送达回证归入电子卷宗。

已经送达的诉讼文书需要更正的,应当重新送达。

第十五条 最高人民法院监督指导全国法院审判流程信息公开工作。高级、中级人民法院监督指导辖区法院审判流程信息公开工作。

各级人民法院审判管理办公室或者承担审判管理职能的其他机构负责本院审判流程信息公开工作,履行以下职责:

(一)组织、监督审判流程信息公开工作;

(二)处理当事人及其法定代理人、诉讼代理人、辩护人对审判流程信息公开工作的投诉和意见建议;

(三)指导技术部门做好技术支持和服务保障;

(四)其他管理工作。

第十六条 公开审判流程信息的业务规范和技术标准,由最高人民法院另行制定。

第十七条 本规定自2018年9月1日起施行。最高人民法院以前发布的司法解释和规范性文件与本规定不一致的,以本规定为准。

最高人民法院关于人民法院庭审录音录像的若干规定

(2017年1月25日最高人民法院审判委员会第1708次会议通过 2017年2月22日最高人民法院公告公布 自2017年3月1日起施行 法释〔2017〕5号)

为保障诉讼参与人诉讼权利,规范庭审活动,提高庭审效率,深化司法公开,促进司法公正,根据《中华人民共和国刑事诉讼法》《中华人民共和国民事诉讼法》《中华人民共和国行政诉讼法》等法律规定,结合审判工作实际,制定本规定。

第一条 人民法院开庭审判案件,应当对庭审活动进行全程录音录像。

第二条 人民法院应当在法庭内配备固定或者移动的录音录像设备。

有条件的人民法院可以在法庭安装使用智能语音识别同步转换文字系统。

第三条 庭审录音录像应当自宣布开庭时开始,至闭庭时结束。除下列情形外,庭审录音录像不得人为中断:

(一)休庭;

(二)公开庭审中的不公开举证、质证活动;

(三)不宜录制的调解活动。

负责录音录像的人员应当对录音录像的起止时间、有无中断等情况进行记录并附卷。

第四条 人民法院应当采取叠加同步录制时间或者其他措施保证庭审录音录像的真实和完整。

因设备故障或技术原因导致录音录像不真实、不完整的,负责录音录像的人员应当作出书面说明,经审判长或独任审判员审核签字后附卷。

第五条 人民法院应当使用专门设备在线或离线存储、备份庭审录音录像。因设备故障等原因导致不符合技术标准的录音录像,应当一并存储。

庭审录音录像的归档,按照人民法院电子诉讼档案管理规定执行。

第六条 人民法院通过使用智能语音识别系统同步转换生成的庭审文字记录,经审判人员、书记员、诉讼参与人核对签字后,作为法庭笔录管理和使用。

第七条 诉讼参与人对法庭笔录有异议并申请补正的,书记员可以播放庭审录音录像进行核对、补正;不予补正的,应当将申请记录在案。

第八条 适用简易程序审理民事案件的庭审录音录像,经当事人同意的,可以替代法庭笔录。

第九条 人民法院应当将替代法庭笔录的庭审录音录像同步保存在服务器或者刻录成光盘,并由当事人和其他诉讼参与人对其完整性校验值签字或者采取其他方法进行确认。

第十条 人民法院应当通过审判流程信息公开平台、诉讼服务平台以及其他便民诉讼服务平台,为当事人、辩护律师、诉讼代理人等依法查阅庭审录音录像提供便利。

对提供查阅的录音录像,人民法院应当设置必要的安全防范措施。

第十一条 当事人、辩护律师、诉讼代理人等可以依照规定复制录音或者誊录庭审录音录像,必要时人民法院应当配备相应设施。

第十二条 人民法院可以播放依法公开审理案件的庭审录音录像。

第十三条 诉讼参与人、旁听人员违反法庭纪律或者有关法律规定,危害法庭安全、扰乱法庭秩序的,人民法院可以通过庭审录音录像进行调查核实,并将其作为追究法律责任的证据。

第十四条 人民检察院、诉讼参与人认为庭审活动不规范或者违反法律规定的,人民法院应当结合庭审录音录像进行调查核实。

第十五条 未经人民法院许可,任何人不得对庭审活动进行录音录像,不得对庭审录音录像进行拍录、复制、删除和迁移。

行为人实施前款行为的,依照规定追究其相应责任。

第十六条 涉及国家秘密、商业秘密、个人隐私等庭审活动的录制,以及对庭审录音录像的存储、查阅、复制、誊录等,应当符合保密管理等相关规定。

第十七条 庭审录音录像涉及的相关技术保障、技术标准和技术规范,由最高人民法院另行制定。

第十八条 人民法院从事其他审判活动或者进行执行、听证、接访等活动需要进行录音录像的,参照本规定执行。

第十九条 本规定自2017年3月1日起施行。最高人民法院此前发布的司法解释及规范性文件与本规定不一致的,以本规定为准。

最高人民法院关于巡回法庭审理案件若干问题的规定

(2015年1月5日最高人民法院审判委员会第1640次会议通过 根据2016年12月19日最高人民法院审判委员会《关于修改〈最高人民法院关于巡回法庭审理案件若干问题的规定〉的决定》修正)

为依法及时公正审理跨行政区域重大行政和民商事等案件,推动审判工作重心下移、就地解决纠纷、方便当事人诉讼,根据《中华人民共和国人民法院组织法》《中华人民共和国行政诉讼法》《中华人民共和国民事诉讼法》《中华人民共和国刑事诉讼法》等法律以及有关司法解释,结合最高人民法院审判工作实际,就最高人民法院巡回法庭(简称巡回法庭)审理案件等问题规定如下。

第一条 最高人民法院设立巡回法庭,受理巡回区内相关案件。第一巡回法庭设在广东省深圳市,巡回区为广东、广西、海南、湖南四省区。第二巡回法庭设在辽宁省沈阳市,巡回区为辽宁、吉林、黑龙江三省。第三巡回法庭设在江苏省南京市,巡回区为江苏、上海、浙江、福建、江西五省市。第四巡回法庭设在河南省郑州市,巡回区为河南、山西、湖北、安徽四省。第五巡回法庭设在重庆市,巡回区为重庆、四川、贵州、云南、西藏五省区。第六巡回法庭设在陕西省西安市,巡回区为陕西、甘肃、青海、宁夏、新疆五省区。最高人民法院本部直接受理北京、天津、河北、山东、内蒙古五省区市有关案件。

最高人民法院根据有关规定和审判工作需要,可以增设巡回法庭,并调整巡回法庭的巡回区和案件受理范围。

第二条 巡回法庭是最高人民法院派出的常设审判机构。巡回法庭作出的判决、裁定和决定,是最高人民法院的判决、裁定和决定。

第三条 巡回法庭审理或者办理巡回区内应当由最高人民法院受理的以下案件:

(一)全国范围内重大、复杂的第一审行政案件;

(二)在全国有重大影响的第一审民商事案件;

(三)不服高级人民法院作出的第一审行政或者民商事判决、裁定提起上诉的案件;

(四)对高级人民法院作出的已经发生法律效力的行政或者民商事判决、裁定、调解书申请再审的案件;

(五)刑事申诉案件;

(六)依法定职权提起再审的案件;

(七)不服高级人民法院作出的罚款、拘留决定申请复议的案件;

(八)高级人民法院因管辖权问题报请最高人民法院裁定或者决定的案件;

(九)高级人民法院报请批准延长审限的案件;

(十)涉港澳台民商事案件和司法协助案件;

(十一)最高人民法院认为应当由巡回法庭审理或者办理的其他案件。

巡回法庭依法办理巡回区内向最高人民法院提出的来信来访事项。

第四条 知识产权、涉外商事、海事海商、死刑复核、国家赔偿、执行案件和最高人民检察院抗诉的案件暂由最高人民法院本部审理或者办理。

第五条 巡回法庭设立诉讼服务中心,接受并登记属于巡回法庭受案范围的案件材料,为当事人提供诉讼服务。对于依照本规定应当由最高人民法院本部受理案件的材料,当事人要求巡回法庭转交的,巡回法庭应当转交。

巡回法庭对于符合立案条件的案件,应当在最高人民法院办案信息平台统一编号立案。

第六条 当事人不服巡回区内高级人民法院作出的第一审行政或者民商事判决、裁定提起上诉的,上诉状应当通过原审人民法院向巡回法庭提出。当事人直接向巡回法庭上诉的,巡回法庭应当在五日内将上诉状移交原审人民法院。原审人民法院收到上诉状、答辩状,应当在五日内连同全部案卷和证据,报送巡回法庭。

第七条 当事人对巡回区内高级人民法院作出的已经发生法律效力的判决、裁定申请再审或者申诉的,应当向巡回法庭提交再审申请书、申诉书等材料。

第八条 最高人民法院认为巡回法庭受理的案件对统一法律适用有重大指导意义的,可以决定由本部审理。

巡回法庭对于已经受理的案件,认为对统一法律适用有重大指导意义的,可以报请最高人民法院本部审理。

第九条 巡回法庭根据审判工作需要,可以在巡回区内巡回审理案件、接待来访。

第十条 巡回法庭按照让审理者裁判、由裁判者负责原则,实行主审法官、合议庭办案责任制。巡回法庭主审法官由最高人民法院从办案能力突出、审判经验丰富的审判人员中选派。巡回法庭的合议庭由主审法官组成。

第十一条 巡回法庭庭长、副庭长应当参加合议庭审理案件。合议庭审理案件时,由承办案件的主审法官担任审判长。庭长或者副庭长参加合议庭审理案件时,自己担任审判长。巡回法庭作出的判决、裁定,经合议庭成员签署后,由审判长签发。

第十二条 巡回法庭受理的案件，统一纳入最高人民法院审判信息综合管理平台进行管理，立案信息、审判流程、裁判文书面向当事人和社会依法公开。

第十三条 巡回法庭设廉政监察员，负责巡回法庭的日常廉政监督工作。

最高人民法院监察局通过受理举报投诉、查处违纪案件、开展司法巡查和审务督察等方式，对巡回法庭及其工作人员进行廉政监督。

最高人民法院关于人民法院在互联网公布裁判文书的规定

（2016年7月25日最高人民法院审判委员会第1689次会议通过 2016年8月29日最高人民法院公告公布 自2016年10月1日起施行 法释〔2016〕19号）

为贯彻落实审判公开原则，规范人民法院在互联网公布裁判文书工作，促进司法公正，提升司法公信力，根据《中华人民共和国刑事诉讼法》《中华人民共和国民事诉讼法》《中华人民共和国行政诉讼法》等相关规定，结合人民法院工作实际，制定本规定。

第一条 人民法院在互联网公布裁判文书，应当依法、全面、及时、规范。

第二条 中国裁判文书网是全国法院公布裁判文书的统一平台。各级人民法院在本院政务网站及司法公开平台设置中国裁判文书网的链接。

第三条 人民法院作出的下列裁判文书应当在互联网公布：

（一）刑事、民事、行政判决书；

（二）刑事、民事、行政、执行裁定书；

（三）支付令；

（四）刑事、民事、行政、执行驳回申诉通知书；

（五）国家赔偿决定书；

（六）强制医疗决定书或者驳回强制医疗申请的决定书；

（七）刑罚执行与变更决定书；

（八）对妨害诉讼行为、执行行为作出的拘留、罚款决定书，提前解除拘留决定书，因对不服拘留、罚款等制裁决定申请复议而作出的复议决定书；

（九）行政调解书、民事公益诉讼调解书；

（十）其他有中止、终结诉讼程序作用或者对当事人实体权益有影响、对当事人程序权益有重大影响的裁判文书。

第四条 人民法院作出的裁判文书有下列情形之一的，不在互联网公布：

（一）涉及国家秘密的；

（二）未成年人犯罪的；

（三）以调解方式结案或者确认人民调解协议效力的，但为保护国家利益、社会公共利益、他人合法权益确有必要公开的除外；

（四）离婚诉讼或者涉及未成年子女抚养、监护的；

（五）人民法院认为不宜在互联网公布的其他情形。

第五条 人民法院应当在受理案件通知书、应诉通知书中告知当事人在互联网公布裁判文书的范围，并通过政务网站、电子触摸屏、诉讼指南等多种方式，向公众告知人民法院在互联网公布裁判文书的相关规定。

第六条 不在互联网公布的裁判文书，应当公布案号、审理法院、裁判日期及不公开理由，但公布上述信息可能泄露国家秘密的除外。

第七条 发生法律效力的裁判文书，应当在裁判文书生效之日起七个工作日内在互联网公布。依法提起抗诉或者上诉的一审判决书、裁定书，应当在二审裁判生效后七个工作日内在互联网公布。

第八条 人民法院在互联网公布裁判文书时，应当对下列人员的姓名进行隐名处理：

（一）婚姻家庭、继承纠纷案件中的当事人及其法定代理人；

（二）刑事案件被害人及其法定代理人、附带民事诉讼原告人及其法定代理人、证人、鉴定人；

（三）未成年人及其法定代理人。

第九条 根据本规定第八条进行隐名处理时，应当按以下情形处理：

（一）保留姓氏，名字以“某”替代；

（二）对于少数民族姓名，保留第一个字，其余内容以“某”替代；

（三）对于外国人、无国籍人姓名的中文译文，保留第一个字，其余内容以“某”替代；对于外国人、无国籍人的英文姓名，保留第一个英文字母，删除其他内容。

对不同姓名隐名处理后发生重复的，通过在姓名后增加阿拉伯数字进行区分。

第十条 人民法院在互联网公布裁判文书时，应当删除下列信息：

（一）自然人的家庭住址、通讯方式、身份证号码、银行账号、健康状况、车牌号码、动产或不动产权属证书编号等个人信息；

（二）法人以及其他组织的银行账号、车牌号码、动产或不动产权属证书编号等信息；

（三）涉及商业秘密的信息；

（四）家事、人格权益等纠纷中涉及个人隐私的信息；

（五）涉及技术侦查措施的信息；

（六）人民法院认为不宜公开的其他信息。

按照本条第一款删除信息影响对裁判文书正确理解的，

用符号"×"作部分替代。

第十一条 人民法院在互联网公布裁判文书,应当保留当事人、法定代理人、委托代理人、辩护人的下列信息:

(一)除根据本规定第八条进行隐名处理的以外,当事人及其法定代理人是自然人的,保留姓名、出生日期、性别、住所地所属县、区;当事人及其法定代理人是法人或其他组织的,保留名称、住所地、组织机构代码,以及法定代表人或主要负责人的姓名、职务;

(二)委托代理人、辩护人是律师或者基层法律服务工作者的,保留姓名、执业证号和律师事务所、基层法律服务机构名称;委托代理人、辩护人是其他人员的,保留姓名、出生日期、性别、住所地所属县、区,以及与当事人的关系。

第十二条 办案法官认为裁判文书具有本规定第四条第五项不宜在互联网公布情形的,应当提出书面意见及理由,由部门负责人审查后报主管副院长审定。

第十三条 最高人民法院监督指导全国法院在互联网公布裁判文书的工作。高级、中级人民法院监督指导辖区法院在互联网公布裁判文书的工作。

各级人民法院审判管理办公室或者承担审判管理职能的其他机构负责本院在互联网公布裁判文书的管理工作,履行以下职责:

(一)组织、指导在互联网公布裁判文书;

(二)监督、考核在互联网公布裁判文书的工作;

(三)协调处理社会公众对裁判文书公开的投诉和意见;

(四)协调技术部门做好技术支持和保障;

(五)其他相关管理工作。

第十四条 各级人民法院应当依托信息技术将裁判文书公开纳入审判流程管理,减轻裁判文书公开的工作量,实现裁判文书及时、全面、便捷公布。

第十五条 在互联网公布的裁判文书,除依照本规定要求进行技术处理的以外,应当与裁判文书的原本一致。

人民法院对裁判文书中的笔误进行补正的,应当及时在互联网公布补正笔误的裁定书。

办案法官对在互联网公布的裁判文书与裁判文书原本的一致性,以及技术处理的规范性负责。

第十六条 在互联网公布的裁判文书与裁判文书原本不一致或者技术处理不当的,应当及时撤回并在纠正后重新公布。

在互联网公布的裁判文书,经审查存在本规定第四条列明情形的,应当及时撤回,并按照本规定第六条处理。

第十七条 人民法院信息技术服务中心负责中国裁判文书网的运行维护和升级完善,为社会各界合法利用在该网站公开的裁判文书提供便利。

中国裁判文书网根据案件适用不同审判程序的案号,实现裁判文书的相互关联。

第十八条 本规定自2016年10月1日起施行。最高人民法院以前发布的司法解释和规范性文件与本规定不一致的,以本规定为准。

最高人民法院关于人民法院合议庭工作的若干规定

(2002年7月30日最高人民法院审判委员会第1234次会议通过 2002年8月12日最高人民法院公告公布 自2002年8月17日起施行 法释〔2002〕25号)

为了进一步规范合议庭的工作程序,充分发挥合议庭的职能作用,根据《中华人民共和国法院组织法》、《中华人民共和国刑事诉讼法》、《中华人民共和国民事诉讼法》、《中华人民共和国行政诉讼法》等法律的有关规定,结合人民法院审判工作实际,制定本规定。

第一条 人民法院实行合议制审判第一审案件,由法官或者由法官和人民陪审员组成合议庭进行;人民法院实行合议制审判第二审案件和其他应当组成合议庭审判的案件,由法官组成合议庭进行。

人民陪审员在人民法院执行职务期间,除不能担任审判长外,同法官有同等的权利义务。

第二条 合议庭的审判长由符合审判长任职条件的法官担任。

院长或者庭长参加合议庭审判案件的时候,自己担任审判长。

第三条 合议庭组成人员确定后,除因回避或者其他特殊情况,不能继续参加案件审理的之外,不得在案件审理过程中更换。更换合议庭成员,应当报请院长或者庭长决定。合议庭成员的更换情况应当及时通知诉讼当事人。

第四条 合议庭的审判活动由审判长主持,全体成员平等参与案件的审理、评议、裁判,共同对案件认定事实和适用法律负责。

第五条 合议庭承担下列职责:

(一)根据当事人的申请或者案件的具体情况,可以作出财产保全、证据保全、先予执行等裁定;

(二)确定案件委托评估、委托鉴定等事项;

(三)依法开庭审理第一审、第二审和再审案件;

(四)评议案件;

(五)提请院长决定将案件提交审判委员会讨论决定;

(六)按照权限对案件及其有关程序性事项作出裁判或者提出裁判意见;

(七)制作裁判文书;

(八)执行审判委员会决定;

(九)办理有关审判的其他事项。

第六条 审判长履行下列职责：

（一）指导和安排审判辅助人员做好庭前调解、庭前准备及其他审判业务辅助性工作；

（二）确定案件审理方案、庭审提纲、协调合议庭成员的庭审分工以及做好其他必要的庭审准备工作；

（三）主持庭审活动；

（四）主持合议庭对案件进行评议；

（五）依照有关规定，提请院长决定将案件提交审判委员会讨论决定；

（六）制作裁判文书，审核合议庭其他成员制作的裁判文书；

（七）依照规定权限签发法律文书；

（八）根据院长或者庭长的建议主持合议庭对案件复议；

（九）对合议庭遵守案件审理期限制度的情况负责；

（十）办理有关审判的其他事项。

第七条 合议庭接受案件后，应当根据有关规定确定案件承办法官，或者由审判长指定案件承办法官。

第八条 在案件开庭审理过程中，合议庭成员必须认真履行法定职责，遵守《中华人民共和国法官职业道德基本准则》中有关司法礼仪的要求。

第九条 合议庭评议案件应当在庭审结束后五个工作日内进行。

第十条 合议庭评议案件时，先由承办法官对认定案件事实、证据是否确实、充分以及适用法律等发表意见，审判长最后发表意见；审判长作为承办法官的，由审判长最后发表意见。对案件的裁判结果进行评议时，由审判长最后发表意见。审判长应当根据评议情况总结合议庭评议的结论性意见。

合议庭成员进行评议的时候，应当认真负责，充分陈述意见，独立行使表决权，不得拒绝陈述意见或者仅作同意与否的简单表态。同意他人意见的，也应当提出事实根据和法律依据，进行分析论证。

合议庭成员对评议结果的表决，以口头表决的形式进行。

第十一条 合议庭进行评议的时候，如果意见分歧，应当按多数人的意见作出决定，但是少数人的意见应当写入笔录。

评议笔录由书记员制作，由合议庭的组成人员签名。

第十二条 合议庭应当依照规定的权限，及时对评议意见一致或者形成多数意见的案件直接作出判决或者裁定。但是对于下列案件，合议庭应当提请院长决定提交审判委员会讨论决定：

（一）拟判处死刑的；

（二）疑难、复杂、重大或者新类型的案件，合议庭认为有必要提交审判委员会讨论决定的；

（三）合议庭在适用法律方面有重大意见分歧的；

（四）合议庭认为需要提请审判委员会讨论决定的其他案件，或者本院审判委员会确定的应当由审判委员会讨论决定的案件。

第十三条 合议庭对审判委员会的决定有异议，可以提请院长决定提交审判委员会复议一次。

第十四条 合议庭一般应当在作出评议结论或者审判委员会作出决定后的五个工作日内制作出裁判文书。

第十五条 裁判文书一般由审判长或者承办法官制作。但是审判长或者承办法官的评议意见与合议庭评议结论或者审判委员会的决定有明显分歧的，也可以由其他合议庭成员制作裁判文书。

对制作的裁判文书，合议庭成员应当共同审核，确认无误后签名。

第十六条 院长、庭长可以对合议庭的评议意见和制作的裁判文书进行审核，但是不得改变合议庭的评议结论。

第十七条 院长、庭长在审核合议庭的评议意见和裁判文书过程中，对评议结论有异议的，可以建议合议庭复议，同时应当对要求复议的问题及理由提出书面意见。

合议庭复议后，庭长仍有异议的，可以将案件提请院长审核，院长可以提交审判委员会讨论决定。

第十八条 合议庭应当严格执行案件审理期限的有关规定。遇有特殊情况需要延长审理期限的，应当在审限届满前按规定的时限报请审批。

最高人民法院关于严格执行案件审理期限制度的若干规定

（2000年9月14日最高人民法院审判委员会第1130次会议通过　2000年9月22日最高人民法院公告公布　自2000年9月28日起施行　法释〔2000〕29号）

为提高诉讼效率，确保司法公正，根据刑事诉讼法、民事诉讼法、行政诉讼法和海事诉讼特别程序法的有关规定，现就人民法院执行案件审理期限制度的有关问题规定如下：

一、各类案件的审理、执行期限

第一条 适用普通程序审理的第一审刑事公诉案件、被告人被羁押的第一审刑事自诉案件和第二审刑事公诉、刑事自诉案件的期限为1个月，至迟不得超过1个半月；附带民事诉讼案件的审理期限，经本院院长批准，可以延长2个月。有刑事诉讼法第一百二十六条规定情形之一的，经省、自治区、直辖市高级人民法院批准或者决定，审理期限可以再延长1个月；最高人民法院受理的刑事上诉、刑事抗诉案件，经最高人民法院决定，审理期限可以再延长1个月。

适用普通程序审理的被告人未被羁押的第一审刑事自诉案件，期限为6个月；有特殊情况需要延长的，经本院院长批准，可以延长3个月。

适用简易程序审理的刑事案件,审理期限为20日。

第二条 适用普通程序审理的第一审民事案件,期限为6个月;有特殊情况需要延长的,经本院院长批准,可以延长6个月,还需延长的,报请上一级人民法院批准,可以再延长3个月。

适用简易程序审理的民事案件,期限为3个月。

适用特别程序审理的民事案件,期限为30日;有特殊情况需要延长的,经本院院长批准,可以延长30日,但审理选民资格案件必须在选举日前审结。

审理第一审船舶碰撞、共同海损案件的期限为1年;有特殊情况需要延长的,经本院院长批准,可以延长6个月。

审理对民事判决的上诉案件,审理期限为3个月;有特殊情况需要延长的,经本院院长批准,可以延长3个月。

审理对民事裁定的上诉案件,审理期限为30日。

对罚款、拘留民事决定不服申请复议的,审理期限为5日。

审理涉外民事案件,根据民事诉讼法第二百四十八条的规定,不受上述案件审理期限的限制。①

审理涉港、澳、台的民事案件的期限,参照涉外审理民事案件的规定办理。

第三条 审理第一审行政案件的期限为3个月;有特殊情况需要延长的,经高级人民法院批准可以延长3个月。高级人民法院审理第一审案件需要延长期限的,由最高人民法院批准,可以延长3个月。

审理行政上诉案件的期限为2个月;有特殊情况需要延长的,由高级人民法院批准,可以延长2个月。高级人民法院审理的第二审案件需要延长期限的,由最高人民法院批准,可以延长2个月。

第四条 按照审判监督程序重新审理的刑事案件的期限为3个月;需要延长期限的,经本院院长批准,可以延长3个月。

裁定再审的民事、行政案件,根据再审适用的不同程序,分别执行第一审或第二审审理期限的规定。

第五条 执行案件应当在立案之日起6个月内执结,非诉执行案件应当在立案之日起3个月内执结;有特殊情况需要延长的,经本院院长批准,可以延长3个月,还需延长的,层报高级人民法院备案。

委托执行的案件,委托的人民法院应当在立案后1个月内办理完委托执行手续,受委托的人民法院应当在收到委托函件后30日内执行完毕。未执行完毕,应当在期限届满后15日内将执行情况函告委托人民法院。

刑事案件没收财产刑应当即时执行。

刑事案件罚金刑,应当在判决、裁定发生法律效力后3个月内执行完毕,至迟不超过6个月。

二、立案、结案时间及审理期限的计算

第六条 第一审人民法院收到起诉书(状)或者执行申请书后,经审查认为符合受理条件的应当在7日内立案;收到自诉人自诉状或者口头告诉的,经审查认为符合自诉案件受理条件的应当在15日内立案。

改变管辖的刑事、民事、行政案件,应当在收到案卷材料后的3日内立案。

第二审人民法院应当在收到第一审人民法院移送的上(抗)诉材料及案卷材料后的5日内立案。

发回重审或指令再审的案件,应当在收到发回重审或指令再审裁定及案卷材料后的次日内立案。

按照审判监督程序重新审判的案件,应当在作出提审、再审裁定(决定)的次日立案。

第七条 立案机构应当在决定立案的3日内将案卷材料移送审判庭。

第八条 案件的审理期限从立案次日起计算。

由简易程序转为普通程序审理的第一审刑事案件的期限,从决定转为普通程序次日起计算;由简易程序转为普通程序审理的第一审民事案件的期限,从立案次日起连续计算。

第九条 下列期间不计入审理、执行期限:

(一)刑事案件对被告人作精神病鉴定的期间;

(二)刑事案件因另行委托、指定辩护人,法院决定延期审理的,自案件宣布延期审理之日起至第10日正准备辩护的时间;

(三)公诉人发现案件需要补充侦查,提出延期审理建议后,合议庭同意延期审理的期间;

(四)刑事案件二审期间,检察院查阅案卷超过7日后的时间;

(五)因当事人、诉讼代理人、辩护人申请通知新的证人到庭、调取新的证据、申请重新鉴定或者勘验,法院决定延期审理1个月之内的期间;

(六)民事、行政案件公告、鉴定的期间;

(七)审理当事人提出的管辖权异议和处理法院之间的管辖争议的期间;

(八)民事、行政、执行案件由有关专业机构进行审计、评估、资产清理的期间;

(九)中止诉讼(审理)或执行至恢复诉讼(审理)或执行的期间;

---

① 根据《最高人民法院关于调整司法解释等文件中引用〈中华人民共和国民事诉讼法〉条文序号的决定》(法释〔2008〕18号)调整。

（十）当事人达成执行和解或者提供执行担保后，执行法院决定暂缓执行的期间；

（十一）上级人民法院通知暂缓执行的期间；

（十二）执行中拍卖、变卖被查封、扣押财产的期间。

第十条　人民法院判决书宣判、裁定书宣告或者调解书送达最后一名当事人的日期为结案时间。如需委托宣判、送达的，委托宣判、送达的人民法院应当在审限届满前将判决书、裁定书、调解书送达受托人民法院。受托人民法院应当在收到委托书后7日内送达。

人民法院判决书宣判、裁定书宣告或者调解书送达有下列情形之一的，结案时间遵守以下规定：

（一）留置送达的，以裁判文书留在受送达人的住所日为结案时间；

（二）公告送达的，以公告刊登之日为结案时间；

（三）邮寄送达的，以交邮日期为结案时间；

（四）通过有关单位转交送达的，以送达回证上当事人签收的日期为结案时间。

三、案件延长审理期限的报批

第十一条　刑事公诉案件、被告人被羁押的自诉案件，需要延长审理期限的，应当在审理期限届满7日以前，向高级人民法院提出申请；被告人未被羁押的刑事自诉案件，需要延长审理期限的，应当在审理期限届满10日前向本院院长提出申请。

第十二条　民事案件应当在审理期限届满10日前向本院院长提出申请；还需延长的，应当在审理期限届满10日前向上一级人民法院提出申请。

第十三条　行政案件应当在审理期限届满10日前向高级人民法院或者最高人民法院提出申请。

第十四条　对于下级人民法院申请延长办案期限的报告，上级人民法院应当在审理期限届满3日前作出决定，并通知提出申请延长审理期限的人民法院。

需要本院院长批准延长办案期限的，院长应当在审限届满前批准或者决定。

四、上诉、抗诉二审案件的移送期限

第十五条　被告人、自诉人、附带民事诉讼的原告人和被告人通过第一审人民法院提出上诉的刑事案件，第一审人民法院应当在上诉期限届满后3日内将上诉状连同案卷、证据移送第二审人民法院。被告人、自诉人、附带民事诉讼的原告人和被告人直接向上级人民法院提出上诉的刑事案件，第一审人民法院应当在接到第二审人民法院移交的上诉状后3日内将案卷、证据移送上一级人民法院。

第十六条　人民检察院抗诉的刑事二审案件，第一审人民法院应当在上诉、抗诉期届满后3日内将抗诉书连同案卷、证据移送第二审人民法院。

第十七条　当事人提出上诉的二审民事、行政案件，第一审人民法院收到上诉状，应当在5日内将上诉状副本送达对方当事人。人民法院收到答辩状，应当在5日内将副本送达上诉人。

人民法院受理人民检察院抗诉的民事、行政案件的移送期限，比照前款规定办理。

第十八条　第二审人民法院立案时发现上诉案件材料不齐全的，应当在2日内通知第一审人民法院。第一审人民法院应当在接到第二审人民法院的通知后5日内补齐。

第十九条　下级人民法院接到上级人民法院调卷通知后，应当在5日内将全部案卷和证据移送，至迟不超过10日。

五、对案件审理期限的监督、检查

第二十条　各级人民法院应当将审理案件期限情况作为审判管理的重要内容，加强对案件审理期限的管理、监督和检查。

第二十一条　各级人民法院应当建立审理期限届满前的催办制度。

第二十二条　各级人民法院应当建立案件审理期限定期通报制度。对违反诉讼法规定，超过审理期限或者违反本规定的情况进行通报。

第二十三条　审判人员故意拖延办案，或者因过失延误办案，造成严重后果的，依照《人民法院审判纪律处分办法(试行)》第五十九条的规定予以处分。

审判人员故意拖延移送案件材料，或者接受委托送达后，故意拖延不予送达的，参照《人民法院审判纪律处分办法(试行)》第五十九条的规定予以处分。

第二十四条　本规定发布前有关审理期限规定与本规定不一致的，以本规定为准。

◎司法文件

最高人民法院关于人民陪审员管理办法(试行)

（2005年1月6日　法发〔2005〕1号）

第一章　总　　则

第一条　根据《全国人民代表大会常务委员会关于完善人民陪审员制度的决定》（以下简称《决定》）及《最高人民法院、司法部关于人民陪审员选任、培训、考核工作的实施意见》（以下简称《意见》），为做好人民陪审员的管理工作，保障人民陪审员制度的实施，制定本办法。

第二条 各级人民法院应设立人民陪审员工作指导小组，指导人民陪审员的管理工作。

人民陪审员管理工作包括人民陪审员人事管理工作和人民陪审员参加审判活动的日常管理工作。

第三条 人民陪审员人事管理工作由人民法院政工部门负责。

政工部门应设立非常设机构或指定专人负责人民陪审员的人事管理工作。

第四条 人民陪审员参加审判活动的日常管理工作由人民法院根据实际情况确定具体管理部门。

第二章 名额确定

第五条 基层人民法院根据本辖区案件数量及特点、人口数量、地域面积、民族状况等因素，并结合上级人民法院从本院随机抽取人民陪审员的需要，在不低于所在法院现任法官人数的二分之一，不高于所在法院现任法官人数的范围内提出人民陪审员名额的意见，提请同级人民代表大会常务委员会确定。

第六条 人民陪审员的名额意见在报请同级人民代表大会常务委员会确定之前，基层人民法院应当先报上一级人民法院审核，上一级人民法院可以对本辖区内人民陪审员名额进行适当调整。

高级人民法院应当将本辖区内各基层人民法院人民陪审员名额报最高人民法院备案。

第七条 人民陪审员的名额可以根据实际情况进行调整。调整应当按照确定人民陪审员名额的程序进行。

第三章 选任

第八条 选任人民陪审员应当在确定的名额范围内进行。

第九条 基层人民法院应当在人民陪审员选任工作开始前一个月向社会公告所需选任的人民陪审员的名额、选任条件、推荐(申请)期限、程序等相关事项，以便有关单位推荐人选和公民提出申请。

基层人民法院在必要时可动员公民本人提出申请或公民所在单位、户籍所在地或者经常居住地的基层组织推荐人民陪审员人选。

第十条 公民所在单位、户籍所在地或者经常居住地的基层组织需征得公民本人同意后，方可向当地基层人民法院推荐其担任人民陪审员。

公民个人可以向户籍所在地或者经常居住地的基层人民法院直接提出担任人民陪审员的申请。

第十一条 基层人民法院应当要求推荐人民陪审员的有关单位或者提出申请的公民，提供被推荐人或者申请人的有关身份证明材料复印件，填写并提交《人民陪审员人选推荐表》(附表一)或者《人民陪审员人选申请表》(附表二)一式三份。

《人民陪审员人选推荐表》和《人民陪审员人选申请表》应当以最高人民法院规定的样式、内容为准。

第十二条 基层人民法院应当对被推荐和本人申请担任人民陪审员的公民，依照《决定》第四条、第五条、第六条及《意见》第二条的规定进行审查。审查内容主要包含《人民陪审员人选推荐表》或《人民陪审员人选申请表》所填内容的真实性、被推荐人、申请人的任职资格、工作能力、日常表现等。

第十三条 基层人民法院应将审查后初步确定的人民陪审员人选名单及《人民陪审员人选推荐表》或者《人民陪审员人选申请表》送同级人民政府司法行政机关征求意见。

基层人民法院认为有必要对被推荐人、申请人的有关情况进行调查的，应当会同同级人民政府司法行政机关到公民所在单位、户籍所在地或者经常居住地的基层组织进行调查。

第十四条 基层人民法院根据审查结果及本院人民陪审员的名额确定人民陪审员的人选。

确定人民陪审员的人选，应当注意吸收社会不同行业、不同性别、不同年龄、不同民族的人员。

第十五条 公民不得同时在两个以上的基层人民法院担任人民陪审员。

第十六条 基层人民法院应将确定的人民陪审员人选报上一级人民法院审核。上一级人民法院主要审核人民陪审员的任职资格。

第十七条 经审核的人民陪审员人选，由基层人民法院院长提请同级人民代表大会常务委员会任命。

基层人民法院提请同级人民代表大会常务委员会任命人民陪审员，应提交以下材料：提请任命人民陪审员的议案、《人民陪审员人选推荐表》或《人民陪审员人选申请表》等有关材料以及同级人民代表大会常务委员会要求提供的其他材料。

第十八条 基层人民法院应当将任命的人民陪审员名单抄送同级人民政府司法行政机关，并逐级报高级人民法院备案，同时向社会公告。

基层人民法院应当及时将任命决定书面通知人民陪审员本人及其所在单位、户籍所在地或经常居住地的基层组织。

第十九条 基层人民法院应当为人民陪审员颁发《人民陪审员工作证》。

《人民陪审员工作证》由最高人民法院政治部制发统一样式，各地法院自行印制。

第四章 培训

第二十条 人民陪审员培训分为岗前培训和任职期间的审判业务专项培训。

初任人民陪审员上岗前应当接受履行职责所必备的审判业务知识和技能培训。包括法官职责和权利、法官职业道德、审判纪律、司法礼仪、法律基础知识和基本诉讼规则等内容。

人民陪审员任职期间应当根据陪审工作的实际需要接受

审判业务专项培训。主要以掌握采信证据、认定事实、适用法律的一般规则和学习新法律法规为内容。

第二十一条　最高人民法院教育培训主管部门、国家法官学院负责制定统一的人民陪审员培训大纲和培训教材,提出明确的培训教学要求,定期对人民陪审员培训工作进行督促、检查。必要时,可举办人民陪审员培训示范班和人民陪审员师资培训班。

第二十二条　高级人民法院教育培训主管部门和法官教育培训机构负责本辖区人民陪审员培训规划和相关管理、协调工作,承担本辖区人民陪审员岗前培训工作任务。

第二十三条　有条件的中、基层人民法院教育培训主管部门和法官培训机构可受高级人民法院委托承担人民陪审员岗前培训任务。

中级人民法院负责审定辖区内人民陪审员任职期间的审判业务专项培训教学方案。

第二十四条　基层人民法院应当会同同级人民政府司法行政部门及时提出接受岗前培训的人员名单和培训意见,报上级人民法院教育培训主管部门和法官培训机构。

第二十五条　人民陪审员培训应当根据人民陪审员履行职责的实际需要,结合陪审实务进行,培训的具体内容应视不同培训对象的要求有所侧重。

第二十六条　人民陪审员培训以脱产集中培训与在职自学相结合的方式进行,也可结合实际采取分段培训、累计学时的方式。

培训形式除集中授课外,可采取庭审观摩、专题研讨等多种形式。

岗前培训的面授时间一般不少于 24 学时,任职期间的审判业务专项培训每年应不少于 16 学时。

第二十七条　人民法院应当提供人民陪审员参加培训的场所、培训设施和其他必要的培训条件。

第二十八条　人民法院应当为参加岗前培训合格的人民陪审员颁发《合格证书》。

国家法官学院举办的人民陪审员岗前培训的《合格证书》,由最高人民法院教育培训主管部门和国家法官学院验证、发放。

高级人民法院培训机构举办或委托中、基层人民法院培训机构举办的人民陪审员岗前培训的《合格证书》,由高级人民法院教育培训主管部门和教育培训机构验证、发放。

人民陪审员岗前培训《合格证书》,由最高人民法院政治部统一印制。

第五章　考核与表彰

第二十九条　基层人民法院会同同级人民政府司法行政机关对人民陪审员执行职务的情况进行考核。

对人民陪审员的考核实行平时考核和年终考核相结合。

第三十条　对人民陪审员的考核内容包括陪审工作实绩、思想品德、工作态度、审判纪律、审判作风和参加培训情况等方面。

中级人民法院、高级人民法院在其所在城市的基层人民法院人民陪审员名单中随机抽取人民陪审员参与本院审判工作的,应当将人民陪审员在本院执行职务的情况通报其所在的基层人民法院,作为对人民陪审员的考核依据之一。

第三十一条　考核结果作为对人民陪审员进行表彰和奖励的依据。

基层人民法院应及时将考核结果书面通知人民陪审员本人。人民陪审员对考核结果有异议,向基层人民法院申请复议的,基层人民法院应当受理。

第三十二条　对于在审判工作中有显著成绩或者有其他突出事迹的人民陪审员,由基层人民法院会同同级人民政府司法行政机关给予表彰和奖励。

第三十三条　基层人民法院应及时将对人民陪审员的表彰和奖励决定书面通知人民陪审员本人及其所在单位、户籍所在地或经常居住地的基层组织。

第六章　职 务 免 除

第三十四条　人民陪审员有《决定》第十七条规定情形之一的,由基层人民法院会同同级人民政府司法行政机关进行查证。

经查证属实的,由基层人民法院院长提请同级人民代表大会常务委员会免除其人民陪审员的职务。

人民陪审员有《决定》第十七条第(一)、(二)、(三)项所列情形之一的,由所在基层人民法院人民陪审员人事管理部门按照规定进行查证。在查证过程中,发现人民陪审员有《决定》第十七条第(四)项所列情形的,应交由本院纪检、监察部门进行查证。

第三十五条　人民陪审员有《决定》第十七条第(四)项所列行为,尚不构成犯罪的,除依法免除其人民陪审员职务外,必要时基层人民法院可书面建议其所在单位依照有关规定给予处分。

第三十六条　人民陪审员的任期为五年。人民陪审员任期届满后,其职务自动免除。基层人民法院无须再提请同级人民代表大会常务委员会免除其人民陪审员职务。

第三十七条　人民陪审员被免除职务的,基层人民法院应书面通知被免职者本人及其所在单位、户籍所在地或经常居住地的基层组织。

基层人民法院应将免职名单抄送同级人民政府司法行政机关,并逐级报高级人民法院备案,同时向社会公告。

第七章　补助与经费

第三十八条　人民陪审员在执行职务期间应当享受的各

项补助,人民法院应当按照规定及时支付。

第三十九条　人民陪审员因参加审判活动、培训而支出的公共交通、就餐等费用,由所在法院,参照当地差旅费支付标准给予补助。

无固定收入的人民陪审员参加审判活动、培训期间,由所在法院,参照当地职工上年度平均货币工资水平,按照实际工作日给予补助。

人民陪审员参加中级人民法院、高级人民法院审判活动的,由随机抽取人民陪审员参加审判活动的中级人民法院、高级人民法院按照前两款规定,给予人民陪审员各项补助。

第四十条　有工作单位的人民陪审员因参加培训、审判活动,被所在单位克扣或者变相克扣工资、奖金及其他福利待遇的,基层人民法院应及时向其所在单位,或所在单位的主管部门,或所在单位的上级部门提出纠正意见。

第四十一条　人民陪审员因参加培训、审判活动应当享受的补助,人民法院为实施人民陪审员制度所必需的开支,人民法院应当纳入当年的业务经费预算并及时向同级人民政府财政部门申报,由同级政府财政给予保障。

各级人民法院对于实施人民陪审员制度的各项经费应当单独列支、单独管理、专款专用,以保障人民陪审员制度的有效实行。

第八章　附　　则

第四十二条　海事、兵团、铁路等法院人民陪审员管理办法另行制定。

第四十三条　本办法由最高人民法院负责解释。

第四十四条　本办法自公布之日起施行。

附:1. 人民陪审员人选推荐表(略)

2. 人民陪审员人选申请表(略)

最高人民法院关于完善人民法院专业法官会议工作机制的指导意见

(2021年1月6日)

为全面落实司法责任制,充分发挥专业法官会议工作机制在辅助办案决策、统一法律适用、强化制约监督等方面的作用,现提出如下指导意见。

一、专业法官会议是人民法院向审判组织和院庭长(含审判委员会专职委员,下同)履行法定职责提供咨询意见的内部工作机制。

二、各级人民法院根据本院法官规模、内设机构设置、所涉议题类型、监督管理需要等,在审判专业领域、审判庭、审判团队内部组织召开专业法官会议,必要时可以跨审判专业领域、审判庭、审判团队召开。

三、专业法官会议由法官组成。各级人民法院可以结合所涉议题和会议组织方式,兼顾人员代表性和专业性,明确不同类型会议的最低参加人数,确保讨论质量和效率。

专业法官会议主持人可以根据议题性质和实际需要,邀请法官助理、综合业务部门工作人员等其他人员列席会议并参与讨论。

四、专业法官会议讨论案件的法律适用问题或者与事实认定高度关联的证据规则适用问题,必要时也可以讨论其他事项。独任庭、合议庭办理案件时,存在下列情形之一的,应当建议院庭长提交专业法官会议讨论:

(一)独任庭认为需要提交讨论的;

(二)合议庭内部无法形成多数意见,或者持少数意见的法官认为需要提交讨论的;

(三)有必要在审判团队、审判庭、审判专业领域之间或者辖区法院内统一法律适用的;

(四)属于《最高人民法院关于完善人民法院司法责任制的若干意见》第24条规定的"四类案件"范围的;

(五)其他需要提交专业法官会议讨论的。

院庭长履行审判监督管理职责时,发现案件存在前款情形之一的,可以提交专业法官会议讨论;综合业务部门认为存在前款第(三)(四)项情形的,应当建议院庭长提交专业法官会议讨论。

各级人民法院应当结合审级职能定位、受理案件规模、内部职责分工、法官队伍状况等,进一步细化专业法官会议讨论范围。

五、专业法官会议由下列人员主持:

(一)审判专业领域或者跨审判庭、审判专业领域的专业法官会议,由院长或其委托的副院长、审判委员会专职委员、庭长主持;

(二)本审判庭或者跨审判团队的专业法官会议,由庭长或其委托的副庭长主持;

(三)本审判庭内按审判团队组织的专业法官会议,由庭长、副庭长或其委托的资深法官主持。

六、主持人应当在会前审查会议材料并决定是否召开专业法官会议。对于法律适用已经明确,专业法官会议已经讨论且没有出现新情况,或者其他不属于专业法官会议讨论范围的,主持人可以决定不召开会议,并根据审判监督管理权限督促或者建议独任庭、合议庭依法及时处理相关案件。主持人决定不召开专业法官会议的情况应当在办案平台或者案卷中留痕。

主持人召开会议时,应当严格执行讨论规则,客观、全面、准确归纳总结会议讨论形成的意见。

七、拟提交专业法官会议讨论的案件,承办案件的独任庭、合议庭应当在会议召开前就基本案情、争议焦点、评议意见及其他参考材料等简明扼要准备报告,并在报告中明确拟提交讨论的焦点问题。案件涉及统一法律适用问题的,应当说明类案检索情况,确有必要的应当制作类案检索报告。

全体参加人员应当在会前认真阅读会议材料,掌握议题相关情况,针对提交讨论的问题做好发言准备。

八、专业法官会议可以定期召集,也可以根据实际需要临时召集。各级人民法院应当综合考虑所涉事项、议题数量、会务成本、法官工作量等因素,合理确定专业法官会议的召开频率。

九、主持人应当指定专人负责会务工作。召开会议前,应当预留出合理、充足的准备时间,提前将讨论所需的报告等会议材料送交全体参加人员。召开会议时,应当制作会议记录,准确记载发言内容和会议结论,由全体参加人员会后及时签字确认,并在办案平台或者案卷中留痕;参加人员会后还有新的意见,可以补充提交书面材料并再次签字确认。

十、专业法官会议按照下列规则组织讨论:

(一)独任庭或者合议庭作简要介绍;

(二)参加人员就有关问题进行询问;

(三)列席人员发言;

(四)参加人员按照法官等级等由低到高的顺序发表明确意见,法官等级相同的,由晋升现等级时间较短者先发表意见;

(五)主持人视情况组织后续轮次讨论;

(六)主持人最后发表意见;

(七)主持人总结归纳讨论情况,形成讨论意见。

十一、专业法官会议讨论形成的意见供审判组织和院庭长参考。

经专业法官会议讨论的“四类案件”,独任庭、合议庭应当及时复议;专业法官会议没有形成多数意见,独任庭、合议庭复议后的意见与专业法官会议多数意见不一致,或者独任庭、合议庭对法律适用问题难以作出决定的,应当层报院长提交审判委员会讨论决定。

对于“四类案件”以外的其他案件,专业法官会议没有形成多数意见,或者独任庭、合议庭复议后的意见仍然与专业法官会议多数意见不一致的,可以层报院长提交审判委员会讨论决定。

独任庭、合议庭复议情况,以及院庭长提交审判委员会讨论决定的情况,应当在办案平台或者案卷中留痕。

十二、拟提交审判委员会讨论决定的案件,应当由专业法官会议先行讨论。但存在下列情形之一的,可以直接提交审判委员会讨论决定:

(一)依法应当由审判委员会讨论决定,但独任庭、合议庭与院庭长之间不存在分歧的;

(二)专业法官会议组成人员与审判委员会委员重合度较高,先行讨论必要性不大的;

(三)确因其他特殊事由无法或者不宜召开专业法官会议讨论,由院长决定提交审判委员会讨论决定的。

十三、参加、列席专业法官会议的人员和会务人员应当严格遵守保密工作纪律,不得向无关人员泄露会议议题、案件信息和讨论情况等审判工作秘密;因泄密造成严重后果的,依纪依法追究纪律责任直至刑事责任。

十四、相关审判庭室应当定期总结专业法官会议工作情况,组织整理形成会议纪要、典型案例、裁判规则等统一法律适用成果,并报综合业务部门备案。

各级人民法院可以指定综合业务部门负责专业法官会议信息备案等综合管理工作。

十五、法官参加专业法官会议的情况应当计入工作量,法官在会上发表的观点对推动解决法律适用分歧、促成公正高效裁判发挥重要作用的,可以综合作为绩效考核和等级晋升时的重要参考因素;经研究、整理会议讨论意见,形成会议纪要、典型案例、裁判规则等统一法律适用成果的,可以作为绩效考核时的加分项。

各级人民法院可以参照前述规定,对审判辅助人员参加专业法官会议的情况纳入绩效考核。

十六、各级人民法院应当提升专业法官会议会务工作、召开形式、会议记录和审判监督管理的信息化水平,推动专业法官会议记录、会议纪要、典型案例等与智能辅助办案系统和绩效考核系统相关联,完善信息查询、裁判指引、自动提示等功能。

十七、各级人民法院应当根据本意见,并结合本院实际,制定专业法官会议工作机制实施细则。

十八、本意见自2021年1月12日起施行,《关于健全完善人民法院主审法官会议工作机制的指导意见(试行)》(法发〔2018〕21号)同时废止。最高人民法院此前发布的文件与本意见不一致的,适用本意见。

人民法院法官员额退出办法(试行)

(2020年1月8日 法发〔2020〕2号)

第一条 为进一步完善法官管理制度,不断深化法官员额制改革,建立能进能出的法官员额管理机制,根据人民法院组织法、法官法等相关规定,按照中央推进司法体制改革精神,结合人民法院工作实际,制定本办法。

第二条 法官员额退出,应当坚持以下原则:

(一)党管干部;

(二)人岗相适;

(三)业绩导向;

(四)能进能出;

(五)公开、公平、公正。

第三条 法官退出员额,包括申请退出、自然退出、应当退出三种情形。

第四条 法官自愿申请退出员额，具备正当理由的，经批准后可以退出法官员额。

第五条 法官具有下列情形之一的，自然退出员额：

（一）丧失中华人民共和国国籍的；

（二）调出所任职法院的；

（三）退休、辞职的；

（四）依法被辞退或者开除的；

（五）实行任职交流调整到法院非员额岗位的。

第六条 法官具有下列情形之一的，应当退出员额：

（一）符合任职回避情形的；

（二）因健康或个人其他原因超过一年不能正常履行法官职务的；

（三）办案业绩考核不达标，不能胜任法官职务的；

（四）因违纪违法不宜继续担任法官职务的；

（五）根据法官惩戒委员会意见应当退出员额的；

（六）入额后拒不服从组织安排到员额法官岗位工作的；

（七）配偶已移居国（境）外，或者没有配偶但儿女均已移居国（境）外的；

（八）其他不宜担任法官职务的情形。

第七条 经任职法院法官考评委员会考核认定，法官具有下列情形之一的，应认定属于第六条第三项规定的“办案业绩考核不达标，不能胜任法官职务”：

（一）办案数量、质量和效率达不到规定要求，办案能力明显不胜任的；

（二）因重大过失导致所办案件出现证据审查、事实认定、法律适用错误而影响公正司法等严重质量问题，造成恶劣影响的；

（三）多次出现办案质量和办案效果问题，经综合评价，政治素质、业务素质达不到员额法官标准的；

（四）负有审判监督管理职责的法官违反规定不认真履行职责，造成严重后果的；

（五）其他不能胜任法官职务的情形。

第八条 省级以下人民法院员额法官因个人意愿申请退出员额或者具有本办法第六条情形之一的，由所在法院组织人事部门提出意见，经本院党组研究后层报高级人民法院审批。高级人民法院应在两个月内完成审批，如批准退额的，送省级法官遴选委员会备案。

最高人民法院员额法官因个人意愿申请退出员额或者具有第六条情形之一的，经最高人民法院党组批准后退出员额，并送最高人民法院法官遴选委员会备案。

第九条 省级以下人民法院员额法官具有本办法第五条情形之一的，所在法院应层报高级人民法院在一个月内完成退额手续，并报送省级法官遴选委员会备案。

最高人民法院员额法官具有第五条情形之一的，最高人民法院应及时办理退额手续，并送最高人民法院法官遴选委员会备案。

第十条 法官对涉及本人退出员额的决定有异议的，可以在收到决定后七日内向所任职法院党组申请复核。

中级以下人民法院党组经复核不改变原退额决定的，应自收到当事法官复核申请三十日内，书面答复当事法官；经复核拟改变原退额决定的，应自收到当事法官复核申请三十日内，层报高级人民法院批准后书面答复当事法官，并送省级法官遴选委员会备案。

高级人民法院、最高人民法院党组应当自收到本院法官的复核申请后三十日内做出决定，并书面答复当事法官。

第十一条 上级人民法院发现下级人民法院的法官具有退出员额的情形，但下级法院未启动退出员额程序的，应当督促下级法院尽快启动相关程序。

第十二条 员额法官退出员额后需要免除法律职务的，应当及时提请办理相关免职手续。

第十三条 员额法官具有本办法第五条情形之一的，自上述情形出现时起，不再行使员额法官职权；申请退出法官员额或者具有本办法第六条情形之一的，自审批机关批准退出员额之日起，不再行使员额法官职权。

第十四条 员额法官退出员额后，转任法院司法行政人员、司法辅助人员的，应按照法官等级晋升审批权限，综合考虑任职资历、工作经历等条件，以及担任员额法官期间的审判业绩、工作表现、退出情形等因素，在规定的职数范围内，比照确定职务或职级。

第十五条 法官因惩戒委员会意见退出员额五年后，因本办法第四条、第七条情形退出员额两年后，可以重新申请入额。符合入额条件的，参加考试考核，按照统一程序遴选入额。

第十六条 本办法适用于全国法院纳入员额管理的法官。

第十七条 各高级人民法院应当结合工作实际，研究细化法官员额退出的情形和程序等内容，制定具体实施办法。

第十八条 本办法由最高人民法院政治部负责解释，自2020年2月1日起施行。

省级以下人民法院法官员额动态调整指导意见（试行）

（2020年1月8日 法发〔2020〕3号）

为实现法官员额精细化管理，建立科学高效、符合审判工作实际的法官员额配置、调整、管理机制，根据人民法院组织法、法官法等相关规定，按照中央推进司法体制改革精神，结合人民法院工作实际，制定本意见。

一、法官员额配置总体以省（区、市）为单位，不得超过中央设定的比例范围。

二、省级以下人民法院法官员额,由高级人民法院在核定总量内统筹管理,原则上以设区的市(地区)为单位,在省级范围内合理分配、动态调整;直辖市高级人民法院可将辖区中级、基层人民法院法官员额一并纳入统筹管理。

省、自治区内设的中级人民法院可以对辖区内的法官员额进行统筹配置、动态调整。

三、基层人民法院的法官员额配置,以核定编制、办案总量、法官人均办案量为主要依据。

高级、中级人民法院的员额配置,可以在核定编制、办案总量、法官人均办案量基础上,适当考虑对下业务指导等工作量。

四、法官员额配置应当向基层和办案一线倾斜。高级人民法院法官员额比例不得高于辖区基层人民法院平均水平。

五、上级人民法院可以根据辖区内法院法官办案工作量变化情况,以及人员编制、机构设置、案件数量、法官数量等情况,决定对法官员额的配置进行调整。

六、上级人民法院可以预留合理比例或数量的法官员额,用于辖区内调整配置。上级人民法院为动态调整预留的法官员额,原则上不得用于本院。

七、上级人民法院对辖区内法院法官员额进行调整配置的,可以调整使用预留的法官员额,也可以对各地法院已经配置的法官员额进行统筹调整。

八、出现下列情形之一的,应当及时对法官员额进行调整:

(一)法院案件数量大幅增加,法官员额明显不能适应办案工作需要的;

(二)因行政区划调整、机构撤销或设立等导致法院编制发生较大调整,案件数量或工作量发生重大变化的;

(三)法官办案数量较少,存在明显闲置的;

(四)其他确有必要调整员额的情形。

九、高级人民法院应当定期对辖区法院人员编制、案件数量、员额比例、法官人均办案工作量等进行全面调查评估,提出动态调整使用的意见,由院党组研究决定后实施。

十、上级人民法院对辖区法院法官员额实施全面调整的,原则上在一届院长任期内不超过两次,不宜频繁调整。

十一、法官员额的实时动态调整,原则上由有调整需求的人民法院提出,报上级人民法院批准。中级人民法院对辖区人民法院法官员额配置进行调整的,应当报高级人民法院备案。

十二、高级人民法院应当根据辖区内法院法官员额使用情况,及时统筹进行法官员额调整并启动法官入额、增补、退出工作。

十三、高级人民法院应当建立员额法官常态化增补机制,对辖区法院预留或空出的员额定期开展遴选,原则上每年开展员额法官遴选不少于一次。

十四、员额法官遴选中,在向省级法官遴选委员会推荐拟入额人选时,可综合考虑法院员额法官人均办案工作量、近期拟退休法官人数等因素,按照不高于员额法官空缺数30%的比例推荐递补人选。在下一次法官遴选工作启动前,因法官员额产生空缺的法院,可直接从递补人选中推荐拟入额人选,按程序报高级人民法院审批后办理任职手续。未能递补入额的人选,在下次员额法官遴选时,按照与其他人员相同的程序和标准参加遴选。

十五、根据工作需要,高级人民法院可以采取借用、转任等方式,将法官及所用员额、编制一并调整配置到需要增补法官的法院。

十六、高级人民法院应当结合工作实际,根据本意见研究制定本地区法官员额动态调整管理具体办法。

十七、本意见由最高人民法院政治部负责解释,自2020年2月1日起施行。

最高人民法院关于健全完善人民法院审判委员会工作机制的意见

(2019年8月2日 法发〔2019〕20号)

为贯彻落实中央关于深化司法体制综合配套改革的总体部署,健全完善人民法院审判委员会工作机制,进一步全面落实司法责任制,根据人民法院组织法、刑事诉讼法、民事诉讼法、行政诉讼法等法律及司法解释规定,结合人民法院工作实际,制定本意见。

一、基本原则

1. 坚持党的领导。坚持以习近平新时代中国特色社会主义思想为指导,增强“四个意识”、坚定“四个自信”、做到“两个维护”,坚持党对人民法院工作的绝对领导,坚定不移走中国特色社会主义法治道路,健全公正高效权威的社会主义司法制度。

2. 实行民主集中制。坚持充分发扬民主和正确实行集中有机结合,健全完善审判委员会议事程序和议事规则,确保审判委员会委员客观、公正、独立、平等发表意见,防止和克服议而不决、决而不行,切实发挥民主集中制优势。

3. 遵循司法规律。优化审判委员会人员组成,科学定位审判委员会职能,健全审判委员会运行机制,全面落实司法责任制,推动建立权责清晰、权责统一、运行高效、监督有力的工作机制。

4. 恪守司法公正。认真总结审判委员会制度改革经验,不断完善工作机制,坚持以事实为根据、以法律为准绳,坚持严格公正司法,坚持程序公正和实体公正相统一,充分发挥审判委员会职能作用,努力让人民群众在每一个司法案件中感受到公平正义。

二、组织构成

5. 各级人民法院设审判委员会。审判委员会由院长、副院长和若干资深法官组成，成员应当为单数。

审判委员会可以设专职委员。

6. 审判委员会会议分为全体会议和专业委员会会议。

专业委员会会议是审判委员会的一种会议形式和工作方式。中级以上人民法院根据审判工作需要，可以召开刑事审判、民事行政审判等专业委员会会议。

专业委员会会议组成人员应当根据审判委员会委员的专业和工作分工确定。审判委员会委员可以参加不同的专业委员会会议。专业委员会会议全体组成人员应当超过审判委员会全体委员的二分之一。

三、职能定位

7. 审判委员会的主要职能是：

（1）总结审判工作经验；

（2）讨论决定重大、疑难、复杂案件的法律适用；

（3）讨论决定本院已经发生法律效力的判决、裁定、调解书是否应当再审；

（4）讨论决定其他有关审判工作的重大问题。

最高人民法院审判委员会通过制定司法解释、规范性文件及发布指导性案例等方式，统一法律适用。

8. 各级人民法院审理的下列案件，应当提交审判委员会讨论决定：

（1）涉及国家安全、外交、社会稳定等敏感案件和重大、疑难、复杂案件；

（2）本院已经发生法律效力的判决、裁定、调解书等确有错误需要再审的案件；

（3）同级人民检察院依照审判监督程序提出抗诉的刑事案件；

（4）法律适用规则不明的新类型案件；

（5）拟宣告被告人无罪的案件；

（6）拟在法定刑以下判处刑罚或者免予刑事处罚的案件；

高级人民法院、中级人民法院拟判处死刑的案件，应当提交本院审判委员会讨论决定。

9. 各级人民法院审理的下列案件，可以提交审判委员会讨论决定：

（1）合议庭对法律适用问题意见分歧较大，经专业（主审）法官会议讨论难以作出决定的案件；

（2）拟作出的裁判与本院或者上级法院的类案裁判可能发生冲突的案件；

（3）同级人民检察院依照审判监督程序提出抗诉的重大、疑难、复杂民事案件及行政案件；

（4）指令再审或者发回重审的案件；

（5）其他需要提交审判委员会讨论决定的案件。

四、运行机制

10. 合议庭或者独任法官认为案件需要提交审判委员会讨论决定的，由其提出申请，层报院长批准；未提出申请，院长认为有必要的，可以提请审判委员会讨论决定。

其他事项提交审判委员会讨论决定的，参照案件提交程序执行。

11. 拟提请审判委员会讨论决定的案件，应当有专业（主审）法官会议研究讨论的意见。

专业（主审）法官会议意见与合议庭或者独任法官意见不一致的，院长、副院长、庭长可以按照审判监督管理权限要求合议庭或者独任法官复议；经复议仍未采纳专业（主审）法官会议意见的，应当按程序报请审判委员会讨论决定。

12. 提交审判委员会讨论的案件，合议庭应当形成书面报告。书面报告应当客观全面反映案件事实、证据、当事人或者控辩双方的意见，列明需要审判委员会讨论决定的法律适用问题、专业（主审）法官会议意见、类案与关联案件检索情况，有合议庭拟处理意见和理由。有分歧意见的，应归纳不同的意见和理由。

其他事项提交审判委员会讨论之前，承办部门应在认真调研并征求相关部门意见的基础上提出办理意见。

13. 对提交审判委员会讨论决定的案件或者事项，审判委员会工作部门可以先行审查是否属于审判委员会讨论范围并提出意见，报请院长决定。

14. 提交审判委员会讨论决定的案件，审判委员会委员有应当回避情形的，应当自行回避并报院长决定；院长的回避，由审判委员会决定。

审判委员会委员的回避情形，适用有关法律关于审判人员回避情形的规定。

15. 审判委员会委员应当提前审阅会议材料，必要时可以调阅相关案卷、文件及庭审音频视频资料。

16. 审判委员会召开全体会议和专业委员会会议，应当有其组成人员的过半数出席。

17. 审判委员会全体会议及专业委员会会议应当由院长或者院长委托的副院长主持。

18. 下列人员应当列席审判委员会会议：

（1）承办案件的合议庭成员、独任法官或者事项承办人；

（2）承办案件、事项的审判庭或者部门负责人；

（3）其他有必要列席的人员。

审判委员会召开会议，必要时可以邀请人大代表、政协委员、专家学者等列席。

经主持人同意，列席人员可以提供说明或者表达意见，但不参与表决。

19. 审判委员会举行会议时，同级人民检察院检察长或者其委托的副检察长可以列席。

20. 审判委员会讨论决定案件和事项，一般按照以下程序进行：

（1）合议庭、承办人汇报；

（2）委员就有关问题进行询问；

（3）委员按照法官等级和资历由低到高顺序发表意见，主持人最后发表意见；

（4）主持人作会议总结，会议作出决议。

21. 审判委员会全体会议和专业委员会会议讨论案件或者事项，一般按照各自全体组成人员过半数的多数意见作出决定，少数委员的意见应当记录在卷。

经专业委员会会议讨论的案件或者事项，无法形成决议或者院长认为有必要的，可以提交全体会议讨论决定。

经审判委员会全体会议和专业委员会会议讨论的案件或者事项，院长认为有必要的，可以提请复议。

22. 审判委员会讨论案件或者事项的决定，合议庭、独任法官或者相关部门应当执行。审判委员会工作部门发现案件处理结果与审判委员会决定不符的，应当及时向院长报告。

23. 审判委员会会议纪要或者决定由院长审定后，发送审判委员会委员、相关审判庭或者部门。

同级人民检察院检察长或者副检察长列席审判委员会的，会议纪要或者决定抄送同级人民检察院检察委员会办事机构。

24. 审判委员会讨论案件的决定及其理由应当在裁判文书中公开，法律规定不公开的除外。

25. 经审判委员会讨论决定的案件，合议庭、独任法官应及时审结，并将判决书、裁定书、调解书等送审判委员会工作部门备案。

26. 各级人民法院应当建立审判委员会会议全程录音录像制度，按照保密要求进行管理。审判委员会议题的提交、审核、讨论、决定等纳入审判流程管理系统，实行全程留痕。

27. 各级人民法院审判委员会工作部门负责处理审判委员会日常事务性工作，根据审判委员会授权，督促检查审判委员会决定执行情况，落实审判委员会交办的其他事项。

五、保障监督

28. 审判委员会委员依法履职行为受法律保护。

29. 领导干部和司法机关内部人员违法干预、过问、插手审判委员会委员讨论决定案件的，应当予以记录、通报，并依纪依法追究相应责任。

30. 审判委员会委员因依法履职遭受诬告陷害或者侮辱诽谤的，人民法院应当会同有关部门及时采取有效措施，澄清事实真相，消除不良影响，并依法追究相关单位或者个人的责任。

31. 审判委员会讨论案件，合议庭、独任法官对其汇报的事实负责，审判委员会委员对其本人发表的意见和表决负责。

32. 审判委员会委员有贪污受贿、徇私舞弊、枉法裁判等严重违纪违法行为的，依纪依法严肃追究责任。

33. 各级人民法院应当将审判委员会委员出席会议情况纳入考核体系，并以适当形式在法院内部公示。

34. 审判委员会委员、列席人员及其他与会人员应严格遵守保密工作纪律，不得泄露履职过程中知悉的审判工作秘密。因泄密造成严重后果的，严肃追究纪律责任和法律责任。

六、附则

35. 本意见关于审判委员会委员的审判责任范围、认定及追究程序，依据《最高人民法院关于完善人民法院司法责任制的若干意见》及法官惩戒相关规定等执行。

36. 各级人民法院可以根据本意见，结合本院审判工作实际，制定工作细则。

37. 本意见自2019年8月2日起施行。最高人民法院以前发布的规范性文件与本意见不一致的，以本意见为准。

最高人民法院、司法部关于印发《人民陪审员培训、考核、奖惩工作办法》的通知

（2019年4月24日　法发〔2019〕12号）

各省、自治区、直辖市高级人民法院、司法厅（局），新疆维吾尔自治区高级人民法院生产建设兵团分院、新疆生产建设兵团司法局：

为认真贯彻实施《中华人民共和国人民陪审员法》，进一步规范人民陪审员培训、考核、奖惩等工作，最高人民法院、司法部研究制定了《人民陪审员培训、考核、奖惩工作办法》，现印发你们，请结合实际认真贯彻落实。

各地在执行中遇到重大情况和问题，请及时报告最高人民法院、司法部。

人民陪审员培训、考核、奖惩工作办法

第一章　总　　则

第一条　为规范人民陪审员的培训、考核、奖惩等工作，根据人民陪审员法的相关规定，制定本办法。

第二条　人民陪审员的培训、考核和奖惩等日常管理工作，由基层人民法院会同司法行政机关负责。

人民法院和司法行政机关应当加强沟通联系，建立协调配合机制。

第三条　人民法院、司法行政机关应当确定机构或者指定专人负责人民陪审员的培训、考核和奖惩等工作，其他相关部门予以配合。

第四条　开庭通知、庭前阅卷、调查询问、参与调解、评议安排、文书签名等与人民陪审员参加审判活动密切相关事宜由各审判部门负责，其他管理工作包括随机抽取、协调联络、补助发放、送交裁判文书等事宜由人民法院根据本院实际情况确定负责部门。

第五条　最高人民法院和司法部应当完善配套机制，根据各自职责搭建技术平台，研发人民陪审员管理系统，加强系统对接和信息数据共享，为完善人民陪审员的信息管理、随机抽取、均衡参审、履职信息、业绩评价、考核培训和意见反馈等提供技术支持。

第六条　基层人民法院应当为人民陪审员颁发《人民陪审员工作证》。《人民陪审员工作证》由最高人民法院政治部制发统一样式，各地法院自行印制。人民陪审员任期届满或依法免除职务后，人民法院应当收回或注销其持有的《人民陪审员工作证》。

第七条　除法律规定外，人民法院、司法行政机关不得公开人民陪审员的通讯方式、家庭住址等个人信息。

第八条　人民陪审员依法履行审判职责期间，应当遵守《中华人民共和国法官职业道德基本准则》。

第二章　培　　训

第九条　人民陪审员的培训分为岗前培训和任职期间培训。人民法院应当会同司法行政机关有计划、有组织地对人民陪审员进行培训，培训应当符合人民陪审员参加审判活动的实际需要。培训内容包括政治理论、陪审职责、法官职业道德、审判纪律和法律基础知识等，也可以结合本地区案件特点与类型安排培训内容。

第十条　最高人民法院、司法部教育培训主管部门和相关业务部门负责制定统一的人民陪审员培训大纲和培训教材，提出明确的培训教学要求，定期对人民陪审员培训工作进行督促、检查。必要时，可以举办人民陪审员培训示范班和人民陪审员师资培训班。

第十一条　高级人民法院教育培训主管部门和法官教育培训机构负责本辖区人民陪审员培训规划和相关管理、协调工作。高级人民法院教育培训主管部门和法官教育培训机构承担本辖区人民陪审员岗前培训工作任务时，可以采取远程视频等信息化手段，基层人民法院会同司法行政机关组织配合。

高级人民法院应当会同同级司法行政机关制定本辖区人民陪审员培训工作的年度培训方案和实施意见，并分别报最高人民法院、司法部备案。

第十二条　任职期间培训主要由人民陪审员所在的基层人民法院会同同级司法行政机关承担，培训教学方案由中级人民法院负责审定，直辖市地区的培训教学方案由高级人民法院负责审定。

必要时，有条件的中级人民法院教育培训主管部门和法官培训机构可受委托承担人民陪审员培训任务。

第十三条　基层人民法院应当会同同级司法行政机关及时提出接受岗前培训的人员名单和培训意见，报上级人民法院教育培训主管部门、法官培训机构和司法行政机关相关业务部门。

第十四条　人民陪审员培训以脱产集中培训与在职自学相结合的方式进行，也可结合实际采取分段培训、累计学时的方式。

培训形式除集中授课外，可采取庭审观摩、专题研讨、案例教学、模拟演示、电化教学、巡回教学等多种形式。

岗前培训时间一般不少于40学时，任职期间的培训时间由人民法院根据实际情况和需要合理确定。

第十五条　人民法院和司法行政机关应当提供人民陪审员参加培训的场所、培训设施和其他必要的培训条件。

第三章　考核与奖励

第十六条　基层人民法院会同同级司法行政机关对人民陪审员履行审判职责的情况进行考核。

第十七条　对人民陪审员的考核实行平时考核和年终考核相结合。

平时考核由基层人民法院会同同级司法行政机关根据实际情况确定考核时间和方式。

年终考核由基层人民法院会同同级司法行政机关在每年年终进行。年终考核应对人民陪审员履职情况按照优秀、称职、基本称职、不称职评定等次。

第十八条　基层人民法院制定人民陪审员履行审判职责的考核办法，应当征求同级司法行政机关的意见。

第十九条　对人民陪审员的考核内容包括思想品德、陪审工作实绩、工作态度、审判纪律、审判作风和参加培训情况等方面。

第二十条　中级人民法院、高级人民法院在其辖区内的基层人民法院的人民陪审员名单中随机抽取人民陪审员参与本院审判工作的，海事法院、知识产权法院、铁路运输法院等没有对应同级人民代表大会的法院，在其所在地级市辖区内的基层人民法院或案件管辖区内的人民陪审员名单中随机抽取人民陪审员参加案件审判的，应将人民陪审员在本院履行审判职责的情况通报其所在的基层人民法院，作为对人民陪审员的考核依据之一。履职情况通报时间及方式由上述法院与人民陪审员所在法院具体协调。

第二十一条　基层人民法院应及时将年终考核结果书面通知人民陪审员本人及其所在单位、户籍所在地或者经常居住地的基层群众性自治组织、人民团体。

人民陪审员对考核结果有异议的，可以在收到考核结果书面通知后五日内向所在基层人民法院申请复核，基层人民法院在收到复核申请后十五日内作出复核决定,并书面通知人民陪审员本人及其所在单位、户籍所在地或者经常居住地的基层群众性自治组织、人民团体。

第二十二条 考核结果作为对人民陪审员进行表彰和奖励的依据。

第二十三条 对于在审判工作中有显著成绩或者有其他突出事迹的人民陪审员,由基层人民法院会同同级司法行政机关依照有关规定给予表彰和奖励。

表彰和奖励应当坚持依法、公平、公开、公正的原则。

第二十四条 人民陪审员有下列表现之一的,可认定为在审判工作中有显著成绩或者有其他突出事迹:

(一)对审判工作提出改革建议被采纳,效果显著的;

(二)对参加审判的案件提出司法建议,被有关部门采纳的;

(三)在陪审工作中,积极发挥主观能动作用,维护社会稳定,事迹突出的;

(四)有其他显著成绩或者突出事迹的。

第二十五条 基层人民法院应及时将对人民陪审员的表彰和奖励决定书面通知人民陪审员本人及其所在单位、户籍所在地或者经常居住地的基层群众性自治组织、人民团体。

第四章 免除职务与惩戒

第二十六条 人民陪审员任期届满后职务自动免除,基层人民法院应当会同司法行政机关在其官方网站或者当地主流媒体上予以公告,无须再提请同级人民代表大会常务委员会免除其人民陪审员职务。

人民陪审员任期届满时,其参加审判的案件尚未审结的,可以履行审判职责到案件审结之日。

第二十七条 人民陪审员有人民陪审员法第二十七条规定情形之一的,经所在基层人民法院会同司法行政机关查证属实的,由院长提请同级人民代表大会常务委员会免除其人民陪审员职务。

第二十八条 人民陪审员被免除职务的,基层人民法院应当书面通知被免职者本人及其所在单位、户籍所在地或者经常居住地的基层群众性自治组织、人民团体,同时将免职名单抄送同级司法行政机关,基层人民法院、司法行政机关应将免职名单逐级报高级人民法院、省级司法行政机关备案。

第二十九条 人民陪审员有人民陪审员法第二十七条第一款第三项、第四项所列行为,经所在基层人民法院会同同级司法行政机关查证属实的,可以采取通知其所在单位、户籍所在地或者经常居住地的基层群众性自治组织、人民团体,在辖区范围内公开通报等措施进行惩戒。

第三十条 人民陪审员有人民陪审员法第二十七条第一款第四项所列行为,由所在基层人民法院会同同级司法行政机关进行查证;构成犯罪的,依法追究刑事责任。

第五章 附 则

第三十一条 本办法由最高人民法院、司法部共同负责解释。

第三十二条 本办法自2019年5月1日起施行。本办法施行前最高人民法院、司法部制定的有关人民陪审员培训、考核、奖惩等管理工作的规定,与本办法不一致的,以本办法为准。

最高人民法院、司法部关于印发《人民陪审员制度改革试点工作实施办法》的通知

(2015年5月20日 法〔2015〕132号)

北京、河北、黑龙江、江苏、福建、山东、河南、广西、重庆、陕西高级人民法院、司法厅(局):

为贯彻落实党的十八届三中、四中全会关于人民陪审员制度改革的部署,确保人民陪审员制度改革试点工作稳妥有序推进,根据最高人民法院与司法部联合印发的《人民陪审员制度改革试点方案》(法〔2015〕100号),结合工作实际,制定《人民陪审员制度改革试点工作实施办法》。现将文件印发给你们,请认真组织实施。实施过程中遇到的问题请及时报告最高人民法院和司法部。

人民陪审员制度改革试点工作实施办法

为推进司法民主,促进司法公正,保障人民群众有序参与司法,提升人民陪审员制度公信度和司法公信力,根据中央全面深化改革领导小组第十一次全体会议审议通过的《人民陪审员制度改革试点方案》和第十二届全国人民代表大会常务委员会第十四次会议审议通过的《关于授权在部分地区开展人民陪审员制度改革试点工作的决定》,结合审判工作实际,制定本办法。

第一条 公民担任人民陪审员,应当具备下列条件:

(一)拥护中华人民共和国宪法;

(二)具有选举权和被选举权;

(三)年满二十八周岁;

(四)品行良好、公道正派;

(五)身体健康。

担任人民陪审员,一般应当具有高中以上文化学历,但农村地区和贫困偏远地区德高望重者不受此限。

第二条 人民陪审员依法享有参加审判活动、独立发表意见、获得履职保障等权利。

人民陪审员应当忠实履行陪审义务,保守国家秘密和审

判工作秘密，秉公判断，不得徇私枉法。

第三条 下列人员不能担任人民陪审员：

（一）人民代表大会常务委员会组成人员，人民法院、人民检察院、公安机关、国家安全机关、司法行政机关的工作人员；

（二）执业律师、基层法律服务工作者等从事法律服务工作的人员；

（三）因其他原因不适宜担任人民陪审员的人员。

第四条 下列人员不得担任人民陪审员：

（一）因犯罪受过刑事处罚的；

（二）被开除公职的；

（三）被人民法院纳入失信被执行人名单的；

（四）因受惩戒被免除人民陪审员职务的。

第五条 基层人民法院根据本辖区案件数量和陪审工作实际，确定不低于本院法官员额数3倍的人民陪审员名额，陪审案件数量较多的法院也可以将人民陪审员名额设定为本院法官员额数的5倍以上。中级人民法院根据陪审案件数量等实际情况，合理确定本院人民陪审员名额。

试点期间，尚未开展法官员额制改革的，法官员额数暂按中央政法专项编制的39%计算。

试点工作开始前已经选任的人民陪审员，应当计入人民陪审员名额。

第六条 人民法院每五年从符合条件的选民或者常住居民名单中，随机抽选本院法官员额数5倍以上的人员作为人民陪审员候选人，建立人民陪审员候选人信息库。

当地选民名单是指人民法院辖区同级人大常委会选举时确认的选民名单。当地常住居民名单是指人民法院辖区同级户口登记机关登记的常住人口名单。直辖市中级人民法院可以参考案件管辖范围确定相对应的当地选民和常住人口范围。

第七条 人民法院会同同级司法行政机关对人民陪审员候选人进行资格审查，征求候选人意见。必要时，人民法院可以会同同级司法行政机关以适当方式听取公民所在单位、户籍所在地或者经常居住地的基层组织的意见。

第八条 人民法院会同同级司法行政机关，从通过资格审查的候选人名单中以随机抽选的方式确定人民陪审员人选，由院长提请人民代表大会常务委员会任命。人民法院应当将任命决定通知人民陪审员本人，将任命名单抄送同级司法行政机关，并逐级报高级人民法院备案，同时向社会公告。相关司法行政机关应当将任命名单逐级报省级司法行政机关备案。

第九条 人民法院应当建立人民陪审员信息库，制作人民陪审员名册，并抄送同级司法行政机关。

人民法院可以根据人民陪审员专业背景情况，结合本院审理案件的主要类型，建立专业人民陪审员信息库。

第十条 人民陪审员选任工作每五年进行一次。因人民陪审员退出等原因导致人民陪审员人数低于人民法院法官员额数3倍的，或者因审判工作实际需要的，可以适当增补人民陪审员。增补程序参照选任程序进行。

第十一条 经选任为人民陪审员的应当进行集中公开宣誓。

第十二条 人民法院受理的第一审案件，除法律规定由法官独任审理或者由法官组成合议庭审理的以外，均可以适用人民陪审制审理。

有下列情形之一的第一审案件，原则上应当由人民陪审员和法官共同组成合议庭审理：

（一）涉及群体利益、社会公共利益、人民群众广泛关注或者其他社会影响较大的刑事、行政、民事案件；

（二）可能判处十年以上有期徒刑、无期徒刑的刑事案件；

（三）涉及征地拆迁、环境保护、食品药品安全的重大案件。

前款所列案件中，因涉及个人隐私、商业秘密或者其他原因，当事人申请不适用人民陪审制审理的，人民法院可以决定不适用人民陪审制审理。

第十三条 第一审刑事案件被告人、民事案件当事人和行政案件原告有权申请人民陪审员参加合议庭审判。人民法院接到申请后，经审查决定适用人民陪审制审理案件的，应当组成有人民陪审员参加的合议庭进行审判。

第十四条 人民法院应当结合本辖区实际情况，合理确定人民陪审员每人每年参与审理案件的数量上限，并向社会公告。

第十五条 适用人民陪审制审理第一审重大刑事、行政、民事案件的，人民陪审员在合议庭中的人数原则上应当在2人以上。

第十六条 参与合议庭审理案件的人民陪审员，应当在开庭前通过随机抽选的方式确定。

人民法院可以根据案件审理需要，从人民陪审员名册中随机抽选一定数量的候补人民陪审员，并确定递补顺序。

第十七条 当事人有权申请人民陪审员回避。人民陪审员的回避，参照有关法官回避的规定执行。

人民陪审员回避事由经审查成立的，人民法院应当及时从候补人员中确定递补人选。

第十八条 人民法院应当在开庭前，将相关权利和义务告知人民陪审员，并为其阅卷提供便利条件。

第十九条 在庭审过程中，人民陪审员有权依法参加案件调查和案件调解工作。经审判长同意，人民陪审员可以在休庭时组织双方当事人进行调解。

第二十条 适用人民陪审制审理案件的，庭审完毕后，审判长应当及时组织合议庭评议案件。当即评议确有困难的，应当将推迟评议的理由记录在卷。

第二十一条 合议庭评议时，审判长应当提请人民陪审员围绕案件事实认定问题发表意见，并对与事实认定有关的证据资格、证据规则、诉讼程序等问题及注意事项进行必要的说明,但不得妨碍人民陪审员对案件事实的独立判断。

第二十二条 人民陪审员应当全程参与合议庭评议,并就案件事实认定问题独立发表意见并进行表决。人民陪审员可以对案件的法律适用问题发表意见,但不参与表决。

第二十三条 合议庭评议案件前,审判长应当归纳并介绍需要通过评议讨论决定的案件事实问题,必要时可以以书面形式列出案件事实问题清单。

合议庭评议案件时,一般先由人民陪审员发表意见。

人民陪审员和法官共同对案件事实认定负责,如果意见分歧,应当按多数人意见对案件事实作出认定,但是少数人意见应当写入笔录。如果法官与人民陪审员多数意见存在重大分歧,且认为人民陪审员多数意见对事实的认定违反了证据规则,可能导致适用法律错误或者造成错案的,可以将案件提交院长决定是否由审判委员会讨论。提交审判委员会讨论决定的案件,审判委员会的决定理由应当在裁判文书中写明。

第二十四条 人民陪审员应当认真阅读评议笔录,确认无误后签名。人民陪审员应当审核裁判文书文稿中的事实认定结论部分并签名。

第二十五条 人民陪审员参与合议庭审理案件的,应当作为合议庭成员在裁判文书上署名。

第二十六条 人民陪审员有下列情形之一,经所在法院会同同级司法行政机关查证属实的,应当由法院院长提请同级人民代表大会常务委员会免除其人民陪审员职务:

(一)因年龄、疾病、职业、生活等原因难以履行陪审职责,向人民法院申请辞去人民陪审员职务的;

(二)被依法剥夺选举权和被选举权的;

(三)因犯罪受到刑事处罚、被开除公职或者被纳入失信被执行人名单的;

(四)担任本办法第三条所列职务的;

(五)其他不宜担任人民陪审员的情形。

人民陪审员被免除职务的,人民法院应当将免职决定通知被免职者本人,将免职名单抄送同级司法行政机关,并逐级报高级人民法院备案,同时向社会公告。相关司法行政机关应当将免职名单逐级报省级司法行政机关备案。

第二十七条 人民陪审员有下列情形之一,经所在法院会同同级司法行政机关查证属实的,除按程序免除其人民陪审员职务外,可以采取在辖区范围内公开通报、纳入个人诚信系统不良记录等措施进行惩戒;构成犯罪的,依法移送有关部门追究刑事责任:

(一)在人民陪审员资格审查中提供虚假材料的;

(二)一年内拒绝履行陪审职责达三次的;

(三)泄露国家秘密和审判工作秘密的;

(四)利用陪审职务便利索取或者收受贿赂的;

(五)充当诉讼掮客,为当事人介绍律师和评估、鉴定等中介机构的;

(六)滥用职权、徇私舞弊的;

(七)有其他损害陪审公信或司法公正行为的。

第二十八条 人民陪审员的选任、培训、考核和奖惩等日常管理工作,由人民法院会同同级司法行政机关负责。

人民法院和同级司法行政机关应当根据试点期间的履职要求,改进人民陪审员培训形式和重点内容。具体培训制度由相关高级人民法院会同省级司法行政机关另行制定。

人民法院应当会同同级司法行政机关完善配套机制,搭建技术平台,为完善人民陪审员的信息管理、随机抽选、均衡参审和意见反馈系统提供技术支持。

第二十九条 人民陪审员制度实施所需经费列入人民法院、司法行政机关业务费预算予以保障。

人民陪审员因参加培训或者审判活动,被其所在单位解雇、减少工资或薪酬待遇的,由人民法院会同司法行政机关向其所在单位或者其所在单位的上级主管部门提出纠正意见。

人民法院和司法行政机关不得向社会公开人民陪审员的住所及其他个人信息。人民陪审员人身、财产安全受到威胁时,可以请求人民法院或者司法行政机关采取适当保护措施。

对破坏人民陪审员制度的行为,构成犯罪的,依法移送有关部门追究刑事责任。

第三十条 港澳台居民担任人民陪审员的选任条件和程序另行规定。

第三十一条 试点法院会同同级司法行政机关,根据《人民陪审员制度改革试点方案》和本办法,结合工作实际,制定具体工作方案和相关制度规定。具体工作方案由相关高级人民法院、省级司法行政机关统一汇总后于2015年5月30日前报最高人民法院、司法部备案。

试点法院会同同级司法行政机关,在制定实施方案、修订现有规范、做好机制衔接的前提下,从2015年5月全面开始试点,试点时间两年。2016年4月前,试点法院、司法行政机关应当将中期报告逐级层报最高人民法院、司法部。

第三十二条 本办法仅适用于北京、河北、黑龙江、江苏、福建、山东、河南、广西、重庆、陕西等10个省(自治区、直辖市)的试点法院(具体名单附后)。

第三十三条 本办法由最高人民法院、司法部负责解释。

第三十四条 本办法应当报全国人民代表大会常务委员会备案,自发布之日起实施;之前有关人民陪审员制度的规定与本办法不一致的,按照本办法执行。

人民陪审员制度改革试点法院名单

北　京

北京市第二中级人民法院

北京市门头沟区人民法院

北京市东城区人民法院

北京市海淀区人民法院
北京市密云县人民法院

河　北

河北省邯郸市中级人民法院
河北省武安市人民法院
河北省石家庄市裕华区人民法院
河北省滦平县人民法院
河北省香河县人民法院

黑龙江

黑龙江省鸡西市中级人民法院
黑龙江省鸡西市鸡冠区人民法院
黑龙江省龙江县人民法院
黑龙江省大庆市让胡路区人民法院
黑龙江省绥棱县人民法院

江　苏

江苏省南京市中级人民法院
江苏省盐城市中级人民法院
江苏省南京市鼓楼区人民法院
江苏省无锡市南长区人民法院
江苏省苏州市吴中区人民法院

福　建

福建省龙岩市中级人民法院
福建省厦门市海沧区人民法院
福建省龙海市人民法院
福建省晋江市人民法院
福建省龙岩市永定区人民法院

山　东

山东省青岛市中级人民法院
山东省青岛市崂山区人民法院
山东省威海市环翠区人民法院
山东省枣庄市峄城区人民法院
山东省章丘市人民法院

河　南

河南省安阳市中级人民法院
河南省安阳市龙安区人民法院
河南省郑州市中原区人民法院
河南省兰考县人民法院
河南省西峡县人民法院

广　西

广西壮族自治区崇左市中级人民法院
广西壮族自治区桂林市七星区人民法院
广西壮族自治区上思县人民法院
广西壮族自治区大新县人民法院
广西壮族自治区百色市右江区人民法院

重　庆

重庆市第三中级人民法院
重庆市沙坪坝区人民法院
重庆市梁平县人民法院
重庆市南川区人民法院
重庆市江津区人民法院

陕　西

陕西省渭南市中级人民法院
陕西省西安市雁塔区人民法院
陕西省安康市汉滨区人民法院
陕西省华阴市人民法院
陕西省岐山县人民法院

文书范本

口头起诉登记表（公民口头提起民事诉讼用）

口头起诉登记表

原告
被告
诉讼请求：

续表

事实和理由：
证据和证据来源、证人姓名和住所：
上述内容经法院工作人员向原告当面宣读后，原告表示该内容与其口述内容无异。 原告（签名或捺印） 年　　月　　日

续表

法院工作人员(签名) 年　月　日

【说明】

1. 本样式根据《中华人民共和国民事诉讼法》第一百二十条、第一百二十一条制定,供书写起诉状确有困难的公民口头提起民事诉讼用。

2. 原告应当写明姓名、性别、出生日期、民族、职业、工作单位、住所、联系方式。

3. 被告是自然人的,应当写明姓名、性别、工作单位、住所等信息;被告是法人或者其他组织的,应当写明名称、住所等信息。

4. 本表由人民法院工作人员记入笔录,并告知对方当事人。

民事起诉状(公民提起民事诉讼用)

民事起诉状

原告:×××,男/女,××××年××月××日生,×族,……(写明工作单位和职务或职业),住……。联系方式:……。

法定代理人/指定代理人:×××,……。

委托诉讼代理人:×××,……。

被告:×××,……。

……

(以上写明当事人和其他诉讼参加人的姓名或者名称等基本信息)

诉讼请求:

……

事实和理由:

……

证据和证据来源,证人姓名和住所:

……

此致

××××人民法院

附:本起诉状副本×份

起诉人(签名)

××××年××月××日

【说明】

1. 本样式根据《中华人民共和国民事诉讼法》第一百二十条第一款、第一百二十一条制定,供公民提起民事诉讼用。

2. 起诉应当向人民法院递交起诉状,并按照被告人数提出副本。

3. 原告应当写明姓名、性别、出生日期、民族、职业、工作单位、住所、联系方式。原告是无民事行为能力或者限制民事行为能力人的,应当写明法定代理人姓名、性别、出生日期、民族、职业、工作单位、住所、联系方式,在诉讼地位后括注与原告的关系。

4. 起诉时已经委托诉讼代理人的,应当写明委托诉讼代理人基本信息。

5. 被告是自然人的,应当写明姓名、性别、工作单位、住所等信息;被告是法人或者其他组织的,应当写明名称、住所等信息。

6. 原告在起诉状中直接列写第三人的,视为其申请人民法院追加该第三人参加诉讼。是否通知第三人参加诉讼,由人民法院审查决定。

7. 起诉状应当由本人签名。

民事起诉状(法人或者其他组织提起民事诉讼用)

民事起诉状

原告:×××,住所……。

法定代表人/主要负责人:×××,……(写明职务),联系方式:……。

委托诉讼代理人:×××,……。

被告:×××,……。

……

(以上写明当事人和其他诉讼参加人的姓名或者名称等基本信息)

诉讼请求:

……

事实和理由:

……

证据和证据来源,证人姓名和住所:

……

此致

××××人民法院

附:本起诉状副本×份

起诉人(公章和签名)

××××年××月××日

【说明】

1. 本样式根据《中华人民共和国民事诉讼法》第一百二十条第一款、第一百二十一条制定,供法人或者其他组织提起民事诉讼用。

2. 起诉应当向人民法院递交起诉状,并按照被告人数提出副本。

3. 起诉时已经委托诉讼代理人的,应当写明委托诉讼代理人基本信息。

4. 被告是自然人的,应当写明姓名、性别、工作单位、住所等信息;被告是法人或者其他组织的,应当写明名称、住所等信息。

5. 原告在起诉状中直接列写第三人的,视为其申请人民法院追加该第三人参加诉讼。是否通知第三人参加诉讼,由人民法院审查决定。

6. 起诉状应当加盖单位印章,并由法定代表人或者主要负责人签名。

民事反诉状(公民提起民事反诉用)

民事反诉状

反诉原告(本诉被告):×××,男/女,××××年××月××日生,×族,……(写明工作单位和职务或职业),住……。联系方式:……。

法定代理人/指定代理人:×××,……。

委托诉讼代理人:×××,……。

反诉被告(本诉原告):×××,……。

……

(以上写明当事人和其他诉讼参加人的姓名或者名称等基本信息)

反诉请求:

……

事实和理由:

……

证据和证据来源,证人姓名和住所:

……

此致

××××人民法院

附:本反诉状副本×份

反诉人(签名)

××××年××月××日

【说明】

1. 本样式根据《中华人民共和国民事诉讼法》第五十一条、第一百二十条第一款、第一百二十一条制定,供公民提起民事反诉用。

2. 反诉应当向人民法院递交反诉状,并按照被反诉人数提出副本。

3. 反诉原告应当写明姓名、性别、出生日期、民族、职业、工作单位、住所、联系方式。反诉原告是无民事行为能力或者限制民事行为能力人的,应当写明法定代理人姓名、性别、出生日期、民族、职业、工作单位、住所、联系方式,在诉讼地位后括注与原告的关系。

4. 反诉时已经委托诉讼代理人的,应当写明委托诉讼代理人基本信息。

5. 被反诉被告是自然人的,应当写明姓名、性别、工作单位、住所等信息;反诉被告是法人或者其他组织的,应当写明名称、住所等信息。

6. 反诉状应当由本人签名。

民事反诉状(法人或者其他组织提起民事反诉用)

民事反诉状

反诉原告(本诉被告):×××,住所地……。

法定代表人/主要负责人:×××,……(写明职务),联系方式:……。

委托诉讼代理人:×××,……。

反诉被告(本诉原告):×××,……。

……

(以上写明当事人和其他诉讼参加人的姓名或者名称等基本信息)

反诉请求:

……

事实和理由:

……

证据和证据来源,证人姓名和住所:

……

此致

××××人民法院

附:本反诉状副本×份

反诉人(公章和签名)

××××年××月××日

【说明】

1. 本样式根据《中华人民共和国民事诉讼法》第五十一条、第一百二十条第一款、第一百二十一条制定,供公民提起民事诉讼用。

2. 反诉应当向人民法院递交反诉状,并按照被反诉人数提出副本。

3. 反诉时已经委托诉讼代理人的,应当写明委托诉讼代理人基本信息。

4. 反诉被告是自然人的,应当写明姓名、性别、工作单位、住所等信息;被反诉人是法人或者其他组织的,应当写明名称、住所等信息。

5. 反诉状应当加盖单位印章,并由法定代表人或者主要负责人签名。

民事答辩状(公民对民事起诉提出答辩用)

民事答辩状

答辩人:×××,男/女,××××年××月××日生,×族,……(写明工作单位和职务或职业),住……。联系方式:……。

法定代理人/指定代理人:×××,……。

委托诉讼代理人:×××,……。

(以上写明答辩人和其他诉讼参加人的姓名或者名称等基本信息)

对××××人民法院(××××)……民初……号……(写明当事人和案由)一案的起诉,答辩如下:

……(写明答辩意见)。

证据和证据来源,证人姓名和住所:

……

此致

××××人民法院

附:本答辩状副本×份

答辩人(签名)

××××年××月××日

【说明】

1. 本样式根据《中华人民共和国民事诉讼法》第一百二十五条制定,供公民对民事起诉提出答辩用。

2. 被告应当在收到起诉状副本之日起十五日内提出答辩状。被告在中华人民共和国领域内没有住所的,应当在收到起诉状副本后三十日内提出答辩状。被告申请延期答辩的,是否准许,由人民法院决定。

3. 答辩状应当记明被告的姓名、性别、出生日期、民族、工作单位、职业、住所、联系方式。

4. 答辩时已经委托诉讼代理人的,应当写明委托诉讼代理人基本信息。

5. 答辩状应当由本人签名。

民事答辩状(法人或者其他组织对民事起诉提出答辩用)

民事答辩状

答辩人:×××,住所地……。

法定代表人/主要负责人:×××,……(写明职务),联系方式:……。

委托诉讼代理人:×××,……。

(以上写明答辩人和其他诉讼参加人的姓名或者名称等基本信息)

对××××人民法院(××××)……民初……号……(写明当事人和案由)一案的起诉,答辩如下:

……(写明答辩意见)。

证据和证据来源,证人姓名和住所:

……

此致

××××人民法院

附:本答辩状副本×份

答辩人(公章和签名)

××××年××月××日

【说明】

1. 本样式根据《中华人民共和国民事诉讼法》第一百二十五条制定,供法人或者其他组织对民事起诉提出答辩用。

2. 被告应当在收到起诉状副本之日起十五日内提出答辩状。被告在中华人民共和国领域内没有住所的,应当在收到起诉状副本后三十日内提出答辩状。被告申请延期答辩的,是否准许,由人民法院决定。

3. 答辩时已经委托诉讼代理人的,应当写明委托诉讼代理人基本信息。

4. 答辩状应当加盖单位印章,并由法定代表人或者主要负责人签名。

申请书
（申请追加必要的共同诉讼当事人用）

申请书

申请人：×××，男/女，××××年××月××日出生，×族，……（写明工作单位和职务或者职业），住……。联系方式：……。

法定代理人/指定代理人：×××，……。

委托诉讼代理人：×××，……。

（以上写明申请人和其他诉讼参加人的姓名或者名称等基本信息）

请求事项：

追加×××作为你院（××××）……民初……号……（写明当事人和案由）一案共同原告/被告参加诉讼。

事实和理由：

……（写明申请追加的事实和理由）。

此致

××××人民法院

申请人（签名或者公章）

××××年××月××日

【说明】

1. 本样式根据《最高人民法院关于适用〈中华人民共和国民事诉讼法〉的解释》第七十三条制定，供必须进行共同诉讼的当事人没有参加诉讼的，当事人向人民法院申请追加用。

2. 申请人是法人或者其他组织的，写明名称住所。另起一行写明法定代表人、主要负责人及其姓名、职务、联系方式。

3. 被追加的当事人，可以是原告也可以是被告。

申请书
（无独立请求权的第三人申请参加诉讼用）

申请书

申请人：×××，男/女，××××年××月××日出生，×族，……（写明工作单位和职务或者职业），住……。联系方式：……。

法定代理人/指定代理人：×××，……。

委托诉讼代理人：×××，……。

（以上写明申请人和其他诉讼参加人的姓名或者名称等基本信息）

请求事项：

以无独立请求权的第三人参加你院（××××）……号……（写明当事人和案由）一案的诉讼。

事实和理由：

……（写明申请参加诉讼的事实和理由）。

此致

××××人民法院

申请人（签名或者公章）

××××年××月××日

【说明】

1. 本样式根据《中华人民共和国民事诉讼法》第五十六条第二款以及《最高人民法院关于适用〈中华人民共和国民事诉讼法〉的解释》第八十一条制定，供无独立请求权的第三人认为案件处理结果同他有法律上的利害关系，向人民法院申请参加诉讼用。

2. 申请人是法人或者其他组织的，写明名称住所。另起一行写明法定代表人、主要负责人及其姓名、职务、联系方式。

3. 第一审程序中未参加诉讼的第三人，申请参加第二审程序的，人民法院可以准许。

申请书（申请增加诉讼请求用）

申请书

申请人：×××，男/女，××××年××月××日出生，×族，……（写明工作单位和职务或者职业），住……。联系方式：……。

法定代理人/指定代理人：×××，……。

委托诉讼代理人：×××，……。

（以上写明申请人和其他诉讼参加人的姓名或者名称等基本信息）

请求事项：

对于你院（××××）……号……（写明当事人和案由）一案增加诉讼请求如下：……（写明增加的诉讼请求具体内容）。

事实和理由：

……（写明增加诉讼请求的事实和理由）。

此致

××××人民法院

申请人（签名或者盖章）

××××年××月××日

【说明】

1. 本样式根据《中华人民共和国民事诉讼法》第一百四十条制定，供当事人向人民法院申请增加诉讼请求用。

2. 申请人是法人或者其他组织的，写明名称住所。另起一行写明法定代表人、主要负责人及其姓名、职务、联系方式。

3. 原告、反诉原告、有独立请求权的第三人可以申请增加诉讼请求。

申请书（申请变更诉讼请求用）

申请书

申请人：×××，男/女，××××年××月××日出生，×族，……（写明工作单位和职务或者职业），住……。联系方式：……。

法定代理人/指定代理人：×××，……。

委托诉讼代理人：×××，……。

（以上写明申请人和其他诉讼参加人的姓名或者名称等基本信息）

请求事项：

申请将你院（××××）……号……（写明当事人和案由）一案的诉讼请求……（写明原诉讼请求具体内容），变更为……（写明变更的诉讼请求具体内容）。

事实和理由：

……（写明变更诉讼请求的事实和理由）。

此致

××××人民法院

申请人（签名或者盖章）

××××年××月××日

【说明】

1. 本样式根据《中华人民共和国民事诉讼法》第五十一条制定，供当事人向人民法院申请变更诉讼请求用。

2. 申请人是法人或者其他组织的，写明名称住所。另起一行写明法定代表人、主要负责人及其姓名、职务、联系方式。

3. 原告、反诉原告、有独立请求权的第三人可以变更诉讼请求。

声明书（放弃诉讼请求用）

声明书

声明人：×××，男/女，××××年××月××日出生，×族，……（写明工作单位和职务或者职业），住……。联系方式：……。

法定代理人/指定代理人：×××，……。

委托诉讼代理人：×××，……。

（以上写明声明人和其他诉讼参加人的姓名或者名称等基本信息）

本人/本方在你院（××××）……号……（写明当事人和案由）一案中，放弃全部诉讼请求/放弃第×项诉讼请求：……（写明放弃诉讼请求的具体内容）。

特此声明。

此致

××××人民法院

声明人（签名或者盖章）

××××年××月××日

【说明】

1. 本样式根据《中华人民共和国民事诉讼法》第五十一条、第五十三条、第五十四条制定，供当事人向人民法院声明放弃诉讼请求用。

2. 声明人是法人或者其他组织的，写明名称住所。另起一行写明法定代表人、主要负责人及其姓名、职务、联系方式。

3. 放弃诉讼请求的，可以是原告、反诉原告、有独立请求权的第三人等。

申请书（申请不公开审理用）

申请书

申请人：×××，男/女，××××年××月××日出生，×族，……（写明工作单位和职务或者职业），住……。联系方式：……。

法定代理人/指定代理人：×××，……。

委托诉讼代理人：×××，……。

（以上写明申请人和其他诉讼参加人的姓名或者名称等基本信息）

请求事项：

不公开审理你院（××××）……号……（写明当事人和案由）一案。

事实和理由：

……（写明申请不公开审理的事实和理由）。

此致

××××人民法院

申请人（签名或者盖章）

××××年××月××日

【说明】

1. 本样式根据《中华人民共和国民事诉讼法》第一百三十四条制定，供人民法院受理民事案件后，当事人向人民法院申请不公开审理用。

2. 申请人是法人或者其他组织的，写明名称住所。另起一行写明法定代表人、主要负责人及其姓名、职务、联系方式。

3. 不公开审理包括两类案件：一类是法定不公开审理，指涉及国家秘密、个人隐私或者法律另有规定不公开审理的案件；另一类是依当事人申请而不公开审理，指离婚案件、涉及商业秘密的案件，当事人可以向人民法院申请不公开审理。

申请书（申请撤回起诉用）

申请书

申请人：×××，男/女，××××年××月××日出生，×族，……（写明工作单位和职务或者职业），住……。联系方式：……。

法定代理人/指定代理人：×××，……。

委托诉讼代理人：×××，……。

（以上写明申请人和其他诉讼参加人的姓名或者名称等基本信息）

请求事项：

撤回你院（××××）……号……（写明当事人和案由）一案的起诉。

事实和理由：

……（写明申请撤回起诉的理由）。

此致

××××人民法院

申请人（签名或者盖章）

××××年××月××日

【说明】

1. 本样式根据《中华人民共和国民事诉讼法》第一百四十五条第一款制定，供原告向人民法院申请撤回起诉用。

2. 当事人是法人或者其他组织的，写明名称住所。另起一行写明法定代表人、主要负责人及其姓名、职务、联系方式。

3. 宣判前，原告申请撤诉的，是否准许，由人民法院裁定。

申请书（申请撤回反诉用）

申请书

申请人：×××，男/女，××××年××月××日出生，×族，……（写明工作单位和职务或者职业），住……。联系方式：……。

法定代理人/指定代理人：×××，……。

委托诉讼代理人：×××，……。

（以上写明申请人和其他诉讼参加人的姓名或者名称等基本信息）

请求事项：

撤回你院（××××）……号……（写明当事人和案由）一案的反诉。

事实和理由：

……（写明申请撤回反诉的理由）。

此致

××××人民法院

申请人（签名或者盖章）

××××年××月××日

【说明】

1. 本样式根据《最高人民法院关于适用〈中华人民共和国民事诉讼法〉的解释》第二百三十九条制定，供被告（反诉原告）向人民法院申请撤回反诉用。

2. 申请人是法人或者其他组织的，写明名称住所。另起一行写明法定代表人、主要负责人及其姓名、职务、联系方式。

申请书（申请恢复诉讼用）

申请书

申请人：×××，男/女，××××年××月××日出生，×族，……（写明工作单位和职务或者职业），住……。联系方式：……。

法定代理人/指定代理人：×××，……。

委托诉讼代理人：×××，……。

（以上写明申请人和其他诉讼参加人的姓名或者名称等基本信息）

请求事项：

恢复……（写明当事人和案由）一案诉讼。

事实和理由：

你院于××××年××月××日作出（××××）……号裁定中止诉讼。

……（写明申请恢复诉讼的理由）。

此致

××××人民法院

申请人（签名或者盖章）

××××年××月××日

【说明】

1. 本样式根据《中华人民共和国民事诉讼法》第一百五十条第二款制定，供中止诉讼的原因消除后，当事人向人民法院申请恢复诉讼用。

2. 申请人是法人或者其他组织的，写明名称住所。另起一行写明法定代表人、主要负责人及其姓名、职务、联系方式。

申请书（申请证明判决书或者裁定书的法律效力用）

申请书

申请人：×××，男/女，××××年××月××日出生，×族，……（写明工作单位和职务或者职业），住……。联系方式：……。

法定代理人/指定代理人：×××，……。

委托诉讼代理人：×××，……。

（以上写明申请人和其他诉讼参加人的姓名或者名称等基本信息）

请求事项：

出具你院（××××）……号……（写明当事人和案由）一案民事判决/裁定书发生法律效力的证明书。

事实和理由：

你院作出的（××××）……号……（写明当事人和案由）一案民事判决书/裁定书已经发生法律效力。

……（写明需要出具证明书的理由）。

此致

××××人民法院

申请人（签名或者盖章）

××××年××月××日

【说明】

1. 本样式根据《最高人民法院关于适用〈中华人民共和国民事诉讼法〉的解释》第五百五十条制定，供当事人向人民法院申请出具判决书/裁定书发生法律效力的证明用。

2. 申请人是法人或者其他组织的，写明名称住所。另起一行写明法定代表人、主要负责人及其姓名、职务、联系方式。

3. 最高人民法院的判决、裁定以及依法不准上诉或者超过上诉期没有上诉的判决、裁定，是发生法律效力的判决、裁定。

4. 本申请书应当向作出生效判决书或者裁定书的人民法院提出。

异议书（对适用简易程序提出异议用）

异议书

异议人（原告/被告/第三人）：×××，男/女，××××年××月××日出生，×族，……（写明工作单位和职务或者职业），住……。联系方式：……。

法定代理人/指定代理人：×××，……。

委托诉讼代理人：×××，……。

（以上写明异议人和其他诉讼参加人的姓名或者名称等基本信息）

请求事项：

依法对（××××）……号……（写明当事人和案由）一案适用普通程序进行审理。

事实和理由：

……（写明不应适用简易程序审理的事实和理由）。

此致

××××人民法院

异议人（签名或者盖章）

××××年××月××日

【说明】

1. 本样式根据《最高人民法院关于适用〈中华人民共和国民事诉讼法〉的解释》第二百五十七条、第二百六十九条第一款制定，供当事人对案件适用简易程序有异议的，向人民法院提出用。

2. 异议人是法人或者其他组织的，写明名称住所。另起一行写明法定代表人、主要负责人及其姓名、职务、联系方式。

3. 下列案件，不适用简易程序：（一）起诉时被告下落不明的；（二）发回重审的；（三）当事人一方人数众多的；（四）适用审判监督程序的；（五）涉及国家利益、社会公共利益的；（六）第三人起诉请求改变或者撤销生效判决、裁定、调解书的；（七）其他不宜适用简易程序的案件。

4. 当事人对案件适用简易程序中的小额诉讼程序有异议，认为应当转为普通程序的，参照本样式制作。

实用图表

民事诉讼流程图(一审)

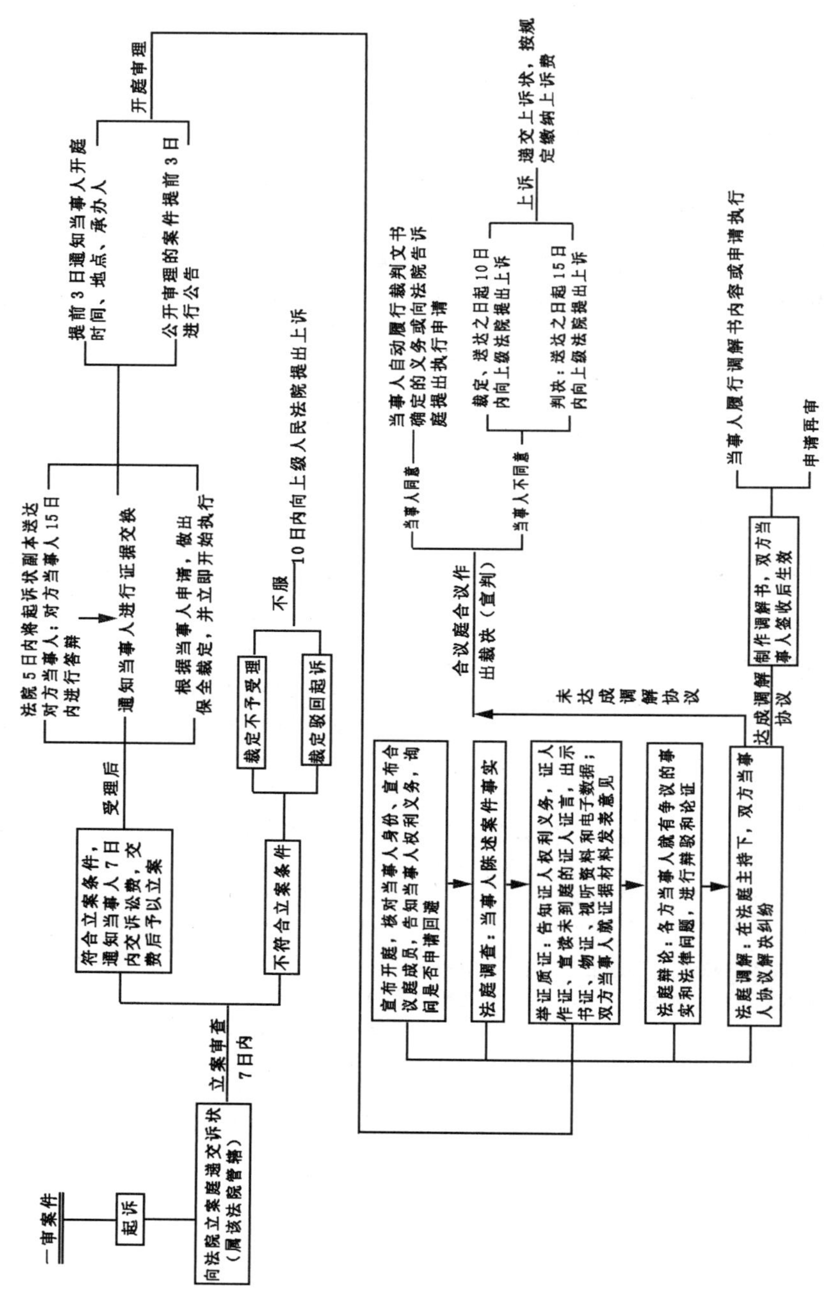

十一、第二审程序

◎请示答复

最高人民法院关于第二审人民法院在审理过程中可否对当事人的违法行为迳行制裁等问题的批复

（1990年7月25日 法经〔1990〕45号）

湖北省高级人民法院：

你院鄂法〔1990〕经呈字第1号《关于人民法院在第二审中发现需要对当事人的违法行为予以民事制裁时，应由哪一审法院作出决定等问题的请示报告》收悉。经研究，答复如下：

一、第二审人民法院在审理案件过程中，认为当事人有违法行为应予依法制裁而原审人民法院未予制裁的，可以迳行予以民事制裁。

二、当事人不服人民法院民事制裁决定而向上一级人民法院申请复议的，该上级人民法院无论维持、变更或者撤销原决定，均应制作民事制裁决定书。

三、人民法院复议期间，被制裁人请求撤回复议申请的，经过审查，应当采取通知的形式，准予撤回申请或者驳回其请求。

最高人民法院关于如何确定涉港澳台当事人公告送达期限和答辩、上诉期限的请示的复函

（2001年8月7日 〔2001〕民四他字第29号）

上海市高级人民法院：

你院2000年8月15日沪高法〔2000〕485号《关于如何确定涉港澳台当事人公告送达期限和答辩、上诉期限的请示》收悉。经研究认为：香港、澳门和台湾地区的当事人在内地法院起诉、应诉或者上诉时，需要履行一定的认证、公证或者转递手续，人民法院的司法文书目前尚无法采用与内地当事人完全相同的方式对港澳台当事人送达。因此，对港澳台当事人在内地诉讼时的公告送达期限和答辩、上诉的期限，应参照我国《民事诉讼法》涉外篇的有关规定执行。

此复。

附：

上海市高级人民法院关于如何确定涉港澳台当事人公告送达期限和答辩、上诉期限的请示

（2000年8月15日 沪高法〔2000〕485号）

最高人民法院：

对于涉港澳台经济纠纷案件，在审理程序上是适用《民事诉讼法》国内篇的规定，还是涉外篇的规定，具体到对涉港澳台当事人的答辩期和上诉期以及公告送达的期限是适用国内当事人的规定还是参照适用外国当事人的规定，审判实践中一直存有分歧。最高人民法院仅在1987年10月19日印发的《关于审理涉港澳经济纠纷案件若干问题的解答》和1989年6月12日印发的《全国沿海地区涉外、涉港澳经济审判工作座谈会纪要》对涉及港澳当事人的公告送达和答辩、上诉期限有所规定，但两者规定相矛盾。在《民事诉讼法》正式颁布实施以后，最高人民法院始终未对该问题予以规定。鉴于当前受理涉港澳台案件不断上升的趋势，当事人在该问题上提出异议的情况日趋增多，且香港、澳门的性质也发生了变化，1987年和1989年的规定显然已不适应审判的需要，故提请钧院对港澳台当事人的答辩期、上诉期和公告送达期限重新予以明确规定。

对香港、澳门、台湾地区的当事人如何确定答辩期、上诉期和公告送达期限，审判实践中存在如下三种观点：

第一种观点认为，对香港、澳门、台湾地区的当事人，其答辩期、上诉期及公告送达期限应当参照《民事诉讼法》涉外篇第二百四十八条、第二百四十九条、第二百四十七条第（七）项的规定，答辩期、上诉期均为30日，公告送达期限为6个月。理由：

1. 香港、澳门和台湾虽然属我国领土，但由于历史原因和现行体制，上述三地实行独立的司法制度，从而形成在一个

统一国家内部存在多个独立的法域。对于上述三地的当事人，人民法院在审理案件中无法采用对国内当事人直接送达的方式，如对香港当事人送达民商事司法文书就需通过内地的高级人民法院委托香港特别行政区高等法院予以送达，类似于向外国当事人送达司法文书的程序。

2. 香港、澳门、台湾地区的当事人在内地法院起诉、应诉需要履行一定的公证和转递手续，在实际操作上类似于外国当事人起诉和应诉。由于费时较长，对上述三地当事人的答辩期、上诉期和公告期应参照适用涉外的规定。

3. 香港、澳门、台湾地区的当事人在内地的投资，按照法律规定视为外资，其与内地企业签订的合同，也被视为涉外合同。人民法院在审理此类纠纷中，在程序和实体上均应参照涉外案件予以处理。

4. 最高人民法院在1987年10月19日印发的《关于审理涉港澳经济纠纷案件若干问题的解答》中规定，对港澳地区的当事人公告送达期限为6个月，该期限为《民事诉讼法（试行）》第一百九十六条第（六）款规定的涉外公告送达的期限。虽然最高人民法院在1989年6月12日《全国沿海地区涉外、涉港澳经济审判工作座谈会纪要》中规定涉港澳当事人的公告送达期限执行《民事诉讼法（试行）》第七十五条即3个月的期限规定，但从效力等级上讲，前者属司法解释，后者属纪要性质，且后者依据的《民事诉讼法（试行）》已废止，故在没有新的司法解释的情况下，仍应适用1987年10月19日的规定。

5. 在审判实践中，普遍把涉港、澳、台案件视作具有涉外因素，故应参照适用涉外的程序规定。近日，最高人民法院研究室拟定《关于严格执行审理期限的若干规定（稿）》，下发征求意见，其中第二条规定"审理涉港、澳、台的民事案件参照前款（即指涉外民事案件）执行"。

基于上述理由，从尊重客观事实、保护涉港、澳、台当事人的合法权益出发，应参照适用涉外程序的规定。

第二种观点认为，应当根据最高人民法院1989年6月12日印发的《全国沿海地区涉外、涉港澳经济审判工作座谈会纪要》的规定，对于在港澳地区的当事人公告送达的期限可以适用《民事诉讼法（试行）》第七十五条的规定即适用3个月的公告送达期限，答辩期、上诉期适用《民事诉讼法（试行）》第八十六条、第一百四十五条和第一百四十八条的规定即适用15日的期限。虽然《民事诉讼法》已将原《民事诉讼法（试行）》规定的国内当事人公告期限由3个月改为2个月，但最高人民法院对纪要至今未予修改或废止，故审判中对涉港澳当事人的公告期限和答辩、上诉期限仍应适用纪要的规定。

第三种观点认为，对涉港澳台当事人的公告送达期限和答辩、上诉期限应按照《民事诉讼法》国内篇的规定，即公告期限为60日，答辩、上诉期限为15日。理由：

1. 根据最高人民法院1989年6月12日印发的《全国沿海地区涉外、涉港澳经济审判工作座谈会纪要》的规定，对涉港澳当事人公告送达期限、答辩期、上诉期分别执行《民事诉讼法（试行）》第七十五条、第八十六条、第一百四十五条、第一百四十八条对国内当事人的规定，即公告期限为3个月，一审答辩及二审答辩期为15日，上诉期为15日，故该纪要实际确立了对港澳当事人的公告送达期限、答辩期和上诉期执行与国内当事人相同的规定的原则，改变了1987年10月9日《关于审理涉港澳经济纠纷案件若干问题的解答》中规定的对香港、澳门地区当事人公告期限适用涉外公告送达的规定。鉴于正式颁布的《民事诉讼法》已将国内当事人的公告送达期限由原《民事诉讼法（试行）》规定的3个月调整为60日，在《民事诉讼法》实施以后，不再存在3个月的公告期限的规定，故涉港澳当事人的公告送达期限应适用《民事诉讼法》对国内当事人公告送达的60日的期限规定，答辩期、上诉期也应同步适用对国内当事人的规定，即答辩期和上诉期均为15日。同理，对台湾地区当事人的公告送达期限与答辩、上诉期限也应适用对国内当事人的规定。

2. 目前，香港、澳门已回归而成为我们国家的特别行政区，台湾也是我国领土不可分割的一部分。虽然上述三地实行独立的司法体制，但其性质毕竟与过去不同，故再将其视为具有涉外因素，在审理中完全适用涉外民事诉讼程序的规定似有不妥。

我院经审判委员会讨论，同意第三种意见，且上海法院在审理涉港澳台经济纠纷案件中也一直按照该种意见予以处理。

另外，关于对外国当事人的公告送达期限，《民事诉讼法》第二百四十七条第（七）项对此明确规定为6个月，但钧院2000年4月17日法〔2000〕51号《关于审理和执行涉外民商事案件应当注意的几个问题的通知》规定："涉外民商事案件法律文书的送达手续必须合法；如用公告方式送达，必须严格按照《中华人民共和国民事诉讼法》第八十四条规定办理……"即对外国当事人的公告送达期限采用对国内当事人60日的规定，该规定似与《民事诉讼法》涉外公告送达的规定相冲突。

鉴于目前法律以及司法解释对涉及香港、澳门和台湾地区的当事人的公告送达期限和答辩、上诉期限没有明确规定，在涉外公告送达问题上。钧院最近发布的法〔2000〕51号通知精神又似与《民事诉讼法》规定不一致，为保护当事人的正当诉讼权利，确保案件审理程序合法，特请示钧院予以答复。

妥否，请核示。

最高人民法院关于第二审人民法院发现原审人民法院已生效的民事制裁决定确有错误应如何纠正问题的复函

(1994 年 11 月 21 日 法经〔1994〕308 号)

西藏自治区高级人民法院:

你院藏高法〔1994〕49 号请示收悉。经研究,答复如下:

同意你院审判委员会的意见。第二审人民法院纠正一审人民法院已生效的民事制裁决定,可比照我院 1986 年 4 月 2 日法(研)复〔1986〕14 号批复的精神处理。即:上级人民法院发现下级人民法院已生效的民事制裁决定确有错误时,应及时予以纠正。纠正的方法,可以口头或者书面通知下级人民法院纠正,也可以使用决定书,撤销下级人民法院的决定。

最高人民法院关于第二审人民法院因追加、更换当事人发回重审的民事裁定书上,应如何列当事人问题的批复

(1990 年 4 月 14 日 法民〔1990〕8 号)

山东省高级人民法院:

你院鲁法(经)函〔1990〕19 号《关于在第二审追加当事人后调解不成发回重审的民事裁定书上,是否列上被追加的当事人问题的请示报告》收悉。经研究,我们认为:

第二审人民法院审理需要追加或更换当事人的案件,如调解不成,应发回重审。在发回重审的民事裁定书,不应列被追加或更换的当事人。

文书范本

民事上诉状(当事人提起上诉用)

民事上诉状

上诉人(原审诉讼地位):×××,男/女,××××年××月××日出生,×族,……(写明工作单位和职务或者职业),住……。联系方式:……。

法定代理人/指定代理人:×××,……。

委托诉讼代理人:×××,……。

被上诉人(原审诉讼地位)×××,……。

……

(以上写明当事人和其他诉讼参加人的姓名或者名称等基本信息)

×××因与×××……(写明案由)一案,不服××××人民法院××××年××月××日作出的(××××)……号民事判决/裁定,现提起上诉。

上诉请求:

……

上诉理由:

……

此致

××××人民法院

附:本上诉状副本×份

上诉人(签名或者盖章)

××××年××月××日

【说明】

1. 本样式根据《中华人民共和国民事诉讼法》第一百六十四条、第一百六十五条、第一百六十六条、第二百六十九条制定,供不服第一审人民法院民事判决或者裁定的当事人,向上一级人民法院提起上诉用。

2. 当事人是法人或者其他组织的,写明名称住所。另起一行写明法定代表人、主要负责人及其姓名、职务、联系方式。

3. 当事人不服地方人民法院第一审判决的,有权在判决书送达之日起十五日内向上一级人民法院提起上诉。当事人不服地方人民法院第一审裁定的,有权在裁定书送达之日起十日内向上一级人民法院提起上诉。在中华人民共和国领域内没有住所的当事人,不服第一审人民法院判决、裁定的,有权在判决书、裁定书送达之日起三十日内提起上诉。

4. 上诉状的内容,应当包括当事人的姓名,法人的名称及其法定代表人的姓名或者其他组织的名称及其主要负责人的姓名;原审人民法院名称、案件的编号和案由;上诉的请求和理由。

5. 上诉状应当通过原审人民法院提出,并按照对方当事人或者代表人的人数提出副本。

6. 有新证据的,应当在上诉理由之后写明证据和证据来源,证人姓名和住所。

实用图表

民事诉讼流程图(二审)

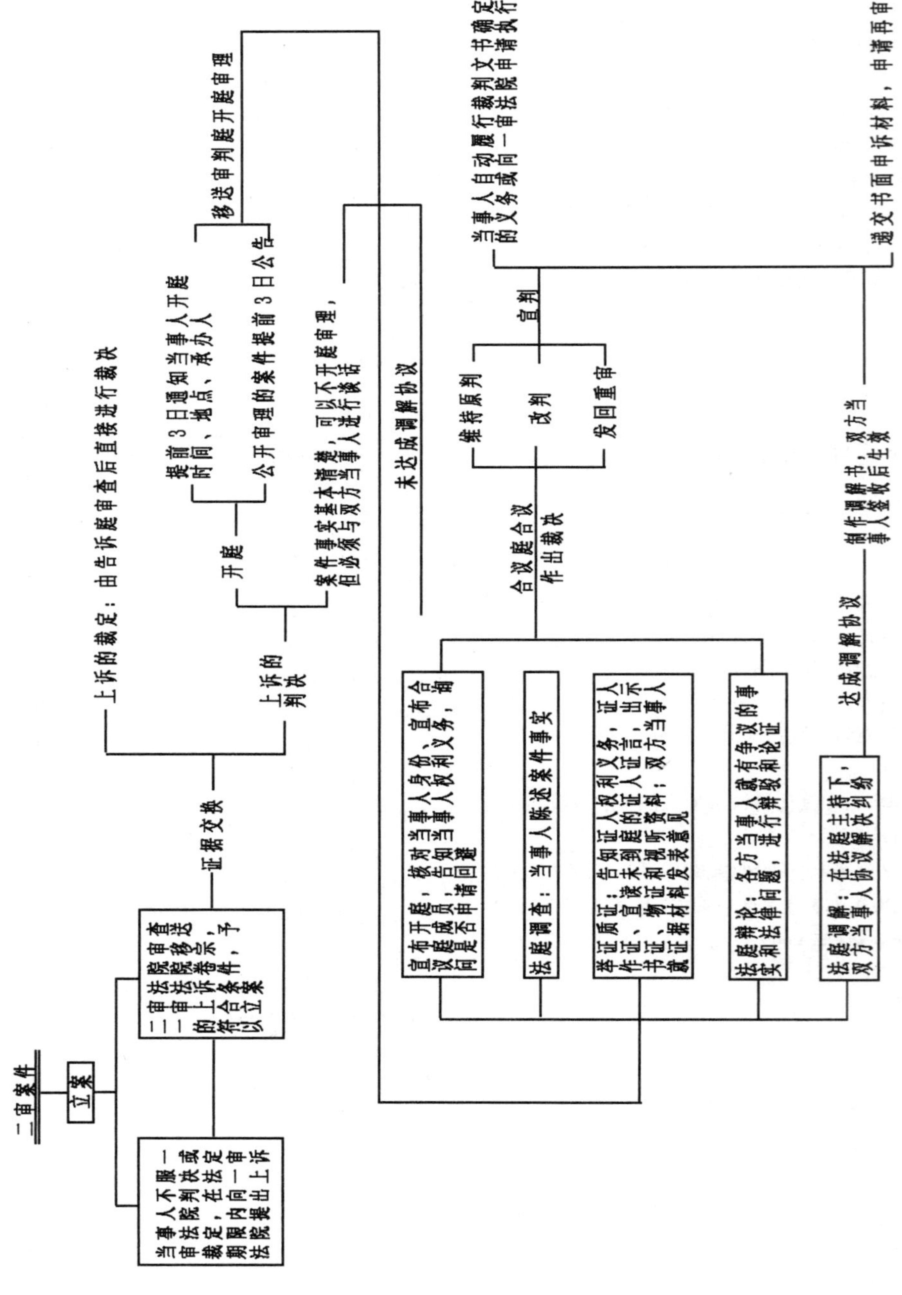

十二、特别程序

◎法律法规

中华人民共和国人民调解法

（2010年8月28日第十一届全国人民代表大会常务委员会第十六次会议通过　2010年8月28日中华人民共和国主席令第34号公布　自2011年1月1日起施行）

第一章　总　　则

第一条　【立法目的和立法根据】为了完善人民调解制度，规范人民调解活动，及时解决民间纠纷，维护社会和谐稳定，根据宪法，制定本法。

第二条　【人民调解定义】本法所称人民调解，是指人民调解委员会通过说服、疏导等方法，促使当事人在平等协商基础上自愿达成调解协议，解决民间纠纷的活动。

第三条　【人民调解工作基本原则】人民调解委员会调解民间纠纷，应当遵循下列原则：

（一）在当事人自愿、平等的基础上进行调解；

（二）不违背法律、法规和国家政策；

（三）尊重当事人的权利，不得因调解而阻止当事人依法通过仲裁、行政、司法等途径维护自己的权利。

第四条　【人民调解不收费】人民调解委员会调解民间纠纷，不收取任何费用。

第五条　【对人民调解工作的指导】国务院司法行政部门负责指导全国的人民调解工作，县级以上地方人民政府司法行政部门负责指导本行政区域的人民调解工作。

基层人民法院对人民调解委员会调解民间纠纷进行业务指导。

第六条　【鼓励和支持人民调解工作】国家鼓励和支持人民调解工作。县级以上地方人民政府对人民调解工作所需经费应当给予必要的支持和保障，对有突出贡献的人民调解委员会和人民调解员按照国家规定给予表彰奖励。

第二章　人民调解委员会

第七条　【人民调解委员会的性质】人民调解委员会是依法设立的调解民间纠纷的群众性组织。

第八条　【人民调解委员会的组织形式与人员构成】村民委员会、居民委员会设立人民调解委员会。企业事业单位根据需要设立人民调解委员会。

人民调解委员会由委员三至九人组成，设主任一人，必要时，可以设副主任若干人。

人民调解委员会应当有妇女成员，多民族居住的地区应当有人数较少民族的成员。

第九条　【人民调解委员会委员产生方式及任期】村民委员会、居民委员会的人民调解委员会委员由村民会议或者村民代表会议、居民会议推选产生；企业事业单位设立的人民调解委员会委员由职工大会、职工代表大会或者工会组织推选产生。

人民调解委员会委员每届任期三年，可以连选连任。

第十条　【人民调解委员会有关情况的统计与通报】县级人民政府司法行政部门应当对本行政区域内人民调解委员会的设立情况进行统计，并且将人民调解委员会以及人员组成和调整情况及时通报所在地基层人民法院。

第十一条　【健全工作制度与密切群众关系】人民调解委员会应当建立健全各项调解工作制度，听取群众意见，接受群众监督。

第十二条　【为人民调解委员会开展工作提供保障】村民委员会、居民委员会和企业事业单位应当为人民调解委员会开展工作提供办公条件和必要的工作经费。

第三章　人民调解员

第十三条　【人民调解员的构成】人民调解员由人民调解委员会委员和人民调解委员会聘任的人员担任。

第十四条　【人民调解员的任职条件与业务培训】人民调解员应当由公道正派、热心人民调解工作，并具有一定文化水平、政策水平和法律知识的成年公民担任。

县级人民政府司法行政部门应当定期对人民调解员进行业务培训。

第十五条　【罢免或者解聘人民调解员的情形】人民调解员在调解工作中有下列行为之一的，由其所在的人民调解委员会给予批评教育、责令改正，情节严重的，由推选或者聘任单位予以罢免或者解聘：

（一）偏袒一方当事人的；

（二）侮辱当事人的；

（三）索取、收受财物或者牟取其他不正当利益的；

（四）泄露当事人的个人隐私、商业秘密的。

第十六条 【人民调解员待遇】人民调解员从事调解工作，应当给予适当的误工补贴；因从事调解工作致伤致残，生活发生困难的，当地人民政府应当提供必要的医疗、生活救助；在人民调解工作岗位上牺牲的人民调解员，其配偶、子女按照国家规定享受抚恤和优待。

第四章 调解程序

第十七条 【人民调解的启动方式】当事人可以向人民调解委员会申请调解；人民调解委员会也可以主动调解。当事人一方明确拒绝调解的，不得调解。

第十八条 【告知当事人申请人民调解】基层人民法院、公安机关对适宜通过人民调解方式解决的纠纷，可以在受理前告知当事人向人民调解委员会申请调解。

第十九条 【人民调解员的确定】人民调解委员会根据调解纠纷的需要，可以指定一名或者数名人民调解员进行调解，也可以由当事人选择一名或者数名人民调解员进行调解。

第二十条 【邀请、支持有关人员参与调解】人民调解员根据调解纠纷的需要，在征得当事人的同意后，可以邀请当事人的亲属、邻里、同事等参与调解，也可以邀请具有专门知识、特定经验的人员或者有关社会组织的人员参与调解。

人民调解委员会支持当地公道正派、热心调解、群众认可的社会人士参与调解。

第二十一条 【人民调解员调解工作要求】人民调解员调解民间纠纷，应当坚持原则，明法析理，主持公道。

调解民间纠纷，应当及时、就地进行，防止矛盾激化。

第二十二条 【调解程序与调解方式】人民调解员根据纠纷的不同情况，可以采取多种方式调解民间纠纷，充分听取当事人的陈述，讲解有关法律、法规和国家政策，耐心疏导，在当事人平等协商、互谅互让的基础上提出纠纷解决方案，帮助当事人自愿达成调解协议。

第二十三条 【人民调解活动中的当事人权利】当事人在人民调解活动中享有下列权利：

（一）选择或者接受人民调解员；

（二）接受调解、拒绝调解或者要求终止调解；

（三）要求调解公开进行或者不公开进行；

（四）自主表达意愿、自愿达成调解协议。

第二十四条 【人民调解活动中的当事人义务】当事人在人民调解活动中履行下列义务：

（一）如实陈述纠纷事实；

（二）遵守调解现场秩序，尊重人民调解员；

（三）尊重对方当事人行使权利。

第二十五条 【调解过程中预防纠纷激化工作的措施】人民调解员在调解纠纷过程中，发现纠纷有可能激化的，应当采取有针对性的预防措施；对有可能引起治安案件、刑事案件的纠纷，应当及时向当地公安机关或者其他有关部门报告。

第二十六条 【调解终止】人民调解员调解纠纷，调解不成的，应当终止调解，并依据有关法律、法规的规定，告知当事人可以依法通过仲裁、行政、司法等途径维护自己的权利。

第二十七条 【人民调解材料立卷归档】人民调解员应当记录调解情况。人民调解委员会应当建立调解工作档案，将调解登记、调解工作记录、调解协议书等材料立卷归档。

第五章 调解协议

第二十八条 【达成调解协议的方式】经人民调解委员会调解达成调解协议的，可以制作调解协议书。当事人认为无需制作调解协议书的，可以采取口头协议方式，人民调解员应当记录协议内容。

第二十九条 【调解协议书的制作、生效及留存】调解协议书可以载明下列事项：

（一）当事人的基本情况；

（二）纠纷的主要事实、争议事项以及各方当事人的责任；

（三）当事人达成调解协议的内容，履行的方式、期限。

调解协议书自各方当事人签名、盖章或者按指印，人民调解员签名并加盖人民调解委员会印章之日起生效。调解协议书由当事人各执一份，人民调解委员会留存一份。

第三十条 【口头调解协议的生效】口头调解协议自各方当事人达成协议之日起生效。

第三十一条 【调解协议效力】经人民调解委员会调解达成的调解协议，具有法律约束力，当事人应当按照约定履行。

人民调解委员会应当对调解协议的履行情况进行监督，督促当事人履行约定的义务。

第三十二条 【当事人对调解协议的内容或履行发生争议的救济】经人民调解委员会调解达成调解协议后，当事人之间就调解协议的履行或者调解协议的内容发生争议的，一方当事人可以向人民法院提起诉讼。

第三十三条 【对调解协议的司法确认】经人民调解委员会调解达成调解协议后，双方当事人认为有必要的，可以自调解协议生效之日起三十日内共同向人民法院申请司法确认，人民法院应当及时对调解协议进行审查，依法确认调解协议的效力。

人民法院依法确认调解协议有效，一方当事人拒绝履行或者未全部履行的，对方当事人可以向人民法院申请强制执行。

人民法院依法确认调解协议无效的，当事人可以通过人民调解方式变更原调解协议或者达成新的调解协议，也可以向人民法院提起诉讼。

第六章 附 则

第三十四条 【参照设立人民调解委员会】乡镇、街道以及社会团体或者其他组织根据需要可以参照本法有关规定设立人民调解委员会，调解民间纠纷。

第三十五条 【施行日期】本法自2011年1月1日起施行。

◎司法解释

最高人民法院关于人民调解协议司法确认程序的若干规定

（2011年3月21日最高人民法院审判委员会第1515次会议通过 2011年3月23日最高人民法院公告公布 自2011年3月30日起施行 法释〔2011〕5号）

为了规范经人民调解委员会调解达成的民事调解协议的司法确认程序，进一步建立健全诉讼与非诉讼相衔接的矛盾纠纷解决机制，依照《中华人民共和国民事诉讼法》和《中华人民共和国人民调解法》的规定，结合审判实际，制定本规定。

第一条 当事人根据《中华人民共和国人民调解法》第三十三条的规定共同向人民法院申请确认调解协议的，人民法院应当依法受理。

第二条 当事人申请确认调解协议的，由主持调解的人民调解委员会所在地基层人民法院或者它派出的法庭管辖。

人民法院在立案前委派人民调解委员会调解并达成调解协议，当事人申请司法确认的，由委派的人民法院管辖。

第三条 当事人申请确认调解协议，应当向人民法院提交司法确认申请书、调解协议和身份证明、资格证明，以及与调解协议相关的财产权利证明等证明材料，并提供双方当事人的送达地址、电话号码等联系方式。委托他人代为申请的，必须向人民法院提交由委托人签名或者盖章的授权委托书。

第四条 人民法院收到当事人司法确认申请，应当在三日内决定是否受理。人民法院决定受理的，应当编立“调确字”案号，并及时向当事人送达受理通知书。双方当事人同时到法院申请司法确认的，人民法院可以当即受理并作出是否确认的决定。

有下列情形之一的，人民法院不予受理：

（一）不属于人民法院受理民事案件的范围或者不属于接受申请的人民法院管辖的；

（二）确认身份关系的；

（三）确认收养关系的；

（四）确认婚姻关系的。

第五条 人民法院应当自受理司法确认申请之日起十五日内作出是否确认的决定。因特殊情况需要延长的，经本院院长批准，可以延长十日。

在人民法院作出是否确认的决定前，一方或者双方当事人撤回司法确认申请的，人民法院应当准许。

第六条 人民法院受理司法确认申请后，应当指定一名审判人员对调解协议进行审查。人民法院在必要时可以通知双方当事人同时到场，当面询问当事人。当事人应当向人民法院如实陈述申请确认的调解协议的有关情况，保证提交的证明材料真实、合法。人民法院在审查中，认为当事人的陈述或者提供的证明材料不充分、不完备或者有疑义的，可以要求当事人补充陈述或者补充证明材料。当事人无正当理由未按时补充或者拒不接受询问的，可以按撤回司法确认申请处理。

第七条 具有下列情形之一的，人民法院不予确认调解协议效力：

（一）违反法律、行政法规强制性规定的；

（二）侵害国家利益、社会公共利益的；

（三）侵害案外人合法权益的；

（四）损害社会公序良俗的；

（五）内容不明确，无法确认的；

（六）其他不能进行司法确认的情形。

第八条 人民法院经审查认为调解协议符合确认条件的，应当作出确认决定书；决定不予确认调解协议效力的，应当作出不予确认决定书。

第九条 人民法院依法作出确认决定后，一方当事人拒绝履行或者未全部履行的，对方当事人可以向作出确认决定的人民法院申请强制执行。

第十条 案外人认为经人民法院确认的调解协议侵害其合法权益的，可以自知道或者应当知道权益被侵害之日起一年内，向作出确认决定的人民法院申请撤销确认决定。

第十一条 人民法院办理人民调解协议司法确认案件，不收取费用。

第十二条 人民法院可以将调解协议不予确认的情况定期或者不定期通报同级司法行政机关和相关人民调解委员会。

第十三条 经人民法院建立的调解员名册中的调解员调解达成协议后，当事人申请司法确认的，参照本规定办理。人民法院立案后委托他人调解达成的协议的司法确认，按照《最高人民法院关于人民法院民事调解工作若干问题的规定》（法释〔2004〕12号）的有关规定办理。

相关文书（略）。

典型案例

吴少晖不服选民资格处理决定案①

起诉人：吴少晖，男，32岁，福建省屏南县路下乡路下村村民，住该村新兴西路48号。

起诉人吴少晖因不服路下村村民选举委员会对其选民资格申诉所作的处理决定，提起诉讼。福建省屏南县人民法院依照《中华人民共和国民事诉讼法》第十五章第二节规定的选民资格案件特别程序，组成合议庭对本案进行了审理，审理时通知路下村村民选举委员会到庭参加。

起诉人吴少晖诉称：起诉人的户籍在路下村，是路下村村民，并且一直在该村居住。起诉人的选举权一直在路下村行使，该村历届村民委员会的换届选举，起诉人都是选民。特别是2000年的村民委员会换届选举时，起诉人还被村民提名为村民委员会主任的正式候选人。然而今年的换届选举，村选举委员会却无视这些客观事实，不登记起诉人为选民。起诉人提出申诉后，该选举委员会仍于2003年6月29日作出对起诉人的选民资格不予登记的处理决定，严重侵犯了起诉人的选举权和被选举权。请求人民法院依法撤销这个决定，责令村选举委员会登记起诉人为选民，同时请求确认路下村此次的村民委员会候选人提名无效。

屏南县人民法院经审理查明：

起诉人吴少晖虽在路下村新兴西路48号居住，但其户籍一直落在屏南县路下乡中心小学。路下村历届村民委员会换届选举时，都将吴少晖登记为选民。2003年6月12日，吴少晖将户籍从路下乡中心小学迁入路下村，成为该村非农业户籍的村民。

2003年，路下村村民委员会因任期届满，依法需进行换届选举，选举日定为2003年7月12日，从6月7日起进行选民登记，起诉人吴少晖未被登记为该村选民。吴少晖向路下村村民选举委员会提出申诉后，该委员会认为：吴少晖虽然在本村居住，但其户籍是在选民登记日（6月7日）以后才迁入本村的，而且是本村非农业户籍村民，在本村没有承包土地，也不履行"三提留、五统筹"等村民应尽的义务，按照福建省民政厅下发的《村民委员会选举规程》中关于"户籍在本村管理的其他非农业户籍性质人员不作选民资格登记"的规定，吴少晖不能在本村登记。此前历届村民委员会选举时，虽然都将吴少晖登记为本村选民，但这都是错误的，应当纠正。据此，该委员会于2003年6月29日作出处理决定：对吴少晖的选民资格不予登记。吴少晖不服处理决定，遂于6月30日起诉。

屏南县人民法院认为：

选举权与被选举权，是宪法规定公民享有的一项基本政治权利。1998年11月4日第九届全国人民代表大会常务委员会第五次会议修订通过的《中华人民共和国村民委员会组织法》第十二条规定："年满十八周岁的村民，不分民族、种族、性别、职业、家庭出身、宗教信仰、教育程度、财产状况、居住期限，都有选举权和被选举权；但是，依照法律被剥夺政治权利的人除外。"起诉人吴少晖现年33岁，依照法律规定，其具有选民资格。

《中华人民共和国村民委员会组织法》第十四条第四款规定，村民委员会的"具体选举办法由省、自治区、直辖市的人民代表大会常务委员会规定"。2000年7月28日福建省第九届人民代表大会常务委员会第二十次会议修订的《福建省村民选举委员会选举办法》第十一条规定："凡具有选民资格的村民可以在户籍所在地的村民选举委员会进行选民登记。"起诉人吴少晖的户籍已于2003年6月12日迁入路下村，而路下村的选举日是7月12日。根据上述规定，选举日前，吴少晖有权在户籍所在地即路下村的选举委员会进行选民登记。

《福建省村民委员会选举办法》第十二条规定："经登记确认的选民资格长期有效。每次选举前应当对上届选民登记以后新满十八周岁的、新迁入本村具有选民资格的和被剥夺政治权利期满后恢复政治权利的选民，予以补充登记。对选民登记后迁出本村、死亡和依照法律被剥夺政治权利的人，从选民名单上除名。"具有选民资格的起诉人吴少晖，以前的户籍虽然不在路下村，但一直在路下村居住；路下村历届村民委员会换届选举时，其都在该村进行选民登记；吴少晖的选民资格已经得到路下村历届村民选举委员会的登记确认，应当长期有效，非因迁出、死亡或依法被剥夺政治权利等特殊原因，不能从选民名单上除名。因此，吴少晖请求在路下村进行选民登记，于法有据，应予支持。福建省民政厅下发的《村民委员会选举规程》中，有关"户籍在本村管理的其他非农业户籍性质人员不作选民资格登记"的规定，与《福建省村民委员会选举办法》的规定相抵触，是无效的。路下村村民选举委员会2003年6月29日依据该规程作出的处理决定，是错误的，应当撤销。

《中华人民共和国村民委员会组织法》第十四条第一款规定："选举村民委员会，由本村有选举权的村民直接提名候选人。"《福建省村民委员会选举办法》第十五条规定："村民委员会成员候选人，由有选举权的村民以单独或者联合的方式直接提名。每一选民提名的人数不得多于应选人数。对选民依法直接提出的候选人或者依法确定的正式候选人，任何

① 案例来源：《最高人民法院公报》2003年第7期。

组织或者个人非经法定程序不得取消、调整或者变更。”路下村村民委员会成员的候选人，是由有选举权的村民直接提名产生的。起诉人吴少晖在该村进行选民登记后，对候选人也有提名权。但是，对其他选民提名的候选人，吴少晖如果没有正当理由，不得要求取消、调整或者变更。吴少晖起诉请求确认本届村民委员会的候选人提名无效，没有法律依据，不予支持。

综上，屏南县人民法院依照《中华人民共和国民事诉讼法》第一百六十四条、第一百六十五条的规定，于2003年7月8日判决：

撤销屏南县路下乡路下村村民选举委员会作出的对起诉人吴少晖选民资格不予登记的决定。

宣判后，该判决依法立即发生法律效力。

十三、审判监督程序

◎司法解释

最高人民法院关于适用《中华人民共和国民事诉讼法》审判监督程序若干问题的解释

（2008 年 11 月 10 日最高人民法院审判委员会第 1453 次会议通过　根据 2020 年 12 月 23 日最高人民法院审判委员会第 1823 次会议通过的《最高人民法院关于修改〈最高人民法院关于人民法院民事调解工作若干问题的规定〉等十九件民事诉讼类司法解释的决定》修正　2020 年 12 月 29 日最高人民法院公告公布　自 2021 年 1 月 1 日起施行　法释〔2020〕20 号）

为了保障当事人申请再审权利，规范审判监督程序，维护各方当事人的合法权益，根据《中华人民共和国民事诉讼法》，结合审判实践，对审判监督程序中适用法律的若干问题作出如下解释：

第一条　当事人在民事诉讼法第二百零五条规定的期限内，以民事诉讼法第二百条所列明的再审事由，向原审人民法院的上一级人民法院申请再审的，上一级人民法院应当依法受理。

第二条　民事诉讼法第二百零五条规定的申请再审期间不适用中止、中断和延长的规定。

第三条　当事人申请再审，应当向人民法院提交再审申请书，并按照对方当事人人数提出副本。

人民法院应当审查再审申请书是否载明下列事项：

（一）申请再审人与对方当事人的姓名、住所及有效联系方式等基本情况；法人或其他组织的名称、住所和法定代表人或主要负责人的姓名、职务及有效联系方式等基本情况；

（二）原审人民法院的名称，原判决、裁定、调解文书案号；

（三）申请再审的法定情形及具体事实、理由；

（四）具体的再审请求。

第四条　当事人申请再审，应当向人民法院提交已经发生法律效力的判决书、裁定书、调解书，身份证明及相关证据材料。

第五条　申请再审人提交的再审申请书或者其他材料不符合本解释第三条、第四条的规定，或者有人身攻击等内容，可能引起矛盾激化的，人民法院应当要求申请再审人补充或改正。

第六条　人民法院应当自收到符合条件的再审申请书等材料后五日内完成向申请再审人发送受理通知书等受理登记手续，并向对方当事人发送受理通知书及再审申请书副本。

第七条　人民法院受理再审申请后，应当组成合议庭予以审查。

第八条　人民法院对再审申请的审查，应当围绕再审事由是否成立进行。

第九条　民事诉讼法第二百条第（五）项规定的“对审理案件需要的主要证据”，是指人民法院认定案件基本事实所必须的证据。

第十条　原判决、裁定对基本事实和案件性质的认定系根据其他法律文书作出，而上述其他法律文书被撤销或变更的，人民法院可以认定为民事诉讼法第二百条第（十二）项规定的情形。

第十一条　人民法院经审查再审申请书等材料，认为申请再审事由成立的，应当进行裁定再审。

当事人申请再审超过民事诉讼法第二百零五条规定的期限，或者超出民事诉讼法第二百条所列明的再审事由范围的，人民法院应当裁定驳回再审申请。

第十二条　人民法院认为仅审查再审申请书等材料难以作出裁定的，应当调阅原审卷宗予以审查。

第十三条　人民法院可以根据案情需要决定是否询问当事人。

以有新的证据足以推翻原判决、裁定为由申请再审的，人民法院应当询问当事人。

第十四条　在审查再审申请过程中，对方当事人也申请再审的，人民法院应当将其列为申请再审人，对其提出的再审申请一并审查。

第十五条　申请再审人在案件审查期间申请撤回再审申请的，是否准许，由人民法院裁定。

申请再审人经传票传唤，无正当理由拒不接受询问，可以裁定按撤回再审申请处理。

第十六条　人民法院经审查认为申请再审事由不成立的，应当裁定驳回再审申请。

驳回再审申请的裁定一经送达,即发生法律效力。

第十七条 人民法院审查再审申请期间,人民检察院对该案提出抗诉的,人民法院应依照民事诉讼法第二百一十一条的规定裁定再审。申请再审人提出的具体再审请求应纳入审理范围。

第十八条 上一级人民法院经审查认为申请再审事由成立的,一般由本院提审。最高人民法院、高级人民法院也可以指定与原审人民法院同级的其他人民法院再审,或者指令原审人民法院再审。

第十九条 上一级人民法院可以根据案件的影响程度以及案件参与人等情况,决定是否指定再审。需要指定再审的,应当考虑便利当事人行使诉讼权利以及便利人民法院审理等因素。

接受指定再审的人民法院,应当按照民事诉讼法第二百零七条第一款规定的程序审理。

第二十条 有下列情形之一的,不得指令原审人民法院再审:

(一)原审人民法院对该案无管辖权的;

(二)审判人员在审理该案件时有贪污受贿,徇私舞弊,枉法裁判行为的;

(三)原判决、裁定系经原审人民法院审判委员会讨论作出的;

(四)其他不宜指令原审人民法院再审的。

第二十一条 当事人未申请再审、人民检察院未抗诉的案件,人民法院发现原判决、裁定、调解协议有损害国家利益、社会公共利益等确有错误情形的,应当依照民事诉讼法第一百九十八条的规定提起再审。

第二十二条 人民法院应当依照民事诉讼法第二百零七条的规定,按照第一审程序或者第二审程序审理再审案件。

人民法院审理再审案件应当开庭审理。但按照第二审程序审理的,双方当事人已经其他方式充分表达意见,且书面同意不开庭审理的除外。

第二十三条 申请再审人在再审期间撤回再审申请的,是否准许由人民法院裁定。裁定准许的,应终结再审程序。申请再审人经传票传唤,无正当理由拒不到庭的,或者未经法庭许可中途退庭的,可以裁定按自动撤回再审申请处理。

人民检察院抗诉再审的案件,申请抗诉的当事人有前款规定的情形,且不损害国家利益、社会公共利益或第三人利益的,人民法院应当裁定终结再审程序;人民检察院撤回抗诉的,应当准予。

终结再审程序的,恢复原判决的执行。

第二十四条 按照第一审程序审理再审案件时,一审原告申请撤回起诉的,是否准许由人民法院裁定。裁定准许的,应当同时裁定撤销原判决、裁定、调解书。

第二十五条 当事人在再审审理中经调解达成协议的,人民法院应当制作调解书。调解书经各方当事人签收后,即具有法律效力,原判决、裁定视为被撤销。

第二十六条 人民法院经再审审理认为,原判决、裁定认定事实清楚、适用法律正确的,应予维持;原判决、裁定在认定事实、适用法律、阐述理由方面虽有瑕疵,但裁判结果正确的,人民法院应在再审判决、裁定中纠正上述瑕疵后予以维持。

第二十七条 人民法院按照第二审程序审理再审案件,发现原判决认定事实错误或者认定事实不清的,应当在查清事实后改判。但原审人民法院便于查清事实,化解纠纷的,可以裁定撤销原判决,发回重审;原审程序遗漏必须参加诉讼的当事人且无法达成调解协议,以及其他违反法定程序不宜在再审程序中直接作出实体处理的,应当裁定撤销原判决,发回重审。

第二十八条 人民法院以调解方式审结的案件裁定再审后,经审理发现申请再审人提出的调解违反自愿原则的事由不成立,且调解协议的内容不违反法律强制性规定的,应当裁定驳回再审申请,并恢复原调解书的执行。

第二十九条 民事再审案件的当事人应为原审案件的当事人。原审案件当事人死亡或者终止的,其权利义务承受人可以申请再审并参加再审诉讼。

第三十条 本院以前发布的司法解释与本解释不一致的,以本解释为准。本解释未作规定的,按照以前的规定执行。

最高人民法院关于民事审判监督程序严格依法适用指令再审和发回重审若干问题的规定

(2015年2月2日最高人民法院审判委员会第1643次会议通过 2015年2月16日最高人民法院公告公布 自2015年3月15日起施行 法释〔2015〕7号)

为了及时有效维护各方当事人的合法权益,维护司法公正,进一步规范民事案件指令再审和再审发回重审,提高审判监督质量和效率,根据《中华人民共和国民事诉讼法》,结合审判实际,制定本规定。

第一条 上级人民法院应当严格依照民事诉讼法第二百条等规定审查当事人的再审申请,符合法定条件的,裁定再审。不得因指令再审而降低再审启动标准,也不得因当事人反复申诉将依法不应当再审的案件指令下级人民法院再审。

第二条 因当事人申请裁定再审的案件一般应当由裁定再审的人民法院审理。有下列情形之一的,最高人民法院、高级人民法院可以指令原审人民法院再审:

(一)依据民事诉讼法第二百条第(四)项、第(五)项或者第(九)项裁定再审的;

（二）发生法律效力的判决、裁定、调解书是由第一审法院作出的；

（三）当事人一方人数众多或者当事人双方为公民的；

（四）经审判委员会讨论决定的其他情形。

人民检察院提出抗诉的案件，由接受抗诉的人民法院审理，具有民事诉讼法第二百条第（一）至第（五）项规定情形之一的，可以指令原审人民法院再审。

人民法院依据民事诉讼法第一百九十八条第二款裁定再审的，应当提审。

第三条　虽然符合本规定第二条可以指令再审的条件，但有下列情形之一的，应当提审：

（一）原判决、裁定系经原审人民法院再审审理后作出的；

（二）原判决、裁定系经原审人民法院审判委员会讨论作出的；

（三）原审审判人员在审理该案件时有贪污受贿，徇私舞弊，枉法裁判行为的；

（四）原审人民法院对该案无再审管辖权的；

（五）需要统一法律适用或裁量权行使标准的；

（六）其他不宜指令原审人民法院再审的情形。

第四条　人民法院按照第二审程序审理再审案件，发现原判决认定基本事实不清的，一般应当通过庭审认定事实后依法作出判决。但原审人民法院未对基本事实进行过审理的，可以裁定撤销原判决，发回重审。原判决认定事实错误的，上级人民法院不得以基本事实不清为由裁定发回重审。

第五条　人民法院按照第二审程序审理再审案件，发现第一审人民法院有下列严重违反法定程序情形之一的，可以依照民事诉讼法第一百七十条第一款第（四）项的规定，裁定撤销原判决，发回第一审人民法院重审：

（一）原判决遗漏必须参加诉讼的当事人的；

（二）无诉讼行为能力人未经法定代理人代为诉讼，或者应当参加诉讼的当事人，因不能归责于本人或者其诉讼代理人的事由，未参加诉讼的；

（三）未经合法传唤缺席判决，或者违反法律规定剥夺当事人辩论权利的；

（四）审判组织的组成不合法或者依法应当回避的审判人员没有回避的；

（五）原判决、裁定遗漏诉讼请求的。

第六条　上级人民法院裁定指令再审、发回重审的，应当在裁定书中阐明指令再审或者发回重审的具体理由。

第七条　再审案件应当围绕申请人的再审请求进行审理和裁判。对方当事人在再审庭审辩论终结前也提出再审请求的，应一并审理和裁判。当事人的再审请求超出原审诉讼请求的不予审理，构成另案诉讼的应告知当事人可以提起新的诉讼。

第八条　再审发回重审的案件，应当围绕当事人原诉讼请求进行审理。当事人申请变更、增加诉讼请求和提出反诉的，按照最高人民法院《关于适用〈中华人民共和国民事诉讼法〉的解释》第二百五十二条的规定审查决定是否准许。当事人变更其在原审中的诉讼主张、质证及辩论意见的，应说明理由并提交相应的证据，理由不成立或证据不充分的，人民法院不予支持。

第九条　各级人民法院对民事案件指令再审和再审发回重审的审判行为，应当严格遵守本规定。违反本规定的，应当依照相关规定追究有关人员的责任。

第十条　最高人民法院以前发布的司法解释与本规定不一致的，不再适用。

最高人民法院关于判决生效后当事人将判决确认的债权转让债权受让人对该判决不服提出再审申请人民法院是否受理问题的批复

（2010年12月16日最高人民法院审判委员会第1506次会议通过　2011年1月7日最高人民法院公告公布　自2011年2月1日起施行　法释〔2011〕2号）

海南省高级人民法院：

你院《关于海南长江旅业有限公司、海南凯立中部开发建设股份有限公司与交通银行海南分行借款合同纠纷一案的请示报告》（（2009）琼民再终字第16号）收悉。经研究，答复如下：

判决生效后当事人将判决确认的债权转让，债权受让人对该判决不服提出再审申请的，因其不具有申请再审人主体资格，人民法院应依法不予受理。

◎司法文件

最高人民法院办公厅关于印发《进一步加强最高人民法院审判监督管理工作的意见（试行）》的通知

（2019年9月26日　法办发〔2019〕10号）

本院各单位：

现将《进一步加强最高人民法院审判监督管理工作的意见（试行）》予以印发，请结合实际认真贯彻执行。

进一步加强最高人民法院审判监督管理工作的意见(试行)

为进一步规范和完善最高人民法院审判监督管理机制,推进严格司法,建设廉洁司法,根据人民法院组织法、刑事诉讼法、民事诉讼法、行政诉讼法等法律及相关司法解释规定,结合本院工作实际,制定本意见。

一、基本原则

1. 坚持党对人民法院工作的绝对领导,以习近平新时代中国特色社会主义思想为指导,增强“四个意识”坚定“四个自信”,做到“两个维护”,坚定不移走中国特色社会主义法治道路,确保党的路线、方针、政策在人民法院审判执行工作中得到严格贯彻落实。

2. 认真贯彻党中央关于深化司法体制综合配套改革、全面落实司法责任制的各项工作部署,严格落实“让审理者裁判,由裁判者负责”的改革要求,着力构建全面覆盖、科学规范、监管有效的审判监督管理制度体系,实现有序放权与有效监督相统一。

3. 坚持问题导向和目标导向,聚焦当前在审判监督管理方面存在的突出问题和薄弱环节,有针对性地明确职责分工、规范业务流程、细化工作要求,全面推动各级审判管理主体充分履行审判监督管理职责。

二、审判流程管理

4. 实行以随机分案为主、指定分案为辅的分案规则。

下列案件实行指定分案:

(1)一方当事人相同,且在事实、法律关系、案由、程序等方面存在客观关联性的案件;

(2)院庭长承办的案件;

(3)纳入院庭长审判监督管理范围的案件。

指定分案的,应当在办案系统内注明具体原因。

5. 分案后,一般不得变更承办法官及其他合议庭成员。

有下列情形之一的,院庭长可以变更承办法官及其他合议庭成员:

(1)承办法官及其他合议庭成员需要回避的;

(2)承办法官及其他合议庭成员因客观原因需要脱产一个月以上的;

(3)因审判监督管理工作需要变更的。

变更承办法官及其他合议庭成员的,应当在办案系统中注明具体理由。

6. 根据审判监督管理工作需要,院庭长可以确定由五人组成合议庭审理下列案件:

(1)刑事二审、民事二审、行政二审案件;

(2)刑事再审、民事再审、行政再审案件;

(3)疑难、复杂的执行复议、执行监督案件;

(4)其他重大、疑难、复杂、新类型案件。

7. 案件审判长一般由二级以上高级法官担任,也可由院庭长根据工作需要指定。

办案系统根据随机分案规则为每个案件自动匹配审判长、承办法官以及合议庭其他成员;庭长在三个工作日内进行确认或调整后,分案完成。分案过程在办案系统全程留痕。

8. 承办法官在审理案件时,应当依托中国裁判文书网、办案系统、档案系统、法信等相关检索工具,对本院已审结或正在审理的类案与关联案件进行全面检索,并制作检索报告。

检索类案与关联案件确有困难的,可以向审判管理办公室提出需求。

9. 承办法官向合议庭报告类案与关联案件检索情况后,按照以下规定办理:

(1)合议庭拟作出裁判结果与本院同类生效案件裁判规则一致的,除根据本规定需要提交主审法官会议讨论的以外,评议后可以制作、签署裁判文书;

(2)办理新类型案件时,合议庭拟作出裁判结果将形成新的裁判规则的,应当提交主审法官会议讨论,由院庭长决定是否按程序报请审判委员会讨论决定;

(3)合议庭拟作出裁判结果将改变本院同类生效案件裁判规则的,应当在审理报告中说明理由,然后提交主审法官会议研究,就法律适用问题进行梳理后,制作类案与关联案件检索报告,按程序报请审判委员会讨论决定;

(4)合议庭发现本院同类生效案件裁判规则存在重大差异的,应当报请庭长研究后将相关材料送交审判管理办公室,启动法律适用分歧解决机制。

10. 各审判业务部门应当定期将具有指导价值的类案与关联案件检索报告、典型案例、专业法官会议纪要等文件整理后送审判管理办公室,审判管理办公室商相关业务部门审核认可后在本院内网“裁判规则指引”栏目公开。

11. 合议庭经评议认为案件具有下列情形之一的,应当由审判长提交主审法官会议研究讨论:

(1)合议庭对案件处理存在重大分歧或承办法官持少数意见的;

(2)合议庭拟对二审案件改判、发回重审的;

(3)合议庭拟对申请再审审查案件裁定提审、指令再审的;

(4)刑事、民事、行政再审审理案件;

(5)应当纳入院庭长审判监督管理范围的案件;

(6)应当提交审判委员会讨论的案件;

(7)其他需要提交主审法官会议讨论的案件。

12. 主审法官会议讨论案件之后,合议庭应当进行复议。合议庭复议多数意见与主审法官会议多数意见一致的,由承办法官按多数意见草拟裁判文书并由合议庭全体成员签署或层报院庭长决定是否提交审判委员会讨论;合议庭复议多数意见与主审法官会议多数意见不一致的,不再进行复议,按程序报请审判委员会讨论决定。

13. 纳入院庭长审判监督管理范围的案件，合议庭复议后应当由承办法官按多数意见草拟裁判文书，层报院庭长签发或层报院庭长决定是否提交审判委员会讨论。

14. 拟发回重审、指令再审的案件，层报主管院领导决定。

15. 审判委员会作出的决定，合议庭必须执行。裁判文书由合议庭根据审判委员会决议草拟并层报院庭长签发。

各审判业务部门主要负责同志对审判委员会决议的落实进行监督，审判管理办公室定期督促检查。

审判委员会作出决定的案件，决定后一个月仍未审结的，合议庭要说明理由，报主管院领导审批后送审判管理办公室备案。

16. 下列案件的结案日期确定如下：

(1)以驳回、不予立案、撤回申诉、撤回申请、按撤回申诉处理、按撤回申请处理方式结案的申诉审查、申请再审审查、依职权再审审查、执行异议、执行复议案件，以结案文书送达申诉人、申请人的日期为结案日期；

(2)请示、指定管辖、提级管辖、移交管辖审批、执行协调案件，以结案文书送达报请法院的日期为结案日期；

(3)死刑复核、法定刑以下判处刑罚核准、特殊假释复核、刑罚与执行变更、司法救助、司法协助、执行监督案件，以结案文书签章日期为结案日期；

(4)二审、再审、赔偿委员会审理案件等其他案件，以判决书、裁定书、决定书、调解书等结案文书送达最后一方当事人的日期为结案日期。

17. 区分不同送达方式，确定送达日期如下：

(1)留置送达的，以裁判文书留在受送达人的住所日为送达日期；

(2)公告送达的，以公告刊登之日为送达日期；

(3)邮寄送达的，以交邮日期为送达日期；

(4)委托送达或通过有关单位转交送达的，以送达回证上当事人签收的日期为送达日期。

18. 各审判业务部门应当高度重视审限管理，建立审限管理长效机制，切实加强对案件审理期限的管理、监督和检查；对一年半以上未结案件逐案分析原因、督促研究清理。

19. 对于一年半以上未结案件，审限变更应当报请主管院领导审批。

审判管理办公室每半年形成对本院所有一年半以上未结案件的专项分析报告，提交院审判委员会讨论；案件所在部门的主要负责同志应当逐案说明未结原因以及下一步工作计划。

20. 申请重新计算、扣除、延长、中止审限，需要院庭长批准的，应当在审限届满前提交申请并完成办理流程。

21. 各审判业务部门应当严格执行法律、司法解释中关于审限的规定。审限从立案之日起计算至结案之日。

22. 各类案件审(执)结后，书记员应当在三个月内完成卷宗归档；巡回法庭可适当延长一个月，其他有特殊情况需要延期归档的，应当书面说明理由，最迟不能超过六个月。

档案部门应当在二十个工作日内完成验收。归档验收不合格退回的案件，书记员应当在一个月内补正完毕，送交档案部门。

23. 在保管、使用卷宗过程中，必须确保卷宗始终处于可控制范围内，妥善保管，确保安全。

严格履行卷宗流转签收手续。借阅本人未参与审理的未归档卷宗的，应当书面层报庭长审批；借阅审批单归入案卷副卷。

各审判业务部门应当根据实际情况，制定纸质卷宗移转、签收、保管操作规范，并适时开展抽查工作，确保卷宗移转、签收、保管符合操作规范。

三、案件质量评查

24. 坚持以问题为导向，实事求是、公正公开、规范高效开展案件评查工作，将评查贯穿审判执行各环节、全流程。

评查案件时，应当着重检查案件实体、程序、卷宗管理等方面是否符合规定，将案件庭审质量、审限内结案、文书错误等核心评查指标与法官绩效考核挂钩，压实工作责任，实现评查工作的全覆盖、精细化和实质化。

25. 开展案件评查工作可以分别采取重点评查、专项评查和常规评查等方式：

(1)重点评查由审判管理办公室牵头，在院机关抽调相关人员，或者邀请地方法院法官代表、法学专家、人大代表、特邀咨询员、特约监督员等参与，组成案件质量评查小组，对发回重审案件、改判案件、信访案件以及曾纳入长期未结、久押不决督办范围的案件等开展专门评查；

(2)专项评查由审判管理办公室负责，定期对某一类案件的办案质量或办案环节进行专门的检查评定，一般采取部门间交叉评查方式进行。专项评查范围包括裁判文书、庭审活动、长期未结案件等；

(3)常规评查由各审判业务部门自行开展，对本部门各类已结案件开展定期评查，于每年年末形成本部门常规评查报告，提交审判管理办公室。常规评查原则上每季度开展一次，随机抽查比例一般不低于同期结案数的10%，全年应当覆盖全体法官，具体可以采取合议庭互查、组织评查小组等方式进行。

26. 案件承办法官对案件评查发现的差错，可以书面说明情况进行申辩，经所在部门主要负责同志审批后，报送至审判管理办公室研究决定最终评查结果。

各审判业务部门应当将案件评查结果作为法官及审判辅助人员绩效考核的重要内容，归入个人业绩档案，并结合案件评查结果，总结、推广优秀庭审主持、文书制作的先进经验，分析差错、瑕疵案件的具体原因,及时进行整改,完善工作机制,提升审判工作质效。

27. 审判管理办公室和审判业务部门在评查工作中发现违法审判线索以及其他违法违纪线索的,应当及时移送驻院纪检监察组。

四、附则

28. 审判管理办公室应当加强对案件审判流程各环节的协调、监督、检查和通报,及时掌握各部门情况,定期公布推广各部门先进经验做法,督促提高审判监督管理水平。

29. 本意见中所指的"庭长"包括各审判业务部门庭(局)长、主持工作的副庭长以及巡回法庭主持工作的副庭长。

30. 本意见执行情况,纳入对各审判业务部门和相关职能部门的年度考核。各审判业务部门应当根据院考评委员会的总体要求,进一步细化审判绩效考核方案,区分案件类型、人员类别、工作内容等情形,对法官以及审判辅助人员的工作业绩进行差别化的综合考核评估。

31. 本意见自2019年10月1日起试行。

最高人民检察院关于贯彻执行《中华人民共和国民事诉讼法》若干问题的通知

(2013年1月9日 高检发民字〔2013〕1号)

各省、自治区、直辖市人民检察院,军事检察院,新疆生产建设兵团人民检察院:

2012年8月31日第十一届全国人民代表大会常务委员会第二十八次会议审议通过的《关于修改〈中华人民共和国民事诉讼法〉的决定》,已于2013年1月1日起施行。为正确适用修改后民事诉讼法,现就有关问题通知如下:

一、人民检察院对于2012年12月31日前受理但尚未审查终结的案件,应当在2013年3月31日前审查终结。

二、当事人在2013年1月1日后向人民检察院申请监督的,人民检察院应当依照修改后民事诉讼法第二百零八条、第二百零九条的规定进行审查,符合上述规定的,应当受理。当事人未向人民法院申请再审,直接向人民检察院申请监督的,人民检察院应当依照第二百零九条第一款的规定不予受理。

三、当事人申请对民事审判程序中审判人员违法行为、民事执行活动进行监督,法律规定当事人可以提出异议、申请复议、提起诉讼,当事人没有按照法律规定行使权利或者人民法院正在处理的,人民检察院不予受理。

四、当事人向人民检察院申请监督,由作出生效判决、裁定、调解书或者正在审理、执行案件的人民法院的同级人民检察院控告检察部门受理。人民检察院受理监督申请时,应当要求当事人提交申请书、相关法律文书、身份证明和相关证据材料。

人民检察院控告检察部门在接收材料后应进行审查,并作出是否受理的决定。符合受理条件的,控告检察部门应当在决定受理之日起三日内向申请人、被申请人送达《受理通知书》。

下级人民检察院向上级人民检察院提请抗诉的,由上级人民检察院案件管理部门受理。

五、人民检察院自2013年1月1日起受理的案件,应当在受理之日起三个月内进行审查,作出提出检察建议、抗诉的决定,或者作出不支持监督申请的决定。

六、人民检察院在受理后经审查,认为申请监督的理由和依据不能成立的,应当作出不支持监督申请的决定并制作决定书送达案件当事人。

七、人民检察院经审查决定提出检察建议或者抗诉,应当制作检察建议书或者抗诉书发送同级人民法院,并将提出检察建议或者抗诉的决定通知案件当事人。

提出再审检察建议应当经本院检察委员会决定,并报上一级人民检察院备案。

人民检察院经审查决定不提出检察建议或者抗诉的,应当制作不支持监督申请的决定书送达案件当事人。

八、人民检察院提请抗诉,应当制作提请抗诉报告书连同案件卷宗报送上一级人民检察院,并将提请抗诉的决定通知案件当事人。

人民检察院经审查决定不提请抗诉的,应当制作不支持监督申请的决定书并送达案件当事人。

九、人民检察院已经作出检察监督决定或者人民法院基于检察监督作出判决、裁定、决定的,当事人再次申请监督,人民检察院不予受理。

人民检察院提出检察建议或者抗诉后,人民法院对检察建议未予采纳或者作出的再审判决、裁定确有错误的,人民检察院可以依据修改后民事诉讼法第二百零八条的规定,依职权进行监督。

本通知自印发之日起执行。各级人民检察院在执行本通知过程中遇到的问题,请及时层报最高人民检察院。

最高人民法院关于受理审查民事申请再审案件的若干意见

(2009年4月27日 法发〔2009〕26号)

为依法保障当事人申请再审权利,规范人民法院受理审查民事申请再审案件工作,根据《中华人民共和国民事诉讼法》和《最高人民法院关于适用〈中华人民共和国民事诉讼法〉审判监督程序若干问题的解释》的有关规定,结合审判工作实际,现就受理审查民事申请再审案件工作提出以下意见:

一、民事申请再审案件的受理

第一条　当事人或案外人申请再审,应当提交再审申请书等材料,并按照被申请人及原审其他当事人人数提交再审申请书副本。

第二条　人民法院应当审查再审申请书是否载明下列事项:

(一)申请再审人、被申请人及原审其他当事人的基本情况。当事人是自然人的,应列明姓名、性别、年龄、民族、职业、工作单位、住所及有效联系电话、邮寄地址;当事人是法人或者其他组织的,应列明名称、住所和法定代表人或者主要负责人的姓名、职务及有效联系电话、邮寄地址;

(二)原审法院名称,原判决、裁定、调解文书案号;

(三)具体的再审请求;

(四)申请再审的法定事由及具体事实、理由;

(五)受理再审申请的法院名称;

(六)申请再审人的签名或者盖章。

第三条　申请再审人申请再审,除应提交符合前条规定的再审申请书外,还应当提交以下材料:

(一)申请再审人是自然人的,应提交身份证明复印件;申请再审人是法人或其他组织的,应提交营业执照复印件、法定代表人或主要负责人身份证明书。委托他人代为申请的,应提交授权委托书和代理人身份证明;

(二)申请再审的生效裁判文书原件,或者经核对无误的复印件;生效裁判系二审、再审裁判的,应同时提交一审、二审裁判文书原件,或者经核对无误的复印件;

(三)在原审诉讼过程中提交的主要证据复印件;

(四)支持申请再审事由和再审诉讼请求的证据材料。

第四条　申请再审人提交再审申请书等材料的同时,应提交材料清单一式两份,并可附申请再审材料的电子文本,同时填写送达地址确认书。

第五条　申请再审人提交的再审申请书等材料不符合上述要求,或者有人身攻击等内容,可能引起矛盾激化的,人民法院应将材料退回申请再审人并告知其补充或改正。

再审申请书等材料符合上述要求的,人民法院应在申请再审人提交的材料清单上注明收到日期,加盖收件章,并将其中一份清单返还申请再审人。

第六条　申请再审人提出的再审申请符合以下条件的,人民法院应当在5日内受理并向申请再审人发送受理通知书,同时向被申请人及原审其他当事人发送受理通知书、再审申请书副本及送达地址确认书:

(一)申请再审人是生效裁判文书列明的当事人,或者符合法律和司法解释规定的案外人;

(二)受理再审申请的法院是作出生效裁判法院的上一级法院;

(三)申请再审的裁判属于法律和司法解释允许申请再审的生效裁判;

(四)申请再审的事由属于民事诉讼法第一百七十九条规定的情形。

再审申请不符合上述条件的,应当及时告知申请再审人。

第七条　申请再审人向原审法院申请再审的,原审法院应针对申请再审事由并结合原裁判理由作好释明工作。申请再审人坚持申请再审的,告知其可以向上一级法院提出。

第八条　申请再审人越级申请再审的,有关上级法院应告知其向原审法院的上一级法院提出。

第九条　人民法院认为再审申请不符合民事诉讼法第一百八十四条规定的期间要求的,应告知申请再审人。申请再审人认为未超过法定期间的,人民法院可以限期要求其提交生效裁判文书的送达回证复印件或其他能够证明裁判文书实际生效日期的相应证据材料。

二、民事申请再审案件的审查

第十条　人民法院受理申请再审案件后,应当组成合议庭进行审查。

第十一条　人民法院审查申请再审案件,应当围绕申请再审事由是否成立进行,申请再审人未主张的事由不予审查。

第十二条　人民法院审查申请再审案件,应当审查当事人诉讼主体资格的变化情况。

第十三条　人民法院审查申请再审案件,采取以下方式:

(一)审查当事人提交的再审申请书、书面意见等材料;

(二)审阅原审卷宗;

(三)询问当事人;

(四)组织当事人听证。

第十四条　人民法院经审查申请再审人提交的再审申请书、对方当事人提交的书面意见、原审裁判文书和证据等材料,足以确定申请再审事由不能成立的,可以径行裁定驳回再审申请。

第十五条　对于以下列事由申请再审,且根据当事人提交的申请材料足以确定再审事由成立的案件,人民法院可以径行裁定再审:

(一)违反法律规定,管辖错误的;

(二)审判组织的组成不合法或者依法应当回避的审判人员没有回避的;

(三)无诉讼行为能力人未经法定代理人代为诉讼,或者应当参加诉讼的当事人因不能归责于本人或者其诉讼代理人的事由未参加诉讼的;

(四)据以作出原判决、裁定的法律文书被撤销或者变更的;

(五)审判人员在审理该案件时有贪污受贿、徇私舞弊、枉法裁判行为,并经相关刑事法律文书或者纪律处分决定确认的。

第十六条 人民法院决定调卷审查的，原审法院应当在收到调卷函后15日内按要求报送卷宗。

调取原审卷宗的范围可根据审查工作需要决定。必要时，在保证真实的前提下，可要求原审法院以传真件、复印件、电子文档等方式及时报送相关卷宗材料。

第十七条 人民法院可根据审查工作需要询问一方或者双方当事人。

第十八条 人民法院对以下列事由申请再审的案件，可以组织当事人进行听证：

（一）有新的证据，足以推翻原判决、裁定的；

（二）原判决、裁定认定的基本事实缺乏证据证明的；

（三）原判决、裁定认定事实的主要证据是伪造的；

（四）原判决、裁定适用法律确有错误的。

第十九条 合议庭决定听证的案件，应在听证5日前通知当事人。

第二十条 听证由审判长主持，围绕申请再审事由是否成立进行。

第二十一条 申请再审人经传票传唤，无正当理由拒不参加询问、听证或未经许可中途退出的，裁定按撤回再审申请处理。被申请人及原审其他当事人不参加询问、听证或未经许可中途退出的，视为放弃在询问、听证过程中陈述意见的权利。

第二十二条 人民法院在审查申请再审案件过程中，被申请人或者原审其他当事人提出符合条件的再审申请的，应当将其列为申请再审人，对于其申请再审事由一并审查，审查期限重新计算。经审查，其中一方申请再审人主张的再审事由成立的，人民法院即应裁定再审。各方申请再审人主张的再审事由均不成立的，一并裁定驳回。

第二十三条 申请再审人在审查过程中撤回再审申请的，是否准许，由人民法院裁定。

第二十四条 审查过程中，申请再审人、被申请人及原审其他当事人自愿达成和解协议，当事人申请人民法院出具调解书且能够确定申请再审事由成立的，人民法院应当裁定再审并制作调解书。

第二十五条 审查过程中，申请再审人或者被申请人死亡或者终止的，按下列情形分别处理：

（一）申请再审人有权利义务继受人且该权利义务继受人申请参加审查程序的，变更其为申请再审人；

（二）被申请人有权利义务继受人的，变更其权利义务继受人为被申请人；

（三）申请再审人无权利义务继受人或其权利义务继受人未申请参加审查程序的，裁定终结审查程序；

（四）被申请人无权利义务继受人且无可供执行财产的，裁定终结审查程序。

第二十六条 人民法院经审查认为再审申请超过民事诉讼法第一百八十四条规定期间的，裁定驳回申请。

第二十七条 人民法院经审查认为申请再审事由成立的，一般应由本院提审。

第二十八条 最高人民法院、高级人民法院审查的下列案件，可以指令原审法院再审：

（一）依据民事诉讼法第一百七十九条第一款第（八）至第（十三）项事由提起再审的；

（二）因违反法定程序可能影响案件正确判决、裁定提起再审的；

（三）上一级法院认为其他应当指令原审法院再审的。

第二十九条 提审和指令再审的裁定书应当包括以下内容：

（一）申请再审人、被申请人及原审其他当事人基本情况；

（二）原审法院名称、申请再审的生效裁判文书名称、案号；

（三）裁定再审的法律依据；

（四）裁定结果。

裁定书由院长署名，加盖人民法院印章。

第三十条 驳回再审申请的裁定书，应当包括以下内容：

（一）申请再审人、被申请人及原审其他当事人基本情况；

（二）原审法院名称、申请再审的生效裁判文书名称、案号；

（三）申请再审人主张的再审事由、被申请人的意见；

（四）驳回再审申请的理由、法律依据；

（五）裁定结果。

裁定书由审判人员、书记员署名，加盖人民法院印章。

第三十一条 再审申请被裁定驳回后，申请再审人以相同理由再次申请再审的，不作为申请再审案件审查处理。

申请再审人不服驳回其再审申请的裁定，向作出驳回裁定法院的上一级法院申请再审的，不作为申请再审案件审查处理。

第三十二条 人民法院应当自受理再审申请之日起3个月内审查完毕，但鉴定期间等不计入审查期限。有特殊情况需要延长的，报经本院院长批准。

第三十三条 2008年4月1日之前受理，尚未审结的案件，符合申请再审条件的，由受理再审申请的人民法院继续审查处理并作出裁定。

最高人民法院关于统一再审立案阶段和再审审理阶段民事案件编号的通知

（2008年4月7日 法〔2008〕127号）

各省、自治区、直辖市高级人民法院，解放军军事法院，新疆维吾尔自治区高级人民法院生产建设兵团分院：

为配合修改后的民事诉讼法的实施，现就再审立案阶段和再审审理阶段民事案件编号通知如下：

一、再审立案阶段民事案件编号

1. 当事人不服生效一审或者二审判决、裁定、调解书，向上一级人民法院申请再审，且符合申请再审受理条件的案件，编立“民申字”案号；

2. 当事人不服生效再审判决、裁定、调解书，向上一级人民法院申请再审，且符合申请再审受理条件的案件，编立“民再申字”案号；

3. 人民法院依据民事诉讼法第一百七十七条依职权进行审查的案件，编立“民监字”案号；

4. 人民检察院依法提出抗诉的案件，编立“民抗字”案号。

二、再审审理阶段民事案件编号

1. 上级人民法院提审的再审案件，编立“民提字”案号；

2. 下列案件，编立“民再字”案号：

（1）各级人民法院依据民事诉讼法第一百七十七条第一款对于本院生效判决、裁定决定再审的案件；

（2）最高人民法院对地方各级人民法院生效判决、裁定，上级人民法院对下级人民法院生效判决、裁定，依据民事诉讼法第一百七十七条第二款指令再审的案件；

（3）最高人民法院、高级人民法院依据民事诉讼法第一百八十一条第二款指令原审人民法院再审的案件；

（4）最高人民法院、高级人民法院依据民事诉讼法第一百八十一条第二款指令其他人民法院再审的案件；

（5）上级人民法院对于人民检察院提出抗诉的案件，依据民事诉讼法第一百八十八条指令下一级人民法院再审的案件。

本通知自下发之日起施行。本院以前发布的有关规定与本通知不一致的，以本通知为准。

最高人民法院关于开展审判监督工作若干问题的通知

（2004年5月18日　法〔2004〕103号）

各省、自治区、直辖市高级人民法院，新疆维吾尔自治区高级人民法院生产建设兵团分院：

按照《最高人民法院机关机构改革方案》和最高人民法院有关司法解释关于内设机构及其职能的有关规定，本院立案庭、审判监督庭、民事审判第三庭、民事审判第四庭、行政审判庭分别承担相应案件的审判监督职能。在开展审判监督工作中，除与对口业务庭发生工作联系外，还需与各高级人民法院立案庭、审判监督庭及其他业务庭发生工作联系。由于上下级法院内设机构的职能分工不尽一致，当前在工作协调上遇到一些困难，影响了审判监督工作的顺利开展。为认真贯彻司法为民要求，确保“公正与效率”的实现，加强审判监督工作，特通知如下：

一、本院有关业务庭审查后要求高级人民法院复查并报送复查结果的申诉或者申请再审案件，高级人民法院应当在限定的期限内进行复查并依法处理，对申诉人或者再审申请人作出书面答复，同时将复查结果报本院相关业务庭。

二、本院有关业务庭调卷的案件，相关高级人民法院应当在限定的期限内将案件全部卷宗寄出。

本院有关业务庭根据审判监督工作实际需要提出的其他要求，高级人民法院应当在限定期限内完成。

如有特殊情况，高级人民法院无法按期完成上述案件复查、调卷或其他事宜的，应当在期限届满前向本院有关业务庭说明情况，并提出预期完成的时间。

三、本院指令高级人民法院再审并发函指出问题的案件，高级人民法院在作出裁判后应当将裁判文书及时报送最高人民法院。

四、本院各有关业务庭按照职责分工开展审判监督工作，均系代表本院行使审判监督职权。各高级人民法院承担审判监督任务的有关业务庭应当以高度负责的态度，各司其职，积极协助和配合本院有关业务庭搞好申诉和申请再审案件的相关工作和审判监督工作，不得因上下级法院业务部门不对口而推诿拖延。

五、违反上述要求的，本院有关业务庭应当积极督办；经督办仍无改进的，本院将依照有关规定予以处理。

最高人民法院关于规范人民法院再审立案的若干意见（试行）

（2002年9月10日　法发〔2002〕13号）

为加强审判监督，规范再审立案工作，根据《中华人民共和国刑事诉讼法》、《中华人民共和国民事诉讼法》和《中华人民共和国行政诉讼法》的有关规定，结合审判实际，制定本规定。

第一条　各级人民法院、专门人民法院对本院或者上级人民法院对下级人民法院作出的终审裁判，经复查认为符合再审立案条件的，应当决定或裁定再审。

人民检察院依照法律规定对人民法院作出的终审裁判提出抗诉的，应当再审立案。

第二条　地方各级人民法院、专门人民法院负责下列案件的再审立案：

（一）本院作出的终审裁判，符合再审立案条件的；

（二）下一级人民法院复查驳回或者再审改判，符合再审立案条件的；

（三）上级人民法院指令再审的；

（四）人民检察院依法提出抗诉的。

第三条　最高人民法院负责下列案件的再审立案：

（一）本院作出的终审裁判，符合再审立案条件的；

（二）高级人民法院复查驳回或者再审改判，符合再审立案条件的；

（三）最高人民检察院依法提出抗诉的，

（四）最高人民法院认为应由自己再审的。

第四条　上级人民法院对下级人民法院作出的终审裁判，认为确有必要的，可以直接立案复查，经复查认为符合再审立案条件的，可以决定或裁定再审。

第五条　再审申请人或申诉人向人民法院申请再审或申诉，应当提交以下材料：

（一）再审申请书或申诉状，应当载明当事人的基本情况、申请再审或申诉的事实与理由；

（二）原一、二审判决书、裁定书等法律文书，经过人民法院复查或再审的，应当附有驳回通知书、再审判决书或裁定书；

（三）以有新的证据证明原裁判认定的事实确有错误为由申请再审或申诉的，应当同时附有证据目录、证人名单和主要证据复印件或者照片；需要人民法院调查取证的，应当附有证据线索。

申请再审或申诉不符合前款规定的，人民法院不予审查。

第六条　申请再审或申诉一般由终审人民法院审查处理。

上一级人民法院对未经终审人民法院审查处理的申请再审或申诉，一般交终审人民法院审查；对经终审人民法院审查处理后仍坚持申请再审或申诉的，应当受理。

对未经终审人民法院及其上一级人民法院审查处理，直接向上级人民法院申请再审或申诉的，上级人民法院应当交下一级人民法院处理。

第七条　对终审刑事裁判的申诉，具备下列情形之一的，人民法院应当决定再审：

（一）有审判时未收集到的或者未被采信的证据，可能推翻原定罪量刑的；

（二）主要证据不充分或者不具有证明力的；

（三）原裁判的主要事实依据被依法变更或撤销的；

（四）据以定罪量刑的主要证据自相矛盾的；

（五）引用法律条文错误或者违反刑法第十二条的规定适用失效法律的；

（六）违反法律关于溯及力规定的；

（七）量刑明显不当的；

（八）审判程序不合法，影响案件公正裁判的；

（九）审判人员在审理案件时索贿受贿、徇私舞弊并导致枉法裁判的。

第八条　对终审民事裁判、调解的再审申请，具备下列情形之一的，人民法院应当裁定再审：

（一）有再审申请人以前不知道或举证不能的证据，可能推翻原裁判的；

（二）主要证据不充分或者不具有证明力的；

（三）原裁判的主要事实依据被依法变更或撤销的；

（四）就同一法律事实或同一法律关系，存在两个相互矛盾的生效法律文书，再审申请人对后一生效法律文书提出再审申请的；

（五）引用法律条文错误或者适用失效、尚未生效法律的；

（六）违反法律关于溯及力规定的；

（七）调解协议明显违反自愿原则，内容违反法律或者损害国家利益、公共利益和他人利益的；

（八）审判程序不合法，影响案件公正裁判的；

（九）审判人员在审理案件时索贿受贿、徇私舞弊并导致枉法裁判的。

第九条　对终审行政裁判的申诉，具备下列情形之一的，人民法院应当裁定再审：

（一）依法应当受理而不予受理或驳回起诉的；

（二）有新的证据可能改变原裁判的；

（三）主要证据不充分或不具有证明力的；

（四）原裁判的主要事实依据被依法变更或撤销的；

（五）引用法律条文错误或者适用失效、尚未生效法律的；

（六）违反法律关于溯及力规定的；

（七）行政赔偿调解协议违反自愿原则，内容违反法律或损害国家利益、公共利益和他人利益的；

（八）审判程序不合法，影响案件公正裁判的；

（九）审判人员在审理案件时索贿受贿、徇私舞弊并导致枉法裁判的。

第十条　人民法院对刑事案件的申诉人在刑罚执行完毕后两年内提出的申诉，应当受理；超过两年提出申诉，具有下列情形之一的，应当受理：

（一）可能对原审被告人宣告无罪的；

（二）原审被告人在本条规定的期限内向人民法院提出申诉，人民法院未受理的；

（三）属于疑难、复杂、重大案件的。

不符合前款规定的，人民法院不予受理。

第十一条　人民法院对刑事附带民事案件中仅就民事部分提出申诉的，一般不予再审立案。但有证据证明民事部分明显失当且原审被告人有赔偿能力的除外。

第十二条　人民法院对民事、行政案件的再审申请人或申诉人超过两年提出再审申请或申诉的，不予受理。

第十三条　人民法院对不符合法定主体资格的再审申请

或申诉，不予受理。

第十四条 人民法院对下列民事案件的再审申请不予受理：

（一）人民法院依照督促程序、公示催告程序和破产还债程序审理的案件；

（二）人民法院裁定撤销仲裁裁决和裁定不予执行仲裁裁决的案件；

（三）人民法院判决、调解解除婚姻关系的案件，但当事人就财产分割问题申请再审的除外。

第十五条 上级人民法院对经终审法院的上一级人民法院依照审判监督程序审理后维持原判或者经两级人民法院依照审判监督程序复查均驳回的申请再审或申诉案件，一般不予受理。

但再审申请人或申诉人提出新的理由，且符合《中华人民共和国刑事诉讼法》第二百零四条、《中华人民共和国民事诉讼法》第一百七十九条、《中华人民共和国行政诉讼法》第六十二条及本规定第七、八、九条规定条件的，以及刑事案件的原审被告人可能被宣告无罪的除外。

第十六条 最高人民法院再审裁判或者复查驳回的案件，再审申请人或申诉人仍不服提出再审申请或申诉的，不予受理。

第十七条 本意见自2002年11月1日起施行。以前有关再审立案的规定与本意见不一致的，按本意见执行。

全国审判监督工作座谈会关于当前审判监督工作若干问题的纪要

（2001年11月1日 法〔2001〕161号）

2001年9月21日至24日，最高人民法院在重庆市召开全国审判监督工作座谈会。这是最高人民法院审监庭建庭以来召开的第一次全国规模的会议。全国31个高级人民法院、解放军军事法院、新疆高院生产建设兵团分院、17个中院和5个基层法院主管审监业务的院长、审监庭庭长，最高人民法院立案庭、民四庭、行政庭、办公厅、研究室、法研所近110名代表参加了会议。最高人民检察院民行检察厅、刑检厅、公诉厅的负责同志应邀出席会议。参加会议的还有，人民日报、法制日报、人民法院报、人民法院出版社、法律适用等单位的记者。中共重庆市委副书记、市人大常委会主任王云龙、重庆市高级人民法院代院长张轩出席会议并作了讲话。重庆市高级人民法院为会议提供了良好的条件。

最高人民法院副院长沈德咏出席会议并作了题为《加强审监工作，推进审监改革，建立和完善有中国特色的审判监督新机制》的重要讲话。沈副院长的讲话分析了当前和今后一个时期审判监督工作面临的形势和任务，部署了各级人民法院在审判监督工作方面要突出抓好的几项工作。讲话全面阐述了审监改革的有关问题和新时期审判监督工作应注意把握的几个重要关系，即纠正错误裁判与维护生效裁判稳定性、权威性的关系；公正与效率的关系；程序公正与实体公正的关系；法律效果与社会效果的关系；接受外部监督与依法独立行使审判权的关系；上级法院监督与下级法院审判独立的关系，为审监工作的开展与审监改革的推进与深化奠定了理论基础。同时，他还明确地提出当前审判监督改革总的目标是：要通过改革来规范、完善、加强申诉和再审工作，以逐步建立有中国特色社会主义审判监督机制。具体目标是，根据司法工作特殊性、规律性，规范申诉和再审工作，有效克服诉讼秩序混乱和司法资源浪费的突出问题；根据“精审监”原则，通过纠正确有错误的裁判和维护司法终审权，实现司法公正，树立司法权威。为实现改革的目标，当前和今后一个时期审判监督改革的主要任务是：规范再审立案标准，将无限申诉变为有限申诉，将无限再审变为有限再审；建立符合司法工作特点和规律的证据制度，进一步完善举证、认证、质证规则；改革再审裁判文书，提高再审裁判文书的质量（沈副院长讲话全文另发）。会议着重围绕推进和深化审判监督改革的精神，对沈德咏副院长的讲话进行了深入的讨论。

此次会议也是一次审监工作改革的经验交流会。会议从各地法院报送的80余篇材料中选出30篇作为交流或参阅材料，其中吉林、广西、山东高院和上海第二中院的4篇优秀的交流材料被选为大会发言材料。会议还对《刑事再审开庭程序若干规定》进行了认真的讨论和修改。

最高人民法院审监庭庭长纪敏在大会结束时作了《不负重望，不负重托，把审监工作搞好》的总结讲话，他从提高认识，振奋精神，做审监改革的促进派；认真协调好同检察院、各级人大、本院各庭室的关系，共同维护司法公正和司法权威；努力规范审判监工作，努力提高审监工作水平；建设一流的审监队伍，注意保护审监干部；树立全国审监一盘棋的思想等方面，对今后一段时期全国审监工作提出了意见和要求。

与会人员一致认为，这次会议开得很及时、也很必要、是一次有成效的会议。会议不仅明确了对加强审监工作重要性的认识，还对今后推进审监工作改革，建立审监工作的新机制提出了明确的目标和要求，主题清晰，内容丰富，是一次增强信心，知难而上，改革创新的动员会。

会议认为，为规范和加强人民法院的审判监督工作，进一步维护司法的公正性和权威性，推进审判监督工作的改革，最高人民法院审监庭建庭伊始，便采取一系列措施有计划有步骤的开展和推进审监督工作，并积极指导各地法院对审监工作所面临的新情况、新问题的理论探讨和司法实践。2001年6月，最高人民法院即开始进行对会议纪要的起草工作。根据《中华人民共和国刑事诉讼法》、《中华人民共和国民事诉讼法》、《中华人民共和国行政诉讼法》和最高人民法院有关司法解释等规定,针对当前各级人民法院在审判监督工作中出现的具体问题,总结各地法院实践经验,并结合我国审判监督工作的规律性和特殊性,在反复征求意见,反复修改的基础上,形成了征求意见稿提交大会讨论。经会议认真讨论修改,对目前审监工作中存在的部分急需解决的问题,提出如下意见:

一、关于再审程序中适用裁定或决定处理的几个问题

因违反法定程序、认定事实错误、适用法律错误进入再审程序的案件,应视情形分别处理。

1. 符合下列情形之一的,应裁定撤销原裁定:

(1) 原不予受理裁定错误的,应予撤销并指令原审法院受理;

(2) 原驳回起诉裁定错误的,应予撤销并指令原审法院审理;

(3) 原管辖权异议裁定错误,且案件尚未作出生效判决的,应予撤销并将案件移送有管辖权的人民法院。

2. 刑事再审案件符合下列情形之一的,上级法院可以裁定撤销原判,发回原审人民法院重审:

(1) 按照第二审程序再审的案件,原判决认定事实不清或者证据不足的;

(2) 其他发回重审的情形。

3. 民事、行政再审案件符合下列情形之一的,可裁定撤销原判,驳回起诉:

(1) 不属于法院受案范围的;

(2) 法律规定必须经过前置程序,未经前置程序直接诉至法院的;

(3) 当事人双方约定仲裁而一方直接诉至法院,对方在首次开庭前对人民法院受理该案提出异议,且不参加诉讼活动的,但人民法院终审裁定驳回其异议后,当事人参加诉讼活动的除外;

(4) 诉讼主体错误的;

(5) 其他不予受理的情形。

4. 民事、行政再审案件符合不列情形之一,可能影响案件正确判决、裁定的,上级法院裁定撤销原判,发回原审人民法院重审:

(1) 审判组织组成不合法的;

(2) 审理本案的审判人员、书记员应当回避未回避的;

(3) 依法应当开庭审理而未经开庭即作出判决的;

(4) 适用普通程序审理的案件当事人未经传票传唤而缺席判决的;

(5) 作为定案依据的主要证据未经当庭质证的;

(6) 民事诉讼的原判遗漏了必须参加诉讼的当事人,且调解不成的;

(7) 其他发回重审的情形。

5. 上一级人民法院认为下级人民法院已经再审但确有必须改判的错误的,应当裁定提审,改判后应在一定范围内通报;下级人民法院以驳回通知书复查结案的,或者以驳回起诉再审结案的,上级人民法院可以裁定指令再审。

二、关于再审程序中适用判决处理的几个问题

再审案件的改判必须慎重,即要维护法院判决的既判力和严肃性,又要准确纠正符合法定改判条件且必须纠正的生效判决。

6. 符合下列情形的,应予改判:

(1) 原判定性明显错误的

刑事案件罪与非罪认定明显错误导致错判的;

刑事案件此罪与彼罪认定明显错误,导致量型过重的;

民事案件确定案由错误、认定合同效力错误、认定责任错误导致错判的;

行政案件行政行为性质认定错误导致错判的。

(2) 违反法定责任种类和责任标准的

民事案件错判承担民事责任形式、错划承担民事责任致显失公正的;

行政案件违反法定外罚种类和处罚标准导致错判的。

(3) 原判主文在数量方面确有错误且不属裁定补救范围的

刑事案件刑期或财产数额错误的;

民事案件执行期限或财产数额错误的;

行政案件处罚期限或财产数额错误的。

(4) 调解案件严重违反自愿原则或者法律规定的

刑事自诉案件、民事案件、行政附带民事案件、行政赔偿案件的调解协议严重违反自愿原则或者违反法律的。

(5) 其他应当改判的情形。

7. 符合不列情形的,一般不予改判:

(1) 原判文书在事实认定、理由阐述、适用法律方面存在错误、疏漏,但原判文书主文正确或者基本正确的;

(2) 原判结果的误差在法官自由裁量幅度范围内的;

(3) 原判定性有部分错误,但即使定性问题纠正后,原判结果仍在可以维持范围内的;

(4) 原判有漏证或错引、漏引法条情况,但原判结果仍在可以维持范围内的;

(5) 原判应一并审理,但未审理部分可以另案解决的;

(6) 原判有错误,但可以用其他方法补救,而不必进行再审改判的。

三、关于民事、行政再审案件庭审方式改革的几个问题

必须加快再审案件的审判方式改革,在审理中应严格执行公开审判,规范再审案件开庭审理程序。为此,在进行庭审改革时,应把握以下几点。

8. 送达再审开庭通知书时,应同时告知当事人的诉讼权利义务;明确当事人的举证时限及举证不能所应承担的法律后果。根据有关法院的司法实践,将举证时限限定在法庭辩论之前。

9. 开庭前的准备工作应当充分，保证当事人能够较好地行使诉讼权利及履行诉讼义务。开庭前可召集双方当事人及其诉讼代理人交换、核对证据，对双方无争议的原判事实和证据应当记录在卷，并由双方当事人签字确认，保证开庭时能够针对焦点问题进行充分的调查。

10. 再审程序虽然适用一审或二审程序，但应突出再审案件的特点，再审案件的审理范围应把握这样几个原则：

由当事人申请再审启动再审程序的案件，再审案件的审理范围应确定在原审范围内，申请人诉什么就审什么，不诉不审；

由上级法院或院长发现程序启动的案件，应在原审案件的范围内全案审查，但上级法院有明确审查范围意见的除外。

11. 经复查听证后进入再审程序的案件，或者开庭前已由书记员核对当事人身份，告知诉讼权利义务，出示、质证当事人认同的证据或事实等事项的案件，开庭后，不必再重复上述程序，但应重申关于申请回避的权利。

12. 再审案件当事人经法院传票传唤无正当理由拒不到庭的，由审判长宣布缺席审理，并说明传票送达合法及缺席审理的依据。

13. 当事人申请再审提出的新证据，必须当庭质证；出示的书证、物证等应当交由对方当事人当庭辨认，发表质证意见；审判长根据案件的具体情况，经征求合议庭成员意见后，可当庭认证，或经合议庭评议后再行认证。

四、关于审理民事、行政抗诉案件的几个问题

各级人民法院应与同级人民检察院加强协调，多人来人往，少文来文往，互相配合，搞好合作，为实现共同目标——司法公正而努力。

为规范各级人民法院审理民事、行政抗诉案件的程序，提出以下要求：

14. 人民法院依照民事诉讼法规定的特别程序、督促程序、公示催告程序、企业法人破产还债程序审理的案件；人民法院已经决定再审的案件；以调解方式审结的案件；涉及婚姻关系和收养的案件；当事人撤诉或者按撤诉处理的案件；执行和解的案件；原审案件当事人在原审裁判生效二年内无正当理由，未向人民法院或人民检察院提出申诉的案件；同一检察院提出过抗诉的案件和最高人民法院司法解释中明确不适用抗诉程序处理的案件，人民检察院提出抗诉的，人民法院不予受理。

对不予受理的案件，人民法院应先同人民检察院协商，请人民检察院收回抗诉书销案；检察院坚持抗诉的，裁定不予受理。

15. 抗诉案件的审理范围应围绕抗诉内容进行审理。抗诉内容与当事人申请再审理由不一致的，原则上应以检察机关的抗诉书为准。

16. 人民检察院根据审判监督程序提出抗诉的案件，一般应由作出生效判决、裁定的人民法院裁定进行再审；人民检察院向作出生效判决、裁定的人民法院的上一级人民法院提出抗诉的，该上级人民法院可以交由作出生效判决、裁定的人民法院进行再审；人民检察院对生效的再审判决提出抗诉的，一般应由上级人民法院提审。

再审裁定书由审理抗诉案件的人民法院作出。

17. 人民检察院对人民法院的审判工作提出检察建议书的，人民法院应认真研究以改进工作；经与同级人民法院协商同意，对个案提出检察建议书的，如符合再审立案条件，可依职权启动再审程序。

18. 人民法院开庭审理抗诉案件，经提前通知提出抗诉的人民检察院，检察院不派员出席法庭的，按撤回抗诉处理。

19. 人民法院开庭审理抗诉案件，由抗诉机关出席法庭的人员按照再审案件的审判程序宣读抗诉书，不参与庭审中的其他诉讼活动，以避免抗诉机关成为一方当事人的“辩护人”或“代理人”，保证诉讼当事人平等的民事诉讼地位。

由于抗诉机关的特殊地位，对方当事人不得对不参与庭审的抗诉机关出席法庭的人员进行询问、质问或者发表过激言论。

人民检察院出席法庭的标牌和裁判文书的称谓统一为“抗诉机关”。

20. 人民法院开庭审理抗诉案件，向抗诉机关申诉的对方当事人经依法传唤，无正当理由不到庭或者未经法庭许可中途退庭的，依照民事诉讼法和行政诉讼法中的有关规定，缺席判决。经依法传唤，向抗诉机关申诉的一方当事人无正当事由不到庭或者表示撤回申请的，应建议检察机关撤回抗诉，抗诉机关同意的，按撤诉处理，作出裁定书；经依法传唤，当事人均不到庭，应当裁定终结再审程序，但原审判决严重损害国家利益或者社会公共利益的除外。

21. 在制作检察机关抗诉理由不能成立的裁判文书中，一般不使用“驳回抗诉”的表述。

22. 对一审生效裁判文书抗诉的，当事人要求二审法院直接审理的，二审法院可以参照我院《人民法院诉讼收费办法》补充规定第28条第2项规定，收费后提审；当事人拒交诉讼费用的，交由一审法院再审。

五、关于再审案件法律文书改革的几个问题

23. 关于制作“驳回申请再审（申诉）通知书”

“驳回申请再审（申诉）通知书”是审判监督程序复查阶段的结果，是对申请再审人提出申请再审进行复查后，认为理由不成立的书面答复。复查通知书与再审判决书不同，因此，不能用进入再审程序后制作判决书的标准来要求，但也不能过于简单，更不能采取格式化的方式答复。总的要求是针对再审申请人的主要理由进行批驳，正确适用有关法律规定，作出明确的答复。

24. 关于制作“民事再审裁定书”

（1）首部简明扼要，不再列举当事人的自然情况；

（2）在制作民事再审裁定书时，不再表述“原判决（调解、裁定）确有错误”或“原判认定事实不清，适用法律错误”等文字，变更为“经本院审查认为：当事人的申请符合《中华人民共和国民事诉讼法》第×条第×款第×项规定的再审立案条件。根据《中华人民共和国民事诉讼法》第×条、第×条的规定，裁定如下：”。

（3）民事再审裁定书体现院长对本院案件进行监督的，署院长姓名；院长授权的，也可以署副院长姓名；体现上级法院对下级法院进行监督的，署合议庭组成人员姓名。

检察机关抗诉启动再审程序的，加盖院印下署名。

25. 关于民事再审案件判决书改革的几点要求

（1）首部要规范，程序要公开。判决书首部应当规范，与原审判决书相比，再审案件判决书的首部要素内容有其特征，如对当事人的称谓，原审及再审立案时间等等；

对检察院提起抗诉的再审案件，判决书首部首先要列明抗诉机关；

判决文书应当反映原审及再审程序提起的过程。

（2）原审诉辩要表述，再审理由要具体，主要证据要列明，争执焦点要明确。再审案件判决书中应将当事人的原审诉辩主张根据案件的具体情况予以表述；对抗诉理由或申请再审的主要理由应作具体的表述；支持当事人原审诉辩主张和申请再审的主要证据一般应当编列序号，分项列述；判决书中要提炼案件争执的焦点问题，即在程序和实体方面证据的分歧、适用法律的争执点等。

（3）正确运用有效证据，区别情况采取不用的方法对案件事实予以认定。对原审认定事实清楚部分和当事人无争议的事实可作简单概括。对有争议及原审认定不清的事实应详细地综合认证；对原审认定有错误的部分应着重分析，运用证据来表述其错在何处，取消“经再审查明”的传统表述方法，改为“经再审认定的证据，可证明如下事实：”的表述方法。

（4）再审判决书，说理部分应结构严谨、语言精确、文简意赅、是非分明；内容紧紧围绕争议焦点、再审申请的主要理由展开；对案件争议的焦点可采用多种论证方法；法律法规和司法解释的知用要准确、规范，不能漏引、错引；注重服判息诉的社会效果。

（5）判决主文是人民法院对当事人争议事项所作的结论，必须用鲜明、简洁、准确、规范、便于执行的文字表述；判决主文的表述顺序为：先维持、后撤销、再改判。

会议认为，再审判决书改革后的制作，是审监改革过程中必须解决的问题，各级人民法院应在司法实践中，不断探索、不断提高、不断总结。建议各地参照以上意见制作优秀的法律文书，并及时报送最高人民法院审监庭，以期确定再审判决书的标准格式。

附：民事、行政案件若干再审诉讼文书改革样式（略）

最高人民法院关于办理不服本院生效裁判案件的若干规定

（2001年10月29日　法发〔2001〕20号）

根据《中华人民共和国刑事诉讼法》、《中华人民共和国民事诉讼法》和《中华人民共和国行政诉讼法》及《最高人民法院机关内设机构及新设事业单位职能》的有关规定，为规范审判监督工作，制定本规定。

一、立案庭对不服本院生效裁判案件经审查认为可能有错误，决定再审立案或者登记立案并移送审判监督庭后，审判监督庭应及时审理。

二、经立案庭审查立案的不服本院生效裁判案件，立案庭应将本案全部卷宗材料调齐，一并移送审判监督庭。

经立案庭登记立案、尚未归档的不服本院生效裁判案件，审判监督庭需要调阅有关案卷材料的，应向相关业务庭发出调卷通知。有关业务庭应在收到调卷通知10日内，将有关案件卷宗按规定装订整齐，移送审判监督庭。

三、在办理不服本院生效裁判案件过程中，经庭领导同意，承办人可以就案件有关情况与原承办人或原合议庭交换意见；未经同意，承办人不得擅自与原承办人或原合议庭交换意见。

四、对立案庭登记立案的不服本院生效裁判案件，合议庭在审查过程中，认为对案件有关情况需要听取双方当事人陈述的，应报庭领导决定。

五、对本院生效裁判案件经审查认为应当再审的，或者已经进入再审程序、经审理认为应当改判的，由院长提交审判委员会讨论决定。

提交审判委员会讨论的案件审理报告应注明原承办人和原合议庭成员的姓名，并可附原合议庭对审判监督庭再审审查结论的书面意见。

六、审判监督庭经审查驳回当事人申请再审的，或者经过再审程序审理结案的，应及时向本院有关部门通报案件处理结果。

七、审判监督庭在审理案件中，发现原办案人员有《人民法院审判人员违法审判责任追究办法（试行）》、《人民法院审判纪律处分办法（试行）》规定的违法违纪情况的，应移送纪检组（监察室）处理。

当事人在案件审查或审理过程中反映原办案人员有违法违纪问题或提交有关举报材料的，应告知其向本院纪检组（监察室）反映或提交；已收举报材料的，审判监督庭应及时移送纪检组（监察室）。

八、对不服本院执行工作办公室、赔偿委员会办公室办理的有关案件，按照本规定执行。

九、审判监督庭负责本院国家赔偿的确认工作，办理高级人民法院国家赔偿确认工作的请示，负责对全国法院赔偿确认工作的监督与指导。

十、地方各级人民法院、专门人民法院可根据本规定精神，制定具体规定。

◎请示答复

最高人民法院关于再审于贺春诉李世强拖欠租金纠纷一案请示的复函

（2005年3月10日 〔2004〕民立他字第40号）

黑龙江省高级人民法院：

你院〔2003〕黑监民监字第16号《关于再审于贺春诉李世强拖欠租金纠纷一案的请示》收悉。经研究，答复如下：

根据我院《关于人民法院对民事案件发回重审和指令再审有关问题的规定》和《关于正确适用〈关于人民法院对民事案件发回重审和指令再审有关问题的规定〉的通知》的有关规定，你院不得再对本案进行再审。如你院认为原再审判决确有错误，可报请我院依程序处理。

最高人民法院关于裁定准许撤回上诉后，第二审人民法院的同级人民检察院能否对一审判决提出抗诉问题的复函

（2004年12月22日 〔2004〕民立他字第59号）

湖北省高级人民法院：

你院鄂高法〔2004〕474号《关于裁定准许撤回上诉后，第二审人民法院的同级人民检察院能否对一审判决提出抗诉的请示》收悉。经研究，答复如下：

原则同意你院审判委员会第二种意见。武汉市中级人民法院裁定准许撤回上诉后，武汉市洪山区人民法院作出的第一审判决即发生法律效力。根据《中华人民共和国民事诉讼法》第一百八十五条的规定，武汉市人民检察院对武汉市洪山区人民法院已经发生法律效力的判决，发现有法律规定的情形的，有权按照审判监督程序提出抗诉。

最高人民法院关于下级法院撤销仲裁裁决后又以院长监督程序提起再审应如何处理问题的复函

（2004年8月27日 〔2003〕民立他字第45号）

黑龙江省高级人民法院：

你院2003年8月18日〔2003〕黑立民他字第1号《关于下级法院撤销仲裁裁决后又以院长监督程序进行再审应如何处理的请示》收悉。经研究，答复如下：

黑龙江国祥房地产开发有限公司与黑龙江省九利建筑工程公司欠款纠纷一案，经哈尔滨市中级人民法院裁定撤销仲裁裁决后，当事人可以依据《中华人民共和国仲裁法》第九条的规定重新达成仲裁协议申请仲裁，也可以向人民法院提起诉讼。哈尔滨市中级人民法院不应以院长发现撤销仲裁裁决的裁定确有错误为由提起再审。已经再审的，你院应当通知该院予以纠正。

附：

关于下级法院撤销仲裁裁决后又以院长监督程序进行再审应如何处理的请示与答复

一、基本案情

2002年4月22日，黑龙江国祥房地产开发有限公司（以下简称国祥公司）诉至哈尔滨市中级人民法院，就其与黑龙江省九利建筑工程公司（以下简称九利公司）欠款纠纷一案，申请撤销哈尔滨仲裁委员会〔2002〕哈仲裁字第174号仲裁裁决书。2002年6月20日，哈尔滨市中级人民法院以〔2002〕哈民一初字第69号民事裁定撤销该仲裁裁决。九利公司不服申请再审，哈尔滨市中级人民法院立案复查，于2002年9月24日依据最高人民法院有关规定，该类型案件申请再审，法院不应受理的精神，以〔2002〕哈民监字第676号驳回九利公司的再审申请。后九利公司多次到哈尔滨市中级人民法院申诉。哈尔滨市中级人民法院按院长监督程序以〔2003〕哈民一监字第248号民事裁定对本案进行再审，于2003年4月8日以〔2003〕哈民一再字第69号民事裁定撤销〔2002〕哈民一初字第69号民事裁定。国祥公司不服，继续提出申诉。

二、请示的问题和分歧意见

对于本案，黑龙江省高级人民法院和哈尔滨市中级人民法院形成了以下两种意见：

黑龙江省高级人民法院认为：根据《中华人民共和国仲裁

法》和最高人民法院法释〔1999〕6 号《关于当事人对人民法院撤销仲裁裁决的裁定不服申请再审人民法院是否受理问题的复函的批复》、法复〔1997〕5 号《关于人民法院裁定撤销仲裁裁决或驳回当事人申请后当事人能否上诉问题的批复》、法释〔2000〕17 号《关于人民检察院对撤销仲裁裁决的民事裁定提出抗诉人民法院应如何处理问题的批复》等有关司法解释规定，人民法院撤销仲裁裁决后，当事人对法院的裁定无上诉权和申诉权，检察机关亦不得抗诉。当事人可以重新达成仲裁协议申请仲裁，也可以向人民法院提起诉讼，法律已明确了解决此类问题的救济程序规定。且仲裁法是特别法，应优于民事诉讼法。故本院院长对此类生效裁定启动审判监督程序没有法律依据。即使撤销仲裁裁定有误，当事人亦应通过仲裁法规定的解决纷争的程序规定，实现其权利。故哈尔滨市中级人民法院的再审裁定依法应予纠正。

哈尔滨市中级人民法院认为：本案是依据《民事诉讼法》第一百七十七条以院长监督程序经院审委会决定再审的。本院院长对本院已发生法律效力的判决、裁定具有监督权。《仲裁法》和最高人民法院的批复都是指当事人申诉的情形，目前没有法律明确规定把院长对此类案件的监督权排除掉。本院院长自己发现本院生效的判决、裁定有错误，当事人没有申诉，也应监督，且本案新闻媒体已经作了监督，故本院院长决定再审，依法有据。

黑龙江省高级人民法院向最高人民法院请示：上述两种意见，哪种符合立法精神，下级人民法院撤销仲裁裁决后又以院长监督程序进行再审应如何处理。

三、最高人民法院答复意见及评析

最高人民法院经研究认为：本案经哈尔滨市中级人民法院裁定撤销仲裁裁决后，当事人可以依据《中华人民共和国仲裁法》第九条的规定重新达成仲裁协议申请仲裁，也可以向人民法院提起诉讼。哈尔滨市中级人民法院不应以院长发现撤销仲裁裁决的裁定确有错误为由提起再审。已经再审的，应当予以纠正。上述意见主要基于以下理由：

1. 从《仲裁法》规定的当事人享有的法律救济途径而言，不应允许以院长发现确有错误为由对撤销仲裁裁决的裁定提起再审。《仲裁法》第九条第二款规定："裁决被人民法院依法裁定撤销或者不予执行的，当事人就该纠纷可以根据双方重新达成的仲裁协议申请仲裁，也可以向人民法院起诉。"据此，仲裁裁决被人民法院裁定撤销的，当事人之间的纠纷即恢复到尚未解决的状态，当事人既可以重新达成仲裁协议申请仲裁，也可以直接向人民法院起诉，从而享有选择解决纠纷方式的权利。允许法院以院长发现确有错误为由，对于撤销仲裁裁决的裁定进行再审，实质上是否定纠纷已恢复到未解决的状态，试图恢复原有仲裁裁决的法律效力，与《仲裁法》上述规定直接冲突，剥夺了当事人依据《仲裁法》享有的纠纷解决方式选择权，可能导致此类纠纷最终转移至法院，从而根本妨碍《仲裁法》相关规定的实施。

2. 从减少对当事人意思自治的职权干预，坚持仲裁司法监督有限原则而言，不应允许以院长发现确有错误为由对撤销仲裁裁决的裁定提起再审。根据最高人民法院法释〔1999〕6 号《关于当事人对人民法院撤销仲裁裁决的裁定不服申请再审人民法院是否受理问题的批复》、法复〔1997〕5 号《关于人民法院裁定撤销仲裁裁决或驳回当事人申请后当事人能否上诉问题的批复》、法释〔2000〕17 号《关于人民检察院对撤销仲裁裁决的民事裁定提起抗诉人民法院应如何处理问题的批复》、法释〔2000〕46 号《关于人民检察院对不撤销仲裁裁决的民事裁定提出抗诉人民法院应否受理问题的批复》的规定，对于法院撤销仲裁裁决的裁定，当事人无上诉权和申请再审权，检察院抗诉的，人民法院不予受理；对于法院驳回撤销申请和不撤销仲裁裁决的裁定，当事人无上诉权，检察院抗诉的，人民法院亦不予受理。另外，对于人民法院裁定不予执行仲裁裁决的，当事人也无申请再审权。这一系列批复表明，仲裁司法监督有限是最高人民法院坚持的一贯原则。将仲裁司法监督限制在一定范围内，避免审判权对于仲裁的干预过大，体现了对当事人意思自治的保护，有利于仲裁事业的发展。允许以院长监督程序提起再审有悖于这一原则，与当事人的意思自治根本违背。

3. 从防止无限再审，简化程序，迅速解决纠纷而言，应当对院长提起再审进行限制，不应允许对撤销仲裁裁决的裁定提起再审。仲裁是当事人自治性解决纠纷的制度，其立法意旨在于充分尊重当事人的意思自治、简化程序、迅速、快捷的解决纠纷，遵循一裁终局原则。根据《民事诉讼法》、《仲裁法》和有关司法解释，法院就仲裁所作出的各类裁定均不允许当事人上诉和申请再审。根据诉讼程序设置的一般原理，上诉审是针对未生效裁判的普通救济程序，再审是针对已生效裁判的特别救济程序，相对于上诉审程序而言，再审程序的启动应当更为慎重，对于法律未赋予上诉审救济的裁判，不应允许通过启动再审程序予以变更。尽管《民事诉讼法》第一百七十七条未明确限定院长提起再审的案件范围，但如果允许以院长发现确有错误为由对于撤销仲裁裁决的裁定提起再审，显然使程序复杂化，不利于纠纷的迅速解决。以《民事诉讼法》未明确限定院长提起再审的适用范围为由，对于此类裁定提起再审，是审判职权主义的表现，可能产生审判监督权凌驾于当事人诉权和检察监督权之上的后果，是导致实践中无限再审的重要根源。

综上，以院长发现确有错误为由对于撤销仲裁裁决的裁定提起再审没有充分的法律依据，侵害了当事人的程序权利，违反了《仲裁法》的相关规定，应当予以制止和纠正。

最高人民法院关于人民法院在再审程序中应当如何处理当事人撤回原抗诉申请问题的复函

（2004年4月20日　法函〔2004〕25号）

云南省高级人民法院：

你院《关于人民检察院因审查当事人申诉而提起抗诉的民事再审案件，申诉人在人民法院审理过程中申请撤诉、是否应当准许的请示》（云高法〔2003〕9号）收悉。经研究，答复如下：

人民法院对于人民检察院提起抗诉的民事案件作出再审裁定后，当事人正式提出撤回原抗诉申请，人民检察院没有撤回抗诉的，人民法院应当裁定终止审理，但原判决、裁定可能违反社会公共利益的除外。

典型案例

1. 牡丹江市宏阁建筑安装有限责任公司诉牡丹江市华隆房地产开发有限责任公司、张继增建设工程施工合同纠纷案①

【基本案情】

2009年6月15日，黑龙江省牡丹江市华隆房地产开发有限责任公司（简称华隆公司）因与牡丹江市宏阁建筑安装有限责任公司（简称宏阁公司）、张继增建设工程施工合同纠纷一案，不服黑龙江省高级人民法院同年2月11日作出的（2008）黑民一终字第173号民事判决，向最高人民法院申请再审。最高人民法院于同年12月8日作出（2009）民申字第1164号民事裁定，按照审判监督程序提审本案。在最高人民法院民事审判第一庭提审期间，华隆公司鉴于当事人之间已达成和解且已履行完毕，提交了撤回再审申请书。最高人民法院经审查，于2010年12月15日以（2010）民提字第63号民事裁定准许其撤回再审申请。

申诉人华隆公司在向法院申请再审的同时，也向检察院申请抗诉。2010年11月12日，最高人民检察院受理后决定对本案按照审判监督程序提出抗诉。2011年3月9日，最高人民法院立案一庭收到最高人民检察院高检民抗（2010）58号民事抗诉书后进行立案登记，同月11日移送审判监督庭审理。最高人民法院审判监督庭经审查发现，华隆公司曾向本院申请再审，其纠纷已解决，且申请检察院抗诉的理由与申请再审的理由基本相同，遂与最高人民检察院沟通并建议其撤回抗诉，最高人民检察院不同意撤回抗诉。再与华隆公司联系，华隆公司称当事人之间已就抗诉案达成和解且已履行完毕，纠纷已经解决，并于同年4月13日再次向最高人民法院提交了撤诉申请书。

【裁判结果】

最高人民法院于2011年7月6日以（2011）民抗字第29号民事裁定书，裁定本案终结审查。

【裁判理由】

最高人民法院认为：对于人民检察院抗诉再审的案件，或者人民法院依据当事人申请或依据职权裁定再审的案件，如果再审期间当事人达成和解并履行完毕，或者撤回申诉，且不损害国家利益、社会公共利益的，为了尊重和保障当事人在法定范围内对本人合法权利的自由处分权，实现诉讼法律效果与社会效果的统一，促进社会和谐，人民法院应当根据《最高人民法院关于适用〈中华人民共和国民事诉讼法〉审判监督程序若干问题的解释》第三十四条的规定，裁定终结再审诉讼。

本案中，申诉人华隆公司不服原审法院民事判决，在向最高人民法院申请再审的同时，也向检察机关申请抗诉。在本院提审期间，当事人达成和解，华隆公司向本院申请撤诉。由于当事人有权在法律规定的范围内自由处分自己的民事权益和诉讼权利，其撤诉申请意思表示真实，已裁定准许其撤回再审申请，本案当事人之间的纠纷已得到解决，且本案并不涉及国家利益、社会公共利益或第三人利益，故检察机关抗诉的基础已不存在，本案已无按抗诉程序裁定进入再审的必要，应当依法裁定本案终结审查。

2. 某某纺织机械股份有限公司与裘某某等分期付款买卖合同纠纷案②

【裁判摘要】

生效裁判确定的数债务人中，仅有部分债务人申请再审且理由可以成立的，人民法院在依法裁定再审时，还应当审查

① 案例来源：最高人民法院指导案例7号。

② 案例来源：《最高人民法院公报》2016年第4期。

案件再审是否可能影响其他债务人按照原裁判承担债务。如再审不影响其他债务人按照原裁判承担债务的，应当仅中止对再审申请人的执行，以确保在实现再审依法纠错功能的同时，合理保护债权人的合法权利。

最高人民法院
民事裁定书

(2015)民申字第1823号

再审申请人(一审被告)：裘某某，女，汉族，1964年2月9日出生，住浙江省绍兴市，现住新疆维吾尔自治区石河子市。

被申请人(一审原告)：某某纺织机械股份有限公司。住所地：北京市北京经济技术开发区永昌中路8号。

法定代表人：叶某某，该公司董事长。

一审被告：新疆某某实业有限公司。住所地：新疆维吾尔自治区石河子市开发区87-95号。

法定代表人：张某某，该公司经理。

一审被告：某某控股集团有限公司。住所地：浙江省绍兴县福全镇。

法定代表人：何某某，该公司董事长。

一审被告：张某某，男，汉族，1957年9月16日出生，住浙江省绍兴县。

一审被告：何某某，男，汉族，1964年8月28日出生，住浙江省绍兴县。

一审被告：陈某某，女，汉族，1963年3月24日出生，住浙江省绍兴县。

一审被告：葛某某，男，汉族，1966年9月28日出生，住浙江省绍兴县。

委托代理人：杨云峰，新疆双信律师事务所律师。

一审被告：汤某某，女，汉族，1970年3月21日出生，住浙江省绍兴县。

再审申请人裘某某因与被申请人某某纺织机械股份有限公司(以下简称经纬公司)及一审被告新疆某某实业有限公司(以下简称天盛公司)、某某控股集团有限公司、张某某、何某某、陈某某、葛某某、汤某某分期付款买卖合同纠纷一案，不服新疆维吾尔自治区高级人民法院生产建设兵团分院(2012)新兵民二初字第00008号民事判决，向本院申请再审。本院依法组成合议庭对本案进行了审查，现已审查终结。

裘某某申请再审称：(一)本案一审程序违法。一是根据《中华人民共和国民事诉讼法》的规定，经纬公司起诉状应当写明当事人的职业、工作单位、证据及证据来源，但其起诉状中均无上述内容，不符合立案受理条件。二是本案一审法院在经纬公司没有说明裘某某的工作单位且没有证据表明裘某某下落不明的情况下采用公告送达，违反了《中华人民共和国民事诉讼法》第九十二条的规定。三是一审法院剥夺了裘某某要求鉴定的程序性权利，且对存在重大疑点的《个人保证担保函》未予鉴定。(二)本案认定事实错误。一是一审判决没有证据证明经纬公司将7680万元货款支付给天盛公司。二是《个人保证担保函》中裘某某的签字系伪造，应不予采信。裘某某依据《中华人民共和国民事诉讼法》第二百条第二项、第八项的规定申请再审。

本院审查查明，(2012)新兵民二初字第00008号案卷中没有关于一审法院在公告送达裘某某诉讼文书前曾采用过其他方式送达的记录，且尚无证据证明裘某某在一审期间下落不明，裘某某未参加一审庭审。

本院认为，上述查明事实足以认定一审法院违反了《中华人民共和国民事诉讼法》第九十二条"受送达人下落不明，或者用本节规定的其他方式无法送达的，公告送达"以及该条第二款"公告送达，应当在案卷中记明原因和经过"的规定。裘某某的再审理由符合《中华人民共和国民事诉讼法》第二百条第八项规定的情形，本案应予再审。

最高人民法院《关于适用〈中华人民共和国民事诉讼法〉的解释》第四百零五条规定："人民法院审理再审案件应当围绕再审请求进行"。裘某某的再审请求为驳回经纬公司要求其承担保证责任的诉讼请求。其依据的理由，一是经纬公司未向天盛公司支付7680万元货款，即主债权债务不存在；二是《个人保证担保函》中裘某某的签字系伪造。关于第一项理由，一审查明经纬公司提交了双方签订的《棉花购销合同》，载明经纬公司向天盛公司采购皮棉，先款后货，首付款7680万元。合同签订后天盛公司给经纬公司出具的《不能履行棉花购销合同确认函》，载明"贵公司已于2010年12月17日支付了货款7680万元"。提交了天盛公司出具的《还款承诺函》，载明"直至今日仍未偿还贵公司的7680万元"。债务人天盛公司亦确认收到该笔款项。一审法院依据当事人陈述及经庭审质证的上述证据，认定经纬公司已向天盛公司支付7680万元货款。现裘某某否认主债权债务实际发生，但未能提交相关证据，不能推翻一审法院上述认定，该项理由不能成立，不应纳入再审审理范围。关于第二项理由，由于一审法院公告送达违反了《中华人民共和国民事诉讼法》第九十二条的规定，导致裘某某未能参加一审庭审，未对《个人保证担保函》质证，也使裘某某申请鉴定的权利无法行使。因此，裘某某提出的其在《个人保证担保函》上的签字系伪造，并据此主张不应承担保证责任的理由能否成立，应当由再审法院在依法保障裘某某诉讼权利的基础上依照事实和法律作出认定。据此，本案再审审理应当围绕《个人保证担保函》中裘某某的签字是否系伪造，裘某某是否应当承担保证责任进行。

本案一审判决作出后，除裘某某外，主债务人天盛公司及其他保证人均未上诉，亦未申请再审。为依法保障债权人经纬公司的权利，依照《中华人民共和国民事诉讼法》第二百零六条"按照审判监督程序决定再审的案件，裁定中止原判决、裁定、调解书的执行，但追索赡养费、扶养费、抚育费、抚恤金、医疗费用、劳动报酬等案件，可以不中止执行"的规定，本案仅对裘某某中止执行，对天盛公司及其他保证人不中止执行。

综上，裘某某的再审申请符合《中华人民共和国民事诉讼法》第二百条第八项规定的情形。依照《中华人民共和国民事诉讼法》第二百零四条、第二百零六条之规定，裁定如下：

一、指令新疆维吾尔自治区高级人民法院生产建设兵团分院再审本案；

二、再审期间，中止对裘某某的执行。

文书范本

民事再审申请书（申请再审用）

再审申请书

再审申请人（一、二审诉讼地位）：×××，男/女，××××年××月××日出生，×族，……（写明工作单位和职务或者职业），住……。联系方式：……。

法定代理人/指定代理人：×××，……。

委托诉讼代理人：×××，……。

被申请人（一、二审诉讼地位）：×××，……。

……

原审原告/被告/第三人（一审诉讼地位）：×××，……。

……

（以上写明当事人和其他诉讼参加人的姓名或者名称等基本信息）

再审申请人×××因与×××……（写明案由）一案，不服××××人民法院（写明原审人民法院的名称）××××年××月××日作出的（××××）……号民事判决/民事裁定/民事调解书，现提出再审申请。

再审请求：

……

事实和理由：

……（写明申请再审的法定情形及事实和理由）。

此致

××××人民法院

附：本民事再审申请书副本×份

再审申请人（签名或者盖章）

××××年××月××日

【说明】

1. 本样式根据《中华人民共和国民事诉讼法》第一百九十九条、第二百零一条、第二百零三条以及《最高人民法院关于适用〈中华人民共和国民事诉讼法〉的解释》第三百七十七条、第三百七十八条制定，供当事人对已经生效的民事判决、裁定或者调解书向人民法院申请再审用。

2. 当事人是法人或者其他组织的，写明名称住所。另起一行写明法定代表人、主要负责人及其姓名、职务、联系方式。

3. 当事人对已经发生法律效力的判决、裁定，认为有错误的，可以向上一级人民法院申请再审；当事人一方人数众多或者当事人双方为公民的案件，也可以向原审人民法院申请再审。当事人申请再审的，不停止判决、裁定的执行。

4. 当事人对已经发生法律效力的调解书，提出证据证明调解违反自愿原则或者调解协议的内容违反法律的，可以申请再审。

5. 再审申请书应当记明下列事项：（一）再审申请人与被申请人和原审其他当事人的姓名或者名称等基本信息；（二）原审人民法院的名称，原审裁判文书案号；（三）具体的再审请求；（四）申请再审的法定情形及具体事实、理由。再审申请书应当明确申请再审的人民法院，并由再审申请人签名、捺印或者盖章。

6. 当事人申请再审，应当提交下列材料：（一）再审申请书，并按照被申请人和原审其他当事人的人数提交副本；（二）再审申请人是自然人的，应当提交身份证明；再审申请人是法人或者其他组织的，应当提交营业执照、组织机构代码证书、法定代表人或者主要负责人身份证明书。委托他人代为申请的，应当提交授权委托书和代理人身份证明；（三）原审判决书、裁定书、调解书；（四）反映案件基本事实的主要证据及其他材料。

7. 有新证据的，应当在事实和理由之后写明证据和证据来源，证人姓名和住所。

十四、督促程序

◎请示答复

最高人民法院关于支付令生效后发现确有错误应当如何处理问题的复函

（1992 年 7 月 13 日 法函〔1992〕98 号）

山东省高级人民法院：

你院鲁高法函〔1992〕35 号请示收悉。经研究，答复如下：

一、债务人未在法定期间提出书面异议，支付令即发生法律效力，债务人不得申请再审；超过法定期间债务人提出的异议，不影响支付令的效力。

二、人民法院院长对本院已经发生法律效力的支付令，发现确有错误，认为需要撤销的，应当提交审判委员会讨论通过后，裁定撤销原支付令，驳回债权人的申请。

此复。

文书范本

申请书（申请支付令用）

申请书

申请人：×××，男/女，××××年××月××日出生，×族，……（写明工作单位和职务或者职业），住……。联系方式：……。

法定代理人/指定代理人：×××，……。

委托诉讼代理人：×××，……。

被申请人：×××，……。

……

（以上写明当事人和其他诉讼参加人的姓名或者名称等基本信息）

请求事项：

向被申请人×××发出支付令，督促被申请人×××给付申请人×××……（写明请求给付的金钱或者有价证券的名称和数量）。

事实和理由：

……（写明债权债务关系发生的事实、证据）。

此致

××××人民法院

申请人（签名或者公章）

××××年××月××日

【说明】

1. 本样式根据《中华人民共和国民事诉讼法》第二百一十四条制定，供债权人向人民法院申请支付令用。

2. 当事人是法人或者其他组织的，写明名称住所。另起一行写明法定代表人、主要负责人及其姓名、职务、联系方式。

3. 债权人请求债务人给付金钱、有价证券，符合下列条件的，可以向有管辖权的基层人民法院申请支付令：（一）债权人与债务人没有其他债务纠纷的；（二）支付令能够送达债务人的。

申请书（撤回支付令申请用）

申请书

申请人：×××，男/女，××××年××月××日出生，×族，……（写明工作单位和职务或者职业），住……。联系方式：……。

法定代理人/指定代理人：×××，……。

委托诉讼代理人：×××，……。

被申请人：×××，……。

……

（以上写明当事人和其他诉讼参加人的姓名或者名称等基本信息）

请求事项：

撤回向被申请人×××发出给付申请人×××……（写

明请求给付的金钱或者有价证券的名称和数量)的支付令申请。

事实和理由:

……(写明撤回申请支付令的事实和理由)。

此致

××××人民法院

申请人(签名或者公章)

××××年××月××日

【说明】

1. 本样式根据《最高人民法院关于适用〈中华人民共和国民事诉讼法〉的解释》第四百三十二条制定,供债权人向人民法院撤回支付令申请用。

2. 当事人是法人或者其他组织的,写明名称住所。另起一行写明法定代表人、主要负责人及其姓名、职务、联系方式。

3. 债权人撤回支付令申请的,人民法院应当裁定终结督促程序。

异议书(对支付令提出异议用)

异议书

异议人(被申请人):×××,男/女,××××年××月××日出生,×族,……(写明工作单位和职务或者职业),住……。联系方式:……。

法定代理人/指定代理人:×××,……。

委托诉讼代理人:×××,……。

(以上写明异议人和其他诉讼参加人的姓名或者名称等基本信息)

请求事项:

裁定终结督促程序。

事实和理由:

异议人于××××年××月××日收到你院于××××年××月××日根据×××申请发出的(××××)……民督……号支付令:……(写明支付令内容)。

……(写明终结督促程序的理由)。

此致

××××人民法院

异议人(签名或者公章)

××××年××月××日

【说明】

1. 本样式根据《中华人民共和国民事诉讼法》第二百一十六条第二款制定,供债务人收到支付令之日起十五日内,向人民法院提出书面异议用。

2. 异议人是法人或者其他组织的,写明名称住所。另起一行写明法定代表人、主要负责人及其姓名、职务、联系方式。

申请书(撤回支付令异议用)

申请书

申请人:×××,男/女,××××年××月××日出生,×族,……(写明工作单位和职务或者职业),住……。联系方式:……。

法定代理人/指定代理人:×××,……。

委托诉讼代理人:×××,……。

(以上写明申请人和其他诉讼参加人的姓名或者名称等基本信息)

请求事项:

撤回对支付令的异议。

我方于××××年××月××日对你院发出的(××××)×××××民督……号支付令提出书面异议,现申请撤回。

……(写明申请撤回支付令异议的理由)。

此致

××××人民法院

申请人(签名或者公章)

××××年××月××日

【说明】

1. 本样式根据《最高人民法院关于适用〈中华人民共和国民事诉讼法〉的解释》第四百三十九条第一款制定,供债务人在向基层人民法院提出支付令异议后,申请撤回支付令异议用。

2. 申请人是法人或者其他组织的,写明名称住所。另起一行写明法定代表人、主要负责人及其姓名、职务、联系方式。

3. 人民法院作出终结督促程序或者驳回异议裁定前,债务人请求撤回异议的,应当裁定准许。债务人对撤回异议反悔的,人民法院不予支持。

十五、公示催告程序

◎司法文件

最高人民法院关于人民法院发布公示催告程序中公告有关问题的通知

（2016年4月11日 法〔2016〕109号）

各省、自治区、直辖市高级人民法院，解放军军事法院，新疆维吾尔自治区高级人民法院生产建设兵团分院；本院各单位：

为切实规范公示催告程序中公告的发布工作，解决风险票据发布公告平台不统一、不规范的问题，现通知如下：

依据《中华人民共和国民事诉讼法》第二百一十九条、最高人民法院《关于适用〈中华人民共和国民事诉讼法〉的解释》第四百四十八条、最高人民法院《关于进一步规范法院公告发布工作的通知》等文件的规定，人民法院受理公示催告申请后发布公告的，应当在《人民法院报》上刊登，《人民法院报》电子版、中国法院网同步免费刊载。

特此通知。

◎请示答复

最高人民法院关于对遗失金融债券可否按"公示催告"程序办理的复函

（1992年5月8日 法函〔1992〕60号）

中国银行：

你行中银综〔1992〕59号《关于对遗失债券有关法律问题的请示》收悉。经研究，答复如下：

我国民事诉讼法第一百九十三条规定："按照规定可以背书转让的票据持有人，因票据被盗、遗失或者灭失，可以向票据支付地的基层人民法院申请公示催告。依照法律规定可以申请公示催告的其他事项，适用本章规定。"这里的票据是指汇票、本票和支票。你行发行的金融债券不属于以上几种票据，也不属于"依照法律规定可以申请公示催告的其他事项"。而且你行在"发行通知"中明确规定，此种金融债券"不计名、不挂失，可以转让和抵押"。因此，对你行发行的金融债券不能适用公示催告程序。

文书范本

申请书（申请公示催告用）

申请书

申请人：×××，男/女，××××年××月××日出生，×族，……（写明工作单位和职务或者职业），住……。联系方式：……。

法定代理人/指定代理人：×××，……。

委托诉讼代理人：×××，……。

（以上写明申请人和其他诉讼参加人的姓名或者名称等基本信息）

请求事项：

1. 对……票据进行公示催告（写明票面金额、发票人、持票人、背书人等票据主要内容）；

2. 受理后立即通知票据支付人停止支付；

3. 在公告期满后，无人申报权利的，或者申报被驳回的，人民法院作出除权判决，宣告已丧失的票据不再具有法律效力。

事实和理由：

……（写明申请公示催告的事实和理由）。

此致

××××人民法院

申请人（签名或者公章）

××××年××月××日

【说明】

1. 本样式根据《中华人民共和国民事诉讼法》第二百一十八条制定，供按照规定可以背书转让的票据持有人，因票据被盗、遗失或者灭失，向票据支付地的基层人民法院申请公示催告用。

2. 申请人是法人或者其他组织的，写明名称住所。另起一行写明法定代表人、主要负责人及其姓名、职务、联系方式。

3. 申请书应当写明票面金额、发票人、持票人、背书人等票据主要内容和申请的理由、事实。

4. 其他可以申请公示催告的权利凭证的，申请书应当写明权利凭证的种类、号码、权利范围、权利人、义务人、行权日期等事项。

申请书（撤回公示催告申请用）

申请书

申请人：×××，男/女，××××年××月××日出生，×族，……（写明工作单位和职务或者职业），住……。联系方式：……。

法定代理人/指定代理人：×××，……。

委托诉讼代理人：×××，……。

（以上写明申请人和其他诉讼参加人的姓名或者名称等基本信息）

请求事项：

请求撤回对……票据（写明票面金额、发票人、持票人、背书人等票据主要内容）公示催告申请。

事实和理由：

申请人××××年××月××日向××××人民法院提交了公示催告申请，请求：……（写明请求事项）。你院××××年××月××日以（××××）……民催……号立案。

……（写明撤回申请的原因）。

此致

××××人民法院

申请人（签名或者公章）

××××年××月××日

【说明】

1. 本样式根据《最高人民法院关于适用〈中华人民共和国民事诉讼法〉的解释》第四百五十五条制定，供公示催告申请人在公示催告前，撤回申请用。

2. 申请人是法人或者其他组织的，写明名称住所。另起一行写明法定代表人、主要负责人及其姓名、职务、联系方式。

3. 公示催告申请人撤回申请，应在公示催告前提出；公示催告期间撤回的，人民法院可以径行裁定终结公示催告程序。

申报书（利害关系人申报权利用）

申报书

申报人：×××，男/女，××××年××月××日出生，×族，……（写明工作单位和职务或者职业），住……。联系方式：……。

法定代理人/指定代理人：×××，……。

委托诉讼代理人：×××，……。

（以上写明申报人和其他诉讼参加人的姓名或者名称等基本信息）

请求事项：

裁定终结（××××）……民催……号公示催告程序。

事实和理由：

刊登在……（写明《人民法院报》和中国法院网或其他报纸媒体的名称）上的公告载明：……（写明公告内容）。

申报人系公告所载票据的合法权利人。……（写明理由）。

此致

××××人民法院

附：……票据

申报人（签名或者公章）

××××年××月××日

【说明】

1. 本样式根据《中华人民共和国民事诉讼法》第二百二十一条以及《最高人民法院关于适用〈中华人民共和国民事诉讼法〉的解释》第四百五十条制定，供利害关系人在公示催告期间或者申报期届满后判决作出之前，向人民法院申报权利用。

2. 申报人是法人或者其他组织的，写明名称住所。另起一行写明法定代表人、主要负责人及其姓名、职务、联系方式。

3. 申报人应当向法院出示票据。

十六、执行程序

◎司法解释

最高人民法院关于适用《中华人民共和国民事诉讼法》执行程序若干问题的解释

（2008年9月8日最高人民法院审判委员会第1452次会议通过　根据2020年12月23日最高人民法院审判委员会第1823次会议通过的《最高人民法院关于修改〈最高人民法院关于人民法院扣押铁路运输货物若干问题的规定〉等十八件执行类司法解释的决定》修正　2020年12月29日最高人民法院公告公布　自2021年1月1日起施行　法释〔2020〕21号）

为了依法及时有效地执行生效法律文书，维护当事人的合法权益，根据《中华人民共和国民事诉讼法》（以下简称民事诉讼法），结合人民法院执行工作实际，对执行程序中适用法律的若干问题作出如下解释：

第一条　申请执行人向被执行的财产所在地人民法院申请执行的，应当提供该人民法院辖区有可供执行财产的证明材料。

第二条　对两个以上人民法院都有管辖权的执行案件，人民法院在立案前发现其他有管辖权的人民法院已经立案的，不得重复立案。

立案后发现其他有管辖权的人民法院已经立案的，应当撤销案件；已经采取执行措施的，应当将控制的财产交先立案的执行法院处理。

第三条　人民法院受理执行申请后，当事人对管辖权有异议的，应当自收到执行通知书之日起十日内提出。

人民法院对当事人提出的异议，应当审查。异议成立的，应当撤销执行案件，并告知当事人向有管辖权的人民法院申请执行；异议不成立的，裁定驳回。当事人对裁定不服的，可以向上一级人民法院申请复议。

管辖权异议审查和复议期间，不停止执行。

第四条　对人民法院采取财产保全措施的案件，申请执行人向采取保全措施的人民法院以外的其他有管辖权的人民法院申请执行的，采取保全措施的人民法院应当将保全的财产交执行法院处理。

第五条　执行过程中，当事人、利害关系人认为执行法院的执行行为违反法律规定的，可以依照民事诉讼法第二百二十五条的规定提出异议。

执行法院审查处理执行异议，应当自收到书面异议之日起十五日内作出裁定。

第六条　当事人、利害关系人依照民事诉讼法第二百二十五条规定申请复议的，应当采取书面形式。

第七条　当事人、利害关系人申请复议的书面材料，可以通过执行法院转交，也可以直接向执行法院的上一级人民法院提交。

执行法院收到复议申请后，应当在五日内将复议所需的案卷材料报送上一级人民法院；上一级人民法院收到复议申请后，应当通知执行法院在五日内报送复议所需的案卷材料。

第八条　当事人、利害关系人依照民事诉讼法第二百二十五条规定申请复议的，上一级人民法院应当自收到复议申请之日起三十日内审查完毕，并作出裁定。有特殊情况需要延长的，经本院院长批准，可以延长，延长的期限不得超过三十日。

第九条　执行异议审查和复议期间，不停止执行。

被执行人、利害关系人提供充分、有效的担保请求停止相应处分措施的，人民法院可以准许；申请执行人提供充分、有效的担保请求继续执行的，应当继续执行。

第十条　依照民事诉讼法第二百二十六条的规定，有下列情形之一的，上一级人民法院可以根据申请执行人的申请，责令执行法院限期执行或者变更执行法院：

（一）债权人申请执行时被执行人有可供执行的财产，执行法院自收到申请执行书之日起超过六个月对该财产未执行完结的；

（二）执行过程中发现被执行人可供执行的财产，执行法院自发现财产之日起超过六个月对该财产未执行完结的；

（三）对法律文书确定的行为义务的执行，执行法院自收到申请执行书之日起超过六个月未依法采取相应执行措施的；

（四）其他有条件执行超过六个月未执行的。

第十一条　上一级人民法院依照民事诉讼法第二百二十六条规定责令执行法院限期执行的，应当向其发出督促执行令，并将有关情况书面通知申请执行人。

上一级人民法院决定由本院执行或者指令本辖区其他人民法院执行的，应当作出裁定，送达当事人并通知有关人民法院。

第十二条 上一级人民法院责令执行法院限期执行，执行法院在指定期间内无正当理由仍未执行完结的，上一级人民法院应当裁定由本院执行或者指令本辖区其他人民法院执行。

第十三条 民事诉讼法第二百二十六条规定的六个月期间，不应当计算执行中的公告期间、鉴定评估期间、管辖争议处理期间、执行争议协调期间、暂缓执行期间以及中止执行期间。

第十四条 案外人对执行标的主张所有权或者有其他足以阻止执行标的转让、交付的实体权利的，可以依照民事诉讼法第二百二十七条的规定，向执行法院提出异议。

第十五条 案外人异议审查期间，人民法院不得对执行标的进行处分。

案外人向人民法院提供充分、有效的担保请求解除对异议标的的查封、扣押、冻结的，人民法院可以准许；申请执行人提供充分、有效的担保请求继续执行的，应当继续执行。

因案外人提供担保解除查封、扣押、冻结有错误，致使该标的无法执行的，人民法院可以直接执行担保财产；申请执行人提供担保请求继续执行有错误，给对方造成损失的，应当予以赔偿。

第十六条 案外人执行异议之诉审理期间，人民法院不得对执行标的进行处分。申请执行人请求人民法院继续执行并提供相应担保的，人民法院可以准许。

案外人请求解除查封、扣押、冻结或者申请执行人请求继续执行有错误，给对方造成损失的，应当予以赔偿。

第十七条 多个债权人对同一被执行人申请执行或者对执行财产申请参与分配的，执行法院应当制作财产分配方案，并送达各债权人和被执行人。债权人或者被执行人对分配方案有异议的，应当自收到分配方案之日起十五日内向执行法院提出书面异议。

第十八条 债权人或者被执行人对分配方案提出书面异议的，执行法院应当通知未提出异议的债权人或被执行人。

未提出异议的债权人、被执行人收到通知之日起十五日内未提出反对意见的，执行法院依异议人的意见对分配方案审查修正后进行分配；提出反对意见的，应当通知异议人。异议人可以自收到通知之日起十五日内，以提出反对意见的债权人、被执行人为被告，向执行法院提起诉讼；异议人逾期未提起诉讼的，执行法院依原分配方案进行分配。

诉讼期间进行分配的，执行法院应当将与争议债权数额相应的款项予以提存。

第十九条 在申请执行时效期间的最后六个月内，因不可抗力或者其他障碍不能行使请求权的，申请执行时效中止。从中止时效的原因消除之日起，申请执行时效期间继续计算。

第二十条 申请执行时效因申请执行、当事人双方达成和解协议、当事人一方提出履行要求或者同意履行义务而中断。从中断时起，申请执行时效期间重新计算。

第二十一条 生效法律文书规定债务人负有不作为义务的，申请执行时效期间从债务人违反不作为义务之日起计算。

第二十二条 执行员依照民事诉讼法第二百四十条规定立即采取强制执行措施的，可以同时或者自采取强制执行措施之日起三日内发送执行通知书。

第二十三条 依照民事诉讼法第二百五十五条规定对被执行人限制出境的，应当由申请执行人向执行法院提出书面申请；必要时，执行法院可以依职权决定。

第二十四条 被执行人为单位的，可以对其法定代表人、主要负责人或者影响债务履行的直接责任人员限制出境。

被执行人为无民事行为能力人或者限制民事行为能力人的，可以对其法定代理人限制出境。

第二十五条 在限制出境期间，被执行人履行法律文书确定的全部债务的，执行法院应当及时解除限制出境措施；被执行人提供充分、有效的担保或者申请执行人同意的，可以解除限制出境措施。

第二十六条 依照民事诉讼法第二百五十五条的规定，执行法院可以依职权或者依申请执行人的申请，将被执行人不履行法律文书确定义务的信息，通过报纸、广播、电视、互联网等媒体公布。

媒体公布的有关费用，由被执行人负担；申请执行人申请在媒体公布的，应当垫付有关费用。

第二十七条 本解释施行前本院公布的司法解释与本解释不一致的，以本解释为准。

最高人民法院关于执行担保若干问题的规定

（2017年12月11日最高人民法院审判委员会第1729次会议通过　根据2020年12月23日最高人民法院审判委员会第1823次会议通过的《最高人民法院关于修改〈最高人民法院关于人民法院扣押铁路运输货物若干问题的规定〉等十八件执行类司法解释的决定》修正　2020年12月29日最高人民法院公告公布　自2021年1月1日起施行　法释〔2020〕21号）

为了进一步规范执行担保，维护当事人、利害关系人的合法权益，根据《中华人民共和国民事诉讼法》等法律规定，结合执行实践，制定本规定。

第一条 本规定所称执行担保，是指担保人依照民事诉讼法第二百三十一条规定，为担保被执行人履行生效法律文书确定的全部或者部分义务，向人民法院提供的担保。

第二条　执行担保可以由被执行人提供财产担保，也可以由他人提供财产担保或者保证。

第三条　被执行人或者他人提供执行担保的，应当向人民法院提交担保书，并将担保书副本送交申请执行人。

第四条　担保书中应当载明担保人的基本信息、暂缓执行期限、担保期间、被担保的债权种类及数额、担保范围、担保方式、被执行人于暂缓执行期限届满后仍不履行时担保人自愿接受直接强制执行的承诺等内容。

提供财产担保的，担保书中还应当载明担保财产的名称、数量、质量、状况、所在地、所有权或者使用权归属等内容。

第五条　公司为被执行人提供执行担保的，应当提交符合公司法第十六条规定的公司章程、董事会或者股东会、股东大会决议。

第六条　被执行人或者他人提供执行担保，申请执行人同意的，应当向人民法院出具书面同意意见，也可以由执行人员将其同意的内容记入笔录，并由申请执行人签名或者盖章。

第七条　被执行人或者他人提供财产担保，可以依照民法典规定办理登记等担保物权公示手续；已经办理公示手续的，申请执行人可以依法主张优先受偿权。

申请执行人申请人民法院查封、扣押、冻结担保财产的，人民法院应当准许，但担保书另有约定的除外。

第八条　人民法院决定暂缓执行的，可以暂缓全部执行措施的实施，但担保书另有约定的除外。

第九条　担保书内容与事实不符，且对申请执行人合法权益产生实质影响的，人民法院可以依申请执行人的申请恢复执行。

第十条　暂缓执行的期限应当与担保书约定一致，但最长不得超过一年。

第十一条　暂缓执行期限届满后被执行人仍不履行义务，或者暂缓执行期间担保人有转移、隐藏、变卖、毁损担保财产等行为的，人民法院可以依申请执行人的申请恢复执行，并直接裁定执行担保财产或者保证人的财产，不得将担保人变更、追加为被执行人。

执行担保财产或者保证人的财产，以担保人应当履行义务部分的财产为限。被执行人有便于执行的现金、银行存款的，应当优先执行该现金、银行存款。

第十二条　担保期间自暂缓执行期限届满之日起计算。

担保书中没有记载担保期间或者记载不明的，担保期间为一年。

第十三条　担保期间届满后，申请执行人申请执行担保财产或者保证人财产的，人民法院不予支持。他人提供财产担保的，人民法院可以依其申请解除对担保财产的查封、扣押、冻结。

第十四条　担保人承担担保责任后，提起诉讼向被执行人追偿的，人民法院应予受理。

第十五条　被执行人申请变更、解除全部或者部分执行措施，并担保履行生效法律文书确定义务的，参照适用本规定。

第十六条　本规定自2018年3月1日起施行。

本规定施行前成立的执行担保，不适用本规定。

本规定施行前本院公布的司法解释与本规定不一致的，以本规定为准。

最高人民法院关于执行和解若干问题的规定

（2017年11月6日最高人民法院审判委员会第1725次会议通过　根据2020年12月23日最高人民法院审判委员会第1823次会议通过的《最高人民法院关于修改〈最高人民法院关于人民法院扣押铁路运输货物若干问题的规定〉等十八件执行类司法解释的决定》修正　2020年12月29日最高人民法院公告公布　自2021年1月1日起施行　法释〔2020〕21号）

为了进一步规范执行和解，维护当事人、利害关系人的合法权益，根据《中华人民共和国民事诉讼法》等法律规定，结合执行实践，制定本规定。

第一条　当事人可以自愿协商达成和解协议，依法变更生效法律文书确定的权利义务主体、履行标的、期限、地点和方式等内容。

和解协议一般采用书面形式。

第二条　和解协议达成后，有下列情形之一的，人民法院可以裁定中止执行：

（一）各方当事人共同向人民法院提交书面和解协议的；

（二）一方当事人向人民法院提交书面和解协议，其他当事人予以认可的；

（三）当事人达成口头和解协议，执行人员将和解协议内容记入笔录，由各方当事人签名或者盖章的。

第三条　中止执行后，申请执行人申请解除查封、扣押、冻结的，人民法院可以准许。

第四条　委托代理人代为执行和解，应当有委托人的特别授权。

第五条　当事人协商一致，可以变更执行和解协议，并向人民法院提交变更后的协议，或者由执行人员将变更后的内容记入笔录，并由各方当事人签名或者盖章。

第六条　当事人达成以物抵债执行和解协议的，人民法院不得依据该协议作出以物抵债裁定。

第七条　执行和解协议履行过程中，符合民法典第五百七十条规定情形的，债务人可以依法向有关机构申请提存；执行和解协议约定给付金钱的，债务人也可以向执行法院申请提存。

第八条　执行和解协议履行完毕的，人民法院作执行结案处理。

第九条　被执行人一方不履行执行和解协议的，申请执行人可以申请恢复执行原生效法律文书，也可以就履行执行和解协议向执行法院提起诉讼。

第十条　申请恢复执行原生效法律文书，适用民事诉讼法第二百三十九条申请执行期间的规定。

当事人不履行执行和解协议的，申请恢复执行期间自执行和解协议约定履行期间的最后一日起计算。

第十一条　申请执行人以被执行人一方不履行执行和解协议为由申请恢复执行，人民法院经审查，理由成立的，裁定恢复执行；有下列情形之一的，裁定不予恢复执行：

（一）执行和解协议履行完毕后申请恢复执行的；

（二）执行和解协议约定的履行期限尚未届至或者履行条件尚未成就的，但符合民法典第五百七十八条规定情形的除外；

（三）被执行人一方正在按照执行和解协议约定履行义务的；

（四）其他不符合恢复执行条件的情形。

第十二条　当事人、利害关系人认为恢复执行或者不予恢复执行违反法律规定的，可以依照民事诉讼法第二百二十五条规定提出异议。

第十三条　恢复执行后，对申请执行人就履行执行和解协议提起的诉讼，人民法院不予受理。

第十四条　申请执行人就履行执行和解协议提起诉讼，执行法院受理后，可以裁定终结原生效法律文书的执行。执行中的查封、扣押、冻结措施，自动转为诉讼中的保全措施。

第十五条　执行和解协议履行完毕，申请执行人因被执行人迟延履行、瑕疵履行遭受损害的，可以向执行法院另行提起诉讼。

第十六条　当事人、利害关系人认为执行和解协议无效或者应予撤销的，可以向执行法院提起诉讼。执行和解协议被确认无效或者撤销后，申请执行人可以据此申请恢复执行。

被执行人以执行和解协议无效或者应予撤销为由提起诉讼的，不影响申请执行人申请恢复执行。

第十七条　恢复执行后，执行和解协议已经履行部分应当依法扣除。当事人、利害关系人认为人民法院的扣除行为违反法律规定的，可以依照民事诉讼法第二百二十五条规定提出异议。

第十八条　执行和解协议中约定担保条款，且担保人向人民法院承诺在被执行人不履行执行和解协议时自愿接受直接强制执行的，恢复执行原生效法律文书后，人民法院可以依申请执行人申请及担保条款的约定，直接裁定执行担保财产或者保证人的财产。

第十九条　执行过程中，被执行人根据当事人自行达成但未提交人民法院的和解协议，或者一方当事人提交人民法院但其他当事人不予认可的和解协议，依照民事诉讼法第二百二十五条规定提出异议的，人民法院按照下列情形，分别处理：

（一）和解协议履行完毕的，裁定终结原生效法律文书的执行；

（二）和解协议约定的履行期限尚未届至或者履行条件尚未成就的，裁定中止执行，但符合民法典第五百七十八条规定情形的除外；

（三）被执行人一方正在按照和解协议约定履行义务的，裁定中止执行；

（四）被执行人不履行和解协议的，裁定驳回异议；

（五）和解协议不成立、未生效或者无效的，裁定驳回异议。

第二十条　本规定自2018年3月1日起施行。

本规定施行前本院公布的司法解释与本规定不一致的，以本规定为准。

最高人民法院关于民事执行中财产调查若干问题的规定

（2017年1月25日最高人民法院审判委员会第1708次会议通过　根据2020年12月23日最高人民法院审判委员会第1823次会议通过的《最高人民法院关于修改〈最高人民法院关于人民法院扣押铁路运输货物若干问题的规定〉等十八件执行类司法解释的决定》修正　2020年12月29日最高人民法院公告公布　自2021年1月1日起施行　法释〔2020〕21号）

为规范民事执行财产调查，维护当事人及利害关系人的合法权益，根据《中华人民共和国民事诉讼法》等法律的规定，结合执行实践，制定本规定。

第一条　执行过程中，申请执行人应当提供被执行人的财产线索；被执行人应当如实报告财产；人民法院应当通过网络执行查控系统进行调查，根据案件需要应当通过其他方式进行调查的，同时采取其他调查方式。

第二条　申请执行人提供被执行人财产线索，应当填写财产调查表。财产线索明确、具体的，人民法院应当在七日内调查核实；情况紧急的，应当在三日内调查核实。财产线索确实的，人民法院应当及时采取相应的执行措施。

申请执行人确因客观原因无法自行查明财产的，可以申请人民法院调查。

第三条　人民法院依申请执行人的申请或依职权责令被执行人报告财产情况的，应当向其发出报告财产令。金钱债权执行中，报告财产令应当与执行通知同时发出。

人民法院根据案件需要再次责令被执行人报告财产情况的，应当重新向其发出报告财产令。

第四条　报告财产令应当载明下列事项：

（一）提交财产报告的期限；

（二）报告财产的范围、期间；

（三）补充报告财产的条件及期间；

（四）违反报告财产义务应承担的法律责任；

（五）人民法院认为有必要载明的其他事项。

报告财产令应附财产调查表，被执行人必须按照要求逐项填写。

第五条　被执行人应当在报告财产令载明的期限内向人民法院书面报告下列财产情况：

（一）收入、银行存款、现金、理财产品、有价证券；

（二）土地使用权、房屋等不动产；

（三）交通运输工具、机器设备、产品、原材料等动产；

（四）债权、股权、投资权益、基金份额、信托受益权、知识产权等财产性权利；

（五）其他应当报告的财产。

被执行人的财产已出租、已设立担保物权等权利负担，或者存在共有、权属争议等情形的，应当一并报告；被执行人的动产由第三人占有，被执行人的不动产、特定动产、其他财产权等登记在第三人名下的，也应当一并报告。

被执行人在报告财产令载明的期限内提交书面报告确有困难的，可以向人民法院书面申请延长期限；申请有正当理由的，人民法院可以适当延长。

第六条　被执行人自收到执行通知之日前一年至提交书面财产报告之日，其财产情况发生下列变动的，应当将变动情况一并报告：

（一）转让、出租财产的；

（二）在财产上设立担保物权等权利负担的；

（三）放弃债权或延长债权清偿期的；

（四）支出大额资金的；

（五）其他影响生效法律文书确定债权实现的财产变动。

第七条　被执行人报告财产后，其财产情况发生变动，影响申请执行人债权实现的，应当自财产变动之日起十日内向人民法院补充报告。

第八条　对被执行人报告的财产情况，人民法院应当及时调查核实，必要时可以组织当事人进行听证。

申请执行人申请查询被执行人报告的财产情况的，人民法院应当准许。申请执行人及其代理人对查询过程中知悉的信息应当保密。

第九条　被执行人拒绝报告、虚假报告或者无正当理由逾期报告财产情况的，人民法院可以根据情节轻重对被执行人或者其法定代理人予以罚款、拘留；构成犯罪的，依法追究刑事责任。

人民法院对有前款规定行为之一的单位，可以对其主要负责人或者直接责任人员予以罚款、拘留；构成犯罪的，依法追究刑事责任。

第十条　被执行人拒绝报告、虚假报告或者无正当理由逾期报告财产情况的，人民法院应当依照相关规定将其纳入失信被执行人名单。

第十一条　有下列情形之一的，财产报告程序终结：

（一）被执行人履行完毕生效法律文书确定义务的；

（二）人民法院裁定终结执行的；

（三）人民法院裁定不予执行的；

（四）人民法院认为财产报告程序应当终结的其他情形。

发出报告财产令后，人民法院裁定终结本次执行程序的，被执行人仍应依照本规定第七条的规定履行补充报告义务。

第十二条　被执行人未按执行通知履行生效法律文书确定的义务，人民法院有权通过网络执行查控系统、现场调查等方式向被执行人、有关单位或个人调查被执行人的身份信息和财产信息，有关单位和个人应当依法协助办理。

人民法院对调查所需资料可以复制、打印、抄录、拍照或以其他方式进行提取、留存。

申请执行人申请查询人民法院调查的财产信息的，人民法院可以根据案件需要决定是否准许。申请执行人及其代理人对查询过程中知悉的信息应当保密。

第十三条　人民法院通过网络执行查控系统进行调查，与现场调查具有同等法律效力。

人民法院调查过程中作出的电子法律文书与纸质法律文书具有同等法律效力；协助执行单位反馈的电子查询结果与纸质反馈结果具有同等法律效力。

第十四条　被执行人隐匿财产、会计账簿等资料拒不交出的，人民法院可以依法采取搜查措施。

人民法院依法搜查时，对被执行人可能隐匿财产或者资料的处所、箱柜等，经责令被执行人开启而拒不配合的，可以强制开启。

第十五条　为查明被执行人的财产情况和履行义务的能力，可以传唤被执行人或被执行人的法定代表人、负责人、实际控制人、直接责任人员到人民法院接受调查询问。

对必须接受调查询问的被执行人、被执行人的法定代表人、负责人或者实际控制人，经依法传唤无正当理由拒不到场的，人民法院可以拘传其到场；上述人员下落不明的，人民法院可以依照相关规定通知有关单位协助查找。

第十六条　人民法院对已经办理查封登记手续的被执行人机动车、船舶、航空器等特定动产未能实际扣押的，可以依照相关规定通知有关单位协助查找。

第十七条　作为被执行人的法人或非法人组织不履行生效法律文书确定的义务，申请执行人认为其有拒绝报告、虚假报告财产情况，隐匿、转移财产等逃避债务情形或者其股东、出资人有出资不实、抽逃出资等情形的，可以书面申请人民法院委托审计机构对该被执行人进行审计。人民法院应当自收到书面申请之日起十日内决定是否准许。

第十八条　人民法院决定审计的，应当随机确定具备资格的审计机构，并责令被执行人提交会计凭证、会计账簿、财务会计报告等与审计事项有关的资料。

被执行人隐匿审计资料的，人民法院可以依法采取搜查措施。

第十九条　被执行人拒不提供、转移、隐匿、伪造、篡改、毁弃审计资料，阻挠审计人员查看业务现场或者有其他妨碍审计调查行为的，人民法院可以根据情节轻重对被执行人或其主要负责人、直接责任人员予以罚款、拘留；构成犯罪的，依法追究刑事责任。

第二十条　审计费用由提出审计申请的申请执行人预交。被执行人存在拒绝报告或虚假报告财产情况，隐匿、转移财产或者其他逃避债务情形的，审计费用由被执行人承担；未发现被执行人存在上述情形的，审计费用由申请执行人承担。

第二十一条　被执行人不履行生效法律文书确定的义务，申请执行人可以向人民法院书面申请发布悬赏公告查找可供执行的财产。申请书应当载明下列事项：

（一）悬赏金的数额或计算方法；

（二）有关人员提供人民法院尚未掌握的财产线索，使该申请执行人的债权得以全部或部分实现时，自愿支付悬赏金的承诺；

（三）悬赏公告的发布方式；

（四）其他需要载明的事项。

人民法院应当自收到书面申请之日起十日内决定是否准许。

第二十二条　人民法院决定悬赏查找财产的，应当制作悬赏公告。悬赏公告应当载明悬赏金的数额或计算方法、领取条件等内容。

悬赏公告应当在全国法院执行悬赏公告平台、法院微博或微信等媒体平台发布，也可以在执行法院公告栏或被执行人住所地、经常居住地等处张贴。申请执行人申请在其他媒体平台发布，并自愿承担发布费用的，人民法院应当准许。

第二十三条　悬赏公告发布后，有关人员向人民法院提供财产线索的，人民法院应当对有关人员的身份信息和财产线索进行登记；两人以上提供相同财产线索的，应当按照提供线索的先后顺序登记。

人民法院对有关人员的身份信息和财产线索应当保密，但为发放悬赏金需要告知申请执行人的除外。

第二十四条　有关人员提供人民法院尚未掌握的财产线索，使申请发布悬赏公告的申请执行人的债权得以全部或部分实现的，人民法院应当按照悬赏公告发放悬赏金。

悬赏金从前款规定的申请执行人应得的执行款中予以扣减。特定物交付执行或者存在其他无法扣减情形的，悬赏金由该申请执行人另行支付。

有关人员为申请执行人的代理人、有义务向人民法院提供财产线索的人员或者存在其他不应发放悬赏金情形的，不予发放。

第二十五条　执行人员不得调查与执行案件无关的信息，对调查过程中知悉的国家秘密、商业秘密和个人隐私应当保密。

第二十六条　本规定自2017年5月1日起施行。

本规定施行后，本院以前公布的司法解释与本规定不一致的，以本规定为准。

最高人民法院关于民事执行中变更、追加当事人若干问题的规定

（2016年8月29日最高人民法院审判委员会第1691次会议通过　根据2020年12月23日最高人民法院审判委员会第1823次会议通过的《最高人民法院关于修改〈最高人民法院关于人民法院扣押铁路运输货物若干问题的规定〉等十八件执行类司法解释的决定》修正　2020年12月29日最高人民法院公告公布　自2021年1月1日起施行　法释〔2020〕21号）

为正确处理民事执行中变更、追加当事人问题，维护当事人、利害关系人的合法权益，根据《中华人民共和国民事诉讼法》等法律规定，结合执行实践，制定本规定。

第一条　执行过程中，申请执行人或其继承人、权利承受人可以向人民法院申请变更、追加当事人。申请符合法定条件的，人民法院应予支持。

第二条　作为申请执行人的自然人死亡或被宣告死亡，该自然人的遗产管理人、继承人、受遗赠人或其他因该自然人死亡或被宣告死亡依法承受生效法律文书确定权利的主体，申请变更、追加其为申请执行人的，人民法院应予支持。

作为申请执行人的自然人被宣告失踪，该自然人的财产代管人申请变更、追加其为申请执行人的，人民法院应予支持。

第三条　作为申请执行人的自然人离婚时，生效法律文书确定的权利全部或部分分割给其配偶，该配偶申请变更、追加其为申请执行人的，人民法院应予支持。

第四条　作为申请执行人的法人或非法人组织终止，因该法人或非法人组织终止依法承受生效法律文书确定权利的主体，申请变更、追加其为申请执行人的，人民法院应予

支持。

第五条 作为申请执行人的法人或非法人组织因合并而终止,合并后存续或新设的法人、非法人组织申请变更其为申请执行人的,人民法院应予支持。

第六条 作为申请执行人的法人或非法人组织分立,依分立协议约定承受生效法律文书确定权利的新设法人或非法人组织,申请变更、追加其为申请执行人的,人民法院应予支持。

第七条 作为申请执行人的法人或非法人组织清算或破产时,生效法律文书确定的权利依法分配给第三人,该第三人申请变更、追加其为申请执行人的,人民法院应予支持。

第八条 作为申请执行人的机关法人被撤销,继续履行其职能的主体申请变更、追加其为申请执行人的,人民法院应予支持,但生效法律文书确定的权利依法应由其他主体承受的除外;没有继续履行其职能的主体,且生效法律文书确定权利的承受主体不明确,作出撤销决定的主体申请变更、追加其为申请执行人的,人民法院应予支持。

第九条 申请执行人将生效法律文书确定的债权依法转让给第三人,且书面认可第三人取得该债权,该第三人申请变更、追加其为申请执行人的,人民法院应予支持。

第十条 作为被执行人的自然人死亡或被宣告死亡,申请执行人申请变更、追加该自然人的遗产管理人、继承人、受遗赠人或其他因该自然人死亡或被宣告死亡取得遗产的主体为被执行人,在遗产范围内承担责任的,人民法院应予支持。

作为被执行人的自然人被宣告失踪,申请执行人申请变更该自然人的财产代管人为被执行人,在代管的财产范围内承担责任的,人民法院应予支持。

第十一条 作为被执行人的法人或非法人组织因合并而终止,申请执行人申请变更合并后存续或新设的法人、非法人组织为被执行人的,人民法院应予支持。

第十二条 作为被执行人的法人或非法人组织分立,申请执行人申请变更、追加分立后新设的法人或非法人组织为被执行人,对生效法律文书确定的债务承担连带责任的,人民法院应予支持。但被执行人在分立前与申请执行人就债务清偿达成的书面协议另有约定的除外。

第十三条 作为被执行人的个人独资企业,不能清偿生效法律文书确定的债务,申请执行人申请变更、追加其出资人为被执行人的,人民法院应予支持。个人独资企业出资人作为被执行人的,人民法院可以直接执行该个人独资企业的财产。

个体工商户的字号为被执行人的,人民法院可以直接执行该字号经营者的财产。

第十四条 作为被执行人的合伙企业,不能清偿生效法律文书确定的债务,申请执行人申请变更、追加普通合伙人为被执行人的,人民法院应予支持。

作为被执行人的有限合伙企业,财产不足以清偿生效法律文书确定的债务,申请执行人申请变更、追加未按期足额缴纳出资的有限合伙人为被执行人,在未足额缴纳出资的范围内承担责任的,人民法院应予支持。

第十五条 作为被执行人的法人分支机构,不能清偿生效法律文书确定的债务,申请执行人申请变更、追加该法人为被执行人的,人民法院应予支持。法人直接管理的责任财产仍不能清偿债务的,人民法院可以直接执行该法人其他分支机构的财产。

作为被执行人的法人,直接管理的责任财产不能清偿生效法律文书确定债务的,人民法院可以直接执行该法人分支机构的财产。

第十六条 个人独资企业、合伙企业、法人分支机构以外的非法人组织作为被执行人,不能清偿生效法律文书确定的债务,申请执行人申请变更、追加依法对该非法人组织的债务承担责任的主体为被执行人的,人民法院应予支持。

第十七条 作为被执行人的营利法人,财产不足以清偿生效法律文书确定的债务,申请执行人申请变更、追加未缴纳或未足额缴纳出资的股东、出资人或依公司法规定对该出资承担连带责任的发起人为被执行人,在尚未缴纳出资的范围内依法承担责任的,人民法院应予支持。

第十八条 作为被执行人的营利法人,财产不足以清偿生效法律文书确定的债务,申请执行人申请变更、追加抽逃出资的股东、出资人为被执行人,在抽逃出资的范围内承担责任的,人民法院应予支持。

第十九条 作为被执行人的公司,财产不足以清偿生效法律文书确定的债务,其股东未依法履行出资义务即转让股权,申请执行人申请变更、追加该原股东或依公司法规定对该出资承担连带责任的发起人为被执行人,在未依法出资的范围内承担责任的,人民法院应予支持。

第二十条 作为被执行人的一人有限责任公司,财产不足以清偿生效法律文书确定的债务,股东不能证明公司财产独立于自己的财产,申请执行人申请变更、追加该股东为被执行人,对公司债务承担连带责任的,人民法院应予支持。

第二十一条 作为被执行人的公司,未经清算即办理注销登记,导致公司无法进行清算,申请执行人申请变更、追加有限责任公司的股东、股份有限公司的董事和控股股东为被执行人,对公司债务承担连带清偿责任的,人民法院应予支持。

第二十二条 作为被执行人的法人或非法人组织,被注销或出现被吊销营业执照、被撤销、被责令关闭、歇业等解散事由后,其股东、出资人或主管部门无偿接受其财产,致使该被执行人无遗留财产或遗留财产不足以清偿债务,申请执行人申请变更、追加该股东、出资人或主管部门为被执行人,在接受的财产范围内承担责任的,人民法院应予支持。

第二十三条 作为被执行人的法人或非法人组织，未经依法清算即办理注销登记，在登记机关办理注销登记时，第三人书面承诺对被执行人的债务承担清偿责任，申请执行人申请变更、追加该第三人为被执行人，在承诺范围内承担清偿责任的，人民法院应予支持。

第二十四条 执行过程中，第三人向执行法院书面承诺自愿代被执行人履行生效法律文书确定的债务，申请执行人申请变更、追加该第三人为被执行人，在承诺范围内承担责任的，人民法院应予支持。

第二十五条 作为被执行人的法人或非法人组织，财产依行政命令被无偿调拨、划转给第三人，致使该被执行人财产不足以清偿生效法律文书确定的债务，申请执行人申请变更、追加该第三人为被执行人，在接受的财产范围内承担责任的，人民法院应予支持。

第二十六条 被申请人在应承担责任范围内已承担相应责任的，人民法院不得责令其重复承担责任。

第二十七条 执行当事人的姓名或名称发生变更的，人民法院可以直接将姓名或名称变更后的主体作为执行当事人，并在法律文书中注明变更前的姓名或名称。

第二十八条 申请人申请变更、追加执行当事人，应当向执行法院提交书面申请及相关证据材料。

除事实清楚、权利义务关系明确、争议不大的案件外，执行法院应当组成合议庭审查并公开听证。经审查，理由成立的，裁定变更、追加；理由不成立的，裁定驳回。

执行法院应当自收到书面申请之日起六十日内作出裁定。有特殊情况需要延长的，由本院院长批准。

第二十九条 执行法院审查变更、追加被执行人申请期间，申请人申请对被申请人的财产采取查封、扣押、冻结措施的，执行法院应当参照民事诉讼法第一百条的规定办理。

申请执行人在申请变更、追加第三人前，向执行法院申请查封、扣押、冻结该第三人财产的，执行法院应当参照民事诉讼法第一百零一条的规定办理。

第三十条 被申请人、申请人或其他执行当事人对执行法院作出的变更、追加裁定或驳回申请裁定不服的，可以自裁定书送达之日起十日内向上一级人民法院申请复议，但依据本规定第三十二条的规定应当提起诉讼的除外。

第三十一条 上一级人民法院对复议申请应当组成合议庭审查，并自收到申请之日起六十日内作出复议裁定。有特殊情况需要延长的，由本院院长批准。

被裁定变更、追加的被申请人申请复议的，复议期间，人民法院不得对其争议范围内的财产进行处分。申请人请求人民法院继续执行并提供相应担保的，人民法院可以准许。

第三十二条 被申请人或申请人对执行法院依据本规定第十四条第二款、第十七条至第二十一条规定作出的变更、追加裁定或驳回申请裁定不服的，可以自裁定书送达之日起十五日内，向执行法院提起执行异议之诉。

被申请人提起执行异议之诉的，以申请人为被告。申请人提起执行异议之诉的，以被申请人为被告。

第三十三条 被申请人提起的执行异议之诉，人民法院经审理，按照下列情形分别处理：

（一）理由成立的，判决不得变更、追加被申请人为被执行人或者判决变更责任范围；

（二）理由不成立的，判决驳回诉讼请求。

诉讼期间，人民法院不得对被申请人争议范围内的财产进行处分。申请人请求人民法院继续执行并提供相应担保的，人民法院可以准许。

第三十四条 申请人提起的执行异议之诉，人民法院经审理，按照下列情形分别处理：

（一）理由成立的，判决变更、追加被申请人为被执行人并承担相应责任或者判决变更责任范围；

（二）理由不成立的，判决驳回诉讼请求。

第三十五条 本规定自2016年12月1日起施行。

本规定施行后，本院以前公布的司法解释与本规定不一致的，以本规定为准。

最高人民法院关于人民法院办理执行异议和复议案件若干问题的规定

（2014年12月29日最高人民法院审判委员会第1638次会议通过　根据2020年12月23日最高人民法院审判委员会第1823次会议通过的《最高人民法院关于修改〈最高人民法院关于人民法院扣押铁路运输货物若干问题的规定〉等十八件执行类司法解释的决定》修正　2020年12月29日最高人民法院公告公布　自2021年1月1日起施行　法释〔2020〕21号）

为了规范人民法院办理执行异议和复议案件，维护当事人、利害关系人和案外人的合法权益，根据民事诉讼法等法律规定，结合人民法院执行工作实际，制定本规定。

第一条 异议人提出执行异议或者复议申请人申请复议，应当向人民法院提交申请书。申请书应当载明具体的异议或者复议请求、事实、理由等内容，并附下列材料：

（一）异议人或者复议申请人的身份证明；

（二）相关证据材料；

（三）送达地址和联系方式。

第二条 执行异议符合民事诉讼法第二百二十五条或者第二百二十七条规定条件的，人民法院应当在三日内立案，并在立案后三日内通知异议人和相关当事人。不符合受理条件的，裁定不予受理；立案后发现不符合受理条件的，裁定驳回申请。

执行异议申请材料不齐备的，人民法院应当一次性告知异议人在三日内补足，逾期未补足的，不予受理。

异议人对不予受理或者驳回申请裁定不服的，可以自裁定送达之日起十日内向上一级人民法院申请复议。上一级人民法院审查后认为符合受理条件的，应当裁定撤销原裁定，指令执行法院立案或者对执行异议进行审查。

第三条 执行法院收到执行异议后三日内既不立案又不作出不予受理裁定，或者受理后无正当理由超过法定期限不作出异议裁定的，异议人可以向上一级人民法院提出异议。上一级人民法院审查后认为理由成立的，应当指令执行法院在三日内立案或者在十五日内作出异议裁定。

第四条 执行案件被指定执行、提级执行、委托执行后，当事人、利害关系人对原执行法院的执行行为提出异议的，由提出异议时负责该案件执行的人民法院审查处理；受指定或者受委托的人民法院是原执行法院的下级人民法院的，仍由原执行法院审查处理。

执行案件被指定执行、提级执行、委托执行后，案外人对原执行法院的执行标的提出异议的，参照前款规定处理。

第五条 有下列情形之一的，当事人以外的自然人、法人和非法人组织，可以作为利害关系人提出执行行为异议：

（一）认为人民法院的执行行为违法，妨碍其轮候查封、扣押、冻结的债权受偿的；

（二）认为人民法院的拍卖措施违法，妨碍其参与公平竞价的；

（三）认为人民法院的拍卖、变卖或者以物抵债措施违法，侵害其对执行标的的优先购买权的；

（四）认为人民法院要求协助执行的事项超出其协助范围或者违反法律规定的；

（五）认为其他合法权益受到人民法院违法执行行为侵害的。

第六条 当事人、利害关系人依照民事诉讼法第二百二十五条规定提出异议的，应当在执行程序终结之前提出，但对终结执行措施提出异议的除外。

案外人依照民事诉讼法第二百二十七条规定提出异议的，应当在异议指向的执行标的执行终结之前提出；执行标的由当事人受让的，应当在执行程序终结之前提出。

第七条 当事人、利害关系人认为执行过程中或者执行保全、先予执行裁定过程中的下列行为违法提出异议的，人民法院应当依照民事诉讼法第二百二十五条规定进行审查：

（一）查封、扣押、冻结、拍卖、变卖、以物抵债、暂缓执行、中止执行、终结执行等执行措施；

（二）执行的期间、顺序等应当遵守的法定程序；

（三）人民法院作出的侵害当事人、利害关系人合法权益的其他行为。

被执行人以债权消灭、丧失强制执行效力等执行依据生效之后的实体事由提出排除执行异议的，人民法院应当参照民事诉讼法第二百二十五条规定进行审查。

除本规定第十九条规定的情形外，被执行人以执行依据生效之前的实体事由提出排除执行异议的，人民法院应当告知其依法申请再审或者通过其他程序解决。

第八条 案外人基于实体权利既对执行标的提出排除执行异议又作为利害关系人提出执行行为异议的，人民法院应当依照民事诉讼法第二百二十七条规定进行审查。

案外人既基于实体权利对执行标的提出排除执行异议又作为利害关系人提出与实体权利无关的执行行为异议的，人民法院应当分别依照民事诉讼法第二百二十七条和第二百二十五条规定进行审查。

第九条 被限制出境的人认为对其限制出境错误的，可以自收到限制出境决定之日起十日内向上一级人民法院申请复议。上一级人民法院应当自收到复议申请之日起十五日内作出决定。复议期间，不停止原决定的执行。

第十条 当事人不服驳回不予执行公证债权文书申请的裁定的，可以自收到裁定之日起十日内向上一级人民法院申请复议。上一级人民法院应当自收到复议申请之日起三十日内审查，理由成立的，裁定撤销原裁定，不予执行该公证债权文书；理由不成立的，裁定驳回复议申请。复议期间，不停止执行。

第十一条 人民法院审查执行异议或者复议案件，应当依法组成合议庭。

指令重新审查的执行异议案件，应当另行组成合议庭。

办理执行实施案件的人员不得参与相关执行异议和复议案件的审查。

第十二条 人民法院对执行异议和复议案件实行书面审查。案情复杂、争议较大的，应当进行听证。

第十三条 执行异议、复议案件审查期间，异议人、复议申请人申请撤回异议、复议申请的，是否准许由人民法院裁定。

第十四条 异议人或者复议申请人经合法传唤，无正当理由拒不参加听证，或者未经法庭许可中途退出听证，致使人民法院无法查清相关事实的，由其自行承担不利后果。

第十五条 当事人、利害关系人对同一执行行为有多个异议事由，但未在异议审查过程中一并提出，撤回异议或者被裁定驳回异议后，再次就该执行行为提出异议的，人民法院不予受理。

案外人撤回异议或者被裁定驳回异议后，再次就同一执行标的提出异议的，人民法院不予受理。

第十六条 人民法院依照民事诉讼法第二百二十五条规定作出裁定时，应当告知相关权利人申请复议的权利和期限。

人民法院依照民事诉讼法第二百二十七条规定作出裁定时，应当告知相关权利人提起执行异议之诉的权利和期限。

人民法院作出其他裁定和决定时，法律、司法解释规定了相关权利人申请复议的权利和期限的，应当进行告知。

第十七条 人民法院对执行行为异议，应当按照下列情形，分别处理：

（一）异议不成立的，裁定驳回异议；

（二）异议成立的，裁定撤销相关执行行为；

（三）异议部分成立的，裁定变更相关执行行为；

（四）异议成立或者部分成立，但执行行为无撤销、变更内容的，裁定异议成立或者相应部分异议成立。

第十八条 执行过程中，第三人因书面承诺自愿代被执行人偿还债务而被追加为被执行人后，无正当理由反悔并提出异议的，人民法院不予支持。

第十九条 当事人互负到期债务，被执行人请求抵销，请求抵销的债务符合下列情形的，除依照法律规定或者按照债务性质不得抵销的以外，人民法院应予支持：

（一）已经生效法律文书确定或者经申请执行人认可；

（二）与被执行人所负债务的标的物种类、品质相同。

第二十条 金钱债权执行中，符合下列情形之一，被执行人以执行标的系本人及所扶养家属维持生活必需的居住房屋为由提出异议的，人民法院不予支持：

（一）对被执行人有扶养义务的人名下有其他能够维持生活必需的居住房屋的；

（二）执行依据生效后，被执行人为逃避债务转让其名下其他房屋的；

（三）申请执行人按照当地廉租住房保障面积标准为被执行人及所扶养家属提供居住房屋，或者同意参照当地房屋租赁市场平均租金标准从该房屋的变价款中扣除五至八年租金的。

执行依据确定被执行人交付居住的房屋，自执行通知送达之日起，已经给予三个月的宽限期，被执行人以该房屋系本人及所扶养家属维持生活的必需品为由提出异议的，人民法院不予支持。

第二十一条 当事人、利害关系人提出异议请求撤销拍卖，符合下列情形之一的，人民法院应予支持：

（一）竞买人之间、竞买人与拍卖机构之间恶意串通，损害当事人或者其他竞买人利益的；

（二）买受人不具备法律规定的竞买资格的；

（三）违法限制竞买人参加竞买或者对不同的竞买人规定不同竞买条件的；

（四）未按照法律、司法解释的规定对拍卖标的物进行公告的；

（五）其他严重违反拍卖程序且损害当事人或者竞买人利益的情形。

当事人、利害关系人请求撤销变卖的，参照前款规定处理。

第二十二条 公证债权文书对主债务和担保债务同时赋予强制执行效力的，人民法院应予执行；仅对主债务赋予强制执行效力未涉及担保债务的，对担保债务的执行申请不予受理；仅对担保债务赋予强制执行效力未涉及主债务的，对主债务的执行申请不予受理。

人民法院受理担保债务的执行申请后，被执行人仅以担保合同不属于赋予强制执行效力的公证债权文书范围为由申请不予执行的，不予支持。

第二十三条 上一级人民法院对不服异议裁定的复议申请审查后，应当按照下列情形，分别处理：

（一）异议裁定认定事实清楚，适用法律正确，结果应予维持的，裁定驳回复议申请，维持异议裁定；

（二）异议裁定认定事实错误，或者适用法律错误，结果应予纠正的，裁定撤销或者变更异议裁定；

（三）异议裁定认定基本事实不清、证据不足的，裁定撤销异议裁定，发回作出裁定的人民法院重新审查，或者查清事实后作出相应裁定；

（四）异议裁定遗漏异议请求或者存在其他严重违反法定程序的情形，裁定撤销异议裁定，发回作出裁定的人民法院重新审查；

（五）异议裁定对应当适用民事诉讼法第二百二十七条规定审查处理的异议，错误适用民事诉讼法第二百二十五条规定审查处理的，裁定撤销异议裁定，发回作出裁定的人民法院重新作出裁定。

除依照本条第一款第三、四、五项发回重新审查或者重新作出裁定的情形外，裁定撤销或者变更异议裁定且执行行为可撤销、变更的，应当同时撤销或者变更该裁定维持的执行行为。

人民法院对发回重新审查的案件作出裁定后，当事人、利害关系人申请复议的，上一级人民法院复议后不得再次发回重新审查。

第二十四条 对案外人提出的排除执行异议，人民法院应当审查下列内容：

（一）案外人是否系权利人；

（二）该权利的合法性与真实性；

（三）该权利能否排除执行。

第二十五条 对案外人的异议，人民法院应当按照下列标准判断其是否系权利人：

（一）已登记的不动产，按照不动产登记簿判断；未登记的建筑物、构筑物及其附属设施，按照土地使用权登记簿、建设工程规划许可、施工许可等相关证据判断；

（二）已登记的机动车、船舶、航空器等特定动产，按照相关管理部门的登记判断；未登记的特定动产和其他动产，按照实际占有情况判断；

（三）银行存款和存管在金融机构的有价证券，按照金融机构和登记结算机构登记的账户名称判断；有价证券由具备合法经营资质的托管机构名义持有的，按照该机构登记的实际出资人账户名称判断；

（四）股权按照工商行政管理机关的登记和企业信用信息公示系统公示的信息判断；

（五）其他财产和权利，有登记的，按照登记机构的登记判断；无登记的，按照合同等证明财产权属或者权利人的证据判断。

案外人依据另案生效法律文书提出排除执行异议，该法律文书认定的执行标的权利人与依照前款规定得出的判断不一致的，依照本规定第二十六条规定处理。

第二十六条 金钱债权执行中，案外人依据执行标的被查封、扣押、冻结前作出的另案生效法律文书提出排除执行异议，人民法院应当按照下列情形，分别处理：

（一）该法律文书系就案外人与被执行人之间的权属纠纷以及租赁、借用、保管等不以转移财产权属为目的的合同纠纷，判决、裁决执行标的归属于案外人或者向其返还执行标的且其权利能够排除执行的，应予支持；

（二）该法律文书系就案外人与被执行人之间除前项所列合同之外的债权纠纷，判决、裁决执行标的归属于案外人或者向其交付、返还执行标的的，不予支持。

（三）该法律文书系案外人受让执行标的的拍卖、变卖成交裁定或者以物抵债裁定且其权利能够排除执行的，应予支持。

金钱债权执行中，案外人依据执行标的被查封、扣押、冻结后作出的另案生效法律文书提出排除执行异议的，人民法院不予支持。

非金钱债权执行中，案外人依据另案生效法律文书提出排除执行异议，该法律文书对执行标的权属作出不同认定的，人民法院应当告知案外人依法申请再审或者通过其他程序解决。

申请执行人或者案外人不服人民法院依照本条第一、二款规定作出的裁定，可以依照民事诉讼法第二百二十七条规定提起执行异议之诉。

第二十七条 申请执行人对执行标的依法享有对抗案外人的担保物权等优先受偿权，人民法院对案外人提出的排除执行异议不予支持，但法律、司法解释另有规定的除外。

第二十八条 金钱债权执行中，买受人对登记在被执行人名下的不动产提出异议，符合下列情形且其权利能够排除执行的，人民法院应予支持：

（一）在人民法院查封之前已签订合法有效的书面买卖合同；

（二）在人民法院查封之前已合法占有该不动产；

（三）已支付全部价款，或者已按照合同约定支付部分价款且将剩余价款按照人民法院的要求交付执行；

（四）非因买受人自身原因未办理过户登记。

第二十九条 金钱债权执行中，买受人对登记在被执行的房地产开发企业名下的商品房提出异议，符合下列情形且其权利能够排除执行的，人民法院应予支持：

（一）在人民法院查封之前已签订合法有效的书面买卖合同；

（二）所购商品房系用于居住且买受人名下无其他用于居住的房屋；

（三）已支付的价款超过合同约定总价款的百分之五十。

第三十条 金钱债权执行中，对被查封的办理了受让物权预告登记的不动产，受让人提出停止处分异议的，人民法院应予支持；符合物权登记条件，受让人提出排除执行异议的，应予支持。

第三十一条 承租人请求在租赁期内阻止向受让人移交占有被执行的不动产，在人民法院查封之前已签订合法有效的书面租赁合同并占有使用该不动产的，人民法院应予支持。

承租人与被执行人恶意串通，以明显不合理的低价承租被执行的不动产或者伪造交付租金证据的，对其提出的阻止移交占有的请求，人民法院不予支持。

第三十二条 本规定施行后尚未审查终结的执行异议和复议案件，适用本规定。本规定施行前已经审查终结的执行异议和复议案件，人民法院依法提起执行监督程序的，不适用本规定。

最高人民法院关于委托执行若干问题的规定

（2011年4月25日最高人民法院审判委员会第1521次会议通过 根据2020年12月23日最高人民法院审判委员会第1823次会议通过的《最高人民法院关于修改〈最高人民法院关于人民法院扣押铁路运输货物若干问题的规定〉等十八件执行类司法解释的决定》修正 2020年12月29日最高人民法院公告公布 自2021年1月1日起施行 法释〔2020〕21号）

为了规范委托执行工作，维护当事人的合法权益，根据《中华人民共和国民事诉讼法》的规定，结合司法实践，制定本规定。

第一条 执行法院经调查发现被执行人在本辖区内已无财产可供执行，且在其他省、自治区、直辖市内有可供执行财产的，可以将案件委托异地的同级人民法院执行。

执行法院确需赴异地执行案件的，应当经其所在辖区高级人民法院批准。

第二条 案件委托执行后，受托法院应当依法立案，委托法院应当在收到受托法院的立案通知书后作销案处理。

委托异地法院协助查询、冻结、查封、调查或者送达法律文书等有关事项的，受托法院不作为委托执行案件立案办理，但应当积极予以协助。

第三条 委托执行应当以执行标的物所在地或者执行行为实施地的同级人民法院为受托执行法院。有两处以上财产在异地的，可以委托主要财产所在地的人民法院执行。

被执行人是现役军人或者军事单位的，可以委托对其有管辖权的军事法院执行。

执行标的物是船舶的，可以委托有管辖权的海事法院执行。

第四条 委托执行案件应当由委托法院直接向受托法院办理委托手续，并层报各自所在的高级人民法院备案。

事项委托应当通过人民法院执行指挥中心综合管理平台办理委托事项的相关手续。

第五条 案件委托执行时，委托法院应当提供下列材料：

（一）委托执行函；

（二）申请执行书和委托执行案件审批表；

（三）据以执行的生效法律文书副本；

（四）有关案件情况的材料或者说明，包括本辖区无财产的调查材料、财产保全情况、被执行人财产状况、生效法律文书的履行情况等；

（五）申请执行人地址、联系电话；

（六）被执行人身份证件或者营业执照复印件、地址、联系电话；

（七）委托法院执行员和联系电话；

（八）其他必要的案件材料等。

第六条 委托执行时，委托法院应当将已经查封、扣押、冻结的被执行人的异地财产，一并移交受托法院处理，并在委托执行函中说明。

委托执行后，委托法院对被执行人财产已经采取查封、扣押、冻结等措施的，视为受托法院的查封、扣押、冻结措施。受托法院需要继续查封、扣押、冻结，持委托执行函和立案通知书办理相关手续。续封续冻时，仍为原委托法院的查封冻结顺序。

查封、扣押、冻结等措施的有效期限在移交受托法院时不足1个月的，委托法院应当先行续封或者续冻，再移交受托法院。

第七条 受托法院收到委托执行函后，应当在7日内予以立案，并及时将立案通知书通过委托法院送达申请执行人，同时将指定的承办人、联系电话等书面告知委托法院。

委托法院收到上述通知书后，应当在7日内书面通知申请执行人案件已经委托执行，并告知申请执行人可以直接与受托法院联系执行相关事宜。

第八条 受托法院如发现委托执行的手续、材料不全，可以要求委托法院补办。委托法院应当在30日内完成补办事项，在上述期限内未完成的，应当作出书面说明。委托法院既不补办又不说明原因的，视为撤回委托，受托法院可以将委托材料退回委托法院。

第九条 受托法院退回委托的，应当层报所在辖区高级人民法院审批。高级人民法院同意退回后，受托法院应当在15日内将有关委托手续和案卷材料退回委托法院，并作出书面说明。

委托执行案件退回后，受托法院已立案的，应当作销案处理。委托法院在案件退回原因消除之后可以再行委托。确因委托不当被退回的，委托法院应当决定撤销委托并恢复案件执行，报所在的高级人民法院备案。

第十条 委托法院在案件委托执行后又发现有可供执行财产的，应当及时告知受托法院。受托法院发现被执行人在受托法院辖区外另有可供执行财产的，可以直接异地执行，一般不再行委托执行。根据情况确需再行委托的，应当按照委托执行案件的程序办理，并通知案件当事人。

第十一条 受托法院未能在6个月内将受托案件执结的，申请执行人有权请求受托法院的上一级人民法院提级执行或者指定执行，上一级人民法院应当立案审查，发现受托法院无正当理由不予执行的，应当限期执行或者作出裁定提级执行或者指定执行。

第十二条 异地执行时，可以根据案件具体情况，请求当地法院协助执行，当地法院应当积极配合，保证执行人员的人身安全和执行装备、执行标的物不受侵害。

第十三条 高级人民法院应当对辖区内委托执行和异地执行工作实行统一管理和协调，履行以下职责：

（一）统一管理跨省、自治区、直辖市辖区的委托和受托执行案件；

（二）指导、检查、监督本辖区内的受托案件的执行情况；

（三）协调本辖区内跨省、自治区、直辖市辖区的委托和受托执行争议案件；

（四）承办需异地执行的有关案件的审批事项；

（五）对下级法院报送的有关委托和受托执行案件中的相关问题提出指导性处理意见；

（六）办理其他涉及委托执行工作的事项。

第十四条 本规定所称的异地是指本省、自治区、直辖市以外的区域。各省、自治区、直辖市内的委托执行，由各高级人民法院参照本规定，结合实际情况，制定具体办法。

第十五条 本规定施行之后，其他有关委托执行的司法解释不再适用。

最高人民法院关于人民法院民事执行中拍卖、变卖财产的规定

（2004年10月26日最高人民法院审判委员会第1330次会议通过　根据2020年12月23日最高人民法院审判委员会第1823次会议通过的《最高人民法院关于修改〈最高人民法院关于人民法院扣押铁路运输货物若干问题的规定〉等十八件执行类司法解释的决定》修正　2020年12月29日最高人民法院公告公布　自2021年1月1日起施行　法释〔2020〕21号）

为了进一步规范民事执行中的拍卖、变卖措施，维护当事人的合法权益，根据《中华人民共和国民事诉讼法》等法律的规定，结合人民法院民事执行工作的实践经验，制定本规定。

第一条　在执行程序中，被执行人的财产被查封、扣押、冻结后，人民法院应当及时进行拍卖、变卖或者采取其他执行措施。

第二条　人民法院对查封、扣押、冻结的财产进行变价处理时，应当首先采取拍卖的方式，但法律、司法解释另有规定的除外。

第三条　人民法院拍卖被执行人财产，应当委托具有相应资质的拍卖机构进行，并对拍卖机构的拍卖进行监督，但法律、司法解释另有规定的除外。

第四条　对拟拍卖的财产，人民法院可以委托具有相应资质的评估机构进行价格评估。对于财产价值较低或者价格依照通常方法容易确定的，可以不进行评估。

当事人双方及其他执行债权人申请不进行评估的，人民法院应当准许。

对被执行人的股权进行评估时，人民法院可以责令有关企业提供会计报表等资料；有关企业拒不提供的，可以强制提取。

第五条　拍卖应当确定保留价。

拍卖财产经过评估的，评估价即为第一次拍卖的保留价；未作评估的，保留价由人民法院参照市价确定，并应当征询有关当事人的意见。

如果出现流拍，再行拍卖时，可以酌情降低保留价，但每次降低的数额不得超过前次保留价的百分之二十。

第六条　保留价确定后，依据本次拍卖保留价计算，拍卖所得价款在清偿优先债权和强制执行费用后无剩余可能的，应当在实施拍卖前将有关情况通知申请执行人。申请执行人于收到通知后五日内申请继续拍卖的，人民法院应当准许，但应当重新确定保留价；重新确定的保留价应当大于该优先债权及强制执行费用的总额。

依照前款规定流拍的，拍卖费用由申请执行人负担。

第七条　执行人员应当对拍卖财产的权属状况、占有使用情况等进行必要的调查，制作拍卖财产现状的调查笔录或者收集其他有关资料。

第八条　拍卖应当先期公告。

拍卖动产的，应当在拍卖七日前公告；拍卖不动产或者其他财产权的，应当在拍卖十五日前公告。

第九条　拍卖公告的范围及媒体由当事人双方协商确定；协商不成的，由人民法院确定。拍卖财产具有专业属性的，应当同时在专业性报纸上进行公告。

当事人申请在其他新闻媒体上公告或者要求扩大公告范围的，应当准许，但该部分的公告费用由其自行承担。

第十条　拍卖不动产、其他财产权或者价值较高的动产的，竞买人应当于拍卖前向人民法院预交保证金。申请执行人参加竞买的，可以不预交保证金。保证金的数额由人民法院确定，但不得低于评估价或者市价的百分之五。

应当预交保证金而未交纳的，不得参加竞买。拍卖成交后，买受人预交的保证金充抵价款，其他竞买人预交的保证金应当在三日内退还；拍卖未成交的，保证金应当于三日内退还竞买人。

第十一条　人民法院应当在拍卖五日前以书面或者其他能够确认收悉的适当方式，通知当事人和已知的担保物权人、优先购买权人或者其他优先权人于拍卖日到场。

优先购买权人经通知未到场的，视为放弃优先购买权。

第十二条　法律、行政法规对买受人的资格或者条件有特殊规定的，竞买人应当具备规定的资格或者条件。

申请执行人、被执行人可以参加竞买。

第十三条　拍卖过程中，有最高应价时，优先购买权人可以表示以该最高价买受，如无更高应价，则拍归优先购买权人；如有更高应价，而优先购买权人不作表示的，则拍归该应价最高的竞买人。

顺序相同的多个优先购买权人同时表示买受的，以抽签方式决定买受人。

第十四条　拍卖多项财产时，其中部分财产卖得的价款足以清偿债务和支付被执行人应当负担的费用的，对剩余的财产应当停止拍卖，但被执行人同意全部拍卖的除外。

第十五条　拍卖的多项财产在使用上不可分，或者分别拍卖可能严重减损其价值的，应当合并拍卖。

第十六条　拍卖时无人竞买或者竞买人的最高应价低于保留价，到场的申请执行人或者其他执行债权人申请或者同意以该次拍卖所定的保留价接受拍卖财产的，应当将该财产交其抵债。

有两个以上执行债权人申请以拍卖财产抵债的，由法定受偿顺位在先的债权人优先承受；受偿顺位相同的，以抽签方式决定承受人。承受人应受清偿的债权额低于抵债财产的价额的，人民法院应当责令其在指定的期间内补交差额。

第十七条 在拍卖开始前,有下列情形之一的,人民法院应当撤回拍卖委托:

(一)据以执行的生效法律文书被撤销的;

(二)申请执行人及其他执行债权人撤回执行申请的;

(三)被执行人全部履行了法律文书确定的金钱债务的;

(四)当事人达成了执行和解协议,不需要拍卖财产的;

(五)案外人对拍卖财产提出确有理由的异议的;

(六)拍卖机构与竞买人恶意串通的;

(七)其他应当撤回拍卖委托的情形。

第十八条 人民法院委托拍卖后,遇有依法应当暂缓执行或者中止执行的情形的,应当决定暂缓执行或者裁定中止执行,并及时通知拍卖机构和当事人。拍卖机构收到通知后,应当立即停止拍卖,并通知竞买人。

暂缓执行期限届满或者中止执行的事由消失后,需要继续拍卖的,人民法院应当在十五日内通知拍卖机构恢复拍卖。

第十九条 被执行人在拍卖日之前向人民法院提交足额金钱清偿债务,要求停止拍卖的,人民法院应当准许,但被执行人应当负担因拍卖支出的必要费用。

第二十条 拍卖成交或者以流拍的财产抵债的,人民法院应当作出裁定,并于价款或者需要补交的差价全额交付后十日内,送达买受人或者承受人。

第二十一条 拍卖成交后,买受人应当在拍卖公告确定的期限或者人民法院指定的期限内将价款交付到人民法院或者汇入人民法院指定的账户。

第二十二条 拍卖成交或者以流拍的财产抵债后,买受人逾期未支付价款或者承受人逾期未补交差价而使拍卖、抵债的目的难以实现的,人民法院可以裁定重新拍卖。重新拍卖时,原买受人不得参加竞买。

重新拍卖的价款低于原拍卖价款造成的差价、费用损失及原拍卖中的佣金,由原买受人承担。人民法院可以直接从其预交的保证金中扣除。扣除后保证金有剩余的,应当退还原买受人;保证金数额不足的,可以责令原买受人补交;拒不补交的,强制执行。

第二十三条 拍卖时无人竞买或者竞买人的最高应价低于保留价,到场的申请执行人或者其他执行债权人不申请以该次拍卖所定的保留价抵债的,应当在六十日内再行拍卖。

第二十四条 对于第二次拍卖仍流拍的动产,人民法院可以依照本规定第十六条的规定将其作价交申请执行人或者其他执行债权人抵债。申请执行人或者其他执行债权人拒绝接受或者依法不能交付其抵债的,人民法院应当解除查封、扣押,并将该动产退还被执行人。

第二十五条 对于第二次拍卖仍流拍的不动产或者其他财产权,人民法院可以依照本规定第十六条的规定将其作价交申请执行人或者其他执行债权人抵债。申请执行人或者其他执行债权人拒绝接受或者依法不能交付其抵债的,应当在六十日内进行第三次拍卖。

第三次拍卖流拍且申请执行人或者其他执行债权人拒绝接受或者依法不能接受该不动产或者其他财产权抵债的,人民法院应当于第三次拍卖终结之日起七日内发出变卖公告。自公告之日起六十日内没有买受人愿意以第三次拍卖的保留价买受该财产,且申请执行人、其他执行债权人仍不表示接受该财产抵债的,应当解除查封、冻结,将该财产退还被执行人,但对该财产可以采取其他执行措施的除外。

第二十六条 不动产、动产或者其他财产权拍卖成交或者抵债后,该不动产、动产的所有权、其他财产权自拍卖成交或者抵债裁定送达买受人或者承受人时起转移。

第二十七条 人民法院裁定拍卖成交或者以流拍的财产抵债后,除有依法不能移交的情形外,应当于裁定送达后十五日内,将拍卖的财产移交买受人或者承受人。被执行人或者第三人占有拍卖财产应当移交而拒不移交的,强制执行。

第二十八条 拍卖财产上原有的担保物权及其他优先受偿权,因拍卖而消灭,拍卖所得价款,应当优先清偿担保物权人及其他优先受偿权人的债权,但当事人另有约定的除外。

拍卖财产上原有的租赁权及其他用益物权,不因拍卖而消灭,但该权利继续存在于拍卖财产上,对在先的担保物权或者其他优先受偿权的实现有影响的,人民法院应当依法将其除去后进行拍卖。

第二十九条 拍卖成交的,拍卖机构可以按照下列比例向买受人收取佣金:

拍卖成交价200万元以下的,收取佣金的比例不得超过5%;超过200万元至1000万元的部分,不得超过3%;超过1000万元至5000万元的部分,不得超过2%;超过5000万元至1亿元的部分,不得超过1%;超过1亿元的部分,不得超过0.5%。

采取公开招标方式确定拍卖机构的,按照中标方案确定的数额收取佣金。

拍卖未成交或者非因拍卖机构的原因撤回拍卖委托的,拍卖机构为本次拍卖已经支出的合理费用,应当由被执行人负担。

第三十条 在执行程序中拍卖上市公司国有股和社会法人股的,适用最高人民法院《关于冻结、拍卖上市公司国有股和社会法人股若干问题的规定》。

第三十一条 对查封、扣押、冻结的财产,当事人双方及有关权利人同意变卖的,可以变卖。

金银及其制品、当地市场有公开交易价格的动产、易腐烂变质的物品、季节性商品、保管困难或者保管费用过高的物品,人民法院可以决定变卖。

第三十二条 当事人双方及有关权利人对变卖财产的价格有约定的,按照其约定价格变卖;无约定价格但有市价的,变卖价格不得低于市价;无市价但价值较大、价格不易确定的，应当委托评估机构进行评估，并按照评估价格进行变卖。

按照评估价格变卖不成的，可以降低价格变卖，但最低的变卖价不得低于评估价的二分之一。

变卖的财产无人应买的，适用本规定第十六条的规定将该财产交申请执行人或者其他执行债权人抵债；申请执行人或者其他执行债权人拒绝接受或者依法不能交付其抵债的，人民法院应当解除查封、扣押，并将该财产退还被执行人。

第三十三条　本规定自2005年1月1日起施行。施行前本院公布的司法解释与本规定不一致的，以本规定为准。

最高人民法院关于人民法院民事执行中查封、扣押、冻结财产的规定

（2004年10月26日最高人民法院审判委员会第1330次会议通过　根据2020年12月23日最高人民法院审判委员会第1823次会议通过的《最高人民法院关于修改〈最高人民法院关于人民法院扣押铁路运输货物若干问题的规定〉等十八件执行类司法解释的决定》修正　2020年12月29日最高人民法院公告公布　自2021年1月1日起施行　法释〔2020〕21号）

为了进一步规范民事执行中的查封、扣押、冻结措施，维护当事人的合法权益，根据《中华人民共和国民事诉讼法》等法律的规定，结合人民法院民事执行工作的实践经验，制定本规定。

第一条　人民法院查封、扣押、冻结被执行人的动产、不动产及其他财产权，应当作出裁定，并送达被执行人和申请执行人。

采取查封、扣押、冻结措施需要有关单位或者个人协助的，人民法院应当制作协助执行通知书，连同裁定书副本一并送达协助执行人。查封、扣押、冻结裁定书和协助执行通知书送达时发生法律效力。

第二条　人民法院可以查封、扣押、冻结被执行人占有的动产、登记在被执行人名下的不动产、特定动产及其他财产权。

未登记的建筑物和土地使用权，依据土地使用权的审批文件和其他相关证据确定权属。

对于第三人占有的动产或者登记在第三人名下的不动产、特定动产及其他财产权，第三人书面确认该财产属于被执行人的，人民法院可以查封、扣押、冻结。

第三条　人民法院对被执行人下列的财产不得查封、扣押、冻结：

（一）被执行人及其所扶养家属生活所必需的衣服、家具、炊具、餐具及其他家庭生活必需的物品；

（二）被执行人及其所扶养家属所必需的生活费用。当地有最低生活保障标准的，必需的生活费用依照该标准确定；

（三）被执行人及其所扶养家属完成义务教育所必需的物品；

（四）未公开的发明或者未发表的著作；

（五）被执行人及其所扶养家属用于身体缺陷所必需的辅助工具、医疗物品；

（六）被执行人所得的勋章及其他荣誉表彰的物品；

（七）根据《中华人民共和国缔结条约程序法》，以中华人民共和国、中华人民共和国政府或者中华人民共和国政府部门名义同外国、国际组织缔结的条约、协定和其他具有条约、协定性质的文件中规定免于查封、扣押、冻结的财产；

（八）法律或者司法解释规定的其他不得查封、扣押、冻结的财产。

第四条　对被执行人及其所扶养家属生活所必需的居住房屋，人民法院可以查封，但不得拍卖、变卖或者抵债。

第五条　对于超过被执行人及其所扶养家属生活所必需的房屋和生活用品，人民法院根据申请执行人的申请，在保障被执行人及其所扶养家属最低生活标准所必需的居住房屋和普通生活必需品后，可予以执行。

第六条　查封、扣押动产的，人民法院可以直接控制该项财产。人民法院将查封、扣押的动产交付其他人控制的，应当在该动产上加贴封条或者采取其他足以公示查封、扣押的适当方式。

第七条　查封不动产的，人民法院应当张贴封条或者公告，并可以提取保存有关财产权证照。

查封、扣押、冻结已登记的不动产、特定动产及其他财产权，应当通知有关登记机关办理登记手续。未办理登记手续的，不得对抗其他已经办理了登记手续的查封、扣押、冻结行为。

第八条　查封尚未进行权属登记的建筑物时，人民法院应当通知其管理人或者该建筑物的实际占有人，并在显著位置张贴公告。

第九条　扣押尚未进行权属登记的机动车辆时，人民法院应当在扣押清单上记载该机动车辆的发动机编号。该车辆在扣押期间权利人要求办理权属登记手续的，人民法院应当准许并及时办理相应的扣押登记手续。

第十条　查封、扣押的财产不宜由人民法院保管的，人民法院可以指定被执行人负责保管；不宜由被执行人保管的，可以委托第三人或者申请执行人保管。

由人民法院指定被执行人保管的财产，如果继续使用对该财产的价值无重大影响，可以允许被执行人继续使用；由人民法院保管或者委托第三人、申请执行人保管的，保管人不得使用。

第十一条　查封、扣押、冻结担保物权人占有的担保财产，一般应当指定该担保物权人作为保管人；该财产由人民法

院保管的，质权、留置权不因转移占有而消灭。

第十二条 对被执行人与其他人共有的财产，人民法院可以查封、扣押、冻结，并及时通知共有人。

共有人协议分割共有财产，并经债权人认可的，人民法院可以认定有效。查封、扣押、冻结的效力及于协议分割后被执行人享有份额内的财产；对其他共有人享有份额内的财产的查封、扣押、冻结，人民法院应当裁定予以解除。

共有人提起析产诉讼或者申请执行人代位提起析产诉讼的，人民法院应当准许。诉讼期间中止对该财产的执行。

第十三条 对第三人为被执行人的利益占有的被执行人的财产，人民法院可以查封、扣押、冻结；该财产被指定给第三人继续保管的，第三人不得将其交付给被执行人。

对第三人为自己的利益依法占有的被执行人的财产，人民法院可以查封、扣押、冻结，第三人可以继续占有和使用该财产，但不得将其交付给被执行人。

第三人无偿借用被执行人的财产的，不受前款规定的限制。

第十四条 被执行人将其财产出卖给第三人，第三人已经支付部分价款并实际占有该财产，但根据合同约定被执行人保留所有权的，人民法院可以查封、扣押、冻结；第三人要求继续履行合同的，向人民法院交付全部余款后，裁定解除查封、扣押、冻结。

第十五条 被执行人将其所有的需要办理过户登记的财产出卖给第三人，第三人已经支付部分或者全部价款并实际占有该财产，但尚未办理产权过户登记手续的，人民法院可以查封、扣押、冻结；第三人已经支付全部价款并实际占有，但未办理过户登记手续的，如果第三人对此没有过错，人民法院不得查封、扣押、冻结。

第十六条 被执行人购买第三人的财产，已经支付部分价款并实际占有该财产，第三人依合同约定保留所有权的，人民法院可以查封、扣押、冻结。保留所有权已办理登记的，第三人的剩余价款从该财产变价款中优先支付；第三人主张取回该财产的，可以依据民事诉讼法第二百二十七条规定提出异议。

第十七条 被执行人购买需要办理过户登记的第三人的财产，已经支付部分或者全部价款并实际占有该财产，虽未办理产权过户登记手续，但申请执行人已向第三人支付剩余价款或者第三人同意剩余价款从该财产变价款中优先支付的，人民法院可以查封、扣押、冻结。

第十八条 查封、扣押、冻结被执行人的财产时，执行人员应当制作笔录，载明下列内容：

（一）执行措施开始及完成的时间；

（二）财产的所在地、种类、数量；

（三）财产的保管人；

（四）其他应当记明的事项。

执行人员及保管人应当在笔录上签名，有民事诉讼法第二百四十五条规定的人员到场的，到场人员也应当在笔录上签名。

第十九条 查封、扣押、冻结被执行人的财产，以其价额足以清偿法律文书确定的债权额及执行费用为限，不得明显超标的额查封、扣押、冻结。

发现超标的额查封、扣押、冻结的，人民法院应当根据被执行人的申请或者依职权，及时解除对超标的额部分财产的查封、扣押、冻结，但该财产为不可分物且被执行人无其他可供执行的财产或者其他财产不足以清偿债务的除外。

第二十条 查封、扣押的效力及于查封、扣押物的从物和天然孳息。

第二十一条 查封地上建筑物的效力及于该地上建筑物使用范围内的土地使用权，查封土地使用权的效力及于地上建筑物，但土地使用权与地上建筑物的所有权分属被执行人与他人的除外。

地上建筑物和土地使用权的登记机关不是同一机关的，应当分别办理查封登记。

第二十二条 查封、扣押、冻结的财产灭失或者毁损的，查封、扣押、冻结的效力及于该财产的替代物、赔偿款。人民法院应当及时作出查封、扣押、冻结该替代物、赔偿款的裁定。

第二十三条 查封、扣押、冻结协助执行通知书在送达登记机关时，登记机关已经受理被执行人转让不动产、特定动产及其他财产的过户登记申请，尚未完成登记的，应当协助人民法院执行。人民法院不得对登记机关已经完成登记的被执行人已转让的财产实施查封、扣押、冻结措施。

查封、扣押、冻结协助执行通知书在送达登记机关时，其他人民法院已向该登记机关送达了过户登记协助执行通知书的，应当优先办理过户登记。

第二十四条 被执行人就已经查封、扣押、冻结的财产所作的移转、设定权利负担或者其他有碍执行的行为，不得对抗申请执行人。

第三人未经人民法院准许占有查封、扣押、冻结的财产或者实施其他有碍执行的行为的，人民法院可以依据申请执行人的申请或者依职权解除其占有或者排除其妨害。

人民法院的查封、扣押、冻结没有公示的，其效力不得对抗善意第三人。

第二十五条 人民法院查封、扣押被执行人设定最高额抵押权的抵押物的，应当通知抵押权人。抵押权人受抵押担保的债权数额自收到人民法院通知时起不再增加。

人民法院虽然没有通知抵押权人，但有证据证明抵押权人知道或者应当知道查封、扣押事实的，受抵押担保的债权数额从其知道或者应当知道该事实时起不再增加。

第二十六条 对已被人民法院查封、扣押、冻结的财产，其他人民法院可以进行轮候查封、扣押、冻结。查封、扣押、冻结解除的，登记在先的轮候查封、扣押、冻结即自动生效。

其他人民法院对已登记的财产进行轮候查封、扣押、冻结的,应当通知有关登记机关协助进行轮候登记,实施查封、扣押、冻结的人民法院应当允许其他人民法院查阅有关文书和记录。

其他人民法院对没有登记的财产进行轮候查封、扣押、冻结的,应当制作笔录,并经实施查封、扣押、冻结的人民法院执行人员及被执行人签字,或者书面通知实施查封、扣押、冻结的人民法院。

第二十七条 查封、扣押、冻结期限届满,人民法院未办理延期手续的,查封、扣押、冻结的效力消灭。

查封、扣押、冻结的财产已经被执行拍卖、变卖或者抵债的,查封、扣押、冻结的效力消灭。

第二十八条 有下列情形之一的,人民法院应当作出解除查封、扣押、冻结裁定,并送达申请执行人、被执行人或者案外人:

(一)查封、扣押、冻结案外人财产的;

(二)申请执行人撤回执行申请或者放弃债权的;

(三)查封、扣押、冻结的财产流拍或者变卖不成,申请执行人和其他执行债权人又不同意接受抵债,且对该财产又无法采取其他执行措施的;

(四)债务已经清偿的;

(五)被执行人提供担保且申请执行人同意解除查封、扣押、冻结的;

(六)人民法院认为应当解除查封、扣押、冻结的其他情形。

解除以登记方式实施的查封、扣押、冻结的,应当向登记机关发出协助执行通知书。

第二十九条 财产保全裁定和先予执行裁定的执行适用本规定。

第三十条 本规定自2005年1月1日起施行。施行前本院公布的司法解释与本规定不一致的,以本规定为准。

最高人民法院关于人民法院执行工作若干问题的规定(试行)

(1998年6月11日最高人民法院审判委员会第992次会议通过 根据2020年12月23日最高人民法院审判委员会第1823次会议通过的《最高人民法院关于修改〈最高人民法院关于人民法院扣押铁路运输货物若干问题的规定〉等十八件执行类司法解释的决定》修正 2020年12月29日最高人民法院公告公布 自2021年1月1日起施行 法释〔2020〕21号)

为了保证在执行程序中正确适用法律,及时有效地执行生效法律文书,维护当事人的合法权益,根据《中华人民共和国民事诉讼法》(以下简称民事诉讼法)等有关法律的规定,结合人民法院执行工作的实践经验,现对人民法院执行工作若干问题作如下规定。

一、执行机构及其职责

1. 人民法院根据需要,依据有关法律的规定,设立执行机构,专门负责执行工作。

2. 执行机构负责执行下列生效法律文书:

(1)人民法院民事、行政判决、裁定、调解书,民事制裁决定、支付令,以及刑事附带民事判决、裁定、调解书,刑事裁判涉财产部分;

(2)依法应由人民法院执行的行政处罚决定、行政处理决定;

(3)我国仲裁机构作出的仲裁裁决和调解书,人民法院依据《中华人民共和国仲裁法》有关规定作出的财产保全和证据保全裁定;

(4)公证机关依法赋予强制执行效力的债权文书;

(5)经人民法院裁定承认其效力的外国法院作出的判决、裁定,以及国外仲裁机构作出的仲裁裁决;

(6)法律规定由人民法院执行的其他法律文书。

3. 人民法院在审理民事、行政案件中作出的财产保全和先予执行裁定,一般应当移送执行机构实施。

4. 人民法庭审结的案件,由人民法庭负责执行。其中复杂、疑难或被执行人不在本法院辖区的案件,由执行机构负责执行。

5. 执行程序中重大事项的办理,应由三名以上执行员讨论,并报经院长批准。

6. 执行机构应配备必要的交通工具、通讯设备、音像设备和警械用具等,以保障及时有效地履行职责。

7. 执行人员执行公务时,应向有关人员出示工作证件,并按规定着装。必要时应由司法警察参加。

8. 上级人民法院执行机构负责本院对下级人民法院执行工作的监督、指导和协调。

二、执行管辖

9. 在国内仲裁过程中,当事人申请财产保全,经仲裁机构提交人民法院的,由被申请人住所地或被申请保全的财产所在地的基层人民法院裁定并执行;申请证据保全的,由证据所在地的基层人民法院裁定并执行。

10. 在涉外仲裁过程中,当事人申请财产保全,经仲裁机构提交人民法院的,由被申请人住所地或被申请保全的财产所在地的中级人民法院裁定并执行;申请证据保全的,由证据所在地的中级人民法院裁定并执行。

11. 专利管理机关依法作出的处理决定和处罚决定,由被执行人住所地或财产所在地的省、自治区、直辖市有权受理专利纠纷案件的中级人民法院执行。

12. 国务院各部门、各省、自治区、直辖市人民政府和海关依照法律、法规作出的处理决定和处罚决定，由被执行人住所地或财产所在地的中级人民法院执行。

13. 两个以上人民法院都有管辖权的，当事人可以向其中一个人民法院申请执行；当事人向两个以上人民法院申请执行的，由最先立案的人民法院管辖。

14. 人民法院之间因执行管辖权发生争议的，由双方协商解决；协商不成的，报请双方共同的上级人民法院指定管辖。

15. 基层人民法院和中级人民法院管辖的执行案件，因特殊情况需要由上级人民法院执行的，可以报请上级人民法院执行。

三、执行的申请和移送

16. 人民法院受理执行案件应当符合下列条件：

（1）申请或移送执行的法律文书已经生效；

（2）申请执行人是生效法律文书确定的权利人或其继承人、权利承受人；

（3）申请执行的法律文书有给付内容，且执行标的和被执行人明确；

（4）义务人在生效法律文书确定的期限内未履行义务；

（5）属于受申请执行的人民法院管辖。

人民法院对符合上述条件的申请，应当在七日内予以立案；不符合上述条件之一的，应当在七日内裁定不予受理。

17. 生效法律文书的执行，一般应当由当事人依法提出申请。

发生法律效力的具有给付赡养费、扶养费、抚育费内容的法律文书、民事制裁决定书，以及刑事附带民事判决、裁定、调解书，由审判庭移送执行机构执行。

18. 申请执行，应向人民法院提交下列文件和证件：

（1）申请执行书。申请执行书中应当写明申请执行的理由、事项、执行标的，以及申请执行人所了解的被执行人的财产状况。

申请执行人书写申请执行书确有困难的，可以口头提出申请。人民法院接待人员对口头申请应当制作笔录，由申请执行人签字或盖章。

外国一方当事人申请执行的，应当提交中文申请执行书。当事人所在国与我国缔结或共同参加的司法协助条约有特别规定的，按照条约规定办理。

（2）生效法律文书副本。

（3）申请执行人的身份证明。自然人申请的，应当出示居民身份证；法人申请的，应当提交法人营业执照副本和法定代表人身份证明；非法人组织申请的，应当提交营业执照副本和主要负责人身份证明。

（4）继承人或权利承受人申请执行的，应当提交继承或承受权利的证明文件。

（5）其他应当提交的文件或证件。

19. 申请执行仲裁机构的仲裁裁决，应当向人民法院提交有仲裁条款的合同书或仲裁协议书。

申请执行国外仲裁机构的仲裁裁决的，应当提交经我国驻外使领馆认证或我国公证机关公证的仲裁裁决书中文本。

20. 申请执行人可以委托代理人代为申请执行。委托代理的，应当向人民法院提交经委托人签字或盖章的授权委托书，写明代理人的姓名或者名称、代理事项、权限和期限。

委托代理人代为放弃、变更民事权利，或代为进行执行和解，或代为收取执行款项的，应当有委托人的特别授权。

21. 执行申请费的收取按照《诉讼费用交纳办法》办理。

四、执行前的准备

22. 人民法院应当在收到申请执行书或者移交执行书后十日内发出执行通知。

执行通知中除应责令被执行人履行法律文书确定的义务外，还应通知其承担民事诉讼法第二百五十三条规定的迟延履行利息或者迟延履行金。

23. 执行通知书的送达，适用民事诉讼法关于送达的规定。

24. 被执行人未按执行通知书履行生效法律文书确定的义务的，应当及时采取执行措施。

人民法院采取执行措施，应当制作相应法律文书，送达被执行人。

25. 人民法院执行非诉讼生效法律文书，必要时可向制作生效法律文书的机构调取卷宗材料。

五、金钱给付的执行

26. 金融机构擅自解冻被人民法院冻结的款项，致冻结款项被转移的，人民法院有权责令其限期追回已转移的款项。在限期内未能追回的，应当裁定该金融机构在转移的款项范围内以自己的财产向申请执行人承担责任。

27. 被执行人为金融机构的，对其交存在人民银行的存款准备金和备付金不得冻结和扣划，但对其在本机构、其他金融机构的存款，及其在人民银行的其他存款可以冻结、划拨，并可对被执行人的其他财产采取执行措施，但不得查封其营业场所。

28. 作为被执行人的自然人，其收入转为储蓄存款的，应当责令其交出存单。拒不交出的，人民法院应当作出提取其存款的裁定，向金融机构发出协助执行通知书，由金融机构提取被执行人的存款交人民法院或存入人民法院指定的账户。

29. 被执行人在有关单位的收入尚未支取的，人民法院应当作出裁定，向该单位发出协助执行通知书，由其协助扣留或提取。

30. 有关单位收到人民法院协助执行被执行人收入的通知后，擅自向被执行人或其他人支付的，人民法院有权责令其限期追回；逾期未追回的，应当裁定其在支付的数额内向申请执行人承担责任。

31. 人民法院对被执行人所有的其他人享有抵押权、质押权或留置权的财产,可以采取查封、扣押措施。财产拍卖、变卖后所得价款,应当在抵押权人、质押权人或留置权人优先受偿后,其余额部分用于清偿申请执行人的债权。

32. 被执行人或其他人擅自处分已被查封、扣押、冻结财产的,人民法院有权责令责任人限期追回财产或承担相应的赔偿责任。

33. 被执行人申请对人民法院查封的财产自行变卖的,人民法院可以准许,但应当监督其按照合理价格在指定的期限内进行,并控制变卖的价款。

34. 拍卖、变卖被执行人的财产成交后,必须即时钱物两清。

委托拍卖、组织变卖被执行人财产所发生的实际费用,从所得价款中优先扣除。所得价款超出执行标的数额和执行费用的部分,应当退还被执行人。

35. 被执行人不履行生效法律文书确定的义务,人民法院有权裁定禁止被执行人转让其专利权、注册商标专用权、著作权(财产权部分)等知识产权。上述权利有登记主管部门的,应当同时向有关部门发出协助执行通知书,要求其不得办理财产权转移手续,必要时可以责令被执行人将产权或使用权证照交人民法院保存。

对前款财产权,可以采取拍卖、变卖等执行措施。

36. 对被执行人从有关企业中应得的已到期的股息或红利等收益,人民法院有权裁定禁止被执行人提取和有关企业向被执行人支付,并要求有关企业直接向申请执行人支付。

对被执行人预期从有关企业中应得的股息或红利等收益,人民法院可以采取冻结措施,禁止到期后被执行人提取和有关企业向被执行人支付。到期后人民法院可从有关企业中提取,并出具提取收据。

37. 对被执行人在其他股份有限公司中持有的股份凭证(股票),人民法院可以扣押,并强制被执行人按照公司法的有关规定转让,也可以直接采取拍卖、变卖的方式进行处分,或直接将股票抵偿给债权人,用于清偿被执行人的债务。

38. 对被执行人在有限责任公司、其他法人企业中的投资权益或股权,人民法院可以采取冻结措施。

冻结投资权益或股权的,应当通知有关企业不得办理被冻结投资权益或股权的转移手续,不得向被执行人支付股息或红利。被冻结的投资权益或股权,被执行人不得自行转让。

39. 被执行人在其独资开办的法人企业中拥有的投资权益被冻结后,人民法院可以直接裁定予以转让,以转让所得清偿其对申请执行人的债务。

对被执行人在有限责任公司中被冻结的投资权益或股权,人民法院可以依据《中华人民共和国公司法》第七十一条、第七十二条、第七十三条的规定,征得全体股东过半数同意后,予以拍卖、变卖或以其他方式转让。不同意转让的股东,应当购买该转让的投资权益或股权,不购买的,视为同意转让,不影响执行。

人民法院也可允许并监督被执行人自行转让其投资权益或股权,将转让所得收益用于清偿对申请执行人的债务。

40. 有关企业收到人民法院发出的协助冻结通知后,擅自向被执行人支付股息或红利,或擅自为被执行人办理已冻结股权的转移手续,造成已转移的财产无法追回的,应当在所支付的股息或红利或转移的股权价值范围内向申请执行人承担责任。

六、交付财产和完成行为的执行

41. 生效法律文书确定被执行人交付特定标的物的,应当执行原物。原物被隐匿或非法转移的,人民法院有权责令其交出。原物确已毁损或灭失的,经双方当事人同意,可以折价赔偿。

双方当事人对折价赔偿不能协商一致的,人民法院应当终结执行程序。申请执行人可以另行起诉。

42. 有关组织或者个人持有法律文书指定交付的财物或票证,在接到人民法院协助执行通知书或通知书后,协同被执行人转移财物或票证的,人民法院有权责令其限期追回;逾期未追回的,应当裁定其承担赔偿责任。

43. 被执行人的财产经拍卖、变卖或裁定以物抵债后,需从现占有人处交付给买受人或申请执行人的,适用民事诉讼法第二百四十九条、第二百五十条和本规定第41条、第42条的规定。

44. 被执行人拒不履行生效法律文书中指定的行为的,人民法院可以强制其履行。

对于可以替代履行的行为,可以委托有关单位或他人完成,因完成上述行为发生的费用由被执行人承担。

对于只能由被执行人完成的行为,经教育,被执行人仍拒不履行的,人民法院应当按照妨害执行行为的有关规定处理。

七、被执行人到期债权的执行

45. 被执行人不能清偿债务,但对本案以外的第三人享有到期债权的,人民法院可以依申请执行人或被执行人的申请,向第三人发出履行到期债务的通知(以下简称履行通知)。履行通知必须直接送达第三人。

履行通知应当包含下列内容:

(1)第三人直接向申请执行人履行其对被执行人所负的债务,不得向被执行人清偿;

(2)第三人应当在收到履行通知后的十五日内向申请执行人履行债务;

(3)第三人对履行到期债权有异议的,应当在收到履行通知后的十五日内向执行法院提出;

(4)第三人违背上述义务的法律后果。

46. 第三人对履行通知的异议一般应当以书面形式提出,口头提出的,执行人员应记入笔录,并由第三人签字或盖章。

47. 第三人在履行通知指定的期间内提出异议的,人民法院不得对第三人强制执行,对提出的异议不进行审查。

48. 第三人提出自己无履行能力或其与申请执行人无直接法律关系,不属于本规定所指的异议。

第三人对债务部分承认、部分有异议的,可以对其承认的部分强制执行。

49. 第三人在履行通知指定的期限内没有提出异议,而又不履行的,执行法院有权裁定对其强制执行。此裁定同时送达第三人和被执行人。

50. 被执行人收到人民法院履行通知后,放弃其对第三人的债权或延缓第三人履行期限的行为无效,人民法院仍可在第三人无异议又不履行的情况下予以强制执行。

51. 第三人收到人民法院要求其履行到期债务的通知后,擅自向被执行人履行,造成已向被执行人履行的财产不能追回的,除在已履行的财产范围内与被执行人承担连带清偿责任外,可以追究其妨害执行的责任。

52. 在对第三人作出强制执行裁定后,第三人确无财产可供执行的,不得就第三人对他人享有的到期债权强制执行。

53. 第三人按照人民法院履行通知向申请执行人履行了债务或已被强制执行后,人民法院应当出具有关证明。

八、执行担保

54. 人民法院在审理案件期间,保证人为被执行人提供保证,人民法院据此未对被执行人的财产采取保全措施或解除保全措施的,案件审结后如果被执行人无财产可供执行或其财产不足清偿债务时,即使生效法律文书中未确定保证人承担责任,人民法院有权裁定执行保证人在保证责任范围内的财产。

九、多个债权人对一个债务人申请执行和参与分配

55. 多份生效法律文书确定金钱给付内容的多个债权人分别对同一被执行人申请执行,各债权人对执行标的物均无担保物权的,按照执行法院采取执行措施的先后顺序受偿。

多个债权人的债权种类不同的,基于所有权和担保物权而享有的债权,优先于金钱债权受偿。有多个担保物权的,按照各担保物权成立的先后顺序清偿。

一份生效法律文书确定金钱给付内容的多个债权人对同一被执行人申请执行,执行的财产不足清偿全部债务的,各债权人对执行标的物均无担保物权的,按照各债权比例受偿。

56. 对参与被执行人财产的具体分配,应当由首先查封、扣押或冻结的法院主持进行。

首先查封、扣押、冻结的法院所采取的执行措施如系为执行财产保全裁定,具体分配应当在该院案件审理终结后进行。

十、对妨害执行行为的强制措施的适用

57. 被执行人或其他人有下列拒不履行生效法律文书或者妨害执行行为之一的,人民法院可以依照民事诉讼法第一百一十一条的规定处理:

(1)隐藏、转移、变卖、毁损向人民法院提供执行担保的财产的;

(2)案外人与被执行人恶意串通转移被执行人财产的;

(3)故意撕毁人民法院执行公告、封条的;

(4)伪造、隐藏、毁灭有关被执行人履行能力的重要证据,妨碍人民法院查明被执行人财产状况的;

(5)指使、贿买、胁迫他人对被执行人的财产状况和履行义务的能力问题作伪证的;

(6)妨碍人民法院依法搜查的;

(7)以暴力、威胁或其他方法妨碍或抗拒执行的;

(8)哄闹、冲击执行现场的;

(9)对人民法院执行人员或协助执行人员进行侮辱、诽谤、诬陷、围攻、威胁、殴打或者打击报复的;

(10)毁损、抢夺执行案件材料、执行公务车辆、其他执行器械、执行人员服装和执行公务证件的。

58. 在执行过程中遇有被执行人或其他人拒不履行生效法律文书或者妨害执行情节严重,需要追究刑事责任的,应将有关材料移交有关机关处理。

十一、执行的中止、终结、结案和执行回转

59. 按照审判监督程序提审或再审的案件,执行机构根据上级法院或本院作出的中止执行裁定书中止执行。

60. 中止执行的情形消失后,执行法院可以根据当事人的申请或依职权恢复执行。

恢复执行应当书面通知当事人。

61. 在执行中,被执行人被人民法院裁定宣告破产的,执行法院应当依照民事诉讼法第二百五十七条第六项的规定,裁定终结执行。

62. 中止执行和终结执行的裁定书应当写明中止或终结执行的理由和法律依据。

63. 人民法院执行生效法律文书,一般应当在立案之日起六个月内执行结案,但中止执行的期间应当扣除。确有特殊情况需要延长的,由本院院长批准。

64. 执行结案的方式为:

(1)执行完毕;

(2)终结本次执行程序;

(3)终结执行;

(4)销案;

(5)不予执行;

(6)驳回申请。

65. 在执行中或执行完毕后,据以执行的法律文书被人民法院或其他有关机关撤销或变更的,原执行机构应当依照民事诉讼法第二百三十三条的规定,依当事人申请或依职权,按照新的生效法律文书,作出执行回转的裁定,责令原申请执行人返还已取得的财产及其孳息。拒不返还的,强制执行。

执行回转应重新立案,适用执行程序的有关规定。

66. 执行回转时,已执行的标的物系特定物的,应当退还原物。不能退还原物的,经双方当事人同意,可以折价赔偿。

双方当事人对折价赔偿不能协商一致的,人民法院应当终结执行回转程序。申请执行人可以另行起诉。

十二、执行争议的协调

67. 两个或两个以上人民法院在执行相关案件中发生争议的,应当协商解决。协商不成的,逐级报请上级法院,直至报请共同的上级法院协调处理。

执行争议经高级人民法院协商不成的,由有关的高级人民法院书面报请最高人民法院协调处理。

68. 执行中发现两地法院或人民法院与仲裁机构就同一法律关系作出不同裁判内容的法律文书的,各有关法院应当立即停止执行,报请共同的上级法院处理。

69. 上级法院协调处理有关执行争议案件,认为必要时,可以决定将有关款项划到本院指定的账户。

70. 上级法院协调下级法院之间的执行争议所作出的处理决定,有关法院必须执行。

十三、执行监督

71. 上级人民法院依法监督下级人民法院的执行工作。最高人民法院依法监督地方各级人民法院和专门法院的执行工作。

72. 上级法院发现下级法院在执行中作出的裁定、决定、通知或具体执行行为不当或有错误的,应当及时指令下级法院纠正,并可以通知有关法院暂缓执行。

下级法院收到上级法院的指令后必须立即纠正。如果认为上级法院的指令有错误,可以在收到该指令后五日内请求上级法院复议。

上级法院认为请求复议的理由不成立,而下级法院仍不纠正的,上级法院可直接作出裁定或决定予以纠正,送达有关法院及当事人,并可直接向有关单位发出协助执行通知书。

73. 上级法院发现下级法院执行的非诉讼生效法律文书有不予执行事由,应当依法作出不予执行裁定而不制作的,可以责令下级法院在指定时限内作出裁定,必要时可直接裁定不予执行。

74. 上级法院发现下级法院的执行案件(包括受委托执行的案件)在规定的期限内未能执行结案的,应当作出裁定、决定、通知而不制作的,或应当依法实施具体执行行为而不实施的,应当督促下级法院限期执行,及时作出有关裁定等法律文书,或采取相应措施。

对下级法院长期未能执结的案件,确有必要的,上级法院可以决定由本院执行或与下级法院共同执行,也可以指定本辖区其他法院执行。

75. 上级法院在监督、指导、协调下级法院执行案件中,发现据以执行的生效法律文书确有错误的,应当书面通知下级法院暂缓执行,并按照审判监督程序处理。

76. 上级法院在申诉案件复查期间,决定对生效法律文书暂缓执行的,有关审判庭应当将暂缓执行的通知抄送执行机构。

77. 上级法院通知暂缓执行的,应同时指定暂缓执行的期限。暂缓执行的期限一般不得超过三个月。有特殊情况需要延长的,应报经院长批准,并及时通知下级法院。

暂缓执行的原因消除后,应当及时通知执行法院恢复执行。期满后上级法院未通知继续暂缓执行的,执行法院可以恢复执行。

78. 下级法院不按照上级法院的裁定、决定或通知执行,造成严重后果的,按照有关规定追究有关主管人员和直接责任人员的责任。

十四、附则

79. 本规定自公布之日起试行。

本院以前作出的司法解释与本规定有抵触的,以本规定为准。本规定未尽事宜,按照以前的规定办理。

最高人民法院关于公证债权文书执行若干问题的规定

(2018 年 6 月 25 日最高人民法院审判委员会第 1743 次会议通过　2018 年 9 月 30 日最高人民法院公告公布　自 2018 年 10 月 1 日起施行　法释〔2018〕18 号)

为了进一步规范人民法院办理公证债权文书执行案件,确保公证债权文书依法执行,维护当事人、利害关系人的合法权益,根据《中华人民共和国民事诉讼法》《中华人民共和国公证法》等法律规定,结合执行实践,制定本规定。

第一条　本规定所称公证债权文书,是指根据公证法第三十七条第一款规定经公证赋予强制执行效力的债权文书。

第二条　公证债权文书执行案件,由被执行人住所地或者被执行的财产所在地人民法院管辖。

前款规定案件的级别管辖,参照人民法院受理第一审民商事案件级别管辖的规定确定。

第三条　债权人申请执行公证债权文书,除应当提交作为执行依据的公证债权文书等申请执行所需的材料外,还应当提交证明履行情况等内容的执行证书。

第四条　债权人申请执行的公证债权文书应当包括公证证词、被证明的债权文书等内容。权利义务主体、给付内容应当在公证证词中列明。

第五条　债权人申请执行公证债权文书,有下列情形之一的,人民法院应当裁定不予受理;已经受理的,裁定驳回执行申请:

(一)债权文书属于不得经公证赋予强制执行效力的文书;

(二)公证债权文书未载明债务人接受强制执行的承诺;

（三）公证证词载明的权利义务主体或者给付内容不明确；

（四）债权人未提交执行证书；

（五）其他不符合受理条件的情形。

第六条　公证债权文书赋予强制执行效力的范围同时包含主债务和担保债务的，人民法院应当依法予以执行；仅包含主债务的，对担保债务部分的执行申请不予受理；仅包含担保债务的，对主债务部分的执行申请不予受理。

第七条　债权人对不予受理、驳回执行申请裁定不服的，可以自裁定送达之日起十日内向上一级人民法院申请复议。

申请复议期满未申请复议，或者复议申请被驳回的，当事人可以就公证债权文书涉及的民事权利义务争议向人民法院提起诉讼。

第八条　公证机构决定不予出具执行证书的，当事人可以就公证债权文书涉及的民事权利义务争议直接向人民法院提起诉讼。

第九条　申请执行公证债权文书的期间自公证债权文书确定的履行期间的最后一日起计算；分期履行的，自公证债权文书确定的每次履行期间的最后一日起计算。

债权人向公证机构申请出具执行证书的，申请执行时效自债权人提出申请之日起中断。

第十条　人民法院在执行实施中，根据公证债权文书并结合申请执行人的申请依法确定给付内容。

第十一条　因民间借贷形成的公证债权文书，文书中载明的利率超过人民法院依照法律、司法解释规定应予支持的上限的，对超过的利息部分不纳入执行范围；载明的利率未超过人民法院依照法律、司法解释规定应予支持的上限，被执行人主张实际超过的，可以依照本规定第二十二条第一款规定提起诉讼。

第十二条　有下列情形之一的，被执行人可以依照民事诉讼法第二百三十八条第二款规定申请不予执行公证债权文书：

（一）被执行人未到场且未委托代理人到场办理公证的；

（二）无民事行为能力人或者限制民事行为能力人没有监护人代为办理公证的；

（三）公证员为本人、近亲属办理公证，或者办理与本人、近亲属有利害关系的公证的；

（四）公证员办理该项公证有贪污受贿、徇私舞弊行为，已经由生效刑事法律文书等确认的；

（五）其他严重违反法定公证程序的情形。

被执行人以公证债权文书的内容与事实不符或者违反法律强制性规定等实体事由申请不予执行的，人民法院应当告知其依照本规定第二十二条第一款规定提起诉讼。

第十三条　被执行人申请不予执行公证债权文书，应当在执行通知书送达之日起十五日内向执行法院提出书面申请，并提交相关证据材料；有本规定第十二条第一款第三项、第四项规定情形且执行程序尚未终结的，应当自知道或者应当知道有关事实之日起十五日内提出。

公证债权文书执行案件被指定执行、提级执行、委托执行后，被执行人申请不予执行的，由提出申请时负责该案件执行的人民法院审查。

第十四条　被执行人认为公证债权文书存在本规定第十二条第一款规定的多个不予执行事由的，应当在不予执行案件审查期间一并提出。

不予执行申请被裁定驳回后，同一被执行人再次提出申请的，人民法院不予受理。但有证据证明不予执行事由在不予执行申请被裁定驳回后知道的，可以在执行程序终结前提出。

第十五条　人民法院审查不予执行公证债权文书案件，案情复杂、争议较大的，应当进行听证。必要时可以向公证机构调阅公证案卷，要求公证机构作出书面说明，或者通知公证员到庭说明情况。

第十六条　人民法院审查不予执行公证债权文书案件，应当在受理之日起六十日内审查完毕并作出裁定；有特殊情况需要延长的，经本院院长批准，可以延长三十日。

第十七条　人民法院审查不予执行公证债权文书案件期间，不停止执行。

被执行人提供充分、有效的担保，请求停止相应处分措施的，人民法院可以准许；申请执行人提供充分、有效的担保，请求继续执行的，应当继续执行。

第十八条　被执行人依照本规定第十二条第一款规定申请不予执行，人民法院经审查认为理由成立的，裁定不予执行；理由不成立的，裁定驳回不予执行申请。

公证债权文书部分内容具有本规定第十二条第一款规定情形的，人民法院应当裁定对该部分不予执行；应当不予执行部分与其他部分不可分的，裁定对该公证债权文书不予执行。

第十九条　人民法院认定执行公证债权文书违背公序良俗的，裁定不予执行。

第二十条　公证债权文书被裁定不予执行的，当事人可以就该公证债权文书涉及的民事权利义务争议向人民法院提起诉讼；公证债权文书被裁定部分不予执行的，当事人可以就该部分争议提起诉讼。

当事人对不予执行裁定提出执行异议或者申请复议的，人民法院不予受理。

第二十一条　当事人不服驳回不予执行申请裁定的，可以自裁定送达之日起十日内向上一级人民法院申请复议。上一级人民法院应当自收到复议申请之日起三十日内审查。经审查，理由成立的，裁定撤销原裁定，不予执行该公证债权文书；理由不成立的，裁定驳回复议申请。复议期间，不停止执行。

第二十二条　有下列情形之一的，债务人可以在执行程序终结前，以债权人为被告，向执行法院提起诉讼，请求不予执行公证债权文书：

（一）公证债权文书载明的民事权利义务关系与事实不符；

（二）经公证的债权文书具有法律规定的无效、可撤销等情形；

（三）公证债权文书载明的债权因清偿、提存、抵销、免除等原因全部或者部分消灭。

债务人提起诉讼，不影响人民法院对公证债权文书的执行。债务人提供充分、有效的担保，请求停止相应处分措施的，人民法院可以准许；债权人提供充分、有效的担保，请求继续执行的，应当继续执行。

第二十三条 对债务人依照本规定第二十二条第一款规定提起的诉讼，人民法院经审理认为理由成立的，判决不予执行或者部分不予执行；理由不成立的，判决驳回诉讼请求。

当事人同时就公证债权文书涉及的民事权利义务争议提出诉讼请求的，人民法院可以在判决中一并作出裁判。

第二十四条 有下列情形之一的，债权人、利害关系人可以就公证债权文书涉及的民事权利义务争议直接向有管辖权的人民法院提起诉讼：

（一）公证债权文书载明的民事权利义务关系与事实不符；

（二）经公证的债权文书具有法律规定的无效、可撤销等情形。

债权人提起诉讼，诉讼案件受理后又申请执行公证债权文书的，人民法院不予受理。进入执行程序后债权人又提起诉讼的，诉讼案件受理后，人民法院可以裁定终结公证债权文书的执行；债权人请求继续执行其未提出争议部分的，人民法院可以准许。

利害关系人提起诉讼，不影响人民法院对公证债权文书的执行。利害关系人提供充分、有效的担保，请求停止相应处分措施的，人民法院可以准许；债权人提供充分、有效的担保，请求继续执行的，应当继续执行。

第二十五条 本规定自2018年10月1日起施行。

本规定施行前最高人民法院公布的司法解释与本规定不一致的，以本规定为准。

最高人民法院关于人民法院确定财产处置参考价若干问题的规定

（2018年6月4日最高人民法院审判委员会第1741次会议通过 2018年8月28日最高人民法院公告公布 自2018年9月1日起施行 法释〔2018〕15号）

为公平、公正、高效确定财产处置参考价，维护当事人、利害关系人的合法权益，根据《中华人民共和国民事诉讼法》等法律规定，结合人民法院工作实际，制定本规定。

第一条 人民法院查封、扣押、冻结财产后，对需要拍卖、变卖的财产，应当在三十日内启动确定财产处置参考价程序。

第二条 人民法院确定财产处置参考价，可以采取当事人议价、定向询价、网络询价、委托评估等方式。

第三条 人民法院确定参考价前，应当查明财产的权属、权利负担、占有使用、欠缴税费、质量瑕疵等事项。

人民法院查明前款规定事项需要当事人、有关单位或者个人提供相关资料的，可以通知其提交；拒不提交的，可以强制提取；对妨碍强制提取的，参照民事诉讼法第一百一十一条、第一百一十四条的规定处理。

查明本条第一款规定事项需要审计、鉴定的，人民法院可以先行审计、鉴定。

第四条 采取当事人议价方式确定参考价的，除一方当事人拒绝议价或者下落不明外，人民法院应当以适当的方式通知或者组织当事人进行协商，当事人应当在指定期限内提交议价结果。

双方当事人提交的议价结果一致，且不损害他人合法权益的，议价结果为参考价。

第五条 当事人议价不能或者不成，且财产有计税基准价、政府定价或者政府指导价的，人民法院应当向确定参考价时财产所在地的有关机构进行定向询价。

双方当事人一致要求直接进行定向询价，且财产有计税基准价、政府定价或者政府指导价的，人民法院应当准许。

第六条 采取定向询价方式确定参考价的，人民法院应当向有关机构出具询价函，询价函应当载明询价要求、完成期限等内容。

接受定向询价的机构在指定期限内出具的询价结果为参考价。

第七条 定向询价不能或者不成，财产无需由专业人员现场勘验或者鉴定，且具备网络询价条件的，人民法院应当通过司法网络询价平台进行网络询价。

双方当事人一致要求或者同意直接进行网络询价，财产无需由专业人员现场勘验或者鉴定，且具备网络询价条件的，人民法院应当准许。

第八条 最高人民法院建立全国性司法网络询价平台名单库。

司法网络询价平台应当同时符合下列条件：

（一）具备能够依法开展互联网信息服务工作的资质；

（二）能够合法获取并整合全国各地区同种类财产一定时期的既往成交价、政府定价、政府指导价或者市场公开交易价等不少于三类价格数据，并保证数据真实、准确；

（三）能够根据数据化财产特征，运用一定的运算规则对市场既往交易价格、交易趋势予以分析；

（四）程序运行规范、系统安全高效、服务质优价廉；

（五）能够全程记载数据的分析过程，将形成的电子数据完整保存不少于十年，但法律、行政法规、司法解释另有规定的除外。

第九条 最高人民法院组成专门的评审委员会，负责司法网络询价平台的选定、评审和除名。每年引入权威第三方对已纳入和新申请纳入名单库的司法网络询价平台予以评审并公布结果。

司法网络询价平台具有下列情形之一的，应当将其从名单库中除名：

（一）无正当理由拒绝进行网络询价；

（二）无正当理由一年内累计五次未按期完成网络询价；

（三）存在恶意串通、弄虚作假、泄露保密信息等行为；

（四）经权威第三方评审认定不符合提供网络询价服务条件；

（五）存在其他违反询价规则以及法律、行政法规、司法解释规定的情形。

司法网络询价平台被除名后，五年内不得被纳入名单库。

第十条 采取网络询价方式确定参考价的，人民法院应当同时向名单库中的全部司法网络询价平台发出网络询价委托书。网络询价委托书应当载明财产名称、物理特征、规格数量、目的要求、完成期限以及其他需要明确的内容等。

第十一条 司法网络询价平台应当在收到人民法院网络询价委托书之日起三日内出具网络询价报告。网络询价报告应当载明财产的基本情况、参照样本、计算方法、询价结果及有效期等内容。

司法网络询价平台不能在期限内完成询价的，应当在期限届满前申请延长期限。全部司法网络询价平台均未能在期限内出具询价结果的，人民法院应当根据各司法网络询价平台的延期申请延期三日；部分司法网络询价平台在期限内出具网络询价结果的，人民法院对其他司法网络询价平台的延期申请不予准许。

全部司法网络询价平台均未在期限内出具或者补正网络询价报告，且未按照规定申请延长期限的，人民法院应当委托评估机构进行评估。

人民法院未在网络询价结果有效期内发布一拍拍卖公告或者直接进入变卖程序的，应当通知司法网络询价平台在三日内重新出具网络询价报告。

第十二条 人民法院应当对网络询价报告进行审查。网络询价报告均存在财产基本信息错误、超出财产范围或者遗漏财产等情形的，应当通知司法网络询价平台在三日内予以补正；部分网络询价报告不存在上述情形的，无需通知其他司法网络询价平台补正。

第十三条 全部司法网络询价平台均在期限内出具询价结果或者补正结果的，人民法院应当以全部司法网络询价平台出具结果的平均值为参考价；部分司法网络询价平台在期限内出具询价结果或者补正结果的，人民法院应当以该部分司法网络询价平台出具结果的平均值为参考价。

当事人、利害关系人依据本规定第二十二条的规定对全部网络询价报告均提出异议，且所提异议被驳回或者司法网络询价平台已作出补正的，人民法院应当以异议被驳回或者已作出补正的各司法网络询价平台出具结果的平均值为参考价；对部分网络询价报告提出异议的，人民法院应当以网络询价报告未被提出异议的各司法网络询价平台出具结果的平均值为参考价。

第十四条 法律、行政法规规定必须委托评估、双方当事人要求委托评估或者网络询价不能或不成的，人民法院应当委托评估机构进行评估。

第十五条 最高人民法院根据全国性评估行业协会推荐的评估机构名单建立人民法院司法评估机构名单库。按评估专业领域和评估机构的执业范围建立名单分库，在分库下根据行政区划设省、市两级名单子库。

评估机构无正当理由拒绝进行司法评估或者存在弄虚作假等情形的，最高人民法院可以商全国性评估行业协会将其从名单库中除名；除名后五年内不得被纳入名单库。

第十六条 采取委托评估方式确定参考价的，人民法院应当通知双方当事人在指定期限内从名单分库中协商确定三家评估机构以及顺序；双方当事人在指定期限内协商不成或者一方当事人下落不明的，采取摇号方式在名单分库或者财产所在地的名单子库中随机确定三家评估机构以及顺序。双方当事人一致要求在同一名单子库中随机确定的，人民法院应当准许。

第十七条 人民法院应当向顺序在先的评估机构出具评估委托书，评估委托书应当载明财产名称、物理特征、规格数量、目的要求、完成期限以及其他需要明确的内容等，同时应当将查明的财产情况及相关材料一并移交给评估机构。

评估机构应当出具评估报告，评估报告应当载明评估财产的基本情况、评估方法、评估标准、评估结果及有效期等内容。

第十八条 评估需要进行现场勘验的，人民法院应当通知当事人到场；当事人不到场的，不影响勘验的进行，但应当有见证人见证。现场勘验需要当事人、协助义务人配合的，人民法院依法责令其配合；不予配合的，可以依法强制进行。

第十九条 评估机构应当在三十日内出具评估报告。人民法院决定暂缓或者裁定中止执行的期间，应当从前述期限中扣除。

评估机构不能在期限内出具评估报告的，应当在期限届满五日前书面向人民法院申请延长期限。人民法院决定延长期限的，延期次数不超过两次，每次不超过十五日。

评估机构未在期限内出具评估报告、补正说明，且未按照规定申请延长期限的，人民法院应当通知该评估机构三日内将人民法院委托评估时移交的材料退回，另行委托下一顺序的评估机构重新进行评估。

人民法院未在评估结果有效期内发布一拍拍卖公告或者直接进入变卖程序的，应当通知原评估机构在十五日内重新出具评估报告。

第二十条 人民法院应当对评估报告进行审查。具有下列情形之一的，应当责令评估机构在三日内予以书面说明或者补正：

（一）财产基本信息错误；

（二）超出财产范围或者遗漏财产；

（三）选定的评估机构与评估报告上签章的评估机构不符；

（四）评估人员执业资格证明与评估报告上署名的人员不符；

（五）具有其他应当书面说明或者补正的情形。

第二十一条 人民法院收到定向询价、网络询价、委托评估、说明补正等报告后，应当在三日内发送给当事人及利害关系人。

当事人、利害关系人已提供有效送达地址的，人民法院应当将报告以直接送达、留置送达、委托送达、邮寄送达或者电子送达的方式送达；当事人、利害关系人下落不明或者无法获取其有效送达地址，人民法院无法按照前述规定送达的，应当在中国执行信息公开网上予以公示，公示满十五日即视为收到。

第二十二条 当事人、利害关系人认为网络询价报告或者评估报告具有下列情形之一的，可以在收到报告后五日内提出书面异议：

（一）财产基本信息错误；

（二）超出财产范围或者遗漏财产；

（三）评估机构或者评估人员不具备相应评估资质；

（四）评估程序严重违法。

对当事人、利害关系人依据前款规定提出的书面异议，人民法院应当参照民事诉讼法第二百二十五条的规定处理。

第二十三条 当事人、利害关系人收到评估报告后五日内对评估报告的参照标准、计算方法或者评估结果等提出书面异议的，人民法院应当在三日内交评估机构予以书面说明。评估机构在五日内未作说明或者当事人、利害关系人对作出的说明仍有异议的，人民法院应当交由相关行业协会在指定期限内组织专业技术评审，并根据专业技术评审出具的结论认定评估结果或者责令原评估机构予以补正。

当事人、利害关系人提出前款异议，同时涉及本规定第二十二条第一款第一、二项情形的，按照前款规定处理；同时涉及本规定第二十二条第一款第三、四项情形的，按照本规定第二十二条第二款先对第三、四项情形审查，异议成立的，应当通知评估机构三日内将人民法院委托评估时移交的材料退回，另行委托下一顺序的评估机构重新进行评估；异议不成立的，按照前款规定处理。

第二十四条 当事人、利害关系人未在本规定第二十二条、第二十三条规定的期限内提出异议或者对网络询价平台、评估机构、行业协会按照本规定第二十二条、第二十三条所作的补正说明、专业技术评审结论提出异议的，人民法院不予受理。

当事人、利害关系人对议价或者定向询价提出异议的，人民法院不予受理。

第二十五条 当事人、利害关系人有证据证明具有下列情形之一，且在发布一拍拍卖公告或者直接进入变卖程序之前提出异议的，人民法院应当按照执行监督程序进行审查处理：

（一）议价中存在欺诈、胁迫情形；

（二）恶意串通损害第三人利益；

（三）有关机构出具虚假定向询价结果；

（四）依照本规定第二十二条、第二十三条作出的处理结果确有错误。

第二十六条 当事人、利害关系人对评估报告未提出异议、所提异议被驳回或者评估机构已作出补正的，人民法院应当以评估结果或者补正结果为参考价；当事人、利害关系人对评估报告提出的异议成立的，人民法院应当以评估机构作出的补正结果或者重新作出的评估结果为参考价。专业技术评审对评估报告未作出否定结论的，人民法院应当以该评估结果为参考价。

第二十七条 司法网络询价平台、评估机构应当确定网络询价或者委托评估结果的有效期，有效期最长不得超过一年。

当事人议价的，可以自行协商确定议价结果的有效期，但不得超过前款规定的期限；定向询价结果的有效期，参照前款规定确定。

人民法院在议价、询价、评估结果有效期内发布一拍拍卖公告或者直接进入变卖程序，拍卖、变卖时未超过有效期六个月的，无需重新确定参考价，但法律、行政法规、司法解释另有规定的除外。

第二十八条 具有下列情形之一的，人民法院应当决定暂缓网络询价或者委托评估：

（一）案件暂缓执行或者中止执行；

（二）评估材料与事实严重不符，可能影响评估结果，需要重新调查核实；

（三）人民法院认为应当暂缓的其他情形。

第二十九条 具有下列情形之一的，人民法院应当撤回网络询价或者委托评估：

（一）申请执行人撤回执行申请；

（二）生效法律文书确定的义务已全部执行完毕；

（三）据以执行的生效法律文书被撤销或者被裁定不予执行；

（四）人民法院认为应当撤回的其他情形。

人民法院决定网络询价或者委托评估后，双方当事人议价确定参考价或者协商不再对财产进行变价处理的，人民法院可以撤回网络询价或者委托评估。

第三十条　人民法院应当在参考价确定后十日内启动财产变价程序。拍卖的，参照参考价确定起拍价；直接变卖的，参照参考价确定变卖价。

第三十一条　人民法院委托司法网络询价平台进行网络询价的，网络询价费用应当按次计付给出具网络询价结果与财产处置成交价最接近的司法网络询价平台；多家司法网络询价平台出具的网络询价结果相同或者与财产处置成交价差距相同的，网络询价费用平均分配。

人民法院依照本规定第十一条第三款规定委托评估机构进行评估或者依照本规定第二十九条规定撤回网络询价的，对司法网络询价平台不计付费用。

第三十二条　人民法院委托评估机构进行评估，财产处置未成交的，按照评估机构合理的实际支出计付费用；财产处置成交价高于评估价的，以评估价为基准计付费用；财产处置成交价低于评估价的，以财产处置成交价为基准计付费用。

人民法院依照本规定第二十九条规定撤回委托评估的，按照评估机构合理的实际支出计付费用；人民法院依照本规定通知原评估机构重新出具评估报告的，按照前款规定的百分之三十计付费用。

人民法院依照本规定另行委托评估机构重新进行评估的，对原评估机构不计付费用。

第三十三条　网络询价费及委托评估费由申请执行人先行垫付，由被执行人负担。

申请执行人通过签订保险合同的方式垫付网络询价费或者委托评估费的，保险人应当向人民法院出具担保书。担保书应当载明因申请执行人未垫付网络询价费或者委托评估费由保险人支付等内容，并附相关证据材料。

第三十四条　最高人民法院建设全国法院询价评估系统。询价评估系统与定向询价机构、司法网络询价平台、全国性评估行业协会的系统对接，实现数据共享。

询价评估系统应当具有记载当事人议价、定向询价、网络询价、委托评估、摇号过程等功能，并形成固化数据，长期保存、随案备查。

第三十五条　本规定自2018年9月1日起施行。

最高人民法院此前公布的司法解释及规范性文件与本规定不一致的，以本规定为准。

最高人民法院关于仲裁机构“先予仲裁”裁决或者调解书立案、执行等法律适用问题的批复

（2018年5月28日最高人民法院审判委员会第1740次会议通过　2018年6月5日最高人民法院公告公布　自2018年6月12日起施行　法释〔2018〕10号）

广东省高级人民法院：

你院《关于“先予仲裁”裁决应否立案执行的请示》（粤高法〔2018〕99号）收悉。经研究，批复如下：

当事人申请人民法院执行仲裁机构根据仲裁法作出的仲裁裁决或者调解书，人民法院经审查，符合民事诉讼法、仲裁法相关规定的，应当依法及时受理，立案执行。但是，根据仲裁法第二条的规定，仲裁机构可以仲裁的是当事人间已经发生的合同纠纷和其他财产权益纠纷。因此，网络借贷合同当事人申请执行仲裁机构在纠纷发生前作出的仲裁裁决或者调解书的，人民法院应当裁定不予受理；已经受理的，裁定驳回执行申请。

你院请示中提出的下列情形，应当认定为民事诉讼法第二百三十七条第二款第三项规定的“仲裁庭的组成或者仲裁的程序违反法定程序”的情形：

一、仲裁机构未依照仲裁法规定的程序审理纠纷或者主持调解，径行根据网络借贷合同当事人在纠纷发生前签订的和解或者调解协议作出仲裁裁决、仲裁调解书的；

二、仲裁机构在仲裁过程中未保障当事人申请仲裁员回避、提供证据、答辩等仲裁法规定的基本程序权利的。

前款规定情形中，网络借贷合同当事人以约定弃权条款为由，主张仲裁程序未违反法定程序的，人民法院不予支持。

人民法院办理其他合同纠纷、财产权益纠纷仲裁裁决或者调解书执行案件，适用本批复。

此复。

最高人民法院关于人民法院办理仲裁裁决执行案件若干问题的规定

（2018年1月5日最高人民法院审判委员会第1730次会议通过　2018年2月22日最高人民法院公告公布　自2018年3月1日起施行　法释〔2018〕5号）

为了规范人民法院办理仲裁裁决执行案件，依法保护当事人、案外人的合法权益，根据《中华人民共和国民事诉讼法》《中华人民共和国仲裁法》等法律规定，结合人民法院执行工作实际，制定本规定。

第一条　本规定所称的仲裁裁决执行案件，是指当事人申请人民法院执行仲裁机构依据仲裁法作出的仲裁裁决或者仲裁调解书的案件。

第二条　当事人对仲裁机构作出的仲裁裁决或者仲裁调解书申请执行的，由被执行人住所地或者被执行的财产所在地的中级人民法院管辖。

符合下列条件的，经上级人民法院批准，中级人民法院可以参照民事诉讼法第三十八条的规定指定基层人民法院管辖：

（一）执行标的额符合基层人民法院一审民商事案件级别管辖受理范围；

（二）被执行人住所地或者被执行的财产所在地在被指定的基层人民法院辖区内。

被执行人、案外人对仲裁裁决执行案件申请不予执行的，负责执行的中级人民法院应当另行立案审查处理；执行案件已指定基层人民法院管辖的，应当于收到不予执行申请后三日内移送原执行法院另行立案审查处理。

第三条　仲裁裁决或者仲裁调解书执行内容具有下列情形之一导致无法执行的，人民法院可以裁定驳回执行申请；导致部分无法执行的，可以裁定驳回该部分的执行申请；导致部分无法执行且该部分与其他部分不可分的，可以裁定驳回执行申请。

（一）权利义务主体不明确；

（二）金钱给付具体数额不明确或者计算方法不明确导致无法计算出具体数额；

（三）交付的特定物不明确或者无法确定；

（四）行为履行的标准、对象、范围不明确；

仲裁裁决或者仲裁调解书仅确定继续履行合同，但对继续履行的权利义务，以及履行的方式、期限等具体内容不明确，导致无法执行的，依照前款规定处理。

第四条　对仲裁裁决主文或者仲裁调解书中的文字、计算错误以及仲裁庭已经认定但在裁决主文中遗漏的事项，可以补正或说明的，人民法院应当书面告知仲裁庭补正或说明，或者向仲裁机构调阅仲裁案卷查明。仲裁庭不补正也不说明，且人民法院调阅仲裁案卷后执行内容仍然不明确具体无法执行的，可以裁定驳回执行申请。

第五条　申请执行人对人民法院依照本规定第三条、第四条作出的驳回执行申请裁定不服的，可以自裁定送达之日起十日内向上一级人民法院申请复议。

第六条　仲裁裁决或者仲裁调解书确定交付的特定物确已毁损或者灭失的，依照《最高人民法院关于适用〈中华人民共和国民事诉讼法〉的解释》第四百九十四条的规定处理。

第七条　被执行人申请撤销仲裁裁决并已由人民法院受理的，或者被执行人、案外人对仲裁裁决执行案件提出不予执行申请并提供适当担保的，执行法院应当裁定中止执行。中止执行期间，人民法院应当停止处分性措施，但申请执行人提供充分、有效的担保请求继续执行的除外；执行标的查封、扣押、冻结期限届满前，人民法院可以根据当事人申请或者依职权办理续行查封、扣押、冻结手续。

申请撤销仲裁裁决、不予执行仲裁裁决案件司法审查期间，当事人、案外人申请对已查封、扣押、冻结之外的财产采取保全措施的，负责审查的人民法院参照民事诉讼法第一百条的规定处理。司法审查后仍需继续执行的，保全措施自动转为执行中的查封、扣押、冻结措施；采取保全措施的人民法院与执行法院不一致的，应当将保全手续移送执行法院，保全裁定视为执行法院作出的裁定。

第八条　被执行人向人民法院申请不予执行仲裁裁决的，应当在执行通知书送达之日起十五日内提出书面申请；有民事诉讼法第二百三十七条第二款第四、六项规定情形且执行程序尚未终结的，应当自知道或者应当知道有关事实或案件之日起十五日内提出书面申请。

本条前款规定期限届满前，被执行人已向有管辖权的人民法院申请撤销仲裁裁决且已被受理的，自人民法院驳回撤销仲裁裁决申请的裁判文书生效之日起重新计算期限。

第九条　案外人向人民法院申请不予执行仲裁裁决或者仲裁调解书的，应当提交申请书以及证明其请求成立的证据材料，并符合下列条件：

（一）有证据证明仲裁案件当事人恶意申请仲裁或者虚假仲裁，损害其合法权益；

（二）案外人主张的合法权益所涉及的执行标的尚未执行终结；

（三）自知道或者应当知道人民法院对该标的采取执行措施之日起三十日内提出。

第十条　被执行人申请不予执行仲裁裁决，对同一仲裁裁决的多个不予执行事由应当一并提出。不予执行仲裁裁决申请被裁定驳回后，再次提出申请的，人民法院不予审查，但有新证据证明存在民事诉讼法第二百三十七条第二款第四、六项规定情形的除外。

第十一条　人民法院对不予执行仲裁裁决案件应当组成合议庭围绕被执行人申请的事由、案外人的申请进行审查；对被执行人没有申请的事由不予审查，但仲裁裁决可能违背社会公共利益的除外。

被执行人、案外人对仲裁裁决执行案件申请不予执行的，人民法院应当进行询问；被执行人在询问终结前提出其他不予执行事由的，应当一并审查。人民法院审查时，认为必要的，可以要求仲裁庭作出说明，或者向仲裁机构调阅仲裁案卷。

第十二条　人民法院对不予执行仲裁裁决案件的审查，应当在立案之日起两个月内审查完毕并作出裁定；有特殊情况需要延长的，经本院院长批准，可以延长一个月。

第十三条　下列情形经人民法院审查属实的，应当认定为民事诉讼法第二百三十七条第二款第二项规定的“裁决的事项不属于仲裁协议的范围或者仲裁机构无权仲裁的”情形：

（一）裁决的事项超出仲裁协议约定的范围；

（二）裁决的事项属于依照法律规定或者当事人选择的仲裁规则规定的不可仲裁事项；

（三）裁决内容超出当事人仲裁请求的范围；

（四）作出裁决的仲裁机构非仲裁协议所约定。

第十四条　违反仲裁法规定的仲裁程序、当事人选择的仲裁规则或者当事人对仲裁程序的特别约定，可能影响案件公正裁决，经人民法院审查属实的，应当认定为民事诉讼法第二百三十七条第二款第三项规定的“仲裁庭的组成或者仲裁的程序违反法定程序的”情形。

当事人主张未按照仲裁法或仲裁规则规定的方式送达法律文书导致其未能参与仲裁，或者仲裁员根据仲裁法或仲裁规则的规定应当回避而未回避，可能影响公正裁决，经审查属实的，人民法院应当支持；仲裁庭按照仲裁法或仲裁规则以及当事人约定的方式送达仲裁法律文书，当事人主张不符合民事诉讼法有关送达规定的，人民法院不予支持。

适用的仲裁程序或仲裁规则经特别提示，当事人知道或者应当知道法定仲裁程序或选择的仲裁规则未被遵守，但仍然参加或者继续参加仲裁程序且未提出异议，在仲裁裁决作出之后以违反法定程序为由申请不予执行仲裁裁决的，人民法院不予支持。

第十五条　符合下列条件的，人民法院应当认定为民事诉讼法第二百三十七条第二款第四项规定的“裁决所根据的证据是伪造的”情形：

（一）该证据已被仲裁裁决采信；

（二）该证据属于认定案件基本事实的主要证据；

（三）该证据经查明确属通过捏造、变造、提供虚假证明等非法方式形成或者获取，违反证据的客观性、关联性、合法性要求。

第十六条　符合下列条件的，人民法院应当认定为民事诉讼法第二百三十七条第二款第五项规定的“对方当事人向仲裁机构隐瞒了足以影响公正裁决的证据的”情形：

（一）该证据属于认定案件基本事实的主要证据；

（二）该证据仅为对方当事人掌握，但未向仲裁庭提交；

（三）仲裁过程中知悉存在该证据，且要求对方当事人出示或者请求仲裁庭责令其提交，但对方当事人无正当理由未予出示或者提交。

当事人一方在仲裁过程中隐瞒己方掌握的证据，仲裁裁决作出后以己方所隐瞒的证据足以影响公正裁决为由申请不予执行仲裁裁决的，人民法院不予支持。

第十七条　被执行人申请不予执行仲裁调解书或者根据当事人之间的和解协议、调解协议作出的仲裁裁决，人民法院不予支持，但该仲裁调解书或者仲裁裁决违背社会公共利益的除外。

第十八条　案外人根据本规定第九条申请不予执行仲裁裁决或者仲裁调解书，符合下列条件的，人民法院应当支持：

（一）案外人系权利或者利益的主体；

（二）案外人主张的权利或者利益合法、真实；

（三）仲裁案件当事人之间存在虚构法律关系，捏造案件事实的情形；

（四）仲裁裁决主文或者仲裁调解书处理当事人民事权利义务的结果部分或者全部错误，损害案外人合法权益。

第十九条　被执行人、案外人对仲裁裁决执行案件逾期申请不予执行的，人民法院应当裁定不予受理；已经受理的，应当裁定驳回不予执行申请。

被执行人、案外人对仲裁裁决执行案件申请不予执行，经审查理由成立的，人民法院应当裁定不予执行；理由不成立的，应当裁定驳回不予执行申请。

第二十条　当事人向人民法院申请撤销仲裁裁决被驳回后，又在执行程序中以相同事由提出不予执行申请的，人民法院不予支持；当事人向人民法院申请不予执行被驳回后，又以相同事由申请撤销仲裁裁决的，人民法院不予支持。

在不予执行仲裁裁决案件审查期间，当事人向有管辖权的人民法院提出撤销仲裁裁决申请并被受理的，人民法院应当裁定中止对不予执行申请的审查；仲裁裁决被撤销或者决定重新仲裁的，人民法院应当裁定终结执行，并终结对不予执行申请的审查；撤销仲裁裁决申请被驳回或者申请执行人撤回撤销仲裁裁决申请的，人民法院应当恢复对不予执行申请的审查；被执行人撤回撤销仲裁裁决申请的，人民法院应当裁定终结对不予执行申请的审查，但案外人申请不予执行仲裁裁决的除外。

第二十一条　人民法院裁定驳回撤销仲裁裁决申请或者驳回不予执行仲裁裁决、仲裁调解书申请的，执行法院应当恢复执行。

人民法院裁定撤销仲裁裁决或者基于被执行人申请裁定不予执行仲裁裁决，原被执行人申请执行回转或者解除强制执行措施的，人民法院应当支持。原申请执行人对已履行或者被人民法院强制执行的款物申请保全的，人民法院应当依法准许；原申请执行人在人民法院采取保全措施之日起三十日内，未根据双方达成的书面仲裁协议重新申请仲裁或者向人民法院起诉的，人民法院应当裁定解除保全。

人民法院基于案外人申请裁定不予执行仲裁裁决或者仲裁调解书，案外人申请执行回转或者解除强制执行措施的，人民法院应当支持。

第二十二条　人民法院裁定不予执行仲裁裁决、驳回或者不予受理不予执行仲裁裁决申请后，当事人对该裁定提出执行异议或者申请复议的，人民法院不予受理。

人民法院裁定不予执行仲裁裁决的，当事人可以根据双方达成的书面仲裁协议重新申请仲裁，也可以向人民法院起诉。

人民法院基于案外人申请裁定不予执行仲裁裁决或者仲裁调解书，当事人不服的，可以自裁定送达之日起十日内向上一级人民法院申请复议；人民法院裁定驳回或者不予受理案外人提出的不予执行仲裁裁决、仲裁调解书申请，案外人不服的，可以自裁定送达之日起十日内向上一级人民法院申请复议。

第二十三条 本规定第八条、第九条关于对仲裁裁决执行案件申请不予执行的期限自本规定施行之日起重新计算。

第二十四条 本规定自2018年3月1日起施行，本院以前发布的司法解释与本规定不一致的，以本规定为准。

本规定施行前已经执行终结的执行案件，不适用本规定；本规定施行后尚未执行终结的执行案件，适用本规定。

最高人民法院关于人民法院网络司法拍卖若干问题的规定

（2016年5月30日最高人民法院审判委员会第1685次会议通过 2016年8月2日最高人民法院公告公布 自2017年1月1日起施行 法释〔2016〕18号）

为了规范网络司法拍卖行为，保障网络司法拍卖公开、公平、公正、安全、高效，维护当事人的合法权益，根据《中华人民共和国民事诉讼法》等法律的规定，结合人民法院执行工作的实际，制定本规定。

第一条 本规定所称的网络司法拍卖，是指人民法院依法通过互联网拍卖平台，以网络电子竞价方式公开处置财产的行为。

第二条 人民法院以拍卖方式处置财产的，应当采取网络司法拍卖方式，但法律、行政法规和司法解释规定必须通过其他途径处置，或者不宜采用网络拍卖方式处置的除外。

第三条 网络司法拍卖应当在互联网拍卖平台上向社会全程公开，接受社会监督。

第四条 最高人民法院建立全国性网络服务提供者名单库。网络服务提供者申请纳入名单库的，其提供的网络司法拍卖平台应当符合下列条件：

（一）具备全面展示司法拍卖信息的界面；

（二）具备本规定要求的信息公示、网上报名、竞价、结算等功能；

（三）具有信息共享、功能齐全、技术拓展等功能的独立系统；

（四）程序运作规范、系统安全高效、服务优质价廉；

（五）在全国具有较高的知名度和广泛的社会参与度。

最高人民法院组成专门的评审委员会，负责网络服务提供者的选定、评审和除名。最高人民法院每年引入第三方评估机构对已纳入和新申请纳入名单库的网络服务提供者予以评审并公布结果。

第五条 网络服务提供者由申请执行人从名单库中选择；未选择或者多个申请执行人的选择不一致的，由人民法院指定。

第六条 实施网络司法拍卖的，人民法院应当履行下列职责：

（一）制作、发布拍卖公告；

（二）查明拍卖财产现状、权利负担等内容，并予以说明；

（三）确定拍卖保留价、保证金的数额、税费负担等；

（四）确定保证金、拍卖款项等支付方式；

（五）通知当事人和优先购买权人；

（六）制作拍卖成交裁定；

（七）办理财产交付和出具财产权证照转移协助执行通知书；

（八）开设网络司法拍卖专用账户；

（九）其他依法由人民法院履行的职责。

第七条 实施网络司法拍卖的，人民法院可以将下列拍卖辅助工作委托社会机构或者组织承担：

（一）制作拍卖财产的文字说明及视频或者照片等资料；

（二）展示拍卖财产，接受咨询，引领查看，封存样品等；

（三）拍卖财产的鉴定、检验、评估、审计、仓储、保管、运输等；

（四）其他可以委托的拍卖辅助工作。

社会机构或者组织承担网络司法拍卖辅助工作所支出的必要费用由被执行人承担。

第八条 实施网络司法拍卖的，下列事项应当由网络服务提供者承担：

（一）提供符合法律、行政法规和司法解释规定的网络司法拍卖平台，并保障安全正常运行；

（二）提供安全便捷配套的电子支付对接系统；

（三）全面、及时展示人民法院及其委托的社会机构或者组织提供的拍卖信息；

（四）保证拍卖全程的信息数据真实、准确、完整和安全；

（五）其他应当由网络服务提供者承担的工作。

网络服务提供者不得在拍卖程序中设置阻碍适格竞买人报名、参拍、竞价以及监视竞买人信息等后台操控功能。

网络服务提供者提供的服务无正当理由不得中断。

第九条 网络司法拍卖服务提供者从事与网络司法拍卖相关的行为，应当接受人民法院的管理、监督和指导。

第十条 网络司法拍卖应当确定保留价，拍卖保留价即为起拍价。

起拍价由人民法院参照评估价确定；未作评估的，参照市价确定，并征询当事人意见。起拍价不得低于评估价或者市价的百分之七十。

第十一条　网络司法拍卖不限制竞买人数量。一人参与竞拍，出价不低于起拍价的，拍卖成交。

第十二条　网络司法拍卖应当先期公告，拍卖公告除通过法定途径发布外，还应同时在网络司法拍卖平台发布。拍卖动产的，应当在拍卖十五日前公告；拍卖不动产或者其他财产权的，应当在拍卖三十日前公告。

拍卖公告应当包括拍卖财产、价格、保证金、竞买人条件、拍卖财产已知瑕疵、相关权利义务、法律责任、拍卖时间、网络平台和拍卖法院等信息。

第十三条　实施网络司法拍卖的，人民法院应当在拍卖公告发布当日通过网络司法拍卖平台公示下列信息：

（一）拍卖公告；

（二）执行所依据的法律文书，但法律规定不得公开的除外；

（三）评估报告副本，或者未经评估的定价依据；

（四）拍卖时间、起拍价以及竞价规则；

（五）拍卖财产权属、占有使用、附随义务等现状的文字说明、视频或者照片等；

（六）优先购买权主体以及权利性质；

（七）通知或者无法通知当事人、已知优先购买权人的情况；

（八）拍卖保证金、拍卖款项支付方式和账户；

（九）拍卖财产产权转移可能产生的税费及承担方式；

（十）执行法院名称，联系、监督方式等；

（十一）其他应当公示的信息。

第十四条　实施网络司法拍卖的，人民法院应当在拍卖公告发布当日通过网络司法拍卖平台对下列事项予以特别提示：

（一）竞买人应当具备完全民事行为能力，法律、行政法规和司法解释对买受人资格或者条件有特殊规定的，竞买人应当具备规定的资格或者条件；

（二）委托他人代为竞买的，应当在竞价程序开始前经人民法院确认，并通知网络服务提供者；

（三）拍卖财产已知瑕疵和权利负担；

（四）拍卖财产以实物现状为准，竞买人可以申请实地看样；

（五）竞买人决定参与竞买的，视为对拍卖财产完全了解，并接受拍卖财产一切已知和未知瑕疵；

（六）载明买受人真实身份的拍卖成交确认书在网络司法拍卖平台上公示；

（七）买受人悔拍后保证金不予退还。

第十五条　被执行人应当提供拍卖财产品质的有关资料和说明。

人民法院已按本规定第十三条、第十四条的要求予以公示和特别提示，且在拍卖公告中声明不能保证拍卖财产真伪或者品质的，不承担瑕疵担保责任。

第十六条　网络司法拍卖的事项应当在拍卖公告发布三日前以书面或者其他能够确认收悉的合理方式，通知当事人、已知优先购买权人。权利人书面明确放弃权利的，可以不通知。无法通知的，应当在网络司法拍卖平台公示并说明无法通知的理由，公示满五日视为已经通知。

优先购买权人经通知未参与竞买的，视为放弃优先购买权。

第十七条　保证金数额由人民法院在起拍价的百分之五至百分之二十范围内确定。

竞买人应当在参加拍卖前以实名交纳保证金，未交纳的，不得参加竞买。申请执行人参加竞买的，可以不交保证金；但债权数额小于保证金数额的按差额部分交纳。

交纳保证金，竞买人可以向人民法院指定的账户交纳，也可以由网络服务提供者在其提供的支付系统中对竞买人的相应款项予以冻结。

第十八条　竞买人在拍卖竞价程序结束前交纳保证金经人民法院或者网络服务提供者确认后，取得竞买资格。网络服务提供者应当向取得资格的竞买人赋予竞买代码、参拍密码；竞买人以该代码参与竞买。

网络司法拍卖竞价程序结束前，人民法院及网络服务提供者对竞买人以及其他能够确认竞买人真实身份的信息、密码等，应当予以保密。

第十九条　优先购买权人经人民法院确认后，取得优先竞买资格以及优先竞买代码、参拍密码，并以优先竞买代码参与竞买；未经确认的，不得以优先购买权人身份参与竞买。

顺序不同的优先购买权人申请参与竞买的，人民法院应当确认其顺序，赋予不同顺序的优先竞买代码。

第二十条　网络司法拍卖从起拍价开始以递增出价方式竞价，增价幅度由人民法院确定。竞买人以低于起拍价出价的无效。

网络司法拍卖的竞价时间应当不少于二十四小时。竞价程序结束前五分钟内无人出价的，最后出价即为成交价；有出价的，竞价时间自该出价时点顺延五分钟。竞买人的出价时间以进入网络司法拍卖平台服务系统的时间为准。

竞买代码及其出价信息应当在网络竞买页面实时显示，并储存、显示竞价全程。

第二十一条　优先购买权人参与竞买的，可以与其他竞买人以相同的价格出价，没有更高出价的，拍卖财产由优先购买权人竞得。

顺序不同的优先购买权人以相同价格出价的，拍卖财产由顺序在先的优先购买权人竞得。

顺序相同的优先购买权人以相同价格出价的，拍卖财产由出价在先的优先购买权人竞得。

第二十二条　网络司法拍卖成交的，由网络司法拍卖平台以买受人的真实身份自动生成确认书并公示。

拍卖财产所有权自拍卖成交裁定送达买受人时转移。

第二十三条 拍卖成交后，买受人交纳的保证金可以充抵价款；其他竞买人交纳的保证金应当在竞价程序结束后二十四小时内退还或者解冻。拍卖未成交的，竞买人交纳的保证金应当在竞价程序结束后二十四小时内退还或者解冻。

第二十四条 拍卖成交后买受人悔拍的，交纳的保证金不予退还，依次用于支付拍卖产生的费用损失、弥补重新拍卖价款低于原拍卖价款的差价、冲抵本案被执行人的债务以及与拍卖财产相关的被执行人的债务。

悔拍后重新拍卖的，原买受人不得参加竞买。

第二十五条 拍卖成交后，买受人应当在拍卖公告确定的期限内将剩余价款交付人民法院指定账户。拍卖成交后二十四小时内，网络服务提供者应当将冻结的买受人交纳的保证金划入人民法院指定账户。

第二十六条 网络司法拍卖竞价期间无人出价的，本次拍卖流拍。流拍后应当在三十日内在同一网络司法拍卖平台再次拍卖，拍卖动产的应当在拍卖七日前公告；拍卖不动产或者其他财产权的应当在拍卖十五日前公告。再次拍卖的起拍价降价幅度不得超过前次起拍价的百分之二十。

再次拍卖流拍的，可以依法在同一网络司法拍卖平台变卖。

第二十七条 起拍价及其降价幅度、竞价增价幅度、保证金数额和优先购买权人竞买资格及其顺序等事项，应当由人民法院依法组成合议庭评议确定。

第二十八条 网络司法拍卖竞价程序中，有依法应当暂缓、中止执行等情形的，人民法院应当决定暂缓或者裁定中止拍卖；人民法院可以自行或者通知网络服务提供者停止拍卖。

网络服务提供者发现系统故障、安全隐患等紧急情况的，可以先行暂缓拍卖，并立即报告人民法院。

暂缓或者中止拍卖的，应当及时在网络司法拍卖平台公告原因或者理由。

暂缓拍卖期限届满或者中止拍卖的事由消失后，需要继续拍卖的，应当在五日内恢复拍卖。

第二十九条 网络服务提供者对拍卖形成的电子数据，应当完整保存不少于十年，但法律、行政法规另有规定的除外。

第三十条 因网络司法拍卖本身形成的税费，应当依照相关法律、行政法规的规定，由相应主体承担；没有规定或者规定不明的，人民法院可以根据法律原则和案件实际情况确定税费承担的相关主体、数额。

第三十一条 当事人、利害关系人提出异议请求撤销网络司法拍卖，符合下列情形之一的，人民法院应当支持：

（一）由于拍卖财产的文字说明、视频或者照片展示以及瑕疵说明严重失实，致使买受人产生重大误解，购买目的无法实现的，但拍卖时的技术水平不能发现或者已经就相关瑕疵以及责任承担予以公示说明的除外；

（二）由于系统故障、病毒入侵、黑客攻击、数据错误等原因致使拍卖结果错误，严重损害当事人或者其他竞买人利益的；

（三）竞买人之间，竞买人与网络司法拍卖服务提供者之间恶意串通，损害当事人或者其他竞买人利益的；

（四）买受人不具备法律、行政法规和司法解释规定的竞买资格的；

（五）违法限制竞买人参加竞买或者对享有同等权利的竞买人规定不同竞买条件的；

（六）其他严重违反网络司法拍卖程序且损害当事人或者竞买人利益的情形。

第三十二条 网络司法拍卖被人民法院撤销，当事人、利害关系人、案外人认为人民法院的拍卖行为违法致使其合法权益遭受损害的，可以依法申请国家赔偿；认为其他主体的行为违法致使其合法权益遭受损害的，可以另行提起诉讼。

第三十三条 当事人、利害关系人、案外人认为网络司法拍卖服务提供者的行为违法致使其合法权益遭受损害的，可以另行提起诉讼；理由成立的，人民法院应当支持，但具有法定免责事由的除外。

第三十四条 实施网络司法拍卖的，下列机构和人员不得竞买并不得委托他人代为竞买与其行为相关的拍卖财产：

（一）负责执行的人民法院；

（二）网络服务提供者；

（三）承担拍卖辅助工作的社会机构或者组织；

（四）第（一）至（三）项规定主体的工作人员及其近亲属。

第三十五条 网络服务提供者有下列情形之一的，应当将其从名单库中除名：

（一）存在违反本规定第八条第二款规定操控拍卖程序、修改拍卖信息等行为的；

（二）存在恶意串通、弄虚作假、泄漏保密信息等行为的；

（三）因违反法律、行政法规和司法解释等规定受到处罚，不适于继续从事网络司法拍卖的；

（四）存在违反本规定第三十四条规定行为的；

（五）其他应当除名的情形。

网络服务提供者有前款规定情形之一，人民法院可以依照《中华人民共和国民事诉讼法》的相关规定予以处理。

第三十六条 当事人、利害关系人认为网络司法拍卖行为违法侵害其合法权益的，可以提出执行异议。异议、复议期间，人民法院可以决定暂缓或者裁定中止拍卖。

案外人对网络司法拍卖的标的提出异议的，人民法院应当依据《中华人民共和国民事诉讼法》第二百二十七条及相关司法解释的规定处理，并决定暂缓或者裁定中止拍卖。

第三十七条 人民法院通过互联网平台以变卖方式处置财产的，参照本规定执行。

执行程序中委托拍卖机构通过互联网平台实施网络拍卖

的,参照本规定执行。

本规定对网络司法拍卖行为没有规定的,适用其他有关司法拍卖的规定。

第三十八条 本规定自2017年1月1日起施行。施行前最高人民法院公布的司法解释和规范性文件与本规定不一致的,以本规定为准。

最高人民法院关于首先查封法院与优先债权执行法院处分查封财产有关问题的批复

(2015年12月16日最高人民法院审判委员会第1672次会议通过 2016年4月12日最高人民法院公告公布 自2016年4月14日起施行 法释〔2016〕6号)

福建省高级人民法院:

你院《关于解决法院首封处分权与债权人行使优先受偿债权冲突问题的请示》(闽高法〔2015〕261号)收悉。经研究,批复如下:

一、执行过程中,应当由首先查封、扣押、冻结(以下简称查封)法院负责处分查封财产。但已进入其他法院执行程序的债权对查封财产有顺位在先的担保物权、优先权(该债权以下简称优先债权),自首先查封之日起已超过60日,且首先查封法院就该查封财产尚未发布拍卖公告或者进入变卖程序的,优先债权执行法院可以要求将该查封财产移送执行。

二、优先债权执行法院要求首先查封法院将查封财产移送执行的,应当出具商请移送执行函,并附确认优先债权的生效法律文书及案件情况说明。

首先查封法院应当在收到优先债权执行法院商请移送执行函之日起15日内出具移送执行函,将查封财产移送优先债权执行法院执行,并告知当事人。

移送执行函应当载明将查封财产移送执行及首先查封债权的相关情况等内容。

三、财产移送执行后,优先债权执行法院在处分或继续查封该财产时,可以持首先查封法院移送执行函办理相关手续。

优先债权执行法院对移送的财产变价后,应当按照法律规定的清偿顺序分配,并将相关情况告知首先查封法院。

首先查封债权尚未经生效法律文书确认的,应当按照首先查封债权的清偿顺位,预留相应份额。

四、首先查封法院与优先债权执行法院就移送查封财产发生争议的,可以逐级报请双方共同的上级法院指定该财产的执行法院。

共同的上级法院根据首先查封债权所处的诉讼阶段、查封财产的种类及所在地、各债权数额与查封财产价值之间的关系等案件具体情况,认为由首先查封法院执行更为妥当的,也可以决定由首先查封法院继续执行,但应当督促其在指定期限内处分查封财产。

此复。

附件:1. ××××人民法院商请移送执行函

2. ××××人民法院移送执行函

附件1

××××人民法院
商请移送执行函

(××××)……号

××××人民法院:

……(写明当事人姓名或名称和案由)一案的……(写明生效法律文书名称)已经发生法律效力。由于……[写明本案债权人依法享有顺位在先的担保物权(优先权)和首先查封法院没有及时对查封财产进行处理的情况,以及商请移送执行的理由]。根据《最高人民法院关于首先查封法院与优先债权执行法院处分查封财产有关问题的批复》之规定,请你院在收到本函之日起15日内向我院出具移送执行函,将……(写明具体查封财产)移送我院执行。

附件:1. 据以执行的生效法律文书

2. 有关案件情况说明[内容包括本案债权依法享有顺位在先的担保物权(优先权)的具体情况、案件执行情况、执行员姓名及联系电话、申请执行人地址及联系电话等]

3. 其他必要的案件材料

××××年××月××日

(院印)

本院地址: 邮 编:

联 系 人: 联系电话:

附件2

××××人民法院
移送执行函

(××××)……号

××××人民法院:

你院(××××)……号商请移送执行函收悉。我院于××××年××月××日对……(写明具体查封财产,以下简称查封财产)予以查封(或者扣押、冻结),鉴于你院(××××)……号执行案件债权人对该查封财产享有顺位在先的担保物权(优先权),现根据《最高人民法院关于首先查封法院与优先债权执行法院处分查封财产有关问题的批复》之规定及你院的来函要求,将上述查封财产移送你院执行,对该财产的续封、解封和变价、分配等后续工作，交由你院办理，我院不再负责。请你院在后续执行程序中，对我院执行案件债权人××作为首先查封债权人所享有的各项权利依法予以保护，并将执行结果及时告知我院。

附件：1. 据以执行的生效法律文书

2. 有关案件情况的材料和说明（内容包括查封财产的查封、调查、异议、评估、处置和剩余债权数额等案件执行情况，执行员姓名及联系电话、申请执行人地址及联系电话等）

3. 其他必要的案件材料

××××年××月××日

（院印）

本院地址：　　　　邮　　编：

联 系 人：　　　　联系电话：

最高人民法院关于对人民法院终结执行行为提出执行异议期限问题的批复

（2015年11月30日最高人民法院审判委员会第1668次会议通过　2016年2月14日最高人民法院公告公布　自2016年2月15日起施行　法释〔2016〕3号）

湖北省高级人民法院：

你院《关于咸宁市广泰置业有限公司与咸宁市枫丹置业有限公司房地产开发经营合同纠纷案的请示》（鄂高法〔2015〕295号）收悉。经研究，批复如下：

当事人、利害关系人依照民事诉讼法第二百二十五条规定对终结执行行为提出异议的，应当自收到终结执行法律文书之日起六十日内提出；未收到法律文书的，应当自知道或者应当知道人民法院终结执行之日起六十日内提出。批复发布前终结执行的，自批复发布之日起六十日内提出。超出该期限提出执行异议的，人民法院不予受理。

此复。

最高人民法院关于限制被执行人高消费及有关消费的若干规定

（2010年5月17日最高人民法院审判委员会第1487次会议通过　根据2015年7月6日最高人民法院审判委员会第1657次会议通过的《最高人民法院关于修改〈最高人民法院关于限制被执行人高消费的若干规定〉的决定》修正）

为进一步加大执行力度，推动社会信用机制建设，最大限度保护申请执行人和被执行人的合法权益，根据《中华人民共和国民事诉讼法》的有关规定，结合人民法院民事执行工作的实践经验，制定本规定。

第一条　被执行人未按执行通知书指定的期间履行生效法律文书确定的给付义务的，人民法院可以采取限制消费措施，限制其高消费及非生活或者经营必需的有关消费。

纳入失信被执行人名单的被执行人，人民法院应当对其采取限制消费措施。

第二条　人民法院决定采取限制消费措施时，应当考虑被执行人是否有消极履行、规避执行或者抗拒执行的行为以及被执行人的履行能力等因素。

第三条　被执行人为自然人的，被采取限制消费措施后，不得有以下高消费及非生活和工作必需的消费行为：

（一）乘坐交通工具时，选择飞机、列车软卧、轮船二等以上舱位；

（二）在星级以上宾馆、酒店、夜总会、高尔夫球场等场所进行高消费；

（三）购买不动产或者新建、扩建、高档装修房屋；

（四）租赁高档写字楼、宾馆、公寓等场所办公；

（五）购买非经营必需车辆；

（六）旅游、度假；

（七）子女就读高收费私立学校；

（八）支付高额保费购买保险理财产品；

（九）乘坐G字头动车组列车全部座位、其他动车组列车一等以上座位等其他非生活和工作必需的消费行为。

被执行人为单位的，被采取限制消费措施后，被执行人及其法定代表人、主要负责人、影响债务履行的直接责任人员、实际控制人不得实施前款规定的行为。因私消费以个人财产实施前款规定行为的，可以向执行法院提出申请。执行法院审查属实的，应予准许。

第四条　限制消费措施一般由申请执行人提出书面申请，经人民法院审查决定；必要时人民法院可以依职权决定。

第五条　人民法院决定采取限制消费措施的，应当向被执行人发出限制消费令。限制消费令由人民法院院长签发。限制消费令应当载明限制消费的期间、项目、法律后果等内容。

第六条　人民法院决定采取限制消费措施的，可以根据案件需要和被执行人的情况向有义务协助调查、执行的单位送达协助执行通知书，也可以在相关媒体上进行公告。

第七条　限制消费令的公告费用由被执行人负担；申请执行人申请在媒体公告的，应当垫付公告费用。

第八条　被限制消费的被执行人因生活或者经营必需而进行本规定禁止的消费活动的，应当向人民法院提出申请，获批准后方可进行。

第九条　在限制消费期间，被执行人提供确实有效的担保或者经申请执行人同意的，人民法院可以解除限制消费令；

被执行人履行完毕生效法律文书确定的义务的，人民法院应当在本规定第六条通知或者公告的范围内及时以通知或者公告解除限制消费令。

第十条　人民法院应当设置举报电话或者邮箱，接受申请执行人和社会公众对被限制消费的被执行人违反本规定第三条的举报，并进行审查认定。

第十一条　被执行人违反限制消费令进行消费的行为属于拒不履行人民法院已经发生法律效力的判决、裁定的行为，经查证属实的，依照《中华人民共和国民事诉讼法》第一百一十一条的规定，予以拘留、罚款；情节严重，构成犯罪的，追究其刑事责任。

有关单位在收到人民法院协助执行通知书后，仍允许被执行人进行高消费及非生活或者经营必需的有关消费的，人民法院可以依照《中华人民共和国民事诉讼法》第一百一十四条的规定，追究其法律责任。

最高人民法院关于执行程序中计算迟延履行期间的债务利息适用法律若干问题的解释

（2014年6月9日最高人民法院审判委员会第1619次会议通过　2014年7月7日最高人民法院公告公布　自2014年8月1日起施行　法释〔2014〕8号）

为规范执行程序中迟延履行期间债务利息的计算，根据《中华人民共和国民事诉讼法》的规定，结合司法实践，制定本解释。

第一条　根据民事诉讼法第二百五十三条规定加倍计算之后的迟延履行期间的债务利息，包括迟延履行期间的一般债务利息和加倍部分债务利息。

迟延履行期间的一般债务利息，根据生效法律文书确定的方法计算；生效法律文书未确定给付该利息的，不予计算。

加倍部分债务利息的计算方法为：加倍部分债务利息 = 债务人尚未清偿的生效法律文书确定的除一般债务利息之外的金钱债务 × 日万分之一点七五 × 迟延履行期间。

第二条　加倍部分债务利息自生效法律文书确定的履行期间届满之日起计算；生效法律文书确定分期履行的，自每次履行期间届满之日起计算；生效法律文书未确定履行期间的，自法律文书生效之日起计算。

第三条　加倍部分债务利息计算至被执行人履行完毕之日；被执行人分次履行的，相应部分的加倍部分债务利息计算至每次履行完毕之日。

人民法院划拨、提取被执行人的存款、收入、股息、红利等财产的，相应部分的加倍部分债务利息计算至划拨、提取之日；人民法院对被执行人财产拍卖、变卖或者以物抵债的，计算至成交裁定或者抵债裁定生效之日；人民法院对被执行人财产通过其他方式变价的，计算至财产变价完成之日。

非因被执行人的申请，对生效法律文书审查而中止或者暂缓执行的期间及再审中止执行的期间，不计算加倍部分债务利息。

第四条　被执行人的财产不足以清偿全部债务的，应当先清偿生效法律文书确定的金钱债务，再清偿加倍部分债务利息，但当事人对清偿顺序另有约定的除外。

第五条　生效法律文书确定给付外币的，执行时以该种外币按日万分之一点七五计算加倍部分债务利息，但申请执行人主张以人民币计算的，人民法院应予准许。

以人民币计算加倍部分债务利息的，应当先将生效法律文书确定的外币折算或者套算为人民币后再进行计算。

外币折算或者套算为人民币的，按照加倍部分债务利息起算之日的中国外汇交易中心或者中国人民银行授权机构公布的人民币对该外币的中间价折合成人民币计算；中国外汇交易中心或者中国人民银行授权机构未公布汇率中间价的外币，按照该日境内银行人民币对该外币的中间价折算成人民币，或者该外币在境内银行、国际外汇市场对美元汇率，与人民币对美元汇率中间价进行套算。

第六条　执行回转程序中，原申请执行人迟延履行金钱给付义务的，应当按照本解释的规定承担加倍部分债务利息。

第七条　本解释施行时尚未执行完毕部分的金钱债务，本解释施行前的迟延履行期间债务利息按照之前的规定计算；施行后的迟延履行期间债务利息按照本解释计算。

本解释施行前本院发布的司法解释与本解释不一致的，以本解释为准。

最高人民法院关于网络查询、冻结被执行人存款的规定

（2013年8月26日最高人民法院审判委员会第1587次会议通过　2013年8月29日最高人民法院公告公布　自2013年9月2日起施行　法释〔2013〕20号）

为规范人民法院办理执行案件过程中通过网络查询、冻结被执行人存款及其他财产的行为，进一步提高执行效率，根据《中华人民共和国民事诉讼法》的规定，结合人民法院工作实际，制定本规定。

第一条　人民法院与金融机构已建立网络执行查控机制的，可以通过网络实施查询、冻结被执行人存款等措施。

网络执行查控机制的建立和运行应当具备以下条件：

（一）已建立网络执行查控系统，具有通过网络执行查控系统发送、传输、反馈查控信息的功能；

（二）授权特定的人员办理网络执行查控业务；

（三）具有符合安全规范的电子印章系统；

（四）已采取足以保障查控系统和信息安全的措施。

第二条 人民法院实施网络执行查控措施，应当事前统一向相应金融机构报备有权通过网络采取执行查控措施的特定执行人员的相关公务证件。办理具体业务时，不再另行向相应金融机构提供执行人员的相关公务证件。

人民法院办理网络执行查控业务的特定执行人员发生变更的，应当及时向相应金融机构报备人员变更信息及相关公务证件。

第三条 人民法院通过网络查询被执行人存款时，应当向金融机构传输电子协助查询存款通知书。多案集中查询的，可以附汇总的案件查询清单。

对查询到的被执行人存款需要冻结或者续行冻结的，人民法院应当及时向金融机构传输电子冻结裁定书和协助冻结存款通知书。

对冻结的被执行人存款需要解除冻结的，人民法院应当及时向金融机构传输电子解除冻结裁定书和协助解除冻结存款通知书。

第四条 人民法院向金融机构传输的法律文书，应当加盖电子印章。

作为协助执行人的金融机构完成查询、冻结等事项后，应当及时通过网络向人民法院回复加盖电子印章的查询、冻结等结果。

人民法院出具的电子法律文书、金融机构出具的电子查询、冻结等结果，与纸质法律文书及反馈结果具有同等效力。

第五条 人民法院通过网络查询、冻结、续冻、解冻被执行人存款，与执行人员赴金融机构营业场所查询、冻结、续冻、解冻被执行人存款具有同等效力。

第六条 金融机构认为人民法院通过网络执行查控系统采取的查控措施违反相关法律、行政法规规定的，应当向人民法院书面提出异议。人民法院应当在15日内审查完毕并书面回复。

第七条 人民法院应当依据法律、行政法规规定及相应操作规范使用网络执行查控系统和查控信息，确保信息安全。

人民法院办理执行案件过程中，不得泄露通过网络执行查控系统取得的查控信息，也不得用于执行案件以外的目的。

人民法院办理执行案件过程中，不得对被执行人以外的非执行义务主体采取网络查控措施。

第八条 人民法院工作人员违反第七条规定的，应当按照《人民法院工作人员处分条例》给予纪律处分；情节严重构成犯罪的，应当依法追究刑事责任。

第九条 人民法院具备相应网络扣划技术条件，并与金融机构协商一致的，可以通过网络执行查控系统采取扣划被执行人存款措施。

第十条 人民法院与工商行政管理、证券监管、土地房产管理等协助执行单位已建立网络执行查控机制，通过网络执行查控系统对被执行人股权、股票、证券账户资金、房地产等其他财产采取查控措施的，参照本规定执行。

最高人民法院关于在执行工作中如何计算迟延履行期间的债务利息等问题的批复

（2009年3月30日最高人民法院审判委员会第1465次会议通过　2009年5月11日最高人民法院公告公布　自2009年5月18日起施行　法释〔2009〕6号）

四川省高级人民法院：

你院《关于执行工作几个适用法律问题的请示》（川高法〔2007〕390号）收悉。经研究，批复如下：

一、人民法院根据《中华人民共和国民事诉讼法》第二百二十九条计算“迟延履行期间的债务利息”时，应当按照中国人民银行规定的同期贷款基准利率计算。

二、执行款不足以偿付全部债务的，应当根据并还原则按比例清偿法律文书确定的金钱债务与迟延履行期间的债务利息，但当事人在执行和解中对清偿顺序另有约定的除外。

此复。

附：

具体计算方法

（1）执行款＝清偿的法律文书确定的金钱债务＋清偿的迟延履行期间的债务利息。

（2）清偿的迟延履行期间的债务利息＝清偿的法律文书确定的金钱债务×同期贷款基准利率×2×迟延履行期间。

最高人民法院关于人民法院扣押铁路运输货物若干问题的规定

（1997年4月22日　根据2020年12月23日最高人民法院审判委员会第1823次会议通过的《最高人民法院关于修改〈最高人民法院关于人民法院扣押铁路运输货物若干问题的规定〉等十八件执行类司法解释的决定》修正　2020年12月29日最高人民法院公告公布　自2021年1月1日起施行　法释〔2020〕21号）

根据《中华人民共和国民事诉讼法》等有关法律的规定，现就人民法院扣押铁路运输货物问题作如下规定：

一、人民法院依法可以裁定扣押铁路运输货物。铁路运输企业依法应当予以协助。

二、当事人申请人民法院扣押铁路运输货物,应当提供担保,申请人不提供担保的,驳回申请。申请人的申请应当写明:要求扣押货物的发货站、到货站,托运人、收货人的名称,货物的品名、数量、货票号码等。

三、人民法院扣押铁路运输货物,应当制作裁定书并附协助执行通知书。协助执行通知书中应当载明:扣押货物的发货站、到货站,托运人、收货人的名称,货物的品名、数量和货票号码。在货物发送前扣押的,人民法院应当将裁定书副本和协助执行通知书送达始发地的铁路运输企业由其协助执行;在货物发送后扣押的,应当将裁定书副本和协助执行通知书送达目的地或最近中转编组站的铁路运输企业由其协助执行。

人民法院一般不应在中途站、中转站扣押铁路运输货物。必要时,在不影响铁路正常运输秩序、不损害其他自然人、法人和非法人组织合法权益的情况下,可在最近中转编组站或有条件的车站扣押。

人民法院裁定扣押国际铁路联运货物,应当通知铁路运输企业、海关、边防、商检等有关部门协助执行。属于进口货物的,人民法院应当向我国进口国(边)境站、到货站或有关部门送达裁定书副本和协助执行通知书;属于出口货物的,在货物发送前应当向发货站或有关部门送达,在货物发送后未出我国国(边)境前,应当向我国出境站或有关部门送达。

四、经人民法院裁定扣押的铁路运输货物,该铁路运输企业与托运人之间签订的铁路运输合同中涉及被扣押货物部分合同终止履行的,铁路运输企业不承担责任。因扣押货物造成的损失,由有关责任人承担。

因申请人申请扣押错误所造成的损失,由申请人承担赔偿责任。

五、铁路运输企业及有关部门因协助执行扣押货物而产生的装卸、保管、检验、监护等费用,由有关责任人承担,但应先由申请人垫付。申请人不是责任人的,可以再向责任人追偿。

六、扣押后的进出口货物,因尚未办结海关手续,人民法院在对此类货物作出最终处理决定前,应当先责令有关当事人补交关税并办理海关其他手续。

◎司法文件

最高人民法院关于在执行工作中进一步强化善意文明执行理念的意见

(2019年12月16日　法发〔2019〕35号)

为贯彻落实《中共中央、国务院关于完善产权保护制度依法保护产权的意见》《中共中央、国务院关于营造更好发展环境支持民营企业改革发展的意见》等文件精神,进一步提升人民法院严格规范公正文明执行水平,推动执行工作持续健康高水平运行,为经济社会发展提供更加优质司法服务和保障,根据民事诉讼法及有关司法解释,结合人民法院执行工作实际,提出以下意见。

一、充分认识善意文明执行的重要意义和精神实质

1. 充分认识善意文明执行重要意义。执行是公平正义最后一道防线的最后一个环节。强化善意文明执行理念,在依法保障胜诉当事人合法权益同时,最大限度减少对被执行人权益影响,实现法律效果与社会效果有机统一,是维护社会公平正义、促进社会和谐稳定的必然要求,是完善产权保护制度、建立健全市场化法治化国际化营商环境和推动高质量发展的应有之义,对全面推进依法治国、推进国家治理体系和治理能力现代化具有重要意义。

2. 准确把握善意文明执行精神实质。执行工作是依靠国家强制力实现胜诉裁判的重要手段。当前,被执行人规避执行、逃避执行仍是执行工作中的主要矛盾和突出问题。突出执行工作的强制性,持续加大执行力度,及时保障胜诉当事人实现合法权益,依然是执行工作的工作重心和主线。但同时要注意到,执行工作对各方当事人影响重大,人民法院在执行过程中也要强化善意文明执行理念,严格规范公正保障各方当事人合法权益;要坚持比例原则,找准双方利益平衡点,避免过度执行;要提高政治站位,着眼于党和国家发展战略全局,提升把握司法政策的能力和水平,实现依法履职与服务大局、促进发展相统一。要采取有效措施坚决纠正实践中出现的超标的查封、乱查封现象,畅通人民群众反映问题渠道,对有关线索实行"一案双查",对不规范行为依法严肃处理。

人民法院在强化善意文明执行理念过程中,要充分保障债权人合法权益,维护执行权威和司法公信力,把强制力聚焦到对规避执行、逃避执行、抗拒执行行为的依法打击和惩处上来。要坚决防止执行人员以"善意文明执行"为借口消极执行、拖延执行,或者以降低对被执行人影响为借口无原则促成双方当事人和解,损害债权人合法权益。

二、严禁超标的查封和乱查封

3. 合理选择执行财产。被执行人有多项财产可供执行的,人民法院应选择对被执行人生产生活影响较小且方便执行的财产执行。在不影响执行效率和效果的前提下,被执行人请求人民法院先执行某项财产的,应当准许;未准许的,应当有合理正当理由。

执行过程中,人民法院应当为被执行人及其扶养家属保留必需的生活费用。要严格按照中央有关产权保护的精神,严格区分企业法人财产与股东个人财产,严禁违法查封案外人财产,严禁对不得查封的财产采取执行措施,切实保护民营企业等企业法人、企业家和各类市场主体合法权益。要注意到,信托财产在信托存续期间独立于委托人、受托人各自的固有财产，并且受益人对信托财产享有的权利表现为信托受益权，信托财产并非受益人的责任财产。因此，当事人因其与委托人、受托人或者受益人之间的纠纷申请对存管银行或信托公司专门账户中的信托资金采取保全或执行措施的，除符合《中华人民共和国信托法》第十七条规定的情形外，人民法院不应准许。

4. 严禁超标的查封。强制执行被执行人的财产，以其价值足以清偿生效法律文书确定的债权额为限，坚决杜绝明显超标的查封。冻结被执行人银行账户内存款的，应当明确具体冻结数额，不得影响冻结之外资金的流转和账户的使用。需要查封的不动产整体价值明显超出债权额的，应当对该不动产相应价值部分采取查封措施；相关部门以不动产登记在同一权利证书下为由提出不能办理分割查封的，人民法院在对不动产进行整体查封后，经被执行人申请，应当及时协调相关部门办理分割登记并解除对超标的部分的查封。相关部门无正当理由拒不协助办理分割登记和查封的，依照民事诉讼法第一百一十四条采取相应的处罚措施。

5. 灵活采取查封措施。对能"活封"的财产，尽量不进行"死封"，使查封财产能够物尽其用，避免社会资源浪费。查封被执行企业厂房、机器设备等生产资料的，被执行人继续使用对该财产价值无重大影响的，可以允许其使用。对资金周转困难、暂时无力偿还债务的房地产开发企业，人民法院应按照下列情形分别处理：

（1）查封在建工程后，原则上应当允许被执行人继续建设。

（2）查封在建工程后，对其采取强制变价措施虽能实现执行债权人债权，但会明显贬损财产价值、对被执行人显失公平的，应积极促成双方当事人达成暂缓执行的和解协议，待工程完工后再行变价；无法达成和解协议，但被执行人提供相应担保并承诺在合理期限内完成建设的，可以暂缓采取强制变价措施。

（3）查封在建商品房或现房后，在确保能够控制相应价款的前提下，可以监督被执行人在一定期限内按照合理价格自行销售房屋。人民法院在确定期限时，应当明确具体的时间节点，避免期限过长影响执行效率、损害执行债权人合法权益。

6. 充分发挥查封财产融资功能。人民法院查封财产后，被保全人或被执行人申请用查封财产融资的，按照下列情形分别处理：

（1）保全查封财产后，被保全人申请用查封财产融资替换查封财产的，在确保能够控制相应融资款的前提下，可以监督被保全人按照合理价格进行融资。

（2）执行过程中，被执行人申请用查封财产融资清偿债务，经执行债权人同意或者融资款足以清偿所有执行债务的，可以准许。

被保全人或被执行人利用查封财产融资，出借人要求先办理财产抵押或质押登记再放款的，人民法院应积极协调有关部门做好财产解封、抵押或质押登记等事宜，并严格控制融资款。

7. 严格规范上市公司股票冻结。为维护资本市场稳定，依法保障债权人合法权益和债务人投资权益，人民法院在冻结债务人在上市公司的股票时，应当依照下列规定严格执行：

（1）严禁超标的冻结。冻结上市公司股票，应当以其价值足以清偿生效法律文书确定的债权额为限。股票价值应当以冻结前一交易日收盘价为基准，结合股票市场行情，一般在不超过20%的幅度内合理确定。股票冻结后，其价值发生重大变化的，经当事人申请，人民法院可以追加冻结或者解除部分冻结。

（2）可售性冻结。保全冻结上市公司股票后，被保全人申请将冻结措施变更为可售性冻结的，应当准许，但应当提前将被保全人在证券公司的资金账户在明确具体的数额范围内予以冻结。在执行过程中，被执行人申请通过二级市场交易方式自行变卖股票清偿债务的，人民法院可以按照前述规定办理，但应当要求其在10个交易日内变卖完毕。特殊情形下，可以适当延长。

（3）已质押股票的冻结。上市公司股票存在质押且质权人非本案保全申请人或申请执行人，目前，人民法院在采取冻结措施时，由于需要计入股票上存在的质押债权且该债权额往往难以准确计算，尤其是当股票存在多笔质押时还需指定对哪一笔质押股票进行冻结，为保障普通债权人合法权益，人民法院一般会对质押股票进行全部冻结，这既存在超标的冻结的风险，也会对质押债权人自行实现债权造成影响，不符合执行经济原则。

最高人民法院经与中国证券监督管理委员会沟通协调，由中国证券登记结算有限公司（以下简称中国结算公司）对现有冻结系统进行改造，确立了质押股票新型冻结方式，并在系统改造完成后正式实施。具体内容如下：

第一，债务人持有的上市公司股票存在质押且质权人非本案保全申请人或申请执行人，人民法院对质押股票冻结时，应当依照7（1）规定的计算方法冻结相应数量的股票，无需将质押债权额计算在内。冻结质押股票时，人民法院应当提前冻结债务人在证券公司的资金账户，并明确具体的冻结数额，不得对资金账户进行整体冻结。

第二，股票冻结后，不影响质权人变价股票实现其债权。质权人解除任何一部分股票质押的，冻结效力在冻结股票数量范围内对解除质押部分的股票自动生效。质权人变价股票实现其债权后变价款有剩余的，冻结效力在本案债权额范围内对剩余变价款自动生效。

第三，在执行程序中，为实现本案债权，人民法院可以在质押债权和本案债权额范围内对相应数量的股票采取强制变价措施，并在优先实现质押债权后清偿本案债务。

第四，两个以上国家机关冻结同一质押股票的，按照在证券公司或中国结算公司办理股票冻结手续的先后确定冻结顺位，依次满足各国家机关的冻结需求。两个以上国家机关在同一交易日分别在证券公司、中国结算公司冻结同一质押股票的，在先在证券公司办理股票冻结手续的为在先冻结。

第五，人民法院与其他国家机关就冻结质押股票产生争议的，由最高人民法院主动与最高人民检察院、公安部等部门依法协调解决。争议协调解决期间，证券公司或中国结算公司控制产生争议的相关股票，不协助任何一方执行。争议协调解决完成，证券公司或中国结算公司按照争议机关协商的最终结论处理。

第六，系统改造完成前已经完成的冻结不适用前述规定。案件保全申请人或申请执行人为质权人的，冻结措施不适用前述规定。

三、依法适当采取财产变价措施

8. 合理确定财产处置参考价。执行过程中，人民法院应当按照《最高人民法院关于人民法院确定财产处置参考价若干问题的规定》合理确定财产处置参考价。要在不损害第三人合法权益的情况下，积极促成双方当事人就参考价达成一致意见，以进一步提高确定参考价效率，避免后续产生争议。财产有计税基准价、政府定价或政府指导价，当事人议价不能、不成或者双方当事人一致要求定向询价的，人民法院应当积极协调有关机构办理询价事宜。定向询价结果严重偏离市场价格的，可以进行适当修正。实践证明，网络询价不仅效率高，而且绝大多数询价结果基本能够反映市场真实价格，对于财产无需由专业人员现场勘验或鉴定的，人民法院应积极引导当事人通过网络询价确定参考价，并对询价报告进行审查。

经委托评估确定参考价，被执行人认为评估价严重背离市场价格并提起异议的，为提高工作效率，人民法院可以以评估价为基准，先促成双方当事人就参考价达成一致意见。无法快速达成一致意见的，依法提交评估机构予以书面说明。评估机构逾期未做说明或者被执行人仍有异议的，应及时提交相关行业协会组织专业技术评审。在确定财产处置参考价过程中，人民法院应当依法履行监督职责，发现当事人、竞拍人与相关机构、人员恶意串通压低参考价的，应当及时查处和纠正。

9. 适当增加财产变卖程序适用情形。要在坚持网络司法拍卖优先原则的基础上，综合考虑变价财产实际情况、是否损害执行债权人、第三人或社会公共利益等因素，适当采取直接变卖或强制变卖等措施。

（1）被执行人申请自行变卖查封财产清偿债务的，在确保能够控制相应价款的前提下，可以监督其在一定期限内按照合理价格变卖。变卖期限由人民法院根据财产实际情况、市场行情等因素确定，但最长不得超过60日。

（2）被执行人申请对查封财产不经拍卖直接变卖的，经执行债权人同意或者变卖款足以清偿所有执行债务的，人民法院可以不经拍卖直接变卖。

（3）被执行人认为网络询价或评估价过低，申请以不低于网络询价或评估价自行变卖查封财产清偿债务的，人民法院经审查认为不存在被执行人与他人恶意串通低价处置财产情形的，可以监督其在一定期限内进行变卖。

（4）财产经拍卖后流拍且执行债权人不接受抵债，第三人申请以流拍价购买的，可以准许。

（5）网络司法拍卖第二次流拍后，被执行人提出以流拍价融资的，人民法院应结合拍卖财产基本情况、流拍价与市场价差异程度以及融资期限等因素，酌情予以考虑。准许融资的，暂不启动以物抵债或强制变卖程序。

被执行人依照9（3）规定申请自行变卖，经人民法院准许后，又依照《最高人民法院关于人民法院确定财产处置参考价若干问题的规定》第二十二、二十三条规定向人民法院提起异议的，不予受理；被执行人就网络询价或评估价提起异议后，又依照9（3）规定申请自行变卖的，不应准许。

10. 充分吸引更多主体参与竞买。拍卖过程中，人民法院应当全面真实披露拍卖财产的现状、占有使用情况、附随义务、已知瑕疵和权利负担、竞买资格等事项，严禁故意隐瞒拍品瑕疵诱导竞买人竞拍，严禁故意夸大拍品瑕疵误导竞买人竞拍。拍卖财产为不动产且被执行人或他人无权占用的，人民法院应当依法负责腾退，不得在公示信息中载明“不负责腾退交付”等信息。要充分发挥网拍平台、拍卖辅助机构的专业优势，做好拍品视频宣介、向专业市场主体定向推送拍卖信息、实地看样等相关工作，以吸引更多市场主体参与竞拍。

11. 最大限度实现财产真实价值。同一类型的执行财产数量较多，被执行人认为分批次变价或者整体变价能够最大限度实现其价值的，人民法院可以准许。尤其是对体量较大的整栋整层楼盘、连片商铺或别墅等不动产，已经分割登记或事后可以分割登记的，被执行人认为分批次变价能够实现不动产最大价值的，一般应当准许。多项财产分别变价时，其中部分财产变价款足以清偿债务的，应当停止变价剩余财产，但被执行人同意全部变价的除外。

12. 准确把握不动产收益权质权变价方式。生效法律文书确定申请执行人对被执行人的公路、桥梁、隧道等不动产收益权享有质权，申请执行人自行扣划收益权收费账户内资金实现其质押债权，其他债权人以申请执行人仅对收费权享有质权而对收费账户内资金不享有质权为由，向人民法院提起异议的，不予支持。在执行过程中，人民法院可以扣划收益权收费账户内资金实现申请执行人质押债权，收费账户内资金足以清偿债务的，不应对被执行人的收益权进行强制变价。

四、充分用好执行和解及破产重整等制度

13. 依法用好执行和解和破产重整等相关制度。要在依法采取执行措施的同时，妥善把握执行时机、讲究执行策略、注意执行方法。对资金链暂时断裂，但仍有发展潜力、存在救治可能的企业，可以通过和解分期履行、兼并重组、引入第三方资金等方式盘活企业资产。要加大破产保护理念宣传，通过强化释明等方式引导执行债权人或被执行人同意依法将案件转入破产程序。对具有营运价值的企业通过破产重整、破产和解解决债务危机，充分发挥破产制度的拯救功能，帮助企业走出困境，平衡债权人、债务人、出资人、员工等利害关系人的利益，通过市场实现资源配置优化和社会整体价值最大化。

五、严格规范纳入失信名单和限制消费措施

14. 严格适用条件和程序。采取纳入失信名单或限制消费措施，必须严格依照民事诉讼法、《最高人民法院关于公布失信被执行人名单信息的若干规定》（以下简称失信名单规定）、《最高人民法院关于限制被执行人高消费及有关消费的若干规定》等规定的条件和程序进行。对于不符合法定条件的被执行人，坚决不得采取纳入失信名单或限制消费惩戒措施。对于符合法定条件的被执行人，决定采取惩戒措施的，应当制作决定书或限制消费令，并依法由院长审核后签发。

需要特别指出的是，根据司法解释规定，虽然纳入失信名单决定书由院长签发后即生效，但应当依照民事诉讼法规定的送达方式送达当事人，坚决杜绝只签发、不送达等不符合法定程序的现象发生。

15. 适当设置一定的宽限期。各地法院可以根据案件具体情况，对于决定纳入失信名单或者采取限制消费措施的被执行人，可以给予其一至三个月的宽限期。在宽限期内，暂不发布其失信或者限制消费信息；期限届满，被执行人仍未履行生效法律文书确定义务的，再发布其信息并采取相应惩戒措施。

16. 不采取惩戒措施的几类情形。被执行人虽然存在有履行能力而拒不履行生效法律文书确定义务、无正当理由拒不履行和解协议的情形，但人民法院已经控制其足以清偿债务的财产或者申请执行人申请暂不采取惩戒措施的，不得对被执行人采取纳入失信名单或限制消费措施。单位是失信被执行人的，人民法院不得将其法定代表人、主要负责人、影响债务履行的直接责任人员、实际控制人等纳入失信名单。全日制在校生因“校园贷”纠纷成为被执行人的，一般不得对其采取纳入失信名单或限制消费措施。

17. 解除限制消费措施的几类情形。人民法院在对被执行人采取限制消费措施后，被执行人及其有关人员申请解除或暂时解除的，按照下列情形分别处理：

（1）单位被执行人被限制消费后，其法定代表人、主要负责人、影响债务履行的直接责任人员、实际控制人以因私消费为由提出以个人财产从事消费行为，经审查属实的，应予准许。

（2）单位被执行人被限制消费后，其法定代表人、主要负责人确因经营管理需要发生变更，原法定代表人、主要负责人申请解除对其本人的限制消费措施的，应举证证明其并非单位的实际控制人、影响债务履行的直接责任人员。人民法院经审查属实的，应予准许，并对变更后的法定代表人、主要负责人依法采取限制消费措施。

（3）被限制消费的个人因本人或近亲属重大疾病就医，近亲属丧葬，以及本人执行或配合执行公务，参加外事活动或重要考试等紧急情况亟需赴外地，向人民法院申请暂时解除乘坐飞机、高铁限制措施，经严格审查并经本院院长批准，可以给予其最长不超过一个月的暂时解除期间。

上述人员在向人民法院提出申请时，应当提交充分有效的证据并按要求作出书面承诺；提供虚假证据或者违反承诺从事消费行为的，人民法院应当及时恢复对其采取的限制消费措施，同时依照民事诉讼法第一百一十一条从重处理，并对其再次申请不予批准。

18. 畅通惩戒措施救济渠道。自然人、法人或其他组织对被纳入失信名单申请纠正的，人民法院应当依照失信名单规定第十二条规定的程序和时限及时审查并作出处理决定。对被采取限制消费措施申请纠正的，参照失信名单规定第十二条规定办理。

人民法院发现纳入失信名单、采取限制消费措施可能存在错误的，应当及时进行自查并作出相应处理；上级法院发现下级法院纳入失信名单、采取限制消费措施存在错误的，应当责令其及时纠正，也可以依法直接纠正。

19. 及时删除失信信息。失信名单信息依法应当删除（屏蔽）的，应当及时采取删除（屏蔽）措施。超过三个工作日采取删除（屏蔽）措施，或者虽未超过三个工作日但能够立即采取措施却未采取造成严重后果的，依法追究相关人员责任。

被执行人因存在多种失信情形，被同时纳入有固定期限的失信名单和无固定期限的失信名单的，其主动履行完毕生效法律文书确定义务后，一般应当将有固定期限的名单信息和无固定期限的名单信息同时删除（屏蔽）。

20. 准确理解限制被执行人子女就读高收费学校。限制被执行人子女就读高收费学校，是指限制其子女就读超出正常收费标准的学校，虽然是私立学校，但如果其收费未超出正常标准，也不属于限制范围。人民法院在采取此项措施时，应当依法严格审查，不得影响被执行人子女正常接受教育的权利；在新闻媒体对人民法院采取此项措施存在误报误读时，应当及时予以回应和澄清。人民法院经依法审查，决定限制被执行人子女就读高收费学校的，应当做好与被执行人子女、学校的沟通工作，尽量避免给被执行人子女带来不利影响。

21. 探索建立惩戒分级分类机制和守信激励机制。各地法院可以结合工作实际，积极探索根据案件具体情况对被执行人分级分类采取失信惩戒、限制消费措施，让失信惩戒、限制消费措施更具有精准性，更符合比例原则。

各地法院在依法开展失信惩戒的同时，可以结合工作实际，探索开展出具自动履行生效法律文书证明、将自动履行信息向征信机构推送、对诚信债务人依法酌情降低诉讼保全担保金额等守信激励措施，营造鼓励自动履行、支持诚实守信的良好氛围。

六、加大案款发放工作力度

22. 全面推行"一案一账户"系统。案款到账后且无争议的，人民法院应当按照规定在一个月内及时发还给执行债权人；部分案款有争议的，应当先将无争议部分及时发放。目前，最高人民法院正在全面推行"一案一账户"系统，各地法院要按照规定的时间节点和标准要求，严格落实系统部署与使用工作，确保案款收发公开透明、及时高效、全程留痕，有效堵塞案款管理漏洞，消除廉政风险隐患，最大限度保障各方当事人合法权益。

最高人民法院关于深化执行改革健全解决执行难长效机制的意见——人民法院执行工作纲要（2019—2023）

（2019 年 6 月 3 日　法发〔2019〕16 号）

党的十八届四中全会明确提出"切实解决执行难""依法保障胜诉当事人及时实现权益"。为坚决贯彻落实党中央重大决策部署，2016 年 3 月，最高人民法院在十二届全国人大四次会议上提出"用两到三年时间基本解决执行难问题"。2016 至 2018 年，全国法院在以习近平同志为核心的党中央坚强领导下，认真谋划、真抓实干、同心协力、攻坚克难，执行工作发生历史性变化，取得跨越式发展，"基本解决执行难"这一阶段性目标如期实现。但与党中央提出的"切实解决执行难"目标和人民群众期待相比还有差距，在有些方面、有些地区，执行难问题仍然存在甚至还较为突出。

为深入贯彻习近平总书记全面依法治国新理念新思想新战略，全面贯彻落实党的十九大和十九届二中、三中全会精神，巩固"基本解决执行难"成果，建立健全执行工作长效机制，进一步提升执行工作水平，奋力向"切实解决执行难"的目标迈进，最高人民法院制定《关于深化执行改革健全解决执行难长效机制的意见》，作为人民法院执行工作 2019 年至 2023 年工作纲要予以实施。

一、总体要求

（一）指导思想

坚持以习近平新时代中国特色社会主义思想为指导，全面贯彻党的十九大和十九届二中、三中全会精神，紧紧围绕统筹推进"五位一体"总体布局和协调推进"四个全面"战略布局，坚持以人民为中心的发展思想，坚持稳中求进工作总基调，落实推进国家治理体系和治理能力现代化、推进社会诚信体系建设要求，充分发挥中国特色社会主义政治优势、制度优势，充分发挥执行工作强制性特点，充分运用现代信息技术，大力加强执行规范化建设，全面提升执行公信力，推进执行工作体系和执行工作能力现代化。

（二）基本原则

——坚持正确政治方向。坚持党对人民法院工作的绝对领导，坚持以习近平新时代中国特色社会主义思想武装头脑指导实践推动工作，增强"四个意识"、坚定"四个自信"、做到"两个维护"，坚定不移走中国特色社会主义法治道路，紧紧依靠党总揽全局、协调各方的领导核心作用，进一步发展和完善中国特色执行制度，推动创造更高水平的社会主义司法制度。

——坚持以人民为中心。坚持群众路线，站稳人民立场，增进群众感情，积极回应人民群众对执行工作的新要求新期待，着力解决人民群众反映最强烈的突出问题，创新为民服务、为民解忧工作机制，努力让人民群众在每一个司法案件中感受到公平正义。

——坚持服务大局。充分发挥人民法院执行职能，确保党中央重大决策部署在人民法院得到不折不扣贯彻执行，为经济社会发展提供优质司法服务，为优化营商环境提供有力保障。

——坚持遵循执行规律。既遵循司法活动的一般规律，又尊重执行工作自身规律，建立健全符合执行权运行规律的配套改革措施、履职保障机制和执行单独考核机制，确保各项工作举措符合实际，经得起检验。

——坚持问题导向。增强工作的针对性，针对影响执行权威和执行公信力、制约执行工作质量和效率的突出问题，加大工作力度，解决实际问题，取得实际成效。

——坚持改革创新。尊重和保护基层首创精神，鼓励各地法院积极实践探索，不断积累经验，及时推广运用，实现基层探索和顶层设计的良性互动。

——坚持"标本兼治"。既要立足现实，着力解决当前执行领域的突出问题，又要坚持战略思维、系统思维，建立健全长效工作机制，从源头综合治理执行难。

——坚持"一性两化"。"一性两化"即依法突出执行工作的强制性，全力推进执行工作信息化，大力加强执行工作规范化。要准确把握人民法院执行工作是以国家强制力实现当事人合法权益的特点，依法打击规避、抗拒、干预执行的行为，形成强大的威慑力和高压态势。坚持以现代信息科技为支撑，形成现代化的执行模式。深化执行体制机制改革，完善执行监督管理体系，规范执行行为，转变执行作风，提高执行公信力。

（三）总体目标

巩固和深化“基本解决执行难”工作成果，建立健全解决执行难长效机制，全面提高执行工作水平，奋力向“切实解决执行难”目标迈进。

——确保执行工作良性循环状态和“3+1”核心指标高标准运行常态化。

——确保“一把手抓、抓一把手”工作机制常态化。

——确保以现代信息技术为支撑的执行工作模式常态化。

——确保对消极执行、选择性执行、乱执行等不规范执行行为严肃整治常态化。

——确保对规避执行、抗拒执行、干预执行的高压态势常态化。

——进一步推进综合治理执行难工作格局制度化机制化，把执行工作纳入国家治理体系和治理能力现代化总体框架，从源头综合治理执行难。

——进一步深化执行体制机制改革，完善执行法律体系及配套制度，逐步形成成熟、稳定的中国特色执行制度、执行机制和执行模式。

——进一步推进现代信息科技在执行领域的广泛应用、深度应用，全面提升执行信息化、智能化水平，实现执行管理监督模式、执行保障模式、执行查控模式、执行财产变现模式现代化。

——进一步转变执行理念，严格公正规范文明执行，更加注重执行方法与执行效果，切实提高执行公信力，努力实现执行工作法律效果、政治效果和社会效果的有机统一。

——进一步优化各种强制执行措施综合应用，努力实现高效、精准、精细打击规避执行、抗拒执行、干预执行及惩戒失信行为，推进社会诚信体系建设，大幅提高当事人主动履行生效法律文书的比例。

——进一步加强队伍建设，充实执行力量，优化人员结构，全面提升执行队伍“四化”水平，锻造一支对党忠诚、服务人民、勇于担当、执法公正、纪律严明的执行铁军。

二、主要任务

（一）完善综合治理执行难工作大格局

1. 不断深化“党委领导、政法委协调、人大监督、政府支持、法院主办、部门联动、社会参与”的执行难综合治理工作大格局。推动出台地方性法规、规范性文件，使综合治理执行难格局制度化、机制化，具有长远性和可持续性。

2. 加强执行工作综治考核。推动将执行工作作为全面依法治国的重要内容统筹部署，把解决执行难纳入各地依法治省(区、市)指标体系。有效利用综治工作(平安建设)考核评价体系及营商环境评价体系，充分发挥执行工作在平安建设和营商环境建设中的职能作用。

3. 推进执行工作部门协作联动机制化。落实中央政法委提出的“共建、共治、共享”要求，由政法委牵头各协作、协助部门健全联席会议制度，把执行联动各项工作纳入各联动部门职责范围，明确任务，夯实责任，加强考核。促进执行联动工作机制常态化运转，切实解决“联而不动、动而乏力”的问题。

4. 加强基层执行工作网格化管理。充分发挥基层党组织作用，依托基层综治中心，将协助执行工作纳入基层社会治安综合治理网格化管理的内容，整合各方面资源，建立基层综治网格员协助送达、查找当事人、协查财产线索、督促履行、化解涉执信访、开展执行宣传等工作机制。推动综治平台与人民法院执行指挥、办案平台互联互通，实时向基层综治网格员推送失信被执行人名单、限制消费人员名单、悬赏公告等执行信息。建立基层综治网格员协助执行的教育培训、监督考核、激励保障等机制，促进基层治理与人民法院执行工作的良性互动。

（二）推进执行难源头治理

5. 提高社会信用体系基础信息的完整性、全面性和准确性。把握历史机遇，以会商、联席会议等形式推进市场监督管理信息、税务登记信息、公民个人财产信息、人口资源信息、理财投资信息准确、全面、完整，夯实社会诚信体系建设基础，从源头上解决执行财产和被执行人信息不准确、不全面，导致执行查控系统功能不能有效发挥的问题。

6. 积极参与并推进构建完善的社会诚信体系。及时向社会诚信体系建设牵头单位及联席会议反映执行中发现的各种问题，促进社会诚信信息资源整合，促进社会诚信惩戒各系统集成，形成相互衔接、相互补充、布局有序、层次分明的社会诚信体系及社会信用评价体系，从根本上解决执行工作的核心难题。

7. 推动提升全社会法律意识、风险防范意识及诚信意识。按照“谁执法谁普法”工作要求，通过全媒体网络直播、发布典型案例、播放影视作品等形式加强强制执行法治宣传教育，增强当事人自觉履行生效法律文书的主动性、自觉性，推动形成“守法守信光荣、违法失信可耻”的社会氛围，让守法守信逐渐内化为信念，成为习惯。培养市场主体的风险意识，帮助市场主体充分认识、注意防范市场风险，特别是商业陷阱。帮助当事人充分认识诉讼风险以及被执行人丧失履行能力的风险，引导当事人申请采取保全措施。

8. 强化执行程序与社会保障体系、商业保险体系的有效衔接。建立健全人民法院与社会保障部门化解涉民生执行案件合作机制，推动将被执行人丧失履行能力的涉民生案件纳入社会保障体系。探索推进商业保险特别是责任保险的适用范围，让人身伤害、财产侵权等类型债务在被执行人丧失履行能力情况下能够得到及时赔付。推动建立与强制执行程序相关联，符合法律规定和市场规律的保险体系。

9. 加大司法救助力度。积极拓宽救助资金来源渠道，规范救助程序和救助标准，简化审批流程，切实做好执行案件中困难当事人的救助工作，依法有序分流"执行不能"案件。

10. 完善执转破工作机制。落实最高人民法院关于执转破工作相关制度措施，强化执行程序中"僵尸企业"的清出力度，从根本上减少执行案件存量。进一步优化、规范执转破工作流程，完善当事人申请或同意执转破的激励和约束机制，做到应转必转、当破必破，确保渠道畅通，运转有序。着力解决执转破进程中缺少破产费用的问题，推动建立清出"僵尸企业"的专项基金。完善办理执转破案件及审理破产案件考核机制，调动各级人民法院推动执转破工作的积极性。推进简易破产程序设计，快速审理"无财产可破"案件。加强执行信息系统与破产案件审理信息系统对接，推进措施资源、信息资源和财产处置资源共享。

11. 推进完善强制执行法律体系及配套制度。按照立法规划，2019年底之前完成民事强制执行法调研起草工作。配合做好破产法修改相关工作，推进执行程序与破产程序的有效衔接，将执行转破产、破产简易程序等行之有效的经验法律化。开展与个人破产制度功能相当的试点工作，为建立个人破产制度打下实践基础。配合公司法的修改工作，通过完善公司治理结构、财务管理制度、公司控股股东及高级管理人员责任、公司法人人格否认等制度，从源头遏制转移、隐匿财产等规避执行行为。

（三）深入推进执行体制改革

12. 推进人民法院执行管理体制改革。依托执行指挥中心强化"三统一"执行管理，探索推进执行管理体制改革。支持各地法院在地方党委领导下，经最高人民法院批准，结合编制和人事管理改革，开展执行管理体制改革试点。试点模式包括：一是市（地）中级人民法院对区（县）人民法院执行机构垂直领导；二是区（县）人民法院执行机构接受本级人民法院和中级人民法院级执行机构双重领导，在执行业务上以上级执行机构领导为主。试点工作在2020年底前完成。

13. 加快推进审执分离体制改革。将执行权区分为执行实施权和执行裁判权，案件量大及具备一定条件的人民法院在执行局内或单独设立执行裁判庭，由执行裁判庭负责办理执行异议、复议以及执行异议之诉案件。不具备条件的法院的执行实施工作与执行异议、复议等裁判事项由执行机构不同法官团队负责，执行异议之诉案件由相关审判庭负责办理。

14. 建立基层人民法院派出法庭审理的案件由该派出法庭执行的机制。具备人员条件的派出法庭设立专门执行团队，不具备条件的可确定相对固定人员负责执行。派出法庭的执行工作由基层人民法院执行机构统一管理，专职或兼职人员纳入执行人员名册，案件纳入统一的执行案件管理平台。

15. 全面推行执行团队办案模式。实行以法官为主导的"法官＋法官助理（执行员）＋法警＋书记员"团队办案模式，优化团队之间、团队内部的任务分工和职权划分，完善"人员分类、事务集约、权责清晰、配合顺畅"的执行权运行模式。

16. 推进司法警察参与执行。按照"编队管理、派驻使用"原则，向执行机构派驻相对固定的司法警察，警队统一管理，执行机构调度使用，警队和执行机构共同考核、培训。执行机构在编的法官助理、书记员符合条件的，可以按自愿原则转为司法警察，编入警队管理。赋予司法警察在执行警务保障中体现执行工作要求的执法权限，发挥司法警察采取强制措施、打击拒执行为、收集证据等作用，提升执行效率和威慑力。

17. 积极引入专业力量参与执行。建立健全仲裁、公证、律师、会计、审计等专业机构和人员深度参与执行的工作机制，区分执行权核心事务与辅助性事务，建立辅助事务分流机制，探索将财产查控、网拍辅助、案款发放、送达等执行工作中的辅助事务适度外包专业社会力量。健全完善人民法院购买社会化服务工作机制，确保公开竞标、质量评估、运营监督、保密协议、业务培训等各类行为合法合规、外包机制公平公开。

（四）健全现代化执行工作机制

18. 健全繁简分流、事务集约的执行权运行机制。执行指挥中心对执行案件进行类型化处理，实现"简案快执，难案精执"。加强事务性工作集约化处理，将执行程序中的财产查控、文书制作和送达、终本案件管理、涉执信访等事务性较强的工作，统一交由专门团队进行集约化处理，提高执行工作效率。

19. 完善立审执协调配合机制。强化执行立案审查，有条件的法院可将恢复执行，调解书、仲裁裁决、公证债权文书执行，执行异议、复议、监督等特定案件立案审查工作交由执行局负责，或建立执行局参与特定案件执行立案审查工作机制。建立立案阶段提示执行不能风险制度，使当事人对诉讼结果及执行结果有合理预期。加强保全立案，推广保全保险担保、执行事务中心工作机制。探索多元纠纷化解机制，由执行人员参与诉前、诉中调解，一揽子化解矛盾，实现案结事了。加强对财产保全工作监督和考核，防止保全措施滥用。严格贯彻裁判的执行内容必须明确具体的要求，2019年底前，各级人民法院要出台规定，将调解和裁判内容的可执行性作为考核案件质效和工作绩效的重要因素。修订人民法院裁判文书样式，在裁判文书中明确申请执行的期限、受理执行的法院、义务人不履行义务的后果等内容。制定规范诉讼费退费和追缴的管理规定，规范诉讼费的强制执行。

20. 完善无财产可供执行案件监管、恢复和退出机制。进一步完善终结本次执行程序案件结案标准和程序，通过信息化手段加强终本案件监管和考核。建立终本案件统一定期统查、自动提示工作机制，规范案件恢复执行的管理。完善终本案件转破产审查工作机制，规范并推动执行不能案件退出执行程序。

21. 健全特殊案件执行工作机制。对涉党政机关、涉军、涉民生等特殊案件实行分类管理,形成常态化专项执行机制。健全军地法院执行协作机制,妥善处理军地互涉执行案件,为国防和军队建设提供良好法治环境。完善涉党政机关执行案件沟通协调机制,通过定期与党委政法委联合通报、督办约谈,与发展改革委等部门开展联合信用惩戒,实行综治考核,将涉诉政府债务清偿纳入预算管理等方式,促进党政机关带头履行生效裁判。建立涉民生案件执行长效机制,将传统节日涉民生专项执行活动与日常工作机制相结合,坚持优先立案、优先执行、优先发放执行案款,维护群众切身利益。2020年底前,建立涉党政机关、涉军、涉民生等特殊案件执行信息系统,实现网上查询、汇总、督办功能。

22. 健全异地执行协作和协同执行机制。强化全国执行一盘棋的理念,健全以执行事项委托为主的全国统一协作执行工作机制,建立异地执行向上一级法院和执行地法院执行指挥中心备案制度,切实强化上级法院的案件管理责任,加强对异地执行的协助和保障。建立全国法院执行协调案件办理系统,协调案件的报请、证据交换、后续跟踪、督办落实等全部通过系统办理。加强协同执行工作力度,加大案件管理和工作考核力度。

23. 完善民事、刑事、行政案件执行一体化工作机制。在进一步完善民事执行制度的同时,加强刑事涉财产部分执行和行政执行制度建设,完善相关工作机制,补齐刑事、行政案件执行短板。完善刑事涉财产部分执行案件立审执协调配合机制及执行与减刑、假释工作衔接机制,提升刑事涉财产部分执行力度与规范化水平。完善刑事涉财产部分执行案件的涉案财物管理,健全涉案财物保管、拍卖、变卖、上缴国库等工作程序。重点强化并推进贪腐案件财产刑的全面执行,加强涉民生案件财产追缴退赔、附带民事诉讼案件执行力度。结合执行信息化建设,进一步强化刑事涉财产执行案件信息化管理与监督,进一步规范行政执行案件范围、执行规则和流程。

(五)深化以现代信息技术为支撑的执行模式变革

24. 完善“1+2+N”执行信息化系统。加快以执行指挥中心综合管理平台为核心,以四级法院统一的办案系统和执行公开系统为两翼,以网络查控、评估拍卖、信用惩戒、执行委托等N个执行办案辅助系统为子系统的执行信息化系统建设。强化系统应用,通过信息化手段落实执行工作“三统一”管理的各项要求。大力推行文档电子化和电子卷宗即时生成,实现系统对执行信息资源的智能化读取、识别,推动法律文书自动生成、关键节点自动回填,为法官提供智力支持与辅助性、事务性工作支持。进一步升级执行办案系统,以信息化手段约束执行权、规范执行行为。进一步优化执行查控、网络评估、网络拍卖、信用惩戒系统,为一线干警采取执行措施、提高执行效率、加大执行力度提供信息技术支撑。依法依规部署执行应急系统,实现执行管理“专网+互联网”全覆盖,进一步提升管理能力和水平。通过APP、即时通讯、微信小程序等技术手段,加强风险提示、节点推送,为当事人提供“一站式”诉讼服务,促进当事人、律师广泛参与执行。探索送达工作网络化办理,节约送达成本、提升送达效率。加大执行业务中以区块链技术为代表的新技术的应用和转化,提高执行效率,增强人民群众获得感。

25. 完善四级法院统一的执行办案平台。用一到两年时间全面升级案件流程信息管理系统,优化、强化关键流程节点自动回填、自动控制,实现办案流程全程在线、全程留痕、全方位多层次监控。实现文书发送、财产查控、询价评估、拍卖变卖、案款发放等案件节点的可视化、标准化监管。增强系统服务功能,升级执行节点、执行期限、前置程序等的自动预警和提示功能,提升系统操作用户体验。加强移动执行工作系统建设,及时回传和存储现场执行数据、图片、视频等,推送案件信息,实现线下执行与线上系统有效对接,逐步实现执行工作移动网上办公,为执行干警外出执行提供信息系统保障。加强对被执行人拘留及相关数据的统筹管理,实现与公安机关网络联通,全面掌握拘留地点、拘留天数、拘留次数、重复拘留等数据。

26. 加快推进执行指挥中心实体化运行。加强执行指挥中心制度建设,2019年底前制定相关规范,明确各级人民法院执行指挥中心职能定位、运行机制、装备标准、运行保障等,为执行指挥中心建设提供明确依据。充分发挥执行指挥中心在团队化办案中的支持、保障作用,做到事务工作办理集约化、工作流程标准化、规范化。充分发挥执行指挥中心指挥调度作用,以事项委托为基础,推进跨区域、跨部门之间的事项协作,加快执行指挥应急管理系统部署,尽快实现全国法院全覆盖,打通内、外网连接,有效解决执行指挥中心与外出执行人员、外出执行人员之间的执行信息联通问题,逐步形成覆盖全国、上下一体、内外联动、响应及时、保障有力的执行指挥调度工作新格局。充分发挥执行指挥中心在执行管理、执行考核中的中枢作用,实现对执行案件、执行事项和执行人员的全方位管理,强化对下督办、分级分时督办等工作机制,将各项监管职能逐步下沉至中级、基层人民法院执行指挥中心。加强值班备勤,逐步建立各级人民法院实时联动的24小时备勤和应急处理工作机制。

27. 完善人民法院网络执行查控系统。坚持以全国统一的执行查控系统为主,以地方各级人民法院执行查控系统为补充的建设思路。进一步拓宽查控系统的覆盖范围,加快推进与互联网金融全面对接,将保险产品等各种理财产品纳入查控系统,实现对不动产以及车辆、船舶等特殊动产线上查封,从根本上解决在一些财产形式上查控扣功能不齐全问题,实现所有财产形式查控扣一体化。尽快解决查控系统运行不畅、信息反馈不及时不准确、线上线下查询不一致等突出问题。提高系统智能化水平,实现批量勾选、自动查询、全天候查询、智能筛选、批量冻结等功能。利用人工智能对反馈结果作深度发掘,形成条目完备、结构简明、方便适用的查控财产反馈清单和财产线索图,便于执行法官确定财产查控方向和措施。在确保系统安全的前提下,推动查控系统向移动端发展,方便干警随时随地利用查控系统为办案服务。强化系统应用,定期组织系统性的操作培训,加强对查控系统应用的监督和指导力度,强化执行干警应用查控系统的意识和能力。严格规范信息调取、使用等,明确权限、程序、责任,全程留痕,防止公民、企业信息外泄,确保查控在合法合规轨道上运行。

28. 完善失信惩戒系统。通过国家"互联网+监管"系统及全国信用信息共享平台,推进失信被执行人信息与公安、民政、人力资源社会保障、自然资源、住房城乡建设、交通运输、文化和旅游、财政、金融监管、税务、市场监管、科技等部门以及有关人民团体、社会组织、企事业单位公共信用信息实现资源共享。在2020年底前完成将失信被执行人名单信息嵌入各联合惩戒单位"互联网+监管"系统以及管理、审批工作系统中,实现对失信被执行人名单信息的自动比对、自动监督、自动惩戒。细化信用惩戒分级机制,根据比例原则对不同程度的失信行为采取相应力度的惩戒措施。畅通信用惩戒救济渠道,对于错误纳入、未及时屏蔽、公布信息不准等问题及时予以纠正。结合执行工作实际,探索建立守信激励和失信被执行人信用修复制度。

29. 建设并全面推行执行财产评估系统。2019年在全国法院上线运行财产评估系统。全面落实相关司法解释,确保评估环节公开、透明、高效。制定网络询价平台名单库管理办法,建立全国性的司法网络询价平台名单库,加快推进网络询价工作,逐步形成人民法院确定财产处置参考价工作的新模式。制定委托评估专业技术评审规则,建立科学合理、切实有效、标准统一的专业技术评审工作机制。推进询价评估系统与全国性评估行业协会系统对接,实现委托评估机构行业自律、当事人在线选取,推广使用定向询价评估系统,不断完善定向询价评估系统功能,确保询价评估工作依法规范、精准操作、全程留痕、全程监管。

30. 进一步加强网络司法拍卖系统建设。落实网拍优先原则,拓展网络拍卖使用范围,提高财产变现的及时性。建立司法拍卖辅助工作省级统一标准、统一管理的工作机制,加强对司法拍卖辅助工作标准化、规范化管理。完善配套工作机制,有效解决拍卖财产腾退和交付、车辆违章消除等影响财产处置效率的问题。在不影响债权人合法权益的前提下尽可能降低被执行人偿债成本,加快推进被执行人指定期限内自行处置财产制度、被执行人特定期限内赎买拍卖物制度以及被执行人以查封财产融资偿债机制建设,依法保障各方当事人合法权益。

31. 加强执行信息安全措施。严格落实网络信息等级保护及涉密保护技术措施,制定相应的工作流程和制度,确保执行信息系统安全。

(六)健全规范执行行为制度体系

32. 完善执行规范体系。全面梳理执行领域司法解释,2019年完成司法解释完善编注工作,解决执行规范体系层级复杂、关系模糊、内容冲突等问题。及时制定司法解释,解决执行实践中的法律适用问题。针对执行工作中出现的新情况、新问题,及时出台指导性意见和规范性文件,填补规则漏洞,统一办案标准。做好民事强制执行法的贯彻实施工作。

33. 健全执行案件督办机制。2019年底前出台规定明确执行督办案件的办理流程、时限、结案标准等,提升督办案件办理规范化水平。加大督办案件办理力度,建立工作台账,专人负责、定期通报,建立责任落实和报告反馈机制,加强对督办案件的综治考核和执行绩效考核。加强信息化管理,把督办案件纳入执行指挥平台督导案件系统统一办理,加强统计分析,提高办理效率,提升监督管理效果,防范化解涉执重大风险。

34. 加强执行信访管理。加强执行信访工作考核,将"信访案件办结率90%以上"继续作为考核执行工作的核心指标之一,将信访案件办结率、化解率、案访比、进京信访比等重要指标纳入季度、年度综治考评项目以及日常考核。强化执行信访案件督办,坚持以实体化解为目标,细化执行信访案件实体化解标准。2019年底前建立上级法院有明确意见的执行信访案件台账,对未落实上级法院明确意见的案件督办到底。优化升级执行申诉信访信息化管理系统,实现执行申诉信访系统与执行案件办理系统、网上申诉平台、全国法院涉诉信访系统等的互联互通、信息共享,发挥执行申诉信访管理系统上下贯通、节点控制的监督作用,加强系统数据分析,为执行工作决策提供参考。

35. 加强执行款物管理。2019年底前对全国法院的"一案一账号系统"进行验收,完善"一案一账号"工作机制和信息化系统,完成款物管理系统或财务系统与案件流程信息管理系统对接,实现案款到账短信通知、逾期未发放款项预警提示等功能,全面实现款物管理的全流程化和信息化。建立案款提存工作机制,明确提存部门、责任分工,加强对积压案款的集中监管。建立执行款物管理系统,在线完成财产甄别,建立网络化收付款工作机制,确保执行案款收支便利、全程留痕、发放及时。

36. 严肃整治执行不规范行为。发挥执行约谈制度作用,对存在消极执行、拖延执行、违法执行等问题的,及时启动执行约谈程序,督促限期予以纠正。落实责任倒查、"一案双查"制度,完善相关问题线索移交、联合调查、督办问责等工作机制,将违纪违法问题查处结果纳入综治考核。

37. 加强执行工作考核。2019年底前,各级人民法院要修订执行考核指标,遵循执行工作规律,突出执行工作特点,建立有别于审判工作的单独执行工作考核机制。2020年开始将执行案件与审判案件分开统计,在法院工作报告中分别表述。

修改综治工作(平安建设)考核评价工作(法院执行工作部分)实施细则,将“3+1”核心指标、执行督办落实情况等纳入考核范围,合理设定加减分项目和分值,探索实行月汇总、季度通报、年终扣分制度。强化考核结果运用,健全执行机构配合组织人事部门考核执行队伍工作机制,将执行工作考核结果作为干部考核的重要方面。

(七)综合运用强制执行措施,提高执行工作权威性及公信力

38. 加大财产调查力度。落实财产报告制度,加大对不报告、报告不实等行为的处罚力度,增强制度威慑力。对被执行人存在违反财产报告制度,或者有隐匿财产、财产凭证、会计账簿等行为的,坚决采取搜查措施。在信息系统未覆盖领域采用传统调查措施,加强对被执行人所在社区、营业场所的调查力度。探索建立律师调查被执行人财产等制度,加快推进委托审计调查、公证取证、悬赏举报等制度,最大限度丰富调查手段,拓宽财产发现渠道。

39. 严厉惩戒拒执违法行为。加大对拒执行为的惩处力度,依法适用罚款、拘留、限制出境等强制措施。联合公安机关尽快建立限制出境网络化操作机制,联合公安机关、检察机关出台指导性意见,解决司法拘留“送拘难”、拒执罪“立案难”等突出问题,建立依法高效办理拒执案件的常态化工作机制。2021年前完善拒执罪公诉、自诉案件相关法律制度,统一证据采信和法律适用标准。

40. 坚决打击规避执行行为。持之以恒开展反规避执行专项整治行动,选择重点案件,采取内外联动、上下联动等手段查明事实,依法以变更追加被执行人、采取强制措施等方式予以惩戒。加强对滥用异议权、诉权问题的研究,进一步明确滥用异议权、诉权拖延、规避执行的处罚程序和标准。研究被执行人转移、隐匿财产的具体形式,有针对性地完善财产追回等制度。

(八)健全开放、动态、透明、便民的阳光执行制度体系

41. 健全完善执行公开工作机制。贯彻主动、依法、全面、及时、实质公开原则,坚持“以公开为原则,以不公开为例外”,不断拓展执行公开范围、健全公开形式、畅通公开渠道、加强平台建设、强化技术支撑。深入推进执行公开的规范化、标准化、信息化建设,准确划分向当事人公开和向社会公众公开的标准,明确执行公开的责任主体。

42. 拓展执行公开的广度和深度。认真落实《最高人民法院关于进一步深化司法公开的意见》(法发〔2018〕20号),推动实现执行案件流程信息、被执行人信息、失信被执行人名单信息、网络司法拍卖信息、强制措施、财产调查处置措施等在同一平台集中统一公开。

43. 鼓励支持律师参与执行。2019年会同司法部、中华全国律师协会出台律师参与执行的意见,多措并举提升律师参与执行的比例,建设信息化平台,为律师参与执行提供便利,充分发挥律师在执行中的作用。

44. 打造集约化执行公开平台。将执行信息公开网建设成集约化的执行公开平台,继续做好平台与法院专网内的执行案件管理系统、失信惩戒系统、限制消费系统、询价评估系统、网拍平台、终本系统的对接,向当事人和社会提供更优质的“一站式”执行信息公开服务。增强执行公开网的交流互动性,为当事人提供更加便捷的联系法官的渠道,完善执行线索提供和悬赏公告功能,调动社会各界参与执行、支持执行、监督执行的积极性。

45. 创新执行信息公开手段。2019年底前有条件的法院要利用手机短信、微信、诉讼服务热线、手机APP等,把执行流程关键节点告知当事人,满足社会公众多渠道了解人民法院执行工作的需求。加快与相关部门建立快速查询信息共享机制,向当事人手机推送案件节点等执行信息。

(九)健全执行监督体系

46. 主动接受人大监督和政协民主监督。定期向人大报告执行工作,认真听取人大代表、政协委员对执行工作的意见建议,联合开展执法检查,定期邀请代表视察调研、见证执行。健全建议、提案办理工作机制,明确责任,加强督查督办,确保建议提案办理质效。加强对建议、提案办理答复数据库及相关系统的管理,实现建议、提案网上办理、跟踪督办,将答复数据库与执行信息公开网对接,更大范围地将办理情况向社会公开,提升建议、提案办理工作的规范化、精细化、信息化水平。

47. 依法接受检察监督。会同检察机关完善民事、刑事、行政案件执行活动法律监督制度,依法办理执行监督检察建议。建立执行检察监督案件通报制度,把执行检察监督案件纳入执行案件系统,加强日常管理。主动邀请检察机关监督具有重大影响以及群体性、敏感性执行案件、被执行人为特殊主体或因外界干预难以执行的案件、被执行人以暴力或其他方式抗拒执行的案件等,推动改善执行环境。

48. 广泛接受社会监督。推广在执行指挥中心下建立“执行事务中心”,搭建一站式执行事务服务窗口。畅通人民法院与当事人沟通渠道,邀请群众代表观摩法院执行工作、调研座谈,充分保障群众知情权、参与权、表达权和监督权。

(十)建设新时代“执行铁军”

49. 加强执行队伍革命化建设。坚持用习近平新时代中国特色社会主义思想武装头脑指导实践推动工作,坚持以党的政治建设为统领,教育引导广大执行干警增强“四个意识”、坚定“四个自信”、做到“两个维护”,确保执行工作正确政治方向。强化使命意识,锤炼政治担当,帮助全体执行干警牢固树立正确的世界观、人生观、价值观。按照党管干部的要求,加强执行干警队伍建设,认真落实党中央各项决策部署,将理想信念教育作为执行干警工作的一项战略工程常抓不懈,锻造一支让党中央放心、让人民群众满意的高素质执行队伍。

50. 加强执行队伍正规化建设。把握人民法院执行工作规律,深入研究各级人民法院执行工作职能定位,区分管理、办案等工作比重,确定不同层级法院执行人员配备标准。加强各级人民法院执行局班子建设,认真落实《最高人民法院关于高级人民法院统一管理执行工作若干问题的规定》(法发〔2000〕3号)要求,各级人民法院执行局局长在办理任免手续前,应征得上一级人民法院同意,上级人民法院认为下级人民法院执行局局长不称职的,可以建议有关部门予以调整、调离或者免职。建立下级人民法院执行局长向上一级人民法院报告述职制度,述职结果作为干部考核的重要依据。严格落实执行干警比例要求,根据工作需要加强员额法官、法官助理(执行员)、司法警察和书记员配备,防止出现队伍力量薄弱、结构老化、不适应执行发展需要等问题,加强人员配备和保障的监督核查。

51. 加强执行队伍专业化建设。加强专业培训,发挥国家法官学院执行学院资源优势,编辑出版执行培训教材,开展执行人员分批分类培训和实操考核,争取三年内完成全国执行人员全员轮训。继续办好"执行大讲堂",围绕新出台的执行规范性文件、司法解释和执行实务中的热点难点问题等,适时组织培训和解读。建立分级培训和考核工作机制,明确和落实四级法院的培训职责、任务和要求。充分发挥执行专业委员会作用,加强理论研究和实践调查,提高专业化水平。探索实行上下级法院执行人员双向挂职锻炼制度,促进执行人员在办大案、处急事、破难题中增长本领。加强执行部门与审判部门法官的任职交流,任命为员额法官前原则上要有一年的执行实施工作经验。

52. 加强执行队伍职业化建设。建立健全执行实施人员、司法警察、执行工作辅助人员职业资格条件、招录、晋升、转岗等制度规范,优化执行队伍构成,提升执行队伍素质。以深化司法体制综合配套改革和全面落实司法责任制为契机,明确各类执行人员的身份定位和职权范围,推进执行人员单独职务序列管理。创新激励机制,建立执行工作容错纠错机制,完善执行干警依法履职保护机制,依法惩处诬告陷害、威胁恐吓执行干警等行为。健全执行干警职业保障制度,从政治上关心、工作上支持、生活上保障,全面关心关爱执行干警,完善抚恤优待政策,落实带薪休假、调休轮休、心理疏导等机制,解决后顾之忧,提高执行干警的职业荣誉感、自豪感、归属感。

53. 加强执行队伍党风廉政建设。坚持全面从严治党,持之以恒正风肃纪,坚定不移推进反腐败斗争。统筹深化司法体制综合配套改革与党风廉政建设,健全与执行权力运行体系相适应的廉政风险防控体系,确保公正廉洁执行。完善司法巡查,整合监督力量,强化督办落实。加强关键岗位定期轮换交流。完善岗位职权利益回避制度,规范执行工作人员与当事人、律师、特殊关系人、中介组织的接触、交往行为。严格查处执行违法违纪行为,坚决清除执行队伍中的害群之马。

三、组织实施

(一)加强组织领导

最高人民法院相关部门要加强对本纲要任务的统筹协调、推进实施、督促落实、总结评估,通过建立台账、挂账管理、跟踪督办、督察问责,确保有重点、有步骤地推进各项任务落实。严格贯彻落实"一把手抓、抓一把手"工作机制,强化各级人民法院"一把手"主体责任,加强工作任务分解,逐项明确时间表、路线图、责任人,确保每项任务有人盯、有人抓。

(二)加强工作保障

严格落实《人民法院执行工作业务装备标准》(法办发〔2018〕7号),执行工作车辆保障单独预算列支,为执行人员配备移动办公终端、便携打印机、执行现场手机信号屏蔽器等必要的执行装备,加强人民法院执行指挥应急调度服务平台在全国法院部署安装的经费保障。优化运维服务管理制度和人员保障,健全执行工作装备保障机制,构建现代化执行后勤保障体系。

(三)加强执行机构建设

严格落实中央关于加强执行机构建设的要求,积极争取地方党委支持,加强执行力量配备。各级人民法院有关执行机构的改革方案要层报最高人民法院审核。

(四)加强执行法治宣传

宣传工作是执行工作的重要组成部分。要进一步提高对执行宣传工作重要性的认识,加强组织领导,健全工作机制,建立执行宣传联席会议制度,形成宣传合力,强化考核指导,实现四级法院上下一体同频共振的执行宣传工作格局。突出宣传重点,拓展宣传方式,促进社会理解执行、尊重执行、协助执行,提升法治意识,促进主动履行法律义务。加强舆情引导,落实专人负责制度,严格落实"三同步"原则,及时回应、有效引导,做好法律政策宣讲、解疑释惑等工作。

最高人民法院印发《关于严格规范执行事项委托工作的管理办法(试行)》的通知

(2017年9月8日 法发〔2017〕27号)

各省、自治区、直辖市高级人民法院,解放军军事法院,新疆维吾尔自治区高级人民法院生产建设兵团分院:

现将最高人民法院《关于严格规范执行事项委托工作的管理办法(试行)》印发给你们,请认真贯彻执行。

关于严格规范执行事项委托工作的管理办法(试行)

为严格规范人民法院执行事项委托工作,加强各地法院之间的互助协作,发挥执行指挥中心的功能优势,节约人力物力,提高工作效率,结合人民法院执行工作实际,制定本办法。

第一条 人民法院在执行案件过程中遇有下列事项需赴异地办理的,可以委托相关异地法院代为办理。

(一)冻结、续冻、解冻、扣划银行存款、理财产品;

(二)公示冻结、续冻、解冻股权及其他投资权益;

(三)查封、续封、解封、过户不动产和需要登记的动产;

(四)调查被执行人财产情况;

(五)其他人民法院执行事项委托系统中列明的事项。

第二条 委托调查被执行人财产情况的,委托法院应当在委托函中明确具体调查内容、具体协助执行单位并附对应的协助执行通知书。调查内容应当为总对总查控系统尚不支持的财产类型及范围。

第三条 委托法院进行事项委托一律通过执行办案系统发起和办理,不再通过线下邮寄材料方式进行。受托法院收到线下邮寄材料的,联系委托法院线上补充提交事项委托后再予办理。

第四条 委托法院发起事项委托应当由承办人在办案系统事项委托模块中录入委托法院名称、受托法院名称、案号、委托事项、办理期限、承办人姓名、联系方式,并附相关法律文书。经审批后,该事项委托将推送至人民法院执行事项委托系统,委托法院执行指挥中心核查文书并加盖电子签章后推送给受托法院。

第五条 受托法院一般应当为委托事项办理地点的基层人民法院,委托同级人民法院更有利于事项委托办理的除外。

第六条 办理期限应当根据具体事项进行合理估算,一般应不少于十天,不超过二十天。需要紧急办理的,推送事项委托后,通过执行指挥中心联系受托法院,受托法院应当于24小时内办理完毕。

第七条 相关法律文书应当包括执行裁定书、协助执行通知书、委托执行函、送达回证(或回执),并附执行公务证件扫描件。委托扣划已冻结款项的,应当提供执行依据扫描件并加盖委托法院电子签章。

第八条 受托法院通过人民法院执行事项委托系统收到事项委托后,应当尽快核实材料并签收办理。

第九条 委托办理的事项超出本办法第一条所列范围且受托法院无法办理的,受托法院与委托法院沟通后可予以退回。

第十条 委托法院提供的法律文书不符合要求或缺少必要文书,受托法院无法办理的,应及时与委托法院沟通告知应当补充的材料。未经沟通,受托法院不得直接退回该委托。委托法院应于三日内通过系统补充材料,补充材料后仍无法办理的,受托法院可说明原因后退回。

第十一条 受托法院应当及时签收并办理事项委托,完成后及时将办理情况及送达回证、回执或其他材料通过系统反馈委托法院,委托法院应当及时确认办结。

第十二条 执行事项委托不作为委托执行案件立案办理,事项委托由受托法院根据本地的实际按一定比例折合为执行实施案件计入执行人员工作量并纳入考核范围。

第十三条 委托法院可在人民法院执行事项委托系统中对已经办结的事项委托进行评价,或向受托法院的上级法院进行投诉并说明具体投诉原因,被投诉的受托法院可通过事项委托系统说明情况。评价、投诉信息将作为考核事项委托工作的一项指标。

第十四条 各高级、中级人民法院应当认真履行督促职责,通过执行指挥管理平台就辖区法院未及时签收并办理、未及时确认办结情况进行督办。最高人民法院、高级人民法院定期对辖区法院事项委托办理情况进行统计、通报。

最高人民法院印发《关于执行款物管理工作的规定》的通知

(2017年2月27日 法发〔2017〕6号)

各省、自治区、直辖市高级人民法院,解放军军事法院,新疆维吾尔自治区高级人民法院生产建设兵团分院:

为规范人民法院对执行款物的管理工作,维护当事人的合法权益,最高人民法院对2006年5月18日发布施行的《关于执行款物管理工作的规定(试行)》(法发〔2006〕11号)进行了修订。现将修订后的《最高人民法院关于执行款物管理工作的规定》予以印发,请遵照执行。

最高人民法院关于执行款物管理工作的规定

为规范人民法院对执行款物的管理工作,维护当事人的合法权益,根据《中华人民共和国民事诉讼法》及有关司法解释,参照有关财务管理规定,结合执行工作实际,制定本规定。

第一条 本规定所称执行款物,是指执行程序中依法应当由人民法院经管的财物。

第二条 执行款物的管理实行执行机构与有关管理部门分工负责、相互配合、相互监督的原则。

第三条 财务部门应当对执行款的收付进行逐案登记,并建立明细账。

对于由人民法院保管的查封、扣押物品，应当指定专人或部门负责，逐案登记，妥善保管，任何人不得擅自使用。

执行机构应当指定专人对执行款物的收发情况进行管理，设立台账、逐案登记，并与执行款物管理部门对执行款物的收发情况每月进行核对。

第四条 人民法院应当开设执行款专户或在案款专户中设置执行款科目，对执行款实行专项管理、独立核算、专款专付。

人民法院应当采取一案一账号的方式，对执行款进行归集管理，案号、款项、被执行人或交款人应当一一对应。

第五条 执行人员应当在执行通知书或有关法律文书中告知人民法院执行款专户或案款专户的开户银行名称、账号、户名，以及交款时应当注明执行案件案号、被执行人姓名或名称、交款人姓名或名称、交款用途等信息。

第六条 被执行人可以将执行款直接支付给申请执行人；人民法院也可以将执行款从被执行人账户直接划至申请执行人账户。但有争议或需再分配的执行款，以及人民法院认为确有必要的，应当将执行款划至执行款专户或案款专户。

人民法院通过网络执行查控系统扣划的执行款，应当划至执行款专户或案款专户。

第七条 交款人直接到人民法院交付执行款的，执行人员可以会同交款人或由交款人直接到财务部门办理相关手续。

交付现金的，财务部门应当即时向交款人出具收款凭据；交付票据的，财务部门应当即时向交款人出具收取凭证，在款项到账后三日内通知执行人员领取收款凭据。

收到财务部门的收款凭据后，执行人员应当及时通知被执行人或交款人在指定期限内用收取凭证更换收款凭据。被执行人或交款人未在指定期限内办理更换手续或明确拒绝更换的，执行人员应当书面说明情况，连同收款凭据一并附卷。

第八条 交款人采用转账汇款方式交付和人民法院采用扣划方式收取执行款的，财务部门应当在款项到账后三日内通知执行人员领取收款凭据。

收到财务部门的收款凭据后，执行人员应当参照本规定第七条第三款规定办理。

第九条 执行人员原则上不直接收取现金和票据；确有必要直接收取的，应当不少于两名执行人员在场，即时向交款人出具收取凭证，同时制作收款笔录，由交款人和在场人员签名。

执行人员直接收取现金或者票据的，应当在回院后当日将现金或票据移交财务部门；当日移交确有困难的，应当在回院后一日内移交并说明原因。财务部门应当按照本规定第七条第二款规定办理。

收到财务部门的收款凭据后，执行人员应当按照本规定第七条第三款规定办理。

第十条 执行人员应当在收到财务部门执行款到账通知之日起三十日内，完成执行款的核算、执行费用的结算、通知申请执行人领取和执行款发放等工作。

有下列情形之一的，报经执行局局长或主管院领导批准后，可以延缓发放：

（一）需要进行案款分配的；

（二）申请执行人因另案诉讼、执行或涉嫌犯罪等原因导致执行款被保全或冻结的；

（三）申请执行人经通知未领取的；

（四）案件被依法中止或者暂缓执行的；

（五）有其他正当理由需要延缓发放执行款的。

上述情形消失后，执行人员应当在十日内完成执行款的发放。

第十一条 人民法院发放执行款，一般应当采取转账方式。

执行款应当发放给申请执行人，确需发放给申请执行人以外的单位或个人的，应当组成合议庭进行审查，但依法应当退还给交款人的除外。

第十二条 发放执行款时，执行人员应当填写执行款发放审批表。执行款发放审批表中应当注明执行案件案号、当事人姓名或名称、交款人姓名或名称、交款金额、交款时间、交款方式、收款人姓名或名称、收款人账号、发款金额和方式等情况。报经执行局局长或主管院领导批准后，交由财务部门办理支付手续。

委托他人代为办理领取执行款手续的，应当附特别授权委托书、委托代理人的身份证复印件。委托代理人是律师的，应当附所在律师事务所出具的公函及律师执照复印件。

第十三条 申请执行人要求或同意人民法院采取转账方式发放执行款的，执行人员应当持执行款发放审批表及申请执行人出具的本人或本单位接收执行款的账户信息的书面证明，交财务部门办理转账手续。

申请执行人或委托代理人直接到人民法院办理领取执行款手续的，执行人员应当在查验领款人身份证件、授权委托手续后，持执行款发放审批表，会同领款人到财务部门办理支付手续。

第十四条 财务部门在办理执行款支付手续时，除应当查验执行款发放审批表，还应当按照有关财务管理规定进行审核。

第十五条 发放执行款时，收款人应当出具合法有效的收款凭证。财务部门另有规定的，依照其规定。

第十六条 有下列情形之一，不能在规定期限内发放执行款的，人民法院可以将执行款提存：

（一）申请执行人无正当理由拒绝领取的；

（二）申请执行人下落不明的；

（三）申请执行人死亡未确定继承人或者丧失民事行为能力未确定监护人的；

（四）按照申请执行人提供的联系方式无法通知其领取的；

（五）其他不能发放的情形。

第十七条 需要提存执行款的，执行人员应当填写执行款提存审批表并附具有提存情形的证明材料。执行款提存审批表中应注明执行案件案号、当事人姓名或名称、交款人姓名或名称、交款金额、交款时间、交款方式、收款人姓名或名称、提存金额、提存原因等情况。报经执行局局长或主管院领导批准后，办理提存手续。

提存费用应当由申请执行人负担，可以从执行款中扣除。

第十八条 被执行人将执行依据确定交付、返还的物品（包括票据、证照等）直接交付给申请执行人的，被执行人应当向人民法院出具物品接收证明；没有物品接收证明的，执行人员应当将履行情况记入笔录，经双方当事人签字后附卷。

被执行人将物品交由人民法院转交给申请执行人或由人民法院主持双方当事人进行交接的，执行人员应当将交付情况记入笔录，经双方当事人签字后附卷。

第十九条 查封、扣押至人民法院或被执行人、担保人等直接向人民法院交付的物品，执行人员应当立即通知保管部门对物品进行清点、登记，有价证券、金银珠宝、古董等贵重物品应当封存，并办理交接。保管部门接收物品后，应当出具收取凭证。

对于在异地查封、扣押，且不便运输或容易毁损的物品，人民法院可以委托物品所在地人民法院代为保管，代为保管的人民法院应当按照前款规定办理。

第二十条 人民法院应当确定专门场所存放本规定第十九条规定的物品。

第二十一条 对季节性商品、鲜活、易腐烂变质以及其他不宜长期保存的物品，人民法院可以责令当事人及时处理，将价款交付人民法院；必要时，执行人员可予以变卖，并将价款依照本规定要求交财务部门。

第二十二条 人民法院查封、扣押或被执行人交付，且属于执行依据确定交付、返还的物品，执行人员应当自查封、扣押或被执行人交付之日起三十日内，完成执行费用的结算、通知申请执行人领取和发放物品等工作。不属于执行依据确定交付、返还的物品，符合处置条件的，执行人员应当依法启动财产处置程序。

第二十三条 人民法院解除对物品的查封、扣押措施的，除指定由被执行人保管的外，应当自解除查封、扣押措施之日起十日内将物品发还给所有人或交付人。

物品在人民法院查封、扣押期间，因自然损耗、折旧所造成的损失，由物品所有人或交付人自行负担，但法律另有规定的除外。

第二十四条 符合本规定第十六条规定情形之一的，人民法院可以对物品进行提存。

物品不适于提存或者提存费用过高的，人民法院可以提存拍卖或者变卖该物品所得价款。

第二十五条 物品的发放、延缓发放、提存等，除本规定有明确规定外，参照执行款的有关规定办理。

第二十六条 执行款物的收发凭证、相关证明材料，应当附卷归档。

第二十七条 案件承办人调离执行机构，在移交案件时，必须同时移交执行款物收发凭证及相关材料。执行款物收发情况复杂的，可以在交接时进行审计。执行款物交接不清的，不得办理调离手续。

第二十八条 各高级人民法院在实施本规定过程中，结合行政事业单位内部控制建设的要求，以及执行工作实际，可制定具体实施办法。

第二十九条 本规定自 2017 年 5 月 1 日起施行。2006 年 5 月 18 日施行的《最高人民法院关于执行款物管理工作的规定（试行）》（法发〔2006〕11 号）同时废止。

最高人民法院印发《关于执行案件移送破产审查若干问题的指导意见》的通知

（2017 年 1 月 20 日　法发〔2017〕2 号）

各省、自治区、直辖市高级人民法院，解放军军事法院，新疆维吾尔自治区高级人民法院生产建设兵团分院：

现将《最高人民法院关于执行案件移送破产审查若干问题的指导意见》印发给你们，请认真遵照执行。

最高人民法院关于执行案件移送破产审查若干问题的指导意见

推进执行案件移送破产审查工作，有利于健全市场主体救治和退出机制，有利于完善司法工作机制，有利于化解执行积案，是人民法院贯彻中央供给侧结构性改革部署的重要举措，是当前和今后一段时期人民法院服务经济社会发展大局的重要任务。为促进和规范执行案件移送破产审查工作，保障执行程序与破产程序的有序衔接，根据《中华人民共和国企业破产法》《中华人民共和国民事诉讼法》《最高人民法院关于适用〈中华人民共和国民事诉讼法〉的解释》等规定，现对执行案件移送破产审查的若干问题提出以下意见。

一、执行案件移送破产审查的工作原则、条件与管辖

1. 执行案件移送破产审查工作，涉及执行程序与破产程序之间的转换衔接，不同法院之间，同一法院内部执行部门、立案部门、破产审判部门之间，应坚持依法有序、协调配合、高效便捷的工作原则，防止推诿扯皮，影响司法效率，损害当事

人合法权益。

2. 执行案件移送破产审查,应同时符合下列条件:

(1)被执行人为企业法人;

(2)被执行人或者有关被执行人的任何一个执行案件的申请执行人书面同意将执行案件移送破产审查;

(3)被执行人不能清偿到期债务,并且资产不足以清偿全部债务或者明显缺乏清偿能力。

3. 执行案件移送破产审查,由被执行人住所地人民法院管辖。在级别管辖上,为适应破产审判专业化建设的要求,合理分配审判任务,实行以中级人民法院管辖为原则、基层人民法院管辖为例外的管辖制度。中级人民法院经高级人民法院批准,也可以将案件交由具备审理条件的基层人民法院审理。

二、执行法院的征询、决定程序

4. 执行法院在执行程序中应加强对执行案件移送破产审查有关事宜的告知和征询工作。执行法院采取财产调查措施后,发现作为被执行人的企业法人符合破产法第二条规定的,应当及时询问申请执行人、被执行人是否同意将案件移送破产审查。申请执行人、被执行人均不同意移送且无人申请破产的,执行法院应当按照《最高人民法院关于适用〈中华人民共和国民事诉讼法〉的解释》第五百一十六条的规定处理,企业法人的其他已经取得执行依据的债权人申请参与分配的,人民法院不予支持。

5. 执行部门应严格遵守执行案件移送破产审查的内部决定程序。承办人认为执行案件符合移送破产审查条件的,应提出审查意见,经合议庭评议同意后,由执行法院院长签署移送决定。

6. 为减少异地法院之间移送的随意性,基层人民法院拟将执行案件移送异地中级人民法院进行破产审查的,在作出移送决定前,应先报请其所在地中级人民法院执行部门审核同意。

7. 执行法院作出移送决定后,应当于五日内送达申请执行人和被执行人。申请执行人或被执行人对决定有异议的,可以在受移送法院破产审查期间提出,由受移送法院一并处理。

8. 执行法院作出移送决定后,应当书面通知所有已知执行法院,执行法院均应中止对被执行人的执行程序。但是,对被执行人的季节性商品、鲜活、易腐烂变质以及其他不宜长期保存的物品,执行法院应当及时变价处置,处置的价款不作分配。受移送法院裁定受理破产案件的,执行法院应当在收到裁定书之日起七日内,将该价款移交受理破产案件的法院。

案件符合终结本次执行程序条件的,执行法院可以同时裁定终结本次执行程序。

9. 确保对被执行人财产的查封、扣押、冻结措施的连续性,执行法院决定移送后、受移送法院裁定受理破产案件之前,对被执行人的查封、扣押、冻结措施不解除。查封、扣押、冻结期限在破产审查期间届满的,申请执行人可以向执行法院申请延长期限,由执行法院负责办理。

三、移送材料及受移送法院的接收义务

10. 执行法院作出移送决定后,应当向受移送法院移送下列材料:

(1)执行案件移送破产审查决定书;

(2)申请执行人或被执行人同意移送的书面材料;

(3)执行法院采取财产调查措施查明的被执行人的财产状况,已查封、扣押、冻结财产清单及相关材料;

(4)执行法院已分配财产清单及相关材料;

(5)被执行人债务清单;

(6)其他应当移送的材料。

11. 移送的材料不完备或内容错误,影响受移送法院认定破产原因是否具备的,受移送法院可以要求执行法院补齐、补正,执行法院应于十日内补齐、补正。该期间不计入受移送法院破产审查的期间。

受移送法院需要查阅执行程序中的其他案件材料,或者依法委托执行法院办理财产处置等事项的,执行法院应予协助配合。

12. 执行法院移送破产审查的材料,由受移送法院立案部门负责接收。受移送法院不得以材料不完备等为由拒绝接收。立案部门经审核认为移送材料完备的,应以"破申"作为案件类型代字编制案号登记立案,并及时将案件移送破产审判部门进行破产审查。破产审判部门在审查过程中发现本院对案件不具有管辖权的,应当按照《中华人民共和国民事诉讼法》第三十六条的规定处理。

四、受移送法院破产审查与受理

13. 受移送法院的破产审判部门应当自收到移送的材料之日起三十日内作出是否受理的裁定。受移送法院作出裁定后,应当在五日内送达申请执行人、被执行人,并送交执行法院。

14. 申请执行人申请或同意移送破产审查的,裁定书中以该申请执行人为申请人,被执行人为被申请人;被执行人申请或同意移送破产审查的,裁定书中以该被执行人为申请人;申请执行人、被执行人均同意移送破产审查的,双方均为申请人。

15. 受移送法院裁定受理破产案件的,在此前的执行程序中产生的评估费、公告费、保管费等执行费用,可以参照破产费用的规定,从债务人财产中随时清偿。

16. 执行法院收到受移送法院受理裁定后,应当于七日内将已经扣划到账的银行存款、实际扣押的动产、有价证券等被执行人财产移交给受理破产案件的法院或管理人。

17. 执行法院收到受移送法院受理裁定时,已通过拍卖程序处置且成交裁定已送达买受人的拍卖财产,通过以物抵债偿还债务且抵债裁定已送达债权人的抵债财产,已完成转账、汇款、现金交付的执行款,因财产所有权已经发生变动,不属于被执行人的财产,不再移交。

五、受移送法院不予受理或驳回申请的处理

18. 受移送法院做出不予受理或驳回申请裁定的，应当在裁定生效后七日内将接收的材料、被执行人的财产退回执行法院，执行法院应当恢复对被执行人的执行。

19. 受移送法院作出不予受理或驳回申请的裁定后，人民法院不得重复启动执行案件移送破产审查程序。申请执行人或被执行人以有新证据足以证明被执行人已经具备了破产原因为由，再次要求将执行案件移送破产审查的，人民法院不予支持。但是，申请执行人或被执行人可以直接向具有管辖权的法院提出破产申请。

20. 受移送法院裁定宣告被执行人破产或裁定终止和解程序、重整程序的，应当自裁定作出之日起五日内送交执行法院，执行法院应当裁定终结对被执行人的执行。

六、执行案件移送破产审查的监督

21. 受移送法院拒绝接收移送的材料，或者收到移送的材料后不按规定的期限作出是否受理裁定的，执行法院可函请受移送法院的上一级法院进行监督。上一级法院收到函件后应当指令受移送法院在十日内接收材料或作出是否受理的裁定。

受移送法院收到上级法院的通知后，十日内仍不接收材料或不作出是否受理裁定的，上一级法院可以径行对移送破产审查的案件行使管辖权。上一级法院裁定受理破产案件的，可以指令受移送法院审理。

人民法院办理执行案件规范

（2017 年）

总目录

目 录

552. 全部缴纳出让金土地使用权的预查封
553. 部分缴纳出让金土地使用权的预查封
554. 未登记房屋的预查封
555. 预查封的办理、期限计算及效力
556. 过户登记过程中的查封
557. 查封期限
558. 查封的程序
559. 已登记不动产的查封
560. 未登记建筑物的查封
561. 查封笔录
562. 房地一体原则
563. 轮候查封之一
564. 轮候查封之二
565. 不动产登记部门的协助义务

二、处置

566. 房地权属的转移原则
567. 用途与出让年限改变的禁止
568. 一处住房的执行
569. 设定抵押的划拨土地使用权
570. 集体土地使用权
571. 无证房产的执行之一
572. 无证房产的执行之二
573. 无证房产的执行之三
574. 变价财产上权利负担的处理
575. 租赁的处理之一
576. 租赁的处理之二
577. 执行标的物的交付

第四节　对知识产权的执行

578. 一般规定
579. 冻结期限
580. 专利权的冻结
581. 专利申请权的冻结
582. 出质或独占许可的冻结
583. 注册商标权的冻结
584. 注册商标权的一并处置

第五节　对股权、其他投资权益的执行

585. 查询
586. 冻结
587. 送达及公示
588. 冻结效力
589. 多个冻结及生效冻结
590. 冻结期限
591. 解除冻结
592. 优先购买权的保护及拟制放弃
593. 变更登记
594. 查询、摘抄、复制材料
595. 协助执行后果及救济
596. 新旧规定的衔接
597. 中外合资、合作经营企业的股权或投资权益
598. 股息或红利等收益
599. 擅自处理股权及股息、红利的责任

第六节　对证券及其交易结算资金的执行

600. 协助执行机关
601. 协助执行的手续及留置送达的允许
602. 查询
603. 冻结期限
604. 不得冻结、扣划的证券
605. 不得冻结、扣划的资金
606. 不得扣划、冻结的担保物
607. 自营资金
608. 充抵保证金的有价证券之一
609. 充抵保证金的有价证券之二
610. 充抵保证金的有价证券之三
611. 上述三条的例外
612. 冻结、扣划
613. 冻结期限
614. 协助机关分工
615. 协助机关办理时限
616. 轮候冻结
617. 多机关冻结、扣划或轮候冻结的办理
618. 多机关冻结、扣划争议解决
619. 不协助执行的制裁
620. 可流通证券的变价

第七节　对债权及收入的执行

一、对债权的执行

621. 到期债权执行的一般规定
622. 冻结期限
623. 履行通知
624. 提出异议的形式
625. 指定期限内的异议
626. 无直接法律关系的异议
627. 指定期限内未提异议
628. 放弃债权或延缓履行期限
629. 擅自履行的责任
630. 次债务人到期债权追索的禁止
631. 履行证明
632. 生效法律文书确定的到期债权
633. 未到期债权的执行

二、对收入的执行

634. 对收入执行的一般规定

第一编 执行工作一般规范

第一章 执行管辖

1.【执行管辖的一般规定】

发生法律效力的民事判决、裁定、调解书,由第一审人民法院或者与第一审人民法院同级的被执行的财产所在地人民法院执行。①

刑事裁判涉财产部分,由第一审人民法院执行。第一审人民法院可以委托财产所在地的同级人民法院执行。②

知识产权法院审理的第一审案件,生效判决、裁定、调解书需要强制执行的,知识产权法院所在地的高级人民法院可指定辖区内其他中级人民法院执行。③

发生法律效力的实现担保物权裁定、确认调解协议裁定、支付令,由作出裁定、支付令的人民法院或者与其同级的被执行财产所在地的人民法院执行。认定财产无主的判决,由作出判决的人民法院将无主财产收归国家或者集体所有。④

法律规定由人民法院执行的其他法律文书⑤,由被执行人住所地或者被执行的财产所在地人民法院执行。⑥

2.【请求外国法院承认与执行】

人民法院作出的发生法律效力的判决、裁定,被执行人或者其财产不在中华人民共和国领域内,当事人请求执行的,可以由当事人直接向有管辖权的外国法院申请承认和执行,也可以由人民法院依照中华人民共和国缔结或者参加的国际条约的规定,或者按照互惠原则,请求外国法院承认和执行。

① 参照《中华人民共和国民事诉讼法》(2012 年 8 月 31 日第二次修正)第二百二十四条第一款、第二百三十四条。
② 《最高人民法院关于刑事裁判涉财产部分执行的若干规定》(法释〔2014〕13 号)第二条。
③ 《最高人民法院关于知识产权法院案件管辖等有关问题的通知》(法〔2014〕338 号)第六条。
④ 《最高人民法院关于适用〈中华人民共和国民事诉讼法〉的解释》(法释〔2015〕5 号)第四百六十二条。
⑤ "其他法律文书"包括商事仲裁裁决、劳动人事争议仲裁裁决及调解书、公证债权文书等。
⑥ 《中华人民共和国民事诉讼法》(2012 年 8 月 31 日第二次修正)第二百二十四条第二款。

中华人民共和国涉外仲裁机构[①]作出的发生法律效力的仲裁裁决，当事人请求执行的，如果被执行人或者其财产不在中华人民共和国领域内，应当由当事人直接向有管辖权的外国法院申请承认和执行。[②]

3.【“被执行的财产所在地”的确定】

被执行的财产为不动产的，该不动产的所在地为被执行的财产所在地。[③]

被执行的财产为股权或者股份的，该股权或者股份的发行公司住所地为被执行的财产所在地。[④]

被执行的财产为商标权、专利权、著作权等知识产权的，该知识产权权利人的住所地为被执行的财产所在地。

被执行的财产为到期债权的，被执行人的住所地为被执行的财产所在地。

4.【选择管辖】

两个以上人民法院都有管辖权的，当事人可以向其中一个人民法院申请执行；当事人向两个以上人民法院申请执行的，由最先立案的人民法院管辖。[⑤]

5.【管辖竞合】

对两个以上人民法院都有管辖权的执行案件，人民法院在立案前发现其他有管辖权的人民法院已经立案的，不得重复立案。

立案后发现其他有管辖权的人民法院已经立案的，应当撤销案件；已经采取执行措施的，应当将控制的财产交先立案的执行法院处理。[⑥]

6.【管辖争议的处理】

人民法院之间因执行管辖权发生争议的，由双方协商解决；协商不成的，报请双方共同的上级人民法院指定管辖。[⑦]

7.【指定执行、提级执行】

上级人民法院对下级人民法院的执行案件，认为需要提级执行、指定执行的，可以裁定提级执行、指定执行。高级人民法院、中级人民法院对本院的执行案件，认为需要指定执行的，可以指定执行。高级人民法院对最高人民法院函示指定执行、提级执行的案件，中级人民法院对高级人民法院函示指定执行、提级执行的案件，应当裁定指定执行、提级执行。[⑧]

基层人民法院和中级人民法院管辖的执行案件，因特殊情况需要由上级人民法院执行的，可以报请上级人民法院执行。[⑨]

8.【提级执行的情形】

上级人民法院对下级人民法院的下列案件可以裁定提级执行：

（一）上级人民法院指令下级人民法院限期执结，逾期未执结需要提级执行的；

（二）下级人民法院报请上级人民法院提级执行，上级人民法院认为应当提级执行的；

（三）疑难、重大和复杂的案件，上级人民法院认为应当提级执行的。[⑩]

9.【管辖异议的处理】

人民法院受理执行申请后，当事人自收到执行通知书之日起十日内对管辖权提出异议的，由执行审查机构审查处理。[⑪] 管辖权异议审查和复议期间，不停止执行。[⑫]

10.【执行程序中发现无管辖权的处理】

执行程序中，执行法院发现本院确无管辖权的，应当撤销案件，并告知申请执行人向有管辖权的人民法院申请执行。[⑬]

已经控制财产的，经征询申请执行人意见，执行法院也可以将案件移送有管辖权的人民法院执行，并撤销案件。受移送的人民法院应当受理。受移送的人民法院认为依照规定不

---

① 国内其他仲裁机构作出的发生法律效力的具有涉外因素的仲裁裁决，被执行人住所地或者其财产均不在国内的，适用本条规定。

② 《中华人民共和国民事诉讼法》（2012 年 8 月 31 日第二次修正）第二百八十条。

③ 被执行的不动产已办理登记的，因其登记地与所在地是一致的，故以其所在地为被执行的财产所在地，即以登记地为被执行的财产所在地；被执行的不动产未办理登记的，应当以该不动产所在地为被执行的财产所在地。

④ 参照《最高人民法院执行局关于法院能否以公司证券登记结算地为财产所在地获得管辖权问题的复函》（〔2010〕执监字第 16 号），复函主要内容：“本院认为，证券登记结算机构是为证券交易提供集中登记、存管与结算服务的机构，但证券登记结算机构存管的仅是股权凭证，不能将股权凭证所在地视为股权所在地。由于股权与其发行公司具有密切的联系，因此，应当将股权的发行公司住所地认定为该类财产所在地。深圳中院将证券登记结算机构所在地认定为上市公司的财产所在地予以立案执行不当。”

⑤ 《最高人民法院关于人民法院执行工作若干问题的规定（试行）》（法释〔1998〕15 号）第 15 条。

⑥ 《最高人民法院关于适用〈中华人民共和国民事诉讼法〉执行程序若干问题的解释》（法释〔2008〕13 号）第二条。

⑦ 《最高人民法院关于人民法院执行工作若干问题的规定（试行）》（法释〔1998〕15 号）第 16 条。

⑧ 参照《最高人民法院关于高级人民法院统一管理执行工作若干问题的规定》（法发〔2000〕3 号）第八条、第九条。

⑨ 《最高人民法院关于人民法院执行工作若干问题的规定（试行）》（法释〔1998〕15 号）第 17 条。

⑩ 参照《最高人民法院关于高级人民法院统一管理执行工作若干问题的规定》（法发〔2000〕3 号）第九条。

⑪ 参见本规范第 920 条。

⑫ 参照《最高人民法院关于适用〈中华人民共和国民事诉讼法〉执行程序若干问题的解释》（法释〔2008〕13 号）第三条。

⑬ 参照《最高人民法院关于适用〈中华人民共和国民事诉讼法〉执行程序若干问题的解释》（法释〔2008〕13 号）第三条第二款，《最高人民法院关于执行案件立案、结案若干问题的意见》（法发〔2014〕26 号）第十八条第一项。

属于本院管辖的，应当报请上级人民法院指定管辖，不得再自行移送。①

无管辖权的人民法院依照前款规定将案件移送有管辖权的人民法院执行的，移送人民法院对被执行的财产采取的查封、扣押、冻结措施，视为受移送人民法院采取的查封、扣押、冻结措施，查封期限届满后受移送人民法院可凭移送人民法院的移送执行函直接办理续行查封、扣押、冻结手续。但移送执行时查封、扣押、冻结措施的有效期限不足一个月的，移送法院应当先行办理续行查封、扣押、冻结手续，再行移送。

第二章 执行人员及其回避

11.【执行人员】

执行人员包括法官、执行员以及其他依法参与执行的司法警察、法官助理、书记员等司法辅助人员。

人民陪审员可以依照相关规定参与执行活动。人民陪审员参与执行活动时属于前款规定的执行人员，与执行人员有同等的权利义务。②

12.【依法履职的要求】

执行人员执行公务时，应向有关人员出示有效工作证件，并按规定着装。③

执行人员执行公务时应严格遵守法律、行政法规以及司法解释的规定，严格遵守最高人民法院"五个严禁"等纪律规范，严格遵守法官职业道德，依法、公正、廉洁执行。

执行人员依法履行法定职责受法律保护。④

13.【执行回避情形之一】

执行人员有下列情形之一的，应当自行回避，当事人有权申请其回避：

（一）是本案当事人或者当事人近亲属的；

（二）本人或者其近亲属与本案有利害关系的；

（三）担任过本案的证人、鉴定人、辩护人、诉讼代理人、翻译人员的；

（四）是本案诉讼、执行程序代理人近亲属的；

（五）本人或者其近亲属持有本案非上市公司当事人的股份或者股权的；

（六）与本案当事人或者诉讼、执行程序代理人有其他利害关系，可能影响公正执行的。

14.【执行回避情形之二】

执行人员有下列情形之一的，当事人有权申请其回避：

（一）接受本案当事人及其受托人宴请，或者参加由其支付费用的活动的；

（二）索取、接受本案当事人及其受托人财物或者其他利益的；

（三）违反规定会见本案当事人、诉讼或执行程序代理人的；

（四）为本案当事人推荐、介绍诉讼或执行程序代理人，或者为律师、其他人员介绍代理本案的；

（五）向本案当事人及其受托人借用款物的；

（六）有其他不正当行为，可能影响公正执行的。⑤

15.【执行回避的程序】

当事人对执行人员有申请回避的权利。⑥ 当事人提出回避申请的，应当说明理由，并在案件进入执行程序后，执行程序终结前提出。被申请回避的人员在人民法院作出是否回避的决定前，应当暂停参与本案的工作，但案件需要采取紧急措施的除外。⑦

审判人员、执行员、书记员的回避由院长决定。其他人员的回避由审判长、执行局长决定。审判人员、执行员、书记员有应当自行回避的情形，没有自行回避，当事人也没有申请其回避的，由院长或者审判委员会决定其回避。⑧

人民法院对当事人提出的回避申请，应当在申请提出的三日内，以口头或书面形式作出决定。申请人对决定不服的，可以在接到决定时申请复议一次。复议期间，被申请回避的人员，不停止参与本案的工作。人民法院对复议申请，应当在三日内作出复议决定，并通知复议申请人。⑨

---

① 参照《中华人民共和国民事诉讼法》（2012年8月31日第二次修正）第三十六条，《最高人民法院关于执行案件立案、结案若干问题的意见》（法发〔2014〕26号）第十八条第一项。

② 参照《中华人民共和国民事诉讼法》（2012年8月31日第二次修正）第三十九条。

③ 参照《最高人民法院关于人民法院执行工作若干问题的规定（试行）》（法释〔1998〕15号）第8条。

④ 参照《中共中央办公厅、国务院办公厅保护司法人员依法履行法定职责规定》第四条，《最高人民法院关于依法保障法官权利的若干规定》（法发〔2005〕20号），《最高人民法院人民法院落实〈保护司法人员依法履行法定职责规定〉的实施办法》（法发〔2017〕4号）等相关内容。

⑤ 参照《中华人民共和国民事诉讼法》（2012年8月31日第二次修正）第四十四条，《最高人民法院关于适用〈中华人民共和国民事诉讼法〉的解释》（法释〔2015〕5号）第四十三条、第四十九条。

⑥ 参照《最高人民法院关于适用〈中华人民共和国民事诉讼法〉的解释》（法释〔2015〕5号）第四十七条、第四十九条。

⑦ 参照《中华人民共和国民事诉讼法》（2012年8月31日第二次修正）第四十五条。

⑧ 参照《中华人民共和国民事诉讼法》（2012年8月31日第二次修正）第四十六条，《最高人民法院关于适用〈中华人民共和国民事诉讼法〉的解释》（法释〔2015〕5号）第四十六条。

⑨ 《中华人民共和国民事诉讼法》（2012年8月31日第二次修正）第四十七条。

第三章　执行的申请和受理

16.【执行依据种类】

下列发生法律效力的具有给付内容的法律文书是人民法院据以强制执行的依据：

（一）民事判决，准予实现担保物权①、确认调解协议、财产保全、证据保全、先予执行等民事裁定，民事调解书，民事制裁决定，支付令；②

（二）行政判决、裁定、调解书；③

（三）刑事裁判涉财产部分内容，刑事附带民事判决、裁定；④

（四）仲裁裁决、调解书；⑤

（五）劳动人事争议仲裁裁决书、调解书；⑥

（六）公证债权文书；⑦

（七）法律、司法解释规定的其他应由人民法院执行的法律文书。

17.【申请执行的一般规定】

发生法律效力的法律文书⑧，当事人必须履行。一方当事人未履行的，对方当事人可以依法向人民法院申请执行。⑨

18.【撤回上诉时的执行依据】

当事人在二审期间达成诉讼外和解协议后撤回上诉，一方当事人不履行或不完全履行和解协议的，另一方当事人可以向人民法院申请执行一审判决。⑩

19.【担保人承担担保责任后的直接申请执行】

生效法律文书已确认担保人承担担保责任后可以向主债务人行使追偿权，担保人承担责任后直接向人民法院申请执行主债务人的，人民法院应当受理。⑪

20.【连带责任人承担责任后的直接申请执行】

生效法律文书已确认连带责任人有权追偿的数额，连带责任人承担连带责任后直接向人民法院申请执行其他连带责任人的，人民法院应当受理。⑫

21.【移送执行】

民事制裁决定、具有缴纳诉讼费用内容的法律文书⑬，以及具有财产内容的刑事裁判文书发生法律效力后，义务人未履行义务的，由审判部门移送立案部门立案后，交由执行机构执行。⑭ 移送执行应由审判部门填写移送执行书，明确需执行的事项和应注意的问题，连同生效的法律文书一并移送。

财产保全、证据保全、先予执行裁定生效后，参照前款规定办理。

22.【申请执行时效的一般规定】

申请执行的期间为二年。申请执行时效的中止、中断，适用法律有关诉讼时效中止、中断的规定。

前款规定的期间，从法律文书规定履行期间的最后一日起计算；法律文书规定分期履行的，从规定的每次履行期间的最后一日起计算；法律文书未规定履行期间的，从法律文书生

---

① 参照《中华人民共和国民事诉讼法》（2012 年 8 月 31 日第二次修正）第一百九十六条、第一百九十七条。

② 参照《最高人民法院关于人民法院执行工作若干问题的规定（试行）》（法释〔1998〕15 号）第 2 条，《最高人民法院关于适用〈中华人民共和国民事诉讼法〉的解释》（法释〔2015〕5 号）第四百六十二条。

③ 参照《最高人民法院关于人民法院执行工作若干问题的规定（试行）》（法释〔1998〕15 号）第 2 条。

④ 参照《最高人民法院关于刑事裁判涉财产部分执行的若干规定》（法释〔2014〕13 号）第一条。

⑤ 参照《中华人民共和国民事诉讼法》（2012 年 8 月 31 日第二次修正）第二百三十七条。

⑥ 参照《中华人民共和国劳动争议调解仲裁法》第五十一条。

⑦ 参照《中华人民共和国民事诉讼法》（2012 年 8 月 31 日第二次修正）第二百三十八条。

⑧ 即本规范第 16 条规定的具有给付内容的相关法律文书。

⑨ 参照《中华人民共和国民事诉讼法》（2012 年 8 月 31 日第二次修正）第二百三十六条。

⑩ 最高人民法院指导案例 2 号——“吴梅诉四川省眉山西城纸业有限公司买卖合同纠纷案”（最高人民法院 2011 年 12 月 20 日发布）。裁判要点：“民事案件二审期间，双方当事人达成和解协议，人民法院准许撤回上诉的，该和解协议未经人民法院依法制作调解书，属于诉讼外达成的协议。一方当事人不履行和解协议，另一方当事人申请执行一审判决的，人民法院应予支持。”

⑪ 参照《最高人民法院关于判决主文已经判明担保人承担担保责任后有权向被担保人追偿，该追偿权是否须另行诉讼问题请示的答复》（〔2009〕执他字第 4 号）。答复主要内容：“原则同意你院倾向性意见中无须另行诉讼的意见。即对人民法院的生效判决书已经确定担保人承担担保责任后，可向主债务人行使追偿权的案件，担保人无须另行诉讼，可以直接向人民法院申请执行。但行使追偿权的范围应当限定在抵押担保责任范围内。”

⑫ 参照《最高人民法院关于判决中已确定承担连带责任的一方向其他连带责任人追偿数额的可直接执行问题的复函》（经他〔1996〕4 号）。复函内容：“陕西省高级人民法院：你院陕高法 93 号请示收悉。经研究，答复如下：基本同意你院报告中的第二种意见。我院（法）经 121 号复函所指的追偿程序，针对的是判决后连带责任人依照判决代主债务人偿还了债务或承担的连带责任超过自己应承担的份额的情况。而你院请示案件所涉及的生效判决所确认的中国机电设备西北公司应承担的连带责任已在判决前履行完毕，判决主文中已判定该公司向其他连带责任人追偿的数额，判决内容是明确的，可执行的。据此，你院可根据生效判决和该公司的申请立案执行，不必再作裁定。”

⑬ 债权人垫付了相关诉讼费用，债权人同意由债务人直接向其给付的，由债权人一并申请执行。

⑭ 参照《最高人民法院关于人民法院执行工作若干问题的规定（试行）》（法释〔1998〕15 号）第 19 条第 2 款。

效之日起计算。[①]

生效法律文书规定债务人负有不作为义务的，申请执行时效期间从债务人违反不作为义务之日起计算。[②]

23.【申请执行时效的中止】

在申请执行时效期间的最后六个月内，因不可抗力或者其他障碍不能行使请求权的，申请执行时效中止。从中止时效的原因消除之日起，申请执行时效期间继续计算。[③]

具有下列情形之一的，可以认定为前款规定的"其他障碍"，申请执行时效中止：

（一）权利被侵害的无民事行为能力人、限制民事行为能力人没有法定代理人，或者法定代理人死亡、丧失代理权、丧失行为能力；

（二）继承开始后未确定继承人或者遗产管理人；

（三）权利人被义务人或者其他人控制无法行使请求权；

（四）其他导致权利人不能行使请求权的客观情形。[④]

24.【申请执行时效的中断】

申请执行时效因申请执行、当事人双方达成和解协议、当事人一方提出履行要求或者同意履行义务而中断。从中断时起，申请执行时效期间重新计算。[⑤] 法律文书规定分期履行的，对某一期债权的申请执行不能导致其他期债权申请执行时效的中断。

25.【与申请执行具有同等中断效力的情形】

一方当事人申请破产、申报破产债权、申请执行前财产保全或行为保全、在另案中主张抵销、提起代位权诉讼、转让债权以及其他与申请执行具有同等申请执行时效中断效力的事项，人民法院应当认定与"申请执行"具有同等的中断申请执行时效的效力。[⑥]

26.【"当事人一方提出履行要求"的认定】

具有下列情形之一的，可以认定为本规范第24条规定的"当事人一方提出履行要求"，产生申请执行时效中断的效力：

（一）当事人一方直接向对方当事人送交提出履行要求的文书，对方当事人在文书上签字、盖章或者虽未签字、盖章但能够以其他方式证明该文书到达对方当事人的；

（二）当事人一方以发送信件或者数据电文方式要求履行义务，信件或者数据电文到达或者应当到达对方当事人的；

（三）当事人一方为金融机构，依照法律规定或者当事人约定从对方当事人账户中扣收欠款本息的；

（四）当事人一方下落不明，对方当事人在国家级或者下落不明的当事人一方住所地的省级有影响的媒体上刊登具有提出履行要求的公告的，但法律和司法解释另有特别规定的，适用其规定。

前款第一项情形中，对方当事人为法人或者其他组织的，签收人可以是其法定代表人、主要负责人、负责收发信件的部门或者被授权主体；对方当事人为自然人的，签收人可以是自然人本人、同住的具有完全行为能力的亲属或者被授权主体。[⑦]

27.【"当事人同意履行义务"的认定】

债务人作出分期履行、部分履行、提供担保、请求延期履行、制定清偿债务计划等承诺或行为的，应当认定为本规范第24条规定的"当事人同意履行义务"，产生申请执行时效中断的效力。[⑧]

28.【超过申请执行时效的处理】

申请执行人超过申请执行时效期间向人民法院申请强制执行的，人民法院应予受理。被执行人对申请执行时效期间提出异议，人民法院经审查异议成立的，裁定不予执行。[⑨] 被执行人未对申请执行时效提出异议的，人民法院不应对申请执行时效问题进行释明及主动适用申请执行时效的规定裁定不予执行。[⑩]

被执行人作出同意履行义务的意思表示后，又以超过申请执行时效为由提出异议的，人民法院不予支持。

被执行人履行全部或者部分义务后，又以不知道申请执行时效期间届满为由请求执行回转[⑪]的，人民法院不予支持。[⑫]

29.【担保物权申请执行时效的规定】

主债权的申请执行时效期间届满，担保人以超过申请执

---

① 《中华人民共和国民事诉讼法》（2012年8月31日第二次修正）第二百三十九条。

② 《最高人民法院关于适用〈中华人民共和国民事诉讼法〉执行程序若干问题的解释》（法释〔2008〕13号）第二十九条。

③ 《最高人民法院关于适用〈中华人民共和国民事诉讼法〉执行程序若干问题的解释》（法释〔2008〕13号）第二十七条。

④ 参照《最高人民法院关于审理民事案件适用诉讼时效制度若干问题的规定》（法释〔2008〕11号）第二十条。

⑤ 《最高人民法院关于适用〈中华人民共和国民事诉讼法〉执行程序若干问题的解释》（法释〔2008〕13号）第二十八条。

⑥ 参照《最高人民法院关于审理民事案件适用诉讼时效制度若干问题的规定》（法释〔2008〕11号）第十三条、第十八条、第十九条第一款。该规定第十八条、第十九条第一款规定，债权人提起代位权诉讼的，应当认定对债权人的债权和债务人的债权均发生诉讼时效中断的效力。债权转让的，应当认定诉讼时效从债权转让通知到达债务人之日起中断。

⑦ 参照《最高人民法院关于审理民事案件适用诉讼时效制度若干问题的规定》（法释〔2008〕11号）第十条。

⑧ 参照《最高人民法院关于审理民事案件适用诉讼时效制度若干问题的规定》（法释〔2008〕11号）第十六条。

⑨ 《最高人民法院关于适用〈中华人民共和国民事诉讼法〉的解释》（法释〔2015〕5号）第四百八十三条。

⑩ 参照《最高人民法院关于审理民事案件适用诉讼时效制度若干问题的规定》（法释〔2008〕11号）第三条第一款。

⑪ 此处"执行回转"应作广义理解，不等同于民事诉讼法第二百三十三条规定的执行回转。

⑫ 《最高人民法院关于适用〈中华人民共和国民事诉讼法〉的解释》（法释〔2015〕5号）第四百八十三条第二款。

行时效为由对人民法院执行担保物提出异议的,人民法院应予支持。①

30.【申请执行时效约定的禁止】

当事人违反法律规定,约定延长或者缩短申请执行时效的期间、预先放弃申请执行时效利益的,人民法院不予认可。②

31.【申请执行的一般形式要件】

当事人申请执行应当提交下列文件和证件:

(一)申请执行书。申请执行书中应当写明双方当事人的基本情况、申请执行的理由、事项、执行标的、送达地址、联系方式,以及申请执行人所了解的被执行人的财产状况。申请执行人书写申请执行书确有困难的,可以口头提出申请。人民法院立案部门对口头申请应当制作笔录,由申请执行人签字或盖章。外籍当事人申请执行的,应当提交中文申请执行书。当事人所在国与中华人民共和国缔结或共同参加的司法协助条约有特别规定的,按照条约规定办理。

(二)生效法律文书副本。

(三)申请执行人的身份证明。自然人申请的,应当出示公民身份证、护照、港澳通行证、军官证等身份证明;法人申请的,应当提交法人营业执照③副本(或统一社会信用代码证书副本④)、法定代表人身份证明;其他组织申请的,应当提交营业执照(或统一社会信用代码证书)副本、主要负责人身份证明。

(四)继承人或权利承受人申请执行的,应当提交继承或承受权利的证明文件。

(五)委托代理人代为申请执行的,应当提交法律规定的委托代理手续等材料。

(六)向被执行的财产所在地人民法院申请执行的,应当提交该人民法院辖区有可供执行财产的证明材料。

(七)已申请财产保全的,应提交相关财产保全材料。

(八)其他应当提交的文件或证件。⑤

实行网上立案的,申请执行人提交前款规定的文件和证件,可以是符合有关规定的电子化文件和证件。

32.【申请执行的特殊形式要件】

申请执行仲裁机构的仲裁裁决,应当向人民法院提交有仲裁条款的合同书或仲裁协议书。申请执行国外仲裁机构的仲裁裁决的,应当提交经我国驻外使领馆认证或我国公证机关公证的仲裁裁决书中文文本。⑥

申请执行公证债权文书的,应当提交公证债权文书及执行证书。⑦

申请执行农村土地承包仲裁委员会作出的先予执行裁定的,应当一并提交申请执行人提供的担保情况。⑧

33.【申请执行的实质要件】

当事人申请执行应当符合下列条件:

(一)申请执行的法律文书已经生效且该文书确定的履行义务所附的条件已经成就或者所附的期限已经届满;

(二)申请执行人是生效法律文书确定的权利人或其继

---

① 参照《中华人民共和国物权法》(2007年3月16日)第二百零二条,《最高人民法院关于超过执行期限的抵押权在另案中是否准予优先受偿问题的请示的复函》(〔2007〕执他字第10号)。复函主要内容:"抵押权从属于主债权,其与担保的主债权同时存在,抵押权的设立、移转和消灭从属于主债权的发生、移转和消灭。现行法律并未赋予抵押权独立的强制执行申请权,其强制执行力从属于担保的主债权的强制执行力,受主债权强制执行申请期限的限制。《最高人民法院关于适用〈中华人民共和国担保法〉若干问题的解释》(法释〔2000〕44号)第十二条第二款规定延长两年保护的期限是指抵押权的诉讼时效,并非强制执行申请期限,故该条款不适用对抵押权强制执行申请权的保护。主债权因超过强制的执行申请期限而丧失强制执行力的保护及于抵押权,不能以参与另案执行的方式重新赋予其强制执行力,因此丧失强制执行力保护的抵押权在另案中主张优先受偿的请求不予支持。"根据上述复函,超过申请执行时效的担保物权人亦不可以参与分配的方式在另案中主张优先受偿。

② 参照《最高人民法院关于审理民事案件适用诉讼时效制度若干问题的规定》(法释〔2008〕11号)第二条。

③ 根据相关规定,自2015年10月1日起营业执照、组织机构代码证和税务登记证三证合一。"三证合一"制度施行后,企业登记时依次申请,分别由工商行政管理部门核发工商营业执照、组织机构代码管理部门核发组织机构代码证、税务部门核发税务登记证,改为一次申请、合并核发一个加载法人和其他组织统一社会信用代码的营业执照。故领取了新的营业执照的申请执行人申请执行时仅需提交营业执照副本即可。如系老的营业执照,则还需同时提交组织机构代码证副本。

④ 机关法人、事业单位法人,申请执行时不可能提交营业执照副本,但应提交统一社会信用代码证书副本,未核发统一社会信用代码证书的,应提交组织机构代码证书副本。

⑤ 参照《最高人民法院关于人民法院执行工作若干问题的规定(试行)》(法释〔1998〕15号)第20条、第22条,《最高人民法院关于人民法院登记立案若干问题的规定》(法释〔2015〕8号)第六条、第十八条,《最高人民法院关于适用〈中华人民共和国民事诉讼法〉执行程序若干问题的解释》(法释〔2008〕13号)第一条。

⑥ 参照《最高人民法院关于人民法院执行工作若干问题的规定(试行)》(法释〔1998〕15号)第21条。

⑦ 参照《最高人民法院、司法部关于公证机关赋予强制执行效力的债权文书执行有关问题的联合通知》(司发通〔2000〕107号)第七条。

⑧ 参照《最高人民法院关于审理涉及农村土地承包经营纠纷调解仲裁案件适用法律若干问题的解释》(法释〔2014〕1号)第九条第二款。根据《中华人民共和国农村土地承包经营纠纷调解仲裁法》第四十二条的规定,农村土地承包仲裁委员会对权利义务关系明确的农村土地承包经营纠纷,可依当事人申请作出维持现状、恢复农业生产以及停止取土、占地等行为的先予执行裁定。一方当事人不履行先行裁定的,另一方当事人可以向人民法院申请执行,但应当提供相应的担保。

承人、权利承受人；

（三）申请执行的法律文书权利义务主体明确；

（四）申请执行的法律文书具有给付内容且给付内容具体、明确；

（五）生效法律文书确定的义务未履行或未全部履行；

（六）属于受申请执行的人民法院管辖。①

前款第二项规定的“权利承受人”，在法律文书生效后进入执行程序前合法承受权利的，权利承受人可直接申请执行，无需作出变更申请执行人的裁定。②

法律文书确定继续履行合同的，应当明确继续履行的具体内容。③

34.【申请执行受理和立案登记】

对申请执行，人民法院立案部门应当一律接收申请执行材料，出具书面凭证并注明收到日期。对符合法律规定的申请执行，应当当场予以登记立案，移交执行机构执行。对不符合法律规定的申请执行，应当予以释明。④ 当事人经释明后，仍然坚持提出申请的，裁定不予受理。⑤

对当场不能判定申请执行是否符合法律规定的，应当在七日内决定是否立案。⑥

35.【申请执行材料的补正】

当事人提交的申请执行书和相关材料不符合要求的，人民法院立案部门应当一次性书面告知在指定期限内补正。当事人在指定期限内补正的，人民法院决定是否立案的期间，自收到补正材料之日起计算。

当事人在指定期限内没有补正的，退回申请执行材料并记录在册；坚持提出申请的，裁定不予受理。经补正仍不符合要求的，裁定不予受理。⑦

36.【出具书面不予受理裁定】

人民法院对申请执行不予受理的，应当出具书面裁定，并载明理由。⑧

第四章　执行当事人及其变更、追加

37.【申请执行人、被执行人的范围】

申请执行人包括：

（一）执行申请受理时的权利人；

（二）经另案裁判确认的共同权利人或连带权利人；

（三）经执行程序依法变更的申请执行人；

（四）法律、司法解释规定的其他主体。

被执行人包括：

（一）执行申请受理时确定的义务人；

（二）经另案裁判确认的共同义务人或连带义务人；

（三）经执行程序依法追加或变更的被执行人；

（四）法律、司法解释规定的其他主体。

38.【执行案件的委托代理】

当事人、法定代理人可以委托一至二人作为执行案件的代理人。

下列人员可以被委托为执行案件的代理人：

（一）律师、基层法律服务工作者；

（二）当事人的近亲属⑨或者工作人员；

（三）当事人所在社区、单位以及有关社会团体推荐的公民。⑩

39.【委托代理手续】

委托他人代理执行案件的，应当向人民法院提交经委托人签字或盖章的授权委托书，写明委托事项和代理人的权限。

委托代理人代为放弃、变更民事权利，或代为进行执行和解，或代为收取执行款物的，应当有委托人的特别授权。⑪

侨居在国外的中华人民共和国公民从国外寄交或者托交的授权委托书，必须经中华人民共和国驻该国的使领馆证明；没有使领馆的，由与中华人民共和国有外交关系的第三国驻

---

①　参照《最高人民法院关于人民法院执行工作若干问题的规定（试行）》（法释〔1998〕15号）第18条，《最高人民法院关于适用〈中华人民共和国民事诉讼法〉的解释》（法释〔2015〕5号）第四百六十三条第一款。

②　最高人民法院指导案例34号——“李晓玲、李鹏裕申请执行厦门海洋实业（集团）股份有限公司、厦门海洋实业总公司执行复议案”（最高人民法院2014年12月18日发布）。裁判要点：“生效法律文书确认的权利人在进入执行程序前合法转让债权的，债权受让人即权利承受人可以作为申请执行人直接申请执行，无需执行法院作出变更申请执行人的裁定。”

③　《最高人民法院关于适用〈中华人民共和国民事诉讼法〉的解释》（法释〔2015〕5号）第四百六十三条第二款。

④　参照《最高人民法院关于人民法院登记立案若干问题的规定》（法释〔2015〕8号）第二条、第十二条、第十八条。

⑤　参照《最高人民法院关于推行立案登记制改革的意见》（法发〔2015〕6号）第三条。

⑥　参照《最高人民法院关于人民法院执行工作若干问题的规定（试行）》（法释〔1998〕15号）第18条，《最高人民法院关于推行立案登记制改革的意见》（〔2015〕6号）第三条。

⑦　参照《最高人民法院关于人民法院登记立案若干问题的规定》（法释〔2015〕8号）第七条、第十八条。

⑧　参照《最高人民法院关于人民法院登记立案若干问题的规定》（法释〔2015〕8号）第九条、第十八条。

⑨　根据《最高人民法院关于适用〈中华人民共和国民事诉讼法〉的解释》（法释〔2015〕5号）第八十五条规定，此处“近亲属”是指与当事人有夫妻、直系血亲、三代以内旁系血亲、近姻亲关系以及其他有抚养、赡养关系的亲属。

⑩　参照《中华人民共和国民事诉讼法》（2012年8月31日第二次修正）第五十八条。

⑪　《最高人民法院关于人民法院执行工作若干问题的规定（试行）》（法释〔1998〕15号）第22条。

该国的使领馆证明，再转由中华人民共和国驻该第三国使领馆证明，或者由当地的爱国华侨团体证明。①

人民法院认为确有必要的，可以要求当事人到庭核实委托代理的相关情况，并制作笔录入卷。

40.【外籍当事人的委托代理】

执行案件②中的外籍当事人，可以委托本国人为代理人，也可以委托本国律师以非律师身份担任代理人③；需要委托律师作为代理人的，必须委托中华人民共和国的律师。④ 外国驻华使领馆官员，受本国公民的委托，可以以个人名义担任执行案件代理人，但在执行程序中不享有外交或者领事特权和豁免权。⑤

外国驻华使领馆授权其本馆官员，在作为当事人的本国国民不在中华人民共和国领域内的情况下，可以以外交代表身份为其本国国民在中华人民共和国聘请中华人民共和国律师或者中华人民共和国公民代理执行案件。⑥

41.【外籍当事人的委托代理手续】

代表外国企业或者组织参加执行程序的人，应当向人民法院提交其有权作为代表人参加执行程序的证明，该证明应当经该企业或者组织的设立登记地国或者办理了营业登记手续的第三国所在国公证机关公证，并经中华人民共和国驻该国使领馆认证，或者履行中华人民共和国与该所在国订立的有关条约中规定的证明手续。⑦

外国人、外国企业或者组织的代表人委托代理人代理执行案件，在人民法院法官的见证下签署授权委托书，或者在中华人民共和国境内签署授权委托书，经中华人民共和国公证机构公证的，人民法院应予认可。⑧

在中华人民共和国领域内没有住所的外国人、无国籍人、外国企业和组织委托中华人民共和国律师或者其他人代理执行案件，从中华人民共和国领域外寄交或者托交的授权委托书，应当经所在国公证机关证明，并经中华人民共和国驻该国使领馆认证，或者履行中华人民共和国与该所在国订立的有关条约中规定的证明手续后，才具有效力。⑨

依照本条第一、三款规定，需要办理公证、认证手续，而外国当事人所在国与中华人民共和国没有建立外交关系的，可以经该国公证机关公证，经与中华人民共和国有外交关系的第三国驻该国使领馆认证，再转由中华人民共和国驻该第三国使领馆认证。⑩

42.【港澳台当事人的委托代理手续】

我国台湾地区、香港特别行政区、澳门特别行政区当事人委托他人代理执行案件，应当向人民法院提交由委托人签名或者盖章的授权委托书。授权委托书应当履行相关的公证、认证或者其他证明手续，但授权委托书在人民法院法官的见证下签署或者经中国大陆公证机关公证证明是在中国大陆签署的除外。⑪

43.【当事人变更追加的法定原则】

执行过程中，申请执行人或其继承人、权利承受人可以向人民法院申请变更、追加当事人。申请符合法定条件的，人民法院应予支持。⑫

非因法定事由，不得变更、追加当事人。

44.【申请执行人死亡、宣告失踪时的变更、追加】

作为申请执行人的公民死亡或被宣告死亡，该公民的遗嘱执行人、受遗赠人、继承人或其他因该公民死亡或被宣告死亡依法承受生效法律文书确定权利的主体，申请变更、追加其为申请执行人的，人民法院应予支持。

作为申请执行人的公民被宣告失踪，该公民的财产代管人申请变更、追加其为申请执行人的，人民法院应予支持。⑬

45.【申请执行人离婚时的变更、追加】

作为申请执行人的公民离婚时，生效法律文书确定的权利全部或部分分割给其配偶，该配偶申请变更、追加其为申请执行人的，人民法院应予支持。⑭

---

① 《中华人民共和国民事诉讼法》(2012 年 8 月 31 日第二次修正)第五十九条第三款。

② 根据《中华人民共和国民事诉讼法》(2012 年 8 月 31 日第二次修正)第二百六十一条、第二百六十二条规定，人民法院办理涉外籍当事人执行案件，应当使用我国通用的语言、文字。当事人要求提供翻译的，可以提供，费用由当事人承担。对享有外交或领事特权与豁免的外国人、外国组织或者国际组织为被执行人的执行案件，应当依照我国有关法律和我国缔结或者参加的国际条约的规定办理。

③ 参照《最高人民法院关于适用〈中华人民共和国民事诉讼法〉的解释》(法释〔2015〕5 号)第五百二十八条。

④ 参照《中华人民共和国民事诉讼法》(2012 年 8 月 31 日第二次修正)第二百六十三条。

⑤ 参照《最高人民法院关于适用〈中华人民共和国民事诉讼法〉的解释》(法释〔2015〕5 号)第五百二十八条。

⑥ 参照《最高人民法院关于适用〈中华人民共和国民事诉讼法〉的解释》(法释〔2015〕5 号)第五百二十九条。

⑦ 参照《最高人民法院关于适用〈中华人民共和国民事诉讼法〉的解释》(法释〔2015〕5 号)第五百二十三条。

⑧ 参照《最高人民法院关于适用〈中华人民共和国民事诉讼法〉的解释》(法释〔2015〕5 号)第五百二十五条、第五百二十六条。

⑨ 参照《中华人民共和国民事诉讼法》(2012 年 8 月 31 日第二次修正)第二百六十四条。

⑩ 参照《最高人民法院关于适用〈中华人民共和国民事诉讼法〉的解释》(法释〔2015〕5 号)第五百二十四条。

⑪ 参照《最高人民法院关于认可和执行台湾地区民事判决的规定》(法释〔2015〕13 号)第六条。

⑫ 《最高人民法院关于民事执行中变更、追加当事人若干问题的规定》(法释〔2016〕21 号)第一条。

⑬ 《最高人民法院关于民事执行中变更、追加当事人若干问题的规定》(法释〔2016〕21 号)第二条。

⑭ 《最高人民法院关于民事执行中变更、追加当事人若干问题的规定》(法释〔2016〕21 号)第三条。

46.【申请执行人终止时的变更、追加】

作为申请执行人的法人或其他组织终止,因该法人或其他组织终止依法承受生效法律文书确定权利的主体,申请变更、追加其为申请执行人的,人民法院应予支持。①

47.【申请执行人合并时的变更、追加】

作为申请执行人的法人或其他组织因合并而终止,合并后存续或新设的法人、其他组织申请变更其为申请执行人的,人民法院应予支持。②

48.【申请执行人分立时的变更、追加】

作为申请执行人的法人或其他组织分立,依分立协议约定承受生效法律文书确定权利的新设法人或其他组织,申请变更、追加其为申请执行人的,人民法院应予支持。③

49.【申请执行人清算或破产时的变更、追加】

作为申请执行人的法人或其他组织清算或破产时,生效法律文书确定的权利依法分配给第三人,该第三人申请变更、追加其为申请执行人的,人民法院应予支持。④

50.【申请执行人被撤销时的变更、追加】

作为申请执行人的机关法人被撤销,继续履行其职能的主体申请变更、追加其为申请执行人的,人民法院应予支持,但生效法律文书确定的权利依法应由其他主体承受的除外;没有继续履行其职能的主体,且生效法律文书确定权利的承受主体不明确,作出撤销决定的主体申请变更、追加其为申请执行人的,人民法院应予支持。⑤

51.【债权转让时的变更、追加】

申请执行人将生效法律文书确定的债权依法转让给第三人,且书面认可第三人取得该债权,该第三人申请变更、追加其为申请执行人的,人民法院应予支持。⑥

52.【被执行人死亡、宣告失踪时的变更、追加】

作为被执行人的公民死亡或被宣告死亡,申请执行人申请变更、追加该公民的遗嘱执行人、继承人、受遗赠人或其他因该公民死亡或被宣告死亡取得遗产的主体为被执行人,在遗产范围内承担责任的,人民法院应予支持。继承人放弃继承或受遗赠人放弃受遗赠,又无遗嘱执行人的,人民法院可以直接执行遗产。

作为被执行人的公民被宣告失踪,申请执行人申请变更该公民的财产代管人为被执行人,在代管的财产范围内承担责任的,人民法院应予支持。⑦

53.【被执行人合并时的变更、追加】

作为被执行人的法人或其他组织因合并而终止,申请执行人申请变更合并后存续或新设的法人、其他组织为被执行人的,人民法院应予支持。

54.【被执行人分立时的变更、追加】

作为被执行人的法人或其他组织分立,申请执行人申请变更、追加分立后新设的法人或其他组织为被执行人,对生效法律文书确定的债务承担连带责任的,人民法院应予支持。但被执行人在分立前与申请执行人就债务清偿达成的书面协议另有约定的除外。

55.【涉个人独资企业及其投资人、个体工商户的变更、追加和直接执行】

作为被执行人的个人独资企业,不能清偿生效法律文书确定的债务,申请执行人申请变更、追加其投资人为被执行人的,人民法院应予支持。个人独资企业投资人作为被执行人的,人民法院可以直接执行该个人独资企业的财产。

个体工商户的字号为被执行人的,人民法院可以直接执行该字号经营者的财产。

56.【涉合伙企业的变更、追加】

作为被执行人的合伙企业,不能清偿生效法律文书确定的债务,申请执行人申请变更、追加普通合伙人为被执行人的,人民法院应予支持。

作为被执行人的有限合伙企业,财产不足以清偿生效法律文书确定的债务,申请执行人申请变更、追加未按期足额缴纳出资的有限合伙人为被执行人,在未足额缴纳出资的范围内承担责任的,人民法院应予支持。

57.【涉法人分支机构的变更、追加和直接执行】

作为被执行人的法人分支机构,不能清偿生效法律文书确定的债务,申请执行人申请变更、追加该法人为被执行人的,人民法院应予支持。法人直接管理的责任财产仍不能清偿债务的,人民法院可以直接执行该法人其他分支机构的财产。

作为被执行人的法人,直接管理的责任财产不能清偿生效法律文书确定债务的,人民法院可以直接执行该法人分支机构的财产。

金融机构的分支机构作为被执行人的,对被执行人未能提供可供执行财产的,应当依法裁定逐级变更其上级机构为被执行人,直至其总行、总公司。每次变更前,均应当给予被

① 《最高人民法院关于民事执行中变更、追加当事人若干问题的规定》(法释〔2016〕21号)第四条。
② 《最高人民法院关于民事执行中变更、追加当事人若干问题的规定》(法释〔2016〕21号)第五条。
③ 《最高人民法院关于民事执行中变更、追加当事人若干问题的规定》(法释〔2016〕21号)第六条。
④ 《最高人民法院关于民事执行中变更、追加当事人若干问题的规定》(法释〔2016〕21号)第七条。
⑤ 《最高人民法院关于民事执行中变更、追加当事人若干问题的规定》(法释〔2016〕21号)第八条。
⑥ 《最高人民法院关于民事执行中变更、追加当事人若干问题的规定》(法释〔2016〕21号)第九条。
⑦ 《最高人民法院关于民事执行中变更、追加当事人若干问题的规定》(法释〔2016〕21号)第十条。

变更主体十五日的自动履行期限;逾期未自动履行的,依法予以强制执行。

58.【涉其他组织的变更、追加】

个人独资企业、合伙企业、法人分支机构以外的其他组织作为被执行人,不能清偿生效法律文书确定的债务,申请执行人申请变更、追加依法对该其他组织的债务承担责任的主体为被执行人的,人民法院应予支持。

59.【股东出资不足的变更、追加】

作为被执行人的企业法人,财产不足以清偿生效法律文书确定的债务,申请执行人申请变更、追加未缴纳或未足额缴纳出资的股东、出资人或依公司法规定对该出资承担连带责任的发起人为被执行人,在尚未缴纳出资的范围内依法承担责任的,人民法院应予支持。

60.【股东抽逃出资的变更、追加】

作为被执行人的企业法人,财产不足以清偿生效法律文书确定的债务,申请执行人申请变更、追加抽逃出资的股东、出资人为被执行人,在抽逃出资的范围内承担责任的,人民法院应予支持。

61.【瑕疵股权转让的变更、追加】

作为被执行人的公司,财产不足以清偿生效法律文书确定的债务,其股东未依法履行出资义务即转让股权,申请执行人申请变更、追加该原股东或依公司法规定对该出资承担连带责任的发起人为被执行人,在未依法出资的范围内承担责任的,人民法院应予支持。

62.【一人公司股东的变更、追加】

作为被执行人的一人有限责任公司,财产不足以清偿生效法律文书确定的债务,股东不能证明公司财产独立于自己的财产,申请执行人申请变更、追加该股东为被执行人,对公司债务承担连带责任的,人民法院应予支持。

63.【公司未经清算的变更、追加】

作为被执行人的公司,未经清算即办理注销登记,导致公司无法进行清算,申请执行人申请变更、追加有限责任公司的股东、股份有限公司的董事和控股股东为被执行人,对公司债务承担连带清偿责任的,人民法院应予支持。

64.【股东、出资人或主管部门无偿接受财产的变更、追加】

作为被执行人的法人或其他组织,被注销或出现被吊销营业执照、被撤销、被责令关闭、歇业等解散事由后,其股东、出资人或主管部门无偿接受其财产,致使该被执行人无遗留财产或遗留财产不足以清偿债务,申请执行人申请变更、追加该股东、出资人或主管部门为被执行人,在接受的财产范围内承担责任的,人民法院应予支持。

65.【第三人在被执行人注销时承诺承担责任的变更、追加】作为被执行人的法人或其他组织,未经依法清算即办理注销登记,在登记机关办理注销登记时,第三人书面承诺对被执行人的债务承担清偿责任,申请执行人申请变更、追加该第三人为被执行人,在承诺范围内承担清偿责任的,人民法院应予支持。

66.【第三人自愿代履行的变更、追加】

执行过程中,第三人向执行法院书面承诺自愿代被执行人履行生效法律文书确定的债务,申请执行人申请变更、追加该第三人为被执行人,在承诺范围内承担责任的,人民法院应予支持。

67.【第三人无偿接受调拨、划转财产的变更、追加】

作为被执行人的法人或其他组织,财产依行政命令被无偿调拨、划转给第三人,致使该被执行人财产不足以清偿生效法律文书确定的债务,申请执行人申请变更、追加该第三人为被执行人,在接受的财产范围内承担责任的,人民法院应予支持。

68.【重复承担责任的禁止】

被申请人在应承担责任范围内已承担相应责任的,人民法院不得责令其重复承担责任。

69.【当事人的姓名、名称变更的处理】

执行当事人的姓名或名称发生变更的,人民法院可以直接将姓名或名称变更后的主体作为执行当事人,并在法律文书中注明变更前的姓名或名称。

70.【变更、追加的申请与审查】

申请人申请变更、追加执行当事人,应当向执行法院提交书面申请及相关证据材料。

除事实清楚、权利义务关系明确、争议不大的案件外,执行法院应当组成合议庭审查并公开听证。经审查,理由成立的,裁定变更、追加;理由不成立的,裁定驳回。

执行法院应当自收到书面申请之日起六十日内作出裁定。有特殊情况需要延长的,由本院院长批准。

71.【变更、追加期间的财产保全】

执行法院审查变更、追加被执行人申请期间,申请人申请对被申请人的财产采取查封、扣押、冻结措施的,执行法院应当参照民事诉讼法第一百条的规定办理。

申请执行人在申请变更、追加第三人前,向执行法院申请查封、扣押、冻结该第三人财产的,执行法院应当参照民事诉讼法。第一百零一条的规定办理。

72.【变更、追加裁定的复议申请】

被申请人、申请人或其他执行当事人对执行法院作出的变更、追加裁定或驳回申请裁定不服的,可以自裁定书送达之日起十日内向上一级人民法院申请复议,但依据本规范第74条的规定应当提起诉讼的除外。

73.【变更、追加裁定的复议审查及复议期间的执行】

上一级人民法院对复议申请应当组成合议庭审查,并自收到申请之日起六十日内作出复议裁定。有特殊情况需要延长的,由本院院长批准。

被裁定变更、追加的被申请人申请复议的，复议期间，人民法院不得对其争议范围内的财产进行处分。申请人请求人民法院继续执行并提供相应担保的，人民法院可以准许。

74.【变更、追加裁定的起诉】

被申请人或申请人对执行法院依据本规范第56条第二款、第59条至第63条规定作出的变更、追加裁定或驳回申请裁定不服的，可以自裁定书送达之日起十五日内，向执行法院提起执行异议之诉。

被申请人提起执行异议之诉的，以申请人为被告。申请人提起执行异议之诉的，以被申请人为被告。

75.【被申请人执行异议之诉的审理及诉讼期间的执行】

被申请人提起的执行异议之诉，人民法院经审理，按照下列情形分别处理：

（一）理由成立的，判决不得变更、追加被申请人为被执行人或者判决变更责任范围；

（二）理由不成立的，判决驳回诉讼请求。

诉讼期间，人民法院不得对被申请人争议范围内的财产进行处分。申请人请求人民法院继续执行并提供相应担保的，人民法院可以准许。

76.【申请人执行异议之诉的审理】

申请人提起的执行异议之诉，人民法院经审理，按照下列情形分别处理：

（一）理由成立的，判决变更、追加被申请人为被执行人并承担相应责任或者判决变更责任范围；

（二）理由不成立的，判决驳回诉讼请求。

第五章　执行担保

77.【执行担保的一般规定】

在执行中，被执行人向人民法院提供担保，并经申请执行人同意的，人民法院可以决定暂缓执行及暂缓执行的期限。被执行人逾期仍不履行的，人民法院有权执行被执行人的担保财产或者担保人的财产。

78.【执行担保的方式】

根据本规范第77条规定向人民法院提供执行担保的，可以由被执行人或者他人提供财产担保，也可以由他人提供保证。担保人应当具有代为履行或者代为承担赔偿责任的能力。

他人提供执行保证的，应当向执行法院出具保证书，并将保证书副本送交申请执行人。被执行人或者他人提供财产担保的，应当参照物权法、担保法的有关规定办理相应手续。

79.【担保财产的控制】

在执行程序中，当事人提供财产担保的，人民法院应当对该财产的权属证书予以扣押，同时向有关部门发出协助执行通知书，要求其在规定的时间内不予办理担保财产的转移手续。

80.【暂缓执行】

人民法院依照本规范第77条规定决定暂缓执行的，如果担保是有期限的，暂缓执行的期限应当与担保期限一致，但最长不得超过一年。被执行人或者担保人对担保的财产在暂缓执行期间有转移、隐藏、变卖、毁损等行为的，人民法院可以恢复强制执行。

81.【执行担保的效力】

被执行人在人民法院决定暂缓执行的期限届满后仍不履行义务的，人民法院可以直接执行担保财产，或者裁定执行担保人的财产，但执行担保人的财产以担保人应当履行义务部分的财产为限。

82.【诉讼中为财产保全提供的保证】

人民法院在审理案件期间，保证人为被执行人提供保证，人民法院据此未对被执行人的财产采取保全措施或解除保全措施的，案件审结后如果被执行人无财产可供执行或其财产不足清偿债务时，即使生效法律文书中未确定保证人承担责任，人民法院有权裁定执行保证人在保证责任范围内的财产。但是第三人保证系在一审或二审程序中作出，终审判决确定被告无需承担责任，再审又改判被告承担责任的除外。

前款规定的被执行人无财产可供执行，包括被执行人虽有财产但不能处置的情形。

第六章　执行和解

83.【执行和解的一般规定】

在执行中，双方当事人可以自愿达成和解协议，变更生效法律文书确定的履行义务主体、标的物及其数额、履行期限和履行方式。

84.【执行和解的形式要求】

和解协议一般应当采取书面形式。执行人员应将和解协议副本附卷。无书面协议的，执行人员应将和解协议的内容记入笔录，并由双方当事人签名或盖章。

85.【执行和解的法律效力】

申请执行人与被执行人达成和解协议后请求中止执行或者撤回执行申请的，人民法院可以裁定中止执行或者终结执行。

和解协议合法有效并已履行完毕的，人民法院作执行结案处理。

86.【执行和解后的恢复执行】

申请执行人因受欺诈、胁迫与被执行人达成和解协议的，人民法院可以根据当事人的申请恢复原生效法律文书的执行。

一方当事人不履行或者不完全履行在执行中双方自愿达成的和解协议，人民法院应当根据对方当事人申请恢复原生效法律文书的执行。

人民法院决定恢复执行的，应告知各方当事人，并对和解协议已履行的部分予以扣除。

87.【执行和解后的不予恢复执行】

和解协议已经履行完毕的,不予恢复执行。

和解协议的履行虽存在瑕疵,但申请执行人已接受履行且已履行完毕的,不予恢复执行。

88.【申请恢复执行的期间】

申请恢复执行原生效法律文书,适用本规范第22条第一款、第二款申请执行期间的规定。申请执行期间因达成执行中的和解协议而中断,其期间自和解协议约定履行期限的最后一日起重新计算。

第七章 暂缓执行

89.【暂缓执行的一般规定】

执行程序开始后,人民法院可以因法定事由决定对某一项或者某几项执行措施在规定的期限内暂缓实施。非因法定事由不得决定暂缓执行。

90.【暂缓决定的作出】

暂缓执行由执行法院或者其上级人民法院执行机构作出决定。人民法院决定暂缓执行的,应当制作暂缓执行决定书,并及时送达当事人。

91.【依申请暂缓执行的情形】

有下列情形之一的,经当事人或者其他利害关系人申请,人民法院可以决定暂缓执行:

(一)执行措施或者执行程序违反法律规定的;

(二)执行标的物存在权属争议的;

(三)被执行人对申请执行人享有抵销权的。

92.【暂缓执行申请的审查及处理】

人民法院在收到暂缓执行申请后,应当在十五日内作出决定,并在作出决定后五日内将决定书发送当事人或者其他利害关系人。

93.【暂缓执行的担保】

人民法院根据本规范第91条决定暂缓执行的,应当同时责令申请暂缓执行的当事人或者其他利害关系人在指定的期限内提供相应的担保。

94.【继续执行优先原则】

被执行人或者其他利害关系人提供担保申请暂缓执行,申请执行人提供担保要求继续执行的,执行法院可以继续执行。

95.【依职权暂缓执行的情形】

有下列情形之一的,人民法院可以依职权决定暂缓执行;

(一)上级人民法院已经受理执行争议案件并正在处理的;

(二)人民法院发现据以执行的生效法律文书确有错误,并正在按照审判监督程序进行审查的;

(三)当事人、利害关系人对网络司法拍卖行为提出异议的,异议、复议期间,人民法院可以决定暂缓拍卖。案外人对网络司法拍卖的标的提出异议的,人民法院应决定暂缓拍卖。

人民法院依照前款第一、二项规定决定暂缓执行的,一般应由申请执行人或者被执行人提供相应的担保。

96.【暂缓执行的期限】

暂缓执行的期间不得超过三个月。因特殊事由需要延长的,可以适当延长,延长的期限不得超过三个月。

暂缓执行的期限从执行法院作出暂缓执行决定之日起计算。暂缓执行的决定由上级人民法院作出的,从执行法院收到暂缓执行决定之日起计算。

97.【暂缓执行的审查】

人民法院应当组成合议庭对是否暂缓执行进行审查并作出决定,必要时应当听取当事人或者利害关系人的意见。

98.【暂缓执行的监督】

上级人民法院发现执行法院对不符合暂缓执行条件的案件决定暂缓执行,或者对符合暂缓执行条件的案件未予暂缓执行的,应当作出决定予以纠正。执行法院收到该决定后,应当遵照执行。

99.【暂缓执行期限届满后的恢复执行】

暂缓执行期限届满后,人民法院应当立即恢复执行。

暂缓执行期限届满前,据以决定暂缓执行的事由消灭的,如果该暂缓执行的决定是由执行法院作出的,执行法院应当立即作出恢复执行的决定;如果该暂缓执行的决定是由执行法院的上级人民法院作出的,执行法院应当将该暂缓执行事由消灭的情况及时报告上级人民法院,该上级人民法院应当在收到报告后十日内审查核实并作出恢复执行的决定。

第八章 中止执行

100.【应当中止执行的情形】

具有下列情形之一的,人民法院应当裁定中止执行:

(一)申请执行人表示可以延期执行的;

(二)案外人对执行标的提出确有理由的异议的;

(三)作为一方当事人的公民死亡,需要等待继承人继承权利或者承担义务的;

(四)作为一方当事人的法人或者其他组织终止,尚未确定权利义务承受人的;

(五)人民法院已受理以被执行人为债务人的破产申请的,或者依据《最高人民法院关于适用〈中华人民共和国民事诉讼法〉的解释》第五百一十三条规定,将案件移送破产审查的;

(六)执行的标的物是法院或者仲裁机构正在审理的案件所争议的标的物,需要等待该案件审理终结确定权属的;

(七)一方当事人申请执行仲裁裁决,另一方当事人申请撤销仲裁裁决的;

(八)仲裁裁决的被申请人向人民法院提出不予执行请求,并提供适当担保的;

（九）执行依据按审判监督程序决定再审的，但追索赡养费、扶养费、抚育费、抚恤金、医疗费用、劳动报酬等案件，可以不中止执行的除外；

（十）执行过程中发现有非法集资犯罪嫌疑的，或者执行标的物属于公安机关、人民检察院、人民法院侦查、起诉、审理非法集资刑事案件的涉案财物的；

（十一）人民法院认为应当中止执行的其他情形。

101.【可以中止执行的情形】

具有下列情形之一的，人民法院可以裁定中止执行：

（一）人民法院受理第三人撤销之诉案件后，该第三人提供相应担保，请求中止原生效判决、裁定、调解书执行的；

（二）申请执行人与被执行人达成和解协议后请求中止执行的。

102.【中止执行裁定】

中止执行应当依法制作裁定书，载明中止执行的事由和依据，并送达当事人。中止执行的裁定，送达当事人后立即生效。

103.【中止执行后的恢复执行】

中止执行的情形消失后，执行法院可以根据当事人的申请或依职权恢复执行。

恢复执行应当书面通知当事人。

104.【中止执行期间的续封】

中止执行期间，因查封、扣押、冻结期限届满需要对执行标的物办理续行查封、扣押、冻结手续的，执行法院应当根据申请执行人的申请办理续行查封、扣押、冻结手续，也可以依职权办理续行查封、扣押、冻结手续。

105.【中止执行期间异议的处理】

中止执行期间，当事人、利害关系人依据民事诉讼法第二百二十五条的规定提出异议，或者案外人依据民事诉讼法第二百二十七条的规定提出异议的，执行法院应当依法进行审查并作出裁定。

106.【中止执行期间当事人的变更、追加】

中止执行期间，申请执行人或其继承人、权利承受人申请变更、追加执行当事人的，执行法院应当依法审查并作出处理。

第九章　终结本次执行程序

107.【终结本次执行程序的条件】

执行法院终结本次执行程序，应当同时符合下列条件：

（一）已向被执行人发出执行通知、责令被执行人报告财产；

（二）已向被执行人发出限制消费令，并将符合条件的被执行人纳入失信被执行人名单；

（三）已穷尽财产调查措施，未发现被执行人有可供执行的财产或者发现的财产不能处置；

（四）自执行案件立案之日起已超过三个月；

（五）被执行人下落不明的，已依法予以查找；被执行人或者其他人妨害执行的，已依法采取罚款、拘留等强制措施，构成犯罪的，已依法启动刑事责任追究程序。

108.【“责令被执行人报告财产”应完成事项】

本规范第 107 条第一项中的“责令被执行人报告财产”，是指应当完成下列事项：

（一）向被执行人发出报告财产令；

（二）对被执行人报告的财产情况予以核查；

（三）对逾期报告、拒绝报告或者虚假报告的被执行人或者相关人员，依法采取罚款、拘留等强制措施，构成犯罪的，依法启动刑事责任追究程序。

人民法院应当将财产报告、核实及处罚的情况记录入卷。

109.【“穷尽财产调查措施”应完成事项】

本规范第 107 条第三项中的“已穷尽财产调查措施”，是指应当完成下列调查事项：

（一）对申请执行人或者其他人提供的财产线索进行核查；

（二）通过网络执行查控系统对被执行人的存款、车辆及其他交通运输工具、不动产、有价证券等财产情况进行查询；

（三）无法通过网络执行查控系统查询本款第二项规定的财产情况的，在被执行人住所地或者可能隐匿、转移财产所在地进行必要调查；

（四）被执行人隐匿财产、会计账簿等资料且拒不交出的，依法采取搜查措施；

（五）经申请执行人申请，根据案件实际情况，依法采取审计调查、公告悬赏等调查措施；

（六）法律、司法解释规定的其他财产调查措施。

人民法院应当将财产调查情况记录入卷。

110.【“发现的财产不能处置”情形】

本规范第 107 条第三项中的“发现的财产不能处置”，包括下列情形：

（一）被执行人的财产经法定程序拍卖、变卖未成交，申请执行人不接受抵债或者依法不能交付其抵债，又不能对该财产采取强制管理等其他执行措施的；

（二）人民法院在登记机关查封的被执行人车辆、船舶等财产，未能实际扣押的。

111.【申请执行人意见的听取】

终结本次执行程序前，人民法院应当将案件执行情况、采取的财产调查措施、被执行人的财产情况、终结本次执行程序的依据及法律后果等信息告知申请执行人，并听取其对终结本次执行程序的意见。

人民法院应当将申请执行人的意见记录入卷。

112.【终结本次执行程序的审批】

经过财产调查未发现可供执行的财产，在申请执行人签字确认或者执行法院组成合议庭审查核实并经院长批准后，可以裁定终结本次执行程序。

113.【终结本次执行程序裁定内容】

终结本次执行程序应当制作裁定书，载明下列内容：

（一）申请执行的债权情况；

（二）执行经过及采取的执行措施、强制措施；

（三）查明的被执行人财产情况；

（四）实现的债权情况；

（五）申请执行人享有要求被执行人继续履行债务及依法向人民法院申请恢复执行的权利，被执行人负有继续向申请执行人履行债务的义务。

终结本次执行程序裁定书送达申请执行人后，执行案件可以作结案处理。人民法院进行相关统计时，应当对以终结本次执行程序方式结案的案件与其他方式结案的案件予以区分。

终结本次执行程序裁定书应当依法在互联网上公开。

114.【终结本次执行程序的异议】

当事人、利害关系人认为终结本次执行程序违反法律规定的，可以提出执行异议。人民法院应当依照民事诉讼法第二百二十五条的规定进行审查。

115.【终结本次执行程序后的继续履行】

终结本次执行程序后，被执行人应当继续履行生效法律文书确定的义务。被执行人自动履行完毕的，当事人应当及时告知执行法院。

116.【恢复执行及财产的定期查询】

终结本次执行程序后，申请执行人发现被执行人有可供执行财产的，可以向执行法院申请恢复执行。申请恢复执行不受申请执行时效期间的限制。执行法院核查属实的，应当恢复执行。

终结本次执行程序后的五年内，执行法院应当每六个月通过网络执行查控系统查询一次被执行人的财产，并将查询结果告知申请执行人。符合恢复执行条件的，执行法院应当及时恢复执行。

117.【发现财产的立即控制】

终结本次执行程序后，发现被执行人有可供执行财产，不立即采取执行措施可能导致财产被转移、隐匿、出卖或者毁损的，执行法院可以依申请执行人申请或依职权立即采取查封、扣押、冻结等控制性措施。

118.【终结本次执行程序与移送破产】

案件符合终结本次执行程序条件，又符合移送破产审查相关规定的，执行法院应当在作出终结本次执行程序裁定的同时，将执行案件相关材料移送被执行人住所地人民法院进行破产审查。

119.【终结本次执行程序信息库及信息的公开】

终结本次执行程序裁定书送达申请执行人以后，执行法院应当在七日内将相关案件信息录入最高人民法院建立的终结本次执行程序案件信息库，并通过该信息库统一向社会公布。

终结本次执行程序案件信息库记载的信息应当包括下列内容：

（一）作为被执行人的法人或者其他组织的名称、住所地、组织机构代码及其法定代表人或者负责人的姓名，作为被执行人的自然人的姓名、性别、年龄、身份证件号码和住址；

（二）生效法律文书的制作单位和文号，执行案号、立案时间、执行法院；

（三）生效法律文书确定的义务和被执行人的履行情况；

（四）人民法院认为应当记载的其他事项。

120.【错误信息的更正】

当事人、利害关系人认为公布的终结本次执行程序案件信息错误的，可以向执行法院申请更正。执行法院审查属实的，应当在三日内予以更正。

121.【执行和强制措施效力的延续】

终结本次执行程序后，执行法院已对被执行人依法采取的执行措施和强制措施继续有效。

122.【续封和当事人的变更追加】

终结本次执行程序后，申请执行人申请延长查封、扣押、冻结期限的，人民法院应当依法办理续行查封、扣押、冻结手续。

终结本次执行程序后，当事人、利害关系人申请变更、追加执行当事人，符合法定情形的，人民法院应予支持。变更、追加被执行人后，申请执行人申请恢复执行的，人民法院应予支持。

123.【终结本次执行程序后妨害执行的处理】

终结本次执行程序后，被执行人或者其他人妨害执行的，人民法院可以依法予以罚款、拘留；构成犯罪的，依法追究刑事责任。

124.【终结本次执行程序信息的屏蔽】

有下列情形之一的，人民法院应当在三日内将案件信息从终结本次执行程序案件信息库中屏蔽：

（一）生效法律文书确定的义务执行完毕的；

（二）依法裁定终结执行的；

（三）依法应予屏蔽的其他情形。

第十章　终结执行

125.【终结执行的情形】

具有下列情形之一的，人民法院应当裁定终结执行：

（一）申请人撤销申请的；

（二）当事人双方达成和解协议，申请执行人撤回执行申请的；

（三）据以执行的法律文书被撤销的；

（四）作为被执行人的公民死亡，无遗产可供执行，又无义务承担人的；

（五）追索赡养费、扶养费、抚育费案件的权利人死亡的；

（六）作为被执行人的公民因生活困难无力偿还借款，无收入来源，又丧失劳动能力的；

（七）被执行人被人民法院裁定宣告破产的；

（八）被执行人在破产程序中与全体债权人达成破产和解协议经破产法院确认并已履行完毕的；

（九）作为被执行人的企业法人或其他组织被撤销、注销、吊销营业执照或者歇业、终止后既无财产可供执行，又无义务承受人，也没有能够依法追加变更执行主体的；

（十）案件被上级人民法院裁定提级执行或者指定由其他法院执行的；

（十一）按照《最高人民法院关于委托执行若干问题的规定》，办理了委托执行手续，且收到受托法院立案通知书的；

（十二）特定物的执行中，特定物毁损、灭失，双方当事人对折价赔偿又不能协商一致的；

（十三）依照刑法第五十三条规定免除缴纳罚金的；

（十四）行政执行标的灭失的；

（十五）人民法院认为应当终结执行的其他情形。

126.【终结执行裁定】

除本规范第125条第十项、第十一项规定的情形外，终结执行应当依法制作裁定书，载明终结执行的事由和法律依据，并送达当事人。终结执行的裁定，送达当事人后立即生效。

执行法院在送达终结执行裁定书时应同时告知当事人、利害关系人自收到裁定之日起六十日内可以依照民事诉讼法第二百二十五条规定对终结执行行为提出异议。当事人、利害关系人未收到法律文书的，应当自知道或者应当知道人民法院终结执行之日起六十日内提出。超出期限提出执行异议的，人民法院不予受理。

127.【终结执行后的再次申请执行】

依照本规范第125条规定终结执行的案件，申请执行的条件具备时，申请执行人申请恢复执行的，人民法院应当恢复执行。

因撤销申请而终结执行后，当事人在本规范第22条第一款、第二款规定的申请执行时效期间内再次申请执行的，人民法院应当受理。

因达成和解协议而撤回执行申请的，申请执行人申请恢复原生效法律文书的执行，应符合本规范第六章执行和解部分的相关规定。

128.【执行程序终结后对已执行标的妨害行为的处理】

在执行终结六个月内，被执行人或者其他人对已执行的标的有妨害行为的，人民法院可以依申请排除妨害，并可以依照民事诉讼法第一百一十一条规定进行处罚。因妨害行为给执行债权人或者其他人造成损失的，受害人可以另行起诉。

第十一章 执行程序和破产程序的衔接

129.【执行案件移送破产审查的工作原则】

执行案件移送破产审查工作，涉及执行程序与破产程序之间的转换衔接，不同法院之间，同一法院内部执行部门、立案部门、破产审判部门之间，应坚持依法有序、协调配合、高效便捷的工作原则，防止推诿扯皮，影响司法效率，损害当事人合法权益。

130.【执行案件移送破产审查的条件】

执行案件移送破产审查，应同时符合下列条件：

（1）被执行人为企业法人；

（2）被执行人或者有关被执行人的任何一个执行案件的申请执行人书面同意将执行案件移送破产审查；

（3）被执行人不能清偿到期债务，并且资产不足以清偿全部债务或者明显缺乏清偿能力。

131.【执行案件移送破产审查的管辖】

执行案件移送破产审查，由被执行人住所地人民法院管辖。在级别管辖上，实行以中级人民法院管辖为原则、基层人民法院管辖为例外的管辖制度。中级人民法院经高级人民法院批准，也可以将案件交由具备审理条件的基层人民法院审理。

132.【执行案件移送破产事宜的告知】

执行法院在执行程序中应加强对执行案件移送破产审查有关事宜的告知和征询工作。

执行法院依照民事诉讼法第二百四十条规定对作为被执行人的企业法人发出执行通知时，可以同时告知《最高人民法院关于适用〈中华人民共和国民事诉讼法〉的解释》有关执行移送破产的规定。

133.【执行案件移送破产审查前的意见征询】

执行法院采取财产调查措施后，发现作为被执行人的企业法人符合企业破产法第二条规定的，应当及时询问申请执行人、被执行人是否同意将案件移送破产审查。申请执行人、被执行人均不同意移送且无人申请破产的，执行法院就执行变价所得的财产，在扣除执行费用及清偿优先受偿的债权后，对于普通债权，按照财产保全和执行中查封、扣押、冻结财产的先后顺序清偿。企业法人的其他已经取得执行依据的债权人申请参与分配的，人民法院不予支持。

134.【执行案件移送破产审查的决定程序】

执行部门应严格遵守执行案件移送破产审查的内部决定程序。承办人认为执行案件符合移送破产审查条件的，应提出审查意见，经合议庭评议同意后，由执行法院院长签署移送决定。

基层人民法院拟将执行案件移送异地中级人民法院进行破产审查的，在作出移送决定前，应先报请其所在地中级人民法院执行部门审核同意。

135.【移送决定的送达及其异议的处理】

执行法院作出移送决定后,应当于五日内送达申请执行人和被执行人。申请执行人或被执行人对决定有异议的,可以在受移送法院破产审查期间提出,由受移送法院一并处理。

136.【移送后的中止执行】

执行法院作出移送决定后,应当书面通知所有已知执行法院,执行法院均应中止对被执行人的执行程序。但是,对被执行人的季节性商品、鲜活、易腐烂变质以及其他不宜长期保存的物品,执行法院应当及时变价处置,处置的价款不作分配。受移送法院裁定受理破产案件的,执行法院应当在收到裁定书之日起七日内,将该价款移交受理破产案件法院。案件符合终结本次执行程序条件的,执行法院可以同时裁定终结本次执行程序。

被执行人的所有执行法院未依照前款规定中止对被执行人的执行程序的,采取执行措施的相关单位应当依法予以纠正。依法执行回转的财产,应当认定为企业法人的破产财产。

裁定对被执行人中止执行的,不影响对同一执行案件其他被执行人的执行。

137.【查控措施的延续】

执行法院决定移送后、受移送法院裁定受理破产案件之前,对被执行人的查封、扣押、冻结措施不解除。查封、扣押、冻结期限在破产期间届满的,申请执行人可以向执行法院申请延长期限,由执行法院负责办理。

138.【材料的移送及补正】

执行法院作出移送决定后,应当向受移送法院移送下列材料:

(1)执行案件移送破产审查决定书;

(2)申请执行人或被执行人同意移送的书面材料;

(3)执行法院采取财产调查措施查明的被执行人的财产状况,已查封、扣押、冻结财产清单及相关材料;

(4)执行法院已分配财产清单及相关材料;

(5)被执行人债务清单;

(6)其他应当移送的材料。

移送的材料不完备或内容错误,影响受移送法院认定破产原因是否具备的,受移送法院可以要求执行法院补齐、补正,执行法院应于十日内补齐、补正。该期间不计入受移送法院破产审查期间。

受移送法院需要查阅执行程序中的其他案件材料,或者依法委托执行法院办理财产处置等事项的,执行法院应予协助配合。

139.【移送材料的接收和登记立案】

执行法院移送破产审查的材料,由受移送法院立案部门负责接收。受移送法院不得以材料不完备等为由拒绝接收。立案部门经审核认为移送材料完备的,应以“破申”作为案件类型代字编制案号登记立案,并及时将案件移送破产审判部门进行破产审查。

破产审判部门在审查过程中发现本院对案件不具有管辖权的,应当按照民事诉讼法第三十六条的规定处理。

140.【受移送法院破产审查与受理】

受移送法院的破产审判部门应当自收到移送的材料之日起三十日内作出是否受理的裁定。受移送法院作出裁定后,应当在五日内送达申请执行人、被执行人,并送交执行法院。

申请执行人申请或同意移送破产审查的,裁定书中以该申请执行人为申请人,被执行人为被申请人;被执行人申请或同意移送破产审查的,裁定书中以该被执行人为申请人;申请执行人、被执行人均同意移送破产审查的,双方均为申请人。

141.【执破衔接中执行费用的处理】

受移送法院裁定受理破产案件的,在此前的执行程序中产生的评估费、公告费、保管费等执行费用,可以参照破产费用的规定,从债务人财产中随时清偿。

142.【被执行人财产的移交】

执行法院收到受移送法院受理裁定后,应当于七日内将已经扣划到账的银行存款、实际扣押的动产、有价证券等被执行人财产移交给受理破产案件的法院或管理人。

执行法院收到受移送法院受理裁定时,已通过拍卖、变卖程序处置且成交裁定已送达买受人的拍卖、变卖财产,通过以物抵债偿还债务且抵债裁定已送达债权人的抵债财产,已完成转账、汇款、现金交付的执行款,因财产所有权已经发生变动,不属于被执行人的财产,不再移交。

143.【受移送法院不予受理或驳回申请的处理】

受移送法院作出不予受理或驳回申请裁定的,应当在裁定生效后七日内将接收的材料、被执行人的财产退回执行法院,执行法院应当恢复对被执行人的执行。

执行法院就执行变价所得的财产,在扣除执行费用及清偿优先受偿的债权后,对于普通债权,按照财产保全和执行中查封、扣押、冻结财产的先后顺序清偿。

144.【重复移送的禁止】

受移送法院作出不予受理或驳回申请的裁定后,人民法院不得重复启动执行案件移送破产审查程序。申请执行人或被执行人以有新证据足以证明被执行人已经具备了破产原因为由,再次要求将执行案件移送破产审查的,人民法院不予支持。但是,申请执行人或被执行人可以直接向具有管辖权的法院提出破产申请。

145.【破产与否的后续处理】

受移送法院裁定宣告被执行人破产或裁定终止和解程序、重整程序的,应当自裁定作出之日起五日内送交执行法院,执行法院应当裁定终结对被执行人的执行。

人民法院受理破产申请后至破产宣告前裁定驳回破产申请,或者依据企业破产法第一百零八条的规定裁定终结破产程序的,应当及时通知原已采取保全措施并已依法解除保全措施的单位按照原保全顺位恢复相关保全措施。在已依法解除保全的单位恢复保全措施或者表示不再恢复之前,受理破产申请的人民法院不得解除对债务人财产的保全措施。执行法院决定恢复查控措施或表示不再恢复,应当及时通知受理破产申请法院。

146.【执行案件移送破产审查的监督】

受移送法院拒绝接收移送的材料,或者收到移送的材料后不按规定的期限作出是否受理裁定的,执行法院可函请受移送法院的上一级法院进行监督。上一级法院收到函件后应当指令受移送法院在十日内接收材料或作出是否受理的裁定。受移送法院收到上级法院的通知后,十日内仍不接收材料或不作出是否受理裁定的,上一级法院可以径行对移送破产审查案件行使管辖权。上一级法院裁定受理破产案件的,可以指令受移送法院审理。

147.【申请执行人申报债权】

因被执行人被受理破产而裁定中止执行的,申请执行人应当依法向管理人申报相关债权。

148.【虚假破产的监督】

执行法院发现被执行人有虚假破产情形的,应当及时向受理破产案件的人民法院提出。申请执行人认为被执行人利用破产逃债的,可以向受理破产案件的人民法院或者其上级人民法院提出异议,受理异议的法院应当依法进行监督。

第十二章　迟延履行期间债务利息和迟延履行金

149.【迟延履行期间债务利息和迟延履行金的一般规定】

被执行人未按判决、裁定和其他法律文书指定的期间履行给付金钱义务的,应当加倍支付迟延履行期间的债务利息。被执行人未按判决、裁定和其他法律文书指定的期间履行其他义务的,应当支付迟延履行金。

150.【2014年8月1日前产生的迟延履行期间债务利息的计算方法】

《最高人民法院关于执行程序中计算迟延履行期间的债务利息适用法律若干问题的解释》施行时(2014年8月1日)尚未执行完毕部分的金钱债务,解释施行前的迟延履行期间债务利息按照之前的规定计算。

151.【2014年8月1日前已清偿部分债务的本息的确定】

2014年8月1日前已清偿部分债务的,应当根据并还原则按比例计算已清偿的法律文书确定的金钱债务金额与迟延履行期间的债务利息金额,但当事人在执行和解中对清偿顺序另有约定的除外。

152.【2014年8月1日前应付执行款的计算】

2014年8月1日前的应付执行款,按照下列方法计算:

执行款 = 清偿的法律文书确定的金钱债务 + 清偿的迟延履行期间的债务利息。

清偿的迟延履行期间的债务利息 = 清偿的法律文书确定的金钱债务 × 同期贷款基准利率 ×2 × 迟延履行期间。

153.【2014年8月1日前迟延履行期间债务利息的计算基数】

2014年8月1日前迟延履行期间的债务利息计算基数包括执行依据确定的债务本金、利息、罚息、滞纳金、违约金、评估费、鉴定费、公告费等因诉讼或仲裁所支出的费用,不包括案件受理费、保全申请费、其他申请费。

154.【2014年8月1日前迟延履行期间债务利息起算日等问题的法律适用】

2014年8月1日前迟延履行期间债务利息的起算日、给付期间的扣除、外币给付的利息计算方法,参照本章关于加倍部分债务利息的相关规定。

155.【2014年8月1日后产生的迟延履行期间债务利息的计算方法】

《最高人民法院关于执行程序中计算迟延履行期间的债务利息适用法律若干问题的解释》施行后(2014年8月1日后)产生的迟延履行期间债务利息,包括迟延履行期间的一般债务利息和加倍部分债务利息。

迟延履行期间的一般债务利息,根据生效法律文书确定的方法计算;生效法律文书未确定给付该利息的,不予计算。

加倍部分债务利息的计算方法为:加倍部分债务利息 = 债务人尚未清偿的生效法律文书确定的除一般债务利息之外的金钱债务 × 日万分之一点七五 × 迟延履行期间。

156.【加倍部分债务利息的起算日】

加倍部分债务利息自生效法律文书确定的履行期间届满之日起计算;生效法律文书确定分期履行的,自每次履行期间届满之日起计算;生效法律文书未确定履行期间的,自法律文书生效之日起计算。

157.【加倍部分债务利息的截止日及一般债务利息的参照适用】

加倍部分债务利息计算至被执行人履行完毕之日;被执行人分次履行的,相应部分的加倍部分债务利息计算至每次履行完毕之日。

人民法院划拨、提取被执行人的存款、收入、股息、红利等财产的,相应部分的加倍部分债务利息计算至划拨、提取之日;人民法院对被执行人财产拍卖、变卖或者以物抵债的,计算至成交裁定或者抵债裁定生效之日;人民法院对被执行人财产通过其他方式变价的,计算至财产变价完成之日。

生效法律文书确定一般债务利息计算至被执行人履行完毕之日的,截止日参照本条前两款关于加倍部分债务利息的截止日确定。

158.【加倍部分债务利息计付期间的扣除】

非因被执行人的申请,对生效法律文书审查而中止或者暂缓执行的期间及再审中止执行的期间，不计算加倍部分债务利息。

159.【本息清偿顺序】

被执行人的财产不足以清偿全部债务的，应当先清偿生效法律文书确定的金钱债务，再清偿加倍部分债务利息，但当事人对清偿顺序另有约定的除外。

160.【给付外币的加倍部分债务利息的计算方法】

生效法律文书确定给付外币的，执行时以该种外币按日万分之一点七五计算加倍部分债务利息，但申请执行人主张以人民币计算的，人民法院应予准许。

以人民币计算加倍部分债务利息的，应当先将生效法律文书确定的外币折算或者套算为人民币后再进行计算。

外币折算或者套算为人民币的，按照加倍部分债务利息起算之日的中国外汇交易中心或者中国人民银行授权机构公布的人民币对该外币的中间价折合成人民币计算；中国外汇交易中心或者中国人民银行授权机构未公布汇率中间价的外币，按照该日境内银行人民币对该外币的中间价折算成人民币，或者该外币在境内银行、国际外汇市场对美元汇率，与人民币对美元汇率中间价进行套算。

161.【同期贷款基准利率】

"同期贷款基准利率"的适用，具体把握如下：

（一）根据未履行期间的长短确定应当适用的中国人民银行公布的同档贷款基准利率：未履行期间不超过6个月的，适用中国人民银行公布的6个月以内（含6个月）档的贷款基准利率；未履行期间逾6个月、不超过1年的，适用中国人民银行公布的6个月至1年（含1年）档的贷款基准利率；未履行期间逾1年、不超过3年的，适用中国人民银行公布的1至3年（含3年）档的贷款基准利率；未履行期间逾3年、不超过5年的，适用中国人民银行公布的3至5年（含5年）档的贷款基准利率；未履行期间逾5年的，适用中国人民银行公布的5年以上档的贷款基准利率。

（二）中国人民银行公布的同期贷款基准利率发生变化的，根据该利率的变化分段计算。

（三）未履行期间逾1年的，每整年的利息按照同期贷款基准利率的年利率计算，剩余期间的利息按照同期贷款基准利率的日利率计算。日利率按照同期贷款基准利率的年利率除以365天计算。

162.【迟延履行金的计算方法】

被执行人未按判决、裁定和其他法律文书指定的期间履行非金钱给付义务的，无论是否已给申请执行人造成损失，都应当支付迟延履行金。已经造成损失的，双倍补偿申请执行人已经受到的损失；没有造成损失的，迟延履行金可以由人民法院根据具体案件情况决定。

163.【未明示放弃迟延履行期间债务利息、迟延履行金的执行】

申请执行人在执行立案时或执行过程中未明确表示放弃迟延履行期间债务利息或迟延履行金的，执行标的额包括迟延履行期间债务利息或迟延履行金。

164.【迟延履行期间债务利息、迟延履行金的单独申请执行】

执行依据生效后申请执行前，债务人已自动履行完毕执行依据确定的其他债务，债权人以债务人未支付或未完全支付迟延履行期间债务利息或迟延履行金为由单独申请执行的，人民法院应予受理。但债权人已认可债务履行完毕的除外。

165.【调解书执行中迟延履行期间债务利息或迟延履行金的处理】

民事调解书确定了一方不履行调解协议应承担的民事责任，且不履行该协议的当事人已承担了该民事责任，对方当事人又要求其承担迟延履行责任的，人民法院不予支持。

第十三章　执行费用

166.【执行申请费的标准】

执行人民法院发生法律效力的判决、裁定、调解书，仲裁机构依法作出的裁决和调解书，公证机关依法赋予强制执行效力的债权文书，申请承认和执行外国法院判决、裁定以及国外仲裁机构裁决的，应当按照下列标准收取执行申请费：

（一）没有执行金额或者价额的，每件交纳50元至500元。

（二）执行金额或者价额不超过1万元的，每件交纳50元；超过1万元至50万元的部分，按照1.5%交纳；超过50万元至500万元的部分，按照1%交纳；超过500万元至1000万元的部分，按照0.5%交纳；超过1000万元的部分，按照0.1%交纳。

人民法院办理刑事裁判涉财产部分执行案件，不应收取执行申请费。

167.【执行申请费的收取】

执行申请费由被执行人负担，不由申请执行人预交，人民法院在执行生效法律文书确定的内容之外直接向被执行人收取。

168.【实现担保物权案件执行申请费的收取】

拍卖、变卖担保财产的裁定作出后，人民法院强制执行的，按照执行金额收取执行申请费。

169.【执行和解中执行申请费的收取】

执行中当事人达成和解协议的，申请费的负担由双方当事人协商解决；协商不成的，由人民法院决定。

170.【保管、仓储、运输等费用的预交与承担】

因强制执行而发生的保管、仓储、运输等费用，由申请执行人预交并直接支付，人民法院不得代收代付。案款执行到位后，该费用从案款中支付申请执行人。

171.【媒体曝光的费用承担】

将被执行人不履行法律文书确定义务的信息，通过报纸、广播、电视、互联网等媒体公布的，有关费用由被执行人负担。申请执行人申请在媒体公布的，应当垫付有关费用。

172.【执行费用的计算单位】

执行费用以人民币为计算单位。以外币为计算单位的，依照人民法院决定受理案件之日国家公布的汇率换算成人民币计算。

第十四章 强制措施和间接执行措施

第一节 拘传

173.【拘传的适用条件和程序】

对必须接受调查询问的被执行人、被执行人的法定代表人、负责人或者实际控制人，经依法传唤无正当理由拒不到场的，人民法院可以拘传其到场。

拘传必须经院长批准。

拘传必须用拘传票，并直接送达被拘传人；在拘传前，应当向被拘传人说明拒不到庭的后果，经批评教育仍拒不到庭的，可以拘传其到庭。

174.【拘传中的调查询问】

人民法院应当及时对被拘传人进行调查询问，调查询问的时间不得超过八小时；情况复杂，依法可能采取拘留措施的，调查询问的时间不得超过二十四小时。

调查询问后不得限制被拘传人的人身自由。

175.【辖区外的拘传】

人民法院在本辖区以外采取拘传措施时，可以将被拘传人拘传到当地人民法院，当地人民法院应予协助。

第二节 罚款、拘留

176.【违反法庭规则的罚款、拘留】

诉讼参与人和其他人应当遵守法庭规则。

人民法院对违反法庭规则的人，可以予以训诫，责令退出法庭或者予以罚款、拘留。

人民法院对哄闹、冲击法庭，侮辱、诽谤、威胁、殴打审判人员，严重扰乱法庭秩序的人，依法追究刑事责任；情节较轻的，予以罚款、拘留。

诉讼参与人或者其他人有下列行为之一的，人民法院可以适用前三款相关规定处理：

（一）未经准许进行录音、录像、摄影的；

（二）未经准许以移动通信等方式现场传播审判活动的；

（三）其他扰乱法庭秩序，妨害审判活动进行的。

有本条第四款规定情形的，人民法院可以暂扣诉讼参与人或者其他人进行录音、录像、摄影、传播审判活动的器材，并责令其删除有关内容；拒不删除的，人民法院可以采取必要手段强制删除。

177.【对妨碍作证行为的罚款、拘留】

诉讼参与人或者其他人有下列行为之一的，人民法院可以根据情节轻重予以罚款、拘留；构成犯罪的，依法追究刑事责任：

（一）伪造、毁灭重要证据，妨碍人民法院审理案件的；

（二）以暴力、威胁、贿买方法阻止证人作证或者指使、贿买、胁迫他人作伪证的；

（三）证人签署保证书后作虚假证言，妨碍人民法院审理案件的。

人民法院对有前款规定的行为之一的单位，可以对其主要负责人或者直接责任人员予以罚款、拘留；构成犯罪的，依法追究刑事责任。

178.【对擅自处分行为的罚款、拘留】

诉讼参与人或者其他人有下列行为之一的，人民法院可以根据情节轻重予以罚款、拘留；构成犯罪的，依法追究刑事责任：

（一）隐藏、转移、变卖、毁损已被查封、扣押的财产，或者已被清点并责令其保管的财产，转移已被冻结的财产的；

（二）擅自解冻已被人民法院冻结的财产的。

人民法院对有前款规定的行为之一的单位，可以对其主要负责人或者直接责任人员予以罚款、拘留；构成犯罪的，依法追究刑事责任。

179.【对妨碍公务行为的罚款、拘留】

诉讼参与人或者其他人有下列行为之一的，人民法院可以根据情节轻重予以罚款、拘留；构成犯罪的，依法追究刑事责任：

（一）对司法工作人员、诉讼参加人、证人、翻译人员、鉴定人、勘验人、协助执行的人，进行侮辱、诽谤、诬陷、围攻、威胁、殴打或者打击报复的；

（二）在人民法院哄闹、滞留，不听从司法工作人员劝阻的；

（三）故意毁损、抢夺人民法院法律文书、查封标志的；

（四）哄闹、冲击执行公务现场，围困、扣押执行或者协助执行公务人员的；

（五）毁损、抢夺、扣留案件材料、执行公务车辆、其他执行公务器械、执行公务人员服装和执行公务证件的；

（六）以暴力、威胁或者其他方法阻碍司法工作人员查询、查封、扣押、冻结、划拨、拍卖、变卖财产的；

（七）妨碍人民法院依法搜查的；

（八）以暴力、威胁或者其他方法阻碍司法工作人员执行职务、妨碍或抗拒执行的其他行为。

人民法院对有前款规定的行为之一的单位，可以对其主要负责人或者直接责任人员予以罚款、拘留；构成犯罪的，依法追究刑事责任。

180.【对拒不履行判决、裁定行为的罚款、拘留】

诉讼参与人或者其他人有下列行为之一的，人民法院可

以根据情节轻重予以罚款、拘留;构成犯罪的,依法追究刑事责任:

(一)被执行人与他人恶意串通,通过诉讼、仲裁、调解等方式逃避履行法律文书确定的义务的;

(二)案外人与被执行人恶意串通转移被执行人财产的;

(三)被执行人拒绝报告、虚假报告或者无正当理由逾期报告财产情况的;

(四)伪造、隐藏、毁灭或者拒绝交出有关被执行人履行能力的重要证据,妨碍人民法院查明被执行人财产状况的;

(五)指使、贿买、胁迫他人对被执行人的财产状况和履行义务的能力问题作伪证的;

(六)在法律文书发生法律效力后隐藏、转移、变卖、毁损财产或者无偿转让财产、以明显不合理的价格交易财产、放弃到期债权、无偿为他人提供担保等,致使人民法院无法执行的;

(七)隐藏、转移、毁损或者未经人民法院允许处分已向人民法院提供担保的财产的;

(八)违反人民法院限制消费令进行消费的;

(九)有履行能力而拒不按照人民法院执行通知履行生效法律文书确定的义务的;

(十)在执行终结六个月内,被执行人或者其他人对已执行的标的有妨害行为的;

(十一)有义务协助执行的个人接到人民法院协助执行通知书后,拒不协助执行的;

(十二)接到人民法院协助执行通知书后,给当事人通风报信,协助其转移、隐匿财产的;

(十三)到期债权执行中的次债务人提出异议后又擅自向被执行人清偿,给申请执行人造成损失的;

(十四)其他拒不履行人民法院已经发生法律效力的判决、裁定的。

人民法院对有前款规定的行为之一的单位,可以对其主要负责人或者直接责任人员予以罚款、拘留;构成犯罪的,依法追究刑事责任。

181.【对协助执行义务单位的罚款、拘留】

有义务协助调查、执行的单位有下列行为之一的,人民法院除责令其履行协助义务外,并可以予以罚款:

(一)有关单位拒绝或者妨碍人民法院调查取证的;

(二)有关单位接到人民法院协助执行通知书后,拒不协助查询、扣押、冻结、划拨、变价财产的;

(三)有关单位接到人民法院协助执行通知书后,拒不协助扣留被执行人的收入、办理有关财产权证照转移手续、转交有关票证、证照或者其他财产的;

(四)有关单位接到人民法院协助执行通知书后,允许被执行人高消费及非生活或者经营必需的有关消费的;

(五)有关单位接到人民法院协助执行通知书后,允许被执行人出境的;

(六)有关单位接到人民法院协助执行通知书后,拒不停止办理有关财产权证照转移手续、权属变更登记、规划审批等手续的;

(七)有关单位接到人民法院协助执行通知书后,以需要内部请示、内部审批,有内部规定等为由拖延办理的;

(八)有关单位持有法律文书指定交付的财物或者票证,人民法院发出协助执行通知后,拒不转交的;

(九)其他拒绝协助执行的。

人民法院对有前款规定的行为之一的单位,可以对其主要负责人或者直接责任人员予以罚款;对仍不履行协助义务的,可以予以拘留;并可以向监察机关或者有关机关提出予以纪律处分的司法建议。

182.【罚款的金额】

对个人的罚款金额,为人民币十万元以下。对单位的罚款金额,为人民币五万元以上一百万元以下。

人民法院对个人或者单位采取罚款措施时,应当根据其实施妨害民事诉讼行为的性质、情节、后果,当地的经济发展水平,以及诉讼标的额等因素,在前款规定的限额内确定相应的罚款金额。

183.【罚款的批准与文书】

采取罚款措施的,必须经院长批准,作出罚款决定书。

人民法院作出罚款决定时,应当告知被罚款人申请复议的权利和期限。

184.【拘留的期限】

拘留的期限,为十五日以下。

185.【拘留的批准与文书】

采取拘留措施的,必须经院长批准,作出拘留决定书。

人民法院作出拘留决定时,应当告知被拘留人申请复议的权利和期限。

因哄闹、冲击法庭,用暴力、威胁等方法抗拒执行公务等紧急情况,必须立即采取拘留措施的,可在拘留后,立即报告院长补办批准手续。院长认为拘留不当的,应当解除拘留。

186.【被拘留人的移送及看管】

人民法院采取拘留措施的,由司法警察将被拘留人送交当地公安机关看管。

送交公安机关看管时,应向公安机关送达拘留决定书和执行拘留通知书。

公安机关收拘被拘留人后,应当向人民法院出具回执。

187.【辖区外的拘留】

被拘留人不在本辖区的,作出拘留决定的人民法院应当派员到被拘留人所在地的人民法院,请该院协助执行,受委托的人民法院应当及时派员协助执行。被拘留人申请复议或者在拘留期间承认并改正错误,需要提前解除拘留的,受委托人民法院应当向委托人民法院转达或者提出建议,由委托人民法院审查决定。

188.【被拘留人家属的通知】

人民法院对被拘留人采取拘留措施后，应当在二十四小时内通知其家属；确实无法按时通知或者通知不到的，应当记录在案。

189.【提前解除拘留】

被拘留人在拘留期间认错悔改的，可以责令其具结悔过，提前解除拘留。提前解除拘留，应报经院长批准，并作出提前解除拘留决定书，交负责看管的公安机关执行。

190.【人大代表的拘留】

对县级以上的各级人民代表大会代表，需要依法采取拘留措施的，应当先行报经该级人民代表大会主席团或者人民代表大会常务委员会许可。

乡、民族乡、镇的人民代表大会代表被采取拘留措施的，执行法院应当立即报告乡、民族乡、镇的人民代表大会。

191.【政协委员的拘留】

对各级中国人民政治协商会议委员会委员，确需依法采取司法拘留措施的，应当向该级中国人民政治协商会议委员会通报。

192.【罚款、拘留的单用与并用】

本规范第176条至第180条规定的罚款、拘留可以单独适用，也可以合并适用。

单位有本规范第181条规定的行为之一的，可以对其主要负责人或者直接责任人员予以罚款；对仍不履行协助义务的，可以予以拘留。

193.【连续罚款、拘留的禁止和再次罚款、拘留】

对同一妨害民事诉讼行为的罚款、拘留不得连续适用。发生新的妨害民事诉讼行为的，人民法院可以重新予以罚款、拘留。

被执行人不履行法律文书指定的行为，且该项行为只能由被执行人完成的，人民法院进行罚款、拘留后，被执行人在人民法院确定的履行期间内仍不履行的，人民法院可以再次罚款、拘留。

194.【对罚款、拘留的复议】

被罚款、拘留的人对罚款、拘留决定不服的，可以向上一级人民法院申请复议一次。复议应当自收到决定书之日起三日内提出。复议期间不停止执行。

上级人民法院应当在收到复议申请后五日内作出决定，并将复议结果通知下级人民法院和当事人。上级人民法院复议时认为强制措施不当的，应当制作决定书，撤销或者变更下级人民法院作出的拘留、罚款决定。情况紧急的，可以在口头通知后三日内发出决定书。

195.【外国人的拘留】

执行过程中，对外国人依法作出拘留决定的，应当层报所属高级人民法院，由高级人民法院通知有关外国驻华使、领馆。

对外国人实行拘留措施的案件，执行法院应当将有关案情、处理情况于采取措施的四十八小时内层报所属高级人民法院，同时通报同级人民政府外事办公室。

高级人民法院接到报告后，应当将外国人的外文姓名、性别、入境时间、护照或证件号码、案件发生的时间、地点及有关情况，当事人违法的主要事实，已采取的法律措施及法律依据通知有关外国驻华使、领馆。

第三节 限制出境

196.【限制出境的一般规定】

被执行人不履行法律文书确定的义务的，人民法院可以对其采取或者通知有关单位协助采取限制出境措施。

被执行人为单位的，可以对其法定代表人、主要负责人或者影响债务履行的直接责任人员限制出境。

被执行人为无民事行为能力人或者限制民事行为能力人的，可以对其法定代理人限制出境。

197.【限制出境的办理程序】

依照本规范第196条规定对被执行人限制出境的，应当由申请执行人向执行法院提出书面申请；必要时，执行法院可以依职权决定。

人民法院决定采取限制出境措施的，应当制作执行决定书。执行决定书应当送达当事人。

人民法院作出限制出境决定时，应当告知被限制出境人申请复议的权利和期限。

198.【限制出境措施的解除】

在限制出境期间，被执行人履行法律文书确定的全部债务的，执行法院应当及时解除限制出境措施；被执行人提供充分、有效的担保或者申请执行人同意的，可以解除限制出境措施。

解除限制出境措施的，应当制作执行决定书。

199.【限制出境的复议】

被限制出境的人认为对其限制出境错误的，可以自收到限制出境决定之日起十日内向上一级人民法院申请复议。上一级人民法院应当自收到复议申请之日起十五日内作出决定。复议期间，不停止原决定的执行。

200.【外国人的限制出境】

对外国人实行扣留护照、限期出境等措施的案件，应当将有关案情、处理情况于采取措施的四十八小时内报上一级主管机关，同时通报同级人民政府外事办公室。

第四节 信用惩戒

201.【信用惩戒一般规定】

被执行人不履行法律文书确定的义务的，人民法院可以在征信系统记录、通过媒体公布不履行义务信息以及法律规定的其他措施，还可以根据情节将其纳入失信被执行人名单，将被执行人不履行或者不完全履行义务的信息向其所在单位、征信机构以及其他相关机构通报。

202.【纳入失信名单的情形】

被执行人未履行生效法律文书确定的义务，并具有下列情形之一的，人民法院应当将其纳入失信被执行人名单，依法对其进行信用惩戒：

（一）有履行能力而拒不履行生效法律文书确定义务的；

（二）以伪造证据、暴力、威胁等方法妨碍、抗拒执行的；

（三）以虚假诉讼、虚假仲裁或者以隐匿、转移财产等方法规避执行的；

（四）违反财产报告制度的；

（五）违反限制消费令的；

（六）无正当理由拒不履行执行和解协议的。

203.【纳入失信名单的期限】

被执行人具有本规范第 202 条第二项至第六项规定情形的，纳入失信被执行人名单的期限为二年。被执行人以暴力、威胁方法妨碍、抗拒执行情节严重或具有多项失信行为的，可以延长一至三年。

失信被执行人积极履行生效法律文书确定义务或主动纠正失信行为的，人民法院可以决定提前删除失信信息。

204.【不得纳入失信名单的情形】

具有下列情形之一的，人民法院不得依据本规范第 202 条第一项的规定将被执行人纳入失信被执行人名单：

（一）提供了充分有效担保的；

（二）已被采取查封、扣押、冻结等措施的财产足以清偿生效法律文书确定债务的；

（三）被执行人履行顺序在后，对其依法不应强制执行的；

（四）其他不属于有履行能力而拒不履行生效法律文书确定义务的情形。

205.【未成年人纳入失信名单的禁止】

被执行人为未成年人的，人民法院不得将其纳入失信被执行人名单。

206.【纳入失信名单的程序】

人民法院向被执行人发出的执行通知中，应当载明有关纳入失信被执行人名单的风险提示等内容。

申请执行人认为被执行人具有本规范第 202 条规定情形之一的，可以向人民法院申请将其纳入失信被执行人名单。人民法院应当自收到申请之日起十五日内审查并作出决定。人民法院认为被执行人具有本规范第 202 条规定情形之一的，也可以依职权决定将其纳入失信被执行人名单。

人民法院决定将被执行人纳入失信被执行人名单的，应当制作决定书，决定书应当写明纳入失信被执行人名单的理由，有纳入期限的，应当写明纳入期限。决定书由院长签发，自作出之日起生效。决定书应当按照民事诉讼法规定的法律文书送达方式送达当事人。

207.【失信名单信息的内容】

记载和公布的失信被执行人名单信息应当包括：

（一）作为被执行人的法人或者其他组织的名称、统一社会信用代码（或组织机构代码）、法定代表人或者负责人姓名；

（二）作为被执行人的自然人的姓名、性别、年龄、身份证号码；

（三）生效法律文书确定的义务和被执行人的履行情况；

（四）被执行人失信行为的具体情形；

（五）执行依据的制作单位和文号、执行案号、立案时间、执行法院；

（六）人民法院认为应当记载和公布的不涉及国家秘密、商业秘密、个人隐私的其他事项。

208.【失信名单的公布】

各级人民法院应当将失信被执行人名单信息录入最高人民法院失信被执行人名单库，并通过该名单库统一向社会公布。

各级人民法院可以根据各地实际情况，将失信被执行人名单通过报纸、广播、电视、网络、法院公告栏等其他方式予以公布，并可以采取新闻发布会或者其他方式对本院及辖区法院实施失信被执行人名单制度的情况定期向社会公布。

209.【失信名单的通报】

人民法院应当将失信被执行人名单信息，向政府相关部门、金融监管机构、金融机构、承担行政职能的事业单位及行业协会等通报，供相关单位依照法律、法规和有关规定，在政府采购、招标投标、行政审批、政府扶持、融资信贷、市场准入、资质认定等方面，对失信被执行人予以信用惩戒。

人民法院应当将失信被执行人名单信息向征信机构通报，并由征信机构在其征信系统中记录。

国家工作人员、人大代表、政协委员等被纳入失信被执行人名单的，人民法院应当将失信情况通报其所在单位和相关部门。

国家机关、事业单位、国有企业等被纳入失信被执行人名单的，人民法院应当将失信情况通报其上级单位、主管部门或者履行出资人职责的机构。

210.【失信信息的撤销和更正】

不应纳入失信被执行人名单的公民、法人或其他组织被纳入失信被执行人名单的，人民法院应当在三个工作日内撤销失信信息。

记载和公布的失信信息不准确的，人民法院应当在三个工作日内更正失信信息。

211.【失信信息的删除】

具有下列情形之一的，人民法院应当在三个工作日内删除失信信息：

（一）被执行人已履行生效法律文书确定的义务或人民

法院已执行完毕的；

（二）当事人达成执行和解协议且已履行完毕的；

（三）申请执行人书面申请删除失信信息，人民法院审查同意的；

（四）终结本次执行程序后，通过网络执行查控系统查询被执行人财产两次以上，未发现有可供执行财产，且申请执行人或者其他人未提供有效财产线索的；

（五）因审判监督或破产程序，人民法院依法裁定对失信被执行人中止执行的；

（六）人民法院依法裁定不予执行的；

（七）人民法院依法裁定终结执行的。

有纳入期限的，不适用前款规定。纳入期限届满后三个工作日内，人民法院应当删除失信信息。

依照本条第一款规定删除失信信息后，被执行人具有本规定第一条规定情形之一的，人民法院可以重新将其纳入失信被执行人名单。

依照本条第一款第三项规定删除失信信息后六个月内，申请执行人申请将该被执行人纳入失信被执行人名单的，人民法院不予支持。

212.【失信信息的纠正申请】

被纳入失信被执行人名单的公民、法人或其他组织认为有下列情形之一的，可以向执行法院申请纠正：

（一）不应将其纳入失信被执行人名单的；

（二）记载和公布的失信信息不准确的；

（三）失信信息应予删除的。

213.【失信信息纠正的审查和处理】

公民、法人或其他组织对被纳入失信被执行人名单申请纠正的，执行法院应当自收到书面纠正申请之日起十五日内审查，理由成立的，应当在三个工作日内纠正；理由不成立的，决定驳回。公民、法人或其他组织对驳回决定不服的，可以自决定书送达之日起十日内向上一级人民法院申请复议。上一级人民法院应当自收到复议申请之日起十五日内作出决定。

复议期间，不停止原决定的执行。

对公民、法人或其他组织的纠正申请，人民法院认为理由不成立作出驳回决定时，应当告知其申请复议的权利和期限。

214.【法律责任】

人民法院工作人员违反本节规定公布、撤销、更正、删除失信信息的，参照有关规定追究责任。

第五节　限制消费

215.【限制消费的一般规定】

被执行人未按执行通知书指定的期间履行生效法律文书确定的给付义务的，人民法院可以采取限制消费措施，限制其高消费及非生活或者经营必需的有关消费。纳入失信被执行人名单的被执行人，人民法院应当对其采取限制消费措施。

人民法院决定采取限制消费措施时，应当考虑被执行人是否有消极履行、规避执行或者抗拒执行的行为以及被执行人的履行能力等因素。

216.【受限制的消费行为】

被执行人为自然人的，被采取限制消费措施后，不得有以下高消费及非生活和工作必需的消费行为：

（一）乘坐交通工具时，选择飞机、列车软卧、轮船二等以上舱位；

（二）在星级以上宾馆、酒店、夜总会、高尔夫球场等场所进行高消费；

（三）购买不动产或者新建、扩建、高档装修房屋；

（四）租赁高档写字楼、宾馆、公寓等场所办公；

（五）购买非经营必需车辆；

（六）旅游、度假；

（七）子女就读高收费私立学校；

（八）支付高额保费购买保险理财产品；

（九）乘坐 G 字头动车组列车全部座位、其他动车组列车一等以上座位等其他非生活和工作必需的消费行为。

被执行人为单位的，被采取限制消费措施后，被执行人及其法定代表人、主要负责人、影响债务履行的直接责任人员、实际控制人不得实施前款规定的行为。因私消费以个人财产实施前款规定行为的，可以向执行法院提出申请。执行法院审查属实的，应予准许。

217.【限制消费的启动】

限制消费措施一般由申请执行人提出书面申请，经人民法院审查决定；必要时人民法院可以依职权决定。

218.【限制消费令】

人民法院决定采取限制消费措施的，应当向被执行人发出限制消费令。限制消费令由人民法院院长签发。限制消费令应当载明限制消费的期间、项目、法律后果等内容。

219.【限制消费的实施】

人民法院决定采取限制消费措施的，可以根据案件需要和被执行人的情况向有义务协助调查、执行的单位送达协助执行通知书，也可以在相关媒体上进行公告。

限制消费令的公告费用由被执行人负担；申请执行人申请在媒体公告的，应当垫付公告费用。

220.【生活、经营必需消费的申请与批准】

被限制消费的被执行人因生活或者经营必需而进行本节规定禁止的消费活动的，应当向人民法院提出申请，获批准后方可进行。

221.【限制消费令的解除】

在限制消费期间，被执行人提供确实有效的担保或者经申请执行人同意的，人民法院可以解除限制消费令；被执行人履行完毕生效法律文书确定的义务的，人民法院应当在本规范第 219 条第一款通知或者公告的范围内及时以通知或者公告解除限制消费令。

222.【违反限制消费令的举报】

人民法院应当设置举报电话或者邮箱，接受申请执行人和社会公众对被限制消费的被执行人违反本规范第 216 条的举报，并进行审查认定。

第十五章 刑事处罚

223.【非法处置查封、扣押、冻结的财产罪】

隐藏、转移、变卖、故意毁损已被人民法院查封、扣押、冻结的财产，情节严重的，依照刑法第三百一十四条的规定，以非法处置查封、扣押、冻结的财产罪追究刑事责任。

224.【妨害公务罪】

对下列暴力抗拒执行的行为，依照刑法第二百七十七条的规定，以妨害公务罪论处：

（一）聚众哄闹、冲击执行现场，围困、扣押、殴打执行人员，致使执行工作无法进行的；

（二）毁损、抢夺执行案件材料、执行公务车辆和其他执行器械、执行人员服装以及执行公务证件，造成严重后果的；

（三）其他以暴力、威胁方法妨害或者抗拒执行，致使执行工作无法进行的。

负有执行人民法院判决、裁定义务的单位直接负责的主管人员和其他直接责任人员，为了本单位的利益实施前款所列行为之一的，对该主管人员和其他直接责任人员，依照刑法第二百七十七条的规定，以妨害公务罪论处。

225.【拒不执行判决、裁定罪】

被执行人、协助执行义务人、担保人等负有执行义务的人对人民法院的判决、裁定有能力执行而拒不执行，情节严重的，应当依照刑法第三百一十三条的规定，以拒不执行判决、裁定罪处罚。

226.【判决、裁定的范围】

刑法第三百一十三条规定的“人民法院的判决、裁定”，是指人民法院依法作出的具有执行内容并已发生法律效力的判决、裁定。人民法院为依法执行支付令、生效的调解书、仲裁裁决、公证债权文书等所作的裁定属于该条规定的裁定。

227.【有能力执行而拒不执行、情节严重的情形】

下列情形属于刑法第三百一十三条规定的“有能力执行而拒不执行，情节严重”的情形：

（一）被执行人隐藏、转移、故意毁损财产或者无偿转让财产、以明显不合理的低价转让财产，致使判决、裁定无法执行的；

（二）担保人或者被执行人隐藏、转移、故意毁损或者转让已向人民法院提供担保的财产，致使判决、裁定无法执行的；

（三）协助执行义务人接到人民法院协助执行通知书后，拒不协助执行，致使判决、裁定无法执行的；

（四）被执行人、担保人、协助执行义务人与国家机关工作人员通谋，利用国家机关工作人员的职权妨害执行，致使判决、裁定无法执行的；

（五）其他有能力执行而拒不执行，情节严重的情形。

国家机关工作人员有上述第四项行为的，以拒不执行判决、裁定罪的共犯追究刑事责任。国家机关工作人员收受贿赂或者滥用职权，有上述第四项行为的，同时又构成刑法第三百八十五条、第三百九十七条规定之罪的，依照处罚较重的规定定罪处罚。

228.【其他有能力执行而拒不执行、情节严重的情形】

负有执行义务的人有能力执行而实施下列行为之一的，应当认定为本规范第 227 条第一款第五项规定的“其他有能力执行而拒不执行，情节严重的情形”：

（一）具有拒绝报告或者虚假报告财产情况、违反人民法院限制高消费及有关消费令等拒不执行行为，经采取罚款或者拘留等强制措施后仍拒不执行的；

（二）伪造、毁灭有关被执行人履行能力的重要证据，以暴力、威胁、贿买方法阻止他人作证或者指使、贿买、胁迫他人作伪证，妨碍人民法院查明被执行人财产情况，致使判决、裁定无法执行的；

（三）拒不交付法律文书指定交付的财物、票证或者拒不迁出房屋、退出土地，致使判决、裁定无法执行的；

（四）与他人串通，通过虚假诉讼、虚假仲裁、虚假和解等方式妨害执行，致使判决、裁定无法执行的；

（五）以暴力、威胁方法阻碍执行人员进入执行现场或者聚众哄闹、冲击执行现场，致使执行工作无法进行的；

（六）对执行人员进行侮辱、围攻、扣押、殴打，致使执行工作无法进行的；

（七）毁损、抢夺执行案件材料、执行公务车辆和其他执行器械、执行人员服装以及执行公务证件，致使执行工作无法进行的；

（八）拒不执行法院判决、裁定，致使债权人遭受重大损失的。

229.【拒不执行判决、裁定的起算时间】

有能力执行而拒不执行判决、裁定的时间从判决、裁定发生法律效力时起算。

具有执行内容的判决、裁定发生法律效力后，负有执行义务的人有隐藏、转移、故意毁损财产等拒不执行行为，致使判决、裁定无法执行，情节严重的，应当以拒不执行判决、裁定罪定罪处罚。

230.【拒不执行判决、裁定罪的先行拘留和移送侦查】

人民法院在执行判决、裁定过程中，对拒不执行判决、裁定情节严重的人，可以先行司法拘留；拒不执行判决、裁定的行为人涉嫌犯罪的，应当将案件依法移送有管辖权的公安机关立案侦查。

231.【拒不执行判决、裁定罪的自诉案件】

申请执行人有证据证明同时具有下列情形，人民法院认为符合刑事诉讼法第二百零四条第三项规定的，以自诉案件立案审理：

（一）负有执行义务的人拒不执行判决、裁定，侵犯了申请执行人的人身、财产权利，应当依法追究刑事责任的；

（二）申请执行人曾经提出控告，而公安机关或者人民检察院对负有执行义务的人不予追究刑事责任的。

前款规定的自诉案件，依照刑事诉讼法第二百零六条的规定，自诉人在宣告判决前，可以同被告人自行和解或者撤回自诉。

232.【拒不执行判决、裁定刑事案件的管辖】

拒不执行判决、裁定刑事案件，一般由执行法院所在地人民法院管辖。

233.【酌情从宽情形】

拒不执行判决、裁定的被告人在一审宣告判决前，履行全部或部分执行义务的，可以酌情从宽处罚。

234.【酌情从重情形】

拒不执行支付赡养费、扶养费、抚育费、抚恤金、医疗费用、劳动报酬等判决、裁定的，可以酌情从重处罚。

235.【不立案侦查的检察监督】

人民法院认为公安机关应当立案侦查而不立案侦查的，可提请人民检察院予以监督。人民检察院认为需要立案侦查的，应当要求公安机关说明不立案的理由。人民检察院认为公安机关不立案理由不能成立的，应当通知公安机关立案，公安机关接到通知后应当立案。

第十六章　委托执行与协助执行

236.【委托执行】

被执行人或者被执行的财产在外地的，可以委托当地人民法院代为执行。受委托人民法院收到委托函件后，必须在十五日内开始执行，不得拒绝。执行完毕后，应当将执行结果及时函复委托人民法院；在三十日内如果还未执行完毕，也应当将执行情况函告委托人民法院。

受委托人民法院自收到委托函件之日起十五日内不执行的，委托人民法院可以请求受委托人民法院的上级人民法院指令受委托人民法院执行。

237.【受委托执行的法院】

委托执行应当以执行标的物所在地或者执行行为实施地的同级人民法院为受托执行法院。

被执行人是现役军人或者军事单位的，可以委托对其有管辖权的军事法院执行。

238.【事项委托】

人民法院在执行过程中，根据需要，可以委托其他法院代为办理查询、冻结、查封、划拨、调查或者送达法律文书等有关事项。委托法院应当出具委托执行函，受托法院应当积极予以协助。

人民法院需要对异地的财产进行评估、拍卖、变卖的，经协商一致，可以委托财产所在地人民法院办理。

具备相关技术条件的，可以通过网络方式进行事项委托。

239.【委托查询、调查】

委托其他法院查询、调查的，委托法院应当出具委托执行函，提出明确、具体的查询、调查事项和要求。

240.【委托查封、冻结、扣押、划拨】

委托其他法院查封、冻结、扣押、划拨的，委托法院应当出具委托执行函，并附相关法律文书和送达回证。委托法院对查封、冻结、扣押、划拨有特殊要求的，应当在委托执行函中说明。

委托续行查封、冻结、扣押的，一般应在查封、冻结、扣押期限届满一个月前发出委托手续。

241.【委托送达】

委托其他人民法院代为送达的，委托法院应当出具委托函，并附需要送达的执行文书和送达回证。委托法院对送达法律文书有特殊要求的，应当在委托执行函中说明。

委托送达的，受托法院应当自收到委托函及相关执行文书之日起十日内代为送达。

法律文书能够邮寄送达的，一般不委托其他法院送达。

242.【受托事项的办理】

除本规范另有规定的外，受托法院应当在收到委托执行函后及时予以办理，不得拒绝、拖延。受托法院如发现委托执行的手续、材料不全，可以要求委托法院补办。

受托法院应将办理委托事项的相关情况及材料及时反馈委托法院。委托续行查封、冻结、扣押的，受托法院应在查封、冻结、扣押期限届满前完成委托事项。

委托事项不符合相关规定的，受托法院应当将委托材料退回并说明相关情况。

243.【受托事项的登记】

受托法院办理委托事项，应当进行登记，登记内容包括：委托法院、委托时间、委托事项和办理结果等。

244.【事项委托的监督】

受托法院的上级法院发现受托法院拒绝、拖延办理委托事项的，应督促其及时办理。

245.【异地执行的协助】

人民法院在异地执行时，当地人民法院应当积极配合，协同排除障碍，保证执行人员的人身安全和执行装备、执行标的物不受侵害

246.【异地突发事件的协助】

异地执行发生执行突发事件的，执行人员应当在第一时间将有关情况通报发生地法院，发生地法院应当积极协助组织开展应急处理工作。发生地法院必须立即派员赶赴现场，

同时报告当地党委和政府，协调公安等有关部门出警控制现场，采取有效措施进行控制，防止事态恶化。

247.【涉军案件的协助执行】

以军队单位或军人、军属为被执行人的，可通过部队组织督促被执行人履行法定义务，必要时可以请部队所在地的军事法院协助执行。

第十七章　执行回转

248.【执行回转的一般规定】

在执行中或执行完毕后，据以执行的法律文书被人民法院或其他有关机关撤销或变更的，原执行机构应当依照民事诉讼法第二百三十三条的规定，依当事人申请或依职权，按照新的生效法律文书，作出执行回转的裁定，责令原申请执行人返还已取得的财产及其孳息。拒不返还的，强制执行。

执行回转应重新立案，适用执行程序的有关规定。

249.【执行回转与继续执行】

发生法律效力的执行裁定，并不因据以执行的法律文书被撤销而撤销。新的执行依据改变了原执行内容，需要执行回转的，人民法院应作出执行回转的裁定；已执行的内容没有超出新的执行依据所确定内容的，人民法院应继续执行。

250.【特定物的执行回转】

执行回转时，已执行的标的物系特定物的，应当退还原物。不能退还原物的，经双方当事人同意，可以折价赔偿。

双方当事人对折价赔偿不能协商一致的，人民法院应当终结执行程序。执行回转的申请执行人可以另行起诉。

251.【破产时的执行回转】

在执行回转案件被执行人破产的情况下，人民法院可以比照取回权制度，对执行回转案件申请执行人的权利予以优先保护，认定应当执行回转部分的财产数额，不属于破产财产。审理破产案件的法院应当将该部分财产交由执行法院继续执行。

252.【执行回转中的迟延履行责任】

执行回转案件的被执行人迟延履行的，应当按照本规范第十二章的规定承担迟延履行期间的债务利息或迟延履行金。

第十八章　执行记录

253.【执行记录的一般规定】

执行记录是指对执行过程的文字记录和音视频记录。

文字记录包括询问笔录，调查笔录，查封、扣押笔录，勘验笔录，搜查笔录，听证笔录，电话记录，以及其他执行工作记录。

254.【笔录的内容】

执行工作笔录一般应当包含笔录类别、制作时间、制作地点、执行人员姓名、记录人姓名。

涉及当事人及其他相关人员的，应当记录其姓名、身份证件号码、联系方式及其他相关身份信息。

255.【笔录的要求】

制作询问笔录时应告知被询问人的权利义务。询问结束应将笔录交由被询问人核对，被询问人认为对自己的陈述记录有遗漏或者差错的，有权申请补正。如果不予补正，应当将申请记录在案。修改部分应由被询问人捺印。每页笔录下端应由被询问人签名、捺印，拒绝签名、捺印的，应当如实记入笔录。询问笔录应由询问人、记录人签字。

询问时确有必要的，可以同步进行音视频记录。

其他笔录的制作要求，参见本规范第338条、第367条、第376条、第391条、第394条、第487条、第495条、第543条、第640条、第901条的规定。

256.【现场执行的录音录像】

人民法院开展现场执行活动原则上应全程录音录像。各级人民法院应为执行机构配备执法记录仪等符合工作要求的音视频摄录设备。

257.【执法记录仪的使用】

执行人员现场执行时应佩带执法记录仪，对现场执行活动进行完整真实记录。

执行人员在使用执法记录仪记录现场执行活动时，除紧急情况外，一般应对相关人员进行必要的告知。告知的规范用语是，“为维护您的合法权益，本次执行全程录音录像，请您配合。”

第十九章　执行文书及其送达

第一节　执行文书

258.【执行文书的种类】

执行文书包括裁定书、决定书、令、通知书、公告、委托书、函等法律文书。

259.【裁定的适用范围】

裁定适用于下列范围：

（一）驳回执行申请及其复议审查；

（二）撤销案件；

（三）驳回管辖权异议；

（四）准许撤回执行申请、执行异议或复议申请；

（五）采取、解除、撤销查封、扣押、冻结、划拨、拍卖、变卖、提取、扣留等强制执行措施；

（六）确认拍卖、变卖成交及权利转移；

（七）确认以物抵债；

（八）变更、追加执行当事人及其复议审查；

（九）执行被执行人债权程序中冻结债权、强制执行次债务人的财产；

（十）强制执行担保财产或执行保证人的财产；

（十一）协助执行人不履行协助执行义务、擅自解除执行措施导致被执行财产未能追回，追究协助执行人的赔偿责任；

（十二）中止或者终结执行；

（十三）终结本次执行程序；

（十四）不予执行仲裁裁决、不予执行公证债权文书；

（十五）审查处理执行行为异议、复议；

（十六）审查处理案外人异议；

（十七）提级执行或指定执行；

（十八）审查处理执行监督案件；

（十九）执行回转；

（二十）其他需要裁定解决的事项。

260.【决定的适用范围】

决定适用于下列范围：

（一）回避的决定及其复议；

（二）罚款、拘留及其复议审查；

（三）本院决定暂缓执行；

（四）将被执行人纳入失信被执行人名单；

（五）驳回对纳入失信被执行人名单的纠正申请及其复议审查；

（六）限制出境及其复议审查、解除限制出境；

（七）决定移送破产审查；

（八）因执行管辖争议指定执行管辖；

（九）其他需要用决定解决的事项。

261.【令的适用范围】

令适用于下列范围：

（一）责令被执行人报告财产；

（二）限制被执行人消费；

（三）搜查；

（四）执行外国法院发生法律效力的判决、裁定的执行令；

（五）上级法院督促下级法院执行的督促执行令。

262.【通知的适用范围】

通知适用于下列范围：

（一）通知当事人受理案件；

（二）通知被执行人履行生效法律文书所确定的义务；

（三）通知申请执行人提供被执行人财产状况；

（四）通知第三人履行到期债务；

（五）通知有关单位或个人协助执行；

（六）通知有关单位或个人追回被擅自转移、支付的财产；

（七）通知被执行人将有关产权证照交法院保管；

（八）通知当事人和已知的担保物权人、优先购买权人或其他优先权人拍卖事宜；

（九）责令被执行人或占有人交出财物、票证；

（十）责令有关单位或个人追回财物、票证；

（十一）通知下级法院暂缓执行、延长暂缓执行期限、恢复执行；

（十二）其他需要用通知解决的事项。

263.【公告的适用范围】

公告适用于下列范围：

（一）悬赏；

（二）查封；

（三）拍卖、变卖；

（四）强制迁出房屋或退出土地；

（五）其他需要用公告解决的事项。

前款第四项公告，应当由院长签发。

264.【委托书的适用范围】

委托书适用于下列范围：

（一）委托保管被查封、扣押的财产；

（二）委托审计；

（三）委托鉴定；

（四）委托评估；

（五）委托拍卖、变卖；

（六）委托有关单位或个人完成可替代履行行为或其他指定行为；

（七）其他需要用委托书解决的事项。

265.【函的适用范围】

函适用于下列范围：

（一）委托执行、接受委托执行、退回委托执行；

（二）处置权争议的商请与移送；

（三）执行转破产的移送；

（四）报请上级法院执行；

（五）其他需要用函解决的事项。

第二节　送达

一、送达

266.【送达回证】

送达执行文书必须有送达回证，由受送达人在送达回证上记明收到日期，并签名或者盖章。

受送达人在送达回证上的签收日期为送达日期。

267.【送达地址确认书】

执行中当事人应当向人民法院提供或者确认自己准确的送达地址，并填写送达地址确认书。当事人拒绝提供的，人民法院应当告知其拒不提供送达地址的不利后果，并记入笔录。

268.【送达地址确认书的内容】

送达地址确认书的内容应当包括送达地址的邮政编码、详细地址以及受送达人的联系电话等内容。

当事人要求对送达地址确认书中的内容保密的，人民法院应当为其保密。

当事人在执行终结前变更送达地址的，应当及时以书面方式告知人民法院。

受送达人同意采用电子方式送达的，应当在送达地址确认书中予以确认。

269.【不告知送达地址的处理】

当事人拒绝提供自己的送达地址，经人民法院告知后仍不提供的，自然人以其户籍登记中的住所地或者经常居住地为送达地址；法人或者其他组织以其工商登记或者其他依法登记、备案中的住所地为送达地址。

270.【一审程序送达地址在执行程序的适用】

当事人在提起上诉、申请再审、申请执行时未书面变更送达地址的，其在第一审程序中确认的送达地址可以作为第二审程序、审判监督程序、执行程序的送达地址。

271.【直接送达】

送达执行文书，应当直接送交受送达人。受送达人是公民的，本人不在交他的同住成年家属签收；受送达人是法人或者其他组织的，应当由法人的法定代表人、其他组织的主要负责人或者该法人、组织负责收件的人签收；受送达人有诉讼代理人的，可以送交其代理人签收；受送达人已向人民法院指定代收人的，送交代收人签收。

受送达人的同住成年家属，法人或者其他组织的负责收件的人，诉讼代理人或者代收人在送达回证上签收的日期为送达日期。

272.【公民的留置送达】

受送达人或者他的同住成年家属拒绝接收执行文书的，送达人可以邀请有关基层组织或者所在单位的代表到场，说明情况，在送达回证上记明拒收事由和日期，由送达人、见证人签名或者盖章，把执行文书留在受送达人的住所；也可以把执行文书留在受送达人的住所，并采用拍照、录像等方式记录送达过程，即视为送达。

前款规定的有关基层组织和所在单位的代表，可以是受送达人住所地的居民委员会、村民委员会的工作人员以及受送达人所在单位的工作人员。

273.【法人或者其他组织的留置送达】

向法人或者其他组织送达执行文书，应当由法人的法定代表人、该组织的主要负责人或者办公室、收发室、值班室等负责收件的人签收或者盖章，拒绝签收或者盖章的，适用留置送达。

274.【在法院送达】

人民法院直接送达执行文书的，可以通知当事人到人民法院领取。当事人到达人民法院，拒绝签署送达回证的，视为送达。执行人员、书记员应当在送达回证上注明送达情况并签名。

275.【在住所地以外送达】

人民法院可以在当事人住所地以外向当事人直接送达执行文书。当事人拒绝签署送达回证的，采用拍照、录像等方式记录送达过程即视为送达。执行人员、书记员应当在送达回证上注明送达情况并签名。

276.【诉讼代理人的送达】

受送达人有诉讼代理人的，人民法院既可以向受送达人送达，也可以向其诉讼代理人送达。受送达人指定诉讼代理人为代收人的，向诉讼代理人送达时，适用留置送达。

277.【电子送达】

经受送达人同意并在送达地址确认书中予以确认，人民法院可以采用电子送达等能够确认其收悉的方式送达执行文书，但裁定书除外。

前款规定的电子送达可以采用传真、电子邮件、移动通信等即时收悉的特定系统作为送达媒介，以传真、电子邮件等到达受送达人特定系统的日期为送达日期。到达受送达人特定系统的日期，为人民法院对应系统显示发送成功的日期，但受送达人证明到达其特定系统的日期与人民法院对应系统显示发送成功的日期不一致的，以受送达人证明到达其特定系统的日期为准。

278.【委托送达】

直接送达执行文书有困难的，可以委托其他人民法院代为送达。

委托其他人民法院代为送达的，委托法院应当出具委托函，并附需要送达的执行文书和送达回证，以受送达人在送达回证上签收的日期为送达日期。

委托送达的，受委托人民法院应当自收到委托函及相关执行文书之日起十日内代为送达。

279.【邮寄送达】

人民法院直接送达执行文书有困难的，可以交由国家邮政机构以法院专递方式邮寄送达，但有下列情形之一的除外：

（一）受送达人或者其诉讼代理人、受送达人指定的代收人同意在指定的期间内到人民法院接受送达的；

（二）受送达人下落不明的；

（三）法律规定或者我国缔结或者参加的国际条约中约定有特别送达方式的。

以法院专递方式邮寄送达执行文书的，其送达与人民法院送达具有同等法律效力，以回执上注明的收件日期为送达日期。

280.【邮寄送达的签收】

邮寄送达中，有下列情形之一的，即为送达：

（一）受送达人签收；

（二）受送达人是无民事行为能力或者限制民事行为能力的自然人，其法定代理人签收的；

（三）受送达人是法人或者其他组织，其法人的法定代表人、该组织的主要负责人或者办公室、收发室、值班室的工作人员签收的；

（四）受送达人的诉讼代理人签收的；

(五)受送达人指定的代收人签收的;

(六)受送达人的同住成年家属签收的。

前款的签收是指在邮件回执上签名、盖章或者捺印。

281.【邮寄送达的视为送达】

因受送达人自己提供或者确认的送达地址不准确、拒不提供送达地址、送达地址变更未及时告知人民法院、受送达人本人或者受送达人指定的代收人拒绝签收,导致执行文书未能被受送达人实际接收的,文书退回之日视为送达之日。

受送达人能够证明自己在执行文书送达的过程中没有过错的,不适用前款规定。

282.【转交送达】

受送达人是军人的,通过其所在部队团以上单位的政治机关转交。

受送达人被监禁的,通过其所在监所转交。

受送达人被采取强制性教育措施的,通过其所在强制性教育机构转交。

代为转交的机关、单位收到执行文书后,必须立即交受送达人签收,以受送达人在送达回证上注明的签收日期为送达日期。

283.【公告送达】

受送达人下落不明,或者用其他方式无法送达的,公告送达。自发出公告之日起,经过六十日,即视为送达。

公告送达可以在法院的公告栏和受送达人住所地张贴公告,也可以在报纸、信息网络等媒体上刊登公告,发出公告日期以最后张贴或者刊登的日期为准。对公告送达方式有特殊要求的,应当按要求的方式进行。公告期满,即视为送达。

人民法院在受送达人住所地张贴公告的,应当采取拍照、录像等方式记录张贴过程。

公告送达应当说明公告送达的原因。公告送达裁定书的,应说明裁判主要内容及救济途径。

公告送达,应当在案卷中记明原因和经过。

二、涉外送达

284.【涉外送达的方式】

人民法院对在中华人民共和国领域内没有住所的当事人送达执行文书,可以采用下列方式:

(一)依照受送达人所在国与中华人民共和国缔结或者共同参加的国际条约中规定的方式送达;

(二)通过外交途径送达;

(三)对具有中华人民共和国国籍的受送达人,可以委托中华人民共和国驻受送达人所在国的使领馆代为送达;

(四)向受送达人委托的有权代其接受送达的诉讼代理人送达;

(五)向受送达人在中华人民共和国领域内设立的代表机构或者有权接受送达的分支机构、业务代办人送达;

(六)受送达人所在国的法律允许邮寄送达的,可以邮寄送达,自邮寄之日起满三个月,送达回证没有退回,但根据各种情况足以认定已经送达的,期间届满之日视为送达;

(七)采用传真、电子邮件等能够确认受送达人收悉的方式送达;

(八)不能用上述方式送达的,公告送达,自公告之日起满三个月,即视为送达。

285.【自然人或企业、组织的代表人、主要负责人的送达】

外国人或者外国企业、组织的代表人、主要负责人在中华人民共和国领域内的,人民法院可以向该自然人或者外国企业、组织的代表人、主要负责人送达。

外国企业、组织的主要负责人包括该企业、组织的董事、监事、高级管理人员等。

286.【诉讼代理人的送达】

除受送达人在授权委托书中明确表明其诉讼代理人无权代为接收有关司法文书外,其委托的诉讼代理人为本规范第284条第四项规定的有权代其接受送达的诉讼代理人,人民法院可以向该诉讼代理人送达。

287.【代表机构、分支机构或业务代办人的送达】

人民法院向受送达人送达司法文书,可以送达给其在中华人民共和国领域内设立的代表机构。

受送达人在中华人民共和国领域内有分支机构或者业务代办人的,经该受送达人授权,人民法院可以向其分支机构或者业务代办人送达。

288.【留置送达】

人民法院向受送达人在中华人民共和国领域内的法定代表人、主要负责人、诉讼代理人、代表机构以及有权接受送达的分支机构、业务代办人送达司法文书,可以适用留置送达的方式。

289.【邮寄送达】

受送达人所在国允许邮寄送达的,人民法院可以邮寄送达。

邮寄送达时应当附有送达回证。受送达人未在送达回证上签收但在邮件回执上签收的,视为送达,签收日期为送达日期。

自邮寄之日起满三个月,如果未收到送达的证明文件,且根据各种情况不足以认定已经送达的,视为不能用邮寄方式送达。

290.【司法协助送达】

人民法院向在中华人民共和国领域内没有住所的受送达人送达司法文书时,若该受送达人所在国与中华人民共和国签订有司法协助协定,可以依照司法协助协定规定的方式送达;若该受送达人所在国是《关于向国外送达民事或商事司法文书和司法外文书公约》的成员国,可以依照该公约规定的方式送达。

受送达人所在国与中华人民共和国签订有司法协助协定,且为《关于向国外送达民事或商事司法文书和司法外文书公约》成员国的，人民法院依照司法协助协定的规定办理。

291.【司法协助送达不能】

按照司法协助协定、《关于向国外送达民事或商事司法文书和司法外文书公约》或者外交途径送达司法文书，自我国有关机关将司法文书转递受送达人所在国有关机关之日起满六个月，如果未能收到送达与否的证明文件，且根据各种情况不足以认定已经送达的，视为不能用该种方式送达。

292.【公告送达】

人民法院依照本规范第284条第八项规定的公告方式送达时，公告内容应在国内外公开发行的报刊上刊登。

293.【电子送达】

除司法协助、外交途径、邮寄送达、公告送达等送达方式外，人民法院可以通过传真、电子邮件等能够确认收悉的其他适当方式向受送达人送达。

294.【多种方式送达及送达日期的确定】

除公告送达方式外，人民法院可以同时采取多种方式向受送达人进行送达，但应根据最先实现送达的方式确定送达日期。

295.【视为送达】

受送达人未对人民法院送达的司法文书履行签收手续，但存在以下情形之一的，视为送达：

（一）受送达人书面向人民法院提及了所送达司法文书的内容；

（二）受送达人已经按照所送达司法文书的内容履行；

（三）其他可以视为已经送达的情形。

296.【上级法院转递】

人民法院送达司法文书，根据有关规定需要通过上级人民法院转递的，应附申请转递函。

上级人民法院收到下级人民法院申请转递的司法文书，应在七个工作日内予以转递。

上级人民法院认为下级人民法院申请转递的司法文书不符合有关规定需要补正的，应在七个工作日内退回申请转递的人民法院。

297.【涉外司法文书的翻译】

人民法院送达司法文书，根据有关规定需要提供翻译件的，应由受理案件的人民法院委托中华人民共和国领域内的翻译机构进行翻译。

翻译件不加盖人民法院印章，但应由翻译机构或翻译人员签名或盖章证明译文与原文一致。

三、涉港澳送达

298.【涉港澳送达的法律适用】

人民法院执行涉及香港特别行政区、澳门特别行政区的民商事案件时，向住所地在香港特别行政区、澳门特别行政区的受送达人送达司法文书，适用《最高人民法院关于涉港澳民商事案件司法文书送达问题若干规定》。

299.【司法文书的范围】

本部分所称司法文书，是指起诉状副本、上诉状副本、反诉状副本、答辩状副本、传票、判决书、调解书、裁定书、支付令、决定书、通知书、证明书、送达回证等与诉讼相关的文书。

300.【直接送达】

作为受送达人的自然人或者企业、其他组织的法定代表人、主要负责人在内地的，人民法院可以直接向该自然人或者法定代表人、主要负责人送达。

301.【诉讼代理人的送达】

除受送达人在授权委托书中明确表明其诉讼代理人无权代为接收有关司法文书外，其委托的诉讼代理人为有权代其接受送达的诉讼代理人，人民法院可以向该诉讼代理人送达。

302.【代表机构、分支机构、业务代办人的送达】

受送达人在内地设立有代表机构的，人民法院可以直接向该代表机构送达。

受送达人在内地设立有分支机构或者业务代办人并授权其接受送达的，人民法院可以直接向该分支机构或者业务代办人送达。

303.【内地没有住所的受送达人的送达】

人民法院向在内地没有住所的受送达人送达司法文书，可以按照《最高人民法院关于内地与香港特别行政区法院相互委托送达民商事司法文书的安排》或者《最高人民法院关于内地与澳门特别行政区法院就民商事案件相互委托送达司法文书和调取证据的安排》送达。

按照前款规定方式送达的，自内地的高级人民法院或者最高人民法院将有关司法文书递送香港特别行政区高等法院或者澳门特别行政区终审法院之日起满三个月，如果未能收到送达与否的证明文件且不存在本规范第309条规定情形的，视为不能适用上述安排中规定的方式送达。

304.【邮寄送达】

人民法院向受送达人送达司法文书，可以邮寄送达。

邮寄送达时应附有送达回证。受送达人未在送达回证上签收但在邮件回执上签收的，视为送达，签收日期为送达日期。

自邮寄之日起满三个月，虽未收到送达与否的证明文件，但存在本规范第309条规定情形的，期间届满之日视为送达。

自邮寄之日起满三个月，如果未能收到送达与否的证明文件，且不存在本规范第309条规定情形的，视为未送达。

305.【电子送达】

人民法院可以通过传真、电子邮件等能够确认收悉的其他适当方式向受送达人送达。

306.【公告送达】

人民法院不能依照上述方式送达的，可以公告送达。公告内容应当在内地和受送达人住所地公开发行的报刊上刊登，自公告之日起满三个月即视为送达。

307.【多种方式同时送达及送达日期的确定】

除公告送达方式外，人民法院可以同时采取多种法定方式向受送达人送达。

采取多种方式送达的，应当根据最先实现送达的方式确定送达日期。

308.【留置送达】

人民法院向在内地的受送达人或者受送达人的法定代表人、主要负责人、诉讼代理人、代表机构以及有权接受送达的分支机构、业务代办人送达司法文书，可以适用留置送达的方式。

309.【视为送达】

受送达人未对人民法院送达的司法文书履行签收手续，但存在以下情形之一的，视为送达：

（一）受送达人向人民法院提及了所送达司法文书的内容；

（二）受送达人已经按照所送达司法文书的内容履行；

（三）其他可以确认已经送达的情形。

310.【上级法院转递】

下级人民法院送达司法文书，根据有关规定需要通过上级人民法院转递的，应当附申请转递函。

上级人民法院收到下级人民法院申请转递的司法文书，应当在七个工作日内予以转递。

上级人民法院认为下级人民法院申请转递的司法文书不符合有关规定需要补正的，应当在七个工作日内退回申请转递的人民法院。

四、涉台送达

311.【涉台送达的法律适用】

人民法院办理海峡两岸执行案件中的向住所地在台湾地区的当事人送达执行文书，适用《最高人民法院关于涉台民事诉讼文书送达的若干规定》、《最高人民法院关于人民法院办理海峡两岸送达文书和调查取证司法互助案件的规定》。

312.【一个中国原则】

涉台执行文书送达事务的处理，应当遵守一个中国原则和法律的基本原则，不违反社会公共利益。

313.【送达方式】

人民法院向住所地在台湾地区的当事人送达民事司法文书，可以采用下列方式：

（一）受送达人居住在大陆的，直接送达。受送达人是自然人，本人不在的，可以交其同住成年家属签收；受送达人是法人或者其他组织的，应当由法人的法定代表人、其他组织的主要负责人或者该法人、其他组织负责收件的人签收。

受送达人不在大陆居住，但送达时在大陆的，可以直接送达。

（二）受送达人在大陆有诉讼代理人的，向诉讼代理人送达。但受送达人在授权委托书中明确表明其诉讼代理人无权代为接收的除外。

（三）受送达人有指定代收人的，向代收人送达。

（四）受送达人在大陆有代表机构、分支机构、业务代办人的，向其代表机构或者经受送达人明确授权接受送达的分支机构、业务代办人送达。

（五）受送达人在台湾地区的地址明确的，可以邮寄送达。

（六）有明确的传真号码、电子信箱地址的，可以通过传真、电子邮件方式向受送达人送达。

（七）通过协议确定的海峡两岸司法互助方式，请求台湾地区送达。

（八）按照两岸认可的其他途径送达。

采用上述方式均不能送达或者台湾地区当事人下落不明的，可以公告送达。

314.【留置送达】

采用本规范第313条第一款第一、二、三、四项方式送达的，由受送达人、诉讼代理人或者有权接受送达的人在送达回证上签收或者盖章，即为送达；拒绝签收或者盖章的，可以依法留置送达。

315.【邮寄送达】

采用本规范第313条第一款第五项方式送达的，应当附有送达回证。受送达人未在送达回证上签收但在邮件回执上签收的，视为送达，签收日期为送达日期。

自邮寄之日起满三个月，如果未能收到送达与否的证明文件，且根据各种情况不足以认定已经送达的，视为未送达。

316.【电子送达】

采用本规范第313条第一款第六项方式送达的，应当注明人民法院的传真号码或者电子信箱地址，并要求受送达人在收到传真件或者电子邮件后及时予以回复。以能够确认受送达人收悉的日期为送达日期。

317.【其他方式送达的手续】

采用本规范第313条第一款第八项方式送达的，应当由有关的高级人民法院出具盖有本院印章的委托函。委托函应当写明案件各方当事人的姓名或者名称、案由、案号；受送达人姓名或者名称、受送达人的详细地址以及需送达的文书种类。

318.【公告送达】

采用公告方式送达的，公告内容应当在境内外公开发行的报刊或者权威网站上刊登。

公告送达的，自公告之日起满三个月，即视为送达。

第二编　执行实施案件办理规范

第二十章　基本流程规范

第一节　执行准备与启动

319.【确定承办人】

人民法院应当在立案后七日内确定承办人。

320.【执行前的审查】

执行实施案件立案后,执行机构发现不符合申请执行的受理条件,裁定驳回执行申请。申请执行人对驳回执行申请裁定不服的,可以自裁定送达之日起十日内向上一级人民法院申请复议。

人民法院作出裁定时,应当告知申请执行人申请复议的权利和期限。

321.【执行通知】

执行人员接到申请执行书或者移交执行书后,应当向被执行人发出执行通知,并可以立即采取强制执行措施。执行通知应当在十日内发出。执行通知中除应责令被执行人履行法律文书确定的义务外,还应通知其承担民事诉讼法第二百五十三条规定的迟延履行利息或者迟延履行金,并应当载明有关纳入失信被执行人名单的风险提示内容,以及其他逾期不履行义务的法律后果。

执行人员应当在执行通知或有关法律文书中告知人民法院执行款专户或案款专户的开户银行名称、账号、户名,以及交款时应当注明执行案件案号、被执行人姓名或名称、交款人姓名或名称、交款用途等信息。

第二节　财产调查

322.【财产查明的途径】

执行过程中,申请执行人应当提供被执行人的财产线索;被执行人应当如实报告财产;人民法院应当通过网络执行查控系统进行调查,根据案件需要应当通过其他方式进行调查的,同时采取其他调查方式。

323.【申请执行人提供财产线索】

申请执行人提供被执行人财产线索,应当填写财产调查表。财产线索明确、具体的,人民法院应当在七日内调查核实;情况紧急的,应当在三日内调查核实。财产线索确实的,人民法院应当及时采取相应的执行措施。

申请执行人确因客观原因无法自行查明财产的,可以申请人民法院调查。

324.【财产报告程序的启动】

人民法院依申请执行人的申请或依职权责令被执行人报告财产情况的,应当向其发出报告财产令。金钱债权执行中,报告财产令应当与执行通知同时发出。

人民法院根据案件需要再次责令被执行人报告财产情况的,应当重新向其发出报告财产令。

325.【报告财产令的内容】

报告财产令应当载明下列事项:

(一)提交财产报告的期限;

(二)报告财产的范围、期间;

(三)补充报告财产的条件及期间;

(四)违反财产报告义务应承担的法律责任;

(五)人民法院认为有必要载明的其他事项。

报告财产令应附财产调查表,被执行人必须按照要求逐项填写。

326.【报告财产的范围】

被执行人应当在报告财产令载明的期限内向人民法院书面报告下列财产情况:

(一)收入、银行存款、现金、理财产品、有价证券;

(二)土地使用权、房屋等不动产;

(三)交通运输工具、机器设备、产品、原材料等动产;

(四)债权、股权、投资权益、基金份额、信托受益权、知识产权等财产性权利;

(五)其他应当报告的财产。

被执行人的财产已出租、已设立担保物权等权利负担,或者存在共有、权属争议等情形的,应当一并报告;被执行人的动产由第三人占有,被执行人的不动产、特定动产、其他财产权等登记在第三人名下的,也应当一并报告。

被执行人在报告财产令载明的期限内提交书面报告确有困难的,可以向人民法院书面申请延长期限;申请有正当理由的,人民法院可以适当延长。

327.【财产变动的报告】

被执行人自收到执行通知之日前一年至提交书面财产报告之日,其财产情况发生下列变动的,应当将变动情况一并报告:

(一)转让、出租财产的;

(二)在财产上设立担保物权等权利负担的;

(三)放弃债权或延长债权清偿期的;

(四)支出大额资金的;

(五)其他影响生效法律文书确定债权实现的财产变动。

328.【补充报告财产】

被执行人报告财产后,其财产情况发生变动,影响申请执行人债权实现的,应当自财产变动之日起十日内向人民法院补充报告。

329.【财产报告的核实程序】

对被执行人报告的财产情况,人民法院应当及时调查核实,必要时可以组织当事人进行听证。

申请执行人申请查询被执行人报告的财产情况的,人民法院应当准许。申请执行人及其代理人对查询过程中知悉的信息应当保密。

330.【不履行报告义务的法律责任】

被执行人拒绝报告、虚假报告或者无正当理由逾期报告财产情况的,人民法院可以根据情节轻重对被执行人或者其法定代理人予以罚款、拘留;构成犯罪的,依法追究刑事责任。

人民法院对有前款规定行为之一的单位,可以对其主要负责人或者直接责任人员予以罚款、拘留;构成犯罪的,依法追究刑事责任。

人民法院应当将财产报告、核实及处罚的情况记录入卷。

331.【不履行财产报告义务的信用惩戒】

被执行人拒绝报告、虚假报告或者无正当理由逾期报告财产情况的，人民法院应当依照相关规定将其纳入失信被执行人名单。

332.【报告程序终结】

有下列情形之一的，财产报告程序终结：

（一）被执行人履行完毕法律文书确定义务的；

（二）人民法院裁定终结执行的；

（三）人民法院裁定不予执行的；

（四）人民法院认为财产报告程序应当终结的其他情形。

发出报告财产令后，人民法院裁定终结本次执行程序的，被执行人仍应依照本规范第 328 条的规定履行补充报告义务。

333.【人民法院调查的一般规定】

被执行人未按执行通知履行生效法律文书确定的义务，人民法院有权通过网络执行查控系统、现场调查等方式向被执行人、有关单位或个人调查被执行人的身份信息和财产信息，有关单位和个人应当依法协助办理。

人民法院对调查所需资料可以复制、打印、抄录、拍照或以其他方式进行提取、留存。

申请执行人申请查询人民法院调查的财产信息的，人民法院可以根据案件需要决定是否准许。申请执行人及其代理人对查询过程中知悉的信息应当保密。

334.【电子化查询】

人民法院通过网络执行查控系统进行调查，与现场调查具有同等法律效力。

人民法院调查过程中作出的电子法律文书与纸质法律文书具有同等法律效力；协助执行单位反馈的电子查询结果与纸质反馈结果具有同等法律效力。

335.【搜查的情形】

被执行人隐匿财产、会计账簿等资料拒不交出的，人民法院可以依法采取搜查措施。

人民法院依法搜查时，对被执行人可能隐匿财产或者资料的处所、箱柜等，经责令被执行人开启而拒不配合的，可以强制开启。

336.【搜查的程序】

采取搜查措施，由院长签发搜查令。

搜查时，搜查人员应当按规定着装并出示搜查令和工作证件。

人民法院搜查时禁止无关人员进入搜查现场；搜查对象是公民的，应当通知被执行人或者他的成年家属以及基层组织派员到场；搜查对象是法人或者其他组织的，应当通知法定代表人或者主要负责人到场。拒不到场的，不影响搜查。

搜查妇女身体，应当由女执行人员进行。

337.【搜查发现财产的处理】

搜查中发现应当依法采取查封、扣押措施的财产，依照民事诉讼法第二百四十五条第二款和第二百四十七条规定办理。

338.【搜查笔录、记录】

搜查应当制作搜查笔录，由搜查人员、被搜查人及其他在场人签名、捺印或者盖章。拒绝签名、捺印或者盖章的，应当记入搜查笔录。

对搜查过程，应当依照本规范第 256 条规定全程录音录像。

339.【传唤及协助查找特定人员】

为查明被执行人的财产情况和履行义务的能力，可以传唤被执行人或被执行人的法定代表人、负责人、实际控制人、直接责任人员到人民法院接受调查询问。

对必须接受调查询问的被执行人、被执行人的法定代表人、负责人或者实际控制人，经依法传唤无正当理由拒不到场的，人民法院可以拘传其到场；上述人员下落不明的，人民法院可以依照相关规定通知有关单位协助查找。

340.【协助扣押特定财产】

人民法院对已经办理查封登记手续的被执行人机动车、船舶、航空器等特定动产未能实际扣押的，可以依照相关规定通知有关单位协助查找。

341.【审计调查的启动】

作为被执行人的法人或其他组织不履行生效法律文书确定的义务，申请执行人认为其有拒绝报告、虚假报告财产情况，隐匿、转移财产等逃避债务情形或者其股东、出资人有出资不实、抽逃出资等情形的，可以书面申请人民法院委托审计机构对该被执行人进行审计。人民法院应当自收到书面申请之日起十日内决定是否准许。

342.【审计资料的提交及强制提取】

人民法院决定审计的，应当随机确定具备资格的审计机构，并责令被执行人提交会计凭证、会计账簿、财务会计报告等与审计事项有关的资料。

被执行人隐匿审计资料的，人民法院可以依法采取搜查措施。

343.【不提交审计资料或其他不协助行为的法律责任】

被执行人拒不提供、转移、隐匿、伪造、篡改、毁弃审计资料，阻挠审计人员查看业务现场或者有其他妨碍审计调查行为的，人民法院可以根据情节轻重对被执行人或其主要负责人、直接责任人员予以罚款、拘留；构成犯罪的，依法追究刑事责任。

344.【审计费用的承担】

审计费用由提出审计申请的申请执行人预交。被执行人存在拒绝报告或虚假报告财产情况，隐匿、转移财产或者其他逃避债务情形的，审计费用由被执行人承担；未发现被执行人存在上述情形的，审计费用由申请执行人承担。

345.【公告悬赏制度】

被执行人不履行生效法律文书确定的义务，申请执行人可以向人民法院书面申请发布悬赏公告查找可供执行的财产。申请书应当载明下列事项：

（一）悬赏金的数额或计算方法；

（二）有关人员提供人民法院尚未掌握的财产线索，使该申请执行人的债权得以全部或部分实现时，自愿支付悬赏金的承诺；

（三）悬赏公告的发布方式；

（四）其他需要载明的事项。

人民法院应当自收到书面申请之日起十日内决定是否准许。

346.【悬赏公告内容及发布费用】

人民法院决定悬赏查找财产的，应当制作悬赏公告。悬赏公告应当载明悬赏金的数额或计算方法、领取条件等内容。

悬赏公告应当在全国法院执行悬赏公告平台、法院微博或微信等媒体平台发布，也可以在执行法院公告栏或被执行人住所地、经常居住地等处张贴。申请执行人申请在其他媒体平台发布，并自愿承担发布费用的，人民法院应当准许。

347.【提供财产线索的登记与保密】

悬赏公告发布后，有关人员向人民法院提供财产线索的，人民法院应当对有关人员的身份信息和财产线索进行登记；两人以上提供相同财产线索的，应当按照提供线索的先后顺序登记。

人民法院对有关人员的身份信息和财产线索应当保密，但为发放悬赏金需要告知申请执行人的除外。

348.【悬赏金的发放】

有关人员提供人民法院尚未掌握的财产线索，使申请发布悬赏公告的申请执行人的债权得以全部或部分实现的，人民法院应当按照悬赏公告发放悬赏金。

悬赏金从前款规定的申请执行人应得的执行款中予以扣减。特定物交付执行或者存在其他无法扣减情形的，悬赏金由该申请执行人另行支付。

有关人员为申请执行人的代理人、有义务向人民法院提供财产线索的人员或者存在其他不应发放悬赏金情形的，不予发放。

349.【执行人员保密义务】

执行人员不得调查与执行案件无关的信息，对调查中知悉的国家秘密、商业秘密和个人隐私应当保密。

350.【代位权和撤销权的行使】

被执行人怠于行使债权对申请执行人造成损害的，执行法院可以告知申请执行人依照合同法第七十三条的规定，向有管辖权的人民法院提起代位权诉讼。

被执行人放弃债权、无偿转让财产或者以明显不合理的低价转让财产，对申请执行人造成损害的，执行法院可以告知申请执行人依照合同法第七十四条的规定向有管辖权的人民法院提起撤销权诉讼。

第三节　财产控制

351.【财产控制的一般规定】

执行程序中，人民法院有权查封、扣押、冻结被执行人应当履行义务部分的财产，但应当保留被执行人及其所扶养家属的生活必需品。

352.【查封的程序】

人民法院查封、扣押、冻结被执行人的动产、不动产及其他财产权，应当作出裁定，并送达被执行人和申请执行人。

采取查封、扣押、冻结措施需要有关单位或者个人协助的，人民法院应当制作协助执行通知书，连同裁定书副本一并送达协助执行人。查封、扣押、冻结裁定书和协助执行通知书送达时发生法律效力。

353.【财产权属的判断】

人民法院可以查封、扣押、冻结被执行人占有的动产、登记在被执行人名下的不动产、特定动产及其他财产权。

未登记的建筑物和土地使用权，依据土地使用权的审批文件和其他相关证据确定权属。

对于第三人占有的动产或者登记在第三人名下的不动产、特定动产及其他财产权，第三人书面确认该财产属于被执行人的，人民法院可以查封、扣押、冻结。

根据物权法第二十八条、第二十九条规定判断属于被执行人的财产，人民法院可以查封、扣押、冻结。

354.【不得查封的财产】

人民法院对被执行人下列的财产不得查封、扣押、冻结：

（一）被执行人及其所扶养家属生活所必需的衣服、家具、炊具、餐具及其他家庭生活必需的物品；

（二）被执行人及其所扶养家属所必需的生活费用。当地有最低生活保障标准的，必需的生活费用依照该标准确定；

（三）被执行人及其所扶养家属完成义务教育所必需的物品；

（四）未公开的发明或者未发表的著作；

（五）被执行人及其所扶养家属用于身体缺陷所必需的辅助工具、医疗物品；

（六）被执行人所得的勋章及其他荣誉表彰的物品；

（七）根据《中华人民共和国缔结条约程序法》，以中华人民共和国、中华人民共和国政府或者中华人民共和国政府部门名义同外国、国际组织缔结的条约、协定和其他具有条约、协定性质的文件中规定免于查封、扣押、冻结的财产；

（八）法律及司法解释规定的其他不得查封、扣押、冻结的财产。

355.【最低生活标准的保障】

对于超过被执行人及其所扶养家属生活所必需的房屋和生活用品，人民法院根据申请执行人的申请，在保障被执行人及其所扶养家属最低生活标准所必需的居住房屋和普通生活必需品后，可予以执行。

356.【动产的查封】

查封、扣押动产的，人民法院可以直接控制该项财产。人民法院将查封、扣押的动产交付其他人控制的，应当在该动产上加贴封条或者采取其他足以公示查封、扣押的适当方式。

357.【登记财产的查封】

查封不动产的，人民法院应当张贴封条或者公告，并可以提取保存有关财产权证照。

查封、扣押、冻结已登记的不动产、特定动产或其他财产权，应当通知有关登记机关办理登记手续。未办理登记手续的，不得对抗其他已经办理了登记手续的查封、扣押、冻结行为。

358.【未进行权属登记建筑物的查封】

查封尚未进行权属登记的建筑物时，人民法院应当通知其管理人或者该建筑物的实际占有人，并在显著位置张贴公告。

359.【查封财产的保管和使用】

查封、扣押的财产不宜由人民法院保管的，人民法院可以指定被执行人负责保管；不宜由被执行人保管的，可以委托第三人或者申请执行人保管。

由人民法院指定被执行人保管的财产，如果继续使用对该财产的价值无重大影响，可以允许被执行人继续使用；由人民法院保管或者委托第三人、申请执行人保管的，保管人不得使用。

查封、扣押、冻结担保物权人占有的担保财产，一般应当指定该担保物权人作为保管人；该财产由人民法院或指定第三人保管的，质权、留置权不因转移占有而消灭。

360.【共有财产的查封】

对被执行人与其他人共有的财产，人民法院可以查封、扣押、冻结，并及时通知共有人。

共有人协议分割共有财产，并经债权人认可的，人民法院可以认定有效。查封、扣押、冻结的效力及于协议分割后被执行人享有份额内的财产；对其他共有人享有份额内的财产的查封、扣押、冻结，人民法院应当裁定予以解除。

共有人提起析产诉讼或者申请执行人代位提起析产诉讼的，人民法院应当准许。诉讼期间中止对该财产的执行。

361.【第三人占有的被执行人财产的查封】

对第三人为被执行人的利益占有的被执行人的财产，人民法院可以查封、扣押、冻结；该财产被指定给第三人继续保管的，第三人不得将其交付给被执行人。

对第三人为自己的利益依法占有的被执行人的财产，人民法院可以查封、扣押、冻结，第三人可以继续占有和使用该财产，但不得将其交付给被执行人。

第三人无偿借用被执行人的财产的，不受前款规定的限制。

362.【被执行人出卖但保留所有权的财产的查封】

被执行人将其财产出卖给第三人，第三人已经支付部分价款并实际占有该财产，但根据合同约定被执行人保留所有权的，人民法院可以查封、扣押、冻结；第三人要求继续履行合同的，应当由第三人在合理期限内向人民法院交付全部余款后，裁定解除查封、扣押、冻结。

363.【被执行人出卖需办理过户登记的财产的查封】

被执行人将其所有的需要办理过户登记的财产出卖给第三人，第三人已经支付部分或者全部价款并实际占有该财产，但尚未办理产权过户登记手续的，人民法院可以查封、扣押、冻结；第三人已经支付全部价款并实际占有，但未办理过户登记手续的，如果第三人对此没有过错，人民法院不得查封、扣押、冻结。

364.【被执行人购买的第三人保留所有权的财产的查封】

被执行人购买第三人的财产，已经支付部分价款并实际占有该财产，但第三人依合同约定保留所有权，申请执行人已向第三人支付剩余价款或者第三人书面同意剩余价款从该财产变价款中优先支付的，人民法院可以查封、扣押、冻结。

第三人依法解除合同的，人民法院应当准许，已经采取的查封、扣押、冻结措施应当解除，但人民法院可以依据申请执行人的申请，执行被执行人因支付价款而形成的对该第三人的债权。

365.【被执行人购买需办理过户登记财产的查封】

被执行人购买需要办理过户登记的第三人的财产，已经支付部分或者全部价款并实际占有该财产，虽未办理产权过户登记手续，但申请执行人已向第三人支付剩余价款或者第三人同意剩余价款从该财产变价款中优先支付的，人民法院可以查封、扣押、冻结。

366.【现场查封】

人民法院查封、扣押财产时，被执行人是公民的，应当通知被执行人或者他的成年家属到场；被执行人是法人或者其他组织的，应当通知其法定代表人或者主要负责人到场。拒不到场的，不影响执行。被执行人是公民的，其工作单位或者财产所在地的基层组织应当派人参加。

对被查封、扣押的财产，执行人员必须造具清单，由在场人签名或者盖章后，交被执行人一份。被执行人是公民的，也可以交他的成年家属一份。在场人拒绝签名或盖章的，记明情况。

367.【查封笔录】

查封、扣押、冻结被执行人的财产时，执行人员应当制作笔录，载明下列内容：

（一）执行措施开始及完成的时间；

（二）财产的所在地、种类、数量；

（三）财产的保管人；

（四）其他应当记明的事项。

执行人员及保管人应当在笔录上签名，有民事诉讼法第二百四十五条规定的人员到场的，到场人员也应当在笔录上签名。

368.【明显超标的查封的禁止】

查封、扣押、冻结被执行人的财产，以其价额足以清偿法律文书确定的债权额及执行费用为限，不得明显超标的额查封、扣押、冻结。

发现超标的额查封、扣押、冻结的，人民法院应当根据被执行人的申请或者依职权，及时解除对超标的额部分财产的查封、扣押、冻结，但该财产为不可分物且被执行人无其他可供执行的财产或者其他财产不足以清偿债务的除外。

369.【查封对从物和孳息的效力】

查封、扣押的效力及于查封、扣押物的从物和天然孳息。

查封财产法定孳息的，人民法院应当在执行文书中予以载明，但法律、司法解释规定查封效力及于法定孳息的除外。

370.【查封财产灭失后的效力及于替代物、赔偿款】

查封、扣押、冻结的财产灭失或者毁损的，查封、扣押、冻结的效力及于该财产的替代物、赔偿款。人民法院应当及时作出查封、扣押、冻结该替代物、赔偿款的裁定

371.【查封与过户登记冲突的处理】

查封、扣押、冻结协助执行通知书在送达登记机关时，登记机关已经受理被执行人转让不动产、特定动产及其他财产的过户登记申请，尚未核准登记的，应当协助人民法院执行。人民法院不得对登记机关已经核准登记的被执行人已转让的财产实施查封、扣押、冻结措施。

查封、扣押、冻结协助执行通知书在送达登记机关时，其他人民法院已向该登记机关送达了过户登记协助执行通知书的，应当优先办理过户登记。

372.【查封的效力】

被执行人就已经查封、扣押、冻结的财产所作的移转、设定权利负担或者其他有碍执行的行为，不得对抗申请执行人。

第三人未经人民法院准许占有查封、扣押、冻结的财产或者实施其他有碍执行的行为的，人民法院可以依据申请执行人的申请或者依职权解除其占有或者排除其妨害。

人民法院的查封、扣押、冻结没有公示的，其效力不得对抗善意第三人。

373.【最高额抵押财产的查封】

人民法院查封、扣押被执行人设定最高额抵押权的抵押财产的，应当通知抵押权人。抵押权人受抵押担保的债权数额自收到人民法院通知时起不再增加。

人民法院虽然没有通知抵押权人，但有证据证明抵押权人知道查封、扣押事实的，受抵押担保的债权数额从其知道该事实时起不再增加。

374.【查封期限】

人民法院冻结被执行人的银行存款的期限不得超过一年，查封、扣押动产的期限不得超过两年，查封不动产、冻结其他财产权的期限不得超过三年。

申请执行人申请延长期限的，人民法院应当在查封、扣押、冻结期限届满前办理续行查封、扣押、冻结手续，续行期限不得超过前款规定的期限。

人民法院也可以依职权办理续行查封、扣押、冻结手续。

续行查封、扣押、冻结无需上级人民法院批准。

375.【续行查封的提起】

申请执行人申请续行查封、扣押、冻结财产的，应当在查封、扣押、冻结期限届满七日前向人民法院提出；逾期申请或者不申请的，自行承担不能续行查封、扣押、冻结的法律后果。

人民法院查封、扣押、冻结财产后，应当书面告知申请执行人明确的期限届满日以及前款有关申请续行查封、扣押、冻结的事项。

376.【轮候查封】

对已被人民法院查封、扣押、冻结的财产，其他人民法院可以进行轮候查封、扣押、冻结。查封、扣押、冻结解除的，登记在先的轮候查封、扣押、冻结即自动生效。

其他人民法院对已登记的财产进行轮候查封、扣押、冻结的，应当通知有关登记机关协助进行轮候登记，实施查封、扣押、冻结的人民法院应当允许其他人民法院查阅有关文书和记录。

其他人民法院对没有登记的财产进行轮候查封、扣押、冻结的，应当制作笔录，并经实施查封、扣押、冻结的人民法院执行人员及被执行人签名，或者书面通知实施查封、扣押、冻结的人民法院。被执行人拒绝签名的，记入笔录。

同一法院在不同案件中可以对同一财产采取轮候查封、扣押、冻结措施。

377.【轮候查封的期限起算】

轮候查封、扣押、冻结不产生正式查封、扣押、冻结的效力，不需要续行轮候查封、扣押、冻结。

轮候查封、扣押、冻结自转为正式查封、扣押、冻结之日起开始计算查封、扣押、冻结期限。

人民法院在办理轮候查封、扣押、冻结措施时，可以在协助执行通知书中载明轮候查封、扣押、冻结转为正式查封、扣押、冻结后的查封、扣押、冻结期限。

378.【查封效力的消灭】

查封、扣押、冻结期限届满，人民法院未办理延期手续的，查封、扣押、冻结的效力消灭。

查封、扣押、冻结的财产已经被执行拍卖、变卖或者抵债的，查封、扣押、冻结的效力消灭。

379.【查封的解除】

有下列情形之一的，人民法院应当作出解除查封、扣押、冻结裁定，并送达申请执行人、被执行人或者案外人：

（一）查封、扣押、冻结案外人财产的；

（二）申请执行人撤回执行申请或者放弃债权的；

（三）查封、扣押、冻结的财产流拍或者变卖不成，申请执行人和其他执行债权人又不同意接受抵债的；

（四）债务已经清偿的；

（五）被执行人提供担保且申请执行人同意解除查封、扣押、冻结的；

（六）人民法院认为应当解除查封、扣押、冻结的其他情形。

解除以登记方式实施的查封、扣押、冻结的，应当向登记机关发出协助执行通知书。

380.【解封物品的发还】

人民法院解除对物品的查封、扣押措施的，除指定由被执行人保管的外，应当自解除查封、扣押措施之日起十日内将物品发还给所有人或交付人。

物品在人民法院查封、扣押期间，因自然损耗、折旧所造成的损失，由物品所有人或交付人自行负担，但法律另有规定的除外。

381.【仲裁程序确权或分割查封财产不影响执行】

在执行中，被执行人通过仲裁程序将人民法院查封、扣押、冻结的财产确权或者分割给案外人的，不影响人民法院执行程序的进行。

案外人不服的，可以根据民事诉讼法第二百二十七条规定提出异议。

第四节 财产变价

382.【财产变价的一般规定】

在执行程序中，被执行人的财产被查封、扣押、冻结后，人民法院应当及时进行拍卖、变卖或者采取其他执行措施。

一、处置权

383.【处置权的原则规定】

对被执行的财产，人民法院非经查封、扣押、冻结不得处分。

执行过程中，原则上应当由首先查封、扣押、冻结（以下简称查封）法院负责处分查封财产。

384.【优先债权执行法院处置权的取得条件】

已进入其他法院执行程序的债权对查封财产有顺位在先的担保物权、优先权（该债权以下简称优先债权），自首先查封之日起已超过六十日，且首先查封法院就该查封财产尚未发布拍卖公告或者进入变卖程序的，优先债权执行法院可以要求将该查封财产移送执行。

385.【商请程序】

优先债权执行法院要求查封法院将查封财产移送执行的，应当出具商请移送执行函，并附确认优先债权的生效法律文书及案件情况说明。

首先查封法院应当在收到优先债权执行法院商请移送执行函之日起十五日内出具移送执行函，将查封财产移送优先债权执行法院执行，并告知当事人。移送执行函应当载明将查封财产移送执行及首先查封债权的相关情况等内容。

商请移送执行函及移送执行函参照《最高人民法院关于首先查封法院与优先债权执行法院处分查封财产有关问题的批复》所附样式制作。

386.【处置权转移后的续封和处分】

查封财产移送执行后，继续查封由受移送法院负责。但距查封期限届满不足一个月的，首先查封法院应先行办理继续查封手续后再予移送。

优先债权执行法院在处分或继续查封该财产时，可以持首先查封法院移送执行函办理相关手续，相关协助单位应当予以配合。

387.【处置权转移后的变价款分配】

优先债权执行法院对移送的财产变价后，应当按照法律规定的清偿顺序分配，并将相关情况告知首先查封法院。

在分配程序中，首先查封债权受偿顺位不因财产移送执行而改变。首先查封债权尚未经生效法律文书确认的，应当按照首先查封债权的清偿顺位，预留相应份额。

388.【处置权争议的协调】

首先查封法院与优先债权执行法院就移送查封财产发生争议的，可以逐级报请双方共同的上级法院指定该财产的执行法院。

共同的上级法院根据首先查封债权所处的诉讼阶段、查封财产的种类及所在地、各债权数额与查封财产价值之间的关系等案件具体情况，认为由首先查封法院执行更为妥当的，也可以决定由首先查封法院继续执行，但应当督促其在指定期限内处分查封财产。

389.【保全法院与在先轮候查封法院处置权的协调】

保全法院在首先采取查封、扣押、冻结措施后超过一年未对被保全财产进行处分的，除被保全财产系争议标的外，在先轮候查封、扣押、冻结的执行法院可以商请保全法院将被保全财产移送执行。但司法解释另有特别规定的，适用其规定。

保全法院与在先轮候查封、扣押、冻结的执行法院就移送被保全财产发生争议的，可以逐级报请共同的上级法院指定该财产的执行法院。

共同的上级法院应当根据被保全财产的种类及所在地、各债权数额与被保全财产价值之间的关系等案件具体情况指定执行法院，并督促其在指定期限内处分被保全财产。

二、委托评估

390.【评估原则及例外情形】

对拟拍卖的财产，人民法院应当及时委托具有相应资质的评估机构进行价格评估。对于财产价值较低或者价格依照通常方法容易确定的，可以不进行评估。

当事人双方及其他执行债权人申请不进行评估的，人民法院应当准许。

391.【评估前的准备】

执行法院在委托评估之前应当对评估标的的权属状况、占有使用情况等进行必要的调查，制作财产现状的调查笔录或者收集其他有关资料。

被执行人应当提供相关财产品质的有关资料和说明。

评估所需的相关资料应当由当事人或相关第三人提供的，人民法院可以通知当事人或第三人提交，当事人或第三人不予提交的，可以强制提取。对被执行人的股权进行评估时，人民法院可以责令有关企业提供会计报表等资料，有关企业拒不提供的，可以强制提取。

392.【评估机构的选定】

人民法院选择评估机构，采用随机方式确定。

人民法院选择评估机构，应当通知执行人员到场，视情况可邀请社会有关人员到场监督。

人民法院选择评估机构，应当提前通知各方当事人到场；当事人不到场的，人民法院可将选择机构的情况，以书面形式送达当事人

393.【评估委托书】

评估机构选定后，人民法院应当向选定的机构出具委托书，委托书中一般应当载明下列事项：

（一）评估标的的名称、规格、数量等情况；

（二）评估目的和要求；

（三）评估期限；

（四）评估费用的计算标准和支付方式；

（五）其他需要明确的内容。

除出具评估委托书以外，人民法院可根据评估机构的具体要求，向其提供评估标的物的财产清单、权属资料，以及对标的物采取执行措施的法律文书等必要资料。

394.【现场勘验】

拍卖、评估需要对现场进行检查、勘验的，人民法院应当责令被执行人、协助义务人予以配合。被执行人、协助义务人不予配合的，人民法院可以强制进行。

评估机构在工作中需要对现场进行检查、勘验的，人民法院应当提前通知执行人员和当事人到场。当事人不到场的，不影响检查、勘验的进行，但应当由见证人见证。评估机构勘验现场，应当制作现场勘验笔录。勘验现场人员、当事人或见证人应当在勘验笔录上签名或盖章确认。

395.【评估期限】

评估机构一般应在接受委托后的三十个工作日内完成工作，重大、疑难、复杂的案件在六十个工作日内完成。因委托中止在规定期限内不能完成，需要延长期限的，评估机构应当提交书面申请，并按人民法院重新确定的时间完成受委托工作。

396.【评估的监督】

人民法院对其委托的评估活动实行监督。出现下列情形之一，影响评估结果，侵害当事人合法利益的，人民法院将不再委托其从事委托评估工作。涉及违反法律法规的，依据有关规定处理：

（一）评估结果明显失实；

（二）随机选定后无正当理由不能按时完成评估工作；

（三）其他有关情形。

397.【评估报告的发送】

人民法院收到评估机构作出的评估报告后，应当在五日内将评估报告发送当事人及其他利害关系人。

被执行人或者其他利害关系人下落不明，可以采取请被执行人的近亲属转交、张贴在被执行人所在的自然村或小区公共活动场所、邮寄至生效法律文书载明的被执行人住所地等适当方式送达，无须公告送达

398.【评估报告异议的处理】

当事人或者其他利害关系人对评估报告有异议的，可以在收到评估报告后十日内以书面形式向人民法院提出。

当事人或者其他利害关系人有证据证明评估机构、评估人员不具备相应的评估资质或者评估程序严重违法而申请重新评估的，人民法院应当准许。重新评估应当另行确定评估机构。

399.【评估报告有效期】

评估报告的有效期按照评估报告载明的期限确定。进入拍卖程序后，评估报告有效期届满不影响后续拍卖、变卖和以物抵债程序的继续进行。但拍卖时间过长或市场行情发生重大变化的，应当重新评估，按重新评估的价格进行拍卖。

评估报告已经过期，但申请执行人与被执行人均无异议的情况下，人民法院仍可以参照该评估报告确定拍卖保留价。

三、财产拍卖及流拍后的变卖

400.【拍卖优先原则】

人民法院对查封、扣押、冻结的财产进行变价处理时，应当首先采取拍卖的方式，但法律、司法解释另有规定的除外。

401.【网络拍卖优先原则】

人民法院以拍卖方式处置财产的，应当采取网络司法拍卖方式，但法律、行政法规和司法解释规定必须通过其他途径处置，或者不宜采用网络拍卖方式处置的除外。

采用委托拍卖或其他方式对涉案财产进行变价的，应报经执行法院院领导审批。

（一）委托拍卖

402.【拍卖机构选定】

人民法院拍卖被执行人财产，应当委托具有相应资质的拍卖机构进行，并对拍卖机构的拍卖进行监督，但法律、司法解释另有规定的除外。

人民法院采用随机方式确定拍卖机构。

人民法院选择拍卖机构，应当通知执行人员到场，视情况

可邀请社会有关人员到场监督。

人民法院选择拍卖机构，应当提前通知各方当事人到场；当事人不到场的，人民法院可将选择机构的情况，以书面形式送达当事人。

403.【拍卖活动监督】

人民法院对其委托的拍卖活动实行监督。出现下列情形之一，影响拍卖结果，侵害当事人合法利益的，人民法院将不再委托其从事委托拍卖工作。涉及违反法律法规的，依据有关规定处理：

（一）拍卖过程中弄虚作假、存在瑕疵；

（二）随机选定后无正当理由不能按时完成拍卖工作；

（三）其他有关情形。

404.【保留价确定】

拍卖应当确定保留价。拍卖财产经过评估的，评估价即为第一次拍卖的保留价；未作评估的，保留价由人民法院参照市价确定，并应当征询有关当事人的意见。

如果出现流拍，再行拍卖时，可以酌情降低保留价，但每次降低的数额不得超过前次保留价的百分之二十。

405.【无益拍卖】

保留价确定后，依据本次拍卖保留价计算，拍卖所得价款在清偿优先债权和强制执行费用后无剩余可能的，应当在实施拍卖前将有关情况通知申请执行人。申请执行人于收到通知后五日内申请继续拍卖的，人民法院应当准许，但应当重新确定保留价；重新确定的保留价应当大于该优先债权及强制执行费用的总额。

依照前款规定流拍的，拍卖费用由申请执行人负担。

406.【拍卖公告】

拍卖应当先期公告。拍卖公告应当包括执行法院的名称和联系方式，拍卖财产的名称、种类、数量、已知瑕疵及其他情况，拍卖会的时间及场所，展示拍卖物的时间、地点，拍卖财产的评估价，竞买人资格和条件，保证金金额及缴纳方式，拍卖价款的交付期限，相关权利义务、法律责任，拍卖公司的名称和联系方式等需要公告的内容。

拍卖公告发布前，应当经执行法院审查核准。

407.【拍卖公告的发布】

拍卖动产的，应当在拍卖七日前公告；拍卖不动产或者其他财产权的，应当在拍卖十五日前公告。

拍卖公告的范围及媒体由当事人双方协商确定；协商不成的，由人民法院确定。拍卖财产具有专业属性的，应当同时在专业性报纸上进行公告。当事人申请在其他新闻媒体上公告或者要求扩大公告范围的，应当准许，但该部分的公告费用由其自行承担

拍卖公告等相关拍卖信息应同步在“人民法院诉讼资产网”上发布。

408.【保证金交纳】

拍卖不动产、其他财产权或者价值较高的动产的，竞买人应当于拍卖前向人民法院预交保证金。申请执行人参加竞买的，可以不预交保证金。保证金的数额由人民法院确定，但不得低于评估价或者市价的百分之五。

应当预交保证金而未交纳的，不得参加竞买。拍卖成交后，买受人预交的保证金充抵价款，其他竞买人预交的保证金应当在三日内退还；拍卖未成交的，保证金应当于三日内退还竞买人。

409.【权利人通知】

人民法院应当在拍卖五日前以书面或者其他能够确认收悉的适当方式，通知当事人和已知的担保物权人、优先购买权人或者其他优先权人于拍卖日到场。

优先购买权人经通知未到场的，视为放弃优先购买权。

410.【一般竞买人资格确定】

法律、行政法规对买受人的资格或者条件有特殊规定的，竞买人应当具备规定的资格或者条件。

申请执行人、被执行人可以参加竞买。

411.【优先购买权人竞价规则】

拍卖过程中，有最高应价时，优先购买权人可以表示以该最高价买受，如无更高应价，则拍归优先购买权人；如有更高应价，而优先购买权人不作表示的，则拍归该应价最高的竞买人。

顺序相同的多个优先购买权人同时表示买受的，以抽签方式决定买受人。

412.【变价款足够时剩余财产的拍卖】

拍卖多项财产时，其中部分财产卖得的价款足以清偿债务和支付被执行人应当负担的费用的，对剩余的财产应当停止拍卖，但被执行人同意继续拍卖的除外。

413.【合并拍卖】

拍卖的多项财产在使用上不可分，或者分别拍卖可能严重减损其价值的，应当合并拍卖。

414.【流拍处理】

拍卖时无人竞买或者竞买人的最高应价低于保留价，到场的申请执行人或者其他执行债权人申请或者同意以该次拍卖所定的保留价接受拍卖财产的，应当将该财产交其抵债。

有两个以上执行债权人申请以拍卖财产抵债的，由法定受偿顺位在先的债权人优先承受；受偿顺位相同的，以抽签方式决定承受人。承受人应受清偿的债权额低于抵债财产的价额的，人民法院应当责令其在指定的期间内补交差额。

415.【拍卖撤回】

在拍卖开始前，有下列情形之一的，人民法院应当撤回拍卖委托：

（一）据以执行的生效法律文书被撤销的；

（二）申请执行人及其他执行债权人撤回执行申请的；

（三）被执行人全部履行了法律文书确定的金钱债务；

（四）当事人达成了执行和解协议，不需要拍卖财产的；

（五）案外人对拍卖财产提出确有理由的异议；

（六）拍卖机构与竞买人恶意串通的；

（七）其他应当撤回拍卖的情形。

416.【拍卖暂缓、中止】

人民法院委托拍卖后，遇有依法应当暂缓执行或者中止执行的情形的，应当决定暂缓执行或者裁定中止执行，并及时通知拍卖机构和当事人。拍卖机构收到通知后，应当立即停止拍卖，并通知竞买人。

暂缓执行期限届满或者中止执行的事由消失后，需要继续拍卖的，人民法院应当在十五日内通知拍卖机构恢复拍卖。

417.【足额清偿后的拍卖停止】

被执行人在拍卖日之前向人民法院提交足额金钱清偿债务，要求停止拍卖，人民法院应当准许，但被执行人应当负担因拍卖支出的必要费用。

418.【余款支付】

拍卖成交后，买受人应当在拍卖公告确定的期限或者人民法院指定的期限内将价款交付到人民法院或者汇入人民法院指定的账户。

419.【重新拍卖及悔拍保证金处理】

拍卖成交或者以流拍的财产抵债后，买受人逾期未支付价款或者承受人逾期未补交差价而使拍卖、抵债的目的难以实现的，人民法院可以裁定重新拍卖，原买受人不得参加竞买。重新拍卖的，仍按原拍次进行。

重新拍卖的价款低于原拍卖价款造成的差价、费用损失及原拍卖中的佣金，由原买受人承担。人民法院可以直接从其预交的保证金中扣除。扣除后保证金有剩余的，应当退还原买受人；保证金数额不足的，可以责令原买受人补交；拒不补交的，强制执行。

420.【再行拍卖】

拍卖时无人竞买或者竞买人的最高应价低于保留价，到场的申请执行人或者其他执行债权人不申请以该次拍卖所定的保留价抵债的，应当在六十日内再行拍卖。

421.【动产流拍的处理】

对于第二次拍卖仍流拍的动产，人民法院可以依照本规范第414条的规定将其作价交申请执行人或者其他执行债权人抵债。申请执行人或者其他执行债权人拒绝接受抵债或者依法不能交付抵债的，人民法院应当解除查封、扣押，并将该动产退还被执行人。

422.【不动产或其他财产权流拍的处理】

对于第二次拍卖仍流拍的不动产或者其他财产权，人民法院可以依照本规范第414条的规定将其作价交申请执行人或者其他执行债权人抵债。申请执行人或者其他执行债权人拒绝接受或者依法不能交付其抵债的，应当在六十日内进行第三次拍卖。

第三次拍卖流拍且申请执行人或者其他执行债权人拒绝接受或者依法不能接受该不动产或者其他财产权抵债的，人民法院应当于第三次拍卖终结之日起七日内发出变卖公告。自公告之日起六十日内没有买受人愿意以第三次拍卖的保留价买受该财产，且申请执行人、其他执行债权人仍不表示接受该财产抵债的，应当解除查封、冻结，将该财产退还被执行人，但对该财产可以采取其他执行措施的除外。

前款中所指的“其他执行措施”，可以包括强制管理，以及执行法院根据市场价格变化，重新启动（评估）拍卖程序等。

423.【变价财产上权利负担的处理】

拍卖财产上原有的担保物权及其他优先受偿权，因拍卖而消灭，拍卖所得价款应当优先清偿担保物权人及其他优先受偿权人的债权，但当事人另有约定的除外。

拍卖财产上原有的租赁权及其他用益物权，不因拍卖而消灭，但该权利继续存在于拍卖财产上，对在先的担保物权或者其他优先受偿权的实现有影响的，人民法院应当依法将其除去后进行拍卖

424.【拍卖佣金和费用】

拍卖成交的，拍卖机构可以按照下列比例向买受人收取佣金：

拍卖成交价200万元以下的，收取佣金的比例不得超过5%；超过200万元至1000万元的部分，不得超过3%；超过1000万元至5000万元的部分，不得超过2%；超过5000万元至1亿元的部分，不得超过1%；超过1亿元的部分，不得超过0.5%。

拍卖未成交或者非因拍卖机构的原因撤回拍卖委托的，拍卖机构为本次拍卖已经支出的合理费用，应当由被执行人负担。

425.【拍卖撤销】

当事人、利害关系人提出异议请求撤销拍卖，符合下列情形之一的，人民法院应予支持：

（一）竞买人之间、竞买人与拍卖机构之间恶意串通，损害当事人或者其他竞买人利益的；

（二）买受人不具备法律规定的竞买资格的；

（三）违法限制竞买人参加竞买或者对不同的竞买人规定不同竞买条件的；

（四）未按照法律、司法解释的规定对拍卖标的物进行公告的；

（五）其他严重违反拍卖程序且损害当事人或者竞买人利益的情形。

426.【涉国有资产的拍卖】

涉国有资产的司法委托拍卖由省级以上国有产权交易机构实施，拍卖机构负责拍卖环节相关工作，并依照相关监管部门制定的实施细则进行。

427.【特定证券资产的拍卖】

《中华人民共和国证券法》规定应当在证券交易所上市交易或转让的证券资产的司法委托拍卖，通过证券交易所实施，拍卖机构负责拍卖环节相关工作；其他证券类资产的司法委托拍卖由拍卖机构实施，并依照相关监管部门制定的实施细则进行。

（二）网络司法拍卖

428.【网络拍卖定义及公开原则】

本规范所指的网络司法拍卖，是指人民法院依法通过互联网拍卖平台，以网络电子竞价方式公开处置财产的行为。

网络司法拍卖应当在互联网拍卖平台上向社会全程公开，接受社会监督。

429.【拍卖平台条件及确定】

最高人民法院建立全国性网络服务提供者名单库。网络服务提供者申请纳入名单库的，其提供的网络司法拍卖平台应当符合下列条件：

（一）具备全面展示司法拍卖信息的界面；

（二）具备《最高人民法院关于人民法院网络司法拍卖若干问题的规定》要求的信息公示、网上报名、竞价、结算等功能；

（三）具有信息共享、功能齐全、技术拓展等功能的独立系统；

（四）程序运作规范、系统安全高效、服务优质价廉；

（五）在全国具有较高的知名度和广泛的社会参与度。

最高人民法院组成专门的评审委员会，负责网络服务提供者的选定、评审和除名。最高人民法院每年引入第三方评估机构对已纳入和新申请纳入名单库的网络服务提供者予以评审并公布结果。

430.【当事人选择原则】

网络服务提供者由申请执行人从司法拍卖网络服务提供者名单库中选择；未选择或者多个申请执行人的选择不一致的，由人民法院指定。

431.【人民法院职责】

实施网络司法拍卖的，人民法院应当履行下列职责：

（一）制作、发布拍卖公告；

（二）查明拍卖财产现状、权利负担等内容，并予以说明；

（三）确定拍卖保留价、保证金的数额、税费负担等；

（四）确定保证金、拍卖款项等支付方式；

（五）通知当事人和优先购买权人；

（六）制作拍卖成交裁定；

（七）办理财产交付和出具财产权证照转移协助执行通知书；

（八）开设网络司法拍卖专用账户；

（九）其他依法由人民法院履行的职责。

432.【法院内部分工】

网络司法拍卖工作由执行局负责实施，辅助工作的组织管理既可由执行局负责，也可由司法技术辅助工作部门负责。

433.【拍卖辅助工作承担】

实施网络司法拍卖的，人民法院可以将下列拍卖辅助工作委托社会机构或者组织承担：

（一）制作拍卖财产的文字说明及视频或者照片等资料；

（二）展示拍卖财产，接受咨询，引领查看，封存样品等；

（三）拍卖财产的鉴定、检验、评估、审计、仓储、保管、运输等；

（四）其他可以委托的拍卖辅助工作。

社会机构或者组织承担网络司法拍卖辅助工作所支出的必要费用由被执行人承担。

434.【网络服务提供者工作承担及禁止】

实施网络司法拍卖的，下列事项应当由网络服务提供者承担：

（一）提供符合法律、行政法规和司法解释规定的网络司法拍卖平台，并保障安全正常运行；

（二）提供安全便捷配套的电子支付对接系统；

（三）全面、及时展示人民法院及其委托的社会机构或者组织提供的拍卖信息；

（四）保证拍卖全程的信息数据真实、准确、完整和安全；

（五）其他应当由网络服务提供者承担的工作。

网络服务提供者不得在拍卖程序中设置阻碍适格竞买人报名、参拍、竞价以及监视竞买人信息等后台操控功能。

网络服务提供者提供的服务无正当理由不得中断。

435.【网络服务提供者监督】

网络司法拍卖服务提供者从事与网络司法拍卖相关的行为，应当接受人民法院的管理、监督和指导。

436.【保留价确定】

网络司法拍卖应当确定保留价，拍卖保留价即为起拍价。起拍价由人民法院参照评估价确定；未作评估的，参照市价确定，并征询当事人意见。起拍价不得低于评估价或者市价的百分之七十。

437.【一人竞拍】

网络司法拍卖不限制竞买人数量。一人参与竞拍，出价不低于起拍价的，拍卖成交。

438.【拍卖公告】

网络司法拍卖应当先期公告，拍卖公告除通过法定途径发布外，还应同时在网络司法拍卖平台发布。

拍卖动产的，应当在拍卖十五日前公告；拍卖不动产或者其他财产权的，应当在拍卖三十日前公告。

拍卖公告应当包括拍卖财产、价格、保证金、竞买人条件、拍卖财产已知瑕疵、相关权利义务、法律责任、拍卖时间、网络平台和拍卖法院等信息。

439.【信息公示】

实施网络司法拍卖的，人民法院应当在拍卖公告发布当日通过网络司法拍卖平台公示下列信息：

(一)拍卖公告;

(二)执行所依据的法律文书,但法律规定不得公开的除外;

(三)评估报告副本,或者未经评估的定价依据;

(四)拍卖时间、起拍价以及竞价规则;

(五)拍卖财产权属、占有使用、附随义务等现状的文字说明、视频或者照片等;

(六)优先购买权主体以及权利性质;

(七)通知或者无法通知当事人、已知优先购买权人的情况;

(八)拍卖保证金、拍卖款项支付方式和账户;

(九)拍卖财产产权转移可能产生的税费及承担方式;

(十)执行法院名称,联系、监督方式等;

(十一)其他应当公示的信息。

440.【特别提示】

实施网络司法拍卖的,人民法院应当在拍卖公告发布当日通过网络司法拍卖平台对下列事项予以特别提示:

(一)竞买人应当具备完全民事行为能力,法律、行政法规和司法解释对买受人资格或者条件有特殊规定的,竞买人应当具备规定的资格或者条件;

(二)委托他人代为竞买的,应当在竞价程序开始前经人民法院确认,并通知网络服务提供者;

(三)拍卖财产已知瑕疵和权利负担;

(四)拍卖财产以实物现状为准,竞买人可以申请实地看样;

(五)竞买人决定参与竞买的,视为对拍卖财产完全了解,并接受拍卖财产一切已知和未知瑕疵;

(六)载明买受人真实身份的拍卖成交确认书在网络司法拍卖平台上公示;

(七)买受人悔拍后保证金不予退还。

441.【瑕疵担保责任的免除】

被执行人应当提供拍卖财产品质的有关资料和说明。

人民法院按本规范第439条和第440条的要求予以公示和特别提示,且在拍卖公告中声明不能保证拍卖财产真伪或者品质的,不承担瑕疵担保责任。

442.【权利人通知】

网络司法拍卖的事项应当在拍卖公告发布三日前以书面或者其他能够确认收悉的合理方式,通知当事人、已知优先购买权人。权利人书面明确放弃权利的,可以不通知。无法通知的,应当在网络司法拍卖平台公示并说明无法通知的理由,公示满五日视为已经通知。

优先购买权人经通知未参与竞买的,视为放弃优先购买权。

443.【保证金交纳】

保证金数额在起拍价的百分之五至百分之二十范围内确定。

竞买人应当在参加拍卖前以实名交纳保证金,未交纳的,不得参加竞买。申请执行人参加竞买的,可以不交保证金;但债权数额小于保证金数额的按差额部分交纳。

交纳保证金,竞买人可以向人民法院指定的账户交纳,也可以由网络服务提供者在其提供的支付系统中对竞买人的相应款项予以冻结。

444.【一般竞买人资格确定】

竞买人在拍卖竞价程序结束前交纳保证金经人民法院或者网络服务提供者确认后,取得竞买资格。网络服务提供者应当向取得资格的竞买人赋予竞买代码、参拍密码;竞买人以该代码参与竞头。

网络司法拍卖竞价程序结束前,人民法院及网络服务提供者对竞买人以及其他能够确认竞买人真实身份的信息、密码等,应当予以保密。

445.【优先购买权人资格确定】

优先购买权人经人民法院确认后,取得优先竞买资格以及优先竞买代码、参拍密码,并以优先竞买代码参与竞买;未经确认的,不得以优先购买权人身份参与竞买。

顺序不同的优先购买权人申请参与竞买的,人民法院应当确认其顺序,赋予不同顺序的优先竞买代码。

446.【竞价规则】

网络司法拍卖从起拍价开始以递增出价方式竞价,增价幅度由人民法院确定。竞买人以低于起拍价出价的无效。网络司法拍卖的竞价时间应当不少于二十四小时。竞价程序结束前五分钟内无人出价的,最后出价即为成交价;有出价的,竞价时间自该出价时点顺延五分钟。竞买人的出价时间以进入网络司法拍卖平台服务系统的时间为准。

竞买代码及其出价信息应当在网络竞买页面实时显示,并储存、显示竞价全程。

447.【优先购买权竞价规则】

优先购买权人参与竞买的,可以与其他竞买人以相同的价格出价,没有更高出价的,拍卖财产由优先购买权人竞得。

顺序不同的优先购买权人以相同价格出价的,拍卖财产由顺序在先的优先购买权人竞得。

顺序相同的优先购买权人以相同价格出价的,拍卖财产由出价在先的优先购买权人竞得。

448.【买受人身份公示】

网络司法拍卖成交的,由网络司法拍卖平台以买受人的真实身份自动生成确认书并公示。

449.【拍卖保证金处理】

拍卖成交后,买受人交纳的保证金可以充抵价款;其他竞买人交纳的保证金应当在竞价程序结束后二十四小时内退还或者解冻。拍卖未成交的,竞买人交纳的保证金应当在竞价程序结束后二十四小时内退还或者解冻。

450.【悔拍保证金处理】

拍卖成交后买受人悔拍的，交纳的保证金不予退还，依次用于支付拍卖产生的费用损失、弥补重新拍卖价款低于原拍卖价款的差价、冲抵本案被执行人的债务以及与拍卖财产相关的被执行人的债务。

悔拍后重新拍卖的，原买受人不得参加竞买。

451.【余款支付】

拍卖成交后，买受人应当在拍卖公告确定的期限内将剩余价款交付人民法院指定账户。拍卖成交后二十四小时内，网络服务提供者应当将冻结的买受人交纳的保证金划入人民法院指定账户。

452.【流拍处理】

网络司法拍卖竞价期间无人出价的，本次拍卖流拍。流拍后应当在三十日内在同一网络司法拍卖平台再次拍卖，拍卖动产的应当在拍卖七日前公告；拍卖不动产或者其他财产权的应当在拍卖十五日前公告。再次拍卖的起拍价降价幅度不得超过前次起拍价的百分之二十。

再次拍卖流拍的，可以依法在同一网络司法拍卖平台变卖。

453.【审查组织】

起拍价及其降价幅度、竞价增价幅度、保证金数额和优先购买权人竞买资格及其顺序等事项，人民法院应当依法组成合议庭评议确定。

454.【拍卖暂缓、中止】

网络司法拍卖竞价程序中，有依法应当暂缓、中止执行等情形的，人民法院应当决定暂缓或者裁定中止拍卖；人民法院可以自行或者通知网络服务提供者停止拍卖。

网络服务提供者发现系统故障、安全隐患等紧急情况的，可以先行暂缓拍卖，并立即报告人民法院。

暂缓或者中止拍卖的，应当及时在网络司法拍卖平台公告原因或者理由。

暂缓拍卖期限届满或者中止拍卖的事由消失后，需要继续拍卖的，应当在五日内恢复拍卖。

455.【拍卖记录保存】

网络服务提供者对拍卖形成的电子数据，应当完整保存不少于十年，但法律、行政法规另有规定的除外。

456.【交付、过户费用承担】

因网络司法拍卖本身形成的税费，应当依照相关法律、行政法规的规定，由相应主体承担；没有规定或者规定不明的，人民法院可以根据法律原则和案件实际情况确定税费承担的相关主体、数额。

457.【拍卖撤销】

当事人、利害关系人提出异议请求撤销网络司法拍卖，符合下列情形之一的，人民法院应当支持：

（一）由于拍卖财产的文字说明、视频或者照片展示以及瑕疵说明严重失实，致使买受人产生重大误解，购买目的无法实现的，但拍卖时的技术水平不能发现或者已经就相关瑕疵以及责任承担予以公示说明的除外；

（二）由于系统故障、病毒入侵、黑客攻击、数据错误等原因致使拍卖结果错误，严重损害当事人或者其他竞买人利益的；

（三）竞买人之间，竞买人与网络司法拍卖服务提供者之间恶意串通，损害当事人或者其他竞买人利益的；

（四）买受人不具备法律、行政法规和司法解释规定的竞买资格的；

（五）违法限制竞买人参加竞买或者对享有同等权利的竞买人规定不同竞买条件的；

（六）其他严重违反网络司法拍卖程序且损害当事人或者竞买人利益的情形。

458.【撤销拍卖权利救济程序】

网络司法拍卖被人民法院撤销，当事人、利害关系人、案外人认为人民法院的拍卖行为违法致使其合法权益遭受损害的，可以依法申请国家赔偿；认为其他主体的行为违法致使其合法权益遭受损害的，可以另行提起诉讼。

459.【服务提供者责任】

当事人、利害关系人、案外人认为网络司法拍卖服务提供者的行为违法致使其合法权益遭受损害的，可以另行提起诉讼；理由成立的，人民法院应当支持，但具有法定免责事由的除外。

460.【特定人员行为禁止】

实施网络司法拍卖的，下列机构和人员不得竞买并不得委托他人代为竞买与其行为相关的拍卖财产：

（一）负责执行的人民法院；

（二）网络服务提供者；

（三）承担拍卖辅助工作的社会机构或者组织；

（四）第（一）至（三）项规定主体的工作人员及其近亲属。

461.【网络服务提供者处罚】

网络服务提供者有下列情形之一的，应当将其从名单库中除名：

（一）存在违反本规范第434条第二款规定操控拍卖程序、修改拍卖信息等行为的；

（二）存在恶意串通、弄虚作假、泄漏保密信息等行为的；

（三）因违反法律、行政法规和司法解释等规定受到处罚，不适于继续从事网络司法拍卖的；

（四）存在违反本规范第460条规定行为的；

（五）其他应当除名的情形。

网络服务提供者有前款规定情形之一，人民法院可以依照民事诉讼法的相关规定予以处理。

462.【异议、复议处理】

当事人、利害关系人认为网络司法拍卖行为违法侵害其合法权益的，可以提出执行异议。异议、复议期间，人民法院可以决定暂缓或者裁定中止拍卖。

案外人对网络司法拍卖的标的提出异议的，人民法院应当依据民事诉讼法第二百二十七条及相关司法解释的规定处理，并决定暂缓或者裁定中止拍卖。

463.【网拍规定适用情形】

执行程序中委托拍卖机构通过互联网平台实施网络拍卖的，参照《最高人民法院关于人民法院网络司法拍卖若干问题的规定》执行。

《最高人民法院关于人民法院网络司法拍卖若干问题的规定》对网络司法拍卖行为没有规定的，适用其他有关司法拍卖的规定。

四、直接变卖

464.【不经拍卖直接变卖的情形】

对查封、扣押、冻结的财产，当事人双方及有关权利人同意变卖的，可以变卖。

金银及其制品、当地市场有公开交易价格的动产、易腐烂变质的物品、季节性商品、保管困难或者保管费用过高的物品，人民法院可以决定变卖。

465.【变卖价格确定】

当事人双方及有关权利人对变卖财产的价格有约定的，按照其约定价格变卖；无约定价格但有市价的，变卖价格不得低于市价；无市价但价值较大、价格不易确定的，应当委托评估机构进行评估，并按照评估价格进行变卖。

按照评估价格变卖不成的，可以降低价格变卖，但最低的变卖价不得低于评估价的二分之一。

466.【变卖主体及特定人员行为禁止】

人民法院在执行中需要变卖被执行人财产的，可以交有关单位变卖，也可以由人民法院直接变卖。

对变卖的财产，人民法院或者其工作人员不得买受。

467.【变卖财产无人应买的处理】

变卖的财产无人应买的，适用本规范第 414 条将该财产交申请执行人或者其他执行债权人抵债；申请执行人或者其他执行债权人拒绝接受或者依法不能交付其抵债的，人民法院应当解除查封、扣押，并将该财产退还被执行人。

468.【被执行人自行变卖】

被执行人申请对人民法院查封的财产自行变卖的，人民法院可以准许，但应当监督其按照合理价格在指定的期限内进行，并控制变卖的价款。

469.【撤销变卖】

当事人、利害关系人请求撤销变卖的，参照本规范第 425 条规定处理。

470.【网络变卖的规定适用】

人民法院通过互联网平台以变卖方式处置财产的，参照《最高人民法院关于人民法院网络司法拍卖若干问题的规定》执行。

五、抵债

471.【合意抵债】

经申请执行人和被执行人同意，且不损害其他债权人合法权益和社会公共利益的，人民法院可以不经拍卖、变卖，直接将被执行人的财产作价交申请执行人抵偿债务。对剩余债务，被执行人应当继续清偿。

472.【无法拍卖、变卖财产的抵债】

被执行人的财产无法拍卖或者变卖的，经申请执行人同意，且不损害其他债权人合法权益和社会公共利益的，人民法院可以将该项财产作价后交付申请执行人抵偿债务，或者交付申请执行人管理；申请执行人拒绝接收或者管理的，退回被执行人。

六、所有权转移及交付

473.【成交和抵债裁定】

拍卖、变卖成交或者以流拍的财产抵债的，人民法院应当作出裁定，并于价款或者需要补交的差价全额交付后十日内，送达买受人或者承受人。

474.【所有权转移】

拍卖、变卖成交或者依法定程序裁定以物抵债的，标的物所有权自拍卖、变卖成交裁定或者抵债裁定送达买受人或者接受抵债物的债权人时转移。

需要办理有关财产权证照转移手续的，人民法院可以向有关单位发出协助执行通知书，有关单位必须办理。

475.【执行标的物的交付】

人民法院裁定拍卖、变卖成交或者以流拍的财产抵债后，除有依法不能移交的情形外，应当于裁定送达后十五日内，将拍卖的财产移交买受人或者承受人。被执行人或者第三人占有拍卖财产应当移交而拒不移交的，强制执行。

强制执行的，可参照本规范第二编第二十二章第一节的相关规定办理。

七、强制管理

476.【强制管理】

具有下列情形之一的，经申请执行人申请或者同意，且不损害其他债权人合法权益和社会公共利益，人民法院可以将适宜管理的被执行人财产交付申请执行人管理，以所得收益清偿债务：

（一）被执行人的财产不能或者不宜拍卖、变卖的；

（二）被执行人的财产经法定程序拍卖、变卖未成交，申请执行人不接受抵债或者依法不能交付其抵债的；

（三）人民法院认为可以交付申请执行人管理的其他情形。

第五节　参与分配

477.【参与分配的一般规定】

被执行人为公民或者其他组织，在执行程序开始后，被执行人的其他已经取得执行依据的债权人发现被执行人的财产不能清偿所有债权的,可以向人民法院申请参与分配。

对人民法院查封、扣押、冻结的财产有优先权、担保物权的债权人,可以直接申请参与分配,主张优先受偿权。

478.【参与分配的期间与形式】

申请参与分配,申请人应当提交申请书。申请书应当写明参与分配和被执行人不能清偿所有债权的事实、理由,并附有执行依据。

参与分配申请应当在执行程序开始后,被执行人的财产执行终结前提出。

479.【已申请执行债权的参与分配】

已申请执行的债权人申请参与分配的,可以向其原申请执行法院提交参与分配申请书,由执行法院将参与分配申请书转交给主持分配的法院,并说明执行情况。

480.【优先权人、担保物权人申请参与分配的条件】

未取得执行依据的优先权人、担保物权人直接向执行法院申请参与分配的,应提交参与分配申请书,除写明被执行人未清偿所有债权的事实、理由外,还应写明优先受偿的金额、事实和理由,并提交相关的权利证明文件。

481.【主持分配的法院】

对参与被执行人财产的具体分配,应当由首先查封、扣押或冻结的法院主持进行,法律、司法解释另有规定的除外。

被执行人的多项财产分别被不同法院查封,符合参与分配条件的,由各项财产的在先查封法院分别进行分配。

相关执行法院协商一致并经申请执行人同意,也可以将各自查封的财产交其中一家法院进行处置和分配。共同上级法院也可以通过提级执行或指定执行将所有案件管辖权集中至一家法院,由该法院处置财产并主持分配。或者由共同的上级法院作出决定,确定其中一家法院对被执行人所有可供执行的财产或者价款统一处置,统一分配。

482.【清偿顺序】

参与分配执行中,执行所得价款扣除执行费用,并清偿应当优先受偿的债权后,对于普通债权,原则上按照其占全部申请参与分配债权数额的比例受偿。

483.【分配方案的制作】

多个债权人对执行财产申请参与分配的,执行法院应当制作财产分配方案,并送达各债权人和被执行人。执行法院在制作分配方案时,可以先由所有的债权人和债务人进行协商,意见一致的,按照一致意见制作分配方案;意见不一致的,由执行法院依职权按照清偿顺序制作分配方案。分配方案一般应当记载下列事项:

(一)当事人姓名或者名称、地址;

(二)可供分配款项总额;

(三)债权总额、各债权人的债权额及各债权的性质、参与分配的依据;

(四)分配顺序及各债权受分配的比例和数额;

(五)分配方案制作及实施分配的日期;

(六)不服分配方案的救济途径。

484.【分配方案的异议和异议之诉】

债权人或者被执行人对分配方案有异议的,应当自收到分配方案之日起十五日内向执行法院提出书面异议。

债权人或者被执行人对分配方案提出书面异议的,执行法院应当通知未提出异议的债权人、被执行人。

未提出异议的债权人、被执行人自收到通知之日起十五日内未提出反对意见的,执行法院依异议人的意见对分配方案审查修正后进行分配;提出反对意见的,应当通知异议人。异议人可以自收到通知之日起十五日内,以提出反对意见的债权人、被执行人为被告,向执行法院提起诉讼;异议人逾期未提起诉讼的,执行法院按照原分配方案进行分配。

诉讼期间进行分配的,执行法院应当提存与争议债权数额相应的款项。

485.【剩余债务清偿】

清偿后的剩余债务,被执行人应当继续清偿。债权人发现被执行人有其他财产的,可以随时请求人民法院执行。

第六节　款物的发放与保管

486.【执行款的扣划方式】

被执行人可以将执行款直接支付给申请执行人;人民法院也可以将执行款从被执行人账户直接划至申请执行人账户。但有争议或需再分配的执行款,以及人民法院认为确有必要的,应当将执行款划至执行款专户或案款专户。

人民法院通过网络执行查控系统扣划的执行款,应当划至执行款专户或案款专户。

487.【不直接收取现金和票据原则】

执行人员原则上不直接收取现金和票据;确有必要直接收取的,应当不少于两名执行人员在场,即时向交款人出具收取凭证,同时制作收款笔录,由交款人和在场人员签名。

执行人员直接收取现金或者票据的,应当在回院后当日将现金或票据移交财务部门;当日移交确有困难的,应当在回院后一日内移交并说明原因。

488.【发放期限】

执行人员应当在收到财务部门执行款到账通知之日起三十日内,完成执行款的核算、执行费用的结算、通知申请执行人领取和执行款发放等工作。

有下列情形之一的,报经执行局局长或主管院领导批准后,可以延缓发放:

(一)需要进行案款分配的;

(二)申请执行人因另案诉讼、执行或涉嫌犯罪等原因导致执行款被保全或冻结的;

(三)申请执行人经通知未领取的;

(四)案件被依法中止或者暂缓执行的;

（五）有其他正当理由需要延缓发放执行款的。

上述情形消失后，执行人员应当在十日内完成执行款的发放。

489.【执行款发放方式】

人民法院发放执行款，一般应当采取转账方式。

执行款应当发放给申请执行人，确需发放给申请执行人以外的单位或个人的，应当组成合议庭进行审查，但依法应当退还给交款人的除外。

490.【执行款发放审批】

发放执行款时，执行人员应当填写执行款发放审批表。执行款发放审批表中应当注明执行案件案号、当事人姓名或名称、交款人姓名或名称、交款金额、交款时间、交款方式、收款人姓名或名称、收款人账号、发款金额和方式等情况。报经执行局局长或主管院领导批准后，交由财务部门办理支付手续。

委托他人代为办理领取执行款手续的，应当附特别授权委托书、委托代理人的身份证复印件。委托代理人是律师的，应当附所在律师事务所出具的公函及律师执照复印件。

491.【办理支付手续】

申请执行人要求或同意人民法院采取转账方式发放执行款的，执行人员应当持执行款发放审批表及申请执行人出具的本人或本单位接收执行款的账户信息的书面证明，交财务部门办理转账手续。

申请执行人或委托代理人直接到人民法院办理领取执行款手续的，执行人员应当在查验领款人身份证件、授权委托手续后，持执行款发放审批表，会同领款人到财务部门办理支付手续。

492.【符合财务管理规定】

财务部门在办理执行款支付手续时，除应当查验执行款发放审批表，还应当按照有关财务管理规定进行审核。

发放执行款时，收款人应当出具合法有效的收款凭证。财务部门另有规定的，依照其规定。

493.【执行款的提存】

有下列情形之一，不能在规定期限内发放执行款的，人民法院可以将执行款提存：

（一）申请执行人无正当理由拒绝领取的；

（二）申请执行人下落不明的；

（三）申请执行人死亡未确定继承人或者丧失民事行为能力未确定监护人的；

（四）按照申请执行人提供的联系方式无法通知其领取的；

（五）其他不能发放的情形

494.【提存的审批】

需要提存执行款的，执行人员应当填写执行款提存审批表并附具有提存情形的证明材料。执行款提存审批表中应注明执行案件案号、当事人姓名或名称、交款人姓名或名称、交款金额、交款时间、交款方式、收款人姓名或名称、提存金额、提存原因等情况。报经执行局局长或主管院领导批准后，办理提存手续。

提存费用应当由申请执行人负担，可以从执行款中扣除。

495.【物品的交付】

被执行人将执行依据确定交付、返还的物品（包括票据、证照等）直接交付给申请执行人的，被执行人应当向人民法院出具物品接收证明；没有物品接收证明的，执行人员应当将履行情况记入笔录，经双方当事人签字后附卷。

被执行人将物品交由人民法院转交给申请执行人或由人民法院主持双方当事人进行交接的，执行人员应当将交付情况记入笔录，经双方当事人签字后附卷。

496.【物品的交接】

查封、扣押至人民法院或被执行人、担保人等直接向人民法院交付的物品，执行人员应当立即通知保管部门对物品进行清点、登记，有价证券、金银珠宝、古董等贵重物品应当封存，并办理交接。保管部门接收物品后，应当出具收取凭证。

对于在异地查封、扣押，且不便运输或容易毁损的物品，人民法院可以委托物品所在地人民法院代为保管，代为保管的人民法院应当按照前款规定办理。

497.【物品保管场所】

人民法院应当确定专门场所存放本规范第 496 条规定的物品。

498.【特殊物品的处理】

对季节性商品、鲜活、易腐烂变质以及其他不宜长期保存的物品，人民法院可以责令当事人及时处理，将价款交付人民法院；必要时，执行人员可予以变卖，并将价款依照《最高人民法院关于执行款物管理工作的规定》要求交财务部门。

499.【物品发放期限】

人民法院查封、扣押或被执行人交付，且属于执行依据确定交付、返还的物品，执行人员应当自查封、扣押或被执行人交付之日起三十日内，完成执行费用的结算、通知申请执行人领取和发放物品等工作。不属于执行依据确定交付、返还的物品，符合处置条件的，执行人员应当依法启动财产处置程序。

500.【物品的提存】

符合本规范第 493 条规定情形之一的，人民法院可以对物品进行提存。

物品不适于提存或者提存费用过高的，人民法院可以提存拍卖或者变卖该物品所得价款。

第七节　执行实施案件结案

501.【结案方式】

除执行财产保全裁定、恢复执行的案件外，其他执行实施类案件的结案方式包括：

（一）执行完毕；
（二）终结本次执行程序；
（三）终结执行；
（四）销案；
（五）不予执行；
（六）驳回申请。

502.【执行完毕】

执行实施案件有下列情形之一的，可以以“执行完毕”结案：

（一）被执行人自动履行完毕；
（二）人民法院强制执行，已全部执行完毕；
（三）当事人达成执行和解协议，且执行和解协议履行完毕。

执行完毕应当制作结案通知书并发送当事人。双方当事人书面认可执行完毕或口头认可执行完毕并记入笔录的，无需制作结案通知书。

503.【终结本次执行程序】

执行实施案件具备本规范第107条规定条件的，可以以“终结本次执行程序”方式结案。

504.【终结执行】

执行实施案件有本规范第125条情形之一的，可以以“终结执行”方式结案。

505.【销案】

执行实施案件立案后，有下列情形之一的，可以以“销案”方式结案：

（一）被执行人提出管辖异议，经审查异议成立，将案件移送有管辖权的法院或申请执行人撤回申请的；
（二）发现其他有管辖权的人民法院已经立案在先的；
（三）受托法院报经高级人民法院同意退回委托的。

506.【不予执行】

执行实施案件立案后，被执行人对仲裁裁决或公证债权文书提出不予执行申请，经人民法院审查，裁定不予执行的，以“不予执行”方式结案。

507.【驳回申请】

执行实施案件立案后，经审查发现不符合法律、司法解释规定的受理条件，裁定驳回申请的，以“驳回申请”方式结案。

508.【不得结案处理的情形】

下列案件不得作结案处理：

（一）人民法院裁定中止执行的；
（二）人民法院决定暂缓执行的；
（三）执行和解协议未全部履行完毕，且不符合终结本次执行程序、终结执行条件的。

第二十一章　金钱给付请求权的执行

第一节　对银行存款的执行

一、一般规定

509.【查询】

人民法院查询被执行人在金融机构的存款时，执行人员应当出示本人工作证和执行公务证，并出具法院协助查询存款通知书。

对人民法院依法向金融机构查询或查阅的有关资料，包括被执行人开户、存款情况以及会计凭证、账簿、有关对账单等资料（含电脑储存资料），金融机构应当及时如实提供并加盖印章；人民法院根据需要可抄录、复制、照相，但应当依法保守秘密。

510.【冻结】

人民法院冻结被执行人在金融机构的存款时，执行人员应当出示本人工作证和执行公务证，并出具法院冻结裁定书和协助冻结存款通知书。

裁定书和协助冻结存款通知书送达时发生法律效力。

511.【冻结期限】

人民法院冻结被执行人的银行存款的期限不得超过一年。

申请执行人申请延长期限的，人民法院应当在冻结期限届满前办理续行冻结手续，续行期限不得超过前款规定的期限。

人民法院也可以依职权办理续行冻结手续。

512.【户名与账号不符的处理】

人民法院在完成冻结手续后，金融机构发现被冻结的户名与账号不符时，可以向法院提出存在的问题，但不得自行解冻。

513.【扣划裁定的效力】

对未冻结的银行存款，人民法院的扣划裁定同时具有冻结的法律效力。

对已冻结的银行存款，人民法院可以直接裁定扣划，无需出具解除冻结的手续，但应当在裁定中载明先前冻结的事实。

514.【实施扣划的手续】

人民法院扣划被执行人在金融机构存款的，执行人员应当出示本人工作证和执行公务证，并出具法院扣划裁定书和协助扣划存款通知书。

515.【金融机构留置送达的允许】

人民法院要求金融机构协助冻结、扣划被执行人的存款时，冻结、扣划裁定和协助执行通知书适用留置送达的规定。

516.【金融机构的协助义务】

人民法院查询被执行人在金融机构的存款时，金融机构应当立即协助办理查询事宜，不需办理签字手续，对于查询的情况，由经办人签字确认。

人民法院冻结、扣划被执行人在金融机构存款的，金融机构应当立即协助执行。

对协助执行手续完备拒不协助执行的，按照民事诉讼法第一百一十四条规定处理。

517.【擅自解冻的责任】

金融机构擅自解冻被人民法院冻结的款项，致冻结款项被转移的，人民法院有权责令其限期追回。在限期内未能追回的，应当裁定该金融机构在转移的款项范围内以自己的财产向申请执行人承担责任。

518.【存款上优先受偿权处理】

有权机关、金融机构或第三人对被执行人银行账户中的存款及其他金融资产享有质押权、保证金等优先受偿权的，金融机构应当将所登记的优先受偿权信息在查询结果中载明。执行法院可以采取冻结措施，金融机构反馈查询结果中载明优先受偿权人的，人民法院应在办理后五个工作日内，将采取冻结措施的情况通知优先受偿权人。优先受偿权人可向执行法院主张权利，执行法院应当依法审查处理。审查处理期间，执行法院不得强制扣划。

存款或金融资产的优先受偿权消灭前，其价值不计算在实际冻结总金额内；优先受偿权消灭后，执行法院可以依法采取扣划、强制变价等执行措施。

被执行人与案外人开设联名账户等共有账户，案外人对账户中的存款及其他金融资产享有共有权的，参照前两款规定处理。

二、常见特殊账户或特殊资金

519.【工会经费、党费】

对企业的工会经费及“工会经费集中户”的款项、党组织的党费，人民法院不得作为所在企业的财产予以执行。

520.【军队、武警部队的存款】

军队、武警部队一类保密单位开设的“特种预算存款”“特种其他存款”和连队账户的存款，人民法院原则上不采取冻结或扣划等措施，但该账户存入其他款项的除外；军队、武警部队的其余存款可以冻结和扣划。

521.【封闭贷款结算专户资金】

人民法院不得执行被执行人的封闭贷款结算专户中的款项。

如果有证据证明债务人为逃避债务将其他款项打入封闭贷款结算专户的，人民法院可以仅就所打入的款项采取执行措施。

522.【国有企业下岗职工基本生活保障资金】

对国有企业下岗职工基本生活保障资金，人民法院不得作为所在企业的财产予以执行。

523.【社会保险基金】

对社会保险基金，人民法院不得作为社会保险机构及其原下属企业的财产予以执行。

524.【存款准备金、备付金】

被执行人为金融机构的，对其交存在人民银行的存款准备金和备付金不得冻结和扣划，但对其在本机构、其他金融机构的存款，及其在人民银行的其他存款可以冻结、划拨，并可对被执行人的其他财产采取执行措施，但不得查封其营业场所。

525.【期货交易所会员的期货保证金】

期货交易所为被执行人，申请执行人请求冻结、划拨期货交易所会员在期货交易所保证金账户中的资金的，人民法院不予支持。

526.【期货公司客户的期货保证金】

期货公司为被执行人，申请执行人请求冻结、划拨客户在期货公司保证金账户中的资金的，人民法院不予支持。

527.【非结算会员的保证金】

实行会员分级结算制度的期货交易所的结算会员为被执行人，申请执行人请求冻结、划拨非结算会员在该被执行人结算会员保证金账户中的资金的，人民法院不予支持。

528.【前述三条的例外】

有证据证明保证金账户中有超过本规范第525条、第526条、第527条规定的资金，期货交易所、期货公司或者期货交易所结算会员在人民法院指定的合理期限内不能提出相反证据的，人民法院可以依法冻结、划拨超出部分的资金。

有证据证明期货交易所、期货公司、期货交易所结算会员自有资金与保证金发生混同，期货交易所、期货公司或者期货交易所结算会员在人民法院指定的合理期限内不能提出相反证据的，人民法院可以依法冻结、划拨相关账户内的资金。

529.【结算担保金】

实行会员分级结算制度的期货交易所或者其结算会员为被执行人，申请执行人请求冻结、划拨期货交易所向其结算会员依法收取的结算担保金的，人民法院不予支持。

有证据证明结算会员在结算担保金专用账户中有超过交易所要求的结算担保金数额部分的，结算会员在人民法院指定的合理期限内不能提出相反证据的，人民法院可以依法冻结、划拨超出部分的资金。

530.【旅行服务质量保证金】

人民法院在执行涉及旅行社的案件时，遇有下列情形而旅行社不承担或无力承担赔偿责任的，可以执行旅行服务质量保证金：

（一）旅行社因自身过错未达到合同约定的服务质量标准而造成旅游者的经济权益损失；

（二）旅行社的服务未达到国家或行业规定的标准而造成旅游者的经济权益损失；

（三）旅行社破产后造成旅游者预交旅行费损失；

（四）人民法院判决、裁定及其他生效法律文书认定的旅行社损害旅游者合法权益的情形。

除上述情形之外，不得执行旅行服务质量保证金。同时，执行涉及旅行社的经济赔偿案件时，不得从旅游行政部门行政经费账户上划转行政经费资金。

531.【承兑汇票保证金】

人民法院依法可以对银行承兑汇票保证金采取冻结措施，但不得扣划。如果金融机构已对汇票承兑或者已对外付款，根据金融机构的申请，人民法院应当解除对银行承兑汇票保证金相应部分的冻结措施。银行承兑汇票保证金已丧失保证金功能时，人民法院可以依法采取扣划措施。

532.【信用证开证保证金】

人民法院审理和执行案件时，依法可以对信用证开证保证金采取冻结措施，但不得扣划。

如果当事人认为人民法院冻结和扣划的某项资金属于信用证开证保证金的，应当提供有关证据予以证明。人民法院审查后，可按以下原则处理：对于确系信用证开证保证金的，不得采取扣划措施；如果开证银行履行了对外支付义务，根据该银行的申请，人民法院应当立即解除对信用证开证保证金相应部分的冻结措施；如果申请开证人提供的开证保证金是外汇，当事人又举证证明信用证的受益人提供的单据与信用证条款相符时，人民法院应当立即解除冻结措施。

如果银行因信用证无效、过期，或者因单证不符而拒付信用证款项并且免除了对外支付义务，以及在正常付出了信用证款项并从信用证开证保证金中扣除相应款额后尚有剩余，即在信用证开证保证金账户存款已丧失保证金功能的情况下，人民法院可以依法采取扣划措施。

人民法院对于为逃避债务而提供虚假证据证明属信用证开证保证金的单位和个人，应当依照民事诉讼法的有关规定严肃处理。

533.【设质的出口退税专用账户的执行之一】

以出口退税专用账户质押方式贷款的，应当签订书面质押贷款合同。质押贷款合同自贷款银行实际托管借款人出口退税专用账户时生效。

出口退税专用账户质押贷款银行，对质押账户内的退税款享有优先受偿权。

人民法院审理、执行案件时，不得对已设质的出口退税专用账户内的款项采取财产保全措施或者执行措施。

借款人进入破产程序时，贷款银行对已经设质的出口退税专用账户内的款项享有优先受偿权，但应以被担保债权尚未受偿的数额为限。

534.【设质的出口退税专用账户的执行之二】

有下列情形之一的，不受本规范第533条第二款、第三款、第四款规定的限制，人民法院可以采取财产保全或者执行措施：

(一)借款人将非退税款存入出口退税专用账户的；

(二)贷款银行将出口退税专用账户内的退税款扣还其他贷款，且数额已经超出质押贷款金额的；

(三)贷款银行同意税务部门转移出口退税专用账户的；

(四)贷款银行有其他违背退税账户专用性质，损害其他债权人利益行为的。

535.【职工建房集资款、自列住房基金】

对于企业职工建房集资款，人民法院不得作为所在企业的财产予以执行。

对于企业自列职工住房基金用途的资金，人民法院可以作为该企业的财产予以执行。

536.【粮棉油政策性收购资金】

对各级财政开支的直接用于粮棉油收购环节的价格补贴款、银行粮棉油政策性收购货款和粮棉油政策性收购企业的粮棉油调销回笼款，只能用于粮棉油收购及相关费用支出。人民法院在审理和执行涉及政策性粮棉油收购业务之外的经济纠纷案件中，不宜对粮棉油政策性收购企业在中国农业发展银行及其代理行或经人民银行当地分行批准的其他金融机构开立账上的这类资金采取财产保全措施和执行措施。对中国农业发展银行提供的粮棉油收购资金及由该项资金形成的库存的粮棉油，人民法院不宜采取财产保全措施和执行措施。

537.【凭证式国库券】

被执行人存在银行的凭证式国库券是由被执行人交银行管理的到期偿还本息的有价证券，在性质上与银行的定期储蓄存款相似，属于被执行人的财产。依照民事诉讼法第二百四十二条规定的精神，人民法院有权冻结、划拨被执行人存在银行的凭证式国库券。

第二节　对机动车辆、船舶的执行

一、对机动车辆的执行

538.【一般原则】

人民法院可以查封、扣押登记在被执行人名下的机动车辆，或者占有的机动车辆。

539.【登记车辆的查封】

对已登记的机动车辆查封的，人民法院应当制作协助执行通知书，连同裁定书副本一并送达车辆管理部门。查封裁定书和协助执行通知书送达时发生法律效力。

540.【未登记车辆的扣押】

扣押尚未进行权属登记的机动车辆时，人民法院应当在扣押清单上记载该机动车辆的发动机编号。该车辆在扣押期间权利人要求办理权属登记手续的，人民法院应当准许并及时办理相应的扣押登记手续。

541.【责令交出或协助查找】

人民法院对已经办理查封登记手续的被执行人机动车未能实际扣押的，可以责令被执行人或实际占有人限期交出车辆，也可以依照相关规定通知有关单位协助查找。

被执行人或实际占有人无正当理由拒不交出的，人民法院按照民事诉讼法第一百一十一条、第一百一十四条规定处理。

542.【保管原则】

扣押的机动车辆，一般由人民法院保管或者委托第三人保管。保管期间，任何人不得使用。

543.【扣押清单及笔录】

扣押机动车辆时，执行人员应当造具清单、制作扣押笔录。

扣押清单，一般应当载明车辆品牌、颜色、所悬挂牌号、车架号、发动机号、里程数等，由在场人签名或者盖章后，交被执行人一份。

扣押笔录，一般应当载明执行措施开始及完成的时间、扣押清单所载内容、机动车辆的保管人、保管场所等内容。执行人员及保管人应当在笔录上签名，有民事诉讼法第二百四十五条规定的人员到场的，到场人员也应当在笔录上签名。

544.【扣押公示】

人民法院将扣押的机动车辆交付其他人控制的，应当在该机动车辆上加贴封条或者采取其他足以公示扣押的适当方式。

二、对船舶的执行

545.【专属管辖】

除海事法院及其上级人民法院外，地方法院对当事人提出的船舶保全申请应不予受理；地方人民法院为执行生效法律文书需要扣押和拍卖船舶的，应当委托船籍港所在地或者船舶所在地的海事法院执行。

当事人依照民事诉讼法第十五章第七节的规定，申请拍卖船舶实现船舶担保物权的，由船舶所在地或船籍港所在地的海事法院管辖，按照海事诉讼特别程序法以及《最高人民法院关于扣押与拍卖船舶适用法律若干问题的规定》关于船舶拍卖受偿程序的规定处理。

第三节　对不动产的执行

一、查封

546.【查询】

人民法院执行人员到国土资源、房地产管理部门查询土地、房屋权属情况时，应当出示本人工作证和执行公务证，并出具协助查询通知书。

人民法院在国土资源、房地产管理部门查询并复制或者抄录的书面材料，由土地、房屋权属的登记机构或者其所属的档案室(馆)加盖印章。无法查询或者查询无结果的，国土资源、房地产管理部门应当书面告知人民法院。

547.【判断可查封性的一般规定】

人民法院可以查封登记在被执行人名下的不动产。

未登记的建筑物和土地使用权，依据土地使用权的审批文件和其他相关证据确定权属。

对于登记在第三人名下的不动产，第三人书面确认该财产属于被执行人的，人民法院可以查封。

548.【因法定事由而发生物权变动的不动产】

根据物权法第二十八条、第二十九条判断属于被执行人所有的土地使用权、房屋，但尚未办理过户登记的，执行法院可以查封。

549.【可分割或不可分割房屋】

人民法院对可以分割处分的房屋应当在执行标的额的范围内分割查封，不可分割的房屋可以整体查封。

分割查封的，应当在协助执行通知书中明确查封房屋的具体部位。

550.【被执行人出售的不动产】

被执行人将其所有的不动产出卖给第三人，第三人已经支付部分或者全部价款并实际占有该不动产，但尚未办理产权过户登记手续的，人民法院可以查封；第三人已经支付全部价款并实际占有，但未办理过户登记手续的，如果第三人对此没有过错，人民法院不得查封。

551.【被执行人购买的不动产】

被执行人购买第三人的不动产，已经支付部分或者全部价款并实际占有该不动产，虽未办理产权过户登记手续，但申请执行人已向第三人支付剩余价款或者第三人同意剩余价款从该不动产变价款中优先支付的，人民法院可以查封。

552.【全部缴纳出让金土地使用权的预查封】

被执行人全部缴纳土地使用权出让金但尚未办理土地使用权登记的，人民法院可以对该土地使用权进行预查封。

553.【部分缴纳出让金土地使用权的预查封】

被执行人部分缴纳土地使用权出让金但尚未办理土地使用权登记的，对可以分割的土地使用权，按已缴付的土地使用权出让金，由国土资源管理部门确认被执行人的土地使用权，人民法院可以对确认后的土地使用权裁定预查封。对不可以分割的土地使用权，可以全部进行预查封。

被执行人在规定的期限内仍未全部缴纳土地出让金的，在人民政府收回土地使用权的同时，应当将被执行人缴纳的按照有关规定应当退还的土地出让金交由人民法院处理，预查封自动解除。

554.【未登记房屋的预查封】

下列房屋虽未进行房屋所有权登记，人民法院也可以进行预查封：

(一)作为被执行人的房地产开发企业，已办理了商品房预售许可证且尚未出售的房屋；

(二)被执行人购买的已由房地产开发企业办理了房屋权属初始登记的房屋；

(三)被执行人购买的办理了商品房预售合同登记备案手续或者商品房预告登记的房屋。

555.【预查封的办理、期限计算及效力】

国土资源、房地产管理部门应当依据人民法院的协助执行通知书和所附的裁定书办理预查封登记。土地、房屋权属在预查封期间登记在被执行人名下的，预查封登记自动转为查封登记，预查封转为正式查封后，查封期限从预查封之日起开始计算。

预查封的期限和效力等同于正式查封。预查封期限届满之日，人民法院未办理预查封续封手续的，预查封的效力消灭。

556.【过户登记过程中的查封】

对国土资源、房地产管理部门已经受理被执行人转让土地使用权、房屋的过户登记申请，尚未核准登记的，人民法院可以进行查封，已核准登记的，不得进行查封。

557.【查封期限】

人民法院查封不动产的期限不得超过三年。

申请执行人申请延长期限的，人民法院应当在查封期限届满前办理续行查封手续，续行期限不得超过前款规定的期限。

人民法院也可以依职权办理续行查封手续。

续行查封无需上级人民法院批准。

558.【查封的程序】

人民法院查封不动产，应当作出裁定，并送达被执行人和申请执行人。

采取查封措施需要有关单位或者个人协助的，人民法院应当制作协助执行通知书，连同裁定书副本一并送达协助执行人。查封裁定书和协助执行通知书送达时发生法律效力。

559.【已登记不动产的查封】

查封不动产的，人民法院应当张贴封条或者公告，并可以提取保存有关财产权证照。

查封已登记的不动产，应当通知有关登记机关办理登记手续。未办理登记手续的，不得对抗其他已经办理了登记手续的查封行为

560.【未登记建筑物的查封】

查封尚未进行权属登记的建筑物时，人民法院应当通知其管理人或者该建筑物的实际占有人，并在显著位置张贴公告。

561.【查封笔录】

查封不动产，执行人员应当制作笔录，载明下列内容：

（一）执行措施开始及完成的时间；

（二）土地使用权、房屋及其他地上建筑物坐落、权属等情况；

（三）土地使用权、房屋及其他地上建筑物的占有、使用、保管情况；

（四）其他应当记明的事项。

执行人员及保管人应当在笔录上签名，有民事诉讼法第二百四十五条规定的人员到场的，到场人员也应当在笔录上签名。

562.【房地一体原则】

查封地上建筑物的效力及于该地上建筑物使用范围内的土地使用权，查封土地使用权的效力及于地上建筑物，但土地使用权与地上建筑物的所有权分属被执行人与他人的除外。

地上建筑物和土地使用权的登记机关不是同一机关的，应当分别办理查封登记。

563.【轮候查封之一】

两个以上人民法院对同一宗土地使用权、房屋进行查封的，国土资源、房地产管理部门为首先送达协助执行通知书的人民法院办理查封登记手续后，对后来办理查封登记的人民法院作轮候查封登记，并书面告知该土地使用权、房屋已被其他人民法院查封的事实及查封的有关情况。

564.【轮候查封之二】

轮候查封登记的顺序按照人民法院送达协助执行通知书的时间先后进行排列。查封法院依法解除查封的，排列在先的轮候查封自动转为查封；查封法院对查封的土地使用权、房屋全部处理的，排列在后的轮候查封自动失效；查封法院对查封的土地使用权、房屋部分处理的，对剩余部分，排列在后的轮候查封自动转为查封。

预查封的轮候登记参照本规范第563条和本条第一款的规定办理。

565.【不动产登记部门的协助义务】

对人民法院查封或者预查封的土地使用权、房屋，国土资源、房地产管理部门应当及时办理查封或者预查封登记。

国土资源、房地产管理部门在协助人民法院执行土地使用权、房屋时，不对生效法律文书和协助执行通知书进行实体审查。国土资源、房地产管理部门认为人民法院查封、预查封或者处理的土地、房屋权属错误的，可以向人民法院提出审查建议，但不应当停止办理协助执行事项。

二、处置

566.【房地权属的转移原则】

在变价处理土地使用权、房屋时，土地使用权、房屋所有权同时转移；土地使用权与房屋所有权归属不一致的，受让人继受原权利人的合法权利。

567.【用途与出让年限改变的禁止】

人民法院执行土地使用权时，不得改变原土地用途和出让年限。

568.【一处住房的执行】

金钱债权执行中，对被执行人及所扶养家属维持生活必需的居住房屋，符合下列情形之一的，人民法院可以执行：

（一）对被执行人有扶养义务的人名下有其他能够维持生活必需的居住房屋的；

（二）执行依据生效后，被执行人为逃避债务转让其名下其他房屋的；

（三）申请执行人按照当地廉租住房保障面积标准为被执行人及所扶养家属提供居住房屋，或者同意参照当地房屋租赁

市场平均租金标准从该房屋的变价款中扣除五至八年租金的。

569.【设定抵押的划拨土地使用权】

拍卖划拨的国有土地使用权所得的价款，在依法缴纳相当于应缴纳的土地使用权出让金的款额后，抵押权人有优先受偿权。

以国有划拨土地使用权为标的物设定抵押，土地行政管理部门依法办理抵押登记手续，即视同已经具有审批权限的土地行政管理部门批准，不必再另行办理土地使用权抵押的审批手续。

570.【集体土地使用权】

人民法院执行集体土地使用权时，经与国土资源部门取得一致意见后，可以裁定予以处理，但应当告知权利受让人，到国土资源管理部门办理土地征用和国有土地使用权出让手续，缴纳土地使用权出让金及有关税费。

对处理农村房屋涉及集体土地的，人民法院应当与国土资源部门协商一致后再行处理。

571.【无证房产的执行之一】

人民法院在执行程序中，既要依法履行强制执行职责，又要尊重房屋登记机构依法享有的行政权力；既要保证执行工作的顺利开展，也要防止“违法建筑”等不符合法律、行政法规规定的房屋通过协助执行行为合法化。

572.【无证房产的执行之二】

执行程序中处置未办理初始登记的房屋时，具备初始登记条件的，执行法院处置后可以依法向房屋登记机构发出协助执行通知书；暂时不具备初始登记条件的，执行法院处置后可以向房屋登记机构发出协助执行通知书，并载明待房屋买受人或承受人完善相关手续具备初始登记条件后，由房屋登记机构按照协助执行通知书予以登记；不具备初始登记条件的，原则上进行“现状处置”，即处置前披露房屋不具备初始登记条件的现状，买受人或承受人按照房屋的权利现状取得房屋，后续的产权登记事项由买受人或承受人自行负责。

573.【无证房产的执行之三】

执行法院向房屋登记机构发出协助执行通知书，房屋登记机构认为不具备初始登记条件并作出书面说明的，执行法院应在三十日内依照法律和有关规定，参照行政规章，对其说明理由进行审查。理由成立的，撤销或变更协助执行通知书并书面通知房屋登记机构；理由不成立的，书面通知房屋登记机构限期按协助执行通知书办理。

574.【变价财产上权利负担的处理】

拍卖财产上原有的担保物权及其他优先受偿权，因拍卖而消灭，拍卖所得价款，应当优先清偿担保物权人及其他优先受偿权人的债权，但当事人另有约定的除外。

拍卖财产上原有的租赁权及其他用益物权，不因拍卖而消灭，但该权利继续存在于拍卖财产上，对在先的担保物权或者其他优先受偿权的实现有影响的，人民法院应当依法将其除去后进行拍卖。

575.【租赁的处理之一】

执行程序中，被执行人擅自出租查封财产的，不得对抗申请执行人。人民法院可以裁定解除承租人对该财产的占有，但不应当在裁定中直接宣布租赁合同无效或解除租赁合同。

576.【租赁的处理之二】

承租人请求在租赁期内阻止向受让人移交占有被执行的不动产，在人民法院查封之前已签订合法有效的书面租赁合同并占有使用该不动产的，人民法院应予支持。

承租人与被执行人恶意串通，以明显不合理的低价承租被执行的不动产或者伪造交付租金证据的，对其提出的阻止移交占有的请求，人民法院不予支持。

577.【执行标的物的交付】

人民法院裁定拍卖成交或者以流拍的财产抵债后，除有依法不能移交的情形外，应当于裁定送达后十五日内，将拍卖的财产移交买受人或者承受人。被执行人或者第三人占有拍卖财产应当移交而拒不移交的，强制执行。

具体执行时，可参照本规范第二编第二十二章第一节的规定办理。

第四节　对知识产权的执行

578.【一般规定】

被执行人不履行生效法律文书确定的义务，人民法院有权裁定禁止被执行人转让其专利权、注册商标专用权、著作权(财产权部分)等知识产权。上述权利有登记主管部门的，应当同时向有关部门发出协助执行通知书，要求其不得办理财产权转移手续，必要时可以责令被执行人将产权或使用权证照交人民法院保存。

对前款财产权，可以采取拍卖、变卖等执行措施。

579.【冻结期限】

人民法院冻结著作权(财产权部分)、专利权、商标权的期限不得超过三年。

申请执行人申请延长期限的，人民法院应当在冻结期限届满前办理续行冻结手续，续行期限不得超过前款规定的期限。

人民法院也可以依职权办理续行查封、扣押、冻结手续。

580.【专利权的冻结】

人民法院对专利权进行冻结，应当向国务院专利行政部门发出协助执行通知书，载明要求协助执行的事项，以及对专利权冻结的期限，并附人民法院作出的裁定书。

581.【专利申请权的冻结】

专利申请权属于专利申请人的一项财产权利，可以作为人民法院财产保全的对象。

人民法院根据民事诉讼法有关规定，需要对专利申请权进行保全的，应当向国家知识产权局发出协助执行通知书，载明要求保全的专利申请的名称、申请人、申请号、保全期限以及协助执行保全的内容,包括禁止变更著录事项、中止审批程序等,并附人民法院作出的财产保全民事裁定书。

582.【出质或独占许可的冻结】

人民法院对出质的专利权可以采取冻结措施,质权人的优先受偿权不受冻结措施的影响;专利权人与被许可人已经签订的独占实施许可合同,不影响人民法院对该专利权进行冻结。

583.【注册商标权的冻结】

人民法院对注册商标权进行冻结时,应当向国家工商行政管理总局商标局发出协助执行通知书,载明要求国家工商行政管理总局商标局协助保全的注册商标的名称、注册人、注册证号码、保全期限以及协助执行保全的内容,包括禁止转让、注销注册商标、变更注册事项和办理商标权质押登记等事项。

584.【注册商标权的一并处置】

对被执行人名下某一注册商标权执行时,人民法院应当将该注册商标及其名下相同或者类似商品上相同和近似商标一并进行评估、拍卖、变卖等,并在采取执行措施时,裁定将相同或近似注册商标一并予以执行。

第五节 对股权、其他投资权益的执行

585.【查询】

人民法院对股权、其他投资权益进行冻结或者实体处分前,应当查询权属。

人民法院应先通过企业信用信息公示系统查询有关信息。需要进一步获取有关信息的,可以要求工商行政管理机关予以协助。

执行人员到工商行政管理机关查询时,应当出示工作证或者执行公务证,并出具协助查询通知书。协助查询通知书应当载明被查询主体的姓名(名称)、查询内容,并记载执行依据、人民法院经办人员的姓名和电话等内容。

586.【冻结】

人民法院对从工商行政管理机关业务系统、企业信用信息公示系统以及公司章程中查明属于被执行人名下的股权、其他投资权益,可以冻结。

587.【送达及公示】

人民法院冻结股权、其他投资权益时,应当向被执行人及其股权、其他投资权益所在市场主体送达冻结裁定,并要求工商行政管理机关协助公示。

人民法院向被执行人股权、其他投资权益所在市场主体送达冻结裁定时,应当同时送达协助执行通知书。协助执行通知书应当载明该市场主体于冻结期限内不得办理被冻结投资权益或股权的转移手续,不得向被执行人支付股息或红利。

人民法院要求协助公示冻结股权、其他投资权益时,执行人员应当出示工作证或者执行公务证,向被冻结股权、其他投资权益所在市场主体登记的工商行政管理机关送达执行裁定书、协助公示通知书和协助公示执行信息需求书。

协助公示通知书应当载明被执行人姓名(名称),执行依据,被冻结的股权、其他投资权益所在市场主体的姓名(名称),股权、其他投资权益数额,冻结期限,人民法院经办人员的姓名和电话等内容。

工商行政管理机关应当在收到通知后三个工作日内通过企业信用信息公示系统公示。

588.【冻结效力】

股权、其他投资权益被冻结的,未经人民法院许可,不得转让,不得设定质押或者其他权利负担。

有限责任公司股东的股权被冻结期间,工商行政管理机关不予办理该股东的变更登记、该股东向公司其他股东转让股权被冻结部分的公司章程备案,以及被冻结部分股权的出质登记。

589.【多个冻结及生效冻结】

工商行政管理机关在多家法院要求冻结同一股权、其他投资权益的情况下,应当将所有冻结要求全部公示。首先送达协助公示通知书的执行法院的冻结为生效冻结。送达在后的冻结为轮候冻结。有效的冻结解除的,轮候的冻结中,送达在先的自动生效,

590.【冻结期限】

冻结股权、其他投资权益的期限不得超过三年。申请人申请续行冻结的,人民法院应当在本次冻结期限届满三日前按照本规范第587条规定办理。续冻期限不得超过三年。续行冻结没有次数限制。

有效的冻结期满,人民法院未办理续行冻结的,冻结的效力消灭。按照前款办理了续行冻结的,冻结效力延续,优先于轮候冻结。

591.【解除冻结】

人民法院对被执行人股权、其他投资权益等解除冻结的,应当通知当事人,同时通知工商行政管理机关公示。

人民法院通知和工商行政管理机关公示的程序,按照本规范第587条办理。

592.【优先购买权的保护及拟制放弃】

人民法院依照法律规定的强制执行程序转让股东的股权时,应当通知公司及全体股东,其他股东在同等条件下有优先购买权。其他股东自人民法院通知之日起满二十日不行使优先购买权的,视为放弃优先购买权。

593.【变更登记】

人民法院强制转让被执行人的股权、其他投资权益,完成变价等程序后,应当向受让人、被执行人及其股权、其他投资权益所在市场主体送达转让裁定,要求工商行政管理机关协助公示并办理有限责任公司股东变更登记。

人民法院要求办理有限责任公司股东变更登记的,执行

人员应当出示工作证或者执行公务证,送达生效法律文书副本或者执行裁定书、协助执行通知书、协助公示执行信息需求书、合法受让人的身份或资格证明,到被执行人股权所在有限责任公司登记的工商行政管理机关办理。

法律、行政法规对股东资格、持股比例等有特殊规定的,人民法院要求工商行政管理机关办理有限责任公司股东变更登记前,应当进行审查,并确认该公司股东变更符合公司法第二十四条、第五十八条的规定。

工商行政管理机关收到人民法院上述文书后,应当在三个工作日内直接在业务系统中办理,不需要该有限责任公司另行申请,并及时公示股东变更登记信息。公示后,该股东权利以公示信息确定。

594.【查询、摘抄、复制材料】

人民法院可以对有关材料查询、摘抄、复制,但不得带走原件。

工商行政管理机关对人民法院复制的书面材料应当核对并加盖印章。人民法院要求提供电子版,工商行政管理机关有条件的,应当提供。

对于工商行政管理机关无法协助的事项,人民法院要求出具书面说明的,工商行政管理机关应当出具。

595.【协助执行后果及救济】

工商行政管理机关对按人民法院要求协助执行产生的后果,不承担责任。

当事人、案外人对工商行政管理机关协助执行的行为不服,提出异议或者行政复议的,工商行政管理机关不予受理;向人民法院起诉的,人民法院不予受理。

当事人、案外人认为人民法院协助执行要求存在错误的,应当按照民事诉讼法第二百二十五条之规定,向人民法院提出执行异议,人民法院应当受理。

当事人认为工商行政管理机关在协助执行时扩大了范围或者违法采取措施造成其损害,提起行政诉讼的,人民法院应当受理。

596.【新旧规定的衔接】

人民法院冻结股权、其他投资权益的通知在 2014 年 2 月 28 日之前送达工商行政管理机关、冻结到期日在 2014 年 3 月 1 日以后的,工商行政管理机关应当在 2014 年 11 月 30 日前将冻结信息公示。公示后续行冻结的,按照本规范第 587 条办理。

冻结到期日在 2014 年 3 月 1 日以后、2014 年 11 月 30 日前,人民法院送达了续行冻结通知书的,续行冻结有效。工商行政管理机关还应当在 2014 年 11 月 30 日前公示续行冻结信息。

人民法院对股权、其他投资权益的冻结未设定期限的,工商行政管理机关应当在 2014 年 11 月 30 日前将冻结信息公示。从公示之日起满两年,人民法院未续行冻结的,冻结的效力消灭。

597.【中外合资、合作经营企业的股权或投资权益】

对被执行人在中外合资、合作经营企业中的投资权益或股权,在征得合资或合作他方的同意和对外经济贸易主管机关的批准后,可以对冻结的投资权益或股权予以转让。

如果被执行人除在中外合资、合作企业中的股权以外别无其他财产可供执行,其他股东又不同意转让的,可以直接强制转让被执行人的股权,但应当保护合资他方的优先购买权。

598.【股息或红利等收益】

对被执行人从有关企业中应得的已到期的股息或红利等收益,人民法院有权裁定禁止被执行人提取和有关企业向被执行人支付,并要求有关企业直接向申请执行人支付。

对被执行人预期从有关企业中应得的股息或红利等收益,人民法院可以采取冻结措施,禁止到期后被执行人提取和有关企业向被执行人支付。到期后人民法院可从有关企业中提取,并出具提取收据。

599.【擅自处理股权及股息、红利的责任】

有关企业收到人民法院发出的协助冻结通知后,擅自向被执行人支付股息或红利,或擅自为被执行人办理已冻结股权的转移手续,造成已转移的财产无法追回的,应当在所支付的股息或红利或转移的股权价值范围内向申请执行人承担赔偿责任。

第六节　对证券及其交易结算资金的执行

600.【协助执行机关】

人民法院在办理案件过程中,需要通过证券登记结算机构或者证券公司查询、冻结、扣划证券和证券交易结算资金的,证券登记结算机构或者证券公司应当依法予以协助。

601.【协助执行的手续及留置送达的允许】

人民法院要求证券登记结算机构或者证券公司协助查询、冻结、扣划证券和证券交易结算资金,执行人员应当依法出具相关证件和有效法律文书。

执行人员证件齐全、手续完备的,证券登记结算机构或者证券公司应当签收有关法律文书并协助办理有关事项。

拒绝签收人民法院生效法律文书的,可以留置送达。

602.【查询】

人民法院可以依法向证券登记结算机构查询客户和证券公司的证券账户、证券交收账户和资金交收账户内已完成清算交收程序的余额、余额变动、开户资料等内容。

人民法院可以依法向证券公司查询客户的证券账户和资金账户、证券交收账户和资金交收账户内的余额、余额变动、证券及资金流向、开户资料等内容。

查询自然人账户的,应当提供自然人姓名和身份证件号码;查询法人账户的,应当提供法人名称和营业执照或者法人注册登记证书号码。

证券登记结算机构或者证券公司应当出具书面查询结果并加盖业务专用章。人民法院对查询结果有疑问时，证券登记结算机构、证券公司在必要时应当进行书面解释并加盖业务专用章。

603.【冻结期限】

人民法院冻结被执行人的证券及其交易结算资金的期限不得超过三年。

申请执行人申请延长期限的，人民法院应当在冻结期限届满前办理续行冻结手续，续行期限不得超过前款规定的期限。

人民法院也可以依职权办理续行冻结手续。

604.【不得冻结、扣划的证券】

证券登记结算机构依法按照业务规则收取并存放于专门清算交收账户内的下列证券，不得冻结、扣划：

（一）证券登记结算机构设立的证券集中交收账户、专用清偿账户、专用处置账户内的证券；

（二）证券公司在证券登记结算机构开设的客户证券交收账户、自营证券交收账户和证券处置账户内的证券。

605.【不得冻结、扣划的资金】

证券登记结算机构依法按照业务规则收取并存放于专门清算交收账户内的下列资金，不得冻结、扣划：

（一）证券登记结算机构设立的资金集中交收账户、专用清偿账户内的资金；

（二）证券登记结算机构依法收取的证券结算风险基金和结算互保金；

（三）证券登记结算机构在银行开设的结算备付金专用存款账户和新股发行验资专户内的资金，以及证券登记结算机构为新股发行网下申购配售对象开立的网下申购资金账户内的资金；

（四）证券公司在证券登记结算机构开设的客户资金交收账户内的资金；

（五）证券公司在证券登记结算机构开设的自营资金交收账户内最低限额自营结算备付金及根据成交结果确定的应付资金。

606.【不得扣划、冻结的担保物】

证券登记结算机构依法按照业务规则要求证券公司等结算参与人、投资者或者发行人提供的回购质押券、价差担保物、行权担保物、履约担保物等担保物，在交收完成之前，不得冻结、扣划。

607.【自营资金】

证券公司在银行开立的自营资金账户内的资金可以冻结、扣划。

608.【充抵保证金的有价证券之一】

期货交易所为被执行人的，期货交易所会员向其提交的用于充抵保证金的有价证券，人民法院不得冻结、划拨。

609.【充抵保证金的有价证券之二】

期货公司为被执行人的，客户向其提交的用于充抵保证金的有价证券，人民法院不得冻结、划拨。

610.【充抵保证金的有价证券之三】

实行会员分级结算制度的期货交易所的结算会员为被执行人的，非结算会员向其提交的用于充抵保证金的有价证券，人民法院不得冻结、划拨。

611.【上述三条的例外】

有证据证明本规范第608条、第609条、第610条保证金账户中有超出保证范围的有价证券部分权益的，期货交易所、期货公司或者期货交易所结算会员在人民法院指定的合理期限内不能提出相反证据的，人民法院对超出部分可分别作为期货公司、结算会员的财产予以执行。

612.【冻结、扣划】

人民法院冻结、扣划相关证券、资金时，应当明确拟冻结、扣划证券、资金所在的账户名称、账户号码、冻结期限，所冻结、扣划证券的名称、数量或者资金的数额。扣划时，还应当明确拟划入的账户名称、账号。

冻结证券和交易结算资金时，应当明确冻结的范围是否及于孳息。

《最高人民法院、最高人民检察院、公安部、中国证券监督管理委员会关于查询冻结扣划证券和证券交易结算资金问题通知》规定的以证券登记结算机构名义建立的各类专门清算交收账户不得整体冻结。

613.【冻结期限】

人民法院冻结被执行人的证券、交易结算资金的期限不得超过三年。

申请执行人申请延长期限的，人民法院应当在冻结期限届满前办理续行冻结手续，续行期限不得超过前款规定的期限。

人民法院也可以依职权办理续行冻结手续。

614.【协助机关分工】

在证券公司托管的证券的冻结、扣划，既可以在托管的证券公司办理，也可以在证券登记结算机构办理。不同的执法机关同一交易日分别在证券公司、证券登记结算机构对同一笔证券办理冻结、扣划手续的，证券公司协助办理的为在先冻结、扣划。

冻结、扣划未在证券公司或者其他托管机构托管的证券或者证券公司自营证券的，由证券登记结算机构协助办理。

615.【协助机关办理时限】

证券登记结算机构受理冻结、扣划要求后，应当在受理日对应的交收日交收程序完成后根据交收结果协助冻结、扣划。

证券公司受理冻结、扣划要求后，应当立即停止证券交易，冻结时已经下单但尚未撮合成功的应当采取撤单措施。冻结后，根据成交结果确定的用于交收的应付证券和应付资金可以进行正常交收。在交收程序完成后，对于剩余部分可以扣划。同时，证券公司应当根据成交结果计算出同等数额的应收资金或者应收证券交由执法机关冻结或者扣划。

616.【轮候冻结】

已被人民法院冻结的证券或证券交易结算资金，其他机关因不同案件可以进行轮候冻结。冻结解除的，登记在先的轮候冻结自动生效。

轮候冻结生效后，协助冻结的证券登记结算机构或者证券公司应当书面通知做出该轮候冻结的机关。

617.【多机关冻结、扣划或轮候冻结的办理】

不同的人民法院、人民检察院、公安机关对同一笔证券或者交易结算资金要求冻结、扣划或者轮候冻结时，证券登记结算机构或者证券公司应当按照送达协助冻结、扣划通知书的先后顺序办理协助事项。

618.【多机关冻结、扣划争议解决】

要求冻结、扣划的人民法院、人民检察院、公安机关之间，因冻结、扣划事项发生争议的，要求冻结、扣划的机关应当自行协商解决。协商不成的，由其共同上级机关决定；没有共同上级机关的，由其各自的上级机关协商解决。

在争议解决之前，协助冻结的证券登记结算机构或者证券公司应当按照争议机关所送达法律文书载明的最大标的范围对争议标的进行控制。

619.【不协助执行的制裁】

依法应当予以协助而拒绝协助，或者向当事人通风报信，或者与当事人通谋转移、隐匿财产的，对有关的证券登记结算机构或者证券公司和直接责任人应当依法进行制裁。

620.【可流通证券的变价】

人民法院对被执行人证券账户内的流通证券采取执行措施时，应当查明该流通证券确属被执行人所有。

人民法院执行流通证券，可以指令被执行人所在的证券公司营业部在三十个交易日内通过证券交易将该证券卖出，并将变卖所得价款直接划付到人民法院指定的账户。

第七节　对债权及收入的执行

一、对债权的执行

621.【到期债权执行的一般规定】

人民法院执行被执行人对他人的到期债权，可以作出冻结债权的裁定，并通知该他人向申请执行人履行。

该他人对到期债权有异议，申请执行人请求对异议部分强制执行的，人民法院不予支持。利害关系人对到期债权有异议的，人民法院应当按照民事诉讼法第二百二十七条规定处理。

对生效法律文书确定的到期债权，该他人予以否认的，人民法院不予支持。

622.【冻结期限】

人民法院冻结被执行人对他人的到期债权的期限不得超过三年。

申请执行人申请延长期限的，人民法院应当在冻结期限届满前办理续行冻结手续，续行期限不得超过前款规定的期限。

人民法院也可以依职权办理续行冻结手续。

623.【履行通知】

人民法院通知次债务人向申请执行人履行的，应制作履行通知。履行通知应当包含下列内容：

（一）次债务人直接向申请执行人履行其对被执行人所负的债务，不得向被执行人清偿；

（二）次债务人应当在收到履行通知后的十五日内向申请执行人履行债务；

（三）次债务人对履行到期债务有异议的，应当在收到履行通知后的十五日内向执行法院提出；

（四）次债务人违背上述义务的法律后果。

履行通知必须直接送达次债务人。

624.【提出异议的形式】

次债务人对履行通知的异议一般应当以书面形式提出，口头提出的，执行人员应记入笔录，并由次债务人签字或盖章。

625.【指定期限内的异议】

次债务人在履行通知指定的期间内提出异议的，人民法院不得对次债务人强制执行，对提出的异议不进行审查。

626.【无直接法律关系的异议】

次债务人提出自己无履行能力或其与申请执行人无直接法律关系，不属于本规范第 621 条规定所指的异议。

次债务人对债务部分承认、部分有异议的，可以对其承认的部分强制执行。

627.【指定期限内未提异议】

次债务人在履行通知指定的期限内没有提出异议，而又不履行的，执行法院有权裁定对其强制执行。此裁定同时送达次债务人和被执行人。

628.【放弃债权或延缓履行期限】

被执行人收到人民法院履行通知后，放弃其对次债务人的债权或延缓次债务人履行期限的行为无效，人民法院仍可在次债务人无异议又不履行的情况下予以强制执行。

629.【擅自履行的责任】

次债务人收到人民法院要求其履行到期债务的通知后，擅自向被执行人履行，造成已向被执行人履行的财产不能追回的，除在已履行的财产范围内与被执行人承担连带清偿责任外，可以追究其妨害执行的责任。

630.【次债务人到期债权追索的禁止】

在对次债务人作出强制执行裁定后，次债务人确无财产可供执行的，不得就次债务人对他人享有的到期债权强制执行。

631.【履行证明】

次债务人按照人民法院履行通知向申请执行人履行了债

务或已被强制执行后，人民法院应当出具有关证明。

632.【生效法律文书确定的到期债权】

被执行人对他人经生效法律文书确定的到期债权，被执行人未申请强制执行的，人民法院按照法律、司法解释关于到期债权执行的相关规定办理。已进入强制执行程序的，人民法院可以请求该到期债权的执行法院协助冻结、提取被执行人的应得款项。

633.【未到期债权的执行】

对被执行人的未到期债权，执行法院可以依法冻结，待债权到期后参照到期债权予以执行。次债务人仅以该债务未到期为由提出异议的，不影响对该债权的冻结。

二、对收入的执行

634.【对收入执行的一般规定】

被执行人未按执行通知履行生效法律文书确定的义务，人民法院有权扣留、提取被执行人应当履行义务部分的收入。但应当保留被执行人及其所扶养家属的生活必需费用。

人民法院扣留、提取收入时，应当作出裁定，并发出协助执行通知书，被执行人所在单位、银行、信用合作社和其他有储蓄业务的单位必须办理。

635.【尚未支取的收入】

被执行人在有关单位的收入尚未支取的，人民法院应当作出裁定，向该单位发出协助执行通知书，由其协助扣留或提取。

636.【擅自支付的责任】

有关单位收到人民法院协助执行被执行人收入的通知后，擅自向被执行人或其他人支付的，人民法院有权责令其限期追回；逾期未追回的，应当裁定其在支付的数额内向申请执行人承担责任。

637.【离休金、退休金、养老金】

对于离休金、退休金、养老金，在留出必要的生活费用外，人民法院可以作为被执行人的财产予以执行。

638.【住房公积金】

被执行人符合国务院《住房公积金管理条例》第二十四条规定的提取职工住房公积金账户内的存储余额的条件的，在保障被执行人依法享有的基本生活及居住条件的情况下，人民法院可以对被执行人住房公积金账户内的存储余额强制执行。

第二十二章　非金钱给付请求权的执行

第一节　物的交付请求权的执行

639.【一般规定】

法律文书指定交付的财物或者票证，由执行员传唤双方当事人当面交付，或者由执行员转交，并由被交付人签收。

有关单位持有该项财物或者票证的，应当根据人民法院的协助执行通知书转交，并由被交付人签收。

有关公民持有该项财物或者票证的，人民法院通知其交出。拒不交出的，强制执行。

640.【房屋的强制迁出或土地的强制退出】

强制迁出房屋或者强制退出土地，由院长签发公告，责令被执行人在指定期间履行。被执行人逾期不履行的，由执行员强制执行。

强制执行时，被执行人是公民的，应当通知被执行人或者他的成年家属到场；被执行人是法人或者其他组织的，应当通知其法定代表人或者主要负责人到场。拒不到场的，不影响执行。被执行人是公民的，其工作单位或者房屋、土地所在地的基层组织应当派人参加。执行员应当将强制执行情况记入笔录，由在场人签名或者盖章。

强制迁出房屋被搬出的财物，由人民法院派人运至指定处所，交给被执行人。被执行人是公民的，也可以交给他的成年家属。因拒绝接收而造成的损失，由被执行人承担。

641.【生活必需房屋异议的处理】

执行依据确定被执行人交付居住的房屋，自执行通知送达之日起，已经给予三个月的宽限期，被执行人以该房屋系本人及所扶养家属维持生活的必需品为由提出异议的，人民法院不予支持。

642.【隐匿资料的处理】

在执行中，被执行人隐匿财产、会计账簿等资料的，人民法院除可依照民事诉讼法第一百一十一条第一款第六项规定对其处理外，还应责令被执行人交出隐匿的财产、会计账簿等资料。被执行人拒不交出的，人民法院可以采取搜查措施。

643.【他人持有财物、票证的交付】

他人持有法律文书指定交付的财物或者票证，人民法院依照民事诉讼法第二百四十九条第二款、第三款规定发出协助执行通知后，拒不转交的，可以强制执行，并可依照民事诉讼法第一百一十四条、第一百一十五条规定处理。

他人持有期间财物或者票证毁损、灭失的，参照本规范第645条规定处理。

他人主张合法持有财物或者票证的，可以根据民事诉讼法第二百二十七条规定提出执行异议。

644.【他人无合法依据占有的处理】

案外人无合法依据占有被执行的标的物不动产的，执行法院依法可以强制迁出；案外人拒不迁出，对标的物上的财产，执行法院可以指定他人保管并通知领取；案外人不领取或下落不明的，为避免保管费用过高或财产价值减损，执行法院可以处分该财产，处分所得价款，扣除搬迁、保管及拍卖变卖等相关费用后，保存于执行法院账户，通知该案外人领取。

645.【特定物毁损、灭失的处理】

执行标的物为特定物的，应当执行原物。原物确已毁损或者灭失的，经双方当事人同意，可以折价赔偿。

双方当事人对折价赔偿不能协商一致的，人民法院应当终结执行程序。申请执行人可以另行起诉。

第二节 行为请求权的执行

646.【一般规定】

对判决、裁定和其他法律文书指定的行为，被执行人未按执行通知履行的，人民法院可以强制执行或者委托有关单位或者其他人完成，费用由被执行人承担。

647.【可代替履行行为】

被执行人不履行生效法律文书确定的行为义务，该义务可由他人完成的，人民法院可以选定代履行人；法律、行政法规对履行该行为义务有资格限制的，应当从有资格的人中选定。必要时，可以通过招标的方式确定代履行人。

申请执行人可以在符合条件的人中推荐代履行人，也可以申请自己代为履行，是否准许，由人民法院决定。

648.【代履行费用】

代履行费用的数额由人民法院根据案件具体情况确定，并由被执行人在指定期限内预先支付。被执行人未预付的，人民法院可以对该费用强制执行。

代履行结束后，被执行人可以查阅、复制费用清单以及主要凭证。

649.【不可代替履行行为】

被执行人不履行法律文书指定的行为，且该项行为只能由被执行人完成的，人民法院可以依照民事诉讼法第一百一十一条第一款第六项规定处理。

被执行人在人民法院确定的履行期间内仍不履行的，人民法院可以依照民事诉讼法第一百一十一条第一款第六项规定再次处理。

650.【不作为】

生效法律文书确定被执行人不得为一定行为或者容忍他人为一定行为，被执行人不履行的，人民法院可以依照民事诉讼法第一百一十一条第一款第六项规定处理。必要时，还可以依申请执行人的申请，责令被执行人交付费用，除去被执行人行为的结果。

651.【探望权】

婚姻法第四十八条关于对拒不执行有关探望子女等判决和裁定的，由人民法院依法强制执行的规定，是指对拒不履行协助另一方行使探望权的有关个人和单位采取拘留、罚款等强制措施，不能对子女的人身、探望行为进行强制执行。

第二十三章 特殊案件的执行

第一节 财产保全与先予执行案件的执行

一、财产保全

652.【诉讼保全的一般规定】

人民法院对于可能因当事人一方的行为或者其他原因，使判决难以执行或者造成当事人其他损害的案件，根据对方当事人的申请，可以裁定对其财产进行保全、责令其作出一定行为或者禁止其作出一定行为；当事人没有提出申请的，人民法院在必要时也可以裁定采取保全措施。

人民法院采取保全措施，可以责令申请人提供担保，申请人不提供担保的，裁定驳回申请。

653.【诉前保全】

利害关系人因情况紧急，不立即申请保全将会使其合法权益受到难以弥补的损害的，可以在提起诉讼或者申请仲裁前向被保全财产所在地、被申请人住所地或者对案件有管辖权的人民法院申请采取保全措施。申请人应当提供担保，不提供担保的，裁定驳回申请。

人民法院接受申请后，必须在四十八小时内作出裁定；裁定采取保全措施的，应当立即开始执行。

申请人在人民法院采取保全措施后三十日内不依法提起诉讼或者申请仲裁的，人民法院应当解除保全。

654.【法律文书生效后，进入执行程序前的保全】

法律文书生效后，进入执行程序前，债权人因对方当事人转移财产等紧急情况，不申请保全将可能导致生效法律文书不能执行或者难以执行的，可以向执行法院申请采取保全措施。债权人申请财产保全的，应当写明生效法律文书的制作机关、文号和主要内容，并附生效法律文书副本。

债权人申请财产保全的，人民法院可以不要求提供担保。

债权人在法律文书指定的履行期间届满后五日内不申请执行的，人民法院应当解除保全。

655.【仲裁案件的财产保全】

在国内仲裁过程中，一方当事人因另一方当事人的行为或者其他原因，可能使裁决不能执行或者难以执行的，可以申请财产保全。申请有错误的，申请人应当赔偿被申请人因财产保全所遭受的损失。

当事人申请财产保全，应当通过仲裁机构向被申请人住所地或被申请保全的财产所在地的基层人民法院提交申请书及仲裁案件受理通知书等相关材料。

人民法院裁定采取保全措施或者裁定驳回申请的，应当将裁定书送达当事人，并通知仲裁机构。

656.【上诉、再审案件保全措施的实施】

对当事人不服一审判决提起上诉的案件，在第二审人民法院接到报送的案件之前，当事人有转移、隐匿、出卖或者毁损财产等行为，必须采取保全措施的，由第一审人民法院依当事人申请或者依职权采取。第一审人民法院的保全裁定，应当及时报送第二审人民法院。

第二审人民法院裁定对第一审人民法院采取的保全措施予以续保或者采取新的保全措施的，可以自行实施，也可以委托第一审人民法院实施。

再审人民法院裁定对原保全措施予以续保或者采取新的保全措施的,可以自行实施,也可以委托原审人民法院或者执行法院实施。

657.【保全申请】

当事人、利害关系人申请财产保全,应当向人民法院提交申请书,并提供相关证据材料。

申请书应当载明下列事项:

(一)申请保全人与被保全人的身份、送达地址、联系方式;

(二)请求事项和所根据的事实与理由;

(三)请求保全数额或者争议标的;

(四)明确的被保全财产信息或者具体的被保全财产线索;

(五)为财产保全提供担保的财产信息或资信证明,或者不需要提供担保的理由;

(六)其他需要载明的事项。

法律文书生效后,进入执行程序前,债权人申请财产保全的,应当写明生效法律文书的制作机关、文号和主要内容,并附生效法律文书副本。

658.【法院内部职责分工】

人民法院进行财产保全,由立案、审判机构作出裁定,一般应当移送执行机构实施。移送执行机构实施的,应当立即将保全裁定、申请人提供的财产线索等材料一并移送给执行机构。

人民法院执行财产保全裁定的,案件类型代字为"执保字"。

659.【采取措施时限】

人民法院接受财产保全申请后,应当在五日内作出裁定;需要提供担保的,应当在提供担保后五日内作出裁定;裁定采取保全措施的,应当在五日内开始执行。对情况紧急的,必须在四十八小时内作出裁定;裁定采取保全措施的,应当立即开始执行。

660.【担保数额】

人民法院依照民事诉讼法第一百条规定责令申请保全人提供财产保全担保的,担保数额不超过请求保全数额的百分之三十;申请保全的财产系争议标的的,担保数额不超过争议标的价值的百分之三十。

利害关系人申请诉前财产保全的,应当提供相当于请求保全数额的担保;情况特殊的,人民法院可以酌情处理。

财产保全期间,申请保全人提供的担保不足以赔偿可能给被保全人造成的损失的,人民法院可以责令其追加相应的担保;拒不追加的,可以裁定解除或者部分解除保全。

661.【物保和人保】

申请保全人或第三人为财产保全提供财产担保的,应当向人民法院出具担保书。担保书应当载明担保人、担保方式、担保范围、担保财产及其价值、担保责任承担等内容,并附相关证据材料。

第三人为财产保全提供保证担保的,应当向人民法院提交保证书。保证书应当载明保证人、保证方式、保证范围、保证责任承担等内容,并附相关证据材料。

对财产保全担保,人民法院经审查,认为违反物权法、担保法、公司法等有关法律禁止性规定的,应当责令申请保全人在指定期限内提供其他担保;逾期未提供的,裁定驳回申请。

662.【保险人提供担保】

保险人以其与申请保全人签订财产保全责任险合同的方式为财产保全提供担保的,应当向人民法院出具担保书。

担保书应当载明,因申请财产保全错误,由保险人赔偿被保全人因保全所遭受的损失等内容,并附相关证据材料。

663.【金融机构提供担保】

金融监管部门批准设立的金融机构以独立保函形式为财产保全提供担保的,人民法院应当依法准许。

664.【不要求提供担保情形】

当事人在诉讼中申请财产保全,有下列情形之一的,人民法院可以不要求提供担保:

(一)追索赡养费、扶养费、抚育费、抚恤金、医疗费用、劳动报酬、工伤赔偿、交通事故人身损害赔偿的;

(二)婚姻家庭纠纷案件中遭遇家庭暴力且经济困难的;

(三)人民检察院提起的公益诉讼涉及损害赔偿的;

(四)因见义勇为遭受侵害请求损害赔偿的;

(五)案件事实清楚、权利义务关系明确,发生保全错误可能性较小的;

(六)申请保全人为商业银行、保险公司等由金融监管部门批准设立的具有独立偿付债务能力的金融机构及其分支机构的。

法律文书生效后,进入执行程序前,债权人申请财产保全的,人民法院可以不要求提供担保。

665.【对担保财产的查封】

对申请保全人或者他人提供的担保财产,人民法院应当对该财产的权属证书予以扣押,并依法办理查封、扣押、冻结等手续。

666.【提供被保全财产信息】

当事人、利害关系人申请财产保全,应当向人民法院提供明确的被保全财产信息。

当事人在诉讼中申请财产保全,确因客观原因不能提供明确的被保全财产信息,但提供了具体财产线索的,人民法院可以依法裁定采取财产保全措施。

667.【网络查控财产信息】

人民法院依照本规范第666条第二款规定作出保全裁定的,在该裁定执行过程中,申请保全人可以向已经建立网络执行查控系统的执行法院,书面申请通过该系统查询被保全人的财产。

申请保全人提出查询申请的，执行法院可以利用网络执行查控系统，对裁定保全的财产或者保全数额范围内的财产进行查询，并采取相应的查封、扣押、冻结措施。

人民法院利用网络执行查控系统未查询到可供保全财产的，应当书面告知申请保全人。

668.【对被保全人财产的保密义务】

人民法院对查询到的被保全人财产信息，应当依法保密。除依法保全的财产外，不得泄露被保全人其他财产信息，也不得在财产保全、强制执行以外使用相关信息。

669.【财产权益保护原则】

保全限于请求的范围，或者与本案有关的财物。被保全人有多项财产可供保全的，在能够实现保全目的的情况下，人民法院应当选择对其生产经营活动影响较小的财产进行保全。

人民法院对厂房、机器设备等生产经营性财产进行保全时，指定被保全人保管的，应当允许其继续使用。

财产已被查封、冻结的，不得重复查封、冻结。

670.【同等价值保全原则】

人民法院应当依据财产保全裁定采取相应的查封、扣押、冻结措施。

可供保全的土地、房屋等不动产的整体价值明显高于保全裁定载明金额的，人民法院应当对该不动产的相应价值部分采取查封、扣押、冻结措施，但该不动产在使用上不可分或者分割会严重减损其价值的除外。

对银行账户内资金采取冻结措施的，人民法院应当明确具体的冻结数额。

671.【保全措施】

人民法院采取财产保全的方法和措施，依照执行程序相关规定办理。

人民法院在财产保全中采取查封、扣押、冻结措施，需要有关单位协助办理登记手续的，有关单位应当在裁定书和协助执行通知书送达后立即办理。针对同一财产有多个裁定书和协助执行通知书的，应当按照送达的时间先后办理登记手续。

人民法院保全财产后，应当立即通知被保全财产的人。

672.【保全财产的保管和使用】

人民法院在财产保全中采取查封、扣押、冻结财产措施时，应当妥善保管被查封、扣押、冻结的财产。不宜由人民法院保管的，人民法院可以指定被保全人负责保管；不宜由被保全人保管的，可以委托他人或者申请保全人保管。

查封、扣押、冻结担保物权人占有的担保财产，一般由担保物权人保管；由人民法院保管的，质权、留置权不因采取保全措施而消灭。

由人民法院指定被保全人保管的财产，如果继续使用对该财产的价值无重大影响，可以允许被保全人继续使用；由人民法院保管或者委托他人、申请保全人保管的财产，人民法院和其他保管人不得使用。

673.【特殊动产的保全】

被保全财产系机动车、航空器等特殊动产的，除被保全人下落不明的以外，人民法院应当责令被保全人书面报告该动产的权属和占有、使用等情况，并予以核实。

674.【不宜长期保管物品的保全或执行】

人民法院对季节性商品、鲜活、易腐烂变质以及其他不宜长期保存的物品采取保全措施时，可以责令当事人及时处理，由人民法院保存价款；必要时，人民法院可予以变卖，保存价款。

675.【到期收益的保全】

人民法院对债务人到期应得的收益，可以采取财产保全措施，限制其支取，通知有关单位协助执行。

676.【到期债权的保全】

债务人的财产不能满足保全请求，但对他人有到期债权的，人民法院可以依债权人的申请裁定该他人不得对本案债务人清偿。该他人要求偿付的，由人民法院提存财物或者价款。

677.【保全效力的延续】

利害关系人申请诉前财产保全，在人民法院采取保全措施后三十日内依法提起诉讼或者申请仲裁的，诉前财产保全措施自动转为诉讼或仲裁中的保全措施；进入执行程序后，保全措施自动转为执行中的查封、扣押、冻结措施。

依前款规定，自动转为诉讼、仲裁中的保全措施或者执行中的查封、扣押、冻结措施的，期限连续计算，人民法院无需重新制作裁定书。

678.【保全、审理、执行法院不一致的处理】

当事人向采取诉前保全措施以外的其他有管辖权的人民法院起诉的，采取诉前保全措施的人民法院应当将保全手续移送受理案件的人民法院。诉前保全的裁定视为受移送人民法院作出的裁定。

对人民法院采取财产保全措施的案件，申请执行人向采取保全措施的人民法院以外的其他有管辖权的人民法院申请执行的，采取保全措施的人民法院应当将保全的财产交执行法院处理。

679.【续行保全】

保全的期限适用本规范第 374 条规定。

申请保全人申请续行财产保全的，应当在保全期限届满七日前向人民法院提出；逾期申请或者不申请的，自行承担不能续行保全的法律后果。

人民法院进行财产保全时，应当书面告知申请保全人明确的保全期限届满日以及前款有关申请续行保全的事项。

680.【再审期间对保全申请的处理】

再审审查期间，债务人申请保全生效法律文书确定给付的财产的，人民法院不予受理。

再审审理期间，原生效法律文书中止执行，当事人申请财产保全的，人民法院应当受理。

681.【保全不影响优先权】

人民法院对抵押物、质押物、留置物可以采取财产保全措施，但不影响抵押权人、质权人、留置权人的优先受偿权。

682.【保全的效力】

人民法院裁定采取保全措施后，除作出保全裁定的人民法院自行解除或者其上级人民法院决定解除外，在保全期限内，任何单位不得解除保全措施。

683.【保全财产的自行处分】

财产保全期间，被保全人请求对被保全财产自行处分，人民法院经审查，认为不损害申请保全人和其他执行债权人合法权益的，可以准许，但应当监督被保全人按照合理价格在指定期限内处分，并控制相应价款。

被保全人请求对作为争议标的的被保全财产自行处分的，须经申请保全人同意。

人民法院准许被保全人自行处分被保全财产的，应当通知申请保全人；申请保全人不同意的，可以依照民事诉讼法第二百二十五条规定提出异议。

684.【保全财产的变更】

财产保全的被保全人提供其他等值担保财产且有利于执行的，人民法院可以裁定变更保全标的物为被保全人提供的担保财产。

财产纠纷案件，被保全人或第三人提供充分有效担保请求解除保全，人民法院应当裁定准许。被保全人请求对作为争议标的的财产解除保全的，须经申请保全人同意。

685.【保全解除之一】

裁定采取保全措施后，有下列情形之一的，人民法院应当作出解除保全裁定：

（一）保全错误的；

（二）申请人撤回保全申请的；

（三）申请人的起诉或者诉讼请求被生效裁判驳回的；

（四）人民法院认为应当解除保全的其他情形。

解除以登记方式实施的保全措施的，应当向登记机关发出协助执行通知书。

686.【保全解除之二】

人民法院采取财产保全措施后，有下列情形之一的，申请保全人应当及时申请解除保全：

（一）采取诉前财产保全措施后三十日内不依法提起诉讼或者申请仲裁的；

（二）仲裁机构不予受理仲裁申请、准许撤回仲裁申请或者按撤回仲裁申请处理的；

（三）仲裁申请或者请求被仲裁裁决驳回的；

（四）其他人民法院对起诉不予受理、准许撤诉或者按撤诉处理的；

（五）起诉或者诉讼请求被其他人民法院生效裁判驳回的；

（六）申请保全人应当申请解除保全的其他情形。

人民法院收到解除保全申请后，应当在五日内裁定解除保全；对情况紧急的，必须在四十八小时内裁定解除保全。

申请保全人未及时申请人民法院解除保全，应当赔偿被保全人因财产保全所遭受的损失。

被保全人申请解除保全，人民法院经审查认为符合法律规定的，应当在本条第二款规定的期间内裁定解除保全。

687.【保全裁定的撤销、变更或者补正】

财产保全裁定执行中，人民法院发现保全裁定的内容与被保全财产的实际情况不符的，应当予以撤销、变更或补正。

688.【对保全与否裁定的复议】

申请保全人、被保全人对保全裁定或者驳回申请裁定不服的，可以自裁定书送达之日起五日内向作出裁定的人民法院申请复议一次。人民法院应当自收到复议申请后十日内审查。

对保全裁定不服申请复议的，人民法院经审查，理由成立的，裁定撤销或变更；理由不成立的，裁定驳回。

对驳回申请裁定不服申请复议的，人民法院经审查，理由成立的，裁定撤销，并采取保全措施；理由不成立的，裁定驳回。

689.【保全执行行为异议】

申请保全人、被保全人、利害关系人认为保全裁定实施过程中的执行行为违反法律规定提出书面异议的，人民法院应当依照民事诉讼法第二百二十五条规定审查处理。

690.【案外人异议】

人民法院对诉讼争议标的以外的财产进行保全，案外人对保全裁定或者保全裁定实施过程中的执行行为不服，基于实体权利对被保全财产提出书面异议的，人民法院应当依照民事诉讼法第二百二十七条规定审查处理并作出裁定。案外人、申请保全人对该裁定不服的，可以自裁定送达之日起十五日内向人民法院提起执行异议之诉。

人民法院裁定案外人异议成立后，申请保全人在法律规定的期间内未提起执行异议之诉的，人民法院应当自起诉期限届满之日起七日内对该被保全财产解除保全。

691.【海事保全】

海事诉讼中，海事请求人申请海事请求保全，适用海事诉讼特别程序法及相关司法解释。

692.【财产保全案件的结案】

执行财产保全裁定案件的结案方式包括：

（一）保全完毕，即保全事项全部实施完毕；

（二）部分保全，即因未查询到足额财产，致使保全事项未能全部实施完毕；

（三）无标的物可实施保全，即未查到财产可供保全。

二、先予执行

693.【先予执行的情形】

人民法院对下列案件，根据当事人的申请，可以裁定先予执行：

（一）追索赡养费、扶养费、抚育费、抚恤金、医疗费用的；

（二）追索劳动报酬的；

（三）需要立即停止侵害、排除妨碍的；

（四）需要立即制止某项行为的；

（五）追索恢复生产、经营急需的保险理赔费的；

（六）需要立即返还社会保险金、社会救助资金的；

（七）不立即返还款项，将严重影响权利人生活和生产经营的；

（八）因情况紧急需要先予执行的。

694.【先予执行的条件】

人民法院裁定先予执行的，应当符合下列条件：

（一）当事人之间权利义务关系明确，不先予执行将严重影响申请人的生活或者生产经营的；

（二）被申请人有履行能力。

人民法院可以责令申请人提供担保，申请人不提供担保的，驳回申请。申请人败诉的，应当赔偿被申请人因先予执行遭受的财产损失。

695.【采取先予执行措施的期间和范围】

民事诉讼法规定的先予执行，人民法院应当在受理案件后终审判决作出前采取。先予执行应当限于当事人诉讼请求的范围，并以当事人的生活、生产经营的急需为限。

696.【法院内部职责分工】

先予执行的申请由审判机构审查并作出裁定。裁定先予执行的，移交执行机构执行。

697.【法律适用】

先予执行裁定的执行适用民事执行的有关规定。

698.【对先予执行裁定的复议】

当事人对先予执行的裁定不服的，可以申请复议一次。复议期间不停止裁定的执行。

当事人对先予执行裁定不服的，可以自收到裁定书之日起五日内向作出裁定的人民法院申请复议。人民法院应当在收到复议申请后十日内审查。裁定正确的，驳回当事人的申请；裁定不当的，变更或者撤销原裁定。

利害关系人对先予执行的裁定不服申请复议的，由作出裁定的人民法院依照本条第一款规定处理。

699.【先予执行的回转】

人民法院先予执行后，根据发生法律效力的判决，申请人应当返还因先予执行所取得的利益的，适用民事诉讼法第二百三十三条的规定。

第二节　仲裁裁决的执行

700.【立案和管辖】

对依法设立的仲裁机构的裁决，一方当事人不履行的，对方当事人可以向有管辖权的人民法院申请执行。受申请的人民法院应当执行。

当事人申请执行仲裁裁决案件，由被执行人住所地或者被执行的财产所在地的中级人民法院管辖。

当事人向人民法院申请执行我国仲裁机构作出已经发生法律效力的仲裁裁决和调解书的，应提交符合本规范第31条、第32条规定要求的材料。

701.【仲裁案卷的调阅】

根据执行仲裁裁决案件的实际需要，人民法院可以要求仲裁机构作出说明或者向相关仲裁机构调阅仲裁案卷。

人民法院在办理涉及仲裁的案件过程中作出的裁定，可以送相关的仲裁机构。

702.【申请撤销仲裁裁决对执行程序的影响】

人民法院受理当事人撤销仲裁裁决的申请后，另一方当事人申请执行同一仲裁裁决的，受理执行申请的人民法院应当在受理后裁定中止执行。

一方当事人申请执行裁决，另一方当事人申请撤销裁决的，人民法院应当裁定中止执行。

人民法院裁定撤销裁决的，应当裁定终结执行。撤销裁决的申请被裁定驳回的，人民法院应当裁定恢复执行

703.【不予执行】

当事人在执行程序终结前向执行法院提起对仲裁裁决申请不予执行的，参照本规范第二十五章第三节的相关规定处理。

被执行人提出不予执行请求，并提供适当担保的，人民法院应当依照本规范第100条第八项规定裁定中止执行。

704.【结案】

执行实施案件立案后，被执行人对仲裁裁决提出不予执行申请，经人民法院审查，裁定不予执行的，以“不予执行”方式结案；

人民法院裁定撤销裁决的，以“终结执行”方式结案；

其他情形下，参照本规范第二十章第七节的其他相关规定结案。

第三节　劳动人事争议仲裁裁决的执行

705.【劳动人事争议仲裁裁决的申请执行与受理】

当事人对劳动人事争议仲裁委员会作出的发生法律效力的调解书、裁决书，应当依照规定的期限履行。一方当事人逾期不履行的，另一方当事人可以依照民事诉讼法的有关规定向人民法院申请执行。受理申请的人民法院应当依法执行。

劳动人事争议仲裁委员会对多个劳动者的劳动争议作出仲裁裁决后，部分劳动者对仲裁裁决不服，依法向人民法院起诉的，仲裁裁决对提出起诉的劳动者不发生法律效力；对未提出起诉的部分劳动者，发生法律效力，如其申请执行的，人民

法院应当受理。

706.【预先支付工资、费用裁决的执行和受理】

当事人不服劳动人事争议仲裁委员会作出的预先支付劳动者部分工资或者医疗费用的裁决,向人民法院起诉的,人民法院不予受理。用人单位不履行上述裁决中的给付义务,劳动者依法向人民法院申请强制执行的,人民法院应予受理。

707.【先予执行】

仲裁庭对追索劳动报酬、工伤医疗费、经济补偿或者赔偿金的案件,根据当事人的申请,可以裁决先予执行,移送人民法院执行。

仲裁庭裁决先予执行的,应当符合下列条件:

(一)当事人之间权利义务关系明确;

(二)不先予执行将严重影响申请人的生活。

劳动者申请先予执行的,可以不提供担保。

708.【劳动人事争议仲裁裁决不予执行审查期间的执行】

劳动人事争议仲裁委员会作出终局裁决,劳动者向人民法院申请执行,用人单位向劳动人事争议仲裁委员会所在地的中级人民法院申请撤销的,人民法院应当裁定中止执行。

用人单位撤回撤销终局裁决申请或者其申请被驳回的,人民法院应当裁定恢复执行。仲裁裁决被撤销的,人民法院应当裁定终结执行。

第四节 公证债权文书的执行

709.【立案和管辖】

一方当事人不履行公证机关依法赋予强制执行效力的债权文书,对方当事人可以凭原公证书及执行证书,向被执行人住所地或被执行的财产所在地人民法院申请执行,受申请的人民法院应当执行。

公证债权文书执行的级别管辖,参照各地法院受理诉讼案件的级别管辖的规定确定。

710.【公证机关赋予强制执行效力的债权文书的条件】

公证机关赋予强制执行效力的债权文书应当具备以下条件:

(一)债权文书具有给付货币、物品、有价证券的内容;

(二)债权债务关系明确,债权人和债务人对债权文书有关给付内容无疑义;

(三)债权文书中载明债务人不履行义务或不完全履行义务时,债务人愿意接受依法强制执行的承诺。

711.【公证机关赋予强制执行效力的债权文书的范围】

公证机关赋予强制执行效力的债权文书的范围:

(一)借款合同、借用合同、无财产担保的租赁合同;

(二)赊欠货物的债权文书;

(三)各种借据、欠单;

(四)还款(物)协议;

(五)以给付赡养费、扶养费、抚育费、学费、赔(补)偿金为内容的协议;

(六)符合赋予强制执行效力条件的其他债权文书。

712.【债权文书强制执行力的赋予】

公证机关在办理符合赋予强制执行的条件和范围的合同、协议、借据、欠单等债权文书公证时,应当依法赋予该债权文书具有强制执行效力。

未经公证的符合本规范第711条规定的合同、协议、借据、欠单等债权文书,在履行过程中,债权人申请公证机关赋予强制执行效力的,公证机关必须征求债务人的意见;如债务人同意公证并愿意接受强制执行的,公证机关可以依法赋予该债权文书强制执行效力。

713.【执行证书】

债务人不履行或不完全履行公证机关赋予强制执行效力的债权文书的,债权人可以向原公证机关申请执行证书。

公证机关签发执行证书应当注明被执行人、执行标的和申请执行的期限。债务人已经履行的部分,在执行证书中予以扣除。

因债务人不履行或不完全履行而发生的违约金、利息、滞纳金等,可以列入执行标的。

714.【公证卷宗的调阅】

人民法院接到申请执行书,应当依法按规定程序办理。必要时,可以向公证机关调阅公证卷宗,公证机关应当提供。案件执行完毕后,由人民法院在十五日内将公证卷宗附结案通知退回公证机关。

715.【不予执行】

当事人在执行程序终结前向执行法院提起对公证债权文书申请不予执行的,参照本规范第二十五章第三节的相关规定处理。

716.【结案】

执行实施案件立案后,被执行人对公证债权文书提出不予执行申请,经人民法院审查,裁定不予执行的,以"不予执行"方式结案。

其他情形下,参照本规范第二十章第七节的其他相关规定结案。

第五节 刑事裁判涉财产部分的执行

717.【执行机构负责执行的事项】

本规范所称刑事裁判涉财产部分的执行,是指发生法律效力的刑事裁判主文确定的下列事项的执行:

(一)罚金、没收财产;

(二)责令退赔;

(三)处置随案移送的赃款赃物;

(四)没收随案移送的供犯罪所用本人财物;

(五)其他应当由人民法院执行的相关事项。

刑事附带民事裁判的执行,适用民事执行的有关规定。

718.【管辖和委托执行】

刑事裁判涉财产部分,由第一审人民法院执行。第一审人民法院可以委托财产所在地的同级人民法院执行。

受托法院在执行财产刑后,应当及时将执行的财产上缴国库。

719.【执行期限】

人民法院办理刑事裁判涉财产部分执行案件的期限为六个月。有特殊情况需要延长的,经本院院长批准,可以延长。

720.【审判期间财产的调查与控制】

人民法院刑事审判中可能判处被告人财产刑、责令退赔的,刑事审判部门应当依法对被告人的财产状况进行调查;发现可能隐匿、转移财产的,应当及时查封、扣押、冻结其相应财产。

721.【不同机关对同案查封效力的衔接】

刑事审判或者执行中,对于侦查机关已经采取的查封、扣押、冻结,人民法院应当在期限届满前及时续行查封、扣押、冻结。人民法院续行查封、扣押、冻结的顺位与侦查机关查封扣押、冻结的顺位相同。

对侦查机关查封、扣押、冻结的财产,人民法院执行中可以直接裁定处置,无需侦查机关出具解除手续,但裁定中应当指明侦查机关查封、扣押、冻结的事实。

722.【裁判内容的明确、具体要求】

刑事裁判涉财产部分的裁判内容,应当明确、具体。涉案财物或者被害人人数较多,不宜在判决主文中详细列明的,可以概括叙明并另附清单。

判处没收部分财产的,应当明确没收的具体财物或者金额。

判处追缴或者责令退赔的,应当明确追缴或者退赔的金额或财物的名称、数量等相关情况。

723.【移送执行及立案审查】

由人民法院执行机构负责执行的刑事裁判涉财产部分,刑事审判部门应当及时移送立案部门审查立案。移送立案应当提交生效裁判文书及其附件和其他相关材料,并填写《移送执行表》,《移送执行表》应当载明以下内容:

(一)被执行人、被害人的基本信息;

(二)已查明的财产状况或者财产线索;

(三)随案移送的财产和已经处置财产的情况;

(四)查封、扣押、冻结财产的情况;

(五)移送执行的时间;

(六)其他需要说明的情况。

人民法院立案部门经审查,认为属于移送范围且移送材料齐全的,应当在七日内立案,并移送执行机构。

724.【刑法执行机关、社区矫正机构等单位的协助执行】

人民法院可以向刑罚执行机关、社区矫正机构等有关单位调查被执行人的财产状况,并可以根据不同情形要求有关单位协助采取查封、扣押、冻结、划拨等执行措施。

725.【没收财产的执行原则】

判处没收财产的,应当执行刑事裁判生效时被执行人合法所有的财产。

执行没收财产或罚金刑,应当参照被扶养人住所地政府公布的上年度当地居民最低生活费标准,保留被执行人及其所扶养家属的生活必需费用。

726.【赃款赃物、收益及转化物的追缴】

对赃款赃物及其收益,人民法院应当一并追缴。

被执行人将赃款赃物投资或者置业,对因此形成的财产及其收益,人民法院应予追缴。

被执行人将赃款赃物与其他合法财产共同投资或者置业,对因此形成的财产中与赃款赃物对应的份额及其收益,人民法院应予追缴。

对于被害人的损失,应当按照刑事裁判认定的实际损失予以发还或者赔偿,

727.【涉第三人赃款赃物的认定和追缴】

被执行人将刑事裁判认定为赃款赃物的涉案财物用于清偿债务、转让或者设置其他权利负担,具有下列情形之一的,人民法院应予追缴:

(一)第三人明知是涉案财物而接受的;

(二)第三人无偿或者以明显低于市场的价格取得涉案财物的;

(三)第三人通过非法债务清偿或者违法犯罪活动取得涉案财物的;

(四)第三人通过其他恶意方式取得涉案财物的。

第三人善意取得涉案财物的,执行程序中不予追缴。作为原所有人的被害人对该涉案财物主张权利的,人民法院应当告知其通过诉讼程序处理。

728.【财产变价的特殊程序】

被执行财产需要变价的,执行机构应当依法采取拍卖、变卖等变价措施。

涉案财物最后一次拍卖未能成交,需要上缴国库的,人民法院应当通知有关财政机关以该次拍卖保留价予以接收;有关财政机关要求继续变价的,可以进行无保留价拍卖。需要退赔被害人的,以该次拍卖保留价以物退赔;被害人不同意以物退赔的,可以进行无保留价拍卖。

729.【多项清偿义务时的清偿原则】

被执行人在执行中同时承担刑事责任、民事责任,其财产不足以支付的,按照下列顺序执行:

(一)人身损害赔偿中的医疗费用;

(二)退赔被害人的损失;

(二)其他民事债务;

(四)罚金;

(五)没收财产。

债权人对执行标的依法享有优先受偿权,其主张优先受偿的,人民法院应当在前款第(一)项规定的医疗费用受偿后,

予以支持。

730.【案外人异议的特殊审查程序】

执行过程中,当事人、利害关系人认为执行行为违反法律规定,或者案外人对执行标的主张足以阻止执行的实体权利,向执行法院提出书面异议的,执行法院应当依照民事诉讼法第二百二十五条的规定处理。

人民法院审查案外人异议、复议,应当公开听证。

731.【赃款赃物认定异议的审查】

执行过程中,案外人或被害人认为刑事裁判中对涉案财物是否属于赃款赃物认定错误或者应予认定而未认定,向执行法院提出书面异议,可以通过裁定补正的,执行机构应当将异议材料移送刑事审判部门处理;无法通过裁定补正的,应当告知异议人通过审判监督程序处理。

732.【财产刑的执行中止】

执行财产刑过程中,具有下列情形之一的,人民法院应当裁定中止执行:

(一)执行标的物系人民法院或者仲裁机构正在审理案件的争议标的物,需等待该案件审理完毕确定权属的;

(二)案外人对执行标的物提出异议的;

(三)应当中止执行的其他情形。

中止执行的原因消除后,应当恢复执行。

733.【财产刑的终结执行】

执行财产刑过程中,具有下列情形之一的,人民法院应当裁定终结执行:

(一)据以执行的判决、裁定被撤销的;

(二)被执行人死亡或者被执行死刑,且无财产可供执行的;

(三)被判处罚金的单位终止,且无财产可供执行的;

(四)依照刑法第五十三条规定免除罚金的;

(五)应当终结执行的其他情形。

裁定终结执行后,发现被执行人的财产有被隐匿、转移等情形的,应当追缴。

734.【协作机制】

有需要时,执行法院可以要求负责办理减刑、假释案件的人民法院协助执行生效裁判中的财产性判项。

执行法院在执行继续追缴或者责令退赔的事项中,可以要求人民检察院、公安机关、国家安全机关、司法行政机关等予以配合。

735.【财产刑执行回转】

财产刑全部或者部分被撤销的,已经执行的财产应当全部或者部分返还被执行人;无法返还的,应当依法赔偿。

736.【法律适用】

人民法院办理刑事裁判涉财产部分执行案件,刑法、刑事诉讼法及有关司法解释没有相应规定的,参照适用民事执行的有关规定。

第六节 行政案件的执行

737.【执行前保全】

行政机关或者具体行政行为确定的权利人申请人民法院强制执行前,有充分理由认为被执行人可能逃避执行的,可以申请人民法院采取财产保全措施。后者申请强制执行的,应当提供相应的财产担保。

一、对行政判决书、行政裁定书、行政赔偿判决书、行政赔偿调解书的执行

738.【一般规定】

对发生法律效力的行政判决书、行政裁定书、行政赔偿判决书和行政赔偿调解书,负有义务的一方当事人拒绝履行的,对方当事人可以依法申请人民法院强制执行。

739.【管辖】

发生法律效力的行政判决书、行政裁定书、行政赔偿判决书和行政赔偿调解书,由第一审人民法院执行。

第一审人民法院认为情况特殊需要由第二审人民法院执行的,可以报请第二审人民法院执行;第二审人民法院可以决定由其执行,也可以决定由第一审人民法院执行

740.【特别执行措施】

行政机关拒绝履行判决、裁定、调解书的,第一审人民法院可以采取下列措施:

(一)对应当归还的罚款或者应当给付的款额,通知银行从该行政机关的账户内划拨;

(二)在规定期限内不履行的,从期满之日起,对该行政机关负责人按日处五十元至一百元的罚款;

(三)将行政机关拒绝履行的情况予以公告;

(四)向监察机关或者该行政机关的上一级行政机关提出司法建议。接受司法建议的机关,根据有关规定进行处理,并将处理情况告知人民法院;

(五)拒不履行判决、裁定、调解书,社会影响恶劣的,可以对该行政机关直接负责的主管人员和其他直接责任人员予以拘留;情节严重,构成犯罪的,依法追究刑事责任。

二、对行政机关作出的行政决定的执行

741.【申请执行时效】

当事人在法定期限内不申请行政复议或者提起行政诉讼,又不履行行政决定的,没有行政强制执行权的行政机关可以自期限届满之日起三个月内,依照行政强制法第五章规定申请人民法院强制执行。

742.【申请执行前置条件及地域管辖原则】

行政机关申请人民法院强制执行前,应当催告当事人履行义务。催告书送达十日后当事人仍未履行义务的,行政机关可以向所在地有管辖权的人民法院申请强制执行;执行对象是不动产的,向不动产所在地有管辖权的人民法院申请强制执行。

743.【省部级行政机关决定的执行管辖】

国务院各部门、各省、自治区、直辖市人民政府和海关依照法律、法规作出的处理决定和处罚决定，由被执行人住所地或财产所在地的中级人民法院执行。

744.【专利管理机关决定的执行管辖】

专利管理机关依法作出的处理决定和处罚决定，由被执行人住所地或财产所在地的省、自治区、直辖市有权受理专利纠纷案件的中级人民法院执行。

745.【申请资料】

行政机关向人民法院申请强制执行，应当提供下列材料：

（一）强制执行申请书；

（二）行政决定书及作出决定的事实、理由和依据；

（三）当事人的意见及行政机关催告情况；

（四）申请强制执行标的情况；

（五）法律、行政法规规定的其他材料。

强制执行申请书应当由行政机关负责人签名，加盖行政机关的印章，并注明日期。

746.【受理时限及救济程序】

人民法院接到行政机关强制执行的申请，应当在五日内受理。

行政机关对人民法院不予受理的裁定有异议的，可以在十五日内向上一级人民法院申请复议，上一级人民法院应当自收到复议申请之日起十五日内作出是否受理的裁定。

747.【处理时限】

人民法院对行政机关强制执行的申请进行书面审查，对符合本规范第745条规定，且行政决定具备法定执行效力的，除本规范第749条规定的情形外，人民法院应当自受理之日起七日内作出执行裁定。

748.【不予执行的情形】

被申请执行的具体行政行为有下列情形之一的，人民法院应当裁定不准予执行：

（一）明显缺乏事实根据的；

（二）明显缺乏法律依据的；

（三）其他明显违法并损害被执行人合法权益的。

749.【不予执行的条件及救济程序】

人民法院发现有下列情形之一的，在作出裁定前可以听取被执行人和行政机关的意见：

（一）明显缺乏事实根据的；

（二）明显缺乏法律、法规依据的；

（三）其他明显违法并损害被执行人合法权益的。

人民法院应当自受理之日起三十日内作出是否执行的裁定。裁定不予执行的，应当说明理由，并在五日内将不予执行的裁定送达行政机关。

行政机关对人民法院不予执行的裁定有异议的，可以自收到裁定之日起十五日内向上一级人民法院申请复议，上一级人民法院应当自收到复议申请之日起三十日内作出是否执行的裁定。

750.【涉公共安全的特殊启动执行程序】

因情况紧急，为保障公共安全，行政机关可以申请人民法院立即执行。经人民法院院长批准，人民法院应当自作出执行裁定之日起五日内执行。

751.【费用承担】

行政机关申请人民法院强制执行，不缴纳申请费。强制执行的费用由被执行人承担。

752.【不直接变更被执行人】

人民法院在办理行政机关申请人民法院强制执行其具体行政行为的案件过程中，作为被执行人的法人出现分立、合并、兼并、合营等情况，原具体行政行为仍应执行的，人民法院应当通知申请机关变更被执行人。对变更后的被执行人，人民法院应当依法进行审查。

753.【违法建筑拆除决定的不予受理】

对行政机关涉及违反城乡规划法的违法建筑物、构筑物、设施等的强制拆除决定，人民法院不予受理行政机关对其提出非诉行政执行申请。

754.【国有土地上房屋征收决定的管辖】

申请人民法院强制执行征收补偿决定案件，由房屋所在地基层人民法院管辖，高级人民法院可以根据本地实际情况决定管辖法院。

755.【征收决定的申请】

申请机关向人民法院申请强制执行，除提供《国有土地上房屋征收与补偿条例》第二十八条规定的强制执行申请书及附具材料外，还应当提供下列材料：

（一）征收补偿决定及相关证据和所依据的规范性文件；

（二）征收补偿决定送达凭证、催告情况及房屋被征收人、直接利害关系人的意见；

（三）社会稳定风险评估材料；

（四）申请强制执行的房屋状况；

（五）被执行人的姓名或者名称、住址及与强制执行相关的财产状况等具体情况；

（六）法律、行政法规规定应当提交的其他材料。

强制执行申请书应当由申请机关负责人签名，加盖申请机关印章，并注明日期。

强制执行的申请应当自被执行人的法定起诉期限届满之日起三个月内提出；逾期申请的，除有正当理由外，人民法院不予受理。

756.【征收决定执行申请的受理及救济】

人民法院认为强制执行的申请符合形式要件且材料齐全的，应当在接到申请后五日内立案受理，并通知申请机关；不符合形式要件或者材料不全的应当限期补正，并在最终补正的材料提供后五日内立案受理；不符合形式要件或者逾期无正当理由不补正材料的，裁定不予受理。

申请机关对不予受理的裁定有异议的，可以自收到裁定之日起十五日内向上一级人民法院申请复议，上一级人民法院应当自收到复议申请之日起十五日内作出裁定。

757.【征收决定执行申请的审查】

人民法院应当自立案之日起三十日内作出是否准予执行的裁定；有特殊情况需要延长审查期限的，由高级人民法院批准。

人民法院在审查期间，可以根据需要调取相关证据、询问当事人、组织听证或者进行现场调查。

758.【征收决定不准予执行的情形】

征收补偿决定存在下列情形之一的，人民法院应当裁定不准予执行：

（一）明显缺乏事实根据；

（二）明显缺乏法律、法规依据；

（三）明显不符合公平补偿原则，严重损害被执行人合法权益，或者使被执行人基本生活、生产经营条件没有保障；

（四）明显违反行政目的，严重损害公共利益；

（五）严重违反法定程序或者正当程序；

（六）超越职权；

（七）法律、法规、规章等规定的其他不宜强制执行的情形。

人民法院裁定不准予执行的，应当说明理由，并在五日内将裁定送达申请机关。

759.【准予执行裁定的送达】

人民法院裁定准予执行的，应当在五日内将裁定送达申请机关和被执行人，并可以根据实际情况建议申请机关依法采取必要措施，保障征收与补偿活动顺利实施。

760.【实施机关】

人民法院裁定准予执行的，一般由作出征收补偿决定的市、县级人民政府组织实施，也可以由人民法院执行。

凡由人民法院强制执行的，须报经上一级人民法院审查批准方可采取强制手段。

761.【适用规定】

《国有土地上房屋征收与补偿条例》施行前已依法取得房屋拆迁许可证的项目，人民法院裁定准予执行房屋拆迁裁决的，参照本规范第760条第一款精神办理。

762.【民事争议行政裁决的执行】

行政机关根据法律的授权对平等主体之间民事争议作出裁决后，当事人在法定期限内不起诉又不履行，作出裁决的行政机关在申请执行的期限内未申请人民法院强制执行的，生效具体行政行为确定的权利人或者其继承人、权利承受人在九十日内可以申请人民法院强制执行。

享有权利的公民、法人或者其他组织申请人民法院强制执行具体行政行为，参照行政机关申请人民法院强制执行具体行政行为的规定。

第七节　涉外案件的执行

一、对我国法院作出的涉外判决、裁定的执行

763.【国外执行的途径】

人民法院作出的发生法律效力的判决、裁定，如果被执行人或者其财产不在中华人民共和国领域内，当事人请求执行的，可以由当事人直接向有管辖权的外国法院申请承认和执行，也可以由人民法院依照中华人民共和国缔结或者参加的国际条约的规定，或者按照互惠原则，请求外国法院承认和执行。

764.【判决、裁定法律效力的证明】

当事人在中华人民共和国领域外使用中华人民共和国法院的判决书、裁定书，要求中华人民共和国法院证明其法律效力的，或者外国法院要求中华人民共和国法院证明判决书、裁定书的法律效力的，作出判决、裁定的中华人民共和国法院，可以本法院的名义出具证明。

二、对我国仲裁机构作出的涉外裁决的执行

765.【保全的管辖】

当事人申请采取保全的，中华人民共和国的涉外仲裁机构应当将当事人的申请，提交被申请人住所地或者财产所在地的中级人民法院裁定。

766.【保全的担保】

依照本规范第765条规定，中华人民共和国涉外仲裁机构将当事人的保全申请提交人民法院裁定的，人民法院可以进行审查，裁定是否进行保全。裁定保全的，应当责令申请人提供担保，申请人不提供担保的，裁定驳回申请。

当事人申请证据保全，人民法院经审查认为无需提供担保的，申请人可以不提供担保。

767.【申请执行涉外裁决的材料】

申请人向人民法院申请执行中华人民共和国涉外仲裁机构的裁决，应当提出书面申请，并附裁决书正本。如申请人为外国当事人，其申请书应当用中文文本提出。

768.【涉外仲裁裁决的管辖】

经中华人民共和国涉外仲裁机构裁决的，当事人不得向人民法院起诉。一方当事人不履行仲裁裁决的，对方当事人可以向被申请人住所地或者财产所在地的中级人民法院申请执行。

769.【向外国法院申请承认和执行】

中华人民共和国涉外仲裁机构作出的发生法律效力的仲裁裁决，当事人请求执行的，如果被执行人或者其财产不在中华人民共和国领域内，应当由当事人直接向有管辖权的外国法院申请承认和执行。

770.【申请不予执行涉外仲裁裁决案件的处理】

对中华人民共和国涉外仲裁机构作出的裁决，被申请人提出证据证明仲裁裁决有下列情形之一的，经人民法院组成

合议庭审查核实,裁定不予执行:

(一)当事人在合同中没有订有仲裁条款或者事后没有达成书面仲裁协议的;

(二)被申请人没有得到指定仲裁员或者进行仲裁程序的通知,或者由于其他不属于被申请人负责的原因未能陈述意见的;

(三)仲裁庭的组成或者仲裁的程序与仲裁规则不符的;

(四)裁决的事项不属于仲裁协议的范围或者仲裁机构无权仲裁的。

经审查不符合前款规定情形的,裁定驳回不予执行仲裁裁决申请。

人民法院认定执行该裁决违背社会公共利益的,裁定不予执行。

执行法院拟裁定不予执行的,应当按照《最高人民法院关于人民法院处理与涉外仲裁及外国仲裁事项有关问题的通知》的规定办理。

771.【涉外仲裁裁决不予执行后的救济途径】

人民法院裁定不予执行涉外仲裁裁决、驳回不予执行涉外仲裁裁决申请后,当事人对该裁定提出执行异议或者复议的,人民法院不予受理。

涉外仲裁裁决被人民法院裁定不予执行的,当事人可以根据双方达成的书面仲裁协议重新申请仲裁,也可以向人民法院起诉。

三、对外国法院作出的判决、裁定的执行

772.【承认和执行的途径】

外国法院作出的发生法律效力的判决、裁定,需要中华人民共和国人民法院承认和执行的,可以由当事人直接向中华人民共和国有管辖权的中级人民法院申请承认和执行,也可以由外国法院依照该国与中华人民共和国缔结或者参加的国际条约的规定,或者按照互惠原则,请求人民法院承认和执行。

773.【承认和执行的审查原则】

人民法院对申请或者请求承认和执行的外国法院作出的发生法律效力的判决、裁定,依照中华人民共和国缔结或者参加的国际条约,或者按照互惠原则进行审查后,认为不违反中华人民共和国法律的基本原则或者国家主权、安全、社会公共利益的,裁定承认其效力,需要执行的,发出执行令,依照民事诉讼法的有关规定执行。违反中华人民共和国法律的基本原则或者国家主权、安全、社会公共利益的,不予承认和执行。

774.【国际间平行诉讼】

中华人民共和国法院和外国法院都有管辖权的案件,一方当事人向外国法院起诉,而另一方当事人向中华人民共和国法院起诉的,人民法院可予受理。判决后,外国法院申请或者当事人请求人民法院承认和执行外国法院对本案作出的判决、裁定的,不予准许;但双方共同缔结或者参加的国际条约另有规定的除外。

外国法院判决、裁定已经被人民法院承认,当事人就同一争议向人民法院起诉的,人民法院不予受理。

775.【先承认后执行】

对外国法院作出的发生法律效力的判决、裁定或者外国仲裁裁决,需要中华人民共和国法院执行的,当事人应当先向人民法院申请承认。人民法院经审查,裁定承认后,再根据民事诉讼法第三编的规定予以执行。

当事人仅申请承认而未同时申请执行的,人民法院仅对应否承认进行审查并作出裁定。

776.【申请承认和执行的期间】

当事人申请承认和执行外国法院作出的发生法律效力的判决、裁定的期间,适用本规范第 22 条第一款、第二款的规定。

当事人仅申请承认而未同时申请执行的,申请执行的期间自人民法院对承认申请作出的裁定生效之日起重新计算。

777.【申请的材料】

申请人向人民法院申请承认和执行外国法院作出的发生法律效力的判决、裁定,应当提交申请书,并附外国法院作出的发生法律效力的判决、裁定正本或者经证明无误的副本以及中文译本。外国法院判决、裁定为缺席判决、裁定的,申请人应当同时提交该外国法院已经合法传唤的证明文件,但判决、裁定已经对此予以明确说明的除外。

中华人民共和国缔结或者参加的国际条约对提交文件有规定的,按照规定办理。

778.【语言要求及翻译机构的确定】

当事人向人民法院提交的书面材料是外文的,应当同时向人民法院提交中文翻译件。

当事人对中文翻译件有异议的,应当共同委托翻译机构提供翻译文本;当事人对翻译机构的选择不能达成一致的,由人民法院确定。

779.【对外国法院作出判决、裁定的审查程序】

承认和执行外国法院作出的发生法律效力的判决、裁定的案件,人民法院应当组成合议庭进行审查。

人民法院应当将申请书送达被申请人。被申请人可以陈述意见。

人民法院经审查作出的裁定,一经送达即发生法律效力。

780.【无条约和互惠关系国裁判的承认和执行申请】

当事人向中华人民共和国有管辖权的中级人民法院申请承认和执行外国法院作出的发生法律效力的判决、裁定的,如果该法院所在国与中华人民共和国没有缔结或者共同参加国际条约,也没有互惠关系的,裁定驳回申请,但当事人向人民法院申请承认外国法院作出的发生法律效力的离婚判决的除外。

承认和执行申请被裁定驳回的,当事人可以向人民法院起诉。

781.【司法协助的文本要求】

外国法院请求人民法院提供司法协助的请求书及其所附文件，应当附有中文译本或者国际条约规定的其他文字文本。

人民法院请求外国法院提供司法协助的请求书及其所附文件，应当附有该国文字译本或者国际条约规定的其他文字文本。

782.【司法协助的途径】

请求和提供司法协助，应当依照中华人民共和国缔结或者参加的国际条约所规定的途径进行；没有条约关系的，通过外交途径进行。

783.【不合规司法协助请求的处理】

与中华人民共和国没有司法协助条约又无互惠关系的国家的法院，未通过外交途径，直接请求人民法院提供司法协助的，人民法院应予退回，并说明理由。

四、对外国仲裁机构作出的裁决的执行

784.【一般规定】

国外仲裁机构的裁决，需要中华人民共和国人民法院承认和执行的，应当由当事人直接向被执行人住所地或者其财产所在地的中级人民法院申请，人民法院应当依照中华人民共和国缔结或者参加的国际条约，或者按照互惠原则办理。

785.【承认和执行的申请期间】

当事人申请承认和执行外国仲裁裁决的期间，适用本规范第22条第一款、第二款的规定。

当事人仅申请承认而未同时申请执行的，申请执行的期间自人民法院对承认申请作出的裁定生效之日起重新计算。

786.【审查程序】

承认和执行外国仲裁裁决的案件，人民法院应当组成合议庭进行审查。

人民法院应当将申请书送达被申请人。被申请人可以陈述意见。

人民法院经审查作出的裁定，一经送达即发生法律效力。

787.【临时仲裁庭裁决承认和执行的处理】

对临时仲裁庭在中华人民共和国领域外作出的仲裁裁决，一方当事人向人民法院申请承认和执行的，人民法院应当依照本规范第784条规定处理。

五、其他

788.【海事涉外案件的承认和执行】

当事人申请执行海事仲裁裁决，申请承认和执行外国法院判决、裁定以及国外海事仲裁裁决的，向被执行的财产所在地或者被执行人住所地海事法院提出。被执行的财产所在地或者被执行人的住所地没有海事法院的，向被执行的财产所在地或者被执行人住所地的中级人民法院提出。

第八节　港澳台地区法院与仲裁机构作出的生效法律文书的执行

一、对香港特别行政区法院作出的法律文书的认可与执行

789.【可予认可与执行的范围】

香港特别行政区法院在具有书面管辖协议的民商事案件中作出的须支付款项的具有执行力的终审判决，当事人可以向内地人民法院申请认可和执行。

前款所称“具有执行力的终审判决”是指香港特别行政区终审法院、高等法院上诉法庭及原讼法庭和区域法院作出的生效判决书、命令和诉讼费评定证明书。

790.【书面管辖协议】

本规范第789条所称“书面管辖协议”，是指当事人为解决与特定法律关系有关的已经发生或者可能发生的争议，自2008年8月1日起，以书面形式明确约定香港特别行政区法院具有唯一管辖权的协议。

前款所称“特定法律关系”，是指当事人之间的民商事合同，不包括雇佣合同以及自然人因个人消费、家庭事宜或者其他非商业目的而作为协议一方的合同。

本条第一款所称“书面形式”是指合同书、信件和数据电文（包括电报、电传、传真、电子数据交换和电子邮件）等可以有形地表现所载内容、可以调取以备日后查用的形式。

书面管辖协议可以由一份或者多份书面形式组成。

除非合同另有规定，合同中的管辖协议条款独立存在，合同的变更、解除、终止或者无效，不影响管辖协议条款的效力。

791.【管辖】

申请认可和执行香港特别行政区法院作出的民商事判决，向被申请人住所地、经常居住地或者财产所在地的中级人民法院提出。

792.【管辖竞合】

被申请人住所地、经常居住地或者财产所在地在不同的中级人民法院辖区的，申请人应当选择向其中一个人民法院提出认可和执行的申请，不得分别向两个或者两个以上人民法院提出申请。

被申请人的住所地、经常居住地或者财产所在地，既在内地又在香港特别行政区的，申请人可以同时分别向两地法院提出申请，两地法院分别执行判决的总额，不得超过判决确定的数额。已经部分或者全部执行判决的法院应当根据对方法院的要求提供已执行判决的情况。

793.【申请文件】

申请人向有关法院申请认可和执行判决的，应当提交以下文件：

（一）请求认可和执行的申请书；

（二）经作出终审判决的法院盖章的判决书副本；

（三）作出终审判决的法院出具的证明书，证明该判决属

于本规范第789条第二款所指的终审判决,在判决作出地可以执行;

(四)身份证明材料:

1.申请人为自然人的,应当提交身份证或者经公证的身份证复印件;

2.申请人为法人或者其他组织的,应当提交经公证的法人或者其他组织注册登记证书的复印件;

3.申请人是外国籍法人或者其他组织的,应当提交相应的公证和认证材料。

向内地人民法院提交的文件没有中文文本的,申请人应当提交证明无误的中文译本。

执行地法院对于本条所规定的法院出具的证明书,无需另行要求公证。

794.【申请书的内容】

请求认可和执行申请书应当载明下列事项:

(一)当事人为自然人的,其姓名、住所;当事人为法人或者其他组织的,法人或者其他组织的名称、住所以及法定代表人或者主要负责人的姓名、职务和住所;

(二)申请执行的理由与请求的内容,被申请人的财产所在地以及财产状况;

(三)判决是否在原审法院地申请执行以及已执行的情况。

795.【认可和执行程序的法律适用原则】

申请人申请认可和执行香港特别行政区法院判决的程序,依据内地法律的规定。《最高人民法院关于内地与香港特别行政区法院相互认可和执行当事人协议管辖的民商事案件判决的安排》另有规定的除外。

796.【认可和执行的申请期间】

申请人申请认可和执行的期间为二年。

前款规定的期间,从判决可强制执行之日起计算,该日为判决上注明的判决日期,判决对履行期间另有规定的,从规定的履行期间届满后开始计算。

797.【不予认可与执行的情形】

对申请认可和执行的判决,原审判决中的债务人提供证据证明有下列情形之一的,受理申请的法院经审查核实,应当裁定不予认可和执行:

(一)根据当事人协议选择的原审法院地的法律,管辖协议属于无效。但选择法院已经判定该管辖协议为有效的除外;

(二)判决已获完全履行;

(三)根据内地的法律,内地人民法院对该案享有专属管辖权;

(四)根据内地法律,未曾出庭的败诉一方当事人未经合法传唤或者虽经合法传唤但未获依法律规定的答辩时间。但原审法院根据其法律或者有关规定公告送达的,不属于上述情形;

(五)判决是以欺诈方法取得的;

(六)内地人民法院就相同诉讼请求作出判决,或者外国、境外地区法院就相同诉讼请求作出判决,或者有关仲裁机构作出仲裁裁决,已经为内地人民法院所认可或者执行的。

在内地执行香港特别行政区法院判决违反内地社会公共利益的,不予认可和执行。

798.【认可与执行的阻却】

对于香港特别行政区法院作出的判决,判决确定的债务人已经提出上诉,或者上诉程序尚未完结的,内地人民法院审查核实后,可以中止认可和执行程序。经上诉,维持全部或者部分原判决的,恢复认可和执行程序;完全改变原判决的,终止认可和执行程序。

799.【认可与执行的复议】

当事人对认可和执行与否的裁定不服的,可以向上一级人民法院申请复议

800.【另诉的不予受理及重复申请的禁止】

在法院受理当事人申请认可和执行判决期间,当事人依相同事实再行提起诉讼的,法院不予受理。

已获认可和执行的判决,当事人依相同事实再行提起诉讼的,法院不予受理。

对于根据本规范第797条不予认可和执行的判决,申请人不得再行提起认可和执行的申请,但是可以按照内地的法律依相同案件事实向相关法院提起诉讼。

801.【财产保全】

法院受理认可和执行判决的申请之前或者之后,可以按照内地法律关于财产保全的规定,根据申请人的申请,对被申请人的财产采取保全措施。

802.【费用交纳】

当事人向内地人民法院申请执行判决,应当根据内地有关诉讼收费的规定交纳执行费。

803.【执行标的范围】

内地与香港特别行政区法院相互认可和执行的标的范围,除判决确定的数额外,还包括根据该判决须支付的利息、经法院核定的律师费以及诉讼费,但不包括税收和罚款。

在香港特别行政区诉讼费是指经法官或者司法常务官在诉讼费评定证明书中核定或者命令支付的诉讼费用。

804.【适用时点】

香港特别行政区法院自2008年8月1日(含本日)起作出的判决,适用《最高人民法院关于内地与香港特别行政区法院相互认可和执行当事人协议管辖的民商事案件判决的安排》。

二、对香港特别行政区仲裁机构作出的裁决的执行

805.【可申请执行的范围】

当事人可以向内地人民法院申请执行香港特别行政区(以下简称香港特区)按香港特区《仲裁条例》所作出的裁决、

在香港特区做出的临时仲裁裁决、国际商会仲裁院等国外仲裁机构在香港特区作出的仲裁裁决。

806.【管辖】

在香港特区作出的仲裁裁决,一方当事人不履行仲裁裁决的,另一方当事人可以向被申请人住所地或者财产所在地的中级人民法院申请执行。

被申请人住所地或者财产所在地在内地不同的中级人民法院辖区的,申请人可以选择其中一个人民法院申请执行裁决,不得分别向两个或者两个以上人民法院提出申请。

被申请人的住所地或者财产所在地,既在内地又在香港特区的,申请人不得同时分别向两地有关法院提出申请。只有一地法院执行不足以偿还其债务时,才可就不足部分向另一地法院申请执行。两地法院先后执行仲裁裁决的总额,不得超过裁决数额。

807.【申请材料】

申请人向有关法院申请执行香港特区作出的仲裁裁决的,应当提交以下文书:

(一)执行申请书;

(二)仲裁裁决书;

(三)仲裁协议。

808.【申请书的内容】

执行申请书的内容应当载明下列事项:

(一)申请人为自然人的情况下,该人的姓名、地址;申请人为法人或者其他组织的情况下,该法人或其他组织的名称、地址及法定代表人姓名;

(二)被申请人为自然人的情况下,该人的姓名、地址;被申请人为法人或者其他组织的情况下,该法人或其他组织的名称、地址及法定代表人姓名;

(三)申请人为法人或者其他组织的,应当提交企业注册登记的副本。申请人是外国籍法人或者其他组织的,应当提交相应的公证和认证材料;

(四)申请执行的理由与请求的内容,被申请人的财产所在地及财产状况。

执行申请书应当以中文文本提出,裁决书或者仲裁协议没有中文文本的,申请人应当提交正式证明的中文译本。

809.【申请时限】

申请人向有关法院申请执行香港特区仲裁裁决的期限依据内地法律有关时限的规定。

810.【法律适用】

有关法院接到申请人申请后,应当按内地法律程序处理及执行。

811.【申请不予执行香港仲裁裁决案件的处理】

在内地申请执行的仲裁裁决,被申请人接到通知后,提出证据证明有下列情形之一的,经审查核实,人民法院可裁定不予执行:

(一)仲裁协议当事人依对其适用的法律属于某种无行为能力的情形;或者该项仲裁协议依约定的准据法无效;或者未指明以何种法律为准时,依仲裁裁决地的法律是无效的;

(二)被申请人未接到指派仲裁员的适当通知,或者因他故未能陈述意见的;

(三)裁决所处理的争议不是交付仲裁的标的或者不在仲裁协议条款之内,或者裁决载有关于交付仲裁范围以外事项的决定的;但交付仲裁事项的决定可与未交付仲裁的事项划分时,裁决中关于交付仲裁事项的决定部分应当予以执行;

(四)仲裁庭的组成或者仲裁庭程序与当事人之间的协议不符,或者在有关当事人没有这种协议时与仲裁地的法律不符的;

(五)裁决对当事人尚无约束力,或者业经仲裁地的法院或者按仲裁地的法律撤销或者停止执行的。

人民法院认定依内地法律,争议事项不能以仲裁解决的,则可不予执行该裁决。

人民法院认定在内地执行该仲裁裁决违反内地社会公共利益,则可不予执行该裁决。

人民法院拟裁定不予执行的,应当参照《最高人民法院关于人民法院处理与涉外仲裁及外国仲裁事项有关问题的通知》的规定办理。

人民法院裁定不予执行仲裁裁决、驳回不予执行仲裁裁决申请后,当事人对该裁定提出执行异议或者复议的,人民法院不予受理。

812.【费用交纳】

申请人向有关法院申请执行在香港特区作出的仲裁裁决,应当根据内地有关诉讼收费的办法交纳执行费用。

813.【适用时点】

1997 年 7 月 1 日以后申请执行在香港特区作出的仲裁裁决按《最高人民法院关于内地与香港特别行政区相互执行仲裁裁决的安排》执行。

814.【1997 年 7 月 1 日至 2000 年 8 月 1 日之间裁决的执行申请】

对 1997 年 7 月 1 日至 2000 年 8 月 1 日期间因故未能向内地法院或者香港特区法院申请执行,申请人为法人或者其他组织的,可以在 2000 年 8 月 1 日后六个月内提出;如申请人为自然人的,可以在 2000 年 8 月 1 日后一年内提出。

对于内地或香港特区法院在 1997 年 7 月 1 日至 2000 年 8 月 1 日拒绝受理或者拒绝执行仲裁裁决的案件,应允许当事人重新申请。

三、对澳门特别行政区法院作出的民商事判决的执行

815.【可予认可和执行的范围】

对澳门特别行政区民商事案件(包括劳动民事案件)判决的认可和执行,适用《最高人民法院内地与澳门特别行政区关于互相认可和执行民商事判决的安排》。

该安排亦适用于刑事案件中有关民事损害赔偿的判决、裁定。

该安排不适用于行政案件。

816.【澳门法院作出的民商事判决的范围】

本部分所称“判决”,包括澳门特别行政区的裁判、判决、确认和解的裁定、法官的决定或者批示。

本部分所称“被请求方”,指内地法院。

817.【申请认可和执行】

澳门特别行政区作出的具有给付内容的生效判决,当事人可以向内地有管辖权的法院申请认可和执行。

818.【管辖】

内地有权受理认可和执行判决申请的法院为被申请人住所地、经常居住地或者财产所在地的中级人民法院。两个或者两个以上中级人民法院均有管辖权的,申请人应当选择向其中一个中级人民法院提出申请。

819.【管辖竞合】

被申请人在内地和澳门特别行政区均有可供执行财产的,申请人可以向一地法院提出执行申请。

申请人向一地法院提出执行申请的同时,可以向另一地法院申请查封、扣押或者冻结被执行人的财产。待一地法院执行完毕后,可以根据该地法院出具的执行情况证明,就不足部分向另一地法院申请采取处分财产的执行措施。

两地法院执行财产的总额,不得超过依据判决和法律规定所确定的数额。

820.【申请书的内容】

请求认可和执行判决的申请书,应当载明下列事项:

(一)申请人或者被申请人为自然人的,应当载明其姓名及住所;为法人或者其它组织的,应当载明其名称及住所,以及其法定代表人或者主要负责人的姓名、职务和住所;

(二)请求认可和执行的判决的案号和判决日期;

(三)请求认可和执行判决的理由、标的,以及该判决在判决作出地法院的执行情况。

821.【申请材料】

申请书应当附生效判决书副本,或者经作出生效判决的法院盖章的证明书,同时应当附作出生效判决的法院或者有权限机构出具的证明下列事项的相关文件:

(一)传唤属依法作出,但判决书已经证明的除外;

(二)无诉讼行为能力人依法得到代理,但判决书已经证明的除外;

(三)根据判决作出地的法律,判决已经送达当事人,并已生效;

(四)申请人为法人的,应当提供法人营业执照副本或者法人登记证明书;

(五)判决作出地法院发出的执行情况证明。

如被请求方法院认为已充分了解有关事项时,可以免除提交相关文件。

被请求方法院对当事人提供的判决书的真实性有疑问时,可以请求作出生效判决的法院予以确认。

822.【语言要求】

申请书应当用中文制作。所附司法文书及其相关文件未用中文制作的,应当提供中文译本。其中法院判决书未用中文制作的,应当提供由法院出具的中文译本。

823.【审查程序】

法院收到申请人请求认可和执行判决的申请后,应当将申请书送达被申请人。

被申请人有权提出答辩。

人民法院应当尽快审查认可和执行的请求,并作出裁定。

824.【不予认可的情形】

人民法院经审查核实存在下列情形之一的,裁定不予认可:

(一)根据内地法律,判决所确认的事项属于内地法院专属管辖;

(二)在内地法院已存在相同诉讼,该诉讼先于待认可判决的诉讼提起,且内地法院具有管辖权;

(三)内地法院已认可或者执行内地法院以外的法院或仲裁机构就相同诉讼作出的判决或仲裁裁决;

(四)根据澳门特别行政区的法律规定,败诉的当事人未得到合法传唤,或者无诉讼行为能力人未依法得到代理;

(五)根据澳门特别行政区的法律规定,申请认可和执行的判决尚未发生法律效力,或者因再审被裁定中止执行;

(六)在内地认可和执行判决将违反内地法律的基本原则或者社会公共利益。

825.【不服认可与否或执行行为的救济】

法院就认可和执行判决的请求作出裁定后,应当及时送达。

当事人对认可与否的裁定不服的,可以向上一级人民法院提请复议;对执行中作出的裁定不服的,可以根据内地法律的规定,向相关法院寻求救济。

826.【认可的判决的效力】

经裁定予以认可的判决,与内地法院的判决具有同等效力。判决有给付内容的,当事人可以向内地有管辖权的法院申请执行。

827.【部分认可与执行】

内地法院不能对判决所确认的所有请求予以认可和执行时,可以认可和执行其中的部分请求。

828.【财产保全】

人民法院受理认可和执行判决的申请之前或者之后,可以按照内地法律关于财产保全的规定,根据申请人的申请,对被申请人的财产采取保全措施。

829.【认可和执行程序对另诉的排除】

在内地法院受理认可和执行判决的申请期间,或者判决已获认可和执行,当事人再行提起相同诉讼的,内地法院不予受理。

830.【不予认可后的权利保障】

对于根据本规范第824条第一、四、六项不予认可的判决,申请人不得再行提起认可和执行的申请。但根据内地的法律,内地法院有管辖权的,当事人可以就相同案件事实向内地法院另行提起诉讼。

本规范第824条第五项所指的判决,在不予认可的情形消除后,申请人可以再行提起认可和执行的申请。

831.【公共机构作成或公证的文书认证的免除】

为适用《最高人民法院内地与澳门特别行政区关于互相认可和执行民商事判决的安排》,由一方有权限公共机构(包括公证员)作成或者公证的文书正本、副本及译本,免除任何认证手续而可以在对方使用。

832.【费用交纳】

申请人依据《最高人民法院内地与澳门特别行政区关于互相认可和执行民商事判决的安排》申请认可和执行判决,应当根据内地法律规定,交纳诉讼费用、执行费用。

申请人在澳门特别行政区获准缓交、减交、免交诉讼费用的,在内地法院申请认可和执行判决时,应当享有同等待遇。

833.【法律适用原则】

对民商事判决的认可和执行,除《最高人民法院内地与澳门特别行政区关于互相认可和执行民商事判决的安排》规定的以外,适用内地的法律规定。

四、对澳门特别行政区仲裁机构作出的裁决的执行

834.【一般规定】

内地人民法院认可和执行澳门特别行政区仲裁机构及仲裁员按照澳门特别行政区仲裁法规在澳门作出的民商事仲裁裁决,适用《最高人民法院关于内地与澳门特别行政区相互认可和执行仲裁裁决的安排》。

该安排没有规定的,适用内地的程序法律规定。

835.【管辖】

在澳门特别行政区作出的仲裁裁决,一方当事人不履行的,另一方当事人可以向被申请人住所地、经常居住地或者财产所在地的内地中级人民法院申请认可和执行。

两个或者两个以上中级人民法院均有管辖权的,当事人应当选择向其中一个中级人民法院提出申请。

836.【管辖竞合】

被申请人的住所地、经常居住地或者财产所在地分别在内地和澳门特别行政区的,申请人可以向一地法院提出认可和执行申请,也可以分别向两地法院提出申请。

当事人分别向两地法院提出申请的,两地法院都应当依法进行审查。予以认可的,采取查封、扣押或者冻结被执行人财产等执行措施。仲裁地法院应当先进行执行清偿;另一地法院在收到仲裁地法院关于经执行债权未获清偿情况的证明后,可以对申请人未获清偿的部分进行执行清偿。两地法院执行财产的总额,不得超过依据裁决和法律规定所确定的数额。

837.【申请材料】

申请人向有关法院申请认可和执行仲裁裁决的,应当提交以下文件或者经公证的副本:

(一)申请书;

(二)申请人身份证明;

(三)仲裁协议;

(四)仲裁裁决书或者仲裁调解书。

上述文件没有中文文本的,申请人应当提交经正式证明的中文译本。

838.【申请书的内容】

申请书应当包括下列内容:

(一)申请人或者被申请人为自然人的,应当载明其姓名及住所;为法人或者其他组织的,应当载明其名称及住所,以及其法定代表人或者主要负责人的姓名、职务和住所;申请人是外国籍法人或者其他组织的,应当提交相应的公证和认证材料;

(二)请求认可和执行的仲裁裁决书或者仲裁调解书的案号或识别资料和生效日期;

(三)申请认可和执行仲裁裁决的理由及具体请求,以及被申请人财产所在地、财产状况及该仲裁裁决的执行情况。

839.【确定申请期限的法律适用原则】

申请人向有关法院申请认可和执行澳门特别行政区仲裁裁决的期限,依据内地法律确定。

840.【申请不予执行澳门仲裁裁决案件的处理】

对申请认可和执行的仲裁裁决,被申请人提出证据证明有下列情形之一的,经审查核实,人民法院可以裁定不予认可:

(一)仲裁协议一方当事人依对其适用的法律在订立仲裁协议时属于无行为能力的;或者依当事人约定的准据法,或当事人没有约定适用的准据法而依仲裁地法律,该仲裁协议无效的;

(二)被申请人未接到选任仲裁员或者进行仲裁程序的适当通知,或者因他故未能陈述意见的;

(三)裁决所处理的争议不是提交仲裁的争议,或者不在仲裁协议范围之内;或者裁决载有超出当事人提交仲裁范围的事项的决定,但裁决中超出提交仲裁范围的事项的决定与提交仲裁事项的决定可以分开的,裁决中关于提交仲裁事项的决定部分可以予以认可;

(四)仲裁庭的组成或者仲裁程序违反了当事人的约定,或者在当事人没有约定时与仲裁地的法律不符的;

(五)裁决对当事人尚无约束力,或者业经仲裁地的法院撤销或者拒绝执行的。

人民法院认定，依内地法律，争议事项不能以仲裁解决的，不予认可和执行该裁决。

人民法院认定在内地认可和执行该仲裁裁决违反内地法律的基本原则或者社会公共利益，不予认可和执行该裁决。

人民法院拟裁定不予执行的，应当参照《最高人民法院关于人民法院处理与涉外仲裁及外国仲裁事项有关问题的通知》的规定办理。

人民法院裁定不予执行仲裁裁决、驳回不予执行仲裁裁决申请后，当事人对该裁定提出执行异议或者复议的，人民法院不予受理。

841.【费用交纳】

申请人依据《最高人民法院关于内地与澳门特别行政区相互认可和执行仲裁裁决的安排》申请认可和执行仲裁裁决的，应当根据内地法律的规定，交纳诉讼费用。

842.【执行申请与撤销申请竞合的处理】

一方当事人向一地法院申请执行仲裁裁决，另一方当事人向另一地法院申请撤销该仲裁裁决，被执行人申请中止执行且提供充分担保的，执行法院应当中止执行。

根据经认可的撤销仲裁裁决的判决、裁定，执行法院应当终结执行程序；撤销仲裁裁决申请被驳回的，执行法院应当恢复执行。

当事人申请中止执行的，应当向执行法院提供其他法院已经受理申请撤销仲裁裁决案件的法律文书。

843.【申请的处理】

受理申请的法院应当尽快审查认可和执行的请求，并作出裁定。

844.【财产保全】

法院在受理认可和执行仲裁裁决申请之前或者之后，可以依当事人的申请，按照内地法律规定，对被申请人的财产采取保全措施。

845.【公共机构作成或公证的文书认证的免除】

由澳门特别行政区有权限公共机构（包括公证员）作成的文书正本或者经公证的文书副本及译本，在适用《最高人民法院关于内地与澳门特别行政区相互认可和执行仲裁裁决的安排》时，可以免除认证手续在内地法院使用。

五、对台湾地区法院作出的民事判决的执行

846.【一般规定】

台湾地区法院民事判决的当事人可以根据《最高人民法院关于认可和执行台湾地区法院民事判决的规定》，作为申请人向人民法院申请认可和执行台湾地区有关法院民事判决。

847.【可予认可和执行民事判决的范围】

本部分规范所称台湾地区法院民事判决，包括台湾地区法院作出的生效民事判决、裁定、和解笔录、调解笔录、支付命令等。

申请认可台湾地区法院在刑事案件中作出的有关民事损害赔偿的生效判决、裁定、和解笔录的，适用《最高人民法院关于认可和执行台湾地区法院民事判决的规定》。

申请认可由台湾地区乡镇市调解委员会等出具并经台湾地区法院核定，与台湾地区法院生效民事判决具有同等效力的调解文书的，参照适用《最高人民法院关于认可和执行台湾地区法院民事判决的规定》。

848.【认可和执行申请或直接执行申请的处理】

申请人同时提出认可和执行台湾地区法院民事判决申请的，人民法院先按照认可程序进行审查，裁定认可后，由人民法院执行机构执行。

申请人直接申请执行的，人民法院应当告知其一并提交认可申请；坚持不申请认可的，裁定驳回其申请。

849.【管辖】

申请认可台湾地区法院民事判决的案件，由申请人住所地、经常居住地或者被申请人住所地、经常居住地、财产所在地中级人民法院或者专门人民法院受理。

申请人向两个以上有管辖权的人民法院申请认可的，由最先立案的人民法院管辖。

申请人向被申请人财产所在地人民法院申请认可的，应当提供财产存在的相关证据。

850.【认可申请的审查机构】

对申请认可台湾地区法院民事判决的案件，人民法院应当组成合议庭进行审查。

851.【委托代理的文件要求】

申请人委托他人代理申请认可台湾地区法院民事判决的，应当向人民法院提交由委托人签名或者盖章的授权委托书。

台湾地区、香港特别行政区、澳门特别行政区或者外国当事人签名或者盖章的授权委托书应当履行相关的公证、认证或者其他证明手续，但授权委托书在人民法院法官的见证下签署或者经中国大陆公证机关公证证明是在中国大陆签署的除外。

852.【申请书内容及应附文件】

申请人申请认可台湾地区法院民事判决，应当提交申请书，并附有台湾地区有关法院民事判决文书和民事判决确定证明书的正本或者经证明无误的副本。台湾地区法院民事判决为缺席判决的，申请人应当同时提交台湾地区法院已经合法传唤当事人的证明文件，但判决已经对此予以明确说明的除外。

申请书应当记明以下事项：

（一）申请人和被申请人姓名、性别、年龄、职业、身份证件号码、住址（申请人或者被申请人为法人或者其他组织的，应当记明法人或者其他组织的名称、地址、法定代表人或者主要负责人姓名、职务）和通讯方式；

（二）请求和理由；

（三）申请认可的判决的执行情况；

（四）其他需要说明的情况。

853.【立案审查及救济程序】

对于符合本规范第 849 条和第 852 条规定条件的申请，人民法院应当在收到申请后七日内立案，并通知申请人和被申请人，同时将申请书送达被申请人；不符合本规范第 849 条和第 852 条规定条件的，应当在七日内裁定不予受理，同时说明不予受理的理由；申请人对裁定不服的，可以提起上诉。

854.【判决真实且生效的证明】

申请人申请认可台湾地区法院民事判决，应当提供相关证明文件，以证明该判决真实并且已经生效。

申请人可以申请人民法院通过海峡两岸调查取证司法互助途径查明台湾地区法院民事判决的真实性和是否生效以及当事人得到合法传唤的证明文件；人民法院认为必要时，也可以就有关事项依职权通过海峡两岸司法互助途径向台湾地区请求调查取证。

855.【财产保全】

人民法院受理认可台湾地区法院民事判决的申请之前或者之后，可以按照民事诉讼法及相关司法解释的规定，根据申请人的申请，裁定采取保全措施。

856.【申请认可和起诉的相互排斥】

人民法院受理认可台湾地区法院民事判决的申请后，当事人就同一争议起诉的，不予受理。

一方当事人向人民法院起诉后，另一方当事人向人民法院申请认可的，对于认可的申请不予受理。

857.【未申请认可的可诉性】

案件虽经台湾地区有关法院判决，但当事人未申请认可，而是就同一争议向人民法院起诉的，应予受理。

858.【撤回认可申请的处理】

人民法院受理认可台湾地区法院民事判决的申请后，作出裁定前，申请人请求撤回申请的，可以裁定准许。

859.【认可申请的审查期限】

人民法院受理认可台湾地区法院民事判决的申请后，应当在立案之日起六个月内审结。有特殊情况需要延长的，报请上一级人民法院批准。

通过海峡两岸司法互助途径送达文书和调查取证的期间，不计入审查期限。

860.【不予认可的情形】

台湾地区法院民事判决具有下列情形之一的，裁定不予认可：

（一）申请认可的民事判决，是在被申请人缺席又未经合法传唤或者在被申请人无诉讼行为能力又未得到适当代理的情况下作出的；

（二）案件系人民法院专属管辖的；

（三）案件双方当事人订有有效仲裁协议，且无放弃仲裁管辖情形的；

（四）案件系人民法院已作出判决或者中国大陆的仲裁庭已作出仲裁裁决的；

（五）香港特别行政区、澳门特别行政区或者外国的法院已就同一争议作出判决且已为人民法院所认可或者承认的；

（六）台湾地区、香港特别行政区、澳门特别行政区或者外国的仲裁庭已就同一争议作出仲裁裁决且已为人民法院所认可或者承认的。

认可该民事判决将违反一个中国原则等国家法律的基本原则或者损害社会公共利益的，人民法院应当裁定不予认可。

861.【认可申请的处理】

人民法院经审查能够确认台湾地区法院民事判决真实并且已经生效，而且不具有本规范第 860 条所列情形的，裁定认可其效力；不能确认该民事判决的真实性或者已经生效的，裁定驳回申请人的申请。

裁定驳回申请的案件，申请人再次申请并符合受理条件的，人民法院应予受理。

862.【认可判决的效力】

经人民法院裁定认可的台湾地区法院民事判决，与人民法院作出的生效判决具有同等效力。

863.【认可裁定的生效时间及复议程序】

人民法院依据本规范第 861 条和第 862 条作出的裁定，一经送达即发生法律效力。

当事人对上述裁定不服的，可以自裁定送达之日起十日内向上一级人民法院申请复议。

864.【不予认可后起诉的允许】

对人民法院裁定不予认可的台湾地区法院民事判决，申请人再次提出申请的，人民法院不予受理，但申请人可以就同一争议向人民法院起诉。

865.【认可与执行申请期限的确定与中断】

申请人申请认可和执行台湾地区法院民事判决的期间，适用本规范第 22 条第一款、第二款的规定，但申请认可台湾地区法院有关身份关系的判决除外。

申请人仅申请认可而未同时申请执行的，申请执行的期间自人民法院对认可申请作出的裁定生效之日起重新计算。

866.【文书送达】

人民法院在办理申请认可和执行台湾地区法院民事判决案件中作出的法律文书，应当依法送达案件当事人。

867.【费用交纳】

申请认可和执行台湾地区法院民事判决，应当参照《诉讼费用交纳办法》的规定，交纳相关费用。

六、对台湾地区仲裁机构作出的仲裁裁决的执行

868.【一般规定】

台湾地区仲裁裁决的当事人可以根据《最高人民法院关于认可和执行台湾地区仲裁裁决的规定》，作为申请人向人民法院申请认可和执行台湾地区仲裁裁决。

869.【可予认可和执行的范围】

本部分规定所称台湾地区仲裁裁决是指,有关常设仲裁机构及临时仲裁庭在台湾地区按照台湾地区仲裁规定就有关民商事争议作出的仲裁裁决,包括仲裁判断、仲裁和解和仲裁调解。

870.【认可和执行同时申请或仅执行申请的处理】

申请人同时提出认可和执行台湾地区仲裁裁决申请的,人民法院先按照认可程序进行审查,裁定认可后,由人民法院执行机构执行。

申请人直接申请执行的,人民法院应当告知其一并提交认可申请;坚持不申请认可的,裁定驳回其申请。

871.【管辖】

申请认可台湾地区仲裁裁决的案件,由申请人住所地、经常居住地或者被申请人住所地、经常居住地、财产所在地中级人民法院或者专门人民法院受理。

申请人向两个以上有管辖权的人民法院申请认可的,由最先立案的人民法院管辖。

申请人向被申请人财产所在地人民法院申请认可的,应当提供财产存在的相关证据。

872.【认可申请的审查机构】

对申请认可台湾地区仲裁裁决的案件,人民法院应当组成合议庭进行审查。

873.【委托代理的文件要求】

申请人委托他人代理申请认可台湾地区仲裁裁决的,应当向人民法院提交由委托人签名或者盖章的授权委托书。

台湾地区、香港特别行政区、澳门特别行政区或者外国当事人签名或者盖章的授权委托书应当履行相关的公证、认证或者其他证明手续,但授权委托书在人民法院法官的见证下签署或者经中国大陆公证机关公证证明是在中国大陆签署的除外。

874.【申请材料】

申请人申请认可台湾地区仲裁裁决,应当提交以下文件或者经证明无误的副本:

(一)申请书;

(二)仲裁协议;

(二)仲裁判断书、仲裁和解书或者仲裁调解书。

875.【申请书内容】

申请书应当记明以下事项:

(一)申请人和被申请人姓名、性别、年龄、职业、身份证件号码、住址(申请人或者被申请人为法人或者其他组织的,应当记明法人或者其他组织的名称、地址、法定代表人或者主要负责人姓名、职务)和通讯方式;

(二)申请认可的仲裁判断书、仲裁和解书或者仲裁调解书的案号或者识别资料和生效日期;

(三)请求和理由;

(四)被申请人财产所在地、财产状况及申请认可的仲裁裁决的执行情况;

(五)其他需要说明的情况。

876.【立案审查及救济程序】

对于符合本规范第 871 条、第 874 条和第 875 条规定条件的申请,人民法院应当在收到申请后七日内立案,并通知申请人和被申请人,同时将申请书送达被申请人;不符合本规范第 871 条、第 874 条和第 875 条规定条件的,应当在七日内裁定不予受理,同时说明不予受理的理由;申请人对裁定不服的,可以提起上诉。

877.【裁决真实性的证明】

申请人申请认可台湾地区仲裁裁决,应当提供相关证明文件,以证明该仲裁裁决的真实性。

申请人可以申请人民法院通过海峡两岸调查取证司法互助途径查明台湾地区仲裁裁决的真实性;人民法院认为必要时,也可以就有关事项依职权通过海峡两岸司法互助途径向台湾地区请求调查取证。

878.【财产保全】

人民法院受理认可台湾地区仲裁裁决的申请之前或者之后,可以按照民事诉讼法及相关司法解释的规定,根据申请人的申请,裁定采取保全措施。

879.【申请认可和起诉的相互排斥】

人民法院受理认可台湾地区仲裁裁决的申请后,当事人就同一争议起诉的,不予受理。

当事人未申请认可,而是就同一争议向人民法院起诉的,亦不予受理,但仲裁协议无效的除外。

880.【撤回认可申请的处理】

人民法院受理认可台湾地区仲裁裁决的申请后,作出裁定前,申请人请求撤回申请的,可以裁定准许。

881.【认可申请的审查期限】

人民法院应当尽快审查认可台湾地区仲裁裁决的申请,决定予以认可的,应当在立案之日起两个月内作出裁定;决定不予认可或者驳回申请的,应当在作出决定前按有关规定自立案之日起两个月内上报最高人民法院。

通过海峡两岸司法互助途径送达文书和调查取证的期间,不计入审查期限。

882.【不予认可的情形】

对申请认可和执行的仲裁裁决,被申请人提出证据证明有下列情形之一的,经审查核实,人民法院裁定不予认可:

(一)仲裁协议一方当事人依对其适用的法律在订立仲裁协议时属于无行为能力的;或者依当事人约定的准据法,或当事人没有约定适用的准据法而依台湾地区仲裁规定,该仲裁协议无效的;或者当事人之间没有达成书面仲裁协议的,但申请认可台湾地区仲裁调解的除外;

(二)被申请人未接到选任仲裁员或进行仲裁程序的适

当通知,或者由于其他不可归责于被申请人的原因而未能陈述意见的;

(三)裁决所处理的争议不是提交仲裁的争议,或者不在仲裁协议范围之内;或者裁决载有超出当事人提交仲裁范围的事项的决定,但裁决中超出提交仲裁范围的事项的决定与提交仲裁事项的决定可以分开的,裁决中关于提交仲裁事项的决定部分可以予以认可;

(四)仲裁庭的组成或者仲裁程序违反当事人的约定,或者在当事人没有约定时与台湾地区仲裁规定不符的;

(五)裁决对当事人尚无约束力,或者业经台湾地区法院撤销或者驳回执行申请的。

依据国家法律,该争议事项不能以仲裁解决的,或者认可该仲裁裁决将违反一个中国原则等国家法律的基本原则或损害社会公共利益的,人民法院应当裁定不予认可。

883.【认可申请的处理】

人民法院经审查能够确认台湾地区仲裁裁决真实,而且不具有本规范第882条所列情形的,裁定认可其效力;不能确认该仲裁裁决真实性的,裁定驳回申请。

裁定驳回申请的案件,申请人再次申请并符合受理条件的,人民法院应予受理。

884.【认可裁定的生效时间】

人民法院依据本规范第882条和第883条作出的裁定,一经送达即发生法律效力。

885.【认可或执行申请与撤销申请竞合的处理】

一方当事人向人民法院申请认可或者执行台湾地区仲裁裁决,另一方当事人向台湾地区法院起诉撤销该仲裁裁决,被申请人申请中止认可或者执行并且提供充分担保的,人民法院应当中止认可或者执行程序。

申请中止认可或者执行的,应当向人民法院提供台湾地区法院已经受理撤销仲裁裁决案件的法律文书。

台湾地区法院撤销该仲裁裁决的,人民法院应当裁定不予认可或者裁定终结执行;台湾地区法院驳回撤销仲裁裁决请求的,人民法院应当恢复认可或者执行程序。

886.【不予认可后的权利保障途径】

对人民法院裁定不予认可的台湾地区仲裁裁决,申请人再次提出申请的,人民法院不予受理。但当事人可以根据双方重新达成的仲裁协议申请仲裁,也可以就同一争议向人民法院起诉。

887.【认可和执行申请期限的确定与中断】

申请人申请认可和执行台湾地区仲裁裁决的期间,适用本规范第22条第一款、第二款的规定。

申请人仅申请认可而未同时申请执行的,申请执行的期间自人民法院对认可申请作出的裁定生效之日起重新计算。

888.【文书送达】

人民法院在办理申请认可和执行台湾地区仲裁裁决案件中所作出的法律文书,应当依法送达案件当事人。

889.【费用交纳】

申请认可和执行台湾地区仲裁裁决,应当参照《诉讼费用交纳办法》的规定,交纳相关费用。

第三编 执行审查案件办理规范

第二十四章 一般规定

890.【执行审查案件的范围】

本规范所称执行审查案件是指执行异议、复议、监督、请示、协调等案件。

891.【执行审查案件的立案】

执行审查案件依法由立案机构根据当事人的申请或者执行机构的移送登记立案。

892.【审查合议制原则】

执行审查案件的办理采取合议制,由法官组成合议庭或者法官与人民陪审员共同组成合议庭审查处理。办理实施案件的执行人员不得参与相关执行审查案件的合议庭。

指令重新审查的,原执行法院应另行组成合议庭。当事人、利害关系人对重新审查后作出的裁定不服申请复议的,原复议案件的合议庭成员可以继续参与审查。

合议庭组成人员确定后,应当在三日内告知当事人,执行请示、协调案件除外。

893.【书面审查原则】

人民法院对执行异议和复议案件实行书面审查。案情复杂、争议较大的,应当进行听证。

执行监督、请示、协调案件原则上实行书面审查,必要时也可以进行听证。

异议人、复议申请人、申诉人经合法传唤,无正当理由拒不到庭,或者未经法庭许可中途退庭,致使人民法院无法查清相关事实的,由其自行承担不利后果。

894.【撤回申请的处理】

执行异议、复议案件审查期间,异议人、复议申请人申请撤回异议、复议申请的,是否准许由人民法院裁定。

执行监督案件审查期间,申诉人撤回督促、监督申请的,参照前款规定办理。

895.【执行听证的公开】

执行听证应当公开进行,除涉及国家秘密、个人隐私或法律另有规定的除外。

896.【听证前的准备】

听证前,合议庭应当认真审核案件材料,并可以根据有关规定调查收集必要的证据。

听证参与人对因客观原因不能自行收集的证据,向人民法院提出申请的,人民法院应当调查收集。人民法院认为审查案件需要的证据,可以根据有关规定调查收集。

897.【执行听证事项的告知】

执行听证应在听证会召开前三天通知听证参与人。

898.【执行听证开始】

听证会召开前，书记员应当查明听证参与人是否到庭，并宣布听证纪律。

听证时，由审判长核对听证参与人，宣布听证事由和合议庭成员、书记员名单，告知听证参与人有关的权利义务，询问听证参与人是否提出回避申请。

899.【听证程序】

听证一般包括调查、辩论和最后陈述等阶段。调查一般按下列顺序进行：

(一)提出申请、异议或复议的一方陈述其主张以及相关事实、理由；

(二)相对方予以承认或者反驳，陈述相关事实、理由；

(三)举证、质证；

(四)合议庭向听证参与人发问，核实有关情况。

900.【听证的延期】

有下列情形之一的，人民法院可以决定延期召开听证会：

(一)必须出席听证会的听证参与人有正当理由不能出席的；

(二)听证参与人临时提出回避申请，一时难以决定的；

(三)需要通知新的证人到庭，调取新的证据，或者需要补充调查的；

(四)其他应当延期召开听证会的情形。

901.【听证会的记录】

书记员应当将听证的全部活动记入笔录，听证笔录由合议庭成员、书记员以及各方听证参与人签名。拒绝签名的，记明情况附卷。

听证参与人认为对自己的陈述记录有遗漏或者差错的，有权申请补正。不予补正的，应当将申请记录在案。

第二十五章　执行异议案件

第一节　执行行为异议

902.【执行行为异议的一般规定】

执行过程中，当事人、利害关系人认为执行法院的执行行为违反法律或司法解释规定的，可以向执行法院提出执行行为异议。

执行法院审查处理执行行为异议，应当自收到书面异议之日起十五日内作出裁定。

903.【执行行为异议的形式要件】

异议人提出执行行为异议，应当向人民法院提交申请书。申请书应当载明具体的异议请求、事实、理由等内容，并附下列材料：

(一)异议人的身份证明；

(二)相关证据材料；

(三)送达地址和联系方式。

904.【执行行为异议的提出时间】

当事人、利害关系人依照民事诉讼法第二百二十五条规定提出异议的，应当在执行程序终结之前提出，但对终结执行措施提出异议的除外。

当事人、利害关系人对终结执行行为提出异议的，应当自收到终结执行法律文书之日起六十日内提出；未收到法律文书的，应当自知道或者应当知道人民法院终结执行之日起六十日内提出。

905.【执行行为异议的立案】

执行行为异议符合民事诉讼法第二百二十五条规定条件的，人民法院应当在三日内立案。不符合受理条件的，裁定不予受理；立案后发现不符合受理条件的，裁定驳回申请。

执行行为异议申请材料不齐备的，人民法院应当一次性告知异议人在三日内补足，逾期未补足的，不予受理。

异议人对不予受理或者驳回申请裁定不服的，可以自裁定送达之日起十日内向上一级人民法院申请复议。

906.【消极立案、审查的救济】

执行法院收到执行行为异议后三日内既不立案又不作出不予受理裁定，或者受理后无正当理由超过法定期限不作出异议裁定的，异议人可以向上一级人民法院提出异议。上一级人民法院审查后认为理由成立的，应当指令执行法院在三日内立案或者在十五日内作出异议裁定。

907.【通知异议人和相关当事人】

人民法院应当在执行行为异议案件立案后三日内通知异议人和相关当事人。

908.【执行法院变更后的异议审查】

执行案件被指定执行、提级执行、委托执行后，当事人、利害关系人对原执行法院的执行行为提出异议的，由提出异议时负责该案件执行的人民法院审查处理；受指定或者受委托的人民法院是原执行法院的下级人民法院的，仍由原执行法院审查处理。

909.【利害关系人的范围】

有下列情形之一的，当事人以外的公民、法人和其他组织，可以作为利害关系人提出执行行为异议：

(一)认为人民法院的执行行为违法，妨碍其轮候查封、扣押、冻结的债权受偿的；

(二)认为人民法院的拍卖措施违法，妨碍其参与公平竞价的；

(三)认为人民法院的拍卖、变卖或者以物抵债措施违法，侵害其对执行标的的优先购买权的；

(四)认为人民法院要求协助执行的事项超出其协助范围或者违反法律规定的；

(五)认为其他合法权益受到人民法院违法执行行为侵

害的。

910.【执行行为的范围】

当事人、利害关系人认为执行过程中或者执行保全、先予执行裁定过程中的下列行为违法提出异议的，人民法院应当依照民事诉讼法第二百二十五条规定进行审查：

（一）查封、扣押、冻结、拍卖、变卖、以物抵债、暂缓执行、中止执行、终结执行等执行措施；

（二）执行的期间、顺序等应当遵守的法定程序；

（三）人民法院作出的侵害当事人、利害关系人合法权益的其他行为。

911.【2008年4月1日前后的执行行为】

当事人、利害关系人根据民事诉讼法第二百二十五条的规定，提出异议或申请复议，只适用于发生在2008年4月1日后作出的执行行为；对于2008年4月1日前发生的执行行为，当事人、利害关系人可以依法提起申诉，按监督案件处理。

912.【再次提出异议的处理】

当事人、利害关系人对同一执行行为有多个异议事由，但未在异议审查过程中一并提出，撤回异议或者被裁定驳回异议后，再次就该执行行为提出异议的，人民法院不予受理。

913.【执行实施机构的配合】

执行审查机构在审查执行行为异议案件过程中，根据案情需要可以向执行实施机构了解案件情况或者调取卷宗。

914.【执行行为异议的审查处理】

人民法院对执行行为异议，经审查应当按照下列情形，分别处理：

（一）异议不成立的，裁定驳回异议；

（二）异议成立的，裁定撤销相关执行行为；

（三）异议部分成立的，裁定变更相关执行行为；

（四）异议成立或者部分成立，但执行行为无撤销、变更内容的，裁定异议成立或者相应部分异议成立。

915.【申请复议权及其载明】

当事人、利害关系人对执行行为异议裁定不服的，可以自裁定送达之日起十日内向上一级人民法院申请复议。

人民法院依照民事诉讼法第二百二十五条规定作出裁定时，应当告知相关权利人申请复议的权利和期限。

916.【执行行为异议审查期间的执行】

执行行为异议审查期间，不停止执行。

被执行人、利害关系人提供充分、有效的担保请求停止相应处分措施的，人民法院可以准许；申请执行人提供充分、有效的担保请求继续执行的，应当继续执行。

917.【执行行为异议与案外人异议同时提出的处理】

案外人基于实体权利既对执行标的提出排除执行异议又作为利害关系人提出执行行为异议的，人民法院应当依照民事诉讼法第二百二十七条规定进行审查。

案外人既基于实体权利对执行标的提出排除执行异议又作为利害关系人提出与实体权利无关的执行行为异议的，人民法院应当分别依照民事诉讼法第二百二十七条和第二百二十五条规定进行审查。

918.【执行行为异议与案外人异议相混淆的处理】

人民法院在审查过程中发现第三人对执行行为提出异议，但其主张的实质内容是对执行标的主张实体权利以对抗执行的，应当告知第三人变更其异议请求的内容和理由，第三人拒不变更的，依照民事诉讼法第二百二十七条的规定处理。

919.【案件受理异议的审查处理】

被执行人认为执行案件不符合受理条件而提出异议，或者虽针对执行通知、执行裁定书等提出异议，但实质是认为执行案件不符合受理条件的，执行审查机构应当参照执行行为异议的规定进行审查。理由成立的，裁定异议成立，并驳回申请执行人的执行申请，已经采取执行措施的，予以纠正；理由不成立的，裁定驳回异议。

异议审查和复议期间不停止执行。

920.【执行管辖异议的审查处理】

人民法院受理执行申请后，当事人对管辖权有异议的，应当自收到执行通知书之日起十日内提出。

对当事人提出的异议，执行审查机构应当参照执行行为异议的规定进行审查。异议成立的，应当撤销执行案件，并告知当事人向有管辖权的人民法院申请执行；异议不成立的，裁定驳回。当事人对裁定不服的，可以向上一级人民法院申请复议。人民法院作出裁定时，应当告知相关权利人申请复议的权利和期限。

管辖权异议审查和复议期间，不停止执行。

921.【债务人实体异议的审查处理】

被执行人以债权消灭、丧失强制执行效力等执行依据生效之后的实体事由提出排除执行异议的，人民法院应当参照民事诉讼法第二百二十五条规定进行审查。

除本规范第922条规定的抵销情形外，被执行人以执行依据生效之前的实体事由提出排除执行异议的，人民法院应当告知其依法申请再审或者通过其他程序解决。

发生法律效力的异议或复议裁定确认债务已经消灭或部分消灭的，执行实施机构应当依此确定应执行的标的额。已执行标的额超过应执行标的额的，应当责令申请执行人退回相应案款，拒不退回的，予以强制执行。

922.【债务抵销的审查处理】

当事人互负到期债务，被执行人请求抵销，请求抵销的债务符合下列情形的，除依照法律规定或者按照债务性质不得抵销的以外，人民法院应予支持：

（一）已经生效法律文书确定或者经申请执行人认可；

（二）与被执行人所负债务的标的物种类、品质相同。

第二节 案外人异议

923.【案外人异议的一般规定】

执行过程中,案外人对执行标的主张所有权或者有其他足以排除执行标的转让、交付的实体权利的,可以向执行法院提出案外人异议。

对案外人提出的异议,人民法院应当自收到书面异议之日起十五日内审查。

924.【案外人异议的形式要件】

异议人提出案外人异议,应当向人民法院提交申请书。申请书应当载明具体的异议请求、事实、理由等内容,并附下列材料:

(一)异议人的身份证明;

(二)相关证据材料;

(三)送达地址和联系方式。

925.【案外人异议的提出时间】

案外人依照民事诉讼法第二百二十七条规定提出异议的,应当在异议指向的执行标的执行终结之前提出;执行标的由当事人受让的,应当在执行程序终结之前提出。

926.【案外人异议的立案】

案外人异议符合民事诉讼法第二百二十七条规定条件的,人民法院应当在三日内立案。不符合受理条件的,裁定不予受理;立案后发现不符合受理条件的,裁定驳回申请。

案外人异议申请材料不齐备的,人民法院应当一次性告知异议人在三日内补足,逾期未补足的,不予受理。

异议人对不予受理或者驳回申请裁定不服的,可以自裁定送达之日起十日内向上一级人民法院申请复议。

927.【消极立案、审查的救济】

执行法院收到案外人异议后三日内既不立案又不作出不予受理裁定,或者受理后无正当理由超过法定期限不作出异议裁定的,异议人可以向上一级人民法院提出异议。上一级人民法院审查后认为理由成立的,应当指令执行法院在三日内立案或者在十五日内作出异议裁定。

928.【通知异议人和相关当事人】

人民法院应当在案外人异议案件立案后三日内通知异议人和相关当事人。

929.【执行法院变更后的异议审查】

执行案件被指定执行、提级执行、委托执行后,案外人对原执行法院的执行标的提出异议的,由提出异议时负责该案件执行的人民法院审查处理;受指定或者受委托的人民法院是原执行法院的下级人民法院的,仍由原执行法院审查处理。

首先查封、扣押、冻结法院将财产移送其他法院执行后,案外人对该财产提出异议的,参照前款规定审查处理。

930.【再次提出异议的处理】

案外人撤回异议或者被裁定驳回异议后,再次就同一执行标的提出异议的,人民法院不予受理。

931.【执行实施机构的配合】

执行审查机构在审查案外人异议案件过程中,根据案情需要可以向执行实施机构了解案件情况或者调取卷宗。

932.【案外人异议案件的审查内容】

对案外人提出的排除执行异议,人民法院应当审查下列内容:

(一)案外人是否系权利人;

(二)该权利的合法性与真实性;

(三)该权利能否排除执行。

933.【权利人的判断标准】

对案外人的异议,人民法院应当按照下列标准判断其是否系权利人:

(一)已登记的不动产,按照不动产登记簿判断;未登记的建筑物、构筑物及其附属设施,按照土地使用权登记簿、建设工程规划许可、施工许可等相关证据判断;

(二)已登记的机动车、船舶、航空器等特定动产,按照相关管理部门的登记判断;未登记的特定动产和其他动产,按照实际占有情况判断;

(三)银行存款和存管在金融机构的有价证券,按照金融机构和登记结算机构登记的账户名称判断;有价证券由具备合法经营资质的托管机构名义持有的,按照该机构登记的实际投资人账户名称判断;

(四)股权按照工商行政管理机关的登记和企业信用信息公示系统公示的信息判断;

(五)其他财产和权利,有登记的,按照登记机构的登记判断;无登记的,按照合同等证明财产权属或者权利人的证据判断。

案外人依据另案生效法律文书提出排除执行异议,该法律文书认定的执行标的权利人与依照前款规定得出的判断不一致的,依照本规范第934条规定处理。

934.【另案生效法律文书排除执行异议的处理】

金钱债权执行中,案外人依据执行标的被查封、扣押、冻结前作出的另案生效法律文书提出排除执行异议,人民法院应当按照下列情形,分别处理:

(一)该法律文书系就案外人与被执行人之间的权属纠纷以及租赁、借用、保管等不以转移财产权属为目的的合同纠纷,判决、裁决执行标的归属于案外人或者向其返还执行标的且其权利能够排除执行的,应予支持;

(二)该法律文书系就案外人与被执行人之间除前项所列合同之外的债权纠纷,判决、裁决执行标的归属于案外人或者向其交付、返还执行标的的,不予支持;

(三)该法律文书系案外人受让执行标的的拍卖、变卖成交裁定或者以物抵债裁定且其权利能够排除执行的,应予支持。

金钱债权执行中，案外人依据执行标的被查封、扣押、冻结后作出的另案生效法律文书提出排除执行异议的，人民法院不予支持。

非金钱债权执行中，案外人依据另案生效法律文书提出排除执行异议，该法律文书对执行标的权属作出不同认定的，人民法院应当告知案外人依法申请再审或者通过其他程序解决。

申请执行人或者案外人不服人民法院依照本条第一、二款规定作出的裁定，可以依照民事诉讼法第二百二十七条规定提起执行异议之诉。

935.【案外人异议的审查处理】

案外人对执行标的提出的异议，经审查，按照下列情形分别处理：

（一）案外人对执行标的不享有足以排除强制执行的权益的，裁定驳回其异议；

（二）案外人对执行标的享有足以排除强制执行的权益的，裁定中止执行。

936.【救济途径及其载明】

当事人、案外人对案外人异议裁定不服，认为原判决、裁定错误的，依照审判监督程序办理；认为与原判决、裁定无关的，可以自裁定送达之日起十五日内向人民法院提起诉讼。

人民法院依照民事诉讼法第二百二十七条规定作出裁定时，应当告知相关权利人提起执行异议之诉的权利和期限。

937.【案外人异议审查期间的执行】

案外人异议审查期间以及驳回案外人执行异议裁定送达案外人之日起十五日内，人民法院不得对执行标的进行处分。

案外人向人民法院提供充分、有效的担保请求解除对异议标的的查封、扣押、冻结的，人民法院可以准许；申请执行人提供充分、有效的担保请求继续执行的，应当继续执行。

因案外人提供担保解除查封、扣押、冻结有错误，致使该标的无法执行的，人民法院可以直接执行担保财产；申请执行人提供担保请求继续执行有错误，给对方造成损失的，应当予以赔偿。

938.【案外人异议之诉审理期间的执行】

案外人执行异议之诉审理期间，人民法院不得对执行标的进行处分。申请执行人请求人民法院继续执行并提供相应担保的，人民法院可以准许。

被执行人与案外人恶意串通，通过执行异议、执行异议之诉妨害执行的，人民法院应当依照民事诉讼法第一百一十三条规定处理。申请执行人因此受到损害的，可以提起诉讼要求被执行人、案外人赔偿。

939.【申请执行人未提起异议之诉的处理】

人民法院对执行标的裁定中止执行后，申请执行人在法律规定的期间内未提起执行异议之诉的，人民法院应当自起诉期限届满之日起七日内解除对该执行标的采取的执行措施。

940.【案外人异议之诉判决后的处理】

对案外人执行异议之诉，人民法院判决不得对执行标的执行的，执行异议裁定失效。

对申请执行人执行异议之诉，人民法院判决准许对该执行标的执行的，执行异议裁定失效，执行法院可以根据申请执行人的申请或者依职权恢复执行。

941.【申请执行人优先受偿权的保护】

申请执行人对执行标的依法享有对抗案外人的担保物权等优先受偿权，人民法院对案外人提出的排除执行异议不予支持，但法律、司法解释另有规定的除外。

942.【无过错买受人物权期待权的保护之一】

被执行人将其所有的需要办理过户登记的财产出卖给第三人，第三人已经支付部分或者全部价款并实际占有该财产，但尚未办理产权过户登记手续的，人民法院可以查封、扣押、冻结；第三人已经支付全部价款并实际占有，但未办理过户登记手续的，如果第三人对此没有过错，人民法院不得查封、扣押、冻结。

943.【无过错买受人物权期待权的保护之二】

金钱债权执行中，买受人对登记在被执行人名下的不动产提出异议，符合下列情形且其权利能够排除执行的，人民法院应予支持：

（一）在人民法院查封之前已签订合法有效的书面买卖合同；

（二）在人民法院查封之前已合法占有该不动产；

（三）已支付全部价款，或者已按照合同约定支付部分价款且将剩余价款按照人民法院的要求交付执行；

（四）非因买受人自身原因未办理过户登记。

944.【消费者物权期待权的保护】

金钱债权执行中，买受人对登记在被执行的房地产开发企业名下的商品房提出异议，符合下列情形且其权利能够排除执行的，人民法院应予支持：

（一）在人民法院查封之前已签订合法有效的书面买卖合同；

（二）所购商品房系用于居住且买受人名下无其他用于居住的房屋；

（三）已支付的价款超过合同约定总价款的百分之五十。

买受人对登记在被执行的房地产开发企业名下的商品房提出异议，符合本规范第943条规定的情形，且其权利能够排除执行的，人民法院应予支持。

945.【建设工程价款优先受偿权与消费者保护】

人民法院在办理执行案件中，应当依照合同法第二百八十六条的规定，认定建筑工程的承包人的优先受偿权优于抵押权和其他债权。但消费者交付购买商品房的全部或者大部分款项后，承包人就该商品房享有的工程价款优先受偿权不得对抗买受人。

建筑工程价款包括承包人为建设工程应当支付的工作人员报酬、材料款等实际支出的费用,不包括承包人因发包人违约所造成的损失。建设工程承包人行使优先权的期限为六个月,自建设工程竣工之日或者建设工程合同约定的竣工之日起计算。

946.【不动产预告登记的保护】

金钱债权执行中,对被查封的办理了受让物权预告登记的不动产,受让人提出停止处分异议的,人民法院应予支持;符合物权登记条件,受让人提出排除执行异议的,应予支持。

947.【不动产租赁权的保护】

承租人请求在租赁期内阻止向受让人移交占有被执行的不动产,在人民法院查封之前已签订合法有效的书面租赁合同并占有使用该不动产的,人民法院应予支持。

承租人与被执行人恶意串通,以明显不合理的低价承租被执行的不动产或者伪造交付租金证据的,对其提出的阻止移交占有的请求,人民法院不予支持。

第三节　不予执行

948.【不予执行的一般规定】

申请执行人申请执行仲裁裁决或公证机关依法赋予强制执行效力的债权文书,人民法院受理执行申请后,被执行人可以向执行法院申请不予执行该仲裁裁决或公证债权文书。

949.【不予执行申请的期限】

当事人请求不予执行仲裁裁决或者公证债权文书的,应当在执行终结前向执行法院提出。

950.【不予执行仲裁裁决的审查处理】

被执行人提出证据证明仲裁裁决有下列情形之一的,经审查核实,裁定不予执行:

(一)当事人在合同中没有订有仲裁条款或者事后没有达成书面仲裁协议的;

(二)裁决的事项不属于仲裁协议的范围或者仲裁机构无权仲裁的;

(三)仲裁庭的组成或者仲裁的程序违反法定程序的;

(四)裁决所根据的证据是伪造的;

(五)对方当事人向仲裁机构隐瞒了足以影响公正裁决的证据的;

(六)仲裁员在仲裁该案时有贪污受贿,徇私舞弊,枉法裁决行为的。

经审查不符合前款规定情形的,裁定驳回不予执行仲裁裁决申请。

人民法院认定执行该裁决违背社会公共利益的,裁定不予执行。

裁定不予执行仲裁裁决的,裁定书应当送达双方当事人和仲裁机构。

951.【仲裁裁决的部分不予执行】

仲裁机构裁决的事项,部分有本规范第950条第一款、第三款规定情形的,人民法院应当裁定对该部分不予执行。

应当不予执行部分与其他部分不可分的,人民法院应当裁定不予执行仲裁裁决。

952.【不予执行仲裁裁决的救济途径】

人民法院裁定不予执行仲裁裁决、驳回不予执行仲裁裁决申请后,当事人对该裁定提出执行异议或者复议的,人民法院不予受理。

仲裁裁决被人民法院裁定不予执行的,当事人可以根据双方达成的书面仲裁协议重新申请仲裁,也可以向人民法院起诉。

953.【不予执行仲裁裁决审查期间的执行】

不予执行仲裁裁决案件审查期间,不停止执行。被执行人提供适当担保的,应当裁定中止执行。

954.【没有仲裁协议、违反法定程序的认定】

本规范第950条第一款第一项规定的“没有仲裁协议”是指当事人没有达成仲裁协议。仲裁协议被认定无效或者被撤销的,视为没有仲裁协议。

本规范第950条第一款第三项规定的“违反法定程序”,是指违反仲裁法规定的仲裁程序和当事人选择的仲裁规则可能影响案件正确裁决的情形。

955.【撤销与不予执行相同理由抗辩的禁止】

当事人向人民法院申请撤销仲裁裁决被驳回后,又在执行程序中以相同理由提出不予执行抗辩的,人民法院不予支持。

956.【仲裁协议效力的抗辩】

当事人在仲裁程序中未对仲裁协议的效力提出异议,在仲裁裁决作出后以仲裁协议无效为由提出不予执行抗辩的,人民法院不予支持。

当事人在仲裁程序中对仲裁协议的效力提出异议,在仲裁裁决作出后又以此为由提出不予执行抗辩,经审查符合本规范第950条、第770条规定的,人民法院应予支持。

957.【仲裁调解书申请不予执行的禁止】

当事人请求不予执行仲裁调解书或者根据当事人之间的和解协议作出的仲裁裁决书的,人民法院不予支持。

958.【仲裁机构的配合】

根据审查不予执行仲裁裁决案件的实际需要,人民法院可以要求仲裁机构作出说明或者向相关仲裁机构调阅仲裁案卷。

人民法院在审查不予执行仲裁裁决案件过程中作出的裁定,可以送相关的仲裁机构。

959.【申请不予执行涉外仲裁裁决、香港、澳门仲裁裁决的审查处理】

对涉外仲裁裁决、香港仲裁裁决、澳门仲裁裁决的不予执行申请,适用本规范第770条、第771条、第811条、第840条的规定审查处理。

960.【申请不予执行劳动争议仲裁裁决的处理】

申请执行人申请人民法院执行劳动争议仲裁机构作出的发生法律效力的裁决书、调解书，被执行人提出证据证明劳动争议仲裁裁决书、调解书有下列情形之一，并经审查核实的，人民法院可以根据民事诉讼法第二百三十七条之规定裁定不予执行：

（一）裁决的事项不属于劳动争议仲裁范围，或者劳动争议仲裁机构无权仲裁的；

（二）适用法律确有错误的；

（三）仲裁员仲裁该案时，有徇私舞弊、枉法裁决行为的；

（四）人民法院认定执行该劳动争议仲裁裁决违背社会公共利益的。

人民法院在不予执行裁定书中，应当告知当事人在收到裁定书之次日起三十日内，可以就该劳动争议事项向人民法院起诉。

961.【劳动仲裁裁决撤销与不予执行相同理由抗辩的禁止】

对劳动人事争议仲裁委员会作出的终局裁决，用人单位向人民法院申请撤销劳动仲裁裁决被驳回后，又在执行程序中以相同理由提出不予执行抗辩的，人民法院不予支持。

962.【不予执行公证债权文书的审查处理】

有下列情形之一的，可以认定公证债权文书确有错误，应当裁定不予执行：

（一）公证债权文书属于不得赋予强制执行效力的债权文书的；

（二）被执行人一方未亲自或者未委托代理人到场公证等严重违反法律规定的公证程序的；

（三）公证债权文书的内容与事实不符或者违反法律强制性规定的；

（四）公证债权文书未载明被执行人不履行义务或者不完全履行义务时同意接受强制执行的。

经审查不符合前款规定情形的，裁定驳回不予执行公证债权文书申请。

人民法院认定执行该公证债权文书违背社会公共利益的，裁定不予执行。

裁定不予执行公证债权文书的，裁定书应当送达双方当事人和公证机关。

963.【公证债权文书的部分不予执行】

公证债权文书的事项，部分有本规范第962条规定情形的，人民法院应当裁定对该部分不予执行。

应当不予执行部分与其他部分不可分的，人民法院应当裁定不予执行公证债权文书。

964.【不予执行公证债权文书审查后的救济途径】

公证债权文书被裁定不予执行后，当事人对该裁定提出执行异议或者复议的，人民法院不予受理。当事人、公证事项的利害关系人可以就债权争议提起诉讼。

当事人不服驳回不予执行公证债权文书申请的裁定的，可以自收到裁定之日起十日内向上一级人民法院申请复议。人民法院作出裁定时，应当告知其申请复议的权利和期限。

965.【担保债务公证债权文书的不予执行】

公证债权文书对主债务和担保债务同时赋予强制执行效力的，人民法院应予执行；仅对主债务赋予强制执行效力未涉及担保债务的，对担保债务的执行申请不予受理；仅对担保债务赋予强制执行效力未涉及主债务的，对主债务的执行申请不予受理。

人民法院受理担保债务的执行申请后，被执行人仅以担保合同不属于赋予强制执行效力的公证债权文书范围为由申请不予执行的，不予支持。

第二十六章　执行复议案件

966.【申请复议的形式要件】

复议申请人申请复议，应当向人民法院提交申请书。申请书应当载明具体的复议请求、事实、理由等内容，并附下列材料：

（一）复议申请人的身份证明；

（二）相关证据材料；

（三）送达地址和联系方式。

967.【执行复议案件的审查处理】

上一级人民法院对不服异议裁定的复议申请审查后，应当按照下列情形，分别处理：

（一）异议裁定认定事实清楚，适用法律正确，结果应予维持的，裁定驳回复议申请，维持异议裁定；

（二）异议裁定认定事实错误，或者适用法律错误，结果应予纠正的，裁定撤销或者变更异议裁定；

（三）异议裁定认定基本事实不清、证据不足的，裁定撤销异议裁定，发回作出裁定的人民法院重新审查，或者查清事实后作出相应裁定；

（四）异议裁定遗漏异议请求或者存在其他严重违反法定程序的情形，裁定撤销异议裁定，发回作出裁定的人民法院重新审查；

（五）异议裁定对应当适用民事诉讼法第二百二十七条规定审查处理的异议，错误适用民事诉讼法第二百二十五条规定审查处理的，裁定撤销异议裁定，发回作出裁定的人民法院重新作出裁定。

除依照本条第一款第三、四、五项发回重新审查或者重新作出裁定的情形外，裁定撤销或者变更异议裁定且执行行为可撤销、变更的，应当同时撤销或者变更该裁定维持的执行行为。

人民法院对发回重新审查的案件作出裁定后，当事人、利害关系人申请复议的，上一级人民法院复议后不得再次发回重新审查。

968.【不予受理执行异议或驳回异议申请的复议审查】

异议人对不予受理执行异议或者驳回异议申请裁定不服申请复议，上一级人民法院审查后认为符合受理条件的，应当裁定撤销原裁定，指令执行法院立案或者对执行异议进行审查。

969.【多人复议的一并审查】

多方当事人对同一异议裁定申请复议的，上一级人民法院应当一并审查。

970.【复议案件的审查期限】

当事人、利害关系人依照民事诉讼法第二百二十五条规定申请复议的，上一级人民法院应当自收到复议申请之日起三十日内审查完毕，并作出裁定。有特殊情况需要延长的，经本院院长批准，可以延长，延长的期限不得超过三十日。

971.【复议审查期间的执行】

执行复议期间，不停止执行。

被执行人、利害关系人提供充分、有效的担保请求停止相应处分措施的，人民法院可以准许；申请执行人提供充分、有效的担保请求继续执行的，应当继续执行。

972.【驳回不予执行公证债权文书申请的复议】

当事人不服驳回不予执行公证债权文书申请的裁定申请复议的，上一级人民法院应当自收到复议申请之日起三十日内审查，理由成立的，裁定撤销原裁定，不予执行该公证债权文书；理由不成立的，裁定驳回复议申请。复议期间，不停止执行。

973.【对强制措施、间接执行措施复议的特别规定】

对执行法院作出的拘留、罚款、限制出境决定，及对被纳入失信被执行人名单的纠正申请予以驳回的决定申请复议的，依照本规范第十四章的有关规定办理，不适用本章规定。

第二十七章　执行监督案件

第一节　执行监督的一般规定

974.【执行监督案件的类型】

符合下列情形之一的，人民法院应当按执行监督案件立案审查：

（一）人民法院自收到申请执行书之日起超过六个月未执行，申请执行人向上一级法院申请执行，上一级法院决定督促执行的；

（二）执行案件的当事人、利害关系人、案外人向上级法院申诉，上级法院认为确有必要并决定执行监督的；

（三）上级法院发现下级法院执行行为不当或有错误，决定进行执行监督的；

（四）检察机关提出民事执行监督检察建议的；

（五）执行法院发现本院执行行为确有错误需要纠正，决定进行执行监督的；

（六）人民法院认为应当执行监督的其他情形。

975.【上级法院对下级法院的监督】

上级人民法院依法监督下级人民法院的执行工作。最高人民法院依法监督地方各级人民法院和专门法院的执行工作。

976.【对执行行为不当的监督】

上级法院发现下级法院在执行中作出的裁定、决定、通知或具体执行行为不当或有错误的，应当及时指令下级法院纠正，并可以通知有关法院暂缓执行。

下级法院收到上级法院的指令后必须立即纠正。如果认为上级法院的指令有错误，可以在收到该指令后五日内请求上级法院复议。

上级法院认为请求复议的理由不成立，而下级法院仍不纠正的，上级法院可直接作出裁定或决定予以纠正，送达有关法院及当事人，并可直接向有关单位发出协助执行通知书。

977.【对不作为的监督】

上级法院发现下级法院的执行案件（包括受委托执行的案件）在规定的期限内未能执行结案的，应当作出裁定、决定、通知而不制作的，或应当依法实施具体执行行为而不实施的，应当督促下级法院限期执行，及时作出有关裁定等法律文书，或采取相应措施。

978.【执行依据错误的处理】

上级法院在监督下级法院执行案件中，发现下级法院据以执行的生效法律文书确有错误的，应当书面通知下级法院暂缓执行，并按照审判监督程序处理。

979.【监督期间的暂缓执行与恢复执行】

上级法院通知暂缓执行的，应同时指定暂缓执行的期限。暂缓执行的期限一般不得超过三个月。有特殊情况需要延长的，应报经院长批准，并及时通知下级法院。

暂缓执行的原因消除后，应当及时通知执行法院恢复执行。期满后上级法院未通知继续暂缓执行的，执行法院可以恢复执行。

980.【不落实监督意见的责任】

下级法院不按照上级法院的裁定、决定或通知执行，造成严重后果的，按照有关规定追究有关主管人员和直接责任人员的责任。

第二节　督促执行案件

981.【督促执行的一般规定】

人民法院自收到申请执行书之日起超过六个月未执行的，申请执行人可以向上一级人民法院申请执行。上一级人民法院经审查，可以责令原人民法院在一定期限内执行，也可以决定由本院执行或者指令其他人民法院执行。

前款规定的六个月期间，不应当计算执行中的公告期间、鉴定评估期间、管辖争议处理期间、执行争议协调期间、暂缓执行期间以及中止执行期间。

982.【申请督促执行的形式要件】

申请执行人向上一级人民法院申请督促执行的，应当采用书面形式。申请书应当载明申请执行人的基本情况、执行法院名称、执行案件编号或执行依据的文号、执行案件立案时间、向上一级人民法院申请执行的事实及理由等内容。并附下列材料：

（一）申请执行人的身份证明；

（二）相关证据材料；

（三）送达地址和联系方式。

983.【执行完毕情形的处理】

督促执行案件审查期间，执行实施案件依法执行完毕的，终结督促执行案件的审查程序。

984.【督促执行的审查处理】

有下列情形之一的，上一级人民法院可以根据申请执行人的申请，责令执行法院限期执行或者裁定变更执行法院：

（一）债权人申请执行时被执行人有可供执行的财产，执行法院自收到申请执行书之日起超过六个月对该财产未执行完结的；

（二）执行过程中发现被执行人有可供执行的财产，执行法院自发现财产之日起超过六个月对该财产未执行完结的；

（三）对法律文书确定的行为义务的执行，执行法院自收到申请执行书之日起超过六个月未依法采取相应执行措施的；

（四）其他有条件执行超过六个月未执行的。

上一级人民法院责令执行法院限期执行的，应当向其发出督促执行令，并将有关情况书面通知申请执行人。上一级人民法院决定由本院执行或者指令本辖区其他人民法院执行的，应当作出裁定，送达当事人并通知有关人民法院。

上一级人民法院责令执行法院限期执行，执行法院在指定期间内无正当理由仍未执行完结的，上一级人民法院应当裁定由本院执行或者指令本辖区其他人民法院执行。

第三节　执行申诉案件

985.【申诉案件的一般规定】

执行案件的当事人、利害关系人、案外人认为执行法院的执行行为不当或确有错误，侵害其合法权益的，可以向上级法院申诉，上级法院审查后决定是否启动执行监督程序。

986.【执行申诉的形式要件】

申诉人提出申诉的，应当向人民法院提交申诉书。申诉书应当载明具体的申诉请求、事实、理由等内容，并附下列材料：

（一）申诉人的身份证明；

（二）相关证据材料；

（三）送达地址和联系方式。

987.【申诉案件的审查立案】

当事人、利害关系人、案外人直接向上级法院申诉，请求执行监督，其请求事项符合民事诉讼法第二百二十五条、第二百二十七条规定情形的，由执行法院按照相关规定处理，上级法院不予受理。不符合上述规定情形的，由上级法院决定是否启动执行监督程序。

当事人、利害关系人、案外人直接向上级法院申诉，上级法院指令相关法院对其下级法院立案监督的，相关法院应当立案审查。

988.【对复议裁定的申诉】

当事人、利害关系人不服民事诉讼法第二百二十五条所规定的执行复议裁定，向上一级人民法院申诉，上一级人民法院应当作为执行监督案件立案审查，以裁定方式作出结论。

989.【超过异议期限的申诉】

当事人、利害关系人在异议期限之内已经提出异议，但是执行法院未予立案审查，如果当事人、利害关系人在异议期限之后继续申诉，执行法院应当作为执行监督案件立案审查，以裁定方式作出结论。

当事人、利害关系人不服前款所规定的执行监督裁定，向上一级人民法院继续申诉，上一级人民法院应当作为执行监督案件立案审查，以裁定方式作出结论。

990.【申诉案件的审查处理】

上级人民法院审查申诉案件，应当按照下列情形，分别作出处理：

（一）准许撤回申请，即当事人撤回申诉的；

（二）驳回申请，即申诉不成立的；

（三）限期改正，即申诉成立，指定执行法院、复议法院在一定期限内改正的；

（四）撤销并改正，即申诉成立，撤销执行法院、复议法院的裁定直接改正的；

（五）其他，即其他可以报结的情形。

991.【参照复议案件相关规定审查】

除本章另有规定外，申诉案件可以参照本规范第二十六章关于复议案件的相关规定进行审查。

第四节　检察监督案件

992.【同级法院的受理与回复】

人民检察院提出的民事执行监督检察建议，统一由同级人民法院立案受理。

人民法院收到人民检察院的检察建议书后，应当在三个月内将审查处理情况以回复意见函的形式回复人民检察院，并附裁定、决定等相关法律文书。有特殊情况需要延长的，经本院院长批准，可以延长一个月。

回复意见函应当载明人民法院查明的事实、回复意见和理由并加盖院章。不采纳检察建议的，应当说明理由。

993.【上级法院的受理与回复】

人民法院收到检察建议后逾期未回复或者处理结果不当的，提出检察建议的人民检察院可以依职权提请上一级人民检察院向其同级人民法院提出检察建议。上一级人民检察院认为应当跟进监督的，应当向其同级人民法院提出检察建议。人民法院应当在三个月内提出审查处理意见并以回复意见函的形式回复人民检察院，认为人民检察院的意见正确的，应当监督下级人民法院及时纠正。

994.【检察监督行为不当的处理】

人民法院认为检察监督行为违反法律规定的，可以向人民检察院提出书面建议。人民检察院应当在收到书面建议后三个月内作出处理并将处理情况书面回复人民法院；人民法院对于人民检察院的回复有异议的，可以通过上一级人民法院向上一级人民检察院提出。上一级人民检察院认为人民法院建议正确的，应当要求下级人民检察院及时纠正。

995.【检察监督案件的审查】

检察机关提出民事执行监督检察建议的案件，可以参照执行申诉案件审查。

第二十八章　执行协调案件

996.【协调案件的适用范围】

下列案件，人民法院应当按照执行协调案件予以立案：

（一）不同法院因执行程序、执行与破产、强制清算、审判等程序之间对执行标的产生争议，经自行协调无法达成一致意见，向共同上级法院报请协调处理的；

（二）对跨高级人民法院辖区的法院与公安、检察等机关之间的执行争议案件，执行法院报请所属高级人民法院与有关公安、检察等机关所在地的高级人民法院商有关机关协调解决或者报请最高人民法院协调处理的；

（三）当事人对内地仲裁机构作出的涉港澳仲裁裁决分别向不同人民法院申请撤销及执行，受理执行申请的人民法院对受理撤销申请的人民法院作出的决定撤销或者不予撤销的裁定存在异议，亦不能直接作出与该裁定相矛盾的执行或者不予执行的裁定，报请共同上级人民法院解决的；

（四）当事人对内地仲裁机构作出的涉港澳仲裁裁决向人民法院申请执行且人民法院已经作出应予执行的裁定后，一方当事人向人民法院申请撤销该裁决，受理撤销申请的人民法院认为裁决应予撤销且该人民法院与受理执行申请的人民法院非同一人民法院时，报请共同上级人民法院解决的；

（五）跨省、自治区、直辖市的执行争议案件报请最高人民法院协调处理的；

（六）其他依法报请协调的。

997.【执行争议的协调】

两个或两个以上人民法院在执行相关案件中发生争议的，应当协商解决。协商不成的，逐级报请上级法院，直至报请共同的上级法院协调处理。

高级人民法院负责协调处理本辖区内跨中级人民法院辖区的法院与法院之间的执行争议案件。对跨高级人民法院辖区的法院与法院之间的执行争议案件，由争议双方所在地的两地高级人民法院协商处理；协商不成的，按有关规定报请最高人民法院协调处理。

对跨高级人民法院辖区的法院与公安、检察等机关之间的执行争议案件，由执行法院所在地的高级人民法院与有关公安、检察等机关所在地的高级人民法院商有关机关协调解决，必要时可报请最高人民法院协调处理。

998.【协调处理决定的效力】

上级法院协调下级法院之间的执行争议所作出的处理决定，有关法院必须执行。

999.【特殊情形的处理】

上级法院在协调下级法院执行案件中，发现据以执行的生效法律文书确有错误的，应当书面通知下级法院暂缓执行，并按照审判监督程序处理。

执行中发现两地法院或人民法院与仲裁机构就同一法律关系作出不同裁判内容的法律文书的，各有关法院应当立即停止执行，报请共同的上级法院处理。

上级法院协调处理有关执行争议案件，认为必要时，可以决定将有关款项划到本院指定的账户。

1000.【协调案件的结案方式】

执行协调案件的结案方式包括：

（一）撤回协调请求，即执行争议法院自行协商一致，撤回协调请求的；

（二）协调解决，即经过协调，执行争议法院达成一致协调意见，将协调意见记入笔录或者向执行争议法院发出协调意见函的。

最高人民法院、最高人民检察院印发《关于民事执行活动法律监督若干问题的规定》的通知

（2016 年 11 月 2 日　法发〔2016〕30 号）

各省、自治区、直辖市高级人民法院、人民检察院，军事法院、军事检察院，新疆维吾尔自治区高级人民法院生产建设兵团分院、新疆生产建设兵团人民检察院：

为促进人民法院依法执行，规范人民检察院民事执行法律监督活动，根据《中华人民共和国民事诉讼法》和其他有关法律规定，最高人民法院、最高人民检察院联合制定了《关于民事执行活动法律监督若干问题的规定》。现予印发，请认真贯彻执行。对执行中遇到的问题，请分别及时报告最高人民法院执行局和最高人民检察院民事行政检察厅。

最高人民法院、最高人民检察院关于民事执行活动法律监督若干问题的规定

为促进人民法院依法执行，规范人民检察院民事执行法律监督活动，根据《中华人民共和国民事诉讼法》和其他有关法律规定，结合人民法院民事执行和人民检察院民事执行法律监督工作实际，制定本规定。

第一条　人民检察院依法对民事执行活动实施法律监督。人民法院依法接受人民检察院的法律监督。

第二条　人民检察院办理民事执行监督案件，应当以事实为依据，以法律为准绳，坚持公开、公平、公正和诚实信用原则，尊重和保障当事人的诉讼权利，监督和支持人民法院依法行使执行权。

第三条　人民检察院对人民法院执行生效民事判决、裁定、调解书、支付令、仲裁裁决以及公证债权文书等法律文书的活动实施法律监督。

第四条　对民事执行活动的监督案件，由执行法院所在地同级人民检察院管辖。

上级人民检察院认为确有必要的，可以办理下级人民检察院管辖的民事执行监督案件。下级人民检察院对有管辖权的民事执行监督案件，认为需要上级人民检察院办理的，可以报请上级人民检察院办理。

第五条　当事人、利害关系人、案外人认为人民法院的民事执行活动存在违法情形向人民检察院申请监督，应当提交监督申请书、身份证明、相关法律文书及证据材料。提交证据材料的，应当附证据清单。

申请监督材料不齐备的，人民检察院应当要求申请人限期补齐，并明确告知应补齐的全部材料。申请人逾期未补齐的，视为撤回监督申请。

第六条　当事人、利害关系人、案外人认为民事执行活动存在违法情形，向人民检察院申请监督，法律规定可以提出异议、复议或者提起诉讼，当事人、利害关系人、案外人没有提出异议、申请复议或者提起诉讼的，人民检察院不予受理，但有正当理由的除外。

当事人、利害关系人、案外人已经向人民法院提出执行异议或者申请复议，人民法院审查异议、复议期间，当事人、利害关系人、案外人又向人民检察院申请监督的，人民检察院不予受理，但申请对人民法院的异议、复议程序进行监督的除外。

第七条　具有下列情形之一的民事执行案件，人民检察院应当依职权进行监督：

（一）损害国家利益或者社会公共利益的；

（二）执行人员在执行该案时有贪污受贿、徇私舞弊、枉法执行等违法行为、司法机关已经立案的；

（三）造成重大社会影响的；

（四）需要跟进监督的。

第八条　人民检察院因办理监督案件的需要，依照有关规定可以调阅人民法院的执行卷宗，人民法院应当予以配合。

通过拷贝电子卷、查阅、复制、摘录等方式能够满足办案需要的，不调阅卷宗。

人民检察院调阅人民法院卷宗，由人民法院办公室（厅）负责办理，并在五日内提供，因特殊情况不能按时提供的，应当向人民检察院说明理由，并在情况消除后及时提供。

人民法院正在办理或者已结案尚未归档的案件，人民检察院办理民事执行监督案件时可以直接到办理部门查阅、复制、拷贝、摘录案件材料，不调阅卷宗。

第九条　人民检察院因履行法律监督职责的需要，可以向当事人或者案外人调查核实有关情况。

第十条　人民检察院认为人民法院在民事执行活动中可能存在怠于履行职责情形的，可以向人民法院书面了解相关情况，人民法院应当说明案件的执行情况及理由，并在十五日内书面回复人民检察院。

第十一条　人民检察院向人民法院提出民事执行监督检察建议，应当经检察长批准或者检察委员会决定，制作检察建议书，在决定之日起十五日内将检察建议书连同案件卷宗移送同级人民法院。

检察建议书应当载明检察机关查明的事实、监督理由、依据以及建议内容等。

第十二条　人民检察院提出的民事执行监督检察建议，统一由同级人民法院立案受理。

第十三条　人民法院收到人民检察院的检察建议书后，应当在三个月内将审查处理情况以回复意见函的形式回复人民检察院，并附裁定、决定等相关法律文书。有特殊情况需要延长的，经本院院长批准，可以延长一个月。

回复意见函应当载明人民法院查明的事实、回复意见和理由并加盖院章。不采纳检察建议的，应当说明理由。

第十四条　人民法院收到检察建议后逾期未回复或者处理结果不当的，提出检察建议的人民检察院可以依职权提请上一级人民检察院向其同级人民法院提出检察建议。上一级人民检察院认为应当跟进监督的，应当向其同级人民法院提出检察建议。人民法院应当在三个月内提出审查处理意见并以回复意见函的形式回复人民检察院，认为人民检察院的意见正确的，应当监督下级人民法院及时纠正。

第十五条　当事人在人民检察院审查案件过程中达成和解协议且不违反法律规定的，人民检察院应当告知其将和解协议送交人民法院，由人民法院依照民事诉讼法第二百三十条的规定进行处理。

第十六条　当事人、利害关系人、案外人申请监督的案件，人民检察院认为人民法院民事执行活动不存在违法情形的，应当作出不支持监督申请的决定，在决定之日起十五日内制作不

支持监督申请决定书,发送申请人,并做好释法说理工作。

人民检察院办理依职权监督的案件,认为人民法院民事执行活动不存在违法情形的,应当作出终结审查决定。

第十七条　人民法院认为检察监督行为违反法律规定的,可以向人民检察院提出书面建议。人民检察院应当在收到书面建议后三个月内作出处理并将处理情况书面回复人民法院;人民法院对于人民检察院的回复有异议的,可以通过上一级人民法院向上一级人民检察院提出。上一级人民检察院认为人民法院建议正确的,应当要求下级人民检察院及时纠正。

第十八条　有关国家机关不依法履行生效法律文书确定的执行义务或者协助执行义务的,人民检察院可以向相关国家机关提出检察建议。

第十九条　人民检察院民事检察部门在办案中发现被执行人涉嫌构成拒不执行判决、裁定罪且公安机关不予立案侦查的,应当移送侦查监督部门处理。

第二十条　人民法院、人民检察院应当建立完善沟通联系机制,密切配合,互相支持,促进民事执行法律监督工作依法有序稳妥开展。

第二十一条　人民检察院对人民法院行政执行活动实施法律监督,行政诉讼法及有关司法解释没有规定的,参照本规定执行。

第二十二条　本规定自2017年1月1日起施行。

最高人民法院关于严格规范终结本次执行程序的规定(试行)

(2016年10月29日　法〔2016〕373号)

为严格规范终结本次执行程序,维护当事人的合法权益,根据《中华人民共和国民事诉讼法》及有关司法解释的规定,结合人民法院执行工作实际,制定本规定。

第一条　人民法院终结本次执行程序,应当同时符合下列条件:

(一)已向被执行人发出执行通知、责令被执行人报告财产;

(二)已向被执行人发出限制消费令,并将符合条件的被执行人纳入失信被执行人名单;

(三)已穷尽财产调查措施,未发现被执行人有可供执行的财产或者发现的财产不能处置;

(四)自执行案件立案之日起已超过三个月;

(五)被执行人下落不明的,已依法予以查找;被执行人或者其他人妨害执行的,已依法采取罚款、拘留等强制措施,构成犯罪的,已依法启动刑事责任追究程序。

第二条　本规定第一条第一项中的"责令被执行人报告财产",是指应当完成下列事项:

(一)向被执行人发出报告财产令;

(二)对被执行人报告的财产情况予以核查;

(三)对逾期报告、拒绝报告或者虚假报告的被执行人或者相关人员,依法采取罚款、拘留等强制措施,构成犯罪的,依法启动刑事责任追究程序。

人民法院应当将财产报告、核实及处罚的情况记录入卷。

第三条　本规定第一条第三项中的"已穷尽财产调查措施",是指应当完成下列调查事项:

(一)对申请执行人或者其他人提供的财产线索进行核查;

(二)通过网络执行查控系统对被执行人的存款、车辆及其他交通运输工具、不动产、有价证券等财产情况进行查询;

(三)无法通过网络执行查控系统查询本款第二项规定的财产情况的,在被执行人住所地或者可能隐匿、转移财产所在地进行必要调查;

(四)被执行人隐匿财产、会计账簿等资料且拒不交出的,依法采取搜查措施;

(五)经申请执行人申请,根据案件实际情况,依法采取审计调查、公告悬赏等调查措施;

(六)法律、司法解释规定的其他财产调查措施。

人民法院应当将财产调查情况记录入卷。

第四条　本规定第一条第三项中的"发现的财产不能处置",包括下列情形:

(一)被执行人的财产经法定程序拍卖、变卖未成交,申请执行人不接受抵债或者依法不能交付其抵债,又不能对该财产采取强制管理等其他执行措施的;

(二)人民法院在登记机关查封的被执行人车辆、船舶等财产,未能实际扣押的。

第五条　终结本次执行程序前,人民法院应当将案件执行情况、采取的财产调查措施、被执行人的财产情况、终结本次执行程序的依据及法律后果等信息告知申请执行人,并听取其对终结本次执行程序的意见。

人民法院应当将申请执行人的意见记录入卷。

第六条　终结本次执行程序应当制作裁定书,载明下列内容:

(一)申请执行的债权情况;

(二)执行经过及采取的执行措施、强制措施;

(三)查明的被执行人财产情况;

(四)实现的债权情况;

(五)申请执行人享有要求被执行人继续履行债务及依法向人民法院申请恢复执行的权利,被执行人负有继续向申请执行人履行债务的义务。

终结本次执行程序裁定书送达申请执行人后,执行案件可以作结案处理。人民法院进行相关统计时,应当对以终结本次执行程序方式结案的案件与其他方式结案的案件予以区分。

终结本次执行程序裁定书应当依法在互联网上公开。

第七条 当事人、利害关系人认为终结本次执行程序违反法律规定的,可以提出执行异议。人民法院应当依照民事诉讼法第二百二十五条的规定进行审查。

第八条 终结本次执行程序后,被执行人应当继续履行生效法律文书确定的义务。被执行人自动履行完毕的,当事人应当及时告知执行法院。

第九条 终结本次执行程序后,申请执行人发现被执行人有可供执行财产的,可以向执行法院申请恢复执行。申请恢复执行不受申请执行时效期间的限制。执行法院核查属实的,应当恢复执行。

终结本次执行程序后的五年内,执行法院应当每六个月通过网络执行查控系统查询一次被执行人的财产,并将查询结果告知申请执行人。符合恢复执行条件的,执行法院应当及时恢复执行。

第十条 终结本次执行程序后,发现被执行人有可供执行财产,不立即采取执行措施可能导致财产被转移、隐匿、出卖或者毁损的,执行法院可以依申请执行人申请或依职权立即采取查封、扣押、冻结等控制性措施。

第十一条 案件符合终结本次执行程序条件,又符合移送破产审查相关规定的,执行法院应当在作出终结本次执行程序裁定的同时,将执行案件相关材料移送被执行人住所地人民法院进行破产审查。

第十二条 终结本次执行程序裁定书送达申请执行人以后,执行法院应当在七日内将相关案件信息录入最高人民法院建立的终结本次执行程序案件信息库,并通过该信息库统一向社会公布。

第十三条 终结本次执行程序案件信息库记载的信息应当包括下列内容:

(一)作为被执行人的法人或者其他组织的名称、住所地、组织机构代码及其法定代表人或者负责人的姓名,作为被执行人的自然人的姓名、性别、年龄、身份证件号码和住址;

(二)生效法律文书的制作单位和文号,执行案号、立案时间、执行法院;

(三)生效法律文书确定的义务和被执行人的履行情况;

(四)人民法院认为应当记载的其他事项。

第十四条 当事人、利害关系人认为公布的终结本次执行程序案件信息错误的,可以向执行法院申请更正。执行法院审查属实的,应当在三日内予以更正。

第十五条 终结本次执行程序后,人民法院已对被执行人依法采取的执行措施和强制措施继续有效。

第十六条 终结本次执行程序后,申请执行人申请延长查封、扣押、冻结期限的,人民法院应当依法办理续行查封、扣押、冻结手续。

终结本次执行程序后,当事人、利害关系人申请变更、追加执行当事人,符合法定情形的,人民法院应予支持。变更、追加被执行人后,申请执行人申请恢复执行的,人民法院应予支持。

第十七条 终结本次执行程序后,被执行人或者其他人妨害执行的,人民法院可以依法予以罚款、拘留;构成犯罪的,依法追究刑事责任。

第十八条 有下列情形之一的,人民法院应当在三日内将案件信息从终结本次执行程序案件信息库中屏蔽:

(一)生效法律文书确定的义务执行完毕的;

(二)依法裁定终结执行的;

(三)依法应予屏蔽的其他情形。

第十九条 本规定自2016年12月1日起施行。

最高人民法院关于执行案件立案、结案若干问题的意见

(2014年12月17日 法发〔2014〕26号)

为统一执行案件立案、结案标准,规范执行行为,根据《中华人民共和国民事诉讼法》等法律、司法解释的规定,结合人民法院执行工作实际,制定本意见。

第一条 本意见所称执行案件包括执行实施类案件和执行审查类案件。

执行实施类案件是指人民法院因申请执行人申请、审判机构移送、受托、提级、指定和依职权,对已发生法律效力且具有可强制执行内容的法律文书所确定的事项予以执行的案件。

执行审查类案件是指在执行过程中,人民法院审查和处理执行异议、复议、申诉、请示、协调以及决定执行管辖权的移转等事项的案件。

第二条 执行案件统一由人民法院立案机构进行审查立案,人民法庭经授权执行自审案件的,可以自行审查立案,法律、司法解释规定可以移送执行的,相关审判机构可以移送立案机构办理立案登记手续。

立案机构立案后,应当依照法律、司法解释的规定向申请人发出执行案件受理通知书。

第三条 人民法院对符合法律、司法解释规定的立案标准的执行案件,应当予以立案,并纳入审判和执行案件统一管理体系。

人民法院不得有审判和执行案件统一管理体系之外的执行案件。

任何案件不得以任何理由未经立案即进入执行程序。

第四条 立案机构在审查立案时,应当按照本意见确定执行案件的类型代字和案件编号,不得违反本意见创设案件类型代字。

第五条 执行实施类案件类型代字为"执字",按照立案

时间的先后顺序确定案件编号,单独进行排序;但执行财产保全裁定的,案件类型代字为“执保字”,按照立案时间的先后顺序确定案件编号,单独进行排序;恢复执行的,案件类型代字为“执恢字”,按照立案时间的先后顺序确定案件编号,单独进行排序。

第六条　下列案件,人民法院应当按照恢复执行案件予以立案:

(一)申请执行人因受欺诈、胁迫与被执行人达成和解协议,申请恢复执行原生效法律文书的;

(二)一方当事人不履行或不完全履行执行和解协议,对方当事人申请恢复执行原生效法律文书的;

(三)执行实施案件以裁定终结本次执行程序方式报结后,如发现被执行人有财产可供执行,申请执行人申请或者人民法院依职权恢复执行的;

(四)执行实施案件因委托执行结案后,确因委托不当被已立案的受托法院退回委托的;

(五)依照民事诉讼法第二百五十七条的规定而终结执行的案件,申请执行的条件具备时,申请执行人申请恢复执行的。

第七条　除下列情形外,人民法院不得人为拆分执行实施案件:

(一)生效法律文书确定的给付内容为分期履行的,各期债务履行期间届满,被执行人未自动履行,申请执行人可分期申请执行,也可以对几期或全部到期债权一并申请执行;

(二)生效法律文书确定有多个债务人各自单独承担明确的债务的,申请执行人可以对每个债务人分别申请执行,也可以对几个或全部债务人一并申请执行;

(三)生效法律文书确定有多个债权人各自享有明确的债权的(包括按份共有),每个债权人可以分别申请执行;

(四)申请执行赡养费、扶养费、抚养费的案件,涉及金钱给付内容的,人民法院应当根据申请执行时已发生的债权数额进行审查立案,执行过程中新发生的债权应当另行申请执行;涉及人身权内容的,人民法院应当根据申请执行时义务人未履行义务的事实进行审查立案,执行过程中义务人延续消极行为的,应当依据申请执行人的申请一并执行。

第八条　执行审查类案件按下列规则确定类型代字和案件编号:

(一)执行异议案件类型代字为“执异字”,按照立案时间的先后顺序确定案件编号,单独进行排序;

(二)执行复议案件类型代字为“执复字”,按照立案时间的先后顺序确定案件编号,单独进行排序;

(三)执行监督案件类型代字为“执监字”,按照立案时间的先后顺序确定案件编号,单独进行排序;

(四)执行请示案件类型代字为“执请字”,按照立案时间的先后顺序确定案件编号,单独进行排序;

(五)执行协调案件类型代字为“执协字”,按照立案时间的先后顺序确定案件编号,单独进行排序。

第九条　下列案件,人民法院应当按照执行异议案件予以立案:

(一)当事人、利害关系人认为人民法院的执行行为违反法律规定,提出书面异议的;

(二)执行过程中,案外人对执行标的提出书面异议的;

(三)人民法院受理执行申请后,当事人对管辖权提出异议的;

(四)申请执行人申请追加、变更被执行人的;

(五)被执行人以债权消灭、超过申请执行期间或者其他阻止执行的实体事由提出阻止执行的;

(六)被执行人对仲裁裁决或者公证机关赋予强制执行效力的公证债权文书申请不予执行的;

(七)其他依法可以申请执行异议的。

第十条　下列案件,人民法院应当按照执行复议案件予以立案:

(一)当事人、利害关系人不服人民法院针对本意见第九条第(一)项、第(三)项、第(五)项作出的裁定,向上一级人民法院申请复议的;

(二)除因夫妻共同债务、出资人未依法出资、股权转让引起的追加和对一人公司股东的追加外,当事人、利害关系人不服人民法院针对本意见第九条第(四)项作出的裁定,向上一级人民法院申请复议的;

(三)当事人不服人民法院针对本意见第九条第(六)项作出的不予执行公证债权文书、驳回不予执行公证债权文书申请、不予执行仲裁裁决、驳回不予执行仲裁裁决申请的裁定,向上一级人民法院申请复议的;

(四)其他依法可以申请复议的。

第十一条　上级人民法院对下级人民法院,最高人民法院对地方各级人民法院依法进行监督的案件,应当按照执行监督案件予以立案。

第十二条　下列案件,人民法院应当按照执行请示案件予以立案:

(一)当事人向人民法院申请执行内地仲裁机构作出的涉港澳仲裁裁决或者香港特别行政区、澳门特别行政区仲裁机构作出的仲裁裁决或者临时仲裁庭在香港特别行政区、澳门特别行政区作出的仲裁裁决,人民法院经审查认为裁决存在依法不予执行的情形,在作出裁定前,报请所属高级人民法院进行审查的,以及高级人民法院同意不予执行,报请最高人民法院的;

(二)下级人民法院依法向上级人民法院请示的。

第十三条　下列案件,人民法院应当按照执行协调案件予以立案:

(一)不同法院因执行程序、执行与破产、强制清算、审判等程序之间对执行标的产生争议，经自行协调无法达成一致意见，向共同上级人民法院报请协调处理的；

（二）对跨高级人民法院辖区的法院与公安、检察等机关之间的执行争议案件，执行法院报请所属高级人民法院与有关公安、检察等机关所在地的高级人民法院商有关机关协调解决或者报请最高人民法院协调处理的；

（三）当事人对内地仲裁机构作出的涉港澳仲裁裁决分别向不同人民法院申请撤销及执行，受理执行申请的人民法院对受理撤销申请的人民法院作出的决定撤销或者不予撤销的裁定存在异议，亦不能直接作出与该裁定相矛盾的执行或者不予执行的裁定，报请共同上级人民法院解决的；

（四）当事人对内地仲裁机构作出的涉港澳仲裁裁决向人民法院申请执行且人民法院已经作出应予执行的裁定后，一方当事人向人民法院申请撤销该裁决，受理撤销申请的人民法院认为裁决应予撤销且该人民法院与受理执行申请的人民法院非同一人民法院时，报请共同上级人民法院解决的；

（五）跨省、自治区、直辖市的执行争议案件报请最高人民法院协调处理的；

（六）其他依法报请协调的。

第十四条 除执行财产保全裁定、恢复执行的案件外，其他执行实施类案件的结案方式包括：

（一）执行完毕；

（二）终结本次执行程序；

（三）终结执行；

（四）销案；

（五）不予执行；

（六）驳回申请。

第十五条 生效法律文书确定的执行内容，经被执行人自动履行、人民法院强制执行，已全部执行完毕，或者是当事人达成执行和解协议，且执行和解协议履行完毕，可以以“执行完毕”方式结案。

执行完毕应当制作结案通知书并发送当事人。双方当事人书面认可执行完毕或口头认可执行完毕并记入笔录的，无需制作结案通知书。

执行和解协议应当附卷，没有签订书面执行和解协议的，应当将口头和解协议的内容作成笔录，经当事人签字后附卷。

第十六条 有下列情形之一的，可以以“终结本次执行程序”方式结案：

（一）被执行人确无财产可供执行，申请执行人书面同意人民法院终结本次执行程序的；

（二）因被执行人无财产而中止执行满两年，经查证被执行人确无财产可供执行的；

（三）申请执行人明确表示提供不出被执行人的财产或财产线索，并在人民法院穷尽财产调查措施之后，对人民法院认定被执行人无财产可供执行书面表示认可的；

（四）被执行人的财产无法拍卖变卖，或者动产经两次拍卖、不动产或其他财产权经三次拍卖仍然流拍，申请执行人拒绝接受或者依法不能交付其抵债，经人民法院穷尽财产调查措施，被执行人确无其他财产可供执行的；

（五）经人民法院穷尽财产调查措施，被执行人确无财产可供执行或虽有财产但不宜强制执行，当事人达成分期履行和解协议，且未履行完毕的；

（六）被执行人确无财产可供执行，申请执行人属于特困群体，执行法院已经给予其适当救助的。

人民法院应当依法组成合议庭，就案件是否终结本次执行程序进行合议。

终结本次执行程序应当制作裁定书，送达申请执行人。裁定应当载明案件的执行情况、申请执行人债权已受偿和未受偿的情况、终结本次执行程序的理由，以及发现被执行人有可供执行财产，可以申请恢复执行等内容。

依据本条第一款第（二）（四）（五）（六）项规定的情形裁定终结本次执行程序前，应当告知申请执行人可以在指定的期限内提出异议。申请执行人提出异议的，应当另行组成合议庭组织当事人就被执行人是否有财产可供执行进行听证；申请执行人提供被执行人财产线索的，人民法院应当就其提供的线索重新调查核实，发现被执行人有财产可供执行的，应当继续执行；经听证认定被执行人确无财产可供执行，申请执行人亦不能提供被执行人有可供执行财产的，可以裁定终结本次执行程序。

本条第一款第（三）（四）（五）项中规定的“人民法院穷尽财产调查措施”，是指至少完成下列调查事项：

（一）被执行人是法人或其他组织的，应当向银行业金融机构查询银行存款，向有关房地产管理部门查询房地产登记，向法人登记机关查询股权，向有关车管部门查询车辆等情况；

（二）被执行人是自然人的，应当向被执行人所在单位及居住地周边群众调查了解被执行人的财产状况或财产线索，包括被执行人的经济收入来源、被执行人到期债权等。如果根据财产线索判断被执行人有较高收入，应当按照对法人或其他组织的调查途径进行调查；

（三）通过最高人民法院的全国法院网络执行查控系统和执行法院所属高级人民法院的“点对点”网络执行查控系统能够完成的调查事项；

（四）法律、司法解释规定必须完成的调查事项。

人民法院裁定终结本次执行程序后，发现被执行人有财产的，可以依申请执行人的申请或依职权恢复执行。申请执行人申请恢复执行的，不受申请执行期限的限制。

第十七条 有下列情形之一的，可以以“终结执行”方式结案：

（一）申请人撤销申请或者是当事人双方达成执行和解协议，申请执行人撤回执行申请的；

（二）据以执行的法律文书被撤销的；

（三）作为被执行人的公民死亡，无遗产可供执行，又无义务承担人的；

（四）追索赡养费、扶养费、抚育费案件的权利人死亡的；

（五）作为被执行人的公民因生活困难无力偿还借款，无收入来源，又丧失劳动能力的；

（六）作为被执行人的企业法人或其他组织被撤销、注销、吊销营业执照或者歇业、终止后既无财产可供执行，又无义务承受人，也没有能够依法追加变更执行主体的；

（七）依照刑法第五十三条规定免除罚金的；

（八）被执行人被人民法院裁定宣告破产的；

（九）行政执行标的灭失的；

（十）案件被上级人民法院裁定提级执行的；

（十一）案件被上级人民法院裁定指定由其他法院执行的；

（十二）按照最高人民法院《关于委托执行若干问题的规定》，办理了委托执行手续，且收到受托法院立案通知书的；

（十三）人民法院认为应当终结执行的其他情形。

前款除第（十）项、第（十一）项、第（十二）项规定的情形外，终结执行的，应当制作裁定书，送达当事人。

第十八条 执行实施案件立案后，有下列情形之一的，可以以“销案”方式结案：

（一）被执行人提出管辖异议，经审查异议成立，将案件移送有管辖权的法院或申请执行人撤回申请的；

（二）发现其他有管辖权的人民法院已经立案在先的；

（三）受托法院报经高级人民法院同意退回委托的。

第十九条 执行实施案件立案后，被执行人对仲裁裁决或公证债权文书提出不予执行申请，经人民法院审查，裁定不予执行的，以“不予执行”方式结案。

第二十条 执行实施案件立案后，经审查发现不符合最高人民法院《关于人民法院执行工作若干问题的规定（试行）》第18条规定的受理条件，裁定驳回申请的，以“驳回申请”方式结案。

第二十一条 执行财产保全裁定案件的结案方式包括：

（一）保全完毕，即保全事项全部实施完毕；

（二）部分保全，即因未查询到足额财产，致使保全事项未能全部实施完毕；

（三）无标的物可实施保全，即未查到财产可供保全。

第二十二条 恢复执行案件的结案方式包括：

（一）执行完毕；

（二）终结本次执行程序；

（三）终结执行。

第二十三条 下列案件不得作结案处理：

（一）人民法院裁定中止执行的；

（二）人民法院决定暂缓执行的；

（三）执行和解协议未全部履行完毕，且不符合本意见第十六条、第十七条规定终结本次执行程序、终结执行条件的。

第二十四条 执行异议案件的结案方式包括：

（一）准予撤回异议或申请，即异议人撤回异议或申请的；

（二）驳回异议或申请，即异议不成立或者案外人虽然对执行标的享有实体权利但不能阻止执行的；

（三）撤销相关执行行为、中止对执行标的的执行、不予执行、追加变更当事人，即异议成立的；

（四）部分撤销并变更执行行为、部分不予执行、部分追加变更当事人，即异议部分成立的；

（五）不能撤销、变更执行行为，即异议成立或部分成立，但不能撤销、变更执行行为的；

（六）移送其他人民法院管辖，即管辖权异议成立的。

执行异议案件应当制作裁定书，并送达当事人。法律、司法解释规定对执行异议案件可以口头裁定的，应当记入笔录。

第二十五条 执行复议案件的结案方式包括：

（一）准许撤回申请，即申请复议人撤回复议申请的；

（二）驳回复议申请，维持异议裁定，即异议裁定认定事实清楚，适用法律正确，复议理由不成立的；

（三）撤销或变更异议裁定，即异议裁定认定事实错误或者适用法律错误，复议理由成立的；

（四）查清事实后作出裁定，即异议裁定认定事实不清，证据不足的；

（五）撤销异议裁定，发回重新审查，即异议裁定遗漏异议请求或者异议裁定错误对案外人异议适用执行行为异议审查程序的。

人民法院对重新审查的案件作出裁定后，当事人申请复议的，上级人民法院不得再次发回重新审查。

执行复议案件应当制作裁定书，并送达当事人。法律、司法解释规定对执行复议案件可以口头裁定的，应当记入笔录。

第二十六条 执行监督案件的结案方式包括：

（一）准许撤回申请，即当事人撤回监督申请的；

（二）驳回申请，即监督申请不成立的；

（三）限期改正，即监督申请成立，指定执行法院在一定期限内改正的；

（四）撤销并改正，即监督申请成立，撤销执行法院的裁定直接改正的；

（五）提级执行，即监督申请成立，上级人民法院决定提级自行执行的；

（六）指定执行，即监督申请成立，上级人民法院决定指定其他法院执行的；

（七）其他，即其他可以报结的情形。

第二十七条 执行请示案件的结案方式包括：

（一）答复，即符合请示条件的；

（二）销案，即不符合请示条件的。

第二十八条 执行协调案件的结案方式包括：

（一）撤回协调请求，即执行争议法院自行协商一致，撤回协调请求的；

（二）协调解决，即经过协调，执行争议法院达成一致协调意见，将协调意见记入笔录或者向执行争议法院发出协调意见函的。

第二十九条 执行案件的立案、执行和结案情况应当及时、完整、真实、准确地录入全国法院执行案件信息管理系统。

第三十条 地方各级人民法院不能制定与法律、司法解释和本意见规定相抵触的执行案件立案、结案标准和结案方式。

违反法律、司法解释和本意见的规定立案、结案，或者在全国法院执行案件信息管理系统录入立案、结案情况时弄虚作假的，通报批评；造成严重后果或恶劣影响的，根据《人民法院工作人员纪律处分条例》追究相关领导和工作人员的责任。

第三十一条 各高级人民法院应当积极推进执行信息化建设，通过建立、健全辖区三级法院统一使用、切合实际、功能完备、科学有效的案件管理系统，加强对执行案件立、结案的管理。实现立、审、执案件信息三位一体的综合管理；实现对终结本次执行程序案件的单独管理；实现对恢复执行案件的动态管理；实现辖区的案件管理系统与全国法院执行案件信息管理系统的数据对接。

第三十二条 本意见自2015年1月1日起施行。

最高人民法院印发《关于人民法院执行流程公开的若干意见》的通知

（2014年9月3日 法发〔2014〕18号）

各省、自治区、直辖市高级人民法院，解放军军事法院，新疆维吾尔自治区高级人民法院生产建设兵团分院：

为贯彻落实执行公开原则，规范人民法院执行流程公开工作，进一步提高执行工作的透明度，推进执行信息公开平台建设，最高人民法院制定了《关于人民法院执行流程公开的若干意见》。现将该意见予以印发，请加强组织领导，采取有效措施，按照该意见的要求，切实做好执行流程信息公开工作。

关于人民法院执行流程公开的若干意见

为贯彻落实执行公开原则，规范人民法院执行流程公开工作，方便当事人及时了解案件执行进展情况，更好地保障当事人和社会公众对执行工作的知情权、参与权、表达权和监督权，进一步提高执行工作的透明度，以公开促公正、以公正立公信，根据最高人民法院《关于人民法院执行公开的若干规定》（法发〔2006〕35号）、最高人民法院《关于推进司法公开三大平台建设的若干意见》（法发〔2013〕13号）等规定，结合执行工作实际，制定本意见。

一、总 体 要 求

第一条 人民法院执行流程信息以公开为原则、不公开为例外。对依法应当公开、可以公开的执行流程及其相关信息，一律予以公开，实现执行案件办理过程全公开、节点全告知、程序全对接、文书全上网，为当事人和社会公众提供全方位、多元化、实时性的执行公开服务，全面推进阳光执行。

第二条 人民法院执行流程公开工作，以各级人民法院互联网门户网站（政务网）为基础平台和主要公开渠道，辅以手机短信、电话语音系统、电子公告屏和触摸屏、手机应用客户端、法院微博、法院微信公众号等其他平台或渠道，将执行案件流程节点信息、案件进展状态及有关材料向案件当事人及委托代理人公开，将与法院执行工作有关的执行服务信息、执行公告信息等公共信息向社会公众公开。

各级人民法院应当在本院门户网站（政务网）下设的审判流程信息公开网上建立查询执行流程信息的功能模块。最高人民法院在政务网上建立"中国执行信息公开网"，开设"中国审判流程信息公开网"的入口，提供查询执行案件流程信息的功能以及全国各级人民法院执行流程信息公开平台的链接。各级人民法院应当建立电话语音系统，在立案大厅或信访接待等场所设立电子触摸屏，供案件当事人和委托代理人以及社会公众查阅有关执行公开事项。具备条件的法院，应当建立电子公告屏、在执行指挥系统建设中增加12368智能短信服务平台、法院微博以及法院微信公众号等公开渠道。

二、公开的渠道和内容

第三条 下列执行案件信息应当向当事人及委托代理人公开：

（一）当事人名称、案号、案由、立案日期等立案信息；

（二）执行法官以及书记员的姓名和办公电话；

（三）采取执行措施信息，包括被执行人财产查询、查封、冻结、扣划、扣押等信息；

（四）采取强制措施信息，包括司法拘留、罚款、拘传、搜查以及限制出境、限制高消费、纳入失信被执行人名单库等信息；

（五）执行财产处置信息，包括委托评估、拍卖、变卖、以物抵债等信息；

（六）财产分配和执行款收付信息，包括财产分配方案、财产分配方案异议、财产分配方案修改、执行款进入法院执行专用账户、执行款划付等信息；

（七）暂缓执行、中止执行、委托执行、指定执行、提级执行等信息；

(八)执行和解协议信息;

(九)执行实施案件结案信息,包括执行结案日期、执行标的到位情况、结案方式、终结本次执行程序征求申请执行人意见等信息;

(十)执行异议、执行复议、案外人异议、执行主体变更和追加等案件的立案时间、案件承办法官和合议庭其他组成人员以及书记员的姓名和办公电话、执行裁决、结案时间等信息;

(十一)执行申诉信访、执行督促、执行监督等案件的立案时间、案件承办法官和合议庭其他组成人员以及书记员的姓名和办公电话、案件处理意见、结案时间等信息;

(十二)执行听证、询问的时间、地点等信息;

(十三)案件的执行期限或审查期限,以及执行期限或审查期限扣除、延长等变更情况;

(十四)执行案件受理通知书、执行通知书、财产申报通知书、询问通知、听证通知、传票和询问笔录、调查取证笔录、执行听证笔录等材料;

(十五)执行裁定书、决定书等裁判文书;

(十六)执行裁判文书开始送达时间、完成送达时间、送达方式等送达信息;

(十七)执行裁判文书在执行法院执行流程信息公开模块、中国执行信息公开网及中国裁判文书网公布的情况,包括公布时间、查询方式等;

(十八)有关法律或司法解释要求公布的其他执行流程信息。

第四条 具备条件的法院,询问当事人、执行听证和开展重大执行活动时应当进行录音录像。询问、听证和执行活动结束后,该录音录像应当向当事人及委托代理人公开。当事人及委托代理人申请查阅录音录像的,执行法院经核对身份信息后,及时提供查阅。

第五条 各级人民法院通过网上办案,自动生成执行案件电子卷宗。电子卷宗正卷应当向当事人及委托代理人公开。当事人及委托代理人申请查阅电子卷宗的,执行法院经核对身份信息后,及时提供查阅。

第六条 对于执行裁定书、决定书以外的程序性执行文书,各级法院通过执行流程信息公开模块,向当事人及诉讼代理人提供电子送达服务。当事人及委托代理人同意人民法院采用电子方式送达执行文书的,应当在立案时提交签名或者盖章的确认书。

第七条 各级人民法院通过互联网门户网站(政务网)向社会公众公开本院下列信息:

(一)法院地址、交通图示、联系方式、管辖范围、下辖法院、内设部门及其职能、投诉渠道等机构信息;

(二)审判委员会组成人员、审判执行人员的姓名、职务等人员信息;

(三)执行流程、执行裁判文书和执行信息的公开范围和查询方法等执行公开指南信息;

(四)执行立案条件、执行流程、申请执行书等执行文书样式、收费标准、执行费缓减免交的条件和程序、申请强制执行风险提示等执行指南信息;

(五)听证公告、悬赏公告、拍卖公告;

(六)评估、拍卖及其他社会中介入选机构名册等名册信息。

(七)司法解释、指导性案例、执行业务文件等。

三、公开的流程

第八条 除执行请示、执行协调案件外,各级人民法院受理的各类执行案件,应当及时向案件当事人及委托代理人预留的手机号码,自动推送短信,提示案件流程进展情况,提醒案件当事人及委托代理人及时接受电子送达的执行文书。

立案部门、执行机构在向案件当事人及其委托代理人送达案件受理通知书、执行通知书时,应当告知案件流程进展查询、接受电子送达执行文书的方法,并做好宣传、咨询服务等工作。

在执行过程中,追加或变更当事人、委托代理人的,由执行机构在送达相关法律文书时告知前述事项。

第九条 在执行案件办理过程中,案件当事人及委托代理人可凭有效证件号码或组织机构代码、手机号码以及执行法院提供的查询码、密码,通过执行流程信息公开模块、电话语音系统、电子公告屏和触摸屏、手机应用客户端、法院微博、法院微信公众号等多种载体,查询、下载有关执行流程信息、材料等。

第十条 执行流程信息公开模块应具备双向互动功能。案件当事人及委托代理人登录执行流程信息公开模块后,可向案件承办人留言。留言内容应于次日自动导入网上办案平台,案件承办人可通过网上办案平台对留言进行回复。

第十一条 同意采用电子方式送达执行文书的当事人及委托代理人,可以通过执行流程信息公开模块签收执行法院以电子方式送达的各类执行文书。

当事人及委托代理人下载或者查阅以电子方式送达的执行文书时,自动生成送达回证,记录受送达人下载文书的名称、下载时间、IP 地址等。自动生成的送达回证归入电子卷宗。

执行机构书记员负责跟踪受送达人接受电子送达的情况,提醒、指导受送达人及时下载、查阅电子送达的执行文书。提醒短信发出后三日内受送达人未下载或者查阅电子送达的执行文书的,应当通过电子邮件、传真、邮寄等方式及时送达。

四、职责分工

第十二条 具备网上办案条件的法院,应当严格按照网上办案的相关要求,在网上办案系统中流转、审批执行案件,制作各类文书、笔录和报告，及时、准确、完整地扫描、录入案件材料和案件信息。

执行案件因特殊情形未能严格实行网上办案的，案件信息录入工作应当与实际操作同步完成。

因具有特殊情形不能及时录入信息的，应当详细说明原因，报执行机构负责人和分管院领导审批。

第十三条　案件承办人认为具体案件不宜按照本意见第三条、第四条和第五条公开全部或部分流程信息及材料的，应当填写《执行流程信息不予公开审批表》，详细说明原因，经执行机构负责人审核后，呈报分管院领导审批。

第十四条　各级人民法院网上办案系统生成的执行流程数据和执行过程中生成的其他流程信息，应当存储在网上办案系统数据库中，作为执行信息公开的基础数据，通过数据摆渡的方式同步到互联网上的执行信息公开模块，并及时、全面、准确将执行案件流程数据录入全国法院执行案件信息管理系统数据库。

执行法院网上办案系统形成的执行裁判文书，通过数据摆渡的方式导出至执行法院互联网门户网站（政务网）下设的裁判文书公开网，并提供与中国裁判文书网和中国执行信息公开网链接的端口。

第十五条　案件承办人认为具体案件不宜按照本意见第三条、第四条和第五条公开全部或部分流程信息及材料的，应当填写《执行流程信息不予公开审批表》，详细说明原因，经执行机构负责人审核后，呈报分管院领导审批。

第十六条　已在执行流程信息公开平台上发布的信息，因故需要变更的，案件承办人应当呈报执行机构领导审批后，及时更正网上办案平台中的相关信息，并通知当事人及网管人员，由网管人员及时更新执行流程信息公开平台上的相关信息。

第十七条　各级人民法院立案部门、执行机构是执行流程信息公开平台具体执行案件进度信息公开工作的责任部门，负责确保案件信息的准确性、完整性和录入、公开的及时性。

第十八条　各级人民法院司法行政装备管理部门应当为执行信息公开工作提供物质保障。

信息技术部门负责网站建设、运行维护、技术支持，督促有关部门每日定时将网上办案平台中的有关信息数据，包括领导已经签发的各类执行文书等，导出至执行流程信息公开平台，并通过执行流程信息公开平台将收集的有关信息，包括自动生成的送达回证等，导入网上办案平台，实现网上办案平台与执行流程信息公开平台的数据安全传输和对接。

第十九条　审判管理部门负责组织实施执行流程公开工作，监管执行流程信息公开平台，适时组织检查，汇总工作信息，向院领导报告工作情况，编发通报，进行督促、督办等。

发现案件信息不完整、滞后公开或存在错误的，审判管理部门应当督促相关部门补正，并协调、指导信息技术部门及时做好信息更新等工作。

第二十条　向公众公开信息的发布和更新，由各级法院确定具体负责部门。

五、责任与考评

第二十一条　因过失导致公开的执行流程信息出现重大错漏，造成严重后果的，依据相关规定追究有关人员的责任。

第二十二条　执行流程信息公开工作纳入司法公开工作绩效考评范围，考评办法另行制定。

六、附　　则

第二十三条　本意见自下发之日起执行。

最高人民法院办公厅关于切实保障执行当事人及案外人异议权的通知

（2014年5月9日　法办〔2014〕62号）

各省、自治区、直辖市高级人民法院，解放军军事法院，新疆维吾尔自治区高级人民法院生产建设兵团分院：

2007年民事诉讼法修正案实施之后，各级人民法院在执行案件压力大、任务重的情况下，办理了大量的执行异议和复议案件，有效维护了执行当事人及案外人的合法权益。但是，我院在处理人民群众来信来访的过程中，也发现在个别地方法院，仍然不同程度地存在忽视甚至漠视执行当事人及案外人异议权的一些问题：有的法院对执行当事人及案外人提出的异议不受理、不立案；有的法院受理异议后，无正当理由不按照法定的异议期限作出异议裁定；有的法院违背法定程序，对异议裁定一裁终局，剥夺异议当事人通过执行复议和异议之诉再行救济的权利。

出现上述问题，既有执行案件数量大幅增加、执行机构人手不够、法律规定不够完善等客观方面的原因，也有个别执行人员司法为民意识不强、素质不高等主观方面的原因。执行当事人及案外人异议权行使渠道不畅，将使当事人对执行程序的公正性存在疑问，对强制执行产生抵触情绪，在一定程度上加剧“执行难”；另一方面，也会使部分群众对人民法院的执行工作产生负面评价，降低司法公信力。因此，必须采取切实有力的措施加以解决。现就有关事项通知如下：

一、高度重视执行当事人异议权的保障。执行异议制度是2007年民事诉讼法修正案所建立的一项救济制度，它对于规范执行程序，维护执行当事人及案外人的合法权利和利益，防止执行权滥用和“执行乱”具有重要意义。各级人民法院要认真组织学习领会民事诉讼法的规定，纠正“提异议就会妨碍执行”的错误认识，克服“怕麻烦”的思想，真正把法律赋予执行当事人及案外人的这项救济权利在司法实践中落到实处。同时，还要注意把政治素质高、业务素质强、作风扎实的法官充实到执行异议审查机构中来，为执行当事人及案外人的异议审查提供人员保障。

二、严格依法受理和审查执行异议。对于符合法律规定条件的执行异议和复议、异议之诉案件，各级人民法院必须及时受理并办理正式立案手续，受理后必须及时审查、及时作出异议、复议裁定或者异议之诉判决。依法应当再审、另诉或者通过其他程序解决的，应当及时向异议当事人进行释明，引导当事人申请再审、另诉或者通过其他程序解决。上级人民法院应当恪尽监督职责，对于执行当事人及案外人反映下级人民法院存在拒不受理异议或者受理异议后久拖不决的，应当责令下级人民法院依法及时受理和审查异议，必要时，可以指定异地人民法院受理和审查执行异议。

三、提高执行异议案件审查的质量。对于受理的执行异议案件，一要注意正确区分不同性质的异议，严守法定程序，确保认定事实清楚，适用法律正确，处理得当；二要注意提高法律文书质量，做到格式规范，逻辑清晰，说理透彻，依据充分；三要注意公开透明，该听证的要及时组织公开听证，确保当事人的知情权和程序参与权。

四、开展专项检查和抽查活动。各高级人民法院要结合最高人民法院安排的各项专项活动，对辖区内各级人民法院保障执行当事人及案外人异议权的情况进行检查，对检查中发现的问题应当及时提出意见、建议并报告我院。我院将结合群众来信来访适时进行抽查。本通知下发之后，对于人民群众反映相关法院存在前述问题的案例，我院一经查实，将在全国法院范围内予以通报批评；情节严重的，要依法依纪严肃处理。

最高人民法院印发《关于依法制裁规避执行行为的若干意见》的通知

（2011年5月27日　法〔2011〕195号）

各省、自治区、直辖市高级人民法院，解放军军事法院，新疆维吾尔自治区高级人民法院生产建设兵团分院：

现将《关于依法制裁规避执行行为的若干意见》印发给你们，请认真贯彻执行。

最高人民法院关于依法制裁规避执行行为的若干意见

为了最大限度地实现生效法律文书确认的债权，提高执行效率，强化执行效果，维护司法权威，现就依法制裁规避执行行为提出以下意见：

一、强化财产报告和财产调查，多渠道查明被执行人财产

1. 严格落实财产报告制度。对于被执行人未按执行通知履行法律文书确定义务的，执行法院应当要求被执行人限期如实报告财产，并告知拒绝报告或者虚假报告的法律后果。对于被执行人暂时无财产可供执行的，可以要求被执行人定期报告。

2. 强化申请执行人提供财产线索的责任。各地法院可以根据案件的实际情况，要求申请执行人提供被执行人的财产状况或者财产线索，并告知不能提供的风险。各地法院也可根据本地的实际情况，探索尝试以调查令、委托调查函等方式赋予代理律师法律规定范围内的财产调查权。

3. 加强人民法院依职权调查财产的力度。各地法院要充分发挥执行联动机制的作用，完善与金融、房地产管理、国土资源、车辆管理、工商管理等各有关单位的财产查控网络，细化协助配合措施，进一步拓宽财产调查渠道，简化财产调查手续，提高财产调查效率。

4. 适当运用审计方法调查被执行人财产。被执行人未履行法律文书确定的义务，且有转移隐匿处分财产、投资开设分支机构、入股其他企业或者抽逃注册资金等情形的，执行法院可以根据申请执行人的申请委托中介机构对被执行人进行审计。审计费用由申请执行人垫付，被执行人确有转移隐匿处分财产等情形的，实际执行到位后由被执行人承担。

5. 建立财产举报机制。执行法院可以依据申请执行人的悬赏执行申请，向社会发布举报被执行人财产线索的悬赏公告。举报人提供的财产线索经查证属实并实际执行到位的，可按申请执行人承诺的标准或者比例奖励举报人。奖励资金由申请执行人承担。

二、强化财产保全措施，加大对保全财产和担保财产的执行力度

6. 加大对当事人的风险提示。各地法院在立案和审判阶段，要通过法律释明向当事人提示诉讼和执行风险，强化当事人的风险防范意识，引导债权人及时申请财产保全，有效防止债务人在执行程序开始前转移财产。

7. 加大财产保全力度。各地法院要加强立案、审判和执行环节在财产保全方面的协调配合，加大依法进行财产保全的力度，强化审判与执行在财产保全方面的衔接，降低债务人或者被执行人隐匿、转移财产的风险。

8. 对保全财产和担保财产及时采取执行措施。进入执行程序后，各地法院要加大对保全财产和担保财产的执行力度，对当事人、担保人或者第三人提出的异议要及时进行审查，审查期间应当依法对相应财产采取控制性措施，驳回异议后应当加大对相应财产的执行力度。

三、依法防止恶意诉讼，保障民事审判和执行活动有序进行

9. 严格执行关于案外人异议之诉的管辖规定。在执行阶段，案外人对人民法院已经查封、扣押、冻结的财产提起异议之诉的，应当依照《中华人民共和国民事诉讼法》第二百零四条和《最高人民法院关于适用民事诉讼法执行程序若干问题的解释》第十八条的规定，由执行法院受理。

案外人违反上述管辖规定，向执行法院之外的其他法院起诉，其他法院已经受理尚未作出裁判的，应当中止审理或者撤销案件，并告知案外人向作出查封、扣押、冻结裁定的执行法院起诉。

10. 加强对破产案件的监督。执行法院发现被执行人有虚假破产情形的，应当及时向受理破产案件的人民法院提出。申请执行人认为被执行人利用破产逃债的，可以向受理破产案件的人民法院或者其上级人民法院提出异议，受理异议的法院应当依法进行监督。

11. 对于当事人恶意诉讼取得的生效裁判应当依法再审。案外人违反上述管辖规定，向执行法院之外的其他法院起诉，并取得生效裁判文书将已被执行法院查封、扣押、冻结的财产确权或者分割给案外人，或者第三人与被执行人虚构事实取得人民法院生效裁判文书申请参与分配，执行法院认为该生效裁判文书系恶意串通规避执行损害执行债权人利益的，可以向作出该裁判文书的人民法院或者其上级人民法院提出书面建议，有关法院应当依照《中华人民共和国民事诉讼法》和有关司法解释的规定决定再审。

四、完善对被执行人享有债权的保全和执行措施，运用代位权、撤销权诉讼制裁规避执行行为

12. 依法执行已经生效法律文书确认的被执行人的债权。对于被执行人已经生效法律文书确认的债权，执行法院可以书面通知被执行人在限期内向有管辖权的人民法院申请执行该生效法律文书。限期届满被执行人仍怠于申请执行的，执行法院可以依法强制执行该到期债权。

被执行人已经申请执行的，执行法院可以请求执行该债权的人民法院协助扣留相应的执行款物。

13. 依法保全被执行人的未到期债权。对被执行人的未到期债权，执行法院可以依法冻结，待债权到期后参照到期债权予以执行。第三人仅以该债务未到期为由提出异议的，不影响对该债权的保全。

14. 引导申请执行人依法诉讼。被执行人怠于行使债权对申请执行人造成损害的，执行法院可以告知申请执行人依照《中华人民共和国合同法》第七十三条的规定，向有管辖权的人民法院提起代位权诉讼。

被执行人放弃债权、无偿转让财产或者以明显不合理的低价转让财产，对申请执行人造成损害的，执行法院可以告知申请执行人依照《中华人民共和国合同法》第七十四条的规定向有管辖权的人民法院提起撤销权诉讼。

五、充分运用民事和刑事制裁手段，依法加强对规避执行行为的刑事处罚力度

15. 对规避执行行为加大民事强制措施的适用。被执行人既不履行义务又拒绝报告财产或者进行虚假报告、拒绝交出或者提供虚假财务会计凭证、协助执行义务人拒不协助执行或者妨碍执行、到期债务第三人提出异议后又擅自向被执行人清偿等，给申请执行人造成损失的，应当依法对相关责任人予以罚款、拘留。

16. 对构成犯罪的规避执行行为加大刑事制裁力度。被执行人隐匿财产、虚构债务或者以其他方法隐藏、转移、处分可供执行的财产，拒不交出或者隐匿、销毁、制作虚假财务会计凭证或资产负债表等相关资料，以虚假诉讼或者仲裁手段转移财产、虚构优先债权或者申请参与分配，中介机构提供虚假证明文件或者提供的文件有重大失实，被执行人、担保人、协助义务人有能力执行而拒不执行或者拒不协助执行等，损害申请执行人或其他债权人利益，依照刑法的规定构成犯罪的，应当依法追究行为人的刑事责任。

17. 加强与公安、检察机关的沟通协调。各地法院应当加强与公安、检察机关的协调配合，建立快捷、便利、高效的协作机制，细化拒不执行判决裁定罪和妨害公务罪的适用条件。

18. 充分调查取证。各地法院在执行案件过程中，在行为人存在拒不执行判决裁定或者妨害公务行为的情况下，应当注意收集证据。认为构成犯罪的，应当及时将案件及相关证据材料移送犯罪行为发生地的公安机关立案查处。

19. 抓紧依法审理。对检察机关提起公诉的拒不执行判决裁定或者妨害公务案件，人民法院应当抓紧审理，依法审判，快速结案，加大判后宣传力度，充分发挥刑罚手段的威慑力。

六、依法采取多种措施，有效防范规避执行行为

20. 依法变更追加被执行主体或者告知申请执行人另行起诉。有充分证据证明被执行人通过离婚析产、不依法清算、改制重组、关联交易、财产混同等方式恶意转移财产规避执行的，执行法院可以通过依法变更追加被执行人或者告知申请执行人通过诉讼程序追回被转移的财产。

21. 建立健全征信体系。各地法院应当逐步建立健全与相关部门资源共享的信用平台，有条件的地方可以建立个人和企业信用信息数据库，将被执行人不履行债务的相关信息录入信用平台或者信息数据库，充分运用其形成的威慑力制裁规避执行行为。

22. 加大宣传力度。各地法院应当充分运用新闻媒体曝光、公开执行等手段，将被执行人因规避执行被制裁或者处罚的典型案例在新闻媒体上予以公布，以维护法律权威，提升公众自觉履行义务的法律意识。

23. 充分运用限制高消费手段。各地法院应当充分运用限制高消费手段，逐步构建与有关单位的协作平台，明确有关单位的监督责任，细化协作方式，完善协助程序。

24. 加强与公安机关的协作查找被执行人。对于因逃避执行而长期下落不明或者变更经营场所的被执行人，各地法院应当积极与公安机关协调，加大查找被执行人的力度。

最高人民法院印发《关于人民法院预防和处理执行突发事件的若干规定》(试行)的通知

(2009 年 9 月 22 日 法发〔2009〕50 号)

各省、自治区、直辖市高级人民法院,解放军军事法院,新疆维吾尔自治区高级人民法院生产建设兵团分院:

现将《最高人民法院关于人民法院预防和处理执行突发事件的若干规定》(试行)印发给你们,请结合各地实际,贯彻执行。

关于人民法院预防和处理执行突发事件的若干规定(试行)

为预防和减少执行突发事件的发生,控制、减轻和消除执行突发事件引起的社会危害,规范执行突发事件应急处理工作,保护执行人员及其他人员的人身财产安全,维护社会稳定,根据《中华人民共和国民事诉讼法》、《中华人民共和国突发事件应对法》等有关法律规定,结合执行工作实际,制定本规定。

第一条 本规定所称执行突发事件,是指在执行工作中突然发生,造成或可能危及执行人员及其他人员人身财产安全,严重干扰执行工作秩序,需要采取应急处理措施予以应对的群体上访、当事人自残、群众围堵执行现场、以暴力或暴力相威胁抗拒执行等事件。

第二条 按照危害程度、影响范围等因素,执行突发事件分为特别重大、重大、较大和一般四级。

特别重大的执行突发事件是指严重影响社会稳定、造成人员死亡或 3 人以上伤残的事件。

除特别重大执行突发事件外,分级标准由各高级人民法院根据辖区实际自行制定。

第三条 高级人民法院应当加强对辖区法院执行突发事件应急处理工作的指导。

执行突发事件的应急处理工作由执行法院或办理法院负责。各级人民法院应当成立由院领导负责的应急处理工作机构,并建立相关工作机制。

异地执行发生突发事件时,发生地法院必须协助执行法院做好现场应急处理工作。

第四条 执行突发事件应对工作实行预防为主、预防与应急处理相结合的原则。执行突发事件应急处理坚持人身安全至上、社会稳定为重的原则。

第五条 各级人民法院应当制定执行突发事件应急处理预案。执行应急处理预案包括组织与指挥、处理原则与程序、预防和化解、应急处理措施、事后调查与报告、装备及人员保障等内容。

第六条 执行突发事件实行事前、事中和事后全程报告制度。执行人员应当及时将有关情况报告本院执行应急处理工作机构。

异地执行发生突发事件的,发生地法院应当及时将有关情况报告当地党委、政府。

第七条 各级人民法院应当定期对执行应急处理人员和执行人员进行执行突发事件应急处理有关知识培训。

第八条 执行人员办理案件时,应当认真研究全案执行策略,讲究执行艺术和执行方法,积极做好执行和解工作,从源头上预防执行突发事件的发生。

第九条 执行人员应当强化程序公正意识,严格按照法定执行程序采取强制执行措施,规范执行行为,防止激化矛盾引发执行突发事件。

第十条 执行人员必须严格遵守执行工作纪律有关规定,廉洁自律,防止诱发执行突发事件。

第十一条 执行人员应当认真做好强制执行准备工作,制定有针对性的执行方案。执行人员在采取强制措施前,应当全面收集并研究被执行人的相关信息,结合执行现场的社会情况,对发生执行突发事件的可能性进行分析,并研究相关应急化解措施。

第十二条 执行人员在执行过程中,发现有执行突发事件苗头,应当及时向执行突发事件应急处理工作机构报告。执行法院必须启动应急处理预案,采取有效措施全力化解执行突发事件危机。

第十三条 异地执行时,执行人员请求当地法院协助的,当地法院必须安排专人负责和协调,并做好应急准备。

第十四条 发生下列情形,必须启动执行突发事件应急处理预案:

(一)涉执上访人员在 15 人以上的;

(二)涉执上访人员有无理取闹、缠诉领导、冲击机关等严重影响国家机关办公秩序行为的;

(三)涉执上访人员有自残行为的;

(四)当事人及相关人员携带易燃、易爆物品及管制刀具等凶器上访的;

(五)当事人及相关人员聚众围堵,可能导致执行现场失控的;

(六)当事人及相关人员在执行现场使用暴力或以暴力相威胁抗拒执行的;

(七)其他严重影响社会稳定或危害执行人员安全的。

第十五条 执行突发事件发生后,执行人员应当立即报告执行突发事件应急处理工作机构。应急处理工作机构负责人应当迅速启动应急处理机制,采取有效措施防止事态恶性发展。同时协调公安机关及时出警控制现场，并将有关情况报告党委、政府。

第十六条 执行突发事件造成人伤亡或财产损失的，执行应急处理人员应当及时协调公安、卫生、消防等部门组织力量进行抢救，全力减轻损害和减少损失。

第十七条 对继续采取执行措施可能导致现场失控、激发暴力事件、危及人身安全的，执行人员应当立即停止执行措施，及时撤离执行现场。

第十八条 异地执行发生执行突发事件的，执行人员应当在第一时间将有关情况通报发生地法院，发生地法院应当积极协助组织开展应急处理工作。发生地法院必须立即派员赶赴现场，同时报告当地党委和政府，协调公安等有关部门出警控制现场，采取有效措施进行控制，防止事态恶化。

第十九条 执行突发事件发生后，执行法院必须就该事件进行专项调查，形成书面报告材料，在5个工作日内逐级上报至高级人民法院。对特别重大执行突发事件，高级人民法院应当立即组织调查，并在3个工作日内书面报告最高人民法院。

第二十条 执行突发事件调查报告应包括以下内容：

（一）事件发生的时间、地点和经过；

（二）事件后果及人员伤亡、财产损失；

（三）与事件相关的案件；

（四）有关法院采取的预防和处理措施；

（五）事件原因分析及经验、教训总结；

（六）事件责任认定及处理；

（七）其他需要报告的事项。

第二十一条 执行突发事件系由执行人员过错引发，或执行应急处理不当加重事件后果，或事后瞒报、谎报、缓报的，必须按照有关纪律处分办法追究相关人员责任。

第二十二条 对当事人及相关人员在执行突发事件中违法犯罪行为，有关法院应当协调公安、检察和纪检监察等有关部门，依法依纪予以严肃查处。

第二十三条 本规定自2009年10月1日起施行。

最高人民法院印发《关于进一步加强和规范执行工作的若干意见》的通知

（2009年7月17日 法发〔2009〕43号）

各省、自治区、直辖市高级人民法院，解放军军事法院，新疆维吾尔自治区高级人民法院生产建设兵团分院：

现将《最高人民法院关于进一步加强和规范执行工作的若干意见》印发给你们，请结合工作实际，认真贯彻落实。

关于进一步加强和规范执行工作的若干意见

近年来，在各级党委领导、人大监督、政府支持下，人民法院不断推进执行体制和机制改革，健全执行工作长效机制，组织开展集中清理执行积案活动，有力保障了人民群众的合法权益，维护了社会公平正义，促进了社会和谐稳定。但是执行难问题并未从根本上得到解决，执行工作规范化水平仍需进一步提高，执行的力度和时效性有待进一步加强。为此，各级人民法院要进一步贯彻落实科学发展观和中央一系列文件精神，以解决执行难为重点，切实改进和完善执行工作体制机制，着力推进执行工作长效机制建设，全面提升执行工作规范化水平。

一、进一步加大执行工作力度

（一）建立执行快速反应机制。要努力提高执行工作的快速反应能力，加强与公安、检察等部门的联系，及时处理执行线索和突发事件。高、中级人民法院应当成立执行指挥中心，组建快速反应力量。有条件的基层人民法院根据工作需要也可以成立执行指挥中心。指挥中心负责人由院长或其授权的副院长担任，执行局长具体负责组织实施。为了便于与纪检、公安、检察等有关部门的协调，统一调用各类司法资源，符合条件的执行局长可任命为党组成员。指挥中心办事机构设在执行局，并开通24小时值班电话。快速反应力量由辖区法院的执行人员、司法警察等人员组成，下设快速反应执行小组，根据指挥中心的指令迅速采取执行行动。

（二）完善立审执协调配合机制。加强立案、审判和执行三个环节的协作配合，形成法院内部解决执行难的合力。立案阶段要加强诉讼指导、法律释明、风险告知和审前和解，尤其是对符合法定条件的案件依法及时采取诉前财产保全措施。审判阶段对符合条件的案件要依法及时采取诉讼保全和先予执行措施；要大力推进诉讼调解，提高调解案件的当庭履行率和自觉履行率；要增强裁判文书的说理性，强化判后答疑制度，促使当事人服判息诉，案结事了；要努力提高裁判文书质量，增强说理性，对双方的权利义务要表述准确、清晰，并充分考虑判项的可执行性。

（三）建立有效的执行信访处理机制。各级人民法院要设立专门的执行申诉处理机构，负责执行申诉信访的审查和督办，在理顺与立案庭等部门职能分工的基础上，探索建立四级法院上下一体的执行信访审查处理机制。上级法院要建立辖区法院执行信访案件挂牌督办制度，在人民法院网上设置专页，逐案登记，加强督办，分类办结后销号。进一步规范执行信访案件的办理流程，畅通民意沟通途径，对重大、复杂信访案件一律实行公开听证。要重视初信初访，从基层抓起，从源头抓起。要加强与有关部门的协作配合，充分发挥党委领导下的信访终结机制的作用。加大信访案件督办力度，落实领导包案制度，开展执行信访情况排名通报。完善执行信访工作的考评机制，信访责任追究和责任倒查机制。

（四）强化执行宣传工作。各级人民法院要加强同党委宣传部门的联系，将执行工作作为法制宣传工作的重要内容，制定执行工作宣传的整体规划，提高全社会的法制意识和风险意识。要与广播、报纸、电视、网络等媒体建立稳定的合作关系，采取召开新闻发布会、专题报道、跟踪报道、现场采访、设置专栏等方式，开展执行法规政策讲解、重大执行活动报道、典型案例通报、被执行人逃避、规避或抗拒执行行为的曝光等宣传活动。要高度重视民意沟通工作，通过进农村、进社区、进企业等多种形式，广泛深入地了解人民群众和社会各界对执行工作的意见和建议，把合理的社情民意转化为改进工作的具体措施，提高执行工作水平。

二、加快执行工作长效机制建设

（一）建立执行工作联席会议制度。各级人民法院要在各级党委的领导下，充分发挥执行工作联席会议制度的作用，组织排查和清理阻碍执行的地方性规定和文件，解决执行工作中遇到的突出困难和法院自身难以解决的问题，督促查处党政部门、领导干部非法干预执行或特殊主体阻碍、抗拒执行的违法违纪行为，协调处理可能影响社会稳定的重大突发事件或暴力抗法事件、重大执行信访案件；组织集中清理执行积案活动，对各类重点执行案件实行挂牌督办；对政府机关、国有企业等特殊主体案件，研究解决办法。重大执行事项经联席会讨论作出决定或形成会议纪要后，交由相关部门负责落实，落实情况纳入综合治理考核范围。

（二）加快执行联动威慑机制建设。各级人民法院要努力争取党委的支持，动员全社会的力量共同解决执行难问题。要在制度上明确与执行工作相关的党政管理部门，包括纪检监察、组织人事、新闻宣传、综合治理、检察、公安、政府法制、财政、民政、发展和改革、司法行政、国土资源管理、住房和城乡建设管理、人民银行、银行业监管、税务、工商行政管理和证券监管等部门在执行工作中的具体职责，积极协助人民法院开展有关工作。要建设好全国法院执行案件信息管理系统，积极参与社会信用体系建设，实现执行案件信息与其他部门信用信息的共享，并通过信用惩戒手段促使债务人自动履行义务。

（三）实施严格的执行工作考评机制。要完善和细化现有的执行工作考核体系，科学设定执行标的到位率、执行申诉率、执行结案率、执行结案合格率、自行履行率等指标，合理分配考核分值，建立规范有效的考核评价机制。考核由各级人民法院在辖区范围内定期、统一进行，考核结果实行公开排位，并建立末位情况分析制、报告制以及责任追究制。实行执行案件质量评查和超期限分析制度，将执行案件的质量和效率纳入质效管理部门的监管范围。各级人民法院要建立执行人员考评机制，建立质效档案，并将其作为考评定级、提职提级、评优评先的重要依据。要规定科学的结案标准，建立严格的无财产案件的程序终结制度，并作结案统计。建立上级法院执行局和本院质效管理部门对执行错案和瑕疵案件的分析和责任倒查制度。上级法院撤销或改变下级法院裁定或决定时，要附带对案件进行责任分析。本院质效管理部门发现执行案件存在问题的，也要进行责任分析。

三、继续推进执行改革

（一）优化执行职权配置。一是进一步完善高级人民法院执行机构统一管理、统一协调的执行工作管理机制，中级人民法院（直辖市除外）对所辖地区执行工作实行统一管理、统一协调。进一步推进“管案、管事、管人”相结合的管理模式。二是实行案件执行重心下移，最高人民法院和高级人民法院作为执行工作统一管理、统一协调的机构，原则上不执行具体案件，案件主要由中级人民法院和基层人民法院执行，也可以指定专门法院执行某些特定案件，以排除不当干预。三是科学界定执行审查权和执行实施权，并分别由不同的内设机构或者人员行使。将财产调查、控制、处分及交付和分配、采取罚款、拘留强制措施等事项交由实施机构办理，对各类执行异议、复议、案外人异议及变更执行法院的申请等事项交由审查机构办理。四是实行科学的执行案件流程管理，打破一个人负责到底的传统执行模式，积极探索建立分段集约执行的工作机制。指定专人负责统一调查、控制和处分被执行财产，以提高执行效率。要实施以节点控制为特征的流程管理制度，充分发挥合议庭和审判长（执行长）联席会议在审查、评议并提出执行方案方面的作用。

（二）统一执行机构设置。各级人民法院统一设立执行局，并统一执行局内设机构及职能。高级人民法院设立复议监督、协调指导、申诉审查以及综合管理机构，中级人民法院和基层人民法院设执行实施、执行审查、申诉审查和综合管理机构。复议监督机构负责执行案件的监督，并办理异议复议、申请变更执行法院和执行监督案件；协调指导机构负责跨辖区委托执行案件和异地执行案件的协调和管理，办理执行请示案件以及负责与同级政府有关部门的协调；申诉审查机构负责执行申诉信访案件的审查和督办等事项；综合管理机构负责辖区执行工作的管理部署、巡视督查、评估考核、起草规范性文件、调研统计等各类综合性事项。

（三）合理确定执行机构与其他部门的职责分工。要理顺执行机构与法院其他相关部门的职责分工，推进执行工作专业化和执行队伍职业化建设。实行严格的归口管理，明确行政非诉案件和行政诉讼案件的执行，财产保全、先予执行、财产刑等统一由执行机构负责实施。加强和规范司法警察参与执行工作。基层人民法院审判监督庭和高、中级人民法院的质效管理部门承担执行工作质量监督、瑕疵案件责任分析等职能。

四、强化执行监督制约机制

各级人民法院要把强化执行监督制约机制作为长效机制建设的重要内容，切实抓紧抓好。一是按照分权制衡的原则对执行权进行科学配置。区分执行审查权和执行实施权，分别由不同的内设机构或者人员行使，使各项权能之间相互制约、相互监督，保证执行权的正当行使。二是对执行实施的重点环节和关键节点进行风险防范。除编制很少的地区外，应当对执行实施权再行分解，总结出重点环节和关键节点，划分为若干阶段，由不同组织或人员负责，加强相互监督和制约，以此强化对执行工作的动态管理，防止执行权的滥用。三是加大上级法院对下级法院的监督力度。认真实施、严格落实修改后的民事诉讼法，通过办理执行异议、执行复议和案外人异议案件，以及上级法院提级执行、指定执行、交叉执行等途径，纠正违法执行和消极执行行为，加强对执行权行使的监督。四是进一步实行执行公开，自觉接受执行各方当事人的监督。建立执行立案阶段发放廉政监督卡或者执行监督卡、送达执行文书时公布或告知举报电话、当事人正当参与执行等制度。要抓好执行公开制度的贯彻落实，利用信息化手段和网络增强执行工作透明度，严禁暗箱操作，切实保障当事人的知情权、参与权、监督权，预防徇私枉法、权钱交易、违法干预办案等问题的发生，确保执行公正。五是拓宽监督渠道，主动接受社会各界对执行工作的监督。完善党委、人大、舆论等各类监督机制，探索人民陪审员和执行监督员参与执行工作的办法和途径，提高执行的公信力。

五、进一步加强执行队伍建设

各级人民法院要高度重视执行队伍建设。要加强对各级人民法院执行局负责人和执行人员的培训，开展执行人员与各业务部门审判人员的定期交流。要突出加强执行队伍廉政建设，逐步在执行机构配备廉政监察员，加大执行中容易产生腐败的重点环节的监督力度；加强对执行人员的职业道德教育、权力观教育和警示教育；规范执行人员与当事人、律师的交往，细化岗位职责，强化工作管理措施，化解廉政风险；建立顺畅的举报、检举、控告渠道和强有力的违法违纪行为的查纠机制，确保“五个严禁”在执行工作中得到全面贯彻。要根据执行工作的实际需要，配齐配强执行人员，确保实现中发〔1999〕11号文件规定的执行人员比例不少于全体干警现有编制总数15%的要求，确保执行人员的文化程度不低于所在法院人员的平均水平。要尽快制定下发《人民法院执行员条例》，对执行员的任职条件、任免程序、工作职责、考核培训等内容作出规定，努力建设一支公正、高效、廉洁、文明的执行队伍。

最高人民法院关于查封法院全部处分标的物后轮候查封的效力问题的批复

（2007年9月11日　法函〔2007〕100号）

北京市高级人民法院：

你院《关于查封法院全部处分标的物后，轮候查封的效力问题的请示》（京高法〔2007〕208号）收悉。经研究，答复如下：

根据《最高人民法院关于人民法院民事执行中查封、扣押、冻结财产的规定》（法释〔2004〕15号）第二十八条第一款的规定，轮候查封、扣押、冻结自在先的查封、扣押、冻结解除时自动生效，故人民法院对已查封、扣押、冻结的全部财产进行处分后，该财产上的轮候查封自始未产生查封、扣押、冻结的效力。同时，根据上述司法解释第三十条的规定，人民法院对已查封、扣押、冻结的财产进行拍卖、变卖或抵债的，原查封、扣押、冻结的效力消灭，人民法院无需先行解除该财产上的查封、扣押、冻结，可直接进行处分，有关单位应当协助办理有关财产权证照转移手续。

此复。

最高人民法院印发《关于人民法院执行公开的若干规定》和《关于人民法院办理执行案件若干期限的规定》的通知

（2006年12月23日　法发〔2006〕35号）

各省、自治区、直辖市高级人民法院，解放军军事法院，新疆维吾尔自治区高级人民法院生产建设兵团分院：

现将最高人民法院《关于人民法院执行公开的若干规定》和《关于人民法院办理执行案件若干期限的规定》印发给你们，请遵照执行。

执行中有何问题，请及时报告最高人民法院。

附一

关于人民法院执行公开的若干规定

为进一步规范人民法院执行行为，增强执行工作的透明度，保障当事人的知情权和监督权，进一步加强对执行工作的监督，确保执行公正，根据《中华人民共和国民事诉讼法》和有关司法解释等规定，结合执行工作实际，制定本规定。

第一条 本规定所称的执行公开，是指人民法院将案件执行过程和执行程序予以公开。

第二条 人民法院应当通过通知、公告或者法院网络、新闻媒体等方式，依法公开案件执行各个环节和有关信息，但涉及国家秘密、商业秘密等法律禁止公开的信息除外。

第三条 人民法院应当向社会公开执行案件的立案标准和启动程序。

人民法院对当事人的强制执行申请立案受理后，应当及时将立案的有关情况、当事人在执行程序中的权利和义务以及可能存在的执行风险书面告知当事人；不予立案的，应当制作裁定书送达申请人，裁定书应当载明不予立案的法律依据和理由。

第四条 人民法院应当向社会公开执行费用的收费标准和根据，公开执行费减、缓、免交的基本条件和程序。

第五条 人民法院受理执行案件后，应当及时将案件承办人或合议庭成员及联系方式告知双方当事人。

第六条 人民法院在执行过程中，申请执行人要求了解案件执行进展情况的，执行人员应当如实告知。

第七条 人民法院对申请执行人提供的财产线索进行调查后，应当及时将调查结果告知申请执行人；对依职权调查的被执行人财产状况和被执行人申报的财产状况，应当主动告知申请执行人。

第八条 人民法院采取查封、扣押、冻结、划拨等执行措施的，应当依法制作裁定书送达被执行人，并在实施执行措施后将有关情况及时告知双方当事人，或者以方便当事人查询的方式予以公开。

第九条 人民法院采取拘留、罚款、拘传等强制措施的，应当依法向被采取强制措施的人出示有关手续，并说明对其采取强制措施的理由和法律依据。采取强制措施后，应当将情况告知其他当事人。

采取拘留或罚款措施的，应当在决定书中告知被拘留或者被罚款的人享有向上级人民法院申请复议的权利。

第十条 人民法院拟委托评估、拍卖或者变卖被执行人财产的，应当及时告知双方当事人及其他利害关系人，并严格按照《中华人民共和国民事诉讼法》和最高人民法院《关于人民法院民事执行中拍卖、变卖财产的规定》等有关规定，采取公开的方式选定评估机构和拍卖机构，并依法公开进行拍卖、变卖。

评估结束后，人民法院应当及时向双方当事人及其他利害关系人送达评估报告；拍卖、变卖结束后，应当及时将结果告知双方当事人及其他利害关系人。

第十一条 人民法院在办理参与分配的执行案件时，应当将被执行人财产的处理方案、分配原则和分配方案以及相关法律规定告知申请参与分配的债权人。必要时，应当组织各方当事人举行听证会。

第十二条 人民法院对案外人异议、不予执行的申请以及变更、追加被执行主体等重大执行事项，一般应当公开听证进行审查；案情简单，事实清楚，没有必要听证的，人民法院可以直接审查。审查结果应当依法制作裁定书送达各方当事人。

第十三条 人民法院依职权对案件中止执行的，应当制作裁定书并送达当事人。裁定书应当说明中止执行的理由，并明确援引相应的法律依据。

对已经中止执行的案件，人民法院应当告知当事人中止执行案件的管理制度、申请恢复执行或者人民法院依职权恢复执行的条件和程序。

第十四条 人民法院依职权对据以执行的生效法律文书终结执行的，应当公开听证，但申请执行人没有异议的除外。

终结执行应当制作裁定书并送达双方当事人。裁定书应当充分说明终结执行的理由，并明确援引相应的法律依据。

第十五条 人民法院未能按照最高人民法院《关于人民法院办理执行案件若干期限的规定》中规定的期限完成执行行为的，应当及时向申请执行人说明原因。

第十六条 人民法院对执行过程中形成的各种法律文书和相关材料，除涉及国家秘密、商业秘密等不宜公开的文书材料外，其他一般都应当予以公开。

当事人及其委托代理人申请查阅执行卷宗的，经人民法院许可，可以按照有关规定查阅、抄录、复制执行卷宗正卷中的有关材料。

第十七条 对违反本规定不公开或不及时公开案件执行信息的，视情节轻重，依有关规定追究相应的责任。

第十八条 各高级人民法院在实施本规定过程中，可以根据实际需要制定实施细则。

第十九条 本规定自2007年1月1日起施行。

附二

最高人民法院关于人民法院办理执行案件若干期限的规定

为确保及时、高效、公正办理执行案件，依据《中华人民共和国民事诉讼法》和有关司法解释的规定，结合执行工作实际，制定本规定。

第一条 被执行人有财产可供执行的案件，一般应当在立案之日起6个月内执结；非诉执行案件一般应当在立案之日起3个月内执结。

有特殊情况须延长执行期限的，应当报请本院院长或副院长批准。

申请延长执行期限的，应当在期限届满前5日内提出。

第二条 人民法院应当在立案后7日内确定承办人。

第三条 承办人收到案件材料后，经审查认为情况紧急、需立即采取执行措施的，经批准后可立即采取相应的执行措施。

第四条 承办人应当在收到案件材料后3日内向被执行人发出执行通知书，通知被执行人按照有关规定申报财产，责令被执行人履行生效法律文书确定的义务。

被执行人在指定的履行期间内有转移、隐匿、变卖、毁损财产等情形的，人民法院在获悉后应当立即采取控制性执行措施。

第五条 承办人应当在收到案件材料后3日内通知申请执行人提供被执行人财产状况或财产线索。

第六条 申请执行人提供了明确、具体的财产状况或财产线索的，承办人应当在申请执行人提供财产状况或财产线索后5日内进行查证、核实。情况紧急的，应当立即予以核查。

申请执行人无法提供被执行人财产状况或财产线索，或者提供财产状况或财产线索确有困难，需人民法院进行调查的，承办人应当在申请执行人提出调查申请后10日内启动调查程序。

根据案件具体情况，承办人一般应当在1个月内完成对被执行人收入、银行存款、有价证券、不动产、车辆、机器设备、知识产权、对外投资权益及收益、到期债权等资产状况的调查。

第七条 执行中采取评估、拍卖措施的，承办人应当在10日内完成评估、拍卖机构的遴选。

第八条 执行中涉及不动产、特定动产及其他财产需办理过户登记手续的，承办人应当在5日内向有关登记机关送达协助执行通知书。

第九条 对执行异议的审查，承办人应当在收到异议材料及执行案卷后15日内提出审查处理意见。

第十条 对执行异议的审查需进行听证的，合议庭应当在决定听证后10日内组织异议人、申请执行人、被执行人及其他利害关系人进行听证。

承办人应当在听证结束后5日内提出审查处理意见。

第十一条 对执行异议的审查，人民法院一般应当在1个月内办理完毕。

需延长期限的，承办人应当在期限届满前3日内提出申请。

第十二条 执行措施的实施及执行法律文书的制作需报经审批的，相关负责人应当在7日内完成审批程序。

第十三条 下列期间不计入办案期限：

1. 公告送达执行法律文书的期间；
2. 暂缓执行的期间；
3. 中止执行的期间；
4. 就法律适用问题向上级法院请示的期间；
5. 与其他法院发生执行争议报请共同的上级法院协调处理的期间。

第十四条 法律或司法解释对办理期限有明确规定的，按照法律或司法解释规定执行。

第十五条 本规定自2007年1月1日起施行。

最高人民法院印发《关于执行案件督办工作的规定》等三项执行工作制度的通知

（2006年5月18日 法发〔2006〕11号）

各省、自治区、直辖市高级人民法院，解放军军事法院，新疆维吾尔自治区高级人民法院生产建设兵团分院：

现将《关于执行案件督办工作的规定（试行）》、《关于执行款物管理工作的规定（试行）》、《人民法院执行文书立卷归档办法（试行）》等三项执行工作制度印发给你们，请认真贯彻执行。

执行中有何问题，请及时报告我院。

关于执行案件督办工作的规定（试行）

为了加强和规范上级法院对下级法院执行案件的监督，根据《中华人民共和国民事诉讼法》及有关司法解释的规定，结合人民法院执行工作的实践，制定本规定。

第一条 最高人民法院对地方各级人民法院执行案件进行监督。高级人民法院、中级人民法院对本辖区内人民法院执行案件进行监督。

第二条 当事人反映下级法院有消极执行或者案件长期不能执结，上级法院认为情况属实的，应当督促下级法院及时采取执行措施，或者在指定期限内办结。

第三条 上级法院应当在受理反映下级法院执行问题的申诉后十日内，对符合督办条件的案件制作督办函，并附相关材料函转下级法院。遇有特殊情况，上级法院可要求下级法院立即进行汇报，或派员实地进行督办。

下级法院在接到上级法院的督办函后，应指定专人办理。

第四条 下级法院应当在上级法院指定的期限内，将案件办理情况或者处理意见向督办法院作出书面报告。

第五条 对于上级法院督办的执行案件，被督办法院应当按照上一级法院的要求，及时制作案件督办函，并附案件相关材料函转至执行法院。被督办法院负责在上一级法院限定的期限届满前，将督办案件办理情况书面报告上一级法院，并附相关材料。

第六条 下级法院逾期未报告工作情况或案件处理结果的，上级法院根据情况可以进行催报，也可以直接调卷审查，指定其他法院办理，或者提级执行。

第七条 上级法院收到下级法院的书面报告后，认为下级法院的处理意见不当的，应当提出书面意见函告下级法院。下级法院应当按照上级法院的意见办理。

第八条 下级法院认为上级法院的处理意见错误，可以按照有关规定提请上级法院复议。

对下级法院提请复议的案件，上级法院应当另行组成合议庭进行审查。经审查认为原处理意见错误的，应当纠正；认为原处理意见正确的，应当拟函督促下级法院按照原处理意见办理。

第九条 对于上级法院督办的执行案件，下级法院无正当理由逾期未报告工作情况或案件处理结果，或者拒不落实、消极落实上级法院的处理意见，经上级法院催办后仍未纠正的，上级法院可以在辖区内予以通报，并依据有关规定追究相关法院或者责任人的责任。

第十条 本规定自公布之日起施行。

关于执行款物管理工作的规定（试行）

为了加强人民法院执行款物的管理工作，维护当事人的合法权益，根据《中华人民共和国民事诉讼法》及有关司法解释，参照有关财务管理规定，结合执行工作实际，制定本规定。

第一条 本规定所指的执行款物是在执行程序中，依法应当由人民法院经管的财物。

第二条 各级人民法院财务部门应当开设执行款专户，对执行款实行专项管理、专款专付。

执行机构和财务部门应当分工负责，相互配合，相互监督。

第三条 财务部门对执行款的收付进行逐案登记并建立明细账，执行机构应当指定专人负责对执行款的收付情况设立台账，同时对每个案件实行明细记账。案件承办人应当对每个执行案件的执行款往来情况进行登记，并归入案件档案。

第四条 人民法院在强制执行中，执行款可以由被执行人直接交付给申请执行人，也可以从被执行人账户直接划至申请执行人账户。但对于有争议或需再分配的执行款，或因其他情况，人民法院认为确有必要先存入执行款专户的，应当划进执行款专户。

第五条 被执行人直接向法院支付现金或票据的，执行人员应当会同被执行人将现金或者票据交本院财务部门，财务部门应当出具收款凭据。

第六条 执行中确需执行人员直接代收现金或者票据的，应当不少于两名执行人员在场，即时向付款人出具收据，并将收款情况记入笔录并由付款人签名。

收款人应当在回院后一个工作日内移交本院财务部门或将有关款项缴入执行款专户。

第七条 人民法院委托拍卖机构拍卖被执行人财产时，应在拍卖委托书中要求竞买人或买受人将保证金或者拍卖价款直接汇入法院执行款专户。汇款时应注明汇款单位、拍卖机构名称、被执行人名称、案号。

第八条 执行款到账次日，财务部门应当将到账情况告知执行机构，执行机构应当在五日内将收款时间和数额等有关情况告知案件当事人。

第九条 执行款到账后，执行法院应当在一个月内核算执行费用和执行款，并及时通知申请执行人办理取款手续。需要延期划付的，应当在期限届满前书面说明原因并报主管院领导审查批准。

第十条 执行款专户的款项需要支付时，执行人员应当填报有关支付案款审批表并附以下材料，报经执行局长或主管院领导审批后，交由财务部门办理。

（一）生效的法律文书、立案审批表；

（二）款项到账的相关证明；

（三）申请付款人的有效身份证明。委托他人代收的，应当向法院出具特别授权委托书；

（四）已扣缴或应当扣缴的票据或说明。

财务部门支付执行款时，应当按照有关财务管理规定认真审核。

第十一条 人民法院向申请执行人支付执行款前，应当依法扣除未缴的申请执行费和执行中实际支出费用。

第十二条 人民法院向当事人交付执行款时，应当同时收取和审核当事人出具的收款凭据。

第十三条 由人民法院保管的查封、扣押物品应当指定专人负责，妥善保管，任何人不得擅自使用。

第十四条 执行法院解除对财产的查封、扣押、冻结措施后，应当将财产及时返还。

第十五条 案件承办人调离执行机构，在移交案件时，必须同时移交执行款物及相关材料。执行款物交接不清的，不得办理调离手续。

第十六条 严禁使用、截留、挪用、侵吞和私分执行款物。违反者，按有关规定追究责任。

第十七条 各高级人民法院在实施本规定过程中，可以根据实际需要制定实施细则。

第十八条 本规定自公布之日起施行。

人民法院执行文书立卷归档办法（试行）

一、总　　则

第一条 为了加强执行文书的立卷归档工作，根据《中华人民共和国档案法》、《人民法院档案管理办法》等有关规定，结合人民法院执行工作实际，制定本办法。

第二条 本办法所称的执行文书，是指人民法院在案件执行过程中所形成的一切与案件有关的各类文书材料。

第三条 人民法院办理的下列执行案件，纳入立卷归档的范围。

1. 本院直接受理的执行案件；
2. 提级执行、受指定执行的案件；

3. 受托执行的案件；

4. 执行监督、请示、协调的案件；

5. 申请复议的案件；

6. 其他执行案件。

第四条 执行案件由立案庭统一立案，按照案件类型分类编号。

执行案件必须一案一号。一个案件从收案到结案所形成的法律文书、公文、函电等所有司法文书以及执行文书的立卷、归档、保管均使用收案时编定的案号。

中止执行的案件恢复执行后，不得重新立案，应继续使用原案号。

第五条 执行文书材料由承办书记员负责收集、整理立卷，承办执行法官或执行员和部门领导负责检查卷宗质量，并监督承办书记员按期归档。

二、执行文书材料的收集

第六条 执行案件收案后，承办书记员即开始收集有关本案的各种文书材料，着手立卷工作。

第七条 执行文书材料应全面、真实地反映执行的整个过程和具体情况。

第八条 送达法律文书应当有送达回证附卷。

邮寄送达法律文书被退回的，挂号函件收据、附有邮局改退批条的退回邮件信封应当附卷。

公告送达法律文书的，公告的原件和附件、刊登公告的报纸版面或张贴公告的照片应当附卷。

第九条 执行款物的收付材料必须附卷，包括收取执行款物的收据存根；交付、退回款物后当事人开具的收据；划款通知书；法院扣收申请执行费、实际支出费的票据；以物抵债裁定书及抵债物交付过程的材料；双方当事人签订和解协议后交付款物的收据复印件等。

第十条 入卷的执行法律文书，除卷内装订的外，应当随卷各附三份归档，装入卷底袋内备用。其他文书材料，一般只保存一份（有领导人批示的材料除外）。

第十一条 入卷的执行文书材料应当保留原件，未能提供原件的可保存一份复印件，但要注明没有原件的原因。执行人员依职权通过摘录、复制方式取得的与案件有关的证明材料，应注明来源、日期，并由经手人或经办人签名，同时加盖提供单位印章。

第十二条 下列文书材料一般不归档：

1. 没有证明价值的信封、工作材料；

2. 内容相同的重份材料；

3. 法规、条例复制件；

4. 一般的法律文书草稿（未定稿）；

5. 与本案无关的材料。

第十三条 在案件办结以后，执行人员应当认真检查全案的文书材料是否收集齐全，若发现法律文书不完备的，应当及时补齐。

三、执行文书材料的排列

第十四条 执行文书材料的排列顺序应当按照执行程序的进程、形成文书的时间顺序，兼顾文书材料之间的有机联系进行排列。

执行卷宗应当按照利于保密、方便利用的原则，分别立正卷和副卷。无不宜公开内容的案件可以不立副卷。

第十五条 执行案件正卷文书材料排列顺序：

1. 卷宗封面；2. 卷内目录；3. 立案审批表；4. 申请执行书；5. 执行依据；6. 受理案件通知书、举证通知书及送达回执；7. 案件受理费及实际支出费收据；8. 执行通知书、财产申报通知书及送达回执；9. 申请执行人、被执行人身份证明、工商登记资料、法定代表人身份证明及授权委托书、律师事务所函；10. 申请执行人、被执行人、案外人举证材料；11. 询问笔录、调查笔录、听证笔录、执行笔录及人民法院取证材料；12. 采取、解除、撤销强制执行措施（包括查询、查封、冻结、扣划、扣押、评估、拍卖、变卖、搜查、拘传、罚款、拘留等）文书材料；13. 追加、变更执行主体裁定书正本；14. 强制执行裁定书正本；15. 执行和解协议；16. 执行和解协议履行情况的证明材料；17. 以物抵债裁定书及相关材料；18. 中止执行、终结执行、不予执行裁定书及执行凭证；19. 执行款物收取、交付凭证及有关审批材料；20. 延长执行期限的审批表；21. 结案报告、结案审批表；22. 送达回证；23. 备考表；24. 证物袋；25. 卷底。

第十六条 执行监督案件正卷文书材料的排列顺序：

1. 卷宗封面；2. 卷内目录；3. 立案审批表；4. 执行监督申请书；5. 原执行裁定书；6. 当事人身份证明或法定代表人身份证明及授权委托书、律师事务所函；7. 当事人提供的证据材料；8. 听证笔录、调查笔录；9. 督办函；10. 执行法院书面报告；11. 监督结果或有关裁定书；12. 结案报告、结案审批表；13. 送达回证；14. 备考表；15. 证物袋；16. 卷底。

第十七条 执行协调案件文书材料的排列顺序：

1. 卷宗封面；2. 卷内目录；3. 立案审批表；4. 请求协调报告及相关证据材料；5. 协调函；6. 被协调法院的报告及相关证据材料；7. 协调会议记录；8. 承办人审查报告；9. 合议庭评议案件笔录；10. 执行局（庭）研究案件记录及会议纪要；11. 审判委员会研究案件记录及会议纪要；12. 协调意见书；13. 结案报告、结案审批表；14. 备考表；15. 证物袋；16. 卷底。

第十八条 执行请示案件文书材料的排列顺序：

1. 卷宗封面；2. 卷内目录；3. 立案审批表；4. 请示报告及相关证据材料；5. 承办人审查报告；6. 合议庭评议案件笔录；7. 执行局（庭）研究案件笔录及会议纪要；8. 本院审判委

员会评议案件笔录及会议纪要；9. 向上级法院的请示或报告；10. 批复意见；11. 结案报告、结案审批表；12. 备考表；13. 证物袋；14. 卷底。

第十九条 执行复议案件正卷文书材料的排列顺序：

1. 卷宗封面；2. 卷内目录；3. 立案审批表；4. 复议申请书；5. 原决定书；6. 复议申请人身份证明、法定代表人身份证明及授权委托书、律师事务所函；7. 复议申请人提供的证据材料；8. 听证笔录、调查笔录；9. 复议决定书；10. 结案报告、结案审批表；11. 送达回证；12. 备考表；13. 证物袋；14. 卷底。

第二十条 各类执行案件副卷文书材料的排列顺序：

1. 卷宗封面；2. 卷内目录；3. 阅卷笔录；4. 执行方案；5. 承办人与有关部门内部交换意见的材料或笔录；6. 有关案件的内部请示与批复；7. 上级法院及有关单位领导人对案件的批示；8. 承办人审查报告；9. 合议庭评议案件笔录；10. 执行局（庭）研究案件记录及会议纪要；11. 审判委员会研究案件记录及会议纪要；12. 法律文书签发件；13. 其他不宜公开的材料；14. 备考表；15. 证物袋；16. 卷底。

四、执行文书的立卷及卷宗装订

第二十一条 人民法院执行文书材料经过系统收集、整理、排列后，逐页编号。页号一律用阿拉伯数字编写，正面书写在右上角，背面书写在左上角，背面无字迹的不编页号。卷宗封面、卷内目录、备考表、证物袋、卷底不编页号。

第二十二条 执行文书材料包括卷皮的书写、签发必须使用碳素墨水、蓝黑墨水或微机打印，如出现文书材料使用红、蓝墨水或铅笔、圆珠笔及易褪色不易长期保管书写工具书写的，要附复印件。需要归档的传真文书材料必须复印，复印件归档，传真件不归档。

第二十三条 卷宗封面必须按项目要求填写齐全，字迹工整、规范、清晰。卷面案号应当与卷内文件案号一致；案件类别栏填写“执行”；案由栏填写执行依据确认的案由；当事人栏应当填写准确、完整，不能缩写、简称或省略；收、结案日期应当与卷内文书记载一致；执行标的栏，应当填写申请执行标的；执行结果栏，应当填写已经执行的金额或其他情况；裁决机关栏，应当填写作出生效法律文书的机关；结案方式栏，按不同情况分别填写自动履行、强制执行、终结执行、执行和解或不予执行等；结案日期栏，应当填写批准报结的日期。

第二十四条 卷内目录应当按文书材料顺序逐项填写。一份文书材料编一个顺序号。

第二十五条 卷内文件目录所在页的编号，除最后一份需填写起止号外，其余只填起号。

第二十六条 卷内备考表，由本卷情况说明、立卷人、检查人、验收人、立卷日期等项目组成。

“本卷情况说明”栏内填写卷内文书缺损、修改、补充、移出、销毁等情况；“立卷人”由立卷人签字；“检查人”由承办执行法官或执行员签字；“验收人”由档案部门接收人签字；“立卷日期”填写立卷完成的日期。

第二十七条 卷宗的装订必须牢固、整齐、美观，便于保管和利用。

每卷的厚度以不超过 15 毫米为宜，材料过多的，应当按顺序分册装订。每册案卷都从“1”开始编写页号。卷宗装订齐下齐右、三孔一线，长度以 180 毫米左右为宜，并在卷底装订线结扣处粘贴封条，由立卷人盖章。

第二十八条 卷宗装订前，要对文书材料进行全面检查，材料不完整的要补齐，破损或褪色、字迹扩散的要修补、复制。

卷内材料用纸以 A4 办公纸为标准。纸张过大的要修剪折叠，纸张过小、订口过窄的要加贴衬纸。

外文及少数民族文字材料应当附上汉语译文。

作为证据查考日期的信封，保留原件，打开展平加贴衬纸。

卷宗内严禁留置金属物。

五、执行卷宗的归档和保管

第二十九条 执行人员应当妥善保管执行卷宗，防止卷宗毁损、遗漏、丢失。

第三十条 承办书记员应当在案件报结后一个月内将执行卷宗装订完毕，并送有关部门或负责人核查是否符合案件归档条件，验收合格的应当立即归档。不合格的，应当及时予以补救。

执行卷宗应当在案件报结后的三个月内完成归档工作。

第三十一条 执行机构应当对执行卷宗的归档情况登记造册，归档案件必须有档案部门的签收手续。

第三十二条 中止执行的案件可以由执行机构统一保管执行卷宗，不得在执行人员处存放。

第三十三条 执行档案的保管期限由档案管理部门按照有关规定确定。

第三十四条 已经归档的卷宗不得抽取材料，确需增添材料的，应当征得档案管理人员同意后，按立卷要求办理。

第三十五条 对违反本办法未及时归档、任意从案卷中抽取文书材料或损毁、遗漏、丢失案卷材料的有关人员，视情节轻重，依有关规定作出相应处理。

六、附　　则

第三十六条 各高级人民法院在实施本办法过程中，可以根据实际需要制定实施细则。

第三十七条 本办法自公布之日起施行。

最高人民法院关于冻结、扣划证券交易结算资金有关问题的通知

（2004 年 11 月 9 日　法〔2004〕239 号）

各省、自治区、直辖市高级人民法院，解放军军事法院，新疆维吾尔自治区高级人民法院生产建设兵团分院：

为了保障金融安全和社会稳定，维护证券市场正常交易结算秩序，保护当事人的合法权益，保障人民法院依法执行，经商中国证券监督管理委员会，现就人民法院冻结、扣划证券交易结算资金有关问题通知如下：

一、人民法院办理涉及证券交易结算资金的案件，应当根据资金的不同性质区别对待。证券交易结算资金，包括客户交易结算资金和证券公司从事自营证券业务的自有资金。证券公司将客户交易结算资金全额存放于客户交易结算资金专用存款账户和结算备付金账户，将自营证券业务的自有资金存放于自有资金专用存款账户，而上述账户均应报中国证券监督管理委员会备案。因此，对证券市场主体为被执行人的案件，要区别处理：

当证券公司为被执行人时，人民法院可以冻结、扣划该证券公司开设的自有资金存款账户中的资金，但不得冻结、扣划该证券公司开设的客户交易结算资金专用存款账户中的资金。

当客户为被执行人时，人民法院可以冻结、扣划该客户在证券公司营业部开设的资金账户中的资金，证券公司应当协助执行。但对于证券公司在存管银行开设的客户交易结算资金专用存款账户中属于所有客户共有的资金，人民法院不得冻结、扣划。

二、人民法院冻结、扣划证券结算备付金时，应当正确界定证券结算备付金与自营结算备付金。证券结算备付金是证券公司从客户交易结算资金、自营证券业务的自有资金中缴存于中国证券登记结算有限责任公司（以下简称登记结算公司）的结算备用资金，专用于证券交易成交后的清算，具有结算履约担保作用。登记结算公司对每个证券公司缴存的结算备付金分别设立客户结算备付金账户和自营结算备付金账户进行账务管理，并依照经中国证券监督管理委员会批准的规则确定结算备付金最低限额。因此，对证券公司缴存在登记结算公司的客户结算备付金，人民法院不得冻结、扣划。

当证券公司为被执行人时，人民法院可以向登记结算公司查询确认该证券公司缴存的自营结算备付金余额；对其最低限额以外的自营结算备付金，人民法院可以冻结、扣划，登记结算公司应当协助执行。

三、人民法院不得冻结、扣划新股发行验资专用账户中的资金。登记结算公司在结算银行开设的新股发行验资专用账户，专门用于证券市场的新股发行业务中的资金存放、调拨，并按照中国证券监督管理委员会批准的规则开立、使用、备案和管理，故人民法院不得冻结、扣划该专用账户中的资金。

四、人民法院在执行中应当正确处理清算交收程序与执行财产顺序的关系。当证券公司或者客户为被执行人时，人民法院可以冻结属于该被执行人的已完成清算交收后的证券或者资金，并以书面形式责令其在 7 日内提供可供执行的其他财产。被执行人提供了其他可供执行的财产的，人民法院应当先执行该财产；逾期不提供或者提供的财产不足清偿债务的，人民法院可以执行上述已经冻结的证券或者资金。

对被执行人的证券交易成交后进入清算交收期间的证券或者资金，以及被执行人为履行清算交收义务交付给登记结算公司但尚未清算的证券或者资金，人民法院不得冻结、扣划。

五、人民法院对被执行人证券账户内的流通证券采取执行措施时，应当查明该流通证券确属被执行人所有。

人民法院执行流通证券，可以指令被执行人所在的证券公司营业部在 30 个交易日内通过证券交易将该证券卖出，并将变卖所得价款直接划付到人民法院指定的账户。

六、人民法院在冻结、扣划证券交易结算资金的过程中，对于当事人或者协助执行人对相关资金是否属客户交易结算资金、结算备付金提出异议的，应当认真审查；必要时，可以提交中国证券监督管理委员会作出审查认定后，依法处理。

七、人民法院在证券交易、结算场所采取保全或者执行措施时，不得影响证券交易、结算业务的正常秩序。

八、本通知自发布之日起执行。发布前最高人民法院的其他规定与本通知的规定不一致的，以本通知为准。

特此通知。

最高人民法院关于正确适用暂缓执行措施若干问题的规定

（2002 年 9 月 28 日　法发〔2002〕16 号）

为了在执行程序中正确适用暂缓执行措施，维护当事人及其他利害关系人的合法权益，根据《中华人民共和国民事诉讼法》和其他有关法律的规定，结合司法实践，制定本规定。

第一条　执行程序开始后，人民法院因法定事由，可以决定对某一项或者某几项执行措施在规定的期限内暂缓实施。

执行程序开始后，除法定事由外，人民法院不得决定暂缓执行。

第二条　暂缓执行由执行法院或者其上级人民法院作出决定，由执行机构统一办理。

人民法院决定暂缓执行的，应当制作暂缓执行决定书，并及时送达当事人。

第三条 有下列情形之一的，经当事人或者其他利害关系人申请，人民法院可以决定暂缓执行：

（一）执行措施或者执行程序违反法律规定的；

（二）执行标的物存在权属争议的；

（四）被执行人对申请执行人享有抵销权的。

第四条 人民法院根据本规定第三条决定暂缓执行的，应当同时责令申请暂缓执行的当事人或者其他利害关系人在指定的期限内提供相应的担保。

被执行人或者其他利害关系人提供担保申请暂缓执行，申请执行人提供担保要求继续执行的，执行法院可以继续执行。

第五条 当事人或者其他利害关系人提供财产担保的，应当出具评估机构对担保财产价值的评估证明。

评估机构出具虚假证明给当事人造成损失的，当事人可以对担保人、评估机构另行提起损害赔偿诉讼。

第六条 人民法院在收到暂缓执行申请后，应当在十五日内作出决定，并在作出决定后五日内将决定书发送当事人或者其他利害关系人。

第七条 有下列情形之一的，人民法院可以依职权决定暂缓执行：

（一）上级人民法院已经受理执行争议案件并正在处理的；

（二）人民法院发现据以执行的生效法律文书确有错误，并正在按照审判监督程序进行审查的。

人民法院依照前款规定决定暂缓执行的，一般应由申请执行人或者被执行人提供相应的担保。

第八条 依照本规定第七条第一款第（一）项决定暂缓执行的，由上级人民法院作出决定。依照本规定第七条第一款第（二）项决定暂缓执行的，审判机构应当向本院执行机构发出暂缓执行建议书，执行机构收到建议书后，应当办理暂缓相关执行措施的手续。

第九条 在执行过程中，执行人员发现据以执行的判决、裁定、调解书和支付令确有错误的，应当依照最高人民法院《关于适用〈中华人民共和国民事诉讼法〉若干问题的意见》第258条的规定处理。

在审查处理期间，执行机构可以报经院长决定对执行标的暂缓采取处分性措施，并通知当事人。

第十条 暂缓执行的期间不得超过三个月。因特殊事由需要延长的，可以适当延长，延长的期限不得超过三个月。

暂缓执行的期限从执行法院作出暂缓执行决定之日起计算。暂缓执行的决定由上级人民法院作出的，从执行法院收到暂缓执行决定之日起计算。

第十一条 人民法院对暂缓执行的案件，应当组成合议庭对是否暂缓执行进行审查，必要时应当听取当事人或者其他利害关系人的意见。

第十二条 上级人民法院发现执行法院对不符合暂缓执行条件的案件决定暂缓执行，或者对符合暂缓执行条件的案件未予暂缓执行的，应当作出决定予以纠正。执行法院收到该决定后，应当遵照执行。

第十三条 暂缓执行期限届满后，人民法院应当立即恢复执行。

暂缓执行期限届满前，据以决定暂缓执行的事由消灭的，如果该暂缓执行的决定是由执行法院作出的，执行法院应当立即作出恢复执行的决定；如果该暂缓执行的决定是由执行法院的上级人民法院作出的，执行法院应当将该暂缓执行事由消灭的情况及时报告上级人民法院，该上级人民法院应当在收到报告后十日内审查核实并作出恢复执行的决定。

第十四条 本规定自公布之日起施行。本规定施行后，其他司法解释与本规定不一致的，适用本规定。

最高人民法院、司法部关于公证机关赋予强制执行效力的债权文书执行有关问题的联合通知

（2000年9月1日　司发通〔2000〕107号）

为了贯彻《中华人民共和国民事诉讼法》、《中华人民共和国公证暂行条例》的有关规定，规范赋予强制执行效力债权文书的公证和执行行为，现就有关问题通知如下：

一、公证机关赋予强制执行效力的债权文书应当具备以下条件：

（一）债权文书具有给付货币、物品、有价证券的内容；

（二）债权债务关系明确，债权人和债务人对债权文书有关给付内容无疑义；

（三）债权文书中载明债务人不履行义务或不完全履行义务时，债务人愿意接受依法强制执行的承诺。

二、公证机关赋予强制执行效力的债权文书的范围：

（一）借款合同、借用合同、无财产担保的租赁合同；

（二）赊欠货物的债权文书；

（三）各种借据、欠单；

（四）还款（物）协议；

（五）以给付赡养费、扶养费、抚育费、学费、赔（补）偿金为内容的协议；

（六）符合赋予强制执行效力条件的其他债权文书。

三、公证机关在办理符合赋予强制执行的条件和范围的合同、协议、借据、欠单等债权文书公证时，应当依法赋予该债权文书具有强制执行效力。

未经公证的符合本通知第二条规定的合同、协议、借据、欠单等债权文书，在履行过程中，债权人申请公证机关赋予强制执行效力的，公证机关必须征求债务人的意见；如债务人同意公证并愿意接受强制执行的，公证机关可以依法赋予该债

权文书强制执行效力。

四、债务人不履行或不完全履行公证机关赋予强制执行效力的债权文书的，债权人可以向原公证机关申请执行证书。

五、公证机关签发执行证书应当注意审查以下内容：

（一）不履行或不完全履行的事实确实发生；

（二）债权人履行合同义务的事实和证据，债务人依照债权文书已经部分履行的事实；

（三）债务人对债权文书规定的履行义务有无疑义。

六、公证机关签发执行证书应当注明被执行人、执行标的和申请执行的期限。债务人已经履行的部分，在执行证书中予以扣除。因债务人不履行或不完全履行而发生的违约金、利息、滞纳金等，可以列入执行标的。

七、债权人凭原公证书及执行证书可以向有管辖权的人民法院申请执行。

八、人民法院接到申请执行书，应当依法按规定程序办理。必要时，可以向公证机关调阅公证卷宗，公证机关应当提供。案件执行完毕后，由人民法院在十五日内将公证卷宗附结案通知退回公证机关。

九、最高人民法院、司法部《关于执行〈民事诉讼法（试行）〉中涉及公证条款的几个问题的通知》和《关于已公证的债权文书依法强制执行问题的答复》自本联合通知发布之日起废止。

最高人民法院关于在审理和执行民事、经济纠纷案件时不得查封、冻结和扣划社会保险基金的通知

（2000年2月18日　法〔2000〕19号）

各省、自治区、直辖市高级人民法院，新疆维吾尔自治区高级人民法院生产建设兵团分院：

近一个时期，少数法院在审理和执行社会保险机构原下属企业（现已全部脱钩）与其他企业、单位的经济纠纷案件时，查封社会保险机构开设的社会保险基金账户，影响了社会保险基金的正常发放，不利于社会的稳定。为杜绝此类情况的发生，特通知如下：

社会保险基金是由社会保险机构代参保人员管理，并最终由参保人员享用的公共基金，不属于社会保险机构所有。社会保险机构对该项基金设立专户管理，专款专用，专项用于保障企业退休职工、失业人员的基本生活需要，属专项资金，不得挪作他用。因此，各地人民法院在审理和执行民事、经济纠纷案件时，不得查封、冻结或扣划社会保险基金；不得用社会保险基金偿还社会保险机构及其原下属企业的债务。

各地人民法院如发现有违反上述规定的，应当及时依法予以纠正。

最高人民法院关于不得对中国人民银行及其分支机构的办公楼、运钞车、营业场所等进行查封的通知

（1999年3月4日　法〔1999〕28号）

各省、自治区、直辖市高级人民法院，解放军军事法院，新疆维吾尔自治区高级人民法院生产建设兵团分院：

近年来，一些地方发生中国人民银行分支机构因行使金融监管权而被列为被告的案件，有的受案法院查封了人民银行的办公楼（内有金库）、运钞车、营业场所，影响了人民银行金融监管工作的正常进行。为防止和杜绝类似事件的发生，特就有关问题通知如下：

中国人民银行是依法行使国家金融行政管理职权的国家机关，根据《中国人民银行法》和《非法金融机构和非法金融活动取缔办法》的规定，对金融业实施监督管理，行使撤销、关闭金融机构，取缔非法金融机构等行政职权。因此，被撤销、关闭的金融机构或被取缔的非法金融机构自身所负的民事责任不应当由行使监督管理职权的中国人民银行承担，更不应以此为由查封中国人民银行及其分支机构的办公楼、运钞车和营业场所。各级人民法院在审理、执行当事人一方为被撤销、关闭的金融机构或被取缔的非法金融机构的经济纠纷案件中，如发现上述问题，应当及时依法予以纠正。

对确应由中国人民银行及其分支机构承担民事责任的案件，人民法院亦不宜采取查封其办公楼、运钞车、营业场所的措施。中国人民银行及其分支机构应当自觉履行已生效的法律文书，逾期不履行的，人民法院在查明事实的基础上，可以依法执行其其他财产。

◎请示答复

最高人民法院关于对乌兹别克斯坦共和国CHORVANASLXIZMAT有限责任公司申请承认和执行乌兹别克斯坦共和国费尔干纳州经济法院作出的N015－08－06/9474号民事判决一案的请示的复函

（2011年8月16日　〔2011〕民四他字第18号）

新疆维吾尔自治区高级人民法院：

你院《关于乌兹别克斯坦共和国CHORYANASLXIZMAT

有限责任公司申请承认和执行乌兹别克斯坦共和国费尔干纳州经济法院作出的N015－08－06/9474号民事判决一案的请示报告》收悉。经研究，答复如下：

乌兹别克斯坦共和国(以下简称乌国)费尔干纳州经济法院作出的案涉民事判决应否予以承认和执行，应按照《中华人民共和国和乌兹别克斯坦共和国关于民事和刑事司法协助的条约》(以下简称《条约》)的规定来审查。就本案而言，主要在于审查乌国费尔干纳州经济法院是否已按照《条约》规定的方式向我国境内当事人霍尔果斯海洪贸易有限责任公司(以下简称海洪公司)送达了开庭传票和判决书。

《条约》第三条第一款规定："除本条约另有规定外，缔约双方相互请求和提供民事和刑事司法协助，应通过各自的中央机关进行联系。"《条约》第十三条规定，"送达文书和调查取证的请求应以请求书的形式提出"。根据前述规定，乌国法院向我国境内当事人送达开庭传票和判决书，应由乌国的中央机关以请求书的形式向我国的中央机关提出请求，由我国的中央机关进行送达。根据你院请示报告所述，乌国费尔干纳州经济法院一是通过我国驻乌国大使馆经商参处转新疆外经贸厅转交海洪公司送达开庭传票，二是通过传真方式送达开庭传票及判决书，这两种方式均不符合《条约》规定，有损我国的司法主权。根据《条约》第二十一条第(五)项之规定，应不予承认和执行乌国费尔干纳州经济法院所作的民事判决。

此复

最高人民法院关于机关法人作为被执行人在执行程序中变更问题的复函

(2005年8月3日 法函〔2005〕65号)

青海省高级人民法院：

你院2005年3月22日的请示收函。经研究，答复如下：

鉴于在执行过程中，被执行人在机构改革中被撤销，其上级主管部门无偿接受了被执行人的财产，致使被执行人无遗留财产清偿债务，按照《最高人民法院关于适用〈中华人民共和国民事诉讼法〉若干问题的意见》(法发(92)22号)第271条和《最高人民法院关于人民法院执行工作若干问题的规定(试行)》(法释〔1998〕15号)第81条的规定，可以裁定变更本案的被执行人主体为被执行人的上级主管部门，由其在所接受财产价值的范围内承担民事责任。

此复。

最高人民法院关于生效法律文书未确定履行期限能否依当事人约定的履行期限受理执行的复函

(2005年6月29日 〔2004〕执他字第23号)

山西省高级人民法院：

你院《生效法律文书未确定履行期限能否依当事人约定的履行期限受理执行的请示》收悉，经研究，答复如下：

一、关于法律文书生效后，当事人在自动履行期间内达成和解协议，申请执行期限是否可以延长的问题，现行法律及司法解释没有明确规定。

二、从本案的实际情况看，当事人是在一审法院审判法官的主持下多次达成和解协议，这是造成债权人未能在法律文书生效后及时向人民法院申请强制执行的主要原因。为充分保护债权人的合法权益，本案可参照最高人民法院《关于适用〈中华人民共和国民事诉讼法〉若干问题的意见》第267条规定的精神，作为个案的特殊情况妥善处理。

此复。

最高人民法院关于当事人对迟延履行和解协议的争议应当另诉解决的复函

(2005年6月24日 〔2005〕执监字第24－1号)

四川省高级人民法院：

关于云南川龙翔实业有限责任公司(下称龙翔公司)申请执行四川省烟草公司资阳分公司简阳卷烟营销管理中心(下称烟草公司)债务纠纷一案，你院以〔2004〕川执请字第1号答复资阳市中级人民法院，认为龙翔公司申请恢复执行并无不当。烟草公司不服你院的答复，向我院提出申诉。

我院经调卷审查认为，根据我国民事诉讼法和我院司法解释的有关规定，执行和解协议已履行完毕的人民法院不予恢复执行。本案执行和解协议的履行尽管存在瑕疵，但和解协议确已履行完毕，人民法院应不予恢复执行。至于当事人对延迟履行和解协议的争议，不属执行程序处理，应由当事人另诉解决。请你院按此意见妥善处理该案。

最高人民法院执行工作办公室关于上市公司发起人股份质押合同及红利抵债协议效力问题请示案的复函

（2004年4月15日　〔2002〕执他字第22号）

江苏省高级人民法院：

你院《关于上市公司发起人以其持有的法人股在法定不得转让期内设质押担保在可转让时清偿期届满的债权其质押合同效力如何确认等两个问题的请示报告》收悉。经研究，答复如下：

一、关于本案发起人股份质押合同效力的问题，基本同意你院的第二种意见。《公司法》第147条规定对发起人股份转让的期间限制，应当理解为是对股权实际转让的时间的限制，而不是对达成股权转让协议的时间的限制。本案质押的股份不得转让期截止到2002年3月3日，而质押权行使期至2005年9月25日才可开始，在质押权人有权行使质押权时，该质押的股份已经没有转让期间的限制，因此不应以该股份在设定质押时依法尚不得转让为由确认质押合同无效。

二、关于本案中三方当事人达成的以股份所产生的红利抵债的协议（简称三方抵债协议），我们认为：首先，该协议性质上属于三方当事人之间的连环债务的协议抵消关系。在协议抵消的情况下，抵消的条件、标的物、范围，均由当事人自主约定。《合同法》第100条关于双方当事人协议抵消的规定，并不排除本案中三方当事人协议抵消的做法。其次，该协议属于预定抵消合同。根据这种合同，当事人之间将来发生可以抵消的债务时，无须另行作出抵消的意思表示，而当然发生抵消债务的效果。这种协议并不违反法律的强制性规定，应予以认可。本案中吴江工艺织造厂（以下简称织造厂）在中国服装股份有限公司（以下简称服装公司）中的预期红利收益处于不确定状态，符合这种预定抵消合同的特点。

三、关于股份质押协议与三方抵债协议的关系问题，因本案股份质押权的行使附有期限，故质押的效力只能及于质押权行使期到来（即2005年9月25日）之后该股份产生的红利，质押权人中国银行吴江支行（以下简称吴江支行）不能对此前的红利行使质押权。因此，对于织造厂于2001年6月9日从服装公司分得的该期红利，吴江支行不能以股份质押合同有效而对抗服装公司依据三方抵债协议所为的抵消。

四、织造厂在服装公司的红利一旦产生，按照三方抵债协议的约定，服装公司给付织造厂的红利即时自动抵消面料厂对服装公司的债务，不需要实际支付。因此，在宜兴市人民法院向服装公司送达协助执行通知时，被执行人织造厂在服装公司的红利债权已经消灭，不再有可供执行的债权。宜兴市人民法院从服装公司划拨红利的执行是错误的，应予纠正。

最高人民法院执行办公室关于对案外人未协助法院冻结债权应如何处理问题的复函

（2003年6月14日　〔2002〕执他字第19号）

江苏省高级人民法院：

你院《关于案外人沛县城镇郝小楼村村委员未协助法院冻结债权应如何处理的请示报告》收悉。经研究，答复如下：

徐州市中级人民法院在诉讼中做出了查封冻结盐城金海岸建筑安装有限公司（下称建筑公司）财产的裁定，并向沛县城镇郝小楼村村委会（下称村委会）发出了冻结建筑公司对村委会的债权的协助执行通知书。当你院〔2001〕苏民终字第154号民事调解书确定建筑公司对村委会的债权时，徐州中院对该债权的冻结尚未逾期，仍然有效，因此村委会不得就该债权向建筑公司支付。如果村委会在收到上述调解书后，擅自向建筑公司支付，致使徐州中院的生效法律文书无法执行，则除可以根据《中华人民共和国民事诉讼法》第一百零二条的规定，对村委会妨害民事诉讼的行为进行处罚外，也可以根据最高人民法院《关于执行工作若干问题的规定（试行）》第四十四条的规定，责令村委会限期追回财产或承担相应的赔偿责任。

附：

《江苏省高级人民法院关于对案外人未协助法院冻结债权应如何处理问题的请示》内容

一、案件的主要事实

徐州市中级人民法院2000年受理了两起与盐城建筑公司有关的案件：

一件是盐城建筑公司与村委会的工程款纠纷案。该案经徐州中院一审，江苏省高院二审于2001年11月23日作出〔2001〕苏民终字第154号民事调解书。调解书内容为：“村委会给付盐城建筑公司工程款16万元，签收调解书时支付1万元，15万元于2001年12月20日前支付。”

另一件是盐城建筑公司与徐州一中百货商店的货款纠纷案。该案由徐州中院于2001年6月25日以〔2000〕徐经初字第94号民事调解书调解结案。该调解书内容为：“盐城建筑公司欠徐州一中百货商店货款103.8万元，违约金40万元，于2001年底前还清。调解书生效后，盐城建筑公司先以其在徐州(村委会)的到期债权偿还,到期债权不能偿还部分,再由盐城建筑公司偿还。”该案在审理过程中,徐州中院作出了查封冻结盐城建筑公司财产的裁定,并于2001年6月1日向村委会发出了冻结盐城建筑公司对村委会的债权的协助执行通知书。该通知书要求村委会协助查封冻结盐城建筑公司在村委会的债权20万元(以判决为准),自即日起不得向盐城建筑公司支付款项,并规定查封期限1年。

2001年11月23日,盐城建筑公司与村委会工程款纠纷案经江苏高院二审调解结案后,盐城建筑公司对村委会的债权到期。徐州中院还没有向村委会发出履行到期债务的通知时,村委会即自动履行了江苏高院调解书确定的还款义务,将被徐州中院冻结的财产,交付给了本案被执行人盐城建筑公司。

2002年1月9日,徐州中院要求村委会向盐城建筑公司追回已支付款项。村委会到期未能追回。2002年1月15日,徐州中院依据最高人民法院《关于人民法院执行工作若干问题的规定(试行)》(简称《执行规定》)第三十七条的规定,作出了〔2001〕徐执字第255号民事裁定书,裁定村委会以自己的财产,在向盐城建筑公司支付金钱数额的范围内向徐州一中百货商店承担赔偿责任。裁定书下达后,村委会提出异议,认为其行为系履行江苏高院的〔2001〕苏民终字第154号民事调解书,不应承担责任。

江苏高院在监督执行盐城建筑公司与徐州一中百货商店的货款纠纷案中,就村委会未协助法院执行冻结债权的行为如何适用法律请示最高人民法院。

二、江苏省高级人民法院的意见

江苏高院有三种意见。

第一种意见认为,根据最高人民法院法释〔1998〕10号《关于对案外人的财产能否进行保全问题的批复》规定:“对于债务人的财产不能满足保全请求,但对案外人有到期债权的,人民法院可以依债权人的申请,裁定该案外人不得对债务人清偿。”该裁定的协助执行通知书送达给村委会后,接受协助执行通知书的村委会未协助法院执行,却履行了到期债务,应在其履行的范围内承担赔偿责任。本案应当适用《执行规定》第三十七条“有关单位收到人民法院协助执行被执行人收入的通知后,擅自向被执行人或其他人支付的,人民法院有权责令其限期追回;逾期未追回的,应当裁定其在支付的数额内向申请执行人承担责任”的规定执行。

第二种意见认为,本案不适用《执行规定》第三十七条,而应当适用《中华人民共和国民事诉讼法》(简称《民事诉讼法》)第一百零三条的规定,对村委会不协助执行的行为进行制裁处理。对于已向债务人履行的到期债权,由于缺少其承担实体义务的法律规定,故不能要求其承担实体义务。

第三种意见认为,村委会是本案被执行人盐城建筑公司的到期债务人,对其不履行到期债务的行为,应当按照《执行规定》第六十一条规定的原则执行。

最高人民法院执行办公室关于已执行完毕的案件被执行人又恢复到执行前的状况应如何处理问题的复函

(2001年1月2日 〔2000〕执他字第34号)

天津市高级人民法院:

你院〔1999〕津高法执请字第31号《关于已执行完毕的案件,被执行人又恢复执行前状况,应如何处理的请示》收悉。经研究,答复如下:

被执行人或者其他人对人民法院已执行的标的又恢复执行前的状况,虽属新发生的侵权事实,但是与已经生效法律文书认定的侵权事实并无区别,如果申请执行人另行起诉,人民法院将会作出与已经生效法律文书完全相同的裁判。这样,不仅增加了申请执行人的讼累,同时也增加了人民法院的审判负担。因此,被执行人或者其他人在人民法院执行完毕后对已执行的标的又恢复到执行前状况的,应当认定为对已执行标的的妨害行为,依照《最高人民法院关于适用〈中华人民共和国民事诉讼法〉若干问题的意见》第三百零三条的规定对其作出拘留、罚款,直至追究刑事责任的处理。对申请执行人要求排除妨害的,人民法院应当继续按照原生效法律文书执行。至于被执行人或者其他人实施同样妨害行为的次数,只能作为认定妨害行为情节轻重的依据,并不涉及诉讼时效问题,不能据以要求申请执行人另行起诉;如果妨害行为给申请执行人或者其他人造成新的损失,受害人可以另行起诉。

此复。

典型案例

1. 中国农业发展银行安徽省分行诉张大标、安徽长江融资担保集团有限公司执行异议之诉纠纷案①

【基本案情】

原告中国农业发展银行安徽省分行(以下简称农发行安徽分行)诉称:其与第三人安徽长江融资担保集团有限公司(以下简称长江担保公司)按照签订的《信贷担保业务合作协议》,就信贷担保业务按约进行了合作。长江担保公司在农发行安徽分行处开设的担保保证金专户内的资金实际是长江担保公司向其提供的质押担保,请求判令其对该账户内的资金享有质权。

被告张大标辩称:农发行安徽分行与第三人长江担保公司之间的《贷款担保业务合作协议》没有质押的意思表示;案涉账户资金本身是浮动的,不符合金钱特定化要求,农发行安徽分行对案涉保证金账户内的资金不享有质权。

第三人长江担保公司认可农发行安徽分行对账户资金享有质权的意见。

法院经审理查明:2009 年 4 月 7 日,农发行安徽分行与长江担保公司签订一份《贷款担保业务合作协议》。其中第三条"担保方式及担保责任"约定:甲方(长江担保公司)向乙方(农发行安徽分行)提供的保证担保为连带责任保证;保证担保的范围包括主债权及利息、违约金和实现债权的费用等。第四条"担保保证金(担保存款)"约定:甲方在乙方开立担保保证金专户,担保保证金专户行为农发行安徽分行营业部,账号尾号为 9511;甲方需将具体担保业务约定的保证金在保证合同签订前存入担保保证金专户,甲方需缴存的保证金不低于贷款额度的 10%;未经乙方同意,甲方不得动用担保保证金专户内的资金。第六条"贷款的催收、展期及担保责任的承担"约定:借款人逾期未能足额还款的,甲方在接到乙方书面通知后五日内按照第三条约定向乙方承担担保责任,并将相应款项划入乙方指定账户。第八条"违约责任"约定:甲方在乙方开立的担保专户的余额无论因何原因而小于约定的额度时,甲方应在接到乙方通知后三个工作日内补足,补足前乙方可以中止本协议项下业务。甲方违反本协议第六条的约定,没有按时履行保证责任的,乙方有权从甲方在其开立的担保基金专户或其他任一账户中扣划相应的款项。2009 年 10 月 30 日、2010 年 10 月 30 日,农发行安徽分行与长江担保公司还分别签订与上述合作协议内容相似的两份《信贷担保业务合作协议》。

上述协议签订后,农发行安徽分行与长江担保公司就贷款担保业务进行合作,长江担保公司在农发行安徽分行处开立担保保证金账户,账号尾号为 9511。长江担保公司按照协议约定缴存规定比例的担保保证金,并据此为相应额度的贷款提供了连带保证责任担保。自 2009 年 4 月 3 日至 2012 年 12 月 31 日,该账户共发生了 107 笔业务,其中贷方业务为长江担保公司缴存的保证金;借方业务主要涉及两大类,一类是贷款归还后长江担保公司申请农发行安徽分行退还的保证金,部分退至债务人的账户;另一类是贷款逾期后农发行安徽分行从该账户内扣划的保证金。

2011 年 12 月 19 日,安徽省合肥市中级人民法院在审理张大标诉安徽省六本食品有限责任公司、长江担保公司等民间借贷纠纷一案过程中,根据张大标的申请,对长江担保公司上述保证金账户内的资金 1 495. 7852 万元进行保全。该案判决生效后,合肥市中级人民法院将上述保证金账户内的资金 1 338. 313257 万元划至该院账户。农发行安徽分行作为案外人提出执行异议,2012 年 11 月 2 日被合肥市中级人民法院裁定驳回异议。随后,农发行安徽分行因与被告张大标、第三人长江担保公司发生执行异议纠纷,提起本案诉讼。

【裁判结果】

安徽省合肥市中级人民法院于 2013 年 3 月 28 日作出(2012)合民一初字第 00505 号民事判决:驳回农发行安徽分行的诉讼请求。宣判后,农发行安徽分行提出上诉。安徽省高级人民法院于 2013 年 11 月 19 日作出(2013)皖民二终字第 00261 号民事判决:一、撤销安徽省合肥市中级人民法院 (2012)合民一初字第 00505 号民事判决;二、农发行安徽分行对长江担保公司账户(账号尾号 9511)内的 13 383 132. 57 元资金享有质权。

【裁判理由】

法院生效裁判认为:本案二审的争议焦点为农发行安徽分行对案涉账户内的资金是否享有质权。对此应当从农发行安徽分行与长江担保公司之间是否存在质押关系以及质权是否设立两个方面进行审查。

一、农发行安徽分行与长江担保公司是否存在质押关系

《中华人民共和国物权法》(以下简称《物权法》)第二百一十条规定:"设立质权,当事人应当采取书面形式订立质权合同。质权合同一般包括下列条款:(一)被担保债权的种类和数额;(二)债务人履行债务的期限;(三)质押财产的名称、数量、质量、状况;(四)担保的范围;(五)质押财产交付的时间。"本案中,农发行安徽分行与长江担保公司之间虽没有单独订立带有"质押"字样的合同,但依据该协议第四条、第六条、第八条约定的条款内容,农发行安徽分行与长江担保公司之间协商一

① 案例来源:最高人民法院指导案例 54 号。

致，对以下事项达成合意：长江担保公司为担保业务所缴存的保证金设立担保保证金专户，长江担保公司按照贷款额度的一定比例缴存保证金；农发行安徽分行作为开户行对长江担保公司存入该账户的保证金取得控制权，未经同意，长江担保公司不能自由使用该账户内的资金；长江担保公司未履行保证责任，农发行安徽分行有权从该账户中扣划相应的款项。该合意明确约定了所担保债权的种类和数量、债务履行期限、质物数量和移交时间、担保范围、质权行使条件，具备《物权法》第二百一十条规定的质押合同的一般条款，故应认定农发行安徽分行与长江担保公司之间订立了书面质押合同。

二、案涉质权是否设立

《物权法》第二百一十二条规定："质权自出质人交付质押财产时设立。"《最高人民法院关于适用〈中华人民共和国担保法〉若干问题的解释》第八十五条规定，债务人或者第三人将其金钱以特户、封金、保证金等形式特定化后，移交债权人占有作为债权的担保，债务人不履行债务时，债权人可以以该金钱优先受偿。依照上述法律和司法解释规定，金钱作为一种特殊的动产，可以用于质押。金钱质押作为特殊的动产质押，不同于不动产抵押和权利质押，还应当符合金钱特定化和移交债权人占有两个要件，以使金钱既不与出质人其他财产相混同，又能独立于质权人的财产。

本案中，首先金钱以保证金形式特定化。长江担保公司于2009年4月3日在农发行安徽分行开户，且与《贷款担保业务合作协议》约定的账号一致，即双方当事人已经按照协议约定为出质金钱开立了担保保证金专户。保证金专户开立后，账户内转入的资金为长江担保公司根据每次担保贷款额度的一定比例向该账户缴存保证金；账户内转出的资金为农发行安徽分行对保证金的退还和扣划，该账户未作日常结算使用，故符合《最高人民法院关于适用〈中华人民共和国担保法〉若干问题的解释》第八十五条规定的金钱以特户等形式特定化的要求。其次，特定化金钱已移交债权人占有。占有是指对物进行控制和管理的事实状态。案涉保证金账户开立在农发行安徽分行，长江担保公司作为担保保证金专户内资金的所有权人，本应享有自由支取的权利，但《贷款担保业务合作协议》约定未经农发行安徽分行同意，长江担保公司不得动用担保保证金专户内的资金。同时，《贷款担保业务合作协议》约定在担保的贷款到期未获清偿时，农发行安徽分行有权直接扣划担保保证金专户内的资金，农发行安徽分行作为债权人取得了案涉保证金账户的控制权，实际控制和管理该账户，此种控制权移交符合出质金钱移交债权人占有的要求。据此，应当认定双方当事人已就案涉保证金账户内的资金设立质权。

关于账户资金浮动是否影响金钱特定化的问题。保证金以专门账户形式特定化并不等于固定化。案涉账户在使用过程中，随着担保业务的开展，保证金账户的资金余额是浮动的。担保公司开展新的贷款担保业务时，需要按照约定存入一定比例的保证金，必然导致账户资金的增加；在担保公司担保的贷款到期未获清偿时，扣划保证金账户内的资金，必然导致账户资金的减少。虽然账户内资金根据业务发生情况处于浮动状态，但均与保证金业务相对应，除缴存的保证金外，支出的款项均用于保证金的退还和扣划，未用于非保证金业务的日常结算。即农发行安徽分行可以控制该账户，长江担保公司对该账户内的资金使用受到限制，故该账户资金浮动仍符合金钱作为质权的特定化和移交占有的要求，不影响该金钱质权的设立。

2. 钟永玉与王光、林荣达案外人执行异议纠纷案①

【裁判摘要】

最高人民法院《关于人民法院办理执行异议和复议案件若干问题的规定》是关于执行程序中当事人提出执行异议时如何处理的规定。由于执行程序需要贯彻已生效判决的执行力，因此，在对执行异议是否成立的判断标准上，应坚持较高的、外观化的判断标准。这一判断标准，要高于执行异议之诉中原告能否排除执行的判断标准。由此，最高人民法院《关于人民法院办理执行异议和复议案件若干问题的规定》第二十五条至第二十八条的规定应当在如下意义上理解，即符合这些规定所列条件的，执行异议能够成立；不满足这些规定所列条件的，异议人在执行异议之诉中的请求也未必不成立。是否成立，应根据案件的具体情况和异议人所主张的权利、申请执行人债权实现的效力以及被执行人对执行标的的权利作出比较并综合判断，从而确定异议人的权利是否能够排除执行。

最高人民法院
民事判决书

(2015)民一终字第150号

上诉人(原审被告)：王光。
委托代理人：史正，福建方圆统一律师事务所律师。
委托代理人：林辉，福建方圆统一律师事务所律师。
被上诉人(原审原告)：钟永玉。
委托代理人：庄宗伟，北京大成(厦门)律师事务所律师。
委托代理人：董锦辉，北京大成(厦门)律师事务所律师。

① 案例来源：《最高人民法院公报》2016年第6期。

原审被告:林荣达。

上诉人王光为与被上诉人钟永玉、原审被告林荣达案外人执行异议纠纷一案,不服福建省高级人民法院2015年3月2日(2014)闽民初字第7号民事判决,向本院提起上诉。本院依法组成合议庭,于2015年7月2日开庭审理了本案。王光委托代理人史正及钟永玉委托代理人庄宗伟、董锦辉到庭参加了诉讼,林荣达经合法传唤未到庭。本案现已审理终结。

一审法院经审理查明:王光与林荣达股权转让合同纠纷一案中,王光向一审法院提出财产保全申请,请求对林荣达的财产进行诉讼保全。2011年7月15日,一审法院作出(2011)闽民初字第22-2号民事裁定,冻结林荣达银行存款5723万元或查封、扣押等值的财产,并于2011年7月21日向上杭县房地产交易管理所发出(2011)闽民初字第22-2号《协助执行通知书》,查封了林荣达所有的坐落于上杭县和平路121号的房产一幢(房屋所有权证:杭房权字第06072号,以下简称诉争房产),查封期限自2011年7月21日至2013年7月20日。

2011年12月15日,一审法院作出(2011)闽民初字第22号民事判决,判令林荣达应返还王光已支付的转让款750.681万美元(合人民币5000万元)。(2011)闽民初字第22号民事判决生效后,王光于2012年12月23日向一审法院申请强制执行,申请执行标的750.681万美元(合人民币5000万元)及利息,一审法院于2013年12月24日立案执行,并于2013年6月19日作出(2013)闽执行字第1-4号执行裁定:继续查封林荣达所有的坐落于上杭县和平路121号的房产,查封期限自2013年7月21日至2014年7月20日止。

2013年12月5日,钟永玉以诉争房产系其所有为由,向一审法院提起执行异议,请求一审法院中止对该房产的执行并解除对该房产的查封措施。一审法院认为,讼争房产至今仍登记在林荣达名下,尚未变更登记为案外人钟永玉,故上述房产的物权未发生变动,应仍为林荣达所有。案外人钟永玉认为讼争房产系其合法财产之理由无事实和法律依据,查封并无不当,作出(2013)闽执外异字第3号执行裁定,驳回钟永玉异议。钟永玉不服,遂提起本案诉讼。

钟永玉向一审法院提起诉讼称,一审法院于2013年12月18日作出的(2013)闽执外异字第3号执行裁定书,在认定事实及适用法律上存在错误,应当对讼争房产依法停止执行。理由如下:1996年7月22日,钟永玉与林荣达签订《离婚协议书》,双方约定讼争房屋归女方及女方所生子女所有,但只准居住,不准转卖。《离婚协议书》签订后,双方于同年8月7日办理了离婚登记手续,但林荣达未及时将讼争房产变更登记至钟永玉名下,经钟永玉多次要求均未果,过错在于林荣达。根据《中华人民共和国物权法》第十五条规定,钟永玉与林荣达签订的《离婚协议书》依法成立,合法有效,且讼争房产一直由钟永玉占有、支配、使用,属钟永玉合法财产。根据相关法律法规的规定,本案讼争房产不应列为执行财产。请求判令:1. 确认诉争房产归属于钟永玉所有;2. 停止对讼争房产的执行,并解除查封措施;3. 本案诉讼费由王光、林荣达承担。

王光答辩称,一、讼争房产的所有权人为林荣达,法院对讼争房产采取执行措施,是正确、合法的。理由如下:1. 讼争房产的《房屋所有权证》及《国有土地使用证》上的权利人均登记为林荣达,因此,讼争房产的物权归林荣达所有。2. 钟永玉主张其与林荣达于1996年达成离婚协议,该协议约定"上杭县城关和平路的面积一百七十三平方米的房屋归女方及其所生子女所有,但只准居住,不准转卖",从1996年至今已近二十年,讼争房产登记的所有权人仍是林荣达,仍为林荣达所有。3. 钟永玉对林荣达享有的债权请求权不能对抗法院的查封、执行措施,不能对抗申请执行人。钟永玉要求林荣达办理变更登记,事实和法律上已不可能实现。钟永玉要求确认讼争房产归属于钟永玉所有的诉讼请求没有事实和法律依据,依法应予以驳回。二、《离婚协议书》不能作为钟永玉主张权利的依据。1.《离婚协议书》约定的是:"上杭县城关和平路的面积一百七十三平方米(尚未办理门牌号码)的房屋归女方及女方所生子女所有。但只准居住,不准转卖"。而根据讼争房产《房屋所有权证》载明讼争房产共四层,面积为748.7平方米,故钟永玉只对讼争房产748.7平方米中的173平方米享有请求权,绝非对讼争房产全部748.7平方米享有请求权。2.《离婚协议书》上特别载明对173平方米"只准居住,不准转卖",说明钟永玉只有居住、使用的权利,并不享有所有权。3. 钟永玉提交的《离婚登记申请书》上结婚证号为空白,故钟永玉与林荣达未必存在结婚的事实,《离婚协议书》是无效的。对该事实钟永玉负有举证责任,否则应承担举证不能的法律后果。三、钟永玉与林荣达、《离婚协议书》早在1996年就已签订,至今已近二十年,钟永玉长期未办理变更登记,也不主张权利,直到法院采取强制执行措施才提出主张,其目的在于帮助林荣达逃避执行。四、钟永玉已另案起诉林荣达要求确认讼争房产产权,其隐瞒讼争房产已被法院依法查封的事实,另行提起确权诉讼的行为不符合法律规定。根据《最高人民法院印发〈关于执行权合理配置和科学运行的若干意见〉的通知》(法发[2011]15号)第26条之规定,受诉法院不应对钟永玉与林荣达进行的确权诉讼进行审理,如有确权判决书或调解书也应当撤销,不能成为本案定案的依据。综上,讼争房产的物权并未发生变动,仍为林荣达所有,执行法院对属于林荣达所有的讼争房产采取执行措施是正确、合法的,钟永玉与林荣达提起本案诉讼的目的在于逃避执行,请求法院依法驳回钟永玉的全部诉讼请求,以维护王光的合法权益。

一审法院经审理查明,钟永玉与林荣达于1972年6月28日登记结婚。1996年7月22日,钟永玉与林荣达签订《离婚协议书》,载明:现双方同意办理离婚手续。建在迳美村新联路11号的房屋一幢及建在上杭县城关和平路的面积一百七十三平方米(尚未办理门牌号码)的房屋归女方及女方所生子女所有。但只准居住,不准转卖。

1996年8月7日,钟永玉与林荣达办理离婚手续,《离婚登记申请书》及《审查处理结果》的内容体现钟永玉与林荣达经婚姻登记机关审查同意准予离婚。

根据《上杭县私有房屋所有权登记申请书》、杭房权字第06072号《房屋所有权证》及杭国用(1997)字第4468号《国有土地使用证》,其中申请书载讼争房产来源为新建,用地面积为172.8平方米,建成年份1996年,同时讼争房产的《国有土地使用证》与《房屋所有权证》所附平面图内容与《上杭县私有房屋所有权登记申请书》所附平面图内容一致。

钟永玉与林荣达之子女林必盛、林晓燕、林晓均、林丽娟四人出具的《声明》,内容为同意讼争房产归钟永玉所有,并将《国有土地使用证》及《房屋所有权证》直接变更至钟永玉名下,由此产生任何纠纷、诉讼同意由钟永玉全权处理。

一审法院另查明,林荣达于2014年2月17日、3月24日上杭县人民法院法庭审理中陈述,讼争房产土地使用权1994年向上杭县国土资源局购买,1995年建造竣工并乔迁入住,1996年向土地管理部门申请办理土地使用权证,1997年才办理好土地使用权证和房屋所有权证。离婚时,双方已经协议夫妻共同财产即讼争房产归钟永玉及所生子女所有。由于购买土地时是用林荣达的名义购买的,所以办证机关要求用其名字办理,原本可以将房屋所有权过户到钟永玉名下,但一直未去办理。离婚后,该房产都由钟永玉占有、使用和收益。讼争房产现在的门牌号是和平路121号,离婚时已协商归钟永玉及其所生子女所有。

案外人李建杭述称,讼争房产一楼店面从2010年2月起由其向钟永玉承租,租金每月1 200元,每半年以现金方式向钟永玉支付一次。根据钟永玉提供的《上杭县自来水公司用水分户明细卡》、《自来水公司用水账户卡》等证据,林荣达名下的讼争房屋于1996年2月份已经建成并入住。

一审法院经审理认为,钟永玉依照《中华人民共和国民事诉讼法》第二百二十七条的规定提起案外人执行异议之诉,应当提供证据证明其对讼争房产享有的实体权利足以阻却强制执行措施。钟永玉提供的《离婚登记申请书》、《离婚协议书》、《审查处理结果》均复印自上杭县档案馆,真实性应予认定,该三份证据内容体现钟永玉与林荣达经协商一致达成离婚协议,并经行政机关审批同意予以办理离婚登记,虽然钟永玉于一审庭审后提供的《结婚登记申请表》所载的申请人为"钟永月姑",且未提供其他证据证明其曾用名为"钟永月姑",但是钟永玉与林荣达是否存在合法的婚姻关系,属行政机关在办理两人离婚登记时应当审查的事项,行政机关作出"符合条件,予以办理(离婚登记)"的审查结果,其中当包含确认两人此前存在婚姻关系之意,故王光以《离婚协议书》未填写结婚证号、钟永玉未提供证据证明其与林荣达存在合法婚姻关系等为由,主张钟永玉不能证明其与林荣达曾存在婚姻关系,并因此认为《离婚协议书》无效,理由不能成立,一审法院不予支持。钟永玉与林荣达签署的《离婚协议书》系双方自愿达成,内容没有违反法律、行政法规的强制性规定,两人亦已依该协议并经行政机关批准解除婚姻关系,故应当认定该离婚协议合法有效。

虽然钟永玉提供的《上杭县私有房屋所有权登记申请表》、讼争房产的权属证书等证据体现林荣达系于1997年申请办理并取得讼争房产的权属证书,但是《上杭县私有房屋所有权登记申请表》载讼争房产系于1996年建成,钟永玉于一审庭审后提供的用水分户明细卡、用水账户卡等证据亦体现讼争房产于1996年2月安装自来水并有每月用水记录,上述事实与林荣达有关讼争房产于1994年购买土地,1995年底建成,1996年初入住,1997年补办土地出让手续并办理权属证书的陈述可以互相印证,证明讼争房产系在林荣达与钟永玉婚姻关系存续期间购买土地并合法建造而成,根据《中华人民共和国婚姻法》第十七条的规定,当属两人夫妻共同财产。

1996年,两人经协商达成有关该处房产归钟永玉及其子女所有的《离婚协议书》,不仅是双方对夫妻共同财产作出的分割协议,而且因具有解除人身关系的性质,而不同于一般处分房产所有权的协议。钟永玉作为讼争房产的共有权人,依法享有该处房产之物权,其请求停止对讼争房产强制执行措施,一审法院予以支持。根据钟永玉与林荣达《离婚协议书》的约定,讼争房产权属应当由钟永玉及其四个子女享有,一审诉讼中,钟永玉虽然提供了林必盛等四人的《声明》,主张该四人为钟永玉的婚生子女,但由于该四人并非本案当事人,仅凭《声明》并不能证明林必盛等人的身份,因此,该《声明》书不足以认定《离婚协议书》中涉及的林必盛等四名子女已经同意将讼争房产权利归属于钟永玉,在此情况下,钟永玉在本案中请求将讼争房产判归其所有,依据不足,一审不予支持。

综上,依照《中华人民共和国婚姻法》第十七条、第三十九条第一款、《中华人民共和国民事诉讼法》第二百二十七条最高人民法院《关于适用〈中华人民共和国民事诉讼法〉执行程序若干问题的解释》第二十四条的规定,一审法院判决如下:一、停止对位于福建省上杭县和平路121号房产的执行;二、驳回钟永玉的其他诉讼请求。案件受理费100元,由王光负担。

王光不服一审判决,向本院提起上诉,请求:1. 撤销福建省高级人民法院(2014)闽民初字第7号民事判决第一项,改判驳回钟永玉的全部诉讼请求。2. 本案诉讼费用由钟永玉承担。主要理由是:一、讼争房产的物权归林荣达所有,一审法院不依据不动产权属证书而是以1996年两人经协商达成的《离婚协议书》为由,作出钟永玉享有该处房产之物权,判决停止对讼争房产执行的认定没有法律依据。二、即便按照一审法院的观点,以《离婚协议书》来确定讼争房产的权属,钟永玉的诉讼请求仍然不能成立。1.《离婚协议书》所涉及的与钟永玉及其子女有关的讼争房产的面积只有173平方米,而根据讼争房产的《房屋所有权证》所载,讼争房产面积为748.7平方米,钟永玉只对讼争房产748.7平方米中的173平方米享有请求权(173平方米大约是一层的面积),而非对748.7平方米享有请求权(这种权利仅指173平方米的使用权),并不能因此停止对讼争房产(特别是173平方米以外的部分)的执行。2.《离婚协议书》的内容是"只准居住,不准转卖",即钟永玉并不享有处分权,钟永玉只有居住、使用的权利,并不享有所有权。所以钟永玉对讼争房产实际上只有四分之一居住、使用的权利,并不能阻止对讼争房产的拍卖执行。三、钟永玉自述1996年达成《离婚协议书》,但至2011年法院查封讼争房产,长达15年,钟永玉从未主张办理变更登记。这一事实证明,依据《离婚协议书》,钟永玉并不获得讼争房产的所有权,之所以在17年后对讼争房产提出执行异议(钟永玉在2013年才提起执行异议),纯属协助林荣达逃避执行。

钟永玉答辩称,其请求法院停止讼争房屋的强制执行措施,于法有据,一审认定事实清楚,适用法律正确,应予维持。一、钟永玉与林荣达签订的《离婚协议书》,对房屋所有权分配的约定十分明确,且《离婚协议书》签订后,钟永玉与林荣达又于1996年8月7日签署了《离婚登记申请书》,再次明确"财产处理"方式为"房屋归女方",《离婚登记申请书》是双方无恶意的合意行为,在行政机关备案的法律文件,合法有效,即案涉房屋全部归女方所有,钟永玉是讼争房产的所有权人(至少是共有权人)。《离婚协议书》中约定的"只准居住,不准转卖",其真实原因是林荣达考虑其离婚后可能改嫁,担心日后如果房屋被出让,其四个子女的基本生活没有保障,该约定并非从法律角度限制房屋的物权,而是林荣达从保护子女利益角度考虑所提出的一项"离婚条件"。即便退一万步讲,钟永玉与林荣达之间的财产分割属于债权关系,该债权基于《离婚协议书》所产生,债的标的是唯一且确定的—即讼争房产,属于特定之债。王光与林荣达之间因股权所产生的债务纠纷发生在离婚14年之后,属于种类之债,且形成在后。因此,特定之债优先于种类之债。二、《离婚协议书》所载"和平路的面积一百七十三平方米(尚未办理门牌号码)的房屋"即和平路121号房屋,《离婚协议书》中所载面积一百七十三平方米系房屋的占地面积。1.《离婚协议书》签订时讼争房产尚无门牌号,房屋总建筑面积未实际测量,仅知讼争房产的用地面积为172.8平方米(四舍五入即173平方米),故协议书所载"建在上杭县城关和平路的面积一百七十三平方米的房屋"中的"一百七十三平方米"仅是代替门牌号的一种识别符号,且讼争房产共四层总建筑面积为748.7平方米,每层的面积也应是187.18平方米,与《离婚协议书》所载的173平方米相去甚远。如果林荣达与钟永玉的真实意思是指讼争房产的一层或173平方米归女方及其子女所有,也应当在《离婚登记申请书》中明确备注是第几层或多少面积归女方及其子女所有,现实情况是《离婚协议书》、《离婚登记申请书》都无此备注,因此"一百七十三平方米"是指房屋用地面积,而不是王光所称的一层房屋的面积。2.从讼争房产的实际使用情况看,其与林荣达离婚后,其在讼争房屋里一个人含辛茹苦把三个子女抚养成人,该讼争房产一直由其及其和子女居住、使用,后对外出租也是由钟永玉收取租金,林荣达离婚后从未在讼争房产内居住。而且,根据生活常理和中国农村的惯例,离婚之后男女双方是不会继续在同一栋房子里居住的,更不可能一方"寄住"在另一方的房产之中。三、1997年讼争房屋的房产证及土地证办到林荣达名下,原因在于之前办理土地受让相关手续时登记人是林荣达,所以权属证书就顺理成章的办到林的名下,而且当时物权法尚未颁布实施,普通老百姓对于不动产物权登记的法律意义都无多少概念,文化水平低下的农村家庭妇女,更不会去关心房产"两证"如何办理,钟永玉对房产至今未办理过户手续没有过错。

林荣达提交答辩意见称,同意钟永玉的答辩意见。

本院二审查明的事实与一审法院查明的事实相同。

本院认为,本案系案外人钟永玉在王光与林荣达股权转让纠纷一案生效判决的执行中,对执行标的(讼争房产)提起的执行异议之诉,请求排除执行的理由为股权转让关系发生之前该讼争房产已在离婚协议中作为其与林荣达夫妻共同财产进行处分归其和四名子女所有,因此,钟永玉对本案讼争房产是否享有足以阻止执行的实体权利是本案争议的焦点。本院认为,钟永玉对诉争房产享有足以阻却执行的权利。主要理由是:

一、现有证据不能证明钟永玉与林荣达之间存在恶意串通逃避债务的主观故意,钟永玉与林荣达解除婚姻关系及有关财产约定的意思表示真实。根据原审查明的案件事实,王光与林荣达之间转让股权的时间为2009年9月,王光因该股权转让纠纷根据生效判决申请原审法院对讼争房产进行查封的时间为2013年6月,此时讼争房产登记在债务人林荣达个人名下。钟永玉一审中提供的复印自上杭县档案馆的《离婚登记申请书》、《离婚协议书》、《审查处理结果》等三份证据,能够证明钟永玉与林荣达两人于1996年7月22日达成的《离婚协议书》已明确将夫妻双方共有的讼争房产归钟永玉及其子女所有。上述《离婚协议书》系钟永玉与林荣达两人双方自愿达成,内容不违反法律、行政法规的强制性规定,且两人亦已依该协议并经行政机关批准解除婚姻关系,故一审法院认定该离婚协议合法有效,并无不当。由于该《离婚协议书》签订时间(1996年7月)在先,法院对讼争房产的执行查封(2013年6月)在后,时间上前后相隔长达十几年之久,林荣达与钟永玉不存在借离婚协议处分财产逃避债务的主观恶意。据此,钟永玉与林荣达在离婚协议中对于夫妻共同财产的处分行为亦属有效。王光上诉认为钟永玉与林荣达之间的离婚协议属恶意逃避债务的理由不能成立。

二、关于钟永玉对讼争房产的请求权的内容问题。根据《上杭县私有房屋所有权登记申请书》、杭房权字第06072号《房屋所有权证》及杭国用(1997)字第4468号《国有土地使用证》等证据可知,讼争房产的用地面积为172.8平方米。由于钟永玉与林荣达签订《离婚协议书》时,讼争房产尚未办理门牌号码也未测量其实际面积,因此,钟永玉与林荣达在《离婚协议书》中约定,"……建在上杭县城关和平路的面积一百七十三平方米(尚未办理门牌号码)的房屋归女方及女方所生子女所有",该约定的内容即应解释为诉争房屋的全部而非其中的173平方米归钟永玉及其所生子女所有。尤其是,在《离婚协议书》签订之后,钟永玉及其所生子女也一直实际占有、使用了诉争房屋。因此,王光上诉以钟永玉仅对诉争房屋的173平方米部分享有请求权、人民法院不应停止对该房屋其他部分执行的主张不能成立。

三、由于《离婚协议书》并不存在恶意串通逃避债务的问题,且钟永玉对案涉全部房产享有请求权,因此,需要进一步讨论的问题是,钟永玉依据《离婚协议书》对讼争房产享有的权利是否足以排除执行。

在法律适用上,应当看到,最高人民法院《关于人民法院办理执行异议和复议案件若干问题的规定》是针对执行程序中当事人提出执行异议时如何处理的规定。由于执行程序需要贯彻已生效判决的执行力,因此,在对执行异议是否成立的判断标准上,应坚持较高的、外观化的判断标准。这一判断标准,要高于执行异议之诉中原告能否排除执行的判断标准。

由此,最高人民法院《关于人民法院办理执行异议和复议案件若干问题的规定》第二十五条至第二十八条的规定就应当在如下意义上理解,即符合这些规定所列条件的,执行异议能够成立;不满足这些规定所列条件的,异议人在执行异议之诉中的请求也未必不成立。是否成立,应根据案件的具体情况和异议人所主张的权利、申请执行人债权实现的效力以及被执行人对执行标的的权利作出比较后综合判断,从而确定异议人的权利是否能够排除执行。

在本案中,钟永玉与林荣达于1996年7月22日签订《离婚协议书》,约定讼争房产归钟永玉及其所生子女所有,该约定是就婚姻关系解除时财产分配的约定,在诉争房产办理过户登记之前,钟永玉及其所生子女享有的是将讼争房产的所有权变更登记至其名下的请求权。该请求权与王光的请求权在若干方面存在不同,并因此具有排除执行的效力。

首先,从成立时间上看,该请求权要远远早于王光因与林荣达股权转让纠纷所形成的金钱债权。债权的成立时间尽管并不影响债权的平等性,但是在若干情形下对于该债权能否继续履行以及继续履行的顺序产生影响。例如,最高人民法院《关于审理买卖合同纠纷案件适用法律问题的解释》第十条针对出卖人就特殊动产订立多重买卖合同的继续履行问题明确规定,在均未受领交付且未办理所有权转移登记手续的情况下,依法成立在先合同的买受人的继续履行请求权就优先于其他买受人。以此类推,在本案情形,至少不能得出王光成立在后的债权具有优先于钟永玉成立在前的债权的结论。

第二,从内容上看,钟永玉的请求权系针对诉争房屋的请求权,而王光的债权为金钱债权,并未指向特定的财产,诉争房屋只是作为林荣达的责任财产成为王光的债权的一般担保。在钟永玉占有诉争房屋的前提下,参考最高人民法院《关于审理买卖合同纠纷案件适用法律问题的解释》第十条规定的精神可知,其要求将讼争房产的所有权变更登记至其名下的请求权,也应当优于王光的金钱债权。

第三,从性质上看,王光与林荣达之间的金钱债权,系林荣达与钟永玉的婚姻关系解除后发生的,属于林荣达的个人债务。在该债权债务发生之时,诉争房屋实质上已经因钟永玉与林荣达之间的约定而不再成为林荣达的责任财产。因此,在王光与林荣达交易时以及最终形成金钱债权的过程中,诉争房产都未影响到林荣达的责任财产。在此意义上,钟永玉的请求权即使排除王光债权的执行,也并未对王光债权的实现形成不利影响。

第四,从发生的根源上看,讼争房产系钟永玉与林荣达婚姻关系存续期间因合法建造而产生的夫妻共同财产,在钟永玉与林荣达婚姻关系解除之时约定讼争房产归钟永玉及其所生子女所有。从功能上看,该房产具有为钟永玉及其所生子女提供生活保障的功能。与王光的金钱债权相比,钟永玉及其子女享有的请求权在伦理上具有一定的优先性。

综上所述,本院认为,基于钟永玉与王光各自债权产生的时间、内容、性质以及根源等方面来看,钟永玉对诉争房产所享有的权利应当能够阻却对本案讼争房产的执行,钟永玉提起执行异议请求阻却对本案讼争房产执行的理由成立,一审法院判决停止对讼争的位于福建省上杭县和平路121号房产的执行正确,应予维持。王光上诉请求撤销该项判决的理由,不能成立,本院不予支持。

综上,一审判决认定事实清楚,判决结果正确。本院依照《中华人民共和国民事诉讼法》第一百七十条第一款第一项之规定,判决如下:

驳回上诉,维持原判。

二审案件受理费100元,由王光负担。

本判决为终审判决。

3. 大连银行股份有限公司沈阳分行与抚顺市艳丰建材有限公司、郑克旭案外人执行异议之诉案[①]

【裁判摘要】

最高人民法院《关于适用〈中华人民共和国民事诉讼法〉的解释》第三百一十二条规定，对于案外人提起的执行异议之诉，人民法院经审理，案外人就执行标的享有足以排除强制执行的民事权益的，判决不得执行该执行标的。本案中，承兑汇票出票人向银行承兑汇票保证金专用账户交存保证金最为承兑汇票业务的担保，该行为性质属于设立金钱质押。当出票人未支付到期票款，银行履行垫款义务后，银行基于质权享有就该保证金优先受偿的权利。质权属于担保物权，足以排除另案债权的强制执行。

最高人民法院
民事判决书

(2015)民提字第175号

再审申请人(一审原告、二审上诉人)：大连银行股份有限公司沈阳分行。住所地：辽宁省沈阳市沈河区北站路77－1号1门。

负责人：毕贺轩，该分行行长。

委托代理人：徐文浩，该分行员工。

被申请人(一审被告、二审被上诉人)：抚顺市艳丰建材有限公司。住所地：辽宁省抚顺经济开发区李石经济区大街2号4020室。

法定代表人：李会成，该公司总经理。

被申请人(一审被告、二审被上诉人)：郑克旭。

委托代理人：戴孟勇，北京市资略律师事务所律师。

委托代理人：何立敏，北京市亦非律师事务所律师。

再审申请人大连银行股份有限公司沈阳分行(以下简称大连银行沈阳分行)因与被申请人抚顺市艳丰建材有限公司(以下简称艳丰公司)、郑克旭案外人执行异议之诉一案，不服河北省高级人民法院(2014)冀民二终字第32号民事判决，向本院申请再审。本院于2015年6月16日作出(2015)民申字第736号民事裁定，提审本案。本院依法组成由审判员王涛担任审判长，代理审判员梅芳、杨卓参加的合议庭，公开开庭审理了本案，书记员陈明担任记录。大连银行沈阳分行的委托代理人徐文浩、郑克旭的委托代理人戴孟勇、何立敏到庭参加诉讼。艳丰公司经合法传唤未到庭。本案现已审理终结。

河北省廊坊市中级人民法院一审查明：艳丰公司与郑克旭于2011年12月6日签订《借款合同》，约定：借款金额为8000万元，借款日期为2011年12月6日，还款日期为2011年12月7日。同日，艳丰公司与大连银行沈阳分行签订《汇票承兑合同》，约定：本合同项下银行承兑汇票共计8张，全部汇票金额合计为8000万元；出票人均为艳丰公司，收款人均为沈阳首创物资有限公司(以下简称首创公司)；出票日期均为2011年12月6日，汇票到期日均为2012年6月6日；承兑满足条件为，艳丰公司与收款人之间的商品交易关系是真实合法和具有对价的，艳丰公司具有支付到期汇票金额的可靠资金来源，不存在票据欺诈行为；艳丰公司于汇票承兑前，在大连银行沈阳分行开立针对本合同项下汇票的保证金专用账户(账户为10某某某23)并存入汇票金额100%的保证金，保证金金额为8000万元整，艳丰公司同意将上述保证金及由其产生的利息作为履行本合同的担保，并授权大连银行沈阳分行在因本合同需要时办理上述保证金的冻结、扣划等手续；双方权利义务为，艳丰公司在本合同项下汇票出票日起一个月内，向大连银行沈阳分行提供其与收款人之间的增值税发票复印件，大连银行沈阳分行有权要求核验原件；艳丰公司应于本合同项下汇票到期日之前将汇票金额足额存入大连银行沈阳分行指定账户，若艳丰公司未能在汇票到期日足额交付全部汇票金额，则大连银行沈阳分行有权将本合同第2.2款的保证金账户和艳丰公司其他存款账户中的款项直接用于支付到期汇票或偿还大连银行沈阳分行对持票人的垫款以及相应利息和手续费，同时对艳丰公司尚未支付的汇票金额按照日万分之五计收罚息；本合同项下汇票承兑后，发生以下任一情况，大连银行沈阳分行均可以要求艳丰公司将保证金金额提高到汇票金额的100%；艳丰公司未按照大连银行沈阳分行要求如期补足保证金的，大连银行沈阳分行有权宣布艳丰公司违约，对艳丰公司提起诉讼并按照相关担保合同约定行使相应权利。《汇票承兑合同》签订当日，艳丰公司将8000万元存入大连银行沈阳分行文艺路支行营业部的10某某某25账户，大连银行沈阳分行文艺路支行将8000万元转至《汇票承兑合同》指定的10某某某23保证金账户。同日，大连银行沈阳分行在艳丰公司作为出票人、首创公司作为收款人、大连银行沈阳分行文艺路支行作为付款行、金额各为1000万元、出票日期为2011年12月6日、到期日为2012年6月6日的8张银行承兑汇票正面“本汇票已经承兑，到期日由本行付款”处加盖了汇票专用章，之后将该8张汇票交付出票人艳丰公司。汇票上未填写承兑日期。

艳丰公司在《借款合同》约定的还款日期即2011年12月

① 案例来源：《最高人民法院公报》2016年第10期。

7日未还款。后艳丰公司与郑克旭及案外人明达意航企业集团有限公司(以下简称明达意航公司)于2011年12月24日签订了《还款协议》,约定:艳丰公司于2011年12月6日向郑克旭借款8000万元用于大连银行沈阳分行开具承兑汇票百分之百保证金,艳丰公司收到此款用完后没按约定归还,反而把此款用于其他,经双方协商达成如下协议:2012年1月6日至2012年1月19日还清8000万本金以及500万利息。到期后艳丰公司、明达意航公司未履行。2012年4月20日,艳丰公司与郑克旭、明达意航公司又签订《还款补充协议》,约定:第一期还款时间为2012年5月20日-25日之间,还款金额为2000万元;第二期还款时间为2012年6月20日-25日之间,还款金额为2000万元;第三期还款时间为2012年7月20日-25日之间,还款金额为2000万元;第四期还款时间为2012年8月20日-25日之间,还款金额为2000万元;利息从2011年12月20日起计算,根据实际占用时间与额度按月利息2%计算,以上利息于2012年9月底结清。上述合同到期后,艳丰公司、明达意航公司亦未履行。

2012年5月23日,中国邮政储蓄银行有限责任公司辽宁省分行以委托收款形式对前述8张银行承兑汇票中的6张(汇票号码313某某某某3920-313某某某某3924及313某某某某3929)进行收款。2012年5月25日,中国民生银行股份有限公司深圳分行以委托收款形式对其余2张汇票(汇票号码313某某某某3927、313某某某某3928)进行收款。2012年6月6日,大连银行沈阳分行文艺路支行对上述8张汇票总计金额8000万元进行了付款。同日,大连银行沈阳分行文艺路支行将8000万元转为承兑逾期垫款。

2012年5月,郑克旭分两次以艳丰公司、明达意航公司为被告向廊坊市中级人民法院提起诉讼,分别要求艳丰公司偿还借款4000万元及利息,明达意航公司承担担保责任,同时申请了财产保全。廊坊市中级人民法院于2012年5月28日裁定冻结了艳丰公司在大连银行沈阳分行文艺路支行开立的账户10某某某23中的保证金8000万元。后廊坊市中级人民法院作出(2012)廊民三初字第117号、第133号民事判决书。明达意航公司对(2012)廊民三初字第133号民事判决不服,向河北省高级人民法院提起上诉,该院于2013年7月3日作出(2013)冀民一终字第139号民事判决书,驳回上诉,维持原判。

在郑克旭申请执行(2012)廊民三初字第117号民事判决书期间,大连银行沈阳分行于2013年5月14日向廊坊市中级人民法院提出书面异议称:应依法纠正(2013)廊民执字第26号执行案件中的错误冻结行为,解除对银行保证金存款4000万元的查封。该院于2013年8月20日作出(2013)廊执异字第26-1号执行裁定书,认为:该院于2012年5月28日冻结了艳丰公司在大连银行沈阳分行保证金账户中的存款,大连银行沈阳分行于2012年6月6日对汇票进行了兑付,法院冻结保证金账户存款的时间早于大连银行沈阳分行对汇票进行承兑和付款时间。根据最高人民法院、中国人民银行《关于依法规范人民法院执行和金融机构协助执行的通知》(法发〔2000〕21号)第九条规定,人民法院依法可以对银行承兑汇票保证金采取冻结措施,但不得扣划;如果金融机构已对汇票承兑或者已对外付款,根据金融机构的申请,人民法院应当解除对银行承兑汇票保证金相应部分的冻结措施。银行承兑汇票保证金已丧失保证金功能时,人民法院可以依法采取扣划措施。本案中,在法院已经采取冻结措施的情况下,大连银行沈阳分行不考虑此款项交易存在的风险,无视法院的冻结措施,仍对外继续承兑,继续付款,且大连银行沈阳分行在本案中未考虑可能涉及虚假交易合同及出票存在的问题。故对大连银行沈阳分行提出的解除对该4000万元冻结措施的请求,该院不予支持。大连银行沈阳分行执行异议被驳回后,可以向该院提起案外人执行异议之诉,解决此实体争议。该院依照《中华人民共和国民事诉讼法》第二百二十七条和《最高人民法院关于适用执行程序若干问题的解释》第十五条之规定,裁定驳回大连银行沈阳分行的异议。

2013年10月9日,大连银行沈阳分行以艳丰公司、郑克旭为被告向一审法院提起本案诉讼,请求撤销一审法院(2013)廊执异字第26-1号执行裁定,确认其对10某某某23账户内的4000万元享有优先受偿权;诉讼费用由艳丰公司、郑克旭承担。

一审法院认为,本案争议的焦点为:一、2012年5月23日及2012年5月25日,收款人的委托收款行为是否属于承兑人已经完成了承兑行为;二、保证金账户的性质及大连银行沈阳分行对于保证金账户内的款项是否享有优先受偿权。

关于第一个争议焦点,该院认为,依据《商业汇票办法》(银发〔1993〕140号,1993年5月21日中国人民银行发布)第三条第三款规定,银行承兑汇票是由收款人或承兑申请人签发,并由承兑申请人向开户银行申请,经银行审查同意承兑的票据。《中华人民共和国票据法》第三十八条规定,承兑是指汇票付款人承诺在汇票到期日支付汇票金额的票据行为;第三十九条规定,定日付款或者出票后定期付款的汇票,持票人应当在汇票到期日前向付款人提示承兑。提示承兑是指持票人向付款人出示汇票,并要求付款人承诺付款的行为;第四十一条第一款规定,付款人对向其提示承兑的汇票,应当自收到提示承兑的汇票之日起三日内承兑或者拒绝承兑;第四十二条规定,付款人承兑汇票的,应当在汇票正面记载“承兑”字样和承兑日期并签章……汇票上未记载承兑日期的,以前条第一款规定期限的最后一日为承兑日期。《支付结算办法》(银发〔1997〕393号,1997年9月19日中国人民银行发布)第七十三条规定,商业汇票分为商业承兑汇票和银行承兑汇票……银行承兑汇票由银行承兑;第七十九条规定,银行承兑汇票应由在承兑银行开立存款账户的存款人签发。第八十条规定，商业汇票可以在出票时向付款人提示承兑后使用，也可以在出票后先使用再向付款人提示承兑；第八十三条规定，银行承兑汇票的出票人或持票人向银行提示承兑时，银行的信贷部门负责按照有关规定和审批程序，对出票人的资格、资信、购销合同和汇票记载的内容进行认真审查，必要时可由出票人提供担保。符合规定和承兑条件的，与出票人签订承兑协议；第八十四条规定，付款人承兑商业汇票，应当在汇票正面记载“承兑”字样和承兑日期并签章。从以上法律及规章的规定可以看出，大连银行沈阳分行在与艳丰公司签订《汇票承兑合同》后并在开具的以大连银行沈阳分行作为付款人的8张银行承兑汇票（每张银行承兑汇票金额为1000万元，合计8000万元）正面记载“承兑”并签章的行为中，艳丰公司向大连银行沈阳分行申请开具承兑汇票的行为即是艳丰公司作为出票人向银行承兑汇票上记载的付款人即大连银行沈阳分行出示票据，请求大连银行沈阳分行承诺付款的行为，也就是票据法规定的出票人即艳丰公司在出票时向付款人即大连银行沈阳分行提示承兑的行为。大连银行沈阳分行经审查按照有关规定和审批程序，要求出票人艳丰公司提供8000万元保证金存于保证金账户，与艳丰公司签订《汇票承兑合同》后在8张银行承兑汇票正面“本汇票已经承兑，到期日由本行付款”栏处签章的行为即是票据法规定的付款人已经完成了银行承兑汇票承兑的行为。这也符合《支付结算办法》第八十条的规定，即商业汇票可以在出票时向付款人提示承兑后使用。按照《中华人民共和国票据法》第二十二条的规定，银行承兑汇票正面记载的加盖承兑章不属于汇票的绝对应记载的事项。但是按照我国现在的银行承兑汇票的使用和流通来看，一般以银行作为付款人的银行承兑汇票，都是在出票人与付款人签订了汇票承兑合同，银行在银行承兑汇票正面“本汇票已经承兑，到期日由本行付款”栏处签章后才能在市场上使用和流通。作为基础关系的债权人和票据关系的收款人的财务人员，在以银行承兑汇票结算时，不会接受没有付款人（即银行）在银行承兑汇票正面加盖银行承兑章的银行承兑汇票。在收款人都不接受该银行承兑汇票的情况下，其也不可能在银行承兑汇票的背面第一背书人栏背书的。即使收款人背书转让的话，下一手被背书人在查看银行承兑汇票正面没有付款人承兑的签章时，也不会接受这样的银行承兑汇票以清偿或消灭基础关系的债务。在现实当中，银行承兑汇票是出票人在出票的同时向付款人提示承兑，付款人完成了承兑（即在银行承兑汇票正面加盖承兑章）并交付出票人后，出票人交付收款人以清偿或消灭基础关系，收款人在收到银行承兑汇票后，在银行承兑汇票的背面第一栏背书人栏签章后，银行承兑汇票才能正常的使用和流通。也就是说，银行承兑汇票在出票的同时，付款人应当或者必须完成承兑行为。《支付结算办法》第八十八条规定，商业汇票的提示付款期限，自汇票到期日起10日。持票人应在提示付款期限内通过开户银行委托收款或直接向付款人提示付款。对异地委托收款，持票人可匡算邮程，提前通过开户银行委托收款；第一百九十八条规定，委托收款是收款人委托银行向付款人收取款项的结算方式；第一百九十九条规定，单位和个人凭已承兑商业汇票、债券、存单等付款人债务证明办理款项的结算，均可以使用委托收款结算方式。从以上的规定可以看出，委托收款是一种支付结算方式，属于票据法上的提示付款行为，并不是大连银行沈阳分行主张的委托收款行为是承兑人已经完成承兑的行为。

关于第二个争议焦点，该院认为，《中华人民共和国物权法》第二百零八条规定，为担保债务的履行，债务人或者第三人将其动产出质给债权人占有的，债务人不履行到期债务或者发生当事人约定的实现质权的情形，债权人有权就该动产优先受偿；第二百一十条规定，设立质权，当事人应当采取书面形式订立质权合同。《最高人民法院关于适用若干问题的解释》第八十五条规定，债务人或者第三人将其金钱以特户、封金、保证金等形式特定化后，移交债权人占有作为债权的担保，债务人不履行债务时，债权人可以以该金钱优先受偿。从相关法律规定来看，如果将金钱以保证金形式成立质押合同时，依据《中华人民共和国物权法》第二百一十条的规定，应当采用书面形式。从一般交易习惯来说，交存保证金的比例一般由作为付款人的银行根据开具银行承兑汇票出票人的信誉决定交存保证金金额的比例，一般为汇票金额的30%－50%，最高交存100%，最低的可以不交存。银行承兑汇票的保证金的数额多少一般参考两个方面：一是参照汇票金额来确定保证金比例；另一方面，也是主要的方面，就是参照出票人的信誉来确定保证金的比例。银行要求出票人在为其开立的保证金账户上存入一定数额的保证金，其目的并不是用这笔保证金来抵偿所到期支付的款项，而是出于出票人不守信用或无能力归还垫款，为降低风险，用银行的行为（银行制作的冻结保证金通知书）来控制出票人一定数额的资金。从这一点来看，保证金账户内的资金没有质押的性质。《商业汇票办法》第十八条规定，银行承兑汇票的承兑申请人应于银行承兑汇票到期前将票款足额缴存其开户银行。承兑银行俟到期日凭票将款项付给收款人、被背书人或贴现银行。如果出票人违约，银行可以依据汇票承兑协议扣划保证金。但是如果在银行未付款的情况下，法院对保证金账户进行冻结，银行并不对保证金被冻结而向出票人负责，为了继续履行汇票承兑协议，银行可以要求出票人在到期日前补足保证金。如果出票人不补足保证金，则是出票人违约，银行可以拒绝对持票人（收款人）付款并出具拒付证明，产生的违约责任应由出票人承担，因为出票人是最终债务人。银行可以以出票人违约，制作拒付证明，通过诉讼解决纠纷，以确定保证金的去向。如果银行已对汇票承兑或对外付款，自承兑行为或对外付款行为完成之时起，承兑汇票票据关系即告消灭，保证金功能随之丧失。大连银行沈阳分行与艳丰公司未就以保证金作为质押签订书面的质押合同，保证金的性质经过以上分析应是信誉保证，故大连银行沈阳分行主张的保证金属于金钱质押，其有优先受偿权的主张不能成立。

关于提供增值税专用发票和《工业品买卖合同》的问题，该院认为，《中华人民共和国票据法》第十条规定，票据的签发、取得和转让，应当遵循诚实信用的原则，具有真实的交易关系和债权债务关系。在不考虑票据效力的情况下，仅依据《汇票承兑合同》第5.3条的规定及《工业品买卖合同》存在的出卖人和买受人颠倒的问题上来看，有理由相信，本案银行承兑汇票8000万元金额项下的交易关系或债权债务关系不具有真实性。大连银行沈阳分行在此行为中存在过错或者重大过失。

综上，大连银行沈阳分行主张的委托收款是承兑行为与票据法规定的承兑行为不符，应为票据法上的提示付款行为。在艳丰公司申请银行承兑汇票出票的时候，大连银行沈阳分行在银行承兑汇票正面加盖承兑专用章的行为是票据法上的承兑行为，也就是艳丰公司在出票的同时，付款人大连银行沈阳分行已经承兑了。最高人民法院、中国人民银行《关于依法规范人民法院执行和金融机构协助执行的通知》第九条规定，人民法院依法可以对银行承兑汇票保证金采取冻结措施，但不得扣划。如果金融机构已对汇票承兑或者已对外付款，根据金融机构的申请，人民法院应当解除对银行承兑汇票保证金相应部分的冻结措施。《中华人民共和国票据法》第三十九条规定，定日付款的汇票，持票人应当在汇票到期日前向付款人提示承兑。而按照当前一般的交易习惯和实际操作，银行承兑汇票的出票人在出票的同时完成承兑行为，在我国当前实际中是应当也是必须的，这也符合相关的票据法律规定，否则收款人是不会接受票据的。如果依据最高人民法院、中国人民银行《关于依法规范人民法院执行和金融机构协助执行的通知》第九条规定，对于在出票的同时完成承兑的行为适用本条规定，既然按第九条规定认定了已经承兑，那么第九条规定法院可以采取冻结措施也就没有必要了，故本案只能考虑是否已经对外付款的情形。本案中，法院冻结在先，大连银行沈阳分行付款在后。最高人民法院、中国人民银行《关于依法规范人民法院执行和金融机构协助执行的通知》第九条规定，银行承兑汇票保证金已丧失保证金功能时，人民法院可以依法采取扣划措施。保证金账户存款的性质属于信誉保证的性质，不属于大连银行沈阳分行主张的金钱质押的性质，在法院对保证金采取了冻结措施之后，大连银行沈阳分行可以依据《汇票承兑合同》和相关的规定要求艳丰公司另行提供担保或者出具拒付证明等措施，故大连银行沈阳分行在法院冻结之后，依然对外付款应由其承担责任。大连银行沈阳分行在到期日对外付款，银行承兑汇票的票据关系消灭，保证金功能也就丧失了。大连银行沈阳分行没有法律依据享有对保证金的优先受偿权，该院可以扣划。故，大连银行沈阳分行的诉讼请求没有法律依据，该院不予支持。依据《中华人民共和国民事诉讼法》第六十四条的规定，该院判决如下：驳回大连银行沈阳分行的诉讼请求，案件受理费120 900元由大连银行沈阳分行负担。

大连银行沈阳分行不服上述一审判决，向河北省高级人民法院提起上诉称：《汇票承兑合同》项下的《工业品买卖合同》是否真实不是本案的争议焦点，一审法院违法审查票据基础关系，把本来是否承兑或付款的一项审查无限扩大，在执行异议之诉中审理票据纠纷和买卖合同纠纷，违反法定程序。法院在承兑到期日之前冻结了8000万元保证金，付款人到期也应当无条件兑付，并可按《中国人民银行关于银行承兑汇票保证金冻结、扣划问题的复函》（银条法〔2000〕第9号）第二条的规定向人民法院提出以被冻结保证金优先受偿的申请。一审法院认为付款行在到期日对外付款，承兑汇票的票据关系消失，保证金功能也丧失，属于逻辑混乱，请求二审法院发回重审或者改判。

二审法院经审理，对一审法院查明的事实予以确认。

二审法院认为，根据《中华人民共和国票据法》第十条、第二十一条第二款的规定，票据的签发、取得和转让，应当具有真实的交易关系，不得签发无对价的汇票用以骗取银行或者其他票据当事人的资金。经庭审质证，可以认定，在艳丰公司向大连银行沈阳分行申请银行承兑汇票并签订8000万《汇票承兑合同》之际，合同约定的出票人艳丰公司与收款人首创公司之间并不存在真实的交易关系和债权债务关系。大连银行沈阳分行在《工业品买卖合同》系虚构的情况下，仍然与艳丰公司签订《汇票承兑合同》并出具银行承兑汇票，显然存在着重大过错。本案中，审查艳丰公司提供的基础交易关系的真实性、合法性，是大连银行沈阳分行在艳丰公司申请开具银行承兑汇票时的基本义务，但大连银行沈阳分行却怠于审查。为防止出现当事人利用虚假合同骗取银行资金，人民法院对于案外人提出的执行异议是否具有相应的事实和法律依据应当依法查明。人民法院审查承兑汇票基础关系的真实合法性，是维护我国票据立法和金融监管“票据的签发、取得和转让，应当具有真实的交易关系”之基本原则，并未违反法定程序。

2011年12月6日艳丰公司汇入案涉保证金账户下的8000万元，是郑克旭当初提供给艳丰公司的8000万元借款。按照艳丰公司与大连银行沈阳分行间的《汇票承兑合同》第五条第5.7款约定，艳丰公司应在汇票到期日之前将汇票金额足额存入大连银行沈阳分行指定账户。在廊坊市中级人民法院于2012年5月28日冻结案涉8000万元保证金的情况下，大连银行沈阳分行并未要求艳丰公司补足款项，而是用艳丰公司在该行开具的贷款账户中的8000万元进行了兑付，其存在明显过错。

综上，大连银行沈阳分行在与艳丰公司签订《汇票承兑合同》时,未尽到法定监管职责,对于不存在真实交易关系的买卖合同未尽审查义务,开具了无对价的银行承兑汇票,对艳丰公司套取银行8000万元资金存在重大过错。在廊坊市中级人民法院冻结艳丰公司在大连银行沈阳分行开具的保证金账户中的8000万元后,大连银行沈阳分行并未要求艳丰公司按《汇票承兑合同》第五条第5.7款的约定在汇票到期日之前将汇票金额足额存入指定账户,而是进行了兑付,对其损失的造成具有不可推卸的责任。案涉保证金属于合同担保问题,与汇票的承兑及付款无关,该保证金的法律性质应当根据《汇票承兑合同》的约定来认定。从案涉《汇票承兑合同》第二条第2.2款对保证金的约定看,其只是规定"授权乙方在因本合同需要时办理上述保证金的冻结、划扣等手续",并未约定"在甲方不履行本合同项下的义务时,乙方对该保证金享有优先受偿权"。可见,双方并无以案涉8000万元保证金为大连银行沈阳分行设立金钱质押的意思,故其不具有金钱质押性质,大连银行沈阳分行不享有优先受偿权。大连银行沈阳分行的上诉理由不充分,对其上诉请求不予支持。原判程序合法,事实清楚,适用法律正确。依照《中华人民共和国民事诉讼法》第一百七十条第一款第(一)项之规定,该院判决如下:驳回上诉,维持原判;二审案件受理费120 900元,由大连银行沈阳分行负担。

大连银行沈阳分行不服上述二审判决,向本院申请再审称:一、原审判决认定大连银行沈阳分行在与艳丰公司签订《汇票承兑合同》时未尽到法定监管义务,开具无对价的银行承兑汇票,对艳丰公司套取8000万元资金(包括本案4000万元和另案4000万元)存在重大过错,与事实不符。(一)大连银行沈阳分行已经尽到了法定的审查义务。艳丰公司与首创公司签订的《工业品买卖合同》虽然存在买卖双方公章加盖不规范问题,但仅属合同形式问题,对合同本身的权利义务并无实质性影响。(二)虽然艳丰公司未按《汇票承兑合同》的约定提供增值税发票复印件,但也不能据此否认艳丰公司与首创公司之间的交易关系。(三)原审法院在未作任何调查的情况下就认定艳丰公司与首创公司之间不存在真实交易关系是错误的,且该问题并不属于本案的审查范围。二、原审判决认定大连银行沈阳分行在保证金被冻结的情况下仍然坚持承兑付款,具有不可推卸的责任,是不符合法律规定的。根据《中华人民共和国票据法》规定,银行在承兑汇票法律关系中处于付款人地位,在见票或者汇票到期日有向持票人无条件付款的义务,即便承兑汇票保证金被冻结,付款人到期也应当无条件付款。我国法律并未规定保证金被查封后,银行不能对持票人付款。大连银行沈阳分行作为承兑汇票的付款人进行付款,并非无视法院的查封措施,而是充分尊重法律和合同约定。三、原审判决认定大连银行沈阳分行对本案4000万元保证金不享有优先受偿权,适用法律错误。(一)根据《汇票承兑合同》第二条第2.2款、第五条第5.7款约定,大连银行沈阳分行与艳丰公司已经达成对本案承兑汇票业务以保证金账户内的4000万元作为质押担保的合意。原审法院认定双方没有以保证金作为金钱质押的意思表示,不符合合同约定。(二)本案中,双方当事人已经按照《汇票承兑合同》约定为出质金钱开立了保证金专用账户,艳丰公司已缴存了保证金,大连银行沈阳分行对保证金进行了冻结,符合出质金钱以保证金形式特定化的要求。该保证金账户设立在大连银行沈阳分行,该行对该账户进行了实际控制和管理,保证金账户内的资金使用均与保证金业务相对应,未用于保证金业务之外的日常结算,因此亦符合出质金钱移交债权人占有的要件要求,金钱质押已经设立。因此,大连银行沈阳分行有权以案涉4000万元保证金行使优先受偿权。综上,原审判决认定事实错误,适用法律不当。大连银行沈阳分行依据《中华人民共和国民事诉讼法》第二百条第一项、第二项、第六项之规定申请再审,请求撤销河北省高级人民法院(2014)冀民二终字第32号民事判决,将本案发回重审或者依法改判。

郑克旭答辩称:一、原审判决认定大连银行沈阳分行签订《汇票承兑合同》时存在重大过错是正确的。(一)艳丰公司与首创公司的买卖交易是否真实、合法,直接决定着《汇票承兑合同》及其项下汇票的出票、兑付等行为的法律效力,与本案具有直接的法律关系,因此原审法院依法审查《工业品买卖合同》的真实性、合法性是正确的。(二)艳丰公司依据伪造的《工业品买卖合同》向大连银行沈阳分行申请银行承兑汇票并签订《汇票承兑合同》,违反《中华人民共和国票据法》等法律法规,其《汇票承兑合同》以及其中的保证金条款依法均属无效。(三)对于艳丰公司依据伪造的《工业品买卖合同》向大连银行沈阳分行申请银行承兑汇票并签订《汇票承兑合同》的行为,大连银行沈阳分行并未尽到审查义务,对艳丰公司和首创公司利用虚假的买卖合同骗取银行资金明显存在重大过错。二、本案4000万元保证金不具有金钱质押性质,大连银行沈阳分行不享有优先受偿权。由于《汇票承兑合同》以及其中的保证金条款均属无效,故该合同及保证金条款不能为大连银行沈阳分行设定金钱质权;即便抛开上述合同及其条款的合法性和有效性不谈,其约定亦不符合法律关于质权合同及金钱质押的规定,不能为大连银行沈阳分行设立金钱质权,大连银行沈阳分行亦不享有优先受偿权。三、在法院冻结4000万元资金后,无论大连银行沈阳分行是否兑付本案承兑汇票,都不能对抗法院的冻结扣划措施。本案中,早在2012年5月28日廊坊市中级人民法院就依法冻结了艳丰公司保证金账户上的4000万元存款,大连银行沈阳分行却仍然在2012年6月6日向持票人兑付了4000万元,而未要求艳丰公司按照合同约定"于银行承兑汇票到期前将票款足额缴存其开户银行",其行为显然存在重大过错。因此,大连银行沈阳分行无权要求法院解除对本案4000万元保证金的冻结措施。综上,原审判决认定事实清楚,证据确实充分,适用法律无误,大连银行沈阳分行的再审申请不符合法律规定的再审情形，应予驳回。

艳丰公司未提交答辩意见。

本院经再审审理，确认原审法院查明的事实。

本院认为，本案为大连银行沈阳分行对河北省廊坊市中级人民法院作出的(2013)廊执异字第26-1号执行异议裁定不服提起的案外人执行异议之诉，根据《最高人民法院关于适用的解释》第三百一十二条规定，对该类案件，人民法院经审理，按照下列情形分别处理：(一)案外人就执行标的享有足以排除强制执行的民事权益的，判决不得执行该执行标的；(二)案外人就执行标的不享有足以排除强制执行的民事权益的，判决驳回诉讼请求。案外人同时提出确认其权利的诉讼请求的，人民法院可以在判决中一并作出裁判。因此，本案再审审理的焦点问题是大连银行沈阳分行对执行标的即艳丰公司存入保证金专用账户的4000万元是否享有足以排除人民法院强制执行的民事权益。大连银行沈阳分行主张，艳丰公司存入保证金专用账户的4000万元系具有金钱质押效力的保证金，在其对艳丰公司申请开立的银行承兑汇票付款之后，其对该4000万元享有优先受偿权。据此，本案将从大连银行沈阳分行是否对该4000万元享有质权、该权利是否足以排除强制执行等方面进行分析判定。

一、大连银行沈阳分行对案涉4000万元是否享有质权

《中华人民共和国物权法》第二百一十条规定："设立质权，当事人应当采取书面形式订立质权合同。质权合同一般包括下列条款：(一)被担保债权的种类和数额；(二)债务人履行债务的期限；(三)质押财产的名称、数量、质量、状况；(四)担保的范围；(五)质押财产给付的时间。"第二百一十二条规定："质权自出质人交付质押财产时设立。"《最高人民法院关于适用若干问题的解释》第八十五条规定："债务人或者第三人将其金钱以特户、封金、保证金等形式特定化后，移交债权人占有作为债权的担保，债务人不履行债务时，债权人可以以该金钱优先受偿。"根据上述法律及司法解释的规定，金钱作为一种特殊的动产，具备一定形式要件后，可以用于质押。具体到本案，大连银行沈阳分行对案涉4000万元是否享有质权，应当从大连银行沈阳分行与艳丰公司之间是否存在质押合同关系以及质权是否有效设立两个方面进行审查。

(一)大连银行沈阳分行与艳丰公司之间是否存在质押合同关系。大连银行沈阳分行与艳丰公司签订的《汇票承兑合同》第二条第2.2款约定：艳丰公司于汇票承兑前，在大连银行沈阳分行开立针对合同项下汇票的保证金专用账户(账号为10某某某23)并存入汇票金额100%的保证金，保证金金额为8000万元。艳丰公司同意将上述保证金及其产生的利息作为履行合同的担保，并授权大连银行沈阳分行在因合同需要时办理上述保证金的冻结、扣划等手续；第五条第5.7款约定：艳丰公司应于合同项下汇票到期日之前将汇票金额足额存入大连银行沈阳分行指定账户。若艳丰公司未能在汇票到期日前足额交付全部汇票金额，则大连银行沈阳分行有权将合同第二条第2.2款的保证金账户和艳丰公司其他存款账户中的款项直接用于支付到期汇票或偿还大连银行沈阳分行对持票人的垫款以及相应利息和手续费，同时对艳丰公司尚未支付的汇票金额按照日万分之五计收罚息。上述约定表明，大连银行沈阳分行与艳丰公司之间协商一致，达成以下合意，即艳丰公司向大连银行沈阳分行缴存100%比例保证金作为案涉承兑汇票业务的担保，如艳丰公司未按期足额交付全部汇票金额，则大连银行沈阳分行有权以该保证金直接支付到期承兑汇票或偿还大连银行沈阳分行对持票人的垫款，也即大连银行沈阳分行对案涉保证金享有优先受偿权。上述合意具备质押合同的一般要件，符合《最高人民法院关于适用若干问题的解释》第八十五条关于金钱质押的规定。原审法院仅以双方在《汇票承兑合同》中未有大连银行沈阳分行对该保证金享有优先受偿权的表述即认定双方并无以保证金设立质押的意思表示、保证金不具有金钱质押性质，有所不当，本院予以纠正。

(二)本案质权是否有效设立。根据《中华人民共和国物权法》第二百一十二条"质权自出质人交付质押财产时设立"的规定，交付行为应被视为设立动产质权的生效条件。金钱质押作为特殊的动产质押，依照《最高人民法院关于适用若干问题的解释》第八十五条规定，生效条件包括金钱特定化和移交债权人占有两个方面。具体到本案，首先，案涉4000万元资金已经通过存入保证金专用账户的形式予以特定化。保证金特定化的实质意义在于使特定数额金钱从出质人财产中划分出来，成为一种独立的存在，使其不与出质人其他财产相混同，同时使转移占有后的金钱也能独立于质权人的财产，避免特定数额的金钱因占有即所有的特征混同于质权人和出质人的一般财产中。具体到保证金账户的特定化，就是要求该账户区别于出质人的一般结算账户，使该账户资金独立于出质人的其他财产。本案中，双方当事人按照《汇票承兑合同》的约定开立了账号为10某某某23的保证金专用账户，用途均与保证金有关，不同于艳丰公司在大连银行沈阳分行开立的账号为10某某某25的一般结算账户。艳丰公司按照《汇票承兑合同》约定的额度比例向该账户缴存了保证金，大连银行沈阳分行向艳丰公司出具了《保证金冻结通知书》，对保证金账户进行了冻结。因此，本案符合金钱以保证金形式特定化的要求。其次，大连银行沈阳分行能够对该保证金专用账户进行实际控制和管理，实现了移交占有。本案中，案涉保证金专用账户开立于大连银行沈阳分行的下属支行，艳丰公司在按照《汇票承兑合同》约定存入保证金之后，大连银行沈阳分行对该账户进行了冻结，使得艳丰公司作为保证金专户内资金的所有权人，不能自由使用账户资金，实质上丧失了对保证金账户的控制权和管理权。而大连银行沈阳分行依据《汇票

承兑合同》第五条第5.7款规定，在艳丰公司未能在汇票到期日前足额交付全部汇票金额的情况下，有权将保证金账户中的款项直接用于支付到期汇票或者偿还大连银行沈阳分行对持票人的垫款，即大连银行沈阳分行有权直接扣划保证金专用账户内的资金。据此应当认定，大连银行沈阳分行实质上取得了案涉保证金专用账户的控制权，此种控制权移交符合动产交付占有的本质要求。

综合以上分析可以认定，本案金钱质押已经设立，大连银行沈阳分行对案涉4000万元保证金享有质权。大连银行沈阳分行该项再审主张和理由，有事实和法律依据，本院予以支持。原审法院认定本案保证金账户存款性质属于信誉保证，不属于金钱质押，适用法律错误，本院予以纠正。

二、大连银行沈阳分行对案涉4000万元保证金享有的质权是否足以排除郑克旭与艳丰公司借款案的强制执行

根据《中华人民共和国物权法》第一百七十条规定，担保物权人在债务人不履行到期债务或者发生当事人约定的实现担保物权的情形，依法享有就担保财产优先受偿的权利；第二百零八条规定，为担保债务的履行，债务人或者第三人将其动产出质给债权人占有的，债务人不履行到期债务或者发生当事人约定的实现质权的情形，债权人有权就该动产优先受偿。因此，大连银行沈阳分行在履行案涉承兑汇票付款义务后，对艳丰公司享有垫款之债权，也即《汇票承兑合同》约定的担保之债权已经发生，为实现该债权，大连银行沈阳分行有权就4000万元保证金主张优先受偿。但本案的特殊之处在于，另案即郑克旭与艳丰公司、明达意航公司借款合同纠纷案判决郑克旭对艳丰公司享有4000万元本金及相应利息的债权，该案执行中，该4000万元作为艳丰公司的资金已被廊坊市中级人民法院予以冻结，因此出现了在同一执行标的即案涉4000万元保证金之上，大连银行沈阳分行主张质权而郑克旭主张债权的冲突问题。大连银行沈阳分行享有的质权能否排除郑克旭案的强制执行，是本案需要解决的终极问题，而该问题取决于物权与债权的关系如何。

从权利属性和分类上来讲，大连银行沈阳分行对艳丰公司享有的质权属于担保物权，因此该权利具备物权的基本特征和法律效力。《中华人民共和国物权法》第二条第三款明确规定："本法所称物权，是指权利人依法对特定的物享有直接支配和排他的权利"，据此，物权相较之债权而言具有优先性，此即意味着当同一标的物之上同时存在债权人主张债权与物权人主张物权相冲突时，物权优先于债权实现。具体到本案，大连银行沈阳分行对案涉4000万元保证金享有担保物权，而郑克旭作为艳丰公司的普通债权人对艳丰公司存款享有的仅是一般债权，两种权利虽都是当事人的合法民事权利，但二者相比较，大连银行沈阳分行享有的物权应当优先于郑克旭的普通债权得以实现。因此可以得出结论，大连银行沈阳分行对执行标的即4000万元保证金享有的质权足以排除郑克旭与艳丰公司借款案的强制执行。大连银行沈阳分行该项再审主张有事实及法律依据，本院予以支持。原审法院认定大连银行沈阳分行对4000万元保证金不享有优先受偿权，适用法律错误，本院予以纠正。

关于郑克旭答辩提出的大连银行沈阳分行在出票过程中存在重大过错的意见，从本案事实看，大连银行沈阳分行与艳丰公司签订《汇票承兑合同》是双方的真实意思表示，现无证据证实该合同存在《中华人民共和国合同法》第五十二条规定的合同无效之情形，因此双方已经形成票据法律关系；大连银行沈阳分行已对艳丰公司提供的《工业品买卖合同》进行了相应的形式审查，虽未按《汇票承兑合同》约定要求艳丰公司提供增值税专用发票复印件存在业务操作欠规范的情形，但并不对《汇票承兑合同》的真实性、合法性以及票据法律关系的效力构成影响。至于艳丰公司与首创公司之间的基础交易关系，属于票据取得的原因关系，而票据作为要式证券，文义性、无因性是其重要特征，票据关系一经成立，即与票据取得的原因关系相脱离，无论其原因关系是否存在及是否有效，均不影响票据本身的效力。因此，郑克旭以非票据法律关系当事人之身份、以艳丰公司与首创公司的买卖交易关系虚假为由主张本案《汇票承兑合同》及其中的保证金条款无效，无法律依据，本院不予采纳。另外，郑克旭还提出，大连银行沈阳分行在票据付款过程中亦存在过错，在廊坊市中级人民法院对案涉保证金采取冻结措施后，大连银行沈阳分行不应再进行付款。但从本案事实看，大连银行沈阳分行在出票的同时已经在汇票正面"本汇票已经承兑，到期日由本行付款"处加盖了汇票专用章，即进行了承兑。大连银行沈阳分行一经承兑，则负有汇票到期无条件交付票款的责任，且已经实际履行该付款责任。根据最高人民法院、中国人民银行《关于依法规范人民法院执行和金融机构协助执行的通知》（法发〔2000〕21号）第九条关于"人民法院依法可以对银行承兑汇票保证金采取冻结措施，但不得扣划。如果金融机构已对汇票承兑或者已对外付款，根据金融机构的申请，人民法院应当解除对银行承兑汇票保证金相应部分的冻结措施；银行承兑汇票保证金丧失保证功能时，人民法院可以依法采取扣划措施"的规定，廊坊市中级人民法院虽然于2013年5月28日对案涉保证金进行了冻结，但该冻结措施发生于大连银行沈阳分行承兑之后，而在艳丰公司未在汇票到期日前将汇票金额足额交存的情况下，大连银行沈阳分行已经实际履行了付款责任，与艳丰公司形成垫付款的债权债务关系，此时案涉4000万元保证金并未丧失保证功能。因此，大连银行沈阳分行有权对廊坊市中级人民法院采取的冻结措施提出异议，该院应当解除对保证金相应部分的冻结措施。原审法院关于大连银行沈阳分行在人民法院冻结4000万元保证金之后未要求艳丰公司在汇票到期日之前将汇票金额存入指定账户，而是进行了兑付，存在明显过错，大连银行沈阳分行应对其损失自负

的认定，无法律依据，本院予以纠正。

另外，大连银行沈阳分行在本案中还有一项诉讼请求，即要求撤销廊坊市中级人民法院（2013）廊执异字第26－1号执行裁定书，但根据《最高人民法院关于适用的解释》第三百一十四条规定："对案外人执行异议之诉，人民法院判决不得对执行标的执行的，执行异议裁定失效"，在本案判决对案涉执行标的4000万元保证金不得执行后，上述执行异议裁定即已失效。因此，大连银行沈阳分行的该项诉讼请求已无实质意义。

综上，本院依照《中华人民共和国物权法》第二条第三款、第一百七十条、第二百零八条、第二百一十条、第二百一十二条、《最高人民法院关于适用若干问题的解释》第八十五条、《中华人民共和国民事诉讼法》第二百零七条、《最高人民法院关于适用的解释》第三百一十二条以及第四百零七条第二款之规定，判决如下：

一、撤销河北省廊坊市中级人民法院（2013）廊民三初字第123号民事判决；

二、撤销河北省高级人民法院（2014）冀民二终字第32号民事判决；

三、抚顺市艳丰建材有限公司保证金专用账户（账号为10某某某23）内的保证金4000万元不得执行；

四、大连银行股份有限公司沈阳分行对上述4000万元保证金享有质权，并可优先受偿。

本案一、二审案件受理费各为120 900元，均由郑克旭负担。

本判决为终审判决。

4. 李建国与孟凡生、长春圣祥建筑工程有限公司等案外人执行异议之诉案①

【裁判摘要】

一、法律规则是立法机关综合衡量取舍之后确立的价值评判标准，应当成为司法实践中具有普遍适用效力的规则，除非法律有特别规定，否则在适用时不应受到某些特殊情况或者既定事实的影响。

二、分公司的财产即为公司财产，分公司的民事责任由公司承担，这是《中华人民共和国公司法》确立的基本规则。以分公司名义依法注册登记的，即应受到该规则调整。至于分公司与公司之间有关权利义务及责任划分的内部约定，因不足以对抗其依法注册登记的公示效力，进而不足以对抗第三人。

三、遵法守法依法行事者，其合法权益必将受到法律保护；不遵法守法甚至违反法律者，因其漠视甚至无视法律规则，就应当承担不受法律保护或者受到法律追究的风险。

四、最高人民法院《关于人民法院执行工作若干问题的规定（试行）》第78条规定以及予以保护的承包或者租赁经营，应当是法律所准许的承包、租赁形式。企业或者个人以承包租赁为名借用建筑施工企业资质之实的，因违反有关法律及司法解释规定，故不应包含在该条保护范围之内。

五、实际施工人是《最高人民法院关于审理建设工程施工合同纠纷案件适用法律问题的解释》中规定的概念，因其规范情形之特定性，故亦应在该规范所涉之建设工程施工合同纠纷案件中，才适宜对实际施工人的身份作出认定。

最高人民法院
民事判决书

（2016）最高法民再149号

【基本案情】

再审申请人（一审被告，二审上诉人）：孟凡生，男，汉族，1970年6月17日出生，住吉林省长春市。

委托代理人：孟军，吉林创一律师事务所律师。

委托代理人：于宏华，吉林创一律师事务所律师。

再审申请人（一审被告，二审上诉人）：长春圣祥建筑工程有限公司（原长春东亚建筑工程有限公司）。住所地：吉林省长春市绿园区长白公路7公里处。

法定代表人：张仕奇，该公司董事长。

委托代理人：乔弘博，男，该公司工作人员。

被申请人（一审原告，二审被上诉人）：李建国，男，汉族，1961年6月30日出生，住吉林省长春市。

委托代理人：陈文蕾，吉林瀛春律师事务所律师。

一审被告：长春市腾安房地产开发有限公司。住所地：吉林省长春市长江路经济开发区长江路57号五层167段。

法定代表人：王国荣，该公司董事长。

再审申请人孟凡生、长春圣祥建筑工程有限公司（以下简称圣祥公司）因与被申请人李建国、一审被告长春市腾安房地产开发有限公司（以下简称腾安公司）案外人执行异议之诉一案，不服吉林省高级人民法院（以下简称吉林高院）（2015）吉民一终字第72号民事判决，向本院申请再审。本院于2015年12月17日作出（2015）民申字第2547号民事裁定，对本案予以提审，并依法由主审法官苏戈担任审判长，与主审法官李明义、张能宝共同组成合议庭，法官助理宋汝庆全程协助办案，书记员纪微微担任案件记录，于2016年7月14日公开开

① 案例来源：《最高人民法院公报》2017年第2期。

庭进行了审理。再审申请人孟凡生及其委托代理人孟军、于宏华，再审申请人圣祥公司的委托代理人乔弘博，被申请人李建国及其委托代理人陈文蕾到庭参加诉讼。一审被告腾安公司经本院公告送达开庭传票，无正当理由拒不到庭参加诉讼。本案现已审理终结。

李建国向吉林省长春市中级人民法院（以下简称长春中院）提起诉讼称：孟凡生申请执行长春市东亚建筑工程有限公司（圣祥公司的前身，以下简称东亚公司）、腾安公司买卖合同纠纷案件时，长春中院以（2012）长民四初字第2-6号民事裁定冻结了东亚公司建和分公司（以下简称建和分公司）银行账户存款5 050 435.10元。但建和分公司与东亚公司系承包关系，李建国作为建和分公司实际投资人，对被冻结的财产享有所有权，故依法提出了执行异议。长春中院作出（2014）长执异字第16号执行裁定，驳回了李建国的异议申请。为此，根据最高人民法院《关于人民法院执行工作若干问题的规定（试行）》（以下简称《执行规定》）第78条规定提起诉讼，请求在长春中院（2013）长执字第155号执行案件中停止对建和分公司5 050 435.10元银行存款的执行，解除对该款项的冻结。

孟凡生答辩称：李建国并不是建和分公司的承包人，请求驳回其诉讼请求，继续执行建和分公司账户的存款。

东亚公司答辩称：建和分公司系东亚公司的分支机构，分支机构的财产是总公司财产的组成部分。李建国只是建和分公司的负责人，虽然东亚公司和建和分公司签署过内部承包合同，但双方之间并非《执行规定》第78条规定的承包关系。

腾安公司提交书面答辩意见称：腾安公司不是本案适格被告。东亚公司的账户被查封及执行系孟凡生申请所致，是否应该解除查封、停止执行与腾安公司没有任何关系。腾安公司未反对任何人对此财产主张权利，应以东亚公司为被告，不应把腾安公司作为被告。

长春中院一审查明：2012年1月9日，孟凡生、甘雨因与东亚公司、腾安公司、东亚公司祥泽分公司（以下简称祥泽分公司）买卖合同纠纷，起诉至长春中院。2012年9月28日，长春中院作出（2012）长民四初字第2号民事判决：“一、东亚公司于本判决生效之日起十日内给付孟凡生钢材款人民币7 319 306.20元并支付违约金（违约金按照中国人民银行同期同类贷款利率上浮30%，自2010年9月2日起计算至判决生效之日止）；二、腾安公司对东亚公司支付以上款项承担连带保证责任，腾安公司承担保证责任后，有权向债务人追偿；三、驳回孟凡生的其他诉讼请求。如果未按本判决指定的期间履行金钱给付义务，应当依照《中华人民共和国民事诉讼法》（以下简称《民事诉讼法》）第二百二十九条之规定，加倍支付迟延履行期间的债务利息。案件受理费110 715元、财产保全费5000元，合计115 715元，由东亚公司承担”。2012年12月18日，长春中院作出（2012）长民四初字第2-6号民事裁定，冻结建和分公司在九台农商银行长春大街支行0710××××××××××××××0396账户存款850万元，实际冻结5 850 435.10元。上述850万元系沈阳军区空军军官住房发展中心于2012年12月17日转入建和分公司的蓝天佳苑小区二期工程的工程款。因李国宾、李建国以其所有的两套房屋提供置换担保，长春中院作出（2012）长民四初字第2-8号民事裁定，解除对建和分公司账户存款人民币5 850 435.10元中80万元的冻结。2013年6月5日，孟凡生向长春中院申请执行，案号为（2013）长执字第155号。在执行过程中，李建国提出异议，认为法院查封的5 850 435.10元款项是李建国承包建和分公司并承建蓝天佳苑二期工程所得收益，请求法院解除对该款项的冻结。长春中院于2014年5月14日作出（2014）长执异字第16号执行裁定，驳回李建国的异议。

另查明，东亚公司成立于1993年7月9日，公司类型为有限责任公司，经营范围为承揽国内外建筑工程。2006年3月17日，东亚公司向长春市工商行政管理局申请设立分支机构建和分公司。2006年3月24日，长春市工商行政管理局颁发了建和分公司营业执照，经营范围为在所隶属的公司经营范围内，从事工程承包经营，其民事责任由所属的公司承担。建和分公司的负责人为田万和，后于2013年5月29日变更为李建国。2011年3月4日，东亚公司与沈阳军区空军军官住房发展中心长春办事处签订《沈阳军区空军建筑安装工程承包合同书》，承建蓝天佳苑二期工程，合同价款为83 561 772元。

再查明，建和分公司成立后，与东亚公司签订《长春东亚公司工程有限公司内部承包合同》，约定承包范围为《资质证书》中规定的工业与民用建筑承包范围；建和分公司每年向东亚公司缴纳3万元业务费用，每年向东亚公司缴纳10万元工程费用。

长春中院一审认为：（一）关于东亚公司与建和分公司的关系问题。李建国主张二者系承包关系，东亚公司、孟凡生主张二者系统一经营管理的总公司与分支机构关系。从本案当事人陈述情况看，在本案前置程序（2014）长执异字第16号案件听证会中，东亚公司明确认可对于蓝天佳苑二期工程而言“工程是李建国干的”，并对李建国的各项主张及提供的证据均无异议。依照最高人民法院《关于民事诉讼证据的若干规定》（以下简称《民事证据规定》）第七十四条：“诉讼过程中，当事人在起诉状、答辩状、陈述及其委托代理人的代理词中承认的对己方不利的事实和认可的证据，人民法院应当予以确认，但当事人反悔并有相反证据足以推翻的除外”。在本案庭审中，东亚公司未提供充分证据推翻其在（2014）长执异字第16号案件中的全部主张，因此应以（2014）长执异字第16号案件中陈述为准。从本案证据上看，建和分公司在工商登记上系东亚公司合法注册成立的分公司，依据公司法的相关规定，分公司是总公司在其住所以外设立的以自己的名义从事活动的机构，在业务、资金、人事等方面受总公司管辖，不具有独立法人资格，在法律上、经济上没有独立性，没有自己的名称、章程，没有自己的财产，以总公司的资产对其债务承担法律责任。李建国提供了证据证明建和分公司每年向东亚公司缴纳管理费，东亚公司对此亦认可。建和分公司向总公司缴纳管理费的事实与其作为东亚公司的分公司的身份相矛盾。东亚公司称其与建和分公司之间是内部承包关系，并签订了内部承包合同。但该内部承包合同甲方为东亚公司，乙方为建和分公司，承包标的为"《资质证书》中规定的工业与民用建筑承包范围"，该承包标的不是以完成特定的工作为目的，不符合承包合同的基本特征，因此不能认定东亚公司与建和分公司之间系内部承包关系。东亚公司当庭无法陈述清楚建和分公司办公场所、办公环境、人员管理、具体业务开展等相关基本的公司情况，亦不能提供东亚公司对建和分公司人员、财物直接管理的证据，无法提供建和分公司的相关账目，无法提供对建和分公司承建工程具体投入、建设、管理的相关证据。因此，结合东亚公司向建和分公司收取管理费的事实，可以认定东亚公司与建和分公司并非普通总公司与分公司之间的关系，而是东亚公司将建和分公司发包出去，其不对建和分公司进行统一经营、管理，东亚公司对建和分公司的盈利方式通过收取管理费实现。

（二）关于建和分公司的承包人问题。建和分公司的原负责人田万和在长春中院询问笔录中证实建和分公司自成立起，李建国为实际投资人，建和分公司承建的全部工程为李建国个人洽谈，亦由其投入垫资并组织工人建设，东亚公司仅收取管理费。李建国提供的吉林省延房置业集团有限公司鑫元分公司的证明材料、沈阳军区长春办事处的证明材料均证实金达莱小区、文苑小区、蓝天佳苑一、二期工程由李建国个人洽谈、组织施工承建，并垫付部分款项的事实。李建国提交的中国建设银行存款账户信息及明细账查询单、支付蓝天佳苑小区工程相关费用票据等证据亦佐证了上述事实。同时，李建国申请杨殿福、孟德军、曾仲元出庭作证，证实其从李建国手中承包蓝天佳苑二期工程的土建、木工、抹灰工程，且拖欠的农民工工资一直是向李建国个人索要，三位证人对东亚公司及建和分公司均不熟悉。李建国亦提供了其个人垫付部分工程款的现金支出的相关证据。另外，东亚公司、孟凡生、腾安公司均未提供证据证明除李建国外，还有其他人对建和分公司的承包权主张权利。因此，虽然李建国未提供其与东亚公司签订的关于承包建和分公司的合同，但结合其在提供的对建和分公司承建工程的投资、管理、组织建设的相关证据及田万和、杨殿福、孟德军、曾仲元的相关证言，可以认定李建国是建和分公司的实际承包人。

（三）李建国作为建和分公司的实际承包人，其对建和分公司名下的财产享有权利。本案诉争的5 050 435.10元系沈阳军区长春办事处打到建和分公司账户上的蓝天佳苑二期工程款，属于李建国在承包建和分公司的过程中的投入及收益。《执行规定》第78条规定："被执行人为企业法人的分支机构不能清偿债务时，可以裁定企业法人为被执行人。企业法人直接经营管理的财产仍不能清偿债务的，人民法院可以裁定执行该企业法人其他分支机构的财产。若必须执行已被承包或租赁的企业法人分支机构的财产时，对承包人或承租人投入及应得的收益应依法保护"。因此，李建国就本案执行标的享有足以排除强制执行的民事权益，应停止对（2013）长执字第155号执行案件中冻结的建和分公司在九台农商行长春大街支行账号为0710××××××××××××××3906账户内存款5 050 435.10元的执行。李建国要求解除上述款项的冻结，不属于本案执行异议之诉的审理范围。

综上，长春中院依照《执行规定》第78条，《民事诉讼法》第二百二十七条，最高人民法院《关于适用〈中华人民共和国民事诉讼法〉的解释》（以下简称《民事诉讼法解释》）第三百一十二条，最高人民法院《关于适用〈中华人民共和国民事诉讼法〉执行程序若干问题的解释》第十九条，《民事证据规定》第七十四条之规定，判决：在（2013）长执字第155号执行案件中不得对东亚公司建和分公司在九台农商行长春大街支行账号为0710××××××××××××××3906账户内的存款5 050 435.10元执行。案件受理费47 153元，由孟凡生负担23 576.50元，由东亚公司负担23 576.50元。

孟凡生不服一审判决，向吉林高院提起上诉称：请求撤销原判，驳回李建国的诉讼请求，一、二审诉讼费用均由李建国承担。理由是：李建国的证据不足以证明其所主张的诉讼请求。一审法院要求作为总公司的圣祥公司承担举证责任，分配举证责任错误；认定事实明显错误且没有依据。一审法院错误的理解和适用法律，违背了《中华人民共和国公司法》（以下简称《公司法》）的基本原理和最高法院司法解释的立法本意。

圣祥公司亦不服一审判决，向吉林高院提起上诉称：请求撤销原判，驳回李建国的诉讼请求，一、二审诉讼费用均由李建国承担。理由是：一审判决认定事实不清，建和分公司与圣祥公司签订承包合同只是公司内部管理的一种模式，并不改变总公司与分公司之间的关系，而且李建国不是实际承包人。案涉财产是圣祥公司的资产，不是李建国的"投入及收益"，一审判决适用法律错误。

李建国答辩称：一审判决认定事实清楚，适用法律正确，程序合法，请求维持原判。

吉林高院二审对一审法院查明的事实予以确认。

吉林高院二审认为：建和分公司系圣祥公司合法注册成立的分公司，其与圣祥公司的关系当然是总公司与分公司的关系。本案的关键在于，建和分公司是否已由他人承包，该分公司账户上的5 050 435.10元存款是否为该承包人的投入及收益。承包的显著特征是承包人进行管理，经营的风险及收益由承包人承受。而未被承包的分公司则应受总公司管理，经营的风险及收益由总公司承受。本案中，虽然签订《内部承包合同》的双方是圣祥公司与建和分公司，但从该合同的内容上看，合同标的就是建和分公司本身，故建和分公司作为本合同的签订者不合逻辑。从圣祥公司收取建和分公司的管理费及税金，圣祥公司庭审中承认建和分公司所创造的利润刨除各种费用后都分给建和分公司，圣祥公司当庭无法说清建和分公司如何成立、如何管理等方面，可以认定圣祥公司将建和分公司承包给了实际控制人。

建和分公司的原负责人田万和在一审中证实建和分公司自成立起，李建国为实际投资人，建和分公司承建的全部工程为李建国个人洽谈，亦由其投入垫资并组织工人建设的证言，吉林省延房置业集团有限公司鑫元分公司、沈阳军区长春办事处证实金达莱小区、文苑小区、蓝天佳苑一、二期工程由李建国个人洽谈、组织施工承建，并垫付部分款项的证明材料，一审中三位证人杨殿福、孟德军、曾仲元出庭作证，证实从李建国手中承包蓝天佳苑二期工程的土建、木工，抹灰工程，且拖欠的农民工工资一直是向李建国个人索要的证言，李建国提交的中国建设银行存款账户信息及明细账查询单、支付蓝天佳苑小区工程相关费用票据及李建国个人垫付部分工程款的现金支出的相关证据等，可以证明李建国作为建和分公司的实际控制人对涉诉工程进行了施工。反观孟凡生和圣祥公司，虽主张圣祥公司是涉诉工程的实际施工人，但无法提供对建和分公司承建工程具体投入、建设、管理的相关证据，对该工程的相关情况知之甚少，而且圣祥公司在本案前置程序(2014)长执异字第16号案件听证会中，明确认可本案涉诉工程是李建国施工的。虽然圣祥公司出具李建国的承诺书欲证明其在(2014)长执异字第16号案件听证会中的表述不客观，但从该承诺书的内容看，未能体现出涉诉工程的实际施工人问题，该承诺书无法支持圣祥公司的反言行为，依据《民事证据规定》第七十四条“诉讼过程中，当事人在起诉状、答辩状、陈述及其委托代理人的代理词中承认的对己方不利的事实和认可的证据，人民法院应当予以确认，但当事人反悔并有相反证据足以推翻的除外”的规定，一审法院将该举证责任分配给圣祥公司正确。在李建国提供大量证据证明其为涉诉工程实际施工人，孟凡生未能提供关于涉诉工程实际施工人方面的证据，圣祥公司未提供充分证据推翻其在(2014)长执异字第16号案件中陈述的情况下，一审判决认定李建国是涉诉工程的实际施工人并无不当。综上，可以认定沈阳军区长春办事处打到建和分公司0710××××××××××××××3906账户上的蓝天佳苑二期工程5 050 435.10元工程款属于李建国在承包建和分公司的过程中的投入及收益。根据《执行规定》第78条“被执行人为企业法人的分支机构不能清偿债务时，可以裁定企业法人为被执行人。企业法人直接经营管理的财产仍不能清偿债务的，人民法院可以裁定执行该企业法人其他分支机构的财产。若必须执行已被承包或租赁的企业法人分支机构的财产时，对承包人或承租人投入及应得的收益应依法保护”的规定，一审法院判决在(2013)长执字第155号执行案件中不得对建和分公司在九台农商行长春大街支行账号为0710××××××××××××××3906账户内的存款5 050 435.10元执行并无不当。

综上，吉林高院认为，一审判决认定事实清楚，适用法律正确，审判程序合法。依照《民事诉讼法》第一百七十条第一款第一项之规定，判决：驳回上诉，维持原判。二审案件受理费94 306元，由孟凡生负担47 153元，由圣祥公司负担47 153元。

孟凡生向本院申请再审称：根据《民事诉讼法》第二百条第二项、第六项之规定申请再审，请求撤销原判决，依法改判驳回李建国的诉讼请求，本案全部诉讼费用由李建国承担。

其主要理由是：

(一)原判决认定李建国是建和分公司的独立承包人，缺乏证据证明。圣祥公司始终不认可李建国系建和分公司的承包人和投资人，李建国也没有举证证明其个人与圣祥公司或建和分公司签订了承包合同或者租赁合同。原判决将圣祥公司在(2014)长执异字第16号案件听证会上的陈述作为本案的重要证据，明显错误。圣祥公司提交的在经营、管理建和分公司过程中的一系列工程及财务人员的劳动合同和备案手续、财务报表等，结合李建国出具的承诺书，足以证明建和分公司并非由李建国独立承包，足以推翻圣祥公司先前在执行听证中的陈述。

(二)原判决对《执行规定》第78条的理解与适用错误，属于适用法律确有错误的情形。根据该条规定，即便被执行人的分支机构存在合法承包或者租赁，也并非是不能予以执行，只是需要查明并保护承包人的合法投资权益。圣祥公司提供的证据，能够证明沈阳军区蓝天佳苑小区工程尚有700余万元税款没有缴纳，多份生效判决都判令圣祥公司承担了建和分公司的债务及责任。建和分公司收回的工程款，尚不足以弥补成本和清偿债务，更谈不上是投资收益。

圣祥公司向本院申请再审称：根据《民事诉讼法》第二百条第二项、第六项之规定申请再审，请求撤销原判决，依法改判驳回李建国的诉讼请求，本案全部诉讼费用由李建国承担。

其主要理由是：

(一)原判决认定案涉款项是李建国的个人所得，缺乏证据证明。案涉款项是建设单位拨付给圣祥公司的工程款，沈阳军区蓝天佳苑工程未开发票税款7 867 894元是不可争辩的事实，原判决将案涉款项认定为个人所得是错误的。

(二)原判决适用法律确有错误。内部承包合同是圣祥公司的内部管理要求和管理机制，对外承担民事责任的只能是作为总公司的圣祥公司。在建和分公司引发的诉讼或者仲裁中，都判令或者裁决圣祥公司承担了建和分公司应承担的责任。

李建国针对孟凡生及圣祥公司的再审申请一并答辩称：二再审申请人的再审申请缺乏事实与法律支持，应当予以驳回。

其主要理由为：

（一）原判决对（2014）长执异字第16号执行异议听证证据的认定并无不当。在该执行异议审查过程中，圣祥公司出具证明材料，证明2010年-2013年期间李建国独立承包了建和分公司，有独立收益权。但是，在本案一审阶段圣祥公司却向法庭提交了李建国于2014年3月27日出具的"其认可东亚公司所出证明仅用于诉讼"的承诺书，想证明其在（2014）长执异字第16号执行异议听证会中的表述不客观，但证据并不充分。圣祥公司举证的工程及财务人员的劳动合同、人员备案手续因人员非建和分公司工作人员，与建和分公司无关。财务报表等证据均为圣祥公司自行打印出具，不具有客观性，不能推翻建和分公司已被李建国实际承包、案涉存款为李建国作为实际施工人的所得收益这一事实。一审判决适用《民事证据规定》第七十四条之规定，并无不当。

（二）一、二审法院举证责任分担正确，不违反法律规定。本案为执行异议之诉，李建国就被查封的建和分公司银行账户内的存款所有权提出异议，认为该笔存款不是建和分公司财产，应为李建国作为建和分公司实际承包人的个人收益。李建国为证明自己的主张，向法庭提交了一系列证据。孟凡生和圣祥公司作为一审被告，也应提交证据证明自己的主张。根据《民事诉讼法》第六十四条第一款，《民事证据规定》第二条第三款、第四款、第七条的规定，一、二审法院分配举证责任，并无不当。

（三）原判决认定李建国为建和分公司实际承包人，案涉款项为李建国作为实际施工人的所得收益，事实清楚，适用法律正确。圣祥公司和建和分公司签订的《内部承包合同》，合同标的就是建和分公司本身，故建和分公司作为本合同的签订者不符合逻辑。从合同约定看，圣祥公司收取建和分公司的管理费和税金，圣祥公司也承认建和分公司所创利润刨除各种费用后都留给建和分公司。所以该承包合同实质应为李建国承包建和分公司就承包关系与圣祥公司签订的。

案涉建和分公司银行账户内的存款，是沈阳军区长春办事处拨付的蓝天佳苑小区工程款，该办事处出具的证明也证实了该工程由李建国个人洽谈、组织施工承建、垫付款项。结合李建国提交的其他大量证据，均可以证明该款项应为李建国个人收益。相反，圣祥公司无法提供对建和分公司承建工程具体投入、建设、管理的相关证据。

长春市腾安房地产开发有限公司庭前没有提交书面陈述意见。

本院经再审审理，对长春中院原一审认定的案件事实予以确认。

本院认为，根据孟凡生及圣祥公司的再审请求，结合李建国的答辩意见，本案的争议焦点为李建国对建和分公司账户内的案涉争议款项提出的执行异议是否成立，是否足以阻却人民法院的强制执行。

本院认为：

（一）建和分公司系圣祥公司的分支机构，其与圣祥公司之间的关系应当受到《公司法》规定的调整。《公司法》第十四条第一款规定："公司可以设立分公司。设立分公司，应当向公司登记机关申请登记，领取营业执照。分公司不具有法人资格，其民事责任由公司承担。"根据以上规定，分公司的财产属于公司所有，分公司对外进行民事活动所产生的民事责任由公司承担。《执行规定》第78条第一款亦规定，被执行人为企业法人的分支机构不能清偿债务时，可以裁定企业法人为被执行人。同理，当被执行人为企业法人时，如果不能执行该企业法人分支机构的财产，将有违权利义务对等原则。

根据已查明的事实，圣祥公司之前身东亚公司于2006年3月17日向长春市工商行政管理局申请设立分支机构建和分公司。2006年3月24日，长春市工商行政管理局颁发了建和分公司营业执照，经营范围为在所隶属的公司经营范围内，从事工程承包经营，其民事责任由所属的公司承担。建和分公司作为圣祥公司的分公司在工商行政管理机关依法注册登记，圣祥公司与建和分公司之间即形成法律上的公司与分公司之间的关系，应当受到《公司法》所确立的公司与分公司之间各项规则的调整。具体表现为：分公司的财产即为公司财产，分公司的民事责任由公司承担。本院同时注意到，本案再审申请人孟凡生申请执行一案的起因即是其与祥泽分公司之间的买卖合同纠纷，该判决因祥泽分公司系圣祥公司的分公司，据此判令圣祥公司承担债务责任并进而执行圣祥公司的财产。李建国在庭审中陈述，圣祥公司多个分公司经营模式基本相同，即以注册成立分公司的形式利用圣祥公司资质承揽建筑工程。在此情形下，对于一个分公司的民事行为适用《公司法》关于公司与分公司之间的规则判令公司承担责任，而对于另一个分公司如不适用该规则而使其免除责任，将有违权利义务对等原则以及法律适用的统一性。

（二）李建国提出的其与圣祥公司关于建和分公司经营模式的内部约定，不具有对抗第三人的法律效力。如前所述，建和分公司作为圣祥公司的分公司在工商行政管理机关依法注册登记，应当受到《公司法》既有规则的调整。无论当时圣祥公司与建和分公司内部如何约定双方之间的权利义务关系及责任划分标准，该约定内容均不足以对抗其在工商行政管理机关依法注册登记的公示效力，进而不足以对抗第三人。建和分公司、李建国如认为其为圣祥公司承担责任有违其与圣祥公司之间的内部约定，可与圣祥公司协商解决。

既然建和分公司系圣祥公司的分支机构，而案涉争议款项又在建和分公司银行账户内，故该笔款项在法律上就是圣祥公司的财产。在对圣祥公司强制执行时，如未出现法定的可以不予执行之情形，人民法院可以执行该笔款项。

（三）建和分公司与圣祥公司之间的内部承包合同，不属于《执行规定》第78条规定的企业法人分支机构被承包的情形。首先,该内部承包合同载明的承包人是建和分公司,被承包人是圣祥公司,也就是说,从该合同的表现形式来看,被承包经营的是圣祥公司,建和分公司作为企业法人的分支机构并没有被承包。且从已查明的事实看,无论是圣祥公司还是建和分公司与李建国之间均没有签订相关承包合同。据此,原判决认定李建国是建和分公司的实际承包人缺乏合同依据。其次,该内部承包合同约定的承包范围为《资质证书》中规定的工业与民用建筑承包范围,也就是说,究其合同约定之实质,该合同名为内部承包,实为建设工程施工企业资质租赁或者有偿使用。李建国在庭审中亦自认其经营建和分公司,主要是利用圣祥公司的资质方便其对外承揽建筑工程。换言之,该内部承包合同约定之实质并非承包法律关系。第三,《执行规定》第 78 条中规定以及予以保护的承包或者租赁经营,应当是法律所准许的承包、租赁形式。众所周知,建筑施工企业具有很强的专业技术性,且施工质量直接关系到人民群众的生命财产安全,因此不仅要求此类企业要具有符合国家规定的注册资本,而且要具有与所从事的建筑施工活动相适应的专业资质。实践中,一些建筑施工企业中所谓承包或者租赁经营的实质,是不具备资质的企业或者个人,以承包或者租赁形式,掩盖其借用建筑施工企业资质进行施工的目的,由于借用资质进行施工是法律及司法解释所禁止的行为,故与之相关的承包或者租赁经营合同以及施工转分包合同亦为法律所不容。因此,即便能够认定李建国与建和分公司之间存在实际承包关系,因其承包经营形式为法律所不容,故亦不应包括在《执行规定》第 78 条规定的承包经营之列。

(四)法律作为一种约束人们各项行为之规范的总和,其中一项重要价值即在于保护合法权益。本院认为并倡导,遵法守法依法行事者,其合法权益必将受到法律保护;反之,不遵法守法甚至违反法律者,因其漠视甚至无视法律规则,就应当承担不受法律保护或者受到法律追究的风险。李建国具有完全民事行为能力,从事建设工程施工事务多年,其应当知道国家有关建设工程施工方面的法律法规规定,应当知道法律对于借用资质从事施工行为的态度,应当知道公司与分公司之间的权利义务以及责任关系。但是,其坚持选择以圣祥公司的分公司名义从事经营活动,坚持选择利用圣祥公司的资质对外承揽建筑工程,坚持选择实施此种为法律所不容之行为并获取收益,其亦应当承担由此可能带来的不受法律保护的法律风险。因此,即便能够认定李建国系建和分公司的实际经营控制人,因其对外以建和分公司名义从事民事活动,案涉争议款项亦实际存至建和分公司账户,其就应当按照既有法律规则承担法律责任,即其对于案涉争议款项提出的执行异议,不足以阻却人民法院的强制执行。

司法实践中,一些案件常产生某些既定事实或者特殊情况与既有的法律规则之间的冲突。本案一、二审法院之所以作出原判决之认定,即是受到这种冲突所引发的利益权衡纠结之影响。诚如原判决之分析,本案圣祥公司、建和分公司以及李建国之间确实存在着有别于一般公司与分公司经营模式的特殊情况,如李建国自述的其虽以分公司形式开展经营活动,但实际上系其个人借用圣祥公司资质从事部分工程的施工活动,从某种角度上讲,其境遇亦值得同情。但本院同时认为,既然法律规则是立法机关综合衡量取舍之后确立的价值评判标准,就应当成为司法实践中具有普遍适用效力的规则,就应当成为司法者在除非法律有特别规定之外要始终坚守的信条,就应当成为不受某些特殊情况或者既定事实影响的准则。否则,如某一法律规则可以随着个案的特殊情况或者既定事实不断变化左右逢源,该规则将因其不确定性,而不再被人们普遍信奉、乐于遵守,从而失去其存在意义,并将严重伤害法律的权威性、秩序的稳定性以及司法的公正性。

(五)原判决认定李建国系蓝天佳苑二期工程的实际施工人,超出了本案的审理范围。实际施工人是最高人民法院《关于审理建设工程施工合同纠纷案件适用法律问题的解释》中规定的概念,旨在对于那些已实际施工诉争工程但无法因合同关系主张工程款的人予以限制性保护,因其规范情形之特定性,故亦应在该规范所涉之建设工程施工合同纠纷案件中,才适宜对实际施工人的身份作出认定。本案系案外人执行异议之诉,并非是实际施工人以发包人和承包人为被告提起的建设工程施工合同纠纷,原判决认定李建国为蓝天佳苑二期工程的实际施工人,一方面超出了本案的审理范围,另一方面因一、二审法院并非针对建设工程施工合同纠纷进行审理,并未围绕该工程所涉各方之诉辩主张、举证质证情况进行庭审、判断及裁决,故作出该认定可能有失公正且可能对于该工程所涉各方之权利义务关系造成一定影响。因此,原判决作出的关于李建国为蓝天佳苑二期工程的实际施工人的认定欠妥,本院予以纠正。

综上所述,建和分公司系圣祥公司的分支机构,建和分公司账户内的案涉争议款项在法律上即为圣祥公司的财产。建和分公司与圣祥公司之间的内部承包合同,不具有对抗第三人的法律效力,亦不应包括在《执行规定》第 78 条规定的承包经营之列。原判决适用《执行规定》第 78 条的规定,认定案涉争议款项系李建国个人财产,适用法律错误,应予纠正。李建国对案涉争议款项提出的异议,不足以阻却人民法院的强制执行。依照《中华人民共和国公司法》第十四条第一款,《中华人民共和国民事诉讼法》第二百零七条、第二百二十七条,最高人民法院《关于适用〈中华人民共和国民事诉讼法〉的解释》第三百一十二条第一款第二项、第四百零七条第二款之规定,判决如下:

一、撤销吉林省高级人民法院(2015)吉民一终字第 72 号民事判决、吉林省长春市中级人民法院(2014)长民二初字第 5 号民事判决;

二、驳回李建国的诉讼请求。

一审案件受理费 47 153 元,二审案件受理费 94 306 元,均由李建国负担。

本判决为终审判决。

5. 李晓玲、李鹏裕申请执行厦门海洋实业(集团)股份有限公司、厦门海洋实业总公司执行复议案[①]

关键词 民事诉讼 执行复议 权利承受人 申请执行

【裁判要点】

生效法律文书确定的权利人在进入执行程序前合法转让债权的,债权受让人即权利承受人可以作为申请执行人直接申请执行,无需执行法院作出变更申请执行人的裁定。

【相关法条】

《中华人民共和国民事诉讼法》第二百三十六条第一款

【基本案情】

原告投资2234中国第一号基金公司(Investments 2234 China Fund Ⅰ B.V.,以下简称2234公司)与被告厦门海洋实业(集团)股份有限公司(以下简称海洋股份公司)、厦门海洋实业总公司(以下简称海洋实业公司)借款合同纠纷一案,2012年1月11日由最高人民法院作出终审判决,判令:海洋实业公司应于判决生效之日起偿还2234公司借款本金2274万元及相应利息;2234公司对蜂巢山路3号的土地使用权享有抵押权。在该判决作出之前的2011年6月8日,2234公司将其对于海洋股份公司和海洋实业公司的2274万元本金债权转让给李晓玲、李鹏裕,并签订《债权转让协议》。2012年4月19日,李晓玲、李鹏裕依据上述判决和《债权转让协议》向福建省高级人民法院(以下简称福建高院)申请执行。4月24日,福建高院向海洋股份公司、海洋实业公司发出(2012)闽执行字第8号执行通知。海洋股份公司不服该执行通知,以执行通知中直接变更执行主体缺乏法律依据,申请执行人李鹏裕系公务员,其受让不良债权行为无效,由此债权转让合同无效为主要理由,向福建高院提出执行异议。福建高院在异议审查中查明:李鹏裕系国家公务员,其本人称,在债权转让中,未实际出资,并已于2011年9月退出受让的债权份额。

福建高院认为:一、关于债权转让合同效力问题。根据《最高人民法院关于审理涉及金融不良债权转让案件工作座谈会纪要》(以下简称《纪要》)第六条关于金融资产管理公司转让不良债权存在"受让人为国家公务员、金融监管机构工作人员"的情形无效和《中华人民共和国公务员法》第五十三条第十四项明确禁止国家公务员从事或者参与营利性活动等相关规定,作为债权受让人之一的李鹏裕为国家公务员,其本人购买债权受身份适格的限制。李鹏裕称已退出所受让债权的份额,该院受理的执行案件未做审查仍将李鹏裕列为申请执行人显属不当。二、关于执行通知中直接变更申请执行主体的问题。最高人民法院(2009)执他字第1号《关于判决确定的金融不良债权多次转让人民法院能否裁定变更申请执行主体请示的答复》(以下简称1号答复)认为:"《最高人民法院关于人民法院执行工作若干问题的规定(试行)》(以下简称《执行规定》),已经对申请执行人的资格予以明确。其中第18条第1款规定:'人民法院受理执行案件应当符合下列条件:……(2)申请执行人是生效法律文书确定的权利人或其继承人、权利承受人。'该条中的'权利承受人',包含通过债权转让的方式承受债权的人。依法从金融资产管理公司受让债权的受让人将债权再行转让给其他普通受让人的,执行法院可以依据上述规定,依债权转让协议以及受让人或者转让人的申请,裁定变更申请执行主体"。据此,该院在执行通知中直接将本案受让人作为申请执行主体,未作出裁定变更,程序不当,遂于2012年8月6日作出(2012)闽执异字第1号执行裁定,撤销(2012)闽执行字第8号执行通知。

李晓玲不服,向最高人民法院申请复议,其主要理由如下:一、李鹏裕的公务员身份不影响其作为债权受让主体的适格性。二、申请执行前,两申请人已同2234公司完成债权转让,并通知了债务人(即被执行人),是合法的债权人;根据《执行规定》有关规定,申请人只要提交生效法律文书、承受权利的证明等,即具备申请执行人资格,这一资格在立案阶段已予审查,并向申请人送达了案件受理通知书;1号答复适用于执行程序中依受让人申请变更的情形,而本案申请人并非在执行过程中申请变更执行主体,因此不需要裁定变更申请执行主体。

【裁判结果】

最高人民法院于2012年12月11日作出(2012)执复字第26号执行裁定:撤销福建高院(2012)闽执异字第1号执行裁定书,由福建高院向两被执行人重新发出执行通知书。

【裁判理由】

最高人民法院认为:本案申请复议中争议焦点问题是,生效法律文书确定的权利人在进入执行程序前合法转让债权的,债权受让人即权利承受人可否作为申请执行人直接申请执行,是否需要裁定变更申请执行主体,以及执行中如何处理债权转让合同效力争议问题。

一、关于是否需要裁定变更申请执行主体的问题。变更申请执行主体是在根据原申请执行人的申请已经开始了的执行程序中,变更新的权利人为申请执行人。根据《执行规定》第18条、第20条的规定,权利承受人有权以自己的名义申请执行,只要向人民法院提交承受权利的证明文件,证明自己是

① 案例来源:最高人民法院指导案例34号。

生效法律文书确定的权利承受人的,即符合受理执行案件的条件。这种情况不属于严格意义上的变更申请执行主体,但二者的法律基础相同,故也可以理解为广义上的申请执行主体变更,即通过立案阶段解决主体变更问题。1号答复的意见是,《执行规定》第18条可以作为变更申请执行主体的法律依据,并且认为债权受让人可以视为该条规定中的权利承受人。本案中,生效判决确定的原权利人2234公司在执行开始之前已经转让债权,并未作为申请执行人参加执行程序,而是权利受让人李晓玲、李鹏裕依据《执行规定》第18条的规定直接申请执行。因其申请已经法院立案受理,受理的方式不是通过裁定而是发出受理通知,债权受让人已经成为申请执行人,故并不需要执行法院再作出变更主体的裁定,然后发出执行通知,而应当直接发出执行通知。实践中有的法院在这种情况下先以原权利人作为申请执行人,待执行开始后再作出变更主体裁定,因其只是增加了工作量,而并无实质性影响,故并不被认为程序上存在问题。但不能由此反过来认为没有作出变更主体裁定是程序错误。

二、关于债权转让合同效力争议问题,原则上应当通过另行提起诉讼解决,执行程序不是审查判断和解决该问题的适当程序。被执行人主张转让合同无效所援引的《纪要》第五条也规定:在受让人向债务人主张债权的诉讼中,债务人提出不良债权转让合同无效抗辩的,人民法院应告知其向同一人民法院另行提起不良债权转让合同无效的诉讼;债务人不另行起诉的,人民法院对其抗辩不予支持。关于李鹏裕的申请执行人资格问题。因本案在异议审查中查明,李鹏裕明确表示其已经退出债权受让,不再参与本案执行,故后续执行中应不再将李鹏裕列为申请执行人。但如果没有其他因素,该事实不影响另一债权受让人李晓玲的受让和申请执行资格。李晓玲要求继续执行的,福建高院应以李晓玲为申请执行人继续执行。

6. 上海金纬机械制造有限公司与瑞士瑞泰克公司仲裁裁决执行复议案①

关键词 民事诉讼 执行复议 涉外仲裁裁决 执行管辖 申请执行期间起算

【裁判要点】

当事人向我国法院申请执行发生法律效力的涉外仲裁裁决,发现被申请执行人或者其财产在我国领域内的,我国法院即对该案具有执行管辖权。当事人申请法院强制执行的时效期间,应当自发现被申请执行人或者其财产在我国领域内之日起算。

【相关法条】

《中华人民共和国民事诉讼法》第二百三十九条、第二百七十三条

【基本案情】

上海金纬机械制造有限公司(以下简称金纬公司)与瑞士瑞泰克公司(RETECH Aktiengesellschaft,以下简称瑞泰克公司)买卖合同纠纷一案,由中国国际经济贸易仲裁委员会于2006年9月18日作出仲裁裁决。2007年8月27日,金纬公司向瑞士联邦兰茨堡(Lenzburg)法院(以下简称兰茨堡法院)申请承认和执行该仲裁裁决,并提交了由中国中央翻译社翻译、经上海市外事办公室及瑞士驻上海总领事认证的仲裁裁决书翻译件。同年10月25日,兰茨堡法院以金纬公司所提交的仲裁裁决书翻译件不能满足《承认及执行外国仲裁裁决公约》(以下简称《纽约公约》)第四条第二点关于"译文由公设或宣誓之翻译员或外交或领事人员认证"的规定为由,驳回金纬公司申请。其后,金纬公司又先后两次向兰茨堡法院递交了分别由瑞士当地翻译机构翻译的仲裁裁决书译件和由上海上外翻译公司翻译、上海市外事办公室、瑞士驻上海总领事认证的仲裁裁决书翻译件以申请执行,仍被该法院分别于2009年3月17日和2010年8月31日,以仲裁裁决书翻译文件没有严格意义上符合《纽约公约》第四条第二点的规定为由,驳回申请。

2008年7月30日,金纬公司发现瑞泰克公司有一批机器设备正在上海市浦东新区展览,遂于当日向上海市第一中级人民法院(以下简称上海一中院)申请执行。上海一中院于同日立案执行并查封、扣押了瑞泰克公司参展机器设备。瑞泰克公司遂以金纬公司申请执行已超过《中华人民共和国民事诉讼法》(以下简称《民事诉讼法》)规定的期限为由提出异议,要求上海一中院不受理该案,并解除查封,停止执行。

【裁判结果】

上海市第一中级人民法院于2008年11月17日作出(2008)沪一中执字第640-1民事裁定,驳回瑞泰克公司的异议。裁定送达后,瑞泰克公司向上海市高级人民法院申请执行复议。2011年12月20日,上海市高级人民法院作出(2009)沪高执复议字第2号执行裁定,驳回复议申请。

【裁判理由】

法院生效裁判认为:本案争议焦点是我国法院对该案是否具有管辖权以及申请执行期间应当从何时开始起算。

一、关于我国法院的执行管辖权问题

根据《民事诉讼法》的规定,我国涉外仲裁机构作出的仲裁裁决,如果被执行人或者其财产不在中华人民共和国领域内的,应当由当事人直接向有管辖权的外国法院申请承认和执行。鉴于本案所涉仲裁裁决生效时,被执行人瑞泰克公司及其财产均不在我国领域内,因此,人民法院在该仲裁裁决生效当时,对裁决的执行没有管辖权。

2008年7月30日,金纬公司发现被执行人瑞泰克公司有

① 案例来源:最高人民法院指导案例37号。

财产正在上海市参展。此时，被申请执行人瑞泰克公司有财产在中华人民共和国领域内的事实，使我国法院产生了对本案的执行管辖权。申请执行人依据《民事诉讼法》“一方当事人不履行仲裁裁决的，对方当事人可以向被申请人住所地或者财产所在地的中级人民法院申请执行”的规定，基于被执行人不履行仲裁裁决义务的事实，行使民事强制执行请求权，向上海一中院申请执行。这符合我国《民事诉讼法》有关人民法院管辖涉外仲裁裁决执行案件所应当具备的要求，上海一中院对该执行申请有管辖权。

考虑到《纽约公约》规定的原则是，只要仲裁裁决符合公约规定的基本条件，就允许在任何缔约国得到承认和执行。《纽约公约》的目的在于便利仲裁裁决在各缔约国得到顺利执行，因此并不禁止当事人向多个公约成员国申请相关仲裁裁决的承认与执行。被执行人一方可以通过举证已经履行了仲裁裁决义务进行抗辩，向执行地法院提交已经清偿债务数额的证据，这样即可防止被执行人被强制重复履行或者超标的履行的问题。因此，人民法院对该案行使执行管辖权，符合《纽约公约》规定的精神，也不会造成被执行人重复履行生效仲裁裁决义务的问题。

二、关于本案申请执行期间起算问题

依照《民事诉讼法》（2007 年修正）第二百一十五条的规定，“申请执行的期间为二年。”“前款规定的期间，从法律文书规定履行期间的最后一日起计算；法律文书规定分期履行的，从规定的每次履行期间的最后一日起计算；法律文书未规定履行期间的，从法律文书生效之日起计算。”鉴于我国法律有关申请执行期间起算，是针对生效法律文书作出时，被执行人或者其财产在我国领域内的一般情况作出的规定；而本案的具体情况是，仲裁裁决生效当时，我国法院对该案并没有执行管辖权，当事人依法向外国法院申请承认和执行该裁决而未能得到执行，不存在怠于行使申请执行权的问题；被执行人一直拒绝履行裁决所确定的法律义务；申请执行人在发现被执行人有财产在我国领域内之后，即向人民法院申请执行。考虑到这类情况下，外国被执行人或者其财产何时会再次进入我国领域内，具有较大的不确定性，因此，应当合理确定申请执行期间起算点，才能公平保护申请执行人的合法权益。

鉴于债权人取得有给付内容的生效法律文书后，如债务人未履行生效文书所确定的义务，债权人即可申请法院行使强制执行权，实现其实体法上的请求权，此项权利即为民事强制执行请求权。民事强制执行请求权的存在依赖于实体权利，取得依赖于执行根据，行使依赖于执行管辖权。执行管辖权是民事强制执行请求权的基础和前提。在司法实践中，人民法院的执行管辖权与当事人的民事强制执行请求权不能是抽象或不确定的，而应是具体且可操作的。义务人瑞泰克公司未履行裁决所确定的义务时，权利人金纬公司即拥有了民事强制执行请求权，但是，根据《民事诉讼法》的规定，对于涉外仲裁机构作出的仲裁申请执行，如果被执行人或者其财产不在中华人民共和国领域内，应当由当事人直接向有管辖权的外国法院申请承认和执行。此时，因被执行人或者其财产不在我国领域内，我国法院对该案没有执行管辖权，申请执行人金纬公司并非其主观上不愿或怠于行使权利，而是由于客观上纠纷本身没有产生人民法院执行管辖连接点，导致其无法向人民法院申请执行。人民法院在受理强制执行申请后，应当审查申请是否在法律规定的时效期间内提出。具有执行管辖权是人民法院审查申请执行人相关申请的必要前提，因此应当自执行管辖确定之日，即发现被执行人可供执行财产之日，开始计算申请执行人的申请执行期限。

7. 丹东益阳投资有限公司申请辽宁省丹东市中级人民法院错误执行赔偿案①

【裁判摘要】

对于人民法院确有错误执行行为，确已造成损害，被执行人毫无清偿能力、也不可能再有清偿能力的案件，即使执行程序尚未终结，也可以进行国家赔偿。

最高人民法院赔偿委员会
国家赔偿决定书

（2018）最高法委赔提 3 号

申诉人（赔偿请求人）：丹东益阳投资有限公司。住所地：辽宁省丹东市元宝区虹桥小区 21－25 号。

法定代表人：王积成，该公司执行董事。

委托代理人：王军，辽宁凡响律师事务所律师。

被申诉人（赔偿义务机关）：辽宁省丹东市中级人民法院。住所地：辽宁省丹东市振兴区滨江中路 30 号。

法定代表人：王玉砚，该院院长。

委托代理人：姜锦晶，该院工作人员。

委托代理人：王作伟，该院工作人员。

申诉人丹东益阳投资有限公司（以下简称益阳公司）因申请辽宁省丹东市中级人民法院（以下简称丹东中院）错误执行赔偿一案，不服辽宁省高级人民法院（以下简称辽宁高院）赔偿委员会（2015）辽法委赔字第 29 号决定，向本院赔偿委员会提出申诉。本院赔偿委员会于 2018 年 3 月 22 日作出

① 案例来源：《最高人民法院公报》2019 年第 2 期。

(2017)最高法委赔监236号决定,本案由本院赔偿委员会直接审理。本院赔偿委员会依法组成由副院长陶凯元担任审判长,审判员祝二军、黄金龙、高珂、梁清参加的合议庭审理本案,法官助理徐超协助办案,书记员韩雪担任记录。2018年6月29日,合议庭对本案进行了公开质证。本案现已审理终结。

2015年7月16日,益阳公司向辽宁高院赔偿委员会提出赔偿申请称:丹东中院在益阳公司诉丹东轮胎厂债权转让合同纠纷一案执行过程中,未经益阳公司同意即擅自解除对涉案土地的查封,导致已查封土地被拍卖,益阳公司1000多万元的借款无法收回,损失巨大。故请求:依法确认丹东中院擅自解封行为违法,并决定由丹东中院赔偿益阳公司损失本金10429 022.76元、利息9 826 676.78元(计算至2014年9月4日)、案件受理费84374元、保全费5000元。丹东中院未答辩。

辽宁高院赔偿委员会经审理,于2016年4月27日作出(2015)辽法委赔字第29号决定,认定事实如下:益阳公司诉丹东轮胎厂债权转让合同纠纷一案,丹东中院根据益阳公司的财产保全申请,于2007年5月23日作出(2007)丹民三初字第32-1号民事裁定:冻结丹东轮胎厂银行存款1050万元或查封其相应价值的财产。次日,丹东中院向丹东市国土资源局发出协助执行通知书,要求协助事项为:查封丹东轮胎厂位于丹东市振兴区振七街134号土地六宗,分别是:土地证号061412002、面积15 168.8m²,证号061412003、面积1817.5m²,证号061412004、面积551.9m²,证号061412005、面积221.5m²,证号061205002、面积182.4m²,证号061205004、面积333.5m²。2007年6月29日,丹东中院作出(2007)丹民三初字第32号民事判决书,判决丹东轮胎厂偿还益阳公司欠款422万元及利息6209022.76元(利息计算至2006年12月20日,2006年12月21日至上述欠款付清之日止的利息按借款合同的约定计算)。案件受理费84 374元、财产保全费5000元,由丹东轮胎厂承担。判决发生法律效力后,益阳公司向丹东中院申请强制执行。在执行过程中,丹东中院于2008年1月30日作出(2007)丹立执字第53-1号、53-2号民事裁定:解除对丹东轮胎厂位于丹东市振兴区振七街134号土地证号061412002、面积15168.8m² 证号061412003、面积1817.5m²,证号061412005、面积221.5m² 土地的查封。上述土地已被丹东市国土资源局挂牌出让给太平湾电厂。2009年起,益阳公司多次向丹东中院递交国家赔偿申请。丹东中院于2013年8月13日立案受理,但一直未作出决定。益阳公司遂向辽宁高院赔偿委员会申请作出赔偿决定。

辽宁高院赔偿委员会认为:《最高人民法院关于适用〈中华人民共和国国家赔偿法〉若干问题的解释(一)》第八条规定:"赔偿请求人认为人民法院有修正的国家赔偿法第三十八条规定情形的,应当在民事、行政诉讼程序或者执行程序终结后提出赔偿请求……"益阳公司向丹东中院申请强制执行(2007)丹民三初字第32号民事判决的案件,执行程序尚未终结,益阳公司认为丹东中院错误执行给其造成损害,应当在执行程序终结后提出赔偿请求。2016年4月27日,辽宁高院赔偿委员会依照《最高人民法院关于人民法院赔偿委员会审理国家赔偿案件程序的规定》第三条第一款的规定,决定:驳回赔偿请求人丹东益阳投资有限公司的国家赔偿申请。

益阳公司不服,向本院赔偿委员会提出申诉,请求:依法撤销(2015)辽法委赔字第29号决定书,责令辽宁高院赔偿委员会对本案作出予以赔偿的决定。主要理由:(1)(2015)辽法委赔字第29号决定书认定事实及适用法律错误。其一,丹东中院已于2016年3月1日裁定(2007)丹民三初字第32号民事判决终结本次执行程序,但辽宁省高院在收到此裁定书后却没有将其作为认定事实的依据,仍认为执行程序尚未终结,适用法律错误。其二,《中华人民共和国民事诉讼法》第二十二章只规定了执行中止和终结,没有规定终结本次执行程序。《最高人民法院关于适用〈中华人民共和国民事诉讼法〉的解释》第五百一十九条规定的终结本次执行,但只能理解为民事诉讼法规定的执行终结,不能理解为执行中止,也不能理解为在执行终结之外,还有一种独立的终结本次执行的程序,否则就与民事诉讼法的规定相抵触。而且,根据该法第五百一十九条第二款的规定,如果益阳公司不再申请执行,则终结本次执行程序后也不可能再次执行。因此,终结本次执行程序就是执行终结。(2)(2015)辽法委赔字第29号决定书混淆"违法解除查封"与"错误执行"两个不同的概念并作出错误决定,损害益阳公司合法权益。该决定书认为,"益阳公司认为丹东中院错误执行给其造成的损害,应当在执行程序终结后提出赔偿请求"。但益阳公司是基于丹东中院违法解封涉案土地并最终造成益阳公司巨额债权落空这一事实提起国家赔偿请求的。在这个过程中,丹东中院的解封行为并不是益阳公司申请的执行案件中的错误执行行为,而是丹东中院在案件之外独立实施的一起职务侵权行为。因此,对于这一行为的处理,当然也就不适用"在执行程序终结后提出赔偿请求"这一规定。(3)(2015)辽法委赔字第29号决定书与丹东中院的行为遥相呼应,利用司法解释漏洞损害益阳公司合法权益,其结果是将益阳公司永远排除在赔偿程序之外。按照辽宁高院赔偿委员会的观点,根据《最高人民法院关于适用〈中华人民共和国国家赔偿法〉若干问题的解释(一)》第八条"赔偿请求人认为人民法院有修正的国家赔偿法第三十八条规定情形的,应当在民事、行政诉讼程序或者执行程序终结后提出赔偿请求……"的规定,本案似乎应当等待丹东中院执行程序终结、确认被执行人丹东轮胎厂确无其他财产可供执行后再提出国家赔偿申请。但实际上,丹东中院自擅自解除土地查封,导致相关土地立即被以4600万元的价格出售,所得款项全部被丹东轮胎厂用以清偿了对其他债权人的债务,而益阳公司作为合法的查封权人却分文没有得到。被执行人丹东轮胎厂在土地被出售之后,早已没有任何其他可以用来清偿债务的有效资产,之所以没有注销或破产,唯一的目的就是以丹东轮胎厂之名继续扛债。这也是丹东中院长期未对丹东轮胎厂采取任何后续执行措施的原因。既然没有财产可供执行,就应当下达执行终结裁定。但如果下达执行终结裁定,则益阳公司必然会据此提出国家赔偿申请,而且必然会胜诉。丹东中院对此十分清楚。为了敷衍益阳公司,丹东中院在辽宁高院赔偿委员会审理本案件期间向益阳公司送达了一份"终结本次执行"的裁定,这更加明确地体现出丹东中院试图逃避法律责任的主观意图。上述法律规定以及具体情况,辽宁高院赔偿委员会也十分清楚,但仍以执行程序未终结为由驳回益阳公司的赔偿申请,这实际上将益阳公司排除在正常维权途径之外。

对于益阳公司的申诉,丹东中院答辩称:(1)益阳公司提出的赔偿申请不符合立案条件。本案所涉执行案件尚未执行终结,益阳公司提出国家赔偿申请不符合《最高人民法院关于适用〈中华人民共和国国家赔偿法〉若干问题的解释(一)》第八条的规定。辽宁高院赔偿委员会根据《最高人民法院关于人民法院赔偿委员会审理国家赔偿案件程序的规定》第三条的规定,在立案后决定驳回益阳公司的赔偿申请正确。(2)丹东中院解除查封符合当时最高人民法院有关政策精神。根据最高人民法院当时电话通知精神要求,对购买债权的诉讼案件不予受理,已经受理的应当中止审理,进入执行程序的案件不能采取强制执行措施。此时益阳公司与丹东轮胎厂的诉讼案件已进入执行阶段,丹东中院已对涉案土地进行了查封,按照电话通知精神的要求,丹东中院遂解除了涉案土地的查封。(3)丹东轮胎厂尚有财产可供执行。在丹东轮胎厂工会申请执行丹东市轮胎厂一案中,丹东中院相继查封了该厂所有的丹国用九三字第063204006号、061213015号土地使用权,位于丹东市振兴区振七街52号700平方米仓库及土地使用权等其他财产,丹东市轮胎厂同意在解决所欠职工债务的过程中挤出100万元偿还益阳公司。四、丹东中院解封涉案土地的目的是妥善安置职工,维护社会稳定。截至2007年3月7日,丹东轮胎厂仍有离休老干部30人,退休职工1014人,参加并轨职工2426人,在岗在册职工76人,其他人员115人,其中调离11人,遗属37人,死亡67人,计全厂债务人员3661人,企业拖欠3661人的生活费、取暖费、医药费等债务达4600万,大量职工上访。为了维护社会稳定,切实解决职工安置问题,根据2007年11月19日市长办公会议的要求,按照最高人民法院电话通知精神,丹东中院于2008年1月31日解除了涉案土地的查封,使涉案土地顺利挂牌出售,初步缓解了职工困难,避免了大规模上访事件的发生。综上,请求驳回益阳公司的申诉请求。

本院赔偿委员会对辽宁高院赔偿委员会审理查明的事实予以确认。另查明:(1)1997年11月7日,交通银行丹东分行与丹东轮胎厂签订借款合同,约定后者从前者借款422万元,月利率7.92‰。2004年6月7日,该笔债权被转让给中国信达资产管理公司沈阳办事处,后经转手由益阳公司购得。(2)2007年11月19日,丹东市人民政府第51次市长办公会议议定,"关于丹东轮胎厂变现资产安置职工和偿还债务有关事宜","责成市国资委会同市国土资源局、市财政局等有关部门按照会议确定的原则对丹东轮胎厂所在地块土地挂牌工作形成切实可行的实施方案,确保该地块顺利出让"。同月21日,丹东市国土资源局在《丹东日报》刊登将丹东轮胎厂总厂土地挂牌出让公告。同年12月28日,丹东市产权交易中心发布将丹东轮胎厂锅炉房、托儿所土地挂牌出让公告。土地出让款4680万元,均被丹东轮胎厂用于偿还职工内债、职工集资、医药费、普通债务等,没有给付益阳公司。(3)在辽宁高院赔偿委员会审理过程中,丹东中院针对益阳公司申请执行案于2016年3月1日作出(2016)辽06执15号执行裁定,认为丹东轮胎厂现暂无其他财产可供执行,裁定:(2007)丹民三初字第32号民事判决终结本次执行程序。对于以上事实,益阳公司与丹东中院在质证时均明确表示无异议。

本院赔偿委员会认为:本案基本事实清楚,证据确实、充分,申诉双方并无实质争议。双方争议焦点主要在于三个法律适用问题:第一,丹东中院的解封行为在性质上属于保全行为还是执行行为?第二,丹东中院的解封行为是否构成错误执行,相应的具体法律依据是什么?第三,丹东中院是否应当承担国家赔偿责任?

关于第一个焦点问题。益阳公司认为,丹东中院的解封行为不是该院的执行行为,而是该院在案件之外独立实施的一次违法保全行为。对此,丹东中院认为属于执行行为。本院赔偿委员会认为,丹东中院在审理益阳公司诉丹东轮胎厂债权转让合同纠纷一案过程中,依法采取了财产保全措施,查封了丹东轮胎厂的有关土地。在民事判决生效进入执行程序后,根据《最高人民法院关于人民法院民事执行中查封、扣押、冻结财产的规定》第四条的规定,诉讼中的保全查封措施已经自动转为执行中的查封措施。因此,丹东中院的解封行为属于执行行为。

关于第二个焦点问题。益阳公司称,丹东中院的解封行为未经益阳公司同意且最终造成益阳公司巨额债权落空,存在违法。丹东中院辩称,其解封行为是在市政府要求下进行的,且符合最高人民法院的有关政策精神。对此,本院赔偿委员会认为,丹东中院为配合政府部门出让涉案土地,可以解除对涉案土地的查封,但必须有效控制土地出让款,并依法定顺位分配该笔款项,以确保生效判决的执行。但丹东中院在实施解封行为后,并未有效控制土地出让款并依法予以分配,致使益阳公司的债权未受任何清偿,该行为不符合最高人民法院关于依法妥善审理金融不良资产案件的司法政策精神,侵害了益阳公司的合法权益,属于错误执行行为。

至于错误执行的具体法律依据,因丹东中院解封行为发生在2008年,故应适用当时有效的司法解释,即最高人民法院2000年发布的《关于民事、行政诉讼中司法赔偿若干问题的解释》。由于丹东中院的行为发生在民事判决生效后的执行阶段,属于擅自解封致使民事判决得不到执行的错误行为,故应当适用该解释第四条第七项规定的违反法律规定的其他执行错误情况。

关于第三个焦点问题。益阳公司认为,被执行人丹东轮胎厂并非暂无财产可供执行,而是已经彻底丧失清偿能力,执行程序不应长期保持"终本"状态,而应实质终结,故本案应予受理并作出由丹东中院赔偿益阳公司落空债权本金、利息及相关诉讼费用的决定。丹东中院辩称,案涉执行程序尚未终结,被执行人丹东轮胎厂尚有财产可供执行,益阳公司的申请不符合国家赔偿受案条件。对此,本院赔偿委员会认为,执行程序终结不是国家赔偿程序启动的绝对标准。一般来讲,执行程序只有终结以后,才能确定错误执行行为给当事人造成的损失数额,才能避免执行程序和赔偿程序之间的并存交叉,也才能对赔偿案件在穷尽其他救济措施后进行终局性的审查处理。但是,这种理解不应当绝对化和形式化,应当从实质意义上进行理解。在人民法院执行行为长期无任何进展、也不可能再有进展,被执行人实际上已经彻底丧失清偿能力,申请执行人等已因错误执行行为遭受无法挽回的损失的情况下,应当允许其提出国家赔偿申请。否则,有错误执行行为的法院只要不作出执行程序终结的结论,国家赔偿程序就不能启动,这样的理解与国家赔偿法以及司法解释制定的初衷是背道而驰的。本案中,丹东中院的执行行为已经长达十一年没有任何进展,其错误执行行为亦已被证实给益阳公司造成了无法通过其他渠道挽回的实际损失,故应依法承担国家赔偿责任。辽宁高院赔偿委员会以执行程序尚未终结为由决定驳回益阳公司的赔偿申请,属于适用法律错误,应予纠正。

至于具体损害情况和赔偿金额,经本院赔偿委员会组织申诉人和被申诉人进行协商,双方就丹东中院(2007)丹民三初字第32号民事判决的执行行为自愿达成如下协议:(一)丹东中院于本决定书生效后5日内,支付益阳公司国家赔偿款300万元;(二)益阳公司自愿放弃其他国家赔偿请求;(三)益阳公司自愿放弃对该民事判决的执行,由丹东中院裁定该民事案件执行终结。

综上,本案丹东中院错误执行的事实清楚,证据确实、充分;辽宁高院赔偿委员会决定驳回益阳公司的申请错误,应予纠正;益阳公司与丹东中院达成的赔偿协议,系双方真实意思表示,且不违反法律规定,应予确认。依照《中华人民共和国国家赔偿法》第三十条第一款、第二款和《最高人民法院关于国家赔偿监督程序若干问题的规定》第十一条第四项、第十八条、第二十一条第三项的规定,本院赔偿委员会决定如下:

一、撤销辽宁省高级人民法院赔偿委员会(2015)辽法委赔字第29号决定;

二、辽宁省丹东市中级人民法院于本决定生效后5日内,支付丹东益阳投资有限公司国家赔偿款300万元;

三、准许丹东益阳投资有限公司放弃其他国家赔偿请求。

本决定为发生法律效力的决定。

8. 江苏天宇建设集团有限公司与无锡时代盛业房地产开发有限公司执行监督案①

关键词 执行/执行监督/和解协议/迟延履行/履行完毕

【裁判要点】

在履行和解协议的过程中,申请执行人因被执行人迟延履行申请恢复执行的同时,又继续接受并积极配合被执行人的后续履行,直至和解协议全部履行完毕的,属于民事诉讼法及相关司法解释规定的和解协议已经履行完毕不再恢复执行原生效法律文书的情形。

【相关法条】

《中华人民共和国民事诉讼法》第204条

【基本案情】

江苏天宇建设集团有限公司(以下简称天宇公司)与无锡时代盛业房地产开发有限公司(以下简称时代公司)建设工程施工合同纠纷一案,江苏省无锡市中级人民法院(以下简称无锡中院)于2015年3月3日作出(2014)锡民初字第00103号民事判决,时代公司应于本判决发生法律效力之日起五日内支付天宇公司工程款14454411.83元以及相应的违约金。时代公司不服,提起上诉,江苏省高级人民法院(以下简称江苏高院)二审维持原判。因时代公司未履行义务,天宇公司向无锡中院申请强制执行。

在执行过程中,天宇公司与时代公司于2015年12月1日签订《执行和解协议》,约定:一、时代公司同意以其名下三套房产(云港佳园53-106、107、108商铺,非本案涉及房产)就本案所涉金额抵全部债权;二、时代公司在15个工作日内,协助天宇公司将抵债房产办理到天宇公司名下或该公司指定人员名下,并将三套商铺的租赁合同关系的出租人变更为天宇公司名下或该公司指定人员名下;三、本案目前涉案拍卖房产中止15个工作日拍卖(已经成交的除外)。待上述事项履行完毕后,涉案房产将不再拍卖,如未按上述协议处理完毕,申请人可以重新申请拍卖;四、如果上述协议履行完毕,本案目前执行阶段执行已到位的财产,返还时代公司指定账户;

① 案例来源:最高人民法院指导案例第126号。

五、本协议履行完毕后，双方再无其他经济纠葛。

和解协议签订后，2015年12月21日（和解协议约定的最后一个工作日），时代公司分别与天宇公司签订两份商品房买卖合同，与李思奇签订一份商品房买卖合同，并完成三套房产的网签手续。2015年12月25日，天宇公司向时代公司出具两份转账证明，载明：兹有本公司购买硕放云港佳园53-108、53-106、53-107商铺，购房款冲抵本公司在空港一号承建工程中所欠工程余款，金额以法院最终裁决为准。2015年12月30日，时代公司、天宇公司在无锡中院主持下，就和解协议履行情况及查封房产解封问题进行沟通。无锡中院同意对查封的39套房产中的30套予以解封，并于2016年1月5日向无锡市不动产登记中心新区分中心送达协助解除通知书，解除了对时代公司30套房产的查封。因上述三套商铺此前已由时代公司于2014年6月出租给江苏银行股份有限公司无锡分行（以下简称江苏银行）。2016年1月，时代公司（甲方）、天宇公司（乙方）、李思奇（丙方）签订了一份《补充协议》，明确自该补充协议签订之日起时代公司完全退出原《房屋租赁合同》，天宇公司与李思奇应依照原《房屋租赁合同》中约定的条款，直接向江苏银行主张租金。同时三方确认，2015年12月31日前房屋租金已付清，租金收款单位为时代公司。2016年1月26日，时代公司向江苏银行发函告知。租赁关系变更后，天宇公司和李思奇已实际收取自2016年1月1日起的租金。2016年1月14日，天宇公司弓奎林接收三套商铺初始登记证和土地分割证。2016年2月25日，时代公司就上述三套商铺向天宇公司、李思奇开具共计三张《销售不动产统一发票（电子）》，三张发票金额总计11999999元。发票开具后，天宇公司以时代公司违约为由拒收，时代公司遂邮寄至无锡中院，请求无锡中院转交。无锡中院于2016年4月1日将发票转交给天宇公司，天宇公司接受。2016年11月，天宇公司、李思奇办理了三套商铺的所有权登记手续，李思奇又将其名下的商铺转让给案外人罗某明、陈某。经查，登记在天宇公司名下的两套商铺于2016年12月2日被甘肃省兰州市七里河区人民法院查封，并被该院其他案件轮候查封。

2016年1月27日及2016年3月1日，天宇公司两次向无锡中院提交书面申请，以时代公司违反和解协议，未办妥房产证及租赁合同变更事宜为由，请求恢复本案执行，对时代公司名下已被查封的9套房产进行拍卖，扣减三张发票载明的11999999元之后，继续清偿生效判决确定的债权数额。2016年4月1日，无锡中院通知天宇公司、时代公司：时代公司未能按照双方和解协议履行，由于之前查封的财产中已经解封30套，故对于剩余9套房产继续进行拍卖，对于和解协议中三套房产价值按照双方合同及发票确定金额，可直接按照已经执行到位金额认定，从应当执行总金额中扣除。同日即2016年4月1日，无锡中院在淘宝网上发布拍卖公告，对查封的被执行人的9套房产进行拍卖。时代公司向无锡中院提出异议，请求撤销对时代公司财产的拍卖，按照双方和解协议确认本执行案件执行完毕。

【裁判结果】

江苏省无锡市中级人民法院于2016年7月27日作出（2016）苏02执异26号执行裁定：驳回无锡时代盛业房地产开发有限公司的异议申请。无锡时代盛业房地产开发有限公司不服，向江苏省高级人民法院申请复议。江苏省高级人民法院于2017年9月4日作出（2016）苏执复160号执行裁定：一、撤销江苏省无锡市中级人民法院（2016）苏02执异26号执行裁定。二、撤销江苏省无锡市中级人民法院于2016年4月1日作出的对剩余9套房产继续拍卖且按合同及发票确定金额扣减执行标的的通知。三、撤销江苏省无锡市中级人民法院于2016年4月1日发布的对被执行人无锡时代盛业房地产开发有限公司所有的云港佳园39-1203、21-1203、11-202、17-102、17-202、36-1402、36-1403、36-1404、37-1401室九套房产的拍卖。江苏天宇建设集团有限公司不服江苏省高级人民法院复议裁定，向最高人民法院提出申诉。最高人民法院于2018年12月29日作出（2018）最高法执监34号执行裁定：驳回申诉人江苏天宇建设集团有限公司的申诉。

【裁判理由】

最高人民法院认为，根据《最高人民法院关于适用〈中华人民共和国民事诉讼法〉的解释》第四百六十七条的规定，一方当事人不履行或者不完全履行在执行中双方自愿达成的和解协议，对方当事人申请执行原生效法律文书的，人民法院应当恢复执行，但和解协议已履行的部分应当扣除。和解协议已经履行完毕的，人民法院不予恢复执行。本案中，按照和解协议，时代公司违反了关于协助办理抵债房产转移登记等义务的时间约定。天宇公司在时代公司完成全部协助义务之前曾先后两次向人民法院申请恢复执行。但综合而言，本案仍宜认定和解协议已经履行完毕，不应恢复执行。

主要理由如下：

第一，和解协议签订于2015年12月1日，约定15个工作日即完成抵债房产的所有权转移登记并将三套商铺租赁合同关系中的出租人变更为天宇公司或其指定人，这本身具有一定的难度，天宇公司应该有所预知。第二，在约定期限的最后一日即2015年12月21日，时代公司分别与天宇公司及其指定人李思奇签订商品房买卖合同并完成三套抵债房产的网签手续。从实际效果看，天宇公司取得该抵债房产已经有了较充分的保障。而且时代公司又于2016年1月与天宇公司及其指定人李思奇签订《补充协议》，就抵债房产变更租赁合同关系及时代公司退出租赁合同关系作出约定；并于2016年1月26日向江苏银行发函，告知租赁标的出售的事实并函请江苏银行尽快与新的买受人办理出租人变更手续。租赁关系变更后，天宇公司和李思奇已实际收取自2016年1月1日起的租金。同时，2016年1月14日，时代公司交付了三套商铺的初始登记证和土地分割证。由此可见，在较短时间内时代公司又先后履行了变更抵债房产租赁关系、转移抵债房产收益权、交付初始登记证和土地分割证等义务，即时代公司一直在积极地履行义务。第三，对于时代公司上述一系列积极履行义务的行为，天宇公司在明知该履行已经超过约定期限的情况下仍一一予以接受，并且还积极配合时代公司向人民法院申请解封已被查封的财产。天宇公司的上述行为已充分反映其认可超期履行，并在继续履行和解协议上与时代公司形成较强的信赖关系，在没有新的明确约定的情况下，应当允许时代公司在合理期限内完成全部义务的履行。第四，在时代公司履行完一系列主要义务，并于1月26日函告抵债房产的承租方该房产产权变更情况，使得天宇公司及其指定人能实际取得租金收益后，天宇公司在1月27日即首次提出恢复执行，并在时代公司开出发票后拒收，有违诚信。第五，天宇公司并没有提供充分的证据证明本案中的迟延履行行为会导致签订和解协议的目的落空，严重损害其利益。相反从天宇公司积极接受履行且未及时申请恢复执行的情况看，迟延履行并未导致和解协议签订的目的落空。第六，在时代公司因天宇公司拒收发票而将发票邮寄法院请予转交时，其全部协助义务即应认为已履行完毕，此时法院尚未实际恢复执行，此后再恢复执行亦不适当。综上，本案宜认定和解协议已经履行完毕，不予恢复执行。

9. 陈载果与刘荣坤、广东省汕头渔业用品进出口公司等申请撤销拍卖执行监督案[①]

关键词　执行/执行监督/司法拍卖/网络司法拍卖/强制执行措施

【裁判要点】

网络司法拍卖是人民法院通过互联网拍卖平台进行的司法拍卖，属于强制执行措施。人民法院对网络司法拍卖中产生的争议，应当适用民事诉讼法及相关司法解释的规定处理。

【相关法条】

《中华人民共和国民事诉讼法》第204条

【基本案情】

广东省汕头市中级人民法院（以下简称汕头中院）在执行申请执行人刘荣坤与被执行人广东省汕头渔业用品进出口公司等借款合同纠纷一案中，于2016年4月25日通过淘宝网司法拍卖网络平台拍卖被执行人所有的位于汕头市升平区永泰路145号13—1地号地块的土地使用权，申诉人陈载果先后出价5次，最后一次于2016年4月26日10时17分26秒出价5282360.00元确认成交，成交后陈载果未缴交尚欠拍卖款。

2016年8月3日，陈载果向汕头中院提出执行异议，认为拍卖过程一些环节未适用拍卖法等相关法律规定，请求撤销拍卖，退还保证金23万元。

【裁判结果】

广东省汕头市中级人民法院于2016年9月18日作出（2016）粤05执异38号执行裁定，驳回陈载果的异议。陈载果不服，向广东省高级人民法院申请复议。广东省高级人民法院于2016年12月12日作出（2016）粤执复字243号执行裁定，驳回陈载果的复议申请，维持汕头市中级人民法院（2016）粤05执异38号执行裁定。申诉人陈载果不服，向最高人民法院申诉。最高人民法院于2017年9月2日作出（2017）最高法执监250号，驳回申诉人陈载果的申诉请求。

【裁判理由】

最高人民法院认为：

一、关于对网络司法拍卖的法律调整问题

根据《中华人民共和国拍卖法》规定，拍卖法适用于中华人民共和国境内拍卖企业进行的拍卖活动，调整的是拍卖人、委托人、竞买人、买受人等平等主体之间的权利义务关系。拍卖人接受委托人委托对拍卖标的进行拍卖，是拍卖人和委托人之间“合意”的结果，该委托拍卖系合同关系，属于私法范畴。人民法院司法拍卖是人民法院依法行使强制执行权，就查封、扣押、冻结的财产强制进行拍卖变价进而清偿债务的强制执行行为，其本质上属于司法行为，具有公法性质。该强制执行权并非来自于当事人的授权，无须征得当事人的同意，也不以当事人的意志为转移，而是基于法律赋予的人民法院的强制执行权，即来源于民事诉讼法及相关司法解释的规定。即便是在传统的司法拍卖中，人民法院委托拍卖企业进行拍卖活动，该拍卖企业与人民法院之间也不是平等关系，该拍卖企业的拍卖活动只能在人民法院的授权范围内进行。因此，人民法院在司法拍卖中应适用民事诉讼法及相关司法解释对人民法院强制执行的规定。网络司法拍卖是人民法院司法拍卖的一种优选方式，亦应适用民事诉讼法及相关司法解释对人民法院强制执行的规定。

二、关于本项网络司法拍卖行为是否存在违法违规情形问题

在网络司法拍卖中，竞价过程、竞买号、竞价时间、是否成交等均在交易平台展示，该展示具有一定的公示效力，对竞买人具有拘束力。该项内容从申诉人提供的竞买记录也可得到证实。且在本项网络司法拍卖时，民事诉讼法及相关司法解释均没有规定网络司法拍卖成交后必须签订成交确认书。因此，申诉人称未签订成交确认书、不能确定权利义务关系的主张不能得到支持。

① 案例来源：最高人民法院指导案例第125号。

关于申诉人提出的竞买号牌 A7822 与 J8809 蓄谋潜入竞买场合恶意串通，该标的物从底价 230 万抬至 530 万，事后经过查证号牌 A7822 竞买人是该标的物委托拍卖人刘荣坤等问题。网络司法拍卖是人民法院依法通过互联网拍卖平台，以网络电子竞价方式公开处置财产，本质上属于人民法院“自主拍卖”，不存在委托拍卖人的问题。《最高人民法院关于人民法院民事执行中拍卖、变卖财产的规定》第十五条第二款明确规定申请执行人、被执行人可以参加竞买，作为申请执行人刘荣坤只要满足网络司法拍卖的资格条件即可以参加竞买。在网络司法拍卖中，即竞买人是否加价竞买、是否放弃竞买、何时加价竞买、何时放弃竞买完全取决于竞买人对拍卖标的物的价值认识。从申诉人提供的竞买记录看，申诉人在 2016 年 4 月 26 日 9 时 40 分 53 秒出价 2377360 元后，在竞买人叫价达到 5182360 元时，分别在 2016 年 4 月 26 日 10 时 01 分 16 秒、10 时 05 分 10 秒、10 时 08 分 29 秒、10 时 17 分 26 秒加价竞买，足以认定申诉人对于自身的加价竞买行为有清醒的判断。以竞买号牌 A7822 与 J8809 连续多次加价竞买就认定该两位竞买人系蓄谋潜入竞买场合恶意串通理据不足，不予支持。

10. 中国防卫科技学院与联合资源教育发展（燕郊）有限公司执行监督案[①]

关键词 执行/执行监督/和解协议/执行原生效法律文书

【裁判要点】

申请执行人与被执行人对执行和解协议的内容产生争议，客观上已无法继续履行的，可以执行原生效法律文书。对执行和解协议中原执行依据未涉及的内容，以及履行过程中产生的争议，当事人可以通过其他救济程序解决。

【相关法条】

《中华人民共和国民事诉讼法》204 条

【基本案情】

联合资源教育发展（燕郊）有限公司（以下简称联合资源公司）与中国防卫科技学院（以下简称中防院）合作办学合同纠纷案，经北京仲裁委员会审理，于 2004 年 7 月 29 日作出（2004）京仲裁字第 0492 号裁决书（以下简称 0492 号裁决书），裁决：一、终止本案合同；二、被申请人（中防院）停止其燕郊校园内的一切施工活动；三、被申请人（中防院）撤出燕郊校园；四、驳回申请人（联合资源公司）其他仲裁请求和被申请人（中防院）仲裁反请求；五、本案仲裁费 363364.91 元，由申请人（联合资源公司）承担 50%，以上裁决第二、三项被申请人（中防院）的义务，应于本裁决书送达之日起 30 日内履行完毕。

联合资源公司依据 0492 号裁决书申请执行，三河市人民法院立案执行。2005 年 12 月 8 日双方签订《联合资源教育发展（燕郊）有限公司申请执行中国防卫科技学院撤出校园和解执行协议》（以下简称《协议》）。《协议》序言部分载明：“为履行裁决，在法院主持下经过调解，双方同意按下述方案执行。本执行方案由人民法院监督执行，本方案分三个步骤完成。”具体内容如下：一、评估阶段：（一）资产的评估。联合资源公司资产部分：1. 双方同意在人民法院主持下对联合资源公司资产进行评估。2. 评估的内容包括联合资源公司所建房产、道路及设施等投入的整体评估，土地所有权的评估。3. 评估由双方共同选定评估单位，评估价作为双方交易的基本参考价。中防院部分：1. 双方同意在人民法院主持下对中防院投入联合资源公司校园中的资产进行评估。2. 评估的内容包括，（1）双方《合作办学合同》执行期间联合资源公司同意中防院投资的固定资产；（2）双方《合作办学合同》执行期间联合资源公司未同意中防院投资的固定资产；（3）双方《合作办学合同》裁定终止后中防院投资的固定资产。具体情况由中防院和联合资源公司共同向人民法院提供相关证据。（二）校园占用费由双方共同商定。（三）关于教学楼施工，鉴于在北京仲裁委员会仲裁时教学楼基础土方工作已完成，如不进行施工和填平，将会影响周边建筑及学生安全，同时为有利于中防院的招生，联合资源公司同意中防院继续施工。（四）违约损失费用评估。1. 鉴于中防卫技术服务中心 1000 万元的实际支付人是中防院，同时校园的实际使用人也是中防院，为此联合资源公司依据过去各方达成的意向协议，同意该 1000 万元在方案履行过程中进行考虑。2. 由中防卫技术服务中心违约给联合资源公司造成的实际损失，应由中防卫技术服务中心承担。3. 该部分费用双方协商解决，解决不成双方同意在法院主持下进行执行听证会，法院依听证结果进行裁决。二、交割阶段：1. 联合资源公司同意在双方达成一致的情况下，转让其所有的房产和土地使用权，中防院收购上述财产。2. 在中防院不同意收购联合资源公司资产情况下，联合资源公司收购中防院资产。3. 当 1、2 均无法实现时，双方同意由人民法院委托拍卖。4. 拍卖方案如下：A. 起拍价，按评估后全部资产价格总和为起拍价。B. 如出现流拍，则下次拍卖起拍价下浮 15%，但流拍不超过两次。C. 如拍卖价高于首次起拍价，则按下列顺序清偿，首先清偿联合资源公司同意中防院投资的固定资产和联合资源公司原资产，不足清偿则按比例清偿。当不足以清偿时联合资源公司同意将教学楼所占土地部分（含周边土地部分）出让给中防院，其资产由中防院独立享有。拍卖过程中双方均有购买权。

上述协议签订后，执行法院委托华信资产评估公司对联

① 案例来源：最高人民法院指导案例第 124 号。

合资源公司位于燕郊开发区地块及地面附属物进行价值评估，评估报告送达当事人后联合资源公司对评估报告提出异议，此后在执行法院的主持下，双方多次磋商，一直未能就如何履行上述和解协议达成一致。双方当事人分别对本案在执行过程中所达成的和解协议的效力问题，向执行法院提出书面意见。

【裁判结果】

三河市人民法院于2016年5月30日作出(2005)三执字第445号执行裁定：一、申请执行人联合资源教育发展(燕郊)有限公司与被执行人中国防卫科技学院于2005年12月8日达成的和解协议有效。二、申请执行人联合资源教育发展(燕郊)有限公司与被执行人中国防卫科技学院在校园内的资产应按双方于2005年12月8日达成的和解协议约定的方式处置。联合资源教育发展(燕郊)有限公司不服，向廊坊市中级人民法院申请复议。廊坊市中级人民法院于2016年7月22日作出(2016)冀10执复46号执行裁定：撤销(2005)三执字第445号执行裁定。三河市人民法院于2016年8月26日作出(2005)三执字第445号之一执行裁定：一、申请执行人联合资源教育发展(燕郊)有限公司与被执行人中国防卫科技学院于2005年12月8日达成的和解协议有效。二、申请执行人联合资源教育发展(燕郊)有限公司与被执行人中国防卫科技学院在校园内的资产应按双方于2005年12月8日达成的和解协议约定的方式处置。联合资源教育发展(燕郊)有限公司不服，向河北省高级人民法院提起执行申诉。河北省高级人民法院于2017年3月21日作出(2017)冀执监130号执行裁定：一、撤销三河市人民法院作出的(2005)三执字第445号执行裁定书、(2005)三执字第445号之一执行裁定书及河北省廊坊市中级人民法院作出的(2016)冀10执复46号执行裁定书。二、继续执行北京仲裁委员会作出的(2004)京仲裁字第0492号裁决书中的第三、五项内容(即被申请人中国防卫科技学院撤出燕郊校园、被申请人中国防卫科技学院应向申请人联合资源教育发展(燕郊)有限公司支付代其垫付的仲裁费用173407.45元)。三、驳回申诉人联合资源教育发展(燕郊)有限公司的其他申诉请求。中国防卫科技学院不服，向最高人民法院申诉。最高人民法院于2018年10月18日作出(2017)最高法执监344号执行裁定：一、维持河北省高级人民法院(2017)冀执监130号执行裁定第一、三项。二、变更河北省高级人民法院(2017)冀执监130号执行裁定第二项为继续执行北京仲裁委员会作出的(2004)京仲裁字第0492号裁决书中的第三项内容，即"被申请人中国防卫科技学院撤出燕郊校园"。三、驳回中国防卫科技学院的其他申诉请求。

【裁判理由】

最高人民法院认为：

第一，本案和解执行协议并不构成民法理论上的债的更改。所谓债的更改，即设定新债务以代替旧债务，并使旧债务归于消灭的民事法律行为。构成债的更改，应当以当事人之间有明确的以新债务的成立完全取代并消灭旧债务的意思表示。但在本案中，中防院与联合资源公司并未约定《协议》成立后0492号裁决书中的裁决内容即告消灭，而是明确约定双方当事人达成执行和解的目的，是为了履行0492号裁决书。该种约定实质上只是以成立新债务作为履行旧债务的手段，新债务未得到履行的，旧债务并不消灭。因此，本案和解协议并不构成债的更改。而按照一般执行和解与原执行依据之间关系的处理原则，只有通过和解协议的完全履行，才能使得原生效法律文书确定的债权债务关系得以消灭，执行程序得以终结。若和解协议约定的权利义务得不到履行，则原生效法律文书确定的债权仍然不能消灭。申请执行人仍然得以申请继续执行原生效法律文书。从本案的和解执行协议履行情况来看，该协议中关于资产处置部分的约定，由于未能得以完全履行，故其并未使原生效法律文书确定的债权债务关系得以消灭，即中防院撤出燕郊校园这一裁决内容仍需执行。中防院主张和解执行协议中的资产处置方案是对0492号裁决书中撤出校园一项的有效更改的申诉理由理据不足，不能成立。

第二，涉案和解协议的部分内容缺乏最终确定性，导致无法确定该协议的给付内容及违约责任承担，客观上已无法继续履行。在执行程序中，双方当事人达成的执行和解，具有合同的性质。由于合同是当事人享有权利承担义务的依据，这就要求权利义务的具体给付内容必须是确定的。本案和解执行协议约定了0492号裁决书未涵盖的双方资产处置的内容，同时，协议未约定双方如不能缔结特定的某一买卖法律关系，则应由何方承担违约责任之内容。整体来看，涉案和解协议客观上已经不能履行。中防院将该和解协议理解为有强制执行效力的协议，并认为法院在执行中应当按照和解协议的约定落实，属于对法律的误解。

鉴于本案和解协议在实际履行中陷入僵局，双方各执己见，一直不能达成关于资产收购的一致意见，导致本案长达十几年不能执行完毕。如以存在和解协议约定为由无限期僵持下去，本案继续长期不能了结，将严重损害生效裁判文书债权人的合法权益，人民法院无理由无限期等待双方自行落实和解协议，而不采取强制执行措施。

第三，从整个案件进展情况看，双方实际上均未严格按照和解协议约定履行，执行法院也一直是在按照0492号裁决书的裁决推进案件执行。一方面，从2006年资产评估开始，联合资源公司即提出异议，要求继续执行，此后虽协商在一定价格基础上由中防院收购资产，但双方均未实际履行。并不存在中防院所述其一直严格遵守和解协议，联合资源公司不断违约的情况。此外双方还提出了政府置换地块安置方案等，上述这些内容，实际上均已超出原和解协议约定的内容，改变了原和解协议约定的内容和条件。不能得出和解执行协议一直在被严格履行的结论。另一方面，执行法院在执行过程中，自2006年双方在履行涉案和解协议发生分歧时,一直是以0492号裁决书为基础,采取各项执行措施,包括多次协调、组织双方调解、说服教育、现场调查、责令中防院保管财产、限期迁出等,上级法院亦持续督办此案,要求尽快执行。在执行程序中,执行法院组织双方当事人进行协商、促成双方落实和解协议等,只是实务中的一种工作方式,本质上仍属于对生效裁判的执行,不能被理解为对和解协议的强制执行。中防院认为执行法院的上述执行行为不属于执行0492号裁决书的申诉理由,没有法律依据且与事实不符。

此外,关于本案属于继续执行还是恢复执行的问题。从程序上看,本案执行过程中,执行法院并未下发中止裁定,中止过对0492号裁决书的执行;从案件实际进程上看,根据前述分析和梳理,自双方对和解执行协议履行产生争议后,执行法院实际上也一直没有停止过对0492号裁决书的执行。因此,本案并不存在对此前已经中止执行的裁决书恢复执行的问题,而是对执行依据的继续执行,故中防院认为本案属于恢复执行而不是继续执行的申诉理由理据不足,河北省高级人民法院(2017)冀执监130号裁定认定本案争议焦点是对0492号裁决书是否继续执行,与本案事实相符,并无不当。

第四,和解执行协议中约定的原执行依据未涉及的内容,以及履行过程中产生争议的部分,相关当事人可以通过另行诉讼等其他程序解决。从履行执行依据内容出发,本案明确执行内容即为中防院撤出燕郊校园,而不在本案执行依据所包含的争议及纠纷,双方当事人可通过另行诉讼等其他法律途径解决。

11. 于红岩与锡林郭勒盟隆兴矿业有限责任公司执行监督案[①]

关键词　执行/执行监督/采矿权转让/协助执行/行政审批

【裁判要点】

生效判决认定采矿权转让合同依法成立但尚未生效,判令转让方按照合同约定办理采矿权转让手续,并非对采矿权归属的确定,执行法院依此向相关主管机关发出协助办理采矿权转让手续通知书,只具有启动主管机关审批采矿权转让手续的作用,采矿权能否转让应由相关主管机关依法决定。申请执行人请求变更采矿权受让人的,也应由相关主管机关依法判断。

【相关法条】

《中华人民共和国民事诉讼法》第204条

《探矿权采矿权转让管理办法》第10条

【基本案情】

2008年8月1日,锡林郭勒盟隆兴矿业有限责任公司(以下简称隆兴矿业)作为甲方与乙方于红岩签订《矿权转让合同》,约定隆兴矿业将阿巴嘎旗巴彦图嘎三队李瑛萤石矿的采矿权有偿转让给于红岩。于红岩依约支付了采矿权转让费150万元,并在接收采矿区后对矿区进行了初步设计并进行了采矿工作。而隆兴矿业未按照《矿权转让合同》的约定,为于红岩办理矿权转让手续。2012年10月,双方当事人发生纠纷诉至内蒙古自治区锡林郭勒盟中级人民法院(以下简称锡盟中院)。锡盟中院认为,隆兴矿业与于红岩签订的《矿权转让合同》,系双方当事人真实意思表示,该合同已经依法成立,但根据相关法律规定,该合同系行政机关履行行政审批手续后生效的合同,对于矿权受让人的资格审查,属行政机关的审批权力,非法院职权范围,故隆兴矿业主张于红岩不符合法律规定的采矿权人的申请条件,请求法院确认《矿权转让合同》无效并给付违约金的诉讼请求,该院不予支持。对于于红岩反诉请求判令隆兴矿业继续履行办理采矿权转让的各种批准手续的请求,因双方在《矿权转让合同》中明确约定,矿权转让手续由隆兴矿业负责办理,故该院予以支持。对于于红岩主张由隆兴矿业承担给付违约金的请求,因《矿权转让合同》虽然依法成立,但处于待审批尚未生效的状态,而违约责任以合同有效成立为前提,故不予支持。锡盟中院作出民事判决,主要内容为隆兴矿业于判决生效后十五日内,按照《矿权转让合同》的约定为于红岩办理矿权转让手续。

隆兴矿业不服提起上诉。内蒙古自治区高级人民法院(以下简称内蒙高院)认为,《矿权转让合同》系隆兴矿业与于红岩的真实意思表示,该合同自双方签字盖章时成立。根据《中华人民共和国合同法》第四十四条规定,依法成立的合同,自成立时生效。法律、行政法规规定应当办理批准、登记等手续生效的,依照其规定。《探矿权采矿权转让管理办法》第十条规定,申请转让探矿权、采矿权的,审批管理机关应当自收到转让申请之日起40日内,作出准予转让或者不准转让的决定,并通知转让人和受让人;批准转让的,转让合同自批准之日起生效;不准转让的,审批管理机关应当说明理由。《最高人民法院关于适用〈中华人民共和国合同法〉若干问题的解释(一)》第九条第一款规定,依照合同法第四十四条第二款的规定,法律、行政法规规定合同应当办理批准手续,或者办理批准、登记手续才生效,在一审法庭辩论终结前当事人仍未办理登记手续的,或者仍未办理批准、登记等手续的,人民法院应当认定该合同未生效。双方签订的《矿权转让合同》尚未办理批准、登记手续,故《矿权转让合同》依法成立,但未生效,该合同的效力属效力待定。于红岩是否符合采矿权受让人条件,《矿权转让合同》能否经相关部门批准,并非法院审理范围。原审法院认定《矿权转让合同》成立,隆兴矿业应按照合

① 案例来源:最高人民法院指导案例第123号。

同继续履行办理矿权转让手续并无不当。如《矿权转让合同》审批管理机关不予批准，双方当事人可依据合同法的相关规定另行主张权利。内蒙高院作出民事判决，维持原判。

锡盟中院根据于红岩的申请，立案执行，向被执行人隆兴矿业发出执行通知，要求其自动履行生效法律文书确定的义务。因隆兴矿业未自动履行，故向锡林郭勒盟国土资源局发出协助执行通知书，请其根据生效判决的内容，协助为本案申请执行人于红岩按照《矿权转让合同》的约定办理矿权过户转让手续。锡林郭勒盟国土资源局答复称，隆兴矿业与于红岩签订《矿权转让合同》后，未向其提交转让申请，且该合同是一个企业法人与自然人之间签订的矿权转让合同。依据法律、行政法规及地方法规的规定，对锡盟中院要求其协助执行的内容，按实际情况属协助不能，无法完成该协助通知书中的内容。

于红岩于2014年5月19日成立自然人独资的锡林郭勒盟辉澜萤石销售有限公司，并向锡盟中院申请将申请执行人变更为该公司。

【裁判结果】

内蒙古自治区锡林郭勒盟中级人民法院于2016年12月14日作出(2014)锡中法执字第11号执行裁定，驳回于红岩申请将申请执行人变更为锡林郭勒盟辉澜萤石销售有限公司的请求。于红岩不服，向内蒙古自治区高级人民法院申请复议。内蒙古自治区高级人民法院于2017年3月15日作出(2017)内执复4号执行裁定，裁定驳回于红岩的复议申请。于红岩不服内蒙古自治区高级人民法院复议裁定，向最高人民法院申诉。最高人民法院于2017年12月26日作出(2017)最高法执监136号执行裁定书，驳回于红岩的申诉请求。

【裁判理由】

最高人民法院认为，本案执行依据的判项为隆兴矿业按照《矿权转让合同》的约定为于红岩办理矿权转让手续。根据现行法律法规的规定，申请转让探矿权、采矿权的，须经审批管理机关审批，其批准转让的，转让合同自批准之日起生效。本案中，一、二审法院均认为对于矿权受让人的资格审查，属审批管理机关的审批权力，于红岩是否符合采矿权受让人条件、《矿权转让合同》能否经相关部门批准，并非法院审理范围，因该合同尚未经审批管理机关批准，因此认定该合同依法成立，但尚未生效。二审判决也认定，如审批管理机关对该合同不予批准，双方当事人对于合同的法律后果、权利义务，可另循救济途径主张权利。鉴于转让合同因未经批准而未生效的，不影响合同中关于履行报批义务的条款的效力，结合判决理由部分，本案生效判决所称的隆兴矿业按照《矿权转让合同》的约定为于红岩办理矿权转让手续，并非对矿业权权属的认定，而首先应是指履行促成合同生效的合同报批义务，合同经过审批管理机关批准后，才涉及到办理矿权转让过户登记。因此，锡盟中院向锡林郭勒盟国土资源局发出协助办理矿权转让手续的通知，只是相当于完成了隆兴矿业向审批管理机关申请办理矿权转让手续的行为，启动了行政机关审批的程序，且在当前阶段，只能理解为要求锡林郭勒盟国土资源局依法履行转让合同审批的职能。

矿业权因涉及行政机关的审批和许可问题，不同于一般的民事权利，未经审批的矿权转让合同的权利承受问题，与普通的民事裁判中的权利承受及债权转让问题有较大差别，通过执行程序中的申请执行主体变更的方式，并不能最终解决。本案于红岩主张以其所成立的锡林郭勒盟辉澜萤石销售有限公司名义办理矿业权转让手续问题，本质上仍属于矿业权受让人主体资格是否符合法定条件的行政审批范围，应由审批管理机关根据矿权管理的相关规定作出判断。于红岩认为，其在履行生效判决确定的权利义务过程中，成立锡林郭勒盟辉澜萤石销售有限公司，是在按照行政机关的行政管理性规定完善办理矿权转让的相关手续，并非将《矿权转让合同》的权利向第三方转让，亦未损害国家利益和任何当事人的利益，其申请将采矿权转让手续办至锡林郭勒盟辉澜萤石销售有限公司名下，完全符合《中华人民共和国矿产资源法》《矿业权出让转让管理暂行规定》《矿产资源开采登记管理办法》，及内蒙古自治区国土资源厅《关于规范探矿权采矿权管理有关问题的补充通知》等行政机关在自然人签署矿权转让合同情况下办理矿权转让手续的行政管理规定，此观点应向相关审批管理机关主张。锡盟中院和内蒙高院裁定驳回于红岩变更主体的申请，符合本案生效判决就矿业权转让合同审批问题所表达的意见，亦不违反执行程序的相关法律和司法解释的规定。

12. 河南神泉之源实业发展有限公司与赵五军、汝州博易观光医疗主题园区开发有限公司等执行监督案①

关键词　执行/执行监督/合并执行/受偿顺序

【裁判要点】

执行法院将同一被执行人的几个案件合并执行的，应当按照申请执行人的各个债权的受偿顺序进行清偿，避免侵害顺位在先的其他债权人的利益。

【相关法条】

《中华人民共和国民事诉讼法》第204条

【基本案情】

河南省平顶山市中级人民法院（以下简称平顶山中院）

① 案例来源：最高人民法院指导案例第122号。

在执行陈冬利、郭红宾、春少峰、贾建强申请执行汝州博易观光医疗主题园区开发有限公司(以下简称博易公司)、闫秋萍、孙全英民间借贷纠纷四案中,原申请执行人陈冬利、郭红宾、春少峰、贾建强分别将其依据生效法律文书拥有的对博易公司、闫秋萍、孙全英的债权转让给了河南神泉之源实业发展有限公司(以下简称神泉之源公司)。依据神泉之源公司的申请,平顶山中院于2017年4月4日作出(2016)豫04执57-4号执行裁定,变更神泉之源公司为上述四案的申请执行人,债权总额为129605303.59元(包括本金、利息及其他费用),并将四案合并执行。

案涉国有土地使用权证号为汝国用【2013】第0069号,证载该宗土地总面积为258455.39平方米。平顶山中院评估、拍卖土地为该宗土地的一部分,即公司园区内东西道路中心线以南的土地,面积为160720.03平方米,委托评估、拍卖的土地面积未分割,未办理单独的土地使用证。

涉案土地及地上建筑物被多家法院查封,本案所涉当事人轮候顺序为:1. 陈冬利一案。2. 郭红宾一案。3. 郭志娟、蔡灵环、金爱丽、张天琪、杨大棉、赵五军等案。4. 贾建强一案。5. 春少峰一案。

平顶山中院于2017年4月4日作出(2016)豫04执57-5号执行裁定:"将扣除温泉酒店及1号住宅楼后的流拍财产,以保留价153073614.00元以物抵债给神泉之源公司。对于博易公司所欠施工单位的工程款,在施工单位决算后,由神泉之源公司及其股东陈冬利、郭红宾、春少峰、贾建强予以退还。"

赵五军提出异议,请求法院实现查封在前的债权人债权以后,严格按照查封顺位对申请人的债权予以保护、清偿。

【裁判结果】

河南省平顶山市中级人民法院于2017年5月2日作出(2017)豫04执异27号执行裁定,裁定驳回赵五军的异议。赵五军向河南省高级人民法院申请复议。河南省高级人民法院作出(2017)豫执复158号等执行裁定,裁定撤销河南省平顶山市中级人民法院(2017)豫04执异27号等执行裁定及(2016)豫04执57-5号执行裁定。河南神泉之源实业发展有限公司向最高人民法院申诉。2019年3月19日,最高人民法院作出(2018)最高法执监848、847、845号裁定,驳回河南神泉之源实业发展有限公司的申诉请求。

【裁判理由】

最高人民法院认为,赵五军以以物抵债裁定损害查封顺位在先的其他债权人利益提出异议的问题是本案的争议焦点问题。平顶山中院在陈冬利、郭红宾、春少峰、贾建强将债权转让给神泉之源公司后将四案合并执行,但该四案查封土地、房产的顺位情况不一,也并非全部首封案涉土地或房产。贾建强虽申请执行法院对案涉土地B29地块运营商总部办公楼采取了查封措施,但该建筑占用范围内的土地使用权此前已被查封。根据《最高人民法院关于人民法院民事执行中查封、扣押、冻结财产的规定》第二十三条第一款有关查封土地使用权的效力及于地上建筑物的规定精神,贾建强对该建筑物及该建筑物占用范围内的土地使用权均系轮候查封。执行法院虽将春少峰、贾建强的案件与陈冬利、郭红宾的案件合并执行,但仍应按照春少峰、贾建强、陈冬利、郭红宾依据相应债权申请查封的顺序确定受偿顺序。平顶山中院裁定将全部涉案财产抵债给神泉之源公司,实质上是将查封顺位在后的原贾建强、春少峰债权受偿顺序提前,影响了在先轮候的债权人的合法权益。

13. 株洲海川实业有限责任公司与中国银行股份有限公司长沙市蔡锷支行、湖南省德奕鸿金属材料有限公司财产保全执行复议案[①]

关键词 执行/执行复议/协助执行义务/保管费用承担

【裁判要点】

财产保全执行案件的保全标的物系非金钱动产且被他人保管,该保管人依人民法院通知应当协助执行。当保管合同或者租赁合同到期后未续签,且被保全人不支付保管、租赁费用的,协助执行人无继续无偿保管的义务。保全标的物价值足以支付保管费用的,人民法院可以维持查封直至案件作出生效法律文书,执行保全标的物所得价款应当优先支付保管人的保管费用;保全标的物价值不足以支付保管费用,申请保全人支付保管费用的,可以继续采取查封措施,不支付保管费用的,可以处置保全标的物并继续保全变价款。

【相关法条】

《中华人民共和国民事诉讼法》第225条

【基本案情】

湖南省高级人民法院(以下简称湖南高院)在审理中国银行股份有限公司长沙市蔡锷支行(以下简称中行蔡锷支行)与湖南省德奕鸿金属材料有限公司(以下简称德奕鸿公司)等金融借款合同纠纷案中,依中行蔡锷支行申请,作出民事诉讼财产保全裁定,冻结德奕鸿公司银行存款4800万元,或查封、扣押其等值的其他财产。德奕鸿公司因生产经营租用株洲海川实业有限责任公司(以下简称海川公司)厂房,租期至2015年3月1日;将该公司所有并质押给中行蔡锷支行的铅精矿存放于此。2015年6月4日,湖南高院作出协助执

① 案例来源:最高人民法院指导案例第121号。

行通知书及公告称,人民法院查封德奕鸿公司所有的堆放于海川公司仓库的铅精矿期间,未经准许,任何单位和个人不得对上述被查封资产进行转移、隐匿、损毁、变卖、抵押、赠送等,否则,将依法追究其法律责任。2015 年 3 月 1 日,德奕鸿公司与海川公司租赁合同期满后,德奕鸿公司既未续约,也没有向海川公司交还租用厂房,更没有交纳房租、水电费。海川公司遂以租赁合同纠纷为由,将德奕鸿公司诉至湖南省株洲市石峰区人民法院。后湖南省株洲市石峰区人民法院作出判决,判令案涉租赁合同解除,德奕鸿公司于该判决生效之日起十五日内向海川公司返还租赁厂房,将囤放于租赁厂房内的货物搬走;德奕鸿公司于该判决生效之日起十五日内支付欠缴租金及利息。海川公司根据判决,就德奕鸿公司清场问题申请强制执行。同时,海川公司作为利害关系人对湖南高院作出的协助执行通知书及公告提出执行异议,并要求保全申请人中行蔡锷支行将上述铅精矿搬离仓库,并赔偿其租金损失。

【裁判结果】

湖南省高级人民法院于 2016 年 11 月 23 日作出(2016)湘执异 15 号执行裁定:驳回株洲海川实业有限责任公司的异议。株洲海川实业有限责任公司不服,向最高人民法院申请复议。最高人民法院于 2017 年 9 月 2 日作出(2017)最高法执复 2 号执行裁定:一、撤销湖南省高级人民法院(2016)湘执异 15 号执行裁定。二、湖南省高级人民法院应查明案涉查封财产状况,依法确定查封财产保管人并明确其权利义务。

【裁判理由】

最高人民法院认为,湖南高院在中行蔡锷支行与德奕鸿公司等借款合同纠纷诉讼财产保全裁定执行案中,依据该院相关民事裁定中"冻结德奕鸿公司银行存款 4800 万元,或查封、扣押其等值的其他财产"的内容,对德奕鸿公司所有的存放于海川公司仓库的铅精矿采取查封措施,并无不当。但在执行实施中,虽然不能否定海川公司对保全执行法院负有协助义务,但被保全人与场地业主之间的租赁合同已经到期未续租,且有生效法律文书责令被保全人将存放货物搬出;此种情况下,要求海川公司完全无条件负担事实上的协助义务,并不合理。协助执行人海川公司的异议,实质上是主张在场地租赁到期的情况下,人民法院查封的财产继续占用场地,导致其产生相当于租金的损失难以得到补偿。湖南高院在发现该情况后,不应回避实际保管人的租金损失或保管费用的问题,应进一步完善查封物的保管手续,明确相关权利义务关系。如果查封的质押物确有较高的足以弥补租金损失的价值,则维持查封直至生效判决作出后,在执行程序中以处置查封物所得价款,优先补偿保管人的租金损失。但海川公司委托质量监督检验机构所做检验报告显示,案涉铅精矿系无价值的废渣,湖南高院在执行中,亦应对此事实予以核实。如情况属实,则应采取适当方式处理查封物,不宜要求协助执行人继续无偿保管无价值财产。保全标的物价值不足以支付保管费用,申请保全人支付保管费用的,可以继续采取查封措施,不支付保管费用的,可以处置保全标的物并继续保全变价款。执行法院仅以对德奕鸿公司财产采取保全措施合法,海川公司与德奕鸿公司之间的租赁合同纠纷是另一法律关系为由,驳回海川公司的异议不当,应予纠正。

14. 青海金泰融资担保有限公司与上海金桥工程建设发展有限公司、青海三工置业有限公司执行复议案[①]

关键词 执行/执行复议/一般保证/严重不方便执行

【裁判要点】

在案件审理期间保证人为被执行人提供保证,承诺在被执行人无财产可供执行或者财产不足清偿债务时承担保证责任的,执行法院对保证人应当适用一般保证的执行规则。在被执行人虽有财产但严重不方便执行时,可以执行保证人在保证责任范围内的财产。

【相关法条】

《中华人民共和国民事诉讼法》第 225 条

《中华人民共和国担保法》第 17 条第 1 款、第 2 款

【基本案情】

青海省高级人民法院(以下简称青海高院)在审理上海金桥工程建设发展有限公司(以下简称金桥公司)与青海海西家禾酒店管理有限公司(后更名为青海三工置业有限公司,以下简称家禾公司)建设工程施工合同纠纷一案期间,依金桥公司申请采取财产保全措施,冻结家禾公司账户存款 1500 万元(账户实有存款余额 23 万余元),并查封该公司 32438.8 平方米土地使用权。之后,家禾公司以需要办理银行贷款为由,申请对账户予以解封,并由担保人宋万玲以银行存款 1500 万元提供担保。青海高院冻结宋万玲存款 1500 万元后,解除对家禾公司账户的冻结措施。2014 年 5 月 22 日,青海金泰融资担保有限公司(以下简称金泰公司)向青海高院提供担保书,承诺家禾公司无力承担责任时,愿承担家禾公司应承担的责任,担保最高限额 1500 万元,并申请解除对宋万玲担保存款的冻结措施。青海高院据此解除对宋万玲 1500 万元担保存款的冻结措施。案件进入执行程序后,经青海高院调查,被执行人青海三工置业有限公司(原青海海西家禾酒店管理有限公司)除已经抵押的土地使用权及在建工程外(在建工程价值 4 亿余元),无其他可供执行财产。保全阶段冻结的账户,因提供担保解除冻结后,进出款 8900 余万元。执行中,青海

① 案例来源:最高人民法院指导案例第 120 号。

高院作出执行裁定，要求金泰公司在三日内清偿金桥公司债务1500万元，并扣划担保人金泰公司银行存款820万元。金泰公司对此提出异议称，被执行人青海三工置业有限公司尚有在建工程及相应的土地使用权，请求返还已扣划的资金。

【裁判结果】

青海省高级人民法院于2017年5月11日作出(2017)青执异12号执行裁定：驳回青海金泰融资担保有限公司的异议。青海金泰融资担保有限公司不服，向最高人民法院提出复议申请。最高人民法院于2017年12月21日作出(2017)最高法执复38号执行裁定：驳回青海金泰融资担保有限公司的复议申请，维持青海省高级人民法院(2017)青执异12号执行裁定。

【裁判理由】

最高人民法院认为，《最高人民法院关于人民法院执行工作若干问题的规定(试行)》第85条规定："人民法院在审理案件期间，保证人为被执行人提供保证，人民法院据此未对被执行人的财产采取保全措施或解除保全措施的，案件审结后如果被执行人无财产可供执行或其财产不足清偿债务时，即使生效法律文书中未确定保证人承担责任，人民法院有权裁定执行保证人在保证责任范围内的财产。"上述规定中的保证责任及金泰公司所做承诺，类似于担保法规定的一般保证责任。《中华人民共和国担保法》第十七条第一款及第二款规定："当事人在保证合同中约定，债务人不能履行债务时，由保证人承担保证责任的，为一般保证。一般保证的保证人在主合同纠纷未经审判或者仲裁，并就债务人财产依法强制执行仍不能履行债务前，对债权人可以拒绝承担保证责任。"《最高人民法院关于适用〈中华人民共和国担保法〉若干问题的解释》第一百三十一条规定："本解释所称'不能清偿'指对债务人的存款、现金、有价证券、成品、半成品、原材料、交通工具等可以执行的动产和其他方便执行的财产执行完毕后，债务仍未能得到清偿的状态。"依据上述规定，在一般保证情形，并非只有在债务人没有任何财产可供执行的情形下，才可以要求一般保证人承担责任，即债务人虽有财产，但其财产严重不方便执行时，可以执行一般保证人的财产。参照上述规定精神，由于青海三工置业有限公司仅有在建工程及相应的土地使用权可供执行，既不经济也不方便，在这种情况下，人民法院可以直接执行金泰公司的财产。

15. 安徽省滁州市建筑安装工程有限公司与湖北追日电气股份有限公司执行复议案①

关键词 执行/执行复议/执行外和解/执行异议/审查依据

【裁判要点】

执行程序开始前，双方当事人自行达成和解协议并履行，一方当事人申请强制执行原生效法律文书的，人民法院应予受理。被执行人以已履行和解协议为由提出执行异议的，可以参照《最高人民法院关于执行和解若干问题的规定》第十九条的规定审查处理。

【相关法条】

《中华人民共和国民事诉讼法》第225条

【基本案情】

安徽省滁州市建筑安装工程有限公司(以下简称滁州建安公司)与湖北追日电气股份有限公司(以下简称追日电气公司)建设工程施工合同纠纷一案，青海省高级人民法院(以下简称青海高院)于2016年4月18日作出(2015)青民一初字第36号民事判决，主要内容为：一、追日电气公司于本判决生效后十日内给付滁州建安公司工程款1405.02533万元及相应利息；二、追日电气公司于本判决生效后十日内给付滁州建安公司律师代理费24万元。此外，还对案件受理费、鉴定费、保全费的承担作出了判定。后追日电气公司不服，向最高人民法院提起上诉。

二审期间，追日电气公司与滁州建安公司于2016年9月27日签订了《和解协议书》，约定："1、追日电气公司在青海高院一审判决书范围内承担总金额463.3万元，其中1)合同内本金413万元；2)受理费11.4万元；3)鉴定费14.9万元；4)律师费24万元。……3、滁州建安公司同意在本协议签订后七个工作日内申请青海高院解除对追日电气公司全部银行账户的查封，解冻后三日内由追日电气公司支付上述约定的463.3万元，至此追日电气公司与滁州建安公司所有帐务结清，双方至此不再有任何经济纠纷"。和解协议签订后，追日电气公司依约向最高人民法院申请撤回上诉，滁州建安公司也依约向青海高院申请解除了对追日电气公司的保全措施。追日电气公司于2016年10月28日向滁州建安青海分公司支付了412.880667万元，滁州建安青海分公司开具了一张413万元的收据。2016年10月24日，滁州建安青海分公司出具了一份《情况说明》，要求追日电气公司将诉讼费、鉴定费、律师费共计50.3万元支付至程一男名下。后为开具发票，追日电气公司与程一男、王兴刚、何寿倒签了一份标的额为50万元的工程施工合同，追日电气公司于2016年11月23日向王兴刚支付40万元、2017年7月18日向王兴刚支付了10万元，青海省共和县国家税务局代开了一张50万元的发票。

后滁州建安公司于2017年12月25日向青海高院申请强制执行。青海高院于2018年1月4日作出(2017)青执108

① 案例来源：最高人民法院指导案例第119号。

号执行裁定:查封、扣押、冻结被执行人追日电气公司所有的人民币1000万元或相应价值的财产。实际冻结了追日电气公司3个银行账户内的存款共计126.605118万元,并向追日电气公司送达了(2017)青执108号执行通知书及(2017)青执108号执行裁定。

追日电气公司不服青海高院上述执行裁定,向该院提出书面异议。异议称:双方于2016年9月27日协商签订《和解协议书》,现追日电气公司已完全履行了上述协议约定的全部义务。现滁州建安公司以协议的签字人王兴刚没有代理权而否定《和解协议书》的效力,提出强制执行申请的理由明显不能成立,并违反诚实信用原则,青海高院作出的执行裁定应当撤销。为此,青海高院作出(2017)青执异18号执行裁定,撤销该院(2017)青执108号执行裁定。申请执行人滁州建安公司不服,向最高人民法院提出了复议申请。主要理由是:案涉《和解协议书》的签字人为"王兴刚",其无权代理滁州建安公司签订该协议,该协议应为无效;追日电气公司亦未按《和解协议书》履行付款义务;追日电气公司提出的《和解协议书》亦不是在执行阶段达成的,若其认为《和解协议书》有效,一审判决不应再履行,应申请再审或另案起诉处理。

【裁判结果】

青海省高级人民法院于2018年5月24日作出(2017)青执异18号执行裁定,撤销该院(2017)青执108号执行裁定。安徽省滁州市建筑安装工程有限公司不服,向最高人民法院申请复议。最高人民法院于2019年3月7日作出(2018)最高法执复88号执行裁定,驳回安徽省滁州市建筑安装工程有限公司的复议请求,维持青海省高级人民法院(2017)青执异18号执行裁定。

【裁判理由】

最高人民法院认为:

一、关于案涉《和解协议书》的性质

案涉《和解协议书》系当事人在执行程序开始前自行达成的和解协议,属于执行外和解。与执行和解协议相比,执行外和解协议不能自动对人民法院的强制执行产生影响,当事人仍然有权向人民法院申请强制执行。追日电气公司以当事人自行达成的《和解协议书》已履行完毕为由提出执行异议的,人民法院可以参照《最高人民法院关于执行和解若干问题的规定》第十九条的规定对和解协议的效力及履行情况进行审查,进而确定是否终结执行。

二、关于案涉《和解协议书》的效力

虽然滁州建安公司主张代表其在案涉《和解协议书》上签字的王兴刚未经其授权,其亦未在《和解协议书》上加盖公章,《和解协议书》对其不发生效力,但是《和解协议书》签订后,滁州建安公司根据约定向青海高院申请解除了对追日电气公司财产的保全查封,并就《和解协议书》项下款项的支付及开具收据发票等事宜与追日电气公司进行多次协商,接收《和解协议书》项下款项、开具收据、发票,故滁州建安公司以实际履行行为表明其对王兴刚的代理权及《和解协议书》的效力是完全认可的,《和解协议书》有效。

三、关于案涉《和解协议书》是否已履行完毕

追日电气公司依据《和解协议书》的约定以及滁州建安公司的要求,分别向滁州建安公司和王兴刚等支付了412.880667万元、50万元款项,虽然与《和解协议书》约定的463.3万元尚差4000余元,但是滁州建安公司予以接受并为追日电气公司分别开具了413万元的收据及50万元的发票,根据《最高人民法院关于贯彻执行〈中华人民共和国民法通则〉若干问题的意见(试行)》第66条的规定,结合滁州建安公司在接受付款后较长时间未对付款金额提出异议的事实,可以认定双方以行为对《和解协议书》约定的付款金额进行了变更,构成合同的默示变更,故案涉《和解协议书》约定的付款义务已经履行完毕。关于付款期限问题,根据《最高人民法院关于执行和解若干问题的规定》第十五条的规定,若滁州建安公司认为追日电气公司延期付款对其造成损害,可另行提起诉讼解决,而不能仅以此为由申请执行一审判决。

16. 东北电气发展股份有限公司与国家开发银行股份有限公司、沈阳高压开关有限责任公司等执行复议案①

关键词 执行/执行复议/撤销权/强制执行

【裁判要点】

1. 债权人撤销权诉讼的生效判决撤销了债务人与受让人的财产转让合同,并判令受让人向债务人返还财产,受让人未履行返还义务的,债权人可以债务人、受让人为被执行人申请强制执行。

2. 受让人未通知债权人,自行向债务人返还财产,债务人将返还的财产立即转移,致使债权人丧失申请法院采取查封、冻结等措施的机会,撤销权诉讼目的无法实现的,不能认定生效判决已经得到有效履行。债权人申请对受让人执行生效判决确定的财产返还义务的,人民法院应予支持。

【相关法条】

《中华人民共和国民事诉讼法》第225条

【基本案情】

国家开发银行股份有限公司(以下简称国开行)与沈阳高压开关有限责任公司(以下简称沈阳高开)、东北电气发展股份有限公司(以下简称东北电气)、沈阳变压器有限责任公

① 案例来源:最高人民法院指导案例第118号。

司、东北建筑安装工程总公司、新东北电气(沈阳)高压开关有限公司(现已更名为沈阳兆利高压电器设备有限公司,以下简称新东北高开)、新东北电气(沈阳)高压隔离开关有限公司(原沈阳新泰高压电气有限公司,以下简称新东北隔离)、沈阳北富机械制造有限公司(原沈阳诚泰能源动力有限公司,以下简称北富机械)、沈阳东利物流有限公司(原沈阳新泰仓储物流有限公司,以下简称东利物流)借款合同、撤销权纠纷一案,经北京市高级人民法院(以下简称北京高院)一审、最高人民法院二审,最高人民法院于2008年9月5日作出(2008)民二终字第23号民事判决,最终判决结果为:一、沈阳高开偿还国开行借款本金人民币15000万元及利息、罚息等,沈阳变压器有限责任公司对债务中的14000万元及利息、罚息承担连带保证责任,东北建筑安装工程总公司对债务中的1000万元及利息、罚息承担连带保证责任。二、撤销东北电气以其对外享有的7666万元对外债权及利息与沈阳高开持有的在北富机械95%的股权和在东利物流95%的股权进行股权置换的合同;东北电气与沈阳高开相互返还股权和债权,如不能相互返还,东北电气在24711.65万元范围内赔偿沈阳高开的损失,沈阳高开在7666万元范围内赔偿东北电气的损失。三、撤销沈阳高开以其在新东北隔离74.4%的股权与东北电气持有的在沈阳添升通讯设备有限公司(以下简称沈阳添升)98.5%的股权进行置换的合同。双方相互返还股权,如果不能相互返还,东北电气应在13000万元扣除2787.88万元的范围内赔偿沈阳高开的损失。依据上述判决内容,东北电气需要向沈阳高开返还下列三项股权:在北富机械的95%股权、在东利物流的95%股权、在新东北隔离的74.4%股权,如不能返还,扣除沈阳高开应返还东北电气的债权和股权,东北电气需要向沈阳高开支付的款项总额为27000万余元。判决生效后,经国开行申请,北京高院立案执行,并于2009年3月24日,向东北电气送达了执行通知,责令其履行法律文书确定的义务。

2009年4月16日,被执行人东北电气向北京高院提交了《关于履行最高人民法院(2008)民二终字第23号民事判决的情况说明》(以下简称说明一),表明该公司已通过支付股权对价款的方式履行完毕生效判决确定的义务。北京高院经调查认定,根据中信银行沈阳分行铁西支行的有关票据记载,2007年12月20日,东北电气支付的17046万元分为5800万元、5746万元、5500万元,通过转账付给沈阳高开;当日,沈阳高开向辽宁新泰电气设备经销有限公司(沈阳添升98.5%股权的实际持有人,以下简称辽宁新泰),辽宁新泰向新东北高开,新东北高开向新东北隔离,新东北隔离向东北电气通过转账支付了5800万元、5746万元、5500万元。故北京高院对东北电气已经支付完毕款项的说法未予认可。此后,北京高院裁定终结本次执行程序。

2013年7月1日,国开行向北京高院申请执行东北电气因不能返还股权而按照判决应履行的赔偿义务,请求控制东北电气相关财产,并为此提供保证。2013年7月12日,北京高院向工商管理机关发出协助执行通知书,冻结了东北电气持有的沈阳高东加干燥设备有限公司67.887%的股权及沈阳凯毅电气有限公司10%(10万元)的股权。

对此,东北电气于2013年7月18日向北京高院提出执行异议,理由是:一、北京高院在查封财产前未作出裁定;二、履行判决义务的主体为沈阳高开与东北电气,国开行无申请强制执行的主体资格;三、东北电气已经按本案生效判决之规定履行完毕向沈阳高开返还股权的义务,不应当再向国开行支付17000万元。同年9月2日,东北电气向北京高院出具《关于最高人民法院(2008)民二终字第23号判决书履行情况的说明》(以下简称说明二),具体说明本案终审判决生效后的履行情况:1. 关于在北富机械95%股权和东利物流95%股权返还的判项。2008年9月18日,东北电气、沈阳高开、新东北高开(当时北富机械95%股权的实际持有人)、沈阳恒宇机械设备有限公司(当时东利物流95%股权的实际持有人,以下简称恒宇机械)签订四方协议,约定由新东北高开、恒宇机械代东北电气向沈阳高开分别返还北富机械95%股权和东利物流95%股权;2. 关于新东北隔离74.4%的股权返还的判项。东北电气与沈阳高开、阜新封闭母线有限责任公司(当时新东北隔离74.4%股权的实际持有人,以下简称阜新母线)、辽宁新泰于2008年9月18日签订四方协议,约定由阜新母线代替东北电气向沈阳高开返还新东北隔离74.4%的股权。2008年9月22日,各方按照上述协议交割了股权,并完成了股权变更工商登记。相关协议中约定,股权代返还后,东北电气对代返还的三个公司承担对应义务。

2008年9月23日,沈阳高开将新东北隔离的股权、北富机械的股权、东利物流的股权转让给沈阳德佳经贸有限公司,并在工商管理机关办理完毕变更登记手续。

【裁判结果】

北京市高级人民法院审查后,于2016年12月30日作出(2015)高执异字第52号执行裁定,驳回了东北电气发展股份有限公司的异议。东北电气发展股份有限公司不服,向最高人民法院申请复议。最高人民法院于2017年8月31日作出(2017)最高法执复27号执行裁定,驳回东北电气发展股份有限公司的复议请求,维持北京市高级人民法院(2015)高执异字第52号执行裁定。

【裁判理由】

最高人民法院认为:

一、关于国开行是否具备申请执行人的主体资格问题

经查,北京高院2016年12月20日的谈话笔录中显示,东北电气的委托代理人雷爱民明确表示放弃执行程序违法、国开行不具备主体资格两个异议请求。从雷爱民的委托代理权限看,其权限为:代为申请执行异议、应诉、答辩,代为承认、放弃、变更执行异议请求,代为接收法律文书。因此,雷爱民

在异议审查程序中所作的意思表示,依法由委托人东北电气承担。故,东北电气在异议审查中放弃了关于国开行不具备申请执行人的主体资格的主张,在复议审查程序再次提出该项主张,本院依法可不予审查。即使东北电气未放弃该主张,国开行申请执行的主体资格也无疑问。本案诉讼案由是借款合同、撤销权纠纷,法院经审理,判决支持了国开行的请求,判令东北电气偿还借款,并撤销了东北电气与沈阳高开股权置换的行为,判令东北电气和沈阳高开之间相互返还股权,东北电气如不能返还股权,则承担相应的赔偿责任。相互返还这一判决结果不是基于东北电气与沈阳高开双方之间的争议,而是基于国开行的诉讼请求。东北电气向沈阳高开返还股权,不仅是对沈阳高开的义务,而且实质上主要是对胜诉债权人国开行的义务。故国开行完全有权利向人民法院申请强制有关义务人履行该判决确定的义务。

二、关于东北电气是否履行了判决确定的义务问题

(一)不能认可本案返还行为的正当性

法律设置债权人撤销权制度的目的,在于纠正债务人损害债权的不当处分财产行为,恢复债务人责任财产以向债权人清偿债务。东北电气返还股权、恢复沈阳高开的偿债能力的目的,是为了向国开行偿还其债务。只有在通知胜诉债权人,以使其有机会申请法院采取冻结措施,从而能够以返还的财产实现债权的情况下,完成财产返还行为,才是符合本案诉讼目的的履行行为。任何使国开行诉讼目的落空的所谓返还行为,都是严重背离该判决实质要求的行为。因此,认定东北电气所主张的履行是否构成符合判决要求的履行,都应以该判决的目的为基本指引。尽管在本案诉讼期间及判决生效后,东北电气与沈阳高开之间确实有运作股权返还的行为,但其事前不向人民法院和债权人作出任何通知,且股权变更登记到沈阳高开名下的次日即被转移给其他公司,在此情况下,该种行为实质上应认定为规避判决义务的行为。

(二)不能确定东北电气协调各方履行无偿返还义务的真实性

东北电气主张因为案涉股权已实际分别转由新东北高开、恒宇机械、阜新母线等三家公司持有,无法由东北电气直接从自己名下返还给沈阳高开,故由东北电气协调新东北高开、恒宇机械、阜新母线等三家公司将案涉股权无偿返还给沈阳高开。如其所主张的该事实成立,则也可以视为其履行了判决确定的返还义务。但依据本案证据不能认定该事实。

1. 东北电气的证据前后矛盾,不能做合理解释。本案在执行过程中,东北电气向北京高院提交过两次说明,即2009年4月16日提交的说明一和2013年9月2日提交的说明二。其中,说明一显示,东北电气与沈阳高开于2007年12月18日签订协议,鉴于双方无法按判决要求相互返还股权和债权,约定东北电气向沈阳高开支付股权转让对价款,东北电气已于2007年12月20日(二审期间)向沈阳高开支付了17046万元,并以2007年12月18日东北电气与沈阳高开签订的《协议书》、2007年12月20日中信银行沈阳分行铁西支行的三张银行进账单作为证据。说明二则称,2008年9月18日,东北电气与沈阳高开、新东北高开、恒宇机械签订四方协议,约定由新东北高开、恒宇机械代东北电气向沈阳高开返还了北富机械95%股权、东利物流95%股权;同日,东北电气与沈阳高开、阜新母线、辽宁新泰亦签订四方协议,约定由阜新母线代东北电气向沈阳高开返还新东北隔离74.4%的股权;2008年9月22日,各方按照上述协议交割了股权,并完成了股权变更工商登记。

对于其所称的履行究竟是返还上述股权还是以现金赔偿,东北电气的前后两个说明自相矛盾。第一,说明一表明,东北电气在二审期间已履行了支付股权对价款义务,而对于该支付行为,经过北京高院调查,该款项经封闭循环,又返回到东北电气,属虚假给付。第二,在执行程序中,东北电气2009年4月16日提交说明一时,案涉股权的交割已经完成,但东北电气并未提及2008年9月18日东北电气与沈阳高开、新东北高开、恒宇机械签订的四方协议;第三,既然2007年12月20日东北电气与沈阳高开已就股权对价款进行了交付,那么2008年9月22日又通过四方协议,将案涉股权返还给沈阳高开,明显不符合常理。第四,东北电气的《重大诉讼公告》于2008年9月26日发布,其中提到接受本院判决结果,但并未提到其已经于9月22日履行了判决,且称其收到诉讼代理律师转交的本案判决书的日期是9月24日,现在又坚持其在9月22日履行了判决,难以自圆其说。由此只能判断其在执行过程中所谓履行最高法院判决的说法,可能是对过去不同时期已经发生了的某种与涉案股权相关的转让行为,自行解释为是对本案判决的履行行为。故对四方协议的真实性及东北电气的不同阶段的解释的可信度高度存疑。

2. 经东北电气协调无偿返还涉案股权的事实不能认定。工商管理机关有关登记备案的材料载明,2008年9月22日,恒宇机械持有的东利物流的股权、新东北高开持有的北富机械的股权、阜新母线持有的新东北隔离的股权已过户至沈阳高开名下。但登记资料显示,沈阳高开与新东北高开、沈阳高开与恒宇机械、沈阳高开与阜新母线签订的《股权转让协议书》中约定有沈阳高开应分别向三公司支付相应的股权转让对价款。东北电气称,《股权转让协议书》系按照工商管理部门的要求而制作,实际上没有也无须支付股权转让对价款。对此,东北电气不能提供充分的证据予以证明,北京高院到沈阳市有关工商管理部门调查,亦未发现足以证明提交《股权转让协议书》确系为了满足工商备案登记要求的证据。且北京高院经查询案涉股权变更登记的工商登记档案,其中除了有《股权转让协议书》,还有主管部门同意股权转让的批复、相关公司同意转让、受让或接收股权的股东会决议、董事会决议等材料,这些材料均未提及作为本案执行依据的生效判决以及

两份四方协议。在四方协议本身存在重大疑问的情况下,人民法院判断相关事实应当以经工商备案的资料为准,认定本案相关股权转让和变更登记是以备案的相关协议为基础的,即案涉股权于2008年9月22日登记到沈阳高开名下,属于沈阳高开依据转让协议有偿取得,与四方协议无关。沈阳高开自取得案涉股权至今是否实际上未支付对价,以及东北电气在异议复议过程中所提出的恒宇机械已经注销的事实,新东北高开、阜新母线关于放弃向沈阳高开要求支付股权对价的承诺等,并不具有最终意义,因其不能排除新东北高开、恒宇机械、阜新母线的债权人依据经工商登记备案的有偿《股权转让协议》,向沈阳高开主张权利,故不能改变《股权转让协议》的有偿性质。因此,依据现有证据无法认定案涉股权曾经变更登记到沈阳高开名下系经东北电气协调履行四方协议的结果,无法认定系东北电气履行了生效判决确定的返还股权义务。

17. 中建三局第一建设工程有限责任公司与澳中财富(合肥)投资置业有限公司、安徽文峰置业有限公司执行复议案①

关键词 执行/执行复议/商业承兑汇票/实际履行

【裁判要点】

根据民事调解书和调解笔录,第三人以债务承担方式加入债权债务关系的,执行法院可以在该第三人债务承担范围内对其强制执行。债务人用商业承兑汇票来履行执行依据确定的债务,虽然开具并向债权人交付了商业承兑汇票,但因汇票付款账户资金不足、被冻结等不能兑付的,不能认定实际履行了债务,债权人可以请求对债务人继续强制执行。

【相关法条】

《中华人民共和国民事诉讼法》第225条

【基本案情】

中建三局第一建设工程有限责任公司(以下简称中建三局一公司)与澳中财富(合肥)投资置业有限公司(以下简称澳中公司)建设工程施工合同纠纷一案,经安徽省高级人民法院(以下简称安徽高院)调解结案,安徽高院作出的民事调解书,确认各方权利义务。调解协议中确认的调解协议第一条第6款第2项、第3项约定本协议签订后为偿还澳中公司欠付中建三局一公司的工程款,向中建三局一公司交付付款人为安徽文峰置业有限公司(以下简称文峰公司)、收款人为中建三局一公司(或收款人为澳中公司并背书给中建三局一公司),金额总计为人民币6000万元的商业承兑汇票。同日,安徽高院组织中建三局一公司、澳中公司、文峰公司调解的笔录载明,文峰公司明确表示自己作为债务承担者加入调解协议,并表示知晓相关的义务及后果。之后,文峰公司分两次向中建三局一公司交付了金额总计为人民币陆千万元的商业承兑汇票,但该汇票因文峰公司相关账户余额不足、被冻结而无法兑现,也即中建三局一公司实际未能收到6000万元工程款。

中建三局一公司以澳中公司、文峰公司未履行调解书确定的义务为由,向安徽高院申请强制执行。案件进入执行程序后,执行法院冻结了文峰公司的银行账户。文峰公司不服,向安徽高院提出异议称,文峰公司不是本案被执行人,其已经出具了商业承兑汇票;另外,即使其应该对商业承兑汇票承担代付款责任,也应先执行债务人澳中公司,而不能直接冻结文峰公司的账户。

【裁判结果】

安徽省高级人民法院于2017年9月12日作出(2017)皖执异1号执行裁定:一、变更安徽省高级人民法院(2015)皖执字第00036号执行案件被执行人为澳中财富(合肥)投资置业有限公司。二、变更合肥高新技术产业开发区人民(2016)皖0191执10号执行裁定被执行人为澳中财富(合肥)投资置业有限公司。中建三局第一建设工程有限责任公司不服,向最高人民法院申请复议。最高人民法院于2017年12月28日作出(2017)最高法执复68号执行裁定:撤销安徽省高级人民法院(2017)皖执异1号执行裁定。

【裁判理由】

最高人民法院认为,涉及票据的法律关系,一般包括原因关系(系当事人间授受票据的原因)、资金关系(系指当事人间在资金供给或资金补偿方面的关系)、票据预约关系(系当事人间有了原因关系之后,在发出票据之前,就票据种类、金额、到期日、付款地等票据内容及票据授受行为订立的合同)和票据关系(系当事人间基于票据行为而直接发生的债权债务关系)。其中,原因关系、资金关系、票据预约关系属于票据的基础关系,是一般民法上的法律关系。在分析具体案件时,要具体区分原因关系和票据关系。

本案中,调解书作出于2015年6月9日,其确认的调解协议第一条第6款第2项约定:本协议签订后7个工作日内向中建三局一公司交付付款人为文峰公司、收款人为中建三局一公司(或收款人为澳中公司并背书给中建三局一公司)、金额为人民币叁仟万元整、到期日不迟于2015年9月25日的商业承兑汇票;第3项约定:于本协议签订后7个工作日内向中建三局一公司交付付款人为文峰公司、收款人为中建三局一公司(或收款人为澳中公司并背书给中建三局一公司)、金额为人民币叁仟万元整、到期日不迟于2015年12月25日的商业承兑汇票。同日,安徽高院组织中建三局一公司、澳中

① 案例来源:最高人民法院指导案例第117号。

公司、文峰公司调解的笔录载明:承办法官询问文峰公司"你方作为债务承担者,对于加入本案和解协议的义务及后果是否知晓?"文峰公司代理人邵红卫答:"我方知晓。"承办法官询问中建三局一公司"你方对于安徽文峰置业有限公司加入本案和解协议承担债务是否同意?"中建三局一公司代理人付琦答:"我方同意。"综合上述情况,可以看出,三方当事人在签订调解协议时,有关文峰公司出具汇票的意思表示不仅对文峰公司出票及当事人之间授受票据等问题作出了票据预约关系范畴的约定,也对文峰公司加入中建三局一公司与澳中公司债务关系、与澳中公司一起向中建三局一公司承担债务问题作出了原因关系范畴的约定。因此,根据调解协议,文峰公司在票据预约关系层面有出票和交付票据的义务,在原因关系层面有就6000万元的债务承担向中建三局一公司清偿的义务。文峰公司如期开具真实、足额、合法的商业承兑汇票,仅是履行了其票据预约关系层面的义务,而对于其债务承担义务,因其票据付款账户余额不足、被冻结而不能兑付案涉汇票,其并未实际履行,中建三局一公司申请法院对文峰公司强制执行,并无不当。

18. 善意文明执行典型案例[①]

1. 某投资公司与某资源集团公司等财产保全案件

——北京法院通过"换封"方式解除对债务人持有的某上市公司股票的保全冻结为民营企业发展营造更好司法环境

【摘要】

本案在执行保全裁定过程中,北京法院冻结了民营企业某资源集团公司持有的某上市公司的股票。某资源集团公司请求解除股票冻结,北京法院本着善意执行、文明执行的理念,积极与保全申请人沟通,最终通过"换封"方式解除了对某资源集团公司股票的冻结,在确保申请人实现债权不受影响的前提下,最大限度降低了对被申请人及相关上市公司的不利影响。

【基本案情】

某投资公司与某资源集团公司股权转让纠纷一案,北京法院在审理过程中,根据某投资公司申请,作出诉讼保全裁定,明确冻结某资源集团公司名下近两亿元的财产。之后,北京法院向证券登记结算机构发出协助执行通知书,冻结了某资源集团公司持有的某上市公司数量较大的股票。

股票冻结后,被申请人某资源集团公司、第三人某科技公司向法院提出书面申请,由第三人某科技公司以其所有的等值土地作为担保,请求解除对被申请人股票的冻结。为最大限度维护双方当事人合法权益,既保障保全申请人实现债权不受影响,又避免对被申请人及相关上市公司正常经营造成不利影响,北京法院积极沟通协调,保全申请人某投资公司最终同意了被申请人的"换封"方案。随后,北京法院作出变更保全裁定,查封了第三人某科技公司的土地,并解除了对某资源集团公司股票的冻结。

【典型意义】

在案件审理过程中,为防止债务人转移财产,债权人会向人民法院提出保全查封债务人财产的申请,这对于敦促债务人主动履行义务、确保生效法律文书得到有效执行具有重要意义。本案中,北京法院依保全申请人申请,冻结了被申请人在某上市公司数量较大的股票。由于上市公司股票冻结对该上市公司融资和正常经营会有一定影响,北京法院本着善意文明执行的理念,积极与保全申请人沟通,找准双方利益平衡点,通过"换封"方式,最大限度降低了对被申请人及相关上市公司正常经营的影响,为保障民营企业等市场主体合法权益,推动法治化营商环境改善提供了有力司法服务和保障。

2. 北京某房地产公司申请执行北京某生物科技公司等股权转让纠纷案件

——北京一中院积极推动对涉案不动产的分割登记、部分查封

【摘要】

本案被执行人名下一座共二十层大厦只有一个产权证,整体查封明显超过了本案执行标的额,但按照法律规定对于不可分物且被执行人无其他可供执行的财产可以整体查封。北京一中院坚持善意执行理念,协调各登记管理机关,积极推动对不动产的分割登记,解除超出执行标的额部分的查封,避免因查封影响财产效用的发挥,尽量降低对债务人的不利影响。

【基本案情】

北京某房地产公司申请执行北京某生物科技公司、北京某投资公司、广州市某投资公司等一案,法院判决上述被执行人连带清偿申请执行人股权转让款八千万元及赔偿相关利息损失,由北京市第一中级人民法院立案强制执行;与此同时,该院还执行多个涉及北京某投资公司的案件,案由有民间借贷纠纷、股权转让纠纷、诉讼代理合同纠纷等,总标的额约6亿元。

执行过程中,法院查封了北京某投资公司名下位于北京市海淀区知春路的房产,该大厦共二十层,估值在20亿左右。被执行公司提出申请,希望法院能解除对大厦的查封,表示公

① 案例来源:2020年1月2日最高人民法院公布。

司会通过其他方式融资来清偿债务,但申请执行人坚决反对解除查封,担心一旦解除,自己的权利无法实现。

为保护各方当事人合法权益,执行法官多次前往北京住建委、规土委、不动产登记中心,反复协调沟通之后,将涉案大厦原有的一个产权证分割为二十四个产权证,然后办理了整栋大楼解除查封手续,变更为查封该大厦1-10层的房产,并重新查封了以上房屋之分摊土地面积,从而避免了超执行标的查封,使得被执行人得以盘活资产、进行融资,筹得款项清偿了涉案全部债务,系列案件得以全部顺利执行完毕。

【典型意义】

在执行案件中,一种常见的情形是被执行人名下的不动产估值远超过执行涉案金额,但整个不动产只有一个产权证,在执行中很难做到对不动产中涉案金额部分进行精准处置,但若整体处置又可能对被执行人的合法权益造成较大的影响,亟待人民法院采取灵活的执行措施,既能保障申请执行人的债权,又能尽量不影响被执行人的正常经营活动,避免不必要的损失。本案中,在最高人民法院统一调度和积极协调下,秉持善意执行理念,执行法院积极协调不动产登记机关,将涉案不动产共用的一个产权证分割为多个产权证,再查封案件标的范围内的部分不动产,使得被执行人可以对其他未查封部分房产进行正常经营、融资,使被执行人的利益免受不必要的损失,也促进了案件的顺利执结,用创新做法开创了执行工作的新局面,维护了各方当事人的合法权益。

3. 许某某等申请执行莆田市某房地产公司等借款纠纷系列案件

——莆田中院引入战略投资者帮助盘活被执行企业资产

【摘要】

本案被执行人莆田市某房地产公司是有着十几年历史的企业,员工上千人,因一时投资决策失误,资金链骤然断裂,债务缠身,债权人纷纷诉至法院。莆田中院强化府院联系,主动沟通协调,积极引入第三方战略投资者,盘活被执行人资产,依法妥善采取执行措施,推动案件执行和解。

【基本案情】

在福建省莆田市中级人民法院,以莆田市某房地产公司作为被执行人的未结执行案件有491件,申请执行标的本息近30亿元,法院依法查封了该公司名下的财产,但该公司某房地产项目因资金链断裂面临“烂尾”的风险,且拖欠工程款造成工人多次信访,如果简单实施查封、拍卖等强制执行手段,不仅可能会造成系列案件无法全部受偿,购房业主利益得不到保障,且企业也会面临破产,无法清偿工人工资,给当地社会带来不稳定因素。

莆田中院深入走访调查后发现,该房地产项目有楼盘34.78万平方米,预计销售额可达40多亿元,但被执行人因资金困难,将上述楼盘的土地使用权抵押给上海某房地产公司,抵押金额本金达5.75亿,相关案件已经在上海市高级人民法院进入执行程序。鉴于被执行公司资大于债,只是资金周转暂时出现困难,莆田中院认真贯彻最高人民法院提出的“依法审慎采取强制措施,保护企业正常生产经营,维护非公经济主体的经营稳定”的要求,积极寻求市委、市政府的支持,召集了市国土、规划、住建、消防、金融办、商业银行等相关部门多次研究部署,推动莆田市某投资集团作为战略投资者向被执行人分期注资5亿元用于楼盘复工。

另外,莆田中院多次与上海高院、上海某房地产公司沟通协调,上海高院同意暂不拍卖已查封的地块,上海某房地产公司同意把涉案房地产项目土地使用权的抵押权人分期置换为莆田市某投资集团。上海某房地产公司与莆田市某投资集团双方签订协议,由莆田市某投资集团先行向其支付1.5亿元,有关银行则向上海某房地产公司出具为期一年的保函,置换出原抵押于上海某房地产公司的项目土地使用权,之后以该土地使用权证书向银行融资并投入该项目建设。在此基础上,莆田中院根据当事人达成的和解协议,通过以房抵债或用售房款还债等形式,消灭前期债务。目前被执行人已经完成了融资,市政府将涉案房地产项目中的三幢楼作为莆田市引进人才公寓楼盘,有力推动涉案项目的销售。在此基础上,莆田中院根据双方当事人达成的和解协议,已陆续通过以房抵债或售房款形式有序偿还债权人,促使491件系列执行案件逐步得到妥善处理。该系列案件的解决,使得涉案房地产项目400多户购房户的房产得到交付,同时带动被执行人其它楼盘3425户业主的产权证件办理,支付拖欠的农民工工资2亿多元,顺利平息化解矛盾纠纷,维护了社会安定稳定。

【典型意义】

近年来,因房地产开发商资金链断裂、经营管理不善等原因导致房地产项目“烂尾”现象时有发生,引发拖欠借款、工程款以及商品房销售合同违约等一系列纠纷,涉及的利益主体众多,涉案标的巨大,解决问题的难度大,对社会稳定造成不利影响。如何既保障债权人合法权益,又能够使房地产项目得以盘活,让商品房得以交付是人民法院执行工作面临的重大难题。本系列案件的有效化解,是莆田中院解决涉金融案件“清理与拯救并重,要当好困境企业的医院”工作思路的生动体现,也是着眼服务大局、灵活运用善意执行手段的形象展示,更是积极争取地方党委、政府支持的有效成果。莆田中院多方联动、积极协调,盘活不良资产,避免了房地产项目“烂尾”的金融风险和社会矛盾的激化,得到了各界的肯定,为处理同类案件提供了可复制可推广的经验。

4. 左某娃申请执行左某英物权保护纠纷案件
——南京秦淮法院帮助被执行人取回被他人强占的房屋

【摘要】

本案是年逾古稀的两位亲姐妹之间的案件，姐姐强占妹妹房屋拒不归还，妹妹申请强制腾房，执行法院秉持善意执行理念，没有机械执行，经多方努力，帮助被执行人收回被他人强占的房屋，解决了被执行人的居住问题与后顾之忧，促使本案圆满执结。

【基本案情】

本案双方当事人是一对年逾古稀的同父异母姐妹，姐姐左某英年轻时远嫁兰州，丈夫去世后，无房无业的她靠社会保障勉强维持生活，两个亲生女儿也是生活艰难。几年前左某英回到南京，强占了妹妹左某娃位于秦淮区的房屋，引发了诉讼。法院依法审理后认为，左某娃合法拥有该房屋的占有使用权，左某英无合法依据强占他人房屋，侵害了左某娃的合法权益，判决左某英须迁出并归还该房屋给左某娃。在本案执行过程中，执行法官发现被执行人左某英生活非常拮据，在南京无其他可供居住的房屋，且患有心脑血管疾病、有晕厥史，很容易发生意外，不适宜进行强制执行，遂根据掌握的线索远赴被执行人生活地兰州调查，了解到左某英在兰州有一套住房，但是被他人强占，无法收回房屋。执行法院积极与当地有关部门联系协调，经多方努力，最终由有关部门帮助被执行人左某英收回其在兰州的房屋，并且执行法官还说服其两个女儿到南京接左某英回兰州，以彻底化解此次矛盾纠纷。被执行人在得知自己的居所已经收回且女儿亲自来接其回家后，主动迁出涉案房屋，在家人的陪伴下回到了兰州，该案得以圆满解决。

【典型意义】

腾退房屋是一种常见的执行案件类型。本案中，依法应腾退房屋的被执行人，存在与申请执行人是亲戚关系、当地无其他可供居住的房屋、年逾古稀且身患疾病等情形，如果简单地采取强制腾退措施，可能引发一系列问题，激化矛盾。在本案办理过程中，执行法院秉持善意执行理念，努力帮助被执行人解决居住问题，有效平衡了执行力度与执行温度之间的关系，用柔性执法彰显了司法温度，达到了定分止争的目的，促成案结事了人和，取得了良好的法律效果与社会效果。

5. 中国农业银行顺德勒流支行申请执行顺德某铜铝型材公司等金融借款合同纠纷案件
——顺德法院允许承租人继续使用查封厂房实现财产价值

【摘要】

广东省佛山市顺德区人民法院灵活采取查封措施，在处置涉案厂房期间，将厂房交由案外人继续占有使用并收取占用费，使查封财产能够物尽其用，避免资源浪费，并在此过程中，将占用费收取工作交由申请执行人管理，制作台账后交由法院审查备案，为进一步探索推行执行中的强制管理制度积累了经验。

【基本案情】

中国农业银行顺德勒流支行与顺德某铜铝型材公司等金融借款合同纠纷一案，人民法院判决被执行人应向银行清偿近亿元的本金及相关的利息、复利、罚息等。在本案执行过程中，法院查明被执行人名下有位于顺德某工业区的厂房。在法院拟拍卖该不动产的过程中，共有12名案外人以租赁使用涉案部分厂房为由向法院申报租赁关系。后经法院走访查明，上述厂房已分租给12名案外人使用，租户员工合计逾100人，部分租户已于2013、2014年入驻涉案厂房，因生产经营需要，大部分租户均投入了大量财物进行厂房升级改造，且因生产需要均配备大型机器设备，如强制清空，将对这12名案外人造成较大财产损失。

因涉案厂房内无证建筑物较多，需重新测量后交由国土部门入库审查，评估周期较长，法院在考虑12名案外人的实际情况后，为实现债权人权益最大化，避免查封财产的资源浪费，决定在处置涉案厂房期间，12名案外人可继续占有使用，但需参照所签订的租赁合同或市场价支付占用费。12名案外人均承诺继续使用涉案厂房至拍卖成交，如未能与新业主签订新租赁协议，将于拍卖成交之日起两个月内迁出涉案厂房。同时，顺德法院参照企业破产程序中破产管理人的制度，将占用费收取工作交由申请执行的银行负责，要求案外人将每月缴款的凭证发送给申请执行人，由申请执行人及时跟进、督促案外人支付占用费，并制作台账交由法院审查备案。以上执行措施既充分实现了暂无法处置的资产的价值，维护了各方当事人的合法权益，又有效节约了司法资源，赢得了各方好评。

【典型意义】

法院执行实务操作中，涉案房地产类型为大宗厂房或商场的，往往存在多个租客分租的情况，如何保障债权人、债务人、承租人三方的权益不受进一步损害，从而提高人民群众对法院执行工作的认可，是法院执行工作的一大难题。本案中法院通过灵活采取查封措施的方式，在评估、处置涉案厂房期间将其交由案外人继续占有使用并收取占用费，用于偿还申请执行人的债权，使查封财产能够物尽其用，避免资源浪费，体现了善意执行的理念。同时参照相关规定，将占用费收取工作交由申请执行人管理，也为进一步探索推行执行程序中的强制管理制度积累了经验。

6. 重庆某投资公司申请执行青岛某化工公司等借款合同纠纷案件

——重庆五中院积极化解矛盾顺利一次性执结2.9亿元大案

【摘要】

重庆市第五中级人民法院成功执结重庆某投资公司申请执行青岛某化工公司等借款合同纠纷案，高达2.9亿元的执行标的额一次性执行到位。本案涉案标的额大、案情复杂、涉及当事人多，具有较高的社会关注度。法院发挥司法智慧，化解当事人之间的争议矛盾，成功执结本案，有效保障了当事人的权益，维护了和谐稳定，取得良好的法律效果和社会效果。

【基本案情】

重庆某投资公司与重庆某石化公司、青岛某化工公司甲、青岛某化工公司乙、青岛某化工公司丙借款合同纠纷案，法院判决重庆某石化公司应偿还重庆某投资公司借款本金1.5亿元及相关借款利息、滞纳金；重庆某投资公司对青岛某化工公司甲提供质押的存放于青岛某化工公司乙、丙的共计5万吨抽余油在判决确定的债权范围内享有优先受偿权；若重庆某石化公司不能清偿判决所确定的债务，且质押物存在不足的情形，则青岛三家公司在质押物缺失的现值范围内承担赔偿责任。

本案立案执行后，重庆五中院迅速启动查封冻结工作，依法冻结了被执行人青岛三家公司在多个银行账户中的存款，并查封了青岛三家公司10余处房地产，为本案的执行工作推进奠定了良好基础。根据判决主文设定的“先油后款”的操作模式，本案应当先确定涉案“抽余油”现状，但是本案执行过程中，青岛三家公司以质押人青岛某化工公司甲并非本案质押物的实际所有权人、本案质权并不成立等理由进行抗辩，迟迟不愿指认涉案质押油品并明确其现状。本案执行法官及时赶赴青岛，现场核实了涉案油品的实际情况。在确定涉案5万吨抽余油不存在的情况下，重庆五中院即时进行案情研判，相应调整执行策略，探索采取对虚拟资产进行种类物现值评估的方式，对涉案5万吨抽余油的现值进行评估，为科学确定青岛三家公司应承担的赔偿责任额度提供参考依据。

本案进入评估阶段后，执行法官协调解决了各方对于如何确定油品现值的基准日以及评估中是否应含税值评估等争议问题，同时督促评估机构规范评估程序并及时作出评估报告，从而明确了青岛三家公司应承担的责任。经执行法官多方面工作努力，被执行人青岛三家公司主动通过青岛某化工公司甲将3.2亿元汇入法院执行款账户，全额履行完毕本案判决确定的给付义务。重庆五中院及时将青岛三家公司被查控在案的全部财产予以解除，并在依法扣减本案执行款项后，将余款全部退回被执行人账户。

【典型意义】

本案中，执行法官“抽丝剥茧”找准矛盾焦点，及时核实涉案油品的实际情况。在确定涉案执行财产抽余油实际不存在的情况下，为推进执行工作，法院经过深入细致研判，探索采取对虚拟资产进行种类物现值评估的方式，科学确定相关当事人应当承担的赔偿责任，有效破解执行中的障碍，为后续执行工作顺利推进奠定了坚实基础。执行法院运用司法智慧妥善化解纷争，积极协调各方当事人，认真释法明理，坚持以对话代替对抗，以善意化解分歧，针对各方当事人关注的焦点问题主动提供解决方案，并督促评估机构规范评估涉案油品，最终成功促使各方当事人就履行本案判决确定的给付义务达成共识并及时履行，体现了强制执行工作中加大执行力度与善意执行理念的有机结合。

7. 宝山区罗泾镇某村委会申请执行上海某园林公司等土地租赁合同纠纷案件

——上海宝山法院多措并举化解矛盾强有力执结土地腾退案

【摘要】

本案执行法院积极争取区委、区政法委的支持，与公安机关、属地镇政府等多部门进行联动，准确掌握涉案场地的实际情况，摸排矛盾激化风险点，制定周密执行方案，多措并举，扫清执行障碍，高效完成百余亩土地的腾退工作。

【基本案情】

上海市宝山区罗泾镇某村委会与上海某园林公司、上海某机动车驾驶员培训公司土地租赁合同纠纷一案，法院判决解除原告宝山区罗泾镇某村委会、被告上海某园林公司间的土地租赁协议，并判令上海某园林公司及第三人上海某机动车驾驶员培训公司返还132.8亩租赁土地并支付拖欠的租金及相关费用。

本案进入执行程序后，执行法院查明，涉案的132.8亩土地作为第三人的驾驶员培训基地使用，有470余辆教练车，约1.3万名学员在基地学习。培训基地占用的其余159亩土地也属于违法用地，场地上存在多处违法搭建房屋和设施，生态环境保护部门已在巡查中发现该处违法用地，并挂牌督办该案件。另外，该驾校员工数百人曾联名信访，要求延期腾退，解决学员分流、补偿等事宜。此外，该驾校还存在大量学员因其他原因无法按期结业的情况，有矛盾激化的风险。

面对规模庞大的涉案土地、复杂的案情以及潜在的矛盾激化风险，宝山法院积极寻求宝山区委、区政府支持，在宝山区委、区政府的部署指挥下，成立了专案组，与公安机关、属地镇政府等多部门建立执行联动机制，群策群力。

针对驾校在涉案场地上持续招收新学员的行为，宝山法院向上海市交通委员会发函建议暂停办理驾校招录新学员的申请。同时，宝山法院会同宝山公安分局对驾校的法定代表人及其他股东进行约谈和法制教育，消除驾校股东的对抗情绪，督促其理性表达诉求，同时对被执行人采取了失信限消等措施，依法震慑了被执行人的法定代表人。为稳定驾校内部人员的情绪，宝山法院还协调由公安机关牵头，将涉案场地上的教练和学员分流安置至其他驾校进行培训活动，消除关键矛盾点。

通过前期充分的准备工作，在强大的执行威慑力保障下，最终该驾校主动表示愿意配合法院的执行工作。随后，宝山法院会同宝山公安分局、宝山区规土局执法大队、宝山区城管行政执法局等多家部门，对该涉案土地腾退及违法用地问题进行联合现场执法。在执行现场，请公证人员对相关财产的清理进行了公证，并登记造册。在涉案场地全部腾退完毕后，宝山法院将被执行人支付的场地占用费发还本案申请执行人，案件至此执行完毕。

【典型意义】

在本案的执行过程中，被执行人占用涉案土地作为驾校培训基地，对抗法院执行的主要筹码就是驾校中万余名教练与学员的安置问题。考虑到本案执行的主要目的是将涉案土地交还申请执行人，必须妥善安置驾校基地中的人员，避免因执行行为带来更大的社会矛盾。执行法官发函至上海市交通委员会，建议暂停驾校的招生活动，又运用多部门执行联动机制，会同公安机关协调其他驾校接受分流的教练与学员，将潜在的矛盾及时化解。此外，执行法官通过采取限制高消费、纳入失信名单等执行措施，让被执行人处处受限，对其形成高压态势。以强大的执行威慑力为后盾，做通被执行人的思想工作，由其配合法院的腾退，最终案件得以顺利执行完毕，充分体现了多措并举的强有力执行手段与善意执行理念的结合。

19. 富滇银行股份有限公司大理分行与杨凤鸣、大理建标房地产开发有限公司案外人执行异议之诉案①

【裁判摘要】

保证人与债权银行之间约定设立保证金账户，按比例存入一定金额的保证金用于履行某项保证责任，未经同意保证人不得使用保证金，债权银行有权从该账户直接扣收有关款项，并约定了保证期间等，应认定双方存在金钱质押的合意。保证金账户内资金的特定化不等于固定化，只要资金的浮动均与保证金业务对应、有关，未作日常结算使用，即应认定符合最高人民法院《关于适用〈中华人民共和国担保法〉若干问题的解释》第八十五条规定的金钱以特户形式特定化的要求。如债权银行实际控制和管理保证金账户，应认定已符合对出质金钱占有的要求。

原告（执行案外人）：富滇银行股份有限公司大理分行，住所地：云南省大理白族自治州大理市经济开发区云岭大道。

负责人：赵俊峰，该行行长。

被告（申请执行人）：杨凤鸣，女，49岁，住云南省大理白族自治州大理市经济开发区。

第三人（被执行人）：大理建标房地产开发有限公司，住所地：云南省大理白族自治州大理市经济开发区满江片区。

法定代表人：刘宝承，该公司董事长。

原告富滇银行股份有限公司大理分行（以下简称富滇银行大理分行）因与被告杨凤鸣、第三人大理建标房地产开发有限公司（以下简称建标公司）发生执行异议纠纷，不服云南省大理白族自治州中级人民法院（以下简称大理中院）驳回其执行异议的裁定，向该院提起执行异议之诉。

富滇银行大理分行诉称：大理中院因杨凤鸣申请执行建标公司借款合同纠纷一案，冻结了建标公司在该行开设的保证金账户内的资金280万元，该保证金账户系建标公司根据其与富滇银行大理分行的贷款合作协议，为担保其“建标华城”楼宇按揭贷款购房户在富滇银行大理分行的贷款而开具的具有担保性质的专户，依据最高人民法院《关于适用〈中华人民共和国担保法〉若干问题的解释》第八十五条“债务人或者第三人将金钱以特户、封金、保证金等形式特定化后，移交债权人占有作为债权的担保，债务人不履行债务时，债权人可以以该金钱优先受偿”的规定，该行对保证金账户内的资金享有优先受偿权，诉请：1. 判令不得执行建标公司开立于富滇银行大理分行营业部6596保证金账户内的保证金280万元及其利息；2. 确认富滇银行大理分行对6596保证金账户内的保证金280万元及其利息享有质权。

杨凤鸣辩称：富滇银行大理分行与建标公司签订的《个人住房贷款合作协议书》约定的是建标公司承担连带保证责任而非动产质押责任，该协议书仅约定建标公司设立保证金账户并按比例存入资金，但对存入资金并未按照质押要求进行质押移交或扣划，没有让存入资金产生特定化的行为，质押不成立。请求驳回该行诉请。

建标公司一审未发表意见。

大理中院一审查明：

1. 2010年1月28日，建标公司董事会通过决议，向富滇银行大理分行申请“建标华城”楼宇按揭额度4.5亿元，同意为在富滇银行大理分行办理“建标华城”项目按揭贷款的客户承担连带保证责任。2010年7月至8月期间，富滇银行大理分行就向建标公司“建标华城”项目按揭额度授信4.5亿元

① 案例来源：《最高人民法院公报》2020年第6期（总第284期）。

事宜按照内部程序进行审批。当年8月12日经富滇银行总行信用审批委员会审议,同意给予建标公司4.5亿元楼宇按揭贷款授信额度,授信期限3年。2011年8月28日,富滇银行大理分行与建标公司签订《个人住房贷款合作协议书》,约定:双方就建标公司开发建设的"建标华城"进行合作,对于符合贷款条件的购房户,富滇银行大理分行提供总额不超过4.5亿元的贷款,建标公司对购房户提供连带保证担保,建标公司应在富滇银行大理分行开立保证金账户,保持存放不低于富滇银行大理分行发放贷款最高额的5%的保证金,用于履行建标公司的连带保证责任,未经富滇银行大理分行同意,建标公司不得将保证金挪作他用。2012年11月19日,富滇银行大理分行与建标公司再次签订《个人住房贷款合作协议书》,约定富滇银行大理分行为"建标华城"购房户提供总额不超过4000万元的贷款,建标公司对购房户提供连带保证担保,相关约定同2011年贷款合作协议书。2.2010年,建标公司在富滇银行大理分行开设"9700xxxxxxxxxx0990"保证金账户(以下简称0990账户),自2010年10月开始向该账户转入资金。后0990账户内的资金全部转结至2011年6月17日建标公司在富滇银行大理分行开设的"9700xxxxxxxxxx6596"保证金账户(以下简称6596账户)。自2011年6月开始,建标公司依约向6596账户转入资金,富滇银行大理分行对违约贷款保证金进行了扣划。3.2017年9月8日,大理中院在办理杨凤鸣申请执行建标公司借款合同纠纷一案中,冻结了6596账户内的存款280万元,富滇银行大理分行向大理中院提出执行异议,该院作出《执行裁定书》驳回富滇银行大理分行的执行异议,该行不服该裁定,提起本案执行异议之诉。

大理中院一审认为:

最高人民法院《关于适用〈中华人民共和国担保法〉若干问题的解释》第八十五条规定:"债务人或者第三人将其金钱以特户、封金、保证金等形式特定化后,移交债权人占有作为债权的担保,债务人不履行债务时,债权人可以以该金钱优先受偿。"《中华人民共和国物权法》第二百一十条第一款规定:"设立质权,当事人应当采取书面形式订立质权合同",本案富滇银行大理分行虽提交了建标公司按揭额度的申请、富滇银行审批的相关材料,但未提交可证明2010年至2011年8月期间与建标公司之间存在出质约定的《个人住房贷款合作协议书》,因缺乏双方就建标华城项目达成合作的最终协议,故富滇银行大理分行的举证不足以认定2010年至2011年8月期间保证金账户内的资金往来特定为建标公司为购房者交纳的保证金,未能就案争保证金账户内的金钱已全部特定化完成举证责任,应承担举证不能的不利后果,对其诉讼请求不予支持。

据此,大理中院依照《中华人民共和国物权法》第二百一十条、最高人民法院《关于适用〈中华人民共和国担保法〉若干问题的解释》第八十五条、《中华人民共和国民事诉讼法》第六十四条、第六十五条、最高人民法院《关于适用〈中华人民共和国民事诉讼法〉的解释》第九十条之规定,于2018年7月9日作出判决:

驳回原告富滇银行大理分行的诉讼请求。

富滇银行大理分行不服一审判决,向云南省高级人民法院提起上诉称:

建标公司与富滇银行大理分行自2010年就针对"建标华城"项目建立起贷款合作关系,建标公司自愿为按揭贷款客户承担连带保证责任,按贷款金额5%比例存入保证金。2010年8月授信审批通过后,富滇银行大理分行与建标公司当即签订以及在2011年8月、2012年11月逐年签订《个人住房贷款合作协议书》,虽然2010年授信审批通过后签订的第一份贷款合作协议因经办员工离职的客观原因未能向法院提交,但建标公司在富滇银行大理分行开设的0990账户即为根据2010年贷款合作协议开设的保证金专户。2011年6月,因银行内部审计发现0990账户记入的会计科目有误,将"按揭贷款担保保证金"记入"25101公司业务承兑保证金",建标公司重新开立6596保证金账户,0990账户内的保证金179.4万元全部转入6596账户。两账户存入的每笔资金均有相关凭证证实款项是按照当期发放的按揭贷款金额的5%比例存入的保证金,金额可一一对应。同时,6596账户内资金的扣划均是由于按揭购房户拖欠贷款未能归还该行直接扣划用于清偿借款。本案0990账户、6596账户系建标公司为担保业务而设立的保证金专户,不作为日常结算使用,账户内资金已特定化为保证金,该行对账户内的保证金享有控制权。根据最高人民法院《关于适用〈中华人民共和国担保法〉若干问题的解释》第八十五条的规定,该行对6596账户资金享有优先受偿权,请求改判支持该行诉请。

被上诉人杨凤鸣辩称:富滇银行大理分行无证据证明2010年10月至2011年8月期间该行与建标公司存在按揭贷款合作约定。2012年富滇银行大理分行与建标公司签订的《个人住房贷款合作协议书》仅约定建标公司承担连带保证责任而非动产质押,对存入保证金账户的资金也未进行质押移交或扣划。账户内资金存入转出不能一一对应,且处于不固定状态。资金没有特定化。请求驳回对方的上诉。

原审第三人建标公司述称:本公司与富滇银行大理分行没有关于保证金质押的具体协议,请求驳回富滇银行大理分行的上诉。

云南省高级人民法院经二审,确认了一审查明的事实。另查明:

1.自2010年10月11日起,富滇银行大理分行就贷款给建标公司"建标华城"项目购房户,建标公司自该日起就在富滇银行大理分行与购房户签订的《个人购房(抵押)担保借款合同》中作为保证人承担连带、保证责任,该公司于当日在富滇银行大理分行开立0990保证金专用账户(科目号25101)

并按同一时段(同一天)发生的按揭贷款金额的5%存入保证金。至2011年5月19日,发生按揭贷款合同总额3560万元,共计存入保证金179.4万元(其中重复计收了龚爱中按揭贷款对应的保证金1.4万元)。

2.2011年6月1日,富滇银行内部审计,认为富滇银行大理分行营业部将建标公司0990保证金账户"按揭贷款担保保证金"记入"25101公司业务承兑保证金"属会计科目使用错误,建标公司于2011年6月17日开设6596保证金账户(科目类别:25102公司业务担保保证金),0990账户内的179.4万元于当年9月7日按银行转账操作程序分11笔(次)转入尾号0823账号后,当日又从该账号将179.4万元一次性转入6596账户,0990账户同时销户。转账过程中,各转账凭证均注明款项性质为保证金。

3.6596保证金账户开设后,发生的按揭贷款需交存的保证金均存入该账户内。自2011年6月29日起,发生按揭贷款合同总额4869万元,应收保证金243.45万元,共计存入保证金245.2万元(其中重复计收董学军按揭贷款对应的保证金1.75万元)。期间:2015年6月18日,因有36户购房户结清贷款,富滇银行大理分行退回建标公司46.8万元;2015年12月17日,因有4笔按揭贷款逾期本息共计926 366.24元未还,富滇银行大理分行按照银行资金使用操作程序要求,使用尾号0101"暂收保证金存款销账本息"账户从6596账户转出保证金共计1 019 000元,扣划欠款金额926 366.24元后,剩余金额93 754.25元(含中转保证金时产生的利息1120.49元)又全额转回6596账户。现该账户余额为:179.4万元+245.2万元-46.8万元-1 019 000元+93 754.25元=2 852754.25元。

云南省高级人民法院二审认为:

本案二审的争议焦点为:富滇银行大理分行是否对案涉保证金账户内的资金享有质权。

一、关于0990账户性质及其与6596账户的关系问题。根据已查明的案件事实,0990账户性质为保证金账户,开设该账户的双方当事人对此无争议。虽该账户开设时科目处理出现瑕疵,但不影响其保证金专户的性质,且具体科目的处理属于银行内部的会计核算方式,对双方当事人开设该账户为保证金账户的合意不产生影响。0990账户销户后,其资金全部转入6596保证金账户,同时后续发生的按揭贷款的保证金存入该账户,两账户之间的关系为替换关系。

二、关于富滇银行大理分行与建标公司是否存在保证金质押的合意问题。《中华人民共和国物权法》第二百一十条规定:设立质权,当事人应当采取书面形式订立质权合同。质权合同一般包括下列条款:(一)被担保债权的种类和数额;(二)债务人履行债务的期限;(三)质押财产的名称、数量、质量、状况;(四)担保的范围;(五)质押财产交付的时间。虽然富滇银行大理分行陈述因职工离职原因无法提交2010年10月至2011年8月期间的贷款合作协议书,但根据2010年建标公司按揭额度的申请、富滇银行审批的相关材料、2011年和2012年的《个人住房贷款合作协议书》、《个人购房(抵押)担保借款合同》,以及自2010年10月建标公司即开始交存保证金担保按揭贷款的客观事实等可以形成证据链,证实富滇银行大理分行与建标公司自2010年10月即存在贷款合作关系,双方对建标公司自2010年10月11日起,对购买"建标华城"项目的购房户提供连带保证担保,在富滇银行大理分行开立保证金账户,保持存放不低于富滇银行大理分行发放贷款最高额的5%的保证金,用于履行该公司的连带保证责任,未经富滇银行大理分行同意,该公司不得将保证金挪作他用,若保证人不按合同履行保证责任,富滇银行大理分行有权从其账户直接扣收有关款项,保证期间至抵押合同生效且抵押凭证送交富滇银行大理分行为止达成了合意,该合意具备质押合同的一般要件,故双方之间存在保证金质押关系。

三、关于质权是否设立即资金是否特定化及交付占有的问题。根据《中华人民共和国物权法》第二百一十二条"质权自出质人交付质押财产时设立",以及最高人民法院《关于适用〈中华人民共和国担保法〉若干问题的解释》第八十五条"债务人或者第三人将其金钱以特户、封金、保证金等形式特定化后,移交债权人占有作为债权的担保,债务人不履行债务时,债权人可以以该金钱优先受偿"的规定,金钱质押生效的条件包括金钱特定化和移交债权人占有两方面。本案0990、6596两个保证金专户开立后,存入的款项均注明为保证金,转出款项只有两次,一次为部分购房户还清贷款后银行退回相应保证金,一次为扣划清偿购房户的逾期欠款,款项进出均能一一对应。保证金以专户形式特定化并不等于固定化,案涉账户内的资金因业务发生浮动,但均与保证金业务相对应,除缴存保证金外,支出的款项均用于保证金的退还和扣划,未作日常结算使用,符合最高人民法院《关于适用〈中华人民共和国担保法〉若干问题的解释》第八十五条规定的金钱以特户形式特定化的要求。另占有是指对物进行控制和管理的事实状态,因案涉账户开立在富滇银行大理分行,该行实际控制和管理该账户,符合出质金钱移交债权人占有的要求,故案涉保证金质权依法设立。此外,扣划款项表明富滇银行大理分行对该账户资金享有处置权,属于实现质权的情形。另建标公司申请按揭贷款的额度为4.5亿元,富滇银行大理分行授信的额度也为4.5亿元,故杨凤鸣关于保证金账户内的最高金额超出对应的贷款总额的主张也不能成立。

综上,一审判决认定部分事实不清,适用法律不当,上诉人富滇银行大理分行的上诉请求有事实和法律依据,应予支持。因富滇银行大理分行诉请判处的金额为一审法院冻结的6596账户内的资金额280万元及其利息,故二审法院针对当事人的诉请范围予以判处,同时根据《中华人民共和国物权法》第二百一十三条之规定,质权的效力及于质押财产的孳息,对该行诉请判处的利息一并予以支持。云南省高级人民法院依照《中华人民共和国物权法》第二百一十条、第二百一十二条、第二百一十三条,最高人民法院《关于适用〈中华人民共和国担保法〉若干问题的解释》第八十五条,《中华人民共和国民事诉讼法》第一百七十条第一款第(二)项,最高人民法院《关于适用〈中华人民共和国民事诉讼法〉的解释》第三百一十二条之规定,于2018年12月28日作出判决:

一、撤销云南省大理白族自治州中级人民法院(2018)云29民初19号民事判决;

二、确认富滇银行股份有限公司大理分行对大理建标房地产开发有限公司开立于富滇银行股份有限公司大理分行营业部账号为"9700xxxxxxxxxx6596"保证金账户内的保证金280万元及其利息享有质权;

三、不得执行大理建标房地产开发有限公司开立于富滇银行股份有限公司大理分行营业部账号为"9700xxxxxxxxxx6596"保证金账户内的保证金280万元及其利息。

本判决为终审判决。

云南省大理白族自治州中级人民法院(2018)云29执异1号执行异议裁定于本判决生效时自动失效。

文书范本

申请书(申请执行用)

申请执行书

申请执行人:×××,男/女,××××年××月××日出生,×族,……(写明工作单位和职务或者职业),住……。联系方式:……。

法定代理人/指定代理人:×××,……。

委托诉讼代理人:×××,……。

被执行人:×××,……。

……

(以上写明申请执行人、被执行人和其他诉讼参加人的姓名或者名称等基本信息)

申请执行人×××与被执行人×××……(写明案由)一案,××××人民法院(或其他生效法律文书的作出机关)(××××)……号民事判决(或其他生效法律文书)已发生法律效力。被执行人×××未履行/未全部履行生效法律文书确定的给付义务,特向你院申请强制执行。

请求事项

……(写明请求执行的内容)。

此致

××××人民法院

附:生效法律文书×份

申请执行人(签名或盖章)

××××年××月××日

【说明】

1. 本文书样式根据《中华人民共和国民事诉讼法》第二百三十六条、第二百三十七条第一款、第二百三十八条第一款,《最高人民法院关于人民法院执行工作若干问题的规定(试行)》第18条、19条、20条、21条、22条、23条规定制定,供申请执行人向人民法院申请执行时用。

2. 当事人是法人或者其他组织的,写明名称住所。另起一行写明法定代表人、主要负责人及其姓名、职务、联系方式。

3. 申请执行人向人民法院申请强制执行的内容,必须为生效法律文书确定的给付义务。

被执行人财产状况表(申请执行人提供被执行人财产状况用)

被执行人财产状况表

<table>
<tr><td rowspan="2">申请执行人</td><td>姓名或名称</td><td></td></tr>
<tr><td>地址及电话</td><td></td></tr>
<tr><td rowspan="2">被执行人</td><td>姓名或名称</td><td></td></tr>
<tr><td>地址及电话</td><td></td></tr>
<tr><td colspan="3">内容包括:
银行开户、户名、账号和存款金额;动产、不动产(如房产、车辆、电器、首饰等);到期债权、可得利益(如以他人名义购置的不动产、股票、知识产权等收益);分支机构或所属公司的资产情况;其他财产情况(如保全财产的状况、期限等)。</td></tr>
</table>

续表

提供可执行财产的线索,以及需要法院核实的情况:	
申请执行人(签名或者盖章) ××××年××月××日	
备 注	

【说明】

本样式根据《最高人民法院关于人民法院执行工作若干问题的规定(试行)》第28条第1款规定制定,供申请执行人提供被执行人财产状况或线索时用。

执行异议书(当事人、利害关系人提出异议用)

执行异议书

异议人(申请执行人/被执行人/利害关系人):×××,男/女,××××年××月××日出生,×族,……(写明工作单位和职务或者职业),住……。联系方式:……。

法定代理人/指定代理人:×××,……。

委托诉讼代理人:×××,……。

(以上写明异议人和其他诉讼参加人的姓名或者名称等基本信息)

申请执行人×××与被执行人×××……(写明案由)一案,××××人民法院(或其他生效法律文书的作出机关)(××××)……号民事判决(或其他生效法律文书)已发生法律效力。××××人民法院在执行本案过程中,异议人对××××人民法院……(写明执行行为)不服,提出异议。

请求事项:

……

事实和理由:

……

此致

××××人民法院

附:

1. 异议人或者复议申请人的身份证明
2. 相关证据材料
3. 送达地址和联系方式

异议人(签名或盖章)

××××年××月××日

【说明】

1. 本文书样式根据《中华人民共和国民事诉讼法》第二百二十五条规定制定,供异议人向人民法院提出异议时用。

2. 当事人是法人或者其他组织的,写明名称住所。另起一行写明法定代表人、主要负责人及其姓名、职务、联系方式。

3. 当事人、利害关系人认为执行行为违反法律规定的,可以向负责执行的人民法院提出书面异议。当事人、利害关系人提出书面异议的,人民法院应当自收到书面异议之日起十五日内审查,理由成立的,裁定撤销或者改正;理由不成立的,裁定驳回。当事人、利害关系人对裁定不服的,可以自裁定送达之日起十日内向上一级人民法院申请复议。

复议申请书(当事人、利害关系人申请复议用)

复议申请书

复议申请人(申请执行人/被执行人/利害关系人):×××,男/女,××××年××月××日出生,×族,……(写明工作单位和职务或者职业),住……。联系方式:……。

法定代理人/指定代理人:×××,……。

委托诉讼代理人:×××,……。

(以上写明复议申请人和其他诉讼参加人的姓名或者名称等基本信息)

申请执行人×××与被执行人×××……(写明案由)一案,复议申请人不服××××人民法院(××××)……执异……号执行裁定,申请复议。

请求事项:

……

事实和理由:

……

此致

××××人民法院

附:

1. 异议人或者复议申请人的身份证明
2. 相关证据材料
3. 送达地址和联系方式

复议申请人(签名或盖章)

××××年××月××日

【说明】

1. 本文书样式根据《中华人民共和国民事诉讼法》第二

百二十五条规定制定，供复议申请人向人民法院申请复议时用。

2. 当事人是法人或者其他组织的，写明名称住所。另起一行写明法定代表人、主要负责人及其姓名、职务、联系方式。

3. 当事人、利害关系人认为执行行为违反法律规定的，可以向负责执行的人民法院提出书面异议。当事人、利害关系人提出书面异议的，人民法院应当自收到书面异议之日起十五日内审查，理由成立的，裁定撤销或者改正；理由不成立的，裁定驳回。当事人、利害关系人对裁定不服的，可以自裁定送达之日起十日内向上一级人民法院申请复议。

申请书（申请提级执行用）

提级执行申请书

申请执行人：×××，男/女，××××年××月××日出生，×族，……（写明工作单位和职务或者职业），住……。联系方式：……。

法定代理人/指定代理人：×××，……。

委托诉讼代理人：×××，……。

被执行人：×××，……。

……

（以上写明申请执行人、被执行人和其他诉讼参加人的姓名或者名称等基本信息）

请求事项：

请求依法对××××人民法院执行的（××××）……执……号案件提级执行。

事实和理由：

申请执行人×××与被执行人×××……（写明案由）一案，××××人民法院（或其他生效法律文书的作出机关）（××××）……号民事判决（或其他生效法律文书）已发生法律效力。……（写明申请提级执行的事实和理由）。

此致

××××人民法院

附：生效法律文书复印件×份

申请人（签名或盖章）

××××年××月××日

【说明】

1. 本样式根据《中华人民共和国民事诉讼法》第二百二十六条规定制定，供申请执行人向人民法院申请提级时用。

2. 当事人是法人或者其他组织的，写明名称住所。另起一行写明法定代表人、主要负责人及其姓名、职务、联系方式。

3. 人民法院自收到申请执行书之日起超过六个月未执行的，申请执行人可以向上一级人民法院申请执行。

执行异议书（案外人提出异议用）

执行异议书

异议人（案外人）：×××，男/女，××××年××月××日出生，×族，……（写明工作单位和职务或者职业），住……。联系方式：……。

法定代理人/指定代理人：×××，……。

委托诉讼代理人：×××，……。

（以上写明异议人和其他诉讼参加人的姓名或者名称等基本信息）

申请执行人×××与被执行人×××……（写明案由）一案，××××人民法院（或其他生效法律文书的作出机关）（××××）……号民事判决（或其他生效法律文书）已发生法律效力。异议人对××××人民法院执行……（写明执行标的）不服，提出异议。

请求事项：

……（写明异议请求）。

事实和理由：

……

此致

××××人民法院

附：生效法律文书×份

异议人（签名或盖章）

××××年××月××日

【说明】

1. 本文书样式根据《中华人民共和国民事诉讼法》第二百二十五条规定制定，供案外人向人民法院提出异议时用。

2. 当事人是法人或者其他组织的，写明名称住所。另起一行写明法定代表人、主要负责人及其姓名、职务、联系方式。

3. 执行过程中，案外人对执行标的提出书面异议的，人民法院应当自收到书面异议之日起十五日内审查，理由成立的，裁定中止对该标的的执行；理由不成立的，裁定驳回。案外人、当事人对裁定不服，认为原判决、裁定错误的，依照审判监督程序办理；与原判决、裁定无关的，可以自裁定送达之日起十五日内向人民法院提起诉讼。

执行异议书(对财产分配方案提出异议用)

执行异议书

异议人(债权人/被执行人):×××,男/女,××××年××月××日出生,×族,……(写明工作单位和职务或者职业),住……。联系方式:……。

法定代理人/指定代理人:×××,……。

委托诉讼代理人:×××,……。

债权人/被执行人:×××,……。

……

(以上写明异议人和其他诉讼参加人的姓名或者名称等基本信息)

请求事项:

因被执行人×××的财产不能清偿所有债务,××××人民法院于××××年××月××日作出财产分配方案,异议人不服,提出以下异议请求:

……

事实和理由:

……

此致

××××人民法院

附:××××人民法院财产分配方案

异议人(签名或盖章)

××××年××月××日

【说明】

1. 本样式根据《最高人民法院关于适用〈中华人民共和国民事诉讼法〉执行程序若干问题的解释》第二十五条、《最高人民法院关于适用〈中华人民共和国民事诉讼法〉的解释》第五百一十一条规定制定,供参与分配案件中债权人或被执行人不服财产分配方案提出异议时用。

2. 当事人是法人或者其他组织的,写明名称住所。另起一行写明法定代表人、主要负责人及其姓名、职务、联系方式。

3. 债权人或者被执行人对财产分配方案有异议的,应当自收到财产分配方案之日起十五日内向执行法院提出书面异议。

保证书(执行担保用)

执行担保保证书

××××人民法院:

你院在执行……号……(写明当事人及案由)一案中,因……(写明申请暂缓执行的理由),被执行人向你院申请暂缓执行……(写明申请暂缓执行的期限)。本人/本单位自愿提供保证。如被执行人×××在你院决定暂缓执行的期限届满后仍不履行义务,你院可以直接执行本人/本单位的财产。

保证人(签名或者盖章)

××××年××月××日

【说明】

本样式根据《中华人民共和国民事诉讼法》第二百三十一条、《最高人民法院关于适用〈中华人民共和国民事诉讼法〉的解释》第四百七十条规定制定,供执行担保人向法院提供保证时用。

十七、涉港澳台民事诉讼程序

(一)涉港澳民事诉讼程序

◎司法解释

最高人民法院关于内地与澳门特别行政区法院就民商事案件相互委托送达司法文书和调取证据的安排

(2001年8月7日最高人民法院审判委员会第1186次会议通过　根据2019年12月30日《最高人民法院关于修改〈关于内地与澳门特别行政区法院就民商事案件相互委托送达司法文书和调取证据的安排〉的决定》修正　2020年1月14日最高人民法院公告公布　自2020年3月1日起施行　法释〔2020〕1号)

根据《中华人民共和国澳门特别行政区基本法》第九十三条的规定,最高人民法院与澳门特别行政区经协商,现就内地与澳门特别行政区法院就民商事案件相互委托送达司法文书和调取证据问题规定如下:

一、一般规定

第一条　内地人民法院与澳门特别行政区法院就民商事案件(在内地包括劳动争议案件,在澳门特别行政区包括民事劳工案件)相互委托送达司法文书和调取证据,均适用本安排。

第二条　双方相互委托送达司法文书和调取证据,通过各高级人民法院和澳门特别行政区终审法院进行。最高人民法院与澳门特别行政区终审法院可以直接相互委托送达和调取证据。

经与澳门特别行政区终审法院协商,最高人民法院可以授权部分中级人民法院、基层人民法院与澳门特别行政区终审法院相互委托送达和调取证据。

第三条　双方相互委托送达司法文书和调取证据,通过内地与澳门司法协助网络平台以电子方式转递;不能通过司法协助网络平台以电子方式转递的,采用邮寄方式。

通过司法协助网络平台以电子方式转递的司法文书、证据材料等文件,应当确保其完整性、真实性和不可修改性。

通过司法协助网络平台以电子方式转递的司法文书、证据材料等文件与原件具有同等效力。

第四条　各高级人民法院和澳门特别行政区终审法院收到对方法院的委托书后,应当立即将委托书及所附司法文书和相关文件转送根据其本辖区法律规定有权完成该受托事项的法院。

受委托方法院发现委托事项存在材料不齐全、信息不完整等问题,影响其完成受托事项的,应当及时通知委托方法院补充材料或者作出说明。

经授权的中级人民法院、基层人民法院收到澳门特别行政区终审法院委托书后,认为不属于本院管辖的,应当报请高级人民法院处理。

第五条　委托书应当以中文文本提出。所附司法文书及其他相关文件没有中文文本的,应当提供中文译本。

第六条　委托方法院应当在合理的期限内提出委托请求,以保证受委托方法院收到委托书后,及时完成受托事项。

受委托方法院应当优先处理受托事项。完成受托事项的期限,送达文书最迟不得超过自收到委托书之日起两个月,调取证据最迟不得超过自收到委托书之日起三个月。

第七条　受委托方法院应当根据本辖区法律规定执行受托事项。委托方法院请求按照特殊方式执行委托事项的,受委托方法院认为不违反本辖区的法律规定的,可以按照特殊方式执行。

第八条　委托方法院无须支付受委托方法院在送达司法文书、调取证据时发生的费用、税项。但受委托方法院根据其本辖区法律规定,有权在调取证据时,要求委托方法院预付鉴定人、证人、翻译人员的费用,以及因采用委托方法院在委托书中请求以特殊方式送达司法文书、调取证据所产生的费用。

第九条　受委托方法院收到委托书后,不得以其本辖区法律规定对委托方法院审理的该民商事案件享有专属管辖权或者不承认对该请求事项提起诉讼的权利为由,不予执行受托事项。

受委托方法院在执行受托事项时,发现该事项不属于法院职权范围,或者内地人民法院认为在内地执行该受托事项将违反其基本法律原则或社会公共利益,或者澳门特别行政区法院认为在澳门特别行政区执行该受托事项将违反其基本法律原则或公共秩序的，可以不予执行，但应当及时向委托方法院书面说明不予执行的原因。

二、司法文书的送达

第十条 委托方法院请求送达司法文书，须出具盖有其印章或者法官签名的委托书，并在委托书中说明委托机关的名称、受送达人的姓名或者名称、详细地址以及案件性质。委托方法院请求按特殊方式送达或者有特别注意的事项的，应当在委托书中注明。

第十一条 采取邮寄方式委托的，委托书及所附司法文书和其他相关文件一式两份，受送达人为两人以上的，每人一式两份。

第十二条 完成司法文书送达事项后，内地人民法院应当出具送达回证；澳门特别行政区法院应当出具送达证明书。出具的送达回证和送达证明书，应当注明送达的方法、地点和日期以及司法文书接收人的身份，并加盖法院印章。

受委托方法院无法送达的，应当在送达回证或者送达证明书上注明妨碍送达的原因、拒收事由和日期，并及时书面回复委托方法院。

第十三条 不论委托方法院司法文书中确定的出庭日期或者期限是否已过，受委托方法院均应当送达。

第十四条 受委托方法院对委托方法院委托送达的司法文书和所附相关文件的内容和后果不负法律责任。

第十五条 本安排中的司法文书在内地包括：起诉状副本、上诉状副本、反诉状副本、答辩状副本、授权委托书、传票、判决书、调解书、裁定书、支付令、决定书、通知书、证明书、送达回证以及其他司法文书和所附相关文件；在澳门特别行政区包括：起诉状复本、答辩状复本、反诉状复本、上诉状复本、陈述书、申辩书、声明异议书、反驳书、申请书、撤诉书、认诺书、和解书、财产目录、财产分割表、和解建议书、债权人协议书、传唤书、通知书、法官批示、命令状、法庭许可令状、判决书、合议庭裁判书、送达证明书以及其他司法文书和所附相关文件。

三、调取证据

第十六条 委托方法院请求调取的证据只能是用于与诉讼有关的证据。

第十七条 双方相互委托代为调取证据的委托书应当写明：

（一）委托法院的名称；

（二）当事人及其诉讼代理人的姓名、地址和其他一切有助于辨别其身份的情况；

（三）委托调取证据的原因，以及委托调取证据的具体事项；

（四）被调查人的姓名、地址和其他一切有助于辨别其身份的情况，以及需要向其提出的问题；

（五）调取证据需采用的特殊方式；

（六）有助于执行该委托的其他一切情况。

第十八条 代为调取证据的范围包括：代为询问当事人、证人和鉴定人，代为进行鉴定和司法勘验，调取其他与诉讼有关的证据。

第十九条 委托方法院提出要求的，受委托方法院应当将取证的时间、地点通知委托方法院，以便有关当事人及其诉讼代理人能够出席。

第二十条 受委托方法院在执行委托调取证据时，根据委托方法院的请求，可以允许委托方法院派司法人员出席。必要时，经受委托方允许，委托方法院的司法人员可以向证人、鉴定人等发问。

第二十一条 受委托方法院完成委托调取证据的事项后，应当向委托方法院书面说明。

未能按委托方法院的请求全部或者部分完成调取证据事项的，受委托方法院应当向委托方法院书面说明妨碍调取证据的原因，采取邮寄方式委托的，应及时退回委托书及所附文件。

当事人、证人根据受委托方的法律规定，拒绝作证或者推辞提供证言的，受委托方法院应当书面通知委托方法院，采取邮寄方式委托的，应及时退回委托书及所附文件。

第二十二条 受委托方法院可以根据委托方法院的请求，并经证人、鉴定人同意，协助安排其辖区的证人、鉴定人到对方辖区出庭作证。

证人、鉴定人在委托方地域内逗留期间，不得因在其离开受委托方地域之前，在委托方境内所实施的行为或者针对他所作的裁决而被刑事起诉、羁押，不得为履行刑罚或者其他处罚而被剥夺财产或者扣留身份证件，不得以任何方式对其人身自由加以限制。

证人、鉴定人完成所需诉讼行为，且可自由离开委托方地域后，在委托方境内逗留超过七天，或者已离开委托方地域又自行返回时，前款规定的豁免即行终止。

证人、鉴定人到委托方法院出庭而导致的费用及补偿，由委托方法院预付。

本条规定的出庭作证人员，在澳门特别行政区还包括当事人。

第二十三条 受委托方法院可以根据委托方法院的请求，并经证人、鉴定人同意，协助安排其辖区的证人、鉴定人通过视频、音频作证。

第二十四条 受委托方法院取证时，被调查的当事人、证人、鉴定人等的代理人可以出席。

四、附　　则

第二十五条 受委托方法院可以根据委托方法院的请求

代为查询并提供本辖区的有关法律。

第二十六条 本安排在执行过程中遇有问题的,由最高人民法院与澳门特别行政区终审法院协商解决。

本安排需要修改的,由最高人民法院与澳门特别行政区协商解决。

第二十七条 本安排自2001年9月15日起生效。本安排的修改文本自2020年3月1日起生效。

最高人民法院关于内地与香港特别行政区法院就仲裁程序相互协助保全的安排

(2019年3月25日最高人民法院审判委员会第1763次会议通过 2019年9月26日最高人民法院公告公布 自2019年10月1日起生效 法释〔2019〕14号)

根据《中华人民共和国香港特别行政区基本法》第九十五条的规定,最高人民法院与香港特别行政区政府经协商,现就内地与香港特别行政区法院关于仲裁程序相互协助保全作出如下安排:

第一条 本安排所称"保全",在内地包括财产保全、证据保全、行为保全;在香港特别行政区包括强制令以及其他临时措施,以在争议得以裁决之前维持现状或者恢复原状、采取行动防止目前或者即将对仲裁程序发生的危害或者损害,或者不采取可能造成这种危害或者损害的行动、保全资产或者保全对解决争议可能具有相关性和重要性的证据。

第二条 本安排所称"香港仲裁程序",应当以香港特别行政区为仲裁地,并且由以下机构或者常设办事处管理:

(一)在香港特别行政区设立或者总部设于香港特别行政区,并以香港特别行政区为主要管理地的仲裁机构;

(二)中华人民共和国加入的政府间国际组织在香港特别行政区设立的争议解决机构或者常设办事处;

(三)其他仲裁机构在香港特别行政区设立的争议解决机构或者常设办事处,且该争议解决机构或者常设办事处满足香港特别行政区政府订立的有关仲裁案件宗数以及标的金额等标准。

以上机构或者常设办事处的名单由香港特别行政区政府向最高人民法院提供,并经双方确认。

第三条 香港仲裁程序的当事人,在仲裁裁决作出前,可以参照《中华人民共和国民事诉讼法》《中华人民共和国仲裁法》以及相关司法解释的规定,向被申请人住所地、财产所在地或者证据所在地的内地中级人民法院申请保全。被申请人住所地、财产所在地或者证据所在地在不同人民法院辖区的,应当选择向其中一个人民法院提出申请,不得分别向两个或者两个以上人民法院提出申请。

当事人在有关机构或者常设办事处受理仲裁申请后提出保全申请的,应当由该机构或者常设办事处转递其申请。

在有关机构或者常设办事处受理仲裁申请前提出保全申请,内地人民法院采取保全措施后三十日内未收到有关机构或者常设办事处提交的已受理仲裁案件的证明函件的,内地人民法院应当解除保全。

第四条 向内地人民法院申请保全的,应当提交下列材料:

(一)保全申请书;

(二)仲裁协议;

(三)身份证明材料:申请人为自然人的,应当提交身份证件复印件;申请人为法人或者非法人组织的,应当提交注册登记证书的复印件以及法定代表人或者负责人的身份证件复印件;

(四)在有关机构或者常设办事处受理仲裁案件后申请保全的,应当提交包含主要仲裁请求和所根据的事实与理由的仲裁申请文件以及相关证据材料、该机构或者常设办事处出具的已受理有关仲裁案件的证明函件;

(五)内地人民法院要求的其他材料。

身份证明材料系在内地以外形成的,应当依据内地相关法律规定办理证明手续。

向内地人民法院提交的文件没有中文文本的,应当提交准确的中文译本。

第五条 保全申请书应当载明下列事项:

(一)当事人的基本情况:当事人为自然人的,包括姓名、住所、身份证件信息、通讯方式等;当事人为法人或者非法人组织的,包括法人或者非法人组织的名称、住所以及法定代表人或者主要负责人的姓名、职务、住所、身份证件信息、通讯方式等;

(二)请求事项,包括申请保全财产的数额、申请行为保全的内容和期限等;

(三)请求所依据的事实、理由和相关证据,包括关于情况紧急,如不立即保全将会使申请人合法权益受到难以弥补的损害或者将使仲裁裁决难以执行的说明等;

(四)申请保全的财产、证据的明确信息或者具体线索;

(五)用于提供担保的内地财产信息或者资信证明;

(六)是否已在其他法院、有关机构或者常设办事处提出本安排所规定的申请和申请情况;

(七)其他需要载明的事项。

第六条 内地仲裁机构管理的仲裁程序的当事人,在仲裁裁决作出前,可以依据香港特别行政区《仲裁条例》《高等法院条例》,向香港特别行政区高等法院申请保全。

第七条 向香港特别行政区法院申请保全的,应当依据香港特别行政区相关法律规定,提交申请、支持申请的誓章、附同的证物、论点纲要以及法庭命令的草拟本,并应当载明下列事项：

（一）当事人的基本情况：当事人为自然人的，包括姓名、地址；当事人为法人或者非法人组织的，包括法人或者非法人组织的名称、地址以及法定代表人或者主要负责人的姓名、职务、通讯方式等；

（二）申请的事项和理由；

（三）申请标的所在地以及情况；

（四）被申请人就申请作出或者可能作出的回应以及说法；

（五）可能会导致法庭不批准所寻求的保全，或者不在单方面申请的情况下批准该保全的事实；

（六）申请人向香港特别行政区法院作出的承诺；

（七）其他需要载明的事项。

第八条　被请求方法院应当尽快审查当事人的保全申请。内地人民法院可以要求申请人提供担保等，香港特别行政区法院可以要求申请人作出承诺、就费用提供保证等。

经审查，当事人的保全申请符合被请求方法律规定的，被请求方法院应当作出保全裁定或者命令等。

第九条　当事人对被请求方法院的裁定或者命令等不服的，按被请求方相关法律规定处理。

第十条　当事人申请保全的，应当依据被请求方有关诉讼收费的法律和规定交纳费用。

第十一条　本安排不减损内地和香港特别行政区的仲裁机构、仲裁庭、当事人依据对方法律享有的权利。

最高人民法院关于内地与香港特别行政区法院就民商事案件相互委托提取证据的安排

（2016年10月31日最高人民法院审判委员会第1697次会议通过　2017年2月27日最高人民法院公告公布　自2017年3月1日起生效　法释〔2017〕4号）

根据《中华人民共和国香港特别行政区基本法》第九十五条的规定，最高人民法院与香港特别行政区经协商，就民商事案件相互委托提取证据问题作出如下安排：

第一条　内地人民法院与香港特别行政区法院就民商事案件相互委托提取证据，适用本安排。

第二条　双方相互委托提取证据，须通过各自指定的联络机关进行。其中，内地指定各高级人民法院为联络机关；香港特别行政区指定香港特别行政区政府政务司司长办公室辖下行政署为联络机关。

最高人民法院可以直接通过香港特别行政区指定的联络机关委托提取证据。

第三条　受委托方的联络机关收到对方的委托书后，应当及时将委托书及所附相关材料转送相关法院或者其他机关办理，或者自行办理。

如果受委托方认为委托材料不符合本辖区相关法律规定，影响其完成受托事项，应当及时通知委托方修改、补充。委托方应当按照受委托方的要求予以修改、补充，或者重新出具委托书。

如果受委托方认为受托事项不属于本安排规定的委托事项范围，可以予以退回并说明原因。

第四条　委托书及所附相关材料应当以中文文本提出。没有中文文本的，应当提供中文译本。

第五条　委托方获得的证据材料只能用于委托书所述的相关诉讼。

第六条　内地人民法院根据本安排委托香港特别行政区法院提取证据的，请求协助的范围包括：

（一）讯问证人；

（二）取得文件；

（三）检查、拍摄、保存、保管或扣留财产；

（四）取得财产样品或对财产进行试验；

（五）对人进行身体检验。

香港特别行政区法院根据本安排委托内地人民法院提取证据的，请求协助的范围包括：

（一）取得当事人的陈述及证人证言；

（二）提供书证、物证、视听资料及电子数据；

（三）勘验、鉴定。

第七条　受委托方应当根据本辖区法律规定安排取证。

委托方请求按照特殊方式提取证据的，如果受委托方认为不违反本辖区的法律规定，可以按照委托方请求的方式执行。

如果委托方请求其司法人员、有关当事人及其诉讼代理人（法律代表）在受委托方取证时到场，以及参与录取证言的程序，受委托方可以按照其辖区内相关法律规定予以考虑批准。批准同意的，受委托方应当将取证时间、地点通知委托方联络机关。

第八条　内地人民法院委托香港特别行政区法院提取证据，应当提供加盖最高人民法院或者高级人民法院印章的委托书。香港特别行政区法院委托内地人民法院提取证据，应当提供加盖香港特别行政区高等法院印章的委托书。

委托书或者所附相关材料应当写明：

（一）出具委托书的法院名称和审理相关案件的法院名称；

（二）与委托事项有关的当事人或者证人的姓名或者名称、地址及其他一切有助于联络及辨别其身份的信息；

（三）要求提供的协助详情，包括但不限于：与委托事项有关的案件基本情况（包括案情摘要、涉及诉讼的性质及正在进行的审理程序等）；需向当事人或者证人取得的指明文件、物品及询（讯）问的事项或问题清单；需要委托提取有关证据的原因等；必要时，需陈明有关证据对诉讼的重要性及用来证实的事实及论点等；

（四）是否需要采用特殊方式提取证据以及具体要求；

（五）委托方的联络人及其联络信息；

（六）有助执行委托事项的其他一切信息。

第九条 受委托方因执行受托事项产生的一般性开支，由受委托方承担。

受委托方因执行受托事项产生的翻译费用、专家费用、鉴定费用、应委托方要求的特殊方式取证所产生的额外费用等非一般性开支，由委托方承担。

如果受委托方认为执行受托事项或会引起非一般性开支，应先与委托方协商，以决定是否继续执行受托事项。

第十条 受委托方应当尽量自收到委托书之日起六个月内完成受托事项。受委托方完成受托事项后，应当及时书面回复委托方。

如果受委托方未能按委托方的请求完成受托事项，或者只能部分完成受托事项，应当向委托方书面说明原因，并按委托方指示及时退回委托书所附全部或者部分材料。

如果证人根据受委托方的法律规定，拒绝提供证言时，受委托方应当以书面通知委托方，并按委托方指示退回委托书所附全部材料。

第十一条 本安排在执行过程中遇有问题，或者本安排需要修改，应当通过最高人民法院与香港特别行政区政府协商解决。

第十二条 本安排在内地由最高人民法院发布司法解释和香港特别行政区完成有关内部程序后，由双方公布生效日期。

本安排适用于受委托方在本安排生效后收到的委托事项，但不影响双方根据现行法律考虑及执行在本安排生效前收到的委托事项。

最高人民法院关于涉港澳民商事案件司法文书送达问题若干规定

（2009年2月16日最高人民法院审判委员会第1463次会议通过　2009年3月9日最高人民法院公告公布　自2009年3月16日起施行　法释〔2009〕2号）

为规范涉及香港特别行政区、澳门特别行政区民商事案件司法文书送达，根据《中华人民共和国民事诉讼法》的规定，结合审判实践，制定本规定。

第一条 人民法院审理涉及香港特别行政区、澳门特别行政区的民商事案件时，向住所地在香港特别行政区、澳门特别行政区的受送达人送达司法文书，适用本规定。

第二条 本规定所称司法文书，是指起诉状副本、上诉状副本、反诉状副本、答辩状副本、传票、判决书、调解书、裁定书、支付令、决定书、通知书、证明书、送达回证等与诉讼相关的文书。

第三条 作为受送达人的自然人或者企业、其他组织的法定代表人、主要负责人在内地的，人民法院可以直接向该自然人或者法定代表人、主要负责人送达。

第四条 除受送达人在授权委托书中明确表明其诉讼代理人无权代为接收有关司法文书外，其委托的诉讼代理人为有权代其接受送达的诉讼代理人，人民法院可以向该诉讼代理人送达。

第五条 受送达人在内地设立有代表机构的，人民法院可以直接向该代表机构送达。

受送达人在内地设立有分支机构或者业务代办人并授权其接受送达的，人民法院可以直接向该分支机构或者业务代办人送达。

第六条 人民法院向在内地没有住所的受送达人送达司法文书，可以按照《最高人民法院关于内地与香港特别行政区法院相互委托送达民商事司法文书的安排》或者《最高人民法院关于内地与澳门特别行政区法院就民商事案件相互委托送达司法文书和调取证据的安排》送达。

按照前款规定方式送达的，自内地的高级人民法院或者最高人民法院将有关司法文书递送香港特别行政区高等法院或者澳门特别行政区终审法院之日起满三个月，如果未能收到送达与否的证明文件且不存在本规定第十二条规定情形的，视为不能适用上述安排中规定的方式送达。

第七条 人民法院向受送达人送达司法文书，可以邮寄送达。

邮寄送达时应附有送达回证。受送达人未在送达回证上签收但在邮件回执上签收的，视为送达，签收日期为送达日期。

自邮寄之日起满三个月，虽未收到送达与否的证明文件，但存在本规定第十二条规定情形的，期间届满之日视为送达。

自邮寄之日起满三个月，如果未能收到送达与否的证明文件，且不存在本规定第十二条规定情形的，视为未送达。

第八条 人民法院可以通过传真、电子邮件等能够确认收悉的其他适当方式向受送达人送达。

第九条 人民法院不能依照本规定上述方式送达的，可以公告送达。公告内容应当在内地和受送达人住所地公开发行的报刊上刊登，自公告之日起满三个月即视为送达。

第十条 除公告送达方式外，人民法院可以同时采取多种法定方式向受送达人送达。

采取多种方式送达的，应当根据最先实现送达的方式确定送达日期。

第十一条 人民法院向在内地的受送达人或者受送达人的法定代表人、主要负责人、诉讼代理人、代表机构以及有权接受送达的分支机构、业务代办人送达司法文书，可以适用留置送达的方式。

第十二条 受送达人未对人民法院送达的司法文书履行签收手续，但存在以下情形之一的，视为送达：

（一）受送达人向人民法院提及了所送达司法文书的内容；

（二）受送达人已经按照所送达司法文书的内容履行；

（三）其他可以确认已经送达的情形。

第十三条 下级人民法院送达司法文书，根据有关规定需要通过上级人民法院转递的，应当附申请转递函。

上级人民法院收到下级人民法院申请转递的司法文书，应当在七个工作日内予以转递。

上级人民法院认为下级人民法院申请转递的司法文书不符合有关规定需要补正的，应当在七个工作日内退回申请转递的人民法院。

最高人民法院关于内地与香港特别行政区法院相互认可和执行当事人协议管辖的民商事案件判决的安排

（2006年6月12日最高人民法院审判委员会第1390次会议通过　2008年7月3日最高人民法院公告公布　自2008年8月1日起生效　法释〔2008〕9号）

根据《中华人民共和国香港特别行政区基本法》第九十五条的规定，最高人民法院与香港特别行政区政府经协商，现就当事人协议管辖的民商事案件判决的认可和执行问题作出如下安排：

第一条 内地人民法院和香港特别行政区法院在具有书面管辖协议的民商事案件中作出的须支付款项的具有执行力的终审判决，当事人可以根据本安排向内地人民法院或者香港特别行政区法院申请认可和执行。

第二条 本安排所称"具有执行力的终审判决"：

（一）在内地是指：

1. 最高人民法院的判决；

2. 高级人民法院、中级人民法院以及经授权管辖第一审涉外、涉港澳台民商事案件的基层人民法院（名单附后）依法不准上诉或者已经超过法定期限没有上诉的第一审判决，第二审判决和依照审判监督程序由上一级人民法院提审后作出的生效判决。

（二）在香港特别行政区是指终审法院、高等法院上诉法庭及原讼法庭和区域法院作出的生效判决。

本安排所称判决，在内地包括判决书、裁定书、调解书、支付令；在香港特别行政区包括判决书、命令和诉讼费评定证明书。

当事人向香港特别行政区法院申请认可和执行判决后，内地人民法院对该案件依法再审的，由作出生效判决的上一级人民法院提审。

第三条 本安排所称"书面管辖协议"，是指当事人为解决与特定法律关系有关的已经发生或者可能发生的争议，自本安排生效之日起，以书面形式明确约定内地人民法院或者香港特别行政区法院具有唯一管辖权的协议。

本条所称"特定法律关系"，是指当事人之间的民商事合同，不包括雇佣合同以及自然人因个人消费、家庭事宜或者其他非商业目的而作为协议一方的合同。

本条所称"书面形式"是指合同书、信件和数据电文（包括电报、电传、传真、电子数据交换和电子邮件）等可以有形地表现所载内容、可以调取以备日后查用的形式。

书面管辖协议可以由一份或者多份书面形式组成。

除非合同另有规定，合同中的管辖协议条款独立存在，合同的变更、解除、终止或者无效，不影响管辖协议条款的效力。

第四条 申请认可和执行符合本安排规定的民商事判决，在内地向被申请人住所地、经常居住地或者财产所在地的中级人民法院提出，在香港特别行政区向香港特别行政区高等法院提出。

第五条 被申请人住所地、经常居住地或者财产所在地在内地不同的中级人民法院辖区的，申请人应当选择向其中一个人民法院提出认可和执行的申请，不得分别向两个或者两个以上人民法院提出申请。

被申请人的住所地、经常居住地或者财产所在地，既在内地又在香港特别行政区的，申请人可以同时分别向两地法院提出申请，两地法院分别执行判决的总额，不得超过判决确定的数额。已经部分或者全部执行判决的法院应当根据对方法院的要求提供已执行判决的情况。

第六条 申请人向有关法院申请认可和执行判决的，应当提交以下文件：

（一）请求认可和执行的申请书；

（二）经作出终审判决的法院盖章的判决书副本；

（三）作出终审判决的法院出具的证明书，证明该判决属于本安排第二条所指的终审判决，在判决作出地可以执行；

（四）身份证明材料：

1. 申请人为自然人的，应当提交身份证或者经公证的身份证复印件；

2. 申请人为法人或者其他组织的，应当提交经公证的法人或者其他组织注册登记证书的复印件；

3. 申请人是外国籍法人或者其他组织的，应当提交相应的公证和认证材料。

向内地人民法院提交的文件没有中文文本的，申请人应当提交证明无误的中文译本。

执行地法院对于本条所规定的法院出具的证明书，无需另行要求公证。

第七条 请求认可和执行申请书应当载明下列事项：

（一）当事人为自然人的，其姓名、住所；当事人为法人或者其他组织的，法人或者其他组织的名称、住所以及法定代表人或者主要负责人的姓名、职务和住所；

（二）申请执行的理由与请求的内容，被申请人的财产所在地以及财产状况；

（三）判决是否在原审法院地申请执行以及已执行的情况。

第八条 申请人申请认可和执行内地人民法院或者香港特别行政区法院判决的程序，依据执行地法律的规定。本安排另有规定的除外。

申请人申请认可和执行的期间为二年。

前款规定的期间，内地判决到香港特别行政区申请执行的，从判决规定履行期间的最后一日起计算，判决规定分期履行的，从规定的每次履行期间的最后一日起计算，判决未规定履行期间的，从判决生效之日起计算；香港特别行政区判决到内地申请执行的，从判决可强制执行之日起计算，该日为判决上注明的判决日期，判决对履行期间另有规定的，从规定的履行期间届满后开始计算。

第九条 对申请认可和执行的判决，原审判决中的债务人提供证据证明有下列情形之一的，受理申请的法院经审查核实，应当裁定不予认可和执行：

（一）根据当事人协议选择的原审法院地的法律，管辖协议属于无效。但选择法院已经判定该管辖协议为有效的除外；

（二）判决已获完全履行；

（三）根据执行地的法律，执行地法院对该案享有专属管辖权；

（四）根据原审法院地的法律，未曾出庭的败诉一方当事人未经合法传唤或者虽经合法传唤但未获依法律规定的答辩时间。但原审法院根据其法律或者有关规定公告送达的，不属于上述情形；

（五）判决是以欺诈方法取得的；

（六）执行地法院就相同诉讼请求作出判决，或者外国、境外地区法院就相同诉讼请求作出判决，或者有关仲裁机构作出仲裁裁决，已经为执行地法院所认可或者执行的。

内地人民法院认为在内地执行香港特别行政区法院判决违反内地社会公共利益，或者香港特别行政区法院认为在香港特别行政区执行内地人民法院判决违反香港特别行政区公共政策的，不予认可和执行。

第十条 对于香港特别行政区法院作出的判决，判决确定的债务人已经提出上诉，或者上诉程序尚未完结的，内地人民法院审查核实后，可以中止认可和执行程序。经上诉，维持全部或者部分原判决的，恢复认可和执行程序；完全改变原判决的，终止认可和执行程序。

内地地方人民法院就已经作出的判决按照审判监督程序作出提审裁定，或者最高人民法院作出提起再审裁定的，香港特别行政区法院审查核实后，可以中止认可和执行程序。再审判决维持全部或者部分原判决的，恢复认可和执行程序；再审判决完全改变原判决的，终止认可和执行程序。

第十一条 根据本安排而获认可的判决与执行地法院的判决效力相同。

第十二条 当事人对认可和执行与否的裁定不服的，在内地可以向上一级人民法院申请复议，在香港特别行政区可以根据其法律规定提出上诉。

第十三条 在法院受理当事人申请认可和执行判决期间，当事人依相同事实再行提起诉讼的，法院不予受理。

已获认可和执行的判决，当事人依相同事实再行提起诉讼的，法院不予受理。

对于根据本安排第九条不予认可和执行的判决，申请人不得再行提起认可和执行的申请，但是可以按照执行地的法律依相同案件事实向执行地法院提起诉讼。

第十四条 法院受理认可和执行判决的申请之前或者之后，可以按照执行地法律关于财产保全或者禁制资产转移的规定，根据申请人的申请，对被申请人的财产采取保全或强制措施。

第十五条 当事人向有关法院申请执行判决，应当根据执行地有关诉讼收费的法律和规定交纳执行费或者法院费用。

第十六条 内地与香港特别行政区法院相互认可和执行的标的范围，除判决确定的数额外，还包括根据该判决须支付的利息、经法院核定的律师费以及诉讼费，但不包括税收和罚款。

在香港特别行政区诉讼费是指经法官或者司法常务官在诉讼费评定证明书中核定或者命令支付的诉讼费用。

第十七条 内地与香港特别行政区法院自本安排生效之日（含本日）起作出的判决，适用本安排。

第十八条 本安排在执行过程中遇有问题或者需要修改，由最高人民法院和香港特别行政区政府协商解决。

最高人民法院关于内地与澳门特别行政区相互认可和执行仲裁裁决的安排

（2007年9月17日最高人民法院审判委员会第1437次会议通过　2007年12月12日最高人民法院公告公布　自2008年1月1日起施行　法释〔2007〕17号）

根据《中华人民共和国澳门特别行政区基本法》第九十三条的规定，经最高人民法院与澳门特别行政区协商，现就内地与澳门特别行政区相互认可和执行仲裁裁决的有关事宜达成如下安排：

第一条　内地人民法院认可和执行澳门特别行政区仲裁机构及仲裁员按照澳门特别行政区仲裁法规在澳门作出的民商事仲裁裁决，澳门特别行政区法院认可和执行内地仲裁机构依据《中华人民共和国仲裁法》在内地作出的民商事仲裁裁决，适用本安排。

本安排没有规定的，适用认可和执行地的程序法律规定。

第二条　在内地或者澳门特别行政区作出的仲裁裁决，一方当事人不履行的，另一方当事人可以向被申请人住所地、经常居住地或者财产所在地的有关法院申请认可和执行。

内地有权受理认可和执行仲裁裁决申请的法院为中级人民法院。两个或者两个以上中级人民法院均有管辖权的，当事人应当选择向其中一个中级人民法院提出申请。

澳门特别行政区有权受理认可仲裁裁决申请的法院为中级法院，有权执行的法院为初级法院。

第三条　被申请人的住所地、经常居住地或者财产所在地分别在内地和澳门特别行政区的，申请人可以向一地法院提出认可和执行申请，也可以分别向两地法院提出申请。

当事人分别向两地法院提出申请的，两地法院都应当依法进行审查。予以认可的，采取查封、扣押或者冻结被执行人财产等执行措施。仲裁地法院应当先进行执行清偿；另一地法院在收到仲裁地法院关于经执行债权未获清偿情况的证明后，可以对申请人未获清偿的部分进行执行清偿。两地法院执行财产的总额，不得超过依据裁决和法律规定所确定的数额。

第四条　申请人向有关法院申请认可和执行仲裁裁决的，应当提交以下文件或者经公证的副本：

（一）申请书；

（二）申请人身份证明；

（三）仲裁协议；

（四）仲裁裁决书或者仲裁调解书。

上述文件没有中文文本的，申请人应当提交经正式证明的中文译本。

第五条　申请书应当包括下列内容：

（一）申请人或者被申请人为自然人的，应当载明其姓名及住所；为法人或者其他组织的，应当载明其名称及住所，以及其法定代表人或者主要负责人的姓名、职务和住所；申请人是外国籍法人或者其他组织的，应当提交相应的公证和认证材料；

（二）请求认可和执行的仲裁裁决书或者仲裁调解书的案号或识别资料和生效日期；

（三）申请认可和执行仲裁裁决的理由及具体请求，以及被申请人财产所在地、财产状况及该仲裁裁决的执行情况。

第六条　申请人向有关法院申请认可和执行内地或者澳门特别行政区仲裁裁决的期限，依据认可和执行地的法律确定。

第七条　对申请认可和执行的仲裁裁决，被申请人提出证据证明有下列情形之一的，经审查核实，有关法院可以裁定不予认可：

（一）仲裁协议一方当事人依对其适用的法律在订立仲裁协议时属于无行为能力的；或者依当事人约定的准据法，或当事人没有约定适用的准据法而依仲裁地法律，该仲裁协议无效的；

（二）被申请人未接到选任仲裁员或者进行仲裁程序的适当通知，或者因他故未能陈述意见的；

（三）裁决所处理的争议不是提交仲裁的争议，或者不在仲裁协议范围之内；或者裁决载有超出当事人提交仲裁范围的事项的决定，但裁决中超出提交仲裁范围的事项的决定与提交仲裁事项的决定可以分开的，裁决中关于提交仲裁事项的决定部分可以予以认可；

（四）仲裁庭的组成或者仲裁程序违反了当事人的约定，或者在当事人没有约定时与仲裁地的法律不符的；

（五）裁决对当事人尚无约束力，或者业经仲裁地的法院撤销或者拒绝执行的。

有关法院认定，依执行地法律，争议事项不能以仲裁解决的，不予认可和执行该裁决。

内地法院认定在内地认可和执行该仲裁裁决违反内地法律的基本原则或者社会公共利益，澳门特别行政区法院认定在澳门特别行政区认可和执行该仲裁裁决违反澳门特别行政区法律的基本原则或者公共秩序，不予认可和执行该裁决。

第八条　申请人依据本安排申请认可和执行仲裁裁决的，应当根据执行地法律的规定，交纳诉讼费用。

第九条　一方当事人向一地法院申请执行仲裁裁决，另一方当事人向另一地法院申请撤销该仲裁裁决，被执行人申请中止执行且提供充分担保的，执行法院应当中止执行。

根据经认可的撤销仲裁裁决的判决、裁定，执行法院应当终结执行程序；撤销仲裁裁决申请被驳回的，执行法院应当恢复执行。

当事人申请中止执行的，应当向执行法院提供其他法院已经受理申请撤销仲裁裁决案件的法律文书。

第十条　受理申请的法院应当尽快审查认可和执行的请求，并作出裁定。

第十一条　法院在受理认可和执行仲裁裁决申请之前或者之后，可以依当事人的申请，按照法院地法律规定，对被申请人的财产采取保全措施。

第十二条　由一方有权限公共机构（包括公证员）作成的文书正本或者经公证的文书副本及译本，在适用本安排时，可以免除认证手续在对方使用。

第十三条　本安排实施前，当事人提出的认可和执行仲裁裁决的请求，不适用本安排。

自1999年12月20日至本安排实施前，澳门特别行政区仲裁机构及仲裁员作出的仲裁裁决,当事人向内地申请认可和执行的期限,自本安排实施之日起算。

第十四条 为执行本安排,最高人民法院和澳门特别行政区终审法院应当相互提供相关法律资料。

最高人民法院和澳门特别行政区终审法院每年相互通报执行本安排的情况。

第十五条 本安排在执行过程中遇有问题或者需要修改的,由最高人民法院和澳门特别行政区协商解决。

第十六条 本安排自2008年1月1日起实施。

最高人民法院关于内地与澳门特别行政区相互认可和执行民商事判决的安排

(2006年2月13日最高人民法院审判委员会第1378次会议通过 2006年3月21日最高人民法院公告公布 自2006年4月1日起施行 法释〔2006〕2号)

根据《中华人民共和国澳门特别行政区基本法》第九十三条的规定,最高人民法院与澳门特别行政区经协商,就内地与澳门特别行政区法院相互认可和执行民商事判决事宜,达成如下安排:

第一条 内地与澳门特别行政区民商事案件(在内地包括劳动争议案件,在澳门特别行政区包括劳动民事案件)判决的相互认可和执行,适用本安排。

本安排亦适用于刑事案件中有关民事损害赔偿的判决、裁定。

本安排不适用于行政案件。

第二条 本安排所称“判决”,在内地包括:判决、裁定、决定、调解书、支付令;在澳门特别行政区包括:裁判、判决、确认和解的裁定、法官的决定或者批示。

本安排所称“被请求方”,指内地或者澳门特别行政区双方中,受理认可和执行判决申请的一方。

第三条 一方法院作出的具有给付内容的生效判决,当事人可以向对方有管辖权的法院申请认可和执行。

没有给付内容,或者不需要执行,但需要通过司法程序予以认可的判决,当事人可以向对方法院单独申请认可,也可以直接以该判决作为证据在对方法院的诉讼程序中使用。

第四条 内地有权受理认可和执行判决申请的法院为被申请人住所地、经常居住地或者财产所在地的中级人民法院。两个或者两个以上中级人民法院均有管辖权的,申请人应当选择向其中一个中级人民法院提出申请。

澳门特别行政区有权受理认可判决申请的法院为中级法院,有权执行的法院为初级法院。

第五条 被申请人在内地和澳门特别行政区均有可供执行财产的,申请人可以向一地法院提出执行申请。

申请人向一地法院提出执行申请的同时,可以向另一地法院申请查封、扣押或者冻结被执行人的财产。待一地法院执行完毕后,可以根据该地法院出具的执行情况证明,就不足部分向另一地法院申请采取处分财产的执行措施。

两地法院执行财产的总额,不得超过依据判决和法律规定所确定的数额。

第六条 请求认可和执行判决的申请书,应当载明下列事项:

(一)申请人或者被申请人为自然人的,应当载明其姓名及住所;为法人或者其他组织的,应当载明其名称及住所,以及其法定代表人或者主要负责人的姓名、职务和住所;

(二)请求认可和执行的判决的案号和判决日期;

(三)请求认可和执行判决的理由、标的,以及该判决在判决作出地法院的执行情况。

第七条 申请书应当附生效判决书副本,或者经作出生效判决的法院盖章的证明书,同时应当附作出生效判决的法院或者有权限机构出具的证明下列事项的相关文件:

(一)传唤属依法作出,但判决书已经证明的除外;

(二)无诉讼行为能力人依法得到代理,但判决书已经证明的除外;

(三)根据判决作出地的法律,判决已经送达当事人,并已生效;

(四)申请人为法人的,应当提供法人营业执照副本或者法人登记证明书;

(五)判决作出地法院发出的执行情况证明。

如被请求方法院认为已充分了解有关事项时,可以免除提交相关文件。

被请求方法院对当事人提供的判决书的真实性有疑问时,可以请求作出生效判决的法院予以确认。

第八条 申请书应当用中文制作。所附司法文书及其相关文件未用中文制作的,应当提供中文译本。其中法院判决书未用中文制作的,应当提供由法院出具的中文译本。

第九条 法院收到申请人请求认可和执行判决的申请后,应当将申请书送达被申请人。

被申请人有权提出答辩。

第十条 被请求方法院应当尽快审查认可和执行的请求,并作出裁定。

第十一条 被请求方法院经审查核实存在下列情形之一的,裁定不予认可:

(一)根据被请求方的法律,判决所确认的事项属被请求方法院专属管辖;

(二)在被请求方法院已存在相同诉讼,该诉讼先于待认可判决的诉讼提起,且被请求方法院具有管辖权;

(三)被请求方法院已认可或者执行被请求方法院以外

的法院或仲裁机构就相同诉讼作出的判决或仲裁裁决；

（四）根据判决作出地的法律规定，败诉的当事人未得到合法传唤，或者无诉讼行为能力人未依法得到代理；

（五）根据判决作出地的法律规定，申请认可和执行的判决尚未发生法律效力，或者因再审被裁定中止执行；

（六）在内地认可和执行判决将违反内地法律的基本原则或者社会公共利益；在澳门特别行政区认可和执行判决将违反澳门特别行政区法律的基本原则或者公共秩序。

第十二条 法院就认可和执行判决的请求作出裁定后，应当及时送达。

当事人对认可与否的裁定不服的，在内地可以向上一级人民法院提请复议，在澳门特别行政区可以根据其法律规定提起上诉；对执行中作出的裁定不服的，可以根据被请求方法律的规定，向上级法院寻求救济。

第十三条 经裁定予以认可的判决，与被请求方法院的判决具有同等效力。判决有给付内容的，当事人可以向该方有管辖权的法院申请执行。

第十四条 被请求方法院不能对判决所确认的所有请求予以认可和执行时，可以认可和执行其中的部分请求。

第十五条 法院受理认可和执行判决的申请之前或者之后，可以按照被请求方法律关于财产保全的规定，根据申请人的申请，对被申请人的财产采取保全措施。

第十六条 在被请求方法院受理认可和执行判决的申请期间，或者判决已获认可和执行，当事人再行提起相同诉讼的，被请求方法院不予受理。

第十七条 对于根据本安排第十一条（一）、（四）、（六）项不予认可的判决，申请人不得再行提起认可和执行的申请。但根据被请求方的法律，被请求方法院有管辖权的，当事人可以就相同案件事实向当地法院另行提起诉讼。

本安排第十一条（五）项所指的判决，在不予认可的情形消除后，申请人可以再行提起认可和执行的申请。

第十八条 为适用本安排，由一方有权限公共机构（包括公证员）作成或者公证的文书正本、副本及译本，免除任何认证手续而可以在对方使用。

第十九条 申请人依据本安排申请认可和执行判决，应当根据被请求方法律规定，交纳诉讼费用、执行费用。

申请人在生效判决作出地获准缓交、减交、免交诉讼费用的，在被请求方法院申请认可和执行判决时，应当享有同等待遇。

第二十条 对民商事判决的认可和执行，除本安排有规定的以外，适用被请求方的法律规定。

第二十一条 本安排生效前提出的认可和执行请求，不适用本安排。

两地法院自1999年12月20日以后至本安排生效前作出的判决，当事人未向对方法院申请认可和执行，或者对方法院拒绝受理的，仍可以于本安排生效后提出申请。

澳门特别行政区法院在上述期间内作出的判决，当事人向内地人民法院申请认可和执行的期限，自本安排生效之日起重新计算。

第二十二条 本安排在执行过程中遇有问题或者需要修改，应当由最高人民法院与澳门特别行政区协商解决。

第二十三条 为执行本安排，最高人民法院和澳门特别行政区终审法院应当相互提供相关法律资料。

最高人民法院和澳门特别行政区终审法院每年相互通报执行本安排的情况。

第二十四条 本安排自2006年4月1日起生效。

最高人民法院关于内地与香港特别行政区相互执行仲裁裁决的安排

（1999年6月18日最高人民法院审判委员会第1069次会议通过 2000年1月24日最高人民法院公告公布 自2000年2月1日起施行 法释〔2000〕3号）

根据《中华人民共和国香港特别行政区基本法》第九十五条的规定，经最高人民法院与香港特别行政区（以下简称香港特区）政府协商，香港特区法院同意执行内地仲裁机构（名单由国务院法制办公室经国务院港澳事务办公室提供）依据《中华人民共和国仲裁法》所作出的裁决，内地人民法院同意执行在香港特区按香港特区《仲裁条例》所作出的裁决。现就内地与香港特区相互执行仲裁裁决的有关事宜作出如下安排：

一、在内地或者香港特区作出的仲裁裁决，一方当事人不履行仲裁裁决的，另一方当事人可以向被申请人住所地或者财产所在地的有关法院申请执行。

二、上条所述的有关法院，在内地指被申请人住所地或者财产所在地的中级人民法院，在香港特区指香港特区高等法院。

被申请人住所地或者财产所在地在内地不同的中级人民法院辖区内的，申请人可以选择其中一个人民法院申请执行裁决，不得分别向两个或者两个以上人民法院提出申请。

被申请人的住所地或者财产所在地，既在内地又在香港特区的，申请人不得同时分别向两地有关法院提出申请。只有一地法院执行不足以偿还其债务时，才可就不足部分向另一地法院申请执行。两地法院先后执行仲裁裁决的总额，不得超过裁决数额。

三、申请人向有关法院申请执行在内地或者香港特区作出的仲裁裁决的，应当提交以下文书：

（一）执行申请书；

（二）仲裁裁决书；

（三）仲裁协议。

四、执行申请书的内容应当载明下列事项：

（一）申请人为自然人的情况下，该人的姓名、地址；申请人为法人或者其他组织的情况下，该法人或其他组织的名称、地址及法定代表人姓名；

（二）被申请人为自然人的情况下，该人的姓名、地址；被申请人为法人或者其他组织的情况下，该法人或其他组织的名称、地址及法定代表人姓名；

（三）申请人为法人或者其他组织的，应当提交企业注册登记的副本。申请人是外国籍法人或者其他组织的，应当提交相应的公证和认证材料；

（四）申请执行的理由与请求的内容，被申请人的财产所在地及财产状况。

执行申请书应当以中文文本提出，裁决书或者仲裁协议没有中文文本的，申请人应当提交正式证明的中文译本。

五、申请人向有关法院申请执行内地或者香港特区仲裁裁决的期限依据执行地法律有关时限的规定。

六、有关法院接到申请人申请后，应当按执行地法律程序处理及执行。

七、在内地或者香港特区申请执行的仲裁裁决，被申请人接到通知后，提出证据证明有下列情形之一的，经审查核实，有关法院可裁定不予执行：

（一）仲裁协议当事人依对其适用的法律属于某种无行为能力的情形；或者该项仲裁协议依约定的准据法无效；或者未指明以何种法律为准时，依仲裁裁决地的法律是无效的；

（二）被申请人未接到指派仲裁员的适当通知，或者因他故未能陈述意见的；

（三）裁决所处理的争议不是交付仲裁的标的或者不在仲裁协议条款之内，或者裁决载有关于交付仲裁范围以外事项的决定的；但交付仲裁事项的决定可与未交付仲裁的事项划分时，裁决中关于交付仲裁事项的决定部分应当予以执行；

（四）仲裁庭的组成或者仲裁庭程序与当事人之间的协议不符，或者在有关当事人没有这种协议时与仲裁地的法律不符的；

（五）裁决对当事人尚无约束力，或者业经仲裁地的法院或者按仲裁地的法律撤销或者停止执行的。

有关法院认定依执行地法律，争议事项不能以仲裁解决的，则可不予执行该裁决。

内地法院认定在内地执行该仲裁裁决违反内地社会公共利益，或者香港特区法院决定在香港特区执行该仲裁裁决违反香港特区的公共政策，则可不予执行该裁决。

八、申请人向有关法院申请执行在内地或者香港特区作出的仲裁裁决，应当根据执行地法院有关诉讼收费的办法交纳执行费用。

九、1997 年 7 月 1 日以后申请执行在内地或者香港特区作出的仲裁裁决按本安排执行。

十、对 1997 年 7 月 1 日至本安排生效之日的裁决申请问题，双方同意：

1997 年 7 月 1 日至本安排生效之日因故未能向内地或者香港特区法院申请执行，申请人为法人或者其他组织的，可以在本安排生效后 6 个月内提出；如申请人为自然人的，可以在本安排生效后 1 年内提出。

对于内地或香港特区法院在 1997 年 7 月 1 日至本安排生效之日拒绝受理或者拒绝执行仲裁裁决的案件，应允许当事人重新申请。

十一、本安排在执行过程中遇有问题和修改，应当通过最高人民法院和香港特区政府协商解决。

最高人民法院关于内地与香港特别行政区相互执行仲裁裁决的补充安排

（2020 年 11 月 9 日由最高人民法院审判委员会第 1815 次会议通过　2020 年 11 月 26 日最高人民法院公告公布　第一条、第四条自公布之日起施行，第二条、第三条在香港特别行政区完成有关程序后，由最高人民法院公布生效日期　法释〔2020〕13 号）

依据《最高人民法院关于内地与香港特别行政区相互执行仲裁裁决的安排》（以下简称《安排》）第十一条的规定，最高人民法院与香港特别行政区政府经协商，作出如下补充安排：

一、《安排》所指执行内地或者香港特别行政区仲裁裁决的程序，应解释为包括认可和执行内地或者香港特别行政区仲裁裁决的程序。

二、将《安排》序言及第一条修改为："根据《中华人民共和国香港特别行政区基本法》第九十五条的规定，经最高人民法院与香港特别行政区（以下简称香港特区）政府协商，现就仲裁裁决的相互执行问题作出如下安排：

"一、内地人民法院执行按香港特区《仲裁条例》作出的仲裁裁决，香港特区法院执行按《中华人民共和国仲裁法》作出的仲裁裁决，适用本安排。"

三、将《安排》第二条第三款修改为："被申请人在内地和香港特区均有住所地或者可供执行财产的，申请人可以分别向两地法院申请执行。应对方法院要求，两地法院应当相互提供本方执行仲裁裁决的情况。两地法院执行财产的总额，不得超过裁决确定的数额。"

四、在《安排》第六条中增加一款作为第二款："有关法院在受理执行仲裁裁决申请之前或者之后，可以依申请并按照执行地法律规定采取保全或者强制措施。"

五、本补充安排第一条、第四条自公布之日起施行，第二条、第三条在香港特别行政区完成有关程序后，由最高人民法院公布生效日期。

最高人民法院关于内地与香港特别行政区法院相互委托送达民商事司法文书的安排

（1998 年 12 月 30 日最高人民法院审判委员会第 1038 次会议通过　1999 年 3 月 29 日最高人民法院公告公布　自 1999 年 3 月 30 日起施行　法释〔1999〕9 号）

根据《中华人民共和国香港特别行政区基本法》第九十五条的规定，经最高人民法院与香港特别行政区代表协商，现就内地与香港特别行政区法院相互委托送达民商事司法文书问题规定如下：

一、内地法院和香港特别行政区法院可以相互委托送达民商事司法文书。

二、双方委托送达司法文书，均须通过各高级人民法院和香港特别行政区高等法院进行。最高人民法院司法文书可以直接委托香港特别行政区高等法院送达。

三、委托方请求送达司法文书，须出具盖有其印章的委托书，并须在委托书中说明委托机关的名称、受送达人的姓名或者名称、详细地址及案件的性质。

委托书应当以中文文本提出。所附司法文书没有中文文本的，应当提供中文译本。以上文件一式两份。受送达人为 2 人以上的，每人一式两份。

受委托方如果认为委托书与本安排的规定不符，应当通知委托方，并说明对委托书的异议。必要时可以要求委托方补充材料。

四、不论司法文书中确定的出庭日期或者期限是否已过，受委托方均应送达。委托方应当尽量在合理期限内提出委托请求。

受委托方接到委托书后，应当及时完成送达，最迟不得超过自收到委托书之日起两个月。

五、送达司法文书后，内地人民法院应当出具送达回证；香港特别行政区法院应当出具送达证明书。出具送达回证和证明书，应当加盖法院印章。

受委托方无法送达的，应当在送达回证或者证明书上注明妨碍送达的原因、拒收事由和日期，并及时退回委托书及所附全部文书。

六、送达司法文书，应当依照受委托方所在地法律规定的程序进行。

七、受委托方对委托方委托送达的司法文书的内容和后果不负法律责任。

八、委托送达司法文书费用互免。但委托方在委托书中请求以特定送达方式送达所产生的费用，由委托方负担。

九、本安排中的司法文书在内地包括：起诉状副本、上诉状副本、授权委托书、传票、判决书、调解书、裁定书、决定书、通知书、证明书、送达回证；在香港特别行政区包括：起诉状副本、上诉状副本、传票、状词、誓章、判案书、判决书、裁决书、通知书、法庭命令、送达证明。

上述委托送达的司法文书以互换司法文书样本为准。

十、本安排在执行过程中遇有问题和修改，应当通过最高人民法院与香港特别行政区高等法院协商解决。

◎司法文件

最高人民法院关于进一步规范人民法院涉港澳台调查取证工作的通知

（2011 年 8 月 7 日　法〔2011〕243 号）

各省、自治区、直辖市高级人民法院，解放军军事法院，新疆维吾尔自治区高级人民法院生产建设兵团分院：

近年来，内地与香港特别行政区、澳门特别行政区、台湾地区司法协（互）助的范围和领域不断扩展，方式和内容不断深化，案件数量不断增加。与此同时，人民法院在案件审判尤其是涉港澳台案件审判中需要港澳特区、台湾地区协助调查取证的情况日渐增多。根据《关于内地与澳门特别行政区法院就民商事案件相互委托送达司法文书和调取证据的安排》，内地与澳门特区法院之间可就民商事案件相互委托调查取证；根据《海峡两岸共同打击犯罪及司法互助协议》及《最高人民法院关于人民法院办理海峡两岸送达文书和调查取证司法互助案件的规定》，最高人民法院与台湾地区业务主管部门之间可就民商事、刑事、行政案件相互委托调查取证；内地法院与香港特区目前在调查取证方面尚未建立制度性的安排，但在实践中也存在以个案处理的方式相互协助调查取证的情况。为确保人民法院涉港澳台调查取证工作规范有序地开展，现就有关事项通知如下：

一、人民法院在案件审判中，需要从港澳特区或者台湾地区调取证据的，应当按照相关司法解释和规范性文件规定的权限和程序，委托港澳特区或者台湾地区业务主管部门协助调查取证。除有特殊情况层报最高人民法院并经中央有关部门批准外，人民法院不得派员赴港澳特区或者台湾地区调查取证。

二、人民法院不得派员随同公安机关、检察机关团组赴港澳特区或者台湾地区就特定案件进行调查取证。

三、各高级人民法院应切实担负起职责，指导辖区内各级人民法院做好涉港澳台调查取证工作。对有关法院提出的派员赴港澳特区或者台湾地区调查取证的申请，各高级人民法院要严格把关,凡不符合有关规定和本通知精神的,应当予以退回。

四、对于未经报请最高人民法院并经中央有关部门批准,擅自派员赴港澳特区或者台湾地区调查取证的,除严肃追究有关法院和人员的责任,并予通报批评外,还要视情暂停审批有关法院一定期限内的赴港澳台申请。

请各高级人民法院接此通知后,及时将有关精神传达至辖区内各级人民法院。执行中遇有问题,及时层报最高人民法院港澳台司法事务办公室。

特此通知。

最高人民法院关于印发《全国法院涉港澳商事审判工作座谈会纪要》的通知

(2008 年 1 月 21 日　法发〔2008〕8 号)

各省、自治区、直辖市高级人民法院,新疆维吾尔自治区高级人民法院生产建设兵团分院:

2007 年 11 月 21 日至 22 日,最高人民法院召开了全国法院涉港澳商事审判工作座谈会。现将《全国法院涉港澳商事审判工作座谈会纪要》印发给你们,请结合工作实际,贯彻执行。

全国法院涉港澳商事审判工作座谈会纪要

为进一步贯彻"公正司法,一心为民"的方针,落实"公正与效率"工作主题,规范涉港澳审判工作,增强司法能力,提高司法水平,最高人民法院于 2007 年 11 月 21 日至 22 日在广西壮族自治区南宁市召开了全国法院涉港澳商事审判工作座谈会。各高级人民法院分管院长和庭长,以及具有涉港澳商事案件管辖权的中级人民法院分管院长参加了会议。最高人民法院副院长万鄂湘出席会议并讲话。

会议总结交流了近年来涉港澳商事审判工作的经验,研究了审判实践中亟待解决的问题,讨论了促进内地与香港特别行政区、内地与澳门特别行政区司法协助的措施。现就会议达成共识的若干问题纪要如下:

一、关于案件管辖权

1. 人民法院受理涉港澳商事案件,应当参照《中华人民共和国民事诉讼法》第四编和《最高人民法院关于涉外民商事案件诉讼管辖若干问题的规定》确定案件的管辖。

2. 有管辖权的人民法院受理的涉港澳商事案件,如果被告以存在有效仲裁协议为由对人民法院的管辖权提出异议,受理案件的人民法院可以对案件管辖问题作出裁定。如果认定仲裁协议无效、失效或者内容不明确无法执行的,在作出裁定前应当按照《最高人民法院关于人民法院处理与涉外仲裁及外国仲裁事项有关问题的通知》(法发〔1995〕18 号)逐级上报。

3. 人民法院受理涉港澳商事案件后,被告以存在有效仲裁协议为由对人民法院的管辖权提出异议,且在人民法院受理商事案件的前后或者同时向另一人民法院提起确认仲裁协议效力之诉的,应分别以下情况处理:

(1)确认仲裁协议效力之诉受理在先或者两案同时受理的,受理商事案件的人民法院应中止对管辖权异议的审理,待确认仲裁协议效力之诉审结后,再恢复审理并就管辖权问题作出裁定。

(2)商事案件受理在先且管辖权异议尚未审结的,对于被告另行提起的确认仲裁协议效力之诉,人民法院应不予受理;受理后发现其他人民法院已经先予受理当事人间的商事案件并正在就管辖权异议进行审理的,应当将案件移送受理商事案件的人民法院在管辖权异议程序中一并解决。

(3)商事案件受理在先且人民法院已经就案件管辖权问题作出裁定,确认仲裁协议无效的,被告又向其他人民法院提起确认仲裁协议效力之诉,人民法院应不予受理;受理后发现上述情况的,应裁定驳回当事人的起诉。

4. 下级人民法院违反《最高人民法院关于涉外民商事案件诉讼管辖若干问题的规定》受理涉港澳商事案件并作出实体判决的,上级人民法院可以程序违法为由撤销下级人民法院的判决,将案件移送有管辖权的人民法院审理。

5. 人民法院受理破产申请后,即使该人民法院不享有涉外民商事案件管辖权,但根据《中华人民共和国企业破产法》第二十一条的规定,有关债务人的涉港澳商事诉讼仍应由该人民法院管辖。

6. 内地人民法院和香港特别行政区法院或者澳门特别行政区法院都享有管辖权的涉港澳商事案件,一方当事人向香港特别行政区法院或者澳门特别行政区法院起诉被受理后,当事人又向内地人民法院提起相同诉讼,香港特别行政区法院或者澳门特别行政区法院是否已经受理案件或作出判决,不影响内地人民法院行使管辖权,但是否受理由人民法院根据案件具体情况决定。

内地人民法院已经受理当事人申请认可或执行香港特别行政区法院或者澳门特别行政区法院就相同诉讼作出的判决的,或者香港特别行政区法院、澳门特别行政区法院的判决已获内地人民法院认可和执行的,内地人民法院不应再受理相同诉讼。

7. 人民法院受理的涉港澳商事案件,如果被告未到庭应诉,即使案件存在不方便管辖的因素,在被告未提出管辖权异议的情况下,人民法院不应依职权主动适用不方便法院原则放弃对案件的管辖权。

二、关于当事人主体资格

8. 香港特别行政区、澳门特别行政区的当事人参加诉讼，应提供经注册地公证、认证机构公证、认证的商业登记等身份证明材料。

9. 人民法院受理香港特别行政区、澳门特别行政区的当事人作为被告的案件的，该当事人在内地设立“三资企业”时向“三资企业”的审批机构提交并经审批的商业登记等身份证明材料可以作为证明其存在的证据，但有相反证据的除外。

10. 原告起诉时提供了作为被告的香港特别行政区、澳门特别行政区的当事人存在的证明，香港特别行政区、澳门特别行政区的当事人拒绝提供证明其身份的公证材料的，不影响人民法院对案件的审理。

三、关于司法文书送达

11. 作为受送达人的香港特别行政区、澳门特别行政区的自然人或者企业、组织的法定代表人、主要负责人在内地的，人民法院可以向该自然人或者法定代表人、主要负责人送达。

12. 除受送达人在授权委托书中明确表明其诉讼代理人无权代为接收有关司法文书外，其委托的诉讼代理人为有权代其接受送达的诉讼代理人，人民法院可以向该诉讼代理人送达。

13. 人民法院向香港特别行政区、澳门特别行政区的受送达人送达司法文书，可以送达给其在内地依法设立的代表机构。

受送达人在内地有分支机构或者业务代办人的，经该受送达人授权，人民法院可以向其分支机构或者业务代办人送达。

14. 人民法院向香港特别行政区、澳门特别行政区受送达人送达司法文书，可以分别按照《最高人民法院关于内地与香港特别行政区法院相互委托送达民商事司法文书的安排》或者《最高人民法院关于内地与澳门特别行政区法院就民商事案件相互委托送达司法文书和调取证据的安排》送达。

按照前款规定方式送达的，自内地的高级人民法院或者最高人民法院将有关司法文书递送香港特别行政区高等法院或者澳门特别行政区终审法院之日起满三个月，如果未能收到送达与否的证明文件且根据各种情况不足以认定已经送达的，视为不能适用上述安排中规定的方式送达。

15. 人民法院向香港特别行政区、澳门特别行政区受送达人送达司法文书，可以邮寄送达。

邮寄送达时应附有送达回证。受送达人未在送达回证上签收但在邮件回执上签收的，视为送达，签收日期为送达日期。

自邮寄之日起满三个月，虽未收到送达与否的证明文件，但根据各种情况足以认定已经送达的，期间届满之日视为送达。

自邮寄之日起满三个月，如果未能收到送达与否的证明文件，且根据各种情况不足以认定已经送达的，视为不能适用邮寄方式送达。

16. 除上述送达方式外，人民法院可以通过传真、电子邮件等能够确认收悉的其他适当方式向受送达人送达。

17. 人民法院不能依照上述方式送达的，可以公告送达。公告内容应当在境内外公开发行的报刊上刊登，自公告之日起满三个月即视为送达。

18. 除公告送达方式外，人民法院可以同时采取多种方式向香港特别行政区、澳门特别行政区的受送达人进行送达，但应当根据最先实现送达的送达方式确定送达时间。

19. 人民法院向在内地的香港特别行政区、澳门特别行政区的自然人或者企业、组织的法定代表人、主要负责人、诉讼代理人、代表机构以及有权接受送达的分支机构、业务代办人送达司法文书，可以适用留置送达的方式。

20. 香港特别行政区、澳门特别行政区的受送达人未对人民法院送达的司法文书履行签收手续，但存在以下情形之一的，视为送达：

（1）受送达人向人民法院提及了所送达司法文书的内容；

（2）受送达人已经按照所送达司法文书的内容履行；

（3）其他可以视为已经送达的情形。

21. 人民法院送达司法文书，根据有关规定需通过上级人民法院转递的，应附申请转递函。

上级人民法院收到下级人民法院申请转递的司法文书，应在七个工作日内予以转递。

上级人民法院认为下级人民法院申请转递的司法文书不符合有关规定需要补正的，应说明需补正的事由并在七个工作日内退回申请转递的人民法院。

四、关于“三资企业”股权纠纷、清算

22. 在内地依法设立的“三资企业”的股东及其股权份额应当根据外商投资企业批准证书记载的股东名称及股权份额确定。

23. 外商投资企业批准证书记载的股东以外的自然人、法人或者其他组织向人民法院提起民事诉讼，请求确认委托投资合同的效力及其在该“三资企业”中的股东地位和股权份额的，人民法院可以对当事人间是否存在委托投资合同、委托投资合同的效力等问题经过审理后作出判决，但应驳回其请求确认股东地位和股权份额的诉讼请求。

24. 在内地设立的“三资企业”的原股东向人民法院提起民事诉讼，请求确认股权转让合同无效并恢复其在该“三资企业”中的股东地位和股权份额的，人民法院审理后可以依法对股权转让合同的效力作出判决，但应驳回其请求恢复股东地位和股权份额的诉讼请求。

五、关于仲裁司法审查

25. 人民法院审理当事人申请撤销、执行内地仲裁机构作出的涉港澳仲裁裁决案件，申请认可和执行香港特别行政区、澳门特别行政区仲裁机构作出的仲裁裁决或者临时仲裁庭在香港特别行政区、澳门特别行政区作出的仲裁裁决案件，对于事实清楚、争议不大的,可以经过书面审理后径行作出裁定;对于事实不清、争议较大的,可以在询问当事人、查清事实后再作出裁定。

26. 当事人向人民法院申请执行涉港澳仲裁裁决,应当在《中华人民共和国民事诉讼法》第二百一十九条规定的期限内提出申请。如果裁决书未明确履行期限,应从申请人收到裁决书正本或者正式副本之日起计算申请人申请执行的期限。

27. 当事人对内地仲裁机构作出的涉港澳仲裁裁决分别向不同人民法院申请撤销及执行的,受理执行申请的人民法院应当按照《最高人民法院关于适用〈中华人民共和国仲裁法〉若干问题的解释》第二十五条的规定中止执行。受理执行申请的人民法院如果对于受理撤销申请的人民法院作出的决定撤销或者不予撤销的裁定存在异议,亦不能直接作出与该裁定相矛盾的执行或者不予执行的裁定,而应报请它们的共同上级人民法院解决。

当事人对内地仲裁机构作出的涉港澳仲裁裁决向人民法院申请执行且人民法院已经作出应予执行的裁定后,如果一方当事人向人民法院申请撤销该裁决,受理撤销申请的人民法院认为裁决应予撤销且该人民法院与受理执行申请的人民法院非同一人民法院时,不应直接作出撤销仲裁裁决的裁定,而应报请它们的共同上级人民法院解决。

28. 当事人向人民法院申请执行内地仲裁机构作出的涉港澳仲裁裁决或者申请认可和执行香港特别行政区、澳门特别行政区仲裁机构作出的仲裁裁决或者临时仲裁庭在香港特别行政区、澳门特别行政区作出的仲裁裁决,人民法院经审查认为裁决存在依法不予执行或者不予认可和执行的情形,在作出裁定前,应当报请本辖区所属高级人民法院进行审查;如果高级人民法院同意不予执行或者不予认可和执行,应将其审查意见报最高人民法院,待最高人民法院答复后,方可作出裁定。

29. 当事人向人民法院申请撤销内地仲裁机构作出的涉港澳仲裁裁决,人民法院经审查认为裁决存在依法应予撤销或者可以重新仲裁的情形,在裁定撤销裁决或者通知仲裁庭重新仲裁之前,应当报请本辖区所属高级人民法院进行审查;如果高级人民法院同意撤销或者通知仲裁庭重新仲裁,应将其审查意见报最高人民法院,待最高人民法院答复后,方可裁定撤销或者通知仲裁庭重新仲裁。

30. 当事人申请内地人民法院撤销香港特别行政区、澳门特别行政区仲裁机构作出的仲裁裁决或者临时仲裁庭在香港特别行政区、澳门特别行政区作出的仲裁裁决的,人民法院应不予受理。

六、其他

31. 有管辖权的基层人民法院审理事实清楚、权利义务关系明确、争议不大的涉港澳商事案件,可以适用《中华人民共和国民事诉讼法》规定的简易程序。

32. 人民法院审理涉港澳商事案件,在内地无住所的香港特别行政区、澳门特别行政区当事人的答辩、上诉期限,参照适用《中华人民共和国民事诉讼法》第二百四十八条、第二百四十九条的规定。

33. 本纪要中所称涉港澳商事案件是指当事人一方或者双方是香港特别行政区、澳门特别行政区的自然人或者企业、组织,或者当事人之间商事法律关系的设立、变更、终止的法律事实发生在香港特别行政区、澳门特别行政区,或者诉讼标的物在香港特别行政区、澳门特别行政区的商事案件。

最高人民法院印发《关于为深化两岸融合发展提供司法服务的若干措施》的通知

(2019 年 3 月 25 日　法发〔2019〕9 号)

各省、自治区、直辖市高级人民法院,解放军军事法院,新疆维吾尔自治区高级人民法院生产建设兵团分院:

为了深入学习贯彻习近平新时代中国特色社会主义思想,贯彻习近平总书记关于对台工作的重要论述,更好发挥人民法院在服务、保障、促进两岸经济文化交流合作与融合发展方面的职能作用,现将《最高人民法院关于为深化两岸融合发展提供司法服务的若干措施》印发给你们,请结合实际认真贯彻执行。

最高人民法院关于为深化两岸融合发展提供司法服务的若干措施

为依法全面平等保护台湾同胞合法权益,促进两岸经济文化交流合作,深化两岸融合发展,结合人民法院工作实际和实践经验,制定以下措施。

一、公正高效审理案件,全面保障诉讼权利

1. 坚持公正高效司法,维护台湾同胞的各项实体权利和诉讼权利,依法保障台湾同胞在大陆学习、创业、就业、生活逐步享有同等待遇。

2. 加强产权司法保护,依法保障台湾同胞在大陆的投资安全、财产安全,加强知识产权保护,让台湾同胞在大陆专心创业、放心投资、安心经营。

3. 对台湾同胞、台湾企业因涉及在大陆享有国家各项政策优惠、补贴、奖励、激励、准入等同等待遇产生的纠纷,属于人民法院受案范围、符合起诉条件的,应当依法及时受理。

4. 依法慎用强制措施、查封扣押冻结措施、限制出境措施,最大限度降低对台湾同胞、台湾企业正常生活、经营的不利影响。

5. 人民法院决定对台湾当事人采取拘留、指定居所监视居住或者逮捕措施的，应当在二十四小时以内通知其家属；无法通知其家属的，可以通知其在大陆的工作单位、就读学校等。

6. 受审在押的台湾被告人，其监护人、近亲属申请会见，经审查认为不妨碍案件审判的，应当准许。

7. 对因犯罪受审或者执行刑罚的台湾居民，应当依法平等适用缓刑、判处管制、裁定假释、决定或者批准暂予监外执行，实行社区矫正。

8. 向台湾居民送达司法文书，应当采取直接送达、两岸司法互助送达等有利于其实际知悉送达内容、更好行使诉讼权利的送达方式；未采取过直接送达、两岸司法互助送达方式的，不适用公告送达。

9. 对涉台案件当事人及其诉讼代理人因客观原因不能自行收集的证据，应当依申请或者主动依职权调查收集；相关证据在台湾地区的，可以通过两岸司法互助途径调查收集。

10. 根据国家法律和司法解释中选择适用法律的规则，确定适用台湾地区民商事法律的，应当适用，但违反国家法律基本原则和社会公共利益的，不予适用。

11. 依法及时审查认可和执行台湾地区民事判决和仲裁裁决的申请；经裁定认可的台湾地区民事判决，与人民法院的生效判决具有同等效力；经裁定认可的仲裁裁决，应当依法及时执行。

12. 涉台案件判决生效后，督促败诉方及时履行生效裁判确定的义务，提高涉台案件执行效率，保障涉台案件执行效果。

二、完善便民利民措施，提供优质司法服务

13. 完善涉台案件诉前、诉中、诉后全流程便民利民措施，为台湾同胞提供便捷、高效的司法服务。

14. 受理涉台案件较多的人民法院可以设立涉台案件专门立案窗口。为伤病、残疾、老年、未成年的台湾同胞提供立案、送达、调解等方面的便利。适应涉台案件特点，不断完善便利台湾同胞的在线起诉、应诉、举证、质证、参与庭审、申请执行等信息化平台。

15. 不断完善对台湾同胞的诉讼指导，为台湾同胞编制在大陆诉讼的指导材料。涉台案件较多的人民法院可以开设专门网站、电话、微博、微信等涉台司法服务平台。推广在台湾同胞聚集区、台湾同胞投资区、台湾创业园区等设立法院联络点、法官工作室等司法服务机构。

16. 完善各项诉讼服务措施与司法管理设施，便利台湾同胞使用台湾居民居住证、台湾居民来往大陆通行证作为身份证明参与诉讼活动和旁听审判。

17. 持有台湾居民居住证的台湾当事人委托大陆律师或者其他人代理诉讼，代理人向人民法院转交的授权委托书无需公证认证或者履行其他证明手续。

18. 经济确有困难的台湾当事人向人民法院提起民事、行政诉讼的，可以依法准予缓交、减交、免交诉讼费用。

19. 对符合法律援助条件的台湾当事人，主动协调法律援助机构及时提供法律援助。台湾被告人没有委托辩护人的，可以通知法律援助机构指派律师为其提供辩护。

20. 对权利受到侵害无法获得有效赔偿的台湾当事人，符合有关规定条件的，可以提供一次性国家司法救助，帮助解决其生活面临的急迫困难。

21. 台湾当事人申请司法救助和法律援助，依照有关规定应当提交经济困难等有关证明材料，其户籍地难以或者不予提供，而其台湾居民居住证颁发地、在大陆经常居住地的村（居）民委员会或者在大陆的工作单位、就读学校等依照有关规定提供的，可予认可。

三、加强组织机构建设，健全服务保障机制

22. 受理涉台案件较多的人民法院可以设立专门的审判庭、合议庭、审判团队、执行团队等审判、执行组织，负责涉台案件的审理、执行。未设立专门审判、执行组织的法院可以指定相对固定的人员审理和执行涉台案件。探索建立涉台案件综合审判组织，集中负责涉台刑事、民事、行政案件的审理。

23. 涉台案件分散的地区，可以探索实行涉台案件跨区域集中管辖制度。

24. 不断完善便利台湾同胞在互联网法院、知识产权法院、金融法院等新类型法院进行诉讼、维护权利、解决纠纷的制度机制。

25. 建立与涉台案件特点相适应的审判管理机制和绩效考核机制。办理两岸司法互助案件情况纳入司法统计和绩效考核范围。

26. 充分发挥调解机构、仲裁机构作用，完善调解、仲裁、诉讼等有机衔接、相互协调的多元化纠纷解决机制，提高涉台纠纷解决效率，降低纠纷解决成本。

27. 支持涉台案件较多的地区设立台湾地区民商事法律查明专业机构、涉台社区矫正专门机构等。

28. 及时发布涉台审判司法解释、指导性案例、规范性文件和典型案例，探索建立涉台案件审判指导委员会制度，统一涉台案件裁判标准和尺度。

四、扩大参与司法工作，推动两岸司法交流

29. 选任符合条件的台湾同胞担任涉台案件的人民陪审员，为其更好履行职责提供培训等保障。

30. 探索聘请符合相关条件的台湾同胞担任人民法院书记员等司法辅助人员，逐步扩大台湾同胞参与审判工作范围。

31. 依法保障获得大陆律师执业证书的台湾居民的执业权利，鼓励其在人民法院参与律师调解等工作。

32. 聘请台湾同胞担任人民法院监督员、联络员，以及特邀调解员、家事调查员、心理咨询员、缓刑考察员、法庭义工等。

33. 聘请符合条件的台湾同胞担任涉台、知识产权、生态环境、医疗、海事、金融、互联网等审判领域的咨询专家或者鉴定人。聘请对相关法律领域有精深造诣及较大影响力的台湾同胞担任国际商事专家委员会专家委员。

34. 推动人民法院与两岸教学、科研机构共同建立两岸青年学生教学实践基地。鼓励、支持台湾青年学生到人民法院实习，并积极提供相应便利与保障。积极打造两岸青年学生、青年法官的交流交往平台。

35. 鼓励支持台湾法律界人士到国家法官学院及其分院研修、培训、讲学，加入中华司法研究会等专业性社团组织，申报人民法院及其主管的事业单位、社会团体组织发布的司法调研、理论研究课题。

36. 鼓励支持台湾各界人士到人民法院参访、交流，参加人民法院举办的论坛、研讨会等活动。

地方各级人民法院可以根据本规定精神，结合本地区实际情况出台具体落实措施；福建省高级人民法院可以根据中央赋予的先行先试政策统筹谋划，推进落实。各地人民法院出台的有关措施，应当层报最高人民法院台湾司法事务办公室备案。

◎请示答复

最高人民法院关于香港特别行政区企业在国内开办全资独资企业法律文书送达问题的请示的复函

（2011 年 10 月 27 日 〔2011〕民四他字第 44 号）

湖南省高级人民法院民三庭：

你庭《关于香港特别行政区企业在国内开办全资独资企业法律文书送达问题的请示》收悉。经研究，答复如下：

一、在涉港商事案件的审理过程中，如果当事人提交了经合法公证认证的香港特别行政区受送达人（以下简称受送达人）的登记注册资料，首先，人民法院应当对该受送达人的主体资格予以确认；其次，人民法院可以通过《最高人民法院关于涉港澳民商事案件司法文书送达问题若干规定》中规定的途径向该受送达人登记注册资料中载明的地址进行送达。即使人民法院向受送达人登记注册资料中载明的地址无法成功送达的，亦不能必然得出受送达人登记注册资料不实的结论，人民法院亦不能主动对此予以纠正。

二、参照《最高人民法院关于涉港澳民商事案件司法文书送达问题若干规定》第五条第二款的相关规定，受送达人在内地设立的独资企业未经其明确授权的，人民法院不能直接向该独资企业送达司法文书，但有证据证明通过该独资企业送达的司法文书成功送达到了受送达人的除外。参照《最高人民法院关于涉港澳民商事案件司法文书送达问题若干规定》第三条的规定，受送达人的董事一般可以被认定为有权代表该受送达人接受司法文书的主体。如果有证据证明受送达人的现任董事在内地出现，人民法院可以将送达给受送达人的司法文书向其董事本人进行送达。

今后此类案件应以你院的名义而非你庭的名义报送请示。

此复。

附：

湖南省高级人民法院关于香港特别行政区企业在国内开办全资独资企业法律文书送达问题的请示

（2011 年 7 月 29 日湖南省高级人民法院民三庭）

最高人民法院民四庭：

我院最近相继受理了福州九歌万派房地产顾问有限公司、广州凌峻中国销售代理公司与冠都国际集团有限公司（以下简称冠都集团公司）、冠都（衡阳）房地产开发有限公司（以下简称冠都衡阳公司）委托合同纠纷，冠都集团公司属于在香港注册的港资企业，由于冠都集团公司经过香港律师公证认证的公司地址无法送达，一审法院和我院为送达起诉书副本、开庭传票、判决书等，只能多次以公告的方式送达，导致案件审理时间拖延，引起了我省人大内司委和相关法院的关注。现将有关问题请示如下：

一、冠都集团公司在香港注册，来境内投资创办房地产开发公司，注册资料经过香港律师公证认证，公司地址是明确的，但经过一、二审法院多次送达，均以查无此人退回。我们认为，经过了香港律师公证认证的企业注册资料应该是可信的，但这种公司地址改变不能送达的情形是否可以归为港资企业注册资料不实？对这种注册资料不实的情形应该如何处理？

二、通过对冠都衡阳公司的工商登记注册资料查询为冠都集团公司的独资企业，并由冠都集团公司向冠都衡阳公司出具了委书，委派该公司董事为冠都衡阳公司的执行董事。在一、二审法院向冠都阳公司送达法律文书的过程中，冠都衡阳公司一直拒收冠都集团公司的法文书。我们认为，按照公司法以及最高人民法院关于涉外审判送达的相关定，冠都衡阳公司应为冠都集团公司在境内的分支机构，冠都衡阳公司的定代表人也是冠都集团公司的董事，并被委派为境内公司的执行董事，所以向冠都衡阳公司送达文书的同时向该公司法定代表人送达冠都集团公司的相关法律文件能否视为向冠都集团公司送达？

特此请示，盼复！

最高人民法院关于北泰汽车工业控股有限公司申请认可香港特别行政区法院命令案的请示的复函

（2011年9月28日 〔2011〕民四他字第19号）

北京市高级人民法院：

你院京高法〔2011〕第156号《关于北泰汽车工业控股有限公司申请认可香港特别行政区法院命令案的请示》收悉。经研究，答复如下：

本案系当事人申请认可香港特别行政区高等法院作出的清盘命令案件。根据《最高人民法院关于内地与香港特别行政区法院相互认可和执行当事人协议管辖的民商事案件判决的安排》第一条的规定，涉案清盘命令不属于该安排规定的可以相互认可和执行的判决范围，故本案不能适用该安排的规定。《中华人民共和国民事诉讼法》第二百六十五条和《中华人民共和国企业破产法》第五条是对外国法院所作判决的承认和执行的规定，亦不能适用于本案。你院关于适用上述法律规定对涉案清盘命令予以认可的理由不能成立。

综上，目前内地法院认可香港特别行政区高等法院作出的清盘命令没有法律依据，故对涉案清盘命令应不予认可。

此复。

最高人民法院关于建和财务有限公司与丰业财务有限公司、丰业酒店集团有限公司借款、担保合同纠纷一案的请示的复函

（2006年9月14日 〔2006〕民四他字第18号）

山东省高级人民法院：

你院〔2002〕鲁民四初字第4号“关于建和财务有限公司与丰业财务有限公司、丰业酒店集团有限公司借款、担保合同纠纷一案的请示”收悉。经研究，答复如下：

一、关于丰业财务有限公司清盘引起的法律后果问题

根据我国《民事诉讼法》第四条的规定：“凡在中华人民共和国领域内进行民事诉讼，必须遵守本法。”而《民事诉讼法》并未规定在公司清盘时应中止诉讼，且本院《第二次全国涉外商事海事审判工作会议纪要》第十五条规定：“人民法院在审理案件过程中查明外国当事人被宣告破产或者进入清算程序的，应通知外国当事人的破产财产管理人或者清算人参加诉讼。”故本案不应中止诉讼。同意你院对该问题的请示意见。

二、关于建和财务有限公司与丰业酒店集团有限公司之间的担保合同纠纷法律适用问题

本案为涉港案件，应参照适用关于涉外案件的有关规定。确定本案担保合同纠纷准据法的关键是确认当事人在《补充协议》中约定的法律适用条款的效力。如果当事人在《补充协议》中约定的法律适用条款有效，则应依约定适用我国内地的法律作为解决担保合同纠纷的准据法；如果该条款无效，则应审查当事人在《合营权益抵押契约》中约定法律适用条款的效力，有效按其约定，无效则应按照最密切联系原则确定担保合同纠纷的准据法。根据你院请示报告所述，本案目前确定《补充协议》中法律适用条款效力的核心问题是审查温汝成是否有权代表丰业酒店集团有限公司签署该《补充协议》，即对温汝成签订《补充协议》的行为能力作出准确认定。根据我国法律的基本原则，对于当事人的行为能力，一般应该根据其本国法作出认定。同时，最高人民法院《关于贯彻执行〈民法通则〉若干问题的意见（试行）》第一百八十条规定：“外国人在我国领域内进行民事活动，如依其本国法律为无民事行为能力，而依我国法律为有民事行为能力，应当认定为有民事行为能力。”参照上述规定，你院应首先查清温汝成签订《补充协议》的行为是在哪里进行的，即查清《补充协议》的签订地。如果《补充协议》是在香港签订，且温汝成为香港居民，则应适用香港法律对温汝成是否有权签订《补充协议》作出认定；如果《补充协议》是在我国内地签订，则应适用我国内地相关的法律对温汝成是否有权签订《补充协议》作出认定。你院应该在查明案件事实的情况下，根据上述原则，依法对温汝成签订的《补充协议》的效力作出认定。

由于你院对于《补充协议》签订地这一重要事实未予查清，因此请示报告中关于担保合同纠纷法律适用问题的两种分析意见均是缺乏充分根据的。

三、关于《合营权益抵押契约》的效力问题

《合营权益抵押契约》的效力问题是以你院请示的第二个问题即担保合同纠纷准据法的确定为前提的，在《合营权益抵押契约》的准据法未确定的情况下，不能依法对该契约的效力作出认定。你院应在《合营权益抵押契约》的准据法确定后，再根据确定的准据法对该契约的效力问题作出认定。

此复。

（二）涉台民事诉讼程序

◎司法解释

最高人民法院关于审理涉台民商事案件法律适用问题的规定

（2010年4月26日最高人民法院审判委员会第1486次会议通过　根据2020年12月23日最高人民法院审判委员会第1823次会议通过的《最高人民法院关于修改〈最高人民法院关于破产企业国有划拨土地使用权应否列入破产财产等问题的批复〉等二十九件商事类司法解释的决定》修正　2020年12月29日最高人民法院公告公布　自2021年1月1日起施行　法释〔2020〕18号）

为正确审理涉台民商事案件，准确适用法律，维护当事人的合法权益，根据相关法律，制定本规定。

第一条　人民法院审理涉台民商事案件，应当适用法律和司法解释的有关规定。

根据法律和司法解释中选择适用法律的规则，确定适用台湾地区民事法律的，人民法院予以适用。

第二条　台湾地区当事人在人民法院参与民事诉讼，与大陆当事人有同等的诉讼权利和义务，其合法权益受法律平等保护。

第三条　根据本规定确定适用有关法律违反国家法律的基本原则或者社会公共利益的，不予适用。

最高人民法院关于认可和执行台湾地区法院民事判决的规定

（2015年6月2日最高人民法院审判委员会第1653次会议通过　2015年6月29日最高人民法院公告公布　自2015年7月1日起施行　法释〔2015〕13号）

为保障海峡两岸当事人的合法权益，更好地适应海峡两岸关系和平发展的新形势，根据民事诉讼法等有关法律，总结人民法院涉台审判工作经验，就认可和执行台湾地区法院民事判决，制定本规定。

第一条　台湾地区法院民事判决的当事人可以根据本规定，作为申请人向人民法院申请认可和执行台湾地区有关法院民事判决。

第二条　本规定所称台湾地区法院民事判决，包括台湾地区法院作出的生效民事判决、裁定、和解笔录、调解笔录、支付命令等。

申请认可台湾地区法院在刑事案件中作出的有关民事损害赔偿的生效判决、裁定、和解笔录的，适用本规定。

申请认可由台湾地区乡镇市调解委员会等出具并经台湾地区法院核定，与台湾地区法院生效民事判决具有同等效力的调解文书的，参照适用本规定。

第三条　申请人同时提出认可和执行台湾地区法院民事判决申请的，人民法院先按照认可程序进行审查，裁定认可后，由人民法院执行机构执行。

申请人直接申请执行的，人民法院应当告知其一并提交认可申请；坚持不申请认可的，裁定驳回其申请。

第四条　申请认可台湾地区法院民事判决的案件，由申请人住所地、经常居住地或者被申请人住所地、经常居住地、财产所在地中级人民法院或者专门人民法院受理。

申请人向两个以上有管辖权的人民法院申请认可的，由最先立案的人民法院管辖。

申请人向被申请人财产所在地人民法院申请认可的，应当提供财产存在的相关证据。

第五条　对申请认可台湾地区法院民事判决的案件，人民法院应当组成合议庭进行审查。

第六条　申请人委托他人代理申请认可台湾地区法院民事判决的，应当向人民法院提交由委托人签名或者盖章的授权委托书。

台湾地区、香港特别行政区、澳门特别行政区或者外国当事人签名或者盖章的授权委托书应当履行相关的公证、认证或者其他证明手续，但授权委托书在人民法院法官的见证下签署或者经中国大陆公证机关公证证明是在中国大陆签署的除外。

第七条　申请人申请认可台湾地区法院民事判决，应当提交申请书，并附有台湾地区有关法院民事判决文书和民事判决确定证明书的正本或者经证明无误的副本。台湾地区法院民事判决为缺席判决的，申请人应当同时提交台湾地区法院已经合法传唤当事人的证明文件，但判决已经对此予以明确说明的除外。

申请书应当记明以下事项：

（一）申请人和被申请人姓名、性别、年龄、职业、身份证件号码、住址（申请人或者被申请人为法人或者其他组织的，应当记明法人或者其他组织的名称、地址、法定代表人或者主要负责人姓名、职务）和通讯方式；

（二）请求和理由；

（三）申请认可的判决的执行情况；

（四）其他需要说明的情况。

第八条　对于符合本规定第四条和第七条规定条件的申请，人民法院应当在收到申请后七日内立案，并通知申请人和被申请人，同时将申请书送达被申请人；不符合本规定第四条和第七条规定条件的，应当在七日内裁定不予受理，同时说明不予受理的理由;申请人对裁定不服的,可以提起上诉。

第九条　申请人申请认可台湾地区法院民事判决,应当提供相关证明文件,以证明该判决真实并且已经生效。

申请人可以申请人民法院通过海峡两岸调查取证司法互助途径查明台湾地区法院民事判决的真实性和是否生效以及当事人得到合法传唤的证明文件;人民法院认为必要时,也可以就有关事项依职权通过海峡两岸司法互助途径向台湾地区请求调查取证。

第十条　人民法院受理认可台湾地区法院民事判决的申请之前或者之后,可以按照民事诉讼法及相关司法解释的规定,根据申请人的申请,裁定采取保全措施。

第十一条　人民法院受理认可台湾地区法院民事判决的申请后,当事人就同一争议起诉的,不予受理。

一方当事人向人民法院起诉后,另一方当事人向人民法院申请认可的,对于认可的申请不予受理。

第十二条　案件虽经台湾地区有关法院判决,但当事人未申请认可,而是就同一争议向人民法院起诉的,应予受理。

第十三条　人民法院受理认可台湾地区法院民事判决的申请后,作出裁定前,申请人请求撤回申请的,可以裁定准许。

第十四条　人民法院受理认可台湾地区法院民事判决的申请后,应当在立案之日起六个月内审结。有特殊情况需要延长的,报请上一级人民法院批准。

通过海峡两岸司法互助途径送达文书和调查取证的期间,不计入审查期限。

第十五条　台湾地区法院民事判决具有下列情形之一的,裁定不予认可:

(一)申请认可的民事判决,是在被申请人缺席又未经合法传唤或者在被申请人无诉讼行为能力又未得到适当代理的情况下作出的;

(二)案件系人民法院专属管辖的;

(三)案件双方当事人订有有效仲裁协议,且无放弃仲裁管辖情形的;

(四)案件系人民法院已作出判决或者中国大陆的仲裁庭已作出仲裁裁决的;

(五)香港特别行政区、澳门特别行政区或者外国的法院已就同一争议作出判决且已为人民法院所认可或者承认的;

(六)台湾地区、香港特别行政区、澳门特别行政区或者外国的仲裁庭已就同一争议作出仲裁裁决且已为人民法院所认可或者承认的。

认可该民事判决将违反一个中国原则等国家法律的基本原则或者损害社会公共利益的,人民法院应当裁定不予认可。

第十六条　人民法院经审查能够确认台湾地区法院民事判决真实并且已经生效,而且不具有本规定第十五条所列情形的,裁定认可其效力;不能确认该民事判决的真实性或者已经生效的,裁定驳回申请人的申请。

裁定驳回申请的案件,申请人再次申请并符合受理条件的,人民法院应予受理。

第十七条　经人民法院裁定认可的台湾地区法院民事判决,与人民法院作出的生效判决具有同等效力。

第十八条　人民法院依据本规定第十五条和第十六条作出的裁定,一经送达即发生法律效力。

当事人对上述裁定不服的,可以自裁定送达之日起十日内向上一级人民法院申请复议。

第十九条　对人民法院裁定不予认可的台湾地区法院民事判决,申请人再次提出申请的,人民法院不予受理,但申请人可以就同一争议向人民法院起诉。

第二十条　申请人申请认可和执行台湾地区法院民事判决的期间,适用民事诉讼法第二百三十九条的规定,但申请认可台湾地区法院有关身份关系的判决除外。

申请人仅申请认可而未同时申请执行的,申请执行的期间自人民法院对认可申请作出的裁定生效之日起重新计算。

第二十一条　人民法院在办理申请认可和执行台湾地区法院民事判决案件中作出的法律文书,应当依法送达案件当事人。

第二十二条　申请认可和执行台湾地区法院民事判决,应当参照《诉讼费用交纳办法》的规定,交纳相关费用。

第二十三条　本规定自2015年7月1日起施行。《最高人民法院关于人民法院认可台湾地区有关法院民事判决的规定》(法释〔1998〕11号)、《最高人民法院关于当事人持台湾地区有关法院民事调解书或者有关机构出具或确认的调解协议书向人民法院申请认可人民法院应否受理的批复》(法释〔1999〕10号)、《最高人民法院关于当事人持台湾地区有关法院支付命令向人民法院申请认可人民法院应否受理的批复》(法释〔2001〕13号)和《最高人民法院关于人民法院认可台湾地区有关法院民事判决的补充规定》(法释〔2009〕4号)同时废止。

最高人民法院关于认可和执行台湾地区仲裁裁决的规定

(2015年6月2日最高人民法院审判委员会第1653次会议通过　2015年6月29日最高人民法院公告公布　自2015年7月1日起施行　法释〔2015〕14号)

为保障海峡两岸当事人的合法权益,更好地适应海峡两岸关系和平发展的新形势,根据民事诉讼法、仲裁法等有关法律,总结人民法院涉台审判工作经验,就认可和执行台湾地区仲裁裁决,制定本规定。

第一条　台湾地区仲裁裁决的当事人可以根据本规定,作为申请人向人民法院申请认可和执行台湾地区仲裁裁决。

第二条　本规定所称台湾地区仲裁裁决是指,有关常设仲裁机构及临时仲裁庭在台湾地区按照台湾地区仲裁规定就有关民商事争议作出的仲裁裁决，包括仲裁判断、仲裁和解和仲裁调解。

第三条 申请人同时提出认可和执行台湾地区仲裁裁决申请的，人民法院先按照认可程序进行审查，裁定认可后，由人民法院执行机构执行。

申请人直接申请执行的，人民法院应当告知其一并提交认可申请；坚持不申请认可的，裁定驳回其申请。

第四条 申请认可台湾地区仲裁裁决的案件，由申请人住所地、经常居住地或者被申请人住所地、经常居住地、财产所在地中级人民法院或者专门人民法院受理。

申请人向两个以上有管辖权的人民法院申请认可的，由最先立案的人民法院管辖。

申请人向被申请人财产所在地人民法院申请认可的，应当提供财产存在的相关证据。

第五条 对申请认可台湾地区仲裁裁决的案件，人民法院应当组成合议庭进行审查。

第六条 申请人委托他人代理申请认可台湾地区仲裁裁决的，应当向人民法院提交由委托人签名或者盖章的授权委托书。

台湾地区、香港特别行政区、澳门特别行政区或者外国当事人签名或者盖章的授权委托书应当履行相关的公证、认证或者其他证明手续，但授权委托书在人民法院法官的见证下签署或者经中国大陆公证机关公证证明是在中国大陆签署的除外。

第七条 申请人申请认可台湾地区仲裁裁决，应当提交以下文件或者经证明无误的副本：

（一）申请书；

（二）仲裁协议；

（三）仲裁判断书、仲裁和解书或者仲裁调解书。

申请书应当记明以下事项：

（一）申请人和被申请人姓名、性别、年龄、职业、身份证件号码、住址（申请人或者被申请人为法人或者其他组织的，应当记明法人或者其他组织的名称、地址、法定代表人或者主要负责人姓名、职务）和通讯方式；

（二）申请认可的仲裁判断书、仲裁和解书或者仲裁调解书的案号或者识别资料和生效日期；

（三）请求和理由；

（四）被申请人财产所在地、财产状况及申请认可的仲裁裁决的执行情况；

（五）其他需要说明的情况。

第八条 对于符合本规定第四条和第七条规定条件的申请，人民法院应当在收到申请后七日内立案，并通知申请人和被申请人，同时将申请书送达被申请人；不符合本规定第四条和第七条规定条件的，应当在七日内裁定不予受理，同时说明不予受理的理由；申请人对裁定不服的，可以提起上诉。

第九条 申请人申请认可台湾地区仲裁裁决，应当提供相关证明文件，以证明该仲裁裁决的真实性。

申请人可以申请人民法院通过海峡两岸调查取证司法互助途径查明台湾地区仲裁裁决的真实性；人民法院认为必要时，也可以就有关事项依职权通过海峡两岸司法互助途径向台湾地区请求调查取证。

第十条 人民法院受理认可台湾地区仲裁裁决的申请之前或者之后，可以按照民事诉讼法及相关司法解释的规定，根据申请人的申请，裁定采取保全措施。

第十一条 人民法院受理认可台湾地区仲裁裁决的申请后，当事人就同一争议起诉的，不予受理。

当事人未申请认可，而是就同一争议向人民法院起诉的，亦不予受理，但仲裁协议无效的除外。

第十二条 人民法院受理认可台湾地区仲裁裁决的申请后，作出裁定前，申请人请求撤回申请的，可以裁定准许。

第十三条 人民法院应当尽快审查认可台湾地区仲裁裁决的申请，决定予以认可的，应当在立案之日起两个月内作出裁定；决定不予认可或者驳回申请的，应当在作出决定前按有关规定自立案之日起两个月内上报最高人民法院。

通过海峡两岸司法互助途径送达文书和调查取证的期间，不计入审查期限。

第十四条 对申请认可和执行的仲裁裁决，被申请人提出证据证明有下列情形之一的，经审查核实，人民法院裁定不予认可：

（一）仲裁协议一方当事人依对其适用的法律在订立仲裁协议时属于无行为能力的；或者依当事人约定的准据法，或当事人没有约定适用的准据法而依台湾地区仲裁规定，该仲裁协议无效的；或者当事人之间没有达成书面仲裁协议的，但申请认可台湾地区仲裁调解的除外；

（二）被申请人未接到选任仲裁员或进行仲裁程序的适当通知，或者由于其他不可归责于被申请人的原因而未能陈述意见的；

（三）裁决所处理的争议不是提交仲裁的争议，或者不在仲裁协议范围之内；或者裁决载有超出当事人提交仲裁范围的事项的决定，但裁决中超出提交仲裁范围的事项的决定与提交仲裁事项的决定可以分开的，裁决中关于提交仲裁事项的决定部分可以予以认可；

（四）仲裁庭的组成或者仲裁程序违反当事人的约定，或者在当事人没有约定时与台湾地区仲裁规定不符的；

（五）裁决对当事人尚无约束力，或者业经台湾地区法院撤销或者驳回执行申请的。

依据国家法律，该争议事项不能以仲裁解决的，或者认可该仲裁裁决将违反一个中国原则等国家法律的基本原则或损害社会公共利益的，人民法院应当裁定不予认可。

第十五条 人民法院经审查能够确认台湾地区仲裁裁决真实，而且不具有本规定第十四条所列情形的，裁定认可其效力;不能确认该仲裁裁决真实性的,裁定驳回申请。

裁定驳回申请的案件,申请人再次申请并符合受理条件的,人民法院应予受理。

第十六条 人民法院依据本规定第十四条和第十五条作出的裁定,一经送达即发生法律效力。

第十七条 一方当事人向人民法院申请认可或者执行台湾地区仲裁裁决,另一方当事人向台湾地区法院起诉撤销该仲裁裁决,被申请人申请中止认可或者执行并且提供充分担保的,人民法院应当中止认可或者执行程序。

申请中止认可或者执行的,应当向人民法院提供台湾地区法院已经受理撤销仲裁裁决案件的法律文书。

台湾地区法院撤销该仲裁裁决的,人民法院应当裁定不予认可或者裁定终结执行;台湾地区法院驳回撤销仲裁裁决请求的,人民法院应当恢复认可或者执行程序。

第十八条 对人民法院裁定不予认可的台湾地区仲裁裁决,申请人再次提出申请的,人民法院不予受理。但当事人可以根据双方重新达成的仲裁协议申请仲裁,也可以就同一争议向人民法院起诉。

第十九条 申请人申请认可和执行台湾地区仲裁裁决的期间,适用民事诉讼法第二百三十九条的规定。

申请人仅申请认可而未同时申请执行的,申请执行的期间自人民法院对认可申请作出的裁定生效之日起重新计算。

第二十条 人民法院在办理申请认可和执行台湾地区仲裁裁决案件中所作出的法律文书,应当依法送达案件当事人。

第二十一条 申请认可和执行台湾地区仲裁裁决,应当参照《诉讼费用交纳办法》的规定,交纳相关费用。

第二十二条 本规定自2015年7月1日起施行。

本规定施行前,根据《最高人民法院关于人民法院认可台湾地区有关法院民事判决的规定》(法释〔1998〕11号),人民法院已经受理但尚未审结的申请认可和执行台湾地区仲裁裁决的案件,适用本规定。

最高人民法院关于人民法院办理海峡两岸送达文书和调查取证司法互助案件的规定

(2010年12月16日最高人民法院审判委员会第1506次会议通过 2011年6月14日最高人民法院公告公布 自2011年6月25日起施行 法释〔2011〕15号)

为落实《海峡两岸共同打击犯罪及司法互助协议》(以下简称协议),进一步推动海峡两岸司法互助业务的开展,确保协议中涉及人民法院有关送达文书和调查取证司法互助工作事项的顺利实施,结合各级人民法院开展海峡两岸司法互助工作实践,制定本规定。

一、总　　则

第一条 人民法院依照协议,办理海峡两岸民事、刑事、行政诉讼案件中的送达文书和调查取证司法互助业务,适用本规定。

第二条 人民法院应当在法定职权范围内办理海峡两岸司法互助业务。

人民法院办理海峡两岸司法互助业务,应当遵循一个中国原则,遵守国家法律的基本原则,不得违反社会公共利益。

二、职责分工

第三条 人民法院和台湾地区业务主管部门通过各自指定的协议联络人,建立办理海峡两岸司法互助业务的直接联络渠道。

第四条 最高人民法院是与台湾地区业务主管部门就海峡两岸司法互助业务进行联络的一级窗口。最高人民法院台湾司法事务办公室主任是最高人民法院指定的协议联络人。

最高人民法院负责:就协议中涉及人民法院的工作事项与台湾地区业务主管部门开展磋商、协调和交流;指导、监督、组织、协调地方各级人民法院办理海峡两岸司法互助业务;就海峡两岸调查取证司法互助业务与台湾地区业务主管部门直接联络,并在必要时具体办理调查取证司法互助案件;及时将本院和台湾地区业务主管部门指定的协议联络人的姓名、联络方式及变动情况等工作信息通报高级人民法院。

第五条 最高人民法院授权高级人民法院就办理海峡两岸送达文书司法互助案件,建立与台湾地区业务主管部门联络的二级窗口。高级人民法院应当指定专人作为经最高人民法院授权的二级联络窗口联络人。

高级人民法院负责:指导、监督、组织、协调本辖区人民法院办理海峡两岸送达文书和调查取证司法互助业务;就办理海峡两岸送达文书司法互助案件与台湾地区业务主管部门直接联络,并在必要时具体办理送达文书和调查取证司法互助案件;登记、统计本辖区人民法院办理的海峡两岸送达文书司法互助案件;定期向最高人民法院报告本辖区人民法院办理海峡两岸送达文书司法互助业务情况;及时将本院联络人的姓名、联络方式及变动情况报告最高人民法院,同时通报台湾地区联络人和下级人民法院。

第六条 中级人民法院和基层人民法院应当指定专人负责海峡两岸司法互助业务。

中级人民法院和基层人民法院负责:具体办理海峡两岸送达文书和调查取证司法互助案件;定期向高级人民法院层报本院办理海峡两岸送达文书司法互助业务情况;及时将本院海峡两岸司法互助业务负责人员的姓名、联络方式及变动情况层报高级人民法院。

三、送达文书司法互助

第七条　人民法院向住所地在台湾地区的当事人送达民事和行政诉讼司法文书，可以采用下列方式：

（一）受送达人居住在大陆的，直接送达。受送达人是自然人，本人不在的，可以交其同住成年家属签收；受送达人是法人或者其他组织的，应当由法人的法定代表人、其他组织的主要负责人或者该法人、其他组织负责收件的人签收。

受送达人不在大陆居住，但送达时在大陆的，可以直接送达。

（二）受送达人在大陆有诉讼代理人的，向诉讼代理人送达。但受送达人在授权委托书中明确表明其诉讼代理人无权代为接收的除外。

（三）受送达人有指定代收人的，向代收人送达。

（四）受送达人在大陆有代表机构、分支机构、业务代办人的，向其代表机构或者经受送达人明确授权接受送达的分支机构、业务代办人送达。

（五）通过协议确定的海峡两岸司法互助方式，请求台湾地区送达。

（六）受送达人在台湾地区的地址明确的，可以邮寄送达。

（七）有明确的传真号码、电子信箱地址的，可以通过传真、电子邮件方式向受送达人送达。

采用上述方式均不能送达或者台湾地区当事人下落不明的，可以公告送达。

人民法院需要向住所地在台湾地区的当事人送达刑事司法文书，可以通过协议确定的海峡两岸司法互助方式，请求台湾地区送达。

第八条　人民法院协助台湾地区法院送达司法文书，应当采用民事诉讼法、刑事诉讼法、行政诉讼法等法律和相关司法解释规定的送达方式，并应当尽可能采用直接送达方式，但不采用公告送达方式。

第九条　人民法院协助台湾地区送达司法文书，应当充分负责，及时努力送达。

第十条　审理案件的人民法院需要台湾地区协助送达司法文书的，应当填写《〈海峡两岸共同打击犯罪及司法互助协议〉送达文书请求书》附录部分，连同需要送达的司法文书，一式二份，及时送交高级人民法院。

需要台湾地区协助送达的司法文书中有指定开庭日期等类似期限的，一般应当为协助送达程序预留不少于六个月的时间。

第十一条　高级人民法院收到本院或者下级人民法院《〈海峡两岸共同打击犯罪及司法互助协议〉送达文书请求书》附录部分和需要送达的司法文书后，应当在七个工作日内完成审查。经审查认为可以请求台湾地区协助送达的，高级人民法院联络人应当填写《〈海峡两岸共同打击犯罪及司法互助协议〉送达文书请求书》正文部分，连同附录部分和需要送达的司法文书，立即寄送台湾地区联络人；经审查认为欠缺相关材料、内容或者认为不需要请求台湾地区协助送达的，应当立即告知提出请求的人民法院补充相关材料、内容或者在说明理由后将材料退回。

第十二条　台湾地区成功送达并将送达证明材料寄送高级人民法院联络人，或者未能成功送达并将相关材料送还，同时出具理由说明给高级人民法院联络人的，高级人民法院应当在收到之日起七个工作日内，完成审查并转送提出请求的人民法院。经审查认为欠缺相关材料或者内容的，高级人民法院联络人应当立即与台湾地区联络人联络并请求补充相关材料或者内容。

自高级人民法院联络人向台湾地区寄送有关司法文书之日起满四个月，如果未能收到送达证明材料或者说明文件，且根据各种情况不足以认定已经送达的，视为不能按照协议确定的海峡两岸司法互助方式送达。

第十三条　台湾地区请求人民法院协助送达台湾地区法院的司法文书并通过其联络人将请求书和相关司法文书寄送高级人民法院联络人的，高级人民法院应当在七个工作日内完成审查。经审查认为可以协助送达的，应当立即转送有关下级人民法院送达或者由本院送达；经审查认为欠缺相关材料、内容或者认为不宜协助送达的，高级人民法院联络人应当立即向台湾地区联络人说明情况并告知其补充相关材料、内容或者将材料送还。

具体办理送达文书司法互助案件的人民法院应当在收到高级人民法院转送的材料之日起五个工作日内，以“协助台湾地区送达民事（刑事、行政诉讼）司法文书”案由立案，指定专人办理，并应当自立案之日起十五日内完成协助送达，最迟不得超过两个月。

收到台湾地区送达文书请求时，司法文书中指定的开庭日期或者其他期限逾期的，人民法院亦应予以送达，同时高级人民法院联络人应当及时向台湾地区联络人说明情况。

第十四条　具体办理送达文书司法互助案件的人民法院成功送达的，应当由送达人在《〈海峡两岸共同打击犯罪及司法互助协议〉送达回证》上签名或者盖章，并在成功送达之日起七个工作日内将送达回证送交高级人民法院；未能成功送达的，应当由送达人在《〈海峡两岸共同打击犯罪及司法互助协议〉送达回证》上注明未能成功送达的原因并签名或者盖章，在确认不能送达之日起七个工作日内，将该送达回证和未能成功送达的司法文书送交高级人民法院。

高级人民法院应当在收到前款所述送达回证之日起七个工作日内完成审查，由高级人民法院联络人在前述送达回证上签名或者盖章，同时出具《〈海峡两岸共同打击犯罪及司法互助协议〉送达文书回复书》，连同该送达回证和未能成功送达的司法文书，立即寄送台湾地区联络人。

四、调查取证司法互助

第十五条 人民法院办理海峡两岸调查取证司法互助业务，限于与台湾地区法院相互协助调取与诉讼有关的证据，包括取得证言及陈述；提供书证、物证及视听资料；确定关系人所在地或者确认其身份、前科等情况；进行勘验、检查、扣押、鉴定和查询等。

第十六条 人民法院协助台湾地区法院调查取证，应当采用民事诉讼法、刑事诉讼法、行政诉讼法等法律和相关司法解释规定的方式。

在不违反法律和相关规定、不损害社会公共利益、不妨碍正在进行的诉讼程序的前提下，人民法院应当尽力协助调查取证，并尽可能依照台湾地区请求的内容和形式予以协助。

台湾地区调查取证请求书所述的犯罪事实，依照大陆法律规定不认为涉嫌犯罪的，人民法院不予协助，但有重大社会危害并经双方业务主管部门同意予以个案协助的除外。台湾地区请求促使大陆居民至台湾地区作证，但未作出非经大陆主管部门同意不得追诉其进入台湾地区之前任何行为的书面声明的，人民法院可以不予协助。

第十七条 审理案件的人民法院需要台湾地区协助调查取证的，应当填写《〈海峡两岸共同打击犯罪及司法互助协议〉调查取证请求书》附录部分，连同相关材料，一式三份，及时送交高级人民法院。

高级人民法院应当在收到前款所述材料之日起七个工作日内完成初步审查，并将审查意见和《〈海峡两岸共同打击犯罪及司法互助协议〉调查取证请求书》附录部分及相关材料，一式二份，立即转送最高人民法院。

第十八条 最高人民法院收到高级人民法院转送的《〈海峡两岸共同打击犯罪及司法互助协议〉调查取证请求书》附录部分和相关材料以及高级人民法院审查意见后，应当在七个工作日内完成最终审查。经审查认为可以请求台湾地区协助调查取证的，最高人民法院联络人应当填写《〈海峡两岸共同打击犯罪及司法互助协议〉调查取证请求书》正文部分，连同附录部分和相关材料，立即寄送台湾地区联络人；经审查认为欠缺相关材料、内容或者认为不需要请求台湾地区协助调查取证的，应当立即通过高级人民法院告知提出请求的人民法院补充相关材料、内容或者在说明理由后将材料退回。

第十九条 台湾地区成功调查取证并将取得的证据材料寄送最高人民法院联络人，或者未能成功调查取证并将相关材料送还，同时出具理由说明给最高人民法院联络人的，最高人民法院应当在收到之日起七个工作日内完成审查并转送高级人民法院，高级人民法院应当在收到之日起七个工作日内转送提出请求的人民法院。经审查认为欠缺相关材料或者内容的，最高人民法院联络人应当立即与台湾地区联络人联络并请求补充相关材料或者内容。

第二十条 台湾地区请求人民法院协助台湾地区法院调查取证并通过其联络人将请求书和相关材料寄送最高人民法院联络人的，最高人民法院应当在收到之日起七个工作日内完成审查。经审查认为可以协助调查取证的，应当立即转送有关高级人民法院或者由本院办理，高级人民法院应当在收到之日起七个工作日内转送有关下级人民法院办理或者由本院办理；经审查认为欠缺相关材料、内容或者认为不宜协助调查取证的，最高人民法院联络人应当立即向台湾地区联络人说明情况并告知其补充相关材料、内容或者将材料送还。

具体办理调查取证司法互助案件的人民法院应当在收到高级人民法院转送的材料之日起五个工作日内，以"协助台湾地区民事（刑事、行政诉讼）调查取证"案由立案，指定专人办理，并应当自立案之日起一个月内完成协助调查取证，最迟不得超过三个月。因故不能在期限届满前完成的，应当提前函告高级人民法院，并由高级人民法院转报最高人民法院。

第二十一条 具体办理调查取证司法互助案件的人民法院成功调查取证的，应当在完成调查取证之日起七个工作日内将取得的证据材料一式三份，连同台湾地区提供的材料，并在必要时附具情况说明，送交高级人民法院；未能成功调查取证的，应当出具说明函一式三份，连同台湾地区提供的材料，在确认不能成功调查取证之日起七个工作日内送交高级人民法院。

高级人民法院应当在收到前款所述材料之日起七个工作日内完成初步审查，并将审查意见和前述取得的证据材料或者说明函等，一式二份，连同台湾地区提供的材料，立即转送最高人民法院。

最高人民法院应当在收到之日起七个工作日内完成最终审查，由最高人民法院联络人出具《〈海峡两岸共同打击犯罪及司法互助协议〉调查取证回复书》，必要时连同相关材料，立即寄送台湾地区联络人。

证据材料不适宜复制或者难以取得备份的，可不按本条第一款和第二款的规定提供备份材料。

五、附　　则

第二十二条 人民法院对于台湾地区请求协助所提供的和执行请求所取得的相关资料应当予以保密。但依据请求目的使用的除外。

第二十三条 人民法院应当依据请求书载明的目的使用台湾地区协助提供的资料。但最高人民法院和台湾地区业务主管部门另有商定的除外。

第二十四条 对于依照协议和本规定从台湾地区获得的证据和司法文书等材料，不需要办理公证、认证等形式证明。

第二十五条 人民法院办理海峡两岸司法互助业务，应当使用统一、规范的文书样式。

第二十六条 对于执行台湾地区的请求所发生的费用，由有关人民法院负担。但下列费用应当由台湾地区业务主管部门负责支付：

（一）鉴定费用；

（二）翻译费用和誊写费用；

（三）为台湾地区提供协助的证人和鉴定人，因前往、停留、离开台湾地区所发生的费用；

（四）其他经最高人民法院和台湾地区业务主管部门商定的费用。

第二十七条 人民法院在办理海峡两岸司法互助案件中收到、取得、制作的各种文件和材料，应当以原件或者复制件形式，作为诉讼档案保存。

第二十八条 最高人民法院审理的案件需要请求台湾地区协助送达司法文书和调查取证的，参照本规定由本院自行办理。

专门人民法院办理海峡两岸送达文书和调查取证司法互助业务，参照本规定执行。

第二十九条 办理海峡两岸司法互助案件和执行本规定的情况，应当纳入对有关人民法院及相关工作人员的工作绩效考核和案件质量评查范围。

第三十条 此前发布的司法解释与本规定不一致的，以本规定为准。

最高人民法院关于涉台民事诉讼文书送达的若干规定

（最高人民法院审判委员会第1421次会议通过 2008年4月17日最高人民法院公告公布 自2008年4月23日起施行 法释〔2008〕4号）

为维护涉台民事案件当事人的合法权益，保障涉台民事案件诉讼活动的顺利进行，促进海峡两岸人员往来和交流，根据民事诉讼法的有关规定，制定本规定。

第一条 人民法院审理涉台民事案件向住所地在台湾地区的当事人送达民事诉讼文书，以及人民法院接受台湾地区有关法院的委托代为向住所地在大陆的当事人送达民事诉讼文书，适用本规定。

涉台民事诉讼文书送达事务的处理，应当遵守一个中国原则和法律的基本原则，不违反社会公共利益。

第二条 人民法院送达或者代为送达的民事诉讼文书包括：起诉状副本、上诉状副本、反诉状副本、答辩状副本、授权委托书、传票、判决书、调解书、裁定书、支付令、决定书、通知书、证明书、送达回证以及与民事诉讼有关的其他文书。

第三条 人民法院向住所地在台湾地区的当事人送达民事诉讼文书，可以采用下列方式：

（一）受送达人居住在大陆的，直接送达。受送达人是自然人，本人不在的，可以交其同住成年家属签收；受送达人是法人或者其他组织的，应当由法人的法定代表人、其他组织的主要负责人或者该法人、组织负责收件的人签收；

受送达人不在大陆居住，但送达时在大陆的，可以直接送达；

（二）受送达人在大陆有诉讼代理人的，向诉讼代理人送达。受送达人在授权委托书中明确表明其诉讼代理人无权代为接收的除外；

（三）受送达人有指定代收人的，向代收人送达；

（四）受送达人在大陆有代表机构、分支机构、业务代办人的，向其代表机构或者经受送达人明确授权接受送达的分支机构、业务代办人送达；

（五）受送达人在台湾地区的地址明确的，可以邮寄送达；

（六）有明确的传真号码、电子信箱地址的，可以通过传真、电子邮件方式向受送达人送达；

（七）按照两岸认可的其他途径送达。

采用上述方式不能送达或者台湾地区的当事人下落不明的，公告送达。

第四条 采用本规定第三条第一款第（一）、（二）、（三）、（四）项方式送达的，由受送达人、诉讼代理人或者有权接受送达的人在送达回证上签收或者盖章，即为送达；拒绝签收或者盖章的，可以依法留置送达。

第五条 采用本规定第三条第一款第（五）项方式送达的，应当附有送达回证。受送达人未在送达回证上签收但在邮件回执上签收的，视为送达，签收日期为送达日期。

自邮寄之日起满三个月，如果未能收到送达与否的证明文件，且根据各种情况不足以认定已经送达的，视为未送达。

第六条 采用本规定第三条第一款第（六）项方式送达的，应当注明人民法院的传真号码或者电子信箱地址，并要求受送达人在收到传真件或者电子邮件后及时予以回复。以能够确认受送达人收悉的日期为送达日期。

第七条 采用本规定第三条第一款第（七）项方式送达的，应当由有关的高级人民法院出具盖有本院印章的委托函。委托函应当写明案件各方当事人的姓名或者名称、案由、案号；受送达人姓名或者名称、受送达人的详细地址以及需送达的文书种类。

第八条 采用公告方式送达的，公告内容应当在境内外公开发行的报刊或者权威网站上刊登。

公告送达的，自公告之日起满三个月，即视为送达。

第九条 人民法院按照两岸认可的有关途径代为送达台湾地区法院的民事诉讼文书的，应当有台湾地区有关法院的委托函。

人民法院收到台湾地区有关法院的委托函后，经审查符合条件的，应当在收到委托函之日起两个月内完成送达。

民事诉讼文书中确定的出庭日期或者其他期限逾期的，受委托的人民法院亦应予送达。

第十条　人民法院按照委托函中的受送达人姓名或者名称、地址不能送达的，应当附函写明情况，将委托送达的民事诉讼文书退回。

完成送达的送达回证以及未完成送达的委托材料，可以按照原途径退回。

第十一条　受委托的人民法院对台湾地区有关法院委托送达的民事诉讼文书的内容和后果不负法律责任。

◎请示答复

最高人民法院关于当事人持台湾地区法院公证处认证的离婚协议书向人民法院申请认可人民法院应否受理的答复

（2002年8月23日　〔2002〕民一他字第12号）

广东省高级人民法院：

你院粤高法民他（2002）5号《关于当事人持台湾地区法院公证处认证的离婚协议书向人民法院申请认可人民法院是否受理的请示》收悉。经研究，现函复如下：

关于人民法院应否受理当事人申请认可“台湾地区有关机构出具或确认的调解协议书”的问题，我院（1999）第10号《关于当事人持台湾地区有关法院民事调解书或者有关机构出具确认的调解协议书向人民法院申请认可人民法院应否受理的批复》已经作出了答复。该答复中的“台湾地区有关机构出具或确认的调解协议书”，是指台湾地区有关法院之外的其他机构（包括设在法院的公证机构及民间调解机构）出具的调解协议书。因为，这些调解协议书不是基于司法行为产生的，不需要人民法院认可。并且，你院请示的张建梅申请认可的离婚协议书上载明，当事人必须到户政机关登记后才发生离婚的法律效力，故该离婚调解协议书尚不具有法律效力。鉴于上述考虑，同意你院对张建梅认可申请不予受理的意见。

此复。

典型案例

1. 黄艺明、苏月弟与周大福代理人有限公司、亨满发展有限公司以及宝宜发展有限公司合同纠纷案[①]

【裁判摘要】

涉港民商事纠纷案件中，应当参照我国国际私法冲突规范的规定以及国际私法理论，针对涉及的不同问题采用分割方法确定应当适用的法律。本案涉及的定性、程序事项适用法院地法——内地法律；先决问题因涉及法定继承、夫妻财产关系，根据我国冲突规范的指引，适用内地法律；合同争议本身以及诉讼时效问题，根据我国冲突规范的规定，适用当事人选择的香港法律。当事人有义务向法院提供其选择适用的香港法律。

最高人民法院
民事判决书

（2015）民四终字第9号

上诉人（一审原告）：黄艺明。

委托代理人：董立坤，万商天勤（深圳）律师事务所律师。

委托代理人：毋健荣，广东星辰律师事务所律师。

上诉人（一审原告）：苏月弟。

委托代理人：张淑钿，广东广深律师事务所律师。

委托代理人：毋健荣，广东星辰律师事务所律师。

上诉人（一审被告）：周大福代理人有限公司（chow tai fook nominee limited）。住所地：香港特别行政区中环皇后大道16－18号新世界广场31楼（31/new world tower，16－18，queen's rd. c. hongkong）。

代表人：郑锦标（cheng kam biu wilson），该公司董事。

委托代理人：苏宝，北京大成（广州）律师事务所律师。

委托代理人：文斌，北京大成（广州）律师事务所律师。

上诉人（一审被告）：亨满发展有限公司（pacific gain development limied）。住所地：香港特别行政区中环金融街8号国际金融中心二期72－76楼（72－76/f.，two international finance centre，8 finance street，central，hongkong）。

代表人：冯李焕琼（fung lee woon king），该公司董事。

委托代理人：苏宝，北京大成（广州）律师事务所律师。

委托代理人：文斌，北京大成（广州）律师事务所律师。

被上诉人（一审被告）：宝宜发展有限公司（global ease development limited）。住所地：香港特别行政区中环皇后大道18号新世界广场一期14楼1401号（room 1401，14/f.，new world tower i，18 queen's road，central，hongkong）。

代表人：郑锦超（cheng kam chiu stewart），该公司董事。

① 案例来源：《最高人民法院公报》2016年第7期。

委托代理人:邱金勇,北京大成(广州)律师事务所律师。

委托代理人:梁松旺,北京大成(广州)律师事务所律师。

上诉人黄艺明、苏月弟因与上诉人周大福代理人有限公司(以下简称周大福公司)、亨满发展有限公司(以下简称亨满公司)以及被上诉人宝宜发展有限公司(以下简称宝宜公司)合同纠纷一案,不服广东省高级人民法院于2014年11月13日作出的(2012)粤高法民四初字第1号民事判决,向本院提起上诉。本院依法组成合议庭,于2015年4月21日在第一巡回法庭公开开庭审理了本案,上诉人黄艺明的委托代理人董立坤、上诉人苏月弟的委托代理人张淑钿、两人的共同委托代理人毋健荣、上诉人周大福公司和亨满公司的共同委托代理人苏宝、文斌以及被上诉人宝宜公司的委托代理人邱金勇、梁松旺均到庭参加了诉讼。本案现已审理终结。

黄艺明、苏月弟起诉称:1992年,郑裕彤和李兆基共同捐资1.6亿元人民币(以下未特别注明处均为人民币)将顺德市华侨中学异地重建,后郑裕彤和李兆基要求顺德市政府把原顺德市华侨中学的土地使用权以捐资款1.6亿元出让给宝宜公司,1993年7月郑裕彤和李兆基代表宝宜公司与顺德市规划国土局签订《顺德市华侨中学原地块土地使用权转让协议书》。2000年6月1日和19日,周大福公司的董事郑裕培、亨满公司的董事林高演作为周大福公司和亨满公司的代表与黄冠芳(苏月弟之夫、黄艺明之父)签订《有关买卖宝宜发展有限公司股份的备忘录》(以下简称《备忘录》)和《买卖股权协议》,约定周大福公司和亨满公司向黄冠芳转让宝宜公司股权和股东贷款权益。《备忘录》规定了完成股权买卖的先决条件,即宝宜公司向顺德市规划国土局领取以宝宜公司为使用者的原华侨中学地块的国有土地使用权证和宝宜公司向顺德市政府有关部门领取房地产买卖执照等。同年7月30日,郑裕培又以宝宜公司董事和代表的身份与顺德市规划国土局签订了《顺德市国有土地使用权出让合同书》。2000年9月18日、11月14日,2001年6月15日和2002年1月2日,郑裕培和林高演等再次以周大福公司和亨满公司代表身份与黄冠芳签署了四次补充协议,主要是变更付款币种、付款时间和利息支付等内容。截至2006年7月6日,黄冠芳先后向周大福公司和亨满公司支付了合同款项折合人民币121 652 826.60元以及《备忘录》约定的2000万元诚意金,后因周大福公司和亨满公司不能履行《备忘录》及《买卖股权协议》约定义务,导致合同无法继续履行。故请求判令解除黄冠芳与周大福公司、亨满公司签署的《备忘录》、《买卖股权协议》及其全部补充协议;周大福公司、亨满公司、宝宜公司共同偿还转让款本金及利息2.341亿元人民币(包括《备忘录》约定的诚意金2000万元、第四次补充协议中双方确认已支付的2000万港元、人民币9 350万元、基于协议产生的利息人民币4 861 217元,合计人民币141 652 826.6元。诚意金2000万元的利息从2000年6月19日起计算,其余款项的利息从2002年1月25日起计算,暂计至2010年8月1日)、依约支付损害赔偿金4500万港元。

一审法院查明:2000年6月19日,周大福公司、亨满公司与黄冠芳签订《买卖股权协议》,约定:周大福公司、亨满公司将持有的宝宜公司100%股份及股东贷款权益转让给黄冠芳;转让对价和股东贷款总额为1.845亿港元。合同第3条约定款项支付方式,(a)签订协议后8个工作日内支付4500万港元(订金)。(b)土地使用权证颁发后1个月内支付4500万港元。(c)余款应在协议签订后8个月内支付。合同第5条约定,依据第3条约定,转让应当在协议签订后8个月最后一天或之前完成,或在双方约定的更早日期内完成,转让方应在转让完成之日且所有余款付清后,将如下文件移交给受让方:(i)有效履行的协议和有利于受让方和(或)其任命之人的转让文书及相关股权证书;……(vii)土地使用权证。合同第7条约定,依据第3条的约定,在转让完成时,每个转让方应执行贷款转让,签署附件c,合法地将股东各自的贷款转让给受让方或其指定的人。合同第9条“最大勤勉”约定,(a)转让方同意,在按照第3条(a)项收到订金后,应在转让完成前尽最大努力帮助受让方控制土地,包括但不限于发出必要通知以终止租赁关系、驱逐居住者、非法占有者、房客。但是,在转让完成时及以后,股权出让方并不保证在移交土地时,土地是腾空的。为避免疑问,受让方知晓土地出售之方式,转让方不承担因受让方腾空土地所产生的费用和支出,但发出终止租赁关系通知的费用由转让方承担。(b)转让方同意保证,以其最大努力帮助和同意受让方申请在中国设立一家当地公司,名字为顺德宝宜房地产有限公司(以下简称为顺德宝宜公司),并任命受让方指定的人员为顺德宝宜公司的法定代表人……顺德宝宜公司的主要活动和目的是为了开发《顺德市华侨中学原地块土地使用权转让协议书》项下的土地。(c)自土地使用权证颁发起,转让方承诺采取所有必要措施、尽最大努力帮助受让方向有关政府部门或机关申请有关土地建设、建造或开发的许可……(d)转让方承诺和同意,在转让完成前不对土地进行任何建设、建造和开发。合同第15条“不一致”约定,在不损害受让方的其他权利和在任何时候寻求救济的权利的情形下,除非另有约定,当在股权完成之前对本协议的保证、陈述和承诺构成实质性违反,或无论因为何种情况或原因转让方无法履行本协议项下的任何义务,受让方有权认为转让方拒绝本协议。合同第18条“受让方违约”约定,如果受让方出现违约或未能支付二期款项或转让的余款(不归于转让方的责任),当转让方已经按照本协议约定的方式履行了义务,转让方有权认为受让方拒绝协议并没收订金4500万港元作为损害赔偿金。自此以后,双方不得另外索赔,多余的款项(高于4500万港元)应由转让方退还给受让方,但无需支付利息。合同第19条“转让方违约”约定,除因受让方的原因外,在土地使用权证颁发后,转让方未能履行本协议义务或违反协议条款，受让方有权解除本协议，转让方应退还港元4500万并另外向受让方支付4500万作为损害赔偿金，双方不得另外索赔。合同第23条约定，时间是本协议的核心部分。合同第25条“完整协议”约定，本协议包括双方所有的谅解和协议，无论是缔约方自行或他人以缔约方名义作出的，有关或产生于股权获得的陈述、保证，无论是明示或者暗示，法定或其他的，如果没有包含在、或在协议或任何附件中提及的，均不会导致陈述和保证作出者承担任何责任。合同第27条“法律适用和争议解决”约定，本协议适用香港特别行政区法律并依香港法律解释，各方约定由香港法院行使非排他性管辖。该协议由周大福公司、亨满公司盖章、授权人签名，香港杜伟强律师事务所 w. k. to&co. 、henry w. h. wong 签名，黄冠芳签名以及香港何君柱、方燕律师事务所 k. c. ho&fong、fong yin cheung 签名。

2000年9月18日，周大福公司、亨满公司与黄冠芳签订第一补充协议，其中“鉴于”第2条约定，依据主协议的第3(b)条和转让方律师 messrs. w. k. to&co. 向受让方律师 messrs. k. c. ho&fong 发出的通知，股份和股东贷款的对价（主协议有更多的特殊规定）的一部分4500万港元由受让方于2000年9月7日或之前支付。第3条约定，转让方基于受让方的要求，已同意按以下方式变更主协议第3(b)条所指的股份和股东贷款的支付条款。变更主协议条款第1条约定，主协议第3(b)条规定的应支付对价4500万港元变更为5000万元人民币，变更为第二批分期付款，并作为股份和股东贷款的对价的一部分：(a)2000年9月20日或之前，受让方支付人民币1500万元给转让方；(b)2000年10月20日或之前，受让方支付人民币1500万元给转让方；(c)2000年11月20日或之前，受让方支付余额人民币2000万元给转让方。该协议由周大福公司、亨满公司盖章、授权人签名，黄冠芳签名以及香港何君柱、方燕律师事务所 k. c. ho&fong、fong yin cheung 签名。

2000年11月14日，周大福公司、亨满公司与黄冠芳签订第二补充协议，其中“鉴于”第2条约定，根据“上述协议”，受让方已向股权转让方支付了以下款项：(a)主协议第3(a)项下的订金4500万港元；(b)补充协议第1(a)项下的人民币1500万元；以及(c)补充协议1(b)项下的部分支付款项人民币800万元（转让方在此承认已经收到该款项）。第3条约定，转让方基于受让方的要求，已同意按以下方式变更“上述协议”中的支付条款。变更条款第1条约定，根据补充协议第1(b)条，2000年10月20日到期支付的余额总计人民币700万元，受让方应在2000年11月15日或之前支付给转让方。第2条约定，根据补充协议第1(c)条，2000年11月20日到期支付的人民币2000万元及从2000年11月21日起到付款日止按年利率6.5%计算产生的利息一并延迟到2001年1月20日或之前支付。第3条约定，按照主协议第3(c)条在2000年2月19日前应支付的总计9450万港元的总对价的余额部分应延迟到2001年5月20日或之前支付，包括从2001年2月20日起到付款日止按年利率6.5%计算产生的利息。第4条约定，如果受让方没有支付上述1、2、3条规定的任何一期款项，受让方依据协议应支付的所有未支付款项的全部或余额部分，连同上述达成一致的利息，在违约日将立即成为到期应付款项。该协议由周大福公司、亨满公司盖章、授权人签名及香港杜伟强律师事务所 w. k. to&co. 、henryw. h. wong 签名，黄冠芳签名以及香港何君柱、方燕律师事务所 k. c. ho&fong、casey k. c. ho 签名。

2001年6月15日，周大福公司、亨满公司与黄冠芳签订第三补充协议，其中“鉴于”第2条约定，根据“上述协议”，受让方已经支付的总额为1000万港元和人民币8930万元（转让方在此承认已经收到该款项），剩下的购买价格的余款人民币1.05亿元从2001年5月20日起成为到期应付款项，应支付给转让方。第3条约定，根据第二补充协议产生的变化，转让方有权按年利率6.5%索要利息。该协议由周大福公司、亨满公司盖章、授权人签名，黄冠芳签名以及香港何君柱、方燕律师事务所 k. c. ho&fong、casey k. c. ho 签名。

2002年1月25日，周大福公司、亨满公司与黄冠芳签订第四补充协议，其中“鉴于”第4条约定，尽管在“上述协议”中，受让方仅已支付了部分购买价格，付款总额为2000万港元和人民币9350万元（转让方在此承认已经收到该款项），剩余的购买价格的余款为人民币9000万元，该款项在2001年7月21日成为到期应付款项。转让方承认受让方已经支付给转让方总计人民币4 861 217元基于协议产生的利息，到2001年11月30日，购买价格的余款产生的利息还有人民币291 609.60元未支付。第5条约定，转让方基于受让方的要求，已同意按以下方式进一步变更“上述协议”中的支付条款。变更条款第1条约定，受让方在此确认并证实，在2001年11月30日，基于“上述协议”，由受让方向转让方支付的利息在本协议签订日成为到期应付款项，总额为人民币291 609.60元（“应计利息”）。为充分执行本协议，受让方应向转让方支付“应计利息”。第2条约定，基于“上述协议”，到期应付购买价格的未支付余款人民币9000万元应在2002年5月31日前由受让方支付给转让方。第3条约定，利息的计算方式为，购买价格的未支付余款和未支付的利息按年利率6.5%计算，从2001年12月1日至付款日止的利息，该利息应从2001年12月开始，连续每个月的最后一天支付，首次支付应在2001年12月31日进行。第4条约定，转让应在收到购买价格的余款和上文第3条规定的利息的全额付款后即刻完成。第5条约定，尽管存在本协议和“上述协议”中的条款，但转让方有权在以后任何时刻，自由决定以书面方式通知受让方，宣告“上述协议”下的购买价格的未支付余款和所有应计利息或其任何部分成为到期应付款项，届时同样应立即到期支付。第6条约定，本协议中任何条款的子条款应视为上述协议的子条款，本协议所列任何权利和补救措施应视为除上述协议下转让方权利和补救措施外，并且不影响上述协议下转让方权利和补救措施的新增权利和补救措施。第7条约定，所有的费用和开支，包括但不限于罚金或内地政府部门征收的费用、附带的土地开发费用以及主协议中规定的特殊费用，均完全由受让方承担。第8条约定，附带谈判、筹备和执行本协议的所有费用及开支，包括但不限于转让方法律代表的法律费用，全部由受让方承担。该协议由周大福公司、亨满公司盖章、授权人签名，黄冠芳签名以及香港何君柱、方燕律师事务所 k. c. ho&fong、nk ka pin 签名。

一审过程中，黄艺明、苏月弟确认，2002年1月25日之后没有向周大福公司、亨满公司支付过款项。

2006年5月30日，香港杜伟强律师事务所去函香港何君柱、方燕律师事务所，告知受让方黄冠芳已违反协议，即时终止合同。周大福公司、亨满公司认为黄冠芳存在严重违约，导致涉案协议于2006年5月30日终止。黄艺明、苏月弟确认周大福公司、亨满公司于2006年5月30日正式终止履行股权转让协议，合同无法继续履行，黄艺明、苏月弟在周大福公司、亨满公司通知终止合同后，仍与周大福公司、亨满公司协商解决合同终止后的相关问题。黄艺明、苏月弟认为由于周大福公司、亨满公司拒绝返还款项，权益受损，故起诉的诉因产生日期是2006年5月30日。

另查明：黄艺明、苏月弟起诉时提交了2000年6月1日签署的《备忘录》，主张《备忘录》是周大福公司、亨满公司与黄冠芳签订的。周大福公司、事满公司予以否认。《备忘录》上没有周大福公司、亨满公司的盖章，有黄冠芳的签名，黄艺明、苏月弟主张另两个签名是周大福公司的董事“郑裕培”与亨满公司的董事“林高演”，周大福公司、亨满公司予以否认。

一审期间，2010年10月12日周大福公司提出的管辖异议申请书、2010年10月29日亨满公司提出的管辖异议申请书、2011年8月3日周大福公司和亨满公司提交的答辩状、2011年8月3日和2011年8月26日宝宜公司提交的答辩状中，均陈述“周大福公司、亨满公司与黄冠芳于2000年6月1日签署《备忘录》”。黄艺明、苏月弟提交的周大福公司、亨满公司、宝宜公司于2012年1月3日在香港起诉黄艺明、苏月弟时的起诉状载明：“大约于2000年5至6月左右，周大福公司、亨满公司与黄冠芳草拟了《备忘录》，但双方并没有签署上述《备忘录》。”黄艺明、苏月弟提交的《备忘录》第3.2.1条约定：“买方于签订买卖协议前支付卖方人民币2000万元作诚意定金，但诚意定金不计入买卖协议的金额内。买卖协议签订后八个工作日内，买方支付卖方指定账户人民币5000万元。”第4条“先决条件”中第4.1条约定，完成买卖须在下列条件符合后方会进行：(1)宝宜公司向国土局领取了以宝宜公司为使用者的该地块的国有土地使用证；(2)宝宜公司向顺德市政府有关部门领取了房地产买卖的有关执照；(3)该地块必须是吉地，除了本备忘录附件中列出的依附物可留于该地块上外，其余临时建筑必须拆除及清理，而所有现有的租约必须终止。第4.2条约定，买方可于任何时间以书面方式豁免第4.1条条文所列的先决条件。第17.1条约定，本备忘录受香港法律管辖，并须按香港法律解释。

黄艺明、苏月弟认为周大福公司、亨满公司违约是指违反如下合同约定：1. 根据《备忘录》第4.1条，周大福公司、亨满公司、宝宜公司要承担三项义务。(1)宝宜公司领取国有土地使用证；(2)宝宜公司向顺德市政府有关部门领取房地产买卖的有关执照；(3)该地块必须是吉地，除备忘录有记载外的其他临时建筑物必须拆除及清理，所有现有的租约必须终止。该三项义务中，第一项义务国有土地使用权证已于2000年8月领取，但第二、三项义务未履行，构成违约。2.《买卖股权协议》第9条约定的四项义务，周大福公司、亨满公司除领取国有土地使用权证、发出清理租约通知和清理部分租约外，其余义务均未履行，构成违约。

双方一致确认，本案股权转让适用香港特别行政区法律。双方均向一审法院提交了法律意见书。黄艺明、苏月弟提交《香港合同法》上、下册、《香港合约法纲要》及《关于适用于本案的内地法律和香港法律的有关规定和说明》。《关于适用于本案的内地法律和香港法律的有关规定和说明》载明：一、本案适用香港法律的基本原则。根据内地相关法律规定，本案可以适用香港法律。当事人约定的香港法律只能适用于解决当事人间的合同争议。判断当事人能否履行与内地法律有关的合同义务的法律是内地的法律。二、应当适用于本案合同争议的香港法律的有关规定。(一)提供的香港法律的来源及其权威性说明。苏月弟、黄艺明向法庭提供两套共三本香港合同法的著作，即《香港合同法》(中文翻译版)(上、下册)与《香港合约法纲要》。(二)应当适用于本案合同争议的香港法律的有关规定。1. 契约自由与合同神圣是香港合同法律制度的基本原则，为此，本案中有关合同义务及违约责任等应严格按照合同的规定进行审理。2. 关于因违约而解除合同的责任承担问题，香港法律和本案所涉合同规定是一致的。(1)根据香港法律，当事人可以约定可解除合同的违约行为，法院会要求当事人遵守这些条款。(2)根据香港法律，当事人可以约定违约的损害赔偿数额，约定违约赔偿金条款可强制执行。本案中，由于周大福公司、亨满公司未能履行《备忘录》规定的先决条件和《买卖股权协议》规定的义务，因此，黄艺明、苏月弟有权解除协议，并要求周大福公司、亨满公司根据《买卖股权协议》第19条退还已经支付的全部款项以及4500万港元的损害赔偿金。(3)根据香港法律，合同解除之后，周大福公司、亨满公司应返还但未返还的款项产生的利息属于不当得利，应偿还给苏月弟、黄艺明。(4)根据香港法律，在周大福公司、亨满公司不履行合同或者合同不可能履行时，苏月弟、黄艺明可以拒绝履行合同义务。三、无论根据香港法律或内地法律,宝宜公司都应承担还款责任。1. 根据香港法律和宝宜公司诉讼行为表明,宝宜公司是本案所涉合同的实际当事人,也是本案的被告。2. 根据香港法律,苏月弟、黄艺明有权起诉宝宜公司承担还款责任。3. 根据内地法律,宝宜公司也应承担还款责任。周大福公司、亨满公司、宝宜公司提交《法律意见书证明》载明:香港执业大律师许家为根据周大福公司、亨满公司、宝宜公司提交的文件、陈述,查证并提供香港法律,法律意见书的结论如下:一、《买卖股权协议》是有效的,并对各方当事人有约束力。二、黄冠芳未能按时付款,破坏整个合同的根本,违反了合同条文的"条件",足以让周大福公司及亨满公司作为守约方有权选择终止合同。周大福公司及亨满公司于2006年信函有效地终止合同。三、合同有效终止后,周大福公司及亨满公司有权根据《买卖股权协议》及四份补充协议没收黄冠芳已付的款项,同时也有权追讨因其违约而遭受的损失。四、宝宜公司是《买卖股权协议》的目标公司,是股东贷款的债务人,非转让方或受让方,非《买卖股权协议》缔约方,不受合约约束,也没有合同的权利及义务。五、黄冠芳或其合法继承人无权向宝宜公司主张任何合同或股东贷款权益。六、何君柱、方燕翔律师楼是黄冠芳签署《买卖股权协议》的合法代表律师。七、《买卖股权协议》中第25条"完整契约条款"把签署双方的合约关系局限于《买卖股权协议》的整份书面文件之内,于《买卖股权协议》未有记载、或于《买卖股权协议》签订之前的任何文件和承诺等,将不会成为《买卖股权协议》的一部分,也没有法律效力。八、《买卖股权协议》中第26条"继承受让条款"令各缔约方的合法继承人或受让人承继合同权益及受合同约束,唯任何一方转让合同权益前需要先得到对方同意。根据香港法律,"继承人"是指获法院授予之"遗嘱执行人"或"遗产管理人",因为《买卖股权协议》受香港法律管辖,黄艺明、苏月弟并没有根据香港法律申请成为黄冠芳的"遗嘱执行人"或"遗产管理人",故不具备继承《买卖股权协议》权益的资格。九、黄冠芳或其自称继承人如以周大福公司及亨满公司违约作为提告的诉因,必须在违约行为发生当天起计六年之内提出。期限一过,该人等将不可以就有关违约行为提出诉讼。十、股权及股东贷款转让是合法及有效的普遍商业行为。

黄冠芳是佛山市顺德人。黄冠芳与苏月弟于1979年11月8日在佛山市顺德区登记结婚,婚后生育两个儿子黄艺明、黄世明。黄冠芳于2008年1月19日在佛山市顺德区死亡。根据黄艺明、苏月弟提供的公证证明,黄冠芳的父母均先于其死亡,黄冠芳生前没有立遗嘱,黄冠芳的法定继承人均对继承权进行了声明或处分。苏月弟以经公证的声明书表示放弃继承黄冠芳的遗产。黄世明以经我国驻曼彻斯特总领事馆公证的声明书表示放弃对黄冠芳遗产的继承。

一审法院依据黄艺明、苏月弟提出的财产保全申请,查封了宝宜公司名下位于广东省佛山市顺德区大良镇清晖路原华侨中学校址顺府国用(2000)字第0100878号土地使用权。宝宜公司表示被查封土地目前空置未开发。

一审法院认为:本案是涉港股权转让合同纠纷案件。依据最高人民法院于2011年11月30日作出(2011)民四终字第32号民事裁定,该院对本案享有管辖权。《备忘录》第17.1条约定,"本备忘录受香港法律管辖,并须按香港法律解释";《买卖股权协议》第27条约定,"本协议适用香港特别行政区法律并依香港法律解释"。本案诉讼过程中,各方当事人均确认本案应适用香港特别行政区法律。《中华人民共和国民法通则》第一百四十五条第一款规定:"涉外合同的当事人可以选择处理合同争议所适用的法律,法律另有规定的除外。"本案是涉港案件,应当参照上述规定确定准据法。因此,本案适用香港特别行政区法律处理。

关于黄艺明、苏月弟作为本案原告的诉讼主体是否适格的问题。黄冠芳与苏月弟均是佛山市顺德人,黄冠芳生前与苏月弟的婚姻关系无涉外或涉港澳台因素,故在其婚姻关系存续期间所得财产包括本案所涉财产权益的认定,应适应《中华人民共和国婚姻法》。根据该法第十七条的规定,本案所涉财产权益属黄冠芳与苏月弟的夫妻共同财产,苏月弟作为共有人,就其财产份额有权提起本案诉讼。在黄冠芳与苏月弟、黄艺明、黄世明之间的继承法律关系中,亦无涉外或涉港澳台因素,故黄艺明是否适格继承人的认定,应适用《中华人民共和国继承法》等相关法律的规定。在第一顺序继承人中,苏月弟、黄世明明确表示放弃继承,黄艺明成为黄冠芳遗产的唯一继承人。根据《中华人民共和国继承法》第二十五条的规定,黄艺明作为本案原告适格。周大福公司、亨满公司抗辩认为本案有关继承的主体资格应适用香港法,黄艺明、苏月弟作为本案原告的诉讼主体不适格的主张,法律依据不足,不予支持。

关于诉讼时效问题。双方当事人均援引了香港《时效条例》第4(1)(a)条的规定,即基于合约或侵权行为的诉讼,于诉讼因由产生的日期起计满六年后,不得提出。故确认本案诉讼时效期限为诉讼因由产生的日期起计六年。2002年1月25日第四补充协议约定,黄冠芳应于2002年5月31日前支付余款人民币9000万元,但黄冠芳未按该约定履行付款义务。本案诉讼过程中,周大福公司、亨满公司提供的信函显示,在第四补充协议约定的最后付款期限2002年5月31日之后,周大福公司、亨满公司仍就合同履行问题与黄冠芳协商。至2006年5月30日,周大福公司、亨满公司致函黄冠芳明确告知终止股权转让协议。至此,双方就合同履行开始产生纠纷,一方要求解除合同的诉讼因由产生,黄艺明、苏月弟基于涉案股权转让协议的解除、返还款项及违约责任等提起本案诉讼,诉讼因由产生的日期应为2006年5月30日周大福公司、亨满公司明确告知黄冠芳终止股权转让协议之日,故本案诉讼时效应自2006年5月30日起计算。黄艺明、苏月弟于2010年9月2日向一审法院起诉,没有超过六年的时效期间。黄艺明、苏月弟认为其起诉周大福公司、亨满公司诉因产生日期是周大福公司、亨满公司致函黄冠芳解除合同的2006年5月30日,依据充分,予以支持。周大福公司、亨满公司抗辩认为黄艺明、苏月弟起诉已超过六年的时效限制,依据不足,不予支持。

关于违约方认定的问题。第一,黄冠芳与周大福公司、亨满公司就涉案股权转让先后签订了《买卖股权协议》及四份补充协议,对此双方没有异议,予以确认。双方向法院提交的法律意见中均认为,契约自由与合同神圣是香港合同法律制度的基本原则,《买卖股权协议》及四份补充协议是有效的,对双方当事人均有约束力,确认《买卖股权协议》及四份补充协议有效,双方均应按照《买卖股权协议》及四份补充协议履行各自义务。第二,黄艺明、苏月弟认为双方还签订了《备忘录》,周大福公司、亨满公司予以否认。周大福公司、亨满公司在本案中提交的管辖异议申请书和答辩状、宝宜公司提交的答辩状均明确确认,“周大福公司、亨满公司与黄冠芳于2000年6月1日签署《备忘录》”。周大福公司、亨满公司后又抗辩认为其从未签署《备忘录》,依据不足,不予采信。因此,确认黄冠芳与周大福公司、亨满公司于2000年6月1日签署了《备忘录》。第三,黄艺明、苏月弟认为周大福公司、亨满公司违反《备忘录》第4.1条第(2)、(3)项的约定,已构成违约。《备忘录》第4.1条第(2)、(3)约定的“宝宜公司向顺德市政府有关部门领取房地产买卖的有关执照”及“拆除清理临时建筑物及终止租约”两项事项,在《买卖股权协议》第9条中已作变更,《买卖股权协议》第9条(a)约定,“发出必要通知以终止租赁关系……但是,在转让完成时及以后,股权出让方并不保证在移交土地时,土地是腾空的”;(b)约定,“转让方同意和帮助受让方在中国当地设立顺德宝宜公司,……顺德宝宜公司的主要活动和目的是为了开发《顺德市华侨中学原地块土地使用权转让协议书》项下的土地”;(c)约定,“……尽最大努力帮助受让方向有关政府部门或机关申请有关土地建设、建造或开发的许可……”。由于双方已经对《备忘录》第4.1条第(2)、(3)项约定的权利义务作出变更,该约定对双方当事人不再产生约束力,双方应依新的约定行使权利、履行义务。因此,黄艺明、苏月弟认为周大福公司、亨满公司违反《备忘录》第4.1条第(2)、(3)项的约定已构成违约,依据不足,不予支持。第四,黄艺明、苏月弟认为周大福公司、亨满公司违反《买卖股权协议》第9条的约定,已构成违约。《买卖股权协议》第9条是“最大勤勉”约定,即转让方尽最大努力帮助受让方控制土地,转让方以其最大努力帮助和同意受让方设立顺德宝宜公司,转让方尽最大努力帮助受让方向有关政府部门申请有关土地建设、建造或开发的许可等等,该“最大勤勉”条款要求周大福公司、亨满公司尽最大努力帮助黄冠芳完成有关事项,是周大福公司、亨满公司对黄冠芳的协助义务,本案中没有证据显示黄冠芳就设立顺德宝宜公司、向有关政府部门申请开发许可等有关事项采取过任何措施,也没有证据显示黄冠芳向周大福公司、亨满公司提出过协助其完成有关事项的请求。由于黄冠芳并未开始办理有关事项,周大福公司、亨满公司无履行相应的协助义务的前提。且本案诉讼中,黄艺明、苏月弟确认周大福公司、亨满公司已发出清理租约通知和清理部分租约,也没有证据显示涉案土地已进行开发建设。故黄艺明、苏月弟认为周大福公司、亨满公司违反《买卖股权协议》第9条的约定已构成违约,依据不足,不予支持。第五,由于黄冠芳没有按照《买卖股权协议》的约定支付股权转让款,周大福公司、亨满公司与黄冠芳先后签订四份补充协议,约定对黄冠芳的付款期限予以延期。2002年1月25日第四补充协议明确约定黄冠芳应将余款人民币9000万元在2002年5月31日前支付,但此后黄冠芳并未依约向周大福公司、亨满公司付款,故黄冠芳的行为已构成违约。综上,黄艺明、苏月弟主张周大福公司、亨满公司违约的依据不足,不予支持。周大福公司、亨满公司抗辩认为黄冠芳迟延付款已构成违约,依据充分,予以支持。

关于周大福公司、亨满公司应否向黄艺明、苏月弟返还款项及其数额的问题。第一,按照2002年1月25日第四补充协议约定,周大福公司、亨满公司与黄冠芳共同确认黄冠芳已支付的款项为2000万港元、人民币9350万元、人民币4 861 217元迟延付款利息,对此付款数额予以确认。黄艺明、苏月弟认为其已按照《备忘录》向周大福公司、亨满公司支付了人民币2000万元诚意金,周大福公司、亨满公司对此不予认可。由于黄艺明、苏月弟未能提供证据证明黄冠芳已向周大福公司、亨满公司支付了人民币2000万元诚意金,故对黄艺明、苏月弟该主张不予支持。第二,《买卖股权协议》第18条“受让方违约”约定,“如果受让方出现违约或未能支付二期款项或股权转让的余款(不归于转让方的责任),当转让方已经按照本协议约定的方式履行了义务,转让方有权认为受让方拒绝协议并没收订金4500万港元作为损害赔偿金。自此以后,双方不得另外索赔,多余的款项(高于4500万港元)应由转让方退还给受让方,但无需支付利息”。由于黄冠芳未按约定支付剩余股权转让款已构成违约,2006年5月30日周大福公司、亨满公司致函黄冠芳明确告知终止股权转让协议,本案诉讼过程中,双方均确认《买卖股权协议》及四份补充协议已于2006年5月30日解除,故确认《买卖股权协议》及四份补充协议解除。由于《备忘录》与《买卖股权协议》均是就涉案股权转让事宜所签订的合同,在双方确认解除《买卖股权协议》及四份补充协议的情况下,黄艺明、苏月弟诉请解除《备忘录》,依据充分,予以支持。合同解除后,按照《买卖股权协议》第18条的约定,黄冠芳已向周大福公司、亨满公司支付2000万港元及人民币98 361 217元,周大福公司、亨满公司在扣除4500万港元后,其余款项应返还给黄艺明、苏月弟。由于《买卖股权协议》第18条明确约定,双方不得另外索赔及所退还的款项无需支付利息,黄艺明、苏月弟诉请支付利息,依据不足,不予支持。综上,周大福公司、亨满公司应向黄艺明、苏月弟返还的款项为人民币98 361 217元减去2500万港元(按2006年5月30日中国人民银行公布的人民币对港元汇率中间价折算为人民币后扣减)。

关于宝宜公司应否承担还款责任的问题。本案是股权转让合同纠纷,周大福公司、亨满公司与黄冠芳签订《买卖股权协议》约定向黄冠芳转让所持有的宝宜公司100%股权和股东贷款权益。黄艺明、苏月弟主张宝宜公司应与周大福公司、亨满公司共同承担还款责任。宝宜公司仅是《买卖股权协议》转让股份的目标公司,并不是合同当事人,也不是股东贷款权益的转、受让方,是合同以外的第三人,故不受合同的约束。黄艺明、苏月弟诉请宝宜公司与周大福公司、亨满公司共同承担还款责任,依据不足,不予支持。

综上,黄艺明、苏月弟部分请求依据充分,予以支持;其他诉讼请求依据不足,予以驳回。该院依照《中华人民共和国民法通则》第一百四十五条第一款、《中华人民共和国婚姻法》第十七条、《中华人民共和国继承法》第二十五条、《中华人民共和国民事诉讼法》第六十四条、第六十九条的规定,判决:一、确认周大福公司、亨满公司与黄冠芳于2000年6月1日签订的《备忘录》解除;周大福公司、亨满公司与黄冠芳于2000年6月19日签订的《买卖股权协议》、于2000年9月18日签订的第一补充协议、于2000年11月14日签订的第二补充协议、于2001年6月15日签订的第三补充协议、于2002年1月25日签订的第四补充协议解除;二、周大福公司、亨满公司应于判决发生法律效力之日起三十日内向黄艺明、苏月弟返还如下款项:人民币98 361 217元减去2500万港元(按2006年5月30日中国人民银行公布的人民币对港元汇率中间价折算为人民币后扣减);三、驳回黄艺明、苏月弟的其他诉讼请求。如果未按判决指定的期间履行给付金钱义务,应当依照《中华人民共和国民事诉讼法》第二百五十三条的规定,加倍支付迟延履行期间的债务利息。一审案件受理费1 212 255.50元,由黄艺明、苏月弟负担812 255.50元,周大福公司、亨满公司负担40万元。

黄艺明、苏月弟不服上述一审判决,向本院提起上诉称:(一)一审判决将本案性质仅仅认定为股权转让纠纷错误。本案争议不仅包括股权转让,还包括股东贷款权益转让。1. 根据《备忘录》第3.1条、第3.2条以及《买卖股权协议》"鉴于"部分、第2条、第3条、第4条的约定,合同转让的标的不仅包括股权,还包括股东对公司的贷款债权。2. 周大福公司、亨满公司和宝宜公司向一审法院提交的管辖权异议申请书、向最高人民法院提交的答辩状中,均确认本案为股权转让和债权转让纠纷。3. 一审法院在管辖权裁定和一审判决事实查明部分中均确认,本案既涉及股权转让,也涉及债权转让。4. 最高人民法院裁定中已经指出,"本案所涉合同虽名为股权转让合同,但同时涉及债权转让"。(二)一审判决认定宝宜公司不应共同承担还款责任错误。根据香港法律和内地法律,宝宜公司作为本案债务人,应与周大福公司、亨满公司共同承担还款责任。1. 根据香港《法律修订及改革(合并)条例》第9条规定,当事人通过书面合同方式转让债权,受让人有权利取得转让方对债务人的所有法律权利,包括诉讼和救济的权利。在得知转让方和受让方就债权转让发生争议时,债务人如果要对该债权进行清偿,债务人应该向法庭缴存该笔债项。2. 最高人民法院裁定明确宝宜公司为本案的债务人,根据香港法律,宝宜公司作为本案债权转让纠纷的债务人,黄艺明、苏月弟有权要求其承担共同还款责任。3. 宝宜公司在香港对黄艺明、苏月弟提起的对抗诉讼以及宝宜公司提供的证据,均表明宝宜公司是本案债务人,依法应承担还款义务。2011年3月24日,周大福公司、亨满公司和宝宜公司分别以第一、第二和第三原告的身份,在香港高等法院起诉黄艺明、苏月弟,案号hca 499/2011,请求判决:(1)确认买卖股权协议和补充协议受香港法律管辖且依法有效;(2)确认黄冠芳违约,周大福公司、亨满公司已合法终止买卖股权协议;(3)颁令黄艺明、苏月弟向周大福公司、亨满公司支付违约赔偿金,确认周大福公司、亨满公司有权并已合法没收黄冠芳根据买卖股权协议和补充协议规定已支付的所有款项;(4)颁布禁制令,禁制黄艺明、苏月弟在中国或其他司法管辖区向三位原告人就上述事项(特别是经补充之买卖股权协议)展开及/或继续任何法律程序,包括但不限于广东诉讼案。(5)支付利息、讼费和其他法院认为恰当的济助。香港高等法院受理了该案。2012年1月4日,宝宜公司又向香港高等法院提交变更诉讼请求申请,变更后的诉讼请求为:确认黄冠芳违约,而周大福公司、亨满公司已经合法终止了买卖股权协议及其补充协议。显然,宝宜公司是作为合同当事方向香港法院提出的请求。4. 依据香港代理法,宝宜公司应受《备忘录》和《买卖股权协议》的约束。宝宜公司《章程》规定,公司董事负责公司的运营,并代表公司处理重大事务等。周大福公司、亨满公司是宝宜公司的股东,持有全部股权,代表宝宜公司与顺德市政府签署《土地使用权转让协议书》的郑裕彤和李兆基以及代表宝宜公司与顺德市政府签订《土地使用权出让合同》的郑裕培都是与黄冠芳签订《备忘录》与《买卖股权协议》的代表。可见,《备忘录》和《买卖股权协议》及其补充协议均是由宝宜公司的董事签署,签署该文件董事的数额超过宝宜公司董事人数的50%。宝宜公司的董事是宝宜公司的代理人,因此,宝宜公司应受合同条款约束。5. 根据《中华人民共和国合同法》第七十三条和第八十条的规定,黄艺明、苏月弟有权要求宝宜公司与周大福公司、亨满公司共同承担合同解除后的还款责任。6.《备忘录》第4.2条和《买卖股权协议》第9条约定的"领取国有土地使用证、房地产买卖执照,和清理土地上临时建筑物与租约”、“终止租赁关系、驱逐居住者、非法占有者、房东”、成立顺德宝宜公司以及申请相关许可证等行为,必须是宝宜公司才有资格履行的义务,可见宝宜公司受合同条款约束。7. 宝宜公司提交其给第三方卢康明先生的函表明,其承认签署了本案所涉《备忘录》。(三)一审判决认定周大福公司、亨满公司没有违约,认定事实错误。周大福公司、亨满公司和宝宜公司未能完成《备忘录》约定的先决条件,也未能全部履行《买卖股权协议》约定的义务,导致合同目的无法实现,应承担违约责任。黄冠芳行使抗辩权而停止付款的行为不应被认定为违约行为。1.《备忘录》和《买卖股权协议》各自独立约定了周大福公司、亨满公司、宝宜公司应承担的合同义务,两者之间不存在代替关系。《备忘录》约定的先决条件没有被《买卖股权协议》第9条所改变,也没有被其他条款改变。2. 从《备忘录》第4条看,此项交易须在周大福公司、亨满公司、宝宜公司完成领取国有土地使用权证、领取房地产买卖执照和清除及拆除土地上的所有临时建筑和终止所有现有租约三项义务后才能进行,三项义务须在《备忘录》签订日起八个月内完成,否则,应承担违约责任。而周大福公司、亨满公司、宝宜公司除领取国有土地使用权证外,其他两项义务一直未完成。由于周大福公司、亨满公司、宝宜公司的行为导致合同先决条件不能成就,致使《备忘录》约定的以转让顺德市原华侨中学土地使用权为基本内容的股权及股东贷款权益转让不能进行。3. 根据《买卖股权协议》第32条的约定,不能根据合同中的标题对相关条款作出结论性解释,因此,第9条有关终止租赁关系、成立顺德宝宜公司和取得土地权证的行为都是只有周大福公司、亨满公司、宝宜公司才能够完成的行为,是其应该履行的合同义务,此时黄冠芳尚未取得宝宜公司股东资格,根本不可能办理上述事项。4. 根据合同约定和香港法律规定,周大福公司、亨满公司、宝宜公司违约时,黄冠芳有权行使抗辩权,有权解除合同,并请求返还款项、支付赔偿金。5. 2012年12月7日,香港高等法院在黄艺明、苏月弟缺席的情况下,根据香港法作出了裁决,裁定撤销周大福公司、亨满公司和宝宜公司提出的有关确认黄冠芳违约以及周大福公司、亨满公司已经合法终止买卖股权协议和补充协议的申请。可见,香港高等法院已经根据香港法律认定黄冠芳并不存在违约行为。(四)一审法院在确认《备忘录》有效的情况下,仅以无付款凭证为由否认黄冠芳支付2000万元诚意金,既违反了合同约定,也违反了民事诉讼优势证据原则。周大福公司、亨满公司、宝宜公司应该偿还黄冠芳根据《备忘录》支付的2000万元诚意金。1.《备忘录》约定2000万元诚意金是签订《股权买卖协议》的前提条件,《股权买卖协议》的签订证明黄冠芳已经支付了该笔款项。2.《备忘录》和《股权买卖协议》对转让金额的约定,也证明黄冠芳已经支付了该笔款项。(五)一审判决认定合同解除,周大福公司、亨满公司承担还款责任,但无需支付利息,是对合同条款的错误理解,也违反了法律规定。根据香港法律,合同解除后,应返还但未返还的款项产生的利息属于不当得利,周大福公司、亨满公司、宝宜公司应承担自合同解除之日起未返还款项的利息。《股权买卖协议》第18条“无需支付利息”指的是合同解除前已付款项的利息无需支付,不包括合同解除后拖延还款的利息。综上,请求撤销一审判决,改判支持其全部诉讼请求。

周大福公司、亨满公司答辩称:(一)在《买卖股权协议》履行过程中,周大福公司、亨满公司为守约方,不存在任何违约行为。周大福公司、亨满公司从未与黄冠芳签署过《备忘录》,故黄艺明、苏月弟引用《备忘录》中“先决条件”指证周大福公司、亨满公司存在违约行为不能成立。即使存在《备忘录》,根据《买卖股权协议》第25条的约定,双方都不能依赖在合同签订前、协商过程中所产生的文件、书信、讨论内容及对话内容等反驳该合同书面记载的任何内容,因此,在《买卖股权协议》签署之前形成的《备忘录》实际已不再具有任何法律效力。《买卖股权协议》第9条约定的只是周大福公司、亨满公司对黄冠芳的协助义务,是一种附随义务,其履行前提取决于黄冠芳对有关事项先行主动采取了措施,且为此向周大福公司、亨满公司提出过协助、帮助其完成有关事项的请求,而本案中并无证据证实黄冠芳有此行为。(二)根据《买卖股权协议》及四份补充协议的约定,黄冠芳拒不按约履行付款义务事实清晰,虽然周大福公司、亨满公司已在股权转让款的支付时间上给予黄冠芳多次宽限,但黄冠芳始终没有按约定的期限和数额支付股权转让款及逾期付款利息,构成根本违约。作为违约方,黄艺明、苏月弟无权对守约的周大福公司、亨满公司行使抗辩权。(三)黄艺明、苏月弟要求返还款项及支付损害赔偿金的诉请均建立于周大福公司、亨满公司违约的基础上,因此,对其诉讼请求依法应予驳回。(四)《备忘录》并非真实有效,且黄艺明、苏月弟没有证据证明黄冠芳已支付了2000万元诚意金,故对黄艺明、苏月弟关于返还2000万元诚意金的诉讼请求应予驳回。(五)《买卖股权协议》及四份补充协议系因黄冠芳的违约而被依法解除,根据合同约定及香港法律规定,周大福公司、亨满公司有权没收黄冠芳已支付的全部股权转让款(含订金4500万港元),无须向黄艺明、苏月弟返还任何款项。

宝宜公司答辩称:(一)黄冠芳未能依据《买卖股权协议》及四份补充协议的约定取得宝宜公司的股权及股东贷款债权,黄艺明、苏月弟无权向宝宜公司提出任何权利主张。(二)宝宜公司仅系周大福公司、亨满公司股东贷款的债务人,不是黄冠芳的债务人,更不能据此认定宝宜公司须向黄冠芳承担还款责任。(三)本案系黄艺明、苏月弟与周大福公司、亨满公司之间因履行《买卖股权协议》而引起的纠纷,合同的签订、履行均发生在香港,内地法院本无管辖权,但黄艺明、苏月弟却将与本案无关的宝宜公司列为被告,通过滥用诉权取得内地法院的管辖权。本案的审理结果表明,宝宜公司无需承担责任。黄冠芳生前在履行合同过程中由于资金不足，要求延期付款，并与周大福公司、亨满公司签订多份补充协议，黄艺明、苏月弟却认为周大福公司、亨满公司违约，并提出高达2亿多元的诉讼请求，图谋非法利益，其诉讼请求不应得到支持。

周大福公司、亨满公司亦不服一审判决，向本院提起上诉称：(一)一审法院确认周大福公司、亨满公司与黄冠芳签署了《备忘录》，与客观事实不符。黄艺明、苏月弟提交的《备忘录》的真实性不能成立。1.《备忘录》上所载"郑裕培"英文签名是恶意冒充。2. 林高演在一审时已向法院递交了书面声明文件，否认曾在《备忘录》上签名，周大福公司、亨满公司亦已向一审法院申请对《备忘录》进行笔迹司法鉴定，但未获准许。3. 周大福公司、亨满公司和宝宜公司在管辖权异议阶段提交的管辖异议申请书和答辩状，仅是为了解决案件管辖这一程序问题暂时援引了黄艺明、苏月弟在诉状中陈述的内容，并不代表已经认可《备忘录》的真实性。4. 在香港的诉讼中，周大福公司、亨满公司和宝宜公司起诉状载明，"周大福公司、亨满公司与黄冠芳草拟了《备忘录》，但双方并没有签署上述《备忘录》"。(二)在已经确认黄冠芳违约的前提下，黄艺明、苏月弟以周大福公司、亨满公司和宝宜公司违约为由提出的诉讼请求应予驳回，一审判决主文第二项严重违背了民事诉讼"不告不理"的基本原则。是否以及如何追究黄冠芳违约后产生的法律责任，应当另案处理，这是属于周大福公司、亨满公司的权利。(三)一审法院认定事实错误。1. 第四补充协议中所确认的4 861 217元利息，是黄冠芳因未能按时支付转让款而自愿额外向周大福公司、亨满公司承担的责任，并非转让款本金。2. 根据香港法律的规定，本案诉讼时效期限为诉讼因由产生的日期起计六年。黄艺明、苏月弟明确表示合同已于2002年5月31日解除，要求自该日起由周大福公司、亨满公司和宝宜公司承担法律责任，因此，其诉讼因由产生的日期应当是2002年5月31日，由此计算，本案显然已经超过了六年的时效期间。3. 本案适用香港法律，在黄冠芳去世后，黄艺明、苏月弟并未能提供证据证明其已按香港法律规定在香港履行法定手续成为黄冠芳的遗嘱执行人或者遗产管理人，因此，其不具备提起本案诉讼的主体资格。(四)最高人民法院裁定认为，本案所涉合同虽名为股权转让合同，但同时涉及股东贷款权益的转让，宝宜公司作为债务人，就与本案存在法律上的利害关系，因本案被告宝宜公司在广东省内有可供扣押财产，故一审法院对本案享有管辖权，但该裁定赋予一审法院的只是对本案的暂定管辖权。根据一审查明的事实，宝宜公司无须承担任何责任，该暂定管辖权已经丧失继续存在的事实基础。根据《中华人民共和国民事诉讼法》第二百六十五条的规定以及《买卖股权协议》第27条的约定，本案应由香港法院管辖。此外，根据最高人民法院《关于适用〈中华人民共和国民事诉讼法〉的解释》第五百三十二条确立的"不方便法院原则"的规定，应判令驳回黄艺明、苏月弟的起诉。综上，请求改判，删除一审判决主文第一项中关于解除《备忘录》部分，撤销一审判决主文第二项，驳回黄艺明、苏月弟的其他诉讼请求。

黄艺明、苏月弟答辩称：(一)周大福公司、亨满公司、宝宜公司与黄冠芳签订并部分履行了《备忘录》，《备忘录》条款并没有被《买卖股权协议》修订。本案不仅是股权转让纠纷，更是债权转让纠纷，一审法院错误认定本案为股权转让纠纷，并继而错误认定宝宜公司是股权转让的目标公司，判决宝宜公司不承担还款责任，明显错误。《买卖股权协议》的签订证明黄冠芳已经支付了《备忘录》第3.2.1条约定的诚意金，《买卖股权协议》约定的合同总价格是依《备忘录》约定总价扣除2000万诚意金，一审判决忽视这些事实，没有认定黄冠芳支付了2000万元诚意金，是错误的。(二)周大福公司、亨满公司和宝宜公司提供的证据证明其不但违反了《备忘录》，而且违反了《买卖股权协议》。2003年7月25日，黄冠芳曾要求周大福公司、亨满公司和宝宜公司提供付清1.6亿元土地出让款的收据、提供顺德华侨中学原地址的"报建及报批手续"等以便完成交易，但其至今未履行该义务。(三)周大福公司、亨满公司和宝宜公司并未就黄冠芳是否违约、是否承担违约责任和是否扣除赔偿金等问题提出反诉，因此，一审判决认定黄冠芳违约并应承担违约责任，违反了"不告不理"原则。(四)本案没有超过诉讼时效。香港《时效条例》第4条(1)(a)规定，基于简单合约或侵权行为的诉讼，于诉讼因由产生的日期起计满六年后，不得提出。本合同为该类案件，时效应为诉因产生之日起计六年。在《备忘录》、《买卖股权协议》以及补充协议签订后履行期间，直到2006年5月30日周大福公司等致函黄冠芳告知终止协议时，双方就合同解除以及款项返还才开始发生争议。因此，黄艺明、苏月弟基于本案合同解除、款项返还和违约责任追究的诉因产生日期应为2006年5月30日。在协商未果的情况下，黄艺明、苏月弟才于2010年7月提起本案诉讼，因此，没有超过六年时效期间。(五)根据内地法律，黄艺明为黄冠芳遗产的继承人，苏月弟为黄冠芳妻子，黄艺明、苏月弟具备本案诉讼主体资格，且周大福公司、亨满公司和宝宜公司已经以自己的诉讼行为认可了黄艺明、苏月弟的诉讼主体资格。故应驳回周大福公司、亨满公司的上诉。

本院二审查明：《买卖股权协议》第14条关于"保证和陈述"约定，转让方对受让方就如下陈述予以保证：(f)(x)除了缔结中文协议和土地出租协议外，宝宜公司没有也不会实施经营活动或从事导致或有债务的行为，但已经披露的除外(包括但不限于建设、建筑和开发土地)。第32条关于"标题"约定，本协议任何标题或副标题仅作参考，不得对相关条款作出结论性解释。

二审期间，周大福公司、亨满公司申请对《备忘录》上"郑裕培"、"林高演"签名的真实性进行司法鉴定。虽然周大福公司、亨满公司否认《备忘录》的真实性，但周大福公司、亨满公司和宝宜公司在香港的起诉状中陈述，“大约于2000年5至6月左右，周大福公司、亨满公司(共同以卖方的身份)与黄冠芳(以买方的身份)就买卖宝宜公司股份进行商谈。商谈过程中更草拟了一份名为《备忘录》的文件”，还述及“虽然买卖双方并没有签署上述《备忘录》，但周大福公司、亨满公司(共同以卖方身份)与黄冠芳(以买方身份)其后于2000年6月19日签订《股权买卖协议》”，并将《备忘录》作为对其有利的证据提交香港高等法院原诉法庭。由此可见，周大福公司、亨满公司并不否认《备忘录》本身的真实性，只是认为其并未正式签署。因此，一审法院确认《备忘录》的真实性是正确的。因而，没有必要对《备忘录》上“郑裕培”、“林高演”签名的真实性进行司法鉴定。对周大福公司、亨满公司的鉴定申请，不予准许。

各方当事人对一审判决认定的其他事实并无异议，二审期间亦没有提交新证据。因此，除上述对合同部分内容补充外，本院对一审判决认定的事实予以确认。

本院认为：(一)关于本案案由问题。根据最高人民法院《关于适用〈中华人民共和国涉外民事关系法律适用法〉若干问题的解释(一)》第十九条以及《中华人民共和国涉外民事关系法律适用法》第八条的规定，本案纠纷定性应当适用法院地法—内地法律。从本案系争合同的内容看，包括两方面权益转让，一是周大福公司、亨满公司将持有的宝宜公司全部股权转让给黄冠芳，二是周大福公司、亨满公司将其对宝宜公司的股东贷款权益转让给黄冠芳，因此，本案实质系股权及债权转让合同纠纷。根据法(2011)42号最高人民法院《关于印发修改后的〈民事案件案由规定〉的通知》的要求及其所附《民事案件案由规定》，对于第三级案由没有规定的，适用相应的第二级案由，本案案由应确定为合同纠纷。一审法院仅将本案定性为股权转让纠纷欠妥，应予纠正。黄艺明、苏月弟关于本案不仅涉及股权转让，还涉及债权转让的观点是正确的，但案由仍应确定为合同纠纷。

(二)关于黄艺明、苏月弟是否本案适格原告问题。原告是否适格的问题首先是程序法上的问题。程序法事项自应适用法院地法律—内地法律。《中华人民共和国民事诉讼法》第一百一十九条规定：“原告是与本案有直接利害关系的公民、法人和其他组织”。黄艺明、苏月弟是否是与本案有直接利害关系的公民？这是本案的先决问题。最高人民法院《关于适用〈中华人民共和国涉外民事关系法律适用法〉若干问题的解释(一)》第十二条规定：“涉外民事争议的解决须以另一涉外民事关系的确认为前提时，人民法院应当根据该先决问题自身的性质确定其应当适用的法律。”本案中，黄艺明系是以黄冠芳法定继承人的身份主张权益，苏月弟系以黄冠芳夫妻财产共有权人的身份主张权益。《中华人民共和国涉外民事关系法律适用法》第三十一条规定：“法定继承，适用被继承人死亡时经常居所地法律，但不动产法定继承，适用不动产所在地法律。”被继承人黄冠芳死亡时经常居所地是内地，因此，一审法院适用内地法律并根据《中华人民共和国继承法》第二十五条第一款的规定，确定黄艺明是黄冠芳的合法继承人，黄艺明有权继承本案所涉财产，是正确的。《中华人民共和国涉外民事关系法律适用法》第二十四条规定：“夫妻财产关系，当事人可以协议选择适用一方当事人经常居所地法律、国籍国法律或者主要财产所在地法律。当事人没有选择的，适用共同经常居所地法律；没有共同经常居所地的，适用共同国籍国法律。”黄冠芳与苏月弟的共同经常居所地是内地，因此，一审法院适用内地法律并根据《中华人民共和国婚姻法》第十七条的规定，认定本案所涉财产属于黄冠芳与苏月弟的夫妻共同财产，苏月弟是本案系争财产的共有人，是正确的。黄冠芳去世后，黄艺明、苏月弟分别作为其财产继承人和财产共有人，提起本案诉讼，显然符合《中华人民共和国民事诉讼法》第一百一十九条关于“原告”的规定，是本案适格的原告。周大福公司、亨满公司关于应当适用香港法律确定黄艺明、苏月弟是否本案适格诉讼主体的观点是错误的。

(三)关于本案管辖权问题。本院(2011)民四终字第32号民事裁定已经确定内地法院对本案享有管辖权，当事人无权再就管辖权问题提出异议。此外，根据管辖恒定原则，即便据以确定管辖的事实在诉讼过程中发生变化，也不影响原告起诉、法院受理之时已经确定的法院的管辖权，以维护程序安定和诉讼效率等价值。黄艺明、苏月弟将宝宜公司列为本案被告，宝宜公司应否承担责任，是需要经过实体审理才能最终确定的。因此，周大福公司、亨满公司以所谓暂定管辖权、不方便法院原则等理由认为本案应当裁定驳回黄艺明、苏月弟起诉的观点，不能成立。

(四)关于本案所涉合同项下违约责任承担问题。本案系涉港合同纠纷案件。《备忘录》第17条约定：“本备忘录受香港法律管辖，并须按香港法律解释。”《买卖股权协议》第27条约定：“本协议适用香港特别行政区法律并依香港法律解释。”一审法院适用《中华人民共和国民法通则》第一百四十五条第一款的规定，确定本案合同纠纷应当适用香港特别行政区法律是正确的。各方当事人对此并无异议。从合同形式、当事人订约资格、意思表示、对价、合同目的等方面考察，《备忘录》、《买卖股权协议》及其四份补充协议均符合香港合同法上关于合同有效的条件，一审法院认定《备忘录》、《买卖股权协议》及其四份补充协议均为有效正确。双方当事人均表达了解除合同的意愿，《备忘录》、《买卖股权协议》及其四份补充协议应予解除。

《买卖股权协议》第25条约定：“本协议包括双方所有的谅解和协议，无论是缔约方自行或他人以缔约方名义作出的，有关或产生于股权获得的陈述、保证，无论是明示或者暗示，法定或其他的，如果没有包含在、或在协议或任何附件中提及的,均不会导致陈述和保证作出者承担任何责任。"根据该约定,违反《备忘录》的约定不须承担法律责任,从这个意义上讲,《买卖股权协议》已经事实上替代了《备忘录》。黄艺明、苏月弟根据《备忘录》第4条的约定追究周大福公司、亨满公司的违约责任,缺乏依据。根据《买卖股权协议》的约定,周大福公司、亨满公司的主要合同义务是在转让款付清后将宝宜公司全部股权和对宝宜公司的股东贷款权益转让给黄冠芳,黄冠芳的主要合同义务是支付1.845亿港元价款,其中第9条约定对于转让方周大福公司、亨满公司而言,属于附随义务。本案中,黄冠芳未能依据《买卖股权协议》约定的期限完成付款义务,在先后签订四次补充协议、推迟付款期限的情况下,仍未完成。《买卖股权协议》并未明确约定转让款的支付以周大福公司、亨满公司履行特定义务为前提。因此,一审法院认定黄冠芳构成违约,且没有支持黄艺明、苏月弟关于认定周大福公司、亨满公司违约的诉讼请求,并无不当。黄艺明、苏月弟关于周大福公司、亨满公司应承担违约责任、其为行使抗辩权而停止付款的行为不构成违约的上诉理由,不能成立。

《股权买卖协议》第18条约定,在受让方违约的情况下,转让方有权"没收订金4500万港元作为损害赔偿金",且"自此以后,双方不得另外索赔,多余的款项应由转让方退还给受让方,但无需支付利息"。根据该约定,在黄冠芳违约的情况下,周大福公司、亨满公司仅有权扣收4500万港元,其余款项均应予退还,且不得另外索赔。黄冠芳已经支付2000万港元、9350万元人民币以及4 861 217元人民币,在此基础上扣除4500万港元,一审法院判令周大福公司、亨满公司向黄艺明、苏月弟返还"98 361 217元人民币减去2500万港元"款项是正确的。尽管其中黄冠芳已付的4 861 217元人民币当时是作为利息支付,但由于黄冠芳承担的违约责任就是4500万港元,因此,其已付款项不论性质为何,均应统一计算在已付款总额中,由周大福公司、亨满公司在扣除4500万港元后将余款退还。周大福公司、亨满公司关于4 861 217元人民币不应予以返还的上诉理由,不能成立。同时,《买卖股权协议》第18条已经明确约定,余款由转让方退还给受让方无需支付利息,因此,黄艺明、苏月弟无权就此主张利息,其关于周大福公司、亨满公司应就还款支付利息的观点是对合同条款的错误解释,该上诉理由不能成立。

法院根据查明的事实,在认定黄冠芳违约的情况下,确定合同解除后各方当事人应当承担的法律责任,是解决合同争议的应有之义。一审判决在驳回黄艺明、苏月弟以周大福公司、亨满公司违约为由提出的诉讼请求的同时,将周大福公司、亨满公司根据合同应当返还的款项一并在本案中作出处理是正确的,并未超出本案的审理范围,不存在所谓违反"不告不理"诉讼基本原则的问题。周大福公司、亨满公司关于黄冠芳违约后产生的法律责任应当另案处理的上诉理由,不能成立。

(五)关于《备忘录》项下2000万元人民币诚意金是否已经支付问题。黄艺明、苏月弟认为黄冠芳已经依据《备忘录》支付了2000万元诚意金,周大福公司、亨满公司不予认可,在此情形下,黄艺明、苏月弟并未举出充分的证据证明黄冠芳实际向周大福公司、亨满公司支付了该笔款项,其仅仅是根据《备忘录》关于诚意金的约定以及《买卖股权协议》确定价款等情节,推定黄冠芳已经支付2000万诚意金,不能达到高度可能性的证明标准,无法使法官形成内心确信。因此,一审法院未予认定黄冠芳支付2000万元诚意金这一事实并无不妥。黄艺明、苏月弟关于周大福公司、亨满公司应该返还2000万元诚意金的上诉理由,因缺乏事实依据,不能成立。

(六)关于宝宜公司应否承担本案债务的问题。宝宜公司并非《备忘录》、《买卖股权协议》及其四份补充协议的当事方,其仅是合同约定的股权转让项下的目标公司和债权转让项下的债务人,根据香港《法律修订及改革(合并)条例》第9条的规定,不能得出宝宜公司在本案中负有向黄艺明、苏月弟承担清偿责任的结论。一审法院没有支持黄艺明、苏月弟对宝宜公司提出的承担还款责任的主张,是正确的。黄艺明、苏月弟关于根据香港法律和内地法律,宝宜公司均应与周大福公司、亨满公司共同承担本案还款责任的上诉理由,不能成立。

(七)关于本案的诉讼时效问题。《中华人民共和国涉外民事关系法律适用法》第七条规定:"诉讼时效,适用相关涉外民事关系应当适用的法律。"本案诉讼时效即应当根据合同纠纷所适用的法律—香港特别行政区法律确定。香港《时效条例》第4条(1)(a)规定,基于合约或侵权行为的诉讼,于诉讼因由产生之日起计六年。一审法院根据该规定认定本案诉讼时效为六年正确。各方当事人对此并无异议,但对于该时效期间的起算点存在争议。黄艺明、苏月弟认为应当从2006年5月30日起计算,而周大福公司、亨满公司认为应当从2002年5月31日起计算。黄艺明、苏月弟提起本案诉讼,系基于黄冠芳与周大福公司、亨满公司之间签订的合同,请求确认合同解除并由周大福公司、亨满公司、宝宜公司返还已付转让款及其利息并赔偿损失。虽然合同约定黄冠芳的付款期限届满是2002年5月31日,但周大福公司、亨满公司通知黄冠芳解除合同的时间是2006年5月30日,此后双方继续对合同终止后的相关问题进行了协商,在双方不能达成一致的情况下,黄艺明、苏月弟才提起本案诉讼。可见,本案诉讼因由产生于2006年5月30日,而不是2002年5月31日。因此,一审判决认定本案并未超过诉讼时效期间是正确的。周大福公司、亨满公司关于本案已超过诉讼时效期间的上诉理由,不能成立。

综上,一审法院认定基本事实清楚,适用法律正确,应予维持。上诉人黄艺明、苏月弟以及上诉人周大福公司、亨满公司的上诉理由均不能成立,不应予以支持。本院依照《中华人民共和国民事诉讼法》第一百七十条第一款第一项的规定,判决如下:

驳回上诉，维持原判。

二审案件受理费1 212 255.50元，由上诉人黄艺明、苏月弟负担606 127.75元，上诉人周大福公司、亨满公司负担606 127.75元。

本判决为终审判决。

2. 2014年人民法院涉台司法互助典型案例①

案例1

福建64家法院共同协助台湾地区两级法院送达文书案
——涉602名受送达人及1200余件司法文书送达

（一）请求事项

2014年4月底和7月底，福建省高级人民法院两岸司法互助协议联络人先后收到台湾地区法务主管部门协议联络人分两批次提出的共涉1200余件司法文书的送达文书请求书，请求协助送达台湾台中地方法院2013年度易字第3583号、台湾高等法院台中分院2014年度上易字第639号钟某诈欺取财未遂案的一、二审刑事判决书。

（二）办理情况

该文书送达系列案件涉及的受送达人602人分布在福建省64个县市区，涉及一、二审送达司法文书共计1200余件。为在最短的时间内完成文书送达工作，福建高院法官加班加点，逐件逐案核对司法文书，确定具体协助的64家基层法院，及时完成转送。各协助基层法院收到材料后，均做到当日立案、早日送达、早日反馈。涉案受送达人数最多的协助基层法院需送达文书132件。因人口流动性大，许多受送达人的户籍地与经常居住地不一致，难以一次完成送达，加之一些受送达人存在“厌诉”等排斥情绪及“签收即是认可”的法律认识误区，文书送达中所遇到的困难始料未及，但最终全省各协助法院经过通力合作、共同努力，顺利全面完成协助送达。该司法互助系列案件的送达成功率达73%，送达平均耗时15天，比两岸司法互助协议确定的3个月时限缩短75天。

案例2

江西南昌西湖区法院协助台湾南投地院送达文书案
——对同一受送达人9次协助送达

（一）请求事项

自2013年7月2日起至2015年2月10日止，江西省高级人民法院两岸司法互助协议联络人先后9次收到台湾地区法务主管部门协议联络人的送达文书请求书，请求协助送达台湾南投地方法院2013年度重诉字第69号土地所有权移转登记等事件、2014年度声字第62号撤销处分事件等裁定、判决书等司法文书给同一受送达人大陆居民王某某。

（二）办理结果

江西高院根据台方提供的受送达人地址，将该案转送南昌市西湖区人民法院协助办理。送达人员先后9次对同一受送达人王某某进行了直接送达。其中，2013年送达4次、2014年送达3次，2015年送达2次，均成功完成送达。

案例3

黑龙江高院协助台湾高雄少年及家事法院送达文书案
——尽力查找外出受送达人

（一）请求事项

2013年8月1日，黑龙江省高级人民法院两岸司法互助协议联络人收到台湾地区法务主管部门协议联络人的送达文书请求书，请求协助送达台湾高雄少年及家事法院2013年度婚字第406号离婚事件法庭通知书及民事起诉状给受送达人大陆居民艾某。

（二）办理情况

黑龙江高院及时将有关材料转送佳木斯市向阳区法院予以协助。向阳区法院在送达过程中发现，受送达人已经离开台方提供的送达地址搬迁至上海，且该送达地址并无受送达人法定代收人可代收。黑龙江高院了解到上述情况后，秉承尽最大努力予以协助的精神，开始在受送达人熟识的人群中多方多次寻找受送达人的在沪地址及联系方式。最终从受送达人一名同学处获得其手机号码，与受送达人取得了联系。考虑寻找受送达人已经花费不少时间，为提高效率，减少周转环节，黑龙江高院决定直接以法院专递方式将受送达人告知的在沪地址作为实际送达地址将相关文书予以送达，最终于2013年11月13日成功送达。

2014年1月3日，黑龙江高院两岸司法互助协议联络人再次收到台湾地区法务主管部门协议联络人的送达文书请求书，请求协助送达台湾高雄少年及家事法院2013年度婚字第406号离婚事件法庭通知书及民事裁定书给受送达人，黑龙江高院采取相同送达方式，于2014年1月11日予以成功送达。

案例4

广东东莞中院协助台湾新北地院送达文书案
——地址不明仍尽力协查并成功送达

（一）请求事项

2014年5月6日，广东省高级人民法院两岸司法互助协

① 案例来源：　　　。

议联络人收到台湾地区法务主管部门协议联络人的送达文书请求书，请求协助送达台湾新北地方法院2010年度诉字第179号返还欠款事件判决书给受送达人大陆居民曾某某。

（二）办理情况

广东高院及时将有关材料转送东莞市中级人民法院予以协助。东莞中院收到材料后，立即赴台方提供的送达地址进行直接送达。但到达该地址送达时发现，该档口已经转让，不再由曾某某经营。承办法官经向现经营者了解询问，同时连续几天向附近商户、商场管理处进行咨询，经过法院主导多方努力寻找，终于获得曾某某的联系电话。在取得联系后得知，曾某某现经营地址在广州市萝岗区。为尽快完成送达，体现高效、便民的原则，东莞中院承办法官直接赴广州找到曾某某，在确认其身份后，于2014年6月16日将有关文书直接送达给了曾某某。

案例5

福建福州中院请求台湾法院协助送达文书案

——台湾法院协助大陆法院成功送达

（一）请求事项

2013年7月2日，福建省高级人民法院两岸司法互助协议联络人向台湾地区法务主管部门协议联络人发出送达文书请求书，请求协助向台湾居民郭某某、倪某某及乔福塑胶（福州）有限公司送达福州市中级人民法院受理的原告倪某某诉被告郭某某、倪某某及第三人乔福塑胶（福州）有限公司股权转让合同纠纷一案的应诉通知书、起诉状副本、证据副本、举证通知书、合议庭组成人员告知书、送达地址确认书、开庭传票等相关司法文书。

（二）办理结果

台湾台中地方法院根据福州中院提供的受送达人的地址，及时完成了向3名受送达人的送达，其中向2名被告直接送达，向1名被告寄存送达。本案有2名被告在法定举证期限内向福州中院递交了授权委托书、答辩状以及证据材料。台湾台中地方法院成功完成送达并及时反馈，有力地促成了该股权转让合同纠纷成功审结，取得了良好的法律效果与社会效果。

案例6

京黑豫粤法院协助台湾台中地院就一诈欺案调查取证案

——多地法院和多家银行共同协助完成电信诈骗案取证

（一）请求事项

2014年5月13日，最高人民法院两岸司法互助协议联络人收到台湾地区法务主管部门协议联络人的第1030056467号调查取证请求书及所附台湾台中地方法院2014年度易字第947号诈欺案件之相关材料，请求协助查询20个银行账户的开户人基本资料、账户交易明细表，并依账户交易明细表内汇款记录，调取被害人汇款时所填之汇款单，查明被害人为何人，并制作笔录。

（二）办理情况

最高人民法院收到台方请求书后，经审查发现，该案涉及一起跨境电信诈骗案，据台方起诉书所述，被告人江某某作为诈骗犯罪集团内的“车手”，使用20张大陆银联卡，通过台湾地区的ATM机大量领取诈欺被害人汇入人头账户之款项。台湾台中地方法院检察署就被告人涉嫌诈欺向台湾台中地院提出刑事检控。

根据台方提供的涉案信息，案涉的银行账户较多，但仅有各银行卡的类别银行名称，而无具体开户银行名称及相关信息。为确定具体协助法院，有针对性地开展协助工作，最高人民法院首先通过中国人民银行协助查询确定涉案20个银行账户所涉及的具体开户银行名称，尔后根据开户银行名称所在地将有关材料转送北京、黑龙江、河南及广东四省市高级人民法院予以协助。

北京高院在协助调查所涉12个银行账户过程中，首先根据已经确认的12张银联卡分别归属于北京市的工商银行、农业银行、中国银行、交通银行、光大银行、民生银行、平安银行以及北京农商银行等8家银行，前往该8家银行查到开户人信息资料、联系电话以及该银联卡涉案期间的所有账户往来明细。然后通过银行预留的开户人联系方式，承办法官分别与12名开户人一一进行电话联系，但仅联系到1名开户人刘某。其他开户人的电话经多次拨打或者无人接听、或者无法接通、或者已停止使用，对此，承办法官一一作了工作记录，并对唯一联系到的开户人刘某，制作了调查笔录。根据与涉案当事人刘某的谈话内容、账户交易明细及北京地区无人报案的情况综合分析，犯罪嫌疑人应当是利用了刘某等人的银行账户，将从他人处骗得的赃款汇入到这些账户并迅速转走。承办法官在规定办案期限内完成涉及北京地区的8家银行账户资料的调查，并对12张银联卡的2271条信息进行分析，形成了《调查笔录》、与各开户人的电话联系《工作记录》及《调查取证说明》等证据资料报送最高人民法院。随后，河南省郑州市中级人民法院、黑龙江省哈尔滨市南岗区人民法院和道里区人民法院、广东省佛山市中级人民法院和广州市中级人民法院亦相继通过有关高级人民法院向最高人民法院报送了协助取得的证据材料。最高人民法院协议联络人在收到取证结果后及时对台予以回复。

案例7

沪苏琼法院协助台湾台中地院
就一请求分配剩余财产事件调查取证案
——多地法院协同完成取证

（一）请求事项

2014年1月6日，最高人民法院两岸司法互助协议联络人收到台湾地区法务主管部门协议联络人的调查取证请求书及所附台湾台中地方法院2011年度重家诉字第26号请求分配剩余财产事件相关材料，请求协助查询台湾居民陈某某在大陆之资产明细及其在大陆开设账户于2008年9月18日之余额为何。2014年4月28日，最高人民法院协议联络人再次收到台湾地区法务主管部门协议联络人的补充调查取证请求书，请求协助查询台湾居民陈某某是否买受三亚某假日酒店之房屋。

（二）办理情况

虽台方第一次请求查询事项较为宽泛，但据台方在其所附材料的“民事申请调查证据暨答辩状”中提供的陈某某在大陆的财产线索（包括不动产及银行账号），本着尽力协助和尽可能协助的精神，最高人民法院及时确定协助法院，并于2014年1月13日分别向上海、江苏、海南三地高级人民法院转送相关材料。2014年4月29日最高人民法院再次将台方补充调查取证请求书转送海南高院。在协助中，因上述财产线索涉及多个银行账户且互有交织，沪苏琼三省市有关法院本着通力合作、尽力协助精神，积极开展调查取证协助。后上海市黄浦区人民法院、江苏省昆山市人民法院及海南省三亚市中级人民法院将其调取的证据材料或查询结果按照程序上报最高人民法院。最高人民法院协议联络人于2014年5月16日将有关人民法院取得的全部证据材料回复台方。

案例8

北京高院协助台湾高等法院
就一损害赔偿事件调查取证案
——协助调取证据材料达500多页

（一）请求事项

2014年7月28日，最高人民法院两岸司法互助协议联络人收到台湾地区法务主管部门协议联络人的调查取证请求书及所附台湾高等法院2011年度重上更（二）字第84号损害赔偿事件相关材料，请求协助查明北京市和睦家医院于2009年8月14日是否有名为王某某之病患死亡，并检送死亡证明书或病例供参。

（二）办理情况

北京高院在收到最高人民法院转送的上述材料后，及时先行电话联系北京市和睦家医院医务处，经询问了解到该院确有台湾高等法院调查取证请求书所描述的名为王某某的病患，其死亡证明书以及病例材料存放在该院档案处。为了尽快调取相关证据材料，北京高院承办法官前往和睦家医院调查取证。因病例资料庞杂，且部分内容如病房查房记录表等无需调取，承办法官遂与和睦家医院档案处、医务处工作人员共同对相关资料予以甄别、调取。经过几天的工作，共调取死亡证明书和病例资料等共计500多页。最高人民法院两岸司法互助协议联络人在收到取证结果后及时对台予以回复。

案例9

福建莆田中院协助台湾士林地院
就一诈欺案调查取证案
——及时规范完整协助取证

（一）请求事项

2013年9月9日及9月16日，最高人民法院两岸司法互助协议联络人分别收到台湾地区法务主管部门协议联络人的调查取证请求书、补充调查取证请求书及所附台湾士林地方法院审理的2013年度易字第222号诈欺案件相关材料，请求协助取得相关笔录、鉴定报告、现场照片等众多证据材料。

（二）办理情况

该案涉及台湾地区民众瞩目的胡某某断掌骗保案。胡某某系台湾地区居民，先后向台湾地区两家保险公司分别投保平安险后，于2011年11月3日在福建省莆田市涵江区江口镇某处，持购买来的斩骨刀自残左手手掌。胡某某向台湾地区保险公司申请保险理赔。保险公司认为胡某某涉嫌制造保险意外事故并诈领保险金，故拒绝理赔并报警。

福建高院收到最高人民法院转送的台方请求书及相关材料后，立即指派专人指导莆田市中级人民法院协助办理。莆田中院办案法官克服本案涉及取证单位众多、调查事项庞杂及本身结案繁忙的困难，连续加班加点，在规定办理的时间内针对台方请求调查的具体事项，逐一调取了包括证人证言、当事人陈述、鉴定报告、现场相片等在内的书证、物证及视听资料等证据材料共392页。调取的证据材料全面、规范、完整，形成完整的证据链，圆满完成了协助工作。最高人民法院两岸司法互助协议联络人在收到取证结果后及时对台予以回复，胡某某最终因自残骗保而被台湾方面绳之以法。

案例10

四川成都中院协助台湾高雄少年
及家事法院就一离婚事件调查取证案
——尽心尽责细致协助取证

（一）请求事项

2014年11月3日，最高人民法院两岸司法互助协议联络人收到台湾地区法务主管部门协议联络人的调查取证请求书及所附台湾高雄少年及家事法院2014年度婚字第514号离婚事件相关材料，请求确定所附材料结婚证上照片是否为岳某某本人，如不是其本人，请求确认照片上的人是何人及其现住所地。

（二）办理情况

台方此次请求协助调查取证与之前四川省高级人民法院协助台方送达此案文书回复情况密切相关。2014年8月10日，四川高院两岸司法互助协议联络人收到台湾地区法务主管部门协议联络人送达文书请求，请求协助送达台湾高雄少年及家事法院2014年度婚字第514号离婚事件司法文书给受送达人大陆居民岳某某。在协助文书送达过程中，岳某某称其从未与台湾地区的任何人结婚，并拒绝签收相关司法文书。四川高院遂将上述送达情况及时回复台方。成都市中级人民法院在收到此次最高人民法院和四川高院转送的台方请求协助调查取证材料后，经研究，决定先从台方所附公证书入手，承办法官先赴成都市律政公证处（原四川省公证处）调取了涉案当事人结婚公证书档案，包括结婚证复印件、岳某某身份证复印件等材料，后前往四川省民政厅调取了涉案当事人结婚登记原始档案，调取涉案当事人结婚登记申请书、审批表、岳某某户口簿、身份证等材料。尔后，承办法官驱车200多公里到岳某某户籍所在地公安局调取了其户籍证明、该局签发的岳某某身份证复印件，同时在本地找到岳某某本人，就台方所提出的调查内容及涉及的相关问题对岳某某进行了询问，并制作了询问笔录，取得了岳某某本人的身份证复印件、户口簿复印件，并征得岳某某同意在现场拍摄岳某某照片一张。承办法官从岳某某户籍所在地公安局调取的岳某某身份证复印件照片与台方请求调查书中所附结婚公证书上照片（亦即四川省民政厅留存的结婚证照片）进行比对识别发现，两照片上的女士为不同的人，即涉案结婚证上照片女方不是岳某某本人，对岳某某的询问内容及本人现照亦可印证此点。至于台方所附材料中照片上的女方为何人，因信息有限协助法院无法进一步核实。四川高院将协助法院取得的证据材料在规定的时限内送交最高人民法院，然后由最高人民法院协议联络人及时对台予以回复。

案例11

内蒙古包头中院请求台湾法院协助就一房屋买卖合同纠纷调查取证案

——经台湾法院协助取证台方当事人主动应诉并达成和解

（一）请求事项

2014年4月30日，最高人民法院两岸司法互助协议联络人向台湾地区法务主管部门协议联络人发出调查取证请求书，就内蒙古自治区包头市中级人民法院审理的一起房屋买卖合同纠纷，请求台方协助提供台湾居民游某某的身份证编号及其详细地址，并向其送达应诉通知书、起诉状副本、举证通知书等相关司法文书。

（二）办理情况

该案经台湾宜兰地方法院协助，全面完成了大陆法院请求事项，并于2014年6月4日及时完成了向受送达人的送达。最高人民法院协议联络人于2014年6月15日收到台方回复材料。受送达人游某某接到大陆法院的文书后，专程从台湾赶到包头参加诉讼，与原告王某某自行达成了庭外和解并实际履行，原告向法庭申请撤诉并被准许，案件得以圆满解决。

案例12

陕西西安中院向台湾地区被害人林某某等2人返还财产案

——陕西法院第一起涉台罪赃移交司法互助案

（一）基本案情

该案系一起电信诈骗犯罪案。陕西省西安市中级人民法院审理查明：2009年10月下旬，被告人李家栋等18人（均系台湾地区居民）在租赁的陕西省西安市未央区，租用网络电话，冒充台湾地区基隆市警察局、基隆地方法院检察署工作人员，多次向台湾居民拨打电话，以其银行账户涉案为由，骗取其银行账户详细信息实施诈骗。该犯罪集团分别于2009年11月22日和26日，先后诈骗被害人台湾居民林某某、李某某新台币共计109万元（折合人民币230711.45元）。西安中院经审理，在依法判处涉案被告人刑罚的同时，积极促成被告人部分退赔。

（二）办理情况

根据判决已经确定的退赔及返还数额，西安中院在两岸司法互助协议项下通过陕西高院报请，由最高人民法院协议联络人于2014年7月31日向台湾地区法务主管部门联络人作出讯息通报并提出送达文书、调查取证及罪赃移交请求。台方协助确认了涉案两名台湾被害人的相关信息并经被害人签署有关文件反馈大陆法院后，西安中院据此于2015年3月23日将被告人已经退缴的赃款人民币9900元（约合新台币50000元）汇入两名被害人在台湾开立的账户。

案例13

广东东莞中院向台湾地区被害人陈某某等17人返还财产案

——广东法院第一起涉台罪赃移交司法互助案

（一）基本案情

该案系一起电信诈骗犯罪案。经广东省东莞市中级人民法院、广东省高级人民法院审理查明:2009 年 6 月,被告人范裕榔伙同他人在东莞市接手管理珠海奇盛贸易有限公司长安分公司(以下简称奇盛公司),从事电信诈骗活动。奇盛公司对外以电话推销茶叶为名,先后纠集了 40 余名台湾地区人员和 40 余名大陆女子,在购得大量台湾居民个人信息资料后,通过冒充台湾地区检察官、警察队长、警员和医院护士等身份,通过拨打电话方式进行诈骗。截至 2009 年 10 月被公安机关当场抓获,范裕榔等 43 名被告人(其中范裕榔等 31 人为台湾地区居民)共实际骗取 19 名台湾地区被害人钱款折合人民币 768 万余元。本案涉案被告人和被害人人数众多,犯罪手段具有很强的欺骗性和社会危害性,一审判决和二审裁定在依法判处涉案被告人刑罚的同时,判决将随案移送的赃款按比例退还被害人。

(二)办理情况

根据判决已经确定的返还数额,东莞中院在两岸司法互助协议项下通过广东高院报请,由最高人民法院两岸司法互助协议联络人于 2014 年 5 月 6 日向台湾地区法务主管部门协议联络人作出讯息通报并提出送达文书、调查取证及罪赃移交请求。台方协助确认了涉案 19 名被害人的相关信息(其中有 1 名被害人明确表示放弃受领相关款项,1 名被害人下落不明),向有关被害人送达了大陆法院裁判文书、刑事退赔分配方案,17 名被害人反馈了由本人签名的财产返还信息表及有关身份信息和银行账户资料。东莞中院据此于 2015 年 6 月 25 日将 17 名被害人应受偿款项人民币 19 万余元(约合新台币 92 万余元)汇入其在台湾地区开立的银行账户。

案例 14

林某某向江苏苏州中院申请认可台湾士林地院民事判决案

(一)基本案情

2013 年 8 月 23 日,台湾居民林某某以台湾居民吴某某侵占股票款等为由,向台湾士林地方法院提起刑事附带民事损害赔偿诉讼。2013 年 9 月 23 日,台湾士林地院作出 2013 年度重诉字第 315 号民事判决,判决吴某某向林某某给付新台币 44779595 元,及自 2012 年 3 月 20 日至清偿日止,按年息 5% 计算之利息,并负担诉讼费。该院出具《台湾士林地方法院判决确定证明书》,证明 2013 年度重诉字第 315 号民事判决已于 2013 年 10 月 31 日确定。

因本案涉及的被执行财产在江苏省苏州市,2014 年 6 月 9 日,林某某向苏州市中级人民法院申请认可台湾士林地方法院 2013 年度重诉字第 315 号民事判决。

(二)裁判结果

苏州中院审查认为,申请人林某某提供的台湾士林地方法院 2013 年度重诉字第 315 号民事判决、开庭通知的送达证书、判决确定证明书,均由台湾公证部门公证,并经江苏省公证协会证明,对其真实性予以认定。上述证据证明吴某某经合法传唤行使了诉讼权利、判决已生效。同时经审查也未发现该判决存在《最高人民法院关于人民法院认可台湾地区有关法院民事判决的规定》第九条所列之不予认可情形,故应认可该判决的效力。依照有关司法解释的规定,该院于 2014 年 8 月 4 日作出民事裁定,对台湾士林地方法院 2013 年度重诉字第 315 号民事判决的法律效力予以认可。

案例 15

康某向重庆五中院申请认可台湾高雄地院民事判决案

(一)基本案情

2004 年 6 月 1 日,大陆居民康某与台湾居民黄某某在重庆市涉外婚姻登记处登记结婚。2005 年 3 月,黄某某以无法取得联络、未共同生活为由,向台湾高雄地方法院提起离婚诉讼。2006 年 3 月 9 日,台湾高雄地方法院作出 2005 年度婚字第 1497 号民事判决,判决准黄某某与康某离婚,诉讼费用由康某承担。2014 年 3 月 24 日,台湾高雄少年及家事法院(台湾高雄地方法院家事法庭于 2012 年 6 月 1 日移拨台湾高雄少年及家事法院)出具(补发)《判决确定证明书》,证明 2005 年度婚字第 1497 号民事判决已于 2006 年 6 月 1 日确定。

2014 年 5 月 22 日,康某向重庆市第五中级人民法院申请认可台湾高雄地方法院 2005 年度婚字第 1497 号民事判决。

(二)裁判结果

重庆五中院审查认为,台湾高雄地方法院依黄某某离婚诉讼请求,在合法传唤康某到庭应诉,且康某未在规定日期到庭参加言辞辩论的情况下,作出"准黄某某与康某离婚;诉讼费用由康某负担"的判决,并于 2014 年 3 月 24 日出具该判决业于 2006 年 6 月 1 日已生效的确定证明书。根据该案证据,可以确认台湾高雄地方法院就原告黄某某与被告康某离婚纠纷一案于 2006 年 3 月 9 日作出的 2005 年度婚字第 1497 号民事判决的真实性,且该判决不具有依法不予认可的情形。依照有关司法解释的规定,该院于 2014 年 8 月 10 日作出民事裁定,对台湾高雄地方法院 2005 年度婚字第 1497 号民事判决内容为"准黄某某与康某离婚"的法律效力予以认可。

十八、涉外民事诉讼程序

◎法律法规

中华人民共和国涉外民事关系法律适用法

(2010 年 10 月 28 日第十一届全国人民代表大会常务委员会第十七次会议通过 2010 年 10 月 28 日中华人民共和国主席令第 36 号公布 自 2011 年 4 月 1 日起施行)

目 录

第一章 一般规定

第一条 【立法宗旨】为了明确涉外民事关系的法律适用,合理解决涉外民事争议,维护当事人的合法权益,制定本法。

第二条 【本法的适用与最密切联系原则】涉外民事关系适用的法律,依照本法确定。其他法律对涉外民事关系法律适用另有特别规定的,依照其规定。

本法和其他法律对涉外民事关系法律适用没有规定的,适用与该涉外民事关系有最密切联系的法律。

第三条 【当事人意思自治原则】当事人依照法律规定可以明示选择涉外民事关系适用的法律。

第四条 【强制性法律直接适用】中华人民共和国法律对涉外民事关系有强制性规定的,直接适用该强制性规定。

第五条 【公共秩序保留】外国法律的适用将损害中华人民共和国社会公共利益的,适用中华人民共和国法律。

第六条 【冲突规范指向多法域国家时的处理】涉外民事关系适用外国法律,该国不同区域实施不同法律的,适用与该涉外民事关系有最密切联系区域的法律。

第七条 【诉讼时效的准据法】诉讼时效,适用相关涉外民事关系应当适用的法律。

第八条 【涉外民事关系定性的准据法】涉外民事关系的定性,适用法院地法律。

第九条 【不适用反致制度】涉外民事关系适用的外国法律,不包括该国的法律适用法。

第十条 【外国法的查明】涉外民事关系适用的外国法律,由人民法院、仲裁机构或者行政机关查明。当事人选择适用外国法律的,应当提供该国法律。

不能查明外国法律或者该国法律没有规定的,适用中华人民共和国法律。

第二章 民事主体

第十一条 【自然人民事权利能力的准据法】自然人的民事权利能力,适用经常居所地法律。

第十二条 【自然人民事行为能力的准据法】自然人的民事行为能力,适用经常居所地法律。

自然人从事民事活动,依照经常居所地法律为无民事行为能力,依照行为地法律为有民事行为能力的,适用行为地法律,但涉及婚姻家庭、继承的除外。

第十三条 【宣告失踪或死亡的准据法】宣告失踪或者宣告死亡,适用自然人经常居所地法律。

第十四条 【法人及其分支机构属人法的确定】法人及其分支机构的民事权利能力、民事行为能力、组织机构、股东权利义务等事项,适用登记地法律。

法人的主营业地与登记地不一致的,可以适用主营业地法律。法人的经常居所地,为其主营业地。

第十五条 【人格权的准据法】人格权的内容,适用权利人经常居所地法律。

第十六条 【代理关系的准据法】代理适用代理行为地法律,但被代理人与代理人的民事关系,适用代理关系发生地法律。

当事人可以协议选择委托代理适用的法律。

第十七条 【信托关系的准据法】当事人可以协议选择信托适用的法律。当事人没有选择的,适用信托财产所在地法律或者信托关系发生地法律。

第十八条 【仲裁协议效力的准据法】当事人可以协议选择仲裁协议适用的法律。当事人没有选择的,适用仲裁机构所在地法律或者仲裁地法律。

第十九条 【自然人国籍冲突的处理】依照本法适用国籍国法律,自然人具有两个以上国籍的,适用有经常居所的国籍国法律;在所有国籍国均无经常居所的,适用与其有最密切联系的国籍国法律。自然人无国籍或者国籍不明的,适用其经常居所地法律。

第二十条 【自然人经常居所地不明时的处理】依照本法适用经常居所地法律,自然人经常居所地不明的,适用其现在居所地法律。

第三章 婚姻家庭

第二十一条 【结婚实质要件的准据法】结婚条件,适用当事人共同经常居所地法律;没有共同经常居所地的,适用共同国籍国法律;没有共同国籍,在一方当事人经常居所地或者国籍国缔结婚姻的,适用婚姻缔结地法律。

第二十二条 【结婚形式要件的准据法】结婚手续,符合婚姻缔结地法律、一方当事人经常居所地法律或者国籍国法律的,均为有效。

第二十三条 【夫妻人身关系的准据法】夫妻人身关系,适用共同经常居所地法律;没有共同经常居所地的,适用共同国籍国法律。

第二十四条 【夫妻财产关系的准据法】夫妻财产关系,当事人可以协议选择适用一方当事人经常居所地法律、国籍国法律或者主要财产所在地法律。当事人没有选择的,适用共同经常居所地法律;没有共同经常居所地的,适用共同国籍国法律。

第二十五条 【父母子女人身财产关系的准据法】父母子女人身、财产关系,适用共同经常居所地法律;没有共同经常居所地的,适用一方当事人经常居所地法律或者国籍国法律中有利于保护弱者权益的法律。

第二十六条 【协议离婚的准据法】协议离婚,当事人可以协议选择适用一方当事人经常居所地法律或者国籍国法律。当事人没有选择的,适用共同经常居所地法律;没有共同经常居所地的,适用共同国籍国法律;没有共同国籍的,适用办理离婚手续机构所在地法律。

第二十七条 【诉讼离婚的准据法】诉讼离婚,适用法院地法律。

第二十八条 【收养关系的准据法】收养的条件和手续,适用收养人和被收养人经常居所地法律。收养的效力,适用收养时收养人经常居所地法律。收养关系的解除,适用收养时被收养人经常居所地法律或者法院地法律。

第二十九条 【扶养关系的准据法】扶养,适用一方当事人经常居所地法律、国籍国法律或者主要财产所在地法律中有利于保护被扶养人权益的法律。

第三十条 【监护的准据法】监护,适用一方当事人经常居所地法律或者国籍国法律中有利于保护被监护人权益的法律。

第四章 继承

第三十一条 【法定继承的准据法】法定继承,适用被继承人死亡时经常居所地法律,但不动产法定继承,适用不动产所在地法律。

第三十二条 【遗嘱方式的准据法】遗嘱方式,符合遗嘱人立遗嘱时或者死亡时经常居所地法律、国籍国法律或者遗嘱行为地法律的,遗嘱均为成立。

第三十三条 【遗嘱效力的准据法】遗嘱效力,适用遗嘱人立遗嘱时或者死亡时经常居所地法律或者国籍国法律。

第三十四条 【遗产管理等事项的准据法】遗产管理等事项,适用遗产所在地法律。

第三十五条 【无人继承遗产的准据法】无人继承遗产的归属,适用被继承人死亡时遗产所在地法律。

第五章 物权

第三十六条 【不动产物权的准据法】不动产物权,适用不动产所在地法律。

第三十七条 【动产物权的准据法】当事人可以协议选择动产物权适用的法律。当事人没有选择的,适用法律事实发生时动产所在地法律。

第三十八条 【运输中的动产物权的准据法】当事人可以协议选择运输中动产物权发生变更适用的法律。当事人没有选择的,适用运输目的地法律。

第三十九条 【有价证券的准据法】有价证券,适用有价证券权利实现地法律或者其他与该有价证券有最密切联系的法律。

第四十条 【权利质权的准据法】权利质权,适用质权设立地法律。

第六章 债权

第四十一条 【合同的准据法的一般规定】当事人可以协议选择合同适用的法律。当事人没有选择的,适用履行义务最能体现该合同特征的一方当事人经常居所地法律或者其他与该合同有最密切联系的法律。

第四十二条 【消费者合同的准据法】消费者合同,适用消费者经常居所地法律;消费者选择适用商品、服务提供地法律或者经营者在消费者经常居所地没有从事相关经营活动的,适用商品、服务提供地法律。

第四十三条 【劳动合同的准据法】劳动合同,适用劳动者工作地法律;难以确定劳动者工作地的,适用用人单位主营业地法律。劳务派遣,可以适用劳务派出地法律。

第四十四条 【侵权责任的准据法的一般规定】侵权责任,适用侵权行为地法律,但当事人有共同经常居所地的,适用共同经常居所地法律。侵权行为发生后,当事人协议选择适用法律的,按照其协议。

第四十五条 【产品责任的准据法】产品责任,适用被侵权人经常居所地法律;被侵权人选择适用侵权人主营业地法律、损害发生地法律的,或者侵权人在被侵权人经常居所地没有从事相关经营活动的,适用侵权人主营业地法律或者损害发生地法律。

第四十六条 【以媒体方式侵害人格权的准据法】通过网络或者采用其他方式侵害姓名权、肖像权、名誉权、隐私权等人格权的,适用被侵权人经常居所地法律。

第四十七条 【不当得利和无因管理的准据法】不当得利、无因管理,适用当事人协议选择适用的法律。当事人没有选择的,适用当事人共同经常居所地法律;没有共同经常居所地的,适用不当得利、无因管理发生地法律。

第七章 知识产权

第四十八条 【知识产权的准据法的一般规定】知识产权的归属和内容,适用被请求保护地法律。

第四十九条 【知识产权转让和许可合同的准据法】当事人可以协议选择知识产权转让和许可使用适用的法律。当事人没有选择的,适用本法对合同的有关规定。

第五十条 【知识产权侵权责任的准据法】知识产权的侵权责任,适用被请求保护地法律,当事人也可以在侵权行为发生后协议选择适用法院地法律。

第八章 附 则

第五十一条 【新法与旧法的协调适用】《中华人民共和国民法通则》第一百四十六条、第一百四十七条,《中华人民共和国继承法》第三十六条,与本法的规定不一致的,适用本法。

第五十二条 【本法的时间效力】本法自 2011 年 4 月 1 日起施行。

◎司法解释

最高人民法院关于适用《中华人民共和国涉外民事关系法律适用法》若干问题的解释(一)

(2012 年 12 月 10 日最高人民法院审判委员会第 1563 次会议通过 根据 2020 年 12 月 23 日最高人民法院审判委员会第 1823 次会议通过的《最高人民法院关于修改〈最高人民法院关于破产企业国有划拨土地使用权应否列入破产财产等问题的批复〉等二十九件商事类司法解释的决定》修正 2020 年 12 月 29 日最高人民法院公告公布 自 2021 年 1 月 1 日起施行 法释〔2020〕18 号)

为正确审理涉外民事案件,根据《中华人民共和国涉外民事关系法律适用法》的规定,对人民法院适用该法的有关问题解释如下:

第一条 民事关系具有下列情形之一的,人民法院可以认定为涉外民事关系:

(一)当事人一方或双方是外国公民、外国法人或者其他组织、无国籍人;

(二)当事人一方或双方的经常居所地在中华人民共和国领域外;

(三)标的物在中华人民共和国领域外;

(四)产生、变更或者消灭民事关系的法律事实发生在中华人民共和国领域外;

(五)可以认定为涉外民事关系的其他情形。

第二条 涉外民事关系法律适用法实施以前发生的涉外民事关系,人民法院应当根据该涉外民事关系发生时的有关法律规定确定应当适用的法律;当时法律没有规定的,可以参照涉外民事关系法律适用法的规定确定。

第三条 涉外民事关系法律适用法与其他法律对同一涉外民事关系法律适用规定不一致的,适用涉外民事关系法律适用法的规定,但《中华人民共和国票据法》《中华人民共和国海商法》《中华人民共和国民用航空法》等商事领域法律的特别规定以及知识产权领域法律的特别规定除外。

涉外民事关系法律适用法对涉外民事关系的法律适用没有规定而其他法律有规定的,适用其他法律的规定。

第四条 中华人民共和国法律没有明确规定当事人可以选择涉外民事关系适用的法律,当事人选择适用法律的,人民法院应认定该选择无效。

第五条 一方当事人以双方协议选择的法律与系争的涉外民事关系没有实际联系为由主张选择无效的,人民法院不予支持。

第六条 当事人在一审法庭辩论终结前协议选择或者变更选择适用的法律的,人民法院应予准许。

各方当事人援引相同国家的法律且未提出法律适用异议的,人民法院可以认定当事人已经就涉外民事关系适用的法律做出了选择。

第七条 当事人在合同中援引尚未对中华人民共和国生效的国际条约的,人民法院可以根据该国际条约的内容确定当事人之间的权利义务,但违反中华人民共和国社会公共利益或中华人民共和国法律、行政法规强制性规定的除外。

第八条 有下列情形之一,涉及中华人民共和国社会公共利益、当事人不能通过约定排除适用、无需通过冲突规范指引而直接适用于涉外民事关系的法律、行政法规的规定,人民法院应当认定为涉外民事关系法律适用法第四条规定的强制性规定:

(一)涉及劳动者权益保护的;

(二)涉及食品或公共卫生安全的;

(三)涉及环境安全的;

(四)涉及外汇管制等金融安全的;

（五）涉及反垄断、反倾销的；

（六）应当认定为强制性规定的其他情形。

第九条 一方当事人故意制造涉外民事关系的连结点，规避中华人民共和国法律、行政法规的强制性规定的，人民法院应认定为不发生适用外国法律的效力。

第十条 涉外民事争议的解决须以另一涉外民事关系的确认为前提时，人民法院应当根据该先决问题自身的性质确定其应当适用的法律。

第十一条 案件涉及两个或者两个以上的涉外民事关系时，人民法院应当分别确定应当适用的法律。

第十二条 当事人没有选择涉外仲裁协议适用的法律，也没有约定仲裁机构或者仲裁地，或者约定不明的，人民法院可以适用中华人民共和国法律认定该仲裁协议的效力。

第十三条 自然人在涉外民事关系产生或者变更、终止时已经连续居住一年以上且作为其生活中心的地方，人民法院可以认定为涉外民事关系法律适用法规定的自然人的经常居所地，但就医、劳务派遣、公务等情形除外。

第十四条 人民法院应当将法人的设立登记地认定为涉外民事关系法律适用法规定的法人的登记地。

第十五条 人民法院通过由当事人提供、已对中华人民共和国生效的国际条约规定的途径、中外法律专家提供等合理途径仍不能获得外国法律的，可以认定为不能查明外国法律。

根据涉外民事关系法律适用法第十条第一款的规定，当事人应当提供外国法律，其在人民法院指定的合理期限内无正当理由未提供该外国法律的，可以认定为不能查明外国法律。

第十六条 人民法院应当听取各方当事人对应当适用的外国法律的内容及其理解与适用的意见，当事人对该外国法律的内容及其理解与适用均无异议的，人民法院可以予以确认；当事人有异议的，由人民法院审查认定。

第十七条 涉及香港特别行政区、澳门特别行政区的民事关系的法律适用问题，参照适用本规定。

第十八条 涉外民事关系法律适用法施行后发生的涉外民事纠纷案件，本解释施行后尚未终审的，适用本解释；本解释施行前已经终审，当事人申请再审或者按照审判监督程序决定再审的，不适用本解释。

第十九条 本院以前发布的司法解释与本解释不一致的，以本解释为准。

最高人民法院关于涉外民事或商事案件司法文书送达问题若干规定

（2006年7月17日最高人民法院审判委员会第1394次会议通过　根据2020年12月23日最高人民法院审判委员会第1823次会议通过的《最高人民法院关于修改〈最高人民法院关于人民法院民事调解工作若干问题的规定〉等十九件民事诉讼类司法解释的决定》修正　2020年12月29日最高人民法院公告公布　自2021年1月1日起施行　法释〔2020〕20号）

为规范涉外民事或商事案件司法文书送达，根据《中华人民共和国民事诉讼法》（以下简称民事诉讼法）的规定，结合审判实践，制定本规定。

第一条 人民法院审理涉外民事或商事案件时，向在中华人民共和国领域内没有住所的受送达人送达司法文书，适用本规定。

第二条 本规定所称司法文书，是指起诉状副本、上诉状副本、反诉状副本、答辩状副本、传票、判决书、调解书、裁定书、支付令、决定书、通知书、证明书、送达回证以及其他司法文书。

第三条 作为受送达人的自然人或者企业、其他组织的法定代表人、主要负责人在中华人民共和国领域内的，人民法院可以向该自然人或者法定代表人、主要负责人送达。

第四条 除受送达人在授权委托书中明确表明其诉讼代理人无权代为接收有关司法文书外，其委托的诉讼代理人为民事诉讼法第二百六十七条第（四）项规定的有权代其接受送达的诉讼代理人，人民法院可以向该诉讼代理人送达。

第五条 人民法院向受送达人送达司法文书，可以送达给其在中华人民共和国领域内设立的代表机构。

受送达人在中华人民共和国领域内有分支机构或者业务代办人的，经该受送达人授权，人民法院可以向其分支机构或者业务代办人送达。

第六条 人民法院向在中华人民共和国领域内没有住所的受送达人送达司法文书时，若该受送达人所在国与中华人民共和国签订有司法协助协定，可以依照司法协助协定规定的方式送达；若该受送达人所在国是《关于向国外送达民事或商事司法文书和司法外文书公约》的成员国，可以依照该公约规定的方式送达。

依照受送达人所在国与中华人民共和国缔结或者共同参加的国际条约中规定的方式送达的，根据《最高人民法院关于依据国际公约和双边司法协助条约办理民商事案件司法文书送达和调查取证司法协助请求的规定》办理。

第七条 按照司法协助协定、《关于向国外送达民事或商事司法文书和司法外文书公约》或者外交途径送达司法文书，自我国有关机关将司法文书转递受送达人所在国有关机关之日起满六个月，如果未能收到送达与否的证明文件，且根据各种情况不足以认定已经送达的，视为不能用该种方式送达。

第八条　受送达人所在国允许邮寄送达的，人民法院可以邮寄送达。

邮寄送达时应附有送达回证。受送达人未在送达回证上签收但在邮件回执上签收的，视为送达，签收日期为送达日期。

自邮寄之日起满三个月，如果未能收到送达与否的证明文件，且根据各种情况不足以认定已经送达的，视为不能用邮寄方式送达。

第九条　人民法院依照民事诉讼法第二百六十七条第（八）项规定的公告方式送达时，公告内容应在国内外公开发行的报刊上刊登。

第十条　除本规定上述送达方式外，人民法院可以通过传真、电子邮件等能够确认收悉的其他适当方式向受送达人送达。

第十一条　除公告送达方式外，人民法院可以同时采取多种方式向受送达人进行送达，但应根据最先实现送达的方式确定送达日期。

第十二条　人民法院向受送达人在中华人民共和国领域内的法定代表人、主要负责人、诉讼代理人、代表机构以及有权接受送达的分支机构、业务代办人送达司法文书，可以适用留置送达的方式。

第十三条　受送达人未对人民法院送达的司法文书履行签收手续，但存在以下情形之一的，视为送达：

（一）受送达人书面向人民法院提及了所送达司法文书的内容；

（二）受送达人已经按照所送达司法文书的内容履行；

（三）其他可以视为已经送达的情形。

第十四条　人民法院送达司法文书，根据有关规定需要通过上级人民法院转递的，应附申请转递函。

上级人民法院收到下级人民法院申请转递的司法文书，应在七个工作日内予以转递。

上级人民法院认为下级人民法院申请转递的司法文书不符合有关规定需要补正的，应在七个工作日内退回申请转递的人民法院。

第十五条　人民法院送达司法文书，根据有关规定需要提供翻译件的，应由受理案件的人民法院委托中华人民共和国领域内的翻译机构进行翻译。

翻译件不加盖人民法院印章，但应由翻译机构或翻译人员签名或盖章证明译文与原文一致。

第十六条　本规定自公布之日起施行。

最高人民法院办公厅关于确定首批纳入“一站式”国际商事纠纷多元化解决机制的国际商事仲裁及调解机构的通知

（2018 年 11 月 13 日　法办〔2018〕212 号）

各省、自治区、直辖市高级人民法院，解放军军事法院，新疆维吾尔自治区高级人民法院生产建设兵团分院；本院各单位：

为深入贯彻落实中共中央办公厅、国务院办公厅《关于建立“一带一路”国际商事争端解决机制和机构的意见》，建立诉讼与调解、仲裁有机衔接的国际商事纠纷解决平台，形成便利、快捷、低成本的“一站式”国际商事纠纷多元化解决机制，《最高人民法院关于设立国际商事法庭若干问题的规定》（法释〔2018〕11 号）明确规定，最高人民法院国际商事法庭（以下简称国际商事法庭）支持当事人通过调解、仲裁、诉讼有机衔接的纠纷解决平台，选择其认为适宜的方式解决国际商事纠纷。

根据相关机构申报，经综合考虑各机构前期受理国际商事纠纷案件的数量、国际影响力、信息化建设等因素，现确定中国国际经济贸易仲裁委员会、上海国际经济贸易仲裁委员会、深圳国际仲裁院、北京仲裁委员会、中国海事仲裁委员会以及中国国际贸易促进委员会调解中心、上海经贸商事调解中心，作为首批纳入“一站式”国际商事纠纷多元化解决机制的仲裁和调解机构。

对诉至国际商事法庭的国际商事纠纷案件，当事人可以根据《最高人民法院关于设立国际商事法庭若干问题的规定》以及《最高人民法院国际商事法庭程序规则（试行）》（法办发〔2018〕13 号）的规定，协议选择纳入机制的调解机构调解。经调解机构主持调解，当事人达成调解协议的，国际商事法庭可以依照法律规定制发调解书；当事人要求发给判决书的，可以依协议的内容制作判决书送达当事人。

对纳入机制的仲裁机构所受理的国际商事纠纷案件，当事人可以依据《最高人民法院关于设立国际商事法庭若干问题的规定》以及《最高人民法院国际商事法庭程序规则（试行）》的规定，在申请仲裁前或者仲裁程序开始后，向国际商事法庭申请证据、财产或者行为保全；在仲裁裁决作出后，可以向国际商事法庭申请撤销或者执行仲裁裁决。

根据“智慧法院”建设总体布局，最高人民法院将继续加强“一站式”国际商事纠纷多元化解决机制的信息化建设，优化纠纷解决平台的在线功能，切实推进调解、仲裁、诉讼的有机衔接，公正高效便利地解决国际商事纠纷。

本通知自 2018 年 12 月 5 日起执行。

最高人民法院关于设立国际商事法庭若干问题的规定

（2018年6月25日最高人民法院审判委员会第1743次会议通过　2018年6月27日最高人民法院公告公布　自2018年7月1日起施行　法释〔2018〕11号）

为依法公正及时审理国际商事案件，平等保护中外当事人合法权益，营造稳定、公平、透明、便捷的法治化国际营商环境，服务和保障“一带一路”建设，依据《中华人民共和国人民法院组织法》《中华人民共和国民事诉讼法》等法律，结合审判工作实际，就设立最高人民法院国际商事法庭相关问题规定如下。

第一条　最高人民法院设立国际商事法庭。国际商事法庭是最高人民法院的常设审判机构。

第二条　国际商事法庭受理下列案件：

（一）当事人依照民事诉讼法第三十四条的规定协议选择最高人民法院管辖且标的额为人民币3亿元以上的第一审国际商事案件；

（二）高级人民法院对其所管辖的第一审国际商事案件，认为需要由最高人民法院审理并获准许的；

（三）在全国有重大影响的第一审国际商事案件；

（四）依照本规定第十四条申请仲裁保全、申请撤销或者执行国际商事仲裁裁决的；

（五）最高人民法院认为应当由国际商事法庭审理的其他国际商事案件。

第三条　具有下列情形之一的商事案件，可以认定为本规定所称的国际商事案件：

（一）当事人一方或者双方是外国人、无国籍人、外国企业或者组织的；

（二）当事人一方或者双方的经常居所地在中华人民共和国领域外的；

（三）标的物在中华人民共和国领域外的；

（四）产生、变更或者消灭商事关系的法律事实发生在中华人民共和国领域外的。

第四条　国际商事法庭法官由最高人民法院在具有丰富审判工作经验，熟悉国际条约、国际惯例以及国际贸易投资实务，能够同时熟练运用中文和英文作为工作语言的资深法官中选任。

第五条　国际商事法庭审理案件，由三名或者三名以上法官组成合议庭。

合议庭评议案件，实行少数服从多数的原则。少数意见可以在裁判文书中载明。

第六条　国际商事法庭作出的保全裁定，可以指定下级人民法院执行。

第七条　国际商事法庭审理案件，依照《中华人民共和国涉外民事关系法律适用法》的规定确定争议适用的实体法律。

当事人依照法律规定选择适用法律的，应当适用当事人选择的法律。

第八条　国际商事法庭审理案件应当适用域外法律时，可以通过下列途径查明：

（一）由当事人提供；

（二）由中外法律专家提供；

（三）由法律查明服务机构提供；

（四）由国际商事专家委员提供；

（五）由与我国订立司法协助协定的缔约对方的中央机关提供；

（六）由我国驻该国使领馆提供；

（七）由该国驻我国使馆提供；

（八）其他合理途径。

通过上述途径提供的域外法律资料以及专家意见，应当依照法律规定在法庭上出示，并充分听取各方当事人的意见。

第九条　当事人向国际商事法庭提交的证据材料系在中华人民共和国领域外形成的，不论是否已办理公证、认证或者其他证明手续，均应当在法庭上质证。

当事人提交的证据材料系英文且经对方当事人同意的，可以不提交中文翻译件。

第十条　国际商事法庭调查收集证据以及组织质证，可以采用视听传输技术及其他信息网络方式。

第十一条　最高人民法院组建国际商事专家委员会，并选定符合条件的国际商事调解机构、国际商事仲裁机构与国际商事法庭共同构建调解、仲裁、诉讼有机衔接的纠纷解决平台，形成“一站式”国际商事纠纷解决机制。

国际商事法庭支持当事人通过调解、仲裁、诉讼有机衔接的纠纷解决平台，选择其认为适宜的方式解决国际商事纠纷。

第十二条　国际商事法庭在受理案件后七日内，经当事人同意，可以委托国际商事专家委员会成员或者国际商事调解机构调解。

第十三条　经国际商事专家委员会成员或者国际商事调解机构主持调解，当事人达成调解协议的，国际商事法庭可以依照法律规定制发调解书；当事人要求发给判决书的，可以依协议的内容制作判决书送达当事人。

第十四条　当事人协议选择本规定第十一条第一款规定的国际商事仲裁机构仲裁的，可以在申请仲裁前或者仲裁程序开始后，向国际商事法庭申请证据、财产或者行为保全。

当事人向国际商事法庭申请撤销或者执行本规定第十一条第一款规定的国际商事仲裁机构作出的仲裁裁决的，国际商事法庭依照民事诉讼法等相关法律规定进行审查。

第十五条　国际商事法庭作出的判决、裁定，是发生法律效力的判决、裁定。

国际商事法庭作出的调解书，经双方当事人签收后，即具有与判决同等的法律效力。

第十六条 当事人对国际商事法庭作出的已经发生法律效力的判决、裁定和调解书，可以依照民事诉讼法的规定向最高人民法院本部申请再审。

最高人民法院本部受理前款规定的申请再审案件以及再审案件，均应当另行组成合议庭。

第十七条 国际商事法庭作出的发生法律效力的判决、裁定和调解书，当事人可以向国际商事法庭申请执行。

第十八条 国际商事法庭通过电子诉讼服务平台、审判流程信息公开平台以及其他诉讼服务平台为诉讼参与人提供诉讼便利，并支持通过网络方式立案、缴费、阅卷、证据交换、送达、开庭等。

第十九条 本规定自2018年7月1日起施行。

◎司法文件

最高人民法院办公厅关于印发《最高人民法院国际商事法庭程序规则（试行）》的通知

（2018年11月21日 法办发〔2018〕13号）

各省、自治区、直辖市高级人民法院，解放军军事法院，新疆维吾尔自治区高级人民法院生产建设兵团分院；本院各单位：

为方便当事人通过最高人民法院国际商事法庭解决纠纷，最高人民法院审判委员会第1751次会议2018年10月29日审议通过了《最高人民法院国际商事法庭程序规则（试行）》，现予以印发。

最高人民法院国际商事法庭程序规则（试行）

为方便当事人通过最高人民法院国际商事法庭（以下简称国际商事法庭）解决纠纷，根据《中华人民共和国民事诉讼法》《最高人民法院关于设立国际商事法庭若干问题的规定》（以下简称《规定》）等法律和司法解释的规定，制定本规则。

第一章 一般规定

第一条 国际商事法庭为当事人提供诉讼、调解、仲裁有机衔接的国际商事纠纷解决机制，公正、高效、便捷、低成本地解决纠纷。

第二条 国际商事法庭依法尊重当事人意思自治，充分尊重当事人解决纠纷方式的选择。

第三条 国际商事法庭平等保护中外当事人的合法权益，保障中外当事人充分行使诉讼权利。

第四条 国际商事法庭支持通过网络方式受理、缴费、送达、调解、阅卷、证据交换、庭前准备、开庭等，为诉讼参加人提供便利。

第五条 当事人可以通过国际商事法庭官方网站（cicc. court. gov. cn）上的诉讼平台向国际商事法庭提交材料。如确有困难，当事人可以采取以下方式提交材料：

（一）电子邮件；

（二）邮寄；

（三）现场提交；

（四）国际商事法庭许可的其他方式。

通过前款第二项、第三项方式提交的，应提供纸质文件并按对方当事人人数提供副本，附光盘或其他可携带的储存设备。

第六条 国际商事法庭根据当事人的申请，为当事人提供翻译服务，费用由当事人负担。

第七条 国际商事法庭设立案件管理办公室，负责接待当事人，受理和管理案件，协调诉讼与调解、仲裁等诉讼外纠纷解决方式的衔接，统筹管理翻译、域外法律查明等事务。

第二章 受 理

第八条 原告根据《规定》第二条第一项向国际商事法庭提起诉讼，应当提交以下材料：

（一）起诉状；

（二）选择最高人民法院或第一国际商事法庭、第二国际商事法庭管辖的书面协议；

（三）原告是自然人的，应当提交身份证明。原告是法人或者非法人组织的，应当提交营业执照或者其他登记证明、法定代表人或者负责人身份证明；

（四）委托律师或者其他人代理诉讼的，应当提交授权委托书、代理人身份证明；

（五）支持诉讼请求的相关证据材料；

（六）填妥的《送达地址确认书》；

（七）填妥的《审前分流程序征询意见表》。

前款第三项、第四项规定的证明文件，在中华人民共和国领域外形成的，应当办理公证、认证等证明手续。

第九条 国际商事法庭在接收原告根据第八条提交的材料后，出具电子或纸质凭证，并注明收到日期。

第十条 高级人民法院根据《规定》第二条第二项报请最高人民法院审理的，在报请时，应当说明具体理由并附有关材料。最高人民法院批准的，由国际商事法庭受理。

第十一条 最高人民法院根据《规定》第二条第三项、第五项决定由国际商事法庭审理的案件，国际商事法庭应予受理。

第十二条 国际商事法庭对符合民事诉讼法第一百一十九条规定条件的起诉,且原告在填妥的《审前分流程序征询意见表》中表示同意审前调解的,予以登记、编号,暂不收取案件受理费;原告不同意审前调解的,予以正式立案。

第三章 送 达

第十三条 国际商事法庭应向被告及其他当事人送达原告提交的起诉状副本、证据材料、《审前分流程序征询意见表》和《送达地址确认书》。

第十四条 当事人在《送达地址确认书》中同意接收他方当事人向其送达诉讼材料,他方当事人向其直接送达、邮寄送达、电子方式送达等,能够确认受送达人收悉的,国际商事法庭予以认可。

第十五条 当事人在《送达地址确认书》中填写的送达地址变更的,应当及时告知国际商事法庭。

第十六条 因受送达人拒不提供送达地址、提供的送达地址不准确、送达地址变更未告知国际商事法庭,导致相关诉讼文书未能被实际接收的,视为送达。

第四章 审前调解

第十七条 案件管理办公室在起诉材料送达被告之日起七个工作日内(有多名被告的,自最后送达之日起算)召集当事人和/或委托代理人举行案件管理会议,讨论、确定审前调解方式,并应当商定调解期限,一般不超过二十个工作日;当事人不同意审前调解的,确定诉讼程序时间表。

当事人同意由最高人民法院国际商事专家委员会成员(以下简称专家委员)进行审前调解的,可以共同选择一至三名专家委员担任调解员;不能达成一致的,由国际商事法庭指定一至三名专家委员担任调解员。

当事人同意由国际商事调解机构进行审前调解的,可以在最高人民法院公布的国际商事调解机构名单中共同选择调解机构。

第十八条 案件管理会议以在线视频方式召开。不适宜以在线视频方式召开的,通知当事人和/或委托代理人到场召开。

第十九条 案件管理会议结束后,案件管理办公室应当形成《案件管理备忘录》并送达当事人。

当事人应当遵循《案件管理备忘录》确定的事项安排。

第二十条 专家委员主持调解,应当依照相关法律法规,遵守本规则以及《最高人民法院国际商事专家委员会工作规则(试行)》对调解的有关规定,在各方自愿的基础上,促成和解。

第二十一条 专家委员主持调解不公开进行。调解应当记录调解情况,当事人和调解员应当签署。

第二十二条 专家委员主持调解过程中,有下列情形之一的,应当终止调解:

(一)各方或者任何一方当事人书面要求终止调解程序;

(二)当事人在商定的调解期限内未能达成调解协议,但当事人一致同意延期的除外;

(三)专家委员无法履行、无法继续履行或者不适合履行调解职责且不能另行选定或者指定专家委员;

(四)其他情形。

第二十三条 国际商事调解机构主持调解,应当依照相关法律法规,遵守该机构的调解规则或者当事人协商确定的规则。

第二十四条 经专家委员或者国际商事调解机构主持调解,当事人达成调解协议的,国际商事专家委员会办公室或者国际商事调解机构应在三个工作日内将调解协议及案件相关材料送交案件管理办公室,由国际商事法庭依法审查后制发调解书;当事人要求发给判决书的,国际商事法庭可以制发判决书。

第二十五条 当事人未能达成调解协议或者因其他原因终止调解的,国际商事专家委员会办公室或者国际商事调解机构应在三个工作日内将《调解情况表》及案件相关材料送交案件管理办公室。

案件管理办公室收到材料后,应当正式立案并确定诉讼程序时间表。

第二十六条 调解记录及当事人为达成调解协议作出妥协而认可的事实,不得在诉讼程序中作为对其不利的根据,但是当事人均同意的除外。

第五章 审 理

第二十七条 国际商事法庭在答辩期届满后召开庭前会议,做好审理前的准备。有特殊情况的,在征得当事人同意后,可在答辩期届满前召开。

庭前会议包括下列内容:

(一)明确原告的诉讼请求和被告的答辩意见;

(二)审查处理当事人增加、变更诉讼请求的申请和提出的反诉,以及第三人提出的与本案有关的诉讼请求;

(三)听取对合并审理、追加当事人等事项的意见;

(四)听取回避申请;

(五)确定是否公开开庭审理;

(六)根据当事人的申请决定证人出庭、调查收集证据、委托鉴定、要求当事人提供证据、进行勘验、进行证据保全;

(七)组织证据交换;

(八)明确域外法律的查明途径;

(九)确定是否准许专家委员出庭做辅助说明;

(十)归纳案件争议焦点;

(十一)进行调解;

(十二)安排翻译;

（十三）当事人申请通过在线视频方式开庭的，由国际商事法庭根据情况确定；

（十四）其他程序性事项。

第二十八条　庭前会议可以采取在线视频、现场或国际商事法庭认为合适的其他方式进行。

第二十九条　庭前会议可以由合议庭全体法官共同主持，也可以由合议庭委派一名法官主持。

第三十条　通过在线视频方式开庭，除经查明属网络故障、设备损坏、电力中断或者不可抗力等原因外，当事人不按时参加在线庭审的，视为拒不到庭；庭审中擅自退出的，视为中途退庭。

第三十一条　在案件审理过程中，合议庭认为需要就国际条约、国际商事规则以及域外法律等专门性法律问题向专家委员咨询意见的，应当根据《最高人民法院国际商事专家委员会工作规则（试行）》向国际商事专家委员会办公室提出，并指定合理的答复期限，附送有关材料。

第六章　执　行

第三十二条　国际商事法庭作出的发生法律效力的判决、裁定和调解书，当事人可以向国际商事法庭申请执行。国际商事法庭可以交相关执行机构执行。

第三十三条　国际商事法庭作出的发生法律效力的判决、裁定和调解书，如果被执行人或者其财产不在中华人民共和国领域内，当事人请求执行的，依照民事诉讼法第二百八十条第一款的规定办理。

第七章　支持仲裁解决纠纷

第三十四条　当事人依照《规定》第十四条第一款的规定，就标的额人民币三亿元以上或其他有重大影响的国际商事案件申请保全的，应当由国际商事仲裁机构将当事人的申请依照民事诉讼法、仲裁法等法律规定提交国际商事法庭。国际商事法庭应当立案审查，并依法作出裁定。

第三十五条　当事人依照《规定》第十四条第二款的规定，对国际商事仲裁机构就标的额人民币三亿元以上或其他有重大影响的国际商事案件作出的仲裁裁决向国际商事法庭申请撤销或者执行的，应当提交申请书，同时提交仲裁裁决书或者调解书原件。国际商事法庭应当立案审查，并依法作出裁定。

第八章　费用承担

第三十六条　对国际商事法庭立案审理的案件，当事人应当按照《诉讼费用交纳办法》的规定交纳案件受理费和其他诉讼费用。

第三十七条　由专家委员调解的案件，专家委员为调解支出的必要费用，由当事人协商解决；协商不成的，由当事人共同承担。

第三十八条　由国际商事调解机构调解的案件，调解费用适用该调解机构的收费办法。

第九章　附　则

第三十九条　本规则自2018年12月5日起施行。

第四十条　本规则由最高人民法院负责解释。

最高人民法院关于进一步做好边境地区涉外民商事案件审判工作的指导意见

（2010年12月8日　法发〔2010〕57号）

各省、自治区、直辖市高级人民法院：

随着我国边境地区经贸及人员往来的日益频繁，边境地区涉外民商事案件逐渐增多，并呈现出新的特点。为充分发挥人民法院的审判职能，进一步提高我国边境地区涉外民商事纠纷案件的审判效率，切实做好边境地区涉外民商事审判工作，特提出如下意见：

一、发生在边境地区的涉外民商事案件，争议标的额较小、事实清楚、权利义务关系明确的，可以由边境地区的基层人民法院管辖。

二、为更有效地向各方当事人送达司法文书和与诉讼相关的材料，切实保护当事人诉讼程序上的各项权利，保障当事人参与诉讼活动，人民法院可以根据边境地区的特点，进一步探索行之有效的送达方式。采用公告方式送达的，除人身关系案件外，可以采取在边境口岸张贴公告的形式。采用公告方式送达时，其他送达方式可以同时采用。

三、境外当事人到我国参加诉讼，人民法院应当要求其提供经过公证、认证的有效身份证明。境外当事人是法人时，对其法定代表人或者有权代表该法人参加诉讼的人的身份证明，亦应当要求办理公证、认证手续。如果境外当事人是自然人，其亲自到人民法院法官面前，出示护照等有效身份证明及入境证明，并提交上述材料的复印件的，可不再要求办理公证、认证手续。

四、境外当事人在我国境外出具授权委托书，委托代理人参加诉讼，人民法院应当要求其就授权委托书办理公证、认证手续。如果境外当事人在我国境内出具授权委托书，经我国的公证机关公证后，则不再要求办理认证手续。境外当事人是自然人或法人时，该自然人或者有权代表该法人出具授权委托书的人亲自到人民法院法官面前签署授权委托书的，无需办理公证、认证手续。

五、当事人提供境外形成的用于证明案件事实的证据时，可以自行决定是否办理相关证据的公证、认证手续。对于当事人提供的证据，不论是否办理了公证、认证手续，人民法院均应当进行质证并决定是否采信。

六、边境地区受理案件的人民法院应当及时、准确地掌握我国缔结或者参加的民商事司法协助国际条约，在涉外民商事审判工作中更好地履行国际条约义务，充分运用已经生效的国际条约，特别是我国与周边国家缔结的双边民商事司法协助条约，必要时，根据条约的相关规定请求该周边国家协助送达司法文书、协助调查取证或者提供相关的法律资料。

七、人民法院在审理案件过程中，对外国人采取限制出境措施，应当从严掌握，必须同时具备以下条件：（一）被采取限制出境措施的人只能是在我国有未了结民商事案件的当事人或当事人的法定代表人、负责人；（二）当事人有逃避诉讼或者逃避履行法定义务的可能；（三）不采取限制出境措施可能造成案件难以审理或者无法执行。

八、人民法院审理边境地区的涉外民商事纠纷案件，也应当充分发挥调解的功能和作用，调解过程中，应当注意发挥当地边检、海关、公安等政府部门以及行业协会的作用。

九、人民法院应当支持和鼓励当事人通过仲裁等非诉讼途径解决边境地区发生的涉外民商事纠纷。当事人之间就纠纷的解决达成了有效的仲裁协议，或者在无协议时根据相关国际条约的规定当事人之间的争议应当通过仲裁解决的，人民法院应当告知当事人通过仲裁方式解决纠纷。

十、人民法院在审理边境地区涉外民商事纠纷案件的过程中，应当加强对当事人的诉讼指导。对在我国没有住所又没有可供执行的财产的被告提起诉讼，人民法院应当给予原告必要的诉讼指导，充分告知其诉讼风险，特别是无法有效送达的风险和生效判决在我国境内无法执行的风险。

败诉一方当事人在我国境内没有财产或者其财产不足以执行生效判决时，人民法院应当告知胜诉一方当事人可以根据我国与其他国家缔结的民商事司法协助国际条约的相关规定，向可供执行财产所在地国家的法院申请承认和执行我国法院的民商事判决。

十一、各相关省、自治区高级人民法院可以根据各自辖区内边境地区涉外民商事纠纷案件的不同情况和特点，制定相应的具体执行办法，并报最高人民法院备案。

最高人民法院关于人民法院受理涉及特权与豁免的民事案件有关问题的通知

（2007年5月22日　法〔2007〕69号）

各省、自治区、直辖市高级人民法院，解放军军事法院，新疆维吾尔自治区高级人民法院生产建设兵团分院：

为严格执行《中华人民共和国民事诉讼法》以及我国参加的有关国际公约的规定，保障正确受理涉及特权与豁免的民事案件，我院决定对人民法院受理的涉及特权与豁免的案件建立报告制度，特做如下通知：

凡以下列在中国享有特权与豁免的主体为被告、第三人向人民法院起诉的民事案件，人民法院应在决定受理之前，报请本辖区高级人民法院审查；高级人民法院同意受理的，应当将其审查意见报最高人民法院。在最高人民法院答复前，一律暂不受理。

一、外国国家；

二、外国驻中国使馆和使馆人员；

三、外国驻中国领馆和领馆成员；

四、途经中国的外国驻第三国的外交代表和与其共同生活的配偶及未成年子女；

五、途经中国的外国驻第三国的领事官员和与其共同生活的配偶及未成年子女；

六、持有中国外交签证或者持有外交护照（仅限互免签证的国家）来中国的外国官员；

七、持有中国外交签证或者持有与中国互免签证国家外交护照的领事官员；

八、来中国访问的外国国家元首、政府首脑、外交部长及其他具有同等身份的官员；

九、来中国参加联合国及其专门机构召开的国际会议的外国代表；

十、临时来中国的联合国及其专门机构的官员和专家；

十一、联合国系统组织驻中国的代表机构和人员；

十二、其他在中国享有特权与豁免的主体。

◎请示答复

最高人民法院关于指定平潭综合实验区人民法院、厦门市湖里区人民法院、福州市马尾区人民法院管辖一审涉外民商事案件的批复

（2015年6月29日　〔2015〕民四他字第14号）

福建省高级人民法院：

你院闽高法〔2015〕177号《福建省高级人民法院关于报请批准自贸区法庭所在基层法院管辖一审涉外民商事案件的报告》收悉。根据《最高人民法院关于涉外民商事案件诉讼管辖若干问题的规定》，为加强人民法院支持保障自贸区建设，经研究，批复如下：

一、指定平潭综合实验区人民法院管辖其辖区内一审涉外、涉港澳台民商事案件；

二、指定厦门市湖里区人民法院管辖其辖区及所在自贸区片区内一审涉外、涉港澳民商事案件；

三、指定福州市马尾区人民法院管辖所在自贸区片区内一审涉外、涉港澳台民商事案件。

为切实保障审判质量，你院应指导上述法院加强自贸区法庭建设，配备专业审判力量，加强人员培训工作。

此复

典型案例

安徽省外经建设（集团）有限公司诉东方置业房地产有限公司保函欺诈纠纷案①

（最高人民法院审判委员会讨论通过
2019年2月25日发布）

【关键词】

民事/保函欺诈/基础交易审查/有限及必要原则/独立反担保函

【裁判要点】

1. 认定构成独立保函欺诈需对基础交易进行审查时，应坚持有限及必要原则，审查范围应限于受益人是否明知基础合同的相对人并不存在基础合同项下的违约事实，以及是否存在受益人明知自己没有付款请求权的事实。

2. 受益人在基础合同项下的违约情形，并不影响其按照独立保函的规定提交单据并进行索款的权利。

3. 认定独立反担保函项下是否存在欺诈时，即使独立保函存在欺诈情形，独立保函项下已经善意付款的，人民法院亦不得裁定止付独立反担保函项下款项。

【相关法条】

《中华人民共和国涉外民事关系法律适用法》第8条、第44条

【基本案情】

2010年1月16日，东方置业房地产有限公司（以下简称东方置业公司）作为开发方，与作为承包方的安徽省外经建设（集团）有限公司（以下简称外经集团公司）、作为施工方的安徽外经建设中美洲有限公司（以下简称外经中美洲公司）在哥斯达黎加共和国圣何塞市签订了《哥斯达黎加湖畔华府项目施工合同》（以下简称《施工合同》），约定承包方为三栋各十四层综合商住楼施工。外经集团公司于2010年5月26日向中国建设银行股份有限公司安徽省分行（以下简称建行安徽省分行）提出申请，并以哥斯达黎加银行作为转开行，向作为受益人的东方置业公司开立履约保函，保证事项为哥斯达黎加湖畔华府项目。2010年5月28日，哥斯达黎加银行开立编号为G051225的履约保函，担保人为建行安徽省分行，委托人为外经集团公司，受益人为东方置业公司，担保金额为2008000美元，有效期至2011年10月12日，后延期至2012年2月12日。保函说明：无条件的、不可撤销的、必须的、见索即付的保函。执行此保函需要受益人给哥斯达黎加银行中央办公室外贸部提交一式两份的证明文件，指明执行此保函的理由，另外由受益人出具公证过的声明指出通知外经中美洲公司因为违约而产生此请求的日期，并附上保函证明原件和已经出具过的修改件。建行安徽省分行同时向哥斯达黎加银行开具编号为34147020000289的反担保函，承诺自收到哥斯达黎加银行通知后二十日内支付保函项下的款项。反担保函是“无条件的、不可撤销的、随时要求支付的”，并约定“遵守国际商会出版的458号《见索即付保函统一规则》”。

《施工合同》履行过程中，2012年1月23日，建筑师Jose Brenes和Mauricio Mora出具《项目工程检验报告》。该报告认定了施工项目存在“施工不良”“品质低劣”且需要修改或修理的情形。2012年2月7日，外经中美洲公司以东方置业公司为被申请人向哥斯达黎加建筑师和工程师联合协会争议解决中心提交仲裁请求，认为东方置业公司拖欠应支付之已完成施工量的工程款及相应利息，请求解除合同并裁决东方置业公司赔偿损失。2月8日，东方置业公司向哥斯达黎加银行提交索赔声明、违约通知书、违约声明、《项目工程检验报告》等保函兑付文件，要求执行保函。2月10日，哥斯达黎加银行向建行安徽省分行发出电文，称东方置业公司提出索赔，要求支付G051225号银行保函项下2008000美元的款项，哥斯达黎加银行进而要求建行安徽省分行须于2012年2月16日前支付上述款项。2月12日，应外经中美洲公司申请，哥斯达黎加共和国行政诉讼法院第二法庭下达临时保护措施禁令，裁定哥斯达黎加银行暂停执行G051225号履约保函。

2月23日，外经集团公司向合肥市中级人民法院提起保函欺诈纠纷诉讼，同时申请中止支付G051225号保函、34147020000289号保函项下款项。一审法院于2月27日作出（2012）合民四初字第00005－1号裁定，裁定中止支付G051225号保函及34147020000289号保函项下款项，并于2月28日向建行安徽省分行送达了上述裁定。2月29日，建行

① 案例来源：最高人民法院指导案例109号。

安徽省分行向哥斯达黎加银行发送电文告知了一审法院已作出的裁定事由，并于当日向哥斯达黎加银行寄送了上述裁定书的复印件，哥斯达黎加银行于3月5日收到上述裁定书复印件。

3月6日，哥斯达黎加共和国行政诉讼法院第二法庭判决外经中美洲公司申请预防性措施败诉，解除了临时保护措施禁令。3月20日，应哥斯达黎加银行的要求，建行安徽省分行延长了34147020000289号保函的有效期。3月21日，哥斯达黎加银行向东方置业公司支付了G051225号保函项下款项。

2013年7月9日，哥斯达黎加建筑师和工程师联合协会做出仲裁裁决，该仲裁裁决认定东方置业公司在履行合同过程中严重违约，并裁决终止《施工合同》，东方置业公司向外经中美洲公司支付1号至18号工程进度款共计800058.45美元及利息；第19号工程因未获得开发商验收，相关工程款请求未予支持；因G051225号保函项下款项已经支付，不支持外经中美洲公司退还保函的请求。

【裁判结果】

安徽省合肥市中级人民法院于2014年4月9日作出(2012)合民四初字第00005号民事判决：一、东方置业公司针对G051225号履约保函的索赔行为构成欺诈；二、建行安徽省分行终止向哥斯达黎加银行支付编号为34147020000289的银行保函项下2008000美元的款项；三、驳回外经集团公司的其他诉讼请求。东方置业公司不服一审判决，提起上诉。安徽省高级人民法院于2015年3月19日作出(2014)皖民二终字第00389号民事判决：驳回上诉，维持原判。东方置业公司不服二审判决，向最高人民法院申请再审。最高人民法院于2017年12月14日作出(2017)最高法民再134号民事判决：一、撤销安徽省高级人民法院(2014)皖民二终字第00389号、安徽省合肥市中级人民法院(2012)合民四初字第00005号民事判决；二、驳回外经集团公司的诉讼请求。

【裁判理由】

最高人民法院认为：第一，关于本案涉及的独立保函欺诈案件的识别依据、管辖权以及法律适用问题。本案争议的当事方东方置业公司及哥斯达黎加银行的经常居所地位于我国领域外，本案系涉外商事纠纷。根据《中华人民共和国涉外民事关系法律适用法》第八条“涉外民事关系的定性，适用法院地法”的规定，外经集团公司作为外经中美洲公司在国内的母公司，是涉案保函的开立申请人，其申请建行安徽省分行向哥斯达黎加银行开立见索即付的反担保保函，由哥斯达黎加银行向受益人东方置业公司转开履约保函。根据保函文本内容，哥斯达黎加银行与建行安徽省分行的付款义务均独立于基础交易关系及保函申请法律关系，因此，上述保函可以确定为见索即付独立保函，上述反担保保函可以确定为见索即付独立反担保函。外经集团公司以保函欺诈为由向一审法院提起诉讼，本案性质为保函欺诈纠纷。被请求止付的独立反担保函由建行安徽省分行开具，该分行所在地应当认定为外经集团公司主张的侵权结果发生地。一审法院作为侵权行为地法院对本案具有管辖权。因涉案保函载明适用《见索即付保函统一规则》，应当认定上述规则的内容构成争议保函的组成部分。根据《中华人民共和国涉外民事关系法律适用法》第四十四条“侵权责任，适用侵权行为地法律”的规定，《见索即付保函统一规则》未予涉及的保函欺诈之认定标准应适用中华人民共和国法律。我国没有加入《联合国独立保证与备用信用证公约》，本案当事人亦未约定适用上述公约或将公约有关内容作为国际交易规则订入保函，依据意思自治原则，《联合国独立保证与备用信用证公约》不应适用。

第二，关于东方置业公司作为受益人是否具有基础合同项下的初步证据证明其索赔请求具有事实依据的问题。

人民法院在审理独立保函及与独立保函相关的反担保案件时，对基础交易的审查，应当坚持有限原则和必要原则，审查的范围应当限于受益人是否明知基础合同的相对人并不存在基础合同项下的违约事实或者不存在其他导致独立保函付款的事实。否则，对基础合同的审查将会动摇独立保函“见索即付”的制度价值。

根据《最高人民法院关于贯彻执行〈中华人民共和国民法通则〉若干问题的意见(试行)》第六十八条的规定，欺诈主要表现为虚构事实与隐瞒真相。根据再审查明的事实，哥斯达黎加银行开立编号为G051225的履约保函，该履约保函明确规定了实现保函需要提交的文件为：说明执行保函理由的证明文件、通知外经中美洲公司执行保函请求的日期、保函证明原件和已经出具过的修改件。外经集团公司主张东方置业公司的行为构成独立保函项下的欺诈，应当提交证据证明东方置业公司在实现独立保函时具有下列行为之一：1.为索赔提交内容虚假或者伪造的单据；2.索赔请求完全没有事实基础和可信依据。本案中，保函担保的是“施工期间材料使用的质量和耐性，赔偿或补偿造成的损失，和/或承包方未履行义务的赔付”，意即，保函担保的是施工质量和其他违约行为。因此，受益人只需提交能够证明存在施工质量问题的初步证据，即可满足保函实现所要求的“说明执行保函理由的证明文件”。本案基础合同履行过程中，东方置业公司的项目监理人员 Jose Brenes 和 Mauricio Mora 于2012年1月23日出具《项目工程检验报告》。该报告认定了施工项目存在“施工不良”、“品质低劣”且需要修改或修理的情形，该《项目工程检验报告》构成证明存在施工质量问题的初步证据。

本案当事方在《施工合同》中以及在保函项下并未明确约定实现保函时应向哥斯达黎加银行提交《项目工程检验报告》，因此，东方置业公司有权自主选择向哥斯达黎加银行提交“证明执行保函理由”之证明文件的类型，其是否向哥斯达黎加银行提交该报告不影响其保函项下权利的实现。另外，

《施工合同》以及保函亦未规定上述报告须由AIA国际建筑师事务所或者具有美国建筑师协会国际会员身份的人员出具，因此，Jose Brenes和Mauricio Mora是否具有美国建筑师协会国际会员身份并不影响其作为发包方的项目监理人员出具《项目工程检验报告》。外经集团公司对Jose Brenes和Mauricio Mora均为发包方的项目监理人员身份是明知的，在其出具《项目工程检验报告》并领取工程款项时对Jose Brenes和Mauricio Mora的监理身份是认可的，其以自身认可的足以证明Jose Brenes和Mauricio Mora监理身份的证据反证Jose Brenes和Mauricio Mora出具的《项目工程检验报告》虚假，逻辑上无法自洽。因外经集团公司未能提供其他证据证明东方置业公司实现案涉保函完全没有事实基础或者提交虚假或伪造的文件，东方置业公司据此向哥斯达黎加银行申请实现保函权利具有事实依据。

综上，《项目工程检验报告》构成证明外经集团公司基础合同项下违约行为的初步证据，外经集团公司提供的证据不足以证明上述报告存在虚假或者伪造，亦不足以证明东方置业公司明知基础合同的相对人并不存在基础合同项下的违约事实或者不存在其他导致独立保函付款的事实而要求实现保函。东方置业公司基于外经集团公司基础合同项下的违约行为，依据合同的规定，提出实现独立保函项下的权利不构成保函欺诈。

第三，关于独立保函受益人基础合同项下的违约情形，是否必然构成独立保函项下的欺诈索款问题。

外经集团公司认为，根据《最高人民法院关于审理独立保函纠纷案件若干问题的规定》（以下简称独立保函司法解释）第十二条第三项、第四项、第五项，应当认定东方置业公司构成独立保函欺诈。根据独立保函司法解释第二十五条的规定，经庭审释明，外经集团公司仍坚持认为本案处理不应违反独立保函司法解释的规定精神。结合外经集团公司的主张，最高人民法院对上述涉及独立保函司法解释的相关问题作出进一步阐释。

独立保函独立于委托人和受益人之间的基础交易，出具独立保函的银行只负责审查受益人提交的单据是否符合保函条款的规定并有权自行决定是否付款，担保行的付款义务不受委托人与受益人之间基础交易项下抗辩权的影响。东方置业公司作为受益人，在提交证明存在工程质量问题的初步证据时，即使未启动任何诸如诉讼或者仲裁等争议解决程序并经上述程序确认相对方违约，都不影响其保函权利的实现。即使基础合同存在正在进行的诉讼或者仲裁程序，只要相关争议解决程序尚未做出基础交易债务人没有付款或者赔偿责任的最终认定，亦不影响受益人保函权利的实现。进而言之，即使生效判决或者仲裁裁决认定受益人构成基础合同项下的违约，该违约事实的存在亦不必然成为构成保函“欺诈”的充分必要条件。

本案中，保函担保的事项是施工质量和其他违约行为，而受益人未支付工程款项的违约事实与工程质量出现问题不存在逻辑上的因果关系，东方置业公司作为受益人，其自身在基础合同履行中存在的违约情形，并不必然构成独立保函项下的欺诈索款。独立保函司法解释第十二条第三项的规定内容，将独立保函欺诈认定的条件限定为“法院判决或仲裁裁决认定基础交易债务人没有付款或赔偿责任”，因此，除非保函另有约定，对基础合同的审查应当限定在保函担保范围内的履约事项，在将受益人自身在基础合同中是否存在违约行为纳入保函欺诈的审查范围时应当十分审慎。虽然哥斯达黎加建筑师和工程师联合协会做出仲裁裁决，认定东方置业公司在履行合同过程中违约，但上述仲裁程序于2012年2月7日由外经集团公司发动，东方置业公司并未提出反请求，2013年7月9日做出的仲裁裁决仅针对外经集团公司的请求事项认定东方置业公司违约，但并未认定外经集团公司因对方违约行为的存在而免除付款或者赔偿责任。因此，不能依据上述仲裁裁决的内容认定东方置业公司构成独立保函司法解释第十二条第三项规定的保函欺诈。

另外，双方对工程质量发生争议的事实以及哥斯达黎加建筑师和工程师联合协会争议解决中心作出的《仲裁裁决书》中涉及工程质量问题部分的表述能够佐证，外经中美洲公司在《施工合同》项下的义务尚未完全履行，本案并不存在东方置业公司确认基础交易债务已经完全履行或者付款到期事件并未发生的情形。现有证据亦不能证明东方置业公司明知其没有付款请求权仍滥用权利。东方置业公司作为受益人，其自身在基础合同履行中存在的违约情形，虽经仲裁裁决确认但并未因此免除外经集团公司的付款或者赔偿责任。综上，即使按照外经集团公司的主张适用独立保函司法解释，本案情形亦不构成保函欺诈。

第四，关于本案涉及的与独立保函有关的独立反担保函问题。

基于独立保函的特点，担保人于债务人之外构成对受益人的直接支付责任，独立保函与主债务之间没有抗辩权上的从属性，即使债务人在某一争议解决程序中行使抗辩权，并不当然使独立担保人获得该抗辩利益。另外，即使存在受益人在独立保函项下的欺诈性索款情形，亦不能推定担保行在独立反担保函项下构成欺诈性索款。只有担保行明知受益人系欺诈性索款且违反诚实信用原则付款，并向反担保行主张独立反担保函项下款项时，才能认定担保行构成独立反担保函项下的欺诈性索款。

外经集团公司以保函欺诈为由提起本案诉讼，其应当举证证明哥斯达黎加银行明知东方置业公司存在独立保函欺诈情形，仍然违反诚信原则予以付款，并进而以受益人身份在见索即付独立反担保函项下提出索款请求并构成反担保函项下的欺诈性索款。现外经集团公司不仅不能证明哥斯达黎加银行向东方置业公司支付独立保函项下款项存在欺诈，亦没有举证证明哥斯达黎加银行在独立反担保函项下存在欺诈性索款情形，其主张止付独立反担保函项下款项没有事实依据。

文书范本

申请书（当事人申请承认和执行外国法院生效判决、裁定或仲裁裁决用）

申请书

申请人：×××，男/女，××××年××月××日出生，×族，……（写明工作单位和职务或者职业），住……。联系方式：……。

法定代理人/指定代理人：×××，……。

委托诉讼代理人：×××，……。

被申请人：×××，……。

……

（以上写明当事人和其他诉讼参加人的姓名或者名称等基本信息）

请求事项：

请求承认和执行××国××法院××××年××月××作出的……号民事判决/××国××仲裁机构作出的……号仲裁裁决。

事实和理由：

……（写明事实和理由）。

此致

××××中级人民法院

附：

1. 本申请书副本×份

2. 外国法院判决书或者仲裁裁决书正本或者经证明无误的副本以及中文译本

申请人（签名或者盖章）

××××年××月××日

【说明】

1. 本样式根据《中华人民共和国民事诉讼法》第二百八十一条、二百八十三条，《最高人民法院关于适用〈中华人民共和国民事诉讼法〉的解释》第五百四十三条、五百四十五条制定，供当事人向中华人民共和国有管辖权的中级人民法院申请承认和执行外国法院发生法律效力的判决、裁定或仲裁裁决用。

2. 当事人是法人或者其他组织的，写明名称住所。另起一行写明法定代表人、主要负责人及其姓名、职务、联系方式。

3. 申请人向人民法院申请承认和执行外国法院作出的发生法律效力的判决、裁定，应当提交申请书，并附外国法院作出的发生法律效力的判决、裁定正本或者经证明无误的副本以及中文译本。外国法院判决、裁定为缺席判决、裁定的，申请人应当同时提交该外国法院已经合法传唤的证明文件，但判决、裁定已经对此予以明确说明的除外。中华人民共和国缔结或者参加的国际条约对提交文件有规定的，按照规定办理。

4. 可被申请承认（和执行）的外国法院裁判文书种类，不仅包括判决还包括裁定以及依据国际公约、双边条约或者协定中规定其他裁判文书形式。对被申请承认（和执行）的外国法院裁判文书具体名称和文号的表述和援引应依据其翻译件的内容进行。

十九、仲 裁

◎法律法规

中华人民共和国仲裁法

（1994年8月31日第八届全国人民代表大会常务委员会第九次会议通过 根据2009年8月27日第十一届全国人民代表大会常务委员会第十次会议《关于修改部分法律的决定》第一次修正 根据2017年9月1日第十二届全国人民代表大会常务委员会第二十九次会议《关于修改〈中华人民共和国法官法〉等八部法律的决定》第二次修正）

目 录

第一章 总 则

第一条 【立法宗旨】为保证公正、及时地仲裁经济纠纷，保护当事人的合法权益，保障社会主义市场经济健康发展，制定本法。

第二条 【适用范围】平等主体的公民、法人和其他组织之间发生的合同纠纷和其他财产权益纠纷，可以仲裁。

第三条 【适用范围的例外】下列纠纷不能仲裁：

（一）婚姻、收养、监护、扶养、继承纠纷；

（二）依法应当由行政机关处理的行政争议。

第四条 【自愿仲裁原则】当事人采用仲裁方式解决纠纷，应当双方自愿，达成仲裁协议。没有仲裁协议，一方申请仲裁的，仲裁委员会不予受理。

第五条 【或裁或审原则】当事人达成仲裁协议，一方向人民法院起诉的，人民法院不予受理，但仲裁协议无效的除外。

第六条 【仲裁机构的选定】仲裁委员会应当由当事人协议选定。

仲裁不实行级别管辖和地域管辖。

第七条 【以事实为根据、符合法律规定、公平合理解决纠纷的原则】仲裁应当根据事实，符合法律规定，公平合理地解决纠纷。

第八条 【仲裁独立原则】仲裁依法独立进行，不受行政机关、社会团体和个人的干涉。

第九条 【一裁终局制度】仲裁实行一裁终局的制度。裁决作出后，当事人就同一纠纷再申请仲裁或者向人民法院起诉的，仲裁委员会或者人民法院不予受理。

裁决被人民法院依法裁定撤销或者不予执行的，当事人就该纠纷可以根据双方重新达成的仲裁协议申请仲裁，也可以向人民法院起诉。

第二章 仲裁委员会和仲裁协会

第十条 【仲裁委员会的设立】仲裁委员会可以在直辖市和省、自治区人民政府所在地的市设立，也可以根据需要在其他设区的市设立，不按行政区划层层设立。

仲裁委员会由前款规定的市的人民政府组织有关部门和商会统一组建。

设立仲裁委员会，应当经省、自治区、直辖市的司法行政部门登记。

第十一条 【仲裁委员会的设立条件】仲裁委员会应当具备下列条件：

（一）有自己的名称、住所和章程；

（二）有必要的财产；

（三）有该委员会的组成人员；

（四）有聘任的仲裁员。

仲裁委员会的章程应当依照本法制定。

第十二条 【仲裁委员会的组成人员】仲裁委员会由主任1人、副主任2至4人和委员7至11人组成。

仲裁委员会的主任、副主任和委员由法律、经济贸易专家和有实际工作经验的人员担任。仲裁委员会的组成人员中，法律、经济贸易专家不得少于2/3。

第十三条 【仲裁员的条件】仲裁委员会应当从公道正

派的人员中聘任仲裁员。

仲裁员应当符合下列条件之一：

（一）通过国家统一法律职业资格考试取得法律职业资格，从事仲裁工作满8年的；

（二）从事律师工作满8年的；

（三）曾任法官满8年的；

（四）从事法律研究、教学工作并具有高级职称的；

（五）具有法律知识、从事经济贸易等专业工作并具有高级职称或者具有同等专业水平的。

仲裁委员会按照不同专业设仲裁员名册。

第十四条 【仲裁委员会与行政机关以及仲裁委员会之间的关系】仲裁委员会独立于行政机关，与行政机关没有隶属关系。仲裁委员会之间也没有隶属关系。

第十五条 【中国仲裁协会】中国仲裁协会是社会团体法人。仲裁委员会是中国仲裁协会的会员。中国仲裁协会的章程由全国会员大会制定。

中国仲裁协会是仲裁委员会的自律性组织，根据章程对仲裁委员会及其组成人员、仲裁员的违纪行为进行监督。

中国仲裁协会依照本法和民事诉讼法的有关规定制定仲裁规则。

第三章 仲裁协议

第十六条 【仲裁协议的形式和内容】仲裁协议包括合同中订立的仲裁条款和以其他书面方式在纠纷发生前或者纠纷发生后达成的请求仲裁的协议。

仲裁协议应当具有下列内容：

（一）请求仲裁的意思表示；

（二）仲裁事项；

（三）选定的仲裁委员会。

第十七条 【仲裁协议无效的情形】有下列情形之一的，仲裁协议无效：

（一）约定的仲裁事项超出法律规定的仲裁范围的；

（二）无民事行为能力人或者限制民事行为能力人订立的仲裁协议；

（三）一方采取胁迫手段，迫使对方订立仲裁协议的。

第十八条 【对内容不明确的仲裁协议的处理】仲裁协议对仲裁事项或者仲裁委员会没有约定或者约定不明确的，当事人可以补充协议；达不成补充协议的，仲裁协议无效。

第十九条 【合同的变更、解除、终止或者无效对仲裁协议效力的影响】仲裁协议独立存在，合同的变更、解除、终止或者无效，不影响仲裁协议的效力。

仲裁庭有权确认合同的效力。

第二十条 【对仲裁协议的异议】当事人对仲裁协议的效力有异议的，可以请求仲裁委员会作出决定或者请求人民法院作出裁定。一方请求仲裁委员会作出决定，另一方请求人民法院作出裁定的，由人民法院裁定。

当事人对仲裁协议的效力有异议，应当在仲裁庭首次开庭前提出。

第四章 仲裁程序

第一节 申请和受理

第二十一条 【申请仲裁的条件】当事人申请仲裁应当符合下列条件：

（一）有仲裁协议；

（二）有具体的仲裁请求和事实、理由；

（三）属于仲裁委员会的受理范围。

第二十二条 【申请仲裁时应递交的文件】当事人申请仲裁，应当向仲裁委员会递交仲裁协议、仲裁申请书及副本。

第二十三条 【仲裁申请书的内容】仲裁申请书应当载明下列事项：

（一）当事人的姓名、性别、年龄、职业、工作单位和住所，法人或者其他组织的名称、住所和法定代表人或者主要负责人的姓名、职务；

（二）仲裁请求和所根据的事实、理由；

（三）证据和证据来源、证人姓名和住所。

第二十四条 【仲裁申请的受理与不受理】仲裁委员会收到仲裁申请书之日起5日内，认为符合受理条件的，应当受理，并通知当事人；认为不符合受理条件的，应当书面通知当事人不予受理，并说明理由。

第二十五条 【受理后的准备工作】仲裁委员会受理仲裁申请后，应当在仲裁规则规定的期限内将仲裁规则和仲裁员名册送达申请人，并将仲裁申请书副本和仲裁规则、仲裁员名册送达被申请人。

被申请人收到仲裁申请书副本后，应当在仲裁规则规定的期限内向仲裁委员会提交答辩书。仲裁委员会收到答辩书后，应当在仲裁规则规定的期限内将答辩书副本送达申请人。被申请人未提交答辩书的，不影响仲裁程序的进行。

第二十六条 【仲裁协议的当事人一方向人民法院起诉的处理】当事人达成仲裁协议，一方向人民法院起诉未声明有仲裁协议，人民法院受理后，另一方在首次开庭前提交仲裁协议的，人民法院应当驳回起诉，但仲裁协议无效的除外；另一方在首次开庭前未对人民法院受理该案提出异议的，视为放弃仲裁协议，人民法院应当继续审理。

第二十七条 【仲裁请求的放弃、变更、承认、反驳以及反请求】申请人可以放弃或者变更仲裁请求。被申请人可以承认或者反驳仲裁请求，有权提出反请求。

第二十八条 【财产保全】一方当事人因另一方当事人的行为或者其他原因，可能使裁决不能执行或者难以执行的，可以申请财产保全。

当事人申请财产保全的，仲裁委员会应当将当事人的申请依照民事诉讼法的有关规定提交人民法院。

申请有错误的，申请人应当赔偿被申请人因财产保全所遭受的损失。

第二十九条 【仲裁代理】当事人、法定代理人可以委托律师和其他代理人进行仲裁活动。委托律师和其他代理人进行仲裁活动的，应当向仲裁委员会提交授权委托书。

第二节 仲裁庭的组成

第三十条 【仲裁庭的组成】仲裁庭可以由3名仲裁员或者1名仲裁员组成。由3名仲裁员组成的，设首席仲裁员。

第三十一条 【仲裁员的选任】当事人约定由3名仲裁员组成仲裁庭的，应当各自选定或者各自委托仲裁委员会主任指定1名仲裁员，第三名仲裁员由当事人共同选定或者共同委托仲裁委员会主任指定。第三名仲裁员是首席仲裁员。

当事人约定由1名仲裁员成立仲裁庭的，应当由当事人共同选定或者共同委托仲裁委员会主任指定仲裁员。

第三十二条 【仲裁员的指定】当事人没有在仲裁规则规定的期限内约定仲裁庭的组成方式或者选定仲裁员的，由仲裁委员会主任指定。

第三十三条 【仲裁庭组成情况的书面通知】仲裁庭组成后，仲裁委员会应当将仲裁庭的组成情况书面通知当事人。

第三十四条 【仲裁员回避的方式与理由】仲裁员有下列情形之一的，必须回避，当事人也有权提出回避申请：

（一）是本案当事人或者当事人、代理人的近亲属；

（二）与本案有利害关系；

（三）与本案当事人、代理人有其他关系，可能影响公正仲裁的；

（四）私自会见当事人、代理人，或者接受当事人、代理人的请客送礼的。

第三十五条 【回避申请的提出】当事人提出回避申请，应当说明理由，在首次开庭前提出。回避事由在首次开庭后知道的，可以在最后一次开庭终结前提出。

第三十六条 【回避的决定】仲裁员是否回避，由仲裁委员会主任决定；仲裁委员会主任担任仲裁员时，由仲裁委员会集体决定。

第三十七条 【仲裁员的重新确定】仲裁员因回避或者其他原因不能履行职责的，应当依照本法规定重新选定或者指定仲裁员。

因回避而重新选定或者指定仲裁员后，当事人可以请求已进行的仲裁程序重新进行，是否准许，由仲裁庭决定；仲裁庭也可以自行决定已进行的仲裁程序是否重新进行。

第三十八条 【仲裁员的除名】仲裁员有本法第三十四条第四项规定的情形，情节严重的，或者有本法第五十八条第六项规定的情形的，应当依法承担法律责任，仲裁委员会应当将其除名。

第三节 开庭和裁决

第三十九条 【仲裁审理的方式】仲裁应当开庭进行。当事人协议不开庭的，仲裁庭可以根据仲裁申请书、答辩书以及其他材料作出裁决。

第四十条 【开庭审理的方式】仲裁不公开进行。当事人协议公开的，可以公开进行，但涉及国家秘密的除外。

第四十一条 【开庭日期的通知与延期开庭】仲裁委员会应当在仲裁规则规定的期限内将开庭日期通知双方当事人。当事人有正当理由的，可以在仲裁规则规定的期限内请求延期开庭。是否延期，由仲裁庭决定。

第四十二条 【当事人缺席的处理】申请人经书面通知，无正当理由不到庭或者未经仲裁庭许可中途退庭的，可以视为撤回仲裁申请。

被申请人经书面通知，无正当理由不到庭或者未经仲裁庭许可中途退庭的，可以缺席裁决。

第四十三条 【证据提供与收集】当事人应当对自己的主张提供证据。

仲裁庭认为有必要收集的证据，可以自行收集。

第四十四条 【专门性问题的鉴定】仲裁庭对专门性问题认为需要鉴定的，可以交由当事人约定的鉴定部门鉴定，也可以由仲裁庭指定的鉴定部门鉴定。

根据当事人的请求或者仲裁庭的要求，鉴定部门应当派鉴定人参加开庭。当事人经仲裁庭许可，可以向鉴定人提问。

第四十五条 【证据的出示与质证】证据应当在开庭时出示，当事人可以质证。

第四十六条 【证据保全】在证据可能灭失或者以后难以取得的情况下，当事人可以申请证据保全。当事人申请证据保全的，仲裁委员会应当将当事人的申请提交证据所在地的基层人民法院。

第四十七条 【当事人的辩论】当事人在仲裁过程中有权进行辩论。辩论终结时，首席仲裁员或者独任仲裁员应当征询当事人的最后意见。

第四十八条 【仲裁笔录】仲裁庭应当将开庭情况记入笔录。当事人和其他仲裁参与人认为对自己陈述的记录有遗漏或者差错的，有权申请补正。如果不予补正，应当记录该申请。

笔录由仲裁员、记录人员、当事人和其他仲裁参与人签名或者盖章。

第四十九条 【仲裁和解】当事人申请仲裁后，可以自行和解。达成和解协议的，可以请求仲裁庭根据和解协议作出裁决书，也可以撤回仲裁申请。

第五十条 【达成和解协议、撤回仲裁申请后反悔的处理】当事人达成和解协议，撤回仲裁申请后反悔的，可以根据仲裁协议申请仲裁。

第五十一条 【仲裁调解】仲裁庭在作出裁决前，可以先行调解。当事人自愿调解的,仲裁庭应当调解。调解不成的,应当及时作出裁决。

调解达成协议的,仲裁庭应当制作调解书或者根据协议的结果制作裁决书。调解书与裁决书具有同等法律效力。

第五十二条 【仲裁调解书】调解书应当写明仲裁请求和当事人协议的结果。调解书由仲裁员签名,加盖仲裁委员会印章,送达双方当事人。

调解书经双方当事人签收后,即发生法律效力。

在调解书签收前当事人反悔的,仲裁庭应当及时作出裁决。

第五十三条 【仲裁裁决的作出】裁决应当按照多数仲裁员的意见作出,少数仲裁员的不同意见可以记入笔录。仲裁庭不能形成多数意见时,裁决应当按照首席仲裁员的意见作出。

第五十四条 【裁决书的内容】裁决书应当写明仲裁请求、争议事实、裁决理由、裁决结果、仲裁费用的负担和裁决日期。当事人协议不愿写明争议事实和裁决理由的,可以不写。裁决书由仲裁员签名,加盖仲裁委员会印章。对裁决持不同意见的仲裁员,可以签名,也可以不签名。

第五十五条 【先行裁决】仲裁庭仲裁纠纷时,其中一部分事实已经清楚,可以就该部分先行裁决。

第五十六条 【裁决书的补正】对裁决书中的文字、计算错误或者仲裁庭已经裁决但在裁决书中遗漏的事项,仲裁庭应当补正;当事人自收到裁决书之日起 30 日内,可以请求仲裁庭补正。

第五十七条 【裁决书生效】裁决书自作出之日起发生法律效力。

第五章 申请撤销裁决

第五十八条 【申请撤销仲裁裁决的法定情形】当事人提出证据证明裁决有下列情形之一的,可以向仲裁委员会所在地的中级人民法院申请撤销裁决:

(一)没有仲裁协议的;

(二)裁决的事项不属于仲裁协议的范围或者仲裁委员会无权仲裁的;

(三)仲裁庭的组成或者仲裁的程序违反法定程序的;

(四)裁决所根据的证据是伪造的;

(五)对方当事人隐瞒了足以影响公正裁决的证据的;

(六)仲裁员在仲裁该案时有索贿受贿,徇私舞弊,枉法裁决行为的。

人民法院经组成合议庭审查核实裁决有前款规定情形之一的,应当裁定撤销。

人民法院认定该裁决违背社会公共利益的,应当裁定撤销。

第五十九条 【申请撤销仲裁裁决的期限】当事人申请撤销裁决的,应当自收到裁决书之日起 6 个月内提出。

第六十条 【人民法院对撤销申请的审查与处理】人民法院应当在受理撤销裁决申请之日起两个月内作出撤销裁决或者驳回申请的裁定。

第六十一条 【申请撤销仲裁裁决的后果】人民法院受理撤销裁决的申请后,认为可以由仲裁庭重新仲裁的,通知仲裁庭在一定期限内重新仲裁,并裁定中止撤销程序。仲裁庭拒绝重新仲裁的,人民法院应当裁定恢复撤销程序。

第六章 执 行

第六十二条 【仲裁裁决的执行】当事人应当履行裁决。一方当事人不履行的,另一方当事人可以依照民事诉讼法的有关规定向人民法院申请执行。受申请的人民法院应当执行。

第六十三条 【仲裁裁决的不予执行】被申请人提出证据证明裁决有民事诉讼法第二百一十三条第二款规定的情形之一的,经人民法院组成合议庭审查核实,裁定不予执行。

第六十四条 【仲裁裁决的执行中止、终结与恢复】一方当事人申请执行裁决,另一方当事人申请撤销裁决的,人民法院应当裁定中止执行。

人民法院裁定撤销裁决的,应当裁定终结执行。撤销裁决的申请被裁定驳回的,人民法院应当裁定恢复执行。

第七章 涉外仲裁的特别规定

第六十五条 【涉外仲裁的法律适用】涉外经济贸易、运输和海事中发生的纠纷的仲裁,适用本章规定。本章没有规定的,适用本法其他有关规定。

第六十六条 【涉外仲裁委员会的设立】涉外仲裁委员会可以由中国国际商会组织设立。

涉外仲裁委员会由主任 1 人、副主任若干人和委员若干人组成。

涉外仲裁委员会的主任、副主任和委员可以由中国国际商会聘任。

第六十七条 【涉外仲裁委员会仲裁员的聘任】涉外仲裁委员会可以从具有法律、经济贸易、科学技术等专门知识的外籍人士中聘任仲裁员。

第六十八条 【涉外仲裁的证据保全】涉外仲裁的当事人申请证据保全的,涉外仲裁委员会应当将当事人的申请提交证据所在地的中级人民法院。

第六十九条 【涉外仲裁的开庭笔录与笔录要点】涉外仲裁的仲裁庭可以将开庭情况记入笔录,或者作出笔录要点,笔录要点可以由当事人和其他仲裁参与人签字或者盖章。

第七十条 【涉外仲裁裁决的撤销】当事人提出证据证明涉外仲裁裁决有民事诉讼法第二百五十八条第一款规定的情形之一的,经人民法院组成合议庭审查核实,裁定撤销。

第七十一条 【涉外仲裁裁决的不予执行】被申请人提出证据证明涉外仲裁裁决有民事诉讼法第二百五十八条第一

款规定的情形之一的，经人民法院组成合议庭审查核实，裁定不予执行。

第七十二条　【涉外仲裁裁决的执行】涉外仲裁委员会作出的发生法律效力的仲裁裁决，当事人请求执行的，如果被执行人或者其财产不在中华人民共和国领域内，应当由当事人直接向有管辖权的外国法院申请承认和执行。

第七十三条　【涉外仲裁规则】涉外仲裁规则可以由中国国际商会依照本法和民事诉讼法的有关规定制定。

第八章　附　　则

第七十四条　【仲裁时效】法律对仲裁时效有规定的，适用该规定。法律对仲裁时效没有规定的，适用诉讼时效的规定。

第七十五条　【仲裁暂行规则的判定】中国仲裁协会制定仲裁规则前，仲裁委员会依照本法和民事诉讼法的有关规定可以制定仲裁暂行规则。

第七十六条　【仲裁费用】当事人应当按照规定交纳仲裁费用。

收取仲裁费用的办法，应当报物价管理部门核准。

第七十七条　【本法适用的例外】劳动争议和农业集体经济组织内部的农业承包合同纠纷的仲裁，另行规定。

第七十八条　【本法施行前制定的有关仲裁的规定的效力】本法施行前制定的有关仲裁的规定与本法的规定相抵触的，以本法为准。

第七十九条　【本法施行前后仲裁机构的衔接与过渡】本法施行前在直辖市、省、自治区人民政府所在地的市和其他设区的市设立的仲裁机构，应当依照本法的有关规定重新组建；未重新组建的，自本法施行之日起届满1年时终止。

本法施行前设立的不符合本法规定的其他仲裁机构，自本法施行之日起终止。

第八十条　【施行日期】本法自1995年9月1日起施行。

◎司法解释

最高人民法院关于适用《中华人民共和国仲裁法》若干问题的解释

（2005年12月26日最高人民法院审判委员会第1375次会议通过　2006年8月23日最高人民法院公告公布　自2006年9月8日起施行　法释〔2006〕7号）

根据《中华人民共和国仲裁法》和《中华人民共和国民事诉讼法》等法律规定，对人民法院审理涉及仲裁案件适用法律的若干问题作如下解释：

第一条　仲裁法第十六条规定的“其他书面形式”的仲裁协议，包括以合同书、信件和数据电文（包括电报、电传、传真、电子数据交换和电子邮件）等形式达成的请求仲裁的协议。

第二条　当事人概括约定仲裁事项为合同争议的，基于合同成立、效力、变更、转让、履行、违约责任、解释、解除等产生的纠纷都可以认定为仲裁事项。

第三条　仲裁协议约定的仲裁机构名称不准确，但能够确定具体的仲裁机构的，应当认定选定了仲裁机构。

第四条　仲裁协议仅约定纠纷适用的仲裁规则的，视为未约定仲裁机构，但当事人达成补充协议或者按照约定的仲裁规则能够确定仲裁机构的除外。

第五条　仲裁协议约定两个以上仲裁机构的，当事人可以协议选择其中的一个仲裁机构申请仲裁；当事人不能就仲裁机构选择达成一致的，仲裁协议无效。

第六条　仲裁协议约定由某地的仲裁机构仲裁且该地仅有一个仲裁机构的，该仲裁机构视为约定的仲裁机构。该地有两个以上仲裁机构的，当事人可以协议选择其中的一个仲裁机构申请仲裁；当事人不能就仲裁机构选择达成一致的，仲裁协议无效。

第七条　当事人约定争议可以向仲裁机构申请仲裁也可以向人民法院起诉的，仲裁协议无效。但一方向仲裁机构申请仲裁，另一方未在仲裁法第二十条第二款规定期间内提出异议的除外。

第八条　当事人订立仲裁协议后合并、分立的，仲裁协议对其权利义务的继受人有效。

当事人订立仲裁协议后死亡的，仲裁协议对承继其仲裁事项中的权利义务的继承人有效。

前两款规定情形，当事人订立仲裁协议时另有约定的除外。

第九条　债权债务全部或者部分转让的，仲裁协议对受让人有效，但当事人另有约定、在受让债权债务时受让人明确反对或者不知有单独仲裁协议的除外。

第十条　合同成立后未生效或者被撤销的，仲裁协议效力的认定适用仲裁法第十九条第一款的规定。

当事人在订立合同时就争议达成仲裁协议的，合同未成立不影响仲裁协议的效力。

第十一条　合同约定解决争议适用其他合同、文件中的有效仲裁条款的，发生合同争议时，当事人应当按照该仲裁条款提请仲裁。

涉外合同应当适用的有关国际条约中有仲裁规定的，发生合同争议时，当事人应当按照国际条约中的仲裁规定提请仲裁。

第十二条　当事人向人民法院申请确认仲裁协议效力的案件，由仲裁协议约定的仲裁机构所在地的中级人民法院管辖；仲裁协议约定的仲裁机构不明确的，由仲裁协议签订地或者被申请人住所地的中级人民法院管辖。

申请确认涉外仲裁协议效力的案件，由仲裁协议约定的仲裁机构所在地、仲裁协议签订地、申请人或者被申请人住所地的中级人民法院管辖。

涉及海事海商纠纷仲裁协议效力的案件，由仲裁协议约定的仲裁机构所在地、仲裁协议签订地、申请人或者被申请人住所地的海事法院管辖；上述地点没有海事法院的，由就近的海事法院管辖。

第十三条　依照仲裁法第二十条第二款的规定，当事人在仲裁庭首次开庭前没有对仲裁协议的效力提出异议，而后向人民法院申请确认仲裁协议无效的，人民法院不予受理。

仲裁机构对仲裁协议的效力作出决定后，当事人向人民法院申请确认仲裁协议效力或者申请撤销仲裁机构的决定的，人民法院不予受理。

第十四条　仲裁法第二十六条规定的"首次开庭"是指答辩期满后人民法院组织的第一次开庭审理，不包括审前程序中的各项活动。

第十五条　人民法院审理仲裁协议效力确认案件，应当组成合议庭进行审查，并询问当事人。

第十六条　对涉外仲裁协议的效力审查，适用当事人约定的法律；当事人没有约定适用的法律但约定了仲裁地的，适用仲裁地法律；没有约定适用的法律也没有约定仲裁地或者仲裁地约定不明的，适用法院地法律。

第十七条　当事人以不属于仲裁法第五十八条或者民事诉讼法第二百五十八条规定的事由申请撤销仲裁裁决的，人民法院不予支持。①

第十八条　仲裁法第五十八条第一款第一项规定的"没有仲裁协议"是指当事人没有达成仲裁协议。仲裁协议被认定无效或者被撤销的，视为没有仲裁协议。

第十九条　当事人以仲裁裁决事项超出仲裁协议范围为由申请撤销仲裁裁决，经审查属实的，人民法院应当撤销仲裁裁决中的超裁部分。但超裁部分与其他裁决事项不可分的，人民法院应当撤销仲裁裁决。

第二十条　仲裁法第五十八条规定的"违反法定程序"，是指违反仲裁法规定的仲裁程序和当事人选择的仲裁规则可能影响案件正确裁决的情形。

第二十一条　当事人申请撤销国内仲裁裁决的案件属于下列情形之一的，人民法院可以依照仲裁法第六十一条的规定通知仲裁庭在一定期限内重新仲裁：

（一）仲裁裁决所根据的证据是伪造的；

（二）对方当事人隐瞒了足以影响公正裁决的证据的。

人民法院应当在通知中说明要求重新仲裁的具体理由。

第二十二条　仲裁庭在人民法院指定的期限内开始重新仲裁的，人民法院应当裁定终结撤销程序；未开始重新仲裁的，人民法院应当裁定恢复撤销程序。

第二十三条　当事人对重新仲裁裁决不服的，可以在重新仲裁裁决书送达之日起六个月内依据仲裁法第五十八条规定向人民法院申请撤销。

第二十四条　当事人申请撤销仲裁裁决的案件，人民法院应当组成合议庭审理，并询问当事人。

第二十五条　人民法院受理当事人撤销仲裁裁决的申请后，另一方当事人申请执行同一仲裁裁决的，受理执行申请的人民法院应当在受理后裁定中止执行。

第二十六条　当事人向人民法院申请撤销仲裁裁决被驳回后，又在执行程序中以相同理由提出不予执行抗辩的，人民法院不予支持。

第二十七条　当事人在仲裁程序中未对仲裁协议的效力提出异议，在仲裁裁决作出后以仲裁协议无效为由主张撤销仲裁裁决或者提出不予执行抗辩的，人民法院不予支持。

当事人在仲裁程序中对仲裁协议的效力提出异议，在仲裁裁决作出后又以此为由主张撤销仲裁裁决或者提出不予执行抗辩，经审查符合仲裁法第五十八条或者民事诉讼法第二百一十三条、第二百五十八条规定的，人民法院应予支持。②

第二十八条　当事人请求不予执行仲裁调解书或者根据当事人之间的和解协议作出的仲裁裁决书的，人民法院不予支持。

第二十九条　当事人申请执行仲裁裁决案件，由被执行人住所地或者被执行的财产所在地的中级人民法院管辖。

第三十条　根据审理撤销、执行仲裁裁决案件的实际需要，人民法院可以要求仲裁机构作出说明或者向相关仲裁机构调阅仲裁案卷。

人民法院在办理涉及仲裁的案件过程中作出的裁定，可以送相关的仲裁机构。

第三十一条　本解释自2006年9月8日起实施。

本院以前发布的司法解释与本解释不一致的，以本解释为准。

最高人民法院关于审理仲裁司法审查案件若干问题的规定

（2017年12月4日最高人民法院审判委员会1728次会议通过　2017年12月26日最高人民法院公告公布　自2018年1月1日起施行　法释〔2017〕22号）

为正确审理仲裁司法审查案件，依法保护各方当事人合法权益，根据《中华人民共和国民事诉讼法》《中华人民共和

① 本条根据《最高人民法院关于调整司法解释等文件中引用〈中华人民共和国民事诉讼法〉条文序号的决定》（法释〔2008〕18号）第79条调整。

② 本条根据《最高人民法院关于调整司法解释等文件中引用〈中华人民共和国民事诉讼法〉条文序号的决定》（法释〔2008〕18号）第80条调整。

国仲裁法》等法律规定,结合审判实践,制定本规定。

第一条 本规定所称仲裁司法审查案件,包括下列案件:

(一)申请确认仲裁协议效力案件;

(二)申请执行我国内地仲裁机构的仲裁裁决案件;

(三)申请撤销我国内地仲裁机构的仲裁裁决案件;

(四)申请认可和执行香港特别行政区、澳门特别行政区、台湾地区仲裁裁决案件;

(五)申请承认和执行外国仲裁裁决案件;

(六)其他仲裁司法审查案件。

第二条 申请确认仲裁协议效力的案件,由仲裁协议约定的仲裁机构所在地、仲裁协议签订地、申请人住所地、被申请人住所地的中级人民法院或者专门人民法院管辖。

涉及海事海商纠纷仲裁协议效力的案件,由仲裁协议约定的仲裁机构所在地、仲裁协议签订地、申请人住所地、被申请人住所地的海事法院管辖;上述地点没有海事法院的,由就近的海事法院管辖。

第三条 外国仲裁裁决与人民法院审理的案件存在关联,被申请人住所地、被申请人财产所在地均不在我国内地,申请人申请承认外国仲裁裁决的,由受理关联案件的人民法院管辖。受理关联案件的人民法院为基层人民法院的,申请承认外国仲裁裁决的案件应当由该基层人民法院的上一级人民法院管辖。受理关联案件的人民法院是高级人民法院或者最高人民法院的,由上述法院决定自行审查或者指定中级人民法院审查。

外国仲裁裁决与我国内地仲裁机构审理的案件存在关联,被申请人住所地、被申请人财产所在地均不在我国内地,申请人申请承认外国仲裁裁决的,由受理关联案件的仲裁机构所在地的中级人民法院管辖。

第四条 申请人向两个以上有管辖权的人民法院提出申请的,由最先立案的人民法院管辖。

第五条 申请人向人民法院申请确认仲裁协议效力的,应当提交申请书及仲裁协议正本或者经证明无误的副本。

申请书应当载明下列事项:

(一)申请人或者被申请人为自然人的,应当载明其姓名、性别、出生日期、国籍及住所;为法人或者其他组织的,应当载明其名称、住所以及法定代表人或者代表人的姓名和职务;

(二)仲裁协议的内容;

(三)具体的请求和理由。

当事人提交的外文申请书、仲裁协议及其他文件,应当附有中文译本。

第六条 申请人向人民法院申请执行或者撤销我国内地仲裁机构的仲裁裁决、申请承认和执行外国仲裁裁决的,应当提交申请书及裁决书正本或者经证明无误的副本。

申请书应当载明下列事项:

(一)申请人或者被申请人为自然人的,应当载明其姓名、性别、出生日期、国籍及住所;为法人或者其他组织的,应当载明其名称、住所以及法定代表人或者代表人的姓名和职务;

(二)裁决书的主要内容及生效日期;

(三)具体的请求和理由。

当事人提交的外文申请书、裁决书及其他文件,应当附有中文译本。

第七条 申请人提交的文件不符合第五条、第六条的规定,经人民法院释明后提交的文件仍然不符合规定的,裁定不予受理。

申请人向对案件不具有管辖权的人民法院提出申请,人民法院应当告知其向有管辖权的人民法院提出申请,申请人仍不变更申请的,裁定不予受理。

申请人对不予受理的裁定不服的,可以提起上诉。

第八条 人民法院立案后发现不符合受理条件的,裁定驳回申请。

前款规定的裁定驳回申请的案件,申请人再次申请并符合受理条件的,人民法院应予受理。

当事人对驳回申请的裁定不服的,可以提起上诉。

第九条 对于申请人的申请,人民法院应当在七日内审查决定是否受理。

人民法院受理仲裁司法审查案件后,应当在五日内向申请人和被申请人发出通知书,告知其受理情况及相关的权利义务。

第十条 人民法院受理仲裁司法审查案件后,被申请人对管辖权有异议的,应当自收到人民法院通知之日起十五日内提出。人民法院对被申请人提出的异议,应当审查并作出裁定。当事人对裁定不服的,可以提起上诉。

在中华人民共和国领域内没有住所的被申请人对人民法院的管辖权有异议的,应当自收到人民法院通知之日起三十日内提出。

第十一条 人民法院审查仲裁司法审查案件,应当组成合议庭并询问当事人。

第十二条 仲裁协议或者仲裁裁决具有《最高人民法院关于适用〈中华人民共和国涉外民事关系法律适用法〉若干问题的解释(一)》第一条规定情形的,为涉外仲裁协议或者涉外仲裁裁决。

第十三条 当事人协议选择确认涉外仲裁协议效力适用的法律,应当作出明确的意思表示,仅约定合同适用的法律,不能作为确认合同中仲裁条款效力适用的法律。

第十四条 人民法院根据《中华人民共和国涉外民事关系法律适用法》第十八条的规定,确定确认涉外仲裁协议效力适用的法律时,当事人没有选择适用的法律,适用仲裁机构所在地的法律与适用仲裁地的法律将对仲裁协议的效力作出不同认定的,人民法院应当适用确认仲裁协议有效的法律。

第十五条 仲裁协议未约定仲裁机构和仲裁地,但根据仲裁协议约定适用的仲裁规则可以确定仲裁机构或者仲裁地的，应当认定其为《中华人民共和国涉外民事关系法律适用法》第十八条中规定的仲裁机构或者仲裁地。

第十六条　人民法院适用《承认及执行外国仲裁裁决公约》审查当事人申请承认和执行外国仲裁裁决案件时，被申请人以仲裁协议无效为由提出抗辩的，人民法院应当依照该公约第五条第一款（甲）项的规定，确定确认仲裁协议效力应当适用的法律。

第十七条　人民法院对申请执行我国内地仲裁机构作出的非涉外仲裁裁决案件的审查，适用《中华人民共和国民事诉讼法》第二百三十七条的规定。

人民法院对申请执行我国内地仲裁机构作出的涉外仲裁裁决案件的审查，适用《中华人民共和国民事诉讼法》第二百七十四条的规定。

第十八条　《中华人民共和国仲裁法》第五十八条第一款第六项和《中华人民共和国民事诉讼法》第二百三十七条第二款第六项规定的仲裁员在仲裁该案时有索贿受贿，徇私舞弊，枉法裁决行为，是指已经由生效刑事法律文书或者纪律处分决定所确认的行为。

第十九条　人民法院受理仲裁司法审查案件后，作出裁定前，申请人请求撤回申请的，裁定准许。

第二十条　人民法院在仲裁司法审查案件中作出的裁定，除不予受理、驳回申请、管辖权异议的裁定外，一经送达即发生法律效力。当事人申请复议、提出上诉或者申请再审的，人民法院不予受理，但法律和司法解释另有规定的除外。

第二十一条　人民法院受理的申请确认涉及香港特别行政区、澳门特别行政区、台湾地区仲裁协议效力的案件，申请执行或者撤销我国内地仲裁机构作出的涉及香港特别行政区、澳门特别行政区、台湾地区仲裁裁决的案件，参照适用涉外仲裁司法审查案件的规定审查。

第二十二条　本规定自 2018 年 1 月 1 日起施行，本院以前发布的司法解释与本规定不一致的，以本规定为准。

最高人民法院关于仲裁司法审查案件报核问题的有关规定

（2017 年 11 月 20 日最高人民法院审判委员会第 1727 次会议通过　2017 年 12 月 26 日最高人民法院公告公布　自 2018 年 1 月 1 日起施行　法释〔2017〕21 号）

为正确审理仲裁司法审查案件，统一裁判尺度，依法保护当事人合法权益，保障仲裁发展，根据《中华人民共和国民事诉讼法》《中华人民共和国仲裁法》等法律规定，结合审判实践，制定本规定。

第一条　本规定所称仲裁司法审查案件，包括下列案件：

（一）申请确认仲裁协议效力案件；

（二）申请撤销我国内地仲裁机构的仲裁裁决案件；

（三）申请执行我国内地仲裁机构的仲裁裁决案件；

（四）申请认可和执行香港特别行政区、澳门特别行政区、台湾地区仲裁裁决案件；

（五）申请承认和执行外国仲裁裁决案件；

（六）其他仲裁司法审查案件。

第二条　各中级人民法院或者专门人民法院办理涉外涉港澳台仲裁司法审查案件，经审查拟认定仲裁协议无效，不予执行或者撤销我国内地仲裁机构的仲裁裁决，不予认可和执行香港特别行政区、澳门特别行政区、台湾地区仲裁裁决，不予承认和执行外国仲裁裁决，应当向本辖区所属高级人民法院报核；高级人民法院经审查拟同意的，应当向最高人民法院报核。待最高人民法院审核后，方可依最高人民法院的审核意见作出裁定。

各中级人民法院或者专门人民法院办理非涉外涉港澳台仲裁司法审查案件，经审查拟认定仲裁协议无效，不予执行或者撤销我国内地仲裁机构的仲裁裁决，应当向本辖区所属高级人民法院报核；待高级人民法院审核后，方可依高级人民法院的审核意见作出裁定。

第三条　本规定第二条第二款规定的非涉外涉港澳台仲裁司法审查案件，高级人民法院经审查拟同意中级人民法院或者专门人民法院认定仲裁协议无效，不予执行或者撤销我国内地仲裁机构的仲裁裁决，在下列情形下，应当向最高人民法院报核，待最高人民法院审核后，方可依最高人民法院的审核意见作出裁定：

（一）仲裁司法审查案件当事人住所地跨省级行政区域；

（二）以违背社会公共利益为由不予执行或者撤销我国内地仲裁机构的仲裁裁决。

第四条　下级人民法院报请上级人民法院审核的案件，应当将书面报告和案件卷宗材料一并上报。书面报告应当写明审查意见及具体理由。

第五条　上级人民法院收到下级人民法院的报核申请后，认为案件相关事实不清的，可以询问当事人或者退回下级人民法院补充查明事实后再报。

第六条　上级人民法院应当以复函的形式将审核意见答复下级人民法院。

第七条　在民事诉讼案件中，对于人民法院因涉及仲裁协议效力而作出的不予受理、驳回起诉、管辖权异议的裁定，当事人不服提起上诉，第二审人民法院经审查拟认定仲裁协议不成立、无效、失效、内容不明确无法执行的，须按照本规定第二条的规定逐级报核，待上级人民法院审核后，方可依上级人民法院的审核意见作出裁定。

第八条　本规定自 2018 年 1 月 1 日起施行，本院以前发布的司法解释与本规定不一致的，以本规定为准。

最高人民法院关于对上海市高级人民法院等就涉及中国国际经济贸易仲裁委员会及其原分会等仲裁机构所作仲裁裁决司法审查案件请示问题的批复

（2015年6月23日最高人民法院审判委员会第1655次会议通过　2015年7月15日最高人民法院公告公布　自2015年7月17日起施行　法释〔2015〕15号）

上海市高级人民法院、江苏省高级人民法院、广东省高级人民法院：

因中国国际经济贸易仲裁委员会（以下简称中国贸仲）于2012年5月1日施行修订后的仲裁规则以及原中国国际经济贸易仲裁委员会华南分会（现已更名为华南国际经济贸易仲裁委员会，同时使用深圳国际仲裁院的名称，以下简称华南贸仲）、原中国国际经济贸易仲裁委员会上海分会（现已更名为上海国际经济贸易仲裁委员会，同时使用上海国际仲裁中心的名称，以下简称上海贸仲）变更名称并施行新的仲裁规则，致使部分当事人对相关仲裁协议的效力以及上述各仲裁机构受理仲裁案件的权限、仲裁的管辖、仲裁的执行等问题产生争议，向人民法院请求确认仲裁协议效力、申请撤销或者不予执行相关仲裁裁决，引发诸多仲裁司法审查案件。上海市高级人民法院、江苏省高级人民法院、广东省高级人民法院就有关问题向我院请示。

为依法保护仲裁当事人合法权益，充分尊重当事人意思自治，考虑中国贸仲和华南贸仲、上海贸仲的历史关系，从支持和维护仲裁事业健康发展，促进建立多元纠纷解决机制出发，经研究，对有关问题答复如下：

一、当事人在华南贸仲更名为华南国际经济贸易仲裁委员会、上海贸仲更名为上海国际经济贸易仲裁委员会之前签订仲裁协议约定将争议提交“中国国际经济贸易仲裁委员会华南分会”或者“中国国际经济贸易仲裁委员会上海分会”仲裁的，华南贸仲或者上海贸仲对案件享有管辖权。当事人以华南贸仲或者上海贸仲无权仲裁为由请求人民法院确认仲裁协议无效、申请撤销或者不予执行仲裁裁决的，人民法院不予支持。

当事人在华南贸仲更名为华南国际经济贸易仲裁委员会、上海贸仲更名为上海国际经济贸易仲裁委员会之后（含更名之日）本批复施行之前签订仲裁协议约定将争议提交“中国国际经济贸易仲裁委员会华南分会”或者“中国国际经济贸易仲裁委员会上海分会”仲裁的，中国贸仲对案件享有管辖权。但申请人向华南贸仲或者上海贸仲申请仲裁，被申请人对华南贸仲或者上海贸仲的管辖权没有提出异议的，当事人在仲裁裁决作出后以华南贸仲或者上海贸仲无权仲裁为由申请撤销或者不予执行仲裁裁决的，人民法院不予支持。

当事人在本批复施行之后（含施行起始之日）签订仲裁协议约定将争议提交“中国国际经济贸易仲裁委员会华南分会”或者“中国国际经济贸易仲裁委员会上海分会”仲裁的，中国贸仲对案件享有管辖权。

二、仲裁案件的申请人向仲裁机构申请仲裁的同时请求仲裁机构对案件的管辖权作出决定，仲裁机构作出确认仲裁协议有效、其对案件享有管辖权的决定后，被申请人在仲裁庭首次开庭前向人民法院提起申请确认仲裁协议效力之诉的，人民法院应予受理并作出裁定。申请人或者仲裁机构根据《最高人民法院关于确认仲裁协议效力几个问题的批复》（法释〔1998〕27号）第三条或者《最高人民法院关于适用〈中华人民共和国仲裁法〉若干问题的解释》（法释〔2006〕7号）第十三条第二款的规定主张人民法院对被申请人的起诉应当不予受理的，人民法院不予支持。

三、本批复施行之前，中国贸仲或者华南贸仲、上海贸仲已经受理的根据本批复第一条规定不应由其受理的案件，当事人在仲裁裁决作出后以仲裁机构无权仲裁为由申请撤销或者不予执行仲裁裁决的，人民法院不予支持。

四、本批复施行之前，中国贸仲或者华南贸仲、上海贸仲受理了同一仲裁案件，当事人在仲裁庭首次开庭前向人民法院申请确认仲裁协议效力的，人民法院应当根据本批复第一条的规定进行审理并作出裁定。

本批复施行之前，中国贸仲或者华南贸仲、上海贸仲受理了同一仲裁案件，当事人并未在仲裁庭首次开庭前向人民法院申请确认仲裁协议效力的，先受理的仲裁机构对案件享有管辖权。

此复。

◎请示答复

最高人民法院关于中联通信（控股）股份有限公司申请认可和执行香港国际仲裁中心相关仲裁裁决一案请示的复函

（2016年9月19日　〔2016〕最高法民他63号）

北京市高级人民法院：

你院京高法（2016）166号《关于中联通信（控股）股份有限公司申请认可和执行香港国际仲裁中心相关仲裁裁决案的请示》收悉。经研究，答复如下：

（一）本案系关于申请认可和执行香港特别行政区仲裁裁决纠纷案。根据《最高人民法院关于内地与香港特别行政区相互执行仲裁裁决的安排》第一条的规定，在内地或者香港特别行政区作出的仲裁裁决,一方当事人不履行仲裁裁决的,另一方当事人可以向被申请人住所地或者财产所在地的有关法院申请执行。根据你院报送的材料,当事人申请执行的案涉财产所有权人登记为威盛电子(中国)有限公司,被申请人与威盛电子(中国)有限公司之间是间接投资关系,现有证据不能证明北京市为被申请人财产所在地,故北京市第四中级人民法院对本案没有管辖权。

(二)《最高人民法院关于内地与香港特别行政区相互执行仲裁裁决的安排》只规定了内地与香港特别行政区相互执行仲裁裁决的内容,但相互执行仲裁裁决仍应进行认可审查。参照《最高人民法院关于认可和执行台湾地区仲裁裁决的规定》(法释〔2015〕14号)第八条的规定,即"对于不符合规定受理条件的申请,人民法院应当在七日内裁定不予受理,同时说明不予受理的理由,申请人对裁定不服的,可以提起上诉",本案应当裁定不予受理。

此复。

附:

北京市高级人民法院关于中联通信(控股)股份有限公司申请认可和执行香港国际仲裁中心相关仲裁裁决案的请示

(2016年3月31日　京高法〔2016〕166号)

最高人民法院:

北京市第四中级人民法院立案受理了中联通信(控股)股份有限公司申请认可和执行香港国际仲裁中心仲裁裁决纠纷一案,该院拟裁定驳回中联通信(控股)股份有限公司的申请并依规定向我院请示。经研究,现将该案有关情况报告并请示如下:

一、当事人基本情况

申请人(仲裁申请人)中联通信(控股)股份有限公司,注册地英属开曼群岛,经营地香港特别行政区。

代表人陈某某。

委托代理人王某某。

委托代理人吴某。

被申请人威盛电子股份有限公司,住所地中华人民共和国台湾地区新北市。

代表人陈某。

委托代理人孙某某。

委托代理人许某某。

二、申请认可和执行涉案仲裁裁决的理由及答辩意见

(一)中联通信(控股)股份有限公司的申请理由

申请人中联通信(控股)股份有限公司(以下简称中联公司)的具体请求为:1. 申请法院依法认可香港国际仲裁中心于2014年6月20日作出的HKIAC/A11022(PA)号终审裁决,依据香港国际仲裁中心于2014年10月4日作出的《第二份相应命令》,该终审裁决已经发生法律效力。2. 请求法院依法强制执行威盛电子股份有限公司(以下简称威盛公司)欠付的合同款228万美元、205297.18美元,以及上述欠款直至付清之日止的利息,上述款项共计人民币28922318.09元(利息计算至2015年6月30日,港币与人民币的兑换标准为2014年10月4日中国银行外币兑换人民币的外汇牌价0.7925)。3. 请求法院依法查封威盛公司在北京市海淀区的房产、土地以及银行账户。4。由威盛公司承担本案执行费用。

具体事实与理由如下:中联公司与威盛公司开发销售协议纠纷一案已由香港国际仲裁中心于2014年6月20日作出终审裁决,上述裁决书确认以下内容:1. 宣布开发协议终止;2. 威盛公司须支付中联公司228万美元;3. 威盛公司向中联公司支付205297.18美元;4. 上述金额须按高等法院判定香港特别行政区终审法院首席法官所定债权利率,支付中联公司利息,计算到付款日为止;5. 所有其他中联公司与下家客户因购买TF376必须解约而豁免中联公司不被起诉的损害赔偿及被下家客户启动新的仲裁项目而所需赔偿的所有金额;对新起的仲裁,威盛公司有自由应对,申诉其在开发协议中的限制和免责条款及仲裁管辖权;6. 驳回威盛公司的反诉;7. 法定期限内无人提出反对意见,则仲裁庭裁决生效,威盛公司须支付中联公司在香港期间的费用港币1648670.8元和全部法律费用;如果威盛公司认为不同意中联公司在香港期间费用及全部的律师费金额,则威盛公司可以评估这两项费用,其评估费应由威盛公司负担;8. 上述第(6)条的命令,在接下来的14天内,除非向仲裁裁决申请否则为终审并生效;9. 在14天内,各方有权申请对上述命令或任何仲裁庭所产生的任何相应的命令提出相关的后续执行指令。

随后香港国际仲裁中心于2014年7月10日针对2014年6月20日的终审裁决作出了《第一份相应命令》,此命令中规定:除其他事项外,鉴于中联公司申请的仲裁存款港币600万元连同应计利息,依据仲裁庭程序令第4号,存于香港国际仲裁中心,仲裁庭特此命令:1. 上述款项可以由香港国际仲裁中心归还到的中联公司及其授权代表;2. 本申请的费用计入仲裁费。

香港国际仲裁中心又于2014年10月4日针对2014年6月20日的终审裁决作出了《第二份相应命令》,此命令中规定:1. 诉讼中间申请的各项未事先要求的应讼成本和开支,不需支付;2. 因法定期限内无人提出反对意见,确定仲裁庭终审裁决生效;3. 前述终审裁决须支付利息,即228万美元和205297.18美元加上利息由威盛公司向中联公司支付,即自2011年2月18日仲裁通知送达日,到最终的裁决

2014年6月20日，按香港汇丰银行的最优惠利率超过1%计算；为免生疑问，上述款项的利息须按高等法院判定香港特别行政区终审法院首席法官所定债权利率，支付中联公司利息计算直到付款日为止；4. 申请本命令无需支付讼费及相关费用。

依据香港国际仲裁中心于2014年10月4日作出的《第二份相应命令》，本案香港国际仲裁中心作出的终审裁决已发生法律效力，依据该终审裁决及两份相应命令，威盛公司应依法向中联公司支付本金及利息（利息计算截至2015年6月30日，港币与人民币的兑换标准为2014年10月4日中国银行外币兑换人民币的外汇牌价0.7925），共计人民币28922318.09元。裁决发生效力后，中联公司多次向威盛公司催要该款项，但威盛公司至今仍未履行该仲裁裁决，给中联公司造成巨大损失。

现中联公司查明，北京市海淀区中关村东路1号院7号楼威盛大厦及其所属土地均为威盛公司名下财产，依据《最高人民法院关于内地与香港特别行政区相互执行仲裁裁决的安排》（以下简称《安排》）中第一条规定、《最高人民法院关于适用〈中华人民共和国民事诉讼法〉执行程序若干问题的解释》第一条规定及其他相应法律规定，中联公司申请法院依法认可香港国际仲裁中心于2014年6月20日作出的HKIAC/A11022（PA）号终审裁决，并依法强制执行威盛公司在北京的财产共计人民币28922318.09元，以维护中联公司的合法权益。

（二）威盛公司的答辩意见

威盛公司的答辩意见为，威盛公司认为北京市第四中级人民法院（以下简称四中院）对本案没有管辖权，依法提出管辖权异议如下：

1. 威盛公司的住所地及财产均不在四中院管辖区域内，中联公司不应在四中院提起本案申请程序。

具体内容为：（1）关于认可和执行香港特别行政区仲裁裁决案件的管辖权确定依据。本案的性质为申请认可和执行香港特别行政区仲裁裁决案件。根据《安排》第一条的规定，“在内地或者香港特区作出的仲裁裁决，一方当事人不履行仲裁裁决的，另一方当事人可以向被申请人住所地或者财产所在地的有关法院申请执行。”依据《安排》第二条，“上条所述的有关法院，在内地指被申请人住所地或者财产所在地的中级人民法院。”据此，确认该等案件法院管辖权的基本原则是被申请人住所地或被申请人财产所在地必须在内地某一中级人民法院管辖区域内，在此种情况下，香港裁决项下的当事人才有权向上述地点的中级人民法院提交申请，该人民法院才有权予以管辖。

（2）申请人未能依法举证证明四中院就本案具有管辖权。就本案而言，申请人向四中院申请认可和执行HKIAC/A11022（PA）号香港仲裁裁决的前提必须是被申请人住所地或财产所在地在四中院司法管辖区域内。但是，申请人未能举证证明这一点。首先，申请人在《申请书》中已经明了被申请人的住所地在台湾地区新北市，即被申请人的住所地在台湾地区新北市而非内地，更不在四中院的司法管辖区域内。其次，如下所述，申请人在《申请书》列出的各类财产信息，线索及相关证据所指向的财产的法定的所有权人均为本案案外人，而非被申请人。

关于申请人提供的银行账户信息：申请人在《申请书》申请查封被申请人的银行账户，并提供相关信息，但是《申请书》附一信息显示，该账户的开户名为“威盛电子（中国）有限公司”（以下简称威盛中国），显然，该账户依法属于案外人威盛中国所有，并非被申请人开立，也不属于被申请人所有，因此不是被申请人的银行账户，其中所存现金款项自然也不是被申请人财产。

关于申请人提供的房屋和土地信息：申请人在《申请书》称：“申请人查明，北京市海淀区中关村1号院7号楼威盛大厦及其所属土地均为被申请人名下财产。”但是，经被申请人向北京市海淀区房屋管理局查询，经过合法登记的威盛大厦的房屋所有权人为威盛中国（权属信息见被申请人证据一）；此外，依据相关法律规定，威盛大厦的国有土地使用权人应与威盛大厦的房屋所有权人保持一致，即均应为威盛中国。显然，申请人对事实的所谓“查明”存在严重错误，该等房屋及土地使用权并未登记在被申请人名下，这些财产均为案外人所有，根本不属于被申请人的财产。

关于案外人威盛中国：申请人在《申请书》附一中特意注明称案外人威盛中国“系被申请人全资子公司”。但是，事实上威盛中国并非被申请人的全资子公司。北京市企业信用信息公示系统显示，威盛中国的投资者及股东为另一案外人香港威盛电子有限公司（以下简称威盛香港）。威盛香港作为威盛中国的唯一股东，持有其100%的股权。威盛中国及威盛香港均系本案案外人，也均为依法设立的独立的公司法人，其对于自己的财产均享有合法的、排他的专属权利，被申请人不是两家公司的股东，被申请人的财产与该两案外人的财产是相互独立的，申请人将案外人的财产视为被申请人的财产是完全错误的，有悖最基本的法律常识。

关于申请人提供的《威盛电子股份有限公司财务报告》，被申请人注意到该证据中没有任何信息证明申请人提供的财产线索所指向的财产系被申请人财产。被申请人特别指出的是，该财务报告制作年份为2006年，其中所载信息距今有九年之久，显然已不能反映当下情况；申请人提交的证据之一源自网址www.viatech.com.cn，经过被申请人查明，该网址的域名所有权人系案外人威盛中国，并非被申请人注册也非被申请人所有。显然，申请人未能合理证明该项证据的真实性及与本案的关联性，因此也不应予以采纳。

上述情况表明，申请人无视依法设立的不同法人各自相互独立的法律地位,无视各不同法人所依法享有的各自财产的独立性,将案外人威盛中国的合法财产张冠李戴地当作被申请人的财产,将另一案外人威盛香港所持威盛中国的股东资格错置给被申请人并以此作为管辖依据而向四中院提出执行申请,显然是十分错误的。

(3)事实上,被申请人住所地、财产所在地均不在四中院司法管辖区域内。首先,如被申请人提供的经公证的《公司登记证明书》所示,被申请人的住所地即其公司的地址为台湾地区新北市新店区中正路535号8楼,显然不在四中院管辖区域内。其次,被申请人确认,本公司的合法财产所在地要么在台湾区域内,要么在部分外国地区,均不在四中院管辖范围以内。

依据上述情况,四中院显然无权管辖本案。

2. 四中院应支持被申请人就本案提出的管辖权异议。

本案申请人是一家中国境外设立的外国公司,本案被申请人是一家依照台湾地区法律设立和运营的公司。根据《中华人民共和国民事诉讼法》(以下简称《民事诉讼法》)规定,本案系涉外民事诉讼案件。根据《最高人民法院关于适用〈中华人民共和国民事诉讼法〉的解释》(法释〔2015〕5号)第五百五十一条规定,人民法院审理涉及香港、澳门特别行政区和台湾地区的民事诉讼案件可以参照适用涉外民事诉讼程序的特别规定。《民事诉讼法》第二百五十九条又明确规定,在涉外民事诉讼程序的特别规定没有明确规定的情况下,涉外民事诉讼应适用《民事诉讼法》的其他规定。由于《民事诉讼法》没有对当事人在申请执行包括香港裁决在内的涉外仲裁裁决案件中提出管辖权异议的问题作出特别的例外规定,被申请人即有权参照《民事诉讼法》总则和第一审普通程序中关于管辖权的一般规定,依法就本案向四中院提出管辖权异议,这符合《民事诉讼法》的基本原理,能够保证被申请人在诉讼程序中享有平等和对应的诉讼权利,也有利于保护被申请人的合法权益。

事实上,内地法院在申请认可和执行涉外仲裁裁决案件中,对当事人提出的管辖权异议申请进行审查,听证并出具裁定已成惯例,如被申请人证据中所附裁定显示,北京市及天津市相关法院都曾在类似案件中依法受理和审查了当事人提出的管辖异议,其中天津市相关法院所审理的仲裁裁决也是一份香港仲裁裁决。这表明,管辖法院依法审理当事人在申请认可和执行涉外仲裁裁决案件中提出管辖权异议申请,不仅是当事人享有的合法权利,而且也已广泛运用于司法实践中。

基于前述理由,被申请人在答辩期内就本案的管辖权问题特向四中院提出异议申请,恳请四中院在查明上述事实后,确认被申请人住所地及财产所在地均不在四中院管辖区域甚至整个大陆地区内,裁定四中院对于本案没有管辖权,对于申请人的认可和执行香港仲裁裁决的申请,依法作出不予受理或者驳回的裁定。

三、与案件相关的事实及裁决

经审理查明,2014年6月20日,香港国际仲裁中心就中联公司与威盛公司开发销售协议纠纷一案作出终审裁决,裁决书确认以下内容:1. 宣布开发协议终止;2. 威盛公司须支付中联公司228万美元;3. 威盛公司向中联公司支付205297.18美元;4. 上述金额须按高等法院判定香港特别行政区终审法院首席法官所定债权利率,支付中联公司利息,计算到付款日为止;5. 所有其他中联公司与下家客户因购买TF376必须解约而豁免中联公司不被起诉的损害赔偿及被下家客户启动新的仲裁项目而所需赔偿的所有金额;对新起的仲裁,威盛公司有自由应对,申诉其在开发协议中的限制和免责条款及仲裁管辖权;6. 驳回威盛公司的反诉;7. 法定期限内无人提出反对意见,则仲裁庭裁决生效,威盛公司须支付中联公司在香港期间的费用港币1648670.8元和全部法律费用;如果威盛公司认为不同意中联公司在香港期间费用及全部的律师费金额,则威盛公司可以评估这两项费用,其评估费应由威盛公司负担;8. 上述第(6)条的命令,在接下来的14天内,除非向仲裁庭申请否则为终审并生效;9. 在14天内,各方有权申请对上述命令或任何仲裁庭所产生的任何相应的命令提出相关的后续执行指令。

2014年7月10日,香港国际仲裁中心针对2014年6月20日的终审裁决作出了《第一份相应命令》,此命令中规定:除其他事项外,鉴于中联公司申请的仲裁存款港币600万元连同应计利息,依据仲裁庭程序令第4号,存于香港国际仲裁中心,仲裁庭特此命令:1. 上述款项可以由香港国际仲裁中心归还到的中联公司及其授权代表;2. 本申请的费用计入仲裁费。

2014年10月4日,香港国际仲裁中心针对2014年6月20日的终审裁决作出了《第二份相应命令》,此命令中规定:1. 诉讼中间申请的各项未事先要求的应讼成本和开支,不需支付;2. 因法定期限内无人提出反对意见,确定仲裁庭终审裁决生效;3. 前述终审裁决须支付利息,即228万美元和205297.18美元加上利息由威盛公司向中联公司支付,即自2011年2月18日仲裁通知送达日,到最终的裁决2014年6月20日,按香港汇丰银行的最优惠利率超过1%计算;为免生疑问,上述款项的利息须按高等法院判定香港特别行政区终审法院首席法官所定债权利率,支付中联公司利息计算直到付款日为止;4. 申请本命令无需支付讼费及相关费用。

2015年8月26日,中联公司向四中院提出申请,要求认可和执行上述仲裁裁决。

另查,威盛公司100%控股VIA TECH CO,LTD(即英属维尔京群岛威盛电子有限公司,以下简称威盛维尔京公司),威盛维尔京公司100%控股VIA TECHNOLOGIES (HK) INC. LTD(即威盛香港),威盛香港100%控股威盛中国。

威盛中国系北京市海淀区中关村东路1号院7号楼(威

盛大厦,建筑面积24157.7平方米)的所有权人。

此外,为证明威盛公司的财产情况,中联公司提供了威盛中国在中国建设银行股份有限公司上地支行开设的账户号码,还提供了威盛公司及子公司2013年的《合并财务报告暨会计师核阅报告》,该报告中的内容涉及到威盛中国的资产情况。

在答辩期内,威盛公司提出管辖权异议,认为威盛公司在内地没有财产,四中院对本案没有管辖权。

四、拟处理意见

(一)四中院拟处理意见

四中院经审查认为:根据《安排》第一条的规定,“在内地或者香港特区作出的仲裁裁决,一方当事人不履行仲裁裁决的,另一方当事人可以向被申请人住所地或者财产所在地的有关法院申请执行。”该条所述的有关法院,在内地指被申请人住所地或者财产所在地的中级人民法院。

按照北京市高级人民法院作出的《关于北京市第四中级人民法院案件管辖的规定》,四中院管辖下列第一审案件:按照级别管辖标准,应由本市中级人民法院管辖的涉港澳台的商事案件。

依据上述规定,四中院对本案享有管辖权的条件是威盛公司在北京市有财产,即威盛公司的财产所在地在本市辖区内。

依据现有证据,北京市海淀区中关村东路1号院7号楼(威盛大厦,建筑面积24157.7平方米)的所有权人是威盛中国公司,并非本案的被申请人威盛公司,因此依据现有证据情况,威盛公司的财产所在地不在北京市辖区内,依据《安排》,四中院对本案没有管辖权。由于现有证据不能证明威盛公司在内地有财产,无法将本案移送到有管辖权的法院,故应当适用《民事诉讼法》第一百五十四条第一款第(十一)项的规定,直接裁定驳回中联公司要求认可和执行香港特别行政区仲裁裁决的申请(中联公司对该裁定不享有上诉权),不再作出管辖权异议裁定。由于此种处理结果类似于对香港仲裁裁决的不予认可和执行,该案又涉及香港特别行政区和台湾地区相关企业的重大权益,且以后可能涉及类似情况的审查处理,因此该拟处理意见应层报最高人民法院批复为宜。

(二)我院拟处理意见

经审查、研究,因申请认可和执行的香港国际仲裁中心所作仲裁裁决的被申请人为威盛公司,中联公司申请执行的财产实为威盛中国的财产,威盛中国为独立法人,中联公司提交的证据不能证明威盛公司与威盛中国间有财产混同的情形。故中联公司不应向四中院申请执行相关裁决。鉴于本案为申请认可和执行仲裁裁决案,四中院无需对此案出具管辖权裁定,故我院同意四中院裁定驳回中联公司要求认可和执行香港特别行政区相关仲裁裁决的申请的处理意见。

以上意见妥否,特此请示。

典型案例

湖南华厦建筑有限责任公司与常德工艺美术学校不服执行裁定申诉案①

【裁判摘要】

一、当事人自愿达成合法有效协议或仲裁条款选定仲裁机构解决其争议纠纷,是采用仲裁方式解决争议纠纷的前提。如果当事人没有约定其争议纠纷由仲裁机构解决,通常情况下,仲裁机构无权对该争议纠纷予以仲裁。

二、当事人在主合同中约定其争议纠纷由仲裁机构解决,对于没有约定争议纠纷解决方式的补充协议可否适用该约定,其关键在于主合同与补充协议之间是否具有可分性。如果主合同与补充协议之间相互独立且可分,在没有特别约定的情况下,对于两个完全独立且可分的合同或协议,其争议解决方式应按合同或补充协议约定处理。如果补充协议是对主合同内容的补充,必须依附于主合同而不能独立存在,则主合同所约定的争议解决条款也适用于补充协议。

最高人民法院
执行裁定书

(2015)执申字第33号

申诉人(申请执行人):湖南华厦建筑有限责任公司。住所地:湖南省常德市桃源县漳江镇洞庭宫社区建设东路057号。

法定代表人:余大华,该公司董事长。

委托代理人:李益友,湖南经卫律师事务所律师。

被申诉人(被执行人):常德工艺美术学校,住所地:湖南省常德市武陵区滨湖西路2876号。

法定代表人:余鹏,该校董事长。

委托代理人:张荣光,湖南昌祥律师事务所律师。

委托代理人:龚智勇,湖南昌祥律师事务所律师。

申诉人湖南华厦建筑有限责任公司不服湖南省高级人民法院(2013)湘高法执监字第14号执行裁定,向本院申诉。本

① 案例来源:《最高人民法院公报》2016年第8期。

院受理后，依法组成合议庭审查。本案现已审查终结。

本院经审查查明，2011 年 7 月 7 日，湖南华厦建筑有限责任公司因其与常德工艺美术学校发生工程欠款纠纷到常德市仲裁委员会申请仲裁，要求裁令常德工艺美术学校支付工程款 2 902 107. 5 元及工程款利息 156 713. 81 元。常德工艺美术学校向常德仲裁委员会提出仲裁反申请，要求湖南华厦建筑有限责任公司赔偿因其延误工期、施工质量低劣致使常德工艺美术学校遭受的损失。应常德工艺美术学校申请，常德仲裁委员会委托湖南宏源中柱工程项目管理有限公司对学生宿舍楼由湖南华厦建筑有限责任公司所做的水电工程和装饰工程的工程造价依合同约定的结算标准进行了司法鉴定，鉴定这两部分的工程造价为 1 471 605 元。2012 年 1 月 6 日，常德仲裁委员会作出(2011)常仲裁字第 163 号裁决，确认：常德工艺美术学校已向湖南华厦建筑有限责任公司给付工程款 2 367 067元，余款未付。裁令：1. 常德工艺美术学校在收到裁决书之日起十日内向湖南华厦建筑有限责任公司支付工程欠款 2 442 792. 16 元。2. 常德工艺美术学校在收到裁决书之日起十日内向湖南华厦建筑有限责任公司支付常德工艺美术学校学生宿舍楼主体建筑工程款利息（该利息以 971 187. 16 元为基数，自 2009 年 12 月 4 日开始至实际给付之日，按人民银行规定的同期贷款利率计算）。3. 常德工艺美术学校请求湖南华厦建筑有限责任公司赔偿工期延误以及质量不合格等造成的各项损失 600 000 元的请求不予支持。

常德工艺美术学校向常德市中级人民法院申请不予执行常德仲裁委员会作出的(2011)常仲裁字第 163 号仲裁裁决，理由是：1. 仲裁裁决适用法律错误；2. 仲裁裁决认定事实的证据不足；3. 仲裁裁决违背社会公共利益。常德市中级人民法院于 2012 年 7 月 19 日作出(2012)常执不字第 8 号执行裁定。

常德市中级人民法院认为，仲裁庭在认定事实和法律方面，有一定的自由裁量权，当事人选择了仲裁途径，就应当承担相应的后果。人民法院在执行程序中对不予执行仲裁裁决请求的审查，不同于案件的重新审理，除具有民事诉讼法第二百一十三条所规定的情形外，不应轻易否定。本案中，常德工艺美术学校在收到湖南华厦建筑有限责任公司提供的工程结算文件后逾期没有答复，且在工程还未验收情况下就投入使用，仲裁庭据此对合同的结算条款作出常德工艺美术学校逾期不答复即视为认可结算文件的解释，在事实认定和适用法律方面并无明显的错误。从本案情况看，仲裁裁决的执行并不存在违背社会公共利益的情节，以违背社会公共利益为由不予执行仲裁裁决缺乏依据。遂裁定驳回常德工艺美术学校的申请。

常德工艺美术学校不服常德市中级人民法院(2012)常执不字第 8 号执行裁定，向湖南省高级人民法院申诉，请求监督，裁定案件不予执行。理由是：1. 双方实际履行的协议和补充协议没有仲裁条款，常德仲裁委员会对案件进行仲裁错误；2. 仲裁认定事实的主要证据不足，常德工艺美术学校收到湖南华厦建筑有限责任公司工程结算文件后双方对工程结算问题多次进行了协商，并非不予答复，应当裁定不予执行；3. 裁决支付工程款利息证据不足；4. 工程中标价为 1 671 814 元，不含水电安装工程、装饰工程等，但仲裁认定水电安装及装饰工程部分造价 147 万元，超出仲裁协议范围，应不予执行。

湖南省高级人民法院认为，“双方于 2007 年 11 月 30 日签订的协议虽然没有约定处理争议的管辖方式，但双方于 2007 年 12 月 8 日经过招投标而签订的合同明确约定，双方发生争议由常德市仲裁委员会管辖，该合同是在行政规章要求下进行的，是依法定程序签订的合法有效协议，应当遵照执行。该合同明确了协议仲裁管辖，故常德仲裁委员会对该案具有管辖权。同时，该合同也明确约定桩基础、室内外装饰、门窗、水电安装及附属工程等是不包含在承包范围内，补充协议虽对水电安装和装饰部分造价作了约定，但并未约定争议的解决方式，因此，水电安装及装饰工程等工程造价不属于仲裁协议的范围，但裁决书对这部分工程造价作出了裁决，超出了仲裁裁决范围。依照当时生效的《中华人民共和国民事诉讼法》第二百一十三条第二款（二）项、最高人民法院《关于人民法院执行工作若干问题的规定（试行）》第一百二十九条的规定，于 2013 年 6 月 6 日作出(2013)湘高法执监字第 14 号执行裁定书，裁定：1. 撤销常德市中级人民法院(2012)常执不字第 8 号执行裁定；2. 对常德仲裁委员会(2011)常仲裁字第 163 号仲裁裁决不予执行。”

另查明，2007 年 11 月 30 日，常德工艺美术学校与湖南华厦建筑有限责任公司签订《常德市工艺美术学校学生宿舍楼施工承包合同书》，双方约定：工程发包方是常德工艺美术学校，工程承包方是湖南华厦建筑有限责任公司。常德工艺美术学校拟建一座学生宿舍楼，建筑面积 4100 ㎡，经常德工艺美术学校对湖南华厦建筑有限责任公司考察核实，同意湖南华厦建筑有限责任公司承包。在“一、工程概况”部分约定承包方式：①在乙方承包工程范围内的有：包工包料按图施工西头宿舍楼现浇板改为空心预制板。整栋两头所有水磨石改为普通合格地面砖（楼梯踏步为水磨石），消防只负责材料及工资费，房屋外墙边周围 1 米范围内止。±0 提高部分。②不在乙方承包工程范围内的有：弱电、空调、电扇、桩基础；消防除材料费之外的其他费用由甲方负责。增加工程，除预算已包括在内，还包括如下项目：水电包括在内，基础包括在弱电线管工资费在内 M1、M5 门包括在内，一层地面做法按 2 - 6 层标准做包括在内。未预算及超出设计图纸以外的工程，按 1999 年定额及取费标准和当时各项调价文件精神按实结算。在“十、其他”部分约定：本合同未尽事宜，可经双方协商达成共识后加签补充协议以附件形式附后，其附件视为本合约同等效力。2007 年 12 月 28 日，常德工艺美术学校与湖南华厦建筑有限责任公司双方签订《建设工程施工合同》（GF - 1999

-0201),约定工程承包范围:土建主体工程。注:桩基础、室内、外装饰、门窗、水电及其附属工程不在承包范围内。在"第三部分专用条款37. 争议"部分约定:本合同在履行过程中发生的争议,由双方当事人协商解决,协商不成的提交常德市仲裁委员会仲裁;2008年3月20日常德工艺美术学校与湖南华厦建筑有限责任公司签订《常德工艺美术学校学生宿舍楼施工承包合同补充协议》,约定:甲方新建学校宿舍楼一栋,建筑面积4526平方米。经协商双方已于2007年12月28日签订了合同。(合同文本为GF-1999-0201),为完善条款,进一步保证双方合法权益。对未尽事宜和可能出现的新问题补签如下协议条款,以资双方遵守。该补充协议:一、甲方委托黄生工程师编制的第一次预算文本,为甲乙双方签约依据(即预算下浮百分之十五后为发包依据;水电未进入预算,但由乙方承担)。乙方为招投标。单方委托黄工编制的工程主体部分预算,只用于招投标。在打决算时只服从第一预算文本。二、本项工程中增加的节能等项目发包计价均按同一预算编制,国家标准下浮百分之十五计价。三、工程各项明细依据甲乙双方于2007年11月30日签订的《常德市工艺美术学校学生宿舍楼施工承包合同书》履行。该合同在文本最后一页写有"正本"两字。四、未尽事宜仍可经双方协商加签再补充协议,所签补充协议与前签协议有同等效力,且补充条款是最终履约依据。

申诉人湖南华厦建筑有限责任公司不服湖南省高级人民法院(2013)湘高法执监字第14号执行裁定,向本院申诉,主要理由是:1. 湖南省高级人民法院(2013)湘高法执监字第14号执行裁定超越职权、违法受理。常德工艺美术学校向常德市中级人民法院申请不予执行仲裁裁决的理由与不服常德市中级人民法院驳回不予执行仲裁裁决申请裁定向湖南省高级人民法院申诉的理由不同,之前未涉及仲裁管辖问题;2. 湖南省高级人民法院(2013)湘高法执监字第14号执行裁定没有依法送达法律文书,且没有依照《湖南省高级人民法院关于执行听证的规定》中规定的对仲裁机构作出的仲裁裁决书裁定不予执行的,必须实行听证的规定;3. 湖南省高级人民法院(2013)湘高法执监字第14号执行裁定没有对常德市中级人民法院(2012)常执不字第8号执行裁定作出评判,且没有任何证据证明常德市中级人民法院(2012)常执不字第8号执行裁定错误,就直接撤销常德市中级人民法院(2012)常执不字第8号执行裁定,并裁定对常德仲裁委员会(2011)常仲裁字第163号仲裁裁决不予执行,超出了审查范围。并且常德工艺美术学校没有以仲裁裁决事项超出仲裁协议范围为由申请撤销仲裁裁决;4. 湖南省高级人民法院(2013)湘高法执监字第14号执行裁定事实认定不清。一是该裁定称仲裁裁决超出合同约定。在招标合同中,水电及装饰部分是不包含在内的,补充协议也确定不是与主体一同计算,而且,补充协议对水电安装和装饰部分造价作了约定,但并未约定争议的解决方式,仲裁裁决也指出关于这部分的造价未经招标而无效,但裁决书对这部分工程造价作出了裁决,是超出了仲裁裁决范围的。这与双方签订的《建设工程施工合同》(GF-1999-0201)第十条37.1对争议的约定、《常德市工艺美术学校学生宿舍楼施工承包合同书》第八条、第十条的约定、《常德市工艺美术学校学生宿舍楼施工承包合同补充协议》第三条内容不符;二是双方实际选择的争议解决方式为仲裁,在仲裁庭审笔录中双方都明确表示同意仲裁管辖。常德工艺美术学校在仲裁中,就补充协议部分工程造价向仲裁委员会申请了司法鉴定,常德工艺美术学校缴纳了鉴定费,仲裁委员会依据该鉴定结论作出了裁决。

本院经审查认为:

一、关于增加申诉理由部分是否要审查的问题。常德工艺美术学校在向湖南省高级人民法院提出的申诉理由中增加了"双方实际履行的协议和补充协议没有仲裁条款"等内容。因常德工艺美术学校向常德市中级人民法院和湖南省高级人民法院提出的请求均为不予执行仲裁裁决,其前后请求并没有发生改变,湖南省高级人民法院针对常德工艺美术学校提出的请求,并结合具体的申诉理由(新增理由)进行审查并无不当。

二、关于申诉人称没有听证、没有依法送达法律文书的问题。根据最高人民法院《关于人民法院执行公开的若干规定》第十二条的规定,人民法院对案外人异议、不予执行的申请以及变更、追加被执行主体等重大执行事项,一般应当公开听证进行审查;案情简单,事实清楚,没有必要听证的,人民法院可以直接审查,因此,湖南省高级人民法院有权根据案件情况决定是否听证。人民法院对其作出的法律文书应当依法进行送达。本案申诉人湖南华厦建筑有限责任公司不服湖南省高级人民法院(2013)湘高法执监字第14号执行裁定,向本院申诉,说明其不仅已知晓该裁定书内容,而且向本院提交了该执行裁定书文本,但并不排除湖南省高级人民法院应当依法送达的义务。

三、关于湖南省高级人民法院的审查是否超出常德工艺美术学校申请不予执行仲裁裁决理由范围的问题。依据当时生效的《中华人民共和国民事诉讼法》第二百一十三条第二款的规定,被申请人提出证据证明仲裁裁决有本条规定的六种情形之一的,经人民法院组成合议庭审查核实,裁定不予执行。因此,湖南省高级人民法院在对常德工艺美术学校向法院申请不予执行仲裁裁决审查过程中,依据上述规定认定仲裁裁决是否构成不予执行的理由并无不当。

四、关于主合同约定的争议解决方式是仲裁,补充协议没有约定争议解决方式,仲裁机构是否可对主合同和补充协议一并进行仲裁的问题。本院认为,当事人自愿达成合法有效协议或仲裁条款选定仲裁机构解决其争议纠纷,是采用仲裁方式解决争议纠纷的前提。如果当事人没有约定其争议纠纷由仲裁机构解决,通常情况下,仲裁机构无权对该争议纠纷予以仲裁。但存在主合同与补充协议的情形时,当事人在主合同中约定其争议纠纷由仲裁机构解决,对于没有约定争议纠纷解决方式的补充协议可否适用该约定,其关键在于主合同与补充协议之间是否具有可分性。如果主合同与补充协议之间是相互独立且可分,那么,在没有特别约定的情况下,对于两个完全独立且可分的合同或协议,其争议解决方式应按合同或补充协议约定处理。如果补充协议是对主合同内容的补充,必须依附于主合同,而不能独立于主合同存在,那么,主合同所约定的争议解决条款也适用于补充协议。本案中,双方当事人于2007年12月28日经过招投标而签订的合同明确约定,双方当事人发生争议由常德市仲裁委员会管辖,故常德仲裁委员会对该案具有管辖权。此后双方当事人于2008年3月20日签订的补充协议明确约定双方已于2007年12月28日签订了合同,为完善条款,对未尽事宜和可能出现的新问题补签该补充协议,且明确约定"所签补充协议与前签协议有同等效力。"由此可见,主合同所约定的发生争议提交常德市仲裁委员会仲裁的争议解决条款也应适用于补充协议。此外,依据法律规定当事人对仲裁协议的效力有异议,应当在仲裁庭首次开庭前提出。本案中湖南华厦建筑有限责任公司向常德市仲裁委员会申请仲裁后,常德工艺美术学校并没有在仲裁庭首次开庭前,对仲裁协议的效力提出异议,而是向常德仲裁委员会提出仲裁反申请,并申请常德仲裁委员会委托对水电工程和装饰工程的工程造价依合同约定的结算标准进行了司法鉴定,这表明双方认可依照约定选择的常德仲裁委员会解决双方工程欠款纠纷。常德工艺美术学校在向湖南省高级人民法院申诉中称双方实际履行的合同和补充协议没有仲裁条款,常德仲裁委员会对案件进行仲裁错误的理由不予支持。故湖南省高级人民法院(2013)湘高法执监字第14号执行裁定中有关"补充协议并未约定争议的解决方式,因此,补充协议中水电安装及装饰工程等工程造价不属于仲裁协议的范围,仲裁裁决书对这部分工程造价作出了裁决,超出了仲裁裁决范围"部分的认定不正确,应予纠正。常德市中级人民法院(2012)常执不字第8号执行裁定结果正确,应予维持。

综上,根据《中华人民共和国仲裁法》第二十条第二款、最高人民法院《关于人民法院执行工作若干问题的规定(试行)》第129条的规定,裁定如下:

1. 撤销湖南省高级人民法院(2013)湘高法执监字第14号执行裁定;

2. 维持常德市中级人民法院(2012)常执不字第8号执行裁定。

本裁定送达后即发生法律效力。

文书范本

仲裁申请书

申请人:__________

地址:______________

法定代表人:__________职务:__________电话:__________

委托代理人:__________工作单位______________

性别:______年龄:______

职务:__________电话:__________

被申请人:__________

地址:______________

法定代表人:__________职务:__________电话:__________

委托代理人:__________工作单位______________

性别:______年龄:______

职务:__________电话:__________

仲裁请求:

(1)裁决被申请人因其违约行为向申请人支付贷款__________元和经济损失__________元;

(2)仲裁费用由被申请人负担。

事实与理由:

(事实经过)____________________

(要求被申请人承担责任的理由)________________

此致

______仲裁委员会

申请人:________

(盖章)

____年____月____日

附:1. ________

2. ________

仲裁答辩书

答辩人:__________

地址:______________

法定代表人:__________职务:__________电话:__________

委托代理人:__________工作单位:______________

性别:______年龄:______

职务:__________电话:__________

被答辩人:__________

地址:______________

法定代表人:__________职务:__________电话:__________
委托代理人:__________工作单位________________
性别:______年龄:______
职务:__________电话:__________

我方就被答辩人________________因与我方之间发生的________________争议向你会提出的仲裁请求,提出答辩如下:____

此致

______仲裁委员会

答辩人:__________
(盖章)
______年____月____日

附:1. __________
2. __________
3. __________

图书在版编目（CIP）数据

中华人民共和国民事诉讼法及司法解释全书：含文书范本：2021年版/中国法制出版社编．—7版．—北京：中国法制出版社，2021.1
（法律法规全书系列）
ISBN 978-7-5216-1606-4

Ⅰ．①中…　Ⅱ．①中…　Ⅲ．①民事诉讼法-法律解释-中国　Ⅳ．①D925.105

中国版本图书馆CIP数据核字（2021）第019568号

策划编辑：袁笋冰　　责任编辑：卜范杰　张僚　　封面设计：杨泽江

中华人民共和国民事诉讼法及司法解释全书
ZHONGHUA RENMIN GONGHEGUO MINSHI SUSONGFA JI SIFA JIESHI QUANSHU

经销/新华书店
印刷/河北鑫兆源印刷有限公司
开本/787毫米×960毫米　16开　　印张/42　字数/1238千
版次/2021年3月第7版　　2021年3月第1次印刷

中国法制出版社出版
书号ISBN 978-7-5216-1606-4　　定价：100.00元

北京西单横二条2号
邮政编码100031　　传真：010-66031119
网址：http：//www.zgfzs.com　　**编辑部电话：010-66075800**
市场营销部电话：010-66033393　　**邮购部电话：010-66033288**

（如有印装质量问题，请与本社印务部联系调换。电话：010-66032926）